Behrendt Pick

Die antiken Münzen Nord-Griechenlands

Behrendt Pick

Die antiken Münzen Nord-Griechenlands

ISBN/EAN: 9783741166884

Hergestellt in Europa, USA, Kanada, Australien, Japan

Cover: Foto ©Andreas Hilbeck / pixelio.de

Manufactured and distributed by brebook publishing software (www.brebook.com)

Behrendt Pick

Die antiken Münzen Nord-Griechenlands

Die antiken Münzen
Nord-Griechenlands,

UNTER LEITUNG VON

F. IMHOOF-BLUMER

HERAUSGEGEBEN

VON DER

KGL. AKADEMIE DER WISSENSCHAFTEN.

BAND I.

Dacien und Moesien

BEARBEITET

VON

BEHRENDT PICK.

BERLIN.
DRUCK UND VERLAG VON GEORG REIMER.
1898.

Die antiken Münzen

von

Dacien und Moesien

Bearbeitet

von

BEHRENDT PICK.

Erster Halbband.

BERLIN.
DRUCK UND VERLAG VON GEORG REIMER.
1898.

Im Auftrag der K. Akademie der Wissenschaften ist die Zusammenstellung der antiken Münzen Nordgriechenlands ausgeführt worden. Der erste Band, von dem hiermit die erste Hälfte veröffentlicht wird, umfasst die griechisch-römischen Münzen der römischen Provinzen Dacien, Ober- und Niedermoesien sowie die der daran anstossenden Küstengebiete des schwarzen Meeres bis zur Borysthenes-Mündung; der zweite ist für Thrakien, der dritte für Makedonien bestimmt, wobei indes die Reichsmünzen Alexanders ausgeschlossen sind. Die Bearbeitung des ersten und zweiten Bandes hat Herr Behrendt Pick in Gotha, die des dritten Herr Hugo Gaebler in Berlin übernommen. Die diesem Bande beigegebenen Tafeln sind in der photographischen Anstalt von Brunner und Hauser in Zürich unter Leitung unseres Mitgliedes des Herrn Imhoof-Blumer in Winterthur hergestellt worden.

Wenn für die griechisch-römische Alterthumsforschung überhaupt die geordnete Zusammenstellung des erhaltenen Materials erfordert wird und bei der Leitung der Sammelarbeiten dieser Gesichtspunkt vor allem massgebend sein muss, so gilt dies in noch höherem Grade als auf dem archäologischen und dem epigraphischen auf dem Gebiet der Numismatik. Es kommt hier nicht blos an auf Zusammenstellung der sachlich zusammengehörigen, aber an den verschiedensten Orten aufbewahrten Stücke, sondern, da der Regel nach jedes Gepräge in mehreren häufig sich gegenseitig ergänzenden Abdrücken vorhanden ist, auf vergleichende Behandlung der vorliegenden Stücke, auf Feststellung nicht des einzelnen Exemplares, sondern des Gepräges. Die Publikation der Kataloge einzelner Museen kann vom wissenschaftlichen Standpunkt aus nur als vorbereitend angesehen werden; das methodische Ziel ist die Publikation wenn nicht der Stempel, was sich nicht erreichen lässt, doch der gleichen Gepräge.

Diesem Ziel sucht die vorliegende Bearbeitung der nordgriechischen Münzen sich zu nähern. Sie beruht sowohl auf sorgfältiger Sichtung des litterarischen Materials, wie auf möglichst vollständiger Untersuchung der in den zugänglichen Kabinetten vorhandenen Originale. Bisher ist jede numismatische Publikation nur an die Seite der früheren getreten und keine hat versucht, durch vollständige Ausnutzung die älteren zu ersetzen. Die vorliegende bezweckt, die Münzwissenschaft von der mit ständiger Wiederholung des gleichen Materials verbundenen Unvollständigkeit aller Specialkataloge und von den zahlreichen bei der Bearbeitung der Einzelstücke unvermeidlichen, sodann aber nicht selten durch lange Zeit fortgeführten Irrungen durch Vereinfachung und Sichtung des Vorhandenen zu befreien, die für den Fachmann schwierige, für andere Benutzer fast unerreichbare Übersichtlichkeit der zur Zeit ermittelten Thatsachen zu fördern. Die Akademie giebt sich der Hoffnung hin, den rechten Weg eingeschlagen zu haben.

Berlin, im November 1898.

VORREDE
DES HERAUSGEBERS.

Da mir bei der Herausgabe der antiken Münzen Nord-Griechenlands die Bearbeitung des ersten Bandes zugefallen ist, so habe ich die Aufgabe, an dieser Stelle über die Anlage und Einrichtung des Werkes das Nöthige zu bemerken.

Wenn das Ziel erreicht werden sollte, für das erwählte Gebiet ein Werk zu schaffen, in dem der Forscher und der Sammler das numismatische Material — das bekannte, das bisher an zahllosen Stellen zerstreut, und das neue, das noch nirgends veröffentlicht war, — in möglichster Vollständigkeit und mit gebührender Kritik gesammelt und durch übersichtliche Anordnung bequem benutzbar fände, so mussten die Originale in allen Sammlungen aufgenommen und die ganze ältere und neuere Litteratur erschöpfend excerpiert werden. Über alle Einzelheiten dieser zwiefachen Sammelarbeit geben alphabetische Verzeichnisse am Schluss des Bandes nähere Auskunft; nur einige allgemeine Bemerkungen sind hier zu machen.

Die öffentlichen und privaten Sammlungen in ganz Europa — mit Ausnahme einiger schwer erreichbarer oder ganz unzugänglicher Stellen — sind von uns besucht worden, und dank dem Entgegenkommen, das wir überall fanden, konnten ihre Bestände an nordgriechischen Münzen von uns beschrieben und, soweit es wünschenswerth schien, abgedrückt werden. In manchen Privatsammlungen und bei Münzhändlern, von denen einige ebenfalls ein rühmliches Verständniss für unser Unternehmen zeigten, zuweilen auch in öffentlichen Sammlungen, wo uns aus besonderen Gründen nicht genug Zeit gelassen werden konnte, beschränkten wir uns auf die wichtigeren Stücke; bei solcher Auswahl ist gewiss hin und wieder auch eine interessante Münze nicht beschrieben worden, doch wurde darauf geachtet, dass wenigstens nichts fortblieb, was schon publicirt war. Diese Aufnahme der Originale geschah in Paris, Grossbritannien, den Niederlanden und in München durch Herrn Johannes Svoronos, der sich auch sonst manches Verdienst um das Werk erworben hat; die meisten übrigen Sammlungen sind von mir selbst aufgenommen worden. Nur bei den öffentlichen Sammlungen in Athen, Berlin, London und einigen kleineren, von denen moderne Kataloge gedruckt vorliegen, erschien eine neue Aufnahme ihrer Bestände unnöthig, weil die Beschreibungen in diesen Katalogen den unsrigen gleichgeachtet werden konnten; wo es nöthig schien, wurden aber die Beschreibungen nach den Originalen revidirt, entweder von uns selbst oder gelegentlich von anderen Fachgenossen, am häufigsten aber durch Übersendung von Abgüssen und sonstige Auskunft von Seiten der Beamten. Insbesondere habe ich hier Herrn Dr. Gaebler zu danken, der nicht nur den Druck — aufmerksamer als ich selbst — mit überwachte, sondern bei dieser Gelegenheit auch die Münzen des Berliner Kabinets, die ich grösstentheils nur nach dem Katalog benutzt hatte, regelmässig neu verglich und dadurch manchen Fehler beseitigen half. Auch neue Erwerbungen, die diese und andere Sammlungen nach Publikation der Kataloge oder nach unserem Besuch gemacht haben, wurden mir vielfach mitgetheilt; für solche Nachträge in grösserem Umfang bin ich namentlich Herrn Arthur Löbbecke in Braunschweig und Herrn D. E. Tacchella in Sophia zu Dank verpflichtet.

Bei der Excerpirung der Litteratur wurde möglichste Vollständigkeit erstrebt, und wir hoffen, dass dabei nichts wesentliches übersehen worden ist. In dem Verzeichniss der benutzten Schriften habe ich auch kurze kritische Bemerkungen, namentlich über die älteren Autoren und ihre Arbeitsweise, gegeben, weil die Ausmerzung ihrer falschen Beschreibungen eine Hauptaufgabe des neuen Werkes war. Zwar werden diese alten Bücher selbst nicht leicht mehr von jemand angesehen; aber indirekt schleichen sich ihre Fehler aus alten Handbüchern und Specialarbeiten in die neuen ein, und namentlich die unaufmerksame Benutzung von Mionnets Werk richtet in dieser Beziehung grossen Schaden an. Es wird dabei von vielen Benutzern nicht genügend unterschieden, was Mionnet selbst beschrieben und was er aus der Litteratur entnommen hat, obwohl er seine Quellen in der Regel genau angiebt. Aber Mionnet war zwar ein guter Numismatiker, dessen eigene Beschreibungen durchaus sorgfältig und zuverlässig sind, wenn er auch zuweilen irrt wie wir alle; dagegen seine Excerpte aus der Litteratur hat er ohne jede Kritik gemacht, indem er unterschiedslos aus den besten und den schlechtesten Quellen alles das aufnahm, was ihm eine Lücke auszufüllen schien; hat er doch zuweilen sogar von einer Münze, die er selbst schon richtig nach dem Original beschrieben hatte, auch noch falsche Beschreibungen aus verschiedenen Büchern wiedergegeben, ohne zu merken, dass es sich um dasselbe Pariser Exemplar handelte! Da aber Mionnets trotz aller Fehler sehr nützliches Werk die umfassendste Sammlung der griechischen Münzen bietet und für die meisten Gebiete nach wie vor als ein wenn auch mangelhaftes Corpus zu gelten hat, so ist bei der Ausarbeitung darauf besondere Rücksicht genommen worden, und am Ende jedes Bandes wird eine Concordanz angeben, unter welcher Nummer in dem neuen Werke jede Beschreibung Mionnets zu finden ist. Natürlich ist auch die übrige Litteratur, die nicht von Mionnet aufgenommen wurde, excerpirt und mit gleicher Kritik behandelt worden. Die Citate sind regelmässig angegeben, mit Ausnahme von solchen Werken, die nichts eigenes enthalten, sondern nur Excerpte aus älteren Büchern geben, wie die Lexika von Gusseme und Rasche; auch diese sind zwar benutzt worden, aber citirt werden sie nur in besonderen Fällen, namentlich wenn sie von Mionnet oder andern späteren Autoren als Quellen angeführt sind. — Soweit für die Münzen einzelner Gebiete Speciallitteratur vorliegt, ist diese am Schluss der betreffenden Einleitung verzeichnet.

In dieser Weise ist das Material gesammelt worden, das in dem neuen Werke verarbeitet und zugänglich gemacht werden sollte. — Wir konnten uns aber nicht darauf beschränken, durch die Anhäufung grösserer Massen von Beschreibungen einfach quantitativ mehr zu geben als jeder Katalog eines einzelnen Münzkabinets, sondern es musste darnach gestrebt werden, durch möglichst knappe Zusammenfassung der Emissionen ein übersichtliches Bild von der Prägung jeder Stadt und jedes Fürsten zu geben, soweit es das zur Zeit bekannte Material gestattet. Das, was das höchste Ziel wäre, durch Vereinigung der einzelnen Exemplare die Stempel festzustellen, aus denen sie stammen, und danach statt der Münzen die Stempel zu publiciren, das ist allerdings nicht zu erreichen. Gerade die Vereinigung dieser Tausende von Münzen eines beschränkten Gebiets hat wieder gelehrt, ein wie geringer Bruchtheil von der einst ungeheueren Masse von Münzen auf uns gekommen ist, und wie verhältnissmässig selten Münzen derselben Emission genau gleich sind. Es ist zwar in vielen Fällen gelungen, sogar Stempelgleichheit von zwei oder mehr Exemplaren zu constatiren, und wenn man von allen Exemplaren statt der Beschreibungen — oder neben ihnen — Abdrücke nehmen könnte, so würde das gewiss noch öfter gelingen, wie es auch sonst weiter führen würde. Aber für die überwiegende Mehrzahl der uns bekannten Münzen gilt, dass sie nicht nur nicht stempelgleich sind, sondern dass die einzelnen Stempel, wenn sie auch im Ganzen dasselbe Bild und dieselbe Schrift gaben, doch oft in allerlei Kleinigkeiten verschieden waren. Es tritt das in den Beschreibungen besonders bei den Kaisermünzen hervor, weil diese mehr Schrift haben und gerade dabei, in der Vertheilung und in der Abkürzung, die Abweichungen am leichtesten zu bemerken sind; aber für die meisten älteren Münzen wird dasselbe gelten, wenn auch die Verschiedenheiten nicht so augenfällig hervortreten; Fälle wie der Stater No. 483, von dem dreizehn stempelgleiche Exemplare nachweisbar waren, so dass wir annehmen können, dass für die ganze Emission überhaupt nur dieses eine Paar Stempel benutzt worden ist, werden überall Ausnahmen bleiben. — Wenn es aber, aus den angeführten Gründen, auch nicht möglich war, statt der einzelnen Münze ihre Stempel zu publiciren, so suchten wir doch wenigstens das zu erreichen, dass die Münzen einer Emission, die, wenn nicht aus denselben, so doch aus gleichen Stempeln sind, unter einer Nummer zusammengefasst erschienen, wobei mangelhaft erhaltene Exemplare sich oft gegenseitig ergänzten; inwieweit auch Münzen mit kleinen Verschiedenheiten in dieser Weise angeknüpft und wie ihre Abweichungen hervorgehoben worden sind, das ist weiter unten (S. XII) angegeben. — Diese systematische Vereinigung der zusammengehörigen Münzen war neben der kritischen Aussonderung der unzuverlässigen Beschreibungen die Aufgabe, die zunächst für das nordgriechische Gebiet geleistet werden sollte.

Bei der Ausarbeitung der neuen Kataloge wurden, wie natürlich, die Beschreibungen derjenigen Münzen zu Grunde gelegt, die von uns selbst gesehen oder in den oben bezeichneten modernen Katalogen publicirt waren; die nicht mehr

nachweisbaren oder nicht controlirbaren gleichen oder ähnlichen Stücke, die sich
in der Litteratur finden, wurden nach Möglichkeit an dieselben Nummern angeschlossen, wobei grössere oder kleinere Abweichungen immer ausdrücklich angegeben wurden. Doch sind mitunter auch Münzen aus der Litteratur, von denen
kein Exemplar in den von uns benutzten Sammlungen nachweisbar ist, als besondere Nummern aufgenommen, wenn ihre Beschreibung in der Hauptsache zuverlässig zu sein schien; in solchen Fällen habe ich aber die Aufnahme in einer Bemerkung gerechtfertigt und zur Kennzeichnung die laufende Nummer (am Rande
links) in eckige Klammern eingeschlossen.

Zu diesem Theil der Aufgabe gehörte dann auch die Aussonderung der
Fälschungen und der falschen oder unvollständigen Beschreibungen aus
dem eigentlichen, künftig zu benutzenden Katalog. Da es sich dabei viel seltener
um falsche Münzen als um schlechte Beschreibungen echter Münzen handelt, die
grössentheils noch immer ohne Argwohn benutzt werden, so habe ich dieses
Material nicht als eine besondere Gruppe der falschen und verdächtigen Münzen
am Anfang oder am Schlusse des Bandes vereinigt, sondern es in der Weise untergebracht, dass jede Beschreibung an derjenigen Stelle des neuen Werkes zu finden
ist, wo man sie zu suchen hätte, wenn sie zuverlässig wäre. Diese Beschreibungen
sind aber mit kleinerer Schrift gedruckt und von dem zuverlässigen Material auf derselben
Seite durch einen Strich getrennt; ausserdem haben ihre Ordnungsnummern,
durch welche angegeben wird, bei welchen Nummern des Katalogs sie einzuschalten
sein würden, eine unterscheidende Bezeichnung durch einen oder mehrere Sterne
erhalten. — Innerhalb dieses unter dem Strich vereinigten Materials spielen die
Fälschungen im eigentlichen Sinne die geringste Rolle. Die Numismatik hat das
Glück gehabt, schon vor hundert Jahren in Eckhel den Mann zu finden, der sie von
den Produkten der litterarischen Fälscher in der Hauptsache zu befreien wusste.
Gewiss werden heute noch mehr falsche Münzen hergestellt als zu Eckhels Zeit und
geschickter als damals, und als Sammler haben wir oft genug unsere Noth mit ihnen;
aber in der wissenschaftlichen Litteratur spuken die Fälschungen nur noch ausnahmsweise und ohne grossen Schaden anzurichten. In dem vorliegenden ersten
Bande war sehr wenig von dieser Art anzuführen, und es war leicht, die vereinzelten Fälschungen (in Metall oder auf Papier) auszuscheiden; in den späteren
Bänden werden mehr falsche Münzen zu beschreiben und manche dieser Stücke
aus modernen Stempeln auch abzubilden sein, was im ersten Bande in keinem
Falle nöthig schien. Moderne Güsse aber werden überall nur dann berücksichtigt,
wenn keine echten Originale der Münzen nachweisbar sind. — Wichtiger und
schwieriger war es, die falschen Beschreibungen und Zeichnungen echter Münzen
auszusondern, die in der älteren Litteratur einen so breiten Raum einnehmen und
von deren schädlicher Wirkung oben schon die Rede gewesen ist. Massgebend
war mir für diese Ausschliessung zahlreicher Beschreibungen aus dem Katalog
ausser den besonderen Gründen des einzelnen Falles, die in der Regel in einer
hinzugefügten Bemerkung angegeben sind, auch das allgemeine Urtheil, das ich
mir über den Autor und das Werk während der Arbeit gebildet habe. Das Litte-

ratur-Verzeichniss giebt darüber im Einzelnen Aufschluss; hier kann ich nur kurz bemerken, dass meine Beobachtungen in der Hauptsache die seit Eckhel herrschenden Ansichten bestätigen, wenn ich auch über einzelne Autoren strenger (so über Vaillant), über andere milder (so über Sestini) urtheilen muss. Im Ganzen ergiebt sich aus der neuen Durcharbeitung der Litteratur, dass wir es mit Fälschern fast nie zu thun haben; auch absichtliche Interpolation findet sich recht selten; aber die Flüchtigkeit mancher Autoren, oft gepaart mit Unwissenheit, ist so gross, dass ihre Angaben stets mit Misstrauen aufgenommen werden müssen; wenn eine Münze z. B. nur aus Vaillant bekannt war, so musste sie ihren Platz in der Regel unter dem Strich finden. — Im Uebrigen bedeutet dieser Platz unter dem Strich nicht immer Misstrauen gegen den Autor. Denn es sind hier auch solche Beschreibungen untergebracht, die für andere Zwecke vollkommen genügten, aber nicht vollständig genug waren, um in den Katalog aufgenommen werden zu können; das gilt z. B. für viele Kaisermünzen, deren Rückseite ganz gut beschrieben ist, während für die Vorderseite nur der Kaiser genannt ist. — Wenn endlich hin und wieder auch eine Beschreibung aus den neuesten und besten Publicationen, wie dem Londoner Katalog, sich als fehlerhaft erwies und darum in ähnlicher Weise behandelt werden musste, so werden die Verfasser sich mit mir trösten können, da ich auch mich selbst einmal so unter dem Strich zurechtweisen musste. Vielleicht müsste bei erneuter Prüfung auch das eine oder andere Stück, das jetzt im Katalog steht, noch denselben Weg wandern. Aber in der Hauptsache hoffe ich durch die Aussonderung des unzuverlässigen Materials gereinigte Kataloge hergestellt zu haben.

Ueber die Anordnung der einzelnen Nummern, aus denen sich die neuen Kataloge zusammensetzen, ist folgendes zu bemerken:

Die Angabe über das Metall und die Grösse der Münze findet sich am Rande links unter der Ordnungsnummer. — Die Beschreibung der Münze ist in zwei Spalten gegeben, links die der Vorderseite, rechts die der Rückseite. Vorangestellt ist auf beiden Seiten die Schrift, soweit solche vorhanden ist; nur Werthzeichen, Monogramme und andere Theile der Schrift, die wie Beizeichen wechseln, sind in der Regel an den Schluss gesetzt. Die Vertheilung der Schrift ist genau angegeben, wenn sie ganz oder zum Theil im Felde oder im Abschnitt steht; wenn sie rund um das Bild läuft, sind nur etwaige Unterbrechungen durch das Bild mit dünnen senkrechten Linien bezeichnet. Besteht die Schrift aus mehreren — abgekürzten oder ausgeschriebenen — Wörtern, so sind dieselben zur Erleichterung der Lesung durch Zwischenräume getrennt; Punkte aber sind nur dann angegeben, wenn sie wirklich auf der Münze stehen. — Bei der Beschreibung des Bildes ist möglichste Kürze erstrebt worden, soweit nicht aus besonderen Gründen grössere Ausführlichkeit nützlich schien. Für die Götter u. a. sind die griechischen Namen und Bezeichnungen gewählt worden, ausser für gewisse römische Personificationen; einzelne Inconsequenzen in diesem Kreise werden mit der darüber herrschenden Unsicherheit entschuldigt werden. — Wenn bei der Münze Gegenstempel vorkommen, so sind diese gleich hinter der Beschreibung in der linken oder der rechten Spalte angegeben, je nachdem sie sich auf der

Vorderseite oder auf der Rückseite der Münze finden; in wichtigeren Fällen sind über die Gegenstempel besondere Vorbemerkungen gemacht worden.

Wieviele und welche Exemplare von der beschriebenen Münze bekannt sind, ergeben die weiter unten in kleinerer Schrift erscheinenden numerirten Belege. Unter diesen sind zwei Arten unterschieden: die noch nachweisbaren und die nur aus der Litteratur bekannten Exemplare. Die ersteren erscheinen in alphabetischer Reihenfolge der Sammlungen; wer das einzelne Exemplar beschrieben hat, ist nicht angegeben, da es aus den Verzeichnissen am Schluss und auch schon aus den oben gemachten Angaben hervorgeht; ist das Stück schon publicirt, so folgen die Citate sogleich auf den Namen der Sammlung. Die nicht mehr nachweisbaren Exemplare sind chronologisch, nach dem Erscheinen ihrer ersten Publication geordnet. Wenn Exemplare von beiden Arten anzuführen sind, so stehen die Originale voran, und nach einem Trennungszeichen (— | —) folgen mit fortgezählten Nummern die übrigen. Sind von einem Exemplar mehrere Publicationen zu citiren, so folgen sich die Originalbeschreibungen in chronologischer Ordnung, während die nur abgeleiteten Publicationen in eckigen Klammern hinter ihren Quellen eingeschaltet sind. Dasselbe gilt auch für die Citate zu den noch nachweisbaren Exemplaren, nur dass bei Münzen der Sammlungen in Athen, Berlin, London und Neapel die Nummer des Katalogs, nach dem sie benutzt sind, allen anderen Citaten vorangestellt ist.

Zwischen die Beschreibungen und die Belege sind gegebenen Falles dreierlei Angaben eingeschoben: über Abbildung, Gewicht und Abweichungen.

Wenn Abbildung einer Münze gegeben ist, so giebt die hinter diesem Wort in Klammern erscheinende Nummer an, welches Exemplar abgebildet ist; ist die Vorderseite und die Rückseite von verschiedenen Exemplaren genommen oder nur eine von beiden Seiten abgebildet, so ist das an derselben Stelle kenntlich gemacht. Die Angabe der Tafel und der Nummer, wo das Stück abgebildet ist, findet sich am Rande links unter der Metall- und Grössenangabe.

Das Gewicht ist für die Gold- und Silbermünzen möglichst vollständig angegeben, bei den Kupfermünzen seltener, obgleich es auch da in grösserem Umfang wünschenswerth gewesen wäre; bei den Kaisermünzen mit Werthzeichen habe ich aber nachträglich von vielen Stellen Gewichtsangaben erhalten und verwerthet. Die Gewichte sind in absteigender Reihenfolge geordnet, wobei die Nummer des Exemplars in Klammern hinzugefügt ist und nöthigenfalls auch über den Erhaltungsgrad Angaben gemacht sind.

Kleine Abweichungen einzelner Exemplare, besonders in den Abkürzungen oder der Vertheilung der Schrift, sind vielfach in der Weise behandelt, dass die verwandten Stücke unter einer Nummer vereinigt, die eine Münze oder mehrere gleiche der Beschreibung zu Grunde gelegt und die Besonderheiten der anderen als »Abweichungen« verzeichnet sind; auch zur Anführung von unvollständig beschriebenen Stücken aus der Litteratur und von mangelhaft erhaltenen Originalen ist öfters derselbe Weg gewählt worden. In anderen Fällen sind aber aus wenig verschiedenen Stücken auch besondere Nummern gemacht worden, wenn es sich der grösseren Uebersichtlichkeit wegen empfahl.

Hinter den Belegen folgen zuweilen Anmerkungen, namentlich um über Zweifel der Beschreibungen Aufschluss zu geben; auch über Ergänzungen der Schrift u. dergl. ist da das Nöthige gesagt, während Angaben über Stempelgleichheit in der Regel unmittelbar an die Belege angeknüpft sind. — Erklärungen der Schrift oder der Typen sind nur ausnahmsweise gegeben; über allgemeine Erscheinungen geben die Einleitungen alles Nöthige an, anderes ist in besonderen Vorbemerkungen für einzelne Gruppen behandelt oder aus den Indices zu ersehen. Die weitere Verwerthung des Materials gehört nicht mehr zur Aufgabe dieses Werkes.

Bei der Anordnung der neuen Kataloge wurde natürlich danach gestrebt, die Münzen in chronologischer Reihenfolge zu geben. Wo das für die autonomen Münzen nicht zu erreichen war, sind diese in Gruppen eingetheilt, über die theils in den Einleitungen, theils in besonderen Vorbemerkungen Auskunft gegeben ist; zuweilen schienen dafür auch blosse Ueberschriften zu genügen. — Unter die autonomen Münzen der einzelnen Städte sind auch die Stater und Tetradrachmen mit Typen Alexanders des Grossen und des Lysimachos aufgenommen, welche erst nach der Zeit dieser Könige geschlagen und daher nicht als königliche, sondern als städtische Prägungen anzusehen sind; doch sind diejenigen fortgelassen worden, deren Zutheilung nicht ganz sicher ist. — Bei den Kaisermünzen sind die Prägungen der einzelnen Perioden, wo es die Namensform oder die Angabe des Statthalters ermöglichte, auseinander gehalten worden; im Uebrigen sind für jeden Kaiser auch die verschiedenen Nominale getrennt und innerhalb der einzelnen Nominale die Typen in der gewöhnlichen Reihenfolge der Götter u. s. w. geordnet worden.

Die Abbildungen sind in der Hauptsache auf Tafeln vereinigt. Abbildungen im Text zu geben, was in vielen Fällen gewiss vorzuziehen sein würde, erschien nicht wünschenswerth, weil es noch immer nicht gelungen ist, mechanische Reproduktionen von Münzen im Text so gut zu drucken, dass sie in der erforderlichen Klarheit erscheinen. Wir haben daher nur in vereinzelten Fällen, wo die Abbildung im Text gewissermassen als Überschrift zu einer längeren Serie dienen konnte, eine solche gegeben. Die Anordnung der Abbildungen auf den zwanzig Tafeln, welche diesem ersten Bande beigegeben sind, ist für die autonomen Münzen im ganzen dieselbe wie die der Beschreibungen im Text. Von den Kaisermünzen dagegen ist nur ein kleiner Theil im Anschluss an die autonomen abgebildet, eine Auswahl von Stücken, die für die Stadt besonders characteristisch sind; die grosse Masse der Rückseiten habe ich, ähnlich wie es in Pooles Katalog der alexandrinischen Münzen im British Museum geschehen ist, nach Typen geordnet und ohne Rücksicht auf den Prägeort auf den späteren Tafeln (XIII—XX) vereinigt. Obwohl viele von diesen Typen zweifellos auch eine lokale Bedeutung haben, wie dies in den Einleitungen nachgewiesen ist, so schien mir doch ihr kunstmythologisches oder sonstiges typologisches Interesse im allgemeinen wichtiger zu sein, so dass diese Anordnung vielleicht nützlich erscheinen wird. Für andere Gebiete, wo die Typenkreise der einzelnen Städte selbständiger und geschlossener sind, wird sich die Einrichtung solcher Typentafeln nicht empfehlen, ausser etwa für Thrakien, wo namentlich in den Kaiserstädten die conventionellen Typen eine ähnliche Rolle spielen, wie in Niedermoesien. — Die Ausführung der Tafeln hat Herr Dr. Imhoof überwacht und sich dadurch wie in so vielen anderen Beziehungen ein grosses Verdienst um das Werk erworben.

Die Einleitungen endlich, welche den einzelnen Katalogen vorausgeschickt sind, behandeln hauptsächlich das Münzwesen (Chronologie der Prägungen, Währungs- und münzrechtliche Fragen) und suchen besonders auch durch Hervorhebung der Typen mit lokaler Bedeutung gegenüber den conventionellen die Bilderkreise der einzelnen Städte festzustellen, um so einen Einblick in den besonderen Cultus und andere örtliche Verhältnisse zu ermöglichen. In den früheren Theilen des Werkes habe ich allerdings auch über die Örtlichkeit und die politische Geschichte der Städte, sowie über die römische Verwaltung ausführliche Erörterungen gegeben; da diese aber, wie ich zugeben muss, nicht unbedingt erforderlich sind, wenn sie auch hin und wieder selbst über rein numismatische Fragen Licht verbreiten können, so wird das in den späteren Abschnitten anders gehalten.

Den Schluss des Bandes bilden die Nachträge und Berichtigungen, die Indices, bei denen möglichst vielseitige Erschliessung des Inhalts erstrebt wird, die Verzeichnisse der Sammlungen und der excerpirten Litteratur, und endlich die Concordanz mit Mionnet, die schon im Eingang erwähnt worden ist.

Dass dem Werke, das nun in dieser Form der Öffentlichkeit übergeben wird, noch Mängel genug anhaften, ist den Herausgebern am besten bekannt. Da es sich aber um einen ersten Versuch handelt, so wird man wenigstens Fehler in der Anlage entschuldigen müssen; die bei der Arbeit gesammelten Erfahrungen können erst späteren Werken zugute kommen; für die Ausarbeitung, die Kataloge und die Einleitungen, muss ich die Verantwortung mit dem Bewusstsein übernehmen, dass auch da manches besser gemacht werden könnte. Immerhin glauben wir an der Hoffnung festhalten zu können, dass das Werk auch so den Numismatikern nützlich sein, und besonders dass es den Alterthumsforschern ein Material bequem zugänglich machen wird, dessen Verwerthung bisher nur allzu viele zum Schaden der Wissenschaft unterlassen haben.

Ich kann aber diese einleitenden Bemerkungen nicht schliessen, ohne allen denjenigen zu danken, die sich um unser Werk Verdienste erworben haben. Ich hatte die Freude, fast überall bei den Besitzern und Verwaltern der grossen und kleinen Münzsammlungen, deren Namen das Verzeichniss am Schluss dieses Bandes nennt, das freundlichste Entgegenkommen zu finden, und mehr als einem fühle ich mich seitdem in herzlicher Freundschaft verbunden. Dass sie alle zu Gunsten unseres Werkes darauf verzichteten, diesen Theil ihrer Schätze selbst zu veröffentlichen, dafür gebührt ihnen der aufrichtigste Dank, besonders von mir, dem diese Entsagung am meisten zugute kam ebenso wie die Geduld, mit der sie später meine brieflichen Fragen beantworteten. Mehr als allen aber habe ich hier dem Manne zu danken, durch den ich vor fast zehn Jahren, als ich die nordgriechischen Münzen seiner ausgezeichneten Sammlung aufnahm, zuerst einen Einblick in das Wesen und Walten eines wahren Numismatikers gewann. Wenn Friedrich Imhoof-Blumer jedem als ein unerreichbares Vorbild auf diesem Gebiet gelten kann, so habe ich noch besonderen Grund, ihm für das zu danken, was er mir während dieser Arbeiten gewesen ist, im Anfang ein geduldiger Lehrer, ein nie versagender Rathgeber bis heute, und immer ein treuer und beständiger Freund, namentlich in den trüben Tagen, deren mir das Werk genug gebracht hat. — Wenn aber dieses Werk Vorzüge haben sollte, die nicht auf numismatischem Gebiet liegen, und wenn die Arbeit leichter von mir geleistet werden konnte als von so manchem anderen, dem ich im numismatischen Können gewiss nicht gleichkomme, so habe ich das der glücklichen Fügung zu danken, dass ich vor der Beschäftigung mit Numismatik Gelegenheit hatte, bei epigraphischen Arbeiten Lehre und Führung desjenigen zu geniessen, der im Corpus Inscriptionum Latinarum das Vorbild für alle Sammelarbeit gegeben hat und dessen Verdienst es auch ist, dass endlich für die griechischen Münzen ein ähnliches Sammelwerk in Angriff genommen worden ist.

Gotha, 31. October 1898.

Behrendt Pick.

PROVINCIA DACIA

Das Land der Daker, das heutige Siebenbürgen und ein Theil der Walachei¹), welches die Römer im Jahre 107 nach der Besiegung des Decebalus in eine Provinz verwandelten, ist gewiss in vorrömischer Zeit schon der Schauplatz einer reichen Münzprägung gewesen. Um aber festzustellen, welche von den rohen Nachahmungen griechischer und römischer Münzen hier in Dacien, welche in Pannonien und weiter westlich geprägt worden sind, wäre eine zusammenhängende Behandlung aller barbarischen Prägungen nöthig, für die hier nicht der Ort ist. Wie die Münzfunde²) zeigen, war ausser den barbarischen und verschiedenen griechischen Münzsorten auch römisches Geld schon vor der Unterwerfung des Landes hier in Umlauf; die Einrichtung der Provinz brachte das letztere zur Herrschaft, im Lande selbst wurde vorerst nicht wieder geprägt. Griechische Münzen des Kaisers Traianus mit der trauernden Dacia und der Aufschrift ΔΑΚΙΑ auf der Rückseite, wie Vaillant eine beschrieben hat³), giebt es wahrscheinlich garnicht; sollten sie sich doch nachweisen lassen, so wären sie natürlich ebenso wenig als Prägungen der Provinz anzusehen wie die zahlreichen lateinischen Münzen dieser Art, welche unter Traianus in Rom zur Feier des dakischen Sieges von Kaiser und Senat geschlagen worden sind, sondern sie wären in Creta oder anderwärts auf griechischem Boden geprägt. Ebenso wenig wie Provinzialmünzen giebt es Stadtmünzen aus Dacien; die neue Provinz wurde in dieser Hinsicht wie die Provinzen des Westens behandelt; während in den griechischen Reichstheilen, selbst im benachbarten Untermoesien, wenigstens die Ausprägung der Scheidemünzen den Gemeinden überlassen wurde, erhielt in Dacien und ebenso in Obermoesien keine Stadt das Münzrecht. Erst gegen die Mitte des III. Jahrhunderts wurde hier wie dort eine einheimische Prägung eröffnet, in Obermoesien unter Gordianus III. und in Dacien unter Philippus. Die beiden Münzreihen sind in der Form einander sehr

---

¹) Über die Grenzen der Provinz und die Veränderungen ihrer Verwaltung vgl. Mommsen, Corpus Inser. Lat. III S. 160 fg.; Marquardt röm. Staatsverw. I 304 fg.; v. Domaszewski, archäol.-epigr. Mittheilungen aus Österreich 13 (1890) 135 bis 144 und Rhein. Museum N. F. 48 (1893) 240 — 244; Kalopothakes, ἡ ἐπαρχία τῆς ἐπαρχίας τοῦ κολωνίας δακικῆς καὶ ἡ Ῥωμαϊκὴ διοίκησις παρὰ τὸν κάτω Δανούβιον (Athen 1894). — Die Frage über die Grenzen von Dacia braucht

hier nicht erörtert zu werden, da sie auf die Erklärung der Münzen keinen Einfluss hat, nach auch die Münzen zur Entscheidung der Grenzfrage etwas beitragen.

²) Vgl. die Zusammenstellung bei Mommsen, Röm. Münzwesen 697 und im Corpus III S. 161.

³) Vaillant num. gr. 27 [daraus Eckhel d. n. 2.4: Mionnet 6, 697, 364 incertaines; Sestini lett. cont. 360 Creta; Mionnet S. 4, 356, 331 Creta; Sestini cont., Crete 348,83].

ähnlich, man richtete sich in Dacien nach dem Muster von Moesien; sachlich aber steht jede für sich, und so dürfen wir hier ohne Schaden die jüngere dacische Prägung vor der älteren moesischen behandeln.

Aus welchen Gründen und unter welchen Umständen der Kaiser Philippus der Provinz Dacia das Münzrecht gewährt hat, ist unbekannt. Vielleicht sollte einem Mangel an Kupfergeld dadurch abgeholfen werden; aber es ist auch möglich, dass der Kaiser nur nicht den Bewohnern von Dacien einen Vortheil und eine Ehre vorenthalten wollte, welche sein Vorgänger denen von Obermoesien gewährt hatte. — Wie dort so beginnt auch hier zugleich mit der Münzprägung eine neue, eigene Jahreszählung. Beide Neuerungen, die vielleicht auch noch mit anderen Verfügungen des Kaisers über Dacien Hand in Hand gingen, reihen sich denjenigen Einrichtungen an, welche die Einheit der Provinz — unbeschadet der seit etwa 80 Jahren bestehenden Dreitheilung — festzuhalten bestimmt und geeignet waren. Als Inhaberin des Münzrechts ist durch die Aufschrift die *provincia* bezeichnet, d. h. die in anderen Provinzen *commune* oder *xowòv* genannte Gesammtheit der Gemeinden; dass eine solche Vereinigung auch in Dacien bestand, lehren die Inschriften, aus denen wir ihre Vertretung (*concilium trium Daciarum*) und ihre Priesterthümer (*coronatus trium Daciarum, sacerdos arae Augusti*) kennen [1]). Der Ort der Prägung ist nicht genannt, wie dies für eine Provinzialmünze auch angemessen und die Regel ist[2]); wir haben ihn wie sonst in der Hauptstadt zu suchen,

und da die drei dacischen Provinzen zusammen nur eine *metropolis* haben, Sarmizegetusa, den Sitz des gemeinsamen Landtags und des Kaisercultus, so kann man diese Stadt ziemlich bestimmt als den Prägeort der dacischen Münzen ansehen. — Die neue, gemeinsame Jahreszählung, welche mit den Münzen zugleich eingeführt wurde, scheint im Verkehr wenig Anwendung gefunden zu haben; es fehlt nicht an Inschriften aus der Zeit, aber keine ist nach der Aera datirt. Wir kennen sie ausschliesslich aus unseren Münzen, auf deren Rückseite im Abschnitt unter dem Bilde regelmässig die Jahresangabe AN·I·, AN·II· u. s. w. erscheint. Leider sind die Münzen grade an dieser Stelle oft schlecht erhalten und zuweilen auch unvollständig, so dass irrige Lesungen leicht vorkommen; doch sind die meisten der unten aufgenommenen Stücke von mir gesehen oder von anderen für mich verglichen worden, so dass nicht viele zweifelhafte Fälle übrig geblieben sind; dagegen ist es wohl möglich, dass aus ungarischen und siebenbürgischen Sammlungen noch mancher erwünschte Nachtrag beizubringen wäre.

Die Prägung erstreckt sich über die Jahre I—XI der neuen Aera, von Philippus bis Valerianus und Gallienus; die Vertheilung ergiebt sich aus der folgenden Tabelle. Die Buchstaben A B C D E geben die unten beschriebenen fünf Haupttypen an; die horizontalen Reihen zeigen, in welchem Jahre und mit welchen Typen jeder Kaiser (Kaiserin, Caesar) sich findet; die vertikalen Reihen, welche Kaiserköpfe u. s. w. und welche Typen in jedem Jahre geprägt worden sind.

---

[1]) Vgl. die Citate bei Mommsen und bei Marquardt a. a. O.

[2]) Mommsen Münzw. 731. Hier die Metropolen als Sitz der provinzialen Münzprägung ebenda 731.

PROVINCIA DACIA

	I	II	III	IIII	V	VI	VII	VIII	VIIII	X	XI
Philippus sen.	A D A'	A D G	D								
Otacilia	A D	A D G	D								
Philippus iun. Caes.	A D	A G									
Philippus iun. Aug.			D								
Decius			(D)	D D D	D D						
Etruscilla				D D	D						
Etruscus Caes.					D						
Hostilianus Caes.					D D						
Gallus					D D	D D					
Volusianus					D D	D D					
Aemilianus							D D	D D			
Valerianus					(D)		D D	A'	A B	B	
Gallienus					(D)		D		D B	B	

Ein Blick auf die Tabelle lehrt, dass wir in den Jahreszahlen I—XI eine einheitliche, regelmässig fortgezählte Aera vor uns haben, wie dies schon Eckhel gegenüber verschiedenen Zweifeln und Vermuthungen der älteren Numismatiker festgestellt hat. Von den Münzen des Valerianus und Gallienus mit AN·VI, welche nicht in die Reihe passen, wird später gezeigt werden, dass sie nur scheinbar eine Ausnahme bilden. Zunächst gilt es erst, den Anfangspunkt der dacischen Provinzialaera zu ermitteln. Derselbe ergiebt sich am leichtesten aus den Münzen des Kaisers Aemilianus; die einen tragen das Datum AN·VII (n. 55. 56), die anderen AN·VIII (n. 57. 58). Das dacische Jahr VIII begann also unter der Regierung dieses Kaisers, d. h. zwischen Juni und September 253[1]; und danach ist der Anfang der ganzen Aera zwischen Juni und September 246 zu setzen. Dieser Ansetzung fügen sich alle bisher bekannten Daten: der Antritt des Decius im Jahre III (248/9)[2], sein Tod und der Antritt des Gallus im Jahre V (250/1) und endlich der Antritt des Valerianus im Jahre VIII (253/4). Eckhel, der Aemiliani Regierung noch in das Jahr 254 hineinreichen liess, hatte als Anfangstag der Aera den 1. Januar 247 angenommen. Er war dabei von der Anschauung beeinflusst, dass die Jahresberechnung in römischen Colonien und Municipien nach römischem

---

[1] Die Inschrift Corpus inscr. Lat. VIII 2634 (= Henzen inscr. lat. sel. 531) zeigt, dass am 22. Oct. 253 schon Kaiser Valerianus an seinem Numidien merkbar war; danach ist Aemilians Untergang spätestens Ende September zu setzen, und da es alexandrinische Münzen von seinem zweiten ägyptischen Jahre giebt, das am 29. August 253 begann, so war er Ende August noch am Leben oder wenigstens sein Tod in Alexandreia noch nicht bekannt. Seine etwa dreimonatliche Regierung fällt also zwischen Juni und September 253. — Vgl. darüber Schiller, Gesch.

d. röm. Kaiserzeit I.809fg.; v. Rohden in Pauly-Wissowas Realencyclopädie I.546; im Allgemeinen aber die Chronologie dieser Zeit Goyau, chronologie de l'empire romain, und die Dissertation von Naslet, de imperatorum Romanorum tertii p. Chr. n. saeculi temporibus constituendis (Bonn 1893).

[2] Vgl. aber die Bemerkung unten S. 14 n. 35. — Wenn es wirklich Münzen des Decius mit AN III giebt, so müssen sie in der Zeit nach seinem Abfall, aber vor dem Tode des Philippus geschlagen sein; s. die Einheit. zu Viminacium unten S. 25.

Muster eingerichtet sein, das Jahr also am 1. Januar beginnen müsste. Doch ist diese Anschauung unbegründet; wir werden sehen, dass auch die Aera von Viminacium (Obermoesien) ihr Neujahr im Herbst hatte. Die dacische Aera begann eben an demjenigen Tage des Jahres 246, an welchem Kaiser Philippus, der damals wohl des karpischen Krieges wegen in Dacien weilte, der Provinz das Münzrecht gewährt und vielleicht noch andere Neuerungen eingeführt hat. Wir können den Tag nicht genau angeben; doch lehren die Münzen Aemilians mit AN·VII, von denen wenigstens eine (n. 56) sicher ist, dass das Neujahr einige Zeit nach Anfang Juni lag, und die zahlreicheren mit AN·VIII, dass es einige Zeit vor Ende September lag; am wahrscheinlichsten also wird man den Anfangstag der dacischen Aera im Juli oder August 246 zu suchen haben¹). — Unvereinbar mit dieser wie mit jeder anderen Berechnung sind nur die schon erwähnten Münzen des Valerianus (n. 59) und Gallienus (n. 65) mit AN·VI· Da diese Kaiser erst im Jahre VIII zur Regierung gelangt sind, wie denn auch aus dem Jahre VII keine Münzen mit ihren Köpfen vorliegen, so ist kein Zweifel, dass das Datum AN·VI hier fehlerhaft ist. Auch Eckhel hat richtig erkannt, dass diese Münzen nicht im Jahre VI, sondern später geprägt sind; und er spricht die Vermuthung aus, dass man unter Valerian einmal alte Rückseiten-Stempel aus dem Jahre VI hervorgesucht und zu Münzen der regierenden Kaiser verwendet habe. Doch ist es wenig wahrscheinlich, dass man in jener Zeit die alten Stempel überhaupt aufbewahrte; und es lässt sich ziemlich sicher nachweisen, dass auch die Stempel erst aus einem späteren Jahre stammen. Die Münzen zeigen nämlich auf der Rückseite den Typus der Frau mit 2 Feldzeichen (Typus E = Tafel I, 4), der sich sonst erst mit AN·X und AN·XI findet, während ist den Jahren VII, VIII und VIIII noch die älteren Typen erscheinen. Vielleicht darf man daraus schliessen, dass die Münzen des Valerianus und Gallienus, auf denen wir AN·VI lesen, aus flüchtig geschnittenen oder schlecht erhaltenen Stempeln mit AN·XI stammen. Keineswegs sind diese fehlerhaften Münzen geeignet, die Berechnung der dacischen Aera zu beeinflussen. Die Provinz hat nur eine Aera gehabt, die im Juli oder August 246 begann, und die Daten auf den Münzen der einzelnen Kaiser stehen durchaus in Einklang mit der Chronologie der Zeit, soweit sie uns überhaupt bekannt ist. — Die Prägung endet im Jahre XI, und ihr Erlöschen ist eines der Zeichen für den Untergang der römischen Herrschaft über Dacien im Jahre 256 oder 257.

Die Aufschrift PROVINCIA DACIA (auf den spätesten Münzen zuweilen abgekürzt), welche die Provinz als die Inhaberin des Münzrechts bezeichnet, kann zugleich als erklärende Beischrift zu der weiblichen Figur betrachtet werden, welche auf der Rückseite der meisten Münzen dargestellt ist. Wir finden nach und neben einander die folgenden Typen:

---

¹) Wenn Eckhel (a. a. O. 32) den Tod des Decius richtig auf den 17. Juli 251 berechnet hätte, so müsste das dacische Jahr V, aus dem es noch viele Münzen des Gallus und Volusianus giebt, bis in den August hineingereicht haben. Darnach liesse sich also das Neujahr des dacischen Aera geanuer in den August setzen; aber Eckhels Berechnung ist nicht sicher genug.

Typus A [Abbildung Seite 8]
Weibliche Figur in langem Gewand mit phrygischer Mütze linkshin stehend, in der Rechten ein krummes Schwert, in der Linken ein Feldzeichen mit der (oft undeutlichen) Aufschrift DF haltend; zu ihren Füssen links ein Adler mit ausgebreiteten Flügeln nach vorn stehend und den Kopf mit einem Kranz im Schnabel rechtshin erhebend, rechts ein Löwe linkshin schreitend.

Typus A' [selten] = A, nur hält die Frau das Schwert in der Linken und das Feldzeichen (ohne erkennbare Aufschrift) in der Rechten.

Typus B [Abbildung Seite 8]
Die gleiche Figur zwischen Adler und Löwe l. stehend, in der R. das Schwert, in der L. ein Feldzeichen mit der Ziffer XIII; vor ihr steht frei ein zweites Feldzeichen mit der Ziffer V. (Da das Schwert auf mangelhaft erhaltenen Stücken nicht gut zu sehen ist, so wird dieser Typus oft ungenau beschrieben, als ob die Frau das zweite Feldzeichen in der linken Hand hielte, also ähnlich Typus E, der aber auf sicheren Münzen erst unter Valerianus erscheint.)

Typus C [Abbildung Tafel I, 1 und 2; nur im Jahre II sicher nachweisbar]
Die gleiche Figur l. sitzend; die Attribute sind verschieden, aber die beiden Feldzeichen immer vorhanden. (Genauer bei den einzelnen Beschreibungen n. 9—14. 21—24. 32.)

Typus D [Abbildung Tafel I, 3]
Weibliche Figur (ohne phrygische Mütze) zwischen Adler und Löwe l. stehend, in der erhobenen R. einen Zweig, im l. Arm ein Scepter haltend.

Typus D' [nur einmal, n. 37, vorhanden] = D, nur steht auf dem Scepter eine kleine Siegesgöttin mit Kranz und Palmzweig linkshin.

Typus E [Abbildung Tafel I, 4; gewöhnlich sehr roh]
Weibliche Figur zwischen Adler und Löwe l. stehend, die Arme ausgebreitet und in jeder Hand ein Feldzeichen haltend. (Die Ziffern auf den Feldzeichen sind gewöhnlich nicht erkennbar.)

Die Bedeutung aller dieser Darstellungen ist leicht zu erkennen. Die in Typus A, A', B, C und E dargestellte Frau ist die Dacia; sowohl das krumme Schwert als die der phrygischen ähnliche Kopfbedeckung sind als Abzeichen der Daker bekannt; nur auf einem Theil der letzten Münzen (Typus E) scheint die Mütze durch das gewöhnliche Abzeichen der personifizirten Provinzen, den Modius, ersetzt zu sein. Die Aufschriften der Feldzeichen und die beigegebenen Thiere sind ebenfalls schon von Eckhel (zum Theil nach dem Vorgang von Froelich und Neumann) richtig erklärt worden. Die Buchstaben DF sind die Abkürzung von *Dacia Felix*, wie die Provinz auch auf römischen Münzen des Decius heisst. Die Ziffern V und XIII bezeichnen die beiden Legionen, die (nach Dio Cassius 55,23 und den Inschriften) im dritten Jahrhundert in Dacien lagen, die *legio V Macedonica* und die *legio XIII Gemina*; und wie die römischen Münzen des Gallienus lehren, ist der Adler das Abzeichen der V. und der Löwe das der XIII. Legion[1]). Da in Dacien,

---

[1]) Vgl. v. Domaszewski, die Thierbilder der Signa, in archäol.-epigr. Mitth. 15 (1892) 182 fg.

und ebenso in Obermoesien, die Besatzung einen grösseren Bruchtheil der Bevölkerung bildete als in den meisten anderen Grenzprovinzen, so war es ganz passend, die Feldzeichen der beiden Legionen, oder, wo die Dacia ihre eigene Provinzialfahne hält, wenigstens die beiden Thierbilder auf den Münzen darzustellen. — Diese Thierbilder erscheinen dann auch auf denjenigen Münzen, die statt der Dacia eine andere weibliche Figur, ohne phrygische Mütze, mit Zweig und Scepter zeigen (Typus D und D'). Wie Sallet (Cat. Berlin 34,16) richtig bemerkt hat, ist das der römische Typus der Pax. Er ist erst im Jahre 1111 unter Decius neu eingeführt und erscheint ganz ebenso, mit oder ohne die kleine Siegesgöttin auf dem Scepter, auf gleichzeitigen Münzen von Viminacium (s. dort unter Decius mit AN·XI); es passt dazu, dass derselbe Kaiser auf einer nicht viel späteren Inschrift als *restitutor Daciarum* gefeiert wird (Corpus inscr. Lat. III, 1176). Der neue Typus bezeichnete also ursprünglich die Wiederherstellung des Friedens an der unteren Donau und wurde dann beibehalten, auch als er diesen Sinn nicht mehr haben konnte.

Endlich erhebt sich noch die Frage, welche Werthe die Münzen der Provincia Dacia vorstellen. Die angeblichen Silbermünzen dieser Art, welche in der älteren Litteratur erwähnt werden (vgl. n. 7°. 8,14. 69°), waren entweder versilbert oder gegossen; echte Münzen giebt es nur aus Kupfer. Unter diesen sind einige besonders schwere Stücke (n. 15. 26. 44) leicht als Ausnahmen zu erkennen; es ist kaum wahrscheinlich, dass in Dacia Nominale von so hohem Gewicht (63, 40. 39 g) als Geld dienen sollten[1]). Bei den gewöhnlichen Münzen ist das Gewicht sehr ungleich. Immerhin können wir wenigstens unter Philippus, zu dessen Zeit die Prägung am stärksten und sorgfältigsten gewesen zu sein scheint, drei Nominale unterscheiden: das grösste wiegt etwa 16 g und soll wohl der Sesters sein; das zweite, im Gewicht von etwa 6 g, scheint durch die Strahlenkrone, die der Kaiser regelmässig trägt, als Dupondius bezeichnet zu werden; und das kleinste, welches nur mit dem Kopf des jüngeren Philipp vorkommt und gewöhnlich etwa 3 g wiegt, wird als der As anzusehen sein. Unter den späteren Kaisern kommt nur noch je ein Nominal vor, das aber (mit wenigen Ausnahmen) immer leichter wird; der Durchmesser der Stücke wird nicht viel kleiner, aber die Linse wird immer dünner; das Gewicht sinkt von etwa 13 bis 8 g und zuweilen noch tiefer, doch soll auch diese leichte Münze wohl immer noch den Sesters vorstellen.

Litteratur.

Zusammenfassende Behandlung der dacischen Münzen und ihrer Aera findet sich in folgenden Stellen:

Massolent, animadversiones a.177. [Er glaubte zwei verschiedene Aeren in Dacia nachweisen zu können, die eine im Jahre 247, die andere im Jahre 249 beginnend.]

Eckhel, d. n. 2.4 fg.

Sanclemente, mus. Sancl.m. 4, 164—174. [Er bemüht sich alle wesentlichen Werke der älteren Litteratur in verständiger Weise; eine sichere Lösung der Schwierigkeiten erklärt er nicht zu finden: daher begnügt er sich damit, die Münzen nach Jahren zu ordnen und einige Vorschläge zur Berichtigung der fehlerhaften Daten zu machen. Ci

---

[1]) Vgl. Pick, Wiener numism. Zeitschrift 23 (1891) 50.

eigenen, jetzt in der Brera zu Mailand befindlichen Sammlung anführt.)

Ackner, die antiken Münzen, eine Quelle der älteren Geschichte Siebenbürgens. — Der Anfang dieser Arbeit erschien im »Archiv für die Kenntniss von Siebenbürgens Vorzeit und Gegenwart« Band 1 (1841) S. 69—96 und 297—335 (citirt: Ackner 1841); der Schluss im »Archiv des Vereins für siebenbürgische Landeskunde« Band 1, Heft 2 (1844) S. 58—77 (citirt: Ackner 1844). [Ackner entnimmt sein Material theils aus Eckhels catalogus und einigen älteren Werken, theils aus Hermannstädter Sammlungen, nämlich aus dem Bruckenthalschen Museum, der Gymnasialsammlung und seiner eigenen Sammlung. Die Beschreibungen nach Originalen sind ungenau und konnten leider nicht nachgeprüft werden. — Die Arbeit enthält zur Beurtheilung der Daten nichts neues, ist aber regelmässig citirt.]

Typus A

Typus B

Philippus senior

1 K 59	IMP M IVL PHILIPPVS AVG Brust- bild des Kaisers mit Lorbeerkranz, Panzer und Mantel r.	**PROVINCIA DACIA** und im Ab- schnitt **AN I** Weibliche Figur in langem Gewand mit phrygi- scher Mütze zwischen Adler und Löwe l. stehend, in der R. ein krummes Schwert, in der L. ein Feldzeichen mit der Aufschrift **DF** (Typus A)

Gewicht: 16,40 (4) — 14,85 (1)

Abweichungen: Aufschrift des Feldzeichens oft unsicher; angeblich DF 14. 26 —
AN I zuweilen ohne Punkte

1. 2. 3 Berlin Cat. 35.1-3 — 4 Gotha — 5 Haag — 6 Kopenhagen Ramus 1,97,1 (3 nicht
nachr vorhanden) — 7 Leake Europ. Gr. 44 — 8 Löbbecke — 9 London Cat. 14,1 —
10 Mailand — 11. 12. 13 München — 14 Neapel Cat. 6329 — 15 Paris Mionnet 1, 350, 1 —
16 Paris — 17 Parma — 18 St. Petersburg Sestini mus. Bonkowitz 5 — 19. 20 St. Petersburg —
21. 22 Wien Eckhel cat. 48,1. 2 [Ackner 1841, 323,3] — 23. 24 Wien Mus. Theup. 741 —
25 Zurich. — — 26 Mus. Arigoni 1 alia colon. XI, 177 (Rev.) — 27 Wiczay 1975; Sestini
mus. Hederv. 6,1 — 28 Sestini mus. Hederv. 6,2 (angeblich *capite radiato*) — 29 Choco (1601)
441 — Mediobarbus 345 ohne Grossenangabe

1* K	IMP C M ANT GORDIANVS AVG Kopf mit Lorbeerkranz (r.)	PROVINCIA DACIA (l. A. nachts, abgeschnit- ten) Weibliche Figur zwischen Löwe und Adler l. stehend, die R. vorgestreckt, im l. Arm Scepter (also ähnlich Typus l), aus ohne den Zweig)

1 Cat. Pfau 461; Gessner imp. CLXXVI, 15 [Rasche suppl. 2, 393]. Die Sammlung Pfau
kam später nach Berlin; vermutlich haben wir es hier mit der schlecht erhaltenen Münze
des Dessau Cat. Berlin 34. 16 (unten n. 38, 3) zu thun, auf der noch die Jahreszahl fehlt.
Keinesfalls kann es eine Münze Gordianus sein, da die Prägung erst unter Philippus begann.

PROVINCIA DACIA 9

2 K 21	[Philippus senior] ebenso, aber mit Strahlenkrone statt des Lorbeerkranzes Gewicht: 6,65 (1)		ebenso, aber die Aufschrift des Feldzeichens immer undeutlich

1 Berlin Cat. 33, 4 — 2 Haag — 3 Hunter — 4 Mailand — 5. 6 München — 7 Paris, früher Wiczay 1976; Neulini 6,3 — 8 St. Petersburg Sestini num. Brahowitz 3 — 9. 10 Wien Eckhel cat. 48, 3. 6 (Arneth 1841, 334. 4) — 11 Wien Mus. Thrup. 748 — 12. 13 Wien

3 K 29 — ebenso, aber mit Lorbeerkranz | ebenso, aber die Frau hält das Feldzeichen in der Rechten und das Schwert in der Linken (Typus A')

1 München — 2 Neapel Cat. 6250. — Vgl. oben 3°.

4 K 29 — ebenso | PROVINCIA DACIA u. i. A. AN · I · Weibliche Figur in langem Gewand mit phrygischer Mütze zwischen Adler und Löwe L stehend, in der R. das krumme Schwert, davor frei stehend ein Feldzeichen mit der Aufschrift V, in der L. ein Feldzeichen mit der Aufschrift XIII (Typus B)

1 Haag — 2 Lobbecke — 3 Paris Mionnet S. 2, 33, 1 — 4 Wien Eckhel cat. 48, 5. — |— 5 Vaillant num. col. 2, 230 — 139 Abb. 2 (Rs.) — 6 Hoveramp numoph. reg. Christinae 247, XXXIV, 23 (Rs.) — 7 Wiczay 1977; Sestini 6, 4 — 8 Hermannstadt Ackner 1841, 324, 5

5 K 21 — ebenso, aber mit Strahlenkrone | ebenso

1 Lobbecke — 2 London Cat. 14, 2 — 3 Mailand Mus. Sanclem. 4,166 — 4 Mailand — 5 Paris Mionnet I, 350, 1 — 6 ibid. Petersburg — 7 Wien Eckhel cat. 48, 6 — 8. 9. 10 Wien. — — 11 Wiczay 1978; bestini 6,6

[6] K (29) — ebenso, aber mit Lorbeerkranz | PROVINCIA DACIA u. i. A. AN · I · I · Typus A

1 Wiczay 1984; Sestini 7,12. — Wohl ebenso: 2 Cuno (1601) 441 — Mediobarbus 344 (Rs.) Da derselbe Typus mit AN II bei Hostilia und Philippus junior vorkommt (unten s. 19, 31), so ist er auch hier zu erwarten.

3° K — Philippus senior (Vs. nicht beschrieben) | — 3, aber AN.. und auf dem Feldzeichen [?]K 2 Patin imp. (1691) 382 Abb. d. Rs. [Mediobarbus 344: geändert in AN · II · und DP bei Vaillant num. col. 2,231 — 160; Gewart imp. CLXXX, 25; Rasche 2, 22, 19]

4° K — (Vs. nicht beschrieben) | — 4, aber die Frau angeblich ohne Schwert 1 Vaillant num. col. 2,230 — 139 Abb. 1 (Rs.) Vaillant laßt das Schwert gewöhnlich fort; da aber der Typus E (ohne Schwert) auf sicheren Münzen erst unter Valerianus vorkommt, so sind Vaillants Zeichnungen als irrig anzusehen.

5° K (18) — 4 | — 4 1 Sestini imp. II. Ferv. 6, 5 Münzen dritter Grösse sind sonst nur für Philippus junior nachweisbar; vielleicht ein Irrthum von Sestini.

PROVINCIA DACIA

(Philippus pater)

7
K 39
IMP M IVL PHILIPPVS AVG Hr. mit PROVINCIA DACIA u. i. A. AN II
Lorbeerkranz, Panzer und Mantel r.   Typus B
Abweichungen: die Trennung der Schrift auf der Rs. ist oft unsicher — AN II
zuweilen ohne Punkte — die Frau angeblich ohne Schwert 16, 18 (vgl. n. 4*)
1 Berlin Cat. 33,5 — 2 Hunter — 3 Kopenhagen Ramus 1 add. 396,2a — 4 Löbbecke —
5. 6 London Cat. 14, 3. 4 — 7 Mailand — 8. 9. 10 Neapel Cat. 6231-6233 — 11 Paris
Mionnet S. 2, 33, 2 — 12 Parma — 13 St. Petersburg — 14 Wien Eckhel cat. 48,11 —
15 Wien Mus. Theup. 742. — ' — 16 Mediobarbus 344 — 17 Mus. Arigoni t alia coins.
XI, 178 (Rs.) — 18 Gessner imp. CLXXX, 8 (Rs.) — 19 Sestini mus. Hederv. 7,13; wohl
dieselbe Münze vorher ungenau Wiczay 1986 (außer andras) — 20 Hermannstadt Ackner
1841, 325,12

8
K 21
ebenso, aber mit Strahlenkrone   ebenso
Gewicht: 6,22 (1) — 6,05 (4) — 5,60 (2) — 4,40 (3)
1 Berlin Cat. 33,6 — 2. 3 Gotha — 4 Imhoof — 4 Kopenhagen Ramus 1 add. 396,2b —
6 London Cat. 14,5 — 7 Mailand — 8 Neapel Cat. 6234 — 9 Paris Mionnet S. 2, 33, 3 —
10 Stuttgart — 11 Wien Eckhel cat. 48,12. —]— 12 Muselli imp. CCIIII, 5 ungenau —
13 Sestini mus. Hederv. 7,14; vorher ungenau Wiczay 1985 (andras) — 14 Sestini mus.
Hederv. 7,15 als versilbert; vorher Wiczay 1999, VI, 128 als Silbermünze [Mionnet S. 6, 37, 7
als gegossen] — 15 Hermannstadt Ackner 1841, 325,13

9
K 27
ebenso, aber mit Lorbeerkranz   PROVINCIA DACIA u. i. A. AN II
Weibliche Figur in langem Gewand mit phrygischer Mütze zwischen Adler und Löwe l. sitzend,
in der R. das krumme Schwert, in
der l. das Feldzeichen mit XIII, vor
ihr aufgepflanzt das Feldzeichen
mit V (Typus C)

Taf. I, 2   Abbildung der Rs. (1)
1 Arolsen — 2 Paris Mionnet S. 2, 34, 5 [Cohen 5, 119, 355?] — 3 Wien, früher Neumann
num. vet. 1,85; Wiczay 1991, VI, 127; Sestini 7,17. — Hierher gewiss auch: 4 Hermannstadt Ackner 1841, 324,6 angeblich mit AN I·

10
K 21
ebenso, aber mit Strahlenkrone   ebenso
1 Gotha — 2 Paris Mionnet S. 2, 34, 6 — 3 Naramsahan. — — 4 Wiczay 1992; Sestini 7,18

11
K 27
ebenso, aber mit Lorbeerkranz   ebenso, aber die Frau hält in der
R. statt des Schwertes ein Ährenbündel

Taf. I, 1   Abbildung der Rs. (1)
1 Wien, früher Neumann 1,84, 121, 2 [Mionnet S. 2, 34, 4; Cohen 5, 119, 856]; Wiczay 1988,
VI, 126; Sestini 7,16; überall ungenau. —|— 2 Wiczay 1985; Sestini 7,16 ungenau —
3 Wiczay 1990; Sestini 7,19 angeblich mit Zweig statt der Ähren

12
K 27
ebenso   ebenso, aber statt des Schwertes
Schale
1 Zürich. — ' — 2 Wiczay 1989 (nicht bei Sestini)

?
A -
(Vs. nicht beschrieben)   — ?, nur ohne Schwert
1 Vaillant num. pracs. (J. Aug., von Baldinus) 2,315. - Dieser von Baldinus aus seiner
Sammlung in Vaillants Werk eingeschobene »Silbermedaillon« muss eine verstümmelte oder
falsche Münze gewesen sein; das meint auch Mionnet S. 2,33.

PROVINCIA DACIA   11

13   [Philippus senior]
K 27   ebenso   ebenso, aber der Gegenstand in der
                                  R. unsicher; vielleicht hält sie hier
                                  das Feldzeichen mit der Ziffer V

   Abweichungen: AN·I·I· 2, angeblich AN·I· 4
   1 Budapest — 2 Budapest Univ. — 3 M. Florian. —|— 4 Mus. Arigoni 2 colos. XII, 128
   (R., schlechte Zeichnung)

[14] ebenso   PROVINCIA DACIA u. i. A. AN·II·
K (27)   Weibliche Figur wie oben I,
                                  sitzend, aber ohne Adler und
                                  Löwe, in der R. Ähren, in der L.
                                  das Feldzeichen mit XIII, vor ihr
                                  aufgepflanzt das Feldzeichen mit V;
                                  am Schaft eines jeden hängt ein
                                  Thierkopf (wohl Adlerkopf und
                                  Löwenkopf)

   1 Wiczay 1983, VI, 125; Neslini 1,20; Abbildung und Beschreibung ungenau
   Da dieser Typus bei Otacilia gesichert ist (unten s. 14), so ist sein Vorkommen bei Philippus glaubhaft; die Beschreibung hier ist nach jener Münze berichtigt.

15   ebenso   PROVINCIA DACIA u. i. A. AN·III
K 33   Typus B
         Gewicht: 63 g, 7 mm dick
   1 Mandl, Fick num. Zschr. 23 (1891) 30,1. — Über andere Stücke von ungewöhnlichem
   Gewicht vgl. s. a. D.; hinzuzufügen ist die erst später bekannt gewordene Münze der
   Etruscilla, unten s. 44.

16   ebenso, aber gewöhnliche Grösse   ebenso
K 28   (Sestertius)
         Gewicht: 17,58 (1) — 15,95 (13)
   Abweichungen: die Frau angeblich ohne Schwert: 13, 17, 18 — auf dem Feld-
   zeichen in der R. (ohne Ziffer) angeblich ein Adler 18
   1, 2 Berlin Cat. 33,7, B — 3 Kopenhagen Ramus 1, 97, 3 — 4 Löbbecke — 5 London
   Cat. 16,4 — 6 Mailand — 7 Moskau Univ. Cat. 114 — 8 München — 9 Paris Mignaxet
   S. 2, 34, 8 — 10 Parma — 11 St. Petersburg — 12 Sophia — 13 Turin Mus. Cat. 1945
   — Lavy 935 — 14 Wien Eckhel cat. 49,16 ungenau (Ackner 1841, 325,17] — 15, 16 Wien.
   —|— 17 Mus. Arigoni 1 alia colon. XII. 179 (R., ungenau Legionsziffer XII) — 18 Cat.
   d'Ennery 3115 — 19 Wiczay 1998; Neslini 8,26 — 20 Rabatter icon. rom. imp. LXIX, 38

15° (Vs. nicht beschrieben)   PROVINCIA DACIA u. i. A. AN III Ty-
K —   pus A
   1 Vaillant num. col. 2,531 = 160 Abb. d. Rs. [Grosser imp. CLXXX, 26]. — Da Typus A
   mit AN III sonst nicht bezeugt ist, muss die Münze einstweilen als unsicher gelten.

16° = 16   PROVINCIA DACIA Jahreszahl und Typus
K —   unsicher
   1 Occo (1601) 441 = Mediobarbus 343 (Rs.) — 2 Muselli suppl. (1760) imp. XXXIV, 6
   (sine scriptura)

Otacilia

17
K 28

MARCIA OTACILIA SEVERA AVG | PROVINCIA DACIA u. i. A. AN·I·
Brustbild der Kaiserin mit Gewand r. | Typus A

Gewicht: 15,20 (3) — 14,27 (1)
Abweichungen: Rs. mit Stempelfehler PROVICIA 9
1 Athen Cat. 777 — 2. 3 Berlin Cat. 34.9. 10 — 4 Hunter — 5 Mailand — 6 Paris Mionnet 1, 350, 3 — 7 Parma — 8 Wien — 9 Wien Cimel. Vindob. 1,105 ungenau; Eckhel cat. 48,7 [Achner 1841, 324,7]. —|— 10 Trouan (1644) 2, 564, 1 Abb. [Vaillant num. col. 2,257 — 178] — 11 Patin imp. 385 (Rs.) Abb. [Nerdinbarbus 349] — 12 Merdinbarbus 348 ungenau (= 10!) — 13 Wiczay 1979; Sestini 6, 7

[18]
K (28)

ebenso | PROVINCIA DACIA u. i. A, AN·I·
| Typus B

1 Wiczay 19,80; Sestini 6,8 — 1 Cat. Welzl 1833 — (Mionnet S. 2, 34, 9 hat vielmehr AN·II·, s. unten n. 20, 6).
Da Typus B mit AN·I· bei Philippus senior (n. 4, 5) und Philippus junior (n. 29, 30) vorkommt, so ist er auch hier zu erwarten.

19
K 28

ebenso | PROVINCIA DACIA u. i. A. AN·II·
| Typus A

1 Mandl — 2 Wien Eckhel cat 48,13. —|— 3 Vaillant num, col. 2,257 = 178 Abb. d. Rs. [Gessner imp. CLXXXII, 18]

20
K 27

ebenso | PROVINCIA DACIA u. i. A, AN·II·
| Typus B

Gewicht: 14,08 (1)
1 Athen Cat. 779 — 2 Lobbecke — 3, 4 München — 5 Paris Mionnet S. 2, 35, 10 — 6 Paris Mionnet S. 2, 34, 9 (Cohen 5, 152, 78) (irrig mit AN·I·). —|— 7 Wiczay 1993; Sestini 7, 11

21
K 28

ebenso | PROVINCIA DACIA u. i. A. AN·II·
| Sitzende Figur (Typus C) =
| Philippus n. 9; Tafel I, 2

1 Schottenstift — 2 Wien Mus. Theup. 745

22
K 27

ebenso | Sitzende Figur = Philippus n. 11;
| Tafel I, 1

1 Wien — '— 2 (aber ungenau) Wiczay 1994; Sestini 7, 22

23
K 28

ebenso | Sitzende Figur = Philippus n. 13

1 Budapest — 2 Bukarest — 3 Mailand. — Eine gleiche Münze in Cimel. Vindob. 1, 105, XVII, 11, aber nicht bei Eckhel und auch jetzt nicht im Wiener Cabinet

24
K 27

ebenso | Sitzende Figur = Philippus n. 14

1 Wien, früher Wiczay 1995, VI, 129 (Mionnet S. 1, 35, 11; Cohen 5, 152, 81); Sestini 7, 23 (überall ungenau)

25
K 29

ebenso | PROVINCIA DACIA u. i. A. AN·III·
| Typus B

1 Paris Mionnet S. 2, 35, 12

24*
K

Otacilia (Vs. nicht beschrieben) | PROVINCIA DACIA u. i. A. AN III Typus A

1 Vaillant num. col. 2, 257 — 178. — Vgl. die Bemerkung zu 15°

Philippus iunior

26 / K 31
M IVL PHILIPPVS CAES Brustbild mit Panzer und Mantel r.
PROVINCIA DACIA u. i. A. AN I
Typus A
Gewicht: 40 g, 5 mm dick
1 Wien Mus. Theup. 812; vgl. oben zu n. 15

27 / K 29
ebenso, aber gewöhnliche Grösse (Sestertius)
ebenso
Gewicht: 11,90 (2)
1 Frankfurt — 2 Gotha — 3 Kopenhagen Ramus 1 mid. 396 zu 97,4 — 4 Krupka — 5 Löbbecke — 6 London Cat. 14,7 — 7 Mailand Mus. Sanclem. 4,166 — 8 Paris Mionnet S. 2, 35, 13 — 9 Paris, früher Wiczay 1981; Sestini 6,9 — 10 Wien Cimel. Vindob. 1,105; Eckhel cat. 48,8 [Arknerr 1841, 324,8]. —|— 11 Paris imp. 387 (Rs.) Abb. (Medionbarbus 351) — und vielleicht auch 12 Mediobarbus 350 (ohne Angabe des Schwertes)

28 / K 18
ebenso (Dupondius?, As)
ebenso
Gewicht: 5,60 (6) — 3,46 (1) — 3,00 (2.3) — 2,80 (4)
1 Athen Cat. 778 — 2.3 Berlin Cat. 34,11.12 — 4 Gotha — 5 Löbbecke — 6 München — 7 Parma — 8 Wien Eckhel cat. 48,9 (Arkner 1841, 324,9). — — 9 Nestini mus. Hederv. 6,10 — 10 Cohen 5, 172, 93 (nicht in Paris) — und wohl auch 11 Morelli imp. CCVIII, B (mit AN..., und ohne Schwert)
Da das unterscheidende Merkmal der Strahlenkrone hier fehlt, bleibt es unsicher, ob nicht ein Theil der Münzen, wie die Münchener (6), als Dupondii anzusehen sind; 1-4 sind aber gewiss Asses.

29 / K 28
ebenso (Sestertius)
PROVINCIA DACIA u. i. A. AN I
Typus B
1 Haag — 2 Paris Mionnet S. 2, 35, 14 — 3 Parma. — — 4 Vaillant num. col. 2,270 = 187 Abb. d. Rs. (angeblich ohne Schwert) — 5 Wiczay 1982; Sestini 6,11

30 / K 19
ebenso (As)
ebenso
Gewicht: 3,50 (1)
1 München — 2 Wien Eckhel cat. 48,10 [Ackner 1841, 324,10]

31 / K 28
ebenso (Sestertius)
PROVINCIA DACIA n. i. A. AN II
Typus A
1 Wien Eckhel cat. 48,14 (Mionnet S. 2, 35, 15. Ackner 1841, 325,15). —|— 2 Wiczay 1906; Sestini 8,24
Münzen des Philippus iunior mit Typus B sind in diesem Jahre gewiss auch geschlagen worden, aber noch nicht nachgewiesen. die Beschreibung unten n. 32° ist werthlos.

32 / K 27
ebenso
PROVINCIA DACIA u. i. A. AN II
Sitzende Figur (Typus C) = oben n. 9 und 21; Tafel I, 2
1 Paris — 2 Paris, früher Wiczay 1997; Sestini 8,23 (beide ungenau) — 3 Wien Cimel. Vindob. 1,105, XVII, 12 ungenau; Eckhel cat. 48,15 [Ackner 1841, 325,16]. —|— 4 Oreo (1601) 448 (von Cellarius) = Mediobarbus 351 — und gewiss auch 5 Ackner 1841, 324,11 (aus seiner Sammlung, angeblich mit AN I und ohne Schwert)

33° / K —
IMP M IVL PHILIPPVS AVG Kopf mit Lor-beerkranz (r.)
DACIA AN II (so, ohne PROVINCIA) Typus B, ohne Schwert
1 Vaillant num. col. 2,270 = 187. — Die Beschreibung ist unzuverlässig, da der jüngere Philippus sonst in Dacia erst im Jahre III Augustus heisst.

14   PROVINCIA DACIA

         (Philippus junior)
33   IMP M IVL PHILIPPVS AVG Br. mit | PROVINCIA DACIA u. i. A. AN III·
K 38   Lorbeerkranz, Panzer und Mantel r. | Typus B
         1 Wien Eckhel cat. 49,17 (IMP vergessen) [Mionnet S. 2, 36, 16; Ackner 1841, 325,18;
         Cohen 5. 172, 96]. — — 2 Vaillant num. col. 7,270 = 187 (ohne Schwert) — 3 Wiczay
         2000; Sestini 8,27
34   IMP PHILIPPVS AVG ebenso | ebenso
K 27   1 Wien Mus. Theup. 748 ungenau

                                  Decius
35   IMP TRAIANVS DECIVS AVG Br. m. | PROVINCIA DACIA u. i. A. AN III
K 28   L. P. M. r. | Typus B
         Gewicht: 13.37
         1 Berlin Cat. 34,13. — (Eckhel cat. 49,18 hat vielmehr AN·IIII; s. unten n. 36,7.)
         Die Jahreszahl III scheint mir nicht sicher, vielleicht ist doch AN·IIII zu lesen.
36   ebenso | PROVINCIA DACIA u. i. A. AN·IIII
K 28 | Typus B
         Abweichungen: DECIOS statt DECIVS 3, 8
         1, 2 Berlin Cat. 34,15 und eine überprägte mit undeutlicher Jahreszahl 34,14 — 3 Mailand —
         4 Paris Bandurri 1,16 richtig; Mionnet S. 2, 36, 20 (Cohen 5, 199, 136) irrig mit AN V —
         5 Paris Cohen 135; früher Wiczay 2001; Sestini 8,28 — 6 Wien Mus. Theup. 751 ungenau —
         7 Wien Eckhel cat. 49,18 irrig mit AN·III·; Mionnet S. 2, 36, 17; Ackner 1841, 328,1; Cohen
         133] — 8 Wien Eckhel cat. 49,19 [Mionnet S. 2, 36, 18; Ackner 1841, 329,2; Cohen 134]
37   ebenso | PROVINCIA DACIA u. i. A. AN IIII
K 38   Weibliche Figur in langem Ge-
                                                wand (ohne phrygische Mütze) zwi-
                                                schen Adler und Löwe L. stehend, in
                                                der erhobenen R. einen Zweig, im
                                                l. Arm ein Scepter, von welchem
                                                eine kleine Victoria mit Kranz
                                                und Palmzweig auf sie zuschwebt
         1 Wien
38   ebenso | ebenso, aber das Scepter ohne die
K 28   kleine Victoria (Typus D)
         Gewicht: 19,15 (2) — 13,13 (3)
         1 Budapest — 2 Imhoof. — Hierher vielleicht 3 Berlin Cat. 34,16; vgl. t*
         Zur Erklärung dieses Typus, des römischen Pax oder Dacia-Pax, vgl. die Einleitung
         oben S. 6; Abbildung einer späteren Münze: Tafel I, 3.
39   ebenso | PROVINCIA DACIA u. i. A. AN V
K 26 | Typus B
         1 Budapest — 2 Löbbecke. — (Mionnet S. 2, 36, 20 hat vielleicht AN·IIII; s. oben n. 36,4)

36*   IMP C M Q TRAIANVS DECIVS Kopf m. L. (r.) = 36, aber ohne Schwert
K ·   1 Vaillant num. col. 2,383 = 196 (Banduri num. imp. 1,19; Mionnet S. 2, 36, 19]
38*   (Vs. nicht beschrieben)   PROVINCIA DACIA u. i. A. AN V Typus A
K   1 Vaillant num. col. 2,383 = 196 Abb. [Banduri 1,19] — Vgl. zu 15°
39*   (Vs. nicht beschrieben)   PROVINCIA DACIA (ohne Jahreszahl) Ty-
K   pus B, ohne Schwert
         1 Occo (1601) 449 = Mediobarbus 353

PROVINCIA DACIA

40
K 26

ebenso   PROVINCIA DACIA u. i. A. AN V
Typus D

1 Budapest — 2 Linz — 3 Parma — 4 Wien Eckhel cat. 49, 20 [Tanini 5; Ackner 1841, 329, 4]. — ′ — 6 Wiczay 2005; Sestini 8, 31

41
K 27

IMP C M Q TRAIANVS DECIVS AVG , ebenso
ebenso

1 Kopenhagen Cat. Welzl 1236 — 2 Mailand. —| — 3 Mus. Arigoni 2 colon. XIII, 133 [Tanini 5 ungenau) — 4 Sestini aus. Hederv. 8, 31

Etruscilla

42
K 27

HER ETRVSCILLA AVG Brustbild PROVINCIA DACIA u. i. A. AN IIII
mit Gewand r.   Typus II

1 München — 2 Paris, früher Neumann num. vet. 1, 91; Wiczay 2003; Sestini 8, 30 · 3 Wien

43
K 28

ebenso   PROVINCIA DACIA u. i. A. AN IIII
Typus D

1 Unater — 2 Paris, früher Wiczay num.; Sestini 8, 29. — ′ — 3 Mus. Arigoni 1 colon. XI, 174 [Tanini 15; Mionnet S. 2, 37, 211 Cohen 5, 218, 35]

44
K 30

ebenso   PROVINCIA (DACIA) n. i. A. AN V
ebenso

Gewicht: 39 g, 7 mm dick

1 Belgrad. — Vgl. die Bemerkung zu n. 19

45
K 27

ebenso, aber gewöhnliche Grosse PROVINCIA DACIA u. i. A. AN V
(Sestertius) ebenso

1 Budapest — 2 Kopenhagen Cat. Welzl 1238 — 3 Wien Hebich mil. 81, 41, II, 41 — Fröhlich 4 tentam. 133, 49 Abb.; Eckhel cat. 49, 21 [Tanini 18; Mionnet S. 2, 37, 24; Ackner 1841, 329, 5; Cohen 5, 218, 36}. —| — 4 (= 27) Wiczay 2005; Sestini 9, 33

Etruscus

46
K 27

Q H ETR MES DEC CAES Brustbild PROVINCIA DACIA u. i. A. AN V
mit Panzer und Mantel r. Typus D

Gewicht: 13,03 (1)

1 Athen Cat. 780 — 2 Mailand — 3 München — 4 Paris Mionnet S. 2, 37, 24 — 5 St. Petersburg — 6 Wien. — ′ — 7 Wiczay 2006; Sestini 9, 31 (Vs. Q HER, wohl Irrg)

41°
K —

IMP C M Q TRA DECIVS AV Br. mit Krone PROVINCIA DACIA AVG u. i. A. AN V Weibliche Figur wie sonst l. stehend, in der R. krummes Schwert (coronam T.), in der L. Scepter mit Thierkopf (super asini S., Victoriola T.)

1 Mus. Arigoni 2 alia colon. XII, 186 Abb. [Tanini 5]; Sestini enthält einig. 10 Es kann sich nur um falsche Zeichnung einer schlecht erhaltenen Münze handeln, wenn auch Sestini sie als richtig hinnimmt und den Zusatz AVG auf der Rs. sogar für wichtig hält. Der Kaiser und beide Inschriften bleiben unsicher, das Bild der Rs. ist wohl Typ. D.

45°
K —

Q HER ETR MES DEC CAES Sein Kopf PROVINCIA DACIA u. i. A AN IIII Typus B, ohne Schwert
ohne Lorbeerkranz

1 Vaillant num. col. 2, 197 = 206 Abb. d. Rs. [Ramduri 1, 43; Mionnet S. 2, 37, 13; Ackner 1841, 329, 3; Cohen 5, 221, 43]

46°
K —

— 45°   ; = 45°, aber AN V

1 Vaillant num. col. 2, 197 = 206 [Ramduri 1, 43; Ackner 1841, 329, 6]

Münzen des Etruscus mit AN V und Typus B wären zu erwarten, aber Vaillants Beschreibung ist jedenfalls ungenau.

Hostilianus

47
K 26
[C VAL] HOST M QVINTVS C Jhrust- | PROVINCIA DACIA u. i. A. AN V
bild mit Panzer und Mantel r. | Typus B

1 Paris Minnet K. 2, 37, 25 (Cohen 5. 233, 72). — Auch Cimel. Vindob. 1, 106 (unten 48,7) beschreibt eine Münze *typo radio*, die aber bei Eckhel nicht wiederkehrt.

48
K 27
C VAL HOST M QVINTVS C ebenso | PROVINCIA DACIA u. i. A. AN V
| Typus D

Abweichungen: HQST statt HOST 3, 9 — Κι. AN... 5

1 Budapest — 2 Hauter — 3 Mailand — 4 München — 5 Neapel Cat. 6235: gewiss das gleiche Stück vorher bei Bandari 1, 53 (Ackner 1844, 59, 2 ohne Quellenangabe), angeblich mit CAE auf der Vs., aus der Sammlung Fourault — 6 Parma — 7 Wien Cimel. Vindob. 1, 106; Eckhel cat. 49, 22 (Tanini 23; Ackner 1844, 59, 1) — 8 Wien Cimel. Vindob. 1, 123, Eckhel cat. 49, 23 (Tanini 23; Ackner 1844, 59, 1) — 9 Wien Eckhel cat. 49, 24 — 10 Wien. — ;— 11 Wiczay 2007; Revini 9. 35

Gallus

49
K 27
IMP CAE C VIB TREB GALLVS AVG   PROVINCIA DACIA u. i. A. AN V
Br. m. l. P. M. r.   Typus B
Gewicht: 10,00 (1)

1 Athen Cat. 781 (angeraut, ohne Nehwert) — 2 Budapest. — f — 3 Wiczay 2011: Revini 9. 03

[50]
K (27)
IMP C VIBIO TREBON GALLO AVG   ebenso
ebenso

1 Wiczay 2010; Revini 9. 38

Da diese Namensform des Kaisers mit Typus D vorkommt (unten n. 52), ist sie auch hier gleichfalls, wie bei wahrscheinlich hier als die mit Caesar zwischen IMP und C (vgl. Viminacium)

51
K 27
IMP CAE C VIB TREB GALLVS AVG   PROVINCIA DACIA u. l. A. AN V
ebenso   Typus D

Abweichungen: Vs. C statt CAE 5 (?). 3. unrelihältelig 4

1 Berlin Cat. 34,107 angeraut — 2 Wien Eckhel cat. 49, 25 (Tanini 30; Minnnet S. 2. 38, 28, Ackner 1844, 60,1; Cohen 5. 154, 139); dieses Stück oder 52, 1 vorher ungenau in Cimel. Vindob. 1.184. — — 3 Mus. Angoni i alia colon. XII, 193 [Tanini 30] — 4 Tanini 442 mld. (von Gradenigo)

47*
K —
— 48 | PROVINCIA DACIA a. i. A. AN VII Ty-
| pus B, ohne Nehwert

1 Bandari 1, 53 [Minnnet R. 2, 38, 27 und vorher ohne Quellenangabe 1, 351, 4; Cohen 5. 233, 74]. — Da Bandari die Münze als in der Pariser Sammlung befindlich citirt, so haben wir es nur mit einer falschen Beschreibung unsrer n. 47 zu thun, was Minnnet nicht bemerkt hat.

48*
K —
C OVAL. HOSTILIAN AVG ebenso wie 48 | — 47°

1 Vaillant num. ord. 2, 301 — 207 Abb. d. Rs. [Bandari 1, 53; Minnnet S. 2. 38, 26; Ackner 1844, 59, 3; Cohen 5. 233, 75]

Münzen des Hostilianus als Augustus könnten zwar in Dacia geprägt worden sein, so gut wie in Viminacium, doch würden sie AN V oder VI haben; da es ferner selbst von Gallus und Volusianus keine mit AN VII giebt und die Inschrift der Vs. gewiss unrichtig ist, so haben wir Vaillants Beschreibung als werthlos anzusehen.

PROVINCIA DACIA

[Gallus]

52 IMP C VIBIO TREBON GALLO AVG | ebenso
K 27 ebenso

Abweichungen: Vs. mit unvollständiger Schrift 1. 2 — Rs. PROVINCI ober A 4
1 Wien Eckhel cat. 49, 26 Vs. ungenau [Tanini 30; Mionnet S. 2, 38, 29; Arkwer 1844, 61, 2';
— 2 Mus. Arigoni a colon. XIII, 139 [Tanini 30] — 3 Wiczay 2008; Sestini 9, 36 —
4 Wiczay 2009; Sestini 9, 37

Münzen des Gallus, und ebenso des Volusianus, mit AN VI und AN VII
sind bisher nirgends nachgewiesen. — Vgl. unten 52° und 54°.

Volusianus

53 IMP C C VIB VOLVSIANVS AVG Br. | PROVINCIA DACIA u. i. A. AN V
K 27 m. L. P. M. r. | Typus B

1 Budapest — 2 Kopenhagen — 3 München — 4 Neapel Cat. 6256 — 5 Wien Friedrich 4
locutum. 137, 51 Abb.; Eckhel cat. 49, 28 [Tanini 36; Mionnet S. 2, 39, 32: Cohen 5, 280, 142].
—?— 6 Wiczay 2013; Sestini 9, 41

54 ebenso | PROVINCIA DACIA u. i. A. AN V
K 27 | Typus D
Tafel I, 3

Abbildung des Rs. (1)

Gewicht: 12,27 (1) — 9,90 (2) — 8,75 (8)

Abweichungen: Vs. VIBI statt VIB (?) 19 — Rs. ohne Jahreszahl 17

1. 2. 3. 4 Berlin Cat. 35, 18-21 — 5 Budapest — 6 Florenz Bandari 1, 88 ungenau [Mion-
net S. 2, 39, 31 mit AN III] — 7. 8 Gotha — 9 Kopenhagen Cat. Welzl 1239 — 10 Lobbecke — 11 Mailand — 12 München — 13 Parma — 14 St. Petersburg; s. unten 54° —
15 Wien Eckhel cat. 49, 27 [Tanini 36; Arkwer 1844, 61, 3] — 16 Wien, ? 17 Merlin-
harbus 362 — 18 Mus. Arigoni 1 colon. XII, 178 (Rs.) — 19 (— 181) Mus. Arigoni 2 alia
colon. XIII, 195 (beide Seiten) [Tanini 37] — 20. 21 Tanini 37 (aus seiner Sammlung,
der Zweig nicht angegeben) — 22 Wiczay 2011; Sestini 9, 40 — 23 Sabatier iconogr. rom.
imp. LXXIII, 22

55° IMP C VIB TREB GALLVS AVG Kopf mit | PROVINCIA DACIA u. i. A. AN (VI) Ty-
K —   L. (r.) | pus D [auf dem Scepter ein Raabskopf]

1 Paris imp. 397 Abb. d. Rs. (Vaillant num. colon. 2, 306 — 313; Bandari 1, 70; Mionnet
S. 2, 38, 30; Arkner 1844, 61, 5; Cohen 2, 254, 140)

Während Paris nur die Rs., einer schlecht erhaltenen Münze — 51 oder 52 abgebildet
hatte, hat Vaillant die Inschrift der Vs., die Jahreszahl und die Verzierung des Scepters erst
willkürlich hinzugefügt; wir haben also keine Münze des Gallus mit AN VI.

54° IMP CAE VOLVSIANVS AVG Br. m. L. P. | PROVINCIA DACIA AN III Weibliche
K —   M. r. | Figur wie sonst L sichernd, die M. ausge-
                                              streckt, in der L. Zweig

1 Bandari 1,83 (Mionnet S. 2, 39, 31: Cohen 5, 280, 143) aus der Sammlung Foucault
Mondem selbst bemerkt in den Addenda, dass er sich wohl geirrt habe und vielleicht
AN VI zu lesen sei; da auch die Inschrift der Vs. und der Typus der Rs. offenbar falsch
angegeben sind, fällt dieses Zeugnis fort; die Münze ist vielleicht dieselbe wie oben 54, 14,
da einiges von Foucault jetzt in St. Petersburg ist. — Nach Arkner 1844, 61, 4 befindet
sich auch eine (nicht näher beschriebene) Münze Volusians mit AN III in der Hermannstädter Gymnasialsammlung, doch verdient diese Angabe keine Berücksichtigung.

18 PROVINCIA DACIA

Acmilianus

[55] **IMP C M AEMIL AEMILIANVS AVG** — **PROVINCIA DACIA** u. i. A. AN VII
K 27 Br. m. l. P. M. r. Typus B
1 Vaillant num. col. 2,326 — 227 Abb. d. R». (Bandari 1,98; Mionnet S. 2, 39, 33; Ackner 1844, 63,1; Cohen 5, 294, 70] ohne Schwert — 2 Boothowski petit Mionnet 47
Im Typus B unter Acmilianus mit AN VIII vorhanden, hat er auch mit AN VII möglich; daher ist n. 55 trotz der schlechten Beglaubigung aufgenommen.

56 **IMP C M AEMIL AEMILIANVS AVG** · **PROVINCIA DACIA** u. i. A. AN VII
K 27 ebenso Typus D
1 Kopenhagen Cat. Welzl 1242 (Typus angenan) · · 2 Paris Bandari 1,98 (Ackner 1844, 63, 2); Mionnet 1, 352, 5 [Cohen 5, 293, 69] ungenau. — · 3 (= 2?) Trnitan 2, 631, 2 Abb. d. Rv. [Mediolarbus 364; Ackner 1844, 63,4] (Vs ungenau); u. auch noten 55°

57 **IMP C M AEMIL AEMILIANVS AVG** | **PROVINCIA DACIA** u. i. A. AN VIII
K 27 ebenso Typus B
1 Wien Eckhel cat. 49,32 die Rs. ungenau ohne Schwert (Tanini 42; Ackner 1844, 64,6] - 2 Wien. — — 3 Wiczay 2016; Sestini 10,44

58 ebenso | **PROVINCIA DACIA** u. i. A. AN VIII
K 26 | Typus D
Gewicht: 8,12 (1) — 8,00 (1)
Abweichungen: Vs. am Schluss AV). 7
1 Athen Cat. 782 · 2 Budapest — 3 Gotha — 4 Lobbecke — 5 München · 6 Wien Cimel. Vindob. 1,124, XXIII, 3; Eckhel cat. 49,31 [Tanini 41; Ackner 1844. 64,5}. - 7 Mus. Arigoni 1 alia color. XIII, 199 [Tanini 42] — 8 Wiczay 2015; Sestini 10,43

Valerianus

59 **IMP P LICI VALERIANVS AVG** Ilr. **PROVINCIA DACIA** u. i. A. AN VI
K 26 m. l. P. M. r. Weibliche Figur im langen Gewand mit phrygischer Mütze zwischen Adler und Löwe l. stehend, die Arme ausgebreitet, in jeder Hand ein Feldzeichen ohne sichtbare Legionsziffer (Typus E)
Gewicht: 6,60 (1)
Abweichungen: Vs. die Kopfbedeckung der Frau gleicht bei 2 eher einem Modius — Rs. die Ziffern der Feldzeichen sind bei 4 wohl nur irrig mit angegeben
1 Löbbecke · 2 München — 3 Wien Froelich append. 2 musei 25, 29 [Tanini 37]; Eckhel cat. 49,29 [Mionnet S. 2, 39, 34] — — 4 (aus B.s.) Inhatlet loco. introd. p. LVII, 186
Die Lesung der Jahreszahl AN VI ist ganz sicher; es muss aber Stempelfehler sein, da Valerianus Regierungsantritt erst in AN VIII fällt; vgl. oben S. 4 und bei Gallienus n. 65

55° Acmilianus (Vs. nicht beschrieben) PROVINCIA DACIA s. l. A. AN VII Typus A
K .. 1 Putin imp. 404 Abb. d. Rs. [angeblich darnach Vaillant num. col. 2,326 = 227 und wohl auch Ackner 1844, 63,3]; vielleicht nur schlechte Zeichnung von 56, 1

56° **IMP CAES AEMILIANVS P F AVG** Br. m. PRO,........,CIA u. i. A. AN VII Weibliche
K — L. P. M. r. Figur zwischen Adler und Löwe l. sitzend; vor sod hinter ihr je ein Feldzeichen
1 Mus. Arigoni 1 colan. XII, 179 Abb. [Tanini 41] · Schlechte Zeichnung; die Münze war offenbar schlecht erhalten, daher der Typus verkannt und die Inschrift der Vs. unrichtig.

[Valerianus]

60
K 26
ebenso

PROVIN CIA DACIA u. i. A. AN VIII
Typus B (die Ziffern der Feldzeichen auch hier nicht zu sehen)

1 Wien Eckhel cat. 49, 33 [Mionnet S. 2, 40, 35; Ackner 1844, 66, 1] ohne Schwert; doch glaube ich es in der K. der Frau zu erkennen. — — Wohl ebenso 2 Tanini 443 add. (von Oradenigo, Vs. angeblich IMP P LIC VALERIANO AVG)

61
K 27
IMP P LIC VALERIANVS AVG ebenso : PROVINCIA DACIA u. i. A. AN VIII
Typus D

Gewicht: 9,59 (1)

Abweichungen: Vs. unvollständig t. 2 — Rs. vielleicht AN VIIII 2

1 Berlin Cat. 35, 22 - 2 Lias — 3 München. — — 4 Wiczay m17; Sestini 10, 45

62
K 27
IMP VALERIANVS P F AVG ebenso PROVINCIA DACIA u. i. A. AN VIIII
Weibliche Figur wie sonst zwischen Adler und Löwe l. stehend, in der R. ein Feldzeichen (ohne sichtbare Aufschrift), in der L. das krumme Schwert (Typus A', wie oben n. 3)

1 Wien Dubiel mitL 87, 43. II. 43 — Froelich 4 tentam. 138, 52 Abb.; Eckhel cat. 49, 34 [Tanini 53; Mionnet S. 2, 40, 36; Ackner 1844, 67, 3] irrig mit ANNO statt AN — 2 Wien Mus. Theup. 763. - - Hierher gehört wohl auch 3 (mit unsicherer Jahreszahl) Neapel Cat. 6237; gewiss dasselbe Stück bei Banduri 1, 129 aus der Sammlung Foucault; vgl. noch unten 68*

63
K 27
IMP P L VALERIANVS A.. ebenso PROVINCIA (DACIA) u. i. A. AN X(?)
Typus A (aber das Feldzeichen ohne sichtbare Aufschrift)

Gewicht: 9,00

1 Berlin Cat. 35, 23 mit AN V(III), es ist aber X oder allenfalls XI. — Robert Still

64
K 26
IMP P L VALERIANVS AVG ebenso PROVIN DACIA (sol) u. i. A. AN X oder XI Typus E, die Legionsziffern V und XIII sind auf den Feldzeichen zu erkennen

Tafel I, 4

Abbildung (1)

Robert Still. Die Kopfbedeckung der Frau gleicht bei allen drei Stücken eher einem Modius.

1 Budapest — 2 Budapest Univ. — 3 Wien Eckhel cat. 49, 30 mit AN V... und auch sonst ungenau [Tanini 53]

59*
K —
IMP P LICI VALERIANVS AVG ebenso PROVINCIA DACIA u. l. A. AN VIII «Eine stehende Figur mit beiden Händen eine Fahne haltend: vor den Füssen ein Gefangener mit links stehendem Löwen.»

1 Hermannstadt Gymnas. Ackner 1844, 66, 2. — Der Typus der Rs. muss unrichtig beschrieben sein; es ist doch wohl Typus B oder E gemeint.

2*

Gallienus

65
K 26
IMP GALLIENVS PIV AVG Br. m. L. PROVINCIA DACIA u. i. A. AN VI
P. M. r.
Typus E (die Legionsziffern sind nicht zu sehen)

Abweichungen: Vs. mit unvollständiger Schrift 2, 3

1 Paris Banduri 1, 199; Mionnet S. 2, 40, 37; Cohen 5, 472, 1357; dasselbe Stück fälschlich mit AN VII 1, unten 65° — 2 Wien. — — 3 Wieзay 2014, bezw. als Sestini 9,41 Die Rs. der Pariser Münze (1) ist aus demselben Stempel wie die Rs. von 59,1 (Löbbecke, Valerianus); wegen der fehlerhaften Jahreszahl VI s. dort und Einleitung S. 4.

66
K 27
ebenso
PROVI[NCIA] DACIA u. i. A. AN VIII
Typus B (aber ohne Legionszifern)

Gewicht: 9,80 (1)

1 Berlin Cab. 35,24 (irrig nbne Schwert) — 2 Bukarest. — — 3 Wieзay 2018; Sestini 10,46 — 4 Hermannstadt Ackner 1844, 69, 2 (Vs. angeblich PIVS, Rs. ohne Schwert)

67
K 26
ebenso
PROVINCIA DACIA u. i. A. AN X
Typus D

Roher Stil. Das Scepter ist ganz krumm, so dass es eher einem Palmzweig gleicht.
1 Löbbecke

68
K 26
ebenso
PROVINCIA DACIA u. i. A. AN X
Typus E (ohne Ziffern)

Roher Stil.

Abweichungen: Vs. Schrift unvollständig z. 4 — Rs. PROVINCI 4, PROVIN 2, unsicher 1 — Feldzeichen mit V und XIII (?) 3 — die Frau vielleicht mit Modius 4
1 Mailand — 2 Parma — 3 Wien Drebiel std. 83, 45. II, 45 — Froelich 4 tentam. 140, 54 Abh.; Eckhel cat. 50, 33 [Tanini 75; Ackner 1844, 70, 3 ungenau]. — 4 Neumann 2,331. IV, 15 [Mionnet S. 2, 40, 39; Cohen 5, 472, 1360]; Wieзay 2014, VI, 131; Sestini 10,47

69
K 26
ebenso
PROVINCIA DACIA u. i A. AN XI
Typus E

Roher Stil.

1 Wien, früher Wieзay 2020; Sestini 10,48 (beide mit AN X, was allenfalls richtig sein könnte, da der Stich I hinter N nicht ganz sicher ist) — 2 Wien, früher Wieзay 2021, VI, 130 [Mionnet S. 2, 41, 40; Cohen 5, 472, 1357]; Sestini 10, 49; hier AN XI sicher

65*
K -
IMP GALLIENVS PIVS AVG Kopf m. L. r. PROVINCIA DACIA u. i. A. AN VII Typus E, angeblich mit den Legionsziffern V und XIII

1 Vaillant num. col. 2, 344 = 239 Abb. d. Rs. [Banduri 1, 199; Mionnet S. 2, 40, 38; Ackner 1844, 69, 1; Cohen 5, 472, 1358]. — Da Vaillant die Münze als in der Pariser Sammlung befindlich citirt, so haben wir es nur mit einer falschen Beschreibung unserer n. 65, 1 zu thun, was Mionnet nicht bemerkt hat; es giebt also keine Münze des Gallienus mit AN VII.

66*
K
(Vs. nicht beschrieben)
PROVINCIA DACIA [Jahreszahl fehlt] Typus A' (= 62)

1 Patin imp. 411 Abb. d. Rs. [daraus Mediobarbus 374, der irrig Vaillant citirt] — Vielleicht hat Patin nur aus Versehen die oben n. 62 beschriebene Münze des Valerianus unter Gallienus abgebildet.

66*
S -
(Vs. nicht beschrieben)
PROVINCIA DACIA [Jahreszahl fehlt] Der Genius zwischen dem Adler und Löwen.

1 Ackner 1844, 72 aus Jo. Filtsch, de Romanorum in Dacia colonnis disserratio, 1808 (mit numismatischem Anhang). — Die Schrift von Filsch war mir nicht zugänglich; jedenfalls ist diese angeraune Beschreibung einer geprägten oder falschen Silbermünze werthlos

MOESIA SVPERIOR

VIMINACIVM

Die Bezeichnung Moesia für das Land zwischen dem Istros im Norden und dem Haimos und Skardos im Süden tritt erst in der Zeit auf, wo die Römer davon Besitz ergriffen hatten. Die Bewohner, oder doch ein wichtiger Theil derselben, hiessen allerdings schon früher Moesi; und auch die Myser in Kleinasien waren einer Überlieferung nach von hier ausgezogen. Aber für das Land selbst hatten die Griechen keinen besonderen Namen; sie rechneten es zu Thrake, worunter das ganze Gebiet der thrakischen Stämme, zu denen auch die Myser gehörten, verstanden wurde, von der Nordgrenze Makedoniens bis an den Istros[1]. Erst als die Römer unter Augustus das nördliche Gebiet unterwarfen, während der Süden nominell noch frei blieb, stellte sich das Bedürfniss ein, die beiden Landschaften in der Benennung bestimmt zu unterscheiden: der Name Thrake wurde auf das Land zwischen dem Haimos und dem aegaeischen Meere beschränkt, wo der Kern der thrakischen Stämme sass; der des unterworfenen Gebiets aber wurde von dem wichtigsten Volke desselben, den Mysern, abgeleitet, welche die Römer Moesi nannten (Strabo 7, 3, 2 οἱ Μυσοί, Θρᾷκες ὄντες καὶ αὐτοί, καὶ οὓς νῦν Μοισοὺς καλοῦσιν; 12, 3, 3 οἱ Μυσοί — d. h. die kleinasiatischen — Ηγηρῶν ἔσχατά εἰσι τῶν νῦν λεγομένων Μοισῶν); die neue Provinz hiess nach ihnen Moesia. Über die erste Einrichtung der Provinz und ihren ursprünglichen Umfang gewähren unsere Quellen keine Sicherheit[2]. Lange Zeit wurde sie mit Macedonia und Achaia zusammen ver-

---

[1] Vgl. Forbiger in Pauly's Realencyclopädie 7 S. 1892 u. 1897f. Auch das Land nördlich vom Istros, gewöhnlich Skythia genannt, wird zuweilen zu Thrake gerechnet. — Von den stammverwandten Bewohnern dieses Gebiets sind wiederholt grössere Massen in die römische Provinz Moesia verpflanzt worden: unter Augustus 50000 Köpfe (Strabo 7, 3, 10: ἐν γὰρ ἐφ᾽ ἡμῶν Αἴλιος Κάτος μετῴκισεν ἐκ τῆς περαίας τοῦ Ἴστρου πέντε μυριάδας σωμάτων παρὰ τῶν Γετῶν, ὁμογλώττου τοῖς Θραξὶν ἔθνους, εἰς τὴν Θρᾴκην καὶ νῦν οἰκοῦσιν αὐτόθι Μοισοὶ καλούμενοι) und unter Nero über 100000 Köpfe (Inschrift des Legaten Ti. Plautius Silvanus Aelianus, C. I. L. XIV, 3608 = Dessau 986: plura quam centum millia ex numero Trans-

danuvianorum ad praestanda tributa cum coniugibus ac liberis et principibus aut regibus suis transduxit. Vielleicht ist ähnliches noch öfter geschehen, um die Bevölkerung von Moesia zu verstärken.

[2] Über die Provinz Moesia s. Mommsen im C. I. L. III S. 163 und Römische Geschichte V 12. 193; Marquardt I 301. — Genauere Bestimmung der Grenzen und mannigfache Aufklärung geben die oben S. 1 Anm. 1 angeführten Arbeiten von Domaszewski, ferner derselbe in Neue Heidelb. Jahrbücher 1 (1891) S. 190 fg.; danach, zum Theil abweichend, Kalopothakes a. a. O. Für das Münzwesen von Obermoesien haben die Streitfragen keine Bedeutung.

waltet, bis sie unter Claudius einen eigenen Statthalter (*legatus Augusti pro praetore*) consularischen Ranges erhielt; vielleicht wurden auch damals erst die Griechenstädte am Schwarzen Meere zu Moesia geschlagen[1]), während die etwa gleichzeitig eingerichtete neue Provinz Thracia nur das Land südlich vom Haimos umfasste. Eine wichtige Neuerung trat unter Domitian ein, der in den ersten Jahren seiner Regierung die Provinz in zwei Theile zerlegte, Moesia superior im Westen (der grösste Theil von Serbien und anstossende Gebiete) und Moesia inferior im Osten (Nordbulgarien), jede unter einem eigenen consularischen Legaten. In diese Zeit, vielleicht kurz vor der Theilung, müssen die griechischen Münzen mit dem Kopfe Domitians gehören, welche auf der Rückseite eine trauernde Frauengestalt mit der Beischrift ΜΥΣΙΑ zeigen; sie sind aber, wie schon Eckhel richtig erkannt hat, nicht im Lande geprägt, sondern auf der Insel Kreta[2]).

Wir lassen nunmehr die Verhältnisse von Moesia inferior, welche in der Einleitung zum nächsten Abschnitt behandelt werden müssen, bei Seite und gehen auf das Münzwesen von Moesia superior ein. Wir finden hier die gleiche Entwicklung wie im benachbarten Dacien. In vorrömischer Zeit circulirte ausser einheimischen barbarischen Münzen griechisches Geld aus verschiedenen Gebieten[1]); die römische Eroberung bringt den Denar zur Herrschaft. Griechische Städte gab es im Lande nicht[4]), und von den römischen erhielt keine das Münzrecht, weder die Colonien Ratiaria Singidunum Scupi[5]), noch das Municipium Viminacium. Die Münzen mit der Aufschrift DARDANICI, welche unter Trajan, und die mit AELIA PINCENSIA, welche unter Hadrian in diesem Gebiet geschlagen worden sind, scheinen wie die Münzen der anderen Metalla von den Verwaltungen der einzelnen Bergwerke für den Gebrauch der Arbeiter geprägt worden zu sein[6]); sie sind, als römische Prägungen, nicht in unser Werk aufgenommen; jedenfalls hatten sie für den allgemeinen Geldverkehr der Provinz keine Bedeutung. — Die Bewohner von Moesia superior behalfen sich mit römischem Gelde wie ihre Nachbarn in Dalmatien und Pannonien und der ganze Westen, bis die Provinz endlich im III. Jahrhundert eigene Münze erhielt. Die Prägstätte der obermoesischen Münzen ist Vimina-

---

[1]) Vgl. die Einleitung zu Moesia Inferior.
[2]) Es sind 4 Exemplare dieser Münze bekannt: 1 ms der Sammlung Foucault bei Vaillant num. gr. 24 und Hardouin op. sel. 111 (daraus Eckhel d. n. 2,6 Incerta; Sestini lett. cont. 3,60 Creta; Mionnet S. 4, 350, 338 Creta; Svoronos Crète 344,59], wohl jetzt in Neapel Cat. 7869 unter Asia. — 2 Paris Mionnet 2,512 Asia; Svoronos 344,59, XXXIII, 19. — 3 Paris Svoronos 344,60, XXXIII, 20. — 4 Wien, früher Wiczay 2022. VI, 132 . Auf den drei letzten Exemplaren ist die Lesung ΜΥΣΙΑ keineswegs sicher; es wäre immerhin möglich, dass eine andere Provinz dargestellt ist.
[3]) Näheres in dem Bericht über das Museum zu Belgrad von A. Dumont, revue archéol. 1868, II, 4

[4]) 407—416 - Mélanges d'archéologie 178—185.
[5]) Comte Hahn im Mus. Hunter 19,1, III, 18 eine griechische Münze beschrieben, die er nach Almus geben wollte. Eckhel erkannte das als irrig und dachte an eine der ägyptischen Inseln (d. n. 2,7); Mionnet S. 2, 44 glaubte phoenikische Buchstaben auf der Münze zu sehen. Die richtige Zutheilung nach Knidos giebt Friedlaender, num. Ztschr. 1870 S. 393,2. — Wegen der angeblichen Münzen von Scupi vgl. Anm. 5.
[6]) Nach Scupi wollte Postolaccas im Cab. Athen I S. 104 griechische Münzen geben, was aber unmöglich ist; sie gehören in die Krim, s. Imhoof-Blumer, griech. Münzen S. 40 fg.
[7]) Zusammenstellung der Bergwerksmünzen bei Eckhel d. n. 6,445-448.

VIMINACIVM

cium, das heutige Kostolatz an der Donau in Serbien[1]). Diese Stadt heisst in den älteren Inschriften *municipium* (C. I. L. III 1654. 1655, Suppl. 8102. 8127—8129); der volle Name *municipium Aelium Viminacium* zeigt, dass sie das Municipalrecht unter Hadrian oder Pius erhalten hat. In einigen späteren Inschriften dagegen ist sie als *colonia* bezeichnet (C. I. L. III 1474, Suppl. 8109), und ebenso heisst sie regelmässig auf den Münzen, deren Prägung unter Gordianus III. begann[2]). Die Annahme liegt nahe, dass die Stadt eben damals erst zur Colonie erhoben worden ist, um so mehr als gleichzeitig mit der Münzprägung auch eine eigene neue Jahreszählung eingeführt wurde; eine Aera von der Gründung der Colonie findet sich ja auch sonst, z. B. in Sinope[3]). Eine besondere Veranlassung für diese Neuerungen in Viminacium ist uns nicht bekannt; die eigene Münzprägung mag nur wünschenswerth erschienen sein, weil es im Lande an Kupfermünzen mangelte und man dieselben nicht aus Rom herbeischaffen wollte; vermuthet man doch sogar, dass ein Theil der Silbermünzen (*Antoniniani*) Gordians hier in Viminacium geschlagen ist[4]). Die neuen Münzen waren aber wohl nicht nur für das Gebiet der Stadt, sondern für die ganze Provinz bestimmt. Allerdings unterscheiden sie sich durch die Nennung des Stadtnamens

COL VIM (in den späteren Jahren zuweilen abgekürzt oder fehlerhaft) von anderen Provinzialmünzen (vgl. oben S. 2 Anm. 2), und man wird daher in diesem Falle nicht die Provinz, sondern die Stadt als Inhaberin des Münzrechts anzusehen haben. Aber der Zusatz P M S (*Provincia Moesia Superior*), der hier nicht den Zweck haben kann zur Unterscheidung unseres Viminacium von einer anderen Stadt gleichen Namens zu dienen[2]), muss wohl so aufgefasst werden, dass durch ihn den Münzen der Stadt in der ganzen Provinz Geltung verliehen werden soll; das lehrt auch die Wahl der Typen, deren provinzielle Bedeutung unten nachgewiesen werden wird. — Ob auch die neue Jahreszählung der Colonie Viminacium für ganz Obermoesien gelten sollte, können wir nicht wissen, da sie überhaupt nur auf unseren Münzen nachweisbar ist. Hier aber erscheinen die Jahreszahlen regelmässig wie auf den dacischen Münzen im Abschnitt der Rückseite, von AN·I· unter Gordianus bis AN·XVI· unter Valerianus und Gallienus. — Der Anfangsbuchstabe des Datums erscheint gewöhnlich als A ohne Querstrich, was vereinzelt auch auf dacischen Münzen vorkommt[4]).

Die folgende Tabelle stellt die Daten der Münzen von Viminacium zusammen; von ihrer Vollständigkeit gilt dasselbe, was oben (S. 2) über die Jahreszahlen der

---

[1]) Mommsen C. I. L. III S. 264. — Kanitz, römische Studien in Serbien, in den Denkschriften der Wiener Akademie phil.-hist. Classe Bd. 41 S. 16fg. — Die Arbeit von Ormos, die Alterthümer von Viminacium (Temesvar 1878), citirt C. I. L. III Suppl. 8108, konnte ich nicht benutzen.
[2]) Die viminacischen Münzen des Marsi und des Alexander sind von Golz erfunden; s. unten 70².
[3]) Vgl. Mommsen, römisches Staatsrecht 3, 841.
[4]) Voetter, Monatsblatt der numism. Gesellschaft in Wien 3, 17 und Num. Zschr. 25 (1894) 206.
[2]) Die Inschrift P M S COL. VIM wird gewöhnlich *Provinciae Moesiae Superioris Colonia Viminacium* gelesen; das ist aber schlechtes Latein und verträgt sich natürlich nicht mit dem Sprachgebrauch der Inschriften und Münzen. Die beiden Theile, P M S und COL. VIM, stehen wohl ohne grammatische Verbindung neben einander.
[4]) Zuerst bemerkt von Postolakkas Cat. Athen zu n. 785; vgl. Pick, num. Zschr. 23. 33 Anm. 6.

MOESIA SVPERIOR

Provincia Dacia gesagt worden ist. — Das jedes Kaisers (Kaisarin, Caesar) finden;
Zeichen × giebt an, dass sichere Münzen die vertikalen Reihen, mit welchen Bild-
vorhanden sind; die horizontalen Reihen nissen in jedem Jahre geprägt vor-
zeigen, in welchen Jahren sich Münzen den ist.

	I	II	III	IIII	V	VI	VII	VIII	VIIII	X	XI	XII	XIII	XIV	XV	XVI
Gordianus III.									×	×						
Philippus sen.					(×)(×)	×	×			×						
Otacilia						×										
Philippus iun. Caes.							×	×								
Philippus iun. Aug.					( )											
Decius																
Etruscilla																
Etruscus Caes.																
Hostilianus Caes.													( )			
Hostilianus Aug.																
Gallus													( )			
Volusianus					I											
Gallus und Volusianus																
Aemilianus		!														
Valerianus																
Mariniana																
Gallienus																

Sehen wir von den durch runde Klammern (×) bezeichneten Fällen ab, die wir später als Stempelfehler nachweisen werden, so bleibt eine regelrechte Aera übrig, die sechzehn Jahre hindurch gezählt worden ist. Um den Anfang dieser Aera zu berechnen, ging Eckhel vom Jahre V aus, welches sowohl auf Münzen des Gordianus als auf solchen des Philippus erscheint. Da der Regierungswechsel im Frühjahr 244 erfolgte und das Jahr nach Eckhels Ansicht auch in Viminacium am 1. Januar beginnen muss, setzt er das Jahr V gleich 244 und findet demnach als Anfang der ganzen Aera den 1. Januar 240. Dass die Aera schon im Herbst 239 anfangen könne, hält Eckhel, abgesehen von seiner allgemeinen Ansicht über das Neujahr in Colonien, auch darum für unmöglich, weil es Münzen des Decius mit AN X gebe, die dann vor dem Herbst 249 geprägt sein müssten, und ferner Münzen des Gallus mit AN XII, die vor den Herbst 251 fallen würden. Nun giebt es in der That zahlreiche Münzen des Gallus und auch des Volusianus mit AN XII; da man aber jetzt weiss, dass Gallus schon im Sommer (August?) 251 Kaiser wurde, machen diese Münzen gar keine Schwierigkeit; und auch der andere Einwand fällt fort, da sich keine sicheren Münzen des Decius mit AN X nachweisen lassen; die von Eckhel angeführten Stücke der Wiener Sammlung haben XI oder XII (s. unten zu 122**). Wohl aber giebt es sichere Münzen des Philippus mit AN XI (unten 108; vgl. 106 und Philippus iunior 122: diese würden, wenn man die Aera am 1. Januar 240 beginnen liesse, in das Jahr

250 fallen, wo Philipp schon einige Monate todt war, und darum muss der Anfang der Aera in das Jahr 239 gesetzt werden. Eine etwas genauere Bestimmung ergiebt sich aus den Münzen mit AN XIV; in dieses Jahr fällt noch der Regierungsantritt des Valerianus, der im September 253 erfolgte; danach wird man das Neujahr kaum vor den October setzen können. Näher lässt es sich nicht berechnen, da die Chronologie dieser Zeit ?), besonders für die Regierung des Decius, zu unsicher ist. Man weiss, dass Decius in den Donauländern zum Kaiser ausgerufen wurde und dass Philippus dann im Kampfe gegen ihn bei Verona fiel; dass eine geraume Zeit zwischen dem Abfall des Decius und dem Tode des Philippus liegt, ergiebt sich aus den Titulaturen des ersteren auf Inschriften; der Abfall wird gewöhnlich in den Herbst 248 gesetzt, der Tod des Philippus in den Herbst 249. Nach unseren Münzen scheint es, dass die Besatzung von Viminacium den Decius nicht vor dem Tode des Philippus anerkannt hat, da in dieser Stadt noch im Jahre XI, also im October 249 oder etwas später, Münzen mit dem Bilde des Philippus geschlagen worden sind; der Typus derselben, der stehende Kaiser mit der Siegesgöttin, könnte sogar darauf schliessen lassen, dass hier die Anhänger des Philippus noch im Herbst 249 irgend einen Erfolg errungen oder wenigstens erhofft haben; kurz darauf aber, als der Tod des Philippus aus Italien gemeldet war, musste der Widerstand aufgegeben werden, und so wurden denn im Jahre XI in Viminacium noch zahlreiche Münzen des Decius geprägt. — Es ist möglich, dass die Geschichte dieser Zeit später durch neue Inschriftenfunde oder auf andere Weise besser aufgeklärt wird, dann werden vielleicht auch die obigen Aufstellungen berichtigt werden müssen; mit unserer jetzigen Kenntniss der Chronologie lassen sich die Daten von Viminacium in der angegebenen Weise vereinigen: die Münzen des Philippus mit AN XI und die des Valerianus mit AN XIV ergeben, dass der Anfang der Aera in den Herbst 239, wahrscheinlich in den October, fällt; der Neujahrstag braucht weder mit dem römischen, noch mit dem syrischen, actischen oder irgend einem anderen zusammenzufallen; es ist der uns unbekannte Tag, an welchem Viminacium im Jahre 239 das Münzrecht und wahrscheinlich auch das Colonialrecht erhalten hat.

Eine gewisse Schwierigkeit bereiten die Münzen des Hostilianus aus dem Jahre XIII. Derselbe ist auf einem Theil der Münzen des Jahres XII schon *Augustus* genannt (155. 156); und es wird dadurch bestätigt, dass er nach dem Tode des Decius von Gallus als Mitherrscher angenommen worden ist. Dagegen heisst er auf den meisten Münzen des Jahres XIII (158. 159) wieder nur *Caesar*. Der Fehler wird wohl so entstanden sein, dass man im Anfang des Jahres XIII aus Versehen Vorderseiten-Stempel des vorhergehenden Jahres benutzt hat. Jedenfalls bestätigen die Münzen des Jahres XIII, auch die fehlerhaften, dass Hostilianus noch bis gegen das Ende des Jahres 253 gelebt hat. — In völligem Widerspruch zu der regelmässigen Jahreszählung stehen die Münzen der Philippi mit AN IIII

---

¹) Vgl. die oben S. 3 Anm. 1 citirten Schriften.

(n. 95 und 114)[1]) und diejenigen des Gallus und des Aemilianus mit AN XVI (n. 169 und 184); da die Lesung der Ziffern sicher ist, kann es sich nur um Stempelfehler handeln, wie bei den dacischen Münzen des Valerianus und Gallienus mit AN VI. Die künstlichen Erklärungen dieser Daten, wie sie einige ältere Numismatiker versucht haben, sind schon von Eckhel mit Recht als unmöglich und unnöthig zurückgewiesen worden. Gegenüber der grossen Masse regelrecht datirter Münzen wird man nicht anstehen, in den wenigen Ausnahmen Fehler zu erkennen. Denn wenn man selbst den von Mazzoleni[2]) vorgeschlagenen und von vornherein ganz unwahrscheinlichen Ausweg, dass in Viminacium neben der Aera von 240 gleichzeitig eine zweite von 242 in Gebrauch gewesen wäre, annehmen wollte, so wäre es doch auch damit unvereinbar, dass der jüngere Philipp schon im Jahre IIII Augustus hiesse; und um die Münzen des Gallus und des Aemilianus mit AN XVI zu erklären, müsste man gar eine dritte, im Jahre 238 beginnende Aera annehmen. Das ist wie gesagt unmöglich. Eckhel hat die Abweichungen von der einheitlichen Aera mit Recht als Fehler bezeichnet; nur sind es nicht Stempelvertauschungen (irrthümliche Benutzung alter Stempel), wie er meinte, da sonst nicht bei Gallus und Aemilianus ein späteres Datum vorkommen könnte, sondern einfach Versehen nachlässiger Stempelschneider; statt AN IIII ist AN VIII oder VIIII zu lesen, und statt AN XVI ist die Ziffer umzustellen AN XIV. — Wenn man von diesen Fehlern absicht, sind die Münzen von Viminacium und ihre Aera ein brauchbares Hilfsmittel für die Chronologie des Zeitraums, der mit ihrem Jahre I im Herbst 239 beginnt und mit dem Jahre XVI = 254/5 endet; aus welchen Gründen die obermoesische Prägung noch zwei Jahre vor der dacischen erloschen ist, wissen wir nicht. —

Die Typen von Viminacium sind weit mannigfaltiger als die von Dacia; aber deutlich tritt hier ein einziger Typus als das Wahrzeichen der Münzstätte hervor, der in den sechzehn Jahren immer wiederkehrt, während die anderen nur je einmal oder nicht viel öfter vorkommen und sich dadurch selbst als Abweichungen erweisen, zu deren Prägung eine besondere, wenn auch für uns nicht mehr sicher erkennbare Veranlassung vorlag. Der Haupttypus, den wir der Kürze wegen Typus A nennen werden, ist folgender:

Weibliche Figur in langem Gewand l. stehend, zu ihren Füssen links ein Stier r. und rechts ein Löwe l., über deren Köpfe sie die Hände hält.

(Abbildung Seite 31.)

Diese Darstellung findet sich auch auf einem Steinrelief, das am Popenhause zu Kostolaz eingemauert ist[3]); die Frau steht dort nach vorn und hat eine undeutliche Kopfbedeckung, von den beiden Thieren sind nur die Vordertheile sichtbar. Das Relief ist von schlechter Arbeit und gehört gewiss in das III. Jahrhundert; es sieht aus, als ob es erst dem Münztypus nachgebildet wäre. — Auch auf den Münzen giebt es mancherlei kleine Abweichungen in der Stellung der

---

[1]) Die Münzen des älteren Philippus mit AN III (n. 94) lasse ich hier ausser Betracht, weil die Lesung nicht sicher genug ist; natürlich wäre auch AN III Stempelfehler.

[2]) Animadversiones 2, 162. 176.
[3]) Kanitz u. a. O.; abgebildet in den Mittheilungen der K. K. Central-Commission zur Erforschung und Erhaltung der Baudenkmale XII, S. 52. 53.

Frau und der Thiere; die Frau steht oft ganz nach vorn, die Haltung der Hände ist verschieden; die Thiere, beide oder eines, erscheinen bald stehend, bald schreitend; da das aber oft unsicher ist, konnten diese Abweichungen nicht regelmässig berücksichtigt werden, nur die auffallenderen sind an ihrem Ort hervorgehoben. Erwähnung verdient hier nur die ganz abweichende Form des Typus auf einer einzigen Münze Gordians, wo die beiden Thiere von der Frau abgewendet sind (Tafel I, 5); es ist möglich, dass dies der ursprüngliche, aber bald aufgegebene Typus ist (s. unten 70). Auf derselben Münze scheint die Frau die phrygische Mütze zu tragen, was für eine moesische Figur ebenso passend wäre wie für die Dacia; doch ist dieses Abzeichen nicht beibehalten worden, die Frau erscheint sonst immer ohne Kopfbedeckung, ausser bei zwei abweichenden Typen, wo sie die Mauerkrone hat (Tafel I, 6 und 7).

Ob die weibliche Figur die Stadt oder die Provinz darstellen soll[1]), würde zweifelhaft sein, wenn nicht neben ihr der Stier und der Löwe erschienen, die Abzeichen der beiden obermoesischen Legionen. Von diesen lag nur die eine, die *legio VII Claudia*, in Viminacium, während die andere, die *legio IIII Flavia* in Singidunum (Belgrad) lag; mit der letzteren und ihrem Wappenthier hat also die Stadtgöttin von Viminacium nichts zu thun, wogegen für eine Darstellung der Provinz die Beigabe der beiden Legionsbilder gerade passend war. Der Typus zeigte da zugleich an, dass die Münze für die ganze Provinz, die beiden Legionen und die übrigen Einwohner, bestimmt war. — Dass die beiden Thiere auch hier, wie in Dacia der Adler und der Löwe, als die Abzeichen der Legionen anzusehen sind, ergiebt sich besonders aus den abweichenden Typen des Jahres IIII. Wir haben da zunächst die Frau mit 2 Feldzeichen, auf denen die Ziffern VII und IIII zu lesen sind; neben dem Feldzeichen der VII. Legion steht der Stier, neben dem der IIII. Legion der Löwe (n. 85. 86; ebenso unter Philippus mit AN V, n. 99, Tafel I, 10; unter Hostilianus Aug. mit AN XII, n. 156). Einmal erheben sich auf den beiden Feldzeichen die Bilder des Kaisers und der Kaiserin (n. 87, Tafel I, 7), eine sehr bemerkenswerthe Darstellung, da die *imagines* sonst immer nur in Form von Medaillons an den Signa angebracht erscheinen[2]). Noch deutlicher sind dann die Münzen desselben Jahres, welche die beiden Thiere nicht neben der Frau am Boden, sondern auf den Feldzeichen stehend zeigen (n. 88, Tafel I, 6); und die anderen, welche statt der Frau den Kaiser mit Speer und Schale am Altar haben zwischen den beiden Feldzeichen, auf

---

[1]) Die Mauerkrone würde aber auf eine Stadtgöttin schliessen lassen, aber sie kommt nur zweimal vor und wäre übrigens auch für eine Landesgöttin nicht unmöglich. — Die Erklärung von Hirsch (num. chron. X, 39: s. unten 170), dass die Frau Kybele sei, Stier und Löwe deren Attribute, die von den Legionen erst angenommen wären, sei hier vorläufig erwähnt, obwohl sie gewiss nicht richtig ist.

[2]) A. v. Domaszewski, die Fahnen im römischen Heere, S. 69 fg. und vorher die Zusammenstellung der Praetorianer-Signa N. 56 fg., wo es immer nur Medaillons am Schaft sind. Wenn noch anderswärts wie auf unseren Münzen kleine Büsten als Bekrönung der Feldzeichen anzunehmen wären, so würden sich die Nachrichten der Schriftsteller über Zerstörung der Kaiserbildnisse in den Lagern besser erklären.

denen die Vordertheile des Stiers und des Löwen dargestellt sind (n. 91, Tafel I, 9)¹). Diese Typen bestätigen also, was wir durch die römischen Münzen des Gallienus wissen, dass der Stier das Abzeichen der *legio VII Claudia* und der Löwe das der *legio IIII Flavia* ist. — Ausser diesen Typen mit den beiden Feldzeichen findet sich im Jahre IIII noch eine abweichende Darstellung, die ebenfalls nur in diesem einen Jahre vorkommt: die Frau hält in der Linken ein Feldzeichen (ohne Legionsziffer) und in der Rechten einen Hasen (n. 89, 90, Tafel I, 8); ob damit nur der Hasenreichthum des Landes angedeutet werden soll, wie Neumann meinte, oder vielleicht eine Anspielung auf einen besiegten Feind darin zu suchen ist, muss dahingestellt bleiben. Jedenfalls wird man annehmen müssen, dass für diese aussergewöhnliche Prägung zahlreicher Münzen mit neuen Typen, die auch durch bessere Arbeit ausgezeichnet sind, eine besondere Veranlassung vorlag: vielleicht hat Kaiser Gordian, der um diese Zeit (AN IIII = 243/3) auf seinem Zuge nach dem Orient durch Moesien kam und dort auch einige kriegerische Unternehmungen auszuführen hatte, sich eine Zeit lang in Viminacium aufgehalten, und sind die neuen Münzen zur Feier seiner Anwesenheit geschlagen worden.

Die Münzen mit dem Hasen sind die einzigen, auf denen der Stier und der Löwe fehlen; sonst erscheinen die Thierbilder der beiden Legionen regelmässig auch auf den abweichenden Typen, die später noch in Viminacium geprägt worden sind. Es sind das die folgenden:

Unter Philippus finden wir im Jahre V (ausser dem schon erwähnten Typus mit den beiden Feldzeichen) eine geflügelte Figur mit Kranz und Palmzweig, also die römische Victoria oder Moesia als Victoria (n. 99); wie die Namensform des Kaisers zeigt, gehört diese Münze in die ersten Monate seiner Regierung; ob sie sich auf einen Sieg in Moesien bezieht, wissen wir nicht. Eine ähnliche Darstellung kehrt im Jahre XIII auf Münzen des Gallus wieder (n. 167); aber die Frau hält da nur in der Rechten den Kranz, während ihre Linke über den Kopf des Löwen ausgestreckt ist; ebenso finden wir eine geflügelte Figur mit Kranz ohne Palmzweig auf einem Relief, das mit dem oben erwähnten zusammen in Kostolatz gefunden worden ist²).

Im Jahre XI erscheint auf Münzen des Philippus senior der oben besprochene Typus des stehenden Kaisers mit der Siegesgöttin auf der Rechten und dem Speer in der Linken (n. 108, Tafel I, 11). Der Antritt des Decius in demselben Jahre kündigt sich durch einen anderen neuen Typus an, die Frau mit Zweig und Scepter (die Sestertii mit einer kleinen Victoria auf dem Scepter, s. Tafel I, 12), die römische Pax oder, wegen der Thiere, Moesia-Pax (n. 125 mit Victoria, 126 ohne Victoria); wir haben dieselben Typen gleichzeitig auch in Dacia gefunden; hier wie dort feiern sie die Wiederherstellung des Friedens an der unteren Donau³). —

---

¹) Auf dem Grabstein eines Signifer der VII. Legion in Viminacium erscheinen zwei Feldzeichen, an deren Spitze ein Stierkopf angebracht ist; s. die Abbildung bei v. Domaszewski, arch.-ep. Mittheilungen XV (1893) 192.

²) Abgebildet bei Kanitz in den Mittheilungen a. a. O. (oben S. 26 Anm. 3).

³) Es verdient Beachtung, dass der Kaiser auf diesen seinen ersten Münzen von Viminacium den Namen *Traianus* nicht führt; es wäre nicht un-

Im Jahre XII findet sich dann auf Münzen des Decius und der Mitglieder seines Hauses die Frau ausser in der gewöhnlichen Stellung auch oft mit neuen Attributen: mit Zweig und Kugel (n. 132, 138, 144, 150, so auch mit AN XIII bei Hostilianus n. 159; Tafel I, 14); mit Zweig und Füllhorn (131), auf dem zuweilen eine kleine Victoria steht (130, Tafel I, 13); mit Füllhorn und Kugel (140); oder auch nur mit einem dieser Attribute (Zweig, Kugel, Füllhorn) in dieser oder jener Hand, während die andere Hand frei über dem Kopf des einen Thieres liegt; die Frau mit dem Zweig findet sich auch einmal unter Aemilianus im Jahre XIIII (n. 181). Da diese Typen nicht von römischen Münzen entlehnt sind, so haben wir in der Frau immer wieder die Moesia zu erkennen; eine besondere Benennung nach den Attributen vermögen wir nicht zu geben.

Auffallend ist es, dass in demselben Jahre (AN XII) Medaillons des Caesars Hostilianus in Viminacium geschlagen worden sind, während es von Decius keine giebt; vielleicht sind sie nach dem Tode des Kaisers und vor der Anerkennung des Gallus geprägt; aber es ist auch möglich, dass es von Decius und Etruscus (oder von Gallus) ähnliche Stücke gab, die uns nur nicht erhalten sind. Ihr Typus ist der gewöhnliche. — Auf einer Münze des Hostilianus als Augustus mit AN XII findet sich auch der ältere Typus der Moesia mit den beiden Feldzeichen (n. 156).

Die letzten Neuerungen in den Typen bringt das Jahr XIII. Die Münzen mit der geflügelten Figur (n. 167) sind oben schon

erwähnt worden. Dazu kommen schliesslich noch zwei Medaillons des Gallus und Volusianus (n. 170 und 171). Dieselben haben auf der Vorderseite die Brustbilder der beiden Kaiser, einander zugekehrt; auf der Rückseite zeigt das eine Gallus und Volusianus einander gegenüber stehend, mit Victoria auf der Kugel und Speer (Tafel I, 16), das andere den Gallus zu Pferde und vor ihm die Siegesgöttin mit Kranz und Palmzweig; Stier und Löwe sind auf diesen Medaillons in den Abschnitt zu Seiten der Jahreszahl gesetzt. — Andere abweichende Typen sind bisher nicht nachgewiesen; doch ist es möglich, dass noch manches neue zum Vorschein kommt.

Die Werthe der Münzen von Viminacium sind die gleichen, die wir in Dacia gefunden haben. Silber giebt es hier so wenig wie dort. Unter den Kupfermünzen sind einige durch besondere Grösse und hohes Gewicht auffallend; diejenigen des Gordianus (n. 75 mit AN II) und die eine des Hostilianus (n. 153) sind von gewöhnlichem Stil, während die andere (n. 154, wegen des Randes) und die schon erwähnten Stücke der beiden Kaiser Gallus und Volusianus aus dem Jahre XIII als Medaillons zu betrachten sind[1]). In der Masse der übrigen Münzen können wir auch hier Sestertius, Dupondius und As unterscheiden. Der Sestertius ist unter Gordian und Philippus gewöhnlich etwas grösser und schwerer als der dacische; der Durchmesser ist 28—32 mm, das Gewicht im Durchschnitt 18, oft über 20 g. Der Dupondius, durch die Strahlenkrone des Kaiserkopfes kenntlich gemacht, wiegt etwa 7 g, der As, nur mit AN I und AN II

möglich, dass er von Hos- aus nur C. Messius Q. Decius hiess und erst nach seiner allgemeinen Anerkennung den Beinamen Trajanus erhalten hat.
[1]) Vgl. Pick, num. Zschr. 23 (1891), 30.

sicher nachweisbar, 3,5 g.[1]) Unter den späteren Kaisern wurden wohl die kleineren Nominale fast gar nicht mehr geprägt; die wenigen Dupondii, deren Gewicht bekannt ist, sind wesentlich leichter als die älteren. Noch stärker fällt das Gewicht der Sesterzen; schon unter Decius ist das Durchschnittsgewicht 12 g, später nur 9—10 g, und nicht selten sinkt das Gewicht bis auf 6 g, womit hier auch eine Verkleinerung des Durchmessers Hand in Hand geht; es ist aber kaum zu bezweifeln, dass auch diese leichten und kleinen Stücke als Sesterzen gelten sollten.

Litteratur.

Von der älteren Litteratur verdient ausser der oben citirten Behandlung der obermoesischen Aera von Mazzoleni nur noch Erwähnung:

Panel (Al. X.), de nummis experimentalibus undecimum Trebonianl Galli Augusti annum; decimum tertium et decimum quartum, Aemiliano Augusto.

Colonlae Viminacii; undecimum denique Valeriani senioris. Hilberl 1748, 4. [Panel sucht die Chronologie der Kaiser von Gordian bis Valerian festzustellen und ihre römischen und provinzialen Münzen nach Jahren zu ordnen. Dabei sind alle ihm bekannten Münzen von Viminacium mit eingereiht. Ausser Vaillant und anderen Werken der älteren Litteratur citirt er zahlreiche Sammlungen, die grösstentheils sonst unbekannt und jetzt verschollen sind. Obwohl er im Ganzen zuverlässig zu sein scheint, hat er doch eine Anzahl offenbar falscher Beschreibungen gegeben; ich glaubte daher, wo irgend ein Bedenken vorlag, eine nur durch Panel bezeugte Münze nicht in die Reihe der niederen Nummern aufnehmen zu können. Citirt ist die Arbeit regelmässig.]

Eckhel, d. n. 2,8fg.

Sanclemente, aus. Sanslem. 4,379-392 (vgl. denselben, de vulgaris aerae emendatione libri quattuor, Romae 1793. p. 391). [S. geht von AN XIV aus, das wegen der Mähren des Gallus, Aemilianus und Valerianus gleich 253 sein müsse, also AN I = 240; die Abweichungen erklärt er als nachfolgende Schrift- V statt II, oder Stempelfehler. Das Material stammt er aus der Litteratur und aus seiner eigenen Sammlung; für die letztere ht er regelmässig citirt.]

Auch n. 114 (3, 8 g) ist wohl unter den Strahlenkrone als As anzusehen. Ueber weitere Unregelmässigkeiten vgl. n. 189, 183, auch 176.

---

[1]) Es scheinen auch Ausnahmen vorzukommen.
a. 177 mit Lorbeerkranz wiegt 5,3 g, dagegen
n. 166 mit Strahlenkrone nur 3,1; vielleicht ist also ersteres Dupondius und letzteres As.

Typus A

Gordianus III.

70 K 29	IMP CAES M ANT GORDIAN[VS AVG]; Brustbild des Kaisers mit Lorbeerkranz, Panzer und Mantel r.	P M S COL VIM und im Abschnitt AN... Weibliche Figur in langem Gewand (mit phrygischer Mütze?) zwischen einem Stier und einem Löwen l. stehend, über deren Köpfe sie die Hände hält; die beiden Thiere stehen hinter ihr, so dass nur die Vordertheile sichtbar sind, der Stier l., aber den Kopf zu ihr zurückwendend, der Löwe r.
Tafel I, 5	Abbildung der Rs.	

1 Wien Froelich 4 tentam. 122, 38 Abb.; Eckhel cat. 50, 10

Die Jahreszahl, welche Froelich AN·I· las, ist nicht zu erkennen; doch kann seine Annahme, dass diese Form der Darstellung die ursprüngliche war, wohl richtig sein, da sie später nicht mehr vorkommt; dass die Münze in eins der ersten drei Jahre gehört, hat schon Eckhel hervorgehoben; mit AN IIII beginnt eine andere Form des Kaisernamens.

| 70*
— | Julia Maesa (nicht näher beschrieben) | COL VIM AN I ohne Angabe des Typus und |
| | Severus Alexander (ebenso) | COL VIM AN II ebenso |

1, 2 Goltzius thesaurus hubecrimum (1579) 151

Diese von Goltz willkürlich erfundenen Münzen sind von Noris (vgl. unten zu 94. 95), Hardouin (nummi antiqui 516), Mezzabarba und anderen ernst genommen worden und haben die Ansichten über die Jahreszahlen von Viminacium besonders verwirrt; Eckhel d. n. 2, 10 hat sie aber schon richtig als Erfindungen bezeichnet.

32   MOESIA SVPERIOR

[Gordianus III.]

71 IMP CAES M ANT GORDIANVS AVG   P M S COL VIM u. i. A. AN·I·
K 29   Hr. m. L. P. M. r.   Weibliche Figur wie oben (jedoch ohne phrygische Mütze) L. stehend; aber die Thiere stehen hier nicht hinter ihr, sondern schreiten auf sie zu, der Stier rechtshin und der Löwe linkshin (Typus A; Abbildung eines Stückes mit AN III oben S. 31)

Gewicht: 16,68 (7) — 16,67 (4) — 14,37 (8) — 14,27 (9); vgl. 26, 27
Abweichungen: Vs. am Schluss AV 15, AVG 20 — Rs. Trennung der Schrift zuweilen anders · AN I oft ohne Punkte — die Frau wendet ihren Kopf zurück 20
1, 2, 3, 4 Berlin Cat. 97, 1-4 — 5, 6 Budapest — 7, 8, 9 Gotha · · 10 Haag -- 11 Kopenhagen Ramus I, 97, 1 — 12 Leake suppl. 151 — 13 London Cat. 15, 1 — 14 Mailand Mus. Sanclem. 3,91 = 4,380 — 15 Mandl — 16, 17, 18, 19 München — 20 Paris Mionnet S. 2, 48, 1 — 21 Thorwaldsen Müller cat. 371, 143 — 22 Wien Eckhel cat. 50, 1 — 23 Wien. — 24 Havercamp nummoph. reg. Christinae 139, XXXIII, 22 (Rs.) [Gessner imp. CLXXIV, 45] ungenau — 25 Moselli imp. CXCVI, 10 — 26 Wiczay 2023; Sestini 12, 1 (schwer) · · 27 Wiczay 2025; Sestini 12, 2 (leichter) — ferner (ohne Grössenangabe) 28 Cicca (1601; 432 Rs. = Mediobarbus 342 — endlich (ohne Jahreszahl) 29 Paim imp. 369 Abb. d. Rs.

72 ebenso, aber mit Strahlenkrone | ebenso
K 23   Gewicht: 7,12 (4) — 5,40 (15) — 5,30 (1)
Abweichungen: Vs. am Schluss angeblich ohne AVG I — mit Gegenstempel AI 22 — Rs. zuweilen AN I ohne Punkte — Zahl unsicher 11
1 Athen Cat. 784 — 2 Haag — 3 Hunter — 4 Imhoof · · 5 Leake suppl. 151 — 6 Löbbecke — 7, 8 London Cat. 15, 3, 4 — 9 Mailand · 10 München -- 11 Neapel Cat. 6330 — 12 Neapel Santang. Cat. 9908 — 13 Paris Mionnet 1, 351, 1 — S. 2, 42, 2 — 14 Paris Mionnet S. 2, 43, 3 — 15 Turin Mus. Cat. 1951 = Lavy 956 — 16 Wien Eckhel cat. 50, 2 — 17 Wien Mus. Theup. 738 — 18, 19 Wien. — | — 20 Panel 15 — 21 Wiczay 2026; Sestini 12, 5 — 22 Sabatier icongr. LXVII, 25

73 ebenso, aber mit Lorbeerkranz | ebenso
K 19   Gewicht: 4,35 (1) · · 3,96 (7) — 2,98 (2;
1 Berlin Cat. 38, 5 — 2 Gotha   3 Kopenhagen Ramus 1, 97, 2   4 Mailand Mus. Sanclem. 3,91 = 4,380 — 5 Neapel Cat. 6238 — 6 Paris Mionnet 1, 351, 2   7 Turin Mus. Cat. 1957 — Lavy 957 — 8 Wien Eckhel cat. 50, 3 — 9, 10 Wien. - — 11, 12 Wiczay 2024, 2025; Sestini 12, 3, 4

71° IMP GORDIANVS PIVS FEL AVG Kopf des   — 71
K   Kaisers mit Lorbeerkranz, auf anderen mit
Strahlenkrone
1 Medinbarben 343 -- 2 Vaillant num. col. 2,221 — 151 Abb. d. Rs. [Panel 15]
Die Vs. ist erfunden; diese Namensform kommt auf sicheren Münzen erst im Jahre III vor.

73° — 71° mit Lorbeerkranz   P M S COL VIM u. i. A. AN I   Typus der
K (31?)   Frau mit 2 Fehlreichen, auf denen der Kopf
des Kaisers und der Kaiserin angebracht
sind (= unten 87)
1 Panel 13 (in cimelio Sereniss. Henr. Burbonii, Ducis Vernolii.
Es muss ein Irrthum Panels vorliegen, da dieser Typus in das Jahr IIII gehört.

[Gordianus III.]

74 IMP CAES M ANT GORDIANVS ebenso
K 19   ebenso
       Gewicht: 3,8 (1)
       1 Athen Cat. 7834 — 2 London Cat. 13,2 — 3 Paris — 4 St. Petersburg Sestini mus. Benkowitz 3

75 IMP CAES M ANT GORDIANVS AVG P M S COL VIM u. i. A. AN II
K 35   ebenso   Typus A
       Gewicht: 66,30 (2) — 55,90 (1); 6 mm dick
       1 Löbbecke Z. f. Num. 15 (1887) 37 — 2 Wien Mus. Theup. 807. — — 3 Paris Mus. (1672)
       185 Abb. d. Rs. [Mediobarbus 338]. — Vgl. Pick num. Ztschr. 23 (1891) 31 und oben N. 29

76 ebenso, aber gewöhnliche Grösse P M S COL VIM u. i. A. AN·I·I·
K 30 (Sestertius)   Typus A
       Gewicht: 19,20 (2) — 14,71 (8)
       Abweichungen: Vs. Kopf statt Brustbild 16 — Rs. Trennung zuweilen C OI. —
       AN·II· 19. 22, AN II öfters, angeblich ANTI 25
       1 Athen — 2. 3. 4. 5 Berlin Cat. 38,5-9 — 6. 7 Budapest — 8 Gotha Liebe 292 Abb.
       [Gessner imp. CLXXIV, 46] — 9 Haag — 10 Hunter — 11 Kopenhagen Ramus 1, 97, 3 —
       12. 13 London Cat. 15,5. 6 — 14 Mailand Mus. Sanclem. 4. 381 — 15. 16 München -
       17 Neapel Cat. 6241 — 18 Paris Mionnet 1, 352, 3 — 19 Paris — 20, 21 Wien Eckhel
       cat. 51, 4. 5 — 22 Wien Mus. Theup. 738 [Panel 19] — 23 Wien — 24 Winterthur. . . —
       25 Erizzo ed. 2 (1568) 704 Abb. d. Rs. = ed. 4, 511 26 Mediobarbus 348 — 27 Panel 19 —
       28 Mosselli imp. CXCVII, 1 — 29 Wiczay 2027; Sestini 13,7 · 30 Sestini mus. Hederv. 12,6

77 ebenso, aber mit Krone   ebenso
K 23   Gewicht: 5,91 (2)
       Abweichungen: Rs. zuweilen C OI, AN·II· und AN II
       1 Baden Cat. 38,11 — 2 Gotha — 3 Hunter — 4 Imhoof — 5 London Cat. 15,7 — 6 Mai-
       land — 7. 8 München — 9 Neapel Cat. 6240 10 Paris Mionnet N. 2, 43, 5 — 11 Rom
       Vatikan - 12. 13 Wien Eckhel cat. 50, 6, 7. — 14 Panel 19 15 Mosselli imp. CXCVII, 2
       (Vs. unvollständig) — 16 Wiczay 2018; Sestini 13, 6 — 17 Sabatier icon. LXVI, 26 —
       18 Chaix descr. 5

78 ebenso, aber mit Lorbeerkranz   ebenso
K 20   Gewicht: 4,08 (3) — 3,60 (2)
       Abweichungen: Rs. zuweilen C OI. — manchmal nur AN II ohne Punkte — Jahres-
       zahl unsicher 2. 13 — der Stier liegt am Boden und erhebt den 1. Vf. 5
       1 Berlin Cat. 38, 10 — 2 Berlin Cat. 39, 22 (mit AN III, aber die Zahl ist unsicher) —
       3 Gotha — 4 Kopenhagen Ramus 1, 97, 4 — 5 Löbbecke 6 Mailand Mus. Sanclem. 4,
       381 7 München — 8 Neapel Cat. 6241 — 9 Paris · 10 Wien Eckhel cat. 50,8. -
       11 Mus. Arigoni 1 alia colon. XI, 174 (Rs.) — 12 (= 11?) Mus. Arigoni 2 colon. XII, 126
       (Rs.) — 13 Aguethler Boeckh. der Schulz, Münzkab. 2, 248, 1093 (angeblich AN V, aber
       schlecht erhalten)
       Aus den späteren Jahren Gordians sind keine kleinen Münzen dieser Art nachweisbar, da-
       her sind 2 und 13 hier eingereiht.

78* IMP GORDIANVS PIVS FEL AVG Br. m. — 76
K —   L. P. M. r.
       1 Mediobarbus 348 (aus Index Foletini, ausserdem ein Stück mit unsicherer Jahreszahl) —
       2 Pedrusi 7, 431, XLII, 8 [erwähnt von Gessner imp. CLXXIV, 34 u. 46]. — (Mionnet
       S. 2, 43, 4 = Cohen 5, 66, 417 hat vielmehr AN III; s. unten 81, 20)
       Die Namensform weist die Münze in das Jahr III oder ein späteres; die Zahl ist wohl ver-
       lesen statt AN III wie bei der Pariser Münze Mionnets; 8 ist vielleicht = Neapel cat. 6242
       oder 6243 (unten n. 81, 16, 17).

Die antiken Münzen Nord-Griechenlands I.   3

(Continues III.)

79
K 30

IMP CAES M ANT GORDIANVS AVG P M S COL VIM u. i. A. AN I I I·
Br. m. L. P. M. r.   Typus A
Gewicht: 19,15 (14) — 15,97 (1) — 15,82 (3)
Abweichungen: Vs. Schrift unsicher : — auf dem Brustück des Schuppenpanzers eine Victoria mit Kranz (?) und Palmzweig L. schreitend 15. 24 — Knpf statt Brustbild &. 11 und vielleicht öfter   Rs. C II l. 5 — zurrika AN·III· oder AN III
1 Athen Cat. 785 — 2 3 Berlin Cat. 38.12.13 — 4. 5 Haag   6 Hunter   7 London Cat. 16,10 — 8 Mailand Mus. Sanclem. 4,381   9. 10. 11 München   12. 13 Paris (vgl. unten 83°) - 14 Turin Mus. Cat. 1952   15 Wien · 16 Wien Eckhel cat. 50,9   17 Wien Mus. Theup. 738 · · 18 Wien. — — 19 Panel 21 — 20. 21 Wiczay 2039, 2030; Sestini 12, 9. 10 — 22 Wiczay 2031; Sestini 12,11   23 Haller Cat. Rern 266, 82 — 24 Chulu deser. 6. — Vgl. unten 79°

80
K 23

ebenso, aber mit Krone   P M S COL VIM u. i. A. AN·III·
                              ebenso
Gewicht: 6,40 (2) — 5,56 (1)
Abweichungen: Rs. CO'L 3.'5. 6, COL 2
1. 2 Berlin Cat. 39, 30, 31 — 3 Haag · 4 Kopenhagen Cat. Welzl 1255   5 Paris (vgl. unten 84°)   6 Wien Mus. Throp. 738 · 7. 8 Wien

Im Laufe des Jahres III tritt neben die ältere Namensform IMP CAES M ANT GORDIANVS AVG die in Rom schon seit einigen Jahren herrschende Form IMP GORDIANVS PIVS FEL AVG, die dann auch in Viminacium beibehalten wird.

81
K 30

IMP GORDIANVS PIVS FEL AVG P M S COL VIM u. i. A. AN III
Br. m. L. P. M. r.   Typus A
Gewicht: 17,95 (6) — 15,95 (7)
Abweichungen: Vs. FELIX statt FEL 6, 12. 18. 26   am Schluss AV 12;   Rs. Trennung gewöhnlich COL · · unsicher ob III oder IIII 21. 23
1-6 Berlin Cat. 38,14-19 — 7 Gotha Lochr 792 Abb. [wohl daraus Cossert imp. CLXXIV am Ende]   8 Gotha — 9 Kopenhagen Rasmus 1, 97, 5   10 Lzake ·appl. 150   11 Leidrecke   12. 13 London Cat. 15, 8. 9   14 Mailand   15 München   16. 17 Neapel Cat. 6742, 6243 vgl. oben 76° – 18. 19 Neapel Santaug. ораν, 1910 — zu Paris Mionnet S. 2. 43, 4 (Cohen 5, 68, 417) Img mit AN II   21 Paris (— Mionnet S. 2, 44, 11, mit AN IIII?) - — 22 Naphin — 23 Thorwaldsen Müller cat. 371, 144   24 Wien Eckhel cat. 50, 11 sugrumn · · 25 Wien. — · · · 26 Panel 21   27 Wiczay 2032; Sestini 12, 11   28 Nalantier icon. LXVII. 17   29 Cohen 5, 68, 418 von Rollin   (Die Münze in London Cat. 16, 31 scheint dem Gallus zu gehören; s. unten 165, 24

82
K 23

ebenso, aber mit Krone   ebenso
Gewicht: 7,28 (1)
1 Gotha — 2 Hunter   3 Mailand   4 Paris (— Mt. S. 2, 44. 12, mit AN IIII?) -
5 Wien Eckhel cat. 50, 12. — — 6 Wiczay 2033; Sestini 12, 13 · 7 Cohen 5, 68, 419 von Rollin

79°
K (30)

(Vs. nicht beschrieben)   P M S COL VIM u. i. A. AN III Typus A
1 Patin thes. Massoc. 106   2 Mus. Arigoni I alia ordon. XI. 175 (Rs.)   3 (— 31) Mus. Arigoni 4 colon. X (Rs.)   4. 5 Cat. d'Ennery 3096
Da die Form der Kaisernamens nicht angegeben ist, bleibt die Zutheilung dieser Münzen zweifelhaft; sie gehören entweder zu 79 oder zu 81.

[Gordianus III.]

N3
K 29

IMP GORDIANVS PIVS FEL AVG P M S COL VIM u. i. A. AN IIII
Br. m. L. P. M. r.   Typus A
Gewicht: 20,50(1) — 20,30(11) — 17,99(15) — 16,93(7) — 16,35(26) — 15,87(8)

1 Athen Cat. 786 - 2. 3. 4. 5 Berlin Cat. 19,23-26 — 6 Budapest 7. 8 Gotha — 9. 10 Haag — 11 Imhoof - 12 Kopenhagen Ramus 1. 97. 6 — 13 Linz — 14. 15 London Cat. 16,12. 13 - 16 Mailand Mus. Sanclem. 4.381 — 17. 18. 19. 20 München — 21. 22. 23 Neapel Cat. 6244-6246 — 24 Paris Mionnet S. 2, 43, 6 (und S. 2, 44, 111) — 25 Turin Mus. Cat. 1953 = Lavy 958 — 26 Turin Mus. Cat. 1954 — 27 Wien Eckhel cat. 50,13 — 28 Wien Mus. Thrupp. 738 [Tafel 23, zugleich aus der Sammlung Montreal) — 29. 30 Wien. - 31 Mus. Arigoni 1 alia col. XI, 176 (Rs.) · · 32 Moselli imp. CXCVII, 3 — 33 Wiczay 2035; bestimmt 13,15 — 34 Chaix descr. 7 — und (ohne Grössenangabe) 35 Vincent Noris duplex dissert. (1676) 67 [Mediobarbus 342]

N4
K 23

ebenso, aber mit Krone   ebenso
Gewicht: 8,93(1) — 7,65(25) — 6,96(5) — 6,85(11) — 6,40(24) — 5,82(6)
Abweichungen: Rs. Trennung COL l. 13

1. 2. 3. 4 Berlin Cat. 39,27-30; eine davon bei Gessner sup. CLXXVI, 39 (Rs.) aus der Sammlung Pfau - 5. 6 Gotha — 7 Haag — 8. 9. 10 Hunter — 11 Imhoof - 12 London Cat. 16,15 - 13. 14. 15 Mailand Mus. Sanclem. 4,381 — 16 Moskau Univ. Cat. 107 17. 18. 19. 20 München — 21 Neapel Cat. 6247 — 22 Neapel Santang. Cat. 9921 — 23 Paris Mionnet S. 2, 43. 7 (= S. 2, 44. 11? vgl. 82,4) - - 24 Turin Mus. Cat. 1955 — Lavy 959 — 25 Turin Mus. Cat. 1956 — 26 Wien Eckhel cat. 50,14 — 27 Wien Mus. Thrupp. 738 [Tafel 23, zugleich aus der Sammlung Montreal]. - - 28 Moselli imp. CXCVII, 4 - 29 Wiczay 2036; Sestini 13,16 - 30 Neumker Iconogr. LXVII, 29 - - 31 Chaix descr. 8

N5
K 30

IMP GORDIANVS PIVS FEL AVG P M S COL VIM u. i. A. AN IIII
Br. m. L. P. M. r.   Weibliche Figur wie vorher zwischen Stier und Löwe l. stehend, in der R. ein Feldzeichen mit der Ziffer VII, in der L. ein zweites Feldzeichen mit der Ziffer IIII

(Abbildung des gleichen Typus von einer späteren Münze s. Tafel I, 10)
Abweichungen: Rs. Trennung der Schrift zuweilen unsicher, die Ziffern auf den Feldzeichen nicht immer zu erkennen

1 Berlin Cat. 39,31 - 2 Budapest - 3 Bukarest — 4 London Cat. 16,14 - 5 Mailand - 6, 7 Neapel Cat. 6248. 6249   8 Paris Mionnet S. 2, 44, 13 — 9 Parma - - 10 Rom Vatican   11 St. Petersburg   12 Wien Eckhel cat. 50, 15 — 13 Wien — 14 Zürich. — - 15 Patin imp. 369 (Abh. d. Rs., ungenau) - 16 Vaillant num. col. 2. 220 = 152 · 17 Wiczay 2037; Sestini 13,19 - 18 Cat. Welzl 1526 (irrig bei AN III)
Zur Erklärung dieser und der folgenden abweichenden Typen des Jahres IIII vgl. die Vorbemerkungen, oben S. 27 u. 28.

83°
K (28)

IMP CAES M ANT GORDIANVS AVG (= 83
Br. m. L. P. M. r.

1 Mionnet S. 2, 43, 6 (Cohen 5, 60, 432]. - In Paris ist keine solche Münze vorhanden; da die Vs. für AN IIII nicht passt, liegt wohl ein Irrthum Mionnets vor und ist AN III zu lesen; dann vielleicht = oben 79,12 oder 13.

84°
K (23)

ebenso (wie 83°), aber mit Krone   = 84

1 Mionnet S. 2, 43, 7. - In Paris nicht vorhanden, vielleicht ist auch hier AN III zu lesen; dann wäre die Münze = oben 80,5.

36   MOESIA SVPERIOR

[Gordianus III.]

86 IMP GORDIANVS PIVS FEL AVG   P M S COL VIM u. i. A. AN IIII
K 24 Br. mit Krone P. M. r.   Weibliche Figur mit zwei Feldzeichen zwischen Stier und Löwe
l. stehend, wie vorher

Gewicht: 6,53 (13)

1, 2, 3, 4 Berlin Cat. 39, 32-35; das davon bei Gessner imp. CLXXVI, 40 aus der Sammlung Pfau — 5, 6 Budapest — 7 Budapest Univ. — 8-12 Bukarest — 13 Gotha 14 Kopenhagen — 15 Mailand — 16, 17 München — 18, 19 Neapel Cat. 6450, 6451 20 Paris Mionnet S. 2, 44, 14 — 21, 22 St. Florian — 23 St. Petersburg — 24 Wien Eckhel cat. 50, 16 — 25 Wien Mus. Therup. 738 — 26 Wien. — — 27 Cat. d'Ennery 3097 — 28 Wiczay 2038; Sestini 13, 20

87 ebenso   P M S COL VIM u. i. A. AN IIII
K 22   Weibliche Figur mit Mauerkrone zwischen Stier und Löwe
l. stehend, in den Händen die beiden Feldzeichen mit VII und IIII,
auf deren jedem eine Büste steht,
l. die des Gordianus m. L. P. M.
r., r. die der Tranquillina l.

Tafel I, 7   Abbildung der Rs. (1)

1 Wien Dublei mit. 74, 30, 31, 32 [Gessner imp. CLXXIV, 47] — Froelich 4 tetrant. 125, 30 Abbl.; Eckhel cat. 50, 17. — 2 Basel 25 aus der Sammlung de Vitry — 3 (angeblich mit AN I) Paris 13 aus der Sammlung des Herzogs Heinrich von Bourbon (= oben 73ᵇ)

88 ebenso   P M S COL VIM u. i. A. AN IIII
K 23   Weibliche Figur mit Mauerkrone l. stehend, in den Händen
die beiden Feldzeichen, deren
Ziffern hier nicht zu erkennen sind;
auf dem Feldzeichen in der R.
sieht der Löwe r., auf dem in
der L. der Stier l.

Tafel I, 6   Abbildung der Rs. (2)

1 Bukarest — 2 Paris Blanchet revue num. 1891, 50, 1, 2. — 3 Eckhel num. vet. 50, IV, 12 aus der Sammlung Festetics (angeblich mit P M C III VIM)

89 ebenso, aber mit Lorbeerkranz   P M S COL VIM u. i. A. AN IIII
K 29   Weibliche Figur l. stehend, in
der R. einen Hasen an den Hinterfüssen haltend, die L. auf ein
Feldzeichen (ohne Ziffer) gestützt

1 Budapest — 2 St. Petersburg — 3 Wien, früher Neumann num. vet. 1, 95, III, 4 [Mionnet S. 2, 44, 10 ungenau, mit Strahlenkrone; ebenso Cohen 5, 69, 424]; Wiczay 2040, VI, 135; Sestini 13, 17

VIMINACIVM 37

[Gordianus III.]

90
K 23
Tafel I, 5

IMP GORDIANVS PIVS FEL AVG ebenso
Br. mit Krone P. M. r.

Abbildung der Rs. (1)

1 Arolsen — 2 Bukarest — 3 Dresden — 4 Lobbecke — 5 St. Petersburg — 6 Schola — 7 Wien Dubnl util. 75, 33. II, 33 (Gessner imp. CLXXIV, 47*°) — Froelich 4 tentam, 135,40; Eckhel cat. 50,18. —; — 8 Neumann num. vet. 1,95. III, 5. Wiczay 2041, VI, 134; Sestini 13, 18

91
K 33

ebenso

P M S COL VIM u. I. A. AN IIII Der Kaiser in Kriegstracht l. stehend, mit der R. eine Schale über den vor ihm stehenden Altar ausgiessend, die L. auf den Speer gestützt; l. und r. sind zwei Feldzeichen aufgepflanzt, deren Ziffern nicht zu erkennen sind; auf dem linken steht das Vordertheil des Stiers r., auf dem rechten das Vordertheil des Löwen l.

Tafel I, 9

Abbildung der Rs. (2)
Gewicht: 6,18 (1)

1 Gotha — 2 Wien. früher Neumann num. vet. 1.94, III, 3 (Mionnet S. 2, 43, 8 ungenau; ebenso Cohen 5, 69, 423); Eckhel num. vet. 49, IV, 13 ungenau; Wiczay 2039, VI, 133 (Mionnet S. 2, 43, 9 Rs. ungenau; ebenso Cohen 5, 69, 424); Sestini mus. Hedev. 13, 21

92
K 39

IMP GORDIANVS PIVS FEL AVG P M S COL VIM u. I. A. AN V
Br. m. L. P. M. r.   Typus A

Gewicht: 22,64 (3) — 19,54 (7) — 16,73 (8) — 15,34 (2)

1 Athen Cat. 787 — 2, 3, 4 Berlin Cat. 39,36-38 — 5 Budapest — 6 Budapest Univ. — 7, 8 Gotha — 9 Haag — 10 Imhoof — 11 Kopenhagen — 12 Linz — 13 London Cat. 16,16 — 14 Mailand Mus. Sanclem. 4,382 — 15 München — 16 Paris Mionnet S. 2, 45, 16 — 17 St. Petersburg — 18 Wien Eckhel cat. 51,19 — 19 Wien Mus. Theup. 738. — 20 Pann Ihes. Maurer. 106 (Rs.) — 21 Medrobarian 342 (ausserdem ein Stück mit AN...) — 22 Vaillant num. col. 2,321 — 153 (Abh. d. Rs.) — 23 Pauol 37 — 24 Mus. Angonl 4 colon. XI (Rs.) — 25 Muselli imp. CXCVII, 5 — 26 Wiczay 2043; Sestini 14, 23

93
K 23

ebenso, aber mit Krone   ebenso

1 Hunter — 2 München. — . — 3 Wiczay 2044 (Vs. falsch); Sestini 14, 24

Münzen der Tranquillina scheinen in Viminacium nicht geprägt worden zu sein; vgl. unten 93° und 93°°.

93°
K 30

SAB TRANQVILLINA AVG Br. r.   P M S COL. VIM u. I. A. AN IIII Typus A

1 München

Schrift und Bild der Vs. sind retouchiert; man erkennt noch, dass es ein Gordianus war.

93°°
K 24

(Vs. nicht beschrieben)   COL. VIM AN VI ohne Angabe des Typus

1 Golt. thes. hubertrinum (1579) 151; willkürliche Erfindung

Philippus senior

94
K 20
IMP PHILIPPVS AVG Br. mit Krone |P M S C OL VIM u. i. A. AN III
P. M. r.   oder AN IIII Typus A

1 Wien, früher Wiczay 2034 [Münzzeit S. 2, 45, 17; Cohen 5, 110, 258]; Sestini 1,1,14 (beide mit AN III). — — 2 Noris duplex dissert. 67 (Rs.) [Mediobarbus 347 und Vs. — 1] aus der Sammlung in Florenz

Ich glaube auf dem Wiener Exemplar im Abschnitt einen vierten, etwas kürzeren, Strich zu sehen; aber es kommt nichts darauf an, da III wie IIII nur Stempelfehler wäre; vgl. die Bemerkung zur folgenden Münze.

103
K 21
IMP M IVL PHILIPPVS AVG ebenso | P M S COL VIM u. i. A. AN IIII
                                | ebenso

Abweichungen: Vs. am Schluss angeblich PIVS AVG 5 (Sestini: Wiczay ohne PIVS) — ....IPPVS FEL AVG 6

1 Berlin Cat. 39, 39 — 2 Kopenhagen. — 3 Noris duplex dissert. 67 (Rs.) [Mediobarbus 347 mit Vs. — 94,1] aus der Sammlung in Florenz — 4 Mus.elli imp. CCIIII, 6 5 Neumann num. vet. 2,122; Wiczay 2042 ohne IMP (Mionnet S. 2, 45, 18; Cohen 5, 119, 259]; Sestini 14.22 — 6 Khabizer icononogr. LXX, 1 — 7 Cat. Welzl 1262. Vgl. unten 95°

Die Lesung AN IIII ist sicher; da aber Gordianus noch im Jahre V regiert hat, müssen diese Münzen (und ebenso diejenigen, die vielleicht nur AN III haben, n. 94) aus fehlerhaften Stempeln stammen. Es kommt dazu, dass AN IIII sich auch auf einigen Münzen des jüngeren Philippus findet (unten n. 114), auf denen dieser schon Augustus heisst; da er diesen Titel erst seit dem Jahre VIII führt (vgl. 117 und 118), so müssen die Münzen mit AN IIII fehlerhaft sein, und schwerlich handelt es sich um Stempelvertauschung, sondern einfach um Stempelfehler statt AN VIII oder VIIII. Keinesfalls können diese Münzen des Philippi mit AN IIII für die Berechnung der Aera in Betracht kommen.

Die ersten zuverlässigen Münzen des Philippus tragen die richtige Jahreszahl V und die ältere Namensform des Kaisers IMP IVL PHILIPPVS PIVS FEL AVG P M, die in den späteren Jahren nicht mehr vorkommt; P M ist hier wahrscheinlich, wie auch v. Sallet Cat. Berlin S. 40 hervorhebt, Abkürzung des Titels Parthicus Maximus, den Philippus nur in der ersten Zeit seiner Regierung geführt hat.

90
K 29
IMP IVL PHILIPPVS PIVS FEL AVG P M S COL VIM u. i. A. AN V
P M Br. m. l. P. M. r.   Typus A

Abweichungen: Vs. am Schluss angeblich AVG PI 9, 10, AVG P 13, AVG 6, 11, 12
1 Berlin Cat. 40, 46 (Vs. angensa AVGN) — 2 London Cat. 16, 17 — 3 Mailand — 4 Wien ebenso, Thup. 345 (ungenau AVG PP) — 5 Wien Eckhel cat. 51, 21. — — 6 Havercamp paruopb. 2yy, XXXIV, 21. 22 — 7 Mus. Arigoni 4 coloo. XI — 8 Wiczay 2050; Sestini 14, 16 — 9, 10 Wiczay 2047, 2049; Sestini 14, 17 — 11 Sestini mus. Hedery, 14, 26 — 12 Mionnet S. 2, 45, 20 (Cohen 5, 119, 261], nicht in Paris — 13 Mionnet S. 2, 45, 22 (Cohen 5, 120, 203, nicht in Paris. Vgl. auch unten 100, 45-47 und 114ᵐ

94°
K (28)
IMP M IVL PHILIPPVS AVG K. m. L. (r.) P M S COL VIM AN II Typus A
1 Wien zum. Roll. 58
Die Jahreszahl muss falsch gelesen sein, vielleicht statt V; in der Bodlejana zu Oxford ist keine solche Münze vorhanden.

95°
K (78)
— 95!, aber mit Lorbeerkränze — 95
1 Cat. Welzl 1263. — Die Beschreibung ist so unsicher, um sie in den Text aufzunehmen.

VIMINACIVM 39

[Philippus senior]

97
K 23
ebenso, aber mit Krone | ebenso
Gewicht: 9,20 (4) — 8,32 (5)
Abweichungen: Vs. am Ende AVG P 2, 4, 15, AVG r. [IPIV]s AVG P 12, unvollständig J

1 Athen · · 2, 3 Berlin Cat. 40, 49, 50 — 4 Berlin Cat. 42, 73 (Vs. P vergesetzt, Rs. AN..., aber wohl V) — 5 Gotha — 6 Kopenhagen — 7 Lübbecke — 8 Mailand — 9, 10, 11 Neapel Cat. 6255-6257 — 12 Paris Mionnet S. 2, 45, 21 [Cohen 5, 120, 262] (ohne PIVS) — 13 Wien Eckhel cat. 51, 22. · — 14 Wiczay 2051: Sestini 14, 30 — 15 Wiczay 2048; Sestini 14, 28

98
K 29
IMP IVL PHILIPPVS PIVS FEL AVG P M S | COL VIM u. i. A. AN V
P M Br. m. l. P. M. r.
Weibliche Figur zwischen Stier und Löwe L stehend, in der R. das Feldzeichen mit der Ziffer VII, in der L. das mit IIII (= oben 85 und 86)

Tafel I. 10
Abbildung der Rs. (2)
Gewicht: 18,35 (1)
Abweichungen: Rs. die Trennung der Schrift zuweilen anders
1 Athen Cat. 789 ungenau — 2, 3 Berlin Cat. 40, 47, 48 — 4 Budapest 5 London Cat. 16, 19 — 6 Wien, früher Neumann 1, 98; Wiczay 2052, VI, 136; Sestini 14, 31

99
K 22
ebenso, aber mit Krone P M S COL VIM u. i. A. AN V
Victoria mit Kranz und Palmzweig zwischen Stier und Löwe L stehend (vgl. S. 28)

1 Wien. · · · 2 Neumann num. vet. 1, 69, III, 6 (daraus ungenau Mionnet S. 2, 46, 23: Cohen 5, 120, 264 und als 263 ein zweites Exemplar angeblich mit AN VIII); Wiczay 2053, VI, 138; Sestini 14, 32

Noch in demselben Jahre V beginnt die gewöhnliche Namensform IMP M IVL PHILIPPVS AVG, die dann beibehalten wird; die einzige Ausnahme oben n. 94.

(100)
K 28
IMP M IVL PHILIPPVS AVG Br. m. P M S COL VIM u. i. A. AN V
l. P. M. r. Typus A
Gewicht: 20,11 (29) — 19,95 (8) — 19,37 (9) — 19,10 (5) — 19,00 (31) — 17,37 (30) — 16,71 (1) — 14,98 (32)
Abweichungen: Vs. angeblich IMP PHILIPPVS AVG 42, Schrift unbestimmt 45-47 angeblich Philippus Iunior 42, vgl. 35 · Rs. Trennung zuweilen anderer
1 Athen Cat. 788 2-7 Berlin Cat. 40, 40-45 · 8, 9 Gotha 10, 11 Haag 12 Imhoof 13 Kopenhagen Ramus 1, 97, 7 14 Linz · 15 London Cat. 16, 18 16-20 München · 21, 22, 23 Neapel Cat. 6252-6254 · 24, 25 Neapel Sammlung, 9912, 9913 — 26 Paris Mionnet S. 2, 45, 19 — 27 Prag — 28 Sieb. · 29-32 Turin Mus. Cat. 1958-1961 — 33 Wien Panel 28; Eckhel cat. 51, 20 34 Wien Mus. Theup. 744 35 Wien Mus. Theup. 749 (unter Phil. senior). 36 Vaillant num. col. 2, 154 = 170 Abb. d. Rs. 37 Musselli imp. CCIII, 7 38, 39 Wiczay 2045, 2046: Sestini 14, 25 40 Mus. Sanclem. 3, 101 (nicht in Mailand, oder Vs. falsch beschrieben) — 41 Sestini mus. Hedery. 15, 13 — 42 Mionnet S. 2, 45, 20 (Oben 5, 119, 260), nach in Paris — 43 Sabatier iconogr. LXX, 8 — 44 Chaix denar. 9. · Ferner ohne Beschreibung der Vs. (also vielleicht zu n. 96 gehörend) 45 Patin imp. 382 Abb. d. Rs. — 46 Mediobarbus 347 — 47 Cat. d'Ennery 3119

40 MOESIA SVPERIOR

(Philippus armor)

101
K 24
IMP M IVL PHILIPPVS AVG Br. mit P M S COL VIM u. i. A. AN V
Krone P. M. r. | Typus A
1 London Cat. 17, 22. — 2 Muselli imp. CCIIII, 8

102
K 28
ebenso, aber mit Lorbeerkranz | ebenso, aber AN VI
Gewicht: 19,87 (1) — 19,52 (6) — 18,77 (9) — 18,23 (3) — 17,49 (8)
1, 2 Athen Cat. 792, 791 — 3-7 Berlin Cat. 41.51-55 — 8, 9 Gotha — 10 Haag — 11 Kopenhagen Ramus 1 add. 396, 72 — 12 Linz — 13 London Cat. 17, 81 — 14 Mailand — 15-19 München — 20, 21, 22 Neapel Cat. 6258-6260 — 23 Paris Mionnet S. 2, 46, 25 — 24 Sophia — 25 Thorwaldsen Müller Cat. 51.23 — 26 Wien Eckhel cat. 51.83 — 27 Wien Mus. Theup. 745 — 28 Wien — 29 Winterthur, —? — 30 Palin Ibrs. Naeverorp. 106 (Rs.) — 31 Vaillant num. col. 2,254 = 176 — 32 Panel 31 — 33 Muselli Imp. CCIIII, 9 · · 34 Wiczay 2054; Sestini 15.34 — 35 Chaix dever. 10

Die Münzen mit dem stehenden Kaiser und angeblich AN VI s. unten bei AN XI (n. 108).

103
K 29
ebenso | ebenso, aber AN VII
Gewicht: 19,47 (28) — 19,45 (1) — 19,28 (7) — 18,96 (17) — 17,57 (8)
1 Athen Cat. 793 · · 2-6 Berlin Cat. 41.57-61 — 7, 8 Gotha — 9 Kopenhagen Ramus 1, 97, 8 — 10 Kruphs — 11 Leake suppl. 151 — 12 Linz — 13 London Cat. 17, 23 — 14 Mailand — 15 Mantel — 16, 17 Mionkan Univ. Cat. 108, 109 — 18-21 München — 22, 23, 24 Neapel Cat. 6261-6263 — 25 Paris Mionnet S.2, 46, 26 — 26 Prag — 27 Turin Mus. Cat. 1961 = Lavy 980 — 28 Turin Mus. Cat. 1963 · 29 Wien Eckhel cat. 51,25 — 30 Wien Mus. Theup. 745. - — 31 Orero (1579) 304 = (1601) 440 = Mediobarbus 347 (Rs.) — 32 Trissan 2, 557, 3 Abb. (angeblich IMP C) — 33 Vaillant num. col. 2,254 = 176 — 34 Panel 34 · 35, 36 Wiczay 2056; Sestini 15,35 — 37 Sabatier lcon. LXX, 3

104
K 28
ebenso, aber AN VIII
Gewicht: 18,75 (1) — 17,32 (7) — 16,00 (14) — 14,70 (6, vermünzt)
1 Athen Cat. 794 2, 3, 4, 5 Berlin Cat. 41.62-65 — 6 Berlin Cat. 41.66 (mit falscher Grösenangabe) · · 7 Gotha · 8, 9, 10 Haag — 11 Kopenhagen Ramus 1, 98, 10 · 12 Leake suppl. 151 — 13 Linz — 14 London Cat. 17.24 15 Mailand Mus. Namelem. 4,383 · 16, 17, 18 München — 19, 20 Neapel Cat. 6264, 6265 · 21 Paris Mionnet S. 2, 46, 27 · 22 Paris · 23 Sofia — 24 Turin Mus. Cat. 1964 · 25 Wien Eckhel cat. 51, 27 — 26 Wien Mus. Theup. 745. — 27 Vaillant num. col. 2,254 = 176 — 28 Panel 37 — 29 Muselli Imp. CCIIII, 10 30 Wiczay 2057; Sestini 15,36 — 31 Haller Cat. Bern 272,62 — 32 Sabatier Iconogr. LXX, 4

105
K 28
ebenso | ebenso, aber AN VIIII
Gewicht: 14,73 (7) — 14,59 (15)
1-6 Berlin Cat. 42.67-72 — 7 Gotha · 8 Ramus 1 add. 396, 10a — 9 London Cat. 17, 25 — 10 Mailand — 11, 12 München · 13 Neapel Cat. 6266 — 14 Paris Mionnet S. 2, 46, 28 15 Turin Mus. Cat. 1965 — 16 Wien Eckhel cat. 51, 30 17 Wien Mus. Theup. 745 (Panel 40). - — 18 Vaillant num. col. 2,254 = 176 19 Wiczay 2060; Sestini 15, 39

Münzen mit AN X sind bisher nicht zuverlässig nachgewiesen; s. unten 105°.

105ª
K —
IMP M IVL PHILIPPVS AVG Brustbild mit P M S COL VIM u. L. A. AN X Typus A
Krone (r.) |
1 Vaillant num. col. 2,254 — 176 (Mm. Sanclem. 4,384) 2 Panel 45 aus der Sammlung des Marques de Bos in Montpellier
Obgleich Münzen des Philippus mit AN X chronologisch unbedenklich wären, können diese beiden Beschreibungen nicht als sichere Zeugnisse angesehen werden.

VIMINACIVM 41

[106]   [Philippus senior]
K (28) ebenso | ebenso, aber AN XI

    1 Neumann num. vet. 2, 122; Wiczay 2053, VI, 140; Sestini 16, 41 – 2 Mionnet S. 2, 46, 99
    [Cohen 5. 180, 272] aus der Sammlung Tochon – 3 Cat. Welzl 1170
    Neumann hält AN XI für einen Stempelfehler statt AN VI, auch Sanclemente 4, 383 glaubt
    an ein Versehen statt AN IX, weil es von Decius schon Münzen mit AN X gebe. Wir
    werden aber sehen, dass die Münzen des Decius erst mit AN XI beginnen; und da es
    frühere Münzen des Philippus mit einem neuen Typus aus dem Jahre XI giebt (n. 108),
    so ist es wahrscheinlich, dass auch der gewöhnliche Typus für ihn in diesem Jahre ge-
    prägt worden ist; vgl. auch die Kopenhagener Münze mit der sicheren Jahreszahl XI
    (unten 122); die allenfalls auch dem älteren Philippus gehören könnte.

107   ebenso   ebenso, aber AN ...
K 28
    1 Moskau Univ. 110 – 2 Paris – zahlreiche andere Münzen mit unsicherer Jahreszahl in
    vielen Sammlungen

108   IMP M IVL PHILIPPVS AVG Br. m.   P M S COL VIM u. i. A. AN XI Der
K 29   L. P. M. r.   Kaiser in Kriegstracht zwischen
                                            Stier und Löwe L stehend, auf der
                                            vorgestreckten R. eine Kugel, von
                                            der eine kleine Victoria auf ihn
                                            zuschwebt, die L. auf den Speer
                                            gestützt

Tafel I, 11   Abbildung der Rs. (13)
        Abweichungen: Vs. halten Neumann (1) und Sestini (1. 10) für den jüngeren
        Philippus, mit Unrecht; – Rs. irrig AN VI gelesen l. 5. 13

    1 Berlin Cat. 41, 56; wohl dasselbe Stück früher Neumann 1, 100 [Mionnet S. 2, 46, 14;
    Cohen 5. 180, 266]; Wiczay 2055, VI, 138; Sestini 16, 43 (richtig mit AN XI, die anderen
    AN VI) – 2 Budapest – 3 Gotha · 4 Lübbecke · · 5 London Cat. 17, 22   6 St. Florian
    – 7. 8 St. Petersburg – 9 Wien Dubiel stil. 77, 35. II, 35 [Gesamt imp. CLXXX, 43*] –
    Froelich 4 tentam. 129, 43 Abb.; Eckhel cat. 51, 31 – 10 Wien, früher Wiczay 2053, VI,
    139; Sestini 16, 41 – 11 Wien – 12 im Handel. – – 13 Paris 31 aus der Sammlung
    Saulcy bezw. in Marseille – 14 Cat. Welzl 1171
        Die Jahreszahl XI ist sicher bei 1-3. 6-8. 10-12. 14, wahrscheinlich bei 4 und 5; danach
    wird man annehmen dürfen, dass in allen Fällen XI zu lesen ist. Da die Stücke nicht
    alle mit demselben Stempel sind, so kann man die Zahl nicht als Stempelfehler erklären,
    zumal die Münzen von guter Arbeit sind. Die Vorschläge, VI oder IX zu lesen, sind un-
    nöthig; letztere Zahl müsste überdies VIIII geschrieben sein. – Dass chronologisch gegen
    das Vorkommen der Jahreszahl XI unter Philippus nichts einzuwenden ist, vielmehr die
    Berechnung der Aera gerade von diesem Münzen ausgehen muss, ist in der Einleitung ge-
    zeigt worden (oben S. 25).

                                        Otacilia

[109]   (MARCIA OT)ACIL(IA) SEVERA AVG   P M S COL VIM u. i. A. AN V
K (27) Br. (mit Gewand r.)   Typus A

    1 Paris 29 aus der Sammlung de Rivaz in Lyon (V. ...ACIL SEVERA AVG)
        Da es nicht unwahrscheinlich ist, dass Münzen der Otacilia im Jahre V geschlagen worden
    sind, so ist dieses nur von Paris bezeugte Stück hier mit aufgenommen; dasselbe gilt für
    die Münzen mit AN VII und AN VIIII (n. 111 und 113).

MOESIA SVPERIOR

[Otacilia]

110 MARCIA OTACILIA SEVERA AVG P M S COL VIM u. l. A. AN VI
K 29 Br. mit Diadem und Gewand r.   ebenso
       Gewicht: 18,34 (1)
       1 Athen Cat. 793. · — 2, 3 Parel 31 — 4 Morelli Imp. add. X. 4 — suppl. XXXV, 2

111 MARCIA OTACIL....... ebenso?   P M S COL VIM u. i. A. AN VII
K (28)   ebenso
       1 Panel 34 aus der Sammlung des Erzbischofs von Lyon, de Villerol. — Vgl. zu n. 107.

112 MARCIA OTACILIA SEVERA AVG P M S COL VIM u. l. A. AN VIII
K 28 Br. mit Diadem und Gewand r.   ebenso
       Abweichungen: Vs. angeblich MARC 4, 5 (Wiesay), M 5 (Sestini), 6 — OTACIL 4
       — ohne AVG 3
       1 Budapest — 2 Wien Eckhel cat. 51, 28. · — 3 Mus. Arigoni i alia colon. XII, 180, 181 —
       4 Panel 38 · 5 Wiesay 2058 (Mionnet S. 2, 46, 30; Cohen 5, 152. 82); Sestini 15.37 ··
       6 Cat. Welzl 1272 — 7 Sabatier iconogr. LXX, 19

113 MARC[IA] OTACIL[IA] SEVERA AVG P M S COL VIM u. i. A. AN VIIII
K (28) ebenso?   ebenso
       1 Panel 41 aus der Sammlung Allerti in Ragusa (Vs. MARC OTACIL. —). — Vgl. zu n. 107.

Philippus iunior

114 IMP M IVL PHILIPPVS AVG Br. des P M S COL VIM u. i. A. AN IIII
K 22 Philippus iunior mit Strahlen-   Typus A
       krone, Panzer und Mantel r.
       Gewicht: 3,20 (1)
       1 Andeen (Vs. unvollständig)   2 Wien
       Im Zahl IIII ist Stempelfehler statt VIII oder VIIII (vgl. Einleitung S. 26 und die Be-
       merkung zu 95): die Münze gehört der Zeit nach hinter 118 oder 120. — Wegen des
       niedrigen Gewichts möchte man wenigstens das Wiener Exemplar als A+ ansehen, während
       118 und 120 genau Dupondii sind; ein ähnlicher Gewichtsunterschied bei denselben
       Münzen des Philippus iunior oben n. 78.

113* ;MAR OTACIL SEVERA AVG Br. (r.)   ; — 113, aber AN X
K .
       1 Gohs thes. haberrimus 152 nor kurz Otacilia AV X — 2 Vaillant num. col. 2, 266 = 184
       Abb. d. Rs. [Gessner imp. CLXXXII, 40; Panel 47; Mus. Sanclem. 4, 384; Mionnet S. 2. 47,
       31; Cohen 5, 152, 83] wohl nicht aus Goltz, sondern selbständig erfunden

113** Otacilia (Vs. nicht beschrieben)   ' — AN XI (ohne Beschreibung)
K
       1 Eckhel d. n. 2,9 [Mionnet S, 2. 47, 32; Cohen 5. 152. 84] angeblich im Wiener Cabinet;
       das muss aber ein Irrthum von Eckhel sein, da dort keine solche Münze vorhanden ist.

114* IMP M IVL PHILIPPVS AVG Br. m. L.   P M S COL VIM u. L A. AN V Typus A
K (28) P. M. r.
       1 Mus. Theup. 749 . · 2 Sestini Mus. Hederv. 15.33. — Die erste dieser beiden Münzen, jetzt
       in Wien, hat sicher das Bild des Philippus senior, und von der zweiten gilt wohl dasselbe;
       sie sind daher oben unter den Münzen des älteren Philippus verzeichnet (n. 100, 35, 41).

114** IMP M PHILIPPVS PIVS FEL AVG ebenso ebenso
K (97)
       1 Cat. Welzl 1275. - Da die Münze als auratis bezeichnet ist, darf man wohl die Be-
       schreibung der Vs. für unrichtig halten; vermuthlich ist es auch Philippus senior und ge-
       hört zu 96.

VIMINACIVM 43

(Philippus iunior)

115
K 39
M IVL PHILIPPVS CAES Br. mit P M S COL VIM u. i. A. AN VI
Panzer und Mantel r. Typus A
1 München · 2 Wien. 3 Vaillant num. col. 2, 273 = 189 (Panel 32)

116
K 28
ebenso ebenso, aber AN VII
1 Kopenhagen · 2, 3 München 4 Paris Mionnet S. 2, 47, 33 · 5 Wien Eckhel cat. 51,
26, · · 6 Vaillant num. col. 2, 273 = 189 (Panel 32)

117
K 29
ebenso | ebenso, aber AN VIII
Gewicht: 20,03 (3) — 17,21 (2) — 16,80 (1)
1, 2 Berlin Cat. 42, 74. 75 — 3 Gotha

118
K 22
IMP M IVL PHILIPPVS AVG Br. mit P M S COL VIM u. i. A. AN VIII
Krone P. M. r. Typus A
Gewicht: 6,42 (2) — 5,15 (1)
Abweichungen: Vs. IMP M M IVL 6 (vgl. 120, 4), unvollständig 1
1 Berlin Cat. 42, 76 · 2 Gotha · 3 Lübbecke — 4 München · 5 Paris Mionnet S. 2, 47.
34 6 Wien Eckhel cat. 51, 29. · · 7 Vaillant num. col. 2, 273 = 189 · 8 Mucelli
suppl. XXXV, 3 · 9 Wiczay 2059: Sestini 15, 38. · Vgl. auch oben n. 114

119
K 28
IMP PHILIPPVS AVG Br. m. L. P. P M S COL VIM u. i. A. AN VIIII
M. r. ebenso
Gewicht: 16,75 (1) — 13,40 (4)
1 Berlin Cat. 42, 77 2 London Cat. 17, 26 · 3 München — 4 Turin Mus. Cat. 1926
5 Wien. · · — 6 Mucelli Imp. CCV, 1 · · 7 Wiczay 2061: Sestini 16, 40

120
K 22
IMP M IVL PHILIPPVS AVG Br. m. ebenso
Krone P. M. r.
Gewicht: 7,47 (2) — 7,22 (1) — 6,42 (4) — 4,85 (3)
Abweichungen: IMP M M IVL 4 (vgl. 118.6). — (2 ist bei klingen im Rhein ge-
funden)
1, 2 Berlin Cat. 42, 78. 79 — 3, 4 Gotha · 5 Kopenhagen 6 Leipzig · 7 Lübbecke · ·
8 London Cat. 17, 24 · · 9 München · 10 Paris Mionnet S. 2, 47. 35 11 Sophia ·
12, 13 Wien Eckhel cat. 51, 32. 33. — 14 Vaillant num. col. 2, 273 = 189 15 Panel 41

121
K 18
ebenso, aber mit Lorbeerkranz ebenso
1 Mailand Mus. Sanclem. 3, 105 (Mionnet S. 2, 47, 36: Cohen 5, 173, 100) = 4, 384
Die Münze ist nicht gut erhalten, so dass nicht sicher zu erkennen ist, ob es der ältere
oder der jüngere Philippus ist; Stilelemente gab sie dem jüngeren.

115°
K —
M IVL PHILIPPVS CAES Br. m. P. u. M. r. — 115, aber AN V
1 Vaillant num. col. 2, 273 = 189 Abb. d. N. (Grosser Imp. CLXXXIII, 27°; Panel 29;
Mus. Sanclem. 4, 382)
Obgleich es nicht unwahrscheinlich ist, dass im Jahre V auch mit dem Bilde des Philippus
Caesar geprägt worden ist, muss diese Münze als unsicher gelten.

118°
K (28)
IMP M IVL PHILIPPVS AVG Br. m. L. P. — 118
M. r.
1 Panel 38, aus der Sammlung Allern in Ragusa
Da im Jahre VIIII die Sestertii eine andere Namensform haben als die Dupondii (vgl. 119
und 120), so erwartet man im Jahre VIII dasselbe, und es erscheint daher in diesem Falle
Panels Zeugnis nicht sicher genug: möglich aber ist die Existenz solcher Münzen.

121°
K —
(Vs. nicht beschrieben) — 121, aber AN X
1 Vaillant num. col. 2, 273 = 189 (Panel 48, Mus. Sanclem. 4, 384)

[Philippus Junior]

128 |IMP M IVL P|HILIPPVS AVG Hr. P M |S CO|L VIM u. i. A AN XI
K 28 m. l._ P. M. r. Typus A

1 Kopenhagen Ramus 1, 98, 11
Auch hier ist es nicht ganz sicher, ob es nicht der ältere Philippus ist; die Jahreszahl XI
ist sicher. — Vgl. die Bemerkungen zu n. 106 und n. 108.

Decius

129 IMP CAES C MES Q DECIVS P F P M S COL VIM u. i. A. AN XI
K 28 AVG Hr. m. l._ P. M. r. Weibliche Figur in langem Gewand zwischen Stier und Löwe l.
stehend, in der erhobenen R. einen
Zweig, im l. Arm ein Scepter,
von welchem eine kleine Victoria
mit Kranz und Palmzweig auf sie
zuschwebt (Moesia-Pax; vgl. S. 28)

Tafel I, 12   Abbildung der Rs. (2)
Abweichungen: Vs. nicht beschrieben 11, am Schluss angeblich DECIVS TRAIAN
13 · Rs. angeblich Adler statt Victoria 12, ganz ohne Scepter 13
1 Arolsen   2. 3 Berlin Cat. 43, 87. 88 — 4 Bentepest — 5 Lübbecke — 6 Mailand -
7. 8 München — 9 Wien, früher Neumann num. vet. 1, 107, III, 7 [Tamsi 5; Mionnet S 2,
48, 40; Cohen 5, 190, 141]; Wiczay nach. VI, 142; Sestini 16, 47 — 10 Windischgrätz. —] —
11 Mus. Arigoni 1 alia coleop. XII, 190 Rs. (Tamsi 5) — 12 Sestini mus. Hedervar. 16, 46;
vgl. unten 133ᵃ   hierher wohl auch 13 Sabatier irrtümlg. LXXI, 30

Die zugehörigen Hälften (n. 126), auf denen nur die kleine Victoria fehlt,
haben schon die gewöhnliche Namensform **IMP TRAIANVS DECIVS AVG**.
Dass diese kürzere Form nur wegen des beschränkteren Raumes der Dupondii gewählt sei, ist darum unwahrscheinlich, weil auch auf Sestertii
des Jahres XI beide Namensformen erscheinen. Da nun die längere
Form, die sich auf römischen Münzen nie findet und besonders durch
das Fehlen des Beinamens Traianus auffallend ist (s. oben S. 28 A. 3),
nur im Jahre XI vorkommt, die andere auch später, so ist jene als die
ältere anzusehen. Aus diesem Grunde sind die Münzen, auf denen der
Name Traianus fehlt, hier vorangestellt.

130 IMP CAES C MES Q DECIVS TR P F AVG P M S COL VIM u. l. A. AN X Typus A
K .. Br. m. l._ (P. M. r.)

1 Hardouin op. sel. 843 aus der Sammlung Chamillart; Pinel 40 *in Murro Domus Professum
Societatis Jesu.* — Pinel hat die Beschreibung offenbar aus Hardouin entnommen, da er die
interpolirten Buchstaben TR im Kaisernamen auch wiedergiebt.

131 IMP TRAIANVS DECIVS AVG ebenso   ebenso
K —
1 Vaillant num. col. 2, 288 — 199 (Banduri 1, 80; Panel 40; Mus. Sanclem. 4, 385]

Da es sichere Münzen der Philippi mit AN XI giebt (n. 106. 108. 122), so können diese
ungenügend beglaubigten Münzen des Decius, sowie der Etruscilla und der beiden Caesares
(unten 136ᵇᶜ. 141ᵇ. 142ᵇ), nicht aufgenommen werden. Die von Eckhel cat. 51, 34. 35
[Mionnet S. 2, 47. 38: Cohen 5, 190, 137. 138] mit AN X beschriebenen Stücke haben
(wie auch schon Neumann num. vet. 2, 125 nach eigener Prüfung bemerkt hat) AN XI oder
XII (s. unten 129, 3 und 132, 9).

VIMINACIVM

124
K 28

(Decius)

IMP CAES C MES Q DECIVS P F   P M S COL VIM u. i. A. AN XI
AVG Br. m. L. P. M. r.   Typus A

Gewicht: 16,06 (6) — 14,38 (4)

Abweichungen: Vs. angeblich G M statt C MES 15, 16 — Rv. Zahl umgekehrt 10
1 Athen Cat. 705 — 2. 3 Berlin Cat. 43, 85, 86 · 4 Gotha — 5 Kopenhagen · 6 Krupka ·
7 London Cat. 17,28 — 8 München — 9 Paris Mionnet S. 2, 48, 39; Cohen 5, 199, 140 ungenau — 10 (= 141) M. Petersburg Sestini mus. Bonhowitz 5   11 Wien Eckhel cat. 52,
37 — 12 Wien Mus. Theup. 755. — — 13 (= 9!) Banduri 1,14   14 Banduri 1,14 aus
der Sammlung Foucault   15, 16 Banduri 1,14 — 17 Mus. Arigoni 4 colon. XII, 116 (angeblich AN XII) — 18 Tanini 6 — 19 Wiczay 2064; Sestini 16,45 — 20 Chaix desgl. 11

125
K 28

IMP TRAIANVS DECIVS AVG ebenso, ebenso

Gewicht: 15,63 (6) — 14,54 (22)

Abweichungen: Vs. unvollständig 14, angeblich IMP C 27
1–5 Berlin Cat. 42, 80–84 — 6 Gotha — 7-11 Haag — 12 Kopenhagen — 13 London
Cat. 17, 29 — 14 Mailand Mus. Sanclem. 3,107 [Mionnet S. 2, 48, 41; Cohen 5, 200, 142] -
15 Mailand — 16, 17, 18 München — 19, 20 Neapel Cat. 6267, 6268 - 21 Paris Mionnet
S. 2, 48, 39 [Cohen 5, 199, 139] — 22 Turin Mus. Cat. 1967 - 23 Wien Eckhel cat. 52, 36 -
24 Wien Mus. Theup. 753 - — 25 Vaillant num. col. 2, 228 = 199 - 26 Banduri 1, 10 –
27 Panel 56 — 28 Wiczay 2066; Sestini 16,45 - endlich 29 Narin dissert, 63 [Mediobar-
bus 334] Banduri 1, 28) ohne Angabe des Typus
Sichere Doppondii des Jahres XI mit dem gewöhnlichen Typus sind noch nicht nachgewiesen; doch könnte die unter AN XII beschriebene Wiener Münze (unten 129, 3) auch
AN XI haben.

126
K 21

IMP TRAIANVS DECIVS AVG Br. m. = 123, Moesia-Pax, aber ohne die
Krone P. M. r.   kleine Victoria auf dem Scepter

Gewicht: 4,41 (1)

1 Berlin Cat. 43, 89 — 2 Wien Eckhel cat. 52, 38 · 3 (mit unsicherer Jahreszahl) Wien.
4 Mus. Arigoni 2 colon. XIII, 135 Rv. [Tanini 10, mit willkürlich ergänzter Schrift der Vs.]
ungenau mit P M S C COL VIM   5 Wiczay 2067, VI, 142; Sestini 17,48.   Vgl. 123°

127
K 28

IMP TRAIANVS DECIVS AVG Br. m.   P M S COL VIM u. i. A. AN XII
L. P. M. r.   Typus A

Gewicht: 12,32 (3) — 11,33 (7)

Abweichungen: Vs. IMP C 11 — TRAIAVS 4 — am Schluss AVG 4, 8, 9, 10, 13
— undeutbar 5, 11 — ohne Mantel 3, 12 und vielleicht öfter
1, 2 Berlin Cat. 43, 91, 92 — 3 Gotha – 4 London Cat. 18, 50 – 5 Mailand   6 Neapel
Santang. Cat. 9014   7 Turin Mus. 1968 — Lavy 962 - 8 Wien Eckhel cat. 52,41 ·
9 Wien Mus. Theup. 753 [Panel 60]. ·   10 Vaillant num. col. 2, 228 — 199 - 11 Banduri 1, 14 – 12 Wiczay 2071; Sestini 17,52 - 13 Wiczay 2072; Sestini 17,53

127°
K —

IMP TRAIANVS DECIVS AVG (?) Br. mit — 123, aber auf dem Scepter ein Adler; und
Krone (oder Lorbeer?) P. M. r.   die Frau mit Mauerkrone?

1 Wiczay 2068; Sestini 17,49. · Es muss ein schlechtes Stück gewesen sein; die beiden
Beschreibungen weichen sehr von einander ab. Carroni sah im l. Arm der Frau ein Füllhorn mit Victoria, Sestini ein Scepter mit Adler; der Kopf der Vs. hat nach C. Lorbeer-
krans, nach S. Strahlenkrone. Wenn letzteres richtig ist, so haben wir es mit einem Dupondius — 126 zu thun; wenn es aber ein Sestertius ist, .E I, wie beide angeben, so muss
wohl die Schrift der Vs. anders lauten und die Münze zu 123 gehören.

46   MOESIA SVPERIOR

(Decius)

128
K 27

IMP C M Q TRAIANVS DECIVS AVG P M S COL VIM u. i. A. AN XII
ebenso   Typus A
    Gewicht: 12,36 (1)

1 Gotha — 2 Kopenhagen Ramus 1, 98, 12 — 3 Löbbecke — 4 München — 5 Paris Bandari 1, 20 (Vs. ungenau — 127) — 6 Rom Vatican — 7 Wien Eckhel cat. 31, 46. — 8 Muselli imp. CCXI, 5 — 9 Wiczay 2073; Sestini 17, 54 — und vielleicht hierher 10 Sabatier kosmogr. LXXII, 31 (Vs. angeblich IMP CAES C MES Q DECIVS TRAIAN, wenn es nicht schlechte Lesung einer Münze mit AN XI = 129 ist)

129
K 32

IMP TRAIANVS DECIVS AV Br. mit ebenso
Krone P. M. r.

Abweichungen: Vs. am Schluss AVG 3; — Rs. vielleicht nur AN XI 3
1 Belgrad — 2 London Cat. 18, 31 — 3 Wien Eckhel cat. 31, 35 [Mionnet S. 2, 48, 38; Cohen 5, 199, 138] mit AN X; es steht aber sicher noch etwas hinter X

130
K 26

IMP TRAIANVS DECIVS AVG lir. m. P M S COL VIM u. i. A. AN X(II)
L. P. M. r.   Weibliche Figur (Moesia) zwischen Stier und Löwe l. stehend,
                                 in der erhobenen R. Zweig, im l.
                                 Arm ein Füllhorn, von dem eine
                                 kleine Victoria mit Kranz und
Tafel I, 13   Abbildung der Rs. Palmzweig auf sie zuschwebt

1 Wien, früher Wiczay 2075, VI, 144; Sestini 18, 58; beide mit AN XII. Die Jahreszahl ist nicht sicher, aber wegen der Ähnlichkeit mit 131 ist XII wahrscheinlich, wofür auch der Raum passt.

Über diesen und die folgenden abweichenden Typen des Jahres XII vgl. die Einleitung S. 19.

131
K 26

IMP C M Q TRAIANVS DE[CIVS   P M S COL VIM u. i. A. AN XII
AVG] ebenso   ebenso, aber das Füllhorn ohne
                              die kleine Victoria

1 Löbbecke. — Der Schluss des Kaisernamens ist nach n. 128 ergänzt.

132
K 27

IMP TRAIANVS DECIVS AVG ebenso P M S COL VIM u. i. A. AN XII
                                Moesia wie vorher, aber in der
                                erhobenen R. Zweig, in der L.
                                Kugel (vgl. Tafel I, 14)

Abweichungen: Vs. am Schluss AV 7 — Rs. Trennung der Schrift verschieden — Jahreszahl unsicher, aber jedenfalls höher als X 9 — die Kugel nicht ganz sicher 4
1 Berlin Cat. 43, 90 — 2 Budapest — 3 Bukarest — 4 5 Mailand — 6 Paris Mionnet S. 2, 49, 43 [Cohen 5, 200, 143] — 7 Venedig Mus. — 8 Wien Camel. Vindob. 1, 106, XVII, 2; Eckhel cat. 32, 40 ungenau (Tanini 5) — 9 Wien Eckhel cat. 31, 34 [Tanini 5. Mionnet S. 2, 47, 37; Cohen 5, 199, 137] mit AN X und ohne Angabe des Zweiges — 10 Wien Mus. Theup. 753 [Panel 62; Tanini 5]. — 11 Wiczay 2076; Sestini 18, 57 12 Cat. Welzl 1281

133
K (28)

IMP CAES C MES Q DECIVS P F AVG — 128
Br. m. l. P. M. r.

1 Mus. Arigoni 4 colon. XII, 117. — Da diese Namensform des Kaisers auf sicheren Münzen nur mit AN XI vorkommt, so ist wohl auch hier XI statt XII zu lesen und diese Münze daher oben 114, 17 angeführt.

VIMINACIVM 47

(Decius)

133
K 26
IMP C M Q TRAIANVS DECIVS AV   P M S   COL VIM u. i. A. AN XII
ebenso   Moesia wie vorher, aber in der
                                erhobenen R. Zweig, die L. frei
                                über dem Löwen

Abweichungen: Vs. ohne C M Q 4 — am Schluss AVG 4. 5 — nicht beschrieben 6
1 Berlin Cat. 43, 93 (Vs. unvollständig) · 2 im Handel. · 3 Sestini mus. Hedervar.
17, 56 · 4. 5 Cat. Welzl 1283, 1283 · und vielleicht 6 Mediobarbus 354 (Kx. J. Lohrmann)

134
K 2R
IMP TRAIANVS DECIVS AV ebenso P M S COL VIM u. i. A. AN XII
                                Moesia wie vorher, aber in der
                                erhobenen R. Kugel, die L. frei
                                über dem Löwen

Gewicht: 11,77 (1)

1 Athen Cat. 706. · 2 Mionnet S. 2, 48, 42 [Cohen 5, xxx, 144] angeblich mit Nebaie,
am Schluss der Vs. AVG; im Pariser Cabinet nicht vorhanden

135
K 27
ebenso, aber der Panzer ohne P M S COL VIM u. i. A. AN XII
Mantel   Moesia wie vorher, aber in der
                               vorgestreckten R. Füllhorn, die
                               L. über dem Löwen.

1 Budapest — 2 St. Florian — 3 Wien, früher Neumann num. vet. 1, 100, III, 8 [Tanini 6;
Mionnet S. 2, 49, 44; Cohen 5, xxx, 145]; Wiczay 2074. VI, 143; Sestini 17, 55

Etruscilla

136
K 28
HER ETRVSCILLA AVG Br. mit Ge- P M S C'OL VIM u. i. A. AN XI
wand r., zuweilen auf der Mond- Typus A
sichel

Abweichungen: Vs. mit Mondsichel 3. 7. 10 — Rs. AN X.I 3
1 Berlin Cat. 44, 94 — 2 Löbbecke · · 3 Mailand · 4 Paris Mionnet S. 2, 49, 45   5. 6 Paris
— 7 Wien Eckhel cat. 57, 39 — 8 Wien. ·   9 Vaillant num. col. 2, 294 = 204 [Banduri
1, 34; Patel 56] · 10 Wiczay 2069; Sestini 17. 50 — 11 Wiczay 2070; Sestini 17, 51
12 (mit unsicherer Jahreszahl, also vielleicht zu 137) Patin imp. 401 Abb. [Mediobarbus 454;
Banduri 1, 361]

137
K 28
ebenso   ebenso, aber AN XII
Gewicht: 15,86 (6) — 11,98 (9) — 8,96 (2)
Abweichungen: Vs. mit Mondsichel 17. 32
1 Arolsen — 2 Athen Cat. 797 — 3-7 Berlin Cat. 44, 95-99; eins davon bei Beger thes.
Brand. 2, 733 — 8 Frankfurt   9 Gotha   10 Haag — 11 London Cat. 18, 32
12 Mailand Mus. Sanclem, 3, 108   13 Moskau Univ. Cat. 114 — 14. 15. 16 München
17 München · 18 Neapel Cat. 6269 (= Banduri 1, 34 von Foucault?) — 19 Neapel Santang. Cat. 9915 — 20 Paris Banduri 1, 34; Mionnet S. 2, 49, 47 — 21 Paris — 22 Thorwaldsen Müller Cat. 371, 146 — 23 Wien Eckhel cat. 58, 43 [Tanini 15] — 24 Wien Mus.
Theup. 755 — 25 Wien. — 26 Vaillant num. col. 2, 294 = 204 [Houston 1, 34]
27 Mus. Arigoni 4 colon. XII, 117 · 28 Muselli imp. CCXII, 2   29 Patel 62
30 Tanini 15 — 31 Wiczay 2077; Sestini 18, 50   32. 33 Cat. Welzl 1285, 7286
34 Sabatier krenogr. LXXII, 3 — 35 Chaix denarn 13   Vgl. unten 140°

136ª
K -
Etruscilla — 136 (ohne Mondsichel)   — 136, aber AN VIII
1 Muselli suppl. imp. XXXV, 6; es muss schlechte Zeichnung statt AN XII sein

136ᵇ
K · ·
ebenso   ebenso, aber AN X
1 Vaillant num. col. 2, 294 = 204 (Patel 50 ohne Quellenangabe: Mus. Sanclem. 4, 385]

MOESIA SVPERIOR

138
K 27
[Etruscilla]
HER ETRVSCILLA AVG Br. mit Ge- P M S COL VIM u. i. A. AN XII
wand r., ohne Mondsichel
Weibliche Figur (Moesia) zwischen Stier und Löwe l. stehend, in der erhobenen R. Zweig(?), in der L. Kugel (vgl. 132)

Abweichungen: V. Schluss der Schrift unsicher u. a; — R. Trennung COL 3, 6 COL 1, 2 - der Zweig unsicher 2, 3, vielleicht nichts in der R. 1

1 Kiew   2 Kopenhagen (— 4?) — 3 Wien Cimel. Vindob. 1,106; Eckhel cat. 52,44 [Tanini 15'.   4 Wiczay 2079; Sestini 18,60 (jetzt in Kopenhagen?)

139
K 27
ebenso
P M S COL VIM u. i. A. AN XII
Moesia wie vorher, aber in der erhobenen R. Zweig, die L. frei über dem Löwen (= 133)

1 Wien Cimel. Vindob. 1,106, XVIII, 3; Eckhel cat. 52,45 [Tanini 19]

140
K 27
ebenso
P M S COL VIM u. i. A. AN XII
Moesia wie vorher, aber in der vorgestreckten R. Füllhorn, in der L. Kugel (vgl. 135 ohne Kugel)

1 St. Petersburg — 2 Wien, früher Neumann num. vet. 1,103, III, 9 [Tanini 15; Mionnet S. 2, 49, 46; l'obez 5, 213, 39]; Wiczay 2078, VI, 145; Sestini 18,61

Etruscus

141
K 27
Q HER ETR MES DECIVS NOB (C) P M S COL VIM u. i. A. AN XII
Br. m. P. und M. r.   Typus A

Gewicht: 12,90 (6)

Abweichungen: V. Anfang unsicher, vielleicht Q HEREN ETR (= 145) 2 — Schluss C 2 und vielleicht 6, sonst immer NOB; NVB 9 — Ra. Jahreszahl unsicher 3, angeblich X? 10; vgl. 141[b]

1 Berlin Cat. 44,100 (irrig mit ETRVSCVS)   2 Lobbecke · 3 Mailand Mus. Sanclem. 3,109, XXXIII, 367 mit AN XI [Mionnet S. 2, 50, 49]; Mus. Sanel. 4,386 mit AN XII — 4. 5 München — 6 Turin Mus. Cat. 1969 (ohne C) — Lavy 963 (mit C). — ' — 7 Tanini 19 aus seiner Sammlung — 8, 9 Wiczay 2082, 2083; Sestini 18,63, 64 (irrig II statt HER) — und wohl auch 10 Mus. Arigoni I alia colon. XII, 191 [Tanini 19]

140[a]
K -
' = 140 (ohne Mondsichel)   = 137, aber AN XIII

1 Banduri 1,34 [Panel 70; Mionnet S. 2, 50, 48; Cohen 5, 213, 40] aus der Florentiner Sammlung. Banduri zweifelte selbst an der Lesung XIII und wie mir Herr Prof. Milani schreibt, kann es ebensogut XII heissen; die Münze gehört also wohl zu 137

141[a]
K —
Q H ETR MES DEC CAES Kopf (r.)   = 141, aber AN X

1 Panel 52, aus der Sammlung de Vitry

141[b]
K -
ebenso   = 141; aber AN XI

1 Vaillant num. col. 2,298 = 207 [Banduri 1,43] — 2. 3 Panel 58 ein theuerer Fornerinus et in numero III. Abbatis Fuldensis

Münzen des Etruscus mit AN X sind unmöglich; mit AN XI könnten zwar welche geprägt worden sein; da sie aber nicht besser bezeugt sind, bleiben sie zweifelhaft. Die anderen mit AN XI publicirten Münzen haben wohl AN XII (s. oben 141. 5 10).

… VIMINACIVM 49

[Karagens]

142
K 27
Q H ETR MES DEC CAES ebenso | ebenso
Gewicht: 13,75 (1)
Abweichungen: Vs. am Schluss CAVS (= unten 147) 16. 18. 19 — angeblich DECIVS CAE so
1 Athen Cat. 798 — n. 3. 4 Berlin Cat. 44,101-103 — 5 Kopenhagen Ramus 1, 98, 13 · 6 Løbbecke — 7 London Cat. 18, 33 — 8 Mailand — 9 Paris Handerl 1,43; Panel 61, Mionnet 1, 352, 4 — 10 Wien Cimel. Vindob. 1,106; Eckhel cat. 52,46 (Tanini 19) 11 Wien Mus. Theup. 756 (Panel 62) · 12 Wien. - | — 13 Palio imp. 349 Abb. [Mediobarbus 356) — 14 (= 137) ValBent num. col. 2,298 = 207 [Ramduri 1,43] — 15 La Motraye voyage 2,203; Abh. Bd. 1, XIV, 40 — 16 Mus. Arigoni 1 alia color. XII, 192 (irrig C AVG) — 17 Muselli Imp. CC XIII, 4 — 18. 19 Wiczay 2084 (mit DEC AVG) und 2084 (mit DEC CAVS); Sestini 18,62 (beide mit DEC CAES) — 20 Cat. Welzl 1288 Der Schluss der Schrift CAVS (hier und unten 147) ist gewiss nur als Stempelfehler statt CAES anzusehen, ebenso wie sich zuweilen CAIS findet (unten 144,5, 10; 146). Die Lesung C AVG (die Form S für C wäre in dieser Zeit nicht unmöglich; sie kommt z. B. auf Münzen von Pella vor) für Caesar Augustus, die sich allenfalls rechtfertigen liesse, ist unwahrscheinlich.

143
K 23
Q H ETR MES DEC CAES Br. mit | ebenso
Krone P. M. r.
1 Belgrad
Die Strahlenkrone findet sich auf Münzen von Viminacium sonst für keinen Caesar; vgl. 149.

144
K 27

Tafel I, 14
Q H ETR MES DEC CAES Br. mit P M S · COL VIM u. i. A. AN XII
P. u. M. r.
Weibliche Figur (Moesia) zwischen Stier und Löwe l. stehend, in der erhobenen R. Zweig, in der L. Kugel (= 132; vgl. 138)
Abbildung der Rs. (4)
Gewicht: 16,48 (2) — 15,16 (3) — 12,90 (4)
Abweichungen: Vs. CAIS 5, 10, CAVS(?) 9; Rs. COL IVII oder IVM 2, 3
1 Budapest — 2, 3 Gotha   4 Imhoof — 5 Leipzig   6 Paris Mionnet N. 50, 50 · 7 Wien Eckhel cat. 52,47 ungenau [Tanini 14] | ·   8 Tanini 10 aus der Sammlung Odeschalchi — 9 Wiczay 2080 mit DEC AVG; Sestini 18,65 DEC CAES   10 Mionnet N. 2, 50, 51; Cat. Welzl 1289. Vgl. unten 147°

[145]
K 27
Q HEREN ETR MES DECIVS NOB ebenso
ebenso
1 Chaix dewr. 13

146
K 26
Q H ETR MES DEC CAIS (sol) P M ' S ' COL VIM u. i. A. AN XII
ebenso
Moesia wie vorher, aber in der erhobenen R. Zweig, die L. über dem Löwen (= 133, 139)
1 Budapest. · Vgl. unten 146°

146°
K ··
(Vs. nicht beschrieben)   ' P M S COL VIM u. L A. AN XII Moesia
wie vorher, aber d. laborum
1 Ramduri 1,45 ohne Quellenangabe, vielleicht irrige Wiederholung der von Mediobarbus 354 unter Decius ebenso beschriebenen Münze (oben 133,6); der Gegenstand in der R. ist vielleicht ein Zweig.

Die antiken Münzen Nord-Griechenlands I.

117
K 27
Q H ETR MES DEC CAVS (sol) P M S C|OL VIM u. i. A. AN XII
Br. mit P. u. M. r.
Moesia wie vorher, aber in der vorg. R. Füllhorn, die l. über dem Löwen (= 135, vgl. 140)

[Etruscilla]

1 St. Petersburg

Hostilianus

144
K 27
C VAL HOST M QVINTVS CAE P M S COL VIM u. i. A. AN XII
Br. mit P. und M. r.   Typus A

Gewicht: 14,28(1) — 12,99(7) — 12,86(9) — 12,50(8) — 10,86(19) — 10,07(6)

Abweichungen: Vs. VAI (der Ansatz des L ist so kurz, dass es wie I aussieht) 1. 11. 27. 28 — ROST statt HOST 47 — um Schluss CA 13. 14, C 8. 10. 26. 28. 33. 36. 43. 47. 48, QVINTVS 9. 23. 36. 37. 39. 41; — Panzer ohne Mantel 5. 6. 14. 15 und wohl auch sonst zuweilen — Vs. ganz ungenau 34. 35

1 Athen Cat. 770 — 2. 6 Berlin Cat. 44, 104-108 (irrig mit CAES) — 7. 8. 9 Gotha - 10 Haag — 11 Imhoof — 12 Kopenhagen Ramus 1, 98, 14 (15 nicht mehr vorhanden) - 13 Löbbecke — 14. 15 London Cat. 18, 34. 35 — 16. 17. 18 Mailand Mus. Rasarium. 3, 111 = 4, 387 — 19-23 München — 24. 25 Neapel Cat. 6270. 6271 (eine im Bandari 1, 53 von Pozzuoli?) — 26 Neapel Santang. Cat. 9916 (QVINT C?) — 27 Paris Mionnet 1, 356, 7 = S. 2, 51, 54 — 28 Paris — 29 Thorwaldsen Müller Cat. 371, 147 — 30 Wien Cimel. Vindob. 1, 125 ungenau; Eckhel cat. 52, 48 — 31. 32 Wien Mus. Theup. 757 (das zweite irrig mit AN XI) — 33 Wien Cimel. Vindob. 1, 106(?); Eckhel cat. 52, 49 — '— 34 Paris imp. 396 Abb. (Vs. angeblich C VAL HOSTIL QVINTVS CAES) — 35 Mediobarbus 357 (Vs. angeblich C VALENS HOSTIL MES QVINTVS N C) — 36 Mediolarbus 357 (Banduri 1, 59; (Vs. angeblich MES statt M) — 37 Vaillant num. sel. 2, 303 = 110 (Banduri 1, 53) — 38 (aus der Sammlung Chamillart) Hardouin op. sel. 844 (Vs. ungenau); Banduri 1, 53 (ohne CAE); Patin 63 (mit CAE, aber doch wohl aus Banduri) — 39 Banduri 1, 52 (HOSTIL statt HOST) — 40 Mm. Arigoni 2 colon. XIII, 137 = 4 colon. XII, 119 (Tanini 24 ungenau CAES; — 41 Muselli imp. CCXIII, 10 — 42 Tanini 23 — 43 Wiczay 2083 (Tafel VII, 146 gehört nicht dazu); Sestini 18, 66 — 44 Wiczay 2086; Sestini 18, 67 — 45. 46 Wiczay 2087. 2088 (nicht bei Sestini) — 47 Cat. Welzl 1992 — 48 Sabatier Iconogr. LXXII, 19. — Hierher wohl auch (mit unbestimmter Jahreszahl) 49 Turin Mus. Cat. 1928 = Lavy 964 (Schrift der Vs. unverständlich) — 50 Muselli imp. CCXIII, 9 (Vs. CAES?)

141*
K --
IMP C Q HER ETR MES DECIVS AVG | = 144
capite nudo

1 Patin 63 aus der Sammlung Mazzaguez

Wenn Etruscus wirklich IMP und AVG genannt wäre, so müsste er wohl den Lorbeerkranz haben; die Inschrift der Vs. ist gewiss unrichtig, und die Münze gehört zu 144.

141°
K —
C VAL HOST M QVINTVS Caput nudum | = 148, aber AN X

1 Patin 58 aus der Sammlung Labat in Lyon

141°°
K —
C VAL HOST M QVINTVS (CAE) Br. m. | = 148, aber AN XI
Gewand r.

1 Vaillant num. sel. 2, 303 = 210 (Banduri 1, 152) ohne CAE - 2 Mus. Arigoni 2 colon. XIII, 136 [Tanini 24] mit CAE. — (Die Münze Mus. Theup. 753 hat AN XII; s. oben 148, 32.) — Vgl. die Bemerkung zu 141* und 141**.

VIMINACIVM

(Hostilianus)

149 C VAL HOST M QVINTVS CAE ebenso
K 21 ebenso
Gewicht: 4,43 (4)
Abweichungen: Vs. VAl 2 — OVINTVS 4 — am Schluss C 3, 7
1 Mailand Mus. Sanclem. 3, 111 (Minnret S. 2, 50, 52] — 2 Paris, früher Wiczay 2089;
Sestini 18, 68 · 3 Sophia — 4 Turin Mus. Cat. 1970 — Lavy 965 — 5 Wien Cimel.
Vindob. 1, 123; Eckhel cat. 52, 51. — [— 6 Tanini 25 aus der Sammlung Odescalchi —
7 Minnret S. 2, 50, 52 ohne Quellenangabe

150 C VAL HOST M QVINTVS C | P M S COL VIM u. i. A. AN XII
K 27 ebenso | Moesia wie gewöhnlich, in der
 | erhobenen R. Zweig, in der l.
 | Kugel (= 132)
1 Wien Cimel. Vindob. 1, 123, XXIII, 4 = Eckhel cat. 52, 50 (ohne Zweig); Cimel. Vindob.
1, 107, XVIII, 4 (mit Zweig); vorhanden ist nur ein Exemplar, mit Zweig. —] — 2 Mos.
Arigoni 2 colon. XIII, 138 nur Rs. [Tanini 24. — 3 Wiczay 2090; Sestini 19, 70

151 ebenso, aber am Schluss CAE | P M S COL VIM u. j. A. AN XII
K 28 | Moesia wie vorher, aber in der
 | vorg. R. Füllhorn, die l. über
 | dem Löwen
1 Budapest Univ. — 2 Parum — 3 Wien

152 ebenso, mit CAE | P M S COL VIM u. i. A. AN XII
K 28 | Moesia wie vorher, aber die R.
 | über dem Stier, im l. Arm Füllhorn
1 Stuttgart — 2 Wien, früher Neumann num. vet. 2, 125 [Tanini 24]: Wiczay 2091, VII, 147;
Sestini 19, 69 — 3 Wien. — Nach Sestini hatte Wiczay zu seiner Zeit zwei Exemplare,
auf denen die Frau in der R. Ähren, in der l. das Füllhorn hielt. Davon identifiziert
er das eine mit Wiczay 2091 (oben 2), wo aber die Frau sicher nichts in der R. hält;
möglich aber ist es, dass Wiczay ausserdem ein jetzt verschollenes Exemplar mit Zweig
und Füllhorn hatte (Typus — Decius 232 oder 230).

153 C VAL HOST M QVINTVS CAES | P M S COL VIM u. i. A. AN XII
K 38 Br. m. P. und M. r. | Typus A
Gewicht: 47,20 g
1 Paris Num. mod. max. XXX, 7. 8 (ergänzt CAE); Vaillant num. pracst. 1 (3. Ausg. 1694)
235; Sestini sel. num. 2 (nach Yatinger tab. 166); Minnret 1, 352, 5. — Vgl. 153*
Über dieses und das folgende Medaillon vgl. die Einleitung S. 29.

154 C VAL HOST M QVINTVS CAE | ebenso
K 40/28 ebenso |
Gewicht: 45,50 g
Tafel I, 15 Abbildung
1 Paris Banduri 1, 51, Abh. auf S. 49; Minnret 1, 353, 6
Der Stempel dieser Münze hat nur dieselbe Grösse wie bei den gewöhnlichen Sestertii
(Durchmesser 28 mm); durch den profilierten breiten Rand wird sie aber zum Medaillon.

153* — 153 | = 153, aber COB
K 36 1 Leipzig. — Ob das Original, nach welchem diese Münze gegossen ist, echt war, muss
zweifelhaft bleiben. Ein Stück mit demselben Fehler COB, welches ich im Handel gesehen habe, war neuerdings.

52 MOESIA SVPERIOR

[Hostilianus]

155
K 26
IMP C VAL HOST M QVINTVS AVG P M S COL VIM u. i. A. AN XII
Br. mit Lorbeerkranz P. M. r. | Typus A
Gewicht: 13,40 (2)
1 Budapest — 2 Gotha — 3 Neapel Cat. 6272 — 4 Wien Cimel. Vindob. I, 123; Eckhel cat. 52, 52 — 5 Wien. — |— 6 Tanini 23 — 7. 8 Wiczay 2093; Sestini 19, 71 (Vs. angeblich VAC statt VAL.)

156
K 27
ebenso
P M S COL VIM u. i. A. AN XII
Moesia zwischen Stier und Löwe
l. stehend mit zwei Feldzeichen,
in der R. das mit der Ziffer VII, in
der L. das mit IIII (= 85, RG. 98)
1 Wien, früher Neumann num. vet. I, 104, III, 10 [Tanini 23; Mionnet S. 2, 50, 53]; Wiczay 2092, VII, 148; Sestini 19, 72

157
K 25
ebenso
P M S COL VIM u. i. A. AN XIII
Typus A
1 London Cat. 18, 38

Neben diesen Münzen des Hostilianus Augustus sind im Jahre XIII noch die folgenden geprägt worden, auf denen er nur Caesar heisst; wahrscheinlich sind hierzu aus Versehen Vorderseiten-Stempel des Jahres XII benutzt worden (vgl. oben S. 25).

158
K 27
C VAL HOST M QVINTVS CAE
Br. m. P. M. (ohne Lorbeer) r.
ebenso
Gewicht: 11,90 (4)
Abweichungen: Vs. am Schluss C 6, näher C (I) 6
1 London Cat. 18, 36 — 2 Paris Bandori 1, 153; Mionnet S. 2, 51, 54 — 3 St. Petersburg — 4 Turin Mus. Cat. 1971 — 5 Wien. — |— 6 Vaillant num. col. 2, 300 — 7, 10 Abh. d. Ks. [Bandori 1, 53; Pavel 70] — 7 Wiczay 2097; Sestini 19, 78 - 8 Sestini mus. Hedorv. 19, 77 - 9 Cat. Welzl 1204

159
K 28
C VAL HOST M QVINTVS C ebenso
P M S COL VIM u. i. A. AN XIII
Moesia wie gewöhnlich, aber in
der erhobenen R. Zweig, in der
L. Kugel (= 132)
1 London Cat. 18, 37 — 2 Longpérier Cat. Magnoncour 198

Gallus

160
K 26
IMP C VIBIO TREBON GALLO AVG P M S COL VIM u. i. A. AN XII
Br. m. L. P. M. r. Typus A
Gewicht: 11, 85 (5) — 10, 40 (6)
Abweichungen: Vs. VIB 3, 8, 16, 18 — AV 6, 18 — angeblich mit CAES 18
1. 2 Berlin Cat. 45, 109, 110 — 3 Berlin Cat. 45, 111 — 4 Budapest — 5. 6 Gotha 7 Mailand Mus. Naprhm. 5, 114 [Mionnet S. 2, 51, 55; Cohen 5, 254, 141] — 4, 387 — 8 München — 9, 10 Neapel Cat. 6273. 6274 — 11, 12 Paris — 13, 14 Wien Eckhel cat. 52, 53. 54 [Pavel 65]. — — 15 (vgl. 162, 4) Bandori 1, 70 von Foucault. 16 Pavel 65 — 17 Morelli Imp. CVXVI, 2 — 18 Tanini 32 — 19, 20 Wiczay 2094; Sestini 19, 73

VIMINACIVM

161
K 26
(Gallus)
ebenso | ebenso, aber AN XIII
Gewicht: 10,25 (1)
Abweichungen: Vs. GALL AVG 5, 7, 8
1 Berlin Cat. 45,112 — 2 Gotha — 3 Kopenhagen Ramus 1 add. 396,15a — 4 London Cat. 19,42 — 5 Wien Eckhel cat. 52, 57 [Mus. Nanckm. 4,388; das daneben angeführte Exemplar seiner eigenen Sammlung ist in Mailand nicht vorhanden] — 6 Wien Mus. Theup. 75fl. —|— 7 Wiczay 2077; Sestini 20,79 — 8 Cat. Welzl 1299

162
K 26
ebenso | ebenso, aber AN ....
Abweichungen: Vs. unvollständig 3, 4, 5, 6; — Rs. COL VM 1
1 Kopenhagen Cat. Welzl 1295 — 2 London Cat. 19,40 — 3 Paris — 4 St. Petersburg Sestini mus. Beakowitz 5 (angeblich gleich oben 160,15 von Foucault). — — 5 Mediobarbus 361 [Banduri 1,78] — 6 Banduri 1,67
Die Namensform des Kaisers auf den Münzen n. 160-162 scheint im Jahre XIV nicht mehr vorzukommen; die unter 162 verzeichneten Stücke haben also wohl AN XII oder XIII. — Im Jahre XII finden sich die anderen Namensformen auf sicheren Münzen noch nicht (die undatierten Fälle s. unten 162°, 165°); es scheint also die Form *Imp. C. Vibius Trebonianus Gallus Aug*, die auf römischen Münzen nicht vorkommt, die älteste zu sein; dazu wird *Caesar* zwischen *Imp.* und *C.* eingeschoben, was in Daria schon im Jahre V (also etwa August 251) geschieht; als späteste Form hat *Imp. C. Gallus P(ius) Felix Aug*. zu betrachten, wie der Kaiser in Daria nie heisst, weil dort keine Münzen aus dem Jahre VI oder VII (251 3) nachweisbar sind.

163
K 27
IMP C C VIB TREB GALLVS AVG P M S COL VIM u. i. A. AN XIII
Br. m. 1. P. M. r. Typus A
Gewicht: 13,86 (1) — 9,90 (1)
Abweichungen: Vs. IMP CAES C 4, IMP CAE C 7 vgl. 9 — angeblich ohne TREB 11, 12; — Rs. vielleicht AN XIIII 6
1 Athen Cat. 801 — 2 Berlin Cat. 45,114 - 3 Gotha — 4 Lobbecke — 5 Mailand (vielleicht dieses im Mus. Nanckm. 4,388; vgl. oben 161,5) — 6 Moskau Univ. Cat. 113 — 7 Neapel Cat. 6275; wohl dasselbe bei Banduri 1,70 von Foucault -- 8 Rom Vaticam. |— 9 l'atin Imp. 397 Abb. d. Rs. (daraus, mit Vs. = 7, Mediobarbus 361; Banduri 1,78) 10 Vaillant num. col. 2,315 = 219 [Banduri 1,72] · 11 Banduri 1,72 von Le Roy 12 Morelli Imp. CCXVI, 3 — 13 Haller Cat. Rem 282,25 — 14 Sabatier icon. LXXIII, 8

164
K 27
ebenso, aber TRIB statt TREB | ebenso
Gewicht: 13,10 (11)
Abweichungen: Vs. am Schluss AV 8, 15 — Rs. vielleicht AN XIIII 9
1 Berlin Cat. 45,113 — 2, 3, 4 Budapest — 5 Bukarest · 6 London Cat. 19,41 7 London Cat. 19,39 (mit AN XIII oder XII) — 8, 9 München -- 10 Paris Mionnet S. 1, 51, 57 [Cohen 5, 254, 143] -- 11 Turin Mus. Cat. 1973 = Lavy 966 -- 12 Wien Eckhel cat. 52, 58; wohl dasselbe vorher ungenau Cimel. Vindob. 1,124 mit AN XII. - — 13, 14 Wiczay 2099 (mit TREB), 2100; Sestini 20, 80 (beide mit TRIB) — 15 Mionnet S. 2, 51, 57 von Allier — 16 Chaix descr. 14

165[*]
K —
IMP CAE C VIB TREB GALLVS AVG Br. P M S COL VIM u. i. A. AN XII Typus A
m. L. P. M. r.
Abweichungen: IMP C C 2, 3, 4 — TRE 4 — ohne TREB 2, 3
1 Mediobarbus 361 [Banduri 1,78] — 2 Vaillant num. col. 2,315 = 219 [Banduri 1,78] — 3 Cimel. Vindob. 1,124 -- 4 Sestini mus. Hederv. 19,74
Da alle sicheren Münzen mit dieser Namensform AN XIII haben (s. 163), so müssen die hier verzeichneten als zweifelhaft gelten, obwohl die Form auch im Jahre XII vorkommen konnte; 3 ist wahrscheinlich = 164,12. Vgl. auch 164,7.

54   MOESIA SVPERIOR

165
K 26
[Gallus]
IMP C GALLVS P FELIX AVG | P M S COL VIM u. i. A. AN XIII
Br. m. 1. P. M. r. | Typus A
Gewicht: 10,60 (9) — 9,26 (1) — 6,72 (4)
Abweichungen: Vs. PIVS statt P 2. 8. 16. 22 (= unten 167) — ohne P 19 — unsicher 14 — am Schluss AV 18 vgl. 161 — Rs. Theilung der Schrift P M S | COL.
1. 6. 9 — am Schluss VI statt VIM
1 Athen Cat. 805 — 2-6 Berlin Cat. 45. 115-119 — 7. 8 Budapest — 9 Gotha — 10 Imhoof — 11 Mailand Mus. Sanclem. 3. 114 (Mionnet S. 2. 51. 56; Cohen 5. 254. 142] und wohl dasselbe 4. 387 irrig mit AN XII — 12. 13. 14 München — 15 Paris — 16 Paris Mionnet S. 2. 51. 58 (Cohen 5. 254. 144 mit AV] — 17 Sophia — 18 Wien Eckhel cat. 52. 59 — 19 Wien. — j — 20 Panel 69 — 21. 22 Wiczay 2101. 2102; Sestini 20. 81. 82 — 23 Sabatier ironogr. 1. XXIII. 5. — Hierher gehört wohl auch 24 London Cat. 16. 11 (irrig unter Gordianus mit AN III).

166
K 21
ebenso, aber mit Krone | ebenso
Gewicht: 3,12 (vielleicht trotz der Strahlenkrone als As anzusehen; vgl. unten 177)
1 Berlin Cat. 45. 120

167
K 27
IMP C GALLVS PIVS FELIX AVG | P M S COL VIM u. i. A. AN XIII
Br. m. L. P. M. r. | Geflügelte Frauengestalt zwischen Stier und Löwe l. stehend, in der erhobenen R. Kranz, die L. über dem Löwen
1 Löbbecke — 2 Wien
Über den Typus, Victoria oder Moesia-Victoria, vgl. die Einleitung S. 28.

168
K 26
IMP C GALLVS P FELIX AVG | P M S COL VIM u. i. A. AN XIV
ebenso | Typus A
Gewicht: 9,59 (1) — 9,05 (7)
Abweichungen: Vs. unsicher 18 — Rs. COL. VII oder COL. VM 7. 17. 21. 22 — Jahreszahl unvollständig 21. 22
1 Athen Cat. 805 — 2. 3. 4 Berlin Cat. 45. 121-123 — 5. 6 Budapest — 7 Gotha — 8 Kopenhagen Ramus 1. 98. 17 — 9 London Cat. 19. 43 — 10. 11 Mailand (vgl. 165°) — 12. 13. 14 Neapel Cat. 6276-6278; einer davon Bandtri 1. 70 (von Fiorault) — 15 Wien Eckhel cat. 52. 62 [Mionnet S. 2. 52. 59; Cohen 5. 254. 145] — 16 Wien Mus. Theup. 759 [Panel 75] — 17 Zürich. — — 18 Vaillant num. col. 2. 315 — 119 Abb. d. Ms. [Banduri 1. 72] — 19 Muselli imp. CCXVI. 4 — 20 Wiczay 2106; Sestini 20. 83. — Ferner mit unvollständiger Jahreszahl 21 Paris; wohl dieses Stück bei Banduri 1. 70 (mit AN XII) — 22 Wien Eckhel cat. 52. 55 (mit AN XII); doch könnten die beiden letzten Stücke auch zu AN XIII gehören (vgl. 165°).

[169]
K (26)
ebenso | P M S COL VIM u. i. A. AN XVI | Typus A
1 Angebliche Beschreibung des Stücks Münsk. 3. 10. 1164
Wie in der Einleitung gezeigt wurde, ist XVI nur Stempelfehler für XIV.

169*
K 27
— 165 | P M S COL VIM u. i. A. AN XII Typus A
1 Banduri 1. 70 (Paris); — 2 Eckhel cat. 52. 55 (Wien) — 3 Mus. Sanclem. 4. 387 (Mailand)
Die Jahreszahl von 1 und 2 ist unsicher; wegen der Form des Kaisernamens sind die unter AN XIV verzeichnet (168. 21. 22). Bei 3 hat sich Stempelelemente wohl geirrt, in Mailand giebt es mit diesem Vs. ein Stück mit AN XIII (165. 11) und zwei mit AN XIV (168. 10. 11), aber keins mit XII.

Gallus und Volusianus

170
K 35

IMP C VIBIO TREBON GALLO AVG
IMP C C VIB VOLVSI AV Br. des
Gallus mit L. P. M. r. und Hr.
des Volusianus mit L. P. M. L,
einander zugekehrt

P M S COL VIM u. i. A. $\frac{AN}{XIII}$ Die
beiden Kaiser mit (Lorbeerkranz)
Panzer und Mantel einander gegenüberstehend; jeder von ihnen trägt
auf der einen Hand eine Kugel,
von der eine kleine Victoria mit
Kranz (und Palmzweig?) auf ihn
zuschwebt, während er sich mit
der anderen Hand auf den Speer
stützt. Im Abschnitt, zu beiden
Seiten des Datums, l. der Stier r.
und r. der Löwe l.

Tafel I, 16   Abbildung der Rs.
1 London Cat. 19, 44; vorher beschrieben von Birch num. chron. II (1846) 39

[171]
K (35)

(IMP C VIBIO) TREBON GALLO
AVG IMP C C VIB VOLV(SI AV?)
ebenso

P M S COL (VIM) u. i. A. $\left[\frac{AN}{XIII}?\right]$
Der Kaiser (Gallus) zu Pferde
r.; vor ihm Victoria mit einem
Kranze, den sie dem Kaiser reicht,
und einem Palmzweig. Im Abschnitt Stier und Löwe wie oben

1 Bryce num. chron. N. S. 4 (1864) 158; Auctions-cat. (London 1868) n. 164. Am Schluss der Vs. glaubte Bryce CAES lesen zu können, doch ist das unwahrscheinlich. Die Jahreszahl ist nicht erhalten, darf aber wohl nach der vorhergehenden Münze so ergänzt werden. Leider ist nicht zu ermitteln gewesen, wohin die Münze gekommen ist. Römische Medaillons des Gallus und Volusianus mit diesen beiden Typen sind nicht bekannt; doch mag der Stempelschneider uns unbekannte römische Muster benutzt haben.

Volusianus

172
K 26

IMP C C VIB VOLVSIANVS AVG | P M S COL VIM u. i. A. AN XII
Br. m. L. P. M. r. | Typus A

Gewicht: 9,90 (1) — 9,06 (9)
Abweichungen: Vs. nicht beschrieben 12 — angeblich CS statt C C 15 — VB VOLVSIANS 4, 8, 15, angeblich ..... VOLVSIANO 9 (aber wohl = 4, 8, 15)
1 Athen Cat. 800 — 2, 3 Berlin Cat. 45, 124, 125; eins davon bei Beger thes. Brand. I, 736 (Banduri 1, 88; Panel 67) — 4 Berlin Cat. 46, 126 (nicht bei Beger) — 5 Budapest — 6 Kopenhagen   7 Leake suppl. 151 — 8 München — 9 Turin Mus. Cat. 1974 — 10 Wien Eckhel cat. 52, 56 (Mionnet S. 2, 52, 61; Cohen 5, 280, 144) — 11 Wien Mus. Theup. 761 (Tanini 37). — 12 Mus. Arigoni 1 alia colos. XIII, 198 (Rv.) (Tanini 37) — 13 Panel 67 — 14 Wiczay 2095; Sestini 19, 76 — 15 Wiczay 2096; Sestini 19, 75

172*
K —

Volusianus (Vs. nicht bes.chrieben)   P M S COL VIM u. i. A. AN XI Typus A
1 Mus. Arigoni 1 alia colos. XIII, 197 (Mionnet S. 2, 52, 60; Cohen 3, 280 Note 1, zweifelnd)
Da im Jahre XII Decius noch regierte, sind Münzen des Volusianus mit AN XI unmöglich.

MOESIA SVPERIOR

(Volusianus)

173
K 26
IMP CAE C VIB VOLVSIANO AVG P M S COL VIM u. i. A. AN XII
Br. m. L. P. M. r.   Typus A
1 München

174
K 26
IMP C C VIB VOLVSIANVS AVG ebenso, aber mit AN XIII
ebenso
Gewicht: 14,50 (4) — 13,80 (2) — 13,00 (5)
Abweichungen: Vs. angeblich IMP C VIB 7. 10, ausserdem ohne AVG 10
1, 2 Berlin Cat. 46,128, 129 — 3 Florenz Banduri 1,89 (irrig mit IMP CAEN) - 4, 5 Gotha — 6 Kopenhagen Ramus 1, 98, 16 - 7 Neapel Cat. 6279 mit IMP C VIB, aber wohl dieselbe richtiger wh IMP C C VIB bei Banduri 1,86 (vm Foussault) — 8 Wien Kchhcl cat. 53, 61 - 9 Wien Mus. Theup, 761. — ; - - 10 Vaillant num. col. 2, 329 = 336 [Banduri 1, 89] - - 11 Mus. Arigoni 4 enloss. XIII, 122

175
K 26
IMP CAE C VIB VOLVSIANO AVG ebenso
Kopf mit Lorbeerkranz r., am
Halse etwas Gewand
Abweichungen: Vs. zuweilen Brustbild an L. P. M.; - Rs. VM statt VIM 4
Jahreszahl unsicher 2
1 Berlin Cat. 46,127 - - 2 Berlin Cat. 46,131 — 3 Budapest - - 4 Mailand — 5-6, 7 München — 8 Paris Mionnet S. 2, 52, 62 [Cohen 5, 251, 246 und ungenau 245] — 9 Wien Kchhcl cat. 53, 60. - 10 Muselli imp. CCXVII, 9 (vgl. 10, unten 178*) — 11 Wiczay 2103; Sestini 20,83 - 12 Wiczay 2105, VII, 149 (das angebliche B am Halse ist Gewand); Sestini 20,63

176
K 25
IMP C VOLVSIANVS AVG ebenso   ebenso
Gewicht: 11,01 (1) - - 10,05 (2) — 8,45 (5)
Abweichungen: Vs. VOLVSIANO 9 — Brustbild mit Gewand 2
1, 2 Athen Cat. 803, 804 — 3 Berlin Cat. 46, 130 - - 4 Budapest - 5 Gotha   6 London Cat. 19, 45 — 7 München - - 8 Paris Mionnet 1. 352, 8 [Cohen 5, 251, 147]   9 Wien Mus. Theup. 761 — 10. 11 Wien. - - 12 Mus. Arigoni 2 column. XIV, 140 — 13 Patrel 70 (ex Massacre recip, also = 82) - - 14 Wiczay 2104; Sestini 20, 84 - 15 Chaix descr. 15 Dass die kleineren mit dieser kürzeren Namensform etwas kleiner und leichter zu sein scheinen als die anderen desselben Jahres, hat wohl nichts zu bedeuten; schwerlich darf man in ihnen ein besonderes Nominal (= drei As?) sehen.

177
K 19
IMP C VOLVSIANVS AVG Br. m. L.   ebenso
P. M. r.
Gewicht: 5,30
1 Paris Mionnet 1, 352, 8
Dem Gewichte nach wird man diese Münze als Dupondius ansehen haben, obwohl der Kaiser nicht die Strahlenkrone trägt; umgekehrt hat Gallus auf einer Münze, die nur 3,12 g wiegt und darum wohl als As zu betrachten ist, die Strahlenkrone (oben 166).

173*
K -
Volusianus (Vs. nicht beschrieben) — 173, aber Jahreszahl unbestimmt
1 Patin imp. 300 Abb. [Mediobarb. 363: Banduri 1,90]

177*
K -
(Vs. nicht beschrieben)   P M S COL VIM u. l. A. AN XIV Typus A
1 Vaillant num. col. 2, 325 = 335 [Banduri 1, 89; Panel 74]

177**
K -
IMP VOLVSIANVS P AVG Br. m. L. P. M. r.   ebenso
1 Mus. Arigoni 4 colon. XIII, 123. Vielleicht ist es ein Valerianus = unten 186.

178*
K —
= 175   ebenso, aber angeblich AN XV
1 Muselli imp. CCXVII, 10. - Da im Jahre XIV schon Aemilianus und dann Valerianus zur Regierung kamen, so kann XV nicht richtig sein; es ist wahrscheinlich nur falsche Zeichnung (statt XII oder XIII), nicht Stempelfehler.

VIMINACIVM 57

Unbestimmter Kaiser

178
K 31

IMP ...., AVG Br. m. L. P. M. r. P M S C[OL VIM] u. i. A. AN XIII
Typus A
darauf geprägt der römische Typus
der drei Monetae

1 Budapest

Nach der Jahreszahl XIII muss die Münze dem Hostilianus, Gallus oder Volusianus gehören; das Bild des Kaisers ist aber durch die Überprägung unkenntlich geworden.

Aemilianus

179
K 25

IMP C M AEMIL AEMILIANVS AVG P M S COL VIM u. i. A. AN XIV
Br. m. L. P. M. r. Typus A
Gewicht: 11,25 (3) — 9,02 (2) — 8,70 (7) — 8,20 (6)
Abweichungen: Vs. CAES statt C [3 — angeblich AEMILI (o — AEMILANVS 14
.. AV G 6; AV (vielleicht das G nur undeutlich) 5. 15, 16; AVG 10, 11; A (, (2?)
13. 18. 19; Schluss unsicher 2. 3. 4. 7. 8; — Rs. Trennung P M S | COL 4. 9. 11.
17; zuweilen unsicher — COL VII 3. 4. 7. 9. 24; COL VI 1. 17. 13; angeblich
COL VIII 24 — Jahreszahl fehlt 10. 27; angeblich AN XII 24, vgl. 9. — Durch
Überprägung (man sieht 2 Köpfe) breit geschlagen (Durchmesser 29 mm) 6
1. 2 Berlin Cat. 46,131. 132 — 3. 4 Budapest — 5. 6. 7 Gotha — 8 Kopenhagen —
9 Kopenhagen, früher Welzl Cat. 1308 (irrig mit AN XII) — 10 Leake suppl. 151 —
11. 12 London Cat. 20, 47. 48   13 Mailand -   14 München — 15 Paris Banduri 1,98;
Mionnet I, 35, 9 (ungenau ohne AEMIL). (Cohen 5. 294, 72] - 16 Wien Eckhel cat. 53, 65
- 17 im Handel. —] - 18 Paris imp. Index 26 (mit M S C III XIV) [Mediobarbus 364;
Banduri 1,99] — 19 Vaillant num. col. 2, 318 — 218 Abb. d. Rs. [Banduri 1,98] — 20 Banduri 1,98 von Foucault - 21 Musell suppl. imp. XXXVI, 3 — 22 Wiczay 2108; Sestini
20, 16   23 Wiczay 2107; Sestini 20, 89 ungenau — 24. 25 Cat. Welzl 1309, 1310 —
26 Sabatier iconogr. LXXIII, 29. — Hierher gehört vielleicht auch 27 (mit unsicherer Vs.)
Paris imp. 204 Abb. [Mediobarbus 364; Banduri 1,99]. - Vgl. 179°.

180
K 26

IMP C EMIL EMILIANO AVG Br. m. P M S COL VIM u. i. A. AN XIV
L. P. M. r.   Typus A
Gewicht: 9,85 (1)
Abweichungen: Rs. XIII statt XIV 1
1 Gotha — 2 Wien Eckhel cat. 53, 64 -- — 3 Banduri 1,98 aus der Sammlung Foucault

179ᵃ
K —

IMP C M AEMIL AEMILIANVS A Br. m.   P M S COL VIM u. i. A. AN XII Typus A
L. P. M. r.
1 Mus. Arigoni 1 alia cohors, XIII, 2210 [Mionnet S. 2, 32, 63; Cohen 5, 294, 71 zweifelnd]. —
Die Jahreszahl XII kann nicht richtig sein; wahrscheinlich ist auch hier wie bei Welzl
1308 (vgl. oben 179, 9) AN XIV zu lesen, und dasselbe wird wohl für Cat. Welzl 1307
(oben 179, 24) gelten.

179ᵇ
K 25

ebenso, aber am Schluss AVG   ebenso, aber angeblich AN XIII
1 Mus. Theup. 761
Die Münze (im Wiener Cabinet) hat vielmehr AN XVI und ist unter n. 184 beschrieben.

[Aemilianus]

181 IMP C EMIL EMILIANO AVG Br. m. | P M S COL VIM u. i. A. AN XIIII
K 25   l. P. M. r. | Weibliche Figur zwischen Stier und Löwe l. stehend, in der vorgestreckten R. Zweig, die L. über dem Löwen

1 Berlin Cat. 46.134. — 2 Mus. Arigoni 1 alia colon. XIII, 201 [Tanini 42 ungenau mit AN XIII]. — Auf dem Berliner Exemplar ist der Schluss des Kaisernamens und die Jahreszahl undeutlich, doch dürfte es mit den anderen übereinstimmen.
Der gleiche Typus findet sich öfter auf Münzen des Decius und der Seinen aus dem Jahre XII; s. oben 133. 139. 146.

182 IMP CAES AEMILIANVS P F AVG | P M S COL VIM u. i. A. AN XIIII
K 30   Br. m. L. P. M. r. | Typus A
Gewicht: 17,94 (2) — 14,45 (5)

1 Haag — 2 London Cat. 20,46 — 3 Mailand — 4 Neapel cat. 6280 — 5 Wien Mus. Theup. 761. — ! — 6 Wiczay 2109; Sestini 20,88
Die Münzen mit dieser Namensform haben eine für diese Zeit ungewöhnliche Grösse und Schwere. Das folgende Stück dürfte als Dupondius aufzufassen sein.

183 ebenso (Dupondius?) | ebenso
K 22   Gewicht: 5,92
1 Paris

184 IMP C M AEMIL AEMILIANVS AVG | P M S COL VIM u. i. A. AN XVI
K 26   Br. m. L. P. M. r. | Typus A

1 Löbbecke — 2 Paris — 3 Wien Mus. Theup. 761 (irrig mit AN XIII) [Panel 711 Tanini 42; Mus. Sanclem. 4,388]
Die Zahl XVI muss Stempelfehler sein (statt AN XIV); vgl. Einleitung S. 25. 26.

Valerianus

185 IMP P LIC VALERIANO AVG Br. m. | P M S COL VIM u. i. A. AN XIV
K 25   l. P. M. r. | Typus A
Gewicht: 8,75 (1)

Abweichungen: Vs. angeblich IMP C LIC 5 — VALERIANO 1; — Rs. V itat VIM 1
1 Gotha — 2 Wien Eckhel cat. 53,66 [Tanini 54; Mionnet S. 2, 52. 66; Cohen 5. 324, 287]. — ! — 3 Wiczay 2110; Sestini 20, 89   4 Wiczay 2113 (angeblich AN XAI, nach Vs. ungenau); berichtigt von Sestini 20. 90 - 5 Sabatier iconogr. LXXIV, 27

186 IMP VALERIANVS P AVG ebenso | ebenso
K 27

1 Wien Eckhel cat. 53,65 [Mionnet S. 53, 65 ganz ungenau; ebenso Cohen 5. 324, 286]. — — 2 Vaillant num. col. 2,341 — 237 Abb. d. Rs. [Banduri 1,130; Panel 76] — 3 Panel 76 aus der Sammlung Caulet in Toulouse. - Vgl. unter Volusianus 177**
Die Jahreszahl ist auf dem Wiener Exemplar ganz unsicher; da aber Eckhel XIV las und auch 2 und 3 ebenso beschrieben sind, ist die Münze hier aufgenommen; sonst findet sich diese Namensform erst mit AN XV.

185° — 185 | — 185, aber angeblich AN XII
K —
1 Mus. Arigoni 1 alia colon. XIII, 202 [Mionnet S. 2, 52. 64; Cohen 5. 323, 285 zweifelnd]. Es ist wohl XV zu lesen, was auch Sanclemente 4,350 vermuthet, auf dessen Exemplar (oben 187,2) die beiden Striche der Ziffer V ebenfalls nicht schliessen.

186° — 186 | — 186, aber angeblich AN II
K —
1 Patin imp. 406 Abb. d. Rs. — Index 76 [Mediobarbus 368; Banduri 1,143]; vgl. auch unten 190,7]. — Die Ziffer II muss natürlich irrig angegeben sein.

(Valerianus)

187 IMP P LIC VALERIAIO AVG ebenso | P M S COL VIM u. i. A. AN XV
K 26 | Typus A

1 Kopenhagen, früher Cat. Welzl 1312 — 2 Mailand Mus. Sanclem. 3, 112, XXXIV, 385 [Mionnet S. 2, 53, 67; Cohen 5, 324, 288] = 4,390. — Hierher vielleicht 185°

188 IMP VALERIANVS P AVG ebenso | ebenso
K 27 Abweichungen: V. angeblich P P AVG 3

1 Budapest (sehr roher Stil). — 2 Vaillant num. col. 2, 341 = 237 [Bamduri 1, 130; Panel 80] — 3 Tanini 54 aus seiner Sammlung [Mus. Sanclem. 4, 390]

189 IMP (P LI)C VALERIAIO AVG ebenso| P M S COL VIM u. i. A. AN XVI
K 27 | Typus A

1 Muschea

190 IMP VALERIANVS P AVG ebenso | ebenso
K 27 Gewicht: 9,82 (1)

Abweichungen: V. P P AVG 1, 9 — unvollständig 2 — angeblich ohne P 7
1 Berlin Cat. 47, 135 — 2 Mailand — 3 Paris Mionnet 1, 353, 10 [Cohen 5, 324, 289] — 4 Wien Eckhel cat. 53, 68. —;— 5 Vaillant num. col. 2, 341 = 237 [Bamduri 1, 30] — 6 Mediolanensis 368 [Bamduri 1, 143] — 7 Panel 83 (angeblich aus Patin p. 76, wo aber nur die fehlerhafte Beschreibung mit AN II steht, s. unten 186°) — 8 Wiczay 2112 Sestini 21, 92 — 9, 10 Cat. Welzl 1313, 1314

Mariniana

191 DIVAE MARINIANAE Br. mit Schleier | P M S COL VIM u. i. A. AN XV
K 26 und Gewand r. | Typus A

Gewicht: 9,90 (4) — 6,72 (1)

Abweichungen: V. Brustbild auf Mondsichel 6 — der Schleier zuweilen unsichtbar; — K. VI statt VIM 3, 4, 6

1 Berlin Cat. 47, 136; früher Cat. Pau 483, XX, 8 [Panel 80] — 2, 3 Budapest — 4 Gotha — 5 Linz — 6 Lübbecke — 7 Paris — 8 Wien Froelich append. diss. nov. ac 25, 30, 1, 30 [Tanini 63]; Eckhel cat. 53, 67 [Mionnet S. 2, 53, 68; Cohen 5, 343, 20]; Eckhel d. n. 7, 384; — 9 Froelich append. diss. novae 25, 30 aus der Sammlung Jeulich [Eckhel d. n. 7, 384; Tanini 63, Tabl I; — 10 Wiczay 2111; Sestini 21, 91 (wohl das von Eckhel d. n. 7, 389 erwähnte Exemplar Neumanns). Tanini 63 erwähnt auch ein Stück mit AN XIV und abweichendem Typus, angeblich im Wiener Cabinet; das muss aber ein Irrthum sein.

Aus diesen Münzen von Viminacium hat Froelich zuerst nachgewiesen, dass Mariniana zur Familie des Valerianus gehört; alle näheren Angaben sind unsicher (s. Eckhel d. n. 7, 388).

Gallienus

Sichere Münzen des Gallienus mit AN XIV und AN XV sind noch nicht nachgewiesen; doch könnten einige der Stücke mit zweifelhafter Jahreszahl (192, 1. 4; 193, 6; 194, 3) wohl XIV oder XV haben. Die unsicheren Beschreibungen s. unten 191°.

191° IMP LICI GALLIENVS AVG Kopf m. L. r. | P M S COL VIM u. L A. AN XIIII, auf an-
K . | deren AN XV Typus A

1 Vaillant num. col. 2, 342 = 244 [Bamduri 1, 100; Panel 77]

Beide Jahreszahlen wären für Gallienus möglich; doch sind sie nicht genügend beglaubigt.

MOESIA SVPERIOR

[Gallienus]

192 | IMP GALLIENVS AVG Br. m. L. P. | P M S COL VIM u. i. A. AN XVI
K 26 | M. r. | Typus A
Gewicht: 11,20 (1)
Abweichungen: Vs. Schrift unvollständig s. 4 — Rs. Jahreszahl undeutlich 1. 4
1 Berlin Cat. 47,138 — 2 Budapest — 3 Paris Cohen 5, 473, 1362 (ungenau IMP C) –
4 Wien. — Vgl. unten 195,7 (Sestini)

193 | IMP GALLIENVS P AVG ebenso | ebenso
K 26 | Gewicht: 9,80 (1.4) — 9,25 (2)
Abweichungen: Vs. Schrift unvollständig 2 — Rs. Jahreszahl undeutlich 6
1 Athen Cat. 806 - - 2 Berlin Cat. 47,137 — 3 Bukarest - 4 Gotha — 5 Loblanche
6 Mailand, —[— 7 Wiczay 2114; aber nach Sestini 21,9] IMP C GALLIENVS AVG

194 | IMP C GALLENVS AVG ebenso | ebenso
K 26 | Gewicht: 10,40 (2)
Abweichungen: Vs. Schrift unvollständig ? — Rs. Jahreszahl undeutlich 3
1 Budapest — 2 Gotha - 3 Kopenhagen Ramus 1 add. 396,18 a - 4 Löbbecke 5 Wien
Kubitschek cat. 33,67 ohne Jahreszahl [Mionnet S. 2, 33, 67; Cohen 5, 473, 1361), aber XVI ist
sicher   6 Wien Mus. Theup. 768 [Pamel 84], —; — 7 Mus. Arigoni 2 coh n. XIV, 142
[Tanini 76 ungenau] — 8 Cat. Welzl 1315

195 | IMP C GALLENVS P AVG ebenso | ebenso
K 26 | 1 München

195ᵃ | (Vs. nicht beschrieben) | = 193-195
K — | 1 Petro Ibes, Mauroceno, 308 — 2 Vaillant prem. cat. 2, 352 — 244 Abb. d. Rs. [Banduri 1, 200]
Beide Münzen sind wohl richtig beschrieben und gehören zu einer der Nummern 193-195;
da aber die Schrift der Vs. nicht angegeben ist, lassen sie sich ohne nicht anschließen.

MOESIA INFERIOR

Während das obermoesische Gebiet in älterer Zeit nur barbarische Prägungen gehabt hat und auch in der Kaiserzeit erst sehr spät zu eigener Münze gelangt ist, sind im Bereich der späteren Provinz Moesia inferior schon lange vor der römischen Herrschaft zahlreiche wohlbekannte und sicher zu bestimmende Münzen geschlagen worden. Sitz dieser Prägung, die dann in der Kaiserzeit fortgesetzt wurde, waren die griechischen Colonien an der Westküste des Schwarzen Meeres, die Ἑλληνίδες πόλεις, wie sie die griechischen Geographen bei der Beschreibung dieses barbarischen Gebiets zusammenfassend nennen*). Von ihnen kommen hier in erster Linie diejenigen zwischen der Donau und dem Balkan in Betracht, Istros Tomis Kallatis Dionysopolis Odessos, weil sie dauernd zur Provinz Moesia inferior gehört haben; die Münzen der nördlich von der Donau gelegenen Städte Tyra und Olbia werden wir im folgenden Capitel (Sarmatia) beschreiben; die Colonien südlich vom Balkan, Mesembria Anchialos Apollonia, werden unter Thrake erscheinen, obwohl wenigstens die erstere zeitweilig zu Moesia gehört hat; dagegen müssen die Münzen der beiden von Traianus gegründeten Städte Markianopolis (in der Nähe der Küste) und Nikopolis am Istros hier angeschlossen werden. Wir werden die Geschichte jeder einzelnen Stadt, soweit

---

*) Die erste zusammenfassende Behandlung der Geschichte dieser Colonien gab P. Becker in seinen «Beiträgen zur genaueren Kenntnis Tomi's und der Nachbarstädte» (Neue Jahrbücher für Philologie und Paedagogik, 19. Supplementband, 315 fg. 1853). Die zahlreichen Inschriften, die seitdem besonders durch Desjardins Mordtmann Perrot Jireček Toçilescu Škorpil bekannt gemacht worden und an ihrem Ort citirt werden sollen, wurden dann mit grosser Sorgfalt zu einer neuen Behandlung desselben Gegenstandes verwerthet von Jos. Kleinsorge in seiner Dissertation «de civitatum Graecarum in Ponti Euxini ora occidentali sitarum rebus» (Halle 1888). — Ausser diesen beiden wichtigsten Vorarbeiten sind hier als Untersuchungen über das ganze Gebiet oder einen grösseren Theil zu nennen: Raoul-Rochette, histoire critique de l'établissement des colonies grecques, tome 3 (1815); Ubert, Skythien und das Land der Geten oder Daker (= Geographie 3, 2. 1846); A. Papadopoulo Vretos, la Bulgarie ancienne et moderne (1856); G. Perrot, mémoire sur quelques inscriptions inédites des côtes de la Mer Noire (aus der Revue arch. N. S. 18, 1874, abgedruckt in seinen «Mémoires d'archéologie et d'histoire», 160–202, 446–450, 1875); M. Soutzo, coup d'œil sur les monuments antiques de la Dobroutja, I (Revue arch. N. S. 42, 1881, 204–215; vgl. 287–304); D. Kalopothakes, de Thracia provincia (Diss. Berlin 1893). — Die übrigen Arbeiten werden an ihrem Ort citirt werden.

sie zum Verständniss des Münzwesens nöthig ist oder durch die Münzen aufgeklärt wird, in einer besonderen Einleitung darlegen; hier soll das Gemeinsame behandelt werden.

Entstanden als griechische Handelsstationen im Thraker- und Skythenlande, hatten sich diese Küstenplätze am Barbarenstrande je nach den besonderen Bedingungen entwickelt, indem sie sich mit den Bewohnern des Hinterlandes so gut wie möglich abfanden, freundlich oder feindlich. Aber trotz der Ähnlichkeit ihrer Lage scheint eine politische Verbindung zwischen ihnen nicht bestanden zu haben; nicht einmal von einer sacralen Verbindung, wie man sie mit der fast allen gemeinsamen Mutterstadt Miletos[1]) und mit den zahlreichen anderen milesischen Colonien an der Nord- und Südküste des Pontos Euxeinos erwarten würde, ist etwas ausdrücklich überliefert[2]). Überhaupt schweigen unsere Quellen fast ganz über die Angelegenheiten dieser vorgeschobenen Posten in älterer Zeit; und selbst als der Skythenzug des Dareios die Blicke der Hellenen auf jene Gegenden lenkte, scheinen sie die Colonien wenig beachtet zu haben; wenigstens ist in der erhaltenen Litteratur von keiner einzelnen Stadt etwas berichtet[3]). So blieb es auch während des ganzen V. Jahrhunderts; die Colonien an der Westküste betheiligten sich nicht an der grossen Politik der Hellenen; sie mochten genug mit ihren barbarischen Nachbarn zu thun haben. Die Ausdehnung des Odrysenreiches[4]) über diesen Gebiet (durch Sitalkes) hat wahrscheinlich eher wohlthätig als schädlich auf die Griechenstädte gewirkt; wenn sie den Königen auch gewiss Tribut zahlen mussten, so war dieser Zustand dem unsicheren Verhältniss zu den kleinen barbarischen Stämmen wohl vorzuziehen und beförderte die Sicherheit des griechischen Handels. Und als die odrysische Herrschaft durch Theilung und inneren Zwist geschwächt wurde, konnten die Städte auch die politische Selbständigkeit anstreben, die ihre Stammesgenossen an der Nord- und Südküste des Pontos zum Theil schon früher erlangt hatten; an der Westküste scheint zuerst Istros unabhängig geworden zu sein, dessen älteste Münzen wohl um 400 geprägt sind. Was um die Mitte des IV. Jahrhunderts von einem Kriege der »Istrianer« gegen den Skythenkönig Ateas berichtet wird[5]), bezieht sich schwerlich auf die Stadt Istros; aber es lässt darauf schliessen, dass die Griechen

---

[1]) Vgl. L. Bürchner, die Besiedelung der Küsten des Pontos Euxeinos durch die Milesier. I. Theil (Programm Kempten 1885). Von den Städten der Westküste ist in diesem ersten Theil nur Istros näher behandelt; ein zweiter Theil ist noch nicht erschienen.

[2]) Ohne Grund nimmt Kalopothakes (de Thracia 64 fg.) an, dass die Pentapolis schon vor der römischen Zeit bestanden hat; der gemeinsame Krieg von Kallatis und Istros (um Tomis) gegen Byzanz (unten S. 63) beweist ein Bündniss, aber keinen Bund; und dass die Inschrift von Mesembria (C. I. Gr. 2053 d) nichts beweist, hat unten (S. 70 A. 3) gezeigt. Dass schon früh lebhafte Beziehungen, namentlich Handel, zwischen den Städten bestanden, ist selbstverständlich; man vergleiche z. B. die Prozenteudecrete bei Latyschew Inser. orae septentr. Pont. Euxini I, 8 fg.; aber von einem Bund staatsrechtlicher Natur ist vor der Zeit des Augustus nirgends etwas zu finden.

[3]) Herodot 2, 33 erwähnt Istros (Ἴστρη), aber in anderem Zusammenhang.

[4]) Vgl. A. Höck, das Odrysenreich in Thracien; Hermes 26 (1891) 76 fg.

[5]) Justinus 9, 2. Es scheint sich da um einen Barbarenstamm am Istros zu handeln. Vgl. die Einleitung zu Istros.

städte sowohl von den Barbaren als von
den Makedonen unabhängig waren. König
Philipp stand mit Apollonia und vielleicht auch mit anderen Städten im Bündniss; Odessos griff er an, doch kam es
ohne Kampf zum Frieden und Vertrag,
im J. 341 [1]). Als Alexander der Grosse
in diese Gebiete zog, kamen ihm die
Städte nicht als Unterthanen, sondern als
selbständige Freunde entgegen; namemt-
lich wird das für Kallatis gelten, das
zu seiner Zeit die ersten Münzen geprägt
zu haben und überhaupt sehr einfluss-
reich gewesen zu sein scheint. Die
Kallatianer übernahmen dann auch die
Führung eines Aufstandes gegen Lysimachos, der die Griechenstädte seines Sprengels als Unterthanen behandeln
wollte [2]). Sie verbanden sich unter einander und mit Thrakern und Skythen.
Aber Lysimachos ward mit den Barbaren
schnell fertig; auch Odessos und dann
Istros unterwarfen sich bald; nur die Belagerung von Kallatis zog sich länger hin,
namentlich da Lysimachos mit der Hauptmasse seiner Truppen gegen Antigonos
abziehen musste; aber schliesslich ist gewiss auch Kallatis bezwungen worden. —
Dass nach dem Tode des Königs (281)
die Städte wieder frei wurden, ist nicht
ausdrücklich überliefert, aber doch wahrscheinlich. Jedenfalls finden wir nicht viel
später Istros und Kallatis, offenbar als
selbständige Staaten, in einen Krieg mit
Byzantion verwickelt, bei dem es sich
um die Beherrschung von Tomis handelte [3]); der Krieg endete mit einer schweren Niederlage von Kallatis, dessen Mutterstadt Heraklea vergebens zu vermitteln
gesucht hatte; dagegen scheint Tomis
erst in Folge dieses Krieges selbständig
geworden zu sein, wofür der Beginn seiner
Münzprägung um 200 spricht [4]). — Wie
die Griechenstädte zu dem thrakischen
Gallierreich standen, wissen wir nicht;
wahrscheinlich verschafften sie sich wie
Byzanz durch Tributzahlungen Ruhe, ihre
innere Selbständigkeit scheint nicht berührt worden zu sein. Die wichtigste der
Städte war in dieser Zeit, nach dem Niedergang von Kallatis, wohl Odessos;
denn hier sind schon im III. Jahrhundert
Alexander-Tetradrachmen und auch Goldmünzen (grösstentheils mit Typen des
Lysimachos) geprägt worden, während
in den anderen Städten überhaupt keine
sicheren Alexandermünzen und erst viel
später Lysimachos-Stater nachzuweisen
sind. In Odessos sind dann auch jene
Tetradrachmen zu Ehren des Grossen
Gottes (ΘΕΟΥ ΜΕΓΑΛΟΥ) geschlagen
worden, welche wohl mit Recht auf die
Befreiung der Griechen von den Galliern
bezogen werden [5]). Nach dem Ende dieses Reiches müssen sich die Griechenstädte am Schwarzen Meere einerseits von
den benachbarten Barbaren, andererseits
von den makedonischen Königen frei ge-

---

[1]) Durch die Vermittlung von Apollonia sucht
der Skythenkönig Atens Philipps Hülfe gegen
die Istrianer (s. die vor. Anm.). — Über Philipps Verhältniss zu Odessos (Jordanes Get. 10)
und den anderen Städten vgl. A. Höck, de
rebus ab Atheniendibus in Thracia et in Ponto
ab anno a. Chr. 378 usque ad annum 338 gestis
(Dissert. Kiel 1876) 73-74.
[2]) Diodor 19.73 zum Jahre 313 v. Chr. — Vgl. die
Einleitung zu Kallatis.
[3]) Memnon fr. 21 (Müller fragm. hist. gr. 3.537). —
Die Chronologie ist nicht ganz sicher, doch wird
das Ereigniss wohl richtig in die Mitte des
III. Jahrhunderts gesetzt.
[4]) Näheres in der Einleitung zu Tomis.
[5]) Gardner, sam. chron. 1876, 301 fg. — Näheres
über diese und die Königsmünzen von Odessos
in der Einleitung zu dieser Stadt.

halten haben; dass sie nicht ihre Unterthanen waren, zeigen die Münzen, die sie im II. Jahrhundert geprägt haben; auch nach der Unterwerfung Makedoniens unter die Römer scheint sich darin zunächst nichts geändert zu haben. — Erst in der Zeit der mithradatischen Kriege trat eine Wandlung ein. Wir wissen, dass Mithradates VI. schon früh auch das thrakische Gebiet in den Bereich seiner Unternehmungen gezogen und einige Jahre die Herrschaft darüber ausgeübt hat. Die Griechenstädte schlossen sich ihm an, freiwillig oder gezwungen, und die Spuren seiner Herrschaft zeigen sich in ihrem Münzwesen. Dass ein Alexander-Tetradrachmon von Odessos die Züge des Mithradates trägt, ist bekannt [?]. Aber auch auf den Lysimachos-Statern, welche die Städte Kallatis, Tomis und Istros mit dem gemeinsamen Zeichen des Dreizacks nach dem Muster von Byzanz —

vielleicht auch im Bunde mit Byzanz und untereinander — in dieser Zeit geschlagen haben, ist fast immer das Porträt des Mithradates oder eines seiner Söhne an Stelle des herkömmlichen Alexander- oder Lysimachos-Kopfes zu erkennen [?]. Diese Verbindung der Griechenstädte mit Mithradates gab dann den Römern die erste Veranlassung, ihr Augenmerk auf jene zu richten. Der Feldzug, den C. Scribonius Curio im Jahre 75 von Makedonien aus in das moesische Gebiet unternahm [?], scheint das Küstengebiet nicht berührt zu haben. Dagegen wissen wir, dass im Jahre 72 Marcus Lucullus nicht nur die Moeser bekriegte, sondern auch die Griechenstädte an der Westküste des Pontos einnahm; Apollonia scheint er zerstört zu haben, die Namen der anderen Städte sind nicht alle festzustellen, vielleicht waren es die sämmtlichen Colonien [?]. Eine Provinz wurde indessen hier noch

---

[?] Vgl. Friedlaender, Zeitschr. f. Num. 4 (1877) 15; Reinach revue num. 1888, 447; ders., Mithridate Eupator 75.

[?] Die Zusammengehörigkeit dieser Münzen ist richtig hervorgehoben worden von L. Müller, die Münzen des thrakischen Königs Lysimachus (1858), S. 60fg.; wie dort bemerkt ist, findet sich der Dreizack als Beizeichen wohl hier und auf Lysimachos-Statern von Rhodos und auf den Nachahmungen des bosporanischen Königs Pairisades, und scheinen alle diese Münzen für den pontischen Handel bestimmt gewesen zu sein. Die von Byzantion, welche das Vorbild für die anderen waren, beginnen, nach dem guten Stil einiger Stücke zu schliessen, schon im III. Jahrh.; dasselbe mag allenfalls für die rhodischen gelten. Dagegen gehören die Stater der drei pontischen Städte, mit wenigen Ausnahmen vielleicht, in die Zeit des Mithradates, wie wir an den einzelnen Stellen sehen werden, ebenso der des Pairisades, und nicht viel älter ist der des Akes (vgl. Imhoof, Porträtköpfe 35). Müller hatte zwar richtig erkannt, dass alle diese Münzen erst nach dem Tode des Lysimachos

geprägt sind; aber er hatte sie nicht so spät angesetzt. fertig seit? Reutero (s. oben S. 61 Anm. 1) p. 209 die Münzen der drei Städte in die Zeit des Lysimachos selbst, und deutlichen Fehler macht Kleinsorge p. 12.

[?] Rufus Festus brev. 7: *Dardanos et Moesiacos Curio proconsul subegit et primus Romanorum ducum ad Danuvium usque pervenit.*

[?] Eutropius 6,10: *inde nullas supra Pontum positas civitates adgressus est. Hic Apolloniam evertit, Callatim Parthenopolim Tomos Histrum Burziaonem* [wohl verdorben aus *Bizonem*] *cepit*; Rufus Festus brev. 9 (aus Eutropius): *supra Pontum positas civitates occupavit: Apolloniam Calatium Parthenopolim Tomos Histrum* [Burziaonem ist vielleicht fortgeblieben, weil der Name unverständlich war]; Appianus Illyr. 30: Μυσοὺς δὲ Μόροος μὲν Λεύκολλος, ὁ Φλάκκῳ Δευκόλλῳ Λευκόλλου τοῦ Μιβραδάτῃ πολεμήσαντος, χειρῶσατο καὶ ἐς τὸν πορρῶν [vielleicht fehlerhaft statt ἐς Ἴστρον?] ἐφθάσεν, ἵνα ἐστὶν Ἰσθιακός II πόλεις Ἑλληνίδες, Ἴστρος τε καὶ Διονυσόπολις καὶ Ὀδησσὸς καὶ Μεσημβρία....(Π θέλε)....ἦν δὲ ἐν Ῥώμῃ ἡ καθαίρεσις μετέχουσα τῶν μέρων Ἀπόλλωνα τὸν

nicht eingerichtet; vielleicht wurde die Westküste unter den Schutz des Statthalters von Bithynia¹) gestellt; jedenfalls darf man annehmen, dass die Griechen auch in diesem Falle von Rom milde behandelt worden sind. Schlimmer erging es ihnen etwa zwanzig Jahre später, als die Geten unter Burebista sich auf das thrakische Gebiet warfen und alle Küstenstädte von Olbia bis Apollonia einnahmen²); damals wurde nicht nur Olbia verwüstet, sondern nach dem Zeugniss einiger Inschriften scheint Istros schwer bedrängt, Odessos und Apollonia sogar zeitweilig von ihren Einwohnern verlassen worden zu sein; die Namen der Feinde werden nicht genannt, aber der Zeit nach dürfte es sich um die Geten oder ihre Verbündeten handeln³). Die Feinde zogen allerdings bald ab; und als Augustus die Provinz Moesia einrichtete und die untere Donau zur Reichsgrenze machte, war die schlimmste Gefahr abgewendet. Aber wie unsicher die Lage der Griechenstädte auch dann noch blieb, wie sie namentlich im Winter durch die Raubzüge der Geten, Bastarnen, Sarmaten über den gefrorenen Strom bedroht wurden, das lehren die Gedichte, welche der verbannte Ovidius in den Jahren 9—17 von Tomis aus nach Rom sandte. Völlige Sicherheit trat hier erst ein, als Traianus nach Besiegung der Daker die Reichsgrenze über die Donau vorschob; seitdem hob sich der Wohlstand der Städte, und als Denkmäler ihrer Blüthe erscheinen auch die Münzen, die sie im II. und III. Jahrhundert geschlagen haben.

Aber unsere Griechenstädte waren nicht sofort der von Augustus neu eingerichteten Provinz Moesia zugetheilt worden. Dass sie unter ihm schon zum

ἀναπλέοντι ἐν τῷ Ἰταλίᾳ. Wie wir aus Strabo (7, 6, 1) wissen, hat Lucullus die Apolloniatae, ein Werk des Kalamis, aus Apollonia entführt; die Worte (ἐκ Καλυστοῦ und also bei Appian zu streichen, aber wahrscheinlich stand Κάλλατις mit in der Lücke und war eine der beiden fehlenden Städte, die andere war vielleicht Apollonia. Sicherlich ist nicht zu erreichen, da bei Eutrop Odessos und Dionysopolis fehlen, die bei Appian mit genannt sind; dass bei Eutrop die minder wichtigen Städte Pariбenopolis und Bizone erscheinen, lässt vielleicht auf grössere Genauigkeit in der Benützung des Livius schliessen. Appian könnte dadurch beeinflusst sein, dass er ab die zu seiner Zeit bestehende pontische Hexapolis dachte (ihre sechs 'Ἑλληνίδες (ξ πόλεις) und daher ihre sechs Städte aufzählte; es wäre dann in der Lücke Καλλατις und Τόμοι zu ergänzen und der Anfang eines neuen Satzes über 'Ἀπολλωνία.

¹) In Macedonia durch das damals noch selbstständige Odrysenreich von den Städten getrennt war, so war Bithynia die nächsten gelegene Provinz. Doch wurde ihr dieser europäische Gebiet gewiss nicht einverleibt wie der asiatische Pontos. Dagegen geht wohl die in augusteischer

Zeit gemässe Unterscheidung des rechten und linken Pontos (s. unten S. 68) auf diese Ordnung der Dinge zurück. Nach Strabo 7, 7, 1 reicht der linke Pontos des Ἵστρου κεραμὸς μέχρι Βυζαντίου; und die in der Kaiserzeit nachweisbaren Beziehungen von Byzanz zu Bithynia (s. Mommsen R. G., 5, 280 A. 2) mögen der letzte Rest dieser Ordnung sein.

²) Dio Chrysost. 36 (Borysth.), 4 erzählt die letzte und schlimmste Eroberung von Olbia, 150 Jahre vor seiner Zeit, also um 50 v. Chr., und fügt hinzu: ἐάλω δὲ καὶ ταύτην Γέται καὶ τὰς ἄλλας τὰς ἐν τοῖς ἀριστεροῖς τοῦ Πόντου πόλεις μέχρι Ἀπολλωνίας. Dazu vgl. Strabo 7, 3, 111 (ἠφανισμένην) θαψάντων πάλιν τῶν Ἰστρον καὶ τὴν Ὀρφίαν λεχθέντων μέχρι Μεσσαδομίας καὶ τῆς Ἀλλεφίας.

³) Kleinsorge S. 15 bezieht, nach dem Vorgang von Latyschew, auf die Züge des Burebista eine Inschrift von Istros (arch.-ep. Mitth. aus Oesterreich 6, 36), eine von Odessos (Mitth. d. arch. Inst. Athen 10, 317; vgl. Latyschew, daselbst 11, 200) und eine von Apollonia (arch.-ep. Mitth. aus Oest. 10, 165): αὐτὸς τὴν πόλιν μετὰ τὴν ἐκστρατείαν. Näheres in den Einleitungen zu diesen Städten; vgl. auch bei Kallatis und Tomis.

Reichsgebiet gehörten, beweist allerdings die Verbannung des Ovid nach einer dieser Städte, und der Dichter sagt es auch ausdrücklich[1]. Plinius rechnet sie zu Thracia; und wir werden sehen, dass die Reichsbeschreibung des Agrippa und Augustus, welche Plinius, allerdings ungenau, wiedergiebt, sie zwar nicht als Theil, aber doch als Annex von Thracia behandelt hat[2]. Nun gab es ja unter Augustus eine Provinz Thracia noch nicht; aber der geographische Bezirk Thracia deckte sich im wesentlichen mit dem Odrysenreiche, dessen Fürsten die Römer als Könige von Thracia zu bezeichnen pflegten. Diesem thrakischen Staate, der als Clientelfürstenthum zum römischen Reiche gehörte, waren die Griechenstädte am Pontos Euxeinos zwar nicht einverleibt, aber doch angegliedert; und dem gemäss erscheint bei Ovid der Odrysenkönig als der zunächst eintretende Schutzherr der Städte, wenn auch der Legat von Moesien (oder der Gesammtstatthalter der Balkanhalbinsel) als obere Instanz einzugreifen berechtigt ist[3]. —

Aus dieser mittelbaren Zugehörigkeit zum römischen Reiche scheinen die Griechenstädte erst im Jahre 46, nach der Einziehung des Odrysenreichs, in die unmittelbare Verwaltung der römischen Provinzialbehörden gelangt zu sein. Als damals die neue Provinz Thracia eingerichtet und ihre Grenze gegen die ältere Provinz Moesia festgestellt wurde, mussten auch die Griechenstädte einer von beiden zugetheilt werden. Die Grenze war zunächst wohl die natürliche, der Kamm des Haimosgebirges in seinem ganzen Verlauf bis zum Meere, so dass also die Städte von Istros bis Odessos zu Moesia, die südlich vom Vorgebirge Emine Burnu liegenden, Mesembria, Anchialos und Apollonia, zu Thracia kamen. Im zweiten Jahrhundert dagegen erscheint die Grenze dahin abgeändert, dass das Gebiet der von Traianus begründeten Stadt Nikopolis an der Jantra zu Thracia gehört, obwohl es nördlich vom Haimos liegt, und umgekehrt Mesembria zu Moesia inferior; beide Einrichtungen mögen von Traianus selbst stammen, der überhaupt in der Verwaltung von Thracia mancherlei geändert zu haben scheint, wie auch die Münzen der thrakischen Städte zeigen; vermuthlich gab die Einrichtung der Provinz Dacia den Anstoss zu einer Neuordnung der ganzen Provinzialeintheilung dieses Gebiets; doch ist es auch möglich, dass die Änderung erst unter Hadrianus erfolgt ist¹). Unter Septimius Severus kam dann Nikopolis zu Moesia, wie die Statthalternamen auf den Münzen (s. unten S. 81) zeigen, und wohl gleichzeitig Mesembria zu Thracia, so dass die natürliche Grenze wieder hergestellt war; an diese haben wir uns hier gehalten, da die meisten Münzen beider Städte erst in das III. Jahrhundert gehören, und beschreiben daher die Münzen von Nikopolis bei Moesia, während die von Mesembria mit den thrakischen im nächsten Bande erscheinen sollen.

Die römische Provinz war aber in der Kaiserzeit nicht die einzige Einheit, zu welcher die Griechenstädte gehörten, sondern es bestand auch noch eine besondere Verbindung zwischen ihnen und eine besondere Benennung ihres Gebiets, sogar schon vor der Einrichtung der neuen Provinz Moesia. Für die spätere Zeit ist das vielfach bezeugt: das Gebiet der Griechenstädte führt den Namen Pontos, hauptsächlich auf den Münzen und Inschriften ihres Vororts Tomis, der μητρόπολις Πόντου; und um dieses Gebiet von dem gleichnamigen in Kleinasien zu unterscheiden, führt das europäische

---

angegeben ist. — Den Umfang jener Praefectur und die Namen ihrer moesischen und trabalischen Gemeinden anzugeben, ist bisher unmöglich; die Griechenstädte gehören aber keinesfalls dazu, und der einzige Name der Uferzone ist Pontus.

¹) Nach einigen Inschriften (C. I. L. III, 749; vgl. N. 998), deren eine nördlich von Nikopolis gefunden wurde, ist im J. 136 die Grenze *inter Moesos et Thraces* regaliri worden; und man möchte darum schliessen, dass die Zutheilung von Nikopolis und Mesembria an die beiden Provinzen überhaupt erst damals erfolgt ist. Aber Ptolemaios, der ebenfalls Nikopolis zu Thracia rechnet (3, 11, 7) und Mesembria zu Moesia inferior (3, 10, 3; vgl. 3, 11, 3), scheint in diesem Abschnitt den Zustand der traianischen Zeit anzugeben, da er einige der von Traianus gegründeten Städte schon enthält, andere aber noch nicht kennt (vgl. Kiepotthakes, de Thracia 3); dass eine Nachlässigkeit des Ptolemaios vorliegt, ist kaum anzunehmen. — Vgl. auch die Einleitung zu Nikopolis und später zu Mesembria.

68 MOESIA INFERIOR

in einigen Inschriften den vollen Namen ὁ εὐώνυμος Πόντος[1]. der linke Ponton; denn dies ist die linke Seite des Meeres für die aus der Propontis kommenden Schiffe. Aber diese Übertragung des Namens Πόντος von dem Meere auf die Küstenländer, in Europa wie in Asien[2], ist älter. Strabo sagt in der Einleitung zu seiner Beschreibung des pontischen Reiches (12, 3, 2): οἱ δὲ τὸν Εὔξεινον Πόντον ἀφελόντες ἐκ τῆς Παφλαγονίας ἐν ἀριστερᾷ μὲν τὰ προσεχῆ τῇ Βιθυνίᾳ κεῖται· Ἡρακλέα δ' ἐστί, κεῖσθαι δὲ τὰ Ἀριστερά τοῦ Πόντου· ἐν δεξιᾷ δὲ τὰ προσεχῆ ..... ταῦτα δὲ πάντα καλεῖται τὰ Δεξιά τοῦ Εὐξείνου Πόντου. Es handelt sich an dieser Stelle nicht einfach um eine Angabe, wie sie zur genaueren Bezeichnung der Westküste bei Strabo und sonst öfter vorkommt[3], sondern um einen technischen Ausdruck; und dasselbe gilt für eine zweite Stelle (7, 7, 1): τὴν τὰ Ἀριστερά τοῦ Πόντου λεγομένην (παραλίαν) ἀπὸ Ἴστρου ποταμοῦ μέχρι Βυζαντίου. Für das asiatische Gebiet ist die Bezeichnung τὰ Δεξιά τοῦ Πόντου sonst nicht bezeugt; aber der Name Pontos blieb ihm dauernd; das Wort Δεξιός konnte fortbleiben, da es als Theil der Provinz Bithynia et Pontus ohnehin genügend bezeichnet war. Ob auch die europäische Seite schon in der mithradatischen Zeit Πόντος genannt worden ist, wissen wir nicht. Sicher aber war dieser Name in der Zeit des Augustus schon officiell und geläufig. Die oben (S. 66 A. 2) erwähnte Chorographie des Agrippa hatte als Annexe von Thracia zwei Gebiete genannt; das eine, Hellespontus, ist gewiss identisch mit der Chersonnesos, welche Privateigenthum des

---

[1] Die Inschriften sind zumeist in Tomis abgeschrieben, zumal von einem Ungenannten, dessen Abschriften (drei an der Zahl) von Kirchhoff in den Monatsberichten der Berliner Akademie 1861 S. 1046 fg. abgedruckt sind, dann von Kazaklioglu mit zahlreichen anderen Inschriften, die Kumanudis in der athenischen Zeitschrift Νέα Ἡμέρα Bd. 19 (1868·9) herausgegeben hat. Die Abschriften des Ungenannten sind in mancher Hinsicht, besonders durch Angabe der Lücken, genauer; doch hat er zuweilen einen einzelnen Buchstaben ausgelassen und ist einmal in die folgende Zeile übergesprungen, so dass mehrere Worte fortgelassen sind. Ich drucke hier zunächst die beiden Texte nach der älteren Abschrift, aber mit Ergänzung der fehlenden Buchstaben und Worte aus der späteren, ab. 1) Kirchhoff S. 1042, 2 = Kumanudis S. 81, 1 (daraus Mommsen R. G. 5, abj Anm. 1): Ἀγαθῇ τύχῃ. αὐτοὶ τὰ ὑπέρτα τῇ πρωτίστῃ βουλῇ καὶ τῷ λαμπροτάτῳ δήμῳ τῆς λαμπροτάτης μητροπόλεως καὶ α' τοῦ Εὐωνύμου Πόντου Τόμεως τὸν ἱερώτερον Αὐτ(οῦ) Ἰπαίναντα Ἀντωνὸν ἄρξαντα τοῦ κοινοῦ τῶν Ἑλλήνων καὶ τῆς μητροπόλεως τὴν α' ἀρχὴν ἀγαθὸν, καὶ ἀρχιερασάμενον, τὴν δὲ δεύτερον καὶ κοσμήσαντα ἀξιόλογα φιλοτιμίᾳ μὴ λουλεύοντα, ἀλλὰ καὶ βασιλέως καὶ τὸν πρεσβευτὴν Φλαβίαν

Νέος Ἡμέρα, καὶ τὴν ἀρχιέρειαν σύμφρον αὐτοῦ Ἰουλίαν Ἀπολυστήν, τοὺς τιμὰς χάριν. Die sonst bis auf die Namen fast gleichlautende zweite Inschrift (Kirchhoff 1042, c = Kumanudis 82, 2; s. unten S. 73 A. 1) hat die kürzere Fassung τῆς λαμπρ. μητροπόλεως Τόμεως. Dagegen gehört hierher noch 2) Kirchhoff 1042, 3 = Kumanudis 82, 4: Ἀγαθῇ τύχῃ. Ἰουλίαν .... Σεβαστὴν εὐσεβεστάτην Αὐγοῦσταν Μ. Αὐρηλίου Σευήρου .... Εὐσ(βοῦς) Εὐτυχ(οῦς) Σεβ(αστοῦ) μητέρα καὶ τῶν γενναιοτάτων αὐτοῦ στρατοπέδων βουλὴ δῆμος τῆς λαμπροτάτης μητροπόλεως καὶ α' τοῦ Εὐωνύμου Πόντου Τόμεως. Der Name des Kaisers ist getilgt, es muss aber Alexander sein; die Kaiserin ist Mamaea. Die Zeit dieser Inschrift ist also sicher, und die vorhergehende dürfte wegen der genauen Übereinstimmung in der Benennung der Bundeshauptstadt in dieselbe Zeit gehören. — Das Wort εὐώνυμος war von Kumanudis und Perrot nicht verstanden worden; die richtige Deutung gab Millingen (Ἑλλην. φιλ. Σύλλογος 4, 105 fg.; mir nicht zugänglich, citirt von Perrot 447).

[2] Wegen des asiatischen Pontos vgl. E. Meyer, Gesch. des Kgr. Pontos (1879) S. 1 fg.

[3] Strabo 7, 11; 7, 3, 15; Diodor 19, 73, 1; Dio Chrys. Boryth. 4 (oben S. 63 A. 8), und sonst.

Agrippa war[1]); und das andere, *pars sinistrior Ponti*, kann nichts anderes sein als das Gebiet unserer Griechenstädte. Der Beschreibung der nördlichen Balkanhalbinsel bei Strabo, die ja leider nur zum kleinsten Theil erhalten ist, liegt gewiss dieselbe Eintheilung zu Grunde, und der Ausdruck τὰ Ἀριστερὰ τοῦ Πόντου dürfte Übersetzung des lateinischen *pars sinistra Ponti* sein. Dass aber der Name *Pontus* für die Griechenstädte nicht nur officiell, sondern auch in den gewöhnlichen Sprachgebrauch der ersten Kaiserzeit eingedrungen war, lehren die Gedichte des Ovid. Denn wenn er seine poetischen Briefe *ex Ponto* an die Freunde schickt, so meint er natürlich nicht das Meer, sondern das Land[2]); auch sonst muss *Pontus* oft das Land bedeuten, und einige Male finden wir sogar den vollen Namen *Pontus Sinister* oder *Laevus Pontus*[3]). — Es ist also nicht zweifelhaft, dass das Gebiet der Griechenstädte schon unter Augustus und dann weiter nach seiner Einverleibung in die Provinz Moesia den Namen Πόντος geführt hat. Wahrscheinlich ist dieses Wort aber ebenfalls schon von der augustischen Zeit an nicht nur die geographische Benennung des Gebiets, sondern bezeichnet zugleich den Verband der Griechenstädte an der Westküste des Schwarzen Meeres, dessen verschiedene spätere Namen wir unten kennen lernen werden. Bekanntlich hat Augustus das unter der Republik verpönte System der Städtebünde allenthalben gefördert oder sogar gefordert[4]); und es lag nahe, jene griechischen Seestädte, die in oder neben dem odrysischen Clientelstaat eine national gesonderte Gruppe bildeten, zu einem Bunde zusammenzufassen. Welche Städte diesem Κοινὸν Πόντου, wie es wohl geheissen haben wird, in der ersten Zeit angehört haben, ist nicht festzustellen; auch die Zahl ist unbekannt. Solange sie dem Odrysenreiche angegliedert waren, gehörten vermuthlich alle, von Istros bis Apollonia, soweit sie eigenes Stadtrecht hatten, zum Bunde. Als aber das thrakische Königreich eingezogen wurde und damit also auch die Griechenstädte zum unmittelbaren Provinzialgebiet kamen, musste auch der Umfang des Bundes nach den Provinzialgrenzen geregelt werden. Die südlichen Städte traten vielleicht später dem Κοινὸν Θρᾳκῶν bei; der

---

[1]) Vgl. Marquardt Staatsverw. 1, 313 Anm. 3; es findet sich im ersten Jahrhundert ein *Procurator Augusti regionis Chersonesi* und ein *procurator provinciae Hellesponti*, die wohl identisch sind.

[2]) Ovidius Tr. 5, 2, 1 *e Ponto*; ex P. 2, 5, 10 *ab extremo Ponto*. Die Stellen, wo *Pontus* das Land bezeichnen muss, sind zahlreich (Tr. 3, 3, 28; 3, 8, 27; 3, 13, 11; 5, 10, 1; ex P. 1, 3, 65; 1, 9, 6; 4, 15, 20); an vielen anderen Stellen bezeichnet es natürlich das Meer, und sehr oft kann man auch zweifelhaft sein, ob Land oder Meer gemeint ist.

[3]) Tr. 2, 197 *hostemque Euxini pars sit Romana sinistri*; vgl. Tr. 5, 10, 14 *et Scythici orae terrae sinistrae freti*, wo gerade das Wortspiel zeigt, dass *sinister* ein officieller Ausdruck ist; weniger wichtig sind die anderen Stellen: Tr. 1, 8, 39 *Ponti, quos laeve habet ora sinistri*; Tr. 4, 8, 42 *qua maris Euxini terra sinistra iacet*; ex P. 2, 2, 2 *positus ad Euxini Nasa sinistra freti*; ex P. 3, 8, 17 *axis Ponti regione sinistra*; das Wort *sinister* scheint überall den Doppelsinn zu haben. — Von den Stellen mit *laevus* zeigt nur eine die officielle Bedeutung des Ausdrucks, ex P. 4, 9, 119 *is quoque qui laevus fuerat sub praeside Pontus*; ebenfalls noch Tr. 1, 2, 83 *laevi fera littora Ponti*; aber die anderen (Tr. 4, 1, 60 *Euxini littora laeva peto* und Tr. 4, 10 96 *maris Euxini positos ad laeva Tomitas*) klingen doch auch daran an.

[4]) Mommsen Staatsrecht 3, 744; vgl. Marquardt Staatsverwaltung 1, 503 fg.

Name Ἴστρος wurde auf den Griechenbund der nördlichen Provinz beschränkt, dem die Mehrzahl der Städte angehörte¹). — Für diesen Bund der Griechenstädte in Moesien treten dann im Laufe der Kaiserzeit mehrere neue Namen auf. Ausser der Bezeichnung Ἴστρος, die sich bis zum Schluss in der Titulatur der Metropolis Tomis besonders auf den Münzen erhielt²), finden wir in den Inschriften die Namen Πενταπολις, Ἑξάπολις, Κοινὸν τῶν Ἑλλήνων. Den ersten dieser Namen kennen wir nur aus einer Inschrift von Odessus für einen Beamten der Stadt und des Bundes (C. I. Gr. 2056c): Ἱερασάμενον (ἱ)ἐρέα τῆς πόλεως καὶ ἀρχιερέα τοῦ κοινοῦ τῆς Πενταπόλεως καὶ πυραβόντα διὰ τοῦ κοινοῦ τῆς Πενταπόλεως. Seit

¹) Dass der Name Ἴστρος den Griechenstädten in Moesia blieb, zeigt die Benennung von Tomis μητρόπολις Ἴστρου. — Das Κοινὸν Ἡγεμών wird selten erwähnt (s. Marquardt I, 312 Anm. 1; Kalopothakes de Thracia 48); welche Städte dazu gehörten, ist unbekannt. Anchialus ist zur Zeit des Strabo noch unselbständig (7, 6, 1 Ἀγχιάλη πολίχνιον Ἀπολλωνιατῶν) und erhält erst durch Traianus Stadtrecht.
²) Die Münzen von Marcus bis Philippus mit Ausnahme der kleinsten haben die Aufschrift μητροπόλεως Πόντου Τόμεως (unter Pius nur Τομιτῶν: μητρόπολις ohne Πόντου). Inschriften der III. Jahrhunderts mit der Form μητρόπολις καὶ α' τοῦ εὐωνύμου Πόντου s. oben S. 68 A. 1.
³) Blaremberg, dem Boeckh die Kenntnis der Inschrift (C. I. Gr. 2056c) verdankte, glaubte, dass Odessus als Vorort mit Tomis Kallatis Mesembria Apollonia den Bund bildete. Boeckh schlug statt Kallatis Istros vor, gestützt auf eine Inschrift von Mesembria (C. I. Gr. 2053d), in welcher Tomis, Istros und Apollonia jemand ehren; diese drei Städte nebst dem Fundort der Inschrift Mesembria und dem Vorort Tomis bilden nach seiner Meinung die Πεντάπολις. Aber schon Becker (a. a. O. S. 363) hat mit Recht darauf hingewiesen, dass solche Ehrenbezeigungen der verschiedensten Städte sehr wohl auf einem Steine stehen können.

dem Bekanntwerden dieser Inschrift sind zahlreiche Versuche gemacht worden, die fünf Städte festzustellen, welche den Bund der Pentapolis bilden³). Völlige Sicherheit ist mit dem bisher bekannten Material nicht zu erreichen; da es sich aber jedenfalls um fünf Griechenstädte innerhalb der Grenzen von Moesia handeln muss, so ist es sehr wahrscheinlich, dass die fünf Seestädte zwischen der Donaumündung und dem Haimosgebirge, Istros Tomis Kallatis Dionysopolis Odessos, zu jenem Κοινόν vereinigt waren; denn diese gehörten sicher im ersten Jahrhundert, in welchem die Inschrift nach allgemeinem Urtheil gesetzt ist, und dauernd zu Moesien. Allerdings könnte man zunächst auch an Tyra und Mesembria denken. Tyra

ohne dass sie einen Bund bildeten; es verwirrt ganz richtig auf eine Inschrift von Olbia (C. I. Gr. 2058; jetzt bei Latyschew n. 22, vgl. Boeckh athen. Mitth. 19 (1894) 105), in der ebenfalls Ῥητορικῶν Τομιέων Ἱερμονος Καλλατιανοῦ einem Mann mit goldenem Kranze ehren, aber ausser ihnen noch 15 anderen Städte wie Olbia Miletos Sinope, die gewiss nicht mit ihnen einen Bund bildeten. Trotzdem wurde Boeckhs Auffassung lange Zeit für richtig gehalten: ist bei wiederholt von Marquardt Staatsverw. 1, 305 A. 5; Petrot mémoires 193; neuerdings auch von Kalopothakes de Thracis 65 fg., der aber vermuthet, dass für Apollonia nach der Zerstörung durch Lucullus Kallatis eingetreten sei; hinsichtlich Kieperts formae orbis antiqui 10 Blatt XVII. Blarembergs Ansicht ist aufgenommen von Burmeister, die thrakische Pentapolis (Zeitschrift für die Alterthumswissenschaft 1837, 405—408); Vretos (a. a. O. 199). Müller Lysimachos S. 61 lässt unentschieden, ob Kallatis oder Istros die fünfte Stadt war. — Den entscheidenden Punkt, dass der Umfang der Pentapolis durch die Grenzen der römischen Provinz bestimmt sein muss, hat erst Mommsen R. G. 5, 283 A. 1 richtig hervorgehoben und danach die Städte von Istros bis Odessos als Mitglieder des Bundes festgestellt; ihm schliesst sich noch Kleinsorge S. 19 fg. an.

kam im Jahre 56 n. Chr. unter römische Oberhoheit und stand seitdem unter dem Schutz des Statthalters von Moesia (inferior); aber da es nur in loserer Verbindung mit der Provinz stand und streng genommen jenseits der Reichsgrenze lag, konnte es billig oder musste vielleicht sogar ausserhalb des Κοινόν bleiben[1]). Mesembria dagegen würde gewiss Mitglied des Bundes sein, wenn es zur Zeit der Inschrift innerhalb der Provinz Moesia lag; man müsste dann annehmen, dass eine der fünf nördlichen Städte damals kein eigenes Stadtrecht hatte[2]) und Mesembria die fünfte im Bunde war. Aber alle jene Städte waren schon in vorrömischer Zeit selbständig gewesen, und es findet sich nirgends eine Andeutung, dass die römische Regierung daran etwas geändert hätte. Es ist daher wahrscheinlicher, dass eben Mesembria im ersten Jahrhundert nicht zur Pentapolis gehört hat, und darum ist oben (S. 67) die Vermuthung ausgesprochen worden, dass die Stadt überhaupt erst im zweiten Jahrhundert zu Moesia gekommen ist. Als Mitglieder der Pentapolis aber, die wohl gleich nach Einrichtung der Provinz Thracia unter Claudius organisirt worden ist, wird man die fünf Städte nördlich vom Haimos, von Odessos bis Istros, ansehen haben. — Im II. Jahrhundert erscheint dann an Stelle der Pentapolis eine Hexapolis. Wir kennen sie aus zwei Inschriften, von denen die eine unter Hadrianus oder Pius[3]), die andere nicht viel später[4]) gesetzt ist; in beiden ehrt die Stadt Tomis τὸν ποντάρχην (einmal καὶ ἀρχιερέα) τῆς Ἑξαπόλεως. Wie gewiss mit Recht angenommen wird, ist die Hexapolis entstanden, indem zu den fünf Städten der Pentapolis eine sechste trat. Es muss eine Stadt sein, die erst im II. Jahrhundert zur Provinz Moesia inferior gekommen ist. Mommsen sieht sie in der von Traianus südlich von Odessos gegrün-

---

[1]) Über die Acta von Tyra vgl. die Einleitung zu den Münzen dieser Stadt; es ist nicht ganz klar, ob Tyra der Provinz einverleibt oder nur unter den regelmässigen Schutz des Statthalters gestellt worden ist.

[2]) Es musste dann eine der fünf Städte bisher nur als Nebenniederlassung einer anderen bestanden haben, wie Anchialos zu Apollonia stand (s. oben S. 70 A. 1); vgl. aber die Einleitung zu den Münzen von Dionysopolis, um das es sich allein handeln könnte.

[3]) Zuerst publicirt von Müllangen in den Schriften der Ἑλληνικὸς φιλολογικὸς Σύλλογος in Konstantinopel Bd. 4, 105 fg.; danach wiederholt von Perrot mémoires 447 und Marquardt Staatsverw. 1, 305 A. 7: [Ἀγαθ]ῇ τύχῃ. [Τὸν Ποντάρχην καὶ ἀρ]χιερέα τῆς Ἑξαπόλεως [τὸν] υἱὸν τοῦ Πόντου καὶ [ἐπώνυ]μον αὐτῆς Μᾶρ[κον Ἀντώ]νιον Τ. Φλάουιον Ποσειδώνιον τὸν Φαίδρου τοῦ Ποντάρχου καὶ ἀπὸ τῆς πόλεως, φυλὴ Ἀργαδέων τὸν ἑαυτῆς προστάτην. Die ersten Festspiele zu Ehren des Antinous sind vermuthlich bei Lebzeiten des Hadrianus gefeiert worden; aber die Pontarchie des Poseidonios kann unter Pius fallen. Dagegen war sein Vater Phaidros spätestens unter Hadrianus, vielleicht schon unter Traianus Pontarches. Zu beachten ist noch, dass der Vater υἱὸς τῆς πόλεως, der Sohn υἱὸς τοῦ Πόντου heisst; vielleicht fällt zwischen die Amtsführung beider eine Veränderung im Bestand des Bundes.

[4]) Zuerst publicirt von Christ (nach einer Abschrift von Weiskam), Münchener Sitzungsber. 1875, I, 78. 1; dann von Boutzo, revue arch. N. S. 42 (1881) 297; zuletzt von Toetlesen, arch.-ep. Mitth. aus Österreich 6 (1882) 32, 46: Ἀγαθῇ τύχῃ. Ἡ βουλὴ καὶ ὁ δῆμος Τ. Κομινίου Κλαυδιανοῦ Ἑρμαφίλου τὸν πρώτην καὶ ἀγωνοθέτην ἀρετῆς χάριν, τὸν Ποντάρχην τῆς Ἑξαπόλεως καὶ ἀρχιερέα καὶ ἱερέα τῶν γ αὐτοκρατόρων. Die β εὐπρεπέστερος sind vermuthlich Marcus Aurelius und Lucius Verus. Die Worte τὸν Ποντάρχην und die folgenden scheinen erst nachträglich hinzugefügt zu sein.

deten Stadt Markianopolis[1]). Aber man kann zweifelhaft sein, ob diese neue Stadt als gleichberechtigt angesehen worden ist[2]; denn gewiss wachte der Bund der Griechenstädte am Pontos ebenso eifersüchtig über die Reinheit des Hellenenthums wie das Panhellenion in Athen[3], und schwerlich wird man der eben erst von Römern, wenn auch zum Theil mit griechischen Einwohnern, gegründeten Stadt das Zeugniss hellenischer Abstammung gegeben haben. Wahrscheinlich ist als die sechste Stadt im Bunde Mesembria anzusehen, das nach dem ausdrücklichen Zeugniss des Ptolemaios im II. Jahrhundert zu Moesia inferior gehört hat; denn das ist eine alte, rein griechische Stadt, der man die Aufnahme in den Hellenenbund nicht gut verweigern konnte, sobald sie einmal innerhalb der Grenzen der Provinz lag. — Wie es dann im III. Jahrhundert wurde, wissen wir nicht. Da Mesembria doch wohl ausscheiden musste, als es wieder zu Thracia kam, so wurde der Bund wieder auf fünf Städte reducirt, falls nicht eine andere Stadt oder mehrere neu eintraten; man könnte an Tyra oder Olbia denken, wobei man freilich annehmen müsste, dass die losere Verbindung dieser Städte mit der Provinz nicht mehr so genau beachtet wurde[4]; auch das schlechtere Hellenenthum und die verschiedene Rechtsstellung von Markianopolis waren vielleicht in dieser Zeit kein Hinderniss mehr, wogegen die Binnenstadt Nikopolis schwerlich als Mitglied des pontischen Städtebundes denkbar ist. Etwas bestimmtes lässt sich über den Umfang des Bundes im III. Jahrhundert nicht sagen. Die Inschriften geben auch keinen Aufschluss über die Zahl der Städte; die einzige Stelle, wo der Bund noch ausdrücklich bezeichnet wird, nennt ihn Κοινὸν τῶν Ἑλλήνων[5]; sonst findet sich nur der alte zusammenfassende Name Πόντος, oder genauer Εὐώνυμος Πόντος[6], der ja mehr das Gebiet bezeichnet. Wie lange der Hellenenbund noch bestanden hat, ist unbekannt; die letzten Münzen von Tomis, die unter Philippus geschlagen sind und diese Stadt immer noch μητρόπολις Πόντου nennen, sind auch das letzte Zeugniss für den Verband der Griechenstädte an der Westküste des Schwarzen Meeres. Von dem Provinzialverband, der seinen Sitz wenigstens eine Zeit lang in Troesmis hatte[7], sind die Griechenstädte gewiss

[1] Mommsen, Röm. Geschichte 5, 283 A. 1; ebenso Kleinsorge a. a. O. 21 fg.
[2] Kalopothakes (de Thracia 67 fg.) glaubt, dass Markianopolis überhaupt latinisches Stadtrecht gehabt hat. Darin geht er gewiss zu weit, aber er wird unten (S. 79) gezeigt werden, dass die Rechtsstellung von Markianopolis und Nikopolis in der That von der der übrigen Städte verschieden war; dass die Statthalternamen auf den Münzen der letzteren stets fehlen, hebt Kalopothakes richtig hervor.
[3] Vgl. die Bescheinigung des hellenischen Herkunft für Kibyra (C. I. Gr. 3882) und für Magnesia am Maiandros (C. I. Att. III, 16), angeführt von Nomussen röm. Gesch. 5, 245 Anm. 1.
[4] Auf den Münzen von Olbia erscheinen die Kaiserköpfe seit Severus; das Verhältniss der Stadt zu Rom scheint das gleiche gewesen zu sein wie das von Tyra.
[5] In der Inschrift des Annianus oben S. 68 A. 1.
[6] Vgl. die eben angeführte Inschrift des Annianus und die der Mamaea ebenda.
[7] Eine Inschrift von Troesmis (C. I. L. III, 775) nennt einen *sacerdos provinciae*. Wann das *Commune*, dem er angehört, entstanden ist, wissen wir nicht. Dass die Griechenstädte ihr eigenes κοινόν behielten und nicht dem provinzialen angegliedert wurden, ist nicht auffallend; ganz ähnlich bildeten die Städte des kleinasiatischen Pontos ein besonderes κοινόν neben dem bithynischen, obwohl sie zu derselben Provinz gehörten.

getrennt geblieben, so lange ihr eigener Verband existirte; zu jenem gehörten wohl nur die Colonien und Municipien[1]; und erst die diocletianische Reichsordnung mag diesen Unterschied aufgehoben und dem Griechenbunde ein Ende gemacht haben.

Über die Organisation des griechischen Städtebundes ist nicht viel zu sagen. Wie die anderen Städtebünde der Kaiserzeit war auch der pontische im wesentlichen eine Festgenossenschaft; nationale Feste und Spiele, Kaisercultus, Ehrenbezeugungen, später vielleicht auch Petitionen bildeten die Aufgaben, mit denen sich der Bund und seine Vertretung zu befassen hatten. Ob die Vereinigungen immer an demselben Ort oder abwechselnd in allen Städten stattfanden, wissen wir nicht. Jedenfalls muss eine bestimmte Stadt Sitz des Bundesvorstands gewesen sein. Diese Würde genoss mindestens seit der Zeit des Antoninus Pius Tomis; denn auf den Münzen dieses Kaisers, die anfangs auch nur die ältere Aufschrift Τομιτῶν zeigen, erscheint zuerst die Bezeichnung μητρόπολις. Allerdings könnte die Stadt schon in früherer Zeit Vorort des Bundes gewesen sein und der Kaiser durch Verleihung jenes Titels nur einen längst vorhandenen Rechtszustand äusserlich bezeichnet haben. Doch ist es auch möglich, dass vor Tomis eine andere Stadt Vorort gewesen ist. Man würde dann an Odessos denken; denn während alle späteren Vorsteher des Bundes zugleich Beamte von Tomis sind, ist der älteste uns bekannte (Herosodos, S. 70) ein Beamter von Odessos; das kann Zufall sein, aber vielleicht war es doch durch die Verfassung des Bundes so bestimmt, dass der erste Beamte des Vororts auch den Bund zu leiten hatte. — Der Titel des Vorstehers mag in älterer Zeit einfach ἄρχων gewesen sein; den eben erwähnten Herosodos nennt die Inschrift von Odessos ἄρχων τοῦ κοινοῦ τῆς πεντάπολις. Dagegen im II. und III. Jahrhundert führt der Vorsteber des europäischen Pontos — ebenso wie der des asiatischen

den besonderen Titel πoντάρχης, zuweilen mit dem unterscheidenden Zusatz τῆς Ἑξαπόλεως. Wie es scheint, behielten die Träger dieser Würde ihren Ehrentitel lebenslänglich; denn zur Bezeichnung der beendigten Amtsführung selbst wird einige Male hinzugefügt ἄρξας τῆς Ἑξαπόλεως oder später ἄρξας τοῦ κοινοῦ τῶν Ἑλλήνων[?].

---

[1] Auch die Städte Marcianopolis und Nikopolis, die ihrer späten Entstehung und verschiedenen Rechtsstellung wegen nicht dem pontischen Verband angeschlossen worden sind, könnten zum Provinzialverband gehört haben: über ihr den Colonien ähnliches Stadtrecht s. unten S. 79.

[2] Ein Verzeichniss der Pontarchen giebt Kalopothakes, de Thracia S. 69; doch ist dasselbe nicht ganz richtig. Bisher sind folgende gesichert:
a) Φαβρίκος ποντάρχης καὶ υἱὸς τῆς πόλεως unter Trajanus oder Hadrianus (Inschrift oben S. 71 A. 3): a) T. Ὀκτάυνις Ποτολάνιος ποντάρχης καὶ ἀρξ[ας] τῆς Ἑξαπόλεως υἱὸς τοῦ Πόντου, Sohn des vorigen, wohl unter Pius (dieselbe Inschrift);
3) T. Κομίνιος Κλαυδιανὸς Ἱππάρχιος ποντάρχης τῆς Ἑξαπόλεως καὶ ἀρχιερεὺς καὶ ἱερεὺς τῶν ἐν εὐω-

κρατήρων, wohl unter Marcus und Verus (Inschrift oben S. 71 A. 4; vgl. die Inschrift seines Bruders Aulos ἀλείψας Κομίνιος Κλαυδιανὸς Ἱππάρχιος ποντάρχης arch.-ep. Mitth. 11, 43, 56;
4) Ὀφέλιος Πρίσκος Ἰσίδωρος ποντάρχης, etwa unter Septimius Severus (Monatsberichte der Berliner Akademie 1861, S. 1041.1; Inschrift 19, 8a, 2; die Inschrift ist sehr ähnlich der folgenden abgefasst; doch führt Tomis noch nicht den Ehrentitel πρώτη, τοῦ Εὐωνύμου Πόντου); 5) Αὐρ. Πρίσκος Ἀννιανὸς ποντάρχης —, ἄρξας τοῦ κοινοῦ τῶν Ἑλλήνων, wohl unter Severus Alexander, vielleicht der Sohn des vorigen (Inschrift oben S. 68 A. 1). — Ferner von unbekannter Zeit: 6) [Οὐ.]ἀΐρας[ι]... (arch.-ep. Mitth. 6, 8, 13); 7) .... Διονυσόδωρος ποντάρχης (arch.-ep.

Auf den Münzen der linkspontischen Griechenstädte wird das Κοινόν, seine Einrichtungen Feste Spiele Vorsteher, nirgends erwähnt. Während andere Provinzialverbände in der Kaiserzeit selbst Münzen geschlagen haben — sei es nur zur Feier der Feste oder als dauerndes gemeinsames Geld —, ist dies bei dem unsrigen nie der Fall gewesen; für Gold und Silber war man wie fast überall auf die Reichsmünze angewiesen, und die Kupferprägung blieb den einzelnen Städten allein überlassen. Aber ganz ohne Einfluss auf das Münzwesen ist die Existenz dieses nationalen Verbandes doch nicht gewesen. Es ist das Verdienst von Gardner[1], zuerst darauf hingewiesen zu haben, dass die meisten Griechenstädte an der Westküste des Schwarzen Meeres ihre Münzen mit Werthzeichen[2] versehen haben; und wenn auch der Kreis dieser Städte sich nicht ganz mit dem Κοινόν deckt, so hat die nationale Verbindung doch jedenfalls die Annäherung im Münzwesen gefördert. — Die hauptsächlichsten Werthzeichen sind Β Γ Δ Ε ϛ; zur Unterscheidung von den Buchstaben sind sie zuweilen umgekehrt ꓭ ꓶ Ǝ Ↄ. Auf den kleinen Münzen, welche nach Grösse und Gewicht die Einheit zu vertreten scheinen, steht in der Regel kein Werthzeichen; es ist wohl absichtlich als unnöthig fortgelassen; nur in Olbia findet sich einmal das A auf kleinen Münzen des Geta. Aber auch auf den grösseren Stücken sind die Werthzeichen nicht überall gleichmässig gesetzt; der Brauch wurde überhaupt nicht in allen Städten mit derselben Regelmässigkeit gehandhabt, und es wird daher in den Einleitungen zu den einzelnen Städten noch von ihren Besonderheiten die Rede sein müssen. Am strengsten durchgeführt erscheint die Angabe des Werthes auf den Münzen von Tomis; hier finden sich sogar noch zwei besondere Nominale als Zwischenstufen: die kleinen Münzen des Maximus Caesar haben das Werthzeichen AC, und ein Theil der Münzen mit den beiden Brustbildern des Gordianus und der Tranquillina trägt die Werthangabe ΔC; das zu A und Δ hinzugefügte Zeichen C[3]) wird man mit Gardner als eine dem römischen semis nachgebildete Bezeichnung für die Hälfte der Einheit ansehen müssen, so dass also jene Stücke den Werth von 1½ und 4½ Einheiten haben. Dass der Prägung in allen Städten dieselbe Einheit zu Grunde

---

Mitth. 6, 29, 58). — Kalopothakes führt auch einen *tribūnus* an (nach Hermes 3, 440); aber in jenen Inschriften handelt es sich nicht um einen Beamten, sondern um den Heros Ἀχιλλεὺς Ποντάρχης; vgl. über ihn Latyschew, inscr. Ponti Euxini I, 110 fg. Bei dem Fragment arch.-ep. Mitth. 14, 29, 60 .... ἃ ποντάρχου ist wohl eher ein Beamtenname zu ergänzen. — Zu beachten ist, dass die Pontarchen 4, 5 und wohl auch 6 zugleich ἀρχιερεῖς sind und dass ihre Frau als ἀρχιέρεια fungirt; aber beide Functionen beziehen sich gewiss auf die Stadt Tomis und nicht auf den Bund; auch der Zusatz καὶ ὁ δεῖνα τὴν ἐπαρχίαν ἀρχή, bei 4 bezieht sich auf die Stadt, wie die genauere Wendung bei 5 zeigt ὁρίσας τοῦ καινοῦ τῶν Ἑλλήνων καὶ τῆς μητροπόλεως τὴν ἐπαρχίαν ἀρχήν.

[1]) Gardner, a monetary league on the Euxine Sea, im Numism. Chronicle N. S. 16 (1876) 307—314.

[2]) Harskowin und Vaillant hatten Β Γ Δ Ε für die Zahlen der Kaiserjahre gehalten, was Eckhel (d. n. 2, 16) brach als lrrig zurückweisen konnte; er selbst giebt keine Erklärung, sondern nennt sie nur *notae monetariorum*. Den Gedanken von Sestini (lett. cont. 4, 50), die Buchstaben als Abkürzungen von Παιχί, Γέροντες, Δῆμος, Ἐπιμέλεια zu erklären, erwähne ich nur als Curiosum.

[3]) Die verschiedenen Formen des Zeichens werden bei Tomis angeführt werden.

liegt, ist nicht zu bezweifeln; so ungleichmässig die Stücke im einzelnen auch ausgebracht sind, entsprechen doch im ganzen den gleichen Werthzeichen in allen Städten Münzen von gleicher Grösse und gleichem Gewicht. Die Grösse der Münzen ist ziemlich sorgfältig nach dem Werth geregelt und unterschieden; wenigstens innerhalb der Prägung jeder einzelnen Stadt entspricht bei gleichzeitigen Münzen der grössere Durchmesser fast ausnahmslos dem höheren Werthzeichen. Dagegen sind die Gewichte, wie immer bei Kupfermünzen, sehr ungleich; zahlreiche Münzen mit Δ wiegen mehr als andere gleichzeitige mit E, ebenso einige mit B mehr als andere mit Γ; nicht einmal in derselben Stadt und unter demselben Kaiser herrscht hierin Gleichmässigkeit [1]). Immerhin ist auch bei den Gewichten das richtige Verhältniss zu den Werthzeichen nicht zu verkennen; das gewöhnliche Gewicht ist für die Einheit (mit oder ohne A) 2—3 g, für die Stücke mit AC 3—4 g, mit B 5—7, Γ 7—9, Δ 10—13, ΔC 11—14, E ebenfalls 11—14 g. Dass starke Abweichungen sowohl nach oben wie nach unten vorkommen, ist nicht zu leugnen; aber anderwärts finden sich bei Kupfermünzen noch stärkere Abweichungen sogar in einer und derselben Stadt,

so z. B. in Chios [2]). Alles in allem scheint es sicher zu sein, dass die betheiligten Städte ihre Münzen nach demselben Münzfuss geprägt haben; und die Folge musste eine wesentliche Erleichterung des Verkehrs sein, da die Münzen mit Werthzeichen gewiss im ganzen Prägungsgebiet ohne Unterschied Geltung hatten [3]). — Wie die einzelnen Nominale hiessen, ist nicht bekannt; die Einheit ist aber wohl wie in anderen Gegenden ἀσσάριον genannt worden und entsprach — nicht im Gewicht, aber doch im Werth — dem römischen As; die Stücke mit B wären dann Dupondii, die (besonders häufigen) mit Δ, die τετρασσάρια, Sestertii. Münzen im Werth von 1½ Assaria finden sich sonst nur noch in Chios [4]), solche von 3 Assarien ebendaselbst und anderwärts [5]); dagegen sind nirgends ausser in Tomis Münzen von 4½ Assaria nachweisbar, und das Nominal mit ϵ scheint auch keine Analogien zu haben; nur als Einstempelung findet es sich später auf pisidischen und anderen Münzen [6]). — Grössere Nominale sind in unserem Gebiet nur unter Gordianus geprägt worden; wir haben von Odessos, Tomis und Markianopolis Medaillons mit seinem Bilde, im Gewicht von durchschnittlich etwa 25 g; dass das Brustbild des Kaisers auf einigen

---

[1]) In Kallatis und ebenso in Olbos werden wir Münzen finden, deren Vorderseiten aus demselben Stempel sind, während die Rückseiten ungleiche Werthzeichen haben.

[2]) Vgl. die Gewichte bei Imhoof, griechische Münzen S. 135 fg.

[3]) In dem von Tacchella, revue num. 1893 S. 51 fg., beschriebenen Funde waren ausser den Münzen von Tomis, die die Hauptmasse bildeten, auch Münzen fast aller anderen Küstenstädte, mit und ohne Werthzeichen, aber auch Münzen von anderen Städten vertreten. — Der von mir in der ehemaligen Sammlung Manoli gesehene Fund

(vgl. num. Zschr. 23, 39 fg.) enthielt hauptsächlich Münzen von Markianopolis, Nikopolis und Hadrianopolis; es scheint also das Geltungsgebiet auch von Münzen ohne Werthzeichen ein ziemlich weites gewesen zu sein.

[4]) Imhoof-Blumer, gr. Münzen S. 139, hat dieses Nominal zuerst richtig erkannt.

[5]) Imhoof, gr. M. S. 134, 152 fg.

[6]) Imhoof, gr. M. S. 161, vgl. aber S. 157. — Der Zusammenstellung von Werthzeichen wäre derjenigen auf Münzen der bosporanischen Könige hinzuzufügen, auf die wir in der Einleitung zu Olbia zurückkommen.

Münzen aller drei Städte aus demselben Stempel ist, liefert einen weiteren Beweis für ihre Verbindung im Münzwesen [1]. — Erwähnung verdient endlich noch der Umstand, dass das Werthzeichen Γ hauptsächlich auf Münzen der Kaiserinnen erscheint; und in den Einleitungen zu den einzelnen Städten werden wir sehen, wie hier und da für die verschiedenen Nominale gewisse Typen besonders bevorzugt werden.

Trotz des übereinstimmenden Gebrauchs der Werthzeichen kann man aber nicht eigentlich von einer Münzliga sprechen. Denn der Gebrauch ist nicht durch gemeinsamen Beschluss der betheiligten Städte eingeführt worden; sondern eine begann damit, und andere befolgten das gute Beispiel; und auch dann war für die Münzprägung jeder einzelnen Stadt nur ihre eigene Verwaltung und das unten zu erörternde Aufsichtsrecht der römischen Regierung massgebend; die anderen Städte hatten nichts damit zu thun. Wir können daher nur angeben, wie der Gebrauch der Werthzeichen sich allmählich fast über das ganze Gebiet ausgebreitet hat; neue Münzfunde werden vielleicht das Bild hier und da verändern und vervollständigen, aber bei der ungeheuren Zahl von Münzen, die schon bekannt sind, darf man die wesentlichen Züge schon jetzt als feststehend ansehen [2]. — Den Anfang hat Tomis unter Marcus Aurelius gemacht, indem es die Münzen des Kaisers und seines Sohnes Commodus mit den Werthzeichen B und Γ ver-

sah. Unter der Alleinherrschaft des letzteren prägte es dann auch Stücke mit Δ. Jetzt begannen die anderen Städte, dem Beispiel des Vororts zu folgen. Noch unter Commodus prägten Dionysopolis, Istros und Tyra Münzen mit Werthzeichen. Unter Severus folgen Kallatis, Markianopolis, Olbia und in Thracia Anchialos; nur Odessos prägte nach wie vor ohne Werthzeichen, bis es endlich seine letzten Münzen, unter Gordianus, auch noch mit dem Zeichen Є versah. Dieses Nominal mit Є, der Fünfer, war ursprünglich dem Münzsystem unseres Gebiets ebenso fremd wie jedem anderen unter römischem Einfluss, und in die Prägung von Tomis ist es nie eingedrungen. Weshalb und unter welchen Umständen es eingeführt worden ist, wissen wir nicht. Es findet sich zuerst in Kallatis (auf Münzen des Geta Caesar) und ebenfalls noch unter Severus in Dionysopolis; am wichtigsten aber wurde es im Münzwesen von Markianopolis, wo es in der letzten Zeit des Severus, unter dem Statthalter Flavius Ulpianus (zwischen 209 und 211), auftritt. Die meisten Münzen von Markianopolis haben überhaupt kein Werthzeichen; sonst giebt es nur noch solche des Diadumenianus mit Γ. Aber die Münzen mit Є sind nirgends in solcher Menge geprägt worden wie hier; sie finden sich unter allen Regierungen bis zum Erlöschen der ganzen Prägung unter Philippus. Ausser dem Werthzeichen haben diese Fünfer von Markianopolis noch ein besonderes Merk-

---

[1] Auch die Stadt Anchialos bei unter Gordianus Medaillons derselben Grösse geprägt. — Erwähnt seien die zahlreichen Medaillons von Bizye unter Philippus.

[2] Nach der älteren Litteratur, wie sie bei Mionnet zusammengefasst ist, wurde sich das Bild wesentlich anders gestalten; aber es wird bei den einzelnen Städten gezeigt werden, dass viele Münzen nicht den richtigen Kaisern zugetheilt oder sonst falsch beschrieben waren.

mal: die Vorderseite zeigt immer zwei Köpfe (oder Brustbilder), einander zugekehrt[1]). Der Zweck war gewiss der, dass man diese Fünfer leicht von den ungefähr gleich grossen Stücken unterscheiden könnte, welche neben ihnen geprägt wurden und auch dieselben Aufschriften und Typen haben; diese letzteren Stücke darf man wohl, obgleich sie keine Werthangabe tragen, als τεσσαράρια ansehen, und dasselbe wird für die gleichartigen Münzen von Nikopolis gelten, welches die Werthzeichen überhaupt nie angenommen hat[2]). Jene Fünfer mit zwei Köpfen blieben lange eine Besonderheit von Markianopolis[3]); wie sie bei ihrer ersten Einführung theils die Köpfe des Severus und der Domna, theils die der beiden jüngeren Augusti Caracalla und Geta zeigten, so wurde unter den folgenden Regierungen damit fortgefahren, auf der Vorderseite immer das Bild des Kaisers mit dem einer Augusta oder eines Caesars zu paaren. Als dann aber Gordianus III. Kaiser wurde, gesellte man ihm in Ermangelung einer Augusta oder eines Caesars den Sarapis oder den »Grossen Gott«, dessen Verehrung sich von Odessos über das ganze Gebiet ausgedehnt hatte[4]). Und jetzt wurde der Brauch, Münzen mit zwei Köpfen auf der Vorderseite zu prägen, auch in den meisten benachbarten Städten angenommen. Münzen mit den Brustbildern des Gordianus und Sarapis finden sich noch in Dionysopolis und Odessos; in letzterer Stadt ist der bärtige Gott aber durch das Füllhorn ausdrücklich als der Θεὸς Μέγας bezeichnet. In allen drei Städten tragen diese Münzen das Werthzeichen Є. Nach der Verheirathung des Gordianus wurde das Bild des Gottes durch das der Tranquillina ersetzt, und noch mehr Städte prägten Münzen mit den Brustbildern des Kaisers und der Kaiserin: ausser in Markianopolis und Odessos[5]) finden sich solche Münzen in Tomis und Istros, ferner ausserhalb der Provinz Moesia in den benachbarten thrakischen Städten Mesembria und Anchialos. Die von Markianopolis, Odessos und Istros[6]) haben das Є, die von Mesembria und Anchialos sind ohne Werthzeichen, endlich die von Tomis haben theils wie die älteren Δ, theils ΔЄ. Weshalb diese Münzen von Tomis, die im Durchschnitt ebenso schwer sind wie die entsprechenden Münzen der anderen genannten Städte, nicht auch als

---

[1]) Zuerst von mir hervorgehoben in der Num. Zschr. 23.43: genauerer s. dort.
[2]) Die Währung von Nikopolis scheint über die gleiche zu sein wie in Markianopolis, Tomis u. s. w.; auch für die thrakischen Städte dürfte, wenigstens seit Severus, dasselbe gelten; vgl. die Angabe über die Funde oben S. 75 A. 3. — Es giebt auch von Nikopolis einige Münzen mit zwei Köpfen auf der Vorderseite; sie sind aber als die von Markianopolis, da sie unter dem Statthalter Ovinius Tertullus geprägt sind, und zeigen die Köpfe des Severus und der Domna, sowie des Caracalla Augustus und des Geta Caesar nebeneinander, während in Markianopolis und dann in den anderen Städten am Pontus die beiden Köpfe immer einander gegenüberstehen. Ganz gleiche Münzen mit zwei Köpfen wie von Nikopolis giebt es von Pautalia.
[3]) Eine unsichere Münze mit den Köpfen des Caracalla und der Domna in Istros s. dort.
[4]) Näheres in der Einleitung zu Odessos.
[5]) In Dionysopolis scheint die Prägung vor Gordians Verheirathung erloschen zu sein; vgl. die Einleitung zu dieser Stadt.
[6]) Auf den Münzen von Istros fehlt das Є zuweilen, vielleicht weil das Merkmal der beiden Köpfe genügte, um die Stücke als Fünfer zu bemerkbaren. Es giebt von Istros noch Münzen mit dem Kopf des Gordian allein; auf ihnen fehlt das Є nie. — Ähnliches ist es in Anchialos; s. oben.

Fünfer galten, wissen wir nicht; jedenfalls war es doch ein Nachtheil für die Stadt, dass sie so lange nicht über die Prägung von Tetrassarien hinausgehen konnte; die Einführung des neuen Nominals von 4½ Einheiten war dann schon eine nützliche Concession zu Gunsten der Stadt. Die Münzen von Mesembria und Anchialos darf man wohl als Fünfer ansehen; das Werthzeichen könnte darum fortgelassen sein, weil das Merkmal der zwei Köpfe zur Bezeichnung des Werthes genügte; die Münzen von Anchialos mit dem Kopf des Gordianus allein haben das E. Unter der folgenden Regierung hat nur noch Markianopolis Münzen mit dem Werthzeichen (E) geprägt; ihre Vorderseiten haben theils die Köpfe des Philippus und der Otacilia, theils die des jüngeren Philippus und des Sarapis. Dieselben Vorderseiten finden sich auch in Tomis und Mesembria, die erstere auch in Bizye¹), aber überall ohne Werthzeichen; vermuthlich galten alle diese Münzen als Fünfer, auch die von Tomis, wo eben darum das Werthzeichen fortgelassen sein mag.

Überblickt man das ganze Münzwesen der moesischen Griechenstädte in der Kaiserzeit, so erkennt man zunächst mit Sicherheit, dass die Regelung desselben durchaus in den Händen der römischen Regierung lag. Die Prägung von Gold und Silber war allen Städten des Gebiets entzogen; aber auch die Kupferprägung wurde nicht allen auf einmal und gleichmässig gestattet. Aus dem I. Jahrhundert haben wir nur Münzen von Tomis, erst am Schluss folgt unter Domitianus Tyra; dann beginnt unter Traianus die Prägung von Odessos¹), unter Pius folgen Dionysopolis, Istros²) und das damals noch thrakische Nikopolis, unter Pius oder Marcus Kallatis³), unter Commodus Markianopolis, endlich unter Severus tritt Olbia dazu. Die einmal begonnene Prägung wird dann aber keineswegs stehend und gleichmässig fortgesetzt; sondern sie versagt unter der einen Regierung hier, unter der anderen dort. So z. B. haben unter Macrinus in Moesia nur Markianopolis und Nikopolis geprägt, unter Maximinus nur Tomis. Wir kennen die Gründe nicht; aber da nicht anzunehmen ist, dass die anderen Städte das einträgliche Recht der Münzprägung zwar auch unter jenen Kaisern besessen, aber freiwillig nicht ausgeübt hätten, so kann man aus solchen Erscheinungen nur schliessen, dass das Prägerecht nicht unwiderruflich, sondern von Fall zu Fall ertheilt wurde. Damit ist nicht ausgeschlossen, dass ein Kaiser auch allen Städten zugleich die Prägung gestatten konnte, wie dies Commodus, Severus und Gordianus gethan zu haben scheinen. Aber andererseits können wir wenigstens bei Markianopolis und Nikopolis aus den Statthalternamen nachweisen, dass die Erlaubniss zur Münzprägung keineswegs für längere Zeit oder etwa für die ganze Regierungszeit eines Kaisers gelten musste; denn die meisten Legaten haben, wie ihr Verzeichniss (unten S. 81) zeigen wird, nur je einer dieser beiden Städte die Prägung gestattet. Dieses Eingreifen und die regelmässige Aufsicht der römischen Re-

---

¹) Die von Gardner a. a. O. angeführte Münze von Bizye (= Brit. Mus. Cat. Thrace S. 91, 15) hat das Δ nur als Gegenstempel; derselbe ist vielleicht erst unter Gallienus oder später und anderwärts eingestempelt; jedenfalls gehört das Stück nicht in unseren Kreis.

²) Vgl. aber die Einleitungen zu Kallatis, Istros, Odessos.

gierung waren ohne Zweifel nöthig, um die Städte von einer allzu reichen, dem Ganzen und ihnen selbst schädlichen Münzprägung abzuhalten. Freilich haben sie trotz dieser Überwachung in Folge der Sorglosigkeit einzelner Herrscher oder Statthalter schon bei weitem zu viel geprägt; und es trifft gewiss auch für unser Gebiet zu, was Mommsen[1]) im allgemeinen über die griechische Kupferprägung der Kaiserzeit gesagt hat: »Zu dem im Osten in stärkerem Verhältniss als im Westen auftretenden communalen Bankerott werden die Münzen, die unsere Museen füllen, das ihrige beigetragen haben.«

Es ist möglich, dass einem Theil unserer Städte das Münzrecht auf Grund ihrer Rechtsstellung zustand; aber die Ausübung dieses Rechts wurde durchaus nach dem Gutdünken der römischen Regierung geregelt. Daher kann aus dem blossen Vorhandensein oder Fehlen von Münzen einer Stadt zu dieser oder jener Zeit auf die Art ihres Stadtrechts nicht geschlossen werden. Aber eins gestatten unsere Münzen wenigstens festzustellen, dass nämlich die Rechtsstellung von Markianopolis und Nikopolis eine andere war als die der übrigen Städte. Denn wenn auf den Münzen jener beiden Städte, mit Ausnahme der kleinen, fast regelmässig die Namen der Statthalter genannt werden, auf denen der anderen Städte nie[2]), so wird man daraus schliessen dürfen, dass jene die Erlaubniss zur Prägung vom Statthalter, diese sie vom Kaiser selbst

erhielten. Der weitere Schluss aber, dass die letzteren Städte überhaupt vom Statthalterregiment ausgenommen, also freie Städte waren, wäre darum noch nicht berechtigt. Da sie, alle oder doch die meisten, als besiegte Feinde unter römische Botmässigkeit gekommen waren (oben S. 64), so ist ihnen jedenfalls nicht das beste Stadtrecht gewährt worden. Dass sie nach der Dedition ihre demokratische Verfassung behielten, lehren die Inschriften; in diesem Sinne also waren sie freie Städte. Aber welcher staatsrechtlichen Kategorie sie als römische Unterthanen zugerechnet wurden, scheint sich nicht feststellen zu lassen. Es kann auch keineswegs behauptet werden, dass die Rechtsstellung von Markianopolis und Nikopolis eine schlechtere gewesen wäre als die der alten Griechenstädte; nur dass sie eine andere war, kann man sowohl aus den Münzen als aus den Inschriften schliessen, die in den Einleitungen angeführt werden sollen. Überhaupt scheinen alle diese griechischen Städte, welche ihr Stadtrecht erst durch die Kaiser erhalten haben, eine besondere Kategorie unter den Städten des römischen Reichs zu bilden, deren Stellung — wie ihre Entstehung — mit der der Colonien manche Ähnlichkeit hat[3]). Indessen kann diese Frage hier nicht behandelt werden.

Wir haben nunmehr auf die Statthalter einzugehen, deren Namen sich auf den Münzen der beiden von Traianus gegründeten Städte finden[4]). In Niko-

---

[1]) Staatsrecht 3, 764.
[2]) Bertini (denen. 30, 3; daraus Mionnet S. 2, 65, 70) las auf einer Münze von Dionysopolis die Buchstaben Φ. O, und hielt das für Abkürzung des Statthalternamens Φλάουιος Οὐλπιανός; es ist aber eine Jahresangabe da, und die Münze

gehört nach Phrygia; s. unter Dionysopolis.
[3]) Auch in der Provinz Thracia finden sich Statthalternamen nur auf den Münzen solcher Städte, die durch die Kaiser erst gegründet sind oder doch ein neues Stadtrecht erhalten haben.
[4]) Vgl. Pick, num. Zschr. 23, 32—40.

polis, dessen Prägung unter Hadrianus beginnt, finden sich, da die Stadt anfangs zu Thracia gehörte, zunächst natürlich die Namen von Statthaltern dieser Provinz, unter Pius ΗΓΕ ΖΗΝΩΝΟC und unter Commodus ΗΓΕΜΟ ΚΑΙΚΙ CΕΡΒΕΙΑΙΑΝ. Der erstere, *M. Antonius Zeno*, wird auch auf Münzen von Perinthos und Philippopolis genannt, der letztere, *Caecilius*[?][1]) *Servilianus*, auf solchen von Anchialos, Hadrianopolis, Pautalia und Philippopolis. Das abgekürzte Wort vor den Namen ist wohl nicht ἡγεμόνος, sondern ἡγεμονεύοντος zu lesen; denn so pflegen auch in den thrakischen Inschriften die Statthalternamen eingeleitet zu werden: ἡγεμονεύοντος τῆς Ἡρακλέων ἐπαρχίας (τοῦ δεῖνα), worauf dann der eigentliche Titel folgt: πρεσβευτοῦ Σεβαστοῦ (καὶ) ἀντιστρατήγου; ἡγεμόνος allein wäre schlechtes Griechisch, wenn auch in dieser Zeit nicht unmöglich. Anfangs, unter Traianus und Hadrianus und zuerst auch unter Pius, war auf den Münzen der thrakischen Städte vielmehr die Titulatur ΠΡΕCΒ mit oder ohne den Zusatz, d. h. die richtige Übersetzung des officiellen Titels *legatus Augusti pro praetore*, üblich gewesen[?]); aber seit der Zeit des Pius wird sie durch den allgemeinen Ausdruck ΗΓ(ΕΜΟ) ersetzt, der wie das entsprechende lateinische Wort *praeses* für alle Arten von Statthaltern passend war. — In Markianopolis haben die ersten, unter Commodus geprägten Münzen keine Statthalternamen, wahrscheinlich weil die Verleihung des Münzrechts, die erste Erlaubniss zur Prägung, vom Kaiser selbst und nicht vom Legaten ausging. Die weitere Ausübung scheint dann aber von den Legaten beaufsichtigt worden zu sein; denn seit der Zeit des Severus erscheinen ihre Namen regelmässig, mit nur sehr wenigen Ausnahmen, auf den Münzen von Markianopolis und dem damals zu Moesia gezogenen Nikopolis. Dass es sich nicht um Lokalmagistrate handelt, hatte schon Eckhel richtig erkannt, da einige Namen in beiden Städten vorkommen, und Borghesi hatte es durch weitere Beispiele bestätigt; inzwischen sind einige dieser Statthalter auch auf Inschriften nachgewiesen worden; und ausserdem steht der römische Titel selbst auf allen Münzen. Allerdings war der Titel nicht als solcher erkannt worden. — Der Statthalter von Moesia inferior hätte ebenso wie der von Thracia mit der Formel ἡγεμονεύοντος oder dem Titel πρεσβευτοῦ bezeichnet werden können; beides passt für beide. Aber es war in dieser Zeit schon Sitte geworden, dass die höher gestellten Legaten ihrem Titel die Rangbezeichnung *consularis*, griechisch ὑπατικός, beifügten oder diese Rangbezeichnung allein statt des Titels gebrauchten. Diese Titulatur ist dann auch auf den Münzen von Markianopolis und Nikopolis regelmässig angewendet worden; ein einziger Statthalter, Um. Tereventinus unter Alexander, ist wie die thrakischen durch die Formel ΗΓ eingeleitet, doch wohl weil er ausnahmsweise als Praetorier Legat von Niedermoesien geworden ist; vor allen anderen Namen steht die Abkürzung ΥΠ, seltener Υ oder ΥΠΑ. Man hat das ΥΠ bis vor kurzem für eine Abkürzung der Praeposition ὑπό gehalten; das wäre aber sprachlich falsch, da die Münzen ja nicht vom Statthalter geprägt sind; die in der älteren Litteratur

---

[1]) Auch *Cocius* wäre möglich. [2]) Vergleiche bei Pick a. a. O. S. 53.

beschriebenen Stücke, die angeblich ΥΠΟ ausgeschrieben haben, sind ungenügend beglaubigt. In der Abkürzung steckt natürlich die Rangbezeichnung ὑπατικός, und sie ist vermuthlich ὑπατεύοντος aufzulösen, wie die Stellung des Statthalters auch in einigen Inschriften unseres Gebiets ausgedrückt wird[1]); die Form ΥΠΑ hätte darauf führen können, aber man hielt die Auflösung des ΥΠ in ΥΠΟ für selbstverständlich und las daher statt ΥΠΑ immer ΥΠ.Α. oder (da der Querstrich des Α oft sehr dünn ist oder ganz fehlt) ΥΠ.Α., so dass zahlreichen Statthaltern von Moesia inferior fälschlich der Vorname *Aulus* oder *Lucius* beigelegt worden ist. — Da ich die Namen und die Reihenfolge der auf Münzen erscheinenden Legaten von Moesia inferior schon früher an einem anderen Orte ausführlich behandelt habe[2]), so gebe ich hier nur ein kurzes Verzeichnis derselben, nach Regierungen geordnet und mit Angabe des Prägorts oder der beiden Prägorte; in welcher Form jeder Name auf den Münzen erscheint, wird aus den Indices zu entnehmen sein; anderes wird unter Markianopolis und Nikopolis bemerkt werden. Die zahlreichen Fehler, die aus der älteren Litteratur bis in die neuesten Zusammenstellungen[3]) übergegangen sind, berücksichtige ich hier nicht; ihre Be-

richtigung oder Abweisung wird sich bei der Beschreibung der Münzen finden. Die gesicherten Namen sind folgende:

unter Severus:
Pollenius Auspex (Nik.)
Cosconius Gentianus[4]) (Mark., Nik.)
Ovinius Tertullus (Nik.)
Aurelius Gallus (Mark., Nik.)
Iulius Faustinianus (Mark.)
Flavius Ulpianus (Mark., Nik.)
unter Caracallas Alleinherrschaft:
Quintilianus (Mark.)
unter Macrinus:
Statius Longinus (Nik.)
P. Fu... Pontianus (Mark., Nik.)
Marcius Claudius Agrippa (Mark., Nik.)
unter Elagabalus:
Iulius Antonius Seleucus (Mark.)
Sergius Titianus (Mark.)
Novius Rufus (Nik.)
unter Alexander:
Tib. Iulius Festus (Mark.)
Fir.... Philopappus (Mark.)
Um(brius?) Tereventinus[5]) (Mark.)
Iu.... Gaetulicus (Mark.)
unter Gordianus III.:
Tullius Menophilus (Mark.)
Sab(inius?) Modestus (Nik.)
Tertullianus (Mark.)
unter Philippus:
Prastina Messallinus[6]) (Mark.)

---

[1]) Arch.-ep. Mitth. aus Österreich 10, 243, 10 u. 11; 15, 211, 86. — Vgl. Pick a. a. O. S. 32 A. 8.
[2]) Num. Zschr. 23, 32 — 40.
[3]) Liebenam, Forschungen zur Verwaltungsgeschichte des römischen Kaiserreichs Bd. 1 (1888) S. 281 fg. — Die kurze Zusammenstellung von Blanchet in der Revue numism. 1892 (abgedruckt in seinen Études de numismatique I, 71 fg.) erschien gleichzeitig mit der meinigen und konnte die von mir gegebenen Berichtigungen daher nicht berücksichtigen. Das letzte Verzeichnis der Statthalter von Kalopothakes, ὁ ρωμαϊκός στρ. (s. oben N. 1 A. 1) benutzt meinen Artikel, aber mit manchen Missverständnissen.

Die antiken Münzen Nord-Griechenlands. I.

[4]) Nachzutragen ist, dass dieser Statthalter vielleicht in einer Inschrift von Olbia aus der Zeit des Severus, bei Latyschew n. 97, genannt ist: λαμπροτάτῳ ὑπατικῷ Κο............τῳ.
[5]) Auf den Münzen steht Τερβεντίνου; aber Ihnen macht mich freundlichst darauf aufmerksam, dass der Name doch wohl von der Stadt *Tereventum* (bei den Schriftstellern *Terventum*; s. C. I. L. IX S. 241) abgeleitet ist. — Da in Unteritalien der Name *Umbrius* häufig ist, so vermuthe ich, dass auch Tereventinus dieser Gens angehört hat.
[6]) Ich hatte (z. a. O. S. 40) gesagt, dass seine Statthalterschaft vor 246 fallen müsste, weil der jüngere Philippus auf den Münzen mit seinem Na-

Städtische Beamte werden auf den Kaisermünzen unseres Gebiets mit Ausnahme der ersten von Tomis nicht genannt[1]); dass Beamte des Bundes nicht vorkommen, ist schon oben bemerkt worden. Was die Typen betrifft, so geht natürlich von Anfang an jede Stadt ihren eigenen Weg. Über die Typen der vorrömischen Zeit kann daher nur in den Einleitungen zu den einzelnen Städten gesprochen werden. In der Kaiserzeit sind, wie wir sehen werden, diese alten Typen hier und da wieder aufgenommen, auch manche neue Darstellungen geschaffen worden, die sich auf die Örtlichkeit, den Cultus der Hauptgottheiten und andere Besonderheiten der einzelnen Stadt beziehen. Aber die Hauptmasse der Typen entbehrt in dieser Zeit jeder localen Bedeutung: es sind die conventionellen Darstellungen der Götter und ihrer Attribute — letzterer vorwiegend auf den kleinen Münzen —, der römischen Personificationen wie Concordia u. dgl., der Kaiser, alles zum grossen Theil von der römischen Prägung entlehnt, deren Gold und Silber ja überall im Lande umlief. Aus diesem Grunde sind auch auf unseren Tafeln (XIII—XX) die Darstellungen dieses allgemeinen Typenkreises, die ja überall vorkommen können, nicht bei den einzelnen Städten abgebildet, sondern nach Typen geordnet, wie das in den Vorbemerkungen angegeben ist. — Auf der Vorderseite von Münzen der Kaiserzeit erscheinen fast in allen Städten zuweilen statt der Portraits des Herrschers oder anderer Glieder des Kaiserhauses die Köpfe von Gottheiten, mythischen Stadtgründern und Stadtgöttinnen, am häufigsten in Kallatis und Tomis, nie in Odessos, wohl aber in Markianopolis und Nikopolis; man sieht, dass auch dies kein Merkmal für die Art des Stadtrechts ist; vielleicht ging das Aufsichtsrecht der Regierung so weit, dass ihre Genehmigung für jede Prägung ohne Kaiserköpfe besonders eingeholt werden musste.

Erloschen ist die Münzprägung unseres Gebiets zuerst in Olbia und Tyra unter Severus Alexander, dann unter Gordianus III. in Dionysopolis, Istros, Odessos und Nikopolis, endlich in Kallatis, Tomis und Markianopolis unter Philippus. In derselben Zeit begann, wie wir oben (S. 1 fg. und 22 fg.) gesehen haben, die eigene Münzprägung in den Nachbarprovinzen Dacien und Obermoesien; ob ein ursächlicher Zusammenhang zwischen beiden Thatsachen besteht, lässt sich nicht sicher erkennen.

---

ihm nur *Caesar* heisst; inzwischen ist aber eine Münze zum Vorschein gekommen, auf der er *Augustus* genannt ist; die Verwaltung des Mesalinus hat sich also über das Jahr 246 hinaus erstreckt.

[1]) Eine Münze von Nikopolis im British Museum

(Cat. 46, 19) ist ΑΡΚ ΑΓΡΙ gelesen worden; darans schliesst Kalopothakes (de Thracia 64), dass der Statthalter in diesem Falle zugleich ἄρχων von Nikopolis war und anderes. Aber es handelt sich nur um eine irrige Lesung statt [VΠ Μ;ΑΡΚ ΑΓΡ(ΙΠΠΑ].

KALLATIS

Die Örtlichkeit der alten Stadt Kallatis[1]), über die früher viele irrige Vermuthungen bestanden, ist zuerst von Gail, dann von Becker und Vretos richtig bestimmt worden: es ist das heutige Mangalia in der rumänischen Dobrudscha: Inschriftenfunde haben das später bestätigt[2]).

Der Stadtname lautet bei den Schriftstellern fast übereinstimmend Κάλλατις, lateinisch *Callatis*; die Schreibung Κάλατις (*Calatis*), die sich in einigen Handschriften findet, ist ungenau; auf allen Münzen und Inschriften sind es zwei Lambda[3]). Doch scheint die Stadt in älterer Zeit Καλλατία geheissen zu haben[4]); denn ein Theil der autonomen Silbermünzen (n. 196—199) hat die Aufschrift ΚΑΛΛΑΤΙΑ, die schwerlich Abkürzung des Ethnikon Καλλατιανῶν ist, sondern Nominativ wie ΗΡΑΚΛΕΙΑ, ΙΣΤΡΙΗ und ΟΛΒΙΗ auf älteren und gleichzeitigen Münzen dieser Städte. Wann dafür der Name Κάλλατις sich festgesetzt hat, wissen wir nicht; in der Litteratur ist er allein gebräuchlich[5]); ausserdem ist er in einer lateinischen Inschrift[6]) nachweisbar; sonst findet sich nur das Ethnikon, und auch die Münzen, ausser den eben angeführten, haben entweder ΚΑΛΛΑΤΙΑΝΩΝ oder Abkürzungen. — Woher der Name Κάλλατις stammt, ist nicht festzustellen. Die Erklärung des Stephanus ἐν ᾗ κάλαθος εὑρέθη Ἰσιακὸς ὡς Βαχχυρομανὶς ist eine werthlose Etymologie. Eher könnte die Angabe des Etymologicum Magnum richtig sein οὕτω μέντοι δ' ἀπὸ τῆς παρακειμένης λίμνης; nach dem Vorgang von Polsberw vermuthet Müller[7]), dass dieser See und ein sich

---

[1]) Ausser den oben S. 61 A. 1 angeführten Arbeiten behandeln die Geschichte der Stadt Millin in der Einleitung zu seiner Notice (s. unten S. 96) und Polsberw, de rebus Chersonesiorum et Callatianorum, Berlin (Programm des Real-Gymnasiums) 1858.

[2]) Geographi Graeci minores, ed. Gail 3,133; Becker S. 343 fg.; Vretos, la Bulgarie, S. 185 fg. — Vgl. Corpus inscr. Lat. III. Suppl. S. 1365 zu n. 7616. Bei einigen der in den arch.-ep. Mittheilungen aus Österreich der Stadt Kallatis zugewiesenen Inschriften ist es mir wahrscheinlicher, dass sie nach Tomis gehören; vgl. unten S. 84 A. 6, S. 90 A. 6; der umgekehrte Fall S. 84 A. 4.

[3]) Auf einer stadtrömischen Inschrift aus der Kaiser-zeit (Ephem. epigr. 4, 844 n. 6) findet sich als Heimath zweier Soldaten CALATI und CALATA angegeben; es ist aber ganz unsicher, ob unser Kallatis damit gemeint ist.

[4]) Ebenso steht dem später gebräuchlichen Namen der Stadt Istros der ältere Ἰστρίη gegenüber.

[5]) Die Handschriften des Ptolemaios haben zum Theil Καλλατία oder Καλατία (ed. Müller S. 462), und die des Arrianus Καλλαντία oder Κάλαντρα; doch darf man wohl daraus nicht schliessen, dass im II. Jahrhundert n. Chr. die Schreibung sich schwankte; vgl. Anmerkung 6.

[6]) C. I. L. III Suppl. 7616 (aus dem Jahre 162) hat *e Callatide*.

[7]) Polsberw S. 19; Müller (zu Ptol.) S. 430.

darein ergiessender Fluss nach dem bei der Mutterstadt Herakla belegenen Flusse Κάλλης oder Κάλης benannt und davon erst der Stadtname Κάλλατις abgeleitet war. Die Stadt müsste dann vorher einen anderen Namen geführt haben, wozu die Angabe des Plinius (h. n. 4, 11, 44) *Callatimque quae antea Cerbatis vocabatur* (oder *Acervatis*)[1] passen würde. Aber wir können diese Fragen auf sich beruhen lassen, da sie für das Münzwesen keine Bedeutung haben und doch keine Sicherheit zu erreichen ist.

Über die Gründung der Stadt berichtet die dem Skymnos zugeschriebene Periegesis folgendes: Κάλλατις, ἀποικία τῶν Ἡρακλεωτῶν γενομένη κατά χρησμόν ἅπασαν ἃ ταύτην, ἡνίκα τὴν Μακεδόνων ἀρχὴν Ἀμύντας παρέλαβεν[2]. Welcher Amyntas gemeint ist, bleibt unsicher; wahrscheinlich handelt es sich um den ersten, so dass die Gründung gegen Ende des VI. Jahrhun-

derts erfolgt sein dürfte. Was für ein Orakel den Anlass gegeben hat, ist unbekannt. Dass Heraklea die Mutterstadt von Kallatis war, wird auch durch das Zeugniss anderer Schriftsteller bestätigt[3]; ferner haben die Kallatianer selbst sich als Colonisten von Heraklea betrachtet, wie die Münzen der Kaiserzeit lehren, auf welchen sie den Herakles als ἀπάτωρ bezeichnen (n. 290—296); und ein Ehrenbeschluss der Mutterstadt wird auch in der Tochterstadt öffentlich aufgestellt[4]. Demgegenüber hat die Angabe des Pomponius Mela[5], dass Kallatis von den Milesiern gegründet sei, keine Bedeutung. Zwar wäre ja doppelte Besiedelung, von Milet und von Heraklea aus, sehr wohl möglich; aber wie auch die falsche Reihenfolge der Städte zeigt, liegt bei Mela eine Verwirrung vor. Wichtiger wäre der von Kleinsorge[6] angeführte Umstand, dass in

---

[1] Der Name ist wohl verdorben; über die Conjectur Κερβάνις s. unten Anm. 5.
[2] Scymnus v. 761—764, danach Anonym. Periplus Ponti Euxini 74.
[3] Strabo 7, 6, 11 Καλλατις Ἡρακλεωτῶν ἔποικος (vgl. fr. 12, 3, 6); Memnon fr. 21: ἔποικοι δὲ αὕτη (Καλλάτεια) Ἡρακλεωτῶν ἦσαν; Ovidius Trist. I, 10, 39: *et quos Alcathoi memorant e moenibus ortos tectibus his profugum constituisse Larem* (er änderts Kallatis an die Mutterstadt von Heraklea, Megara, an).
[4] Arch.-ep. Mitth. aus Österreich 8 (1884) 20, 21. Ehreninschrift der Stadt Heraklea für ihren ehemaligen Patron aus der Zeit des Pius. Die Inschrift ist bei Cierarci im Distrikt Küstendsche gefunden und darum unter Tomis beschrieben; aber es hätte keinen Sinn gehabt, eine Copie dieser Inschrift von Heraklea in Tomis aufzustellen, während die Aufstellung in Kallatis sehr passend war, da die Ehrung des Patrons der Mutterstadt gewiss auch für die Tochterstadt von Interesse war. Ich glaube daher, dass die Inschrift nach Kallatis gehört. Allenfalls konnte man auch daran denken, dass bei Cierarci irgend eine unbedeutende Niederlassung der Kallatianer lag; einem solchen Platz, aber südlich von Kallatis, der sogar den Namen der Mutterstadt Heraklea führte, erwähnt Plinius (4, 11, 44) als zu seiner Zeit verschwunden.
[5] Pomponius Mela 2, 2: *in litoribus littere proxima est Istropolis, deinde a Milesiis deducta Callatis, tum Tomi*.... Schon Pintianus erkannte das ab fehlerhaft und wollte den Zusatz *a Milesiis deducta* hinter *Istropolis* setzen; vielleicht ist aber die Änderung ... *Istropolis, deinde a Milesiis deducta Tomis, tum Callatis* vorzuziehen, weil dadurch die richtige Reihenfolge der Städte hergestellt wird. Vossius hatte die Angabe des Mela rechtfertigen wollen und darum für die Stelle des Plinius (s. oben bei Anm. 1) die Conjectur *Cerabtis* gemacht, weil es in Milet eine Unliebheit Κεραίτις oder Κεραίτη gab (s. Meineed. Taschuckius Vol. 3, 84); Taschucke und Pohleroc billigten diese Verwerfung. Da aber jedenfalls bei Mela ein Irrthum vorliegt, wird man keine Folgerungen aus der Stelle ziehen können.
[6] Kleinsorge (oben S. 61 Anm. 1) S. 6. Die Inschrift (arch.-ep. Mitth. a. Ö. 6, 9, 15) befindet sich in einer Privatsammlung in Bukarest; der

einer Inschrift der Kaiserzeit die ionische Phyle Αἰγικορεῖς erscheint; aber jene Inschrift gehört wahrscheinlich nicht nach Kallatis, sondern nach Tomis; und wenn auch mit der Zeit gewiss immer mehr Griechen ionischen und anderen Stammes in Kallatis gelebt haben, so hat sich die Stadt selbst nach wie vor officiell als eine dorische, und zwar als Colonie von Heraklea betrachtet.

Über die ältesten Schicksale der Stadt Kallatis wird in der uns erhaltenen Litteratur nirgends etwas berichtet. Die erste Erwähnung findet sich bei Gelegenheit ihrer Auflehnung gegen Lysimachos im Jahre 313 (oben S. 63). Die Stadt muss aber schon längere Zeit vorher unabhängig und mächtig gewesen sein; denn sie spielte bei diesem Kriege gegen den König die führende Rolle, und sie leistete am längsten Widerstand. Diodor (20, 25) berichtet unter dem Jahre 304, dass ein Theil ihrer Bürgerschaft bei dem taurischen Könige Eumelos Aufnahme gefunden habe; und wenn auch daraus nicht sicher zu schliessen ist, dass der Krieg bis zu diesem Jahre oder noch länger gedauert habe, so ist es doch auch nicht unmöglich, dass Kallatis durch geschickte Benutzung der Streitigkeiten unter den Diadochen sich so lange die Freiheit zu wahren vermocht hat. Dass aber Lysimachos dann schliesslich doch die Stadt zur Unterwerfung gebracht hat, ist nicht zu bezweifeln; und erst der Tod des Königs im Jahre 281 wird ihr die Freiheit wiedergegeben haben. Die Unternehmungslust der Kallatianer war aber, wie es scheint, durch die Herrschaft des Lysimachos nicht gebrochen worden. Das lehrt der ebenfalls schon erwähnte Streit um Tomis[1], der um das Jahr 260 stattgefunden zu haben scheint. Trotz des Bündnisses mit Istros war aber Kallatis dem mächtigen Byzantion nicht gewachsen; auch die Vermittelung, welche Heraklea statt der von beiden Parteien erbetenen Hülfe anbot, hatte keinen Erfolg: der Krieg wurde fortgeführt und endete mit dem Siege der Byzantier. Von diesem schweren Schlage konnte sich Kallatis nach dem Zeugniss des Memnon nicht wieder erholen. Ihre Selbständigkeit hat aber die Stadt nicht oder doch nur für kurze Zeit eingebüsst, wie die zahlreichen Münzen zeigen, die sie in den folgenden zweihundert Jahren geprägt hat. In der Litteratur wird sie allerdings zunächst nicht mehr erwähnt. Ihr Verhältniss zu den Galliern, Odrysen, Makedonen war natürlich dasselbe wie das der übrigen Griechenstädte. Und ebenso wie jene musste sie sich dem Mithradates anschliessen, wie die Münzen zeigen, und kam dann zugleich mit den anderen im Jahre 72 in die Gewalt der Römer. Auch die weiteren Schicksale theilte Kallatis mit den Nachbarstädten; was wir darüber festzustellen vermögen, ist schon in der Einleitung zu Moesia Inferior auseinander-

---

Function ist nicht näher angegeben. Ich möchte glauben, dass der Stein aus Tomis verschleppt ist, da die Phyle Αἰγικορεῖς in dieser ionischen Stadt sich sonst nachweisbar ist. — Kleinsorge führt ausserdem an, dass in einer anderen Inschrift (in derselben Sammlung, a. a. O. S. 8, 14) sich der ionische Genetiv Ἰησοῦ findet; aber es ist wahrscheinlich, dass auch diese Inschrift nach Tomis gehört, wo ist ἡμῖν öfter vorkommt (arch.-ep. Mitth. 11, 41, 55 = 12, 127; wohl auch 11, 38, 43); vgl. unten S. 90 A. 1. In Kallatis dürfte wie in Herakles auch in der Kaiserzeit der dorische Dialekt vorgeherrscht haben.

[1] Vgl. oben S. 63 und die Einleitung zu Tomis.

genannt worden. Die Stadt wird in allen Beschreibungen des Gebiets mit aufgeführt; etwas besonderes über ihre Schicksale wird aber nirgends berichtet[1]. Die wiederholte Erwähnung von Σκυλή und δήμος in den Inschriften zeigt, dass sie autonom war; dass sie aber schwerlich freie Stadt im römischen Sinne war, ist früher schon hervorgehoben worden.

Wir haben nunmehr die Aufgabe, das Münzwesen von Kallatis darzustellen. Die Münzen lassen sich, nach den von ihnen selbst gebotenen Merkmalen und mit Berücksichtigung unserer spärlichen Kenntniss der Stadtgeschichte, in sechs Gruppen eintheilen; vier davon gehören in die Zeit der Selbständigkeit, zwei in die der römischen Herrschaft.

I.

Die älteste Prägung der Stadt scheint in den autonomen Silbermünzen (n. 196 bis 204) vorzuliegen. Dem Stile nach könnte man dieselben ebenso wohl in die Zeit Alexanders des Grossen wie in die erste Hälfte des III. Jahrhunderts setzen. Aber der Münzfuss spricht für die erstere Ansetzung. Das Gewicht der grösseren Stücke schwankt zwischen 5, 58 und 5,00 g, ein einzelner von 4,73 dürfte als Ausnahme anzusehen sein. Die Münzen scheinen also nach der aeginaeischen Währung geprägt zu sein, welche auch in der Mutterstadt Heraklea im Anschluss an Sinope bis zum Ende des IV. Jahrhunderts herrschte[2]; sonst könnte man auch allenfalls an den persischen Siglos denken, wie ihn Byzanz in demselben Zeit geprägt hat. Die kleineren Stücke wiegen gewöhnlich etwa 2,50 g und sind wohl alle, obgleich einem ausserordentlich schweren Exemplar von 3,13 g zwei besonders leichte von 1,95 und 1,82 g gegenüberstehen, als Hälften der Drachmen anzusehen. Dieses aeginaeischen (oder persischen) Münzfusses wegen ist es wahrscheinlich, dass die Silbermünzen von Kallatis noch im IV. Jahrhundert geprägt sind; denn in späterer Zeit hätte eine Stadt, die überhaupt zum ersten Male prägte, also nicht von Alters her an einem bestimmten Münzfuss festhielt, nicht leicht eine andere als die attische Währung gewählt. Aus diesem Grunde möchte ich die Münzen der ersten Gruppe in die Zeit Alexanders d. Gr. oder die ersten Jahre nach seinem Tode setzen. Die bemerkenswerthe Erscheinung, dass die Drachmen und Triobolen oft mit Grünspan bedeckt, also aus einer schlechten Mischung hergestellt sind, würde sich vielleicht daraus erklären, dass diese Stücke schon in der Zeit des Krieges mit Lysimachos, im Jahre 313 oder etwas später, geprägt sind. — Einige Kupfermünzen sind der ersten Gruppe zugetheilt, weil sie sich durch die Typen ihrer Rückseiten an die Silbermünzen anschliessen; dem Stil nach könnten sie allerdings auch zur dritten Gruppe gehören.

---

[1] Es ist wahrscheinlich, dass auch Kallatis bei dem Einfall des Burebista (oben S. 65) in Mitleidenschaft gezogen wurde; man könnte darauf einige Andeutungen in Inschriften beziehen; arch.-ep. Mitth. 6, 10, 16 (ν;ρῶν μαχρῶν κατα-σαντλήσαντας ἵνα τῶν ἰδίων τῶν τε ἱερῶν κ[αί] τά δ' ὁπότ' ἐπολιορχοῦντες ἐπήρχαν, vgl. daselbst 11, 34, 35 und 14, 32, 75. — In früherer Zeit gehört der in der Inschrift arch.-ep. Mitth. 10, 197 fg. erwähnte Krieg, in welchem Apollonia den Kallatianern Hülfe gebracht hat.

[2] S12, Sinope, in Num. Chronicle 1885, S. 15 fg. wo auch die älteren Münzen von Heraklea und Amastris mit behandelt sind; Head, historia numorum S. 440 fg.; Wroth, British Museum Cat. Pontus S. 139 fg.

Die **Typen** der Silbermünzen sind: Vs. Kopf des jugendlichen Herakles mit dem Löwenfell r. Rs. Gorytos mit dem Bogen, Keule, Ähre.

[Abbildung Tafel I. 17]

Die Wahl des Herakleskopfes und der Herakleswaffen als erste Typen der Prägung von Kallatis[1]) erklärt sich aus dem herakleotischen Ursprung der Stadt; denn Herakles ist der mythische Gründer der Mutterstadt und ihrer Colonien. Auf den Münzen von Heraklea[2]) war in älterer Zeit der Kopf des Gottes bärtig dargestellt worden, aber schon früh findet sich auch dort der unbärtige Kopf[3]); dass man in Kallatis den letzteren wählte, mag unter dem Einfluss der Alexandermünzen geschehen sein. Auch für die Waffen des Herakles fand man das Vorbild hier wie dort: die Münzen von Heraklea zeigen zuweilen entweder die Keule oder den Bogen im Gorytos als selbständige Typen, oder beide zusammen[4]); und ebenso finden sich beide auf kleinen Silbermünzen und namentlich auf Bronzen Alexanders des Grossen. Als das besondere Zeichen von Kallatis aber offenbart sich die Ähre, welche ausser den Waffen des Herakles fast regelmässig nur auf den Münzen dieser Stadt erscheint.

Dieselbe Verbindung von Gorytos, Keule und Ähre findet sich auf einigen Kupfermünzen (n. 205. 207. 208), welche eben darum der ersten Gruppe zugetheilt sind. Als Typus der Vorderseite hat n. 205 einen Herakleskopf ohne Löwenfell, aber mit Lorbeerkranz; aus demselben Stempel ist der Kopf von 206, die auch denselben Beamtennamen, aber als Typus nur die Keule allein hat; ein ähnlicher Kopf findet sich auch auf Münzen von Heraklea[5]). Dass der Beamtenname hier ausgeschrieben oder doch mit mehreren Buchstaben erscheint, während die Silbermünzen die Namen nur in Monogrammen haben, könnte auf spätere Prägung dieser beiden Kupfermünzen schliessen lassen; doch ist dergleichen auch im IV. Jahrhundert nicht unmöglich. — Die beiden letzten Münzen (Tafel I, 18) haben auf der Vorderseite einen makedonischen Schild, wie er ähnlich auf Münzen der Diadochenzeit, namentlich denjenigen mit B A vorkommt. Sie haben an Stelle des Stadtnamens nur den Buchstaben K und wurden deshalb dem Kassandros gegeben; doch spricht die Ähre

---

[1]) Auch ein Gewicht (halbe Mine) von Kallatis im Bukarester Museum hat entsprechende Darstellungen: Vs. Kopf des bärtigen Herakles mit dem Löwenfell nach vorn; Rs. HMI zwischen Keule r. und Gorytos mit dem Bogen r., darunter Δ (?), ganz oben ein undeutliches Zeichen. Das Gewicht ist zuerst publicirt von Soutzo: Etalons pondéraux primitifs et lingots monétaires (Bucarest 1884) n. 30. Tafel III, vgl. S. 23 und 41; dann von Bormann arch.-ep. Mitth. 14 (1891) 2, 3 mit Abb.; neuerdings in der Sammlung von F. Pernice griechische Gewichte (1894) n. 708, auf S. 68. Das Zeichen über der Keule hält Pernice für ein halbes H und schlägt daher die Lesung ΘΗμίμνα vor; aber das ist schwerlich richtig, da das Zeichen zu lang ist und

dick ist. Doch scheint es auch nicht die Ähre zu sein, die man nach Analogie der Münzen erwarten würde. Interessant ist es, dass der Herakleskopf bärtig ist, was auf Münzen der vorbesprochenen Zeit, in welche das Gewicht jedenfalls gehört, nie vorkommt; dass das Gewicht aber ist als die ersten Münzen, wird man aber kaum annehmen dürfen.

[2]) Six num. chron. 1885, 51—63.
[3]) Six n. 11, 31, 33 fg.
[4]) Six n. 12 Keule, Six n. 40 Gorytos mit Bogen; beides Six n. 26 fg., vgl. auch 23.
[5]) Six n. 51: Brit. Mus. Cat. Pontos 142, 28. 29, XXX, 6. — Über hat Herakles aber das Löwenfell um den Hals geknotet, auf den Kupfermünzen von Kallatis fehlt es.

für Kallatis; dass ihre Datirung nicht sicher ist, wurde schon oben gesagt; sie könnten auch in die Mitte des dritten Jahrhunderts gesetzt werden.

II.

Als zweite Gruppe sind eine Anzahl von Königsmünzen mit Gegenstempeln zusammengestellt, n. 209-216. Es sind Tetradrachmen und Drachmen, grösstentheils von Alexander d. Gr. selbst; aber auch ein Tetradrachmon des Seleukos I. und eine Drachme des Lysimachos, beide mit Alexandertypen, sind darunter, und auch von den dem Alexander zugeschriebenen Stücken mag noch das eine oder andere, dessen Schrift durch die Stempelung unleserlich ist, einem der Diadochen gehören. Auf diesen Münzen, und zwar regelmässig auf der Vorderseite, finden sich die folgenden drei Gegenstempel:

1 (kreisrund): Kopf der Demeter mit Ährenkranz r., davor K
2 (rechteckig): Ähre r., darüber KAA
3 (kreisrund): Kopf der Athena L, darunter KAA.

Von dem dritten sehen wir zunächst ab. Die beiden ersten finden sich oft nebeneinander auf derselben Münze (s. Tafel I, 19), sind also gewiss in derselben Stadt eingestempelt. Die Anfangsbuchstaben des Stadtnamens, KAA, passen auch für Kalchedon. Wahrscheinlich ist aber Kallatis der Ort der Einstempelung, wie dies auch Eckhel Sestini Müller Friedlaender annehmen[1]). Allerdings würde manches für Kalchedon sprechen: eine Ähre mit der Beischrift KAAXA ist das Münzzeichen von Kalchedon auf Lysimachos-Tetradrachmen und überhaupt spielt die Ähre im Münzwesen dieser Stadt eine wichtige Rolle; auch der Kopf der Demeter findet sich dort häufig; und endlich spräche für Kalchedon, dass in der so vielfach parallelen Prägung von Byzantion Königsmünzen mit Gegenstempeln nachweisbar sind. Andererseits ist die Ähre, wie wir gesehen haben, auch das unterscheidende Merkmal von Kallatis; und dass Demeter in dieser Stadt eine Hauptgottheit war, lehren die Münzen der Kaiserzeit, auf denen bei ihrem Kopf wie bei dem des Herakles und der Athena sich das städtische K findet (n. 279. 280. 286. 288; vgl. unten S. 93). Danach wäre die Frage also nicht zu entscheiden. Dennoch sind die Münzen hier aufgenommen, weil uns gerade aus der Geschichte von Kallatis eine Periode bekannt ist, für welche diese offenbar in grösserem Umfang erfolgte Überstempelung der Königsmünzen sehr gut passt. Die Münzen des Seleukos und des Lysimachos mit Alexandertypen sind im Jahre 306 oder nicht viel später geprägt, und auch die mit Alexanders Namen gehören ihrem guten Stile nach in dieselbe Zeit; da nun die ersteren nur in geringer Menge geprägt zu sein scheinen und jedenfalls nicht lange im Umlauf waren, so dürfen wir annehmen, dass auch die Gegenstempel kurz nach dem Jahre 306 eingeschlagen sind. Sie würden also in die Zeit des Krieges zwischen Kallatis und Lysimachos gehören. Der Zweck der Einstempelung konnte sein, da das eigene Geld der Stadt nicht ausreichte, diesen Königsmünzen durch den Stempel einen bestimmten Werth zu verleihen; da ihre

---

[1]) Eckhel sylloge 24; Sestini lettere 6, 141; Müller Alexandre N. 180 Anm. 101; Friedlaender Ztschr. f. Num. 4 (1877) 341.

attische Währung von der städtischen verschieden war, war eine Festsetzung über das Werthverhältniss jedenfalls nöthig; und es war zugleich in die Hand der städtischen Behörden gelegt, ihnen einen höheren Zwangscurs zu geben, wahrscheinlich zwei verschiedene nach einander, da nicht auf allen Münzen beide Gegenstempel erscheinen. — Der Stil des Demeterkopfes spricht für möglichst frühe Datirung; woher dieser Typus ohne Schleier entlehnt ist, wissen wir nicht. —

Noch wahrscheinlicher ist die Zutheilung nach Kallatis für den dritten Gegenstempel, der bisher nur auf einer Münze (n. 216) nachgewiesen ist. Denn der Athenakopf ist der Vorderseiten-Typus der meisten kleinen Kupfermünzen von Kallatis in der folgenden Periode (Gruppe III, n. 234—247. 254), und auch auf Münzen der Kaiserzeit findet er sich oft (n. 267—274), zuweilen von dem K begleitet (n. 270. 271), wogegen in Kalchedon ein Athenakopf nur auf sehr wenigen Münzen vorkommt. Ob auch diese Einstempelung in die Zeit des lysimachischen Krieges zu setzen ist, muss unentschieden bleiben; vielleicht gehört sie erst in die Zeit des Krieges mit Byzantion.

III.

Wie sich das Münzwesen von Kallatis nach der Unterwerfung unter Lysimachos gestaltet hat, lässt sich nicht bestimmt

sagen. Schwerlich wird die Stadt eigene Münzen geprägt haben. Dagegen ist es möglich, dass hier eine königliche Münzstätte eingerichtet wurde und dass die von Müller[1]) der Stadt Kallatis zugeschriebenen Münzen mit der Ähre als Beizeichen zum Theil noch unter Lysimachos hier geprägt sind. Freilich ist die Ähre ein sehr weitverbreitetes Symbol; nur wenige von diesen Münzen haben ausserdem K oder KAA[2]), und auch das ist noch kein sicherer Beweis für die Prägung in Kallatis. Da ferner nicht mit Sicherheit festzustellen ist, welche von diesen Münzen unter Lysimachos selbst, welche in späterer Zeit geschlagen sind, und da die ersteren jedenfalls nicht als Stadtmünzen sondern als Königsmünzen anzusehen wären, so sind alle diese Münzen nicht mit aufgenommen. Die späten Goldstater mit dem Dreizack sind unten als Gruppe IV beschrieben.

Als nach dem Tode des Lysimachos die Stadt frei wurde, konnte sie natürlich auch wieder eigene Münzen prägen. Wie es mit dem Silber gehalten wurde, ist unsicher. Da die Münzen mit eigenen Typen der Währung wegen wahrscheinlich in ältere Zeit zu setzen sind (oben Gruppe I), so müsste es sich um Münzen mit Königstypen handeln, und es ist wahrscheinlicher, dass man dazu die Typen Alexanders wählte als die des eben gefallenen Besiegers. Danach könnten die von Müller[3]) der Stadt Kallatis zuge-

---

[1]) Müller Lysimachos S. 58 fg., n. 240—257. Vorher hatte Bireb (comm. chron. 2,163) ebenfalls daran* gedacht. Die von diesem vorgeschlagene Vertheilung der Münzen zwischen Kallatis und Kalchedon, je nachdem sie eine Weizenähre oder Gerstenähre haben, hat Müller mit Recht als undurchführbar abgelehnt.

[2]) Müller 154—156 mit K, 257 (= Leake Kings 12)

mit KAA. Ein unedirtes Tetradrachmon der Sammlung Löbbecke hat im Felde KAA, im Abschnitt die Ähre und AE; es gehört schwerlich nach Kallatis.

[3]) Müller Alexander S. 180 fg., n. 491—493; 491 hat dasselbe Monogramm wie der Demeterkopf des ersten Gegenstempels, 492 und 493 haben K.

schriebenen Alexander-Tetradrachmen mit Ähre theils sofort nach dem Jahre 281, theils später hier geprägt sein. Diese lange nach dem Tode des Königs geprägten Münzen wären staatsrechtlich als städtische zu betrachten. Da aber auch ihre Zutheilung ganz unsicher ist, so sind sie nicht unter den Münzen von Kallatis beschrieben.

Sichere Silbermünzen von Kallatis sind also aus dieser Periode nicht nachzuweisen. Dagegen haben wir zahlreiche Kupfermünzen, mit der Aufschrift ΚΑΛΛΑ-ΤΙΑΝΩΝ oder verschiedenen Abkürzungen (ΚΑΛΛΑΤΙ, ΚΑΛΛΑΤ, ΚΑΛΛΑ, ΚΑΛΛ), welche sicher in der Zeit der Freiheit, vom Tode des Lysimachos bis zum mithradatischen Kriege (281—72 v. Chr.), geprägt sind; wir fassen sie als dritte Gruppe zusammen. Von den Münzen der römischen Zeit ohne Kaiserköpfe (Gruppe V) unterscheiden sie sich durch den Stil und durch die Beamtennamen. Dagegen ist es nicht möglich, sie unter sich genauer chronologisch zu ordnen, obwohl grosse Unterschiede im Stil unverkennbar vorhanden sind. Bei den grösseren Stücken ist in der Regel die Vorderseite gewölbt, die Rückseite platt; bei den kleinen ist das Feld der Rückseite oft concav, zuweilen vertieft; die Arbeit ist bei den einen sorgfältig, zuweilen sogar schön, bei den anderen ganz roh. Aber aus allen diesen Merkmalen ist wie gesagt kein sicherer Anhalt dafür zu entnehmen, in welcher Reihenfolge diese Kupfermünzen während der zweihundertjährigen Periode geprägt worden sind; ebenso wenig ist aus den Buchstabenformen die Chronologie festzustellen. Die Münzen sind daher nur nach der Grösse in zwei Reihen eingetheilt und innerhalb jeder Reihe nach Typen geordnet. Wie die Nominale zu benennen sind, ist ebenfalls unbekannt. In einer angeblich aus Kallatis stammenden Inschrift[1]) findet sich die Münzbezeichnung χαλκοῦς; ob das die Benennung der grösseren oder der kleineren Münzen wäre, lässt sich nicht bestimmen; die ersteren wiegen 6-8, die letzteren 1½-3 g.

Die Beamtennamen, die auf den Kupfermünzen fast regelmässig erscheinen, sind theils nur durch ein Monogramm ausgedrückt wie auf den Silbermünzen, theils mit mehreren Buchstaben geschrieben. Ein Titel steht nie dabei, so dass wir nicht wissen, ob einer der inschriftlich bekannten στρατηγοί[2]) oder ein anderer Beamter gemeint ist.

Was die Typen betrifft, so finden wir bei den grösseren Kupfermünzen mehr Abwechselung als auf den kleinen.

Der Dionysoskopf (n. 217—224a, I, 20, 21) mag von den Münzen der Mutterstadt Herakleа[3]) entlehnt sein; wogegen der Panther mit dem Thyrsos (n. 217) und der Epheukranz mit dem Thyrsos daneben (n. 218—224a) eigene Typen von Kallatis zu sein scheinen. — Dass Demeter eine Hauptgöttin der Stadt ist, wurde

---

[1]) Arch.-ep. Mitth. aus Ö. 6. 8, 14: ἐπρίατο τὴν ἱερωσύνην Τοῦ[τος] Σιμάρου χρυσῶν ἑκτὰ χαλ[κῶν], ἥμισυ. Wie aber schon oben S. 84 A. 6 gesagt wurde, dürfte die Inschrift aus Tomis stammen. Doch können immerhin die Münzbezeichnungen in beiden Städten die gleichen sein. [Nachträglich finde ich, dass auch in der Arbeit von Herbrecht, de sacerdotii apud Graecos emptione venditione (Dissert. philol. Argentoratenses vol. 10, 1886, S. 8) diese Inschrift nach Tomis gegeben wird, hauptsächlich wegen der Form des Monatsnamens (Ἀρτεμισιῶνος).]

[2]) Arch.-ep. Mitth. 10, 198 fg. (vgl. Kalinowsky S. 44); 11, 33, 34.

[3]) Brit. Mus. Cat. 21, 27.

schon oben bemerkt; aber während ihr Kopf auf dem Gegenstempel nur den Ährenkranz trägt, finden wir ihn auf den Kupfermünzen (n. 225, 226; I, 22) mit Schleier und Ährenkranz; als passende Rückseite dazu einmal einen Ährenkranz, das andere Mal eine Ähre. — Für den Apollokopf mit dem Dreifuss als Rückseite (n. 227—233, I, 23) kennen wir keine besondere Beziehung in den Einrichtungen der Stadt; doch kommt dieser Typus ja überall vor. Bemerkenswerth ist, dass auf Münzen dieses Typus derselbe Beamtenname einmal mit Buchstaben und einmal als Monogramm erscheint ('Εκηγα . . . n. 230, 231). — Endlich ist noch hervorzuheben, dass ein Theil dieser grösseren Münzen Gegenstempel hat, die in Kallatis selbst eingeprägt zu sein scheinen; deutlich war er mir nur einmal (224 a), wo ich ein Brustbild der Artemis mit Köcher und Bogen erkannte; weniger sicher war ich in einem anderen Fall (n. 229, 5), wo es mir der Kopf des Perseus zu sein schien; über den Zweck dieser Stempel lässt sich nichts sagen.

Von den kleineren Münzen hat der grösste Theil (n. 234—245) folgende Typen:

Vs: Kopf der Athena mit korinthischem Helm r.

Rs.: Keule und Ähre parallel mit Stadtnamen und Beamtennamen in verschiedener Reihenfolge.

[Abbildungen Tafel I, 24, 25]

Über Athena als Göttin von Kallatis ist schon oben das Nöthige gesagt. Der Typus der Rückseite, der mit dem Cultus der Athena nichts zu thun hat, geht auf den der älteren Silbermünzen, Herakleswaffen und Ähre, zurück. — Auch die Ähre allein findet sich einmal auf der Rückseite einer Athenamünze (n. 247, vgl. 246). — Der Gorytos, der neben der Keule auf den Münzen der ersten Gruppe erscheint, findet sich angeblich auf einer der kleinen Kupfermünzen (n. 248) neben dem Köcher; doch ist die Beschreibung unsicher. Dagegen ist der Köcher allein auf mehreren Münzen sicher nachweisbar, auf deren Vorderseite ein Artemiskopf erscheint (n. 250—252, vgl. 248, 249). — Endlich haben wir noch zwei kleine Münzen mit dem Hermesstab, der ja auch überall vorkommen kann; die eine hat einen Hermeskopf auf der Vorderseite (n. 253), die andere einen Athenakopf (n. 254).

IV.

Als vierte Gruppe bieten sich die Goldstater mit den Typen des Lysimachos und der Aufschrift ΒΑΣΙΛΕΩΣ ΛΥΣΙΜΑΧΟΥ, welche am Thron der Athena die Abkürzung des Stadtnamens ΚΑΛ haben; im Abschnitt haben sie regelmässig einen linkshin liegenden Dreizack, im Felde unter dem vorgestreckten Arme der Göttin einen abgekürzten Beamtennamen (n. 255—266). Für diese Münzen ist die Zutheilung nach Kallatis sicher, da es gleichartige und gleichzeitige Münzen auch aus den Nachbarstädten Tomis und Istros giebt[1]. Sie sind in den Katalog der Münzen von Kallatis aufgenommen, da es nicht Königsmünzen sind, sondern Prägungen der Stadt. Müller hatte schon richtig erkannt, dass sie lange nach dem Tode des Lysimachos geprägt sind. Aber die Zeit lässt sich

---

[1] Sie werden auch in dieser Gegend gefunden, vgl. die Bemerkungen zu 258 und 266.

genauer bestimmen. Gewiss sind diese Münzen grösstentheils von schlechter Arbeit; aber die Köpfe sind keineswegs willkürliche barbarische Verzerrungen des alten Alexander- (oder Lysimachos-) Idealkopfes, sondern beabsichtigte und meistens auch characteristische Porträts. Die Goldmünzen von Kallatis, von deren jeder mir ein oder mehrere Abgüsse zur Vergleichung vorliegen, zeigen Köpfe aus vier verschiedenen Stempeln. Davon haben drei, wie mir scheint, unverkennbar die Züge des Mithradates (n. 256, 257 bis 260, 261—266); bei dem vierten, den ich der sorgfältigen Arbeit auch der Rückseite wegen an die Spitze gestellt habe (n. 255), kann man zweifelhaft sein, ob er nicht doch den alten Alexanderkopf vorstellen soll; sonst könnte man an den Sohn des Mithradates, Ariarathes, denken, von dem ein schlechteres Porträt auf den Statern von Istros vorzukommen scheint, wie das des anderen Sohnes Pharnakes wahrscheinlich auf solchen von Tomis. Für den letzten Stempel von Kallatis (n. 261—266) wurde meine Vermuthung dadurch bestätigt, dass eine der Münzen (n. 262) ausser dem von Müller angegebenen Monogramm noch ein zweites aufweist, welches aus den Buchstaben MIΘ zusammengesetzt ist und schwerlich etwas anderes als Μιθραδάτης bedeuten kann. Dass diese Goldprägung den historischen Verhältnissen sehr gut entspricht, ist in der allgemeinen Einleitung (oben S. 64) gezeigt worden. Sie gehört in die Zeit, wo der König sich auch der linken Seite des Pontos zuwandte, und — wie eben die Stater der drei Städte[1]) und die Tetradrachmen von Odessos zeigen — die Griechen dort mit ihm im Bunde standen. Nur der Stater n. 255 könnte allenfalls etwas früher geprägt sein, die anderen gehören in die Zeit des Mithradates. Schliesslich verdient es noch Beachtung, dass das Gewicht dieser späten Stater wesentlich niedriger ist als das des χρυσός der älteren Zeit; die gut erhaltenen Stücke wiegen 8,38—8,15 g; dazu stimmt es, dass auch die eigenen Goldmünzen des Mithradates leichter sind als der normale attische Stater. — Dass in derselben Zeit auch Kupfermünzen in Kallatis geschlagen worden sind, ist wahrscheinlich; aber wir vermögen nicht festzustellen, welche der Münzen von Gruppe III in diese letzten Jahre gehören; gleiche Beamtennamen auf Gold und Kupfer scheinen nicht vorhanden zu sein.

V.

Die Eroberung der Stadt durch Lucullus im Jahre 72 dürfte der Münzprägung zunächst ein Ende gemacht haben. Wann sie wieder aufgenommen worden ist, lässt sich nicht bestimmt sagen. Die zahlreichen Kupfermünzen, welche als Gruppe V zusammengefasst sind (n. 267—290), lassen schon durch ihren Stil erkennen, dass sie erst in römischer Zeit geprägt sind. Dazu kommt das Fehlen der Beamtennamen und die Wahl der Typen; und bei einigen lehrt das Vorhandensein der Werthzeichen Θ und Γ, dass sie wohl frühestens unter Septimius Severus geprägt sind. Im übrigen ist der Stil sehr verschieden; einige sind von sehr feiner Arbeit (z. B. 289, Tafel II, 11), andere ganz roh (na-

---

[1]) Auch auf einem Theil der späteren Stater von Byzantion ist das Porträt des Mithradates zu erkennen.

mentlich 276—278. 293—296; Tafel II, 5—7. 13). Man muss sie wohl alle in das II. und III. Jahrhundert n. Chr. setzen, ob, wohl manche dem Stile nach auch älter sein könnten. Da eine zuverlässige und vollständige chronologische Anordnung dieser Münzen nicht möglich gewesen ist, so sind sie der leichteren Übersicht wegen nach Typen geordnet, wobei allerdings manches, was zeitlich zusammengehört, getrennt werden musste. Weshalb gerade in Kallatis so viele Münzen der Kaiserzeit ohne Kaiserköpfe geprägt worden sind, mehr als in Tomis und allen anderen Städten dieses Gebiets, wissen wir nicht; dass es während eines gewissen, uns unbekannten Zeitraums eine bessere Rechtsstellung als jene hatte, wird man schwerlich daraus schliessen dürfen.

Für die Anordnung dieser Münzen nach Typen waren zunächst die Vorderseiten massgebend. Wir finden auf ihnen die Köpfe des Herakles (jetzt immer bärtig), der Athena und der Demeter, derselben also, die auch schon in der älteren Prägung als die wichtigsten Gottheiten von Kallatis zu erkennen waren. Ein Theil der Münzen der Kaiserzeit zeigt neben diesen Köpfen den Buchstaben K (Athena 270. 271, Herakles 277. 278, Demeter 279. 280. 286. 288); man wird nicht fehlgehen, wenn man denselben als eine Abkürzung von Καλλατιανός und Καλλατιανή auffasst; wenigstens ist eine andere Erklärung nicht zu finden. Diese drei werden also gewissermassen als die Stadtgottheiten bezeichnet; und es stimmt dazu, dass ihre Bilder diejenigen der Kaiser ersetzen. Dass Herakles ausserdem als Gründer der Stadt betrachtet wurde, ist schon früher hervorgehoben worden; die Münzen, auf welchen sein Kopf die Umschrift KTICTHC hat, sind am Schluss zusammengestellt (n. 290—296).

Wir betrachten nun noch kurz die Typen der Rückseiten in der Reihenfolge, wie sie unten geordnet sind.

Auf den Rückseiten der Athenamünzen (n. 267—274) erscheint regelmässig ein kreisrunder Schild, neben ihm die Keule des Herakles und meistens auf der anderen Seite des Schildes der Gorytos, der aber zuweilen durch Bogen oder Köcher ersetzt zu sein scheint; ausserdem auf einigen ein Bündel von drei Ähren, um das alte Merkmal der Stadt wiederzugeben. Ähnlich sind die Rückseiten der darauf folgenden Heraklesmünzen (n. 275—278), nur dass natürlich der Schild der Athena fortgelassen ist; einmal scheint er durch eine Weintraube (?) ersetzt zu sein (n. 275). Bei der letzteren Münze ist auch der Kopf nicht sicher zu benennen; sonst ist es immer der des bärtigen Herakles mit dem Lorbeerkranz. — Es folgen die Demetermünzen (n. 279—288). Die Göttin trägt immer den Schleier, ausserdem bald die Stephane, bald den Ährenkranz; vor der Brust befindet sich oft eine Fackel oder zwei Ähren; einmal scheint hinter der Schulter eine zweite Fackel oder ein anderes Attribut bemerkbar (n. 288, II, 16). Den Haupttypus der Rückseite auf den Demetermünzen bilden die Dioskuren zu Pferde (n. 279—286); dieselben finden sich auch auf den Münzen der Kaiserinnen Domna, Mamaea und Otacilia, regelmässig mit dem Werthzeichen Γ, das auch auf einem Theil der Demetermünzen (n. 283—286) erscheint. Dasselbe gilt für den Typus des Schiffes, der auf einer Demetermünze (n. 287) und auf einer der

Kaiserin Otacilia (n. 365) erscheint, hier wie dort mit Γ. Diese Demetermünzen mit Γ gehören also gewiss in das III. Jahrhundert; man könnte vielleicht vermuthen, dass sie die fehlenden Münzen der Tranquillina vertreten, mit der die Göttin zuweilen Ähnlichkeit hat; doch ist das unsicher. Ob die anderen Dioskurenmünzen, auf denen das Γ fehlt, älter sind, muss dahingestellt bleiben; dass sie frühestens in das II. Jahrhundert gehören, zeigt ihr Stil, und bei der einen (n. 280) auch der Umstand, dass sie aus einem Fund von späteren Kaisermünzen stammt; die abgekürzte Form des Stadtnamens (n. 279 ΚΑΛ, 280 ΚΑΛΛΑ) beweist hier nichts für höheres Alter. Endlich hat eine Demetermünze auf der Rückseite den Typus des auf dem Löwen reitenden Eros (288, II, 16), wie er sich ähnlich auch in Tomis auf Münzen der Kaiserzeit findet (Tafel VI, 13); auch diese Münze gehört in das II. oder III. Jahrhundert, da das Κ der Vorderseite auch auf Demetermünzen mit dem Werthzeichen Γ vorkommt. — Am Schluss stehen die Heraklesmünzen (n. 289—296). Die erste (289, II, 11) könnte ihrem schönen Stil nach wohl in die Mitte des II. Jahrhunderts gehören; sie erinnert am meisten an eine Münze der Faustina (n. 297), die auch einen ähnlichen Typus hat, die thronende Stadtgöttin; ob die Siegesgöttin, die sie auf der Heraklesmünze trägt, eine besondere Beziehung auf ein Ereigniss der gleichzeitigen Stadtgeschichte hat, wissen wir nicht. Die übrigen Heraklesmünzen geben dem Gotte, der auch hier immer bärtig ist, den schon erwähnten Beinamen ΚΤΙϹΤΗϹ. Es sind aber zwei Reihen deutlich zu unterscheiden. Bei der ersten hat der Gott immer das Löwenfell ent- weder auf dem Kopf (290) oder um den Hals (291. 292); die Typen der Rückseite, stehende Tyche (290. 291) und thronende Kybele (292, II, 12), sind von dem Werthzeichen B begleitet. Diese Münzen sind also genauer datirbar, sie sind in der Zeit von Severus bis Philippus geprägt. Ihre Arbeit ist nicht schön, aber doch sorgfältig wie die der meisten Kaisermünzen. Dagegen ist die zweite Reihe (293 bis 296) von sehr rohem Stil; der Kopf des Herakles trägt den Lorbeerkranz (wie auf der schönen Münze n. 289), auf der Rückseite finden wir theils wieder die Kybele (293—295), aber viel schlechter gearbeitet, theils den auf dem Widder reitenden Hermes (n. 296, II, 13). Die Werthzeichen fehlen auf diesen Münzen, und es ist nicht unwahrscheinlich, dass sie etwas älter sind als die anderen.

VI.

Die sechste Gruppe bilden die Kaisermünzen (n. 297—367); sie sind im Ganzen gleichzeitig mit den Münzen der vorhergehenden Gruppe geprägt, nur dass sie statt der Götterköpfe diejenigen der Augusti, Caesares und Augustae haben. Ihre Reihe beginnt mit zwei Münzen der jüngeren Faustina, die wohl unter Marcus geprägt sind; doch gehören sie möglicherweise schon in die Zeit des Pius, da auch von Dionysopolis und Istros Münzen des Pius und dann wieder des Commodus bekannt sind, während solche des Marcus fehlen; indessen kann das überall Zufall sein, da die Prägungen aller dieser Städte vor Severus spärlich sind. Auch in Kallatis sind von Commodus bisher nur zwei Münzen nachgewiesen. Reicher wird die Prägung unter

Severus, versagt dann wie es scheint nach seinem Tode (denn die Caracallamünzen sind hier alle bei Lebzeiten des Severus geprägt) und beginnt wieder unter Alexander; dann folgen zahlreiche Münzen des Gordianus III, sowie des Philippus und der Seinen, mit denen dann um 250 die Prägung erlischt. Man sieht, wie das schon früher (S. 78) dargelegt worden ist, dass unter jedem Kaiser das Prägerecht erneuert werden musste, dass es aber hier nicht von jedem gewährt wurde. — Statthalternamen finden sich auf den Münzen von Kallatis nicht, ebenso wenig die Namen von städtischen Beamten.

Den Gebrauch der Werthzeichen hat die Stadt Kallatis unter Septimius Severus angenommen, auf dessen Münzen zuerst Є und Δ erscheinen. Möglich wäre es allerdings auch, dass die schon erwähnten Heraklesmünzen mit B und die Demetermünzen mit Γ etwas älter sind; doch ist das nicht wahrscheinlich. Jedenfalls haben die Münzen der Faustina und des Commodus keine Werthzeichen, obwohl sie wahrscheinlich nach demselben Münzfuss geprägt sind; die beiden kleinsten (298. 300) haben auch die gleichen Typen wie die gleichgrossen der späteren Zeit. Seit Severus haben dann alle Münzen Werthzeichen ausser den kleinsten, welche — wie das früher (S. 74) schon hervorgehoben wurde — die Einer zu vertreten scheinen. Ich lasse eine Tabelle folgen, aus der die Vertheilung der Werthzeichen von Severus bis Philippus sich ergiebt; der Vollständigkeit wegen füge ich auch die Münzen der Faustina und des Commodus mit ihrem zu vermuthenden Werth und die Münzen ohne Kaiserköpfe mit Werthzeichen bei; die Einer bezeichne ich durch die Ziffer 1.

	Є	Δ	Γ	B	(2)	(1)
Faustina						(1)
Commodus					(1?)	(1)
Severus	Є	Δ				1
Domna			Γ			
Caracalla	Є					
Geta Caesar	Є					
Geta Augustus	Є	Δ				
Alexander	Є	Δ				1
Mamaea			Γ			
Gordianus	Є	Δ				
Philippus senior	Є	Δ				
Otacilia						
Philippus Iunior		Δ				
Demeter			Γ			
Herakles				B		

Wie die Tabelle zeigt, sind die häufigsten Nominale Є und Δ. Münzen mit Γ sind nur mit Köpfen der Kaiserinnen und der Demeter geprägt, was gewiss kein Zufall ist; auch haben die Rückseiten bestimmte Typen, die regelmässig wiederkehren: die Dioskuren (283—286. 312. 337. 364), Artemis (336. 363), Schiff (287. 365). Das B findet sich nur auf Heraklesmünzen; doch ist wohl auch die grössere Münze der Faustina (297) als Zweier zu betrachten. Etwas zahlreicher sind die Einer; ihr häufigster Typus ist die auf dem Löwen reitende Kybele (313. 347; vgl. 298), ferner der Todesgenius (314; vgl. 300); ausserdem finden wir auf einer dieser kleinen Münzen eine Keule im Kranz (335), und auch der auf dem Löwen reitende Eros (288, Vs. Demeter) ist wohl hierher zu rechnen. Auch bei den Münzen mit Δ ist ein Typus als bevorzugt zu erkennen; das ist die Schlange, die fast bei allen Kaisern nachweisbar ist (n. 311. 329. 334. 346. 361. 362. 367). — Die Gewichte dieser Münzen sind in Kallatis ziemlich regelmässig in Einklang mit den Werthzeichen; die mit ϵ wiegen von 10,56 bis 13,42 g (zwei leichtere sind schlecht erhalten), die mit Δ R,Ro—10,60, mit Γ 5,78—7,18 (n. 286 im Gewicht von 4,74 g ist sehr abgenutzt), mit Β 3,82—4,82, die Einer 2,55—3,75 g. — Als eine Besonderheit wäre zu bemerken, dass das Werthzeichen der Fünfer auf den Münzen des Severus und seiner Söhne die runde Form ϵ, auf den späteren die eckige Ε (Ǝ) hat; es stimmt das aber im ganzen auch mit der Buchstabenform in den Kaisernamen überein. Endlich sei noch erwähnt, dass für die Münzen des Geta Augustus einmal dieselbe Vorderseitenstempel zu Münzen mit ϵ und zu solchen mit Δ verwendet worden ist (n. 327—329).

Von den Typen der Kaisermünzen sind einige soeben schon wegen ihrer besonderen Benutzung für die verschiedenen Nominale erwähnt worden. Die meisten anderen haben keine locale Bedeutung. Bemerkenswerth sind nur die Darstellungen des Herakles mit dem Bogen (306) oder den Äpfeln (342; vgl. 306,2) und verschiedener Heraklesthaten (307 Löwe, 331 Eber, 354 Kerberos, und vielleicht 354° mit Hydra); sie kommen zwar auch in anderen Städten vor, sind aber hier doch wohl darum gewählt, weil Herakles als Stadtgründer verehrt wurde; hierher gehört auch die Darstellung der Keule auf einer kleinen

Münze (n. 335, II, 18). Die beiden anderen Hauptgötter sind nur selten dargestellt, Athena zweimal (309. 340) und Demeter einmal (339). Sonst scheinen in der Kaiserzeit noch die Dioskuren und Kybele in Kallatis besonders verehrt worden zu sein [1]); und auch das häufige Erscheinen der Schlange als Münztypus hängt gewiss mit dem Cultus zusammen [2]). Das auf einer Münze dargestellte Stadtthor (n. 323) ist nicht ein conventioneller Typus, sondern, wie die Reliefs zeigen, ein wirklich vorhandenes Bauwerk von Kallatis. Endlich die Kränzung des Kaisers durch die Stadtgöttin auf einer Münze des Commodus (299) bezieht sich vielleicht auch auf ein bestimmtes Ereigniss der Stadtgeschichte; auch die Stadtgöttin allein scheint einmal (355 a; vgl. 289) dargestellt zu sein.

Litteratur.

Eckhel d. n. 2,13.

Millin, notice sur des médailles inédites de Callatis. Paris 1815 (Extrait de Magasin Encyclopédique, Numéro de Mars 1815). [Die kleine Arbeit enthält nach einer Einleitung über die Geschichte der Stadt eine Besprechung von 10 Münzen des Pariser Cabinets nebst ihrer Zeichnung auf einer Tafel. Die Abbildungen sind regelmässig citirt.)

Sestini, lett. cont. 4 (1818) 43 fg. giebt ausser der Beschreibung noch unbekannter Stücke auch Berichtigungen zu früher publicirten Münzen und andere Bemerkungen.

---

[1]) Der Haupleults ihres Cultus in unserem Gebiet scheint Tomis gewesen zu sein. Dort erscheinen sie schon in verhältnissmässig früher Zeit als die Schutzgottheiten der Stadt; in der Inschrift arch.-ep. Mitth. 14 (1891) 22,30 heisst es: καὶ Διοσκόροις; vgl. die Einleitung zu Tomis.

[2]) Vgl. W. Drexler, Mythologische Beiträge 1 (1890) 61 fg.

1.

196 Kopf des jugendlichen Herakles mit Ähre r.
S 20   Löwenfell r.   Keule r.
                                              ΚΑΛΛΑΤΙΑ
                                              Gorytos mit dem Bogen r.

Tafel I, 17 Abbildung (4)
             Gewicht: 5,58 (4) — 5,10 (3) — 4,98 (1)
             Abweichungen: ΚΑΛΛΑΤΙ 4-5 — ΚΑΛΛΑΤ 7
             1 Kopenhagen — 2 Leake Europ. Gr. 31 — 3 Löbbecke — 4 Wien Eckhel cat. 53,1 [Mionnet S. 2, 54, 3]; Arneth Wiener Sitzungsberichte phil.-hist. Classe 9 (1852) 888,1. — 5 Sestini lett. 4, 91. 2 von Almilie — 6 Mionnet 1, 333, 1; Sestini lett. 9, 73; Millin 2 Abb. (jetzt nicht mehr in Paris; aber Mionnets Schwefelpaste zeigt, dass ein solches Stück ohne Monogramm vorhanden war) — 7 Sestini Mus. Hederv. 28, 1

197 ebenso   ebenso, aber über der Ähre Mono-
S 20   gramm Μ (?)
         Gewicht: 5,48 (4) — 5,21 (1, E. sehl.) — 5,00 (2, 5)
         Abweichungen: ΚΑΛΛΑΤΙ (1?) 5 — das Monogramm ist nirgends ganz sicher; es erscheint wie Μ 4, Μ 2, Μ 1, Μ 3, Μ oder Μ 5
         1 Berlin Cat. 48,1 — 2 Imhoof — 3 Leake Europ. Gr. 31 (ungenau Μ) — 4 Paris Pellerin recueil 1, XXXVI, 4 ungenau; Mionnet 1, 333, 2; Millin 3 Abb. — 5 St. Petersburg

198 ebenso   ebenso, aber über der Ähre Μ
S 19   Gewicht: 5,43 (1) — 4,73 (2)
         Abweichungen: ΚΑΛΛΑΤ Α (3?)
         1 Berlin Cat. 48,2 — 2 London Cat. 21,1 Abb. — 3 München Sestini descr. 29,1 ohne Monogramm; Sestini lett. cont. 4, 44, 12 [Mionnet S. 2, 54, 1] ungenau mit E. — Vgl. auch 199,1

199 ebenso   ebenso, aber oben undeutlich
S 19   Abweichungen: ΚΑΛΛΑΤΙ 2- 3, 4
         Gewicht: 5,48 (2, schlechtes Silber) — 5,34 (1)
         1 Berlin Cat. 48,3 (vielleicht = 198) — 2 Gotha — 3 Moskau. —|— 4 Cat. Welzl 1317 (ungenau mit Δ)

199ᵃ Kopf des jugendlichen Herakles mit Löwen- ΚΑΛΛΑΤΙΑΣ oben. Gorytos mit Bogen l.,
K (17)   fell r.   darunter Keule l, ganz unten Ähre l.
         1 Colin Aula Tafel II, III, 1 [Gessner num. pop. 268, XXVII, 22] als Münze von Galatia. — Wie schon Hardouin num. ant. 234 richtig erkannt hat, liegt der Zeichnung eine Münze von Kallatis zu Grunde, vielleicht eine stark oxydirte Silbermünze ähnlich 196-203. Ungenau ist die Zeichnung des Κα. jedenfalls, wie die falsche Form der Inschrift zeigt; auch ob die Reihenfolge richtig ist, bleibt zweifelhaft.

Die antiken Münzen Nord-Griechenlands I. 7

200 S 15	Kopf des jugendlichen Herakles mit Löwenfell r.	Gorytos mit Bogen l. ΚΑΛΛΑ Keule r. Ähre l.

Gewicht: 3,12 (4) — 2,58 (3. schlechtes Silber) — 2,46 (1) — 1,82 (2)
1 Imhoof — 2 Kopenhagen — 3 Löbbecke — 4 Paris Mionnet 1, 354, 3; Sestini lett. 9, 73; Millin 1 Abb.

201 S 15	ebenso Gewicht: 2,48 (1) 1 Athen Cat. 807	ebenso, aber ganz oben o
202 S 15	ebenso Gewicht: 2,83 (1) — 2,52 (2) — 1,95 (2) 1. 2 London Cat. 21, 2. 3 — 3 St. Petersburg	ebenso, aber oben W
203 S 15	ebenso . 1 München Sestini lett. cont. 1. 44, 1) [Mionnet S. 2, 54, 2] mit M	ebenso, aber oben nichts, unten M oder M
204 S 14	ebenso Gewicht: 2,45 1 Berlin Cat. 48, 4 Die Münze ist gut erhalten; das auffallende Fehlen der Ähre erklärt sich vielleicht daraus, dass der Schrötling etwas zu klein war; auch auf der Pariser Münze oben 199, 4 ist von der Ähre nur ein Blättchen zu sehen.	ebenso, aber ohne Ähre und ohne Beizeichen
205 K 17	Kopf des jugendlichen Herakles mit Lorbeerkranz r. 1 London Cat. 21, 4	ΦΙΛΩΝ Ähre l. Keule l. ΚΑΛΛΑΤΙ Gorytos mit Bogen l.
206 K 17	ebenso (aus demselben Stempel) 1 Hunter Combe 236, XLIII, 18 unter Philocales [Eckhel d. n. 2, 13 richtig unter Kallatis; ebenso Sestini lett. cont. 4, 41, 2; Mionnet S. 2, 54, 4; vgl. Imhoof Zschr. f. Num. 1 (1874) 326] Diese Münze ist gewiss von demselben Beamten wie die vorhergehende geprägt.	ΦΙΑ Keule r. ΚΑΛ
204* K (12)	Gorytos mit Bogen l., und darunter Keule l. 1 Golz Asia Tafel II, III, 2 [Vaillant num. pop. 268, XXVII, 23] als Münze von Galatia. Diese Münze ist erfunden, die Vs. nach der vorhergehenden, die Rs. nach den bekannten Kaisermünzen.	ΚΑΛΛΑΤΙ unter einem Bündel von fünf Ähren
204** K (26)	Kopf des jugendlichen Herakles mit Löwenfell r. 1 Cat. Bentinck 2, 1026 als Münze von Galatia; abgebildet hinter dem Supplement S. 96. Die Münze ist nach den beiden vorhergehenden der Golz erfunden; die Vs. ist von 199 rothwaaren, die Rs. von 204°; die Urne ist durch ein Missverständniss hinzugefügt.	ΚΑΛΛΑΤΙ unter einem Bündel von fünf Ähren in einer Urne

207 K 15	Makedonischer Schild; in der Mitte ein Punkt von drei Kreisen umgeben, darum das Ornament ∞ fünfmal; als Rand ein Perlkreis zwischen zwei Linienkreisen	N links. Gorytos und Bogen zusammengebunden, rechts davon abwärts gerichtete Keule, und ganz rechts aufrecht stehende Ähre
Tafel I, 18	Abbildung (3) Gewicht: 2,73 (2, K. schl.)	

1 Haag — 2 Löbbecke — 3 Wien, früher Neumann num. vet. I, 105, III, 11 [Mionnet S. 3, 241, 561 unter König Kassandros]: Wiczay 2117, VII, 150; Sestini mus. Hedert. 22, 5; Arneth Sitzungsber. 9, 888, 3 a

208 K 11	ebenso, aber dicker Gewicht: 3,36	ebenso
	1 Imhoof	

II.

(n. 209-216)   Königsmünzen mit Gegenstempeln

Eine grosse Anzahl von Tetradrachmen und Drachmen Alexanders des Grossen und der Diadochen hat auf der Vorderseite Gegenstempel, welche, wie in der Einleitung (oben S. 88) gezeigt ist, wahrscheinlich in Kallatis aufgeprägt sind, und zwar:

Ggst. 1 (kreisrund)
   Kopf der Demeter mit Ährenkranz r., davor K (zuweilen nur K?)
Ggst. 2 (rechteckig)
   Ähre r., darüber ΚΑΛ
Ggst. 3 (kreisrund)
   Kopf der Athena l., darunter ΚΑΛ

Da die Beizeichen der Rückseite in der Regel durch die Gegenstempel der Vorderseite zerstört, die Typen aber immer die gleichen sind (Vs. Heraklesköpf, Rs. Zeus Aëtophoros), so sind die überstempelten Stücke nicht einzeln beschrieben, sondern nur Münzherr und Werth angegeben.

209 S 28	Tetradrachmon (Alexandros) mit Ggst 1 Gewicht: 16,83 1 Berlin	
210 S 28 Tafel I, 19	ebenso mit Ggst. 1 und 2 Abbildung d. Vs. (4) Gewicht: 17,12 (5) — 16,82 (3) — 15,72 (2) 1 Athen — 2 Berlin — 3 Imhoof — 4 Paris — 5 Wien Eckhel syll. 24, III, 4	

7*

211
S 28
Tetradrachmon (Seleukos)
mit Gyst. 1 und 2
Gewicht: 16,70 (1)
1 Paris Babelon rois de Syrie 4, 21 (Ggst. 1 als Kopf des Apollon mit Lorberkranz beschrieben), — , — 2 (= 1)) Wiczay 3337; Sestini mus. Hederv. 3, 1, 3, XXX, 1 (Mionnet S. 8, 3. 8); Sestini mus. Hederv. parte Europ. 1, 22

212
S 18
Drachme (Alexandros)
mit Gyst. 1
Gewicht: 4,18 (2) — 4,05 (1) — 3,98 (3)
1 Berlin — 2 Kopenhagen — 3 Parma

213
S 18
ebenso
mit Gyst. 1 und 2
Gewicht: 3,90 (3) — 3,66 (1) — 3,38 (2, beschädigt)
1 Berlin; dieses Stück aus der Sammlung Knobelsdorff Sestini lett. 6, 14 (Mionnet S. 3, 220, 103); vgl. Friedlaender Zschr. f. Num. 4 (1877) 341 - 2 Berlin — 3 Wien, — — 4 Sestini mus. Hederv. 22

214
S 18
ebenso
mit Gyst. 2
Gewicht: 3,65
1 Imhoof, Cat. Photiades 1513, angenom. unter Kalchedon

215
S 18
ebenso (Lysimachos)
mit Ggst. 1 und 2
Gewicht: 3,75
1 Imhoof

216
S 18
ebenso (Alexandros)
mit Ggst. 3
Gewicht: 4,05
1 Imhoof

III.

217
K 22

Tafel I, 21

Kopf des jugendlichen Dionysos mit Epheukranz r. Pkr.

Abbildung
Gewicht: 8,70
1 Imhoof; wohl dasselbe Stück (aus der Sammlung Töchon) Mionnet 1, 334, 9; Sestini lett. cont. 2, 43, 7; Mionnet S. 1, 58, 9

ΚΑΛΛΑ l. A. Panther r. springend, die Hinterfüsse auf einer Ähre; an seiner l. Seite ein schräg gestellter Thyrsos; unter dem Leibe Ο

218
K 23
ebenso, aber ohne Pkr.

ΚΑΛΛΑ über einem Epheukranz, darin ΑΡΤΙ; am Rande r. Thyrsos (?)

1 Gotha

KALLATIS

219 ebenso   ebenso, mit Thyrsos; im Kranz
K 23   Ggst. O undeutlicher Kopf r.   AI., (vielleicht APTI?)
        1 Weber Hamburg
        Der Gegenstempel ist wohl hier und bei den folgenden Münzen der gleiche wie bei 224 a.

220 ebenso   KAAAAT ebenso; im Kranz EΠI
K 21   Ggst. wie vorher
        1 im Handel. — Der Ranzste ist vielleicht derselbe wie unten 230. 231.

221 ebenso   KAAAA ebenso; im Kranz ΠΟ / ΛΥΙ
K 22
Tafel I, 21   Abbildung (5)
        Gewicht: 6,20 (?)
        Abweichungen: Vs. mit undeutlichem Gegenstempel 2. 3 —; Rs. KAAAAT s. (5?) —
        der 1 hinter AY und der Thyrsos undeutlich 4.
        1 Bukarest — 2 Imhoof — 3 Löbbecke — 4 London Cat. 22, 7; dieses Exemplar früher
        Damerian Cat. Allier 20, II, 15 — 5 Weber Hbg. — Vgl. zu 233.

222 ebenso   ebenso; im Kranz ΘΑ (vielleicht
K 21   darüber noch ein Buchstabe)
        1 St. Petersburg. — Der Name könnte AΘA (= 228) gewesen sein.

223 ebenso   ebenso; im Kranz undeutliche Buch-
K 21   Ggst. O undeutlich (= 224a?)   staben
        1 Wien

224 ebenso   ebenso, aber der Thyrsos am Rande
K 22   Ggst. O undeutlich (= 224a?)   links; im Kranz EY
        1 Berlin

224* ebenso   ebenso, der Thyrsos links; im Kranz
K 21   Ggst. O Br. der Artemis r., an   undeutliche Buchstaben
        der Schulter der Köcher
        1 Kopenhagen

225 Kopf der Demeter mit Ährenkranz   KAAAATIA über einem Ährenkranz;
K 21   unter dem Schleier r.   darunter vielleicht Buchstaben
Tafel I, 22 Abbildung
        1 im Handel

226 ebenso, aber roherer Stil   KA AAATIA dazwischen Ähre r.
K 20   NΩN   liegend
        1 Moskau

226* Kopf der Demeter mit Ährenkranz (r.)   KAA in einem aus drei Ähren gebildeten
K (18)   1   Kranze
        1 Sestini mus. Hedery. 32, 8
        Eine solche Münze ist nirgends nachweisbar; vielleicht ist die Vs. falsch angegeben und
        gehört sie zu der folgenden Nummer:

226* Stierkopf l. (bei andern r.)   KAA zwischen drei Ähren
K 13   1-7 Berlin Cat. 48, 6-49, 12 — 8 London Cat. 22, 6 — 9 München F. J. Streber Forts. d.
        Gesch. (Denkschriften der Bayr. Akad. für 1814-5, Classe der Gesch.) 29, 1, 1; Sestini
        lett. cont. 4, 43, 9 [Mionnet S. 2, 55, 8] — und in vielen Sammlungen
        Diese Münzen gehören nicht nach Kallatis, sondern nach Kalchedon in Bithynien; im
        Londoner Cat. Pontus 125, 18 ist das schon berichtigt.

227 K 25	Kopf des Apollon mit Lorbeer- kranz r. 1 Wein	ΚΑΛΛΑ r. von oben nach unten. ΤΙΑΝΩΝ l. Dreifuss zwischen zwei Lorbeerzweigen; unten ΑΠΟΛΛ
228 K 24	ebenso 1 Wein. — Vgl. zu 232.	ebenso, ohne die Lorbeerzweige, aber am Rande l. Ähre; unten ΑΘΑ
229 K 24	ebenso Ggst. O Kopf des Perseus mit Greifenhelm (?) r. 4. 5 1 Berlin Cat. 48, 5 — 2 Gotha — 3 Moskau — 4 Odessa Univ. — 5 St. Florian	ebenso, mit Ähre; unten ΑΠΟΑ
230 K 25 Tafel I, 23	ebenso Abbildung (1) 1 Paris, früher Wiczay 2115; Sestini lett. cont. 4, 43, 6 (Mionnet S. 2, 56, 18,); Sestini mus. Hederv. 22, 3. — 2 (der Anfangsbuchstabe K angeblich über dem Dreifuss und ohne Ähre) Sestini lett. cont. 4, 43, 5 (Mionnet S. 2, 56, 17), aus der Sammlung d'Hermand	ebenso, mit Ähre; unten ΕΠΙΧΑ, über dem Dreifuss ... (unterer Theil des Σ?)
231 K 24	ebenso 1 Sophia Das Monogramm sieht gewiss für ΕΠΙΧΑ: auch das unvollständige Zeichen über dem Dreifuss beweist die Zusammengehörigkeit der beiden Münzen. — Vgl. zu 230.	ebenso, mit Ähre; unten Ɛ; oben ...
232 K 25	ebenso Ggst. O undeutlich 1 Bukarest	ebenso, mit Ähre; unten ΗΡ...(?)
233 K 25	ebenso 1 Löbbecke. — Der Beamte ist vielleicht derselbe wie oben 231.	ebenso, mit Ähre; unten ΠΟ
234 K 14 Tafel I, 24	Behelmter Kopf der Athena r. Abbildung (2) 1 Paris Pellerin recueil 3, CXVII, 8 (incert.); Pellerin suppl. 2, 38 (Anchianum); Mionnet 6, 657, 313 (incert., vermuthet aber Kallatis); Sestini lett. cont. 4, 42, 3 (Kallatis); Mionnet S. 2, 55, 10 — 2 Weber Hbg. = Cat. Becker 515?	N Keule l. ΚΑΛΛΑ Ähre l.
234ª K 14	ebenso 1 London Cat. 21, 3	ebenso, aber oben nur A!
235° K 13	Behelmter Kopf der Athena r. 1 Wien, früher Welzl Cat. 1318; Arneth Sitzungsber. 9, 888, 3 d. — Welzl las ΚΑΛΛΑ und ΙΝΟ. Arneth ΚΑΛΛΑ(?) und ΙΛΟ; doch ist alles unsicher. Jedenfalls gehört die Münze nicht nach Kallatis.	...ΛΛΑ oben, ..ΛΟ unten. Weidendes Rind r.

KALLATIS 103

235 ebenso   ebenso, aber oben Ä ?
K 14   1 Moskau — 2 St. Petersburg

236 ebenso   ebenso, aber nur ΚΑΛΛ und oben
K 14   undeutlich
        1 Bukarest — 2 Moskau

237 ebenso   Ähre l.
K 14   ΚΑΛΛΑ
                                                     Keule l.
                                                     ΓΠ
        1 St. Petersburg

238 ebenso   Ähre r.
K 14   ΚΑΛΛΑ
                                                     Keule r.
                                                     ΣΠΙ
        Gewicht: 1,77
        1 Imhoof

239 ebenso   ebenso, aber ohne Monogramm
K 13   1 Odessa Univ.

240 Behelmter Kopf der Athena r.   ΚΑΛΛΑ
K 13   Keule r.
                                                     ΜΟΣΧΙ
                                                     Ähre r.
        1 St. Petersburg — 2 Wien, früher Wiczay, Sestini lett. cont. 4, 41, 1, 1, 6 [Mionnet S. 2, 55, 11]; Sestini mus. Hederv. 22, 7; Arneth Münzungsber. 9, 888, 30. ungenau

241 ebenso   ΗΡΑ
K 14   Keule r.
                                                     ΚΑΛΛΑ
                                                     Ähre r.
        Gewicht: 3,00
        1 im Handel

242 ebenso   ebenso, aber ΘΑΥΜ über der Keule
K 14   Gewicht: 2,30 (4) — 1,88 (1)
        1 Imhoof — 2 Odessa Mursakewicz Odess. Mem. 3, 238, 4 — 3 St. Petersburg

243 ebenso (roherer Stil)   ebenso, aber .ΥΑ.Ο(!) über der
K 14   Keule und nur ΚΑΛΛ
        1 Moskau; wohl dieses Stück bei Köhne mémoires 4 (1850) 341, 2 mit ΥΑΥΟ. — Der Beamtenname über der Keule ist nicht sicher zu lesen; der erste Buchstabe, oder auch zwei, fehlt; das Zeichen hinter dem Υ bleibt unsicher, vielleicht steht es für Θ; zwischen diesem und dem allerdings nicht dicht anschliessenden Ο habe ich das von Köhne angegebene Zeichen nicht bemerkt.

239* Kopf der Athena r.   Ähre und Keule; unten undeutlich
K 15   1 Mursakewicz Odess. Mem. 3, 238, 2; gefunden auf der Insel Fidonisi (Leuke)
        Der Beamtname war vermuthlich zerstört; einer bestimmten Nummer lässt sich die Münze nicht anschliessen, doch ist sie wohl ähnlich 237-239.

104　　　　　　　　　　MOESIA INFERIOR

244　Behelmter Kopf der Athena r.　　Ähre r.
K 13　　(besserer Stil)　　　　　　　　　KAAAA
　　　　　　　　　　　　　　　　　　　　ΑΘΗ
　　　　　　　　　　　　　　　　　　　　Keule r.

　　Abweichungen: KAAΛ' r — KAΛ... AΘ... 4
　　1 Berlin — 3 Bukarest — 3 Odessa Murzakewicz Odess. Mem. 3, 138, 1. — ' — 4 Nm. Prokesch v. XIII, 6 (Sestini lett. cont. 4, 48, 4; Mionnet S. 2, 36, 13)]

245　ebenso (roher Stil)　　　　　　　Ähre l.?
K 13　　　　　　　　　　　　　　　　　　ΠΡΟΜΑ
　　　　　　　　　　　　　　　　　　　　KAAAA
　　　　　　　　　　　　　　　　　　　　Keule r.?

　　1 Moskau
　　Die sehr schlecht erhaltene Münze gehört sicher noch Kallatis; die Rs. ist oben und unter der Schrift ganz undeutlich, doch scheinen Ähre und Keule, wie vorher, oder umgekehrt, dargestellt zu sein.

246　ebenso (roher Stil)　　　　　　　KAA und darunter Ähre (?); dazwi-
K 13　　　　　　　　　　　　　　　　　　schen ein Strich
　　1 Moskau

247　Behelmter Kopf der Athena r.　　KAAAA
K 13　　　　　　　　　　　　　　　　　　Ähre l. — Feld concav
Tafel I, 25　　　　　　　　　　　　　　　　ΕΥΚΛΕ
　　　　Abbildung (2)
　　1 Lübbecke — 2. 3 St. Petersburg — 4 (mit unvollständiger Schrift) Stuttgart

[248]　Kopf der Artemis (?) r. (vgl. zu 250)　KAAA ΕΥΚΛΕΙ Gorytos und Kö-
K (15)　　　　　　　　　　　　　　　　　　　cher mit Riemen l. (?)

　　1 Kölner mémoires 6 (1852) 364 aus der Sammlung des Grafen Perowski; gefunden auf der Insel Fidonisi (Leuke)
　　In den von uns benutzten Sammlungen ist keine solche Münze vorhanden, doch ist sie jedenfalls nicht erfunden, wie der Beamtenname zeigt. Der Kopf der Vs., nach Kölne Artemis oder Aphrodite, ist gewiss derselbe wie bei den folgenden Münzen; die Rs. ist vielleicht ungenau beschrieben und hat nur den Köcher zwischen den beiden Schleifenden ohne Gorytos, in dem diese Münze zu der folgenden Gruppe (250-252) gehörte; doch wäre auch der Gorytos (ohne den Köcher) möglich. — Die Bezeichnung als Trileption ist willkürlich.

[249]　Weiblicher Kopf r.　　　　　　　KAAAA ΕΡΥΩΙ Köcher mit Bogen
K 15　　　　　　　　　　　　　　　　　　darin (?)

　　1 Murzakewicz Odess. Mem. 3, 238, 5
　　Der Kopf ist gewiss der gleiche wie bei 248 und 250-252; auf der Rs. hat Murzakewicz entweder die Riemen des Köchers für einen Bogen gehalten, oder es ist vielmehr ein Gorytos mit Bogen; auch der Beamtenname ist schwerlich richtig getroffen.

249ª　Kopf der Athena r.　　　　　　ΑΤΡ KAAA Keule und Ähre
K 13
　　1 Murzakewicz Odess. Mem. 3, 238, 3
　　Da die Vertheilung von Schrift und Bild auf der Rs. zweifelhaft bleibt, kann die Münze eben nicht verzeichnet werden; sie gehört aber wohl in dieselbe Gruppe wie 241-243. — Die Lesung ATP ist wohl unrichtig.

		ΚΑΛΛΑ
250 K 15	Kopf der Artemis(?) r.	Köcher mit Riemen l. ΠΥΡΙΟΥ
	1 Moskau; dasselbe Stück bei Kohne mémoires 4 (1850) 338, 1, 1, 5 mit ΓΥΡΙΟΥ, doch ist wohl ΠΥΡΙΟΥ zu lesen. Der Kopf hat keine Attribute, ist aber nach der Haartracht ziemlich sicher der Artemis zuzuschreiben, für die auch der Typus der Rückseite passend ist.	
251 K 15	ebenso	ebenso, aber unter dem Köcher ΠΟ · Λ · (?)
	1 St. Petersburg	
252 K 14	ebenso	ebenso, aber unten unleserlich
	1 St. Petersburg	
253 K 12	Kopf des Hermes mit Petasos r.	ΚΑΛΛΑ Hermesstab l. Μρ
	Gewicht: 1,61 1 Imhoof	
254 K 13	Kopf der Athena r.	ΚΑΛΛ, darüber Hermesstab l.; unten zerstört
	1 St. Petersburg	

IV.

(255-266)   Goldmünzen mit Typen des Lysimachos

Von den zahlreichen Königsmünzen, die wegen ihrer Beizeichen der Stadt Kallatis zugeschrieben werden, gehören nur die folgenden bestimmt hierher. Wie in der Einleitung (oben S. 91. 92) gezeigt wurde, sind sie alle, vielleicht mit Ausnahme von 255, unter Mithradates VI. geprägt und tragen sein Bildnis.

255 G 19	Kopf (des Alexandros?) mit Widderhorn am Diadem r.	ΒΑΣΙΛΕΩΣ r. ΛΥΣΙΜΑΧΟΥ l. Athena Nikephoros l. sitzend; am Sessel ΚΑΛ, im Abschnitt Dreizack mit 2 Delphinen l.; im Felde l. Ε
	1 Hunter. — Nicht bei Müller	
256ª K 12	Kopf der Athena r.	ΚΑ in einem Kranze
	1 Leake Suppl. 119 unter Kallatis. — Die Münze gehört nach Kalymna.	
256ᵇ K 13	Kopf des Zeus r.	ΚΑ und dazwischen Keule, in einem Kranze
	1 Leake Suppl. 119 unter Kallatis. — Die Münze gehört nach Cosmetum.	

256 Kopf (des Mithradates) mit Wid- | **ΒΑΣΙΛΕΩΣ** r.
G 19 derhorn am Diadem r. | **ΛΥΣΙΜΑΧΟΥ** l. Athena Nikephoros
[Müller 264] l. sitzend; am Sessel **ΚΑΛ**, im Abschnitt Dreizack mit 2 Delphinen
l.; im Felde l. **M**
1 Wien

257 Ähnlicher Kopf r. ebenso; i. F. l. **ΘΕ**
G 19 [Müller 268]
1 London — 2 Wien

258 ebenso (aus demselben Stempel) | ebenso; i. F. l. **ΗΡΟ**
G 19 [Müller 265]
Gewicht: 8,28(4) — 8,27(5) — 8,19(1, durchlöchert) — 8,08(2, durchlöchert)
1 Berlin Cat. 308,69 — 2 Leake Suppl. 2 — 3 Paris Mionnet 1,439,20 — 4 Six — 5 Turin
Mrs. Cat. 2096 — Lavy 1092 — 6 Wien Eckhel cat. 81,17. — [— 7. 8 Wiczay 2536; Neridal
57,8,9 — 9 Vatic num. chron. 1869, 158, 1 aus der Sammlung Cullen (in Tomis gefunden)

259 ebenso (aus demselben Stempel) ebenso; i. F. l. **ΗΡΑ**
G 19 [Müller 267]
Gewicht: 8,26 (2) — 8,22 (4) — 8,20 (1)
1, 2 Berlin Cat. 308, 67, 68 — 3 Wien Eckhel cat. 81, 16 — 4 im Handel

260 ebenso (aus demselben Stempel) | ebenso; i. F. l. **CΩ**
G 19 [Müller 263]
Gewicht: 8,28 (6) — 8,23 (3) — 8,17 (1) — 8,15 (5)
1 Berlin Cat. 309,70 — 2 Haag — 3 Klagenfurt — 4 München — 5 Paris — 6 Six. — -
7 Wiczay 2537; Sestini 57, 10

261 Ähnlicher Kopf r. ebenso; i. F. l. **Γ⸚** (?)
G 19 [Müller 259, ungenau]
1 Wien Eckhel cat. 81,18 (mit Γ); Müller 259 (mit P). — Die Zeichen im Felde sollen
wohl ein Monogramm (aus ΠΟCΕ?) bilden, stehen aber unverbunden nebeneinander.

262 ebenso (aus demselben Stempel) ebenso; i. F. l. **M**, und über dem
G 19 [Müller 260, ungenau] vorgestrecktem Arm **A** oder **A**
1 Wien Eckhel cat. 81,19 (mit Monogramm aus ΠΑΡ); Müller 260 (ein ℞); die richtige
Lesung ergiebt die Anfangsbuchstaben IATP. — Das zweite Monogramm, über dem Arm,
halten beide Übersehen; es ist aus den Buchstaben M I O (P) zusammengesetzt und steht
wohl für M(ιλησίου, ς): vgl. die Einleitung K. 92.

263 ebenso (aus demselben Stempel) | ebenso; i. F. l. **Δ**
G 19 [Müller 258]
Gewicht: 8,28 (1) — 8,26 (2)
1 Lobbecke — 2 Six — 3 Wien

264 ebenso (aus demselben Stempel) ebenso; i. F. l. **Œ**
G 19 [Müller 261]
1 Haag — 2 Wien

265 ebenso (aus demselben Stempel) ebenso; i. F. l. **ΩΥ**
G 19 [Müller 262]
1 Wien

KALLATIS

266 ebenso (aus demselben Stempel)   ebenso, i. F. l. ΗΡ
G 19   [Müller 266]
        Gewicht: 8,38 (2) — 8,27 (1)
        1. 2 Berlin Cat. 308,65, 66 — 3 Haag — 4 London — 5 München — 6 Paris Mionnet
        2, 439, 19 — 7 Wien Eckhel cat. 81, 15. — | — 8. 9 Wiczay 2532. 2538; Sestini 56, 8, 7

Wegen der Tetradrachmen mit Lysimachos-Typen (Müller 241-257) und mit Alexander-Typen (Müller Alex. 491-498) vgl. die Einleitung (oben S. 89); ihre Zutheilung nach Kallatis ist zu unsicher, um sie hier aufnehmen zu können; dasselbe gilt für den Lysimachos-Stater bei Müller 240.

V.
Münzen der römischen Zeit ohne Kaiserköpfe

267 Brustbild der Athena mit Gewand   ΚΑΛΛΑΤΙΑΝΩΝ Kreisrunder Schild;
K 17   und Aegis r. Pkr.   zur Seite l. Köcher (?), r. Keule.
                                           Pkr.
Tafel II, 1 Abbildung
        Gewicht: 2,60
        | 1 Imhoof

268 ebenso, aber wohl ohne Aegis   ΚΑΛΛΑΤΙΑΝΩΝ ebenso, auf dem
K 15   Mittelfelde des Schildes ein Delphin r.
        1 Paris Pellerin recueil 1, XXXVI, 7; Mionnet 1, 354, 11

269 Bärtiges Brustbild mit Helm und   ΚΑΛΛΑΛΙV... Ähnlicher Schild
K 15   Gewand, ohne Aegis, r.   (ohne Delphin); zur Seite l. Bogen (?), r. Keule
        1 Paris, früher Wiczay 2126 [Mionnet S. 2, 55, 7]; Sestini mus. Hedero, 82, 4 — Auf der
        Vs. haben Caronni und Sestini einen bärtigen Kopf (des Mars) und dahinter einen Speer
        oder Bogen; es ist mir nicht ganz klar, ob der Kopf wirklich bärtig ist, obwohl es so
        scheint; man erwartet Athena wie sonst; dahinter war wohl nichts.
        Der Gegenstand links vom Gebilde konnte allenfalls auch bei 267-269 Gorytos mit
        Bogen sein wie bei der folgenden Münze.

270 Brustbild der Athena mit Gewand   ΚΑΛΛΑ unten. Kreisrunder Schild,
K 17   und Aegis r., davor K   über den drei Ähren herausragen;
                                           daneben l. Gorytos mit Bogen,
                                           r. gesenkte Keule
Tafel II, 2 Abbildung
        1 Kopenhagen Ramus 1, 96, 2, II, 2 [Mionnet S. 2, 55, 12]

266* — 255-266   — 255-266, aber das Beizeichen L l'. 2 nicht
G 19   angegeben
        1 Cat. Becker (1851) 475, in Olbia gefunden

271 K 17	Brustbild der Athena mit Gewand und Aegis r., davor K	KAAA unten. Schild mit drei Ähren wie vorher; aber links die Keule, r. nichts zu sehen	

1 München V. J. Strebar Fortsetzung (1813) 29, 1, I, 1. — Strebar glaubte unten noch eine zweite Zeile Schrift zu sehen: doch war das wohl ein Irrthum.

272 K 16	Br. der Athena mit Gewand r., davor ein Speer. Pkr.	KAAAA unten. AIT	Schild mit drei Ähren (etwas kleiner als vorher); daneben l. Gorytos mit Bogen (?), r. gesenkte Keule. Pkr.
Tafel II, 3	Abbildung 1 Berlin Cat. 49, 13		
273 K 17	ebenso, aber wohl ohne Speer	KAAA unten. Ebenso	

1 St. Florian — und vielleicht ebenso 2 Kiew, wo aber Gorytos und Keule unsicher sind

274 K 16	ebenso, ohne Speer	. |1| . oben K[AAA]? unten.	Ebenso, aber links ganz undeutlich

1 St. Petersburg

275 K 15	Bärtiger Kopf (des Herakles?) r. Pkr.	KAAAA unten. Weintraube (?); daneben l. gesenkte Keule, r. Gorytos mit Bogen (?)	
Tafel II, 4	Abbildung 1 Moskau		
276 K 18	Kopf des bärtigen Herakles mit Lorbeerkranz r. Pkr.	KAAAA unten. Gesenkte Keule und r. davon Gorytos mit Bogen. Pkr.	
Tafel II, 5	Abbildung (?) 1 Kopenhagen — 2 Moskau		
277 K 18	ebenso, vor dem Kopf K	KAA oben. Gesenkte Keule und r. AATIA davon drei Ähren. Pkr.	
Tafel II, 6	Abbildung (?)		

Abweichungen: Vs. K sichtbar 2; — Rs. das letzte A unsicher 2; dass unter den Ähren noch etwas gestanden hat, ist unwahrscheinlich

1 Dr. Weber, wohl früher Cat. Bilkin 279 — 2 Wien, früher Wiczay Kethel num. vet. 33; Wiczay 2118, VII, 151; Sestini lett. cont. 4, 43, 10 (Mionnet S. 2, 54, 5]; Sestini mus. Hedrev. 22,6; Arneth Sitzungsber. 9, 888, 3 b

278 K 18	ebenso, ohne K	KAA AA TI	in der Mitte; daneben l. Gorytos mit Bogen, r. gesenkte Keule. Pkr.
Tafel II, 7	Abbildung 1 St. Petersburg		
274* K 17	Kopf der Athena r.	AATIA (?) Herakles l. stehend u. r. blickend	

1 München Streber Forts. d. Gesch. (1813) 29, 2, I, 2 liest KAAAATIA. - Die Münze gehört aber nicht hierher, sondern wahrscheinlich nach Aetolien.

279 K 20	Brustbild der Demeter mit Stephane, Schleier und Gewand r., davor K und Fackel. Pkr.	KAA im Abschnitt. Die Dioskuren mit Kappe, fliegendem Mantel und eingelegtem Speer, hintereinander l. reitend. Pkr.
Tafel II, 8	Abbildung (1) Gewicht: 5,40 (1)	

1 Imhoof. —|— 2 Sestini mus. Hederv. 22, 2 (angeblich mit Ährenkranz)

280 K 21	Br. der Demeter wie vorher, aber das K hinter dem Kopf, die Fackel vor dem Kopf. Pkr. (= unten 286)	KAAAA ebenso. Die Dioskuren wie vorher, aber ohne Speere. Pkr.

1 Sophia

Die Münze stammt aus dem von Torrbella revue num. 1893, 55 fg. beschriebenen Funde, der fast ausschliesslich Kaisermünzen des III. Jahrhunderts enthält.

281 K 22	Br. der Demeter mit Ährenkranz, Schleier und Gewand r., vor der Brust zwei Ähren. Pkr.	KA A AATI u. i. A. ANΩN Die Dioskuren mit Sternen über dem Kopf und fliegenden Mänteln im Galopp r. reitend. Pkr.
Tafel II, 9	Abbildung (5) Gewicht: 7,21 (1)	

1 Berlin Cat. 49,15 — 2 Bukarest — 3 Kiew — 4 London Cat. 27,9 — 5 Paris Mionnet S. 2, 36,'24. —|— 6 (— 4!) Sestini lett. cont. 4. 43,11 aus der Sammlung Millingen

282 K 18	ebenso	KAAAATIA im Abschnitt. Ebenso, ΝΩΝ aber ohne Sterne und Mäntel

1 Paris Mionnet 1, 354, 7; Millin 2

283 K 20	ebenso	KAAAATIANΩ u. i. A. N Die Dioskuren, ohne Sterne, mit fliegenden Mänteln r. reitend; im Felde oben Γ. Pkr.
	Gewicht: 7,18 (2); — 5,81 (1)	

1 Berlin Cat. 49,14 — 2 Paris Mionnet 1, 354, 8; Sestini lett. 9, 73; Millin 7 Abb. — Sestini vermuthet, dass das Pariser Exemplar von der Königin Christine stamm und mit der von Holstenius (ad Steph. p. 136) aus der Sammlung Gualfredi angeführten Münze identisch sei; doch ist die Beschreibung bei Holstenius zu ungenau.

284 K 22	ebenso	KAAAATIA ΝΩΝ ebenso, oben Γ
	Gewicht: 7,12	

1 Wien Mus. Theup. 1356; Arneth sitzungsber. 9, 888, 4

285 K 22	ebenso	ΝΩΝ AITA KAAA ebenso, oben Γ

1 im Handel

246
K 22

Br. der Demeter mit Stephane, Schleier und Gewand r., vor dem Kopf Fackel, dahinter K. Pkr. (= 280)

KAAAATIA u. i. Λ. ΝΩΝ Die Dioskuren zu Pferde, einander zugekehrt; i. F. oben Γ. Pkr.

 1 Paris Mionnet 1, 354, 6; Millin 5 Abb.

247
K 20

Br. der Demeter mit Schleier und Gewand r.

KAAA unten, ... Schiff mit aufgespanntem Segel l. fahrend; i. F. l. Γ. Pkr.

Gewicht: 5,78 (Erh. schl.)

 1 Paris Sestini lett. cont. 4, 43, 8; Mionnet S. 2, 56, 15

Die Münze ist schlecht erhalten, so dass die Beschreibung vielleicht nicht vollständig ist; die Göttin könnte auch Ährenkranz (oder Stephane) und vor der Brust Ähren haben; von der Schrift der Rs. ist nur unter dem Schiff KAAA sichtbar, sie scheint aber rechts weiterzugehen.

248
K 18

Br. der Demeter mit Ährenkranz, Schleier und Gewand r.; davor Fackel, dahinter K und vielleicht eine zweite Fackel. Pkr. (vgl. oben 280 und 286)

KAAAATI u. i. Λ. ΑΝΩΝ Eros auf einem r. schreitenden Löwen r. reitend, in der erhobenen R. eine Fackel, wie es scheint. Pkr.

Taf. II, 16

Abbildung (2)

 1 Bukarest — 2 Paris Pellerin recueil 1, XXXVI, 6; Mionnet 1, 354, 10 und genauer S. 2, 56, 16; Gerhard antike Bildwerke CCCXL, 24 (Müller-Wieseler Denkmäler 2, LI, 637 Abb. d. Rs.) — 3 Paris. — (1 und 2 sind aus denselben Stempeln.)

Hinter dem Kopfe der Demeter erscheint ein Attribut, welches nicht zur Frisur gehört, sondern eine (nicht brennende) Fackel oder vielleicht ein Scepter sein könnte. — Über den Typus der Rückseite vgl. Riggauer Z. f. Num. 8 (1881) 84.

249
K 21

Kopf des bärtigen Herakles mit Lorbeerkranz r. Pkr.

KAAAA TIANΩN Stadtgöttin mit Mauerkrone l. thronend, auf der vorgestreckten R. eine kleine l. schwebende Nike mit Kranz und Palmzweig, den l. Arm auf die erhöhte Lehne des Sessels gestützt. Pkr.

Taf. II, 11

Abbildung (5). — Schöner Stil.

 1 Kopenhagen — 2 London Cat. 11,3 — 3 Paris Blanchet revue num. 1892, 59, 6 — 4 Turin Bibl., früher Mus. Arigoni 2 imp. gr. XXIII, 311 (Rs., unter Caracalla) — 5 Wien Cimel. Vindob. 1, 74, XIV, 8; Eckhel cat. 53, 2 (Mionnet S. 2, 55, 6); Arneth Sitzungsberichte 9, 888, 2

KALLATIS

290
K 20
ΚΤΙϹΤΗϹ Kopf des bärtigen Herakles r., mit dem Löwenfell bedeckt. Pkr.
Gewicht: 4,82
1 Paris Pellerin recueil 1. XXXVI, 5; Mionnet 1. 354, 4

ΚΑΛΛΑΤΙΑΝΩΝ Tyche mit Kalathos, Steuer und Füllhorn r. stehend und l. blickend; i. F. l. 8. Pkr.

291
K 20
ΚΤΙϹΤΗϹ Kopf des bärtigen Herakles r., mit dem Löwenfell um den Hals. Pkr.
Gewicht: 3,82
1 Löbbecke

ΚΑΛΛΑΤ ΙΑΝΩΝ Tyche wie vorher, aber ohne Kalathos; i. F. r. 8. Pkr.

292
K 20

Taf. II, 12
ebenso (aus demselben Stempel)

Abbildung (1)
Gewicht: 4,43 (1)
1 Paris Mionnet 1, 354, 5; Sestini latt. 9, 73; Millin 6 Abb. — 2 Nophla

ΚΑΛΛΑΤΙΑΝΩΝ Kybele mit Mauerkrone l. thronend, in der vorg. R. Schale, den l. Arm auf das Tympanon gestützt; i. F. r. 8. Pkr.

293
K 20
ΚΤΙϹΤΗϹ Kopf des bärtigen Herakles mit Lorbeerkranz l. Pkr.
Roher Stil
2 Berlin Cat. 49, 16 — 2 Wien Eckhel syll. 24; Arneth Sitzungsber. 9, 885, 3

ΚΑΛΛΑΤΙΑΝΩΝ (von r. oben) Kybele wie vorher; ohne Werthzeichen. Pkr.

293 a
K 20
ΚΤΙϹ ΤΗϹ ebenso

Gewicht: 4,50
1 Kopenhagen Ramus 1, 98, 2

ΚΑΛΛΑΤΙΑΝΩ Ν (von l. unten) Kybele wie vorher, aber mit einem Scepter im l. Arm. Pkr.

294
K 20
ΚΤΙϹΤΗϹ ebenso, aber der Kopf r.
1 München

ΚΑΛΛΑ ΤΙΑΝΩΝ ebenso, aber ohne Scepter

295
K 20
ΚΤΙϹ ΤΗϹ (von r. oben) ebenso
1 St. Petersburg

ebenso (aber von r. oben)

296
K 21

Taf. II, 13
ebenso (aus demselben Stempel)

Abbildung
Gewicht: 5,00
1 Imhoof

ΝΩΝ ΑΙ ΤΑΛΛΑΚ (rückläufig) Nackter Hermes auf einem Widder l. reitend, in der R. den Beutel, im l. Arm den geflügelten Stab. Pkr.

VI.
Kaisermünzen
Faustina iunior

297
K 21
ΦΑVCTEINA CEBACT Br. r.   ΚΑΛΛΑΤΙΑΝΩΝ Stadtgöttin mit
Mauerkrone l. sitzend, in der vorgestreckten R. Schale

1 Turin Bild., früher Mus. Arigoni 2 Imp. gr. XVI, 195 (R4) [Mionnet S. 2, 57, 30]

298
K 18
ebenso   ΚΑΛΛΑΤΙΑ u. i. A. ΝΩΝ Kybele
mit Mauerkrone auf dem r. schreitenden
Löwen sitzend und r. blickend, die R. aufgestützt, im l.
Arm Scepter

1 Paris Blanchet revue num. 1892, 60, 7. I. 3. — 2 (= 1?) Sabatier revue belge 1860,
2, 1, I. 1. — 3He von Rauris 1. 98, 3 der Faustina oder Lucilla zugetheilte Münze ä. unter
Domna (unten 313, 2)

Commodus

299
K 28
AV KAI M AVPH ΚΟΜΟΔΟC Br.
(leicht bärtig) mit L. P. M. r.
ΚΑΛΛΑΤΙΑΝΩΝ Der Kaiser, gepanzert,
mit Schale und Speer l.
stehend (am Altar?); hinter ihm
die Stadtgöttin mit Mauerkrone
nach vorn stehend und l. blickend,
mit der R. den Kaiser kränzend,
im l. Arm Scepter

T. XIX, 30   Abbildung der Rs.
Gewicht: 11,40
1 Imhoof

296*
K 20
ΑΥΤ ΤΡΑ ΑΔΡΙΑΝΟΥ ΚΑΙ СΕΒ Kopf des   ΚΑΛΛΑΤΙΑΝΩΝ (von r. oben) Artemis in
Hadrianus m. L. r.   kurzem Gewand, mit dem r. Fuss auf eine
Prora tretend, in der R. den Bogen, mit
der Linken nach dem Spcer greifend; hinter
ihr A oder Δ

1 Sestini pb musei 21, IV, 12; Sestini mus. Chaudoir 41, 2. — Die Münze ist jetzt in
St. Petersburg; die Schrift der Rs. ist ganz undeutlich; jedenfalls gehört die Münze nicht
nach Kallatis, sondern auch Phanagoria.

296¹⁰
K II
Α·Μ·ΑΥ·ΑΝΤ . . . . . . Kopf des Marcus   ΚΑΛΛΑΤΙΑΝΩΝ Hygieia (r.) stehend
Aurelius mit L. r.

1 Sestini descr. 29, 2 [Mionnet S. 2, 56, 19] aus der Sammlung Borgia.
Wahrscheinlich hat Sestini den Kaiserkopf verkannt; unter Marcus sind Münzen dieser
Grösse in Kallatis nicht zu erwarten; vielleicht war es ein Caracalla.

296²⁰
K III
ΑΥΤ.Α.ΙΗΙΡ. Kopf des Lucius Verus ohne   ΚΑΛΛΑΤΙΑΝΩΝ Nike (α) schreitend
Kranz (r.)

1 Sestini Mus. Hedery. 23, 9. — Es wäre möglich, dass es eine solche Münze des Verus
giebt; aber die Beschreibung ist jedenfalls ungenau.

296³⁰
K III
ΛΟΥΚΙΛΛΑ СΕΒΑСΤΗ Kopf der Lucilla r.   ΚΑΛΛΑΤΙΑΝΩΝ Kybele auf dem Löwen
sitzend, in der L. das Scepter

1 Eckhel syll. 24 [Mionnet S. 2, 57, 21]; Arneth 333, 5
Die Münze gehört vielleicht der Julia Domna; s. unten 313, 4.

[300] K 20	[Commodus] AV · K · M · AV · KOMOΔOC Kopf (bärtig) m. l. r.	KAΛΛA T..... Geflügelter Eros (als Todesgenius) mit gekreuzten Beinen nach vorn stehend und r. blickend, mit beiden Armen auf die umgekehrte erlöschende Fackel gestützt 1 Murzakewicz Odess. Mem. 1, 316; VII, 6

Severus

301 K 27	AVT · K · A · CEΠ CEVHPOC ΠEP T · Kopf m. l. r. (aus demselben Stempel wie 304,1. 305, 307) Gewicht: 12,50 1 Wien	KAΛΛA TIANΩN Hades - Sarapis mit Kalathos und Strahlen l. sitzend, die R. über dem dreiköpfigen Kerberos, die L. auf das Scepter gestützt; im F. l. oben €
302 K 27 T. XIV, 1	ebenso, aber am Schluss ΠEP Abbildung der Rs. Gewicht: 11,55 1 Imhoof. — Vgl. noch unten 302°	KAΛΛATIANΩN Brustbild der Isis mit ihrem Kopfschmuck und Gewand r.; i. F. r. unten €
303 K 26	AVT K A CE ...... K. m. l. r. 1 Wien	KAΛΛATIANΩN Artemis als Jägerin r. schreitend; i. F. l. €
304 K 27 Taf. II, 14	AVT · K · A · CEΠ CEVHPOC ΠEP T · K. m. L. r. (aus demselben Stempel wie 301) Abbildung (1)	KAΛΛA TIANΩN Dionysos mit nacktem Oberkörper von vorn auf dem r. schreitenden Panther sitzend und r. blickend; er stützt die R. auf das Thier, während er mit der l., den Thyrsos schultert; i. F. l. €

Abweichungen: Vs. am Schluss nur ΠEP 2 — Rs. Schrift anders getheilt 2
1 Bassarabentzu — 2 Paris Vaillant num. gr. 83; Mifflin 9 Abb.; Sestini lett. cont. 4. 64, 1; Mionnet S. 2, 58, 25 (die Figur auf dem Panther überall für weiblich gehalten)

302° K 11	Severus (Vs. nicht beschrieben) 1 Vaillant num. gr. 83 (Mionnet S. 2, 58, 27) aus der Sammlung Castagnole in Mailand. — Vielleicht war es eine Münze mit Isiskopf wie oben 302.	(KAΛΛATIANΩN) Weiblicher Kopf mit Mauerkrone

114   MOESIA INFERIOR

[Severus]

305
K 27
AVT·K·A·CEΠ·CEVHPOC ΠEPT·
K. m. l. r.
(aus demselben Stempel wie 301)

KAΛΛATIANΩN Dionysos (?) in kurzem Gewand l. stehend, in der vorgestreckten R. den Kantharos(?), die L. auf den Thyrsos(?) gestützt; vor ihm der Panther (?); [Werthzeichen zerstört]

1 Wien, früher Neumann num. vet. 1, 108 [Mionnet S. 2, 57, 22]; Wiczay 2119, VII, 152 [Mionnet S. 2, 57, 23]; Sestini lett. cont. 4, 44, 2; Sestini mus. Hedery. 83, 10; Arneth Sbo, 6 Sestini wollte auf der Rs. vor der Figur noch ein Β erkennen; doch ist das unmöglich, da die Münze zu gross ist und das Werthzeichen Ε haben müsste. Sie ist so schlecht erhalten, dass nicht einmal der Typus ganz sicher ist; es könnte allenfalls auch der Kaiser mit Schale und Scepter am Altar sein.

306
K 28
AV K A CE CEVHPOC Π Br. mit l. P. M. r.

KAΛΛATIANΩN Nackter bärtiger Herakles r. stehend, die R. auf die Keule gestützt, in der vorg. L., über die das Löwenfell hängt, den Bogen; i. F. l. Ε

Abweichungen: Rs. das Attribut in der l. unsicher a (vielleicht die Äpfel).)

1 Bukarest — a Wien Mus. Theup. 936; Arneth 886, 6 a. — ' — 3 (ohne nut Rs.) Vaillant num. gr. 83 [Mionnet S. 8, 57, 24]

307
K 27
AVT·K·A·CEΠ·CEVHPOC ΠEP T·
K. m. l. r.
(aus demselben Stempel wie 301)

KAΛΛATIANΩN Nackter bärtiger Herakles r. vortretend und mit beiden Händen den auf den Hinterfüssen l. stehenden Löwen würgend; hinter ihm die Keule; i. F. L. Ε

1 London (neue Erwerbung)

308
K 27
AVT K A CEΠ ' CEVHPOC ΠEP K.
m. l. r.
Gewicht: 10,30
1 Imhoof. -- Rober Still.

KAΛΛATIANΩN (von r. oben) Tyche mit Kalathos, Steuerruder und Füllhorn l. stehend; i. F. l. ▶

309
K 24
AV[T K] A CEΠ CEV.... K. m. l. r.

KAΛΛATIANΩN Athena r. stehend, die R. auf den Speer gestützt, in der L. Schale oder Eule (?); [Werthzeichen zerstört]

1 Paris Blanchet revue num. 1892, 60, 8

Die Münze ist sehr schlecht erhalten; doch ist der Typus deutlich Athena; nur das Attribut in der L. ist unsicher. Das Werthzeichen war, nach der Grösse der Münze, wahrscheinlich Δ.

KALLATIS 115

[Severus]

310 AVT K A CETI CEVHPOC ΠE K. m. KAΛΛATIANΩN Nemesis r. stehend,
K 24 L. r.   in der R. ihren Stab, in der l.. die
                                        Wage; hinter ihr der Greif mit
Tafel   Rad; i. F. l. Δ
XVIII, 24   Abbildung der Rs.
   1 Im Handel. — Hierher vielleicht auch unten 310ᵃ

311 AVT K A CETI CEVHPOC ΠE K. m. KAΛΛATIANΩN Schlange, in vie-
K 25 L. r.   len Windungen aufgerichtet, Kopf
                                        r.; l. F. l. oben Δ
     Abweichungen: Vs. Schrift unvollständig ᴀ — Brustbild m. L. P. M. 3 — Rs.
     KAΛΛATIANΩN und das Δ rechts 3
   1 Bukarest Soutzo revue arch. N. S. 42 (1881) 301,1 — 2 Paris Blanchet revue num. 1894,
   60, 8 bis — 3 St. Petersburg

Domna

312 IOVΛIA ΔOMNA C Brustbild r. KAΛΛATI u. i. Λ ANΩN Die Dio-
K 23   skuren mit Sternen über dem
                                        Kopf hinter einander r. reitend;
                                        unter dem vorderen Pferde Γ
   1 St. Petersburg

313 IOVΛIA AΓ•V CEBACTH (von r. oben) KAΛΛATIANΩN Kybele auf dem
K 17 Br. r.   Löwen r. (= 298); ohne Werth-
                                         zeichen
     Gewicht: 2,85 (3)
     Abweichungen: Vs. AΓ statt AΓ•Y 3; A... 2
   1 Bessarabien — 2 Kopenhagen Ramus 1,98,3 (ungenau, als Faustina oder Lucilla) —
   3 London Cat. 73,10 — 4 Wien Eckhel syll. 24 (Mionnet S. 2, 57, 21); Arneth 888, 5; alle
   irrig unter Lucilla, es ist aber sicher Domna

314 ebenso, aus demselben Stempel wie KAΛΛATIANΩN Geflügelter Eros (als
K 16 313, 1. 3   Todesgenius) nach vorn stehend,
                                             auf die Fackel gestützt (= 300)
     Gewicht: 2,55
   1 Wien Mus. Theup. 950 (Mionnet S. 2, 58, 28) (Rs. irrig als Victoria beschrieben);
   Arneth 889, 7; die Vs. überall ungenau

Caracalla

315 AV K M AVP ANTΩNINOC Br. (un- KAΛΛATIANΩN Zeus (?) mit Schale
K 27 bärtig) m. L. P. M. r.   und Scepter l. stehend; i. F. l. E
   1 Lübbecke
   Der Typus ist nicht ganz deutlich; es scheint ein bärtiger Mann zu sein, aber die Kleidung ist nicht zu erkennen; allenfalls könnte es der Kaiser sein.

316ᵃ Severus (Vs. nicht beschrieben)   (KAΛΛATIANΩN) Stehende Frau, in der R.
K 11   Wage, in der l. Füllhorn
   1 Vaillant num. gr. 83 [Mionnet S. 2, 58, 26 *Kysulu*] aus der Sammlung Galland
   Vielleicht ist die Münze = 310; doch könnte der Typus auch richtig beschrieben sein; da
   aber Vs. und Werthzeichen nicht angegeben sind, bleibt die Münze unsicher.

8*

116 MOESIA INFERIOR

[Carsralia]

216 AV K M AVP ANTΩNINOC Hr. m. ΚΑΛΛΑΤΙΑΝΩΝ Hera mit Schale
K 27 L. P. M. r. und Scepter l. stehend; i. F. L €
1 Bukarest Socio rerum sect. N. S. 42 (1894) 301. 2

217 ebenso ΚΑΛΛΑΤΙΑΝΩΝ Artemis als Jäge-
K 27 rin r. eilend, neben ihr der Jagd-
hund; i. F. L € (= 324)
Abweichungen: Vs. angeblich AVT 3 — Rs. Werthvolles zerstört 3, vergessen 4
1 Hunter — 2 Löbbecke — 3 Neapel Cat. 6282, - · - 4 (= 3!) Vaillant num. gr. 102
[Mionnet S. 2, 58, 31] (Rs.) von Magnavacca -- 5 (= 1!) Kenini descr. 29, 4 [Mionnet
S. 2, 59, 33] von Ainslie

218 ebenso, nur am Schluss undeutlich ΚΑΛΛΑΤΙΑΝΩΝ Nike mit Kranz und
K 27 Palmzweig r. stehend; i. F. l. €
Gewicht: 9,30
1 München, früher Cousinéry Sestini descr. 29, 3 [Mionnet N. 2, 58, 30]

219 ebenso, Schluss vollständig, aber ΚΑΛΛΑΤΙΑΝΩΝ Reiter im Schritt
K 28 der Kopf vielleicht bärtig r.; i. A. wohl € zerstört (vgl 326)
1, 2 im Handel — Beide waren schlecht erhalten, die Rs. vermutblich aus demselben
Stempel wie die Münze des Gieta unten 326.

220 ebenso, aber unbärtig ΚΑΛΛΑΤΙΑΝΩΝ € Adler mit aus-
K 27 gebreiteten Flügeln von vorn auf
einem bekränzten Altar stehend
und r. blickend, zwischen zwei
Feldzeichen (vgl. 345. 356)
Abweichungen: Rs. ΚΑΛΛΑΤΙΑΝΩΝ 3 — Werthzeichen nicht zu erkennen 2. 4;
bei 4 stand es wohl wie bei 1 und 3, bei 2 wahrscheinlich im Abschnitt
1 Hunter — 2 Löbbecke — 3 Sophia — 4 Turin Bibl., früher Mus. Arigoni 1 Imp. gr. X,
150 [Mionnet S. 2, 59, 32] (Rs.) Irrig unter Elagabalus

221 ebenso ΚΑΛΛΑΤΙΑΝΩΝ N € Stadtthor mit
K 28 zwei Thürmen
Abweichungen: ΚΑΛΛΑΤΙΑΝΩΝ u. l. A. € 1
1 Paris Pellerin mélange 2, 172 unter Elagabalus; Sestini let. cont. 4, 44, 3; Mionnet
S. 2, 58, 29 - 2 Weiss

222* Caracalla (Vs. nicht beschrieben) (ΚΑΛΛΑΤΙΑΝΩΝ) Tempel mit acht Säulen,
K — auf jeder Seite eine Statue
1 Vaillant num. gr. 102 (Mionnet S. 2, 59, 33) von Foucault
Da auf Münzen von Kallatis sonst niemals Tempel dargestellt sind, muss diese Beschreibung als werthlos gelten; wahrscheinlich gehörte die Münze nach einer anderen Stadt,
vielleicht Kalchedon.

223* (Vs. nicht beschrieben) ΚΑΛΛΑΤΙΑΝΩΝ Stadtgöttin l. sitzend, auf
K 20 der vorg. R. Nike
1 Mus Arigoni 2 imp. gr. XXIII, 311
Die Münze ist in der Turiner Bibliothek; sie hat auf der Vs. nicht einen Kaiserkopf,
sondern den Kopf des Herakles; s. oben 284.

Geta
(als Caesar)

322
K 23
K·A·CEΠ ..... Hr. des jugendlichen
Geta mit Panzer und Mantel r.
(wohl derselbe Stempel wie 323)
KAΛΛATIANΩN Nike mit Kranz u. Palmzweig r. schreitend; i. F. r. €

1 Sophia Taschella ferne sum 1893, 70,1 urig als Severus

323
K 27
K·A·CEΠ ΓETAC ebenso
KAΛΛATIANΩN (von oben beginnend) Stadtthor mit zwei Thürmen; an dem Thurme rechts in einer Nische das Standbild einer stehenden langbekleideten Figur mit erhobener R. und Scepter oder Speer in der L.; unten links zwischen Thor und Thurm eine runde Öffnung; über dem Mittelbau €

1 London Cat. 13.11 Abb. — 2 (= 11) La Motraye voyages z, 210, abgebildet Bd. 1, XXVIII, 2 [Gessner imp. CLIII, 16; Mionnet S. 2, 59, 37]. In Varna gekauft.

(als Kaiser)

324
K 28
AV K ΠO CEΠ ΓETAC Br. (leicht bärtig) mit L. P. M. r.
KAΛΛATIANΩN Artemis als Jägerin r. eilend, neben ihr der Jagdhund; i. F. L € (= 317)

1 Paris Mionnet 1, 355, 17; Sestini lett. 9, 73; Mills 9 Abb.

325
K 28
..... CEΠ ΓETAC ebenso (wohl = 324 und 326)
KAA A ATIA u. I. A. NΩN Kybele mit Schale und Tympanon l. thronend, zu ihren Füssen ein Löwe (ein zweiter wohl auf der anderen Seite des Sessels); i. F. L €

Gewicht: 11,60

1 München, früher Cousinéry Sestini descr. 30,6 [Mionnet S. 2, 59, 36]

326
K 28
AV K ΠO CEΠ ΓETAC ebenso
KAΛΛATIANΩN Bärtiger Reiter (Kaiser?) mit fliegendem Mantel im Schritt r.; i. A. € (= 319)

Gewicht: 10,60

1 Imhoof

327
K 28
AV·K·Π·CE· [ΓETAC·C] Kopf (leicht bärtig) m. L. r.
(aus demselben Stempel wie 328 und 329, danach die Schrift ergänzt)
KAΛΛATIA u. I. A. NΩN Dionysos auf dem Panther r. (= 304); i. F. I. C

T. XVI. 33

Abbildung der R.

Gewicht: 12,80

1 Dresden

Das Werthzeichen C steht gewiss für €; es ist beachtenswerth, dass also derselbe Vorderseiten-Stempel für Münzen mit € und für solche mit Δ verwendet ist.

118   MOESIA INFERIOR

(Geta)

325 AV·K·Π·CΕ ΓΕΤΑC·C· Kopf m. L. r. ΚΑΛΛΑΤΙΑΝΩΝ Apollon in lan-
K 26   (aus demselben Stempel wie 327)   gem Gewand l. stehend, in der R.
                                         das Plektron, mit der L. die Lyra
                                         auf eine Säule stützend; i. F. l. Δ
   1 Paris beschr. ders. cons. 4, 45, 4; Mionnet S. 2, 59, 34

329 ebenso (aus demselben Stempel)   ΚΑΛΛΑΤΙΑΝΩΝ Schlange, Kopf r.;
K 26   i. F. l. Δ
         Gewicht: 10,60
   1 München, früher Cominety Sestini descr. 30,5 (Mionnet S. 2, 59, 35). — ! — 2 Vaillant
   num. gr. 117 (Rs., Δ vergessen) von Galland

Alexander

330 AVT K M AVP CEVH ΑΛΕΖΑΝΔΡΟC | ΚΑΛΛΑΤΙΑΝΩΝ Hygieia mit Schlan-
K 27   Br. m. L. P. M. r.   ge und Schale r. stehend; i. F. l. E
   1 Kopenhagen — 2 Mandl — 3 Paris Pellerin mélange 2,183 ungenau; Mionnet S. 2, 60, 41
   — 4 Sophia

331 ebenso   ΚΑΛΛΑΤΙΑΝΩΝ Herakles mit dem
K 28   Löwenfell r. schreitend, über der
                                         l. Schulter den erymanthischen
Tafel   Eber tragend; i. F. r. E
XVII, 23   Abbildung der Rs. (2)
   Abweichungen: Vs. CEV stat CEVH 2
   1 Paris Mionnet S. 2, 60, 39 — 2 Wien, früher Wiczay 2130, VII, 153; Sestini mus. Hed.
   23, 18; Arneth 859, 7a (vorher erwähnt von Eckhel d. n. 2, 13)

332 AVT K M AVP CEVH Α ΛΕΖΑΝΔΡΟC | ' ΚΑΛΛΑΤΙΑ | u. l. A. ΝΩΝ Kybele
K 29   ebenso   mit Kalathos, Schale und Tympa-
                                         non l. thronend zwischen zwei Lö-
                                         wen, von denen der eine (an ihrer
                                         linken Seite) r. schreitet; [i. F. r. E]
   1 Moskau. — Es ist ein Stück der sonst gut erhaltenen Münze abgebrochen, so dass
   die beiden Inschriften unvollständig sind, der Kopfschmuck der Kaisers nicht festzustellen
   ist und das Werthzeichen fehlt; doch dürften die Ergänzungen wohl als sicher gelten; ein
   anderes Werthzeichen als E ist jedenfalls bei dieser Größe nicht zu erwarten.

333 AVT K M AVP CEVH ΑΛΕΖΑΝΔΡΟC ΚΑΛΛΑΤΙΑΝΩΝ Tyche mit Kalathos,
K 26   K. m. L. r.   Steuer und Füllhorn L stehend;
                                         i. F. l. Δ
   1 Bukarest. — ¹ — 2 Wiczay 2121 [Mionnet S. 2, 60, 42]; Sestini 23, 12

334 AVT K M AVP CEV ΑΛΕΖΑΝΔΡΟC ΚΑΛΛΑΤΙΑΝΩΝ Schlange, Kopf r.;
K 25   Br. m. L. r.   i. F. r. Δ
         Gewicht: 9,95 (2)
   Abweichungen: Vs. CEVH und Rs. m. L. P. M. r. 2
   1 Toulouse — 2 Wien, früher Wehl Cat. 1519; Arneth 880,7b — 3 im Handel

335* Elagabalus (Vs. nicht beschrieben)   ΚΑΛΑΑΤΙΑΝΩΝ Adler auf Altar zwischen
K 11   zwei Feldzeichen
   1 Mus. Arigoni 1 imp. gr. X 150 [Mionnet S. 2, 59, 38]
   Die Münze, jetzt in Turin, gehört dem Caracalla; s. oben 310, 4.

KALLATIS 119

(Alexander)

345
K 17
Taf. II, 15

AVT K M .. ΑΛΕΞΑΝΔ ΡΟC·] Br. ΚΑΛΛΑΤΙΑΝΩΝ um eine Keule (?);
m. L. P. M. r.   das Ganze im Lorbeerkranz

Abbildung

1 Moskau, vielleicht dasselbe Stück früher Wieczay add. 1 a. z. XXXI, 689 [Mionnet S. 2, 60, 40]; Sestini 23,13
Die beiden Buchstaben hinter M sind zweifelhaft; Carousel und Sestini lasen CE, es könnte auch A C sein. Ob unter dem Halse noch die drei letzten Buchstaben stehen, ist unsicher.

Mamaea

[**346**]
K 24

IOVΛIA MAMEA Br. r.

ΚΑΛΛΑΤΙΑΝΩΝ Artemis als Jägerin
r. eilend, neben ihr der Jagdhund;
L F. Γ

1 Murzakiewicz descriptio mus. Odess. 24. 1
Die Schrift der V., ist vielleicht nach n. 337 zu berichtigen.

347
K 24

·[IOV]ΛIA | MAMMEA (so) Br, r.

ΚΑΛΛΑ[ΤΙΑ] u. L A. [N]ΩN Die
Dioskuren einander gegenüber-
stehend, jeder sein Pferd am
Zügel haltend; i. F. unten in der
Mitte Γ

1 im Handel

Gordianus III.

348
K 28

AVT K M ANT ΓΟΡΔΙΑΝΟC AVΓ Br. ΚΑΛΛΑΤΙΑΝΩΝ Hades-Sarapis L.
m. L. P. M. r.   thronend, die R. über dem Ker-
                                                 beros, die L. auf das Scepter
                                                 gestützt; i. F. L. E

Gewicht: 12,24(2)

1 Hunter – 2 Löbbecke – 3 Paris Mionnet S. 2, 60, 43

349
K 27

ebenso

ΚΑΛΛΑΤΙΑΝΩΝ Demeter mit Stephane und langem Schleier l. stehend, in der vorgestreckten R.
zwei Ähren und Mohnkopf, die L.
auf die Fackel gestützt; i. F. l. E

T. XIV, 10   Abbildung der R.
              Gewicht: 12,04
              1 Löbbecke

350
K 27

ebenso

ΚΑΛΛΑΤΙΑΝΩΝ Athena l. stehend,
in der vorg. R. Schale, die L. auf
den Speer gestützt, am Boden der
Schild; i. F. r. E

Gewicht: 10,56(1)

1 Berlin Cat. 49,19; wohl dasselbe Stück Sestini lett. cont. 4, 45. 7 (von Friedlaender) —
2 Kopenhagen — 3 Paris Mionnet S. 2, 60, 44

120   MOESIA INFERIOR

[Gordianus III.]

341
K 28
AVT K M ANT ΓΟΡΔΙΑΝΟC AVΓ Br. ΚΑΛΛΑΤΙΑΝΩΝ Nike mit Kranz u.
m. L. P. M. r.   Palmzweig l. schreitend; i. F. l. E
Gewicht: 13,15 (1)
1 Berlin Cat. 49, 17 — 2 Bologna Univ. — 3 Bukarest — 4 London Cat. 83, 12; wohl dasselbe (aus der Sammlung Cullen) Vaux num. chron. 1860, 139, 2 — 5 St. Petersburg — 6 Tocilescu. —[— 7 La Motraye voyages I, XXVIII, 24 (Gessner imp. CLXXV, 13°; Mionnet S. 2, 61, 48]. — 4 und 7 sind in Tomis gefunden

342
K 27
ebenso   ΚΑΛΛΑΤΙΑΝΩΝ Herakles r. stehend, die R. auf die Keule gestützt, auf der L., über die das Löwenfell hängt, die drei Hesperidenäpfel; i. F. l. E
Gewicht: 12,27
1 Berlin Cat. 49, 18

343
K 28
ebenso   ΚΑΛΛΑΤΙΑΝΩΝ Kybele mit Mauerkrone, Schale und Tympanon l. sitzend, zwischen zwei Löwen; i. F. l. E
1 Sestini. —[— 2 Pinio ibrs. Monroe. 135 (nur die R. L. E vergeben)

344
K 27
ebenso   ΚΑΛΛΑΤΙΑΝΩΝ Nemesis l. stehend, in der R. ihren Stab, in der L. den Zaum, am Boden das Rad; i. F. l. E
1 Sophia Tzvetkoff Revue num. 1893, 70, 2

345
K 28
ebenso   ΚΑΛΛΑΤΙΑΝΩΝ Adler mit Kranz im Schnabel auf einem niedrigen bekränzten Altar zwischen zwei Feldzeichen stehend und r. blickend; i. A. E (vgl. 320, 356)
Gewicht: 13,15
1 Löbbecke

346
K 25
AVT K M ANT ΓΟΡΔΙΑΝΟC AVΓ ΚΑΛΛΑΤΙΑΝΩΝ Schlange, Kopf
Kopf m. L. r.   r.; in der Mitte zwischen den Windungen Δ
1 Bologna Univ. — 2 Bunbury. —]— 3 Pinio imp. 372 Abb. d. Rs. = Index 24 (Hardouin num. ant. 234 = op. sel. 78; Gessner imp. CLXXVI, 71; Mionnet K. 2, 61, 47] (Δ vergessen)

347
K 17
M ANT ΓΟΡΔΙΑΝΟC Aʳ Br. m. L.   ΚΑΛΛΑΤΙΑ u. i. A. ΝΩΝ Kybele
P. M. r.   auf dem Löwen r. (= 298, 313); ohne Werthzeichen
Gewicht: 3,75 (1)
1 München. — ' — 2 Cat. d'Ennery 4290 (Rs.) — 3 Sestini lett. cont. 4, 45, 5 [Mionnet S. 2, 61, 45] von Aller; Descruan 21. — Hierher wohl auch 4 (= 2?) Sestini lett. cont. 4, 45, 6 [Mionnet S. 2, 61, 46] aus der Sammlung de Terzan, angeblich mit Dionysos auf dem Löwen. — Beide Typen, Kybele auf dem Löwen und Dionysos auf dem Panther, kommen in Kallatis vor, aber der letztere nur auf grossen Münzen (n. 304 u. 327); und da das Thier überdies als Löwe bezeichnet ist, wird wohl auch der Typus von 4 Kybele sein.

Philippus senior

348
K 28
ΑΥΤ Μ ΙΟΥΑ ΦΙΛΙΠΠΟC ΑΥΓ Βr. ΚΑΛΛΑΤΙΑΝΩΝ Hades-Sarapis l.
m. L. P. M. r.   thronend, mit dem Kerberos (= 338);
i. A. E

1 Bukarest — 1 Mailand Mus. Sanclem. p. 97 (Mionnet S. 2, 61, 53] — 3 Paris Sestini
lett. cont. 4, 46, 9. —] — 4 Panel de monnais expr. 59 (angeblich mit Schale in der R.,
ohne Kerberos!) aus der Sammlung Gravier

349
K 27
ebenso   ΚΑΛΛΑΤΙΑΝΩΝ Sarapis mit Kalathos L. stehend, die R. erhoben,
im L. Arm das Scepter; i. F. l. ∃

Gewicht: 12,85 (2) — 12,35 (3) — 13,24 (1)
Abweichungen: Vs. ΦΙΛΙΠΠΟC l. 4 Rs. Theilung der Schrift unbekannt 4. 6
1 Athen Cat. 808 — 2 Imhoof — 3 Löbbecke — 4 Neapel Cat. 6282; wohl dieses Stück
Hardouin op. sel. 856 (Mionnet S. 2, 61, 52] von Foucault — 5 Tocilesco. —] — 6 (nur Rs.)
Vaillant num. gr. 162 aus der Sammlung Dron

350
K 27
ebenso   ΚΑΛΛΑΤΙΑΝΩΝ Demeter (?) l. stehend, in der R. Ähren, die L. auf
das Scepter gestützt; i. F. r. E

Gewicht: 8,61 (1, E. sehl.)
1 Berlin Cat. 30, 20. — — 2 Vaillant num. gr. 161 [Mionnet S. 2, 63, 59] von Magnavacca. — Die Ähren und das Scepter sind auf dem Berliner Exemplar nicht ganz sicher;
die Frau könnte allenfalls Schale in der R. oder Fackel in der L. halten, schwerlich
beides; vgl. auch unten 350*.

351
K 29
ebenso   ΚΑΛΛΑΤΙΑΝΩΝ Artemis als Jägerin r. eilend, neben ihr der Hund;
i. F. l. E

1. 2 Paris Mülln 10 Abb.; Sestini lett. cont. 4, 46, 13 (Vs. angenm); Mionnet S. 2, 61, 54.
— — 3 (— 1 oder 2?) Vaillant num. gr. 162 von Galland (an Rs., E vergessen)

352
K 28
ebenso   ΚΑΛΛΑΤΙΑΝΩΝ Asklepios nach
vorn stehend und L. blickend, die
R. auf den Schlangenstab gestützt;
i. F. l. E

1 Neapel Cat. 6283 (Rs. nicht ganz sicher, E vergessen) — 2 Paris Sestini lett. cont. 4, 46, 10;
Mionnet K, 2, 61, 51

352*
K 11
Philippus (Vs. nicht beschrieben)   (ΚΑΛΛΑΤΙΑΝΩΝ) Weibliche Figur (L)
stehend, in der R. Schale, in der L. Speer
(oder Scepter)

1 Vaillant num. gr. 162 [Mionnet S. 2, 61, 58] aus der Sammlung Correr. — Es ist möglich, dass unter Philippus eine Münze mit diesem Typus (ilters mit Schale und Scepter)
geschlagen worden ist; vielleicht hat sogar die Münze oben 350 diese Darstellung; aber
da die Vs. nicht beschrieben und das Werthzeichen nicht angegeben ist, muss das Stück
als unsicher gelten.

122   MOESIA INFERIOR

[Philippus senior]

353 AVT M IOVA ΦIΛIΠΠΟC AVΓ Br. ΚΑΛΛΑΤΙΑΝΩΝ Hygieia mit Schlan-
K 27   m. L. P. M. r.   ge und Schale r. stehend; l. F. r. E
       Gewicht: 12,50 (1)
       1 Berlin Cat. 50, 88 — 2 Turin Bibl., früher Mus. Arigoni 4 imp. gr. XVI

354 ebenso   ΚΑΛΛΑΤΙΑΝΩΝ Bärtiger Herakles,
K 28   mit dem Löwenfell über dem l.
                                      Arm, r. schreitend u. l. blickend,
                                      mit der R. den gefessten Ker-
Tafel   beros aus der Hadeshöhle zie-
XVII, 27   Abbildung der Rs. (2)   hend, in der L. die Keule; i. F. l. E
       1 Bukarest — 2 Paris Sestini lett. cont. 4, 45, 8; Mionnet S. 2, 61, 50 — 3 Wien Mus.
       Theup. 1063; Arneth 889, 8; beide ungenau

355 ebenso   ΚΑΛΛΑΤΙΑΝΩΝ Nemesis mit Stab,
K 28   Zaum und Rad l. stehend, wie
                                      oben 344; i. F. l. E
       Gewicht: 13,42 (3)
       1 Bologna Univ., wohl dieses Stück (angenst. nur Rs.) im Mus. Arigoni 1 imp. gr. XII, 166
       (Gessner imp. CLXXXI, 41°; Mionnet S. 2, 62, 57) — 2 Paris Sestini lett. cont. 4, 46, 11;
       Mionnet S. 2, 62, 55 — 3 Sophia — 4 Torflicken

[355a] ebenso   ΚΑΛΛΑΤΙΑΝΩΝ Stadtgöttin l.
K 27   sitzend; i. A. E
       1 Cat. Sambon 1889 Nr. 3, 128 = Nr. 7, 140. — Obwohl die Beschreibung nicht ganz genau ist,
       konnte sie aufgenommen werden, da eine solche Münze gewiss existirt; für den Typus vgl. 289.

356 ebenso   ΚΑΛΛΑΤΙΑΝΩΝ Adler auf Altar
K 28   zwischen zwei Feldzeichen, wie
                                      oben 320, aber l. blickend; i. A. E
       Gewicht: 12,30 (2) — 12,29 (1)
       1 Berlin Cat. 50, 31 — 2 Löbbecke. — 3 Sestini dover. 30, 8 [Mionnet S. 2, 63, 61] aus
       der Sammlung Verità in Verona.

357 AVT M IOVA ΦIΛIΠΠΟC AVΓ Br. m. ΚΑΛΛΑΤΙΑΝΩΝ Nackte männliche
K 26   L. P. M. r.   Figur (Bonus Eventus) l. stehend,
                                      mit der R. Schale über einen Al-
                                      tar ausgiessend, in der gesenkten
                                      L. einen Zweig; i. F. l. Δ
       1 Kopenhagen — 2 London Cat. 24, 13 — 3 Torflicken

358 AVT M IOVAI ΦIΛIΠΠΟC AV ebenso ebenso
K 26   1 Bologna Univ. — 2 Bukarest — und wohl auch 3 Mailand Mus. Sanclem. 3, 97 [Mionnet
       S. 2, 61, 49]; Sestini lett. cont. 4, 46, 16 [Mionnet S. 2, 63, 64] irrig unter Philippus junior.
       — Das Mailänder Exemplar ist sehr schlecht erhalten; Sanclemente sah auf der Rs. einen
       nackten Herakles, Sestini einen behelmten Mann; man erkennt einen nackten Jüngling
       am Altar, so dass die Münze wohl hierher gehört; das Werthzeichen ist zerstört. Sicher
       gehört die Münze dem Philippus senior.

354° Philippus (Vs. nicht beschrieben)   ΚΑΛΛΑΤΗΝ (so, aber wohl nur Druckfehler)
K —   Herakles mit der Hydra
       1 Patin über. Maurocc. 137. — Wenn der Typus noch möglich ist, so muss doch die Be-
       schreibung als unbrauchbar gelten.

KALLATIS

[Philippos senior]

359 — 357 KAAAATIANΩN Nemesis l. stehend,
K 25 in der R. die Wage, im l. Arm
ihren Stab, neben ihr das Rad;
i. F. l. Δ

Gewicht: 10,00 (!)

1 Moeckes, früher Coimbra(?) Sestini deser. 30, 7 [Mionnet S. 2, 62, 56] — 2 St. Florian

360 — 358, aber am Schluss AVΓ 'ebenso, aber das Δ rechts
K 24 Gewicht: 8,90

1 Löbbecke. — Vgl. unten 360ᵃ

361 — 357 KAAAATIANΩN Schlange, Kopf
K 26 r.; i. F. r. Δ

1 Bologna Univ. — 2 Paris Sestini lett. cont. 4, 46, 13; Mionnet S. 2, 63, 60

362 — 358 ebenso
K 26
1, 2 Bukarest

Otacilia

363 M ΩTAKIA CEVHPA AVΓ Br. mit KAAAATIANΩN Artemis als Jäge-
K 25 Diadem r. rin r. eilend, neben ihr der Hund;
i. A. Γ

1 Bukarest

364 ebenso KAAAA oben, TIANΩN i. A. Die
K 25 Dioskuren, nackt, einander gegenüberstehend, jeder mit einem
Stern über dem Kopf, mit der
einen Hand sein Pferd am Zügel
und in der anderen einen Speer
haltend; in der Mitte oben Γ

1 Basel — 2 Rassatzbrecu — 3 im Handel

365 ebenso KAAAA,TIA oben, NΩN unten. Schiff
K 25 mit aufgespanntem Segel r., auf
dem Hintertheil ein Mann r.; i. F.
l. oben Γ (undeutlich)

Gewicht: 6,33

1 Wien Sestini lett. cont. 4, 46, 14 [Mionnet S. 2, 63, 62] ungenau; Arneth 889, 9

366ᵃ A K M IOY ΦΙΛΙΠΠOV AYΓ Kopf m. L. r. KAAAATIANΩN Aequitas l. stehend, in der
K 11 R. die Wage, im l. Arm das Füllhorn;
i. F. Δ

1 Panel de annuals exprim. 37 sur der Sammlung des Basilica in Lyon.

Da die Vs. jedenfalls unrichtig beschrieben ist, konnte die Münze nicht aufgenommen
werden, obwohl der Typus der Aequitas nicht unmöglich wäre; aber vielleicht ist auch
die Rs. ungenau und vielmehr = 359 oder 360.

Philippus iunior

366
K 26 M IOVA ΦIΛIΠΠOC KAI Br. mit KAΛΛATIANΩN Bonus Eventus
Lorbeerkranz, P. M. r. am Altar l. stehend, wie oben 357
u. 358; i. F. r. ▲
Gewicht: 8,80 (2)

1 London Cat. 23, 14 · 2 München Sestini lett. cont. 4, 46, 13 (Mionnet S. 2, 63, 63] ungenau — 3 Wien Mus. Theup. 1069 [Mionnet S. 2, 63, 63]); Arneth 884, 10

367 ebenso KAΛΛATIANΩN Schlange, Kopf r.;
K 26 i. F. l. ▲

1 Bassarabescu — 2 Bukarest

Die dem jüngeren Philippus zugeschriebene Münze mit der Aufschrift AVT M IOVAI ΦIΛIΠΠOC AVΓ (Mionnet S. 2, 63, 64 aus Sestini) gehört seinem Vater (s. oben 358, 3); der Sohn hat auf den Münzen von Kallatis zwar den Lorbeerkranz, führt aber nur den Titel Caesar.

DIONYSOPOLIS

Wie die meisten Geographen[1]) schon aus den Entfernungsangaben der Alten richtig erkannt hatten, lag das alte Dionysopolis an der Stelle der jetzigen Ortschaft Baltčik an der bulgarischen Küste, zwischen Varna und dem Vorgebirge Kalliakra, etwa vier Stunden von letzterem entfernt. Die erste inschriftliche Bestätigung, welche von L. Merckin bekannt gemacht wurde, scheint wenig beachtet worden zu sein[2]); neuerdings hat aber Jireček zwei Inschriften mit dem Stadtnamen an Ort und Stelle gefunden[3]), so dass die Örtlichkeit als gesichert angesehen werden kann.

Der ursprüngliche Name der Niederlassung war Κρουνοί. Die Periegesis des sogenannten Skymnos, der wir diese Kenntniss verdanken, erklärt den Namen διὰ τὰς τῶν ἐγγὺς ὑδάτων ἐκφύσεις[4]). Wie Jireček angiebt, sind die Weinberge bei Baltčik in der That sehr reich an Quellen; die Erklärung könnte also richtig sein[5]). Den späteren Namen Dionysopolis erhielt der Ort, derselben Überlieferung nach, weil dort ein Bild des Dionysos aus dem Meere ans Land geschwemmt worden wäre[6]). Der anonyme Periplus des Pontos Euxeinos, der hier im übrigen fast

---

[1]) Die wichtigeren Stellen sind citirt von Becker (s. oben N. 61 A. 1) S. 346.
[2]) L. Mercklin, archaol. Zeg. 8 (1850) 141, 8 publicirte nach der Abschrift eines Ungenannten die in Baltčik gefundene Inschrift eines ἱερεὺς τοῦ κτίστου [. . . .], διοῦ διονύσου und machte richtig darauf aufmerksam, dass der Erschienen dieses Dionysospriesters für die Identität von Baltčik und Dionysopolis spreche.
[3]) C. Jireček, arch.-ep. Mitth. am Ost. 10 (1886) 183 fg. mit Angaben über die Örtlichkeit; vgl. die Karte, Tafel VII. In der ersten Inschrift (S. 184,1) liest man βουλὴ δῆμο[ς Διονυσοπολιτῶν, in der zweiten (S. 185,3) [ὁ] βουλὴ [καὶ ὁ δῆμος Διονυσοπολιτῶν; die erste ist aus der Zeit des Pius, die zweite nicht viel später.
[4]) Skymnos v. 751—755, daraus Anonymus Periplus Ponti Euxini 78 und Stephanos.
[5]) Vretos, in Bulgarie, S. 218 hatte die Vermuthung ausgesprochen, dass Dionysopolis zwei Stunden weiter südwestlich bei Ehrene lag, weil er in diesem Namen eine Verstümmelung von Κρουνοί sah. Kanitz, Donauhulgarien 3[1], 218, ist derselben Ansicht, fügt aber diesem werthlosen Argument das verstohligere hinzu, dass bei Ehrene ein starker Wasserlauf, die Batova, fliesse, während bei Baltčik keine nennenswerthen Gewässer vorhanden sei, so dass der Name Κρουνοί nur für ersteres passend gewesen wäre. Nachdem aber Jireček auf die Quellen bei Baltčik hingewiesen, fällt auch dieses Argument fort. Das bei Ehrene gefundene Relief, welches Kanitz ebenfalls für seine Ansicht anführt (abgebildet a. a. O. S. 191), ist nicht dem Gotte Dionysos geweiht, sondern von einem Manne Namens Διονύσιος dem Apollon und der Artemis; es gehört wohl nach Odessos.
[6]) Διονύσιοι δὲ προσαγορεύεται ὕστερον ἐκ τῆς βαλάττης τοῦ τούτου ἀγάλματος, Διονυσιακὸν λέγουσιν ὀνόν. Nach Stephanos verdankt die gleichnamige Stadt in Phrygien einem ähnlichen Funde Ursprung und Namen antiqua 'Αυτέλων και Εὐδώνος ἱερόν τέμενος Διονύσου περὶ τὸν τόπον; es sind wohl Attalos I. und Eumenes II. gemeint. Ob die beiden Angaben historisch sind, mass dahingestellt bleiben; bei der moralischen Stadt könnte auch der Weinreichthum die Wahl des Namens veranlasst haben.

wörtlich den Skymnos wiedergiebt, schiebt den Zusatz ein, dass Κρουνοί zunächst Matiopolis und dann erst Dionysopolis genannt worden sei; doch wird das mit Recht allgemein als ein Irrthum des Anonymus betrachtet[1]). Die Stadt heisst auf Inschriften und Münzen immer nur Dionysopolis, und dasselbe gilt fast ausnahmslos für die Schriftsteller. Auffallend ist es, dass Strabo (7, 6, 1) nur den älteren Namen Κρουνοί angiebt. Da aber nach dem Zeugniss der Münzen und des Skymnos der Ort lange zuvor den neuen Namen Dionysopolis angenommen hatte, da ferner Strabos Zeitgenosse Ovid (Tr. 1, 10, 37) ihn als *arces Bacchi* bezeichnet, wie auch Plinius (h. n. 4, 11, 44) *Cruni* nur als den ehemaligen Namen von Dionysopolis anführt, so muss man annehmen, dass Strabo hier die Angabe seiner Quelle unvollständig wiedergegeben hat. Und die Worte des Mela (2, 2): *est portus Crunos; urbes Dionysopolis est.* sind wohl nur ein Versuch, den ihm unklaren Doppelnamen zu erklären; Stadt und Hafen von Halčik sind thatsächlich eins, und wie heut so werden sie auch im Alterthum immer nur einen Namen gehabt haben.

Über die besonderen Schicksale der Stadt ist nichts überliefert. Jedenfalls gehört sie nicht zu den alten Colonien, welche Miletos und andere griechische Städte in so grosser Zahl an den Küsten des Schwarzen Meeres gegründet hatten, da sonst schwerlich eine Angabe darüber bei Skymnos fehlen würde; dieser sagt nur, dass Dionysopolis, an der Grenze des Gebiets der Skythen und Krobyzen gelegen, zu seiner Zeit von Griechen verschiedenen Stammes (μιγάσιν Ἕλλησι) bewohnt werde. Der Ältere, um die Mitte des IV. Jahrhunderts v. Chr. verfasste Periplus, der unter dem Namen des Skylax geht, nennt den Ort noch nicht. Wenn also die Niederlassung zu seiner Zeit überhaupt schon bestand, kann sie keine autonome Stadt gewesen sein, sondern ein abhängiges πολίχνιον wie Tomis und Anchialos, die ebenfalls nicht genannt sind[2]). Die Stadt, zu deren Gebiet Krunoi gehörte, war vermuthlich Odessos; denn einmal war dies die nächste selbständige πόλις, und dann lehren die Münzen der Kaiserzeit, dass der ›Grosse Gott‹ von Odessos in Dionysopolis besondere Verehrung genoss; man wird also wohl annehmen dürfen, dass die Odessiten einmal in unbekannter Zeit den Platz, der ihren Schiffen sicheren Schutz gegen Nordwinde bot und darum für ihren Handel wichtig war, besetzt und wegen seines Quellenreichthums Κρουνοί genannt hatten. Wann diese Ortschaft die Autonomie erlangt hat, ist nicht überliefert; jedenfalls aber wird dieses Ereigniss mit der Annahme des neuen Namens Dionysopolis gleichzeitig sein. Die ältesten Münzen der Stadt sind um das Jahr 200 v. Chr., vielleicht auch einige Jahrzehnte früher geprägt; die Annahme liegt nahe, dass

---

[1]) Periplus P. E. 78 lernte ві πατωνοριδόν, Ματιόπολις. Schon Vossius (z. Geil. geogr. graeci minores 3. 873) vermuthete, dass der Interpolator Μεριτωπολίδος schreiben wollte, welches er natürlich nicht in der Periegesis gefunden hatte und darum für identisch mit Dionysopolis hielt. Sollte es vielleicht Μαριδούπολις heissen?

[2]) Skylax sowohl wie Skymnos nennen hier mit autonomen Städten Tomis und Dionysopolis erscheinen bei dem letzteren, weil sie inzwischen autonom geworden waren; dagegen fehlt Anchialos auch bei ihm noch, weil es in der That erst durch Traianus eigenes Stadtrecht erhalten hat (vgl. oben S. 70 A. 1).

die Prägung kurz nach Erlangung der Autonomie erfolgt ist; auch dass der neue Stadtname mit τάνς zusammengesetzt ist, lässt ziemlich sicher darauf schliessen, dass er erst aus hellenistischer Zeit stammt; wahrscheinlich hat also der Ort seine Selbständigkeit und den neuen Namen in der zweiten Hälfte des III. Jahrhunderts, also um dieselbe Zeit wie Tomis, erhalten[1]. — Zu grosser Bedeutung ist Dionysopolis nie gelangt; die beengte Lage an der schmalen Küste verhinderte gewiss im Alterthum ebenso wie heutigen Tags, dass die Stadt sich weit ausdehnen konnte[2]. Ihr Name wird ausser bei den Aufzählungen aller Küstenstädte nirgends genannt; doch braucht man darum nicht anzunehmen, dass sie die Autonomie wieder eingebüsst hat; zur Zeit der Periegesis (um 100 v. Chr.?) ist sie autonom gewesen. Ob sie zu den von Lucullus im Jahre 72 eroberten Städten gehörte, ist unsicher; Appian nennt zwar auch Dionysopolis, aber diese Angabe ist, wie schon oben (S. 64 Anm. 4) bemerkt wurde, nicht ganz zuverlässig. Natürlich ist aber auch Dionysopolis mit den anderen Städten zugleich unter römische Botmässigkeit gekommen. Da sich nirgends eine Andeutung findet, dass es seine Selbständigkeit verloren hätte, so dürfen wir annehmen, dass Dionysopolis unter den Römern die gleiche Rechtsstellung hatte und behielt wie Odessos, Kallatis und die übrigen Griechenstädte; demgemäss wird es auch von Anfang an dem Κοινὸν τῆς Πενταπόλεως angehört haben und später stets Mitglied des Griechenbundes geblieben sein. Dass es im II. Jahrhundert eine selbständige Demokratie war, lehren die schon angeführten Inschriften, in welchen βουλή und δῆμος genannt sind[3].

Über das Münzwesen von Dionysopolis ist wenig zu bemerken. Gemäss ihrer geringen Bedeutung hat die Stadt nie Silbermünzen geprägt; auch solche mit Alexander- oder Lysimachos-Typen sind bisher nicht nachgewiesen[4]. Die ältesten Kupfermünzen (n. 368. 369) gehören wohl in dieselbe Zeit wie die ältesten von Tomis und die meisten grösseren Münzen von Kallatis, denen sie im Stil sehr ähnlich sind; sie dürften um 200 oder, wie schon bemerkt wurde, etwas früher geprägt sein. Ihre Typen sind: Kopf des Dionysos mit Epheukranz r. Epheukranz und darin eine Keule zwischen zwei Sternen.

(Abbildung: Tafel II, 16)

Der Kopf des Dionysos ist natürlich darum gewählt, weil die Stadt nach diesem Gotte benannt war, wie er denn auch den Beinamen Κτίστης geführt zu haben scheint[5]. Weshalb auf der Rückseite in

---

[1] Über Tomis vgl. oben S. 63 und die Einleitung zu dieser Stadt. — Das morsliebe Dionysopolis hat also ungefähr gleichzeitig seinen Namen erhalten, wie das phrygische (oben S. 125 A. 6); sollte vielleicht in der Überlieferung beides vermischt sein?

[2] Über das heutige Baltik vgl. unser Jireček (oben S. 125 A. 3) auch Allard, la Bulgarie orientale (Paris 1864) S. 37.

[3] Oben S. 125 A. 1 und 3.

[4] Des Alexander-Tetradrachmen des British Museum, welches Müller (Alexandre n. 407) unserer Stadt zuweisen wollte, gehört seinem Stile nach gewiss nicht dorthin; Herr Head glaubt, dass es um syrischen Gebiet geprägt ist. — Auch in der Zeit des Mithradates, wo die vier Nachbarstädte Königsmünzen prägten, hat Dionysopolis weder Lysimachos-Stater noch Alexander-Tetradrachmen geprägt.

[5] Nach der Inschrift oben S. 125 A. 2; leider ist zwischen κτίστου und θεοῦ Διονύσου eine unverständliche Stelle; Nachvergleichung wäre sehr erwünscht, wenn die Inschrift überhaupt noch vorhanden ist.

dem dionysischen Epheukranz die Keule und die beiden Sterne erscheinen, wissen wir nicht. Ausser dem abgekürzten Stadtnamen trägt jedes der beiden Stücke auch den ebenfalls abgekürzten Namen eines Beamten, dessen Titel wir nicht anzugeben vermögen. — Die meisten anderen autonomen Münzen, welche unserer Stadt zugeschrieben worden sind, gehören vielmehr der gleichnamigen Stadt in Phrygien, wie das auch Eckhel[1]) schon richtig bemerkt hat (s. unten 367°—371™). Dagegen dürfte eine einzige der letzteren zugetheilte Münze eher nach Moesien gehören (n. 370, Tafel II, 17). Dieselbe hat auf der Vorderseite ebenfalls den Kopf des Dionysos mit Epheukranz und auf der Rückseite den Stadtnamen in einem Kranze von Weinlaub und Trauben. Der Kopf hat grosse Ähnlichkeit mit dem der ersten Münzen, ist aber aus viel späterer Zeit; man könnte die Münze frühestens in die mithradatische Zeit setzen, wahrscheinlich ist sie aber erst in der Kaiserzeit geprägt. Sicher gehört in die Kaiserzeit die an letzter Stelle beschriebene Münze (n. 371; Tafel II, 18) mit dem Kopf der Demeter und dem Stadtnamen in einem Ährenkranze; der Fundort der drei angeführten Exemplare ist nicht bekannt, doch gehören sie der Fabrik nach wohl in unser Gebiet. — Die Gegenstempel, die sich auf diesen und den älteren Münzen finden, sind undeutlich und nicht zu erklären.

Die Reihe der Kaisermünzen von Dionysopolis beginnt unter Pius; von seinen Nachfolgern Marcus und Verus sind sichere Münzen nicht nachgewiesen[2]), ob die Münze der Lucilla (n. 373) unter ihnen oder erst unter Commodus geprägt ist, wissen wir nicht. Unter Commodus beginnt der Gebrauch der Werthzeichen, der dann bis zum Ende der Prägung regelmässig beibehalten wird. Wir haben sichere Münzen aus der Regierungszeit des Severus[3]), des Alexander und besonders viele aus der des Gordianus; da der letztere auf den Fünfern nur mit Sarapis, nicht aber mit Tranquillina gepaart ist[4]), so ist es wahrscheinlich, dass die Prägung von Dionysopolis noch vor der Verheirathung des Gordianus erloschen ist. — Die folgende Tabelle stellt die Nominale der Kaisermünzen zusammen:

				(a1)
Pius				
Lucilla				(1?)
Commodus			Γ	
Severus		E	Δ	
Domna				
Maesa (?)				
Alexander		E	Δ	
Gordianus			Δ	
Gordianus und Sarapis		E		

Auch hier sind die Münzen mit E und Δ viel häufiger als die kleineren Nominale. Über die Auswahl bestimmter Typen für die einzelnen Werthe lässt sich bei dem geringen Umfang der Prägung

---

[1]) Eckhel d. n. 2,14, vgl. auch Drexler num. Zschr. 21 (1889) 164.
[2]) Eine unsichere Münze des Marcus Aurelius s. unten 373°.
[3]) Dass nur Münzen des Severus und der Domna, nicht aber der Söhne, geprägt zu sein scheinen, lässt darauf schliessen, dass die Prägung in die ersten Jahre des Severus gehört. Die dem Cara-

calla zugeschriebene Münze gehört dem Elagabalus und ist phrygisch (n. 378°). — Die Münze der Maesa (n. 379, wenn es nicht Mamaea ist) dürfte unter Alexander geprägt sein, da Münzen des Elagabalus gänzlich fehlen.
[4]) Die von Vaillant unter Gordianus und Tranquillina beschriebene Münze hat auf der Vs. vielmehr Gordianus und Sarapis vgl. 404°.

nicht viel festzustellen; sicher ist nur, dass für die Münzen mit Δ der Name Μίγας der regelmässige Typus ist (n. 376. 381. 384); dass die beiden Münzen mit Γ die Demeter haben (n. 374 u. 379) und die mit Β (n. 377. 378) den Herakles, kann Zufall sein. — Die Gewichte sind ungefähr die gleichen wie in Kallatis; die Münzen mit Ε wiegen von 8,90—14,55 g (doch sind die leichtesten schlecht erhalten; die meisten wiegen über 11 g), die mit Δ 8,12—10,24, mit Γ ist nur ein Gewicht 7,7 bekannt, mit Β 3,52—4,70; die Einer haben das normale Gewicht von 2,96 und 2,53 g. — Das Werthzeichen der Fünfer hat, wie in Kallatis, unter Severus die runde Form Є, später die eckige Ε.

Unter den Typen der Kaisermünzen erscheint, wie natürlich, der Stadtgott Dionysos besonders oft (n. 375. 380. 391), zuweilen in seinem Tempel (n. 392. 393; Tafel XX, 20); auf einem der Einer ist eine Weintraube dargestellt (n. 383); und auch Fackel (n. 372. 382) und Thymiaterion (n. 373) mögen mit Rücksicht auf den Cult dieses Gottes dargestellt sein. — Dass der Grosse Gott wahrscheinlich darum so oft dargestellt ist, weil Dionysopolis auf eine Niederlassung von Odessos zurückgeht, ist schon oben bemerkt worden. Man könnte auch vermuthen, dass das Brustbild, welches auf den Vorderseiten der Gordianusmünzen (n. 385—404) dem des Kaisers gegenübergestellt ist, dasjenige des Grossen Gottes ist; da aber nicht wie in Odessos selbst das Füllhorn beigegeben ist, kann es auch Sarapis sein. Sarapis selbst erscheint ebenfalls auf einer Münze (n. 386), in der gewöhnlichen Stellung mit dem Scepter im linken Arm und erhobener Rechten. Die meisten anderen Typen haben keine locale Bedeutung; doch scheinen Herakles und Demeter auch hier bevorzugt zu sein; sonst ist nur noch die Schlange zu erwähnen, die auf Münzen des Gordianus (n. 402. 403) erscheint.

Beamtennamen finden sich auf den Kaisermünzen von Dionysopolis nicht; die von Sestini beschriebene Münze, auf welcher angeblich die Initialen des Statthalters Flavius Ulpianus erscheinen, gehört nach Phrygien und trägt vielmehr eine Jahresangabe (s. unten 378°).

I. Um 200 v. Chr.

368 K 22
Kopf des Dionysos mit Epheukranz r. Pkr.
Ggst. O undeutlicher Kopf

ΔΙΟΝΥ unter einem Epheukranz; darin stehende Keule zwischen zwei Sternen, unter diesen die Buchstaben I+Y/

Taf. II, 16 Abbildung
1 St. Petersburg

369 K 22
ebenso, mit demselben (?) Gegenstempel
ebenso, aber unter den Sternen T./MH
1 Imhoof. — Der Buchstabe hinter T ist undeutlich.

II. Unbestimmte Zeit

370 K 21
Kopf des Dionysos mit Epheukranz r. Pkr.

ΔΙΟΝΥ in einem Kranz aus Weinlaub mit Trauben
COTTO
A...

Taf. II, 17 Abbildung
1 Paris Mionnet R. 7, 555, 310 unter Phrygia. — ? — Hierher vielleicht a Cat. Beatinck 2, 1077 (ΔΙΟΝΥΣΟΠΟΛΙΤΩΝ im Epheukranz)
Über die Zeit dieser Münze vgl. oben N. 128.

367* S 17
Kopf des Dionysos mit Epheukranz r.
ΔΙΟΝΥΣΟ
ΠΟΛΙΤΩΝ in einem Kranze
1 Colls Gracels XXVIII, 4 [Gessner num. pop. XVIII, 19]
Diese Silbermünze ist jedenfalls freie Erfindung von Goltz.

367 K 23**
ΚΡΑ ΒΟΤΑΝ Brustbild der Rathsgöttin mit Schleier r.
ΔΙΟΝΥ(ΣΟ)ΠΟΛΙΤΩΝ Cultbild der Artemis von Ephesos
1 Colts Gracels XXVIII, 3 [Gessner num. pop. XVIII, 28]
Wie schon Hasselmin (nummi antiqui 139) richtig bemerkt hat, gehört diese Münze nach dem phrygischen Dionysopolis.

369* K 23
Brustbild des Dionysos (?) r., dahinter Thyrsos
ΔΙΟΝΥΣΟ r. [l. undeutlich] Dionysos (?) mit Kantharos (?) und Thyrsos (?) l. stehend
1 Wien Eckhel d. n. 2, 14 [Mionnet 1, 355, 16]; Arneth Wiener Sitzungsber. phil.-hist. Cl. 9 (1852) Slg. 1
Die Münze ist sehr schlecht erhalten und gehört gewiss, wie Eckhel selbst bemerkt hat, nach Phrygia; auch Panel num. Cistoph. 39 [Eckhel d. n. 2,14] hatte eine ähnliche Münze (Vs. ohne Thyrsos, Rs. mit ΔΙΟΝΥ(ΟΠΟΛΕΩ) nach Phrygia gegeben.

III. Römische Zeit

371
K 24
Kopf der Demeter mit Schleier **ΔIONY**
(und darunter Ährenkranz) r.; **COΠO** in einem Ährenkranz. Pkr.
davor Fackel (?). Pkr. **ΛΙΤΩ**
Ggst. undeutlich **N**

Taf. II, 18 Abbildung (1)
Gewicht: 4,80 (1)

1 Leake, früher Mus. Pembroke 2, Tafel VIII [Eckhel d. n. 2, 14; Mionnet 1, 355, 14] = Cat. Pembroke 617 — 2 Turin Bibl. — 3 Wien Mus. Theup. 1265 [Eckhel d. n. 2, 14; Mionnet 1, 355, 15]

1 und 3 sind aus denselben Stempeln.
Den Gegenstempel, der wohl überall der gleiche ist, hielt Leake für einen Hammer.

Kaisermünzen

Pius

372
K 18
CЄBACTOV Kopf des Pius r.   **ΔIONYCOΠOΛЄITΩN** Fackel

1 Löbbecke; dieses Stück bei Becker neue Jahrb. f. Phil. Suppl. 19 (1853) 365; Cat. Becker (1851) 242

370*
K 19
Kopf des Serapis mit Kalathos r. Pkr. | **ΔIONYCOΠOΛЄITΩN** Hermes mit Geldbeutel, Stab und Chlamys l. stehend. Pkr.

1 La Motraye voyages 2, 209, VII, 7 [Grosser nom. pop. XVIII, 27; Eckhel d. n. 2, 14; Mionnet 1, 355, 15] = 2 Leake suppl. 124

La Motraye hatte die Münze in Varna gekauft, was zunächst dafür sprechen würde, sie nach dem moesischen Dionysopolis zu geben. Dem Stile nach ist die Münze aber kleinasiatisch; und da in Bulgarien und Rumänien viele kleinasiatische Münzen gefunden werden, — auch La Motraye selbst hat in Varna unter anderem vier Münzen von Aphrodisias gekauft —, so dürfen wir sie wohl der Stadt Dionysopolis in Phrygien zuteilen, wie dies in den meisten Sammlungen geschieht.

371*
K 20
Kopf eines Alten r. | **ΔION** Thyrsos

1 Murzakewicz Odess. Mem. 3, 238, 1 unter Moesia inferior

Eine solche Münze, mit Kopf des Seilenos, in der Sammlung Imhoof ist phrygisch; dasselbe gilt wohl für dieses Exemplar und die folgende Münze.

371**
K 13
ebenso   **ΔIONYCOΠOΛЄIT** Füllhorn

1 Murzakewicz a. a. O. 3, 238, 2

372*
K 25
...ΛN... Kopf eines bärtigen Kaisers (mit **ΔIONY**..... Undeutliche stehende Figur l.
Lorbeerkranz?) r.   blickend, in der R. Schale(?), im l. Arm
                      Füllhorn

1 Neapel Cat. 6284. — Nach dem Catalog wäre es eine Münze des Pius mit Demeter auf der Rs.; nach dem mir vorliegenden Abguss muss der Kaiserkopf als unbestimmt bezeichnet werden, und auf der Rückseite ist gewiss nicht Demeter dargestellt, da trotz der sehr schlechten Erhaltung das Füllhorn deutlich ist; die Figur könnte sogar männlich sein, vielleicht der grosse Gott.

9*

Lucilla

373
K 16
Taf. II, 19

ΛΟΥΚΙΑ|ΛΑ CΕΒΑϹΤΗ (von r. oben) ΔΙΟΝΥϹΟΠΟΛΕΙΤΩΝ (von r. oben)
Br. der Lucilla mit Schleier und Thymiaterion mit drei Füssen
Gewand r.
Abbildung
1 Florus Svoronos forg. άρχαιολ. 1889. 103. II. 14

Commodus

374
K 23

T. XIV, 9

ΑΥΤ ΚΑΙ Μ ΑΥΡΗ ΚΟΜΟΔΟϹ (von ΔΙΟΝΥϹΟ · ΠΟΛΕΙΤΩΝ (von r. oben)
r. oben) Kopf des bärtigen Com- Demeter, verschleiert, l. stehend,
modus mit Lorbeerkranz r.   auf der vorgestreckten R. zwei
                                Ähren, die L. auf die Fackel ge
                                stützt; i. F. l. Γ
Abbildung der Rs. Ungeschickte Arbeit
Gewicht: 7,70
1 Wien, früher Allier Nestini Inst. cont. 4. 47. 1; Mionnet S. 2, 64. 65; Dumersan Cat. Allier
20, II. 16; Arneth Nitzungsber. 9 Bsp. 10

Severus

375
K 27

ΑΥ·Κ·Α·ϹΕΠ ϹΕΥΗΡΟϹ Br. m. L. ΔΙΟΝΥϹΟΠΟΛΕΙΤΩΝ Dionysos, in
P. M. r.   kurzem Gewand und mit Schuhen,
                                 l. stehend, mit der R. den Kan
                                 tharos ausgiessend, die L. auf den
                                 Thyrsos gestützt; vor ihm der
                                 Panther; i. F. r. Є
Gewicht: 10,48 (4) — 10,30 (3) — 9,80 (2. E. zehl)
1 Bukarest — 2 München, früher Cousinéry. Sestini desor. 30, 2 [Mionnet S. 2, 64. 67] un
genau — 3 München — 4 Sophia

376
K 24

ΑΥ Κ Α ϹΕΠΤ ϹΕΥΗΡΟϹ Π Br. m. ΔΙΟΝΥϹΟΠΟΛΕΙΤΩΝ Der Grosse
L. P. M. r.   Gott mit Schale und Füllhorn l.
                                stehend; i. F. l. Δ
Abweichungen: Vs. vielleicht ϹΕΠΤΙ — Vs. und Rs. Theilung der Schrift und
Stellung des Δ unsicher 2. 3
1 Im Handel. — — 2 Sestini deser. 30, 1 [Mionnet S. 2, 64. 66] von Ainslie — 3 Chaix desor. 16

373*
K 16

... ΑΝΤΩΝ ΑΤΠ ... Kopf des Marcus ΔΙΟΝΥΠΟΠΟΛΕΙΤΩΝ Stiel einer unbekannten
Aurelius r,   Figure
1 Mureukewicz Odess. Mem. 3, 238, 3
Der Typus der Rs. ist wahrscheinlich eine Fackel oder ein Thymiaterion. Ob die
Vs. wirklich den Marcus oder vielleicht den Commodus darstellt, ist bei der Unsicherheit
der Schriftangabe zweifelhaft.

376*
K —

Severus (Vs. nicht beschrieben)   ΔΙΟΝΥΠΟΠΟΛΕΙΤΩΝ Der Farnesische Hera
                                   kles (l.) stehend; L F. II
1 Vaillant num. gr. 82 [Mionnet S. 2, 65, 68]. — Die Münze sollte angeblich im Pariser
Cabinet sein, wo sie aber nicht vorhanden ist. Vermuthlich hat Vaillant sie nur aus Ver
sehen unter Severus statt unter Domna gesetzt; s. 377.

Domna

377 K 19 — ΙΟΥΛΙΑ ΔΟΜΝΑ CΕΒΑCΤΗ Br. r. — ΔΙΟΝΥCΟΠΟΛΕΙΤΩΝ Nackter bärtiger Herakles l. stehend und r. blickend, die R. auf die Keule gestützt, die mit dem Löwenfell behängte l., in die Seite gestemmt; i. F. r. Β

Gewicht: 4,70(3) — 4,31(1)

1 Imhoof — 2 Leopardow — 3 Paris Mionnet 1, 355, 17; Sestini lett. cont. 4, 47, 3; vgl. 376°.
— — 4 (nur Rs., wohl = 3) Vaillant num. gr. 91, angeblich aus seiner Sammlung

378 K 19 — ΙΟΥΛΙΑ | ΔΟΜΝΑ CΕ Br. r. — ΔΙΟΝΥCΟΠΟΛΕΙΤΩΝ Bärtiger Herakles, mit dem Löwenfell auf der l. Schulter, r. stehend, die R. auf die Keule gestützt, auf der vorg. L. die Äpfel; i. F. L Β

Gewicht: 3,52(1)

1 Imhoof — ? — 2 Cat. d'Emery 4222 und dasselbe Stück später aus der Sammlung Tochon Sestini lett. cont. 4, 47, 2; Mionnet S. 2, 65, 69

Macsa (?)

379 K 24 — ΙΟΥΛΙΑ ΜΑΙC .... Br. r. — ΔΙΟΝΥCΟΠΟ|ΛΕΙΤΩΝ Demeter, verschleiert, l. stehend, in der vorg. R. Ähren, die L. auf Scepter oder Fackel gestützt; i. F. r. Γ

Abweichungen: Vs. Schrift zerstört 2 — Rs. Schrift unvollständig 2

1 St. Florian — 2 Turin bibl., früher Mus. Arigoni 2 imp. gr. XXVII, 384 [Mionnet S. 2, 66, 76]

Ich habe den Kopf auf beiden Exemplaren als den der Macsa zu erkennen geglaubt, auch sahen mir das C hinter MAI sicher. Doch wäre es immerhin möglich, dass die Münzen der Mamaea zuzuschreiben sind. In die Regierungszeit des Alexander gehören sie aber wohl auch, wenn es Macsa ist, da unter Elagabalus hier so wenig wie in Kallatis geprägt worden zu sein scheint.

378° K 25 — [ΑΤ Κ] Μ ΑΤ ΑΝΤΩΝΕΙΝΟC Br. des Caracalla m. L. P. M. r. — ΔΙΟΝΥCΟΠΟΛΕΙΤΩΝ Tyche mit Kalathos, Steuerruder und Füllhorn l. stehend; L. F. r. ❋ Ο

1 Sestini descr. 30, 3 [Mionnet S. 2, 65, 70] von Cominéry

Die Münze, jetzt in München, ist im phrygischen Dionysopolis geprägt; der Kaiser ist Elagabalus, denn es giebt ganz gleiche Münzen der Annia Faustina. Die Buchstaben ✝ Ο im Felde, welche wahrscheinlich eine Jahresangabe bilden (vgl. das ✝ auf Münzen von Hyrgaleis und Laodikeia bei Imhoof, gr. Münzen N. 740, 1), hat Sestini ❋ Η und wollte darin Abkürzung des Statthalternamens Φ(λάουιος) Ο(ὐλπιανός) sehen; vgl. oben S. 79 Anm. 2 und S. 129.

Alexander

280
K 27
AVT K M AVP CEVH | AΛΕΞΑΝΔΡΟC | ΔΙΟΝΥCΟΠΟΛΕΙΤΩΝ Dionysos
Br. m. L. P. M. r. | mit Kantharos und Thyrsos L stehend, vor ihm der Panther (= 375);
L F. r. E

T.XVI, 27 Abbildung der R.s. (5)
Gewicht: 13,50 (5) — 12,53 (2) — 11,50 (2) — 9,75 (7)
Abweichungen: R.s. Trennung ΔΙΟΝΥCΟ ΠΟΛΕΙΤΩΝ 3·4
1 Bassarabescu — 2 Imhoof — 3 Löbbecke — 4 Mandl · 5 München Bestini len. cant.
4. 42. 4 (Mionnet S. 2, 66, 72) — 6 Neapel Cat. 6185 ·· 7 Sophia.

281
K 25
AVT K M AVP CEVH AΛΕΞΑΝΔΡΟC | ΔΙΟΝΥCΟΠΟΛΕΙΤΩΝ Der Grosse
Br. m. L. P. M. r. | Gott mit Kalathos nach vorn stehend u. l. blickend, mit der vorg. R.
Schale über einem Altar ausgiessend, im L Arm Füllhorn; i. F. r. Δ

T.XIII, 24 Abbildung der R.s. (5)
Gewicht: 10,24 (8) — 9,90 (4) — 9,55 (2) — 9,30 (7) — 9,00 (5)
Abweichungen: Vs. CEV statt CEVH 4·9 22 — Vs. nicht beschrieben 15. 20; —
R.s. Trennung unterstimmt 15·20 — ΔΙΟΝΥCΟ ΠΟΛΕΙΤΩΝ 4·9 — ΠΟΛΙΤΩΝ 5
— die Figur als Frau beschrieben 15. 17. 18. 20. 21, als Genius 16. 19. 22 —
der Kalathos bei zuweilen unsicher — der Altar nicht aus wie eine Herme 5
und (parva figura) 21
1 Berlin Cat. 50, 1 — 2 Bukarest — 3 Dresden — 4 Gotha — 5 Imhoof — 6 Kopenhagen — 7 Löbbecke — 8 London Cat. 24, 1; vorher trans. chron. 1876 pl. IX, 6 Abb. d.
R.s. (zu Gardner S. 310) ·· 9 Mailand — 10 Paris — 11 Philippopel — 12 St. Petersburg ·· 13 Wien Froelich appendix. 2 univers 72. 74; Eckhel cat. 68, 1 [Mionnet N. 2, 65, 70];
Arneth Sitzungsber. 9, 889, 2 — 14 Winterthur. — — 15 Vaillant num. gr. 136 [Mionnet
S. 2, 66, 73] — 16 Hardwin op. sel. 821 — 17 Mus. Theup.:1023 (nicht im Wiener Cabinet,
wohl als Doublette entfernt) — 18 Sestini descr. 31, 4 (von Ainslie) — 19 Sestini let.
cont. 4, 48, 3 (Florenz) [Mionnet N. 2, 66, 75] — 20 Mionnet S. 2, 66, 74 (von Hammer)
— 21 (== 15?) Sestini piu musei 21, IV, 13; Sestini mus. Chaudoir 41, 1 — Mavrakowicz
descr. mus. Oxers. 44, 1 (unter Phrygia)
Es wäre möglich, dass ein Theil der von uns nicht gesehenen Münzen wirklich eine weibliche Figur (Concordia) statt der Grossen Gottes hat, da dieser Typus später vorkommt (unten 399, 400, aber mit E); auf allen sicheren Münzen des Alexander ist es
aber immer die bärtige Gestalt des Gottes, die der Gewandung wegen bei schlechter Erhaltung allerdings für weiblich gehalten werden kann.

282
K 16
AVT K M AV° CEV; AΛΕΞΑΝΔΡ;OC| ΔΙΟΝΥCΟ ΠΟΛΕΙΤΩΝ Brennende
Br. mit Lorbeerkranz r. | Fackel
Gewicht: 2,53
1 Paris Blanchet revue num. 1892, 60, 9 — ¹ — 2 Mionnet S. 7, 353, 313 aus der Sammlung Grivaud de la Vincelle, unter Phrygia, aber nach der Anmerkung hielt er die
Münze für mysisch.
Die Vs. ist vermuthlich aus demselben Stempel wie die der folgenden Münze, so dass
sich die Aufschriften ergänzen würden.

283
K 16
;AVT] K M |AV°; CEV AΛΕΞΑΝΔΡ OC ΔΙΟΝΥCΟΠΟΛΕΙΤΩΝ Weintraube
Br. m. l.. r.
Gewicht: 2,96
1 Sophia Tacchella revue num. 1893. 70, 3

Gordianus III.

344
K 24
AVT·K·M·ANT ΓΟΡΔΙΑΝΟC AVΓ Hr. m. L. P. M. r. | ΔΙΟΝVCO ΠΟΛΕΙΤΩΝ Der Grosse Gott mit Kal., Schale über Altar und Füllhorn L stehend; i. F. r. Δ

Gewicht: 9,18 (1) — 8,12 (1)

Abweichungen: Vs. am Schluss vielleicht nur AV ɪ. 2. 3 — Rs. das Δ L im Felde 1

1 Berlin Cat. 51,6 — 2 Bukarest — 3 Sophia Tacchella revue num. 1893, p. 4 (irrig als Frau beschrieben) — 4 Tros

Gordianus und Sarapis

345
K 27
AVT K M unten, ANTWNIOC ΓΟΡ·ΔΙΑΝΟC Aͷ Die einander zugekehrten Brustbilder des Gordianus mit I. P. M. r. und des Sarapis mit Kalathos und Gewand L. | ΔΙΟΝVCO ΠΟΛΕΙΤΩΝ Zeus mit Schale und Scepter L sitzend, vor ihm der Adler; i. F. r. E

Gewicht: 14,55 (2)

Abweichungen: Vs. Schluss undeutlich 2; — Rs. ΠΟΛΕΙΤ.. und das E L oben 2

1 Bukarest — 2 Löbbecke

346
K 28
ebenso | ΔΙΟΝVCO ΠΟΛΕΙΤΩΝ Sarapis mit Kalathos l. stehend, die R. erhebend, in der L. das Scepter schräg haltend; i. F. l. E

Abweichungen: Vs. Schrift undeutlich 3, am Schluss AVΓ 2 — Rs. Schrift ungenau 3 — Wertszeichen E 2, nicht angegeben 3

1 Kopenhagen — 2 Wien, früher Welzey 2122, VII, 154 [Mionnet S. 2, 67, 81]; Sestini mus. Hedervar. 83,1; Arneth Sitzungsber. 9, 590, 3. — ⎜— 3 Mursakewicz descr. mus. Odess. 44,8 (unter Phrygia)

347
K 27
ebenso, aber am Schluss AVΓ | ΔΙΟΝVCO ΠΟΛΕΙΤΩΝ Demeter, verschleiert, l. stehend, in der R. Ähren, die L. auf Fackel oder Scepter gestützt; i. F. r. E

Gewicht: 13,12 (1) — 12,70 (1)

Abweichungen: Vs. Schluss der Schrift AVΓ 2, unsicher 1 — Rs. ΔΙΟΝVCO·ΠΟΛΙΤΩΝ 2 — Schleier unsicher 1, 3

1 Löbbecke — 2 München Sestini lett. cont. 4, 48, 7 [Mionnet S. 2, 67, 80] ungenau — 3 St. Petersburg — 4. 5 Weiss — 6 Windisch-Grätz

348
K 27
ebenso, aber am Schluss unsicher | ΔΙΟΝVCO ΠΟΛΙΤΩΝ Demeter wie vorher, aber ohne Schleier (Kore?); i. F. L. E

Gewicht: 13,05 (2) — 11,04 (1)

1 Berlin Cat. 50, 2 — 2 Sophia

349
K 27
AVT K unten, M ANTW ΓΟΡΔΙΑΝΟC AVΓ ebenso | ΔΙ ΟΝVCO ΠΟΛΕΙΤΩΝ ebenso

1 Dr. Weber

136　　　　MOESIA INFERIOR

[Gordianus und Serapis]

390 / K 26 AVT K M unten, ... ΓΟΡΔΙΑΝΟC | ΔΙΟΝ VC ΟΠΟΛΕ u. i. A. ΙΤΩΝ
AVΓ ebenso　Athena Nikephoros l. sitzend, die L. auf den Speer gestützt, am Boden der Schild; i. F. l. oben E

Gewicht: 10,82 (Erh. gut)
1 Löbbecke

391 / K 27 AVT K M unten, ANTWNIOC ΓΟΡ- | ΔΙΟΝVCΟ ΠΟΛΕΙΤΩΝ Dionysos
ΔΙΑΝΟC AVΓ ebenso　mit Kantharos und Thyrsos l. stehend, vor ihm der Panther (= 375); i. F. r. E

Gewicht: 12,65 (1) — 9,31 (3)
Abweichungen: Vs Schluss undeutlich 1
1 Löbbecke - 2 London Cat. 14, 3　3 Paris　4 Philippopel - 5 St. Petersburg

392 / K 27 AVT K unten, [M ANTW?] ΓΟΡΔΙΑΝΟC | ΔΙΟΝVCΟ ΠΟΛ u. l. Α. ΕΙΤΩΝ
AVΓ ebenso　Tempelfront mit vier Säulen und verziertem Giebel auf dreistufigem Unterbau; in der Mitte Dionysos l. stehend mit dem Panther wie vorher; i. F. r. E

T. XX, 20　Abbildung der Rs. (1)
1 Weber Hamburg　2 im Handel

393 / K 27 AVT K M unten, ANTWNIOC ΓΟΡ- | ΔΙΟΝVCΟ ΠΟΛΕΙΤΩΝ Tempel-
ΔΙΑΝΟC.. ebenso　front ähnlich der vorigen, aber ohne den Unterbau, und Dionysos ohne den Panther; i. A. E

Gewicht: 12,34
1 Löbbecke

394 / K 26 ebenso, aber ANTWNI[OC ΓΟΡΔΙΑ]· | ΔΙΟΝVCΟ ΠΟΛΕΙΤΩΝ Asklepios
NOC　nach vorn stehend u. l. blickend, die R. auf den Schlangenstab gestützt; i. F. r. E

1 Imhoof

395 / K 27 AVT K M unten, ANTWNIOC ΓΟΡ- | ΔΙΟΝVCΟΠ ΟΛΕΙΤΩΝ Hygieia mit
ΔΙΑΝΟC Α ebenso　Schlange und Schale r. stehend; i. F. r. E

Gewicht: 14,04 (2) — 11,64 (1) — 10,95 (1. 5) — 8,90 (4)
Abweichungen: Vs Schluss AVΓ 2 (11) 8-10; AVΓ 12, ohne A 9, Schlusslinie 5, 6;
　- Rs. ΔΙΟΝVCΟΠ ΟΛΙΤΩΝ 1. 3. 4. 11, 12　— das Wertheichen E L F. links
1. 2. 3. 4. 6. 9. 11, L oder r. 12
1 Athen Cat. 809 - 2. 3 Berlin Cat. 51, 3. 4　— 3 Hunter　— 4 Imhoof　— 5 Löbbecke —
6 London Cat. 24, 4　· 7 Paris　8 St. Florian　9 St. Petersburg — 10 Sophia —
11 Venedig Mus. civico.　- — 12 Sestini kett. 4 (1790) 93, 1 [Mionnet S. 2, 67, 82] von
Ainslie.

DIONYSOPOLIS 137

[Gordianus und Serapis]

396 ebenso, Schluss der Schrift undeut- ΔΙΟΝVCΟΠΟΛΕΙΤΩΝ Herakles l.
K 27 lich stehend, die R. auf die Keule ge-
  stützt, in der L. drei Äpfel; i. F. r. E
Gewicht: 11,63 (1)

1 Berlin Cat. 51, 5. Hierher wohl auch 2 Mus. Nanelera. 3, 79 [Mionnet S. 2, 66, 77]
aus der Sammlung Rollin (Vs. ΑΥΤ Κ Λ ... ΑΝΤΩΝΙΟC ΓΟΡΔΙΑΝΟC; Rs. Herakles mit Keule)

397 ebenso, am Schluss Αſ ΔΙΟΝVCΟΠΟΛΕΙΤΩΝ Nemesis
K 27 (Aequitas) l. stehend, in der R.
  die Wage, im l. Arm Füllhorn, zu
  ihren Füssen das Rad; i. F. r. E
Gewicht: 12,15 (2)

1 Bukarest 2 Imhoof 3 Kiew

398 ebenso, am Schluss ΑVſ ΔΙΟΝVCΟ...... Nemesis l. stehend,
K 27 in der gesenkten R. den Stab, in
  der L. den Zaum, zu ihren Füssen
  das Rad; i. F. r. E
1 Wien

399 ΑVΤ Κ Μ unten, ΑΝΤΩΝΙΟC ΓΟΡ- ΔΙΟΝVCΟΠΟΛΕΙΤΩΝ Weibliche
K 27 ΔΙΑΝΟC ΑVſ ebenso Figur (Concordia) mit Kalathos
  l. stehend, in der vorg. R. Schale
  über einem Altar, im l. Arm
  Füllhorn; i. F. r. E
Gewicht: 11,70 (3)

Abweichungen: Vs. Schrift unten unsicher 2 — am Schluss undeutlich 3
1 Bukarest 2 Leake suppl. 124 3 Lobbecke

400 ΑVΤ Κ unten, Μ ΑΝΤΩ ΓΟΡΔΙΑΝΟC ΔΙΟΝVCΟΠΟΛΕΙΤΩΝ Concordia
K 27 ΑVſ ebenso wie vorher, aber ohne Altar; i. F.
  L E
Gewicht: 12,31
Abweichungen: Vs. wie vorher (n. 399) 2, 3; — Rs. das E L F. r. 2
1 London Cat. 24, 2 — 2 Sophia 3 im Handel

401 ebenso ΔΙΟΝVCΟΠΟΛΙΤΩΝ Tyche (ohne
K 28 Kalathos) mit Steuer und Füllhorn
  l. stehend; i. F. l. E
Gewicht: 12,08
1 Lobbecke

402 ΑVΤ Κ Μ unten, ΑΝΤΩΝΙΟC ΓΟΡ- ΔΙΟΝVCΟΠΟΛΕΙΤΩΝ Schlange,
K 27 ΔΙΑΝΟC Νſ ebenso Kopf r.; unten eine kleine Basis;
  i. F. l. E
Abweichungen: Vs. am Schluss Αſ 2, unsicher 3 — Rs. Trennung Ο Π 3 — am
Schluss vielleicht ΓΝ
1 Lobbecke — 2 Mcohau — 3 Paris Patin imp. 370 Abb. [Hardouin rp. sel. 870; Gessner
imp. CLXXVI. 58; Mionnet S. 2, 67, 79] (Vs. ungenau); Vaillant num. gr. 150 [Mionnet
S. 2, 67, 83]) irrig unter Gordianus und Tranquillina (s. unten 404⁎); Mionnet 1, 356, 18

138 MOESIA INFERIOR

[Gordianus und Serapis]

403 AVT·K· unten, M ANTW ΓΟΡΔΙΑΝΟC ΔΙΟΝVCΟΠ ΟΛΕΙΤΝ (so, ohne I)
K 27   AVΓ ebenso | ebenso, mit der Basis
T. XX, 10 Abbildung der Rs. (2)
Abweichungen: Rs. vielleicht – ΠΟΛΕΙΤΝ |
1 St. Petersburg Chaudoir corr. 48, 1 — 2 im Handel

404 AVT·K· unten, M ANTW ΓΟΡΔΙΑΝΟC ΔΙΟΝ
K 27   AVΓ ebenso   VCΟΠΟ   im Lorbeerkranz
                                         ΛΕΙΤΝ
                                         E
Gewicht: 14,08
1 Paris Sestini lett. cont. 4, 48, 6; Mionnet S. 2, 67, 78

404* Gordianus und Tranquillina (Vs. nicht ΔΙΟΝΥCΟΠΟΛΕΙΤΩΝ Schlange; L F. l.
K –   beschrieben)
1 Vaillant num. gr. 150 (Mionnet S. 2, 67, 83)
Da die Münze sich nach Vaillant im Pariser Cabinet befinden sollte, kann es sich nur
um das oben 403.) beschriebene Stück handeln, das auf der Vs. die Brustbilder des Gordianus und des Sarapis hat.

ISTROS

Es ist bisher noch nicht gelungen, die Örtlichkeit des alten Istros mit Sicherheit festzustellen. Inschriften der Stadt sind an weit auseinander liegenden Stellen gefunden worden, und wenn auch die eine oder andere nur verschleppt war, so darf man doch annehmen, dass ein weites Gebiet zur Stadt gehört hat. Der Fundort der ältesten und wichtigsten Inschrift, des Dekrets zu Ehren des Aristagoras, ist das Dorf Kara-Hârman, etwa 2 Meilen nördlich von Cap Midia[1]). An dieser Stelle hatte Becker, als die Inschrift noch nicht bekannt war, das alte Istros finden wollen, indem er die Angabe des Strabo zu Grunde legte, dass diese Stadt von der südlichsten Donaumündung 500 Stadien entfernt wäre[2]). Aber wenn es auch wahrscheinlich ist, dass das Ἴστρου στόμα des Strabo und Ptolemaios den St.-Georgsarm bezeichnet, so wissen wir doch nicht, wo damals die Mündung dieses Armes lag; sicher ist nur, dass das Deltaland in römischer Zeit noch nicht so weit ins Meer vorgeschoben war wie jetzt. Man darf also bei der Berechnung nicht von dem veränderlichen Gebiet der Donaumündungen ausgehen, sondern von dem nächsten festen Punkt im Süden, der Stadt Tomis, deren Lage bei dem heutigen Küstendscheg esichert ist. Von Tomis war Istros nach Strabo, mit dem Ptolemaios übereinstimmt, 250 Stadien entfernt. Das führt über Kara-Hârman weit

---

¹) Arch.-epigr. Mitth. 6 (1882) 37,78 von Tocilescu publicirt, vorher erwähnt von Noutzo revue arch. N. S. 42 (1881) 301. Dass die Inschrift nach Istros gehört, hat Noutzo schon richtig bemerkt, obwohl der Stadtname darin nicht genannt ist; dann über dem Dekret ist das Stadtwappen, der Seeadler auf dem Delphin, eingemeisselt. — Noch etwas weiter südlich, bei den kleinen Gross- und Klein-Gargalik (= Tatar- und Bulg.-Gargalik), fand Desjardins in einem grossen Ruinenfeld die folgende Inschrift, die er keiner bestimmten Stadt zutheilt (annali dell' instituto 1868, 94, 102): θαλασσο Ἀργοριδόπο[υ] Θυρέτης, Ἀσίλιορ τις τηνί, εὐχήν (ΠΕΑΥΤΗΝ das Desjardins) Δημήτρι, δη[l] ἰερέσας (oder ἰξρως, Ἰέρωνος τοῦ Ἀντιγένους. Ausser dem Fundort spricht die Eponymie des Priesters, wie sie auch in der Inschrift des Aristagoras und einer anderen von Kara-Hârman (arch.-epigr. Mitth. 12, 36, 43) er-

scheint, dafür, dass auch diese Inschrift nach Istros gehört. Jedenfalls lag in der Gegend von Kara-Hârman und Gargalik eine Niederlassung der Istrianer; es ist vielleicht kein Zufall, dass, wie hier der Inschrift etwas geweiht ist, eine Inschrift der Kaiserzeit aus derselben Gegend eine Stiftung für den τάμα Ἱστρίη bezeugt (arch.-ep. Mitth. 8, 32, 1 = C. J. L. III Suppl. 7526; vgl. dazu unten S. 146 A. 5); den älteren, griechischen, Ortsnamen kennen wir nicht; vgl. auch unten S. 145 A. 4. Die Stadt Istros selbst weiter abseits noch Desjardins weiter nördlich in die Gegend von Karanasuf (Caranasuf), wo er ebenfalls ausgedehnte Ruinen gefunden hatte (revue arch. N. S. 17, 1868, 370); das trifft ungefähr mit der jetzt bevorzugten Ansetzung bei Kasapkiöi zusammen.

²) Strabo 7, 6, 1. — Becker beim Jahrb. Suppl. 19, 338; vgl. auch unten S. 149 Anm. 4.

hinaus nach Norden in die Gegend von Kasapkiöi, wo auch einige Inschriften aus römischer Zeit gefunden worden sind. Daher nimmt man jetzt an, dass das alte Istros ungefähr an dieser Stelle gelegen hat[1]). Sicher ist diese Annahme aber keineswegs, weil die Angaben des Arrianus und der Späteren noch weiter nördlich führen[2]); man könnte z. B. an die Gegend des Schwarzen Vorgebirges (Kara Burun) denken, wo Peters Mauerreste und andere Spuren einer bedeutenden antiken Niederlassung bemerkt hat[3]). Man wird also abwarten müssen, bis einst grössere Funde und Untersuchungen an Ort und Stelle Sicherheit bringen; es wird dabei zu erwägen sein, ob nicht vielleicht der Haupthafen von Istros sich zu verschiedenen Zeiten an verschiedenen Orten befunden habe, da die Veränderungen des Terrains im Alterthum selbst, in etwa tausend Jahren also seit der Gründung, bedeutend genug sein konnten, um eine Verlegung des Hafens zu verlangen. Jedenfalls wird die genaue Feststellung der Örtlichkeit von Istros sehr werthvoll sein; denn erst dann wird man sich eine klare Vorstellung davon bilden können, auf welchen Wegen sich die Beziehungen der Stadt zu dem Hinterland und den Barbaren an der Donau abspielten, und wie sich die Küste seit dem Alterthum verändert hat. Soviel können wir allerdings auch jetzt schon sagen, dass nicht nur das Deltagebiet anders aussah als heute, sondern auch die südlich daran angrenzende Küste der Dobrudscha. Heut liegt Istros, mag es nun bei Kasapkiöi oder weiter nördlich anzusetzen sein, überhaupt nicht am Meere, sondern an einer der fast ganz vom Meere abgeschnürten Lagunen, überdies selbst von ihren Küsten durch breites Sumpfland getrennt[1]). Zu Strabos Zeit aber konnte man noch direct an der Küste entlang von Tomis nach Istros fahren, so dass also der heutige Lac Sinoe noch nicht als Lagune existirt haben kann; es mögen wohl von der grossen Barre, die jetzt nördlich von Cap Midia beginnend bis zur Portitza-Mündung streicht, schon Theile als eine Reihe kleiner Inseln vorhanden gewesen sein; aber die Reihe war noch nicht geschlossen und namentlich im Süden nicht mit dem Festland verwachsen[2]). Dagegen war der Lac Razem, in welchen der Dunavetz sich ergiesst, allerdings schon vorhanden; nur lässt die unklare

---

[1]) Corpus inscr. Lat. III Suppl. S. 1357 (Tomaszewski); ebenso jetzt Tocilescu Arch.-ep. Mitth. 17 (1895) 88, 12. — Gans in der Nähe, bei Karanasov, hatte schon Desjardins Istros angesetzt; ebenso auch Müller zu Ptolemaios 1, 8. 461.

[2]) Arrianus peripl. 35 giebt die Entfernung auf 300 Stadien an; im Itinerarium Antonini p. 227 sind 36 Millien (= 288 Stadien) angegeben, in der Tabula Peutingeriana 40 Millien = 320 Stadien.

[3]) Karl F. Peters, Grundlinien zur Geographie und Geologie der Dobrudscha (Denkschriften der Wiener Akademie, math.-naturw. Classe 27, 1867, II, 83 - 207) S. 141. Auf diese Arbeit und die beigegebene Karte stützen sich die Bemerkungen über die Küstenveränderungen; das darin citirte

Werk von Taibout de Marigny, Hydrographie de la Mer Noire et de la Mer d'Asow (Trieste 1856), in welchem auch die alte Geographie berücksichtigt ist, konnte ich nicht benutzen.

[1]) Ausser der Karte von Peters (s. vorige Anm.) benutze ich die geologische Übersichtskarte des Königreiches Rumänien von Mathei M. Draghiceanu aus dem Jahrbuch der K. K. Geologischen Reichsanstalt Band 40 (1890).

[2]) Strabo 7, 6, 1: ἔστιν οὖν ἀπὸ τοῦ Ἱεροῦ στόματος τοῦ Ἴστρου ἐν δεξιᾷ ἔχοντι τὴν συνεχῆ παραλίαν Ἴστρος πολίχνιον ἐν πεντακοσίοις σταδίοις. Der Zusatz συνεχῆ scheint darauf hinzuweisen, dass der zusammenhängenden Küste Inseln vorgelagert waren.

Beschreibung des Sees *Halmyris* bei Plinius[1]), die sich gewiss auf ihn bezieht, nicht erkennen, wie weit er reichte und wie er und seine südlichen Fortsetzungen (L. Golowiza und L. Smejka) vom Meere geschieden waren. Aber zur Zeit der Gründung von Istros, also noch 700 Jahre früher, müssen Küstengestaltung und Schiffahrtsverhältnisse noch wesentlich andere gewesen sein. Denn wie die Milesier die beiden nördlicheren Colonien Tyras und Borysthenes (= Olbia) zu dem Zwecke gegründet haben, um den Handel auf den gleichnamigen Flüssen zu beherrschen, so sollte die südlichste der drei etwa gleichzeitig gegründeten Städte der Stapelplatz für den Istros sein; darum wurde sie auch Ἴστρος oder Ἰστρίη genannt: πόλις Ἴστρος εἰσὶ τοῦ ἐπωνύμου ἀνθρώπου ποταμοῦ[2]). Da im Deltagebiet ein guter Hafen nicht leicht anzulegen war, so liessen sich die Ansiedler vernünftiger Weise weiter südwestlich auf dem festen Diluvialboden der Dobrudscha nieder. Aber ihren Zweck konnte die Colonie nur erfüllen, wenn sie nicht nur vom Meere aus leicht zugänglich war, sondern auch mit dem Flusse Istros in bequemer Verbindung stand; es muss also der von der Stadt beherrschte See Razem, der vielleicht selbst als eine Mündung der Donau galt, jedenfalls durch einen schiffbaren Arm besser als heut und in römischer Zeit mit dem Hauptstrom verbunden gewesen sein.

Weder die geologischen Verhältnisse noch die Überlieferung stehen der Annahme entgegen, dass dies zur Zeit der Gründung (im VII. Jahrhundert v. Chr.) der Fall war. Während heut Karapkiöi und die nördlicheren Dörfer an den Dobrudscha-Lagunen gar keine Bedeutung für den Donauverkehr haben oder überhaupt haben können, gehörten in griechischer Zeit Stadt und Fluss Istros zusammen: Herodot konnte sagen, dass der Istros sich in den Pontos Euxeinos ergiesse, τῇ Ἴστρηνοὶ Μιλησίων οἰκέουσι ἄποικοι[1]); und noch Jahrhunderte später bezeichneten die Istrianer den Istros nur einfach als den Fluss[2]), wie sie auch sein Bild auf ihre Münzen setzten[3]). Inzwischen hatte die Stadt allerdings schon viel von ihrer alten Bedeutung verloren, woran gewiss die Veränderung der Küstengestaltung mit schuld war. Zur Zeit des Strabo gilt dann schon das Ἱερὸν στόμα, die St. Georgsmündung, als die südlichste Donaumündung; der Arm, der sich in den See Razem ergoss, und der See selbst kamen für den Donauhandel nicht mehr in Betracht, ebenso wenig die Stadt Istros; nur ihr Name erinnerte noch daran, dass sie einst zur Beherrschung dieses Handels gegründet worden war.

Der ursprüngliche Name der Stadt war wohl dem des Flusses gleichlautend, wie dies auch für Tyras und Borysthenes gilt, also Ἴστρος. Doch zeigen die

---

[1]) Plinius h. n. 4. 12, 79: *a redan ultro (Peuce) et super Histropolim lacus signatur LXIII M. pass. ambitu, Halmyris vocant.*
[2]) Skymnos v. 767 R (durans Anonymos periplus 70).
[3]) Herodot 3, 33. — Die gewöhnliche Lesung τῇ Ἴστρηνοί οἱ ist nicht unmöglich, scheint aber doch gezwungen; Ἴστρηνοί Μιλησίων entspricht besser dem Sprachgebrauch des Herodot, wie z. B. einige Zeilen davor steht Κυρηναίων, οἱ .... οἰκέουσι.

[1]) Wir wissen also nicht, ob die Stadt zu Herodots Zeit Ἴστρος oder Ἰστρίη hiess; danach ist oben S. 62 A. 3 die Parenthese (Ἰστρίη) zu streichen.
[2]) Im Dekret für Aristagoras (oben S. 139 Anm. 1) heisst es (v. 44—46): παραγγελίας τε πολλὰς ὑπὲρ τῆς πόλεως ποιεῖ..] ῥύσας κατὰ τὸ συμφέρον τοῖς πολίταις διατελῶν πρὸς [τήν θάλατταν καὶ τὴν ....] χώρας καὶ τὸν ποταμόν]...
[3]) Vgl. unten S. 151, 153, 158.

142 MOESIA INFERIOR

Münzen, wie schon oben (S. 83) erwähnt wurde, dass der officielle Name, wenigstens vom IV. bis zum II. Jahrhundert, Ἴστρίς war[1]; es sollte dadurch wohl die Stadt vom Flusse unterschieden werden. Bei den Schriftstellern ist indessen der Name Ἴστρος herrschend geblieben; denn so heisst die Stadt bei Aristoteles und Skymnos, und so ist wohl auch bei Skylax zu ergänzen[2]. Auch für die römische Zeit scheint dasselbe zu gelten. Die Kaisermünzen lehren nichts darüber, da sie regelmässig das Ethnikon Ἰστριηνῶν haben; die einzige Inschrift mit dem Stadtnamen giebt aber den Ablativ *Histro*, und bei den meisten Schriftstellern finden wir die Form Ἴστρος, lateinisch *Histros*; nur einmal kommt noch Ἰστρίη vor[3]. Der Name *Histropolis* bei Mela und Plinius, der wohl auf Agrippa zurückgeht und auch in der Peutinger'schen Tafel und beim Ravennas wiederkehrt[4], ist jeden-

falls in der Stadt selbst nie zur Geltung gelangt; zur deutlichen Unterscheidung der Stadt vom Flusse war er indessen am besten geeignet.

Dass Istros eine Colonie von Milet ist, bezeugt sowohl Herodot wie Skymnos und die späteren Geographen[5]. Dem entspricht auch die ionische Form des Stadtnamens auf den Münzen (ΙΣΤΡΙΗ, ΙΣΤΡΙΗΝΩΝ), die Sprache der Aristagoras-Inschrift, die φυλή Αἰγικορέων, die Verehrung des Apollon und der auf den Münzen anderer milesischer Colonien wiederkehrende Typus des Stadtwappens; wir kommen darauf noch zurück. — Über die Zeit der Gründung berichtet Skymnos (v. 769—772): ταύτην τὴν πόλιν Μιλήσιοι ἔκτισαν, ἡνίκα Σκυθῶν εἰς τὴν Ἀσίαν στράτευμα διέβη βαρβάρων τὸ Κιμμερίους διῶκον ἐκ τοῦ Βοσπόρου. Man wird aus dieser Stelle schliessen dürfen, dass die Stadt in der zweiten Hälfte des VII. Jahrhunderts ge-

---

[1] Dass die Stelle des Herodot 2, 33 nicht für diese Namensform angeführt werden kann, ist oben S. 141 Anm. 3 gezeigt.

[2] Aristoteles pol. 8 (5), 6, 1305 b, 2, 11; Skymnos v. 767 ff. — Bei Skylax 67 kann der Stadtname nur durch ein Versehen fortgeblieben sein; Tomis, Kruno[i] (Dionysopolis). Anchialos nennt er nicht, weil sie zu seiner Zeit noch nicht exsistirten oder kein Stadtrecht hatten (vgl. oben N. 126 Anm. 2); aber Istros war, wie die Münzen beweisen, damals autonom. Überliefern ist: εἰσί δὲ ἐν τῇ Πόντῳ πόλεις Ἕλληνίδες αἵδε ἐν Θρᾴκῃ· Ἀπολλωνία, Μεσημβρία, Ὀδησσόπολις, Κάλλατις καὶ ποταμὸς Ἴστρος; es soll wohl heissen Ἴστρος πόλις καὶ ποταμός (vgl. kurz vorher Βόρυσθος πόλις καὶ λιμήν); ähnlich steht wohl am Anfang des folgenden Capitels: ... πόλις ... Ἐλληνὶς καὶ Τόμις ποταμός (statt Τόμις πόλις καὶ ποταμός), Σταδμῶν πόλις. Ὀρφέως πόλις.

[3] Arch.-ep. Mitth. 17 (1894) 87. 11 Inschrift aus dem Jahre 157 n. Chr., gefunden in Kutchuk-Kiöi (etwa 3 Meilen westlich von Kassaplıki, am Taschaul-Bache) condit(am) r(egioni) Histr(i) monstraque fecit Histro in oppido; — Ἴστρια bei

Strabo 7, 6, 1; Ptolemaios 3, 10, 3 (Ἴστρου πόλις, weil er kurz zuvor den Fluss genannt); Appianus Illyr. 30; Anonymus periplus 70. 71; Nicephorus Hist. *Histros* bei Ammianus 22, 8, 43; der Accusativ *Histrum* bei Eutropius 6, 10 und Rufius Festus brev. 9 (vgl. oben N. 64 Anm. 4). — Die Form Ἰστρίη giebt Arrianus periplus 35; vgl. auch v. Max. 21 Bell. 16, 2: *fuit et Histriae excidium ex tempore, ut autem Pexippus dicit Histricae civitatis*.

[4] Mela 2, 2, 5; Plinius 4, 11, 44; 4, 12, 79; *Histropolis* Tab. Peut.; *Istriopolis* Geogr. Ravenn. IV, 6. V, 11; im Itin. Anton. p. 227 die verdorbene Form *Histeria*. — Da die Form Istropolis am Orte selbst nicht üblich war, wird man in der griechischen Inschrift arch.-ep. Mitth. 11, 66, 140 nicht ['Iσ]τρ(ο)πολιτῶν ergänzen dürfen. — Der Vorschlag von Becker (s. a. O. 338), unter *hetera* den Hafen und unter *hierapolis* die zwei Meilen weiter westlich im Unterlande belegene Stadt zu verstehen, ist nicht annehmbar, da beiden zusammen gehört (wie Csáni-Dionysopolis, oben N. 126).

[5] Herodot, Skymnos, Strabo, Mela, Plinius, Stephanus u. a. O.

gründet ist; aber die Ansetzung auf ein bestimmtes Jahr (633), wie Eusebius den Skytheneinfall datirt) scheint nicht genügend gerechtfertigt. Ebenso wenig kann die Angabe des Eusebius, dass Istros im J. 654 gegründet sei, in demselben Jahre wie Borysthenes Lampsakos und andere Colonien, als zuverlässig gelten; Eusebius hat da nur eine Anzahl von Städtegründungen unter einem Jahre zusammengefasst, die gewiss ungefähr in die gleiche Zeit gehören, aber schwerlich in das gleiche Jahr[1]).

Wie die Colonie sich in der ersten Zeit entwickelt und ihre Aufgabe für den milesischen Handel erfüllt hat, ist nicht überliefert. Doch scheint sie gut fortgeschritten zu sein, so dass ihr Name schon früh in Griechenland selbst bekannt war. So konnte Herodot durch Erwähnung der Stadt seine Beschreibung der Donaumündung verdeutlichen und Aristoteles unter den Beispielen oligarchischer Verfassung die von Istros anführen. Dass die Istrianer aber auch bei den Barbaren in einem gewissen Ansehen standen, dürfen wir aus der Angabe des Herodot schliessen, dass die Mutter des Skythenkönigs Skyles eine Griechin aus Istros war[2]). Die Herrschaft der Odrysen, wenn sie überhaupt so weit gereicht hat, kann in Istros nicht lange gedauert haben; denn um 400 v. Chr. hat die Stadt schon eigene Münzen geprägt.

Um dieselbe Zeit oder nicht viel später mag auch der Übergang von der Oligarchie zur Demokratie sich vollzogen haben, den wir durch Aristoteles kennen[3]). — Die Erzählung des Iustinus (IX, 2), wie der Skythenkönig Ateas, von den Istrianern bedrängt, den makedonischen König Philipp II. um Hülfe bat, dann aber seine Versprechungen nicht halten wollte, würde man wohl auf die Bewohner von Istros beziehen können, wenn nicht dabei von einem *Istrianorum rex* die Rede wäre. Da für einen solchen weder in der oligarchischen noch in der demokratischen Verfassung Platz ist, so muss man wohl annehmen, dass unter den *Istriani* irgend ein barbarischer Volksstamm am Istros zu verstehen ist[4]). — Dass die Stadt Istros in dieser Zeit autonom war, lehren die Münzen und die Angabe des Aristoteles. Dieser Autonomie, welche sie wie die anderen Griechenstädte auch unter Alexander noch genoss, machte erst Lysimachos ein Ende. Zwar schloss sich Istros der Empörung von Kallatis[5]) an, aber es ergab sich bald; und wenn es auch wahrscheinlich besser behandelt wurde als Kallatis, so hat es doch die volle Autonomie gewiss erst nach dem Tode des Lysimachos wieder erlangt. Bald darauf erscheint die Stadt wiederum im Bündniss mit den Kallatianern, um die Ansprüche der letzteren

---

[1]) Über die Zeit der Gründung vgl. besonders Büchner (s. oben S. 62 Anm. 1) S. 73.
[2]) Herodot 4, 78.
[3]) Aristoteles polit. 8 (5), 6, 1305 b, 1, 11; vgl. Gilbert, griech. Staatsalterthümer 2, 186.
[4]) Kleinsorge (s. oben S. 61 Anm. 1) S. 9 sucht die Ansicht zu vertheidigen, dass es sich um die Stadt Istros handelt; doch genügen die angeführten Gründe nicht, um die Schwierigkeit zu beseitigen, die in der Erwähnung eines

Königs liegt. Man wird also wohl (mit Thirlwall history of Greece 6, 52; Droysen Hellenismus 1, 116; Schäfer Demosthenes 2², 520) annehmen müssen, dass die *Istriani* des Iustinus barbarische Völker an der Donau sind. — Ähnlich scheint Ἰστριανός bei Aelianus περὶ ζώων 14, 23 gebraucht zu sein, wo der Fischer (τινὰ Ἰστριανὸν γένος, τὴν τέχνην ἁλιέα) schwerlich ein Bewohner von Istros ist.
[5]) Vgl. oben S. 63. 85.

auf Tomis gegen Byzanz zu unterstützen[1]. Der Bericht macht den Eindruck, als ob die Istrianer damals in einem gewissen Unterordnungsverhältniss zu Kallatis gestanden hätten; man wundert sich, dass sie den guten Hafen, der von ionischen Landsleuten bewohnt und wahrscheinlich sogar von Istros aus angelegt war, nicht für sich selbst verlangten, sondern ihn für die dorischen Nachbarn im Süden retten wollten. Der Krieg endete, wie wir schon früher gesehen haben (S. 63), mit dem Siege von Byzanz, und Tomis wurde wahrscheinlich in Folge dieses Krieges selbständig. Istros hat zwar, wie die Münzen und Inschriften lehren, seine Autonomie behalten; aber wie es früher schon hinter Kallatis zurückgetreten war, so ging von nun an die Macht mehr und mehr auf Tomis über. Die Anschwemmungen und Lagunenbildung müssen viel zum Niedergang von Istros beigetragen haben, während Tomis auf seinem festen Strande von solchen Veränderungen nicht betroffen wurde.

Die nächste Nachricht über die Schicksale von Istros liefert uns die schon erwähnte Inschrift von Kara-Harman (oben S. 139 A. 1). Wir erfahren daraus, dass die Stadt von Feinden heimgesucht worden ist; dieselben sind dann allerdings abgezogen, vermuthlich nach einer Brandschatzung und unter Fortführung angesehener Bürger, aber sie beherrschen noch etwa zehn Jahre lang das benachbarte Gebiet, und ihre Nähe bedeutet eine dauernde Bedrohung für Istros. Gleich im Anfang dieser schweren Zeit, als viele Bürger die Stadt verlassen hatten, war Aristagoras, der Sohn des Apaturios, aus der Fremde in die Heimath zurückgekehrt[2] und hatte sich dann durch Befestigung der Stadt, durch Übernahme von Priesterthümern und Ämtern, durch Gesandtschaften und Freigebigkeit jeder Art die grössten Verdienste erworben. Als endlich die Gefahr gehoben war, wohl durch Abzug der Feinde, wurde zu Ehren des Aristagoras jener Volksbeschluss gefasst und öffentlich aufgestellt, von dem uns ein grosser Theil noch erhalten ist. Leider ist die Zeit dieser Ereignisse nicht bestimmt festzustellen[3]. Die Inschrift erinnert inhaltlich sehr an das berühmte Dekret der Olbiopoliten für Protogenes, der ihrer Stadt ähnliche Dienste zur Zeit der Gallier-Einfälle erwiesen hatte[4]. Wenn freilich, wie von einigen angenommen wird,

---

[1] Memnon fr. 21: πόλεμον ἐπαγαγὴν Βυζαντίοις πρὸς Καλλατινούς — καὶ περὶ Ἰστριανῶν καὶ Τόμεως τοῦ ἐμπορίου —, μαντευθέντων πρῶτον λαπουσαμένων παραλαβεῖν τὴν Καλατιανῶν.

[2] Aristagoras ist nicht nach dem Überfall aus der Stadt entflohen, sondern er muss schon vor jenen Ereignissen in der Fremde gewesen sein. Er könnte etwa, da er zur Zeit der Heimkehr noch ein junger Mann war (v. 18 τῇ τε ἡλικίᾳ ἐφαινόμενος), zu seiner Ausbildung in Athen gewesen sein. Wir haben von dort die Grabschrift einer Ἴσσω Ἀπατουρίου Ἰστριανῆ, (Corpus inscr. Atticarum 3, 2497), die seine Schwester gewesen sein könnte.

[3] Ich hatte oben (S. 63 Anm. 3) im Anschluss an

Latyschew und Kleinsorge die Inschrift des Aristagoras auf die Züge der Geten unter Burebista bezogen; doch ist es mir jetzt sehr unwahrscheinlich geworden, dass die Ereignisse in so späte Zeit gehören; es ist auffallend, dass in der ausführlichen Darstellung sich keine Andeutung der römischen oder odrysischen Schutzherrschaft findet. Das spricht dafür, dass die Thätigkeit des Aristagoras in die Zeit vor Mithradates gehört. Wenn die Feinde nicht die Skordisker oder Bastarnen sind, so könnte man noch an skythische Fürsten denken, wie sie in der Inschrift des Diophantos (Dittenberger sylloge n. 252) erwähnt sind.

[4] C. I. Gr. 2058; Dittenberger sylloge 248; Laty-

diese Einfälle von den Nachfolgern des Comontorius in Tylis ausgegangen sind, so können die Ereignisse in Istros in keinem Zusammenhang damit stehen, da die Inschrift von Kara-Härman nach Sprache und Schrift nicht in das III. Jahrhundert gehören kann. Aber es ist wahrscheinlicher, dass unter den Galliern der Protogenes-Inschrift die Skordisker zu verstehen sind, welche erst im II. Jahrhundert Makedonien und Thrake heimgesucht haben und im Jahre 113 über die Donau zurückgeworfen worden sind¹). Wenn diese bis nach Olbia gelangt sind, so ist es wahrscheinlich, dass sie auch Istros berührt haben; und in die Zeit dieser Kriegszüge der Skordisker passt auch die Inschrift des Aristagoras sehr wohl²). Sonst könnte man allenfalls an Angriffe vom Schwarzen Meere aus denken, wie sie nachweislich die Stadt Tomis in nicht viel späterer Zeit zu erleiden hatte³); aber die lange Dauer der Gefahr in Istros macht das weniger wahrscheinlich. Jedenfalls werden sich die Ereignisse gegen Ende des II. Jahrhunderts abgespielt haben. — Der besondere Werth der Inschrift für uns liegt aber darin, dass sie uns über die Verfassung⁴) von Istros in der Zeit der Freiheit guten Aufschluss giebt und auch gerade zum Verständniss der Münzen mancherlei beiträgt. Die Verfassung der Stadt ist nach wie vor die demokratische, wie sie Aristoteles für das IV. Jahrhundert bezeugt. Die Beamten und Priester werden durch das Volk erwählt, und auch die Ehrung des Aristagoras wird in der Volksversammlung beschlossen. Auf der Marmortafel, welche den Beschluss enthält, erscheinen über der Urkunde fünf Kränze und oben im Giebel, ähnlich vielen Dekreten von Athen und anderen Städten, das Stadtwappen von Istros, der Seeadler auf dem Delphin[1]; wir werden dieselbe Darstellung als den Haupttypus der Münzen kennen lernen. Die fünf Kränze bezeichnen die fünf Priesterthümer, welche Aristagoras übernommen hatte; er war zuerst Priester des Ζαλς Πολιεύς, dann bekleidete er viermal das höhere und kostspieligere Priesterthum des Ἀπόλλων Ἰητρός. Wie in mehreren anderen milesischen Colonien am Pontos Euxeinos[2]) genoss der Apollon Iatros auch in Istros besondere Verehrung, und hier war mit seinem Priesterthum sogar die Eponymie verbunden. Auf den Münzen, die Aristagoras, wie unten (S. 152) gezeigt werden soll, für die Stadt geprägt hat, erscheint als Typus der Vorderseite ein Apollon mit Pfeil und Bogen auf dem Omphalos sitzend. Diese ungewöhnliche Darstellung statt eines der sonst üblichen Götterköpfe ist gewiss durch die besonderen Verhältnisse veranlasst, welche bei der oben geschilderten Thätigkeit des Aristagoras vorlagen. Es ist nicht unwahrscheinlich, dass durch die Wahl dieses Typus Apollon als der Retter von Istros bezeichnet werden sollte, wie Dionysos in Maroneia und Herakles in Thasos oder der Grosse Gott in Odessos. Doch würde die Darstellung sich auch zur Genüge daraus erklären, dass derjenige, der die Münzen prägte, so oft Priester des Apollon war. Dass übrigens die Münzprägung in Istros zu den Obliegenheiten des eponymen Apollonspriesters gehörte, soll damit nicht gesagt sein; es ist sogar wahrscheinlicher, dass Aristagoras jene Münzen als ἀγορανόμος hat prägen lassen; die Inschrift berichtet, dass er nach dem Ende der schweren Zeit zu diesem Amte erwählt und dann gleich auf zwei Jahre wiedergewählt wurde; in diese Zeit des Friedens gehören vermuthlich die Münzen.

Es folgte die Zeit, wo Mithradates die Westküste des Pontos auf seine Seite zog[3]). Auch Istros huldigte ihm, indem es Goldmünzen mit dem Bildniss seines Sohnes Ariarathes, wo nicht mit seinem eigenen, prägte (n. 482). Dass die Stadt damals an Bedeutung hinter Tomis und Kallatis zurückstand, kann man daraus schliessen, dass diese beiden zahlreiche verschiedene Münzen solcher Art schlugen, Istros aber nur eine Emission machte; jedenfalls aber war die Stadt damals noch autonom. Das Ende der Freiheit brachte ihr der Feldzug des Lucullus im Jahre 72; unter den von ihm eroberten Städten wird auch Istros genannt[4]). Über die nächsten Schicksale der Stadt wissen wir nichts; ihre Rechtsstellung war aber jedenfalls dieselbe wie die der anderen Städte des linken Pontos. In der Kaiserzeit gehörte Istros zu dem Κοινόν der Griechenstädte. Auffallend ist die verhältnissmässig grosse Zahl lateinischer Inschriften aus ihrem Gebiet[5]); die Stadt

---

[1]) Vgl. die Abbildung der Inschrift arch.-ep. Mitth. 6, Tafel III. Ein Dekret von Pantikapaion mit Abbildung des Stadtwappens (Kopf des Pan) s. Bulletin de corr. hell. 1889, 317. Vgl. auch Blanchet les monnaies grecques 37.

[2]) Besonders in Apollonia, Pantikapaion, Sinope.

Ich werde mich an einem anderen Orte darüber äussern.

[3]) Vgl. oben S. 64.

[4]) Vgl. oben S. 64 Anm. 4.

[5]) Zusammengestellt C. I. L. 3 Suppl. S. 1357; Nachträge dazu arch.-ep. Mitth. aus Öst. 14, 22, 46

scheint neue Ansiedler aus verschiedenen Gegenden erhalten zu haben. Die reiche Münzprägung seit Septimius Severus lässt auf eine neue Blüthe schliessen. Im Jahre 238, als Kaiser Maximinus zur Bekämpfung der Gegenkaiser nach Italien abgezogen war, fiel Istros in die Hände der Gothen[1]. Aber zerstört wurde die Stadt nicht, sondern wohl nur geplündert; denn kurz darauf hat sie wieder Münzen geschlagen, mit den Bildern des Gordianus III. und der Tranquillina. Es war das ihre letzte Prägung. — Auch in späterer Zeit wird die Stadt noch mehrmals erwähnt; doch brauchen wir darauf nicht mehr einzugehen.

Wir kommen nunmehr zum Münzwesen von Istros. Der Bedeutung der Stadt in älterer Zeit entspricht ihre reiche Prägung, die auch früher begonnen hat als in den anderen Städten der Westküste. Was an Goldmünzen in der älteren Litteratur beschrieben ist, hat sich allerdings als falsch erwiesen[2]; aber Silber hat die Stadt in grossem Umfang geprägt.

Von der Masse der erhaltenen Silbermünzen, für die von Anfang bis zu Ende die gleichen Typen beibehalten worden sind, sondern sich die ältesten (n. 405, 11, 20) leicht. Ihr besonderes Merkmal ist, dass sie den Typus der Rückseite in einem stark vertieften Quadrat haben; ausserdem ist der Stadtname abgekürzt (ISTPI), und fehlen die später üblichen Beizeichen. Dem Stile nach sind sie um 400 v. Chr., vielleicht auch noch etwas früher geprägt. Das Gewicht der vollständig erhaltenen Stücke beträgt 7,02—6,82 g; sie scheinen also nach phoenikischer Währung, etwas reducirt, ausgebracht zu sein. — Als zweite Gruppe bietet sich eine Reihe von Münzen, die von annähernd gleichem Gewicht wie die vorigen sind, aber von späterem Stil; vom vertieften Quadrat ist nur ausnahmsweise noch eine schwache Spur zu erkennen; der Stadtname ist ausgeschrieben, und im Felde der Rückseite findet sich regelmässig ein einzelner Buchstabe[3] als Beizeichen (n. 406—415). Das Gewicht hält sich zwischen 7 und 6½ g[4]; es handelt sich also wohl noch um reducirte phoenikische Währung. Man wird diese Münzen in die erste Hälfte des IV. Jahrhunderts setzen dürfen, wozu auch der schöne Stil der meisten passt. — Die übrigen Münzen unter einander chrono-

---

(mit Erwähnung von *réi*, wie es scheint; es ist vielleicht ein weiteres Fragment der Inschrift arch.-ep. Mitth. 8, 32, 1 = C. J. L. 3, 7526; oben S. 139 A. 5) und 17, 86, 20, 11. Die letzte dieser Inschriften (schon oben N. 142 Anm. 3 erwähnt) ist die Grabschrift eines Mannes aus Ankyra, der in Istros zu hohen Ämtern (*archōnium et aediliciam*) und einem Priesterthum (*sacerdotium et Libert*) vgl. unten S. 158 A. 3) gelangt ist.

[1] Vita Maximi et Balbini c. 16: *fuit et Scythici belli principium et Histriae excidium in tempore, ut autem Dexippus dicit, Histricae civitatis.* Vgl. darüber Joh. Müller, de M. Antonio Gordiano III Roman. Imperatore (Diss. Münster 1883) S. 16; Mommsen röm. Gesch. § 312.

[2] Vgl. unten 405* und 405**. Rechte Goldmünzen hat Istros nur mit den Typen des Lysimachos geprägt (n. 482).

[3] Es sind die Buchstaben Α Ε Ρ Τ Υ Φ Χ Ω; sie stehen fast immer zwischen Adler und Delphin. Die Münze mit T (n. 410) ist, obwohl ihr Gewicht unbekannt ist, hier eingereiht, weil gerade die Münzen mit den späteren Buchstaben des Alphabets das phoenikische Gewicht haben; doch kann das auch Zufall sein.

[4] Einzelne Stücke, die ihrem geringeren Gewicht nach auch zu dem späteren (aeginaeischen) System gehören könnten, sind wegen der Gleichheit der Beizeichen hier mit eingereiht. Vgl. die Bemerkung zu n. 416.

logisch zu ordnen, ist nicht möglich gewesen; sie sind daher nur nach äusseren Merkmalen, besonders nach den Beizeichen geordnet, obwohl sich oft dasselbe Beizeichen auf Münzen von sehr verschiedenem Stil findet [1]). Aber von der vorhergehenden Gruppe scheidet sich diese Hauptmasse der Silbermünzen leicht durch das Gewicht. Die Stadt Istros muss um 350 ihren Münzfuss geändert haben; denn seit dieser Zeit folgen die Münzen statt der phoenikischen der aeginaeischen Währung. Ein Theil dieser Drachmen ist vollwichtig oder nicht viel leichter; das mögen die ältesten dieser Gruppe sein. Aber die meisten sind stark reducirt und wiegen nur $5^1/_4 - 5$ g, wie die Münzen von Kallatis (oben S. 86); es ist wahrscheinlich, dass bei Festsetzung des Gewichts die eine Stadt auf die andere Rücksicht genommen hat; wir haben ja gesehen, dass die beiden Nachbarstädte in engen Beziehungen zu einander standen. Auffallend ist es, dass Istros auch eine Anzahl noch leichterer Münzen aufzuweisen hat, die nur etwa $4^1/_2$ g wiegen. Man könnte vermuthen, dass sie, alle oder ein Theil, nur Tetrobolen der alten phoenikischen Prägung sind; aber das ist doch sehr unwahrscheinlich; und man wird wohl annehmen müssen, dass es nur zu leicht ausgebrachte Drachmen aeginaeischer Währung sind [2]). — Ausserdem haben wir auch zwei kleinere Nominale in Silber; das eine (n. 443—451) wiegt im Durchschnitt etwa 1,33 g und mag ein Viertel der aeginaeischen Drachme vorstellen (Trihemiobolion); das andere (n. 452, 453) wiegt 0,37—0,30 g und soll vielleicht ein (allerdings zu leichtes) Hemiobolion sein; doch ist es auch möglich, dass einige dieser kleinen Münzen zum älteren, phoenikischen System gehören. — Die Münzen aeginaeischer Währung sind gewiss zum grössten Theil zur Zeit Philipps II. und Alexanders d. Gr. geprägt. Unter Lysimachos hat Istros schwerlich prägen dürfen [3]), und in noch spätere Zeit können die Münzen ihrem Stile nach nicht gehören. Nur einige Stücke von besonders schlechter, fast barbarischer Arbeit (n. 454 bis 457) könnten auch in der Zeit zwischen dem Tode des Lysimachos und dem Kriege mit Byzanz oder noch später geprägt sein; aber in der Hauptsache gehört die Silberprägung von Istros dem IV. Jahrhundert an.

Die Typen der Silbermünzen, die wie gesagt in der ganzen Zeit der Prägung unverändert blieben, sind die folgenden:

Vs. Zwei unbärtige Köpfe nach vorn, der eine umgekehrt [4]), dicht aneinander gefügt.

---

[1]) Um die Vertheilung der Münzen mit grösserer Sicherheit vornehmen zu können, hätte man von allen Exemplaren unserer den Gewichtsangaben nach Abgüsse haben müssen. Da das nicht möglich war, so sind die Münzen, welche dasselbe Beizeichen haben, immer unter einer Nummer zusammengefasst. Aber wo, zu n. 416 bemerkt ist, gibt vielleicht auch für andere Fälle, dass nämlich Münzen mit gleichen Beizeichen zu verschiedenen Zeiten geprägt sein können.

[2]) Subaerate Münzen sind selten.

[3]) Möglich wäre es, dass der schöne Stater mit den Typen der Lysimachos, welcher unter n. 481* beschrieben ist, unter der Herrschaft des Königs in Istros geprägt ist; es ist aber ganz unsicher, ob er hierher gehört. Jedenfalls wäre er keine städtische, sondern eine königliche Münze.

[4]) Es ist bald der linke, bald der rechte Kopf umgekehrt; der Unterschied ist nicht immer beachtet worden; soweit die Stellung der Köpfe aber bekannt war, ist sie in Klammern hinter der Beschreibung angegeben.

Rs. Seeadler auf einem Delphin stehend, in dessen Kopf er mit dem Schnabel hackt.
[Abb.: Tafel II, 20—23, und im Text S. 161.]

Für den Typus der Vorderseite ist eine befriedigende Erklärung noch nicht gefunden. Die gewöhnliche Ansicht, dass wir die Köpfe der Dioskuren darin zu erkennen haben[1]), hat manches für sich. Denn die Darstellung dieser Götter ist ja für jede Seestadt passend; und die Stellung der Köpfe in einander entgegengesetzter Richtung kann man allenfalls, wie es Wise thut, auf ihren wechselnden Aufenthalt, einen Tag beim Vater Zeus und den anderen in der Unterwelt, beziehen[2]). Dass sie kein Attribut, Kappen oder Sterne, haben, würde nur den anderen ältesten Darstellungen[3]) entsprechen. Aber sicher ist diese Deutung keineswegs. Dagegen spricht besonders, dass die Dioskuren, während sie in den Nachbarstädten Tomis und Kallatis zu den häufigsten Typen gehören, auf den späteren Münzen von Istros nie erscheinen. Das ist um so auffallender, als der Typus der Rückseite, der Seeadler auf dem Delphin, auf den Kaisermünzen bis zum Ende der Prägung oft wiederkehrt. Vielleicht darf man daraus schliessen, dass der Typus der Vorderseite garnichts mit den Dioskuren zu thun hatte, die man ja auch auf Kaisermünzen hätte darstellen können, sondern dass er sich auf etwas anderes bezog, was in der späteren Zeit seine Bedeutung für die Stadt verloren hätte und darum nicht mehr auf die Münzen gesetzt worden wäre. Eine bestimmte Benennung der Köpfe wage ich nicht; aber die Vermuthung möchte ich wenigstens aussprechen, dass wir es mit einer Darstellung von Windgöttern, oder eines Windgottes, zu thun haben. Wir könnten sicherer darüber urtheilen, wenn wir etwas bestimmtes über die Örtlichkeit von Istros und über die Küstengestaltung in älterer Zeit wüssten; da die Stadt Schiffe von zwei Seiten, vom Meere und durch den See Halmyris von der Donau her, aufzunehmen hatte[4]), so beherrschten die Schiffahrt zwei verschiedene Winde, und ihre Köpfe — in entgegengesetzter Richtung, wie die Winde wehen — mögen auf den Münzen dargestellt sein. Aber es ist auch möglich, dass die beiden Köpfe nur einen Wind-

---

[1]) Eckhel d. n. 2, 14 nach dem Vorgang von Wise num. Bodl. 189; vorher schon habe Liccard (s. unten zu 405**) die gleiche Deutung vorgeschlagen. — Von älteren Ansichten verdient diejenige des Io. Vossius (observ. in Pomponium Melam S. 125) wenigstens angeführt zu werden, welcher in den Köpfen die beiden vermeintlichen Mündungen des Istros (in das Adriatische und in das Schwarze Meer) sehen wollte.

[2]) Es ist dagegen nur einzuwenden, dass nach dem gewöhnlichen Mythus je die beiden Dioskuren zusammen entweder in der Oberwelt oder in der Unterwelt waren, wogegen auf den Münzen der eine nach oben, der andere nach unten schaut; aber unmöglich ist die Deutung darum noch nicht.

[3]) Vgl. Furtwängler in Roschers Lexikon d. griech. und röm. Mythologie 1, 1174 fg.

[4]) Die Stadt lag vielleicht auf einer Landzunge und könnte zwei Häfen, einen am Meere und einen am See, gehabt haben. — Auch Becker (neue Jahrb. Suppl. 19, 339) glaubte, dass der Doppelkopf mit der Lage der Stadt in Zusammenhang stünde, und suchte ihn so zu erklären, dass der eine Kopf den Hafen (Istros), der andere die weiter westlich im Binnenlande belegene Stadt (Istropolis) bezeichnete; doch ist seine Annahme schon deshalb unzulässig, weil in der Überlieferung Stadt und Hafen eins sind, wie oben (S. 142 A. 4) bei Besprechung der Naturmerkwürdigkeiten eben bemerkt wurde.

gott bezeichnen; denn wenn Boreas mit einem janusartigen Kopf dargestellt wird und im allgemeinen, wie es scheint, Gestalten mit solchen Doppelgesichtern als Windgötter aufzufassen sind[1]), so war auch die auf den Münzen von Istros gewählte Anordnung der Gesichter geeignet, denselben Gedanken auszudrücken. Wo Windgötter in ganzer Figur dargestellt sind, erscheinen sie meistens geflügelt; dieses Attribut liess sich an den Köpfen unserer Münzen nicht gut anbringen; aber ein anderes Merkmal, das die Windgötter auf manchen Denkmälern haben, zeigen auch die Münzen oft, das wilde gesträubte Haar. Endlich kann auch noch darauf hingewiesen werden, dass Thrake ja nach griechischer Anschauung die Heimath der Winde war[2]); in der thrakischen Stadt Istros lag also eine solche Darstellung näher als anderwärts. Sicher ist diese neue Deutung der Köpfe, wie gesagt, nicht; aber wenn sie sich durch weitere Zeugnisse als richtig erweisen sollte, so würde man verstehen, weshalb der Typus auf den Kaisermünzen nicht erscheint: mit dem Hafen von Istros hatten auch die Winde ihre Bedeutung verloren. — Über den Typus der Rückseite braucht nicht viel gesagt zu werden. Es ist ein Seeadler, der seine Krallen in einen Delphin geschlagen hat und sich anschickt ihn zu verzehren[3]). Der gleiche Typus findet sich sehr häufig auch in zwei anderen milesischen Colonien am Pontos Euxeinos, Olbia und Sinope; die Übereinstimmung ist nicht auffallend, man braucht nicht an einen Münzvertrag oder dergleichen zu denken. Wir haben gesehen (oben S. 146), dass für Istros diese Darstellung das Stadtwappen bedeutet, da sie auch auf der Urkunde eines Volksbeschlusses angebracht ist. Diese Bedeutung scheint der Typus stets behalten zu haben; jedenfalls kehrt er sowohl auf den meisten autonomen Kupfermünzen wieder als auf vielen Kaisermünzen bis zu den letzten hinunter.

— Die Schrift lautet auf allen Silbermünzen mit Ausnahme der ältesten (n. 405) und der kleinsten (n. 452. 453) und ebenso auf den meisten Kupfermünzen ΙΣΤΡΙΗ; es

---

[1]) Vgl. Roscher, Hermes der Windgott (1878). Das Vasenbild, auf dem Boreas mit Doppelgesicht erscheint, ist abgebildet in Roschers Lexikon I, 809; vgl. die Bemerkungen von Rapp an derselben Stelle. — Auch andere Münzbilder mit Doppelgesichtern, z. B. in Tenedos und Lampsakos, sind vielleicht als Windgötter aufzufassen (vgl. Roscher im Lexikon 2, 54). — Einen anderen Typus, der ebenfalls als eine Wind-Darstellung angesehen werden könnte, werden wir bei Olbia kennen lernen; ich meine die beiden hinten verbundenen Pferdevordertheile (Taf. IX, 31), wie sie auch in Perinth und auf phoenikischen Münzen vorkommen; denn die Winde stellte man noch in älterer Zeit auch als Rosse vor (vgl. Preller griech. Mythologie I³, 473).

[2]) Preller, griech. Mythologie I³, 472.

[3]) Gewöhnlich sind beide Thiere linkshin gerichtet; doch giebt es auch einige Silbermünzen,
auf denen sie rechtshin erscheinen (n. 439—441. 452); auf den Kopfermünzen sind sie stets habebio gerichtet. — Den Vogel hielt Sestini (descr. 31) für einen Geier oder (Mus. Hederv. 7) gar für einen Speerber; und Cavedoni (spielegio 33) glaubte, dass dieser Vogel in einer schlecht überlieferten Stelle des Hesychius στρμβ genannt wäre, so dass der Stadtname Ίστρος damit zusammenhinge. Aber mit der Stelle des Hesychius ist nichts anzufangen, und der Vogel ist ein Seeadler ebenso wie der auf den Münzen von Sinope und anderen Städten. — Statt des Delphins glaubte Sestini einmal auf einer Kaisermünze ein vierfüssiges Thier zu erkennen (descriptio cum. ct. 31, 12); die Münze, jetzt in Kopenhagen, hat aber sicher einen Delphin, der nur wie auf den meisten Kaisermünzen unverhältnissmässig gross ist; s. unten die Bemerkung zu n. 579.

ist das der Nominativ des Stadtnamens[1]), wie er auch auf den ältesten Münzen von Kallatis und Olbia erscheint (vgl. oben S. 83). Auf einer der spätesten Münzen von schlechter Arbeit (n. 457) findet sich die Form Ἴστρις (rückläufig); doch ist das wohl nicht eine absichtliche Abweichung vom Dialekt, sondern ein Fehler, wie auf zwei ähnlichen Münzen auch die fehlerhafte Form Ἴστρη steht. — Als Beizeichen erscheint auf den älteren Silbermünzen nur immer je ein Buchstabe; es ist daher unsicher, ob es Zeichen der Münzwerkstatt oder Abkürzungen von Beamtennamen sind. Später finden sich in der Regel mehrere Buchstaben oder Monogramme, oft auch zwei Beizeichen auf einer Münze (über und unter dem Delphin); hier wird es sich überall um Beamtennamen handeln, etwas näheres lässt sich aber nicht feststellen; dasselbe gilt auch für die meisten Kupfermünzen.

Unter den Kupfermünzen lassen wir diejenigen, welche auf der einen Seite nur die Buchstaben ΙΣΤ und auf der anderen ein Rad mit vier Speichen haben, hier ausser Betracht; wir werden unten (S. 180) sehen, dass sie nicht nach der Stadt Istros selbst gehören, sondern wahrscheinlich nach der weiter nördlich gelegenen Niederlassung Ἰστριανῶν λιμήν. — Die Kupfermünzen von Istros haben auf der Rückseite fast ausnahmslos denselben Typus wie die Silbermünzen, den Seeadler auf dem Delphin. Aber auf der Vorderseite haben sie nie den Typus der beiden unbärtigen Köpfe[2]), sondern immer nur einen Kopf. Ihre Zeit lässt sich nicht genau bestimmen; doch dürften die meisten erst nach dem Aufhören der Silberprägung, also etwa seit 250 v. Chr., geprägt sein. Älter scheinen nur diejenigen mit dem lorbeerbekränzten Kopf des Apollon zu sein (n. 458—462; Tafel II, 24), oder wenigstens ein Theil derselben; der Kopf erinnert sehr an den mancher Goldstater König Philipps II. von Makedonien, und diese Münzen von Istros könnten noch im IV. Jahrhundert geprägt sein. Auf die Bedeutung des Apollon als Stadtgott von Istros kommen wir unten zurück. — In spätere Zeit gehören verschiedene Münzen, auf deren Vorderseite ein Kopf nach vorn dargestellt ist. Ein unbärtiger Kopf mit Strahlenkranz (n. 464—467; II, 25)[3]) erinnert sehr an einen Typus von Olbia (Tafel IX, 31); er soll wohl Helios sein. Der gehörnte bärtige Kopf[4]) auf der folgenden Münze (n. 468; II, 26) stellt ge-

---

[1]) Goltzius (ib. kuberrimus 135) giebt an, dass auf Münzen ΙΣΤΡΙΩΝ stehe; das stosst sich aber nur auf seine eigene Zeichnung einer gewöhnlichen Silbermünze mit ΙΣΤΡΙΗ, auf der er ähnlich das Beizeichen ΩΝ (vielleicht statt Ω) anbrachte; s. unten 435°.

[2]) Über zwei angebliche Kupfermünzen dieser Art (Mionnet S. 2, 68, 89, 90) vgl. die Bemerkung zu n. 458° und 458°°.

[3]) Als Gegenstempel erscheint ein solcher Kopf auf einer Münze (n. 476a), die aber ihrem Stile nach in spätere Zeit gehört; dass auf dieser Münze der Beamtenname ΔΙΟΝΥ erscheint und eine der

Hellasmünzen ΔΙΟ hat (n. 466), ist jedenfalls nur ein zufälliges Zusammentreffen.

[4]) Gardner bemerkt in seiner Arbeit »greek riverworship« (transactions of the R. Society of Literature, 2 Series, Vol. 11 S. 109), dass der Phasgoti von Olbia eine mythische Physiognomie zeige; dasselbe könnte man vielleicht von einigen unserer Istrosköpfe sagen, doch ist es unsicher. — Über gehörnte Flussgötter im allgemeinen vgl. Aelianus var. hist. 2, 33 und dazu Purgold arehäol. Bemerkungen zu Claudian und Sidonius (1878) S. 36 fg.; unter den Beispielen des Aelianus fehlt nicht nur der Acheloos, sondern auch unsere

wiss nicht einen kleinen Küstenbach bei der Stadt dar, sondern es ist der grosse Flussgott Istros; wir werden sehen, dass auch die Flussgötter der nördlicheren Städte geehrt dargestellt werden, der Tyras auf den Münzen von Tyra und der Hypanis oder Borystheues auf denjenigen von Olbia. Endlich die Münzen mit dem Kopf des Dionysos (n. 469. 470; III, 5) haben auf der Rs. statt des gewöhnlichen Typus die zu dem Götterkopf passende Weintraube; ob für diese abweichende Darstellung eine besondere Veranlassung vorlag, ist unbekannt. Der Arbeit nach sind die Münzen mit den Köpfen des Helios, Istros und Dionysos ungefähr gleichzeitig; sie dürften um 200 v. Chr. geprägt sein. In dieselbe Zeit könnte eine kleinere Münze mit Delphin auf der Vs. und Ähre auf der Rs. gehören (n. 471; III, 6); doch gestattet der Stil keine sichere Datirung. — Die übrigen Kupfermünzen scheinen dem Stile nach in spätere Zeit zu gehören. Auf der Vorderseite zeigen sie, vielleicht mit einer Ausnahme (n. 476a, Apolloni) den Kopf der Demeter (n. 472—476; Tafel III, 1. 2); viele Exemplare haben Gegenstempel, die wohl in Istros selbst aufgeprägt sind. Der Typus der Rs. ist der gewöhnliche, nur dass vor den Thieren eine aufrecht stehende Ähre erscheint (ausser bei n. 473). Die letzte Münze dieser Gruppe (n. 477; III, 3) hat eine etwas abweichende Darstellung auf der Rs.: der Seeadler beisst nicht in den Delphin, sondern er steht auf ihm und wendet seinen Kopf rückwärts; so findet sich der Typus öfter auf Münzen von

Olbia. Auf der Vorderseite hat diese Münze den Kopf der Demeter oder Kore mit Ährenkranz, aber ohne Schleier, wie er ebenfalls in Olbia ähnlich erscheint. —

Die interessantesten Kupfermünzen von Istros sind jedenfalls die schon erwähnten Münzen des Aristagoras (n. 478 fg.; Tafel III, 4; vgl. oben S. 146). Dieselben haben auf der Rückseite den gewöhnlichen Typus zwischen dem Stadtnamen ΙΣΤΡΙΗ und dem abgekürzten Beamtennamen ΑΡΙΣΤΑ. Da der Stil dieser Münzen gerade auf die zweite Hälfte des II. Jahrhunderts weist, so liegt der Gedanke nahe, dass der prägende Beamte mit dem 'Αριστηγόρης der Inschrift von Kara-Härman identisch ist; und der Typus der Vorderseite bestätigt jeden Zweifel daran. Der Volksbeschluss rühmt von Aristagoras, dass er in schwerer Zeit viermal das Priesterthum des Stadtgottes Apollon übernommen habe; und einen Apollon zeigt die Vorderseite der Münzen, und zwar in einer für Istros neuen Darstellung:

Apollon auf dem Omphalos linksbin sitzend, in der R. einen Pfeil, die L. auf den hinter ihm stehenden Bogen gestützt.

[Abbildung: Tafel III, 4.]

Dass Apollon der Hauptgott der Stadt ist, lehrt die Inschrift; der Kranz seines Priesters ist der ἰσόνομος τῆς ἐλάσεως. Wir haben den Kopf des Apollon auf den ältesten Kupfermünzen gefunden und werden sehen, dass ein stehender Apollon (als Kitharöde) auf Kaisermünzen oft erscheint. Der Typus des sitzenden

Apollon aber findet sich in der Prägung von Istros nur auf den Münzen des Aristagoras und einigen Nachahmungen[1]; und man wird die Wahl dieses besonderen Typus durch die besonderen Zeitumstände, wie sie die Inschrift schildert, erklären dürfen; vielleicht sollte, wie schon oben (S. 146) gesagt wurde, Apollon in diesem Bilde als Retter der Stadt gefeiert werden. Dass es in Istros ein Cultbild dieser Art gab, ist möglich, aber nicht wahrscheinlich. Vielmehr wird die Darstellung von den Münzen der Seleukiden entlehnt sein, in deren Prägung, besonders von Antiochos I. bis Antiochos IV., sie einen der wichtigsten Typen bildet[2]. Zwar findet sich auch in Sinope, das näher lag und so viele Beziehungen zu Istros hatte, ein auf dem Omphalos sitzender Apollon als Münztypus; aber dort ist die Lyra sein Attribut[3]. Dagegen mit dem Apollon der Seleukidenmünzen, besonders derjenigen Antiochos' I., stimmt der von Istros ganz genau überein, und da die Tetradrachmen der Könige wie überall so auch in unserem Gebiet umliefen[4], so ist die Nachahmung des Typus nicht auffallend; kehrt er doch sogar in dem weit entlegenen Rhegion wieder. — Da der Stadtgott in der Inschrift als 'Απόλλων Ιητρός bezeichnet ist, so werden die Istrianer auch den Typus ihrer gleichzeitigen Münzen als eine Darstellung des Apollon Iatros angesehen haben; aber daraus folgt natürlich nicht, dass der Gott auf den Seleukidenmünzen, und wo er sonst in gleicher Weise dargestellt ist, mit dem Beinamen Ιητρός zu belegen ist; es giebt vielmehr benannte Darstellungen des Apollon Iatros, auf denen er ganz anders dargestellt ist[5]. — Die Stellung, in welcher Aristagoras die Münzen mit dem Apollon hat prägen lassen, war übrigens schwerlich das Priesteramt; es wurde schon oben (S. 146) gesagt, dass er die Prägung wohl nach dem Ende der Unruhen als

---

[1] Einige Münzen mit diesem Typus haben allerdings keinen Beamtennamen (n. 470, 481); wie aber ihr schlechter Stil zeigt, sind sie nach demjenigen des Aristagoras geprägt; dieser hat also jedenfalls den neuen Typus eingeführt.

[2] Vgl. über diesen Typus und sein Verhältnis zu den Apollondarstellungen von Delphi und von Paphos besonders Babelon rois de Syrie, introd. p. XLIII—XLVIII; vorher Overbeck Kunstmythologie 4 (Apollon) 307 fg. und Münztafel III, 35—43, auch Furtwängler in Roschers Lexikon I, 463. Dass auch unsere Münze von Istros in diesen Kreis gehört, ist noch nirgends hervorgehoben worden.

[3] Das Tetradrachmon von Sinope s. bei Six num. chron. 1885, 48, 121, II, 18 und bei Overbeck a. a. O. Münztafel III, 37; Six weist die Prägung wohl richtig zwischen 169 und 183 v. Chr. — Auch in einer anderen Stadt des nördlichen Kleinasiens, in Kalchedon, findet sich der auf dem Omphalos sitzende Apollon als Münztypus (Overbeck III, 38; British Museum

Cat. Pontus 126, 19, 20; XXVII, 12, 13); hier hat er allerdings Pfeil und Bogen, aber die Figur ist rechtshin gewendet und hat auch sonst nicht so viel Ähnlichkeit mit derjenigen von Istros wie der seleukidische Typus. Umgekehrt waren jene Münzen von Sinope und Kalchedon jedenfalls in geringer Menge geprägt und ausserhalb der Stadtgebiete wenig verbreitet, während die Königsmünzen in Masse umliefen; vgl. die folgende Anmerkung.

[4] Ein in Kallatis überstempeltes Tetradrachmon Seleukos' I. ist oben n. 311 beschrieben; ein Tetradrachmon Antiochos' I. mit dem Typus des sitzenden Apollon, in Byzantion überstempelt, in Cat. Phoriadès 1478; ein ähnliches Stück Antiochos' III. Cat. Phoriadès 1479.

[5] Overbeck Apollon S. 27, Münztafel I, 28; ein schöneres Exemplar beschreibt Löbbecke Zschr. f. Num. 15 (1887) 38, über Abbildung. Er schreibt doch, dass der Lorbeerzweig ein Kennzeichen des 'Απόλλων Ιητρός ist; ich komme an einem anderen Orte darauf zurück.

ἀγορανόμος vollzogen hat. Ob auch die anderen auf Münzen von Istros genannten Beamten Agoranomen waren, muss dahingestellt bleiben; Titel sind nie angegeben[1]).

Einige Jahrzehnte nach den Münzen des Aristagoras sind die Goldstücke geprägt, welche in Bild und Schrift die Stater des Lysimachos nachahmen und am Throne der Athena die Buchstaben IΣ zeigen, die Abkürzung des Stadtnamens Istros (n. 482; Tafel III, 27). Sie haben wie die ähnlichen Stücke von Kallatis und Tomis im Abschnitt der Rückseite einen Dreizack als Abzeichen und sind wie jene in der Zeit des Mithradates geprägt[2]). Der König, dessen Kopf mit dem Widderhorn am Diadem auf der Vorderseite dargestellt ist, könnte allenfalls Mithradates d. Gr. selbst sein; doch hat das Gesicht mehr Ähnlichkeit mit seinem Sohne Ariarathes; jedenfalls ist es keine willkürliche Verzerrung des alten Typus, sondern sicher ein Portrait, und gehört wegen der Übereinstimmung mit den Goldmünzen von Kallatis (oben S. 92) in diese Zeit. Das Gewicht ist, wie bei den gleichzeitigen Goldmünzen von Kallatis (oben S. 92), leichter als das der alten Stater; die gut erhaltenen Stücke wiegen 8,27–8,08 g. Es scheint in Istros nur eine Emission solcher Münzen stattgefunden zu haben; denn sämmtliche bekannte Exemplare tragen denselben abgekürzten Beamtennamen ΔI und sind auch aus denselben Stempeln[3]). — Wenn die Stadt, wie es wahrscheinlich ist, in der Mithradatischen Zeit auch Kupfermünzen[4]) geprägt hat, so dürften das die Münzen mit dem Beamtennamen ΔIONY sein (n. 476. 476a; vgl. S. 151 A. 3), die ihrem Stile nach damals geprägt sein könnten.

Nach der Eroberung durch Lucullus hat die Stadt Istros wohl keine Münzen geschlagen, bis die Kaiserzeit ihr die Erneuerung des Münzrechts brachte. Dieses Münzrecht scheint aber beschränkter gewesen zu sein als das von Kallatis, da von Istros fast gar keine Münzen ohne Kaiserköpfe nachweisbar sind[5]). Das einzige Stück, das bekannt geworden ist (n. 483; Tafel III, 7), ist erst unter Severus oder noch später geprägt. Als Typus der Vorderseite ist nicht, wie man erwarten würde, der Kopf des Apollon oder der des unten zu besprechenden

---

[1]) Auch die Monogramme der Münzen n. 438 steht schwerlich für den Titel ἀγχ(των) oder ἀγχ(ωρνίς), sondern es wird Abkürzung eines Eigennamens ('Αρχ.... oder Χαρ....) sein, wie andere Monogramme auf Münzen mit zwei Beischriften (vgl. oben S. 151).

[2]) Müller Lysim. n. 283 hat der Stadt Istros auch einen Stater schüteren Stils zugeschrieben, welcher im Felde die Buchstaben ΙΣ und im Abschnitt ein Monogramm hat (unten 481ª). Wenn diese Münze wirklich in Istros geprägt ist, so ist sie aber wohl als eine königliche anzusehen (vgl. oben S. 148 A. 3); sie könnte sehr wohl in die Zeit des Lysimachos selbst gehören. Aber die Zutheilung ist ganz unsicher.

[3]) Die von Müller n. 284 angeführten Exemplare, die angeblich nur ΔI im Felde haben, sind aus demselben Stempeln wie die übrigen und haben ΔI; vgl. unten 482ª.

[4]) Von Silbermünzen könnte man allenfalls diejenigen von schlechterem Stil (n. 454–457) in diese Zeit setzen; doch ist es wahrscheinlicher, dass sie im III. Jahrhundert geprägt sind; vgl. oben S. 148.

[5]) Dass aus der Prägung ohne Kaiserköpfe die Art des Stadtrechts nicht geschlossen werden kann, ist oben S. 82 schon bemerkt worden. Das Stadtrecht von Istros war jedenfalls dasselbe wie das der anderen Seestädte; die Statthalternamen fehlen auf den Münzen hier wie da.

lokalen Heros gewählt, sondern ein Brustbild der Athena; auf der Rückseite erscheint ein Dionysos in conventioneller Darstellung; warum gerade diese Götter dargestellt sind, wissen wir nicht[1]). Alle anderen Münzen haben auf der Vorderseite das Bild eines Kaisers oder einer Kaiserin.

Wann die Prägung der Kaisermünzen begonnen hat, ist nicht sicher festzustellen. Eine dem Augustus zugeschriebene Münze (n. 484) ist leider verschollen; nach der Zeichnung gehört sie aber gewiss nicht diesem Kaiser, sondern vielleicht dem Nero oder Hadrianus; doch könnte es auch Caracalla sein. Auf eine nicht ganz sichere Münze des Pius (n. 485) folgt dann seit Commodus eine reichere Prägung, die unter den meisten folgenden Kaisern fortgesetzt wurde und unter Gordianus, aber erst nach der angeblichen Zerstörung der Stadt[2]), ihr Ende erreichte. Die Werthzeichen erscheinen auf den Münzen von Istros weniger regelmässig als auf denjenigen der Nachbarstädte. Von den Münzen des Commodus hat eine einzige (n. 488) ein B, und zwar an ungewöhnlicher Stelle; die anderen, auch die von gleicher Grösse und mit gleicher Vorderseite, haben kein Werthzeichen, und dasselbe gilt für die unter Severus geprägten Münzen. Erst unter der Alleinherrschaft des Caracalla setzt der Gebrauch sich so weit fest, dass wenigstens die grösseren Stücke durch E und Δ bezeichnet werden; Γ findet sich nur einmal. Obwohl die Werthe vieler Münzen unsicher sind, sei hier wie bei den anderen Städten eine Tabelle aufgestellt:

(Nero? Hadrianus?)		(2?)
Pius		(2?)
Commodus	(4?)	B 2 1
Severus	5	
Domna	5	(3?)
Caracalla and Domna	1	1
Caracalla	E	1 1
Geta[3])		1
Elagabalus	E Δ	
Alexander	E Δ	
Mamaea		(3?)
Gordianus	E Δ	
Tranquillina		Γ (3?)
Gordianus und Tranquillina	E	

Die Auswahl bestimmter Typen für die verschiedenen Nominale ist auch hier, wenigstens seit Severus, erkennbar: für die Münzen mit E[4]) und die ihnen entsprechenden ohne Werthzeichen ist der Haupttypus der reitende Heros (s. unten), ausserdem besonders Tyche (n. 497).

---

[1]) Auf Kaisermünzen findet sich einmal eine Darstellung der Athena, wie sie überall vorkommen kann (n. 527); ein Dionysos, der dem oben angegebenen genau gleicht, kehrt unter Caracalla wieder (n. 507). In dessen Zeit auch die Münze ohne Kaiserkopf etwa gehören könnte.

[2]) Über die Zerstörung vgl. oben S. 147.

[3]) Die Münzen des Geta sind vermuthlich erst nach dem Tode des Severus geprägt, da auch alle Münzen der Caracalla erst in diese Zeit gehören. Die Münzen der Domna dagegen setze ich in die Regierungszeit des Severus,

weil sie keine Werthzeichen haben; beweiskräftig ist das allerdings nur für die grossen Münzen (n. 500), während diejenigen mit dem Reeadler auf dem Delphin (n. 501. 502) ja noch in späterer Zeit ohne Werthzeichen geprägt worden sind.

[4]) Auf den Münzen des Caracalla ist die runde Form E angewendet, später die eckige Ε; vgl. die entsprechenden Bemerkungen bei Kallatis (S. 96) und Dionysopolis (n. 129). Von der unsicheren Münze des Caracalla und der Domna (n. 503) ist hier abzusehen.

505. 513. 521. 522. 528) und Kybele (n. 495. 496. 500. 512. 517), für die mit Δ Apollon; die einzige Münze mit Γ (n. 530) hat einen Flussgott; aber vielleicht vertreten auch die Münzen mit dem Seeadler auf dem Delphin (ausser 489) dieses Nominal, besonders da sich dieser Typus ausser bei Commodus nur bei Kaiserinnen[1]) findet; über die anderen Nominale lässt sich nichts bestimmtes sagen. Der Gebrauch, zwei Köpfe auf die Vorderseite der Fünfer zu setzen (oben S. 77), ist erst am Ende der Prägung sicher nachweisbar; doch haben wir in Istros ausser den Fünfern mit Gordianus und Tranquillina (n. 524—528) auch solche mit Gordianus allein (n. 521, 522)[2]). Bei einer Münze mit den Köpfen des Caracalla und der Domna (n. 503) ist das Werthzeichen unsicher[3]). — Die Gewichte entsprechen im allgemeinen denjenigen in den Nachbarstädten, nur dass die Fünfer, mit und ohne E, oft beträchtlich schwerer sind als dort; die meisten wiegen über 15 g, die schwersten 17,72—17,60; doch giebt es auch leichtere Stücke, besonders zuletzt, die bei guter Erhaltung nur 10,68 bis 12,49 g wiegen[4]). Die Münzen mit Δ wiegen 13,72 und 12, die späteste 9,09 g; die einzige mit Γ hat ein Gewicht von 6,59 g, während die mit dem Seeadler auf dem Delphin, die auch grösseren Durchmesser haben, zum Theil allerdings viel schwerer sind. Von den kleinen Nominalen sind nur wenige Gewichte bekannt: die Zweier (n. 506, 508) wiegen 5,85 und 5,17 g, der gleichzeitige Einer (n. 507) 2,70.

Unter den Typen der Kaisermünzen ist vor allem derjenige zu nennen, der unverändert aus der alten autonomen Prägung der Stadt herübergenommen worden ist, der Seeadler auf dem Delphin. Wie oben (S. 146) bemerkt wurde, ist diese Darstellung als das Stadtwappen von Istros anzusehen. Sie erscheint auf Kaisermünzen zuerst unter Commodus (n. 489) und dann auf den Münzen der Kaiserinnen Domna (501, 502), Mamaea (520) und Tranquillina (529, III, 10). Ausserdem finden wir diese Darstellung einmal klein im Felde neben einer stehenden Tyche (n. 497), die gewiss durch die Beigabe des Stadtwappens als Stadtgöttin bezeichnet werden soll. — Ferner wurde schon erwähnt, dass auf den Kaisermünzen ein Apollon dargestellt ist, besonders auf denjenigen mit Δ (n. 514, 515, 519), und auch eine ältere ohne Werthzeichen (n. 487) ist wohl als Vierer anzusehen. Dass Apollon in früherer Zeit als der Hauptgott von Istros angesehen worden war, ist schon oben (S. 152) gesagt worden; auf älteren Münzen fanden wir entweder seinen Kopf oder den Gott in ganzer Figur, auf dem Omphalos sitzend. Auf den Kaisermünzen von Istros ist Apollon als Kitharoede, stehend, mit langem Gewand,

---

[1]) Dass das Nominal mit Γ hauptsächlich, wenn auch nicht ausschliesslich, auf Münzen der Kaiserinnen erscheint, ist S. 76 bemerkt worden; besonders deutlich ist das m der Prägung von Kallatis (vgl. S. 95).
[2]) Die Bemerkung oben N. 77 Anm. 6, dass auf den istrianischen Münzen mit zwei Köpfen das E zuweilen als unnöthig fortgelassen ist, war nicht richtig; auf allen sicheren Exemplaren steht das E; die Stücke, auf denen es zu fehlen schien, sind schlecht erhalten oder irgendwie beschrieben; vgl. die Citate zu n. 524—528.
[3]) Die Münze, welche den Kopf des Severus auf der Vs. und den der Domna auf der Rs. hat (n. 499), kommt hier nicht in Betracht.
[4]) Es ist auch ein Stück mit E vorhanden, das nur 5,82 g wiegt (n. 525,1); dasselbe ist aber schlecht erhalten.

zuweilen am Altar, dargestellt (Taf. XIV, 26, 27)¹); wenn der unbestimmte Kaiser der ersten Münze (484) wirklich Nero ist, so dürfte man vermuthen, dass ihm zu Ehren diese neue Darstellung des Gottes gewählt worden ist, als passender Dank für die Verleihung des Münzrechts²). — Aber die häufigste Darstellung auf den Kaisermünzen von Istros ist ein ganz neuer Typus, der mit kleinen Verschiedenheiten unter allen Kaisern wiederkehrt:

Bärtiger Reiter, mit Kalathos auf dem Kopfe, im Schritt rechtshin; hinter ihm ist ein Stab aufgepflanzt auf dem ein Vogel r. sitzt; vor ihm, unter dem erhobenen r. Vorderfuss des Pferdes, gewöhnlich ein Altar.

[Abbildungen: Tafel III, 8. 9]

Auf den kleinen Münzen, die uns zuerst die Darstellung dieses Reiters bringen (485. 490. 491), erscheint seine Figur allein; auch hat er hier den Kalathos noch nicht. Aber seit Severus ist er der Haupttypus des grössten Nominals, der Fünfer. Von da an trägt er überall den Kalathos und hat stets den Stab mit dem Vogel hinter sich; auch der Altar fehlt nur auf einigen Münzen des Severus (492. 493)³). Der Gott wird gewöhnlich Sarapis genannt, weil dies für einen bärtigen Gott⁴) mit dem Kalathos auf dem Haupte in der That die nächstliegende Benennung ist. Aber es gilt hier dasselbe, was gegen die gleiche Benennung des bärtigen Reiters auf Münzen von Odessos mit Recht eingewendet worden ist, dass nämlich ein Sarapis zu Pferde unerhört wäre⁵). Und wie der Reiter von Odessos wahrscheinlich kein anderer ist als der bekannte Lokalgott dieser Stadt, der θεὸς Μέγας⁶), so werden wir in dem Reiter von Istros ebenfalls einen θεὸς ἐπιχώριος zu erkennen haben⁷). Beide gehören gewiss zu jenem Kreise von Figuren, für welche die gemeinsame Bezeichnung »thrakischer Reiter« gebräuchlich ist oder Heros, wie sie in lateinischen und griechischen Inschriften zuweilen heissen⁸). Darstellungen dieses Reiters finden sich im ganzen thrakischen Gebiet, besonders als Votivreliefs; auch in Tomis ist er auf mehreren Reliefs in verschiedener Weise dargestellt⁹), so dass er gewiss auch im benachbarten Istros zu erwarten ist. Die Frage, wie diese »thrakischen Reiter« zu

---

¹) Vgl. Overbeck Apollon S. 305, Münztafel IV, 11. Auf der ersten harianischen Münze (n. 484) ist der Typus etwas anders dargestellt, dem von Perinth ähnlicher, was auch für die Zutheilung an Nero spricht.
²) Vgl. die Bemerkung zu 484 und die vorige Anmerkung.
³) Von der unsicheren Münze n. 503 (Caracalla und Domna) ist auch hierbei abgesehen.
⁴) Der Gott ist auf allen gut erhaltenen Münzen sicher bärtig; wo er unbärtig zu sein scheint, beruht das auf schlechter Erhaltung; das gilt auch für die Münzen in Berlin Cat. 55, 26 · 28. — Strahlen hat der Kopf niemals; die Angaben in älteren Beschreibungen sind irrig (vgl. zu 516). — Die schlecht erhaltene Münze in London Cat. 27, 20 (unten 524, 5) hat nicht einen

Men, sondern den gewöhnlichen Typus, wie ein mir freundlichst übersandter Abguss zeigt.
²) Michaelis im Journal of hellenic studies 6 (1885) 303. Den Reiter von Istros erwähnt er nicht, so wenig wie Overbeck Kunstmythologie 2, 320, der den Typus von Odessos noch als reitenden Serapis anführt.
³) Vgl. die Einleitung zu Odessos.
⁴) Die Vermuthung, dass der Typus von Istros mit dem thrakischen Reiters verwandt sein könnte, hat auch W. Drexler mythologische Beiträge 1, 89 ausgesprochen.
⁵) Über den thrakischen Reiter vgl. Dumont mélanges d'archéologie N. 218, 290 und besonders N. 509 fg. mit den Zusätzen von Homolle; ferner Drexler in Roschers Lexikon 1, 2562.
⁶) Arch.-ep. Mitth. 6, 18, 38, 39: 8, 16, 48; 14, 22, 50.

deuten sind, kann hier nicht untersucht werden. Es genügt zu bemerken, dass keineswegs immer heroisirte Verstorbene darin zu erkennen sind, sondern dass der Reiter oft ein Heros von lokaler Bedeutung ist, dem göttliche Verehrung zutheil wird; daher ist es auch nicht anstössig, dass ein solcher Lokalgott sogar auf die Münzen gesetzt wird. In einer Inschrift von Tomis ist der Heros mit Iupiter identificirt[1]); mehrfach findet er sich mit Beinamen[2]); wie er in Istros hiess, ist noch nicht bekannt[3]). Seine Darstellung auf den Münzen ist von dem geläufigen Sarapistypus gewiss beeinflusst, wie dies auch für den stehenden Ἥρ. Μέγας auf den Kaisermünzen von Odessos gilt. Daraus erklärt sich der Kalathos, der dem thrakischen Heros ursprünglich nicht zukommt. Auf den ersten und einigen der letzten Münzen von Istros hat der Reiter sogar ein Füllhorn in der Hand, das Abzeichen des Gottes von Odessos. Was der Stab mit dem Vogel bedeutet, der auf den meisten Münzen hinter dem Reiter steht, ist schwer zu sagen. Auf den älteren Münzen möchte man ihn für ein Scepter mit Adler halten; die Stütze allein gleicht allerdings mehr einer Fackel, auf die aber der Vogel nicht gehört. Auf den Münzen des Gordian ist die Stütze gleichmässig dick und stellt sich als eine Säule oder ein Pfeiler dar; der Vogel scheint ein Adler zu sein oder vielleicht ein Seeadler wie im Stadtwappen. Jedenfalls ist es ein Symbol des lokalen Cultus, dessen Bedeutung uns unbekannt ist. Der Altar vor dem Pferde bedarf keiner Erklärung; er findet sich oft auch auf Votivreliefs mit dem thrakischen Reiter.

Von den übrigen Typen sind nur noch die beiden **Flussgötter** zu erwähnen, welche auf Münzen des Elagabalus (511) und der Tranquillina (530) erscheinen. Auf der ersteren erhebt sich im Hintergrunde ein Leuchtthurm, in dem wir gewiss ein zur Zeit der Prägung vorhandenes Bauwerk am Hafen zu erkennen haben. Der Gott selbst ist auf beiden Münzen bärtig dargestellt, aber nicht mehr mit Stierhörnern wie in der älteren Zeit (oben S. 152), sondern vollkommen menschlich, wie gewöhnlich in der Kaiserzeit, mit dem strömenden Quellgefäss am Boden gelagert. An einen Meergott, etwa den Pontos wie wir ihn in Tomis finden werden, ist nicht zu denken; aber auch einen Küstenbach bei der Stadt stellt der Typus schwerlich dar; sondern es ist gewiss trotz allen Wechsels der Verhältnisse kein anderer als der grosse Strom, dem die Stadt ihren Namen verdankt, der Istros.

---

[1]) C. I. L. 3 Suppl. 7534: H(eroi) O(ptimo) M(aximo) Heroi; vgl. auch 7530—7532.
[2]) Vgl. Dumont s. a. O. 510 unter Ἥρως, auch bei Κύρος und Θεός.

[3]) Vielleicht steckt sein Name in einer undeutlichen Stelle der schon erwähnten Inschrift arch.-ep. Mitth. 17, 87, 11, wo Τοτίλερος sacerdotium et liber(i) lesen will; vgl. oben S. 146 A. 5.

405 S 19		Zwei jugendliche männliche Köpfe nach vorn, der eine umgekehrt, dicht aneinander gefügt	ΙϹΤΡΙ oben. Seeadler L auf einem l. liegenden Delphin stehend, in dessen Kopf er mit dem Schnabel hackt
Taf. II, 20		Abbildung (5) Gewicht: 7,02 (4) — 6,88 (6) — 6,82 (1) — 6,37 (8, mit Loch) Abweichungen: Vs. Stellung der Köpfe entlehnt 1. 3. 4. 6. 7, r. umgekehrt 2. 5; — Rs. das I am Halsicren nicht zu sehen 4. 6 1 Athen — 2 Berlin Cat. 51, 1, II, 23 von Rauch — 3 Bukarest — 4 Mailand — 5 Odessa Univ. — 6 St. Petersburg. — ; - 7 (= 21) Wiczay 2115; Sestini mus. Hederv. 24, 1	Vertieftes Quadrat
406 S 19		Zwei Köpfe wie vorher, aber von schönerem Stil (r. umgekehrt 2) Gewicht: 6,74 (1) — 6,73 (1) 1 Hunter Combe 161, 1 — 2 Lübbecke	ΙϹΤΡΙΗ Seeadler auf Delphin L wie vorher; im Felde r. hinter den Beinen des Seeadlers I (Kein vertieftes Quadrat)
407 S 19		ebenso Gewicht: 6.65 1 Hs	ebenso, aber I unter dem Delphin
485° G 20		Zwei Köpfe wie oben 1 Beger thes. Palatinus 266 — thes. Brandenb. 1, 488 [Parma Sicilia, ed. Havercamp, 462, LXXXIV, 2; Gessner num. pop. 268, XXVII zu n. 7; Eckhel d. n. 1, 15] — 2 Ramus cat. num. reg. Daniae 1, 99, 1 Die erste dieser Münzen ist im Berliner Cabinet nicht vorhanden; schon im Jahre 1805 hatte sie Sestini (lettere 8, 33) dort vergeblich gesucht; Sallet (Z. Berlin K. 51) vermuthet gewiss mit Recht, dass sie einmal als falsch erkannt und eingeschmolzen worden ist. Die zweite Münze ist in Kopenhagen noch vorhanden, aber als falsch anerkannt.	ΙϹΤΡΙΗ oben. Seeadler auf Delphin L wie oben; unter dem Delphin A
485°° G 21		ebenso 1 Paris Pellerin recueil 1, 201, XXXVI, 7 [Eckhel d. n. 1, 15]. (Mionnet S. 2, 68 hat die Münze für verdächtig erklärt, sie liegt jetzt in Paris unter den falschen; es könnte aber eine echte, nur vergoldete, Münze sein; vgl. unten 446). — 2 J. G. Eccard epistola de nummis quibusdam explicatu difficilioribus (1712) S. 6, Abbildung 1 auf der Tafel (Postumi ad nummos conviviares M. Antonii animadversiones, 1757, S. 63 mit Abb. auf S. 68) aus der Sammlung des Abtes Gerhard (Molanus) von Lokkum, der sie von der Prinzessin von Wales zum Geschenk erhalten hatte. (Eccard hatte Nichrift und Bild der Rs. nicht erkannt und hielt sie für eine Münze von Tyrus; Pacland giebt sie richtig nach Istros. Ob sie vergoldet oder gegossen war, ist nicht zu entscheiden; die anderen Münzen des Molanus kommen später nach Gotha, doch ist das Stück hier nicht vorhanden.)	ebenso, aber ohne erkennbares Beizeichen

160   MOESIA INFERIOR

408 Zwei Köpfe wie vorher, aber von ΙϹΤΡΙΗ Seeadler auf Delphin l.
S 19   schönerem Stil (r. umgekehrt i. 4)   wie vorher; im Felde r. hinter den
                                             beinen des Seeadlers P
                                             (Kein vertieftes Quadrat)
       Gewicht: 6,83 (1) — 6,68 (4) — 6,23 (3. vergoldet)
       1 Berlin Cat. 52. 4 — 2 Haag   3 Mailand. —|— 4 Mionnet 1. 357, 27 ist im Pariser
       Cabinet ab falsch ausgesondert, könnte aber doch echt sein.

409 ebenso (l. umgekehrt 1) | ebenso, aber P unter dem Delphin
S 20   Gewicht: 6,99 (1) — 6,82 (2) — 6,82 (4)
       Abweichungen: R., auf der obere Theil des Buchstaben (P) erhalten 2; da aber
       für B das hohe Gewicht nicht passt, gehört die Münze gewiss hierher — Spuren
       des vertieften Quadrats zu erkennen 1
       1 Berlin Cat. 52, 2 von Fox; wohl dieses Stück früher Mus. Pembroke 2, XII; Leake Europ.
       Gr. 55; Cat. Pembroke 502 — 2 Kopenhagen. —' — 3 Wiczay 2124; Sestini 24. 2. —
       (4 Die Münze Cat. Berlin 52, 3 hat nicht P unter dem Delphin, sondern einen undeutlichen
       Buchstaben im Felde rechts, unten nichts.)

410 ebenso | ebenso; i. F. r. T
S 19   1 St. Petersburg, früher Chaudoir corr. 48, 1

411 ebenso | ebenso; i. F. r. Y
S 18   Gewicht: 6,70 (2) — 6,28 (1)
       1 Moskau Univ. Cat. 100 — 2 Turin Bibl.

[412] ebenso | ebenso; l. F. r. Φ
S 20   Gewicht: 6,84
       1 Hunter Cohhr 161, 4

413 ebenso (r. umgekehrt 1. 2) | ebenso; l. F. r. X
S 18   Gewicht: 6,85 (3) — 6,77 (1) — 6,65 (2)
       1 Berlin Cat. 52, 12 — 2 London Cat. 25, 3 — 3 Wien Fabbri Cat. 53, 3 [Mionnet S. 2,
       68, 86]; Arneth Sitzungsber. 9, 8go, 6. —. — 4 (= 2?) Sestini descr. 31, 6 von Ainslie

414 ebenso | ebenso; l. F. ● Ω
S 19   Gewicht: 6,56 (2) — 6,50 (1)
       1 Paris Mionnet 1. 357, 25; Abbildung bei Hrmin manuel XV, 3.   2 Cat. North-
       wick 748

415 ebenso (r. umgekehrt) | ebenso; i. F. r. A
S 19   Gewicht: 6,97 (3) — 6,75 (2) — 6,54 (1)
       1 London Cat. 25, 1 — 2 Walcher Cat. 797. —   3 Cat. Carfrae 134

416
S 19
Taf. II. 21

Zwei Köpfe wie vorher (r. umgekehrt 2, 3, 7, 12, 19, 21, 27) ΙΣΤΡΙΗ oben. Seeadler auf Delphin l. wie vorher; unter dem Delphin **A**

Abbildung (7)

Gewicht: 6,39 (13) — 6,38 (9) — 6,35 (10) — 6,07 (28) — 6,02 (14) — 5,78 (5) — 5,77 (17) — 5,60 (27) — 5,50 (19) — 5,35 (3) — 5,28 (2, beschädigt) — 4,95 (20) — 4,92 (7) — 4,90 (31) — 4,85 (26) — 4,84 (19) — 4,81 (6) — 4,48 (11) — 4,45 (30, F. wbl.) — 4,43 (21)

Abweichungen: Rs. im vertieften Quadrat 9, 21, schwache Spur einer Vertiefung 7, 27 1 Amsterdam Cat. 10 — 2, 3 Berlin Cat. 52, 5. 6. — 4 Bukarest — 5 Ilbag — 6 Hunter Combe 161, 2 — 7 Imhoof — 8 Klagenfurt — 9 Kopenhagen Ramus 1, 90, 2 — 10 Kopenhagen — 11 Löbbecke — 12 London Cat. 23, 2 (bei T. Combe num. mus, Brit. 85, 2 ein Exemplar, das angeblich nur 3, 41 g wog) — 13, 14 Moskau Univ. Cat. 95, 96 — 15, 16 München — 17 Neapel Cat. 6286 — 18 Neapel Santang. Cat. 9917 — 19 Oxford Wise num. Bodl. 6, IV, 31 — 20 Oxford — 21 Paris Mionnet 1, 356, 23 — 22-25 St. Petersburg — 26 Sophia — 27 Walcher Cat. 798 — 28 Wien Eckhel cat. 53, 1; Arneth 9, 890, 1 — 29 Wien Eckhel cat. 53, 2 [durch Druckfehler als Æ 1 bezeichnet; danach Mionnet S. 2, 63, 90 als Æ 8]; Arneth 9, 890, 2 — 30 Wien Mus. Theup. 1273; Arneth 9, 890, 3 — 31 Wien Arneth 9, 890, 4

Die vorstehenden Münzen mit A sind gewiss zu verschiedenen Zeiten geprägt; ausser der Ungleichheit der Gewichte und der Durchmesser (von 21 bis 16 mm) ist zu bemerken, dass auch der Stil sehr verschieden ist, theils schön wie das abgebildete Stück, theils ganz flüchtig (z. B. 11); die Köpfe sind theils hoch, theils flach; Spuren des vertieften Quadrats finden sich bei schweren und leichten Stücken. Da aber eine chronologische Vertheilung dieser Münzen doch nicht ganz durchzuführen war, sind sie hier alle vereinigt. — Die schwersten mögen in die Zeit der vorhergehenden Gruppe gehören (wie 415); die anderen vertheilen sich vielleicht über die ganze Zeit der Silberprägung.

417
S 18

Zwei Köpfe wie vorher (r. umgekehrt 3, 7, l. umgekehrt 2, 4, 8, 10) ΙΣΤΡΙΗ oben. Seeadler auf Delphin l. wie vorher; unter dem Delphin **Æ**

Abbildung (8) oben

Gewicht: 6,05 (7) — 5,77 (3) — 5,46 (8) — 5,44 (4) — 4,50 (2, beschädigt) — 4,46 (1)

Abweichungen: Rs. unten Æ 2, angeblich Æ 11 (vgl. zu 7), durch Doppelschlag undeutlich (Æ gelesen) 1

1 Athen Cat. 811 — 2 Berlin Cat. 52, 10 — 3 Löbbecke — 4 London Cat. 15, 6 — 5 München — 6 Neapel Cat. 6289 — 7 Paris Pellerin recueil 1, XXXVI, 2; Mionnet 1, 356, 20 (ungenau Æ) — 8 Paris Mionnet S. 2, 68, 84 — 9 Trau. —j— 10 Agnethler Nuwoph. Schuhlanum 1, 84, 41, II, 2 — 11 Sestini descr. 31, 9 von Ainslie — 12 Wiczay 2123; Sestini 24, 3. — Vgl. auch unten 422

418°
S 30

— 416

Gewicht: 11,99 g

— 416, vielleicht noch ein Buchstabe hinter dem A

1 Mus. Pembroke 2, XII. — Wie im Cat. Pembroke 777 bemerkt ist, handelt es sich um eine Fälschung (remodelled, cast and tooled).

Die antiken Münzen Nord-Griechenlands I.   11

418 S 18	Zwei Köpfe wie vorher (L. umgekehrt s. 3. 4)	ΙϹΤΡΙΗ oben. Seeadler auf Delphin l. wie vorher; unter dem Delphin AΓ

Gewicht: 5,55 (2) — 5,34 (4. robustus) — 5,35 (1) — 4,76 (3)
Abweichungen: Rs. nur AΠ sichtbar 2, angeblich AT 5
1 Kopenhagen — 2 Lübbecke — 3. 4 London Cat. 25, 7. 8. —|— 5 Sestini descr. 31, 7 von Ainslie

| 419 S 19 | ebenso (l. umgekehrt s) | ebenso; unter dem Delphin Β |

Gewicht: 6,21 (2) — 5,09 (3)
Abweichungen: Rs. ΙΥ 3, angeblich im Felde Β 4
1 Abrucicw — 2 London Cat. 25, 12 — 3 Moskau Univ. Cat. 97. — — 4 Sestini descr. 31, 8 von Ainslie. — Vgl. auch unten 444

| 420 S 18 | ebenso | ebenso; unter dem Delphin Δ |

Gewicht: 5,17 (1)
1 Kopenhagen — 2 Teilunsicher

| 421 S 18 | ebenso (l. umgekehrt 3. 5, r. 4) | ebenso; unter dem Delphin ♠ |

Gewicht: 5,40 (2) — 5,05 (4) — 4,99 (3)
Abweichungen: Rs. angeblich ΙϹΤΡΙΗ 7 — unten vielleicht ♠ 1
1 Athen — 2 Dresden — 3 Lübbecke — 4 London Cat. 25, 3 — 5 London Cat. 25, 10 — 6 Moskau. —|— 7 Sestini descr. 31, 10 von Ainslie. — Vgl. auch unten 436.

| 422 S 18 | ebenso (l. umgekehrt 1) | ebenso; unter dem Delphin Ε (vielleicht nur der obere Theil von ΑΓ = 417?) |

Gewicht: 5,39 (1)
1 Berlin Cat. 54, 11 — 2 Scholz

| 423 S 18 | ebenso (l. umgekehrt 1) | ebenso; unter dem Delphin Ε |

Gewicht: 5,64 (2)
1 Neapel Cat. 6288 (ungenau mit g) — 2 St. Petersburg

| 424 S 18 | ebenso | ebenso; unter dem Delphin Μ |

1 St. Petersburg — 2 im Handel

| 424* S 18 | ebenso | ebenso; unter dem Delphin Ν |

1 Philippopel

| 425 S 19 | ebenso (l. umgekehrt 3. 4) | ebenso; unter dem Delphin ΘΥ |

Gewicht: 6,46 (4) — 5,70 (3) — 5,50 (1)
Abweichungen: Rs. vielleicht nur Θ 2
1 Athen Cat. 810 — 2 Bukarest — 3 Imhoof — 4 Lübbecke. —|— 5 Cat. Sestinak 2, 1078 — 6 Mionnet S. 2, 68, 85 von Allier; Dumersan 30 — 7 Sestini mus. Hederv. 24, 4

| 425* S (17) | = 425 | = 425, aber unten ΥΝ |

1 Goltz Graecia XXVIII 7 (Gessner num. pop. XXVII, 7]. — Das Beizeichen ΥΝ hat Goltz wohl willkürlich gewählt, um die Lesung ΙϹΤΡΙΗΝ herzustellen, an deren Richtigkeit schon Hohlenius (notae ad Nicephorum 150) mit Recht zweifelte; vgl. oben S. 151 A. 1.

426 S 17	ebenso (r. umgekehrt 1. 2. 4)	ebenso, aber im Felde rechts hinter den Beinen des Seeadlers B
	Gewicht: 5,37 (2) — 5,23 (3) — 5,12 (1)	
	1 Berlin Cat. 52,7 — 2 Löbbecke — 3 Mailand (mit dem Stempel von Este) — 4 Neapel Cat. 6287. —	— 5 Cat. Welzl 1323	
427 S 17	ebenso (r. umgekehrt 1. 2)	ebenso; i. F. r. Γ
	Gewicht: 5,63 (7) — 5,42 (1) — 5,40 (6, mit Loch) — 5,24 (4) — 5,15 (3) — 5,05 (2) — 4,90 (5)	
	1 Berlin Cat. 52,8 — 2 Paris Pellerin recueil 1, XXXVI, 3 (angenom mit Τ): Mionnet 1, 356, 21 — 3 Parma — 4 Kiss — 5 Thorwaldsen Müller Cat. 223, 1671 (von Brøndsted), angenom mit Λ) — 6 Turin Bibl. — 7 Turin Mus. Cat. 1976 = Lavy 967. — — 8 Sestini descr. 31,1 (Stellung des Γ unsicher)	
428 S 17	ebenso (r. umgekehrt 1)	ebenso; i. F. r. E
	Gewicht: 5,44 (1)	
	1 London Cat. 25,5. — ? — 2 Sestini descr. 31,3 von Ainslie	
429 S 17	ebenso	ebenso; i. F. r. I
	1 Bukarest — 2 St. Petersburg, früher Chaudoir corr. 48,2 (angenom mit Z)	
430 S 18	ebenso (r. umgekehrt)	ebenso; i. F. r. Δ, unten H
	Gewicht: 5,69	
	1 Paris Mionnet 1, 356, 22. — (Auf der Vs. ist etwas eingeritzt.)	
431 S 19	ebenso (L umgekehrt)	ebenso; i. F. r. H, unten Δ oder M
	Gewicht: 5,92 (2) — 5,64 (9, mit Loch) — 5,56 (4) — 5,50 (1) — 5,49 (6) — 5,37 (7) — 5,22 (3) — 4,90 (11)	
	Abweichungen: Rs. unten Δ 1. 3. 4. 5. 6. 8. 9. M 2. 7; nur unten M. i. F. nichts (?) 11	
	1 Berlin Cat. 52,9 — 2 Gotha — 3 Imhoof — 4 London Cat. 25,9 — 5 München — 6 Oxford · 7 Paris Mionnet 1. 357, 26 — 8 Tocilescu — 9 Turin Mus. Cat. 1975 = Lavy 968. — — 10 (= 4?) Sestini descr. 31,5 von Ainslie. — Hierher vielleicht auch 11 Moskau Univ. Cat. 98 (ohne H!) und vgl. 429ᵃ (ohne Δ).	
432 S 18	ebenso	ebenso, i. F. r. Δ, unten % oder X
	Gewicht: 5,82 (5) — 5,56 (4) — 5,52 (2) — 5,20 (6)	
	Abweichungen: Rs. mit X 1. 7 oder X 4 mit X 3. 5 oder X 2. 6. 8. 9, unbestimmt 10; es ist wohl überall dasselbe Monogramm (aus A P X) gemeint; vgl. S. 154 A. 1	
	1 Budapest — 2 Bukarest — 3 Haag — 4 Hunter Combe 161,3 — 5 Kopenhagen — 6 Leake Europ. Gr. 55 — 7 Moskau — 8 München — 9 Trau. — — 10 Sestini descr. 31,2 (angenom)	
433 S 18	ebenso	ebenso; i. F. r. E, unten Ν
	Gewicht: 5,48 (2) — 4,63 (3)	
	1 Bukarest — 2 Kopenhagen — 3 Paris	
429ᵃ S (17)	= 429	429, aber im Felde r. angeblich II
	1 Sestini descr. 31,4 von Ainslie	
	Es ist möglich, dass eine solche Münze vorhanden war; aber vielleicht stand unter dem Delphin noch ein Buchstabe (vgl. n. 431 mit Δ), den Sestini übersehen haben konnte.	
429ᵇ S 17	= 429	= 429, aber im Felde r. angeblich Λ
	1 Müller Mus. Thorwaldsen 223, 1671. ·	Der Buchstabe im Felde ist I'; s. oben 427, 5.

21*

434 S 18	Zwei Köpfe wie vorher (l. umgekehrt ?) Gewicht: 5,25 (?,3) Abweichungen: Rs. unten vielleicht K 3, undeutlich 2. 4, nichts angegeben 1 1 London Cat. 15,11 — 2 Tultursis — 3 Venedig Marc. — 4 im Handel. — Vgl. 437	ΙΣΤΡΙΗ oben. Seeadler auf Delphin l. wie vorher; i. F. r. Θ, unten?
435 S 18	ebenso 1 St. Petersburg — 2 im Handel	ebenso; i. F. r. I, unten A
436 S 18	ebenso (l. umgekehrt 1. 2) Gewicht: 5,65 (4) — 5,20 (2) — 5,07 (1, beschädigt) — 4,67 (2) Abweichungen: Rs. unten △ oder ▲ 1, unvollständig A 3, undeutlich 4, nichts angegeben 3 1 Gotha — 2 Moskau Univ. Cat. 99 — 3 Paris Mionnet 1, 357, 84 — 4 im Handel. — Vielleicht gehört hierher auch die Theil der Münzen mit △ (oben n. 421), bei denen die beiden Punkte übersehen sein können.	ebenso; zwischen dem Seeadler und dem Delphin ▪ ▪ (der eine Punkt vor den Beinen, der andere dahinter), unter dem Delphin ▲ (?)
437 S 18	ebenso (l. umgekehrt) Gewicht: 5,05 (Lach) 1 Gotha. — Der Buchstabe im Felde könnte allenfalls auch Θ sein (vgl. 434); es darf a sonst links ein Strich an, der aber wohl zum Delphin gehört.	ebenso; i. F. r. Θ, unten AΠ (vielleicht die obere Hälfte von AP?)
438 S 18	ebenso Gewicht: 5,55 (2) — 4,87 (1, subaerat) 1 Athen Cat. 812 — 2 Gotha. —|— 3 Sestini mus. Hedero. 24, 5 Exemplare mit undeutlichen Beizeichen finden sich in vielen Sammlungen.	ebenso, aber das Beizeichen zerstört
439 S 17	Zwei Köpfe wie vorher (l. umgekehrt 1. 3. 4) Gewicht: 5,45 (4) — 5,26 (1, vielleicht subaerat) — 4,85 (3) — 4,50 (unvollständig) 1 Berlin Cat. 53, 13 (ungenau mit Δί) — 2 Bologna Univ. — 3 Imhoof — 4 Paris Mionnet 1, 357, 28	ΙΣΤΡΙΗ oben. Seeadler auf Delphin wie vorher, aber beide rechtshin; unter dem Delphin ΔΙ I
440 S 17	ebenso Gewicht: 5,53 (1) — 4,12 (2) 1 Kopenhagen — 2 Moskau Univ. Cat. 94	ebenso, aber unten nur ΔI
441 S 17	ebenso (l. umgekehrt 1. 2) Gewicht: 5,58 (2) — 5,57 (1) — 4,38 (1, Σ. wahl.) 1. 2 Berlin Cat. 52, 13. 14 — 3 Kopenhagen	ebenso, aber unten nur Δ
442 S 18	ebenso Gewicht: 5,60 1 Basel	ebenso, aber über dem Delphin I

443 S 12	Zwei Köpfe wie vorher (r. umgekehrt i. a.) Gewicht: 1,38 (2) — 1,32 (1) 1 Imhoof — 2 London Cat. 26,14 — und vielleicht 3 Glcl (mit unvollständigem Beizeichen)	IΣTPIH oben. Seeadler auf Delphin l. wie vorher; unter dem Delphin ℞ (vgl. 417)
444 S 12	ebenso (r. umgekehrt) Gewicht: 1,33 1 Löbbecke	ebenso; unten ⊟ (vgl. 419)
445 S 11	ebenso (r. umgekehrt) 1 Berlin Cat. 53, 17	ebenso; unten A oder Δ
446 S 13	ebenso (r. umgekehrt i. v. 3) Gewicht: 1,54 (2) — 1,43 (3) — 1,37 (1) — 1,30 (4) — 1,10 (5) Abweichungen: Rs. Schrift unvollständig 1 1 Berlin Cat. 53, 18 — 2 Imhoof — 3 London Cat. 26, 13 — 4 St. Petersburg. — Hierher vielleicht auch 5 die vergoldete Münze oben 405ᵐ	ebenso; unten nichts zu sehen
447 S 12	ebenso (r. umgekehrt i. a.) Gewicht: 1,37 (1) — 1,05 (2) 1 Berlin Cat. 53, 16 — 2 Paris Mionnet 1, 356, 19 (Beizeichen übersehen) — 3. 4 im Handel	ebenso; i. F. r. hinter den Beinen des Seeadlers Σ (vgl. 429)
448 S 11	ebenso Gewicht: 1,10 1 Kopenhagen. — Hierher vielleicht 2 Cat. Weld 1320 (nur das H angegeben)	ebenso; i. F. r. H, unten ein undeutliches Monogramm
449 S 11	ebenso Gewicht: 1,45 (2) — 1,16 (1) 1 Athen Cat. 613 — 2 im Handel	ebenso; i. F. r. I, unten nichts zu sehen (vgl. 435)
450 S 11	ebenso 1 Moskau	ebenso; i. F. r. K, unten undeutlich
451 S 11 Taf. II, 22	ebenso Abbildung 1 Moskau Romisnow	ebenso, aber beide Thiere rechtshin; l. F. links E
452 S 7 Taf. II, 23	Zwei Köpfe wie vorher (r. umgekehrt) Abbildung Gewicht: 0,37 1 Imhoof	IΣTP oben. Seeadler auf Delphin linkshin wie vorher; l. F. r. Y
453 S 7	ebenso (r. umgekehrt i. a.) Gewicht: 0,30 (1) 1 Wien Arneth 9, 890, 6: Abb. — · · 2 (= 1?) Sestini von Fontana 3, 7, 1, 11, 2 — 3 Chaudoir corr. 49, 3 — 4 Cat. Becker 248	ebenso, aber ohne Beizeichen

166 MOESIA INFERIOR

454
S 18
Zwei Köpfe wie vorher, aber von sehr schlechtem Stil (l. umgekehrt)

Gewicht: 4,58
1 Lobbecke

ΙϹΤΡΙΗ oben. Seeadler auf Delphin l. wie vorher; unten unvollständiges Monogramm (vielleicht die obere Hälfte von ?)

455
S 16
ebenso

Gewicht: 3,55 (beschädigt)
1 Wien Eckhel cat. 54, 5 [Mionnet S. 2, 68, 88] angenommen mit ΙϹΤΡΑ; Arneth 9, 890, 7

ΙϹΤΡΗ ebenso; l. F. r. Ο

456
S 20
ebenso

Gewicht: 5,54
1 Athen

ΙϹΤΡΗ ebenso, aber ohne Beizeichen. — Vertieftes Quadrat

457
S 18
ebenso (r. umgekehrt)

Gewicht: 5,50
1 Wien Eckhel cat. vet. 52, IV, 13; Eckhel cat. 54, 4 [Mionnet S. 2, 68, 87]; Arneth 9, 890, 5

ΑΙϤΤ϶Ι (rückläufig) oben. Seeadler auf dem Delphin wie vorher, aber beide rechtshin; i. F. links ⅂

458
K 16
Kopf des Apollon mit Lorbeerkranz r. Pkr.

1 Berlin Cat. 53, 19

ΙϹΤΡΙΗ oben. Seeadler auf Delphin l. stehend, wie vorher; l. F. r. hinter den Beinen des Seeadlers Γ

459
K 17
Taf. II, 24
ebenso

Abbildung (1)
1 Moskau — und vielleicht a Windisch-Graetz, wo aber das Beizeichen nicht ganz sicher ist; es könnte auch A sein.

ebenso, aber l. F. r. Η

460
K 16
ebenso

1 St. Petersburg, früher Chaudoir corr. 49, 4

ebenso, aber l. F. r. Θ u. oben ΙϹΤΡΙ

461
K 16
ebenso

1. a Aksenew — 3 Moskau Univ. Cat. 101 — 4, 5 St. Petersburg. — 6 Murzakewicz Odessa, Mém. J, 238, 5 — und vielleicht 7 Murzakewicz a. a. O. 6 (Vs. männlicher Kopf; Rs. ΙϹΤΡ)

ebenso, mit ΙϹΤΡΙΗ, aber ohne Beizeichen

457*
S 18
Weiblicher Kopf mit Ohrringen r.

1 Leake Europ. Gr. 55. — Wie Imhoof Zschr. f. Num. 1 (1874) 329 bemerkt hat, gehört diese Münze nach Sinope.

! [ΙΣΤΡΙ]ΗΝΩΝ) Typus = 453

458*
K (18)
Zwei Köpfe wie gewöhnlich

1 Mus. Nanelem. 1, 203 [Mionnet S. 2, 68, 89]

ΙΣΤΡΙΗ oben.

459*
K (29)
ebenso

1 Eckhel catal. 53, 2 [Mionnet S. 2, 68, 90]

ebenso, unter dem Delphin Α

In beiden Fällen liegen wohl nur Druckfehler vor; denn weder in Wien noch in der Brera giebt es derartige Kupfermünzen, sondern nur die gewöhnlichen Silbermünzen. Die im Cat. Bentinck suppl. 176 erwähnte Kupfermünze muss ein Abguss gewesen sein.

462 K 18	ebenso (?) Ggst. O Kopf des Hermes mit befestigtem Petasos r. Pkr. 1 Berlin Cat. 53, an Abb. Über ungewöhnlich grosse Gegenstempel (Durchmesser 10 mm) macht es unsicher, ob die Münze zu dieser Gruppe gehört; der Kopf hat langes Haar, doch scheint der ziemlich deutliche Lorbeerkranz dafür zu sprechen, dass auch hier Apollon gemeint ist.	IΣ.... ebenso, Beizeichen zerstört
463 K 13	Ähnlicher Kopf, aber ohne Kranz Gewicht: 1,35 (1) 1 Brann — 2 Gotha — 3 Leipzig — 4 St. Petersburg. — Vgl. 461, 7	IΣTPI ebenso, ohne Beizeichen, wie es scheint
464 K 18	Kopf (des Helios?) mit Strahlenkrone nach vorn (ohne Hals) 1 Paris. —[— 2 Cat. Northwick 474	IΣTPI oben. Seeadler auf Delphin l. wie vorher. — Vertieftes Feld
465 K 13	ebenso Abweichungen: Rs. IΣTP 2. 3 — der Seeadler mit erhobenem Flügel 4 Der Stil der drei Exemplare in St. Petersburg ist sehr ungleich. 1. 2. 3 St. Petersburg — 4 Wiesbaden Friedlaender Annalen des Ver. für Nassauische Alterthumsk. und Geschichte 6 (1859) 15, 7, II, 2. —]— 5 Murzakewicz Odess. Mem. 3. 238, 1	ebenso
466 K 13	ebenso 1 St. Petersburg	ebenso, unter dem Delphin ΔΙΟ
467 K 13 Taf. II, 35	ebenso Abbildung 1 Berlin Cat. 53, 21	ebenso, aber unten IN?
468 K 14-15 Taf. II, 26	Bärtiger Kopf eines Flussgottes (Istros) mit Stierhörnern r., das Gesicht nach vorn zurückgewandt. Pkr. Abbildung (1) Gewicht: 1,33 (1) Abweichungen: Rs. IΣTPI 2, IΣTP 1, IΣT,. 3 1 Imhoof — 2 London Cat. 26, 15 — 3. 4. 5 St. Petersburg, eins wohl von Chaudoir, Neulini pih munci 21, 1; Sestini mus. Chaudoir 42, 1 — 6 Wien — 7 Wiesbaden Friedlaender Annalen des Ver. f. Nass. Alterth. 6, 15, 8, II, 3. —?— 8 Murzakewicz Odess. Mem. 3. 238, 3 Über den Typus der Vs. vgl. die Einleitung oben S. 151.	IΣTPIH oben. Seeadler auf Delphin l. wie vorher Feld vertieft
469 K 15 Taf. III, 5	Kopf des jugendlichen Dionysos mit grossem Epheukranz nach vorn. Pkr. Abbildung der Vs. 1 St. Petersburg	IΣTPIH oben. Weintraube, an einem Zweige hängend. Pkr. Feld vertieft
470 K 15 Taf. III, 5	ebenso Abbildung der Rs. (1) 1 Leopardow. —'— Hierher wohl auch 2 Murzakewicz Odess. Mem. 3. 238, 7 mit ⚓	IΣTPI oben. Weintraube ohne Zweig; L. F. r. ⚓

MOESIA INFERIOR

471 Delphin l. | ΙϹΤΡ über einer r. liegenden Ähre
K 8   Abbildung
Taf. III, 6   1 St. Petersburg

472 Kopf der Demeter mit Ährenkranz | ΙϹΤΡΙΗ oben. Seeadler auf Del-
K 16 unter dem Schleier r. Pkr. | phin l. wie vorher; unten A oder Λ
Taf. III, 1   Abbildung
   1 Moskau. — Vgl. unten 472*

473 ebenso | ebenso; im F. l. aufrecht stehende
K 23   Ähre; unten ΧΑΙ
   Gewicht: 7,25
   1 Imhoof. — Der Ährenkranz ist nicht sicher, aber wahrscheinlich.

474 ebenso | ebenso, mit Ähre; unten ... ΑΝ
K 22 Ggst. O Bärtiger (?) Kopf r.
Taf. III, 2   Abbildung
   1 Moskau. — Ein ähnliches Stück, aber ganz undeutlich, in Bukarest.

475 ebenso, aber vielleicht ohne Ähren- ebenso, mit Ähre; unten ΑΑΡΙ
K 21 kranz   Feld vertieft
   Ggst. O Unbärtiger Kopf mit
   flachem Hut oder Helm r.
   1 St. Petersburg. — Der Stil dieser Münze ist schlechter als der der vorhergehenden.
   Der Buchstabe vor ΑΡΙ ist Λ oder Δ.

476 Kopf der Demeter mit Schleier r. ΙϹΤΡΙ ebenso, mit dicker Ähre;
K 20 Ggst. O Unbärtiger Kopf mit unten ΔΙΟΝΥ
   flachem Hut oder Helm r. Feld vertieft
   1 München

476* Unbärtiger Kopf mit Lorbeer- | ... ΡΙ ebenso
K 20 kranz (?) r.
   Ggst. 1 O wie bei 476
   Ggst. 2 O Kopf (des Helios) mit
   Strahlenkrone nach vorn
   1 Imhoof

478* Weiblicher Kopf mit Schleier r. | ΙϹΤΡ Vogel auf Delphin; unten M
K 28   1 Mursakewicz Odess. Mem. 3, 238, 2
   Die Beschreibung lässt es ungewiss, ob die Münze zu den grösseren Demetermünzen (473
   bis 475) oder zu den kleineren (472) gehört; letzteres ist wahrscheinlicher.

477 ΧΟΤΗΡΑ Weiblicher Kopf (der Kore?) ΙΣΤΡΙΗ links. Seeadler auf Delphin wie
K 18 mit Stephane r., dahinter B eine Opfer- gewöhnlich; unten Α. Phr.
   kanne und Δ unter einander. Phr.
   1 Arolsen. — Die Münze ist falsch; die Vs. ist wohl nach syrakusanischen erfunden.

Die beiden Münzen 476 und 476a sind sicher von demselben Beamten geprägt, haben
aber verschiedene Vorderseiten; der Kopf von 476a scheint einen Lorbeerkranz zu haben,
dürfte also einen Apollon darstellen. Der erste Einschlag auf 476a ist am demselben
Stempel wie der von 476; er ist ähnlich dem von 475, aber kleiner; der zweite Einschlag
gleicht dem selbständigen Typus von n. 464—467. — Der Beamte ΔΙΟΝΥ könnte mit dem
ΔΙ der Goldstater (n. 482) identisch sein; der schlechte Stil der beiden Kupfermünzen gestattet, sie in die mithradatische Zeit zu setzen.

477 K 22	Kopf der Demeter (oder Kore) mit Ährenkranz (ohne Schleier) r.	ΙΣΤΡΙΗ oben. Seeadler mit geschlossenen Flügeln auf dem l. liegenden Delphin l. stehend und den Kopf zurückwendend; unten nichts zu sehen

Taf. III, 3   Abbildung

1 Horavicken. — Vgl S. 152. — Die Typen scheinen auf ältere übergeprägt zu sein, die
vielleicht gleich 473—475 waren; aber als 476 und 476a scheinen auch die neuen Typen
von 477 zu sein.

478 K 20	Apollon nackt, nur mit leichtem Gewand um die Hüften, auf dem Omphalos l. sitzend, in der vorgestreckten R. einen Pfeil, die L. auf den hinter ihm stehenden Bogen gestützt	ΙΣΤΡΙΗ oben. Seeadler mit erhobenen Flügeln auf dem l. liegenden Delphin l. stehend, in dessen Kopf er einhauen will; unter dem Delphin ΑΡΙΣΤΑ

Taf. III, 4   Abbildung (1)

Abweichungen: Vs. das Gewand liegt vielleicht auf dem Omphalos, und ein Zipfel
ist über die Kniee des Gottes geworfen; — Rs. die Linien, die zwischen den
Flügeln des Adlers erscheinen, sind die Schwanzflossen des Delphins.

1 Paris Sestini lett. 7 (1805) 10, 1, 13; Mionnet 1, 337, 79. —] — 2 Sestini pib tureci 21, 2,
IV, 14; Sestini mus. Hedervar. 24, 6

Über den Beamten Ἀριστοφόρος und den Apollon-Typus vgl. die Einleitung S. 146 und 152.

479 K 18	ebenso	[ΙΣΤΡΙΗ] oben zerstört. Ebenso, aber beide Thiere rechtshin; unten ΑΡΙΣΤΑ

1 St. Petersburg

480 K 20	ebenso, mit Pkr.	ΙΣΤΡΙΗΙ oben. Ebenso, aber die Thiere linkshin; unten nichts

1 Bologna Bibl. — 2 Rufflin. — Beide Exemplare, von schlechterem Stil als 478, sind
aus demselben Stempeln.

481 K 17	ebenso, aber Apollon sitzt nicht auf dem Omphalos, sondern auf einem Altar	ΙΣΤΡΙΗ ebenso; unten nichts. Pkr.

1 St. Petersburg — und wohl ebenso 2 Moskau

Die beiden letzten Münzen (n. 480, 481) sind gewiss kurze Zeit nach denjenigen des Aristogoras geprägt, denen sie nachgeahmt sind. Vgl. S. 153 A. 1.

Goldmünzen mit Typen des Lysimachos

Während für einen älteren Stater (s. unten 481*) die Zuteilung nach Istros zweifelhaft ist, gehört der folgende (482) sicher hierher; er ist unter Mithradates VI. geprägt und trägt wahrscheinlich das Bildnis seines Sohnes Ariarathes (vgl. die Einleitung S. 154).

483
G 20

Kopf eines Königs mit Widderhorn am Diadem r.
[Müller 283]

ΒΑΣΙΛΕΩΣ r.
ΛΥΣΙΜΑΧΟΥ l. Athena Nikephoros l. sitzend; am Sessel IΣ, im Abschnitt Dreizack mit zwei Delphinen L; im Felde l. ΔI

Taf. II, 27

Abbildung (6)

Gewicht: 8,27(2) — 8,22(4) — 8,21(1) — 8,16(6) — 8,15(8) — 8,08(13)

1. 2 Berlin Cat. 310,81,82 — 3 Dresden Müller Lysimachos 284 ungenau — 4 Gotha — 5 Hunter — 6 Imhoof — 7 Kopenhagen Ramus 1, 114, 10 — 8 Löbbecke — 9 London — 10 München — 11 München Müller Lysimachos 284 ungenau — 12 Paris Mionnet 1, 439, 12 ungenau — 13 Six — 14 Wien Eckhel cat. 82, 13 (die als 14 beschriebene Silbermünze mit den gleichen Beizeichen war jedenfalls gegossen). — 15 Wiczay 2531; Sestini mus. Hedery. 87, 16 (ungenau mit ΔΙΑ und Σ) — 16 Cat. Weld 1681 ungenau
Die von mir in Abgüssen verglichenen 13 Exemplare (1 — 4, 6 — 14) sind aus derselben Stempeln.

Römische Kaiserzeit

483
K 18

Brustbild der Athena mit Helm, Aegis und Gewand r. Pkr.

ICTPIHNΩN Nackter Dionysos mit Kantharos und Thyrsos l. stehend; vor ihm der Panther. Pkr.

Taf. III, 7

Abbildung

1 Berlin. — Die Münze gehört ihrem Stile nach in das II. oder III. Jahrhundert n. Chr. Da derselbe Typus auf einer Münze des Caracalla erscheint (unten 507), so darf man auch diese wohl ungefähr in die gleiche Zeit setzen.

481*
G 19

Kopf des Lysimachos mit Widderhorn am Diadem r.
[Müller 283]

= 482, aber am Sessel nichts, l. A. ⒺЪ oder Ⓔ. L F. L IΣ

1 Paris Mionnet 1, 438, 14 = S. 2, 549, 1 mit Ⓔ; Müller Lysimachos 283 mit Ⓔ. — Es ist nicht ganz sicher, ob die zweite senkrechte Linie, die sehr dünn ist, zum Monogramm gehört oder zufällig ist.
Wie in der Einleitung (oben S. 148 A. 3 und S. 154 A. 2) bemerkt wurde, ist die Zuteilung dieser Stücke nach Istros unsicher. Jedenfalls gehört er seinem schrägen Stile nach in viel frühere Zeit; er konnte noch unter Lysimachos selbst geprägt sein.

482*
G 19

= 482
[Müller 284]

= 482, aber am Sessel IΣ, l. A. Dreizack mit 2 Delphinen, l. F. l. angeblich Δ

1 Dresden — 2 München
Beide Exemplare liegen mir in Abgüssen vor; sie haben im Felde nicht Δ, sondern M wie die anderen unter n. 482 verzeichneten Münzen, mit denen sie auch aus demselben Stempel sind; sie sind daher auch oben mit aufgenommen (482, 3, 11). Müllers Irrtum erklärt sich daraus, dass in Folge schlechter Prägung das l etwas dünner ist als sonst; dasselbe gilt auch für das Exemplar von Löbbecke (8).

Kaisermünzen
Unbestimmter Kaiser

[484] | AVTOKPAT | CEBAC (von r. oben) | ICTPIH NΩN Apollon in langem
K 21 | Kopf eines Kaisers, leicht bärtig, | Gewand nach vorn stehend und r.
 | mit Lorbeerkranz r. | blickend, in der R. Schale(?), mit der
 | | L. die Lyra auf eine Stele stützend

1 Fontana ascoli dell' Ion. 5 (1833) 266, 21; abgebildet ebenda. 1, LVII B, 6
Fontana glaubte auf der Vorderseite den Augustus zu erkennen; mit diesem hat der Kopf aber gar keine Ähnlichkeit. Leider ist die Münze verschollen, so dass keine Sicherheit zu erreichen ist. Wenn die Zeichnung in den Monumenti gut ist, würde man sinnlichst an Nero denken; obwohl es sonst aus dem I. Jahrhundert keine Münzen von Istros giebt, könnte die Stadt hier doch zu Ehren des Nero ihren Apollon als Kitharoidos dargestellt haben, wie es z. B. auch in Perinthos geschehen ist. Wenn der Kaiser nicht Nero ist, würde man an Hadrianus oder Caracalla denken. Die Namensform Ἀυτοκρατωρ Σεβαστός passt nur für Augustus; doch ist die Lesung wohl unsicher, die Buchstaben OKPAT sind etwas dünner gezeichnet als die übrigen. — Der Typus kehrt auf späteren Münzen der Kaiser Commodus, Elagabalus und Alexander wieder; der Gegenstand in der R. des Gottes soll wohl das Plektron sein; vgl. zu 514.

Pius

485 | .... Kopf des Pius r. | ICTPIH I. A. [NΩN oben?] Bärtiger
K 20 | | Reiter mit Füllhorn in der r. Hand
 | | im Schritt r.

1 St. Petersburg
Die Schrift der Vs. ist leider unleserlich, doch erkannt man das Bild des Pius. Der Typus der Rs. ist der gewohnliche Lokalgott (vgl. S. 157), hier wohl auch ohne Kalathos (vgl. n. 490).

Commodus

486 | AV KAI A AVPH KOM..... Br. des | ICTPIH NΩN Kybele mit Mauer-
K 28 | bärtigen Commodus m. L. P. M. r. | krone l. thronend, am Boden vor
 | | ihr ein Löwe

1 St. Petersburg. — Raher Stil.

487 | .... Br. des Commodus wie | ICTPIH N .. Apollon in langem
K 26 | vorher | Gewand l. stehend, in der R. das
 | | Plektron, mit der L. die Lyra auf
 | | eine Stele stützend

1 Moskau
Da die Münze offenbar dasselbe Nominal vertritt wie die vorhergehende, so ist sie hier angeschlossen; vermuthlich war die Schrift der Vs. gleich der von 486. Ein Werthzeichen ist auf beiden nicht zu sehen.

484* | ATT N ..... ΑΔΡΙΑΝΟΝ Kopf des Hadria- | ICTPIHNΩN Dionysos mit Kantharos und
K 18 | nus (?) | Thyrsos l. stehend, vor ihm der Panther

1 Sestini lett. cont. 4, 48 (Mionnet S. 2, 69, 91) aus dem Pariser Cabinet
Sestini hat die Vs. nicht richtig erkannt; es ist die Münze, welche Mionnet S. 2, 69, 92, II. 3 richtig dem Caracalla zugeschrieben hat (unten 507); trotzdem nahm Mionnet auch die falsche Beschreibung auf, da er, wie sehr oft, nicht beachtet, dass es sich um eine Pariser Münze handelte. Sestinis Irrthum ist zu entschuldigen, da das Bild des Kaisers unähnlich und die Schrift undeutlich ist.

172 MOESIA INFERIOR

[Commodus]

488
K 22
AVT M AVP KOM ANTΩNINOC Br. | B ICTPIHN.. Demeter mit Schleier
des bärtigen Commodus mit L. | l. stehend, in der R. zwei Ähren
P. M. r. | u. Mohnkopf, die L. auf die Fackel
| gestützt

1 Budapest

Das Westhreiben B ist deutlich; es ist auffallend, dass es am Rande, am Anfang der Schrift, steht. Die folgenden Münzen (489, 490), welche nach der Grösse und der Schrift der Vs. das gleiche Nominal vertreten, haben kein Werthzeichen.

489
K 22
ebenso | ICTPIHNΩN unten. Kleiner See-
| adler mit erhobenen Flügeln auf
| einem l. liegenden grossen Del-
| phin stehend und in seinen Kopf
| hackend

Abweichungen: Rs. ICTPHNΩN (ohne I) 1

1 Bukarest — 2 Philippopel

490
K 22
ebenso | ICTPIHN.. Bärtiger Reiter mit Füll-
| horn in der r. Hand im Schritt r.

1 Rollin

Die Figur, hier sicher ohne Kalathos, ist das Lokalgott wie oben 485.

491
K 19
AV KAI KOMOΔ.... ebenso | ICTPIHNΩN ebenso

Abweichungen: Vs. KOM..., 1; — Rs. ICTPIHNΩ.. 8

1 St. Petersburg. — — 2 Murzakewicz (Odess. Mem. 3. 238. 6 (angeblich der Kaiser mit Scepter)

Während 490 gewiss als Zwicker galt (vgl. zu 488), dürfte 491 als Einer anzusehen sein.

Severus

492
K 29
Δ K Δ CEΠΤ CEVHPOC Π Br. m. | ICTPIHN u. i. A. ΩN Bärtiger
L. P. M. r. | Gott mit Kalathos zu Pferde r.;
| das Pferd erhebt den r. Vorderfuss;
| hinter ihm aufgepflanzt ein nach
| unten zugespitzter Stab, auf dem
| ein Vogel r. sicht

Taf. III, 8   Abbildung der Rs. (1). — Vgl. die Einleitung S. 137.

Abweichungen: Vs. vielleicht AV K 3

1 Bassarabescu — 2 Bunbury — 3 St. Florian — 4 Sophia

493
K 29
ebenso | ICTPIHNΩN ebenso

Gewicht: 17,60 (2) — 14,65 (3)

Abweichungen: Vs. angeblich AV......, CEOYHPO 5 —; Rs. Trennung | H & 4. (5!), H N l. 3 — Anfang der Schrift undeutlich 5

1 Bukarest Samtso revue arch. N. S. 42 (1881) 302, 2 — 2 Kopenhagen, früher Weisl Cat. 1324 — 3 Löbbeke — 4 Mamdi (Egger Verkaufs-Cat. 8, 147). - Illiesku wohl auch 5 Salamies icomogr. rom. imp. I.IV. 3, der die unvollständigen Buchstaben der Schrift fälsch zu ΓEPMHNΩN ergänzt.

ISTROS 173

(Severus)

494 AV K A CEΠTI CEVHPOC Π Kopf | ICTPIH N ΩN ebenso, aber unter
K 28 m. l. r. | dem erhobenen r. Vorderfuss des
| Pferdes ein Altar

Abweichungen: Vs. und Rs. Schrift vervollständig a
1 Bukarest Noutra revue arch. N. S. 43 (1881) 302, 1 — 2 Wien

495 A K A CEΠT CEVHPOC Π ebenso | ICTPIH NΩN Kybele mit Mauer-
K 29 | krone rechtshin thronend, den r.
| Arm aufgestützt, mit der L. das
| Tympanon auf ihr l. Knie stützend;
| vorn am Thron ein Löwe, hinten
| wohl ein zweiter
1 Sontso

496 AV K A C.. CEVHPOC Π Br. m. | ICTPI HNΩ u. i. A. N Kybele mit
K 39 l. P. M. r. | Kalathos (?) linkshin thronend, in
| der vorgestreckten R. Schale, den
| l. Arm auf das Tympanon gestützt,
| zwischen zwei Löwen; der Löwe
| hinter ihr schreitet r. und blickt
| zurück
1 Saraмchan

497 AV K A CEΠTI CEVHPOC Π Kopf | ICTPIH N ΩN Tyche mit Kalathos,
K 29 m. l. r. | Steuerruder und Füllhorn l. stehend;
| vor ihr ein flammender Altar, hin-
| ter ihr der kleine Seeadler auf
| dem Delphin l.

Gewicht: 17,72

1 Paris Blanchet revue num. 1891, 60, 10. — Vgl. die Einleitung oben S. 136.

498 .... CEΠ ! CEVHPOC Π ebenso | ICTPI HNΩN Der Kaiser in Kriegs-
K 30 | tracht l. stehend, in der vorg. R.
| Schale über Altar, die L. auf den
| Speer gestützt
1 Wien

Severus und (auf der Rs.) Domna

499 AVT · K · A · CEΠ .... T. Br. des | IOV·ΔOMNA·C und unten ICTPH(noΠ)
K 28 Severus m. l. P. M. r, | NΩN
| Brustbild der Domna mit Ge-
| wand r.

1 St. Florian Kremser Münzsammlung 16, 1, 10

Domna

500
K 28
ΔΟΜΝΑ | ΑVΓ.... Brustbild r. — ΙCΤΡΙΗΝΩΝ Kybele mit Mauerkrone l. thronend, in der vorg. R. Schale (?), die l. auf das Tympanon gestützt; vor ihr ein Löwe

Gewicht: 17,15 (1). — Roher Stil.

1 Löbbecke, früher Becker Cat. 249 — 2 Odessa Univ.

501
K 25
ΙΟΥΛΙΑ ΔΟΜΝΑ CЄ Br. r. — ΙCΤΡΙΗ u. i. A. ΝΩΝ Seeadler auf dem Delphin l. wie vorher (= 480)

Gewicht: 9,93

1 Wien

502
K 25
ΙΟΥΛΙΑ | ΔΟΜΝΑ A. (oder N) ebenso | ebenso

1 Bukarest

Caracalla und Domna

[503]
K —
A M AY ANTΩN CЄB ΙΟΥ ΔΟΜΝΑ | ΙCΤΡΙΗΝΩΝ Bärtiger Gott mit CЄB Die einander zugekehrten Kalathos zu Pferde (r.); vor ihm Köpfe des Caracalla mit Lor- ein Altar; i. A. Γ (vielmehr wohl E) beerkranz und der Domna

1 Herstal lott. cont. 4, 48 (Mionnet S. 2, 69, 93)1 Sestini mus. Chaudoir 42, 8 (Rambouski peth Mionnet 47 ohne Quellenangabe)

Leider ist diese Münze der Sammlung Chaudoir verschollen. Dass sie nicht erfunden ist, ist zweifellos; daher ist sie hier mit aufgenommen, obwohl die Beschreibung Mängel hat. Der Typus ist gewiss der gewöhnliche; ob wirklich der Stab mit dem Adler fehlt, ist mir zweifelhaft. Ebenso wird das Werthzeichen Γ als unsicher gelten müssen; man erwartet E, da die V., mit zwei Köpfen gerade für die Pentassarien gewählt zu werden pflegen (vgl. die Einleitung zu Moesia Inferior S. 76, 77 und die Münzen mit Gordianus und Tranquillina unten n. 514—518); auch die Grössenangabe Sestinis (.K 1) spricht trotz des Zusatzes surdaglioneinos für das Nominal E.

Caracalla

504
K 29
AVT K M AVP CЄV HPOC ΑΝΤΩ- | ΙCΤΡΙΗΝΩΝ Bärtiger Gott zu ΝΙΝΟC Br. des bärtigen Cara- Pferde r., hinter ihm der Stab calla m. L. r. mit dem Vogel; vorn der Altar (= oben 494); i. A. E

1 Turin Bibl. — 2 Wien Arneth Sitzungsber. 9, 890, 7a Abb. — (Die Münze des Mus. Arigoni gehört dem Elagabalus: s. unten 509, 8.)

505
K 30
ebenso — ΙCΤΡΙΗΝΩΝ Tyche mit Kalathos, Steuerruder u. Füllhorn l. stehend; i. A. E

1 Rollin

ISTROS 175

[Caracalla]

506 K 22 AVT K M AVP C P ANTΩNIN ebenso ICTPIH NΩN Göttin in langem Gewand (Hera?) l. stehend, in der R. Schale über Altar, die L. auf das Scepter gestützt

Gewicht: 5,17 (F. m.)

1 Löbbecke, früher Becker Cat. 506. — Auf der Vs. scheint hinter AVP wirklich CP zu stehen.

507 K 18 AVT K M AVP. . ANTΩNIN Kopf m. L. r. ICTPI HNΩN Nackter Dionysos mit Kantharos und Thyrsos l. stehend; vor ihm der Panther (= 483)

Gewicht: 2,70

1 Paris Mionnet S. 2, 69, 92, Π, 3; vorher Vaillant num. gr. 101 ungenau aus der Sammlung Galland; vgl. oben 484°. — Die Buchstaben hinter AVP sind undeutlich, vielleicht CΘ. Mionnet sah am Kehlansatz unter dem Halse noch OC, doch ist das unsicher. Das Porträt ist sehr abweichend.

Geta

508 K 22 AV K Π CE ΓETAC Br. des Geta, leicht bärtig, m. L. P. M. r. ICTP'IHNΩN Göttin in langem Gewand l. stehend, in der vorig. R. Schale (oder Ähren) über einem Altar, die L. auf Scepter (oder Fackel) gestützt

Gewicht: 5,85 (3)

1 Bukarest Hoessu revue arch. N. S. 42 (1881) 303, 3 — 2 Rollin — 3 Wien, früher Welzl Sestini pol. musei 22, 3; Cat. Welzl 1325; Arneth Sitzungsber. 9, 800, 7

Auf allen drei Exemplaren ist es unsicher, ob Hera oder Kore dargestellt ist, da die Attribute undeutlich sind; doch spricht die Analogie von 506 für Hera; verschleiert ist die Göttin nicht. — Auf der Vs. von 3 wurde A K Π gelesen; doch ist vor dem K noch ein Strich zu sehen, der auch Rest eines V sein kann wie bei 1; bei 2 fehlen die ersten Buchstaben.

Elagabalus

509 K 29 AVT K M AVPH ANTΩNEINOC Br. m. L. P. M. r. ICTPIH u. i. A. NΩN Bärtiger Gott zu Pferde r., hinter ihm der Stab mit dem Vogel, vorn der Altar (= 494); unter dem Leibe des Pferdes E

Abweichungen: Vs. Schrift unvollständig 1

1 Parma — 2 Turin Bibl., früher Mus. Arigoni I imp. gr. VIII, 123 (Rs., irrig unter Caracalla) schlechte Zeichnung, aber richtig erkannt von Sestini cat. ruspig. 12

510 K 29 ebenso ICTPIHNΩN ebenso; i. A. E

Abweichungen: Vs. Schrift unvollständig 2 — 1 Trennung ICTPIHNΩN 1. ICTPI HNΩN r. unbekannt 3 — Werkzeichen nicht angegeben 3

1 Bukarest — 2 Mandl. —; — 3 Sestini descr. 31,11 (Mionnet S. 2, 69, 94) von Ainslie

176 MOESIA INFERIOR

511 K 28 (Elagabalus)
AVT K M AVPH | ANTΩNEINOC Br. m. l. P. M. r.
ICTPIH NΩN Bärtiger Flussgott mit Schilfkranz und nacktem Oberkörper l. gelagert, in der vorg. R. einen Fisch, im l. Arm, der auf das strömende Quellgefäss gestützt ist, Schilf; im Hintergrunde ein Leuchtthurm; im F. l. E
Gewicht: 11,32
1 Berlin Cat. 54. 22 Abb. — Vgl. die Einleitung S. 158.

512 K 28
Tafel XVIII, 14
ebenso
Abbildung der Rs. (2)
Gewicht: 15,80 (2)
1 London Cat. 96, 16 — 2 Paris
ICTPI HNΩN Kybele mit Mauerkrone l. thronend, in der vorg. R. Schale, im l. Arm, der auf das Tympanon gestützt ist, ein Scepter; am Boden zwei Löwen; im A. E

513 K 29
ebenso
Gewicht: 16,86
1 Löbbecke
ICTPI H(NΩN) Tyche mit Kalathos, Steuerruder und Füllhorn l. stehend; im F. r. E

514 K 27
Tafel XIV, 27
AVT K M AVPH | ANTΩNEINOC Kopf m. l. r.
Abbildung der Rs.
1 Klagenfurt. — Es ist wahrscheinlicher, dass der Gegenstand in der R. doch keine Schale, sondern das Plektron sein soll wie unten 515 und 519. Tafel XIV, 26.
ICTPI HNΩN Apollon in langem Gewand nach vorn stehend und l. blickend, in der vorg. R. Schale(?) über einem flammenden Altar, mit der L. die Lyra auf eine Stele stützend; i. A. Δ

515 K 27
AV K M AV | ANTΩNINOC Br., leicht bärtig, m. l. P. M. r.
Gewicht: 13,72 (2)
1 Bukarest — 2 Leake suppl. 129 — 3 Philippopel
ICTPI H NΩN Apollon wie vorher, aber in der R. das Plektron; ohne Altar; im F. r. Δ

ISTROS 177

Alexander

516
K 29
AVT K M AVPH CEB ΑΛΕΞΑΝΔΡΟC ICTPIHNΩ u. i. A. N Bärtiger
Br. m. L. P. M. r.
Gott zu Pferde r., hinter ihm der Stab mit dem Adler, vorn der Altar (= 494); unter dem Leibe des Pferdes E

Taf. III, 9
Abbildung der Rs. (1)
Gewicht: 17,05 (2) — 15,27 (1)
Abweichungen: Vs. CE,, 2 — die Form des Z ist überall unsicher — Rs. Stellung des letzten N unsicher 2 — E zerstört 3. vergessen 4
1 Imhoof — 2 Neapel Cat. 6290 – 3 Wien, früher Wiczay 2126 [Mionnet S. 2, 70, 95; Sestini petit Mionnet 47]; Sestini 24, 7; Arneth Sitzungsber. 9, Bqm, 7e Abb. —; — 4 (= 2?) Vaillant num. gr. 136 von Paris
In den älteren Beschreibungen des Wiener Exemplars (ebenso bei 2 und 4) ist angegeben, dass der Kopf des Reiters die Strahlenkrone hat; es ist aber nichts davon zu sehen, ebenso wenig bei dem gut erhaltenen Exemplar von Imhoof.

517
K 28(37)
AVT K M AVP CE.B?|, ΑΛΕΞΑΝΔΡΟC ICTPIHNΩN Kybele mit Mauer-
ebenso
krone, Schale, Tympanon und Scepter zwischen zwei Löwen l. thronend (= 512); l. A. E
Abweichungen: Vs. die Buchstaben hinter AVP zerstört 1 (auf 2 las ich CEV, aber vielleicht war das ein Irrtum, da sonst überall CEB steht); — Rs. E überchen 2
1 London Cat. 16, 17   2 Nurmischen
Das Londoner Exemplar ist auf einen viel grösseren Schrötling (Durchmesser 37 mm, Gewicht 19,85 g) geprägt, doch haben die Stempel selbst nur die gewöhnliche Grösse. Vielleicht war das Stück eine Probe.

518
K 29
AVT K M AVP CEB ΑΛΕΞΑΝΔΡΟC ICTPIHNΩN Nemesis l. stehend, in
ebenso
der R. die Wage, im l. Arm ihren Stab; am Boden das Rad; im F. r. E

Gewicht: 17,61 (1)
1 Berlin Cat. 54, 23   2 im Handel

519
K 25
AVT K M AVPH CEBH ΑΛΕΞΑΝΔΡΟC ICTPIHNΩN Apollon in langem
Kopf m. l. r.
Gewand nach vorn stehend und l. blickend, in der vorg. R. das Plektron, mit der L. die Lyra auf eine Stele stützend; vor ihm ein flammender Altar; i. F. L Δ

T. XIV, 16
Abbildung der Rs. (2)
Gewicht: 12,00 (2)
1 Bukarest Sestini revue arch. N. S. 43 (1881) 303, 4 — 2 Göttingen

Die antiken Münzen Nord-Griechenlands I. 12

Mamaea

520
K 24
ΙΟVΑΙΑ ΜΑΜ ΜΑΙΑ CEBA Br. mit ΙϹΤΡΙΗ und unten ΝΩΝ Kleiner Diadem r.

Seeadler auf dem Delphin l. wie sonst (= 489)

Gewicht: 12,04 (1)

Abweichungen: Vs. mit CEB 2. (3!); — Rs. ICTP H (oder ICTI H) u. unten NΩN 2. Schrift unvollständig 3

1 London Cat. 36, 18 — 2 Sonuo — 3 im Handel

Gordianus III.

521
K 27
ΑVΤ Κ Μ ΑΝΤΩ ΓΟΡΔΙΑΝΟϹ Br.   ΙϹΤΡΙΗΝΩΝ Tyche mit Kalathos m. L. P. M. r.

l. stehend, in der R. das Steuerruder, darunter die Kugel, im l. Arm das Füllhorn; im F. l. E

Gewicht: 12,49 (1) — 12,34 (2)

Abweichungen: Vs. Schrift am Schluss unsicher 2

1 Berlin Cat. 54. 25 — 2 Sophia Torchella revue num. 1893. 71. 5

522
K 28
ebenso, aber ΓΟΡΔΙΑΝΟϹ   ΙϹΤΡΙΗΝ ΩΝ Tyche ebenso; im F. rechts E

Gewicht: 11,64

1 London Cat. 27, 19

523
K 25
ΑVΤ Κ Μ ΑΝΤ ΓΟΡΔΙΑΝΟϹ ebenso   ΙϹΤΡΙΗ ΝΩΝ Göttin in langem Gewand (Hera) mit Schale über Altar und Scepter l. stehend; i. F. r. Spuren von Α

Gewicht: 9,09

1 Berlin Cat. 54, 24

Gordianus und Tranquillina

524
K 28
ΑVΤ Κ Μ ΑΝΤΩ ΓΟΡΔΙΑΝΟϹ ϹΑΒΙ ΤΡΑΝΚVΑΙΝ Die einander zugekehrten Brustbilder des Gordianus mit L. P. M. r. und der Tranquillina mit Gewand L.

ΙϹ ΤΡΙΗ u. i. A. ΝΩΝ Bärtiger Gott mit Kalathos zu Pferde r., hinter ihm der Stab mit dem Adler, vorn der Altar; i. F. r. E

Gewicht: 10,68 (1)

Abweichungen: Vs. Schrift unvollständig 1. 3. 4. 5. 6, aber ΑΝΤΩ sicher 2. 5. dagegen nur ΑΝΤ 1. 4. 6 — [ΤΡΑΝΝ]ΥΑΙΝΑ 6; — Rs. vielleicht ΙϹ ΤΡΙΗΝ und L A ΩΝ 4 — E nicht zu sehen 4. 5. 6

1 Berlin Cat. 55, 27 ungravn — 2 Bukarest — 3 Imhoof — 4 Leopardow — 5 London Cat. 27, 20 — 6 St. Petersburg

Der Stab, auf welchem der Adler steht, ist bei diesem und den folgenden Münzen nicht unten zugespitzt, sondern gleichmässig dick, so dass er einer Säule gleicht.

523*
K —
Gordianus (Vs. nicht beschrieben)   ΙϹΤΡ.. ΝΥΝ Aequitas

1 Holzschnitt notae ad Berphanum 150 (Sestini descr. 585) aus der Sammlung Pozzo

Es ist möglich, dass eine solche Münze existirte; doch ist die Beschreibung zu ungenau.

[Gordianus und Tranquillina]

525
K 28
ΑΥΤ Κ Μ ΑΝΤ ΓΟΡΔΙΑΝΟC CΑΒ ΙCΤΡΙ u. i. A. ΗΝΩΝ ebenso; im
ΤΡΑΝΚVΑΙΝΑ ebenso F. r. E
Gewicht: 15,30 (4) — 15,27 (2) — 12,00 (3) — 8,82 (1, E. schl.)
Abweichungen: Vs. am Schluss auch AVΓO... ?
1 Berlin Cat. 35, 16 — 2 Berlin Cat. 35, 28 — 3 Berlin (neue Erwerbung) — 4 Paris

526
K 28
ebenso (?)   ΙCΤΡΙΗΝΩΝ ebenso; i. A. E
Gewicht: 11,80 (1)
Abweichungen: Vs. Schrift überall unvollständig, aber wohl gleich o. 525 zu ergänzen; — Rs. Alter nicht bemerkt 2
1 Lobbecke, früher Becker Cat. 253 — 2 St. Petersburg

527
K 28
ΑΥΤ Κ Μ ΑΝΤ ..... ΤΡΑΝΚVΑΙ ebenso ΙCΤΡΙΗΝΩΝ Athena l. stehend, die
L. auf den Speer gestützt, mit der
R. der Schlange, die sich an dem
vor ihr stehenden Baume emporringelt, eine Frucht darreichend; im
Felde zwischen Baum und Göttin E
Gewicht: 14,97
1 Berlin Cat. 35, 29

528
K 27
.... ΑΝΤΩ ΓΟΡΔΙΑΝΟC CΑΒ ...... ΙCΤΡΙ(ΗΝ)ΩΝ Tyche mit (Kalaebenso thos?) Steuerruder und Füllhorn l.
stehend; i. F. l. E
1 Erlangen Univ.

Tranquillina

529
K 25
CΑΒΙΝΙΑ· ΤΡΑΝΚVΑΙΝΑ Br. mit Dia- ΙCΤΡΙΗΝΩΝ unten (von r. nach l.)
dem r. Kleiner Seeadler auf Delphin l.
wie sonst (= 489. 520)
Taf. III, 12
Abbildung (1)
Gewicht: 7,40 (2) — 5,45 (3, E. schl.)
1 Bukarest — 2 Kopenhagen, früher Bondorou Sestini descr. 31, 12, 11, 2 (Mionnet S. 2, 70, 96); Ramus 1, 99, 3; beide ungenau — 3 Rollin
Sestini hatte behauptet, dass der Vogel nicht einen Delphin, sondern ein vierfüssiges Thier in seinen Krallen hielte, und die Münze auch so gezeichnet; das verunlasste wohl Mionnet sie für falsch (Stempel von Cogornier) zu halten; die Münze ist aber sicher echt, und der Seeadler hält einen Delphin wie sonst.

530
K 22
ebenso ΙCΤΡΙ und unten ΗΝΩΝ Bärtiger
Flussgott mit Schilfkranz und
nacktem Oberkörper l. gelagert,
die R. auf einem Schiffsvordertheil, den l. Arm auf dem Quellgefäss; i. F. l. Γ
Gewicht: 6,59
1 London Cat. 17, 11. — Die Stellung der fünf letzten Buchstaben ist nicht ganz sicher. — Über den Typus vgl. oben N. 158.

ISTRIANON LIMEN (?)

In der Gegend des alten Olbia werden in Menge kleine gegossene Kupfermünzen gefunden, welche auf der einen Seite ein Rad, auf der anderen die drei Buchstaben IΣT im Felde haben (Tafel VIII, 7). Wie es die Schrift nahe legte, wurden diese Münzen der Stadt Istros zugetheilt[1]). Dagegen hob Blaremberg zuerst hervor, dass es auch Stücke mit IΣI gebe[2]); er hielt daher die Schrift nicht für entscheidend und beschrieb, wohl des Fundortes wegen, seine Exemplare unter den Münzen von Olbia. Indessen das dritte Zeichen hat auf den von mir gesehenen Stücken (unten n. 533) nie die regelmässige Form eines I, sondern der untere horizontale Strich reicht nach der einen Seite viel weiter hinüber als nach der anderen, I oder T, und macht den Eindruck, als ob er nur zufällig sei; es scheint sicher, dass diese Abweichungen durch Abnutzung der Gussform oder Fehler beim Giessen entstanden sind; gewiss ist überall die Aufschrift IΣT gemeint. Trotzdem werden diese Münzen neuerdings allgemein nach Olbia gegeben[3]), weil man sie dort in grossen Mengen findet und weil es ähnliche gegossene Münzen mit einem Rade als Typus giebt, die ebenda gefunden werden und ebenfalls den Stadtnamen nicht haben[4]); wie ihre zwischen den Speichen des Rades vertheilten Aufschriften ΑΡΙΧ und ΓΑΥΙ wäre dann also das IΣT auf unseren Münzen als Abkürzung eines Beamtennamens anzusehen[5]).

Aber die Zutheilung der Münzen mit IΣT nach Olbia wird doch wohl aufgegeben werden müssen. Im Museum der Archäologischen Gesellschaft zu Odessa befindet sich eine kleine Kupfermünze mit dem Rade auf der Vorderseite, welche auf der Rückseite die Aufschrift IΣTPI und darunter einige undeutliche Buchstaben hat (unten n. 535)[6]). Die Münze

---

[1]) Marszakewicz descriptio musei Odessani 24, 3; Prokesch num. Zachr. s (1870) 266; P. Becker Verkaufscatalog (nach seinen eigenen Aufzeichnungen) n. 251, 252. — Die Zutheilung nach Histiäa auf Euboia bei Mionnet S. 4, 367, 215 ist äusserlich ganz haltlos; sie scheint auch nicht von ihm selbst zu stammen, da er die Münze aus einer unbekannten Sammlung citirt.

[2]) Blaremberg choix de médailles antiques d'Olbiopolis ou d'Olbia (Paris 1822) S. 59 Anm. zu n.181.

[3]) A. v. Sallet Zachr. f. Num. 10 (1883) 147, ebenso Oreschnikow und die übrigen russischen Numismatiker, deren Arbeiten unten citirt werden.

[4]) Tafel VIII, 1, 2; vgl. die Einleitung zu Olbia.

[5]) Sallet (oben Anm. 3) dachte daran, in den Buchstaben IΣT eine Abkürzung von Ιστίων (Segel)

zu sehen, indem er annahm, dass wir es vielleicht nicht mit Münzen zu thun haben, sondern mit Marken (wie bei den Delphinen Taf. VIII, 5, 6). Aber das Vorhandensein einer entsprechenden Münze mit IΣTPI widerlegt diese an sich unwahrscheinliche Vermuthung.

[6]) Die Münze war schon im J. 1855 von Marszakewicz in den Memoiren der Odessaer Archäol. Gesellschaft publicirt worden, aber unbeachtet geblieben. Ein Abguss, den ich durch die freundliche Vermittelung Oreschnikows von Herrn Berthier de Lagarde in Odessa vor kurzem erhielt, ermöglichte es mir festzustellen, dass die Beschreibung richtig war; beiden Herren sei auch an dieser Stelle der verbindlichste Dank ausgesprochen.

ist nicht gegossen, sondern geprägt, und aus wesentlich späterer Zeit als die anderen, etwa aus dem III. Jahrhundert v. Chr.; aber ihre Heimath ist, wie die Übereinstimmung in Bild und Schrift zeigt, dieselbe wie die der älteren Münzen; und man wird in der Aufschrift IΣT oder IΣTPI nicht einen Beamtennamen zu suchen haben, sondern den Namen des Ortes, wo die Münzen gegossen und geprägt sind. Für diesen Entstehungsort die Stadt Istros südlich von den Donaumündungen anzusehen, hat man sich des Fundorts wegen mit Recht gescheut; die Münzen werden, wie gesagt, in der Gegend von Olbia massenhaft gefunden, während von Funden in der Dobrudscha nichts bekannt ist. Aber nicht zu fern von Olbia lag eine Örtlichkeit Ἰστριανῶν λιμήν[1]), und hier haben wir vermuthlich die Heimath unserer Münzen zu suchen. Wie der Name sagt, war das eine Niederlassung der Istrianer. Dass sie zuerst bei Arrianus erwähnt wird, beweist nicht, dass sie nicht viel älter sein kann; wir haben eben keine so genaue Beschreibung dieser Küsten aus früherer Zeit. Die Niederlassung muss in jener Zeit entstanden sein, als Istros eine mächtige Stadt war, deren Handelsschiffen für die Fahrten nach Norden ein eigener Hafen zwischen dem Borysthenes und dem Tyras gesichert werden sollte[2]); und auf diese Zeit weist auch das Aussehen der Münzen mit IΣT. Sie müssen in derselben Zeit entstanden und im Umlauf gewesen sein wie die grossen Münzen mit APIX und ΠAVΣ, denen sie in der Technik und durch den Radtypus verwandt sind, also im V. und zum Theil vielleicht im IV. Jahrhundert. Die Herstellung der Münzen durch Guss empfahl sich auch durch ihre Einfachheit, die bei den gewiss beschränkten Verhältnissen des kleinen Ortes wünschenswerth war; und dass man sich auch in der Wahl des Typus an die grosse Nachbarstadt Olbia anschloss, ist ohne weiteres begreiflich, selbst wenn es nicht zweifelhaft wäre, ob die ferne Mutterstadt Istros im V. Jahrhundert überhaupt schon Münzen geschlagen hat. Die kleine geprägte Münze gehört, wie gesagt, in wesentlich spätere Zeit, etwa in das III. Jahrhundert, wo auch in Olbia die Münzen nicht mehr gegossen wurden; vielleicht giebt einmal ein vollkommen erhaltenes Exemplar sicheren Aufschluss über Zeit und Bedeutung dieser Prägung.

Unter den gegossenen Münzen sind nach der Grösse, wie es scheint, drei Gruppen zu unterscheiden, im Durchmesser von etwa 15, 12 und 9 mm; zur mittleren Gruppe gehören auch die Stücke, welche scheinbar IΣI statt IΣT haben. In den Gewichten ist bei der flüchtigen Herstellung durch Guss kein System zu erkennen; der Durchschnitt ist für die drei Grössen ungefähr 2¼, 1¼ und 1 g.

---

[1]) Arrianus periplus 31 und wohl daraus der Anonymus 61. Die Örtlichkeit ist noch nicht ganz sicher (vgl. Neumann die Hellenen im Skythenlande 1. 362); Müller (zu Arrian 31) nahm sie nach dem Vorgang von Köhler bei dem heutigen Odessa an; dagegen sucht sie Becher (Mémoires de la société imp. d'archéologie 6, 1852, 185 fg.) an der Westseite des Kujalnitzkischen Limans. Jedenfalls gehört die Niederlassung zum Gebiet Sarmatia; doch sind die Münzen hier publicirt, um sie nicht von denjenigen der Mutterstadt zu trennen.

[2]) Auch an der Ostküste der Krim scheint eine ähnliche Niederlassung der Istrianer einmal bestanden zu haben; bei Ptolemaios 3, 6, 2 sind dort Ἰστριανοῦ ποταμοῦ ἐκβολαί erwähnt, und der Fluss dürfte seinen Namen von einem Hafenplatz an seiner Mündung erhalten haben.

Gegossene Münzen
(V. Jahrhundert v. Chr.)

521 Rad mit vier Speichen ΙΣΤ im Felde
K 15
Taf.VIII,7 Abbildung (2)
Gewicht: 3,02 (1) — 2,52 (2)
1 Gial — 2 Imhoof — 3 Odessa Univ. — 4. 5 St. Petersburg — 6 Uwarow Cat. 5, 21
7 im Handel (Durchmesser 17 mm)

522 ebenso, aber kleiner ebenso
K 12
Gewicht: 2,05 (1) — 1,65 (3) — 1,21 (2) — 0,96 (12)
1 Berlin Cat. 16, 8; dieses Exemplar früher Prokesch vom Zachr. 2 (1870) 266 — 2 Giesha —
3 Imhoof — 4. 5 Löbbecke — 6. 7 Moskau Univ. Cat. 142, 143 — 8. 9 St. Petersburg —
10 Wien, —!. . 11 Cat. Becker 251. — Hierher wohl auch 12 Athen Cat. 7474 (mit zerstörter Rückseite). — Vgl. auch 533, 2

523 ebenso ΙΣΤ oder ΙΣΤ
K 12
Gewicht: 1,43 (2) — 1,18 (1)
Abweichungen: Rs. mit Τ 1. 3. Τ 2, angeblich Τ 4
1 Berlin Cat. 16, 7 — 2 Moskau (Burstschkow 42, 2) bildet ein Stück mit ΙΣΤ ab) —
3 Odessa Univ. — — 4 Bluzenberg 59, 180, XVIII, 180
Die Abweichung im dritten Buchstaben ist nur eine schriebare; vgl. S. 180.

524 ebenso, aber kleiner ΙΣΤ
K 9
Gewicht: 1,03 (7) — 0,88 (5) — 0,80 (3) — 0,76 (2. unvollständig) —
0,72 (6) — 0,59 (9. E. schl.) — 0,52 (4. F. schl.)
1 Athen, früher im Polytechnion, Engel revue num. 1884, 10, 3 — 2. 5 Berlin Cat. 16, 9-12
— 6 Gial — 7-9 Moskau — 10-13 Moskau Univ. Cat. 138-141 — 14 Odessa Univ. —
15 Paris — 16-18 St. Petersburg — 19 Uwarow Cat. 5, 22 — 20 Wien. — 21 Bluzenberg 59, 181, XVIII, 181 — 22 Mionnet S. 4, 367, 115 (aus einer unbekannten Sammlung) —
23 Morozhewicz descriptio mus. Odess. 24, 5 — 24 Cat. Becker 252

Geprägte Münzen
(III. Jahrh. v. Chr.!)

525 Rad mit vier Speichen] ΙΣΤPΙ im vertieften Felde
K 10
1 Odessa Murzakewicz Odess. Mem. 3, 238, 4 (gefunden auf der Insel Fidonisi = Leuke)
Auf der Rs. unter ΙΣΤPΙ stehen noch einige Buchstaben, doch sind sie nicht zu erkennen.

MARKIANOPOLIS

Die Stadt Markianopolis lag an der Stelle, wo die von Anchialos über den Balkan nach Moesien führende Strasse sich in zwei Linien theilte, eine westliche nach Durostorum an der Donau und eine östliche nach Odessos und den weiteren Städten am Schwarzen Meere [1]. Die Angabe, dass es von Odessos 18 Milien entfernt war, führt auf das bulgarische Dorf Devna, südwestlich von Varna, wo in der That ausgedehnte Ruinen und einige Inschriften gefunden worden sind. Jireček [2] giebt eine genaue Beschreibung der Örtlichkeit: am Orte selbst entspringt, wie das auch Jordanes [3] berichtet, ein ansehnlicher Fluss, und um die ganze Quellengegend herum gehen die Spuren einer ausgedehnten, wie es scheint, polygonalen Umfassungsmauer«. Dazu stimmen die Darstellungen auf einigen Münzen von Markianopolis; der Gott des Flusses, — ob er wirklich nur Potamos hiess, wie Jordanes angiebt, muss dahingestellt bleiben —, erscheint unter Macrinus und Elagabalus (n. 754. 835-837; Taf. XVIII, 6); und eine polygonale Mauer findet sich unter Gordianus (n. 1167, Taf. III, 17).

Wie Nikopolis und zahlreiche Städte der Nachbarprovinz Thracia ist auch Markianopolis von Kaiser Traianus gegründet. Den Namen gab er der neuen Stadt nach seiner Schwester Marciana, wie er zwei thrakische Städte nach seinem eigenen Namen und eine dritte nach dem seiner Gattin Plotina benannte [4]. Die durch Jordanes [5] überlieferte Erzählung von der Dienerin Marcianae, die ein goldenes Gefäss in den Fluss fallen liess, dessen Wiederauftauchen dann den Anlass zur Gründung und Benennung der Stadt bot, ist gewiss nur eine Fabel, die sich die Einwohner nachträglich zurecht ge-

---

[1] Itin. Anton. 228, 4: Tab. Peuting.
[2] Arch.-ep. Mitth. aus Öst. 10, 191 fg.
[3] Jordanes Getica 16, 93: *in flumine illo, qui nimia amplissimae superliquet in media urbe primo Potami cognominata*.
[4] Traianopolis, Augusta Traiana, Plotinopolis. — Es ist wahrscheinlich, dass auch Hadrianopolis schon unter Traianus gegründet worden ist; denn in den stadtrömischen Soldatenlisten führen mehrere Leute von dort die Heimathsbezeichnung *Ulpia Hadrianopoli* (Ephem. epigraphica 4 p. 894 c. [?] 3, 14; 894 d, 11; 895, 17, 21; vgl. die Zusammenstellung daselbst S. 335 und Ephem. epigr. 5 S. 186); wenn die Stadt unter Hadrian gegründet wäre, hiesse sie *Aelia*; da sie *Ulpia* heisst, ist als ihr Gründer Traianus anzusehen, der sie nach seinem Verwandten und praesumptiven Nachfolger benannte wie unser Markianopolis nach seiner Schwester.
[5] Jordanes Getica 16, 93, der nach Mommsens Vermuthung die Erzählung wohl in den verlorenen Theilen von Ammians Geschichtswerk gefunden hat. Bei einer gelegentlichen Erwähnung der Stadt sagt Ammian nur (27, 4, 12): *Marcianopolis . . . , a sorore Traiani Principis ita cognominata*. Vgl. Denippus fr. 18: Μαρκιανούπολιν, ἣ τὸ ὄνομα Τραιανοῦ τοῦ βασιλέως τὴν ἀδελφὴν ἐπιλεξαμένου τῇ πόλει λέγουσιν οἱ ἐγχώριοι.

macht hatten; Marciana und ihr Gefolge werden schwerlich je in dieser Gegend gewesen sein. Aber dass in der That Traianus die Stadt gegründet hat, lehren ausser ihrem Namen die stadtrömischen Soldatenlisten, in denen wiederholt Soldaten aus Markianopolis die Heimathsbezeichnung *Ulpia* (nach dem Geschlechtsnamen des Kaisers) *Marcianopoli* führen[1]. Eine besondere Veranlassung zur Gründung dieser Stadt braucht nicht gesucht zu werden; Traianus wollte dem neu organisirten Lande eine Anzahl städtischer Mittelpunkte geben, und zur Anlegung eines solchen erschien die Örtlichkeit passend, vielleicht mit besonderer Rücksicht auf den Ausbau des Strassennetzes. — Die Bevölkerung der neuen Stadt dürfte aus Griechen, Römern und Thrakern gemischt gewesen sein wie bei allen Gründungen dieser Art; und so ist denn auch von den beiden bisher bekannt gewordenen Inschriften die eine lateinisch, die andere lateinisch und griechisch[2]. Aber beide sind Grabschriften; die amtliche Sprache der Stadt Markianopolis war das **Griechische**, wie die Münzen zeigen, deren Aufschriften durchweg griechisch sind. Diesem urkundlichen Zeugniss der Münzen gegenüber hat es nichts zu bedeuten, dass in der ersten der oben angeführten Inschriften ein *dec(urio)* erscheint; man darf daraus gewiss nicht schliessen, dass der Gemeinderath von Markianopolis römisch organisirt war[3]. Indessen bilden die Städte dieser Art, — von den römischen Kaisern gegründet, aber mit griechischer Verfassung ausgestattet, — allerdings eine besondere Kategorie unter den Städten des römischen Reichs. Es gab doch wohl trotz des griechischen Stadtrechts und der griechischen Amtssprache die Thatsache ihrer römischen Gründung den Ausschlag. In diesem Sinne konnte Tacitus das epirotische Nikopolis, die erste Stadt dieser Art und das Muster für die späteren[4], eine römische Colonie nennen; dass es staatsrechtlich keine *colonia Romana* war, wusste er natürlich auch, aber er wollte nichts anderes damit sagen, als wenn die Stadt selbst sich auf ihren Münzen als Νικοπολιτῶν ἀτίγων bezeichnet. Und auf der anderen Seite dürfte es eben diese römische Gründung gewesen sein, was die Aufnahme von Markianopolis und Nikopolis in den Κοινὸν τῶν Ἑλλήνων, die Pentapolis oder Hexapolis der alten Griechenstädte am Pontos Euxeinos, verhinderte, wie das oben (S. 72) wahrscheinlich gemacht worden ist. Wir können

---

[1] Ephem. epigr. 4. 894 b, 16; 894 c, 15: 895, 36; vgl. daselbst S. 325.

[2] Corpus inscr. Latin. III, Suppl. n. 7471 lateinisch; Corpus inscr. Lat. III, 761 — Corpus Inscr. Graec. 2055 b lateinisch und griechisch. — Der in der ersteren Inschrift genannte *Cocceius Ingenu(u)s dec(urio)* könnte sicherem Gunhlossen, der ja nicht häufig vorkommt, dem Statthalter *Cocceius Gentianus* verdanken, welcher auf Münzen des Severus in Markianopolis und Nikopolis erscheint; damit wäre seine Zeit annähernd bestimmt, frühestens Anfang des III. Jahrhunderts; doch kann es auch ein zufälliges Zusammentreffen sein.

— Vielleicht gehören nach Markianopolis auch zwei kürzlich gefundene Inschriften von Provadia (arch. ep. Mitth. aus Öst. 17, 202, 78, 79); die erste ist griechisch und nicht auf einem Relief mit Darstellung des sogenannten thrakischen Reiters (vgl. oben S. 157), — [Ἴβη=] Ἡετουκα lautet hier die Widmung —, gestiftet von einem Manne mit thrakischem Namen Ἀυζδηραλις Ἰσυλίου; die andere ist ein lateinisches Fragment unsicheren Inhalts.

[3] Dzt. meint Kalopothakes de Thracia S. 66.

[4] Mommsen röm. Gesch. 5, 271, 282. — Tacitus ann. 5, 10.

hier nicht die Rechtsstellung dieser Griechenstädte kaiserlicher Gründung im allgemeinen untersuchen¹); für die moesischen und thrakischen ist das wesentlich für uns in Betracht kommende Merkmal, das sie von den alten Griechenstädten wie auch von den Colonien und Municipien unterscheidet, schon früher hervorgehoben worden, das ist das Auftreten der Statthalternamen auf ihren Münzen.

Die Münzprägung von Markianopolis beginnt unter Commodus²); da das Recht dazu vermuthlich vom Kaiser selbst verliehen wurde (s. oben S. 80), so ist auf diesen ersten Münzen kein Statthalter genannt. Aber von Severus an erscheinen die Namen der Legaten auf den grösseren Münzen regelmässig mit Ausnahme eines Theiles der letzten (unter Gordianus und Philippus). Sie werden eingeleitet durch die Abkürzung VΠ (auch VΠΑ oder nur V) für ὑπατικός, da die Rangbezeichnung ὑπατικός den Amtstitel des consularischen Legaten ersetzte, wie dies oben (S. 80) gezeigt worden ist; eben dort wurde auch schon bemerkt, dass der einzige Legat, vor dessen Namen die Abkürzung ΗΓ (für ἡγεμονεύοντος) statt VΠ steht, wahrscheinlich ausnahmsweise als Praetorier zur Statthalterschaft von Untermoesien gelangt ist³). Das folgende Verzeichniss⁴) nennt die Statthalter in der Form, in der sie am häufigsten auf den Münzen erscheinen, in chronologischer Reihenfolge, soweit dieselbe sich feststellen liess, und mit Angabe der Vorderseiten, mit denen sie bisher nachgewiesen sind.

---

¹) Als ein wesentlicher Unterschied ihrer Rechtsstellung von derjenigen der alten Griechenstädte wird ihre Behandlung bei der mosischen Aushebung zu erkennen sein. Vgl. die Praetorianerlisten Ephem. epigr. 4 S. 314 fg., in denen zahlreiche Soldaten aus den griechischen Kaiserstädten von Moesia inferior und Thracia erscheinen (auch Bizye, Perinthos und Philippopolis sind unter den Kaisern reorganisirt), dagegen nur einer aus Byzantion, auch dieser nicht ganz sicher, und keiner aus den Städten der Pentapolis oder anderen gleichen Rechts (über zwei angeblich aus Kallatis stammende Soldaten vgl. oben S. 83 Anm. 3).

²) Die Münzen, welche angeblich den Kopf der Marciana auf der Vorderseite zeigen, haben vielmehr das Brustbild der Stadtgöttin mit der Umschrift ΜΑΡΚΙΑΝΟΠΟΛΙΣ und sind erst im III. Jahrhundert geprägt; vgl. unten 536 fg. Auch die der Plotina, der Sabina und dem Marcus zugeschriebenen Münzen sind zu streichen, s. unten 538°, 539°, 539°°.

³) Dass die Stadt Markianopolis vorübergehend zu der praetorischen Provinz Thracia geschlagen und Terventianus also Legat von Thracia gewesen wäre, ist kaum denkbar. Allenfalls könnte man einen erst vor kurzem veröffentlichten Stein mit der Inschrift ἥ(ξης) ἀντ(ι)(ας) Thrac(iae) dafür anführen, der noch etwas deutlicher gefunden worden ist (arch.-ep. Mitth. 17, 202, 77); aber dieses Zeugniss muss einstweilen als unsicher gelten. — Kalopothakes (de Thracia S. 38 A. 1) glaubt, dass die Titulatur ΗΓ nur auf einem Irrthum des Markianopoliten beruhe, was gewiss nicht möglich ist. Wenn er ebenda bemerkt, dass ich zwei Münzen von Nikopolis mit der Aufschrift ΗΓ ΚΟCK ΓΕΝΤΙΑΝΟV angeführt hätte, so ist das ein Versehen von ihm; an der von ihm citirten Stelle meiner Arbeit (Wiener num. Zschr. 23, 36) steht VΠ, nicht ΗΓ. Umgekehrt findet sich auf thrakischen Münzen niemals VΠ vor dem Statthalternamen; in den von Kalopothakes angeführten Fällen handelt es sich um falsche Beschreibungen.

⁴) Vgl. oben S. 8r. Da ich genauere Angaben über Namen und Reihenfolge schon früher an einem anderen Orte gemacht habe (Wiener num. Zschr. 13, 32—40), so verzeichne ich hier nur in den folgenden Anmerkungen, was seitdem nachzutragen oder zu berichtigen ist. — Die bei Eckhel, Mionnet und sonst aufgeführten falschen Statthalternamen s. unten v. 584°, 600°, 601°, 605°, 907°, 1206°° und an anderen Stellen unter dem Strich.

MOESIA INFERIOR

ΥΠ . ΑΥCΠΕΚΟC [1])		Severus
Υ Κ ΓΕΝΤΙΑΝΟΥ		Severus
ΥΠ ΑΥΡ ΓΑΛΛΟΥ		Severus, Caracalla Aug., Geta Caes.
Υ Ι ΦΑΥCΤΙΝΙΑΝΟΥ [2])		Severus, Caracalla Aug.
Υ ΦΛ ΟΥΛΠΙΑΝΟΥ [3])		Severus, Severus u. Domna, Caracalla Aug., Caracalla u. Geta Augg.
ΥΠ ΚΥΝΤΙΛΙΑΝΟΥ [4])	:	Caracalla Aug., Caracalla u. Domna
ΥΠ ΠΟΝΤΙΑΝΟΥ	:	Macrinus, Macrinus u. Diadumenianus
ΥΠ ΑΓΡΙΠΠΑ	:	Macrinus u. Diadumenianus
ΥΠ ΙΟΥΛ ΑΝΤ CΕΛΕΥΚΟΥ	:	Elagabalus, Elagabalus u. Maesa, Elagabalus u. Soaemias
ΥΠ CΕΡΓ ΤΙΤΙΑΝΟΥ [5])	:	Elagabalus, Elagabalus u. Maesa
ΥΠ ΙΟΥ ΓΕΤΟΥΛΙΚΟΥ [6])	:	Alexander, Alexander u. Mamaea
ΥΠ ΤΙΒ ΙΟΥΛ ΦΗCΤΟΥ	:	Alexander, Alexander u. Maesa, Alexander u. Mamaea
ΗΓ ΟΥΜ ΤΕΡΕΒΕΝΤΙΝΟΥ	:	dieselben
ΥΠ ΦΙΡ ΦΙΛΟΠΑΠΠΟΥ	:	dieselben
ΥΠ ΜΗΝΟΦΙΛΟΥ	:	Gordianus, Gordianus u. Sarapis
ΥΠ ΤΕΡΤΥΛΛΙΑΝΟΥ [7])	:	Gordianus, Gordianus u. Tranquillina
ΥΠ ΠΡΑCΤ ΜΕCCΑΛΛΕΙΝΟΥ	:	Philippus u. Otacilia, Philippus iunior u. Sarapis.

[1]) Für Pollenius Auspex ist oben S. 81 nur Nikopolis als Prägeort angeführt; inzwischen habe ich für das Gothaer Cabinet eine Münze von Markianopolis erworben, auf der sein Name ebenfalls genannt ist (n. 543). Es scheint auch dieser Münze, dass Auspex der unmittelbare Vorgänger des Gentianus war; vgl. die Bemerkung zu n. 543.

[2]) Ich halte (a. a. O. S. 37) Faustinianus vor Ulpianus gesetzt, weil es von jenem nur Münzen mit dem Kopf des Severus und mit dem des Caracalla giebt, von diesem aber auch solche mit dem Kopf des Geta als Augustus. Ingegen könnte allerdings eingewendet werden, dass Caracalla auf den Münzen des Faustinianus in der Regel älter aussieht als auf denjenigen des Ulpianus; auf den ersteren hat er meistens schon leichten Bart, auf den letzteren ist er unbärtig; nur wo Caracalla und Geta zusammen auf der Vs. erscheinen, sind beide leicht bärtig. Danach würde man geneigt sein, die Münzen des Ulpianus in den Anfang der Dreikaiserherrschaft zu setzen und die der Faustinianus an den Schluss. Aber es wäre doch sehr auffallend, dass es mit dem Namen des letzteren gar keine Ψonfer gäbe; dass solche mit Caracalla und Geta fehlen, liesse sich nur Noth durch spätere Einrechnung (nach Getas Ermordung) erklären; aber warum es keine mit Severus und Domna geben, überhaupt das wichtigste Nominal von Markianopolis, nachdem es einmal eingeführt war, gerade unter diesem Statthalter nicht geprägt worden sein sollte, wäre unverständlich. Ich glaube daher, dass trotz der Münzen mit dem unbärtigen Gesicht des Caracalla Ulpianus der spätere Statthalter ist. Auf den Münzen von Nikopolis mit dem Namen des Ulpianus — mit dem des Faustinianus sind von dort keine bekannt — ist Caracalla stets bärtig; jedenfalls ist also der Bart hier nicht für die Datirung entscheidend.

[3]) Auf einigen Münzen sieht es so aus, als ob die Schrift in der That ΥΠ Λ ΚΥΝΤΙΛΙΑΝΟΥ zu lesen wäre; das Λ wäre dann vermuthlich Abkürzung des Gentilnamens. Sicher ist diese Lesung aber keineswegs, und es könnte auch dort ΥΠΑΤεύοντος zu lesen sein, da Λ und Α auf den Münzen von Markianopolis oft vertauscht sind.

[4]) Über die Reihenfolge vgl. unten S. 262.

[5]) Über die Reihenfolge vgl. unten S. 281. — Dass keine unter Gaetulicus geprägten Münzen mit Alexander und Maesa nachweisbar sind, kann Zufall sein.

[6]) Eine kürzlich gefundene Inschrift (arch. ep. Mitth. aus Öst. 17, 181, 28) hat uns noch den Gentil-

Diese Münzen mit Statthalternamen bilden die Hauptmasse in der reichen Prägung von Markianopolis. Daneben sind unter allen Regierungen kleinere Stücke ohne Statthalternamen geprägt worden; aber die Erlaubniss der römischen Regierung ist wohl auch für diese Prägungen eingeholt worden. Nur unter Kaiser Maximinus [1]) wurden hier keine Münzen geschlagen, und dasselbe gilt für alle anderen moesischen Städte ausser Tomis; ebenso hat im thrakischen Gebiet ausser der freien Stadt Byzantion, dem Municipium Coela und der Colonie Deultum, für welche andere Regeln gelten, nur Anchialos unter diesem Kaiser geprägt; leider sind uns die historischen Verhältnisse zu wenig bekannt, um diese gewiss nicht zufällige Erscheinung erklären zu können [2]). Unter Gordianus III. wurde die Prägung wieder aufgenommen; auffallender Weise giebt es von ihm auch grosse Münzen ohne Statthalternamen mit denselben beiden Vorderseiten wie die häufigeren mit dem Namen des Menophilus; man könnte allenfalls annehmen, dass nach der Unterbrechung durch Maximinus das Münzrecht erst durch den Kaiser selbst erneuert werden musste, so dass jene Münzen also die ersten unter Gordianus geprägten wären; da aber auch unter der folgenden Regierung ein Theil der grossen Münzen mit Philippus iunior und Sarapis nur die Inschrift ΜΑΡΚΙΑΝΟΠΟΛΕΙΤΩΝ hat, so hat wohl das Fehlen des Statthalternamens hier wie dort nichts besonderes zu bedeuten. Diese Münzen sind die letzten von Markianopolis [3]), wie überhaupt unter Philippus die Prägung der Griechenstädte am Pontos erlosch, soweit sie nicht schon vorher ein Ende gefunden hatte.

In der unten folgenden Beschreibung der Münzen von Markianopolis sind den

---

namens des Tertullianus gebört; er hirst, wenn die Lesung richtig ist, *Pretius Tertullianus*. — Die Münze bei Mionnet S. a. 113, 342, welche lehrere würde, dass Tertullianus schon vor der Verheirathung des Gordianus Legat von Untermoesien war, ist falsch beschrieben; sie hat [ΥΠ ΜΗΝΟ]ΦΙΛΟΥ wie die anderen mit Gordianus und Sarapis (vgl. unten 1170°). Auch die eben erwähnte Inschrift ist dem Gordianus und der Tranquillina gewidmet, auf deren Münzen von Markianopolis eben Tertullianus regelmässig genannt ist.

[1]) Dass unter den vier Kaisern der Jahre 238, Gordianus I. und II., Maximus und Balbinus, hier nicht geprägt werde, ist nicht auffallend.

[2]) Mommsen (röm. Gesch. 5, 228 Anm. 1) vermuthet, dass die Belagerung von Markianopolis durch die Gothen (Dexippos fragm. 18) um das Jahr 238 zu setzen ist. Vielleicht gehört dieses Ereigniss in die Zeit, wo Maximinus nach Italien abmarschiert war, um die Gegenkaiser zu bekämpfen. Mit dem Bericht des Petrus Patricius (fragm. 8), welcher zeigt, dass jedenfalls schon in den ersten Jahren Gordianus III., unter dem Statthalter

Tullius Menophilus, die Ruhe in dieser Gegend wiederhergestellt war, konnte man in Verbindung bringen, dass auf Münzen von Markianopolis unter demselben Statthalter als neuer Typus ein befestigtes Stadtthor, ferner jene Umwallung (oben S. 183), auch ein neuer Triumphbogen erscheinen. Vielleicht hatte die Stadt im Jahre 238 jene Belagerung bestanden (der einheimische Stratege, der die Vertheidigung leitete, führt den römischen Namen Maximus), und wurde dann unter dem neuen Legaten des Gordianus die Befestigungen erneuert worden. Vgl. auch unten S. 194 und 195. — Die Unterbrechung der Münzprägung während der ganzen Regierungszeit des Maximinus ist damit natürlich nicht erklärt.

[3]) Jordanes (Get. 16, 93) setzt die Belagerung von Markianopolis unter Philippus; aber, wie Mommsen bemerkt (vgl. Anm. 2), ist diese Datirung keineswegs zuverlässig. Das Erlöschen der Münzprägung kann nicht zu Gunsten des Jordanes angeführt werden, da die Schliessung der noch bestehenden Münzstätten in Moesia inferior und Thracia eine allgemeine Massregel war.

Kaisermünzen diejenigen ohne Kaiserköpfe vorausgeschickt (n. 536—539; Tafel III, 11). Sie sind aber keineswegs älter als die Münzen des Commodus; denn während diese und die ersten des Severus ziemlich ungeschickt gearbeitet sind, zeigen die Münzen ohne Kaiserköpfe die sorgfältigere, wenn auch nicht schöne Arbeit der späteren Zeit. Das Brustbild der Stadtgöttin mit der Umschrift ΜΑΡΚΙΑΝΟΠΟΛΙϹ, welches sie alle auf der Vorderseite haben, hat vielleicht die Züge einer Kaiserin, aber jedenfalls nicht der Marciana; man möchte an Tranquillina denken, doch ist das unsicher. Die Typen der Rückseite sind Kybele und der löwenwürgende Herakles; beide Typen kehren auf den Kaisermünzen häufig wieder, so dass danach die Münzen nicht genauer zu datiren sind.

Wenn Markianopolis auch wahrscheinlich, wie oben auseinandergesetzt wurde, nicht zu dem Hellenenbund der Hexapolis gehört hat, so folgte es doch, freiwillig oder nach Vorschrift der römischen Regierung, in der Münzprägung dem System der Nachbarstädte, wie sich das auch durch die Rücksicht auf den Verkehr empfahl. Das wird schon für die ersten, unter Commodus und Severus geprägten, Münzen gelten. Sicher ist es für die Zeit seit der Statthalterschaft des Flavius Ulpianus; denn unter ihm begann, wie schon früher (S. 76) hervorgehoben wurde, jene ausserordentlich reiche Prägung von Fünfern, welche ausser dem Werthzeichen Ε (E)[1]) das besondere Merkmal haben, dass auf ihrer Vorderseite stets zwei Köpfe[2]) erscheinen (s. Taf. III, 12 fg.). Es ist das immer je ein Augustus mit einem zweiten Augustus oder mit einer Augusta oder mit einem Caesar; wenn dann aber auf einem Theil der Münzen Gordians III. statt der Tranquillina der Gott Sarapis zu dem Kaiser gesellt ist, so darf man daraus schliessen, dass diese aus der Zeit vor der Verheirathung des Gordianus stammen[3]); und ebenso erscheint der Gott neben dem jüngeren Philippus, weil man kein anderes Gegenüber für diesen hatte[4]). — Neben diesen Fünfern bilden die Hauptmasse der Prägung von Markianopolis die übrigen Münzen mit Statthalternamen, auf deren Vorderseite nur ein Kopf erscheint; wie schon oben (S. 77) bemerkt wurde, sind sie wahrscheinlich

---

[1]) Unter Severus und Caracalla erscheint die runde Form Ε, unter Macrinus abweichend Ε und E, später nur E: vgl. oben S. 96. 129. 155. wo dieselbe Erscheinung in den anderen Städten hervorgehoben ist.

[2]) Vgl. oben S. 77. — Die Angaben dort aber den Gebrauch von zwei Köpfen sind insofern zu berichtigen, als es eine solche Münze von Tomis aus etwas älterer Zeit giebt: ich halte die von Murzakewitz Odess. Mem. J. 340, 30 publicirte Münze nicht beachtet, weil ihre Beschreibung offenbar unzuverlässig war; inzwischen erhielt ich durch die Güte des Herrn Berthier de Lagarde einen Abguss, welcher zeigt, dass auf der Vs. die Köpfe des Caracalla und der Plautilla dargestellt sind. Die Münze hat aber das Werthzeichen Δ; und weitere Stücke mit zwei Köpfen sind in Tomis vor der Zeit des Gordianus nicht mehr geprägt worden. — Über eine Münze von Markianopolis mit Ε, die angeblich nur einen Kopf auf der Vs. hat, s. unten 1017[5].

[3]) Die Vorderseite dieser Münzen lehrt, dass der Statthalter Mennophilus Untermünzherr früher verwaltet hat als Tertullianus, dessen Name erst auf den Münzen mit Gordianus und Tranquillina erscheint: vgl. unn. Zschr. 23, 42. 50.

[4]) Die Zusammenstellung des älteren Philippus mit Sarapis hätte keinen Sinn gehabt und kommt auch in der That nicht vor; die von Mionnet S. 2, 115, 349 zweifelnd aufgenommene Münze gehört natürlich dem jüngeren Philipp, s. unten n. 1208[6].

als Vierer annsehen¹). Sie haben zwar niemals ein Werthzeichen²), aber das wichtigste Nominal der Gegend durfte auch in der Prägung von Markianopolis schwerlich fehlen; und wenn sie auch ungefähr die gleiche Grösse wie die Fünfer haben, so ist doch ihr Gewicht im allgemeinen niedriger; die Münzen mit E wiegen in der Regel 12—14 g, die mit einem Kopf nur 9—10 g, wenn auch Abweichungen nach oben oder unten hier wie dort vorkommen. — Von den übrigen Münzen wiegen die grössten etwa 7 g; die älteren mit dem Typus der drei Chariten³) haben zwar kein Werthzeichen, sind aber gewiss ebenso als Dreier aufzufassen wie die späteren mit dem Typus der Artemis und dem Werthzeichen Γ (7)⁴). Die kleineren Münzen haben zwar keine Werthzeichen, doch sind nach Grösse und Gewicht Zweier (4—6 g) und Einer (2—4 g) zu unterscheiden. Als ein besonderes Nominal kommen in der späteren Zeit Gordians III., unter dem Statthalter Tertullianus, die schönen Medaillons hinzu, deren Vorderseite zum Theil aus demselben Stempel ist wie die einiger Medaillons von Odessos und Tomis (vgl. oben, S. 75); ihrem Gewicht nach (im Durchschnitt 25 g) können sie als Doppelte der Fünfer gelten; doch ist es unsicher, ob sie als Geld oder als Denkmünzen zu betrachten sind. — Einen Gesammtüberblick über die Prägung von Markianopolis giebt die folgende Tabelle:

Commodus				3	2
Severus			4	2	1
Domna			3	2	
Caracalla Aug.			4	2	
Geta Caes.			4	2	1
Severus u. Domna	E				
Caracalla u. Geta Aug.	E				
Caracalla			4		2
Caracalla u. Domna	E				
Macrinus			4		
Macrinus u. Diadumenianus	E				
Diadumenianus			Γ	2	1
Elagabalus			4	2	1
Elagabalus u. Maesa	E				
Elagabalus u. Semiramis	E				
Alexander			4	2	1
Alexander u. Maesa	E				
Alexander u. Mamaea	E				
Mamaea				Γ	
Gordianus	Med.	4	3	2	1
Gordianus u. Sarapis	E				
Gordianus u. Tranquillina	E				
Tranquillina				Γ	
Philippus sen. u. Otacilla	E				
Philippus iun. u. Sarapis	E				
Stadtgottin					1

Bei der Auswahl der Typen für ihre Münzen hatte die Stadt Markianopolis keinen Anhalt an alten Traditionen wie die Küstenstädte. Sie war ja beim Anfang der Prägung nicht viel älter als ein halbes Jahrhundert und blickte auf keine inhaltreiche Geschichte zurück. Daraus

---

¹) Dasselbe gilt für die ebenso grossen Münzen des Gordianus an den Statthaltereaussen.
²) Servini mm. Chaudoir 43, 10 beschreibt eine Münze des Alexander mit Δ, doch muss ein Versehen vorliegen; s. unten 1079°.
³) Unter Commodus (n. 540) u. Domna (n. 603 605).
⁴) Doch wiegen einige Münzen des Diadumenianus über 10 g (n. 786, 787); vgl. oben S. 156, wo für

einen Theil der Dreier von Istros eine ähnliche Gewichtsüberschreitung vermerkt ist. — Dass auch hier das Werthzeichen Γ besonders auf Münzen der Kaiserinnen erscheint, stimmt zu dem, was oben N. 76, 95, 136 Anm. 5 bemerkt worden ist. Da Artemis der geläufige Typus der Dreier war, ist auf einer Münze des Gordianus (n. 1116) das Werthzeichen fortgelassen.

und aus der stärkeren Einwirkung des römischen Elements erklärt es sich, dass hier noch mehr als in den Nachbarstädten jene conventionellen Darstellungen von Göttern, Personificationen, Kaisern u. s. w. die Hauptmasse der Typen bilden, welche namentlich auf den römischen Münzen vorwiegen, aber auch sonst überall vorkommen können, ohne in der Regel eine lokale Bedeutung zu haben (vgl. S. 82).

Unter den Personificationen ist besonders bemerkenswerth die Darstellung der Liberalitas (Taf. XIX, 2), weil sie sonst ausserhalb Roms fast nirgends vorkommt. Häufig erscheint Aequitas (oder Iustitia), zuweilen mit Nemesis identificirt, von der gerade in Markianopolis sehr mannigfache Darstellungen nachweisbar sind (Taf. XVIII, 25—28)[1]. Eine Frau mit Ähren und Füllhorn (Taf. XIX, 1) ist wohl Abundantia oder Annona zu benennen[2]. Tyche mit Steuer und Füllhorn (Taf. XIX, 5. 6) und Concordia (Homonoia) mit Schale und Füllhorn, beide meistens mit dem Kalathos auf dem Kopfe, gehören zu den gewöhnlichsten Darstellungen[3]; Concordia erscheint sehr oft opfernd am Altar (Taf. XVIII, 34), Tyche nur einmal, mit der Schale in der Rechten, die L. auf das Steuerruder gestützt (Taf. XIX, 11). Beide sind zuweilen auch sitzend dargestellt (Taf. XVIII, 35 Concordia). Tyche auch mit dem Rade unter dem Sessel (Taf. XIX, 11), also vielleicht als Fortuna Redux[4]. Ob eine von beiden als Stadtgöttin anzusehen ist, bleibt unsicher; auf dem einen Medaillon des Gordianus (n. 1098) hat diese allerdings ein Füllhorn. Aber es findet sich auch noch eine stehende Göttin mit Schale und Scepter, welche durch die Mauerkrone als Stadtgöttin gekennzeichnet ist (Taf. XVIII, 15)[5]. Dass auch das Brustbild der Stadtgöttin auf der Vorderseite einiger Münzen erscheint, wurde schon oben (S. 188) gesagt. — Auch der Bonus Eventus (Taf. XV, 9) und die Dea Roma (Taf. XV, 30. 31) fehlen nicht, wie gewöhnlich so auch hier jener dem Apollon, diese der Athena nachgebildet.

Die griechischen Gottheiten finden sich fast alle auf den Münzen von Markianopolis. Aber zum grössten Theil sind es die gewöhnlichen Darstellungen, die überall vorkommen und es daher zweifelhaft lassen, ob diese Götter gerade in dieser Gestalt oder überhaupt in Markianopolis öffentliche Verehrung genossen haben, oder ob es nicht vielmehr willkürlich gewählte Münztypen sind. Als sichere Zeugen eines öffentlichen Cultus können dagegen diejenigen Darstellungen gelten, welche ein Götterbild, sei es auch in ganz conventioneller Gestalt, im Tempel zeigen. Solcher Tempel können wir

---

[1] Die Arbeit von IL Posnansky, Nemesis und Adrasteia (Breslauer philol. Abhandlungen 5, 2) 1890, stellt auf S. 153 fg. auch einige Nemesistypen von Markianopolis zusammen; die Liste kann jetzt wesentlich vervollständigt und berichtigt werden.
[2] Vgl. Wissowa in Roschers Lexikon 1, 4. 360.
[3] Vaillant u. a. haben eine Münze beschrieben, auf der angeblich AP TYXH stand; aber es handelt sich, wie schon Sestini denar. 37, 68 bemerkt hat, um falsche Lesungen (s. unten zu n. 1065); die dargestellte Frau ist auch gar nicht 'Αγαθή Τύχη.
[4] Vgl. Peter in Roschers Lexikon 1, 1528.
[5] Eine sitzende Frau mit demselben Attribute erscheint vielleicht auf n. 607. — Über eine stehende Stadtgöttin mit Scepter und Füllhorn (wie in Tomis) vgl. n. 759.

für Markianopolis aus den Münzen sechs nachweisen: des Zeus") (n. 687), des Sarapis (n. 688. 689. 1191, Taf. XX, 25), des Apollon (n. 690. 691, Taf. XX, 21), des Asklepios (n. 783), der Concordia (n. 692. 784) und der Tyche (n. 693. 1165. 1192). Alle diese Götter finden sich auch als selbständige Typen, ohne Tempel, wie das für Concordia und Tyche schon erwähnt wurde. Zeus erscheint fast unter allen Kaisern stehend in sehr verschiedenen, zum Theil schönen Darstellungen (s. B. Taf. XIII, 13. 14); er kommt aber auch sitzend vor wie im Tempel. Dass Sarapis ein Hauptgott von Markianopolis ist"), konnten wir schon daraus schliessen, dass sein Brustbild auf der Vorderseite zahlreicher Fünfer dem des Gordianus und dann des jüngeren Philippus gegenübergesetzt ist (oben S. 188); zuweilen bildet auch dieses Brustbild allein den Typus der Rückseite (z. B. Taf. XIII, 27). Aber auch das Tempelbild, der stehende Gott mit der erhobenen Rechten und dem Scepter im l. Arm, findet sich wiederholt als Einzelfigur, wogegen die Gestalt des θεὸς Μέγας, mit Schale und Füllhorn, in der Prägung von Markianopolis gar nicht vorkommt, was bei der Nähe von Odes-sos immerhin beachtenswerth ist; der thronende Hades mit dem Kerberos erscheint mehrfach. Asklepios ist meistens in der gewöhnlichen Art dargestellt, zuweilen unbärtig (Taf. XVII, 5); ganz abweichend erscheint er aber auch als ein nackter Jüngling, nur mit der Chlamys über der l. Schulter und dem l. Arm (n. 832, Taf. XVII, 4), so wohl auch im Tempel. — Als das wichtigste unter den Tempelbildern darf man aber wohl dasjenige des Apollon bezeichnen. Es hat gewiss keiner der griechischen Götter im thrakischen und moesischen Gebiet so viele Cultstätten gehabt, keiner wird unter so verschiedenen lokalen Beinamen verehrt") und so häufig und mannigfach auf den Münzen dargestellt wie Apollon"). Das begann schon in sehr früher Zeit, vermuthlich zuerst in den milesischen Colonien, und der Mittelpunkt des Apolloncultus dürfte anfangs Apollonia mit dem ἱερὸν τοῦ Ἀπόλλωνος und seiner Kolossalstatue von Kalamis gewesen sein. Die Eigenschaft des Apollon als Gott der Colonisation mag den ersten Grund für diese allgemeine Verehrung abgegeben haben"), die aber schliesslich nicht auf die alten griechischen Ansiedelungen be-

---

1) Gardner im Brit. Mus. Cat. Thrace 30, 19 glaubt in der Tempelfigur den Kaiser als Zeus zu erkennen, doch scheint es nach den anderen Exemplaren einfach Zeus zu sein. Die Darstellung eines Kaisers im Tempel wäre in dieser Gegend und in dieser Zeit sehr auffallend; und auch dass ein sitzender Zeus als Einzelfigur vorkommt, ein sitzender Kaiser aber nicht, spricht gegen Gardners Vermuthung.

2) Vgl. die Zusammenstellung bei W. Drexler mythol. Beiträge 1, 66—73, wo auch die häufige Darstellung von Schlangen berücksichtigt ist, Darstellungen des Chnubis s. unten n. 685. 686, 1206. Den nur von Mouchmouski bezeugten Typus eines Sarapis am Altar, mit Sphale und Füllhorn, hat Drexler mit Recht angezweifelt; es handelt sich wohl um eine Concordia; s. unten 655".

3) Vgl. das Verzeichniss der in thrakischen Inschriften mehrgewiesenen Beinamen bei Dumont, mélanges d'archéologie S. 507. — In einer Inschrift von Razgrad (C. I. L. 3 Suppl. 7463) scheint er Πάτριος (= Πάτριος) zu heissen, falls nicht [de pro]prio Apollini zu ergänzen ist, wie Domaszewski meint.

4) Eine Auswahl der in den moesischen Städten vorkommenden Apollontypen ist Tafel XIV, 26 bis 35 und XV, 1—8 abgebildet.

5) Über Apollon als Gott der Kolonisation vgl. Roschers Lexikon 1, 440 fg.

schränkt blieb, sondern ebenso deutlich in den Pflanzstätten der römischen Kaiser hervortritt. Dabei ist zu bemerken, dass auf den Münzen der meisten Städte neben gewöhnlichen und überall verbreiteten Darstellungen die eine oder andere besonders bevorzugt ist, in der man daher wahrscheinlich nicht einen conventionellen Münztypus, sondern die Wiedergabe eines in der Stadt vorhandenen Cultbildes zu erkennen hat[1]). So finden wir in Markianopolis neben vereinzelten Darstellungen des sich auf den Dreifuss stützenden Apollon (n. 727) oder des nackten Gottes mit Schale und Lorbeerzweig, der vielleicht mit dem Bonus Eventus identisch ist, immer wieder den Typus des vom Kampfe ruhenden Apollon mit der Rechten auf dem Kopf und dem Bogen in der Linken (Taf. XV, 1–3); da nur diese Darstellung auch als Tempelbild erscheint (Taf. XX, 21), so dürfen wir annehmen, dass eine solche Statue in Markianopolis vorhanden war. Es sind von diesem Typus mehrere Statuen noch erhalten[2]); nach einem von Lukian beschriebenen Exemplar, das sich im Lykeion zu Athen befand, nennt man ihn den Apollon Lykeios. Auf den Münzen von Markianopolis sieht man auf der linken Seite des Gottes (vom Beschauer rechts) regelmässig einen von einer Schlange umwundenen Baumstumpf[3]), auch bei den Tempelbildern. Obwohl auf den meisten Münzen durch Ungeschicklichkeit der Stempelschneider der linke Arm des Apollon frei vorgestreckt erscheint, ohne Berührung mit dem Stamm, müssen wir doch jedenfalls annehmen, dass das Cultbild von Markianopolis den Gott mit Stammstütze darstellte, wie das auch auf einigen der noch erhaltenen Statuen der Fall ist[4]); da aber auf den übrigen Wiederholungen der Gott mit anderen Stützen erscheint[5]), so drängt sich die Vermuthung auf, dass sie alle auf ein Original ohne Stütze, ein in Erz gegossenes älteres Werk[6]), zurückgehen; die verschiedenen Stützen wären also erst in den Marmorcopien hinzugefügt, und danach in den Nachbildungen der letzteren, wie z. B. auf den Münzen von Markianopolis. Ein Theil dieser Münzen (z. B. Taf. XV, 3) zeigt auf der anderen Seite des Gottes einen nie-

---

[1] So in Istros auf den Kaisermünzen der Kitha... roede, in Nikopolis der Sauroktonos, in Odessos ein sitzender Apollon mit der Lyra u. s. w.; vgl. die Einleitungen zu den einzelnen Städten, besonders zu Apollonia.
[2] Overbeck Kunstmythologie 4. Apollon S. 208 fg., wo auch der Münztypus von Markianopolis berücksichtigt ist (N. 303, 72; Münztafel IV, 27). — Lukianos Anach. 7: ὁ μὲν γὰρ οὗτός τοι ἀνεστώς ... κτλ.
[3] blässlich, weil die gleiche Darstellung unter allen anderen Kaisern erscheint.
[4] Wo der Baum sorgfältig behandelt ist, ist er als Lorbeer charakterisirt.
[5] Overbeck Apollon S. 209, 1–210, 3.
[6] In der lateinischen Beschreibung ist es eine Stele, auf atheniensischen Tetradrachmen lehnt er an einer Säule mit Dreifuss, eine Dresdener Marmorstatuette zeigt ihn auf einem Dreifuss gestützt; vgl. die Zeugnisse bei Overbeck a. a. O.
[7] Overbeck sucht den Künstler gewiss mit Recht im Kreise praxitelischer Kunstübungen. — Die Einzelheiten der Haartracht und der Bekleidung sind auf den Münzen gewiss willkürlich behandelt; doch hat die Figur fast immer rechts Haarbein, das Haar gewöhnlich am Hinterkopf in einen Knoten geschlungen, oft mit Schulterlocken.

drigen Gegenstand, der die als Stütze
dient; er hat wohl auch mit der Statue
nichts zu thun, obwohl er sogar in dem
einen Tempel mit erscheint, sondern ist
nur von den Stempelschneidern der Symmetrie wegen und zur Raumausfüllung hinzugefügt. Auf den älteren Münzen ist er
oft undeutlich; aber namentlich auf den
gröberen Münzen der gordianischen Zeit
(wie Taf. XV, 3) ist er sicher als der Köcher mit darüber gelegtem Gewand zu
erkennen, und dieses Attribut ist wohl auch
sonst immer gemeint[1]. — Nicht ganz
sicher ist die Benennung des auf einem
Felsen (?) sitzenden, die Lyra spielenden nackten Gottes, der auf einer einzigen
Münze des Gordianus erscheint (n. 1132,
Taf. XVI, 24); er ist unter die Hermesdarstellungen aufgenommen, weil er den
Fuss auf einen Widderkopf stützt und
im Felde vor ihm ein Kerykeion zu
stehen scheint; aber wahrscheinlich ist es
doch ein Apollon[2]. Übrigens gilt ja
Hermes als Erfinder der Lyra und wird
auch zuweilen mit ihr dargestellt[3]; und
mit anderen musikalischen Instrumenten
scheint er sogar in Markianopolis selbst
auf einer interessanten Münze des jüngeren
Philippus vorzukommen (n. 1209, Taf. XVI,
25). Der gewöhnliche Hermestypus mit
Beutel und Kerykeion kehrt sehr häufig
wieder. Beachtung verdient nur noch eine
abweichende Darstellung (n. 637. 638. 739.
976. 1146; Taf. XVI, 22), wo die vor dem
Gotte stehende Stele gewiss als Stütze
seines vorgestreckten r. Armes zu denken
ist, obwohl der Stempelschneider unsinniger Weise zwischen Ellbogen und Stele
den Schluss der Schrift oder sonst etwas
gesetzt hat[4]), also ein ähnlicher Fehler,
wie wir ihn bei Apollon gefunden haben;
auch dieser Hermestypus ist vermuthlich
die Abbildung einer Marmorstatue, bei
der ein Stele als Armstütze verwendet
war. — Von den übrigen Göttertypen
verdienen noch Erwähnung: die mannigfachen Darstellungen der Athena (s.
Taf. XV, 19—23. 25. 28; vgl. Roma: XV,
30. 31); auf Münzen des Commodus und
der Domna die Gruppe der Chariten
(Taf. XVI, 1. 2); auf kleinen Münzen
Thanatos oder Hypnos (wie Taf. XVI,
7), Priapos (Taf. XVI, 36) und Telesphoros, die alle drei in Nikopolis
häufiger sind; der seltene Typus eines
Dioskuren, wenn der nackte Krieger,
der sein Ross am Zügel hält (Taf. XVII,
29), so zu benennen ist; die verschiedenen Darstellungen der thronenden Kybele (Taf. XVIII, 12. 13); endlich ein im
moesischen Gebiet ungewöhnlicher Typus
der Artemis in langem Gewand (Taf.
XV, 11). Bei vielen dieser Typen handelt es sich wohl um willkürlich gewählte Münzbilder, die von den Münzen
anderer Griechenstädte oder dem römischen Reichsgeld entlehnt sind; doch mag
der eine oder andere eine besondere Beziehung zu dem öffentlichen Cultus der
Stadt haben, die wir nur nicht mehr nachzuweisen vermögen. — Als Lokalgottheit ist ausser dem schon oben (S. 183)

---

[1] Zuweilen sieht er aus wie ein zweiter Baumstumpf mit Schlange, besonders Taf. XX, 21: aber das
hatte keinen Sinn und ist gewiss nur Ungeschicklichkeit des Stempelschneiders.

[2] Auf Münzen von Anchialos, wo Apollon ganz ähnlich dargestellt wird (vgl. Overbeck Münzt. Die antiken Münzen Nord-Griechenlands. I.

[3] IV, 19), findet sich auch einmal das Kerykeion neben dem Felsen; und dort ist die Benennung Apollons durch andere Typen gesichert.

[3] Roschers Lexikon 1, 2372; vgl. 2403.

[4] Nur bei n. 976 ist dieser Fehler vielleicht verschieden.

erwähnten Flussgott (Taf. XVIII, 6) auch eine sitzende weibliche Figur zu nennen, die in der R. eine Pflanze hält und den l. Arm auf einen Felsen stützt (Taf. XVIII, 8). Eine sehr ähnliche Figur erscheint auf einer gleichzeitigen Münze von Nikopolis (Taf. XVIII, 7), und da beide an die Darstellung der ΡΟΔΟΠΗ auf Münzen von Philippopolis[1]) erinnern, so könnte man auch sie als Berggottheiten bezeichnen[2]); aber noch verwandter ist vielleicht die Frauengestalt, welche von vier Genien umspielt auf den bekannten Münzen von Pautalia[3]) erscheint; ob sie als Personification der Stadt oder der Provinz[4]) oder als Gaia selbst anzusehen ist, bleibt hier wie dort unsicher.

Als Typen von sicher lokaler Bedeutung sind schliesslich alle Bauwerke zu betrachten. Ausser den schon erwähnten Tempeln ist zunächst ein Triumphbogen mit vier Statuen zu nennen, welcher unter Caracallas Alleinherrschaft auf Münzen aus zwei verschiedenen Stempeln erscheint (Taf. III, 13. 14); näheres über seine Errichtung und die Statuen ist bei der Beschreibung (n. 694. 695) bemerkt. Einen ähnlichen Triumphbogen (aber einfacher,

ohne Fenster) stellt eine unter Gordianus geprägte Münze dar (n. 1166, Taf. III, 16); auf ihm stehen nur drei Statuen, wie es scheint Götter, die aber nicht sicher zu benennen sind. Obgleich das alsofalls der alte Bogen mit veränderten Figuren sein könnte, ist es doch wahrscheinlicher, dass es sich um ein neues Bauwerk handelt. Denn es ist beachtenswerth, dass auf den unter demselben Statthalter Menophilus geprägten Münzen Gordians auch noch andere Bauwerke dargestellt sind, die vorher nicht in der Prägung von Markianopolis erscheinen: ein Stadtthor — oder sogar zwei verschiedene[5]) — mit zwei Thürmen (n. 1168 fg., Taf. XX, 15) und die schon oben (S. 183) erwähnte polygonale Umfassungsmauer, innerhalb welcher ein Tempel sichtbar ist (n. 1167, Taf. III, 17). Die Fundamente einer solchen Mauer, welche das in der Stadt selbst gelegene Quellgebiet des Flusses umzog, hat Jireček an Ort und Stelle gefunden, und so liegt die Vermuthung nahe, dass die Münze eben diese Mauer darstellt; möglich ist es aber auch, dass die Umwallung der ganzen Stadt gemeint ist, wie sie anderwärts vorkommt[6]); vielleicht bringt ein besser erhaltenes

---

[1]) Mionnet 1, 416, 343.
[2]) Diese Berge bei Markianopolis und Nikopolis zu benennen, verweigere ich mich. In letzterer Stadt werden wir einen männlichen Berggott, den Haimos, meist mit Beischrift des Namens, auf den Mauern finden (Taf. III, 22. 24. 25).
[3]) Cat. Berlin S, 202, 22 und sonst; Friedländer und v. Sallet halten die Figur für die Personificirung des Landes, Ge oder Tellus.
[4]) Auch an einige Darstellungen der Provinzen auf den bekannten Münzen des Hadrianus erinnert unser Typus, z. B. an die HISPANIA.
[5]) Auf einem Theil der Münzen sind die Thürme mit Zinnen gekrönt (n. 1168), auf den anderen haben sie spitze Dächer (n. 1169. 1170).

[6]) Am bekanntesten ist das Bild der Stadtmauer von Nikaia unter Macrianus und Quietus (Brittish Mus. Cat. Pontus 177, 157 fg.), von dem Donaldson (architectura numismatica n. 87, R. 323 fg.) eine Vergrösserung und genaue Beschreibung gegeben hat. Die sehenswerthe Mauer einer Stadt oder eines Schlosses findet sich auf Münzen von Pella bei Imhoof mon. gr. 88, 103; British Mus. Cat. Macedonia 139, 18. Das schönste Münzbild dieser Art bietet aber ein noch nicht veröffentlichter Medaillon der Stadt Bizye (unter Philippus) in der Sammlung Löbbecke, welcher innerhalb der Umwallung eine ganze Anzahl von Tempeln und anderen Gebäuden und Denkmälern erkennen lässt.

Exemplar Aufklärung. Jedenfalls deutet die Darstellung von Befestigungen auf kriegerische Ereignisse hin, und da auch sonst manches dafür spricht, die vergebliche Belagerung von Markianopolis durch die Gothen in das Jahr 238 zu setzen³), so mögen die Münztypen daraus zu erklären sein, dass kurz darauf unter dem Statthalter Menophilus die Thore und Mauern erneuert wurden; und auch der neue Triumphbogen könnte wegen des Sieges über die Barbaren errichtet sein⁴), wie denn auch auf Münzen dieser Zeit häufiger als sonst Nike erscheint (n. 1141 bis 1143, Taf. XVI, 8). Auch die Darstellungen auf den Medaillons des Gordianus, welche später unter dem Statthalter Tertullianus geprägt worden sind, selten in diesem Zusammenhang erwähnt; der eine Typus zeigt den Kaiser, von der hinter ihm stehenden Nike bekränzt (n. 1099. 1100); auf dem anderen reicht die Stadtgöttin, hier mit Mauerkrone und Füllhorn ausgestattet, dem Kaiser über einem Altar die Hand (n. 1098). Die letztere Darstellung feiert, wie die Unterschrift OMONOIA lehrt, die guten Beziehungen zwischen dem Kaiser und der Stadt und dürfte sich auf einen Besuch Gordians in Markianopolis⁵) beziehen, während die andere seine unbedeutenden Siege an der unteren Donau verherrlichen mag⁶). — Auch von den Typen aus der Zeit Caracallas sind einige vielleicht aus einem Besuch des Kaisers in Markianopolis zu erklären; da er im Jahre 214 oder 215 Thrake bereiste und gegen die Jazygen und Gothen kämpfte, liegt eine solche Vermuthung nahe; und es ist immerhin auffallend, dass gerade unter dem Statthalter Quintilianus der Kaiser so vielfach auf den Münzen erscheint (n. 680fg.; Taf. XIX, 15. 16. 22), wie auch für das ganz vereinzelte Auftreten der römischen Signa mit ihrem Altare (n. 646fg.; Taf. XIX, 32. 33)⁷) die Anwesenheit des Kaisers eine Erklärung böte.

Die Schrift der Münzen von Markianopolis bietet die Eigenthümlichkeit, dass bei dem A der Querstrich oft ganz dünn ist oder fehlt, so dass es dem Λ gleicht⁸); beim Druck der Legenden ist es aber regelmässig durch A wiedergegeben, und nur, wo Zweifel über die Lesung bestehen können, ist das ausdrücklich bemerkt worden.

---

¹) Vgl. oben S. 187 A. 2.
²) Dass würde die Darstellung der Dioskuren auf dem Bogen passen, die aber zweifelhaft ist. — Auch der Typus der einen Dioskuren (?) mit seinem Rosse (n. 1091) auf Münzen derselben Zeit könnte an die Befreiung der Stadt erinnern.
³) Der Typus hat Ähnlichkeit mit dem ADVENTVS-Münzen Hadrians.
⁴) Über eine ähnliche Erscheinung in der Prägung von Viminacium vgl. oben S. 58.
⁵) A. v. Domaszewski, die Religion des römischen Heeres (Westdeutsche Zeitschrift 14,1 fg.) zeigt, dass die Signa oder eigentlichen Cultbilder der Fahnenheiligthümer sind (S. 19); dass auf unseren Münzen vor ihnen ein Altar oder Opfertisch steht, kann zur Bekräftigung dieser Ansicht dienen. — Dass der Typus in Markianopolis nur dieses eine Mal erscheint, lässt vielleicht darauf schliessen, dass die Signa nicht der Garnison gehören (wenn die Stadt damals überhaupt eine hatte), sondern einem den Kaiser begleitenden Truppentheil (den Praetorianern?).
⁶) Dass darum häufig VΠA statt VΠA gelesen werde, habe ich in der num. Zeitschr. 23, 33 hervorgehoben; vgl. oben S. 81 und S. 186 A. 3. — Über die gleiche Erscheinung bei den Jahresangaben auf Münzen von Viminacium, wo fast regelmässig AN statt AN steht, vgl. oben S. 83.

Münzen ohne Kaiserköpfe
(III. Jahrhundert n. Chr.)

536 ΜΑΡΚΙΑΝΟΠΟΛΙϹ Brustbild der ΜΑΡΚΙΑΝΟΠΟΛΙΤΩΝ Nackter (bärtiger?) Herakles r. stehend und mit beiden Armen den vor ihm aufgerichteten Löwen würgend; hinter ihm die Keule. Pkr.
K 19 Stadtgöttin mit Mauerkrone, Schleier und Gewand r. Pkr.

Gewicht: 3,77 (3) — 3,75 (1)

1 Museum, früher Cousinéry Sestini descr. 32, 1; F. J. Streber Partu. d. Gesch. (1813) 30. 1, 4 engraved — 2 Odessa Univ. - 3 Paris Mionnet S. 2, 70, 97 (wohl daraus Bruckmanns petit Mionnet 48, angeblich aus der Sammlung Imhoof)

537 ebenso ΜΑΡΚΙΑΝΟΠΟΛ u. i. A. ΙΤΩΝ Kybele (?) mit Kalathos l. thronend, in der vorig. R. eine Schale, die L. auf das Tympanon (?) gestützt. Pkr.
K 19

Taf. III, 11 Abbildung (1)
Gewicht: 3,52 (1)
Abweichungen: Vs. ΜΑΡΚΙΑ ..... 2, angeblich ΜΑΡΚΙΑ ϹΕΒΑϹΤΗ 4: — Rs. aus ΩΝ im Abschnitt 2 ΜΑΡΚΙΑΝΟΠΟΛΙΤΩΝ 3. ΜΑΡΚΙΑΝΟΠΟΛΕΙΤΩΝ 4
1 Paris Pelleria recueil 1, XXXVI, 8; Mionnet 1, 357, 30. — | - - 2 Haym tes. Brit. 2, 209, VII, 12 (Gessner num. Imp. LXXXIII, 27) = thes. 2, 370, XXXII, 10 — 3 La Motraye voyages 2, 204 (vgl. 211); Abh. Bd. 1, XXVIII, 1 — 4 Haller ementr. nummis. lib 134 (Rasche Lexicon 3, 1, 218, 7). — Vgl. unten 537°

537° | ΜΑΡΚΙΑ (ϹΕΒΑϹΤΗ) Kopf der Marciana | ΜΑΡΚΙΑΝΟΠΟΛ(Ε)ΙΤΩΝ Kybele l. sitzend (mit Mauerkrone, Schleier und Gewand r.) |
K 19
Abweichungen s. oben zu 537
1 Haym tes. Brit. 2, 209, VII, 12 (Gessner num. Imp. LXXXIII, 27) = thes. 2, 370, XXXII, 10 — 2 Haller comm. nummism. lib 134 (Rasche Lexicon 3, 1, 218, 7). — Hierher wohl auch 3 Cat. Bentinck suppl. 177 ohne genaue Beschreibung.
Wie schon Froelich (oben 538), Koehl in der neuen Ausgabe von Haym thesaurus und Eckhel d. n. 2, 15 richtig bemerkten, ist auf der Vs. nicht der Kopf der Marciana, sondern der der Stadtgöttin dargestellt; auch Rasche hat Hallers Beschreibung mit Recht angezweifelt. Beide Exemplare, die verschollen sind, s. oben 537, 2 und 4.

538° ΠΛΟΤ(Ε)ΙΝΑ Ϲ(Ε)ΒΑϹΤΗ Kopf der Plotina ΜΑΡΚΙΑΝΟΠΟΛΙΤ Sitzende Frau, die Hand
K — ausgestreckt
1 Cat. Bentinck 1, 578 [Rasche Lexicon 3, 2, 1437]
Vielleicht liegt nur eine Verwechselung mit Marciana vor, da im Cat. Bentinck suppl. 177 (oben 537°, 3) ein solches Stück erwähnt wird; sonst muss es sich um eine schlecht erhaltene Münze aus späterer Zeit (Domna?) handeln, oder die Münze ist erfunden.

MARKIANOPOLIS

538
K 19
ΜΑΡΚΙΑΝΟΠΟΛΙΣ ebenso
Gewicht: 4,94
1 Wien Frœhlich aufmadv. (1738) 50, III, 18; Eckhel cat. 54, 1; Arneth Wiener Sitzungsberichte, phil.-hist. Classe 9 (1852) 891, 1

ΜΑΡΚΙΑΝΟΠΟΛΙΤΩΝ ebenso

539
K 19
ΜΑΡΚΙΑΝΟΠΟΛΙΣ ebenso
Gewicht: 3,75 (1) — 2,95 (2)
Abweichungen: Vs. ΜΑΡΚΙΑΝΟΠΟΛ.. (= 538) 1 — Trennung undeutlich 2; —
Rs. mit ΠΟΛΙΤ...(?) 1 — nur ein Löwe zu sehen 1
1 Mailand Mus. Sanclem. 1, 832 — 2 St. Petersburg — 3 Sophia

ΜΑΡΚΙΑΝΟΠΟΛΕΙΤΩΝ Kybele mit Kalathos, Schale und Tympanon zwischen zwei Löwen l. thronend

Kaisermünzen
Commodus

540
K 24
ΑΥ ΚΑΙ Α ΑΥΡΗ ΚΟΜΟΔΟC Brustbild (bärtig) mit Panzer und Mantel r.
Gewicht: 7,60 (1) — 7,25 (2) — 7,10 (3)
Abweichungen: Vs. K statt ΚΑΙ 1, 3 — ΑΥΡ 2; — Rs. Attribute undeutlich 1, 4, 6
1 Budapest — 2 Imhoof — 3 Kopenhagen — 4 Mandl (Verkaufs-Cat. Egger 8, 145) — 5 Sophia. — ! — 6 Murzakievics (descr. Mus. 1, 316. VII, 7

ΜΑΡΚΙΑΝΟΠΟΛΕΙΤΩΝ Die drei Chariten, nackt, verschlungen nach vorn stehend, die rechte mit einer Vase in der L., die linke mit einem Kranz in der R.

541
K 22
ΑΥ...... ΑΥΡ ΚΟΜΟΔΟC ebenso
Abweichungen: Vs. Anfang der Schrift zuletzt und angeblich mit L o i b e e r-kranz 2; — Rs. angeblich — ΟΛΙΤΩΝ 2
1 St. Petersburg. — ' 2 Mionnet S. 2, 71, 100, 11, 4 aus der Sammlung d'Hermand, vielleicht nur ungenaue Zeichnung und Beschreibung eines Stückes = 1, doch könnte es allenfalls auch ein anderes Nominal (= 542) vorstellen.

ΜΑΡΚΙΑΝΟΠ.ΟΛΕΙΤΩΝ Tyche mit Kalathos, Steuer und Füllhorn nach vorn stehend und l. blickend

539*
K --
[C ΛΒΕΙΝ[Α] C(BΛ(ΤΗ] Kopf der Sabina
ΜΑΡΚΙΑΝΟΠΟΛΙΤ[ΩΝ] Artemis als Jägerin; zu ihren Füßen ein Hirsch
1 Sestini descr. 32, 2 [Mionnet S. 2, 71, 98; aus Mionnet ohne Quellenangabe Boutkowski petit Mionnet 48 mit willkürlicher Ergänzung der Buchstaben Λ, ΤΙΙ, ΩΝ] van Ainslie
Da es unwahrscheinlich ist, dass Markianopolis vor Commodus Münzen geprägt hat, so liegt wohl ein Irrthum Sestinis vor: entweder war es eine spätere Kaiserin (vgl. die Münze der Sabinia Tranquillina, n. 1193), oder die Münze gehört nach einer anderen Stadt.

539**
K 27
ΛΤ Κ Μ ΑΥΡ.... Α.... Unbärtiges Brustbild des Marcus Aurelius mit Gewand r.
ΜΑΡΚΙΑΝ...... Nike im Zweigespann r. fahrend
1 Berlin Beger thes. Brand. 2, 671 Abb. [Gessner imp. CXII, 28 Rs.]; Sestini lett. 8, 33 [Mionnet S. 2, 76, 99]
Wie A. von Sallet im Berliner Catalog S. 55 richtig bemerkt, ist die Münze unter Commodus in Hadrianopolis geprägt (vgl. Cat. Berlin 167, 7); die Schrift der Rs. ist der Rest von [ΗΓ LOΣ, ΜΑΡΚΙΑΝ;ΟΥ]; auch Beger hatte schon daran gedacht.

542
K 20

(Commodus)
AYT·KAI·A·AYP· KOMOΔOC Kopf MAPKIANOΠOΛEITΩN Herakles l.
mit Lorbeerkranz r.   stehend und den Löwen würgend
Gewicht: 4,65 (1) — 4,43 (2) — 3,64 (3)
1 Gotha Sestini lettere 9, 1, L 1 — 2 London Cat. 28, 1 — 3 München

Severus

(Pollenius Auspex)

543
K 26

AV K A CEΠ CEVHPOC ΠE Br. m.   MAPKIANOΠOΛEI YΠ .AVCΠEKOC
L. P. M. r.   u. i. F. l. TUN (als zweite Linie)
  Tyche mit Kalathos, Steuerruder
  und Füllhorn l. stehend
Gewicht: 11,10 (1)

1 Gotha. — '— Hierher wohl auch 2 die Münze von Sestl num. chron. 1852, 112 mit
MAPKIANOΠO........KOC und im Felde TΩN (Vs. mit unvollständiger Schrift)
Hinter VΠ lebt nur ein Buchstabe, eher Π als Λ.

Die Vorderseite dieser Münze ist aus demselben Stempel wie diejenige
mehrerer Münzen mit dem Namen des Gentianus (n. 547, 1. 2. 549.
550, 1 und vielleicht auch anderer), die zum Theil auch noch die Inschrift der Rückseite mit dem Stadtnamen beginnen (n. 548. 550. 551.
552), während später regelmässig der Beamtenname voransteht; man wird
daraus schliessen dürfen, dass Gentianus der unmittelbare Nachfolger
des Auspex gewesen ist; vgl. oben S. 186 und die Einleitung zu Nikopolis.

(Cosconius Gentianus)

544
K 27

AV·K·A·CEΠ CEVHPOC ΠE Br. m.   V K ΓENTIANOV MA PKIANOΠOΛI
L P. M. r.   u. i. F. TΩN Nackter Zeus mit
  Chlamys über der l. Schulter l.
  stehend, in der vorg. R. Schale,
  die L. auf das Scepter gestützt;
  vor ihm am Boden der Adler,
  der zu ihm aufblickt

Abweichungen: Vs. die Punkte zuweilen nicht zu sehen: — Rs. Trennung undeutlich 3
1 Belgrad — 2 Paris, vielleicht dieses Ex. bei Pauu imp. 282 Abb. (Gessner Imp. CXXXVI,
19] irrig als Dionysos mit dem Panther gezeichnet und beschrieben (vgl. unten 550), ebenso
bei Hardouin num. ant. 312; Vaillant num. gr. 84 R., ohne Adler und auch sonst ungenau;
vgl. Mionnet S. 2, 72, Anm. ru n. 107. — — Hierher (oder zu 545) 3 Sestini descr. 33, 10
(Mionnet S. 2, 72, 103) von Ainslie

545
K 27

ebenso   V K ΓENTIANOV MAP KIANOΠOΛIT
  u. i. F. ΩN ebenso

Abweichungen: Vs. am Schluss vielleicht nur Π 3
1 Bukarest — 2 Paris Koulkowski revue num. (AA). 373, 1, IX, 1 — 3 St. Petersburg
Sestini cat. Chaudoir 43, 3

MARKIANOPOLIS

[Severus]

546 ebenso
K 27
Υ Κ ΓΕΝΤΙΑΝΟΥ ΜΑΡΚΙΑΝΟΠΟ- ΛΙΤΩΝ Zeus wie vorher, aber ohne Adler

T. XIII, 13
Abbildung der Rs. (3)
Gewicht: 10,25 (5)
Abweichungen: Rs. in der R. angeblich Zweig 6 (ebenso Eckhel an 5)
1 Bukarest — 2 St. Petersburg — 3 Schmidt — 4 Venedig Marciana — 5 Wien Eckhel cat. 54, 5 (Mionnet S. 2, 72, 104) angenom. —; -- 6 Sestini descr. 33, 12 von Ainslie

547 ebenso
K 28
Υ Κ ΓΕΝΤΙΑΝΟΥ ΜΑΡΚΙΑΝΟΠΟΛΙ- ΤΩΝ Zeus wie vorher l. stehend, aber beide Arme nach unten vorstreckend, in der R. wohl den Blitz haltend, die L. undeutlich

T. XIII, 14
Abbildung der Rs. (2)
Gewicht: 10,55 (1) — 10,33 (3)
1 Gotha — 2 Löbbecke — 3 Turin Mus. Cat. 2038 ungenau unter Hadrianopolis —;— Hierher wohl auch 4 Mionnet S. 2, 72, 105 (mit ..... ΝΤΙΑΝΟΥ) aus der Sammlung des Marquis de la Goy

548 ebenso
K 27
ΜΑΡΚΙΑΝΟΠ....ΤΩΝ .. Κ ΓΕΝΤΙ und im Felde l. (als zweite Linie) ΑΝΟΥ Nackter Apollon l. stehend und r. blickend, die R. auf dem Kopf, in der L. den Bogen; neben ihm r. Baumstumpf, von einer Schlange umwunden

1 St. Petersburg

549 ebenso
K 26
Υ Κ ΓΕΝΤΙΑΝΟΥ ΜΑΡΚΙΑΝΟΠΟΛΙ- ΤΩΝ Apollon wie vorher; neben ihm r. der Baumstumpf mit der Schlange, links der Köcher, auf dem Gewand liegt

Gewicht: 10,05
1 Imhoof

550 ebenso
K 27
ΜΑΡΚΙΑΝΟΠ●ΛΕΙΤΩΝ Υ Κ ΓΕΝΤΙΑ- Ν.. Dionysos im kurzen gegürteten Chiton u. flatternder Chlamys, mit Stiefeln, l. stehend, in der R. Weintraube od. Kantharos, in der L. den Thyrsos; vor ihm der Panther

Gewicht: 10,52 (1). — Sehr roher Stil.
Abweichungen: Vs. angeblich ΠΕ 2; — Rs. Υ Κ ΓΕΝΤΙΑΝΟΥ ΜΑΡΚΙΑΝΟΠΟ- ΛΙΤΩΝ Dionysos nackt, mit Kantharos und Thyrsos, ohne Panther 2
1 Sophia. — — Hierher vielleicht 2 Sestini descr. 33, 13 (Mionnet S. 2, 72, 107) von Ainslie. — Die bei Patin imp. 282 mit ähnlichem Typus gezeichnete Münze hat wahrscheinlich einen Zeus mit Adler und ist daher oben 544, 2 angeführt.

200   MOESIA INFERIOR

(Severus)

551 AV K A CEΠ CEVHPOC ΠE Br. m. MAPKIANOΠOΛEITΩN V K ΓENTI
K 27   L. P. M. r.   (von r. oben) und im Felde l. (als
                                        zweite Linie) ANOV Kybele mit
                                        Mauerkrone l. sitzend, in der
                                        vorg. R. Schale, die L. auf das
                                        Scepter gestützt, auf dem Sessel
                                        das Tympanon; zu ihren Füssen
Tafel   ein Löwe
XVIII, 13   Abbildung der Rs. (1)
            1 München — 2 Sophia. — Die Rs. beider Exemplare sind aus demselben Stempel.

552 ebenso   MAPKIANO ΠOΛEITΩN V [K?] ΓEN TIA
K 26   und im Felde L (als zweite Linie)
                                        NOV Tyche mit Kalathos, Steuer-
                                        ruder und Füllhorn l. stehend
            1 Bukarest

553 ebenso   V K ΓENTIANOV M APKIANOΠOΛI·
K 27   TΩN ebenso
            1 Berlin. —¹— 2 Sestini descr. 33,11 [Mionnet S. 2, 72, 106] von Ainslie

(Aurelius Gallus)

554 AV·K·A·CEΠ CEVHPOC Π Hr. m.   V AV ΓAΛΛOV MAP K IANOΠOΛI-
K 27   L. P. M. r.   TΩN Zeus mit der Chlamys über
                                        der l. Schulter l. stehend, in der
                                        R. den Blitz, in der L. das Scepter
            Abweichungen: Vs. Schrift unvollständig 2; — Rs. Schrift auf beiden Exemplaren
            unvollständig, sie ergänzen sich aber
            1 London Cat. 28,2 — 2 Paris. —¦— 3 (1?) Sestini descr. 33,14 [Mionnet S. 2, 72, 101]
            von Ainslie

555 ebenso   V AV ΓAΛΛOV M APKIANOΠOΛIT
K 26   Nackter Apollon r. stehend, die
                                        R. auf dem Kopf, in der vorg. L.
                                        den Bogen; vor ihm Baumstumpf
                                        von einer Schlange umwunden
            1 Iversen. — Die Rs. ist vermuthlich aus demselben Stempel wie die der Münze des
            Caracalla, n. 608, Taf. XV, 2.

556 ebenso   V AV ΓAΛΛOV MAP.K IANOΠOΛITΩ
K 27   Nackter Dionysos, mit Stiefeln,
                                        L stehend, in der R. den Kantha-
                                        ros, die L. auf den mit Bändern
Tafel   verzierten Thyrsos gestützt
XVI, 26   Abbildung des Rs. (1)
            Abweichungen: Vs. Π am Schluss undeutlich 1
            1 Berlin Cat. 56,2; dieses Stück ungenau bei Fiorelli osservazioni sopra talune monete
            rare di città greche (1843) 69, II, 16 (Rs. als Hermes beschrieben) — 2 Paris

MARKIANOPOLIS 201

(Severus)
557 ebenso   V AV ΓΑΛΛΟV ΜΑΡΚΙΑΝΟΠΟΛΙΤΩΝ
K 27   Dionysos wie vorher, aber vor
                                         ihm der Panther

Abweichungen: Vs. die erste Hälfte der Schrift fehlt a — am Schluss vielleicht
obne Π 1; — Rs. Schrift absgehends vollständig, aber die drei Ex. ergänzen sich
1 Bukarest — 2 Wien — 3 im Handel

558 AV K A CEΠ CEVHPO... ebenso   V AV Γ[ΑΛΛΟV] ΜΑΡΚΙΑΝΟΠΟΛΙ-
K 27   ΤΩΝ Kybele mit Mauerkrone r.
                                         thronend, den r. Arm auf die Lehne
                                         gestützt, mit der l. Hand das Tym-
                                         panon auf das l. Knie stützend; am
Tafel   Boden zwei Löwen
XVIII, 19   Abbildung der Rs.
                Gewicht: 12, 25
1 Imhoof

559 AV K A CEΠ CEVHPOC Π ebenso   V AV ΓΑΛΛΟV ΜΑΡΚΙΑΝΟΠΟΛΙΤΩΝ
K 27   Tyche mit Kalathos, Steuerruder
                                         und Füllhorn l. stehend

Gewicht: 12,75 (4) — 10,13 (1) — 8,45 (2. E. schl.)
Abweichungen: Vs. unvollständig 2. 4. 5. 6. 7. 8 (W., ausichtig ergänzt S.) — am
Schluss ohne ΤΤ (I) 1. 8; — Rs. Trennung der Schrift ΜΑΡ Κ 4, hinter ΓΑΛΛΟV
2. 5, unsicher 6. 8 — der Kopf vielleicht ohne Kalathos 1. 6. 8

1 Athen Cat. 814 — 2 Gotha Nestini letzere 9, 2 — 3 London Cat. 28, 3   4. 5 München — 6 Venedig Marc. — 7 Wien Eckhel cat. 54, 6 [Mionnet S. 2, 72, 103]. — —
8 Wiczay 2133; Nestini 25, 7

(Julius Faustinianus)

560 AV K A CEΠT CEVHPOC Π Ik.   [V I] +ΑVCΤΙΝΙΑΝΟV ΜΑΡΚΙΑΝΟ-
K 27 m. l. P. M. r.   ΠΟΛΙΤΩ[Ν] Nackter Zeus mit
                                 Blitz und Scepter l. stehend; vor
                                 ihm der Adler
1 St. Petersburg Sessini von. Benkowitz 3

561 AV A CEΠTI | CEVHPOC ebenso   V I +ΑVCΤΙΝΙΑΝΟV ΜΑΡΚΙΑΝΟΠΟ-
K 26   ΛΙΤΩΝ Hades-Sarapis mit Ka-
                                        lathos l. thronend, die R. über dem
                                        dreiköpfigen Kerberos, die l. auf
                                        das Scepter gestützt
Gewicht: 10,00 (2)
Abweichungen: Vs. Anfang unsicher 2. 5. 7 — CEΠT 7. am Schluss Π 1, oder
Κ 5; — Rs. Trennung verschieden — am Schluss ΠΟΛΙΤ 3 — ΤΩΝ L A. 5 -
Hades mit Schale in der R. 2. 6. 7 - oder Kerberos (wohl sersiert) 7

1 Bukarest — 2 Labbecke — 3 London — 4 Paris Mionnet S. 2, 74, 117, vgl. unten 584"
— 5 Paris — 6 Wien Arneth Sitzungsber. 9, 891, 8. — , — 7 Musellii Imp. Cl. II, 6

[Severus]

562 K 26 AV A CEΠTI CEVHPOC Π Hr. m. l., P. M. r.　V I ✝AVCTINIANOV MAPKIANOΠOΛITΩN Nackter Apollon l. stehend u. r. blickend, die R. auf dem Kopf, in der L. den Bogen; neben ihm r. Baumstumpf mit Schlange, l. der Köcher mit Gewand

Gewicht: 10,50 (3)

Abweichungen: Vs. Schrift unsicher 4; — Rs. das letzte N vielleicht im Felde 3 — im Felde links angeblich Altar 4

1. 2 Bukarest — 3 Löbbecke. — — 4 Sestini descr. 33, 8 [Mionnet S. 2, 75, 119] von Ainslie

563 K 27 AV K CEΠT CEVHPOC Π ebenso　V I ✝AVCTINIANO V MAPKIANOΠOΛI u. i. A. TΩN Dionysos, mit dem Pantherfell um den Körper und Stiefeln l. stehend, in der R. den Kantharos, die L. auf den Thyrsos gestützt; vor ihm der Panther l., zu ihm zurückblickend

1 Berlin Cat. 56.3. — — 2 Wiczay 2132 [Mionnet S. 2, 75, (18)] (Vs. mit A K CEΠ—Π); Senhui mus. Hedervar. 25, 6 (Vs. AV K CEΠT　ohne Π) — 3 Sabatier iconogr. rom. imp. LIV, 6

564 K 27 AV (A) CEΠTI CEVHPOC ebenso　ebenso (aus demselben Stempel)

Gewicht: 9,75

1 Kopenhagen

565 K 27 AV A CEΠTI CEVHPOC ebenso　V I ✝AVCTINIANOV MAPKIANOΠOΛITΩN Kybele mit Kalathos zwischen zwei Löwen l. thronend, in der vorg. R. Schale, die L. auf das Tympanon gestützt

Abweichungen: Vs. am Schluss Π 2; — Rs. Trennung NO V und ΠO ΛITΩN 1. 3. 4. N OV und Schluss undeutlich 2

1 Leake Suppl. 132 — 2 München — 3 St. Petersburg — 4 Wien Froelich 4 tent. 447 β; Eckhel cat. 54, 4 [Mionnet S. 2, 74, 116]; Arneth Sitzungsber. 9, 891, 9

566 K 27 AV K A CEΠ CEVHPOC ebenso　ebenso

Abweichungen: Vs. AVT K A CEΠTI. 1. … CEΠT 3. CEΠ…4　angeblich CEVHPC (sol) 2; — Rs. Trennung verschieden　V statt VI (?) 7 — in der Mitte nasiebter 2 — am Schluss ΠOΛIT? 2, unsicher 3 — ΠOΛITΩN L A. 7

1 Kopenhagen Ramus cat. 1, 99, 1 ungenau — 2 London Cat. 28, 4 — 3 Paris — 4 Turin Bibl., früher Mus. Arigoni 1 Imp. gr. VII 100 Rs. — — 5 Sestini descr. 33, 9 von Ainslie — 6 Wiczay 2131; Sestini 25, 5 — 7 Sabatier iconogr. rom, imp, LIV, 5

567 K 27 AV K A CEΠT CEVHPOC ebenso　V I ✝AVCTINIA MAPKIANOΠ OΛI ebenso

Abweichungen: Vs. CEΠ 1. 5 — am Schluss CEV…4; — Rs. ✝AVCTINI 1 — MAPKIANOΠ.OΛIT 1, MAPKIANOΠ…4. MAPKIANO ΠOΛ 5

1 Bukarest — 2. 3 Neapel Cat. 6291. 6292 (beide Seiten aus demselben Stempels; im Catalog ungenau). —│— 4 Wiczay 2130; Sestini 25, 4. — Hierher wohl auch 5 Kopenhagen Ramus cat. 1, 99, 2 (inscrto magistratur mmine; ich glaubte ✝AVCTINIA zu sehen)

MARKIANOPOLIS

[Severus]

568 AVΑ CΕΠΤΙ CΕVHPOC ebenso . V Ι +AVCTINIANOV MAPKIANOΠO-
K 27 ΛΙΤΩΝ Weibliche Figur mit
Kalathos, Schale und Füllhorn l.
stehend (Concordia)

Gewicht: 13,20(7)

Abweichungen: Rs. Trennung verschieden — ΤΩΝ im Abschnitt 2, 7 — ΑΙ...
im Abschnitt 1 — am Schluss der ΠΟΛΙΤ 4

1 Basel — 2 Berlin Cat. 56, 5 — 3, 4 Bukarest — 5 Mailand   6 Paris (Mionnet S. 2,
75, 220!) — 7 Sophia Tacchella revue num. 1893. 71, 7 ungenau   8 Winterthur

569 AVΚ Α CΕΠΤΙ CΕVHPOC Π ebenso | ebenso
K 27 (sehr unähnliches Porträt; vgl. 575) |

1 Paris Mionnet 1, 358, 31; wohl dieses Stück (oder das vorige?) bei Vaillant num. gr. 84
[Mionnet S. 2,78,138 irrig unter Severus und Domna; vgl. unten 595°, 2]. — — 2 Sestini
descr. 32, 6 [Mionnet S. 2, 75, 120] von Ainslie (mit V statt V 1, wohl Druckfehler)

570 AVΚ Α CΕΠ , CΕVHPOC ebenso   V Ι +AVCTINIAN . MAPKIANOΠOAI
K 26 | ebenso

Gewicht: 11,52 (2) — 10,55 (1)

Abweichungen: Al im Abschnitt 1
1 Berlin Cat. 36, 4 ungenau   2 Imhoof

571 = 568   V Ι +AVCTINIANOV MAPKIANOΠO-
K 27 ΛΙΤΩΝ Tyche mit Kal., Steuer
und Füllhorn l. stehend

Gewicht: 9,70(4) — 8,05 (1, E. schl.)

Abweichungen: Rs. Trennung NOV 1. 3. 4. 5. NOV 2 · am Schluss vielleicht
der ΠΟΛΙΤ 1. 3. 4. 6

1 Gotha — 2 Kropha — 3 Leipzig — 4 Löbbecke — 5 Schmidt — 6 Sophia

572 = 569 | ebenso
K 27

Abweichungen: Rs. Trennung NOV 2. NOV 1 — ΤΩΝ im Abschnitt 2
1 Paris Mionnet S. 2, 75, 122 ungenau — 2 Venedig Marciana

573 = 570   V Ι +AVCTINIA | MAPKIANOΠOAIT
K 27 | ebenso

Abweichungen: Vs. angeblich CEΠT 6; — Rs. +AVCTINIAN 2 — am Schluss
der ΠΟΛΙ 2, 4 — Schrift ungenau 7

1 Bukarest — 2 St. Petersburg — 3 Thurwaldsen Müller 258, 85 — 4 Wien Arneth
Sitzungsber. 9, 691, 10. · — 5 Mus. Arigoni 2 imp. gr. XIX, 250 (Rs.) — 6. 7 Sestini
descr. 32, 5. 7 von Ainslie

574 = 568   V Ι +AVCTINIANOV, MAPKIANOΠO-
K 27 ΛΙΤΩΝ Kaiser mit Lorbeerkranz
und Panzer l. stehend, in der R.
Schale (oder Kugel), die L. auf
den Speer gestützt

1 Leake Suppl. 133 - 2 Löbbecke — 3 St. Petersburg. — — 4 Cat. Thomsen 725

[Severus]

575
K 27
AV K A CEΠTI CEVHPOC Π Ilr. V I +AVCTINIANO V MAPKIANOΠOΛI
m. L. P. M. r. (= 569)   u. L A. TΩN Kaiser wie vorher
                            mit Schale und Speer L stehend

Abweichungen: Vs. mit CEΠT und am Schluss unvollständig (wohl — 577) 1; — Rs. am Schluss unvollständig 1

1 Bukarest — 3 Paris Blanchet revue num. 1892, 61, 11

Da der Kaiser auf dem Pariser Exemplar unbärtig ist, so glaubt Blanchet, dass es Caracalla wie will; das kann richtig sein, obwohl der Kopf des Caracalla auf seinen eigenen Münzen mit dem Namen des Familiennamens oft bärtig ist (vgl. oben S. 186 A. 2).

576
K 27
AV A CEΠTI CEVHPOC Ilr. m. L. V I +AVCTINIANOV MAPKIANOΠO-
P. M. r.   ΛITΩN Adler mit Kranz im Schnabel und halbausgebreiteten Flügeln auf einem Blitz nach vorn stehend und r. blickend

Abweichungen: Vs. AV K A (!) 2; — Rs. Schluss der Schrift ΠOΛITΩ 4. ΠOΛ... 1

1 Kopenhagen — 2 München — 3 Paris Mordanin nummi ant. 312; Mionnet S. 2, 75, 121; wohl dieses Stück bei Vaillant num. gr. 84 [Mionnet S. 2, 78, 139 irrig unter Severus und Domna; vgl. unten 593⁹, 3] — 4 Wien

577
K 26
AV K A CEΠT CEVHPOC ebenso | ebenso, aber der Adler ohne Blitz
                             | auf einer Basis
1 München

(Flavius Ulpianus)

578
K 27
AV K A CEΠT CEVHPOC Ilr. m. L. V +A OVAΠIANOV MAPKIANOΠO-
P. M. r.   ΛΙΤΩ Nackter Apollon nach vorn stehend und r. blickend, die R. auf dem Kopf, in der l. den Bogen; am Boden r. der Baumstumpf mit der Schlange, l. der Köcher mit Gewand

Gewicht: 10,80 (3) — 9,00 (4) — 8,85 (2. K. sehl.)

Abweichungen: Vs. CEΠ 2. 9 — Rs. Trennung NO V 1, unbekannt R. 9 — am Schluss vielleicht TΩN 7. 8, unvollständig 1. 4. 5. 6

1 Berlin Cat. 56, 6 ... 2 Gotha — 3 Imhoof — 4 München   5 Paris — 6 St. Petersburg — 7 Wien Mus. Theup. 940 [Mionnet S. 2, 73, 110]; Arneth Sitzungsber. 9, 891, 4 — | — 8 Cat. Welzl 1326 — 9 Chaix descr. 17

577ᵃ
K (27)
Severus (Vs. nicht beschrieben) (Τ ΦΛ ΟΥΛΠΙΑΝΟΥ ΜΑΡΚΙΑΝΟΠΟΛΙΤΩΝ)
                                 Genius mit Kalathos, in kurzem Gewand und mit Stiefeln, L stehend, in der R. Schale, in der L. den umgekehrten Speer

1 Mionnet S. 2, 73, 111 aus der Sammlung d'Hermand

Die Beschreibung ist schwerlich richtig. Ein solcher Typus kommt in Markianopolis nicht vor; vermutlich war es die schlecht erhaltene Darstellung eines Kaisers oder des Dionysos, natürlich ohne Kalathos. Auch die Schrift ist nicht ganz sicher, da die Beschreibung nur mit s...ttres an die vorhergehende angeknüpft; es konnte also auch ein anderer Statthaltername (Faustinianus) vgl. oben 574. 575) gewesen sein.

579
K 27

[Severus]

ebenso

V †A OVAΠIANOV MAPKIANOΠOΛI-
TΩN Kybele mit Kal., Schale
und Tympanon zwischen zwei
Löwen l. thronend

Gewicht: 12,55 (5) — 10,65 (4)

Abweichungen: Vs. CEΠ 3. 8. 9; — Rs. Trennung der Schrift verschieden — der
Schluss im Abschnitt 1. 2. 3. 5. 7. 11 — unvollständig 1. 2. 3. 7. 8

1 Basel — 2 Berlin Cat. 37, 7 — 3 Bukarest — 4 Gotha (Schuchmann) estab. rele. (1774)
109, 1 — 5 Gotha — 6 Löbbecke — 7. 8 München — 9 Paris Mionnet S. 2, 74, 114 ·
10 St. Petersburg · 11 Sophia. — Vgl. auch unten 579°.

580
K 27

ebenso

V †A OVAΠIANOV MAPKIANOΠOΛI-
TΩN Concordia mit Kal., Schale
und Füllhorn l. stehend

Abweichungen: Vs. CEΠ 2. 4. 5. 8. 9. 11-15; — Rs. Trennung verschieden —
OAΠIANOV 7. 11 — am Schluss ΠOΛITΩ 2, ΠOΛIT 1. 9. 11. 13. 15, unvollständig 3. 5. 6. 7. 8

1 Bukarest — 2 Ferrara — 3 Kopenhagen — 4 Löbbecke — 5 London Cat. 18, 5 —
6. 7 München — 8 Paris Mionnet S. 2, 73, 112 — 9 Stuttgart — 10 Turin Bibl. —
11 Neardig Mordiana — 12 Wien Froelich 4 tristam. 235, 81 Abb. d. Rs. (Gessner Imp.
CXXXVI, 18]; Eckhel cat. 34, 2; Arneth Sitzungsber. 9, 891, 3. — — 13 Wiczay 2127;
Sestini 24, 1 — 14. 15 Cat. Welzl 1327. 1328

581
K 27

ebenso

Gewicht: 9,90 (1)

ebenso, aber vor der Göttin ein Altar

Abweichungen: Vs. mit CEΠ 2; — Rs. Trennung verschieden — OAΠIANOV 5 —
am Schluss ΠOΛIT (Ω I) 5

1 Gotha Sestini lettere 9. 2 magvum · 2 Paris · 3 Sophia Tacchella revue num. 1893,
31, 6 · 4 Wien Arneth Sitzungsber. 9, 891, 5. — 5 Wiczay 2127; Sestini 24, 2

582
K 27

AV K A CEΠ CEVHPOC ebenso

Gewicht: 11,60 (1)

V †A OVAΠIANOV MAPKIANOΠO-
ΛIT Tyche mit Kal., Steuer und
Füllhorn l. stehend

Abweichungen: Vs. mit CEΠT 4; — Rs. Trennung verschieden — am Schluss
ΠOΛITΩ 4, unsicher 1

1 Löbbecke — 2 Ruflin 3 St. Petersburg Sestini Mus. Benkowits 5. — 4 Sestini
descr. 31, 3 [Mionnet S. 2, 73, 109] von Ainslie

583
K 27

ebenso

V ΦA OVAΠIANOV MAPKIANOΠOΛI-
TΩN Adler mit halbgeöffneten
Flügeln nach vorn stehend und
den Kopf r. erhebend

Gewicht: 9,87 (1, F. echt.)

Abweichungen: Vs. Schrift unsicher 5; — Rs. Trennung der Schrift verschieden —
am Schluss ΠOΛITΩN 1, ΠOΛIT 2. 4

1 Athen Cat. 815 — 2 Budapest Univ. — 3 Löbbecke 4 Paris. — — 5 Sestini descr.
31, 4 von Cousinéry — 6 Wiczay 2129; Sestini 24, 3

579°
K (27)

— 579

T ΦA OVAΠIANOT MAPKIANOΠOΛITΩN
Athena l. sitzend, in der R. ..., die L.
auf den Nessel gestützt

1 Numph. Kimkhunum (1766) 411. Vielleicht ist der Typus einer Kybele wie oben 579;
doch wäre es auch möglich, dass die Beschreibung richtig ist.

[Severus]

584
K 27
ΑΥ Κ Α CЄΠΤ CЄVHPOC Πr. m. l. – V ΦΑ ΟΥΑΠΙΑΝΟΥ ΜΑΡΚΙΑΝΟΠΟ-
Ρ. Μ. r.   ΛΙΤΩΝ Adler mit Kranz im
Schnabel u. geschlossenen Flügeln
nach vorn stehend und r. blickend

Abweichungen: Vs. angeblich CЄΠΤ CЄVHPOC ? — nicht beschrieben 6 —
Schrift unvollständig 1; — Rs. angeblich VΠA OVAΠIANOV ? — am Schluss
ΠΟΛΙΤΩ 3, ΠΟΛΙΤ 5, unvollständig 2. 4. 6. 7 — der Adler mit halbgeöffneten
Flügeln (?) 6

1. 2 Bukarest — 3 Kopenhagen — 4 Löbbecke — 5 Wien Kubitschek cat. 54, 3 [Mionnet
S. 2, 74, 113]; Arneth Sitzungsber. 9, 891, 6. —; — 6 Mus. Arigoni e alis imp. gr. VII, 106
= 2 Imp. gr. XIX, 251 — 7 Cat. Gabeleuts 221, 860. – Hierher vielleicht 8 Wien Mus.
Theup. 940 mit undeutlichem Statthalternamen (wohl dieses Stück bei Arneth 9, 891, 7
angeblich = 6)

(ohne Statthalternamen)

585
K 21
ΑΥ Κ Α CЄ CЄVHPOC Kopf m. L. r. ΜΑΡΚΙΑΝΟΠΟΛΙΤΩΝ Nackter bär-
tiger Herakles L stehend und den
Löwen würgend

Gewicht: 4,90 (1)

Abweichungen: Vs. am Schluss CЄVHP 3; — Rs. ΜΑΡΚΙΑΝΟΠΟΛ.. 2

1 Löbbecke — 2 Paris Vaillant num. gr. 84; Mionnet S. 2, 76, 126. —] — 3 Nottini descr.
33, 15 von Alazie

584ᵛ
K —
Severus (Vs. nicht beschrieben)   ΤΙ ΑΤΡ ΠΟΝΤΙΑΝΟΥ ΜΑΡΚΙΑΝΟΠΟΛΕΙΤΩΝ
Sitzender Sarapis mit Kalathos, mit der R.
den gefesselten Kerberos haltend (?), in der
L. das Scepter

1 Vaillant num. gr. 84 (Mionnet S. 2, 74, 115) aus dem Pariser Cabinet
Die Hs. muss falsch beschrieben sein: im Pariser Cabinet ist ein solches Stück nicht vorhanden, und überhaupt giebt es keine Münzen des Severus mit ΤΙ ΑΤΡ ΠΟΝΤΙΑΝΟΥ.
Unser Macrinus gab es einen Statthalter *Pontianus*; dieser hiess aber nicht *Aur(elius)*,
und sonst kommt der Typus unter ihm nicht vor. Es handelt sich also wohl um eine
Münze des Severus, auf der der Statthaltername falsch gelesen ist, vermuthlich ist es
die Pariser Münze mit ΤΙ ΑΡΟΥΝΤΙΝΙΑΝΟΥ oben 561, 5 oder 6. — Dass die Statthalterschaft jenes Pontianus schon unter Severus begonnen und unter Macrinus fortgedauert
hätte, ist dadurch ausgeschlossen, dass uns der Zeit nach Severus' Tode, unter Caracallus
Alleinherrschaft, ein anderer Legat bekannt ist, *Quintillianus*.

584ᵐ
K —
ebenso   ΤΙ Α ΚΟΤΙΝΤΙΛΙΑΝΟΥ ΜΑΡΚΙΑΝΟΠΟΛΕΙ-
ΤΩΝ Stehende Göttin mit Schale über
Altar und Füllhorn

1 Vaillant num. gr. 84 (Mionnet S. 2, 73, 108) aus der Sammlung Foucault
Auch der Statthalter *Quintilianus* kommt unter Severus nicht vor. Hier ist wahrscheinlich
der Kaiserkopf von Vaillant verkannt worden und gehört die Münze vielmehr dem Caracalla, unter dem sich diese Rückseite sehr häufig findet; vgl. unten 640. 641. Statt ΤΙ Α
ist ΤΙΒ zu lesen. — Die Annahme, dass die Statthalterschaft des *Quintilianus* noch bei
Lebzeiten des Severus begonnen hätte, ist nicht geradezu unmöglich, aber sehr unwahrscheinlich; denn während von seinem Vorgänger *Upianus* so zahlreiche Münzen mit verschiedenen Vorderseiten (Severus, Severus und Domna, Caracalla, Caracalla und Geta) bekannt sind, hätten wir von ihm nur diese und eine zweite ebenfalls schlecht bezeugte
Münze (s. 598ᵐ), was sehr auffallend wäre. Daher sind wir gewiss berechtigt, ein Versehen
Vaillants anzunehmen, wie es ihm sehr häufig nachgewiesen ist.

MARKIANOPOLIS

546
K 19
[av verso]
AV A CEΠT CEVHPOC Br. m. L. | MAPKIANOΠOΛITΩN Kybele mit
P. M. r. | Kalathos, Schale und Tympanon
| l. thronend, zwischen zwei Löwen
Gewicht: 4,75 (1, R. schl.) — 4,60 (2)
Abweichungen: Vs. AVΛCEΠT ... 2. .. Λ CEΠT CEVHPOC 1. unsicher 3;
Rs. Schrift unvollständig 3
1 Gotha — 2 München — 3 Odessa Univ.

547
K 22
AV A CEΠTI CEVHPOC ebenso | MAPKIANOΠOΛITΩN Tyche mit
| Kal., Steuer und Füllhorn l. stehend
Gewicht: 5,53 (4)
1 Bukarest — 2 Hunter — 3 Krupka — 4 London Cat. 28,6 · 5 Paris Mionnet S. 2, 76, 125

548
K 20
AV K A CEΠ CEVHPOC Kopf m. L. r. | MAPKIANOΠOΛITΩN ebenso
Gewicht: 5,65 (3) — 5,10 (4) — 3,85 (2)
Abweichungen: Vs. CE statt CEΠ (— 585) 1, 6, 8, C.. 1. 3. 4. 5 — CEVHP 8,
Schluss unsicher 1. 2; — Rs. Trennung verschieden der Schluss Π N im Felde 4
— ΠΟΛΕΙΤΩΝ 1. (51). 6 ·· Θ statt Ο (ΘΠΟΛΙΤΩΝ) 8
1 Belgrad — 2 Gotha Sestini letl. 9, 2 — 3. 4 München — 5 Philippopel — 6 Wien
Eckhel cat. 54,7 [Mionnet S. 2, 76, 124]; Arneth Sitzungsber. 9, 891, 10 — 7 Wien Mus.
Theup. 941; Arneth 9, 891, 11, · [8 Wiczay 2134; Sestini 15,8

549
K 17
AV K A CEΠ CEV.... K. m. L. r. | MAPKIAN ΟΠΟΛΙΤΩΝ Asklepios
| l. stehend, die R. auf den Schlan-
| genstab gestützt
Abweichungen: Vs. Schrift undeutlich 2; — Rs. MAPKIANO ΠΟΛΕΙΤΩΝ 2
1 Kopenhagen · 2 Paris Mionnet S. 2, 75, 123

550
K 18
AV K A CE CEVHPOC Br. m. L. | MAPKIANO ΠΟΛΙΤΩΝ Concordia
P. M. r. | mit Kalathos, Schale und Füllhorn
| l. stehend
Abweichungen: Vs. Schrift am Schluss unvollständig 3. 5; — Rs. Schrift unvoll-
ständig 5 — angeblich MAKIAN — 5
1 Hunter — 2 London Cat. 28,7 — 3 Paris — 4 St. Petersburg. —[·· 5 Wiczay 2136;
Sestini 25, 9

551
K 18
AV K A CEΠ CEVHPOC Br. m. L. | MAPKIANOΠ.ΟΛITΩN Adler mit
P. M. r. | ausgebreiteten Flügeln nach vorn
| stehend und den Kopf, mit einem
| Kranz im Schnabel, r. erhebend
Gewicht: 2,00 (1)
1 Gotha (erwähnt von Rathgeber Num. Ztg. 1838, 50) — 2 London Cat. 28, 8 — 3 Paris
Unter dem Adler befindet sich eine dicke Linie, die vielleicht als eine niedrige Basis an-
zusehen ist.

588*
K III
A A CEΠ CEΠ... Br. m. L. P. M. (r.) | MAPKIANOΠΟΛΕΙΤΩΝ Hermes mit Beutel
| und Stab (l.) stehend
1 Sestini Mus. Chaudoir 42, 1
Es ist möglich, dass es eine solche Münze giebt; da der Typus aber in Markianopolis
unter Severus sonst nicht nachweisbar ist, so muss ie als unsicher angesehen werden;
vielleicht gehört sie nach einer anderen Stadt.

208   MOESIA INFERIOR

[Severus]

592 AV K A CEΠ CEVHPOC Hr. m. l.. MAPKIANOΠOΛITΩN Adler wie
K 18   P. M. r.   vorher
             Gewicht: 3,11
           1 Berlin Cat. 57, 8. — Ob der Adler einen Kranz im Schnabel hat, ist unsicher.

593 AV K A CE CEVHP(OC) Kopf m. MAPKIANOΠOΛITΩN ebenso, aber
K 18   l. r. | ohne Kranz
           Abweichungen: Vs. am Schluss ohne OC (?) 1. 3 — Rs. Trennung unsicher 2. 3
           1 St. Petersburg. — 2 Sestini descr. 33, 16 von Ainslie ... 3 Wiczay 1135 [Mionnet
           S. 2, 76, 127]; Sestini 25, 10

594 AV K A CEΠ CEVHPOC Kopf m. [MAP]KIANO ΠOΛITΩ N Dreifuss,
K 16   l. r.   um dessen mittleren Fuss sich eine
                                     Schlange emporringelt
           1 St. Petersburg (unter Nikopolis). — Vgl. unten 595*.

                          Severus und Domna

595 AV K A CEΠ CEVHPOC IOVΛIA ΔO V +Λ OVAΠIANOV | MAPKIANOΠOΛI·
K 27   und unten MNA CEB Die einan- TΩN Brustbild des Sarapis mit
        der zugekehrten Brustbilder des Kalathos und Gewand r.; im
        Severus m. l.. P. M. r. und der Felde l. ε
        Domna mit Gewand l.
           1 Philippopel

595° AV A CC CCTHPΩΝ ebenso   (MAPKIANOΠOΛΙΤΩΝ) Schlange, in
K 111   Windungen aufgerichtet
           1 Sestini Mus. Chaudoir 42, 2. — Vgl. die Bemerkung zu 583°. Allenfalls konnte man
           vermuthen, dass Sestini der damals schon nicht mehr gut erh. die jetzt in St. Petersburg
           befindlichen Münze mit Dreifuss und Schlange (oben 594) falsch beschrieben hat.

596° AV K A CC CCTHP K. m. l. r.   MAPKIANOΠOΛITΩN Mondsichel
K 19   1 Sestini lettere 9, 3 [Mionnet S. 2, 76, 128]. — Die Münze befindet sich im Gothaer Ca-
           binet; sie ist aber von Sestini falsch gelesen und gehört vielmehr nach Philippopolis.

597° Severus und Domna (Vs. nicht beschrieben) TΩ ΦΛΤΤΙΝΙΛΝΟV MAPKIANOΠΟΛΙΤΩΝ
K (27)   (Typus nicht angegeben)
           1 Vaillant num. gr. 84 [Mionnet S. 2, 78, 137: sam typo]
           ebenso   Schrift ebenso. Stehende Göttin mit Kal.,
                                          Schale und Füllhorn (Concordia)
           2 Vaillant num. gr. 84 [Mionnet S. 2, 78, 138]
           ebenso   Schrift ebenso. Adler mit Kranz im
                                          Schnabel auf einem Blitz stehend
           3 Vaillant num. gr. 84 [Mionnet S. 2, 78, 139]
           Die drei Münzen sind bei Vaillant in einer Weise angeführt, die es zweifelhaft lässt, ob
           auf der Vorderseite die Köpfe des Severus und der Domna oder der des Severus
           allein dargestellt sind. Mionnet nahm sie unter die Münzen mit Severus und Domna
           auf; er beachtete nicht, dass Vaillant sie aus dem Pariser Cabinet anführt; sonst hätte er
           gemerkt, dass es sich um Münzen mit dem Kopf des Severus allein handelte, die er
           selbst schon richtig beschrieben hatte (vgl. den ähnlichen Fall unten 686°). Es ist n. 2
           = Mionnet 1, 358, 31 (oben 569, 1). n. 3 = Mionnet S. 2, 75, 121 (oben 576, 3); n. 1 ist
           nicht zu bestimmen, da Vaillant aus Versehen den Typus nicht angegeben hat, doch ist
           es jedenfalls keine Münze ohne Typus gewesen, wie Mionnet glaubte.

	[Severus und Domna]	
596 K 27	ebenso	Y +A OYΑΠΙΑΝΟΥ ΜΑΡΚΙΑΝΟΠΟΛΙ u. i. A. ΤΩΝ Hades-Sarapis mit Kalathos L. thronend, die R. über dem dreiköpfigen Kerberos, die L. auf das Scepter gestützt; i. F. l. Є
	1 Sophia	
597 K 27	AV K A CЄΠT CЄVHPOC IOVΛIA und unten ΔΟΜΝΑ CЄB ebenso	Y ΦΑ ΟΥΑΠΙΑΝΟ Y ΜΑΡΚΙΑΝΟΠΟ ΛΙ· ΤΩΝ ebenso: i. F. l. Є
	1 Mionnet Pick num. Zschr. 23, 40, 2 — 2 Wien. — Vgl. unten 597*	
598 K 27	AV K A CЄΠ CЄVHPOC IOVΛIA ΔΟ und unten ΜΝΑ CЄ ebenso	Y +A ΟΥΑΠΙΑΝΟ V ΜΑΡΚΙΑΝΟΠΟΛ Nackter Apollon nach vorn stehend u. r. blickend, die R. auf dem Kopf, in der vorg. L. den Bogen; neben ihm l. Köcher mit Gewand, r. Baumstumpf mit Schlange; i. F. l. Є
Taf. III, 12	Gewicht: 11,92 Abbildung 1 München. — Vgl. unten 598* und 650.	
599 K 28	= 595 Gewicht: 14,38 (1) Abweichungen: Vs. Schrift unvollständig 4 1 Lobbecke — 2 Wien. — 3 Wien. — 4 Muraskewicz Odess. Mem. 3, 232, 4 ungenau	Y ΦΑ ΟΥΑΠΙΑΝΟ Y ΜΑΡΚΙΑΝΟΠ ΟΛΙ· ΤΩΝ Kybele mit Kalathos, Schale und Tympanon zwischen zwei Löwen l. thronend; im F. L Є
600 K 28	= 597 Gewicht: 11,40 (2) — 10,45 (1, E. schl.) 1 Gotha Sestini lett. 9, 5 [Mionnet S. 2, 77, 134] — 2 Kopenhagen, früher Welzl Cat. 1330 — 3 Löbbecke	Y ΦΑ ΟΥΑΠΙΑΝΟΥ ΜΑΡΚΙΑΝΟΠΟΛΙ· ΤΩΝ Concordia mit Kal., Schale und Füllhorn l. stehend; im F. L Є
597* K —	Severus und Domna (Vs. nicht beschrieben) 1 Vaillant num. gr. 84 [Mionnet S. 2, 77, 136] aus der Sammlung Galland Da Pontianus erst unter Macrinus Statthalter von Moesia inferior war, so muss die Schrift der Rs. statt Y ΦΑ ΟΥΑΠΙΑΝΟΥ verlesen sein; die Münze war wohl = 596 oder 597. Die Vs. scheint richtig angegeben zu sein; neben Macrinus erscheint ja auf den Münzen von Markianopolis kein weibliches Portrait, sondern das seines Sohnes.	ΥΠ ΠΟΝΤΙΛΝΟΥ ΜΑΡΚΙΑΝΟΠΟΛΕΙΤΩΝ Sitzender Sarapis mit Schale in der R.
598* K —	Severus und Domna (Vs. nicht beschrieben) 1 Vaillant num. gr. 92 [Mionnet S. 2, 77, 135] aus seiner Sammlung Wenn die Schrift der Rs. richtig gelesen ist, so ist die Vs. falsch angegeben; es gilt für diese Beschreibung dasselbe, was oben zu n. 584** bemerkt ist; die Münze hat wahrscheinlich die Brustbilder des Caracalla und der Domna auf der Vs. (unten 660 - 662). Anderenfalls müsste man annehmen, dass der Name auf der Rs. falsch gelesen ist, statt Y ΦΑ ΟΤΑΠΙΑ· ΝΟΥ, die Münze wäre dann gleich 598, mit der sie im Typus jedenfalls übereinstimmt.	ΥΠ A KYINTIΛIANOY ΜΑΡΚΙΑΝΟΠΟΛΕΙ· ΤΩΝ Nackter Apollon mit Pfeil in der R.; neben ihm (l.) ein Altar, (r.) ein Cippus, von einer Schlange umwunden

[Severus und Domna]

601
K 28
AV K A CEΠ CEVHPOC IOVΛIA ΔO und unten MNA CEB die beiden Brustbilder wie vorher

V ΦΛ OVΑΠIΑΝΟV MAPKIANOΠOΛI- TΩN Tyche mit Kal., Steuer und Füllhorn l. stehend; im F. l. €

Gewicht: 11,70 (4) — 11,40 (1)

Abweichungen: R. Trennung M APK I — am Schluss ΠOΛIT (Ω) ı
1 Kopenhagen — 2 Löbbecke — 3 Moskau — 4 München — 5 Paris (vgl. unten 601") — 6 Sophia — 7. 8 Wien — 9 Wien Mus. Theup. 940 [Mionnet S. II, 77, 133]; Amerth Sitzungaber. 9, 841, 13. —]— 10 Wiczay 2137; Sestini 25, 11

602
K 28
ebenso, aber unten nur MNA CE
1 Bukarest — 2 Paris

ebenso

Domna

603
K 35
IOVΛIA ΔO MNA CEB Br. r.

MAPKIANO ΠOΛITΩN Die drei Chariten, nackt, in der gewöhnlichen Gruppierung, die mittlere von hinten gesehen und l. blickend, die beiden anderen von vorn gesehen, die linke l. blickend und die r. Hand erhebend, die rechte r. blickend und die linke Hand erhebend, jede von beiden vielleicht mit einem Apfel in der erhobenen Hand

Taf. XVI, 1
Abbildung der Rs. (2)

Gewicht: 8,20 (1)

Abweichungen: R. MAPKIA NOΠO ΛITΩN 1
1 Imhoof — 2 Philippopel — 3 St. Petersburg — 4 Sophia

600*
K —
AV K A CEΠ CEΥHPOC IOΥΛIA ΔOMNA , TH AVP AIΠIΛΝΟY MAPKIANOΠΟΛΙΤΩΝ CEB Die beiden Brustbilder wie oben
Herakles an einem Altar stehend

1 Vaillant num. gr. 84 [Mionnet S. 2, 76, 129] aus der Sammlung Galland
Die Schrift der Rs. muss verlesen sein wie bei der folgenden Münze, die sich im Pariser Cabinet befindet; es stand wohl auch hier Y ΦΛ OYΛΠIANOY. Ob der Typus richtig angegeben ist, bleibt zweifelhaft.

601*
K (27)
ebenso

TH AYP AIΠIANOY MAPKIANOΠΟΛΙΤΩΝ Tyche mit Kal., Steuer und Füllhorn l. stehend; im F. €

1 Vaillant num. gr. 84 Rs.; Mionnet S. 2, 77, 130
Da die Münze als im Pariser Cabinet befindlich beschrieben ist, so kann es sich nur um die Münze oben n. 601, 5 handeln; die Schrift ist allerdings schlecht erhalten, so dass Vaillants und Mionnets falsche Lesung entscheidbar ist; aber man sieht deutlich ...Λ ..YΜΠANOY, was nur zu Y ΦΛ OYΛΠIΑΝΟΥ ergänzt werden kann.

602*
K —
ebenso

TH AYP AIΠIΛΝΟY MAPKIANOΠΟΛΙΤΩΝ
Adler mit Kranz im Schnabel r. blickend

1 Vaillant num. gr. 84 Rs. — 2 (= 1?) Mionnet S. 2, 77, 131
Vaillant citirt die Münze aus seiner eigenen Sammlung; Mionnet macht keine Angabe, so dass man sie im Pariser Cabinet zu suchen hätte. Hier ist aber keine Münze dieser Art zu finden, und es liegt gewiss ein Versehen Mionnets vor; vermuthlich hat er die Beschreibung ungenau aus Vaillant entnommen (worauf auch das Fehlen des € weist) und

MARKIANOPOLIS 211

604
K 24
[Domna]
IOVAIA | ΔOMNA C Br. r.
MAPKIANOΠOΛEITΩN Die drei
Chariten ähnlich wie vorher, aber
die linke hält in der herabhängenden R. einen Kranz, die rechte in
der herabhängenden L. ein Gefäss

Taf.XVI,1 Abbildung der Rs. — Der Stempel der Rs. ist von sehr roher Arbeit.
1 Rollin, früher in der Sammlung Behr Lenormant Cat. Behr 36

605
K 24
ebenso
MAPKIANOΠOΛEITΩN ebenso, aber
die mittlere blickt r., die linke hält
das Gefäss und die rechte wahrscheinlich den Kranz
1 Rollin

606
K 19
IOVAIA ΔOMNA CEB Br. r.
MAPKIANOΠ,OΛITΩN Nackter bärtiger Herakles r. stehend und den
Löwen würgend
Abweichungen: Rs. Schrift unvollständig 1. 3
1 Bukarest — 1 Sophia Tarabella revue num. 1893, 71, 8 — 3 Turin Bibl.

[602]
K 18
ebenso
MAPKIANOΠOΛITΩN Göttin mit
Mauerkrone, Schale und Scepter
L sitzend
1 Chaix deser. 18
Ob in der dargestellten Göttin Kybele oder die Stadtgöttin zu sehen ist, muss dahingestellt bleiben, da weder die Münze selbst noch ein Abdruck vorliegt.

Caracalla
(Aurelius Gallus)

608
K 28
AV MAP AVPH | ANT:ΩNINOC] Br.
des Caracalla, jugendlich, mit
L. P. M. r.
' V AV ΓAΛΛOV M APKIANOΠOΛIT
Nackter Apollon r. stehend, die
R. auf dem Kopf, in der vorgestreckten L. den Bogen; vor ihm
(im Felde r.) der Baumstumpf,
von einer Schlange umwunden
(= 555)

Taf.XV, 2 Abbildung der Rs.
1 Philippopel
Der fehlende Schluss des Kaisernamens ist nach n. 609 ergänzt.

---

aus, wie es öfter nachweisbar ist, des Cist vergessen. Jedenfalls ist der Statthaltername falsch gelesen. Wenn die Vs. richtig angegeben ist, erwartet man Υ ΦΛ OΤΑΙΙΙΑΝΟΥ wie überall; und es ist möglich, dass solche Münzen geprägt sind, obwohl noch keine nachgewiesen ist. Aber bei Vaillant ist es überhaupt unsicher, ob nicht auf der Vs. der Kopf des Severus allein erschien (vgl. oben zu 595); es könnte also auf der Rs. entweder Υ ΦΛ OΤΑΙΙΙΑΝΟΥ gestanden haben (= 583, 584), oder auch ein anderer Statthaltername, z. B. Γ Ι ΦAVCTINIANOY (= oben 576, 577).

14*

212   MOESIA INFERIOR

(Caracalla)

609 AV MAP AVPH ANTΩNINOC Hr. V·AV·ΓAΛΛOV· MAPKIANOΠOΛI-
K 26   des Caracalla, jugendlich, mit   TΩN Tyche mit Kal., Steuer
       L. P. M. r.   und Füllhorn l. stehend (= 559)
       Gewicht: 13.15 (?)
       Abweichungen: Vs. AV statt AVPH (vielleicht PH abgesprungen?) 1; — Rs. Schrift
       vollständig 2
       1 Gotha — 2 St. Petersburg — 3 Wien Eckhel cat. 54.8 [Mionnet S. 2, 78, 141]; Arneth
       Sitzungsber. 9, 891, 14

                             (Julius Faustinianus)
                    a) mit jugendlichem Gesicht des Caracalla

610 AV K M AVP ANTΩNINOC Br. m. V I +AVCTINIAN OV MAPKIANO ΠOΛI
K 27   L. P. M. r.   (und vielleicht im Abschnitt TΩN
                                      Hades-Sarapis mit Kal. l. thro-
                                      nend, die R. über dem dreiköpfi-
                                      gen Kerberos, die L. auf das
                                      Scepter gestützt (vgl. 561)
       1 Venedig Mars. — — Hierher vielleicht 2 Vaillant num. gr. 104 [Mionnet S. 2, 81, 150;
       aus der Sammlung Corsi: da aber die Vs. nicht beschrieben ist, kann diese Münze ebenso
       gut unten zu n. 614 gehören.

611 ebenso   V I +AVCTINIANOV MAPKIANOΠO-
K 27   ΛlTΩN Nackter Apollon mit der
                                       R. auf dem Kopf und dem Bogen
                                       in der L. nach vorn stehend und
                                       l. blickend; neben ihm r. der
                                       Baumstumpf mit der Schlange
                                       L der Köcher mit Gewand (= 562)
       1 Wien, früher Wiczay 2141 [Mionnet S. 2, 80, 153]; Sestini 26, 15; Arneth Sitzungsber.
       9, 891, 14 a — 2 im Handel

612 ebenso   V I +AVCTINIA : MAPKIANOΠOΛI
K 27   Tyche mit Kal., Steuer und Füll-
                                       horn l. stehend (= 573)
       Abweichungen: Rs. +AVCTINIAN !
       1 Mandl (Egger Verkaufs-Cat. 8,151 angegeben) — 2 München — 3 St. Petersburg

613 ebenso   V I +AVCTINIANOV MAPKIANOΠOΛI-
K 27   TΩN Adler auf Blitz nach vorn
                                       stehend u. den Kopf mit Kranz im
                                       Schnabel l. wendend (vgl. 576, 577)
       Abweichungen: Vs. Anfang der Schrift unsicher 2; — Rs. vielleicht ohne Blitz 2
       1 Sorutschan — 2 Wien Eckhel cat. 54,10 [Mionnet S. 2,82,130]; Arneth Sitzungsber. 9, 892,21

609* |......ANTΩNINOC K. m. L. r.   Γ A ΓAΛΛOV MAPKIANOΠOΛITΩN Kybele
(K 27)   l. sitzend
       1 Sestini lett. 9, 7 [Mionnet S. 2, 78, 140]
       Die Münze befindet sich in Gotha und ist sehr schlecht erhalten; doch ist der Statthalter-
       name l ΦΛ OTABIANOC sicher und Kybele wie gewöhnlich sitzend dargestellt; s. unten 623, 2.

[Caracalla]

b) mit leicht bärtigem Gesicht des Caracalla

614 AVT M APHAI ANTΩNEINOC Br. Y I +AVCTINIANOV M APKIANOΠO‑
K 28 m. L. P. M. r. AITΩN Hades-Sarapis
l. thronend, wie oben 610

1 Berlin Cat. 59, 15 — 2 London Cat. 29, 9. — Vgl. oben 610, 2.

Die fehlerhafte Form APHAI statt AVPHAI kehrt auf allen Münzen dieser Gruppe (614 bis 621) wieder; sprachliche Bedeutung hat sie gewiss nicht, da auf gleichzeitigen Münzen auch die richtige Form Αὐρ(ήλιος) erscheint; über die Schreibung a für lateinisches au vgl. Th. Eckinger, die Orthographie lateinischer Wörter in griechischen Inschriften (Dissert. Zürich 1892) S. 12.

615 ebenso Y I +AVCTINIAN OV MAPKIANOΠOAI
K 26 u. l. A. TΩN Apollon (Lykeios)
wie oben 611

Gewicht: 8,30

1 Gotha Sestini lett. 9, 2

616 ebenso Y I +AVCTINIAN Ο MAPKIANOΠOAI
K 27 u. l. A. TΩN Dionysos mit Kan‑
tharos und Thyrsos l. stehend; vor
ihm der Panther (vgl. 563. 564)

1 Bukarest. — Es ist nicht zu erkennen, ob Dionysos nackt oder vielleicht mit dem Pantherfell (wie oben 563. 564) dargestellt ist.

617 ebenso Y I +AVCTINIANOV MAPKIANOΠOAI
K 28 und l. A. TΩN Kybele mit Kal.,
Schale und Tympanon zwischen
zwei Löwen l. thronend (vgl. 565
bis 567)

Abweichungen: Br. am Schluss ΠΟΛIT u. l. A. ΩN I

1 Lübbecke — 2. 3 St. Petersburg

[618] ebenso Y [I] +AVCTINIANOV MAPKIANOΠO‑
K (27) AITΩN Concordia mit Schale und
Füllhorn l. stehend (vgl. 568 – 570)

1 Sestini descr. 34. 20 [Mionnet S. 2, 81, 158] von Ainslie, angeblich mit V + ΦAVCTINIANOV, was aber wohl gleich der gewöhnlichen Schrift abzuändern ist.
Die Münze ist, obwohl kein Exemplar nachweisbar ist, aufgenommen, weil der Typus unter Faustinianus mit dem Kopf des Severus geprägt wurden, also auch mit dem des Cara‑
calla zu erwarten ist.

618* ANTΩNINOC ΙΙΙΟC ΑΥΓΟΥCΤΟC K. m. YII ΦAVCTINIANOV MAPKIANOΠOAITΩ
K (27) L. (r.) Concordia mit Kal., Schale über Altar
und Füllhorn (L) stehend

1 Sestini descr. 33, 18 [Mionnet S. 2, 81, 156] von Ainslie.
Die von Sestini angegebene Form des Kaisernamens findet sich in Markianopolis sonst nur unter dem Statthalter Quintilianus (s. unten 635 fg.); und wenn ihr Vorkommen in früherer Zeit auch nicht gerade unmöglich wäre, da sie auf römischen Münzen schon seit dem Jahre 201 erscheint, so muss doch Sestinis Beschreibung als sehr zweifelhaft angesehen werden. — Der Typus der Concordia am Altar findet sich unter Faustinianus auch nicht auf Münzen des Severus.

214   MOESIA INFERIOR

[Caracalla]

619 AVT M APHAI ANTΩNEINOC Br. V I †AVCTINIANOV MAPKIANOΠOAI
K 28   m. L. P. M. r.   u. i. A. TΩN Tyche L stehend
                                              wie oben 612
       1 London Cat. 29, 10. — ' — 2 Sestini descr. 33, 19 [Mionnet S. 2, 81, 157] von Ainslie (nogenau VΠ statt VI)

620 ebenso   V I †AVCTINIANO V j MAPKIANOΠO-
K 26   AI u. i. A. TΩN Kaiser mit Schale
                                              und Speer L stehend (vgl. 574. 575)
       1 St. Florian. — Hierher wohl auch 2 Mus. Arigoni 1 alia Imp. gr. IX, 143 (R.) [Mionnet S. r. 81, 155] ungenau

621 ebenso   V I †AVCTINIANOV MAPKIANOΠOAI
K 27   u. i. A. TΩN Adler (auf Blitz?)
                                              nach vorn stehend und den Kopf
                                              mit Kranz im Schnabel l. wendend
       Gewicht: 9,35 (E. schl.)   (vgl. 613)
       1 Gotha. — Die Schrift der Vs. ist unvollständig, aber sie ist aus demselben Stempel wie 615; ob der Adler auf dem Blitz steht, ist nicht zu erkennen.

(Flavius Ulpianus)

622 AV K M AVP ANTΩNINOC Br. des V †A OVAΠIANOV MAPKIANOΠO-
K 27   Caracalla, unbärtig, mit Lorbeer   AI TΩ Apollon (Lykeios) mit der
       und Panzer r.   R. auf dem Kopf und dem Bogen
                                              in der L. zwischen dem Baumstumpf mit der Schlange und dem
                                              Köcher mit Gewand (= 578)
       Abweichungen: Vs. Schrift am Schluss ohne C (I) t. j — vielleicht mit Mantel t. 3; — Rs. Schluss der Schrift fehlt t. 3
       1 Bologna Bibl. — 2 Wien — 3 im Handel

623 ebenso   V †A OVAΠIANO V MAPKIANOΠOAI
K 27   Kybele mit Kal., Schale und Tympanon zwischen zwei Löwen L
                                              thronend (vgl. 579)
       Gewicht: 9,45 (2, E. schl.)
       Abweichungen: Vs. Schrift unvollständig 1. 2 — mit Mantel über dem Panzer 1. 3. 4. 7; — Rs. Anfang der Schrift undeutlich 3. 5. 6 — ΠOAI i. A. 1 — Schluss unvollständig 2. 3. 4
       1 Berlin Cat. 59,16 — 2 Gotha Sestini lett. 9, 2 [Mionnet S. 2, 78, 140] irrig mit F. A. ΓAAAOV und siebender Kybele (s. oben 609°) — 3 London Cat. 29, 11 — 4 St. Florian — 5. 6 St. Petersburg — 7 Venedig Marc.

622* AYT ..... ANTΩNINOC Kopf des jugend- ' . . . . OYAΠIANOY MAPKIANOΠOAITUN
K 93   lichen Caracalla m. L. r.   Nackter Hermes mit Beutel und Stab L stehend
       1 Mus. Sanclem. 2, 308 [Mionnet S. 2, 80, 149]. — Die Münze, jetzt in der Brera zu Mailand, hat den Kopf des Flügelhelms, und auf der R. Rest man nur ...ΠANOY (Schluss des Statthalternamens ΟΥΠΠΙΑΝΟΥ). Sie ist daher unter Elagabalus aufgenommen.

[Caracalla]

624 ebenso — V †A OVΑΠΙΑΝΟV ΜΑΡΚΙΑΝΟΠΟΛΙ-
K 27 ΤΩΝ Concordia mit Kal., Schale
und Füllhorn l. stehend (= 580)

Abweichungen: Vs. der Kopf mit lorbeerem Bart r. 3 — Kopf ohne Panzer 4: —
Rs. Trennung verschieden — am Schluss ΠΟΛΙΤ 4

1 Berlin Cat. 59, 17 — 2 München — 3 Paris — 4 St. Petersburg — 5 Wien

625 ebenso, aber mit Mantel über dem V †A OVΑΠΙΑΝΟV ΜΑΡΚΙΑΝΟΠΟ-
K 27 Panzer ΛΙΤ Concordia wie vorher, aber
am Altar (vgl. 581)

Gewicht: 10,20 (3) — 8,42 (2)

Abweichungen: Vs. angeblich mit AV statt AVP; — Rs. am Schluss ΠΟΛΙΤΩΝ 3-6,
ΜΑΡΚΙΑΝΟΠΟ (wohl unvollständig) 7

1 Bukarest — 2 Gotha — 3 München — 4 St. Petersburg — 5 Sophia — 6 Wien Mus.
Theup. 1011 ungenau. — — 7 Mionnet S. 2, 80, 150 aus der Sammlung de la Coy

626 AV K M AVP ΑΝΤΩΝΙΝΟC Br. des V †A OVΑΠΙΑΝΟV ΜΑΡΚΙΑΝΟΠΟΛΙΤ
K 27 Caracalla, unbärtig, mit Lorbeer- Adler mit halbgeöffneten Flügeln
kranz (ohne P. u. M.) r. nach vorn stehend und den Kopf
mit Kranz im Schnabel r. erhebend
(vgl. 583, 584)

Gewicht: 9,81 (1)

Abweichungen: Rs. Anfang der Schrift unvollständig 1. 2. 6 — am Schluss ΠΟΛΙ-
ΤΩΝ 2. 5 — der Adler auf einer Basis 1. 3. 4. 6

1 Löbbecke — 2 Moskau — 3 München, früher Cousinéry Sestini descr. 33, 17 — 4 Paris
Blanchet revue num. 1892, 61, 12 — 5 Philippopel — — 6 Wiczay 2138 (Mionnet S. 2,
80, 151); Sestini 25, 12. — Hierher vielleicht auch die Münze bei Palin Imp. 300 Abb. d.
Rs. am Index 20, von deren Schrift nur VTI... erhalten ist.

(ohne Statthalternamen)

a) mit unbärtigem Kopf des Caracalla

Es lässt sich bei diesen Münzen nicht immer bestimmt entscheiden, ob
der Kopf des Caracalla oder der des Elagabalus dargestellt ist; es
mögen daher einige der hier den ersteren zugeschriebenen Stücke
vielmehr dem letzteren gehören und umgekehrt. — Die nicht mehr im
Original nachweisbaren Münzen aus der älteren Litteratur sind nur dann
unter Caracalla aufgenommen, wenn ihre Typen auch auf kleinen Münzen
des Severus oder des Geta vorkommen; ein sicheres Argument für
oder gegen diese Zutheilung ist aber auch das nicht, da manche Typen
unter beiden Regierungen vorkommen. — Die hier fehlenden Beschreibungen von Mionnet und anderen sind unter Elagabalus zu suchen.

626* ΑΥΤ Κ Μ ΑΤΡ CETΗ..... K. m. L. r. Μ ΤΙΡ..... ΝΒ ΜΑΡΚΙΑΝΟΠΟΛΙΤΩΝ
K 27 Göttin mit Schale und Scepter l. stehend

1 Wien Kenner cat. 56, 10 (Mionnet S. 2, 80, 152) unter Caracalla

Die Münze gehört dem Severus Alexander; s. dort.

(Caracalla)

627 AVT K M AVPH | ANTΩNEINOC MAPKIANOΠOAITΩN Hygieia mit
K 21 Kopf m. L. r. Schlange und Schale r. stehend
Gewicht: 5,85 (1)

1 London Cat. 29,12 — 2 Wien Mus. Theup. 972; Arneth Sitzungsber. 9, 892, 17
Der Kopf ist auf beiden Exemplaren sicher der des Caracalla; auch kommt Hygieia unter Elagabalus nie auf viel kleineren Münzen vor. — (Die Münze in London Cat. 29,13 gehört dem Diadumenianus; s. dort.)

628 AVT K M AVP ANTΩN'EINOC| K. MAPKIANOΠOAITΩ und unten N
K 18 m. L. r. Adler mit halbgeöffneten Flügeln nach vorn stehend und den Kopf mit Kranz im Schnabel r. erhebend

1 Paris Blanchet revue num. 1892, 64, 22 unter Elagabalus
Die Gesichtszüge lassen es zweifelhaft, ob Caracalla oder Elagabalus gemeint ist; da aber der Typus der Rs. bei Severus und Geta vorkommt, dagegen bei Elagabalus nicht, so ist die Münze hier aufgenommen.

[629] AVT K M AVP | ANTΩNEINOC K. MAPKIANOΠOAITΩN Dreifuss, an
K (18) m. L. (r.) dem sich eine Schlange emporringelt

1 Sestini descr. 34, 17 (Mionnet S. 2, 83, 168) von Ainsli. — Vgl. Mus. Arigoni 1 Imp. gr. X, 152 die gleiche Rs. unter Elagabalus, während Sestini cat. castig. 12 das Stück unter Caracalla verzeichnet.
Da der Typus der Rs. bei Severus und Geta vorkommt, so kann Sestinis Zutheilung richtig sein. Auch Sestronen glaubte auf einem Exemplar im Handel Caracalla zu erkennen (Schrift AVT K M AV ANTΩNINOC). Auf dem Wiener Exemplar, das ebenfalls dem Caracalla zugeschrieben worden ist (Mus. Theup. 972; Arneth 9, 892, 22) scheint mir deutlich Elagabalus zu erkennen zu sein; s. dort.

687* AVT K M AVP ANTΩNINOC Kopf des Ca- | MAPKIANOΠOAITΩN Weibliche Figur
K (18) racalla m. L. (r.) l. stehend, in der R. Schale, in der L. Steuerruder

1 Sestini Mus. Chaudoir 42, 5
Vielleicht ist der Typus der Rs. falsch beschrieben, da die Darstellung der Tyche (oder Fortuna) mit Schale und Steuerruder sonst auf kleinen Münzen nicht vorkommt; jedenfalls muss die Beschreibung als unsicher gelten, da weder von Caracalla noch von Elagabalus eine solche Münze nachweisbar ist.

625* M....... ANTΩNINOC Kopf des Caracalla r. | MAPKIANOΠOAITΩN Halbgeöffneter Korb,
K 17 aus dem die Schlange hervorkriecht

1 Ramus Cat. 1, 99, 4. — Die Münze gehört dem Diadumenianus; s. dort.

626* Caracalla | MAPKIANOΠOAITΩN Silenus
K 17 1 Sestini lettere 9, 2 [Mionnet S. 2, 83, 164]. — (Der Typus ist Priapos.)
ebenso MAPKIANOΠOAITΩN Mondsichel mit vier Sternen
2 Sestini lettere 9, 2 [Mionnet S. 2, 83, 172]
ebenso MAPKIANOΠOAITΩN Korb

3 Lobbel cat. 54, 12 [Mionnet S. 2, 83, 173]; Arneth Sitzungsber. 9, 892, 32
Alle drei Münzen (1 und 2 in Gotha, 3 in Wien) gehören dem Elagabalus, und sind unter ihm genauer beschrieben. Dort sind auch die anderen bei Mionnet (S. 2, 81, 161 bis 167; 83, 169. 171. 174) und sonst dem Caracalla zugeschriebenen Münzen aufgenommen, die nicht mehr nachweisbar, von denen aber andere Exemplare mit dem Kopf des Elagabalus bekannt sind; sie alle einzeln hier zu verzeichnen, ist nicht nöthig.

[Caracalla]
[630] ebenso | MAPKIANOΠOΛITΩN Weintraube
K (18) 1 Sestini desc. 14, 29 (Mionnet S. 2, 83, 170) von Ainslie
Der Typus findet sich auf kleinen Münzen des Geta, kommt aber auch unter Elagabalus
vor; die Zutheilung ist also unsicher.

b) mit bärtigem Kopf des Caracalla

Ob die hier zusammengestellten Münzen (631—634) noch unter Severus
oder unter Caracallas Alleinherrschaft geprägt sind, ist nicht sicher zu
entscheiden; nur n. 632 darf man gewiss der späteren Zeit zuweisen, weil
sie dieselbe Namensform zeigt wie die unter Quintilianus geprägten
Münzen (n. 635 fg.).

631   AV K M AVP ANTΩNINOC Π AVΓ   MAPKIANO ΠOΛITΩN Concordia
K 22   K. m. L. r.   mit Kalathos, Schale und Füllhorn
                                     l. stehend; vor ihr ein flammender
                                     Altar
       Gewicht: 6,57 (1)
         Abweichungen: Vs. der Γ am Schluss nicht zu sehen 2 — Schrift unvoll-
         ständig 5
       1 Berlin Cat. 59, 18 ungenau — 2 Dresden — 3 Paris — 4 St. Petersburg — 5 Wien
       (unter Traianopolis)

632   ANTΩNINOC ΠIOC AVΓOVCTOC | MAPKIANO ΠOΛITΩN Tyche mit
K 23   ebenso   Kalathos, Steuer und Füllhorn l.
                                     stehend
       Gewicht: 5,82
       1 Turin Mus. Cat. 1977 = Lavy 969

633   AV K M AVPHA ANT..... ebenso |MAPKIANOΠOΛITΩN Eros (als
K 16   Todesgenius) r. stehend und
                                      nach vorn blickend, mit der ge-
                                      senkten Fackel auf einen Altar
                                      gestützt
       1 St. Petersburg

634   [AVT K] M AVPHAI(OC) ANTΩNE[I- MAPKIANOΠOΛITΩN Asklepios r.
K 16   NOC] ebenso   stehend und l. blickend, die R. auf
                                      den Schlangenstab gestützt
       Gewicht: 2,36 (1)
         Abweichungen: Vs. Schrift unvollständig 1, die eingeklammerten Buchstaben nach
         2 ergänzt — Brustbild mit Gewand 3 — nicht beschrieben 3
       1 Berlin Cat. 60, 19. — 2 — 2 Mionnet S. 2, 83, 160 aus der Sammlung Benkowitz. — Hier-
       her vielleicht 3 Mus. Arigoni 2 Imp. gr. XXVII, 374 die Rs., unter Elagabalus; Sestini
       catal. cavalg. 12 unter Caracalla und 13 unter Elagabalus.

Caracalla als Alleinherrscher
(Quintilianus)

833
K 27
ΠΙΟC ΑVΓ ΑΝΤΩΝΙΝΟC Kopf des bärtigen Caracalla n. l. r.
ΥΠ ΚΥΝΤΙΛΙΑΝΟΥ ΜΑΡΚΙΑΝΟΠΟΛΙ und im F. ΤΩΝ Nackter Zeus mit Chlamys über der l. Schulter l. stehend, in der vorg. R. Schale, die l. auf das Scepter gestützt; vor ihm der Adler

Gewicht: 9,80 (2) — 9,51 (1)

Abweichungen: Vs. Schrift unsicher (AV ΑΝΤ... NOC ΑVΓΟCΤΟ!) 1; — Rs. ΥΠ ΚVΤΙΛΙΑΝΟ V ΜΡΑΚΙΑΝΟΠΟΛΙΤΩΝ 1

1 Athen Cat. 817 — 2 München — 3 Wien, früher Wiczay 2139 (Mionnet S. 2, 78, 142); Sestini 26,13; Arneth Sitzungsber. 9, 691, 14b (ungenau)

834
K 26
ebenso
ΥΠ ΚVΝΤΙΛΙΑΝΟΥ ΜΑΡΚΙΑΝΟΠΟΛΙ u. i. F. ΤΩΝ Hades-Sarapis mit Kal. l. thronend, die R. über dem Kerberos, die l. auf das Scepter gestützt

Abweichungen: Rs. ΥΠ ΚVΝΤΙΛΙΑΝΟ ΜΑΡΚΙΑΝΟΠΟΛΙΤΩΝ 2, (3!) — angeblich ΚVΙΝΤΙΛΙΑΝΟ 6 — Attribute unsicher (also vielleicht Zeus!) 1. 5

1 Bukarest — 2 London Cat. 29,14 — 3 Paris — 4 St. Petersburg Akademie — 5 Wien Mus. Theup. 1011 (ungenau unter Elagabalus); Arneth Sitzungsber. 9, 691, 13. · | — 6 Mionnet S. 2, 79, 146 aus der Sammlung Benceovich

835
K 27
ΑΝΤΩΝΙΝΟC ΠΙΟC ΑVΓΟVCΤΟC ebenso
ΥΠ ΚVΝΤΙΛΙΑΝ ΟΥ ΜΑΡΚΙΑΝ ΟΠΟ u. i. F. ΑΙ ΤΩΝ Nackter Hermes, vom Rücken gesehen, r. stehend, das r. Bein eingezogen und der r. Fuss auf den Zehen hinter den linken gesetzt, über der l. Schulter die Chlamys, in der halb erhobenen R. das Kerykeion; vor ihm eine Stele

T. XVI, 11
Abbildung der Rs. (1). — Vgl. die Einleitung S. 193.

Gewicht: 12,00 (1. ab Loch) — 9,60 (2)

1 Imhoof — 2 München — 3 Paris Mionnet S. 2, 79, 147 ungenau — 4 Wien, früher Wiczay 2140; Sestini 26,14 (der die Figur Theseus nennen möchte); Arneth Sitzungsber. 9,692,16 a

836
K 27
ebenso
ΥΠ ΚVΝΤΙΛΙΑΝΟV ΜΑ ΡΚΙΑΝΟΠΟ... Hermes wie vorher, aber auf der Stele steht ein Vogel (?) L

Gewicht: 9,48 (F. mhL)

1 Gotha. — Der Thier auf der Stele konnte allenfalls auch ein Widder sein.

836*
K .
ΑΝΤΩΝΕΙΝΟC ΑΥΓΟΥCΤΟC Kopf des Caracalla
ΕΠ. Α. ΚΥΙΝΤΙΛΙΑΝΟΥ ΜΑΡΚΙΑΝΟΠΟΛΙΤΩΝ Apollon

1 Hardouin num. ant. 312 angeblich aus dem Pariser Cabinet, wo aber keine solche Münze vorhanden ist (vgl. jedoch unten n. 660—663, mit Caracalla und Domna).

MARKIANOPOLIS 219

'Caracalla als Alleinherrscher'

639 ΠΙΟϹ ΑΥΓΟΥϹΤΟϹ | ΑΝΤΩΝΙΝΟϹ ΥΠ ΚΥΝΤΙΛΙΑΝΟΥ ΜΑΡΚΙΑΝΟΠΟΛΙ-
K 26 ebenso ΤΩΝ u. i. F. r. N Asklepios mit
dem Schlangenstab in der R. nach
1 Wien Arneth Sitzungsber. 9, 691, 16 vorn stehend und l. blickend

640 ΑΝΤΩΝΙΝΟϹ ΠΙΟϹ ΑΥΓΟΥϹΤΟϹ ΥΠ ΚΥΝΤΙΛΙΑΝΟΥ ΜΑΡΚΙΑΝΟΠΟΛΙ-
K 26 ebenso ΤΩΝ Concordia mit Kal., Schale
über Altar und Füllhorn l. stehend
Gewicht: 9,00 (1. X. m.)
Abweichungen: Vs. Trennung der Schrift verschieden — ΑΝΤΩΝΕΙΝΟϹ s. 31 —
Rs. Trennung der Schrift verschieden - der Schluss Ω N im Felde s. 4 · ΤΩΝ
i. A. 7 — Schluss umlieber i. 3 — ΚΥΝΤΙΛΙΑΝ ΟΥ 5 — ΜΑΡΚΙΑΝΟΠΟΛΙΤ 4
1 Gotha Sestini leit. 9, 2 [Mionnet S. 2, 79, 148] — 2 Iversen — 3 Kopenhagen Ramus
1, 99, 3 (Rs. ungenau mit VΠΟ am Anfang der Schrift) — 4. 5 London Cat. 10, 13. 16 —
6 Paris Boutkowski revue num. 1883, 376, 3 — 7 Sophia — 8 Wien Arneth Sitzungsber.
9, 892, 18. 19 (es ist aber jetzt nur ein Exemplar vorhanden). — Vgl. oben 384ᵃᵃ.

641 ΠΙΟϹ ΑΥΓΟΥϹΤΟϹ ΑΝΤΩΝΙΝΟϹ ΥΠ ΚΥΝΤΙΛΙΑΝΟ Υ ΜΑΡΚΙΑΝΟΠΟΛΙ
K 26 ebenso u. i. F. Τ Ω (so, ohne N) ebenso
1. 2 Bukarest (beide aus denselben Stempeln, auf der Vs. mit Stempelfehler ΑΥΓΟΥϹΤΟϹ)

642 ΑΝΤΩΝΙΝΟϹ ΠΙΟϹ ΑΥΓΟΥϹΤ Ο Ϲ ΥΠ ΚΥΝΤΙΛΙΑΝΟ Υ ΜΑΚΙΑΝΟΠΟΛΙΤ
K 26 ebenso und i. F. ΩΝ Adler mit ausge-
breiteten Flügeln auf einer Kugel
nach vorn stehend und den Kopf
mit Kranz im Schnabel r. erhebend
Gewicht: 8,89 (1)
Abweichungen: Rs. vielleicht ΜΑΡΚ — 2
1 London — 2 Paris Mionnet S. 2, 79, 144; vgl. unten 686, 2ᵃ

643 ΠΙΟϹ ΑΥΓ ΑΝ ΤΩΝΙΝΟϹ ebenso ΥΠ ΚΥΝΤΙΛΛΙΑΝΟΥ(so!) ΜΑΡΚΙΑΝΟ-
K 26 ΠΟΛΙΤ u. i. F. ΩΝ ebenso
1 Schmidt — 2 Wien Eckhel cat. 54, 9 [Mionnet S. 2, 79, 143]: Arneth Sitzungsber. 9, 892, 20

644 ΠΙΟϹ ΑΥΓΟΥϹΤΟϹ | ΑΝΤΩΝΙΝΟϹ ΥΠ Κ ΥΝΤΙΛΙΑΝΟΥ ΜΑΡΚΙΑΝΟΠΟ-
K 26 ebenso ΛΙΤ und unter dem Blitz ΩΝ
Adler wie vorher, aber auf einem
Blitz, und der Kopf linkshin
Abweichungen: Rs. ΥΠ ΚΥΝΤΙΛΙΑΝΟΥ ΜΑΡΚΙΑΝΟΠΟΛΙΤΩ(Ν?) 2ᵃ
1 Paris Patin imp. 302 Abb. d. Rs. (Gessner imp. CXLVIII, 68): Mionnet S. 2, 79, 145;
vgl. unten 686, 1ᵃ — 2 Schmidt — 3 im Handel

645 ΠΙΟϹ ΑΥΓΟΥϹΤΟϹ ΑΝΤΩΝΙΝΟϹ ΥΠ ΚΥΝΤΙΛΙΑΝΟΥ ΜΑΡΚΙΑΝΟΠΟ-
K 26 ebenso ΛΙΤΩΝ Adler mit halbgeöffneten
Flügeln nach vorn stehend (nicht
auf Blitz oder Kugel) und den
Kopf l. erhebend (ohne Kranz)
Abweichungen: Vs. aus demselben Stempel wie 641 (mit ΑΥΓΟΥϹΤΟϹ) 1; —
Rs. angeblich εΠ ΚΥΙΝΤΙΛΙΑΝΟΥ 3
1 Bukarest — 2 Sophia — ' — 3 Wilde num. sel. XIX, 112 (Gessner imp. CXLIX, 41)

MOESIA INFERIOR

(Caracalla als Alleinherrscher)

646 ΠΙΟC ΑΥΓ ΑΝΤΩΝΙΝΟC Kopf des ΥΠ ΚΥΝΤΙΛΙΝΟΥ (so!) ΜΑΡΚΙΑΝΟ-
K 27 bärtigen Caracalla mit L. r.   ΠΟΛΙΤ u. i. F. ΩΝ Bekränzter
                                     Tisch mit vorn herabhängender
                                     Decke (?); im Hintergrunde zwi-
                                     schen zwei Feldzeichen eine
                                     Stele, auf der ein Adler zurück-
T. XIX, 33 Abbildung des Rv.   blickend l. sicht
            1 Wien

647 ΑΝΤΩΝΙΝΟC ΠΙΟC ΑΥΓΟΥCΤΟC   ΥΠ ΚΥΝΤΙΛΙΑΝΟΥ ΜΑΡΚΙΑΝΟΠΟ-
K 26   ebenso   ΛΙΤΩ u. L F. unten Ν ebenso,
                                     aber die Feldzeichen stehen mehr
                                     im Vordergrunde zu Seiten des Ti-
                                     sches, und der Adler steht rechts-
                                     hin und blickt linkshin
       1 St. Petersburg. — Die Schrift der Vs. ist nach der folgenden Münze ergänzt.

648 ΑΝΤΩΝΙΝΟC ΠΙΟC ΑΥΓΟΥCΤΟC   ΥΠ ΚΥΝΤΙΛΙΑΝΟΥ ΜΑΡΚΙΑΝΟΠΟ-
K 27 ebenso   ΛΙΤ u. i. F. unten ΩΝ Ähnlicher
                                    bekränzter Tisch, aber ohne
                                    Decke, zwischen zwei Feldzei-
                                    chen; aber der r. zurückblickende
                                    Adler steht nicht auf einer Stele,
                                    sondern auf einem Altar, der auf
T.XIX, 32 Abbildung des Rv.   dem Tische selbst steht
           1. 2 Bukarest (beide aus denselben Stempeln)

649* 1 Caracalla (Vs. nicht beschrieben)   ΥΠ ΙΟΥΛ ΑΝΤΙΓ ΜΑΡΚΙΑΝΟΠΟ u. L A. ΜΙΤ
K (27)   Athena l. stehend, auf der vrg. R. ein
                                               Idol (?), die L. auf den Speer gestützt, vor
                                               ihr am Boden der Schild
       1 Gessner imp. CXLIX, 41° aus der Sammlung Pfau. — Es handelt sich um eine schlecht
       erhaltene Münze des Elagabalus, jetzt in Berlin, wie schon Sestini lettere B, 33 richtig
       bemerkt hat. Der Statthaltername ist ΙΟΥΛ ΑΝΤ (ΓΕΜΕΤΚΟΥ) zu ergänzen; der Typus
       ist nicht Athena, sondern Nemesis; vgl. v. Sallet Cat. Berlin 64, 38.

649** ΥΠ Κ Μ ΑΥΡ ΛΟΥΠ ΑΝΤΩΝΙΝΟ Kopf ... δ ΤΩΡ .... ΙΑΝΩ ΜΑΡΚΙΑΝΟΠΟΛΙΤ
K (27)   des Caracalla m. L. (r.)   Weibliche Figur in langem Gewand
                                             l. stehend, in der vrg. R. Schale, die L.
                                             auf das Scepter gestützt
       1 Froelich 4 tentam. 159, 131 Abb. d. Rv. (Gessner imp. CXLIX, 38); Eckhel cat. 54, 11
       (Mionnet S. 2, 80, 152) etwas genauer. — Wie der Rest des Statthalternamens (Um. Tere-
       rentinus) zeigt, gehört die Münze nicht dem Caracalla, sondern dem Alexander; den
       Schluss des Kaisernamens ΑΝΤΩΝΙΝΩ hatte Froelich willkürlich ergänzt, Eckhel liess
       ihn als unsicher fort; man erkennt noch die Buchstaben ΛΛΕ.... Die Münze liegt jetzt
       im Wiener Cabinet richtig unter Alexander und ist diesem auch schon von Arneth
       Sitzungsber. 9. 696, 98 zugetheilt.

Caracalla und Geta

(Flavius Ulpianus)

649
K 27
AV K M AV ANTΩNINOC AV K Π C
und unten ΓETAC Die einander
zugekehrten Brustbilder des Caracalla r. und des Geta l., beide
leicht bärtig und mit L. P. M.

V +A OVΛΠIANOV MAPKIANOΠO-
ΛITΩN Brustbild des Sarapis
mit Kalathos und Gewand r.; im
F. l. ε (= 595)

Abweichungen: Vs. am Anfang angeblich AVT 4 — das κ im Namen des Geta
fehlerhaft 2 und wohl auch 4 — am Schluss der Umschrift CE statt C I: —
Rs. angeblich VΠ 4

1 Bukarest — 2 Neapel Cat. 6293 — 3 Wien Froelich 4 tentam. 449 ff (angenom., ohne
den Statthalternamen); Eckhel cat. 55, 15 (Mionnet S. 2, 86, 189); Arneth Sitzungsber. 9,
892, 28. — — 4 Hardouin op. sel. 800 aus der Sammlung Ferrand — 5 Murzakewicz
Odess. Mem. 3, 239, 3 aus dem Odessaer Museum

650
K 28
ebenso, aber CETT statt C

V +A OVAΠIANO V MAPKIANOΠOΛI-
TΩN Nackter Apollon (Lykeios) l.
stehend und r. blickend, die R. auf
dem Kopf, in der vorg. L. den Bogen, zwischen dem Baumstamm
mit der Schlange und dem Köcher
mit Gewand; i. F. l. ε (vgl. 598)

Gewicht: 11,30 (2)
Abweichungen: Rs. am Schluss MAPKIANOΠOΛ 2

1 Berlin Cat. 60, 20 — 2 Imhoof — 3 Paris Vaillant num. gr. 1041 Mionnet 1, 358, 32 —
S. 2, 86, 191

[651]
K 27
ebenso

V +A OVAΠIANO V MAPKIANOΠOΛI-
TΩN Kybele mit Kalathos, Schale
und Tympanon zwischen zwei Löwen l. thronend; i. F. l. ε (= 599)

1 Bomkowski revue num. 1883, 376, 6, IX, 4 aus seiner Sammlung. — Die unvollständige
Inschrift der Vs. ist nach n. 650 ergänzt.

652
K 27
ebenso

V +A OVAΠIANOV MAPKIANOΠO-
ΛITΩN Tyche mit Kalathos,
Steuerruder und Füllhorn l. ste-
hend; i. F. l. ε (= 601. 602)

Gewicht: 13,50 (11) — 13,40 (4) — 11,75 (6) — 11,05 (7)
Abweichungen: Vs. CEΠT statt CEΠ 5, 9, CE l. 2, 3, 5, C (!) 16; — Rs. Trennung
OVAΠIANO V 11 — M APK 1, 2, 3, 5 — am Anfang VΠ statt V 8, 15, 16, un-
sicher 4, 9, 10, 12, angeblich + statt +Λ 16 — am Schluss ΠOΛITΩ 10, ΠO-
ΛI(T?) 6, unvollständig 4, 9, 12, 14

1 Berlin — 2, 3 Bukarest — 4 Gotha — 5 Kopenhagen — 6, 7 Löbbecke — 8, 9 London
Cat. 31, 25, 26 — 10 Philippopel — 11 Schmidt — 12, 13 Sophia — 14 Wien Froelich 4
tentam. 449 γ; Eckhel cat. 55, 16 (Mionnet S. 2, 86, 190); Arneth Sitzungsber. 9, 892, 29.
— 15 Cat. d'Ennery 3662 — 16 Wiczay 2143 (angenom. EΠ statt VΠ); Sestini 26, 18

Caracalla und Domna

(Quintilianus)

653
K 27

ΑΝΤΩΝΙΝΟC ΑΥΓΟΥCΤΟC ΙΟΥΛΙΑ ΔΟ und l. F. unten l. (als zweite Linie) vielleicht ΜΝΑ Kopf des Caracalla m. L. r. und Br. der Domna l., einander zugekehrt

ΥΠ ΚVΝΤΙΛΙΑΝΟV ΜΑΡΚΙΑΝΟΠΟΛΙ- ΤΩΝ Zeus mit Schale und Scepter l. sitzend; i. F. l. Ɔ

Abweichungen: Vs. die Schlussbuchstaben ΜΝΑ sind auf beiden Exemplaren nicht zu sehen, konnten aber auf dem schlecht erhaltenen ersten vielleicht vorhanden gewesen sein, wie sie Sestini angegeben hat.

1 St. Petersburg, früher Chaudoir Sestini lett. cont. 4, 49, I. 8 [Mionnet S. 2, 83, 175]; Sestini mus. Chaudoir 42,6 — 2 Sophia

654
K 27

ΑΝΤΩΝΙΝΟC ΑΥΓΟΥCΤΟC ΙΟΥΛΙΑ ΔΟΜΝΑ ebenso

ΥΠ ΚVΝΤΙΛΙΑΝ ΟV ΜΑΡΚΙΑΝΟΠΟ- ΛΙΤΩ Sarapis mit Kal., erhobener R. und Scepter l. stehend; i. F. l. Є

Abweichungen: Vs. Schrift in der Mitte unvollständig: — Trennung ΔΟΜ ΝΑ ... — R., ΥΠ . ΝΤΙΛΙΑ Ν ΟV ΜΑΡΚΙΑΝΟΠ..., 1 — das Schluss-N vielleicht im Felde 2

1 Philippopel — 2 Wien

655
K 27

ΑΝΤ ΩΝΙΝΟC ΑΥΓΟΥCΤΟC ΙΟΥΛΙ Α und oben ΔΟΜΝΑ Die Brustbilder des Caracalla m. L. P. M. r. und der Domna l., einander zugekehrt

ΥΠ ΚV;ΝΤΙΛΙΑΝΟ,V ΜΑΡΚΙΑΝΟΠΟΛ. Sarapis ähnlich wie vorher, aber die R. nicht erhoben, sondern vorgestreckt; l. F. l. Є

1 Philippopel

656
K 27

ΑΝΤΩΝΙΝΟC ΑΥΓΟ....... ebenso

ΥΠΑ ΚVΝΤΙΛΙΑΝΟV ΜΑΡΚΙΑΝΟΠΟ- ΛΙΤΩΝ Brustbild des Sarapis mit Kalathos und Gewand r.; l. F. l. Є

1 Wien

Das Α in ΥΠΑ sieht aus wie Λ, doch ist es wohl hier wie in zahlreichen anderen Fällen als Α anzusehen.

657*
K 27

ΑΝΤΩΝΙΝΟC ΑΥΓΟV ΤΟC ΙΟVΛΙΑ ΔΟΜΝΑ Die Brustbilder des Caracalla und der Domna

ΥΠ ΦΛ ΟΥΛΠΙΑΝΟV ΜΑΡΚΙΑΝΟΠΟΛΙΤΩΝ Kaiser mit Schale über Altar und Speer l. stehend

1 Sestini lett. 6, 15, 1 [Mionnet S. 2, 85, 187] aus der Sammlung Knobelsdorff

Der Name des Statthalters ist von Sestini falsch angegeben; die Münze, jetzt in Berlin, hat vielmehr wie alle mit dieser Vs. den Namen des Quintilianus; s. oben 681.

658*
K (27)

...... ΑΥΓΟVCΤΟC ΙΟVΛΙΑ ..., Die Köpfe .... ΑΝΟV ΜΑΡΚ .... Sarapis mit des Caracalla und der Domna Schale über Altar und Füllhorn l. stehend; i. F. Є

1 Mursakewicz denkm. mus. Odess. 25, 5

Da dieser Typus des Sarapis (gleich dem Θεὸς Μέγας von Odessos) auf Münzen von Marcianopolis sonst nie erscheint (vgl. die Einleitung S. 191 A. 2), so handelt es sich wohl um ein schlecht erhaltenes Stück mit Concordia am Altar, s. unten 677.

657 K 27	= 654	....NTIAIANOV MAPKIANOΠOAIT u. i. F. Ω N ebenso, aber linkshin; der Kalathos mit einer Palmette verziert; i. F. r. Э

(Philippopel

658 K 27	ebenso	VΠ KVNTIAIANOV MAPKIANOΠO- AITΩN Demeter mit Ährenkranz und Schleier l. stehend, in der er- hobenen R. Ähren, die L. auf die lange Fackel gestützt; i. F. l. Є

(Philippopel

659 K 27	= 655, aber oben nur ΔO... sichtbar	ebenso (der Ährenkranz nicht zu sehen)

Gewicht: 10,33 (1)

Abweichungen: Vs. Schrift unvollständig s

1 Berlin Cat. 57.9; dieses Ex. Rauch Zschr. für Münz-, Siegel- und Wappenkunde 1, 230. IX, 5 — 2 Hunter. — | — Hierher vielleicht 3 Murzakewicz descr. mus. Odess. 25, 7 (Vs. umrissen, Rs. angeblich IOVAI... AN MAPK...).

660 K 30	ANTΩNINOC AVΓOVCTOC u. unten IOVAIA ΔOMNA die beiden Brustbilder (= 655)	VΠA KVNTIAIANOV MAPKIANOΠO- AEI u. i. F. TΩ N Nackter Apol- lon mit der R. auf dem Kopf und dem Bogen in der L. nach vorn stehend und r. blickend; neben ihm rechts der Baumstumpf mit Schlange, links der Köcher mit Gewand; im F. l. oben Є

Gewicht: 19,70 (1)

1 Löbbecke. — — 1 (1?) Millin monum. ant. inéd. 2, 99, XI, 2, angeblich aus dem Pariser Cabinet, aber wohl dasselbe Stück, das Mionnet S 2, 84, 178 aus der Sammlung Grivaud de la Vincelle anführt; im Pariser Cabinet ist kein solches Stück vorhanden, wogegen das von Löbbecke mit dem bei Millin abgebildeten identisch sein könnte.

Durchmesser und Gewicht sind ungewöhnlich, vielleicht ist es eine Probe; als Medaillon, wie Millin wollte, kann die Münze jedenfalls nicht angesehen werden, weil sie das Wert-zeichen Є hat.

Das A in VΠA hat auch hier vielleicht die Form Λ; vgl. zu 656.

661 K 26	= 654, aber ΔOMNA	VΠA KVNTIAIANOV MAPKIANOΠOA u. i. F. TΩ N ebenso, aber i. F. l. Э

1 St. Florian. — Hinter ΠOA scheint kein | zu stehen.

662 K 26	ANTΩNINOC A.......... PNA die beiden Brustbilder (= 655)	...KVNTIAIANOV MAPKIANOΠOA|.... ebenso, aber i. F. l. Є

Gewicht: 11,43

1 Löbbecke. — Der Schluss der Schrift steht im Abschnitt, ist aber undeutlich. — Vgl. auch oben 598°.

224   MOESIA INFERIOR

(Caracalla und Domna)

663
K 28
ΑΝΤΩΝΙΝΟC ΑVΓΟVCΤΟC ΙΟVΛΙΑ ΔΟΜΝΑ Kopf des Caracalla m. L. r. und Br. der Domna l.

VΠ ΚVΝΤΙΛΙΑΝΟV ΜΑΡΚΙΑΝΟΠΟΛΙ u. i. F. ΤΩΝ Apollon (Lykeios) wie vorher, aber neben ihm nur rechts der Baumstumpf mit Schlange, links nichts; i. F. l. €

Taf. XV, 1   Abbildung der Rs.

1 Paris Bouthowski revue num. 1883, 376, 2, IX, 2; Blanchet rrvue num. 1893, 61, 13

664
K 27
ebenso, aber am Schluss noch CE

VΠ ΚVΝΤΙΛΙΑΝΟV ΜΑΡΚΙΑΝΟΠΟΛΙ- ΤΩΝ Nackter Apollon (oder Bonus Eventus) l. stehend, in der vorg. R. Schale über einem Altar, in der gesenkten L. einen Zweig; im F. l. €

Abweichungen: Vs. am Schluss CEB 3 — ΔΟΜΝΑ ohne CE 2; — Rs. am Schluss nur ΛΙΤ 2, sonst vollständig 1

1 Paris Mionnet S. 2, 85, 183 — 2 Philippopel — 3 Sophia — 4 Wien Mus. Theup. 971; Arneth Sitzungsber. 9, 802, 27

665
K 28
ebenso

VΠ ΚVΝΤΙΛΙΑΝΟV ΜΑΡΚΙΑΝΟΠΟ- ΛΙΤΩΝ Athena l. stehend, in der vorg. R. Schale über Altar, die L. auf den Speer gestützt; im F. l. €

Gewicht: 14,48
1 Lobbecke

666
K 27
ΑΝΤ ΩΝΙΝΟC ΑVΓΟVCΤΟC ΙΟV ΑΙΑ| und oben ΔΟΜΝΑ ebenso

VΠ ΚVΝΤΙΛΙΑΝΟV ΜΑΡΚΙΑΝΟΠΟ- ΛΙΤΩΝ ebenso; l. F. L €

T. XV, 10   Abbildung der Rs. (1)

1 Kopenhagen — 2 Paris Blanchet revue num. 1893, 62, 14

667
K 27
ΑΝΤΩΝΙΝΟC ΑVΓΟVCΤΟC ΙΟVΛΙΑ ΔΟΜΝΑ ebenso

VΠ ΚVΝΤΙΛΙΑΝΟV ΜΑΡΚΙΑΝΟΠΟ- ΛΙ u. i. F. ΤΩΝ Athena l. stehend, in der vorgestreckten R. Schale über Altar, die l. auf den Schild gestützt; hinter ihr eine Stele, auf der die Eule l. steht; i. F. r. oben Ͽ

T. XV, 11   Abbildung der Rs.
Gewicht: 9,00 (E. gut)
1 Imhoof

668
K 28
ΑΝΤΩΝΙΝΟC ΑVΓΟVCΤΟC ΙΟVΛΙΑ Δ .... ebenso

...VΝΤΙΛΙΑΝΟV ΜΑΡΚΙΑΝΟΠΟΛ.... Athena l. stehend, in der vorg. R. Schale (? oder Nike?), in der auf den Schild gestützten L. den Speer; i. F. l. unten €

MARKIANOPOLIS

[Caracalla und Domna]

669 ΑΝΤΩΝΙΝΟC ΑΥΓΟΥCΤΟC ΙΟΥΛΙΑ ΥΠ ΚΥΝΤΙΛΙΑΝΟΥ ΜΑΡΚΙΑΝΟΠΟ-
K 27 ΔΟΜΝΑ ebenso ΛΙΤΩΝ Athena l. stehend, in der
vorg. R. ein Bündel Mohnstengel,
die L. in die Seite gestemmt; vor
ihr der Ölbaum, von der Erichthoniosschlange umringelt, die
ihr den Kopf entgegenstreckt; hinter ihr der Schild, von innen gesehen, und hinter diesem der Speer;
i. F. r. ϶

T. XV, 23 Abbildung der Rs. (2)
Gewicht: 12,12 (2)

Abweichungen: Vs. am Schluss auf Δ sichtbar 1 — Schrift fast ganz zerstört 3; —
Rs. Anfang der Schrift zerstört (von Sestini falsch ergänzt ΥΠ ♦ ΟΥΑΠΙΑΝΟΥ) 3
1 Kiew — 2 Löbbecke — 3 Paris, früher Wiczay 2142 [Mionnet S. 2, 86, 188 ohne den
Statthalternamen]; Sestini 26, 16 (wohl dasselbe Stück falsch beschrieben von Froelich
apprend. 2 nov sc 54, 49) — 4 Philippopel
Vor Δ steht auf dieser Münze überall Λ. — Die Rs. von 2 und 3 sind wohl auch die der
anderen Exemplare und aus demselben Stempel.

670 ΑΝΤΩΝ[ΙΝΟC ΑΥΓΟΥCΤΟC] ΙΟΥΛΙΑ ΥΠ ΚΥΝΤΙΛΙΑΝΟΥ ΜΑΡΚΙΑΝΟΠΟ-
K 26 ΔΟΜΝΑ ebenso ΛΙΤΩΝ Dionysos mit nacktem
Oberkörper nach vorn auf dem r.
schreitenden Panther sitzend, die
R. auf das Thier gestützt, in der
L. den Thyrsos; i. F. L oben €

1 Löbbecke. — Die Schrift der Vs. ist nach 671. 2 ergänzt.

671 ebenso ΥΠ ΚΥΝΤΙΛΙΑΝΟΥ ΜΑΡΚΙΑΝΟΠΟ-
K 27 ΛΙΤΩ und l. F. L N Asklepios
mit dem Schlangenstab in der R.
r. stehend und l. blickend; i. F. l. €

Gewicht: 13,10 (2)
Abweichungen: Vs. am Schluss ΙΟΥΛΙΑ ΔΟΜΝΑ 1; — Rs. überall Λ statt Λ 1 —
Schluss der Schrift fehlt 1. 3 — Asklepios blickt nach vorn 1
1 Löbbecke — 2 Paris Blanchet revue num. 1892, 62, 15. — — 3 (= 11) Webster num.
chron. 1873, 19 aus der Sammlung Subhy Bey

672 ΑΝΤΩΝΙΝΟC ΑΥΓΟΥCΤΟC ΙΟΥΛΙΑ ΥΠ ΚΥΝΤΙΛΙΑΝΟΥ ΜΑΡΚΙΑΝΟΠΟΛΙ-
K 28 ΔΟΜΝΑ ebenso ΤΩΝ Hygieia mit Schlange und
Schale r. stehend; i. F. l. €

Gewicht: 14,50 (5)
Abweichungen: Vs. Schluss der Schrift undeutlich 2. 4 — ΔΟΜ ΝΑ 5. (6) — im
Felde oben ΔΟΜΝΑ 1 — Bt. des Caracalla m. L. P. M. (?) 3; — Rs. das letzte
Ν im Felde l. 4 — im Felde r. 3 4
1 Berlio Cat. 58, 12 — 2 Bukarest — 3 London Cat. 31, 23 — 4 München, früher Consi-
nery Sestini descr. 34, 30 — 5 Schmidt. —] — 6 (—3?) Sestini descr. 34, 30 [Mionnet
S. 2, 84, 180] von Ainslie

Die antiken Münzen Nord-Griechenlands I. 15

226   MOESIA INFERIOR

[Caracalla und Domna]

673
K 27
ANTΩNINOC AVΓOVCTOC IOVAIA   VΠ KVNTIAIANOV MAPKIANOΠOAI-
ΔOMNA CE Kopf des Caracalla   TΩN Kybele mit Kalathos, Schale
m. L. r. und Br. der Domna l. mit Tympanon l. thronend; i. F. l. ϵ

1 Wien Arneth Sitzungsber. 9, 892, 96. — Hierher vielleicht die Münze von Arigoni unten 677°.

674
K 26
...NINOC AVΓOVCTOC IOV.....   VITA KVN TIAIANOV} MAPKIANO-
die beiden Brustbilder   ΠOΛEI u. i. F. TΩN Kybele wie
                               vorher, aber am Boden die beiden
                               Löwen; i. F. l. ϵ

1 Lobbecke. — Das A in VITA hat auch hier die Form des Λ; vgl. zu 656.

675
K 27
ANTΩNINOC AVΓOVCTOC IOVAIA   VΠ KVNTIAIANOV MAPKIANOΠO-
ΔO... Kopf des Caracalla mit   ΛITΩN Nemesis l. stehend, mit
L. r. und Br. der Domna l.   der R. das Gewand über der Brust
                               fassend, im L Arm ihren Stab; am
                               Boden das Rad, auf das ein Greif
Tafel   seinen l. Vorderfuss legt; i. F. l. ϵ
XVIII, 19   Abbildung der Rs.

1 Berlin Cat. 59, 14 (Possnachy Nemesis und Adrasteia S. 153 irrig unter Caracalla und Geta). — Das A auf der Rs. hat überall die Form des Λ.

676
K 27
ANTΩNINOC AVΓOVCTOC IOV AIA   V[Π K,VNTIAIANOV MAPKIANOΠO-
und oben ΔOMNA ebenso   ΛITΩN Nemesis l. stehend, in
                               der vorg. R. die Wage, im L Arm
                               ihren Stab; am Boden das Rad;
                               i. F. l. ϵ

1 Lobbecke

677
K 27
ANTΩNINOC AVΓOVCTOC IOVAIA   VΠ KVNTIAIANOV MAPKIANOΠOAI-
ΔOMNA ebenso   TΩN Concordia mit Kal., Schale
                               über Altar und Füllhorn l. ste-
                               hend; i. F. L ϵ

Abweichungen: V. ΔOMNA S. ΔO..A 3: — K. Trennung verschieden — Schluss der Schrift ΠOΛITΩ und L F. L N 1, 1, N 5 — ΠOΛIT u. L F. ΩN 3. 4 — ΠOΛI u. L F. TΩN 1 — das Werthzeichen vergessen 1

1 Leake Suppl. 132 angenau — 2 Lobbecke — 3 Neapel Cat. 6294 (ungenau im Felde Δ N)   4 Sofbia (Mittheilung von Tocchella) — 5 Wien Froelich 4 tentam. 161, 133 Abb. d. Rs. (Gessner imp. CXLIX, 40); Rehbel cat. 54, 13 [Mionnet S. 2, 85, 184]; Arneth Sitzungsber. 9, 892, 24. — F — 6 Sestini descr. 34, 51 von Ainslie — 7 Mionnet S. 1, 85, 183 aus der Sammlung Artaud. — Vgl. oben 655°.

676°
K (27)
ATT ANTΩNEINOΣ IOTA.... Die Brustbil-   ....IANOV MAPKIANO.... Göttin l.
der des Caracalla und der Domna,   stehend, am Boden Rad (?); l. F. E
einander zugekehrt

1 Sabatier iconogr. rom. imp. LVI, 2

Wie das unbärtige Gesicht und die Namensform zeigt, ist der Kaiser nicht Caracalla, sondern Elagabalus; die Kaiserin ist also vermuthlich Maesa; jedenfalls gehört die Münze nicht hierher. Vgl. unter Elagabalus und Maesa.

[Caracalla und Domna]

678
K 27
ΑΝΤΩΝΙΝΟC ΑVΓΟVCΤΟC ΙΟVΛΙΑ	VΠ ΚVΝΤΙΛΙΑΝΟV ΜΑΡΚΙΑΝΟΠΟΛΙ-
ΔΟΜΝΑ ebenso	ΤΩΝ Tyche mit Kal., Steuer und
Füllhorn l. stehend; i. F. L €

Gewicht: 13,50 (10) — 10,45 (2)

Abweichungen: Vs. Schluss der Schrift ΔΟΜ ΝΑ 3, 5, 10 — ΔΟΜΝΑ 1, 6, 8, 11 —
1 F. oben ΔΟΜΝΑ 2 — unvollständig 9 — Br. des Caracalla m. L. P. M. 1, 4, 6, 7;
— Rs. Trennung verschieden — am Schluss ΠΟΛΙ o. L F. ΤΩΝ 6, 7 — ΠΟΛΙΤ
u. i. F. ΩΝ 4 — ΠΟΛΙΤΩ u. L A. Ν 8 — ΠΟΛΙ o. L A. ΤΩΝ 10 — ΚVΝΤΙ-
ΛΙΑΝΟ (!) 5 — überall Λ statt Λ 3 und wohl auch sonst zuweilen
1 Bukarest — 2 Imhoof — 3, 4 Löbbecke — 5, 6 London Cat. 31, 25, 22 — 7 Mailand —
8 Philippopel — 9 St. Petersburg — 10 Schmidt — 11 Wien Froelich 4 tentum, 261, 132
Abb. [Gessner imp. CXLIX, 39]; Eckhel cat. 35, 14 [Mionnet S. 2, 85, 185]; Arneth Sitzungsber. 9, 892, 25 — 12 Wien (mit dem Stempel von Este), früher Wiczay addit. 1, 3, Ta-
fel XXXI, 630; Sestini mus. Hedervar. 26, 17; Arneth Sitzungsber. 9, 892, 24 a ungenau. — | —
13 Cat. d'Ennery 1947 (wohl ungenau)

679
K 29
ebenso	VΠΑ ΚVΝΤΙΛΛΙΑΝΟV ΜΑΡΚΙΑΝΟ-
ΠΟΛΕΙ und i. F. ΤΩΝ Tyche
ebenso; i. F. l. 3

Gewicht: 14,20 (2) — 11,10 (1)

Abweichungen: unsicher ob ΠΟΛΕΙ oder ΠΟΛΙ 1
1 Kopenhagen — 2 München
Das doppelte Λ in ΚVΝΤΙΛΛΙΑΝΟV ist wohl als Fehler anzusehen.

680
K 27
ΑΝΤΩΝΙΝΟC ΑVΓΟVCΤΟC ΙΟVΛΙΑ	VΠ ΚVΝΤΙΛΙΑΝΟV ΜΑΡΚΙΑΝΟΠΟ-
ΔΟΜΝΑ ebenso	ΛΙΤΩΝ Der Kaiser mit L. P. M.,
gestiefelt, r. stehend, die R. auf
das Adlerscepter gestützt, in der
vorg. L. die Kugel; l. F. l. €

T. XIX, 15	Abbildung des Rs.
1 Löbbecke

681
K 28
ΑΝΤΩΝΙΝΟC ΑVΓΟVCΤΟC ΙΟVΛΙΑ	VΠ .... ΛΙΑΝΟV ΜΑΡΚΙΑΝΟΠΟ und
ΔΟΜ... die beiden Brustbilder	i. F. ΛΩΤ.ΙΑ Kaiser wie vorher
l. stehend, in der vorg. R. Schale
über Altar, die L. auf den Speer
gestützt; i. F. r. 3
1 Berlin Cat. 57, 10 (Schrift ungenau); dieses Exemplar, aus der Sammlung Knobelsdorff,
Sestini lett. 6, 15, 1 [Mionnet S. 2, 85, 187] mit falschem Statthalternamen
Wie auf allen anderen Münzen mit Caracalla und Domna auf der Vs. ist auch hier der
Name des Statthalters Quintilianus zu ergänzen VΠ [KVNTIΛIANOV. Sestini giebt die
falsche Lesung VΠ ΦΛ ΟVΑΠΙΑΝΟV, die dann durch Mionnet in die neueren Arbeiten
übergegangen ist; vgl. oben 652*.

677*
K (27)
= 677	ΥΠ ΚVΝΤΙΑΝΟΓ (ool) ΜΑΡΚΙΑΝΟΠΟΛΙΤΩΝ
Gottin mit Schale und Füllhorn L. thronend; i. F. L €
1 Mus. Arigoni imp. gr. VIII, 125; Sestini cat. castig. 12 (ΚVΝΤΙΛΙΑΝΟΓ verlesen?)
Der Typus der Rs. ist wohl falsch gezeichnet, da die sitzende Concordia unter Caracalla hier nicht nachweisbar ist, obwohl diese Darstellung auch möglich wäre; vielleicht
handelt es sich um eine schlecht erhaltene Münze mit der thronenden Kybele = 673.

15*

228 MOESIA INFERIOR

(Caracalla und Domna)

642 ΑΝΤΩΝΙΝΟC ΑVΓΟVCΤΟC ΙΟVΛΙΑ ΥΠ ΚVΝΤΙΛΙΑΝΟV ΜΑΡΚΙΑΝΟΠΟΛΙ-
K 27 ΔΟ und oben ΜΝΑ Kopf des ΤΩΝ Kaiser wie vorher r. stehend, die R. auf den Speer gestützt, in der L. das Parazonium (?), den l. Fuss auf den Nacken eines r. knieenden und l. blickenden Barbaren setzend; i. F. l. €

Gewicht: 11,78
1 Löbbecke

643 ΑΝΤΩΝΙΝΟC ΑVΓΟVCΤΟC ΙΟVΛΙΑ ΥΠ ΚVΝΤΙΛΙΑΝΟV ΜΑΡΚΙΑΝΟΠΟΛΙ-
K 28 ΔΟΜΝΑ ebenso ΤΩΝ Kaiser wie vorher, aber l. stehend, auf der vorg. R. Nike mit Kranz und Palmzweig ihm entgegenschwebend, die L. auf den Speer gestützt; i. F. l. €

T. XIX, 17 Abbildung der Rs. (!)
Abweichungen: Rs. am Schluss ΠΟΛΙ u. l. F. ΤΩ Ν 1
1 Löbbecke — 2 Philippopel — 3 Wien

644 ΑΝΤΩΝΙΝΟC ΑVΓΟVCΤΟC u. oben ΥΠ ΚVΝΤΙΛΙΑΝΟV ΜΑΡΚΙΑΝΟΠΟ-
K 27 ΙΟVΛΙΑ, unten ΔΟΜΝΑ ebenso ΛΙΤΩ und im F. unten Ν Kaiser mit L. P. M. zu Pferde im Galopp r., den Speer in der erhobenen R. nach unten richtend; unter dem Pferde ein Barbar mit den Händen auf dem Rücken (gebunden?) l. sitzend; i. F. l. oben €

T. XIX, 21 Abbildung der Rs.
Gewicht: 12,62
1 Löbbecke. — Das Α hat auf der Rs. überall die Form Λ; vgl. zu 656.

645 ΑΝΤΩΝΙΝΟC ΑVΓΟVCΤΟC ΙΟVΛΙΑ ΥΠ ΚVΝΤΙΛΙΑΝΟV ΜΑΡΚΙΑΝΟΠΟ-
K 27 und oben ΔΟΜΝΑ ebenso ΛΙΤΩΝ Schlange in vielen Windungen aufgerichtet, der Kopf, der von einem Nimbus mit Strahlen umgeben ist, r.; im F. l. €

Gewicht: 12,03 (1)
Abweichungen: Rs. am Schluss nur ΠΟΛΙΤΩ (?) 1
1 London Cat. 31,24 — 2 Philippopel

646 ΑΝΤΩΝΙΝΟC ΑVΓΟVCΤΟC ΙΟVΛΙΑ , ebenso
K 27 ΔΟΜΝΑ die beiden Brustbilder
Abweichungen: Vs. Schrift unleserlich 3
1 Paris Hardouin num. ant. 313; Vaillant num. gr. 104 [Mionnet S. 2, 84, 181]; Mionnet 1, 358, 33 — 2 Sophia — 3 Venedig Marciana
Über den Typus von 685 und 686, die ägyptische Gottheit Chnubis, vgl. Drexler mythol. Beiträge 1,61 fg. Löwenkopf und Fischschwanz, die das Londoner Exemplar haben soll, habe ich auf den anderen nicht bemerkt; die Strahlen am Nimbus sind auf dem Pariser Exemplar sicher, sonst vielleicht nur undeutlich.

887
K 27

[Caracalla und Domna]
ΑΝΤΩΝΙΝΟC ΑΥΓΟΥCΤΟC ΙΟΥΛΙΑ
ΔΟΜ ΝΑ Kopf des Caracalla m.
L. r. und Br. der Domna L.

ΥΠ ΚΥΝΤΙΑΙΑΝΟ ΜΑΡΚΙΑΝΟΠΟΛΙ-
ΤΩΝ Tempelfront mit vier Säulen; darin Zeus L. sitzend, die L. auf das Scepter gestützt; im Giebel ein Adler (?); i. F. L €

Abweichungen: Vs. und Rs. Schrift unvollständig 2
1 Landau Cat. 30, 19. — — 2 Sabatier revue belge 1860, p. 2, 1, 2 = Cat. Gréau 1009. Die Figur im Tempel wird im Londoner Catalog als *Emperor as Zeus* bezeichnet; doch dürfte es eine einfache Darstellung des Zeus sein, wie sie auch ohne den Tempel auf gleichzeitigen Münzen erscheint (oben n. 653); in der R. hält er wohl die Schale. Für die Bezeichnung als Zeus spricht auch der Adler, der auf dem Londoner Exemplar im Giebel des Tempels zu erkennen ist.

888
K 28

ΑΝΤΩΝΙΝΟC ΑΥΓΟΥCΤΟC ΙΟΥΛΙΑ
ΔΟΜ ΝΑ ebenso

ΥΠ ΚΥΝΤΙΑΙΑΝΟΥ ΜΑΡΚΙΑΝΟΠΟΛΙ-
ΤΩΝ Tempelfront mit vier Säulen; darin Sarapis mit Kal., erhobener R. und Scepter l. stehend; im Giebel • (Schild?); im F. L €

T. XX, 23

Abbildung der Rs. (2)
Gewicht: 13,21 (1)

Abweichungen: Vs. Schrift unvollständig 2. 3. 4 — Brustbild des Caracalla m. L. P. M.(?) 1 ; — Rs. Trennung der Schrift unsicher 1. 3. 4 — Λ statt Α (vgl. zu 646) 2 — das € unter dem Tempel 1 — Werthzeichen nicht angegeben 4
1 Athen Cat. 818 — 2 Löbbecke. — — Hierher oder zur folgenden Nummer 3 Cat. Welzl 1333 — und wohl auch 4 Mavrokewicz descr. mm. Odess. 34, 5 (im Tempel *miles cum hasta*.)

889
K 27

ΑΝΤΩΝΙΝΟC ΑΥΓΟΥCΤΟC ΙΟΥΛΙΑ
ΔΟΜΝΑ ebenso

ΥΠ ΚΥΝΤΙΑΙ ΑΝΟΥ ΜΑΡΚΙΑ, dann weiter im Abschnitt ΝΟΠΟΛΙΤ und darüber (also ganz unten) ΩΝ ebenso, aber das Werthzeichen € steht mit im Tempel links

Abweichungen: Rs. ΥΠ ΚΥ ΝΤΙΑ ΝΟΥ ΜΑΡΚΙΑ ΝΟΠΟΛΙΤΩ a. N (ΝΟΠΟΛΙΤΩ, sicher ohne Ι, steht als Fortsetzung der Schrift im Abschnitt, das Ν darüber, unter dem Tempel) 2. 3; nb das 3 hinter ΚΥΝΤΙΑ fehlt, ist nicht ganz sicher. — 1 und 2 sind gewiss aus demselben Stempel
1 Bukarest — 2 Philippopel — 3 Weiss
Die gleiche Darstellung des Sarapis ohne Tempel s. oben 654.

890*
K —

Caracalla und Domna (Vs. nicht beschrieben) ΤΗ ΚΟΥΙΝΤΙΛΙΑΝΟΥ ΜΑΡΚΙΑΝΟΠΟΛΙΤΩΝ Adler auf einem Blitz stehend
1 Vaillant num. gr. 104 [Mionnet S. 2, 84, 176]

ebenso Schrift ebenso. Adler mit Kranz im Schnabel auf einer Kugel stehend
2 Vaillant num. gr. 104 [Mionnet S. 2, 84, 177]
Für diese Münzen gilt dasselbe, was oben zu 595* bemerkt worden ist: sie befinden sich im Pariser Cabinet, haben auf der Vs. nur den Kopf des Caracalla allein und sind von Mionnet selbst vorher schon richtig beschrieben; s. oben 644 und 643.

[Caracalla and Domna]

690
K 28
ANTΩNINOC AVΓOVCTOC IOVΛIA ΔOMNA Kopf des Caracalla m. L. r. und Br. der Domna l.

VΠ KVNTIΛIANOV MAPKIANOΠO-ΛITΩN Tempelfront mit vier Säulen; darin Apollon mit der R. auf dem Kopf und dem Bogen in der L. zwischen (l.) Köcher mit Gewand(?) und (r.) Baumstumpf mit Schlange; im Giebel O; i. F. l. Є

T. XX. 21 Abbildung der Rs. (1)
Gewicht: 11,45 (1)
Abweichungen: Vι. IOVΛIA ΔOMNA 2

1 Imhoof — 2 Paris. — Beide Exemplare haben die Rs. aus demselben Stempel. Die Darstellung des Apollon Lykeios ist die gleiche wie oben n. 660—663 ohne Tempel. Die Gegenstände neben dem Gotte sehen hier allerdings anders aus; links ein hoher Stab, um den das Gewand fast wie eine Schlange geworfen ist, rechts ein ganz niedriger Stumpf, aber mit deutlicher, l. züngelnder Schlange; die scheinbare Abweichung von dem gewöhnlichen Typus ist wohl durch die Kleinheit der Darstellung im Tempel veranlasst. — Das Werthzeichen Є ist auf Imhoofs Exemplar (ausserhalb des Tempels neben dem Kapitäl der ersten Säule links) noch sicher zu erkennen, wenn man es auch auf der Abbildung nicht sieht; da die Rs. des Pariser Exemplars aus demselben Stempel ist, muss es auch dort vorhanden gewesen sein.

691
K 28
ANTΩNINOC AVΓOVCTOC IOVΛIA ΔOMNA ebenso

VΠ KVN TIΛIANOV MAPKIANOΠO-ΛITΩN ebenso, aber Apollon steht ganz rechtshin, und neben ihm nur r. der Baumstumpf mit der Schlange, l. nichts; i. F. l. Є

Gewicht: 12,65
1 Gotha Sestini lett. 9, 8, 1, 2 [Mionnet S. 2, 84, 179]
Die gleiche Darstellung des Apollon Lykeios ohne Tempel s. oben n. 663.

692
K 28
ANTΩNINOC AVΓ[OVCTOC] IOVΛIA ΔOMNA CЄ ebenso

VΠ KVTIΛIANOV(sic) MAPKIANOΠO-ΛITΩN Tempelfront mit vier Säulen; darin Concordia mit Kal., Schale über Altar und Füllhorn l. stehend; i. F. l. Є

Gewicht: 13,30
1 Berlin Cat. 58, 13. — Die gleiche Darstellung ohne Tempel s. oben n. 677.

693
K 27
ANT ΩNINOC AVΓOVCTOC IOVΛIA und ' oben ΔOMNA die beiden Brustbilder

VΠ KVNTIΛIANOV MAPKIANOΠO-ΛITΩN Tempelfront mit vier Säulen; darin Tyche mit Kal., Steuerruder und Füllhorn l. stehend; im Giebel ● (Schild?); unter dem Tempel Є

Abweichungen: Vι. IOVΛIA 1 — IOVΛIA 2 ΔO und oben MNA 3 — Kopf des Caracalla m. L. 1. 3 — nicht genau angegeben 6; — Rs. Trennung V Π und ΠΟΛΙΤΩN 1 — das Werthzeichen Є im Felde L. 1. 3

1 Löbbecke — 2. 3 London Cat. 30, 17, 18 — 4 Paris Vaillant num. gr. 104 [Mionnet S. 2, 85, 186] angenom — 5 im Handel —. — 6 Chaix desavr. 20
Die gleiche Darstellung ohne Tempel s. oben n. 678, 679.

(Caracalla und Domna)

694
K 27
[ΑΝΤΩ]ΝΙΝΟϹ ΑVΓΟVϹΤΟϹ ΙΟVΛΙΑ ΔΟΜΝΑ] Kopf des Caracalla m. L. r. und Br. der Domna L.

ΥΠ ΚVΝΤΙΛΙΑΝΟV ΜΑΡΚΙΑΝΟΠΟΛΙΤΩΝ Triumphbogen mit drei Thoren und zwei Fenstern; darauf vier Figuren nach vorn stehend, etwas l. gewendet, drei männliche in kurzem Gewand und eine (die dritte von l.) langbekleidete weibliche; der erste Mann links scheint in der R. ein Schwert zu halten, die anderen strecken die R. nach vorn aus, die L. stützen die drei Männer auf den Speer; l. F. l. €

Taf. III, 13   Abbildung (3)

1 Berlin Cat. 58, 11 — 2 Bukarest — 3 London Cat. 30, 20 Abb. — Die R. von 1 und 3 sind aus demselben Stempel, vermuthlich auch die von 2.

Der Typus scheint einen in Markianopolis errichteten Triumphbogen darzustellen. Für die vier Figuren darauf wird kaum eine andere Deutung möglich sein als die von A. v. Sallet (Cat. Berlin 58, 11) vorgeschlagene auf die kaiserliche Familie. Das kurze Gewand der Männer dürfte der Panzer sein, der zweite (von l.) hat vielleicht ausserdem den Mantel; dass sie sich auf den Speer stützen — bei dem ersten Bock fehlt er nur durch ein Versehen des Stempelschneiders, wie die Haltung des Armes zeigt —, ist für die Kaiser passend; noch mehr gilt das für das Schwert, das der erste zu halten scheint. Wir müssen also in der Mitte Severus und Domna, links Caracalla und rechts, wohl absichtlich etwas kleiner dargestellt, Geta zu erkennen. — Der Triumphbogen war vermuthlich schon unter Severus errichtet worden; auf Münzen findet er sich erst hier unter Caracallas Alleinherrschaft, aber vermuthlich gleich im Anfang, da Geta mit dargestellt ist. Dass das Münzbild nach der Ermordung des Geta nicht geändert war, veranlasste vielleicht die Änderung der vier Figuren, wie sie die folgende Münze zeigt. Es ist wahrscheinlich, dass auch auf dem Triumphbogen selbst die Statue des Geta beseitigt worden ist; die spätere Darstellung eines Triumphbogens mit nur drei Figuren (auf einer Münze des Gordianus, Taf. III, 16) kann aber nicht als Beweis angeführt werden, da es dort drei männliche Personen sind, also gerade Domna fehlen würde.

695
K 27
ΑΝΤΩΝΙΝΟϹ ΑVΓΟVϹΤΟϹ ΙΟVΛΙΑ ΔΟΜΝΑ Ϲ· die beiden Brustbilder

VΠ ΚVΝΤΙΛΙΑΝΟV ΜΑΡΚΙΑΝΟΠΟΛΙΤΩΝ Triumphbogen wie vorher, aber die vier Figuren sind kleiner und stehen rechtshin, die dritte und vierte zurückblickend; der zweite Mann (von links) hält in der R. einen Speer (oder Zweig?), auf den auch der erste seine L. zu legen scheint; l. F. r. €

Taf. III, 14   Abbildung der R.

1 Mandl Pick num. Zschr. 23 (1891) 44, 3. III, 1

Es ist möglich, dass die Verschiedenheit von der vorigen Münze nur eine scheinbare ist, hervorgerufen durch die rohere Arbeit und die abweichende Stellung. Doch könnte die Änderung auch eine absichtliche sein, mit Rücksicht auf Getas Tod und die Verurtheilung seines Gedächtnisses, die allerdings auch schon vor der Prägung der anderen Münze erfolgt sein dürfte.

232 MOESIA INFERIOR

Geta Caesar

1) mit dem Vornamen Lucius

(Aurelius Gallus)

696
K 27
ΛΟΥ CΕΠ ΓΕΤΑC K Brust mit Gewand r.
Gewicht: 10,41
Υ ΑΥ ΓΑΛΛΟΥ ΜΑΡΚΙΑΝΟΠΟΛΙΤΩΝ Nackter Dionysos mit Kantharos und Thyrsos l. stehend (vgl. 556)

Abweichungen: Vs. Anfang des Namens undeutlich 1. 3. auf 2 ist ΛΟΥ sicher 1 Paris (vielleicht diese Münze bei Blanchet revue num. 1892, 74, 5) unter Nikopolis!) — 2 Sophia Tacchella revue num. 1893, 71, 9 — 3 Wien Arneth Sitzungsber. 9, 892, 30

(ohne Statthalternamen)

697
K 16
Λ CΕΠ ΓΕΤ(ΑC) ebenso
ΜΑΡΚΙΑΝΟΠΟΛΙΤΩΝ Adler mit geschlossenen Flügeln und Kranz im Schnabel r. stehend und l. blickend

1 Wien, früher Wiczay 2144 (Mionnet S. 2, 87, 196); Sestini 27, 19; Arneth Sitzungsber. 9, 893, 31 t. — Der fehlende Schluss des Namens ist nach der folgenden Münze ergänzt.

698
K 16
Λ CΕΠ ΓΕΤΑC ebenso
Gewicht: 3,07 (1)
ΜΑΡΚΙΑ Ν ΟΠΟΛΙ(ΤΩΝ) Weintraube

Abweichungen: Rs. der Schluss der Schrift (ΤΩΝ) fehlt 1, nach 2 ergänzt 1 Löbbecke. — 2 Sestini druer. 34, 34 [Mionnet S. 2, 87, 197] von Ainslie

2) mit dem Vornamen Publius

699
K 17
Π CΕΠΤΙ ΓΕΤΑC K Br. m. P. und M. r.
ΜΑΡΚΙΑΝΟΠΟΛΙΤΩΝ Geflügelter Eros (als Todesgenius) mit gekreuzten Beinen nach vorn stehend, die r. Seite durch die gesenkte Fackel auf einen Altar gestützt, den l. Arm an der r. Wange

T. XVI, 7
Abbildung der Rs.
Gewicht: 2,50

1 Imhoof. — Vgl. unter 699*.

699*
K 12
Geta (Vs. nicht beschrieben)
ΜΑΡΚΙΑΝΟΠΟΛΙΤΩΝ Herakles mit dem Löwen kämpfend

1 Vaillant num. gr. 118 [Mionnet S. 2, 87, 194] von Foucault
Es ist möglich, dass es eine solche Münze giebt; wenn aber die Grössenangabe Vaillants richtig ist, so würde man einen Statthalternamen auf der Rs. erwarten; Mionnet hat, weil dieser fehlt, die vierte Grösse angegeben, was aber nicht der zweiten bei Vaillant entspricht.

699**
K 18
Geta (Vs. nicht beschrieben)
ΜΑΡΚΙΑΝΟΠΟΛΙΤΩΝ Geflügelte weibliche Figur mit der L. am Munde l. stehend, vor ihr ein flammender Altar; am Boden ein Zweig

1 Mus. Arigoni 2 Imp. gr. XXV, 358 [Mionnet S. 2, 87, 195] = Sestini cat. cast. 13 Mionnet (nach ihm auch H. Pomiersky, Nemesis und Adrastein, S. 155) und ebenso Sestini wollen in der Abbildung eine Nemesis erkennen; doch ist es gewiss nur schlechte Zeichnung eines anderen Typus, vermuthlich des Todesgenius = 699.

(Geta Caesar)

700 Π CEΠTI ΓETAC K Kopf r. ΜΑΡΚΙΑΝΟΠΟΛΙΤΩΝ Asklepios
K 17 mit dem Schlangenstab in der R.
nach vorn stehend und l. blickend
Gewicht: 3,06 (2)
1 Bukarest — 2 Gotha Sestini letzte 9, 3

701 Π CEΠTI | ΓETAC K Br. mit P. u. ebenso, aber Asklepios blickt nach
K 17 M. r. vorn
Abweichungen: Vs. Schrift unvollständig 2
1 Sophia — 2 Wien Eckhel cat. 55,17 [Mionnet S. 2, 86, 192]; Arneth Sitzungsber. 9, 593, 31

702 ebenso ΜΑΡΚΙΑΝΟΠΟΛΙΤΩΝ Adler mit
K 17 Kranz im Schnabel nach vorn
stehend und den Kopf l. erhebend
Gewicht: 2,24 (1)
1 Gotha Sestini krit. 9, 3 — 2 Paris

702a Π CEΠT | ΓETAC ebenso ΜΑΡΚΙΑΝ ΟΠΟΛΙΤΩΝ Adler (ohne
K 17 Kranz) nach vorn stehend und den
Kopf rechtshin erhebend
Abweichungen: Vs. Schrift unsicher 2; — Rs. am Schluss vielleicht nur ΠΟΛΙΤ 1
1 Bukarest — 2 im Handel. —[— 3 Sestini descr. 34, 32

703 Π CEΠTI ΓETAC K Kopf r. ΜΑΡΚΙΑΝΟΠΟΛΙΤΩΝ Dreifuss,
K 17 an dessen mittlerem Fusse sich
eine Schlange emporringelt
Gewicht: 3,00 (2)
Abweichungen: Vs. am Anfang Π zerstört 3 — Π CEΠTI zerstört 2; — Rs.
Schluss der Schrift fehlt 1 — Schlange unsicher 1
1 Bukarest — 2 München — 3 Paris

704 Π CEΠTI | ΓETAC K Br. mit P. und ebenso
K 17 M. r.
Gewicht: 2,69
1 Berlin Cat. 60, 21

705 ebenso, aber ohne K ebenso
K 17 Gewicht: 2,31 (2)
Abweichungen: Vs. Π am Anfang zerstört 1. 3 — angeblich ,,CEΠ ΓETAC 3 —
..... ΓETAC 2 — angeblich Π CEΠT ΓETAC 4; — Rs. Schluss der Schrift fehlt 2
1 Löbbecke — 2 Moskau Univ. Cat. 104 — 3 Paris. —!— 4 Sestini descr. 34, 33 von
Ainslie — 5 Mionnet S. 2, 87, 193 von de la Guy le Ain
Die Schrift der Vs. ist aus den verschiedenen Exemplaren und nach n. 707 ergänzt.

706 Π CEΠTI ΓETAC K Kopf r. ΜΑΡΚΙΑΝΟΠΟΛΙΤΩΝ Mondsichel
K 16 und darüber drei Sterne
1 Bukarest

707 Π CEΠTI | ΓETAC Br. m. P. u. M. r. ΜΑΡΚΙΑΝΟΠΟΛΙΤΩΝ Mondsichel
K 17 und ein Stern
1. 2. 3 Bukarest. — Alle drei Exemplare haben die Vs. aus demselben Stempel, zwei auch
die Rs.; auf der Rs. des dritten ist der Stern undeutlich.

Macrinus
(Pontianus)

708 AVT K ΟΠΕΛΛΙΟC CEVH MA|KPEI· VΠ ΠΟΝΤΙΑΝΟV ΜΑ PKIANOΠΟΛ΄-
K 26 NOC] Br. m. L. und Schuppen- ΕΙΤΩΝ Hygieia mit Schlange
panzer r. und Schale r. stehend
  1 Wien Cimel. Vindob. 1, 118, XXI, 4; Eckhel cat. 55, 12 (Mionnet S. 2, 87, 192); Arneth Sitzungsber. 9, 693, 33

709 AVT K ΟΠΕΛΛΙ·CEVH MAKPEINOC VΠ·ΠΟΝΤΙΑΝΟV M APKIANOΠOΛΕΙ
K 26 Br. m. L. P. M. r. u. l. A. TΩN Concordia mit
Kalathos, Schale und Füllhorn l.
Tafel sitzend
XVIII, 35 Abbildung der Rs.
  1 Mandl

710 ...... CEVH MAKPEINOC ebenso VΠ ΠΟΝΤΙΑΝ|ΟV MAPKIAN ΟΠΟ-
K 25 ΛΕΙΤΩΝ Concordia mit Schale
Gewicht: 10, 15 und Füllhorn l. stehend
  1 London Cat. 31, 18 ungenau

711 AVT K ΟΠΕΛΛΙΟC CEVH MAKPEI- VΠ ΠΟΝΤΙΑΝΟV MAPKIANOΠO-
K 26 NOC Br. m. L. und Schuppen- ΛΕΙΤΩΝ Tyche mit Kalathos,
panzer r. Steuer und Füllhorn l. stehend
Gewicht: 11,03 (7) — 10, 26 (1) — 9, 25 (10) — 9, 20 (1) — 9, 02 (2)
Abweichungen: Vs. ΟΠΕΛΛΙΟC unsicher 7 — ΟΠΕΛΛΙ s. 10. 13 — CEV 9 —
E statt E 1, 2, 13 — zuweilen Mantel über dem Panzer; — Rs. Trennung der
Schrift verschieden — MA statt MAP 1. 3, 4, 12, 13 — E statt E 1, 2, 13 —
ΠΟΛΙΤΩΝ (?) 6, 9 — am Schluss TΩN 1 · Steuerruder auf Kugel r. 7 und
wohl öfter Schluss der Schrift fehlt 7, 8
  1, 2 Athen Cat. 819, 820 — 3 Berlin Cat. 60, 22 ungenau — 4, 5, 6 Bukarest — 7 Gotha
Sestini lettere 9, 3 — 8 Mailand — 9 München - 10 Schmidt — 11 Naphin — 12 Wien
Froelich 4 tentam. 292, 193; Eckhel cat. 55, 19 (Mionnet S. 2, 87, 191); Arneth 9, 693, 34.
— ! 13 Wiczay 2145; Sestini 27, 20 — 14 Cat. Gabalenta 230, 940 — 15 Cat. Welzl 1354

712 AVT (K| ΟΠΕΛ CEV·ΜΑΚΡΕΝΟC (so!) ebenso
K 26 ebenso, mit Mantel l
Abweichungen: Vs. AVT. ΟΠΕΛ 2, AV....ΕΛ 1...... ΕΛ 3 — das l unter EN
nicht zu sehen 1; — Rs. ΠΟΛΙΤΩΝ 2, 3, ΠΟΛ... 1
  1 Kopenhagen — 2 Paris — 3 im Handel
Das zwischen E und N vergessene I hat der Stempelschneider nachträglich unterhalb der
beiden Buchstaben hinzugefügt.

---

707 Macrinus (Vs. nicht angegeben) YΠ ΠΟΝΤΙΑΝΟV MAP........ Athena mit
K 11 Schale und Speer l. stehend; am Boden
neben ihr der Schild
  1 Gessner Imp. CLV, 35 aus seiner Sammlung (?)
Es ist möglich, dass es eine solche Münze giebt; aber vielleicht handelt es sich um ein
Stück mit Macrinus und Diadumenianus auf der Vs. (= 735); das E könnte Gessner
sehr wohl übersehen haben.

MARKIANOPOLIS

(Macrinus)

713
K 26
AVT K OΠEA CEVH POC MAKPEI- ebenso
NOC Rv. m. L., Schuppenpanzer
und M. r.

Abweichungen: Vs. mit Punktum ·CEVH·POC 2 (vielleicht bei 1 und 3 nur abergeben) — angeblich CEVH 4. 5 — MAKPINOC (?) 5; — Rv. am Schluss TΩN 1. 2. 3 — angeblich ΠOΛITΩN 4 — Strurz auf Kugel 1. 2

1 Bukarest — 2 London Cat. 31, 37 — 3 Mandl (Egger Verkaufs-Cat 8, 152). — — 4 Sestini desel. 34. 35 von Ainslie — 5 Cat. Becker 238

714
K 26
AVT K OΠEΛΛIOC CEVH MAKPEI-
NOC ebenso
VΠ |ΠONTI|ANOV MAPKIANOΠO-
ΛEITΩN Adler mit ausgebreiteten Flügeln nach vorn auf dem Blitz stehend und den Kopf mit Kranz im Schnabel r. erhebend

Abweichungen: Vs. mit Punkten ·CEVH· 1 — Mantel über dem Panzer 1; — Rs. Anfang der Schrift fehlt bis ...NOV 1 — VΠ ......ANOV 2

1 London Cat. 31, 29 · 2 Wien, fruher Wkzay, Neumann num. vet. 1, 109 [Mionnet S. 2, 88, 200]; Wkzay 3146, VII, 155; Sestini 27, 21; Arneth Sitzungsber. 9, 693, 34 a

Macrinus und Diadumenianus

Der Buchstabe K, welcher auf diesen Münzen fast regelmässig hinter dem Namen des Macrinus steht, ist Abkürzung von Καίσαρ und gehört zum Namen des Diadumenianus; auch auf einigen Münzen mit seinem Kopf allein steht das K so am Anfang des Namens.

(Pontianus)

715
K 27
AVT K OΠEA [CEV MAKPEINOC] K
M OΠEA ANTΩNEINOC Die einander zugekehrten Köpfe des Macrinus m. l. r. und des Diadumenianus l.
VΠ ΠONTIANO V MAPKIANO u. i. A.
ΠOΛI Zeus mit nacktem Oberkörper l. stehend, in der vorg. R. Schale, die L. auf das Scepter gestützt; zu seinen Füssen der Adler nach vorn, zu ihm aufblickend; i. F. I. €

Abweichungen: Vs. Schrift zerstört 3, angeblich AVT K M OTI MAKPINOC K M OΠEA ANTΩNINOC 2, unvollständig (die eingeklammerten Worte nach der gewöhnlichen Form ergänzt) 1; — Rs. Schluss der Schrift angeblich ΠOΛEITΩN 2, unsicher 3

1 Wien (diese Münze bei Arneth Sitzungsber. 9, 693, 43a ungenau mit dem Typus Asklepios, und statt des Adlers Telesphoros!) — ; — 2 Vaillant num. gr. 122 [Mionnet S. 2, 88, 202] aus seiner Sammlung — 3 Wkzay 2149; Sestini 27, 24. — Die beiden Exemplare aus der Literatur, 2 und 3, stimmen auch allenfalls zur folgenden Nummer gehören, da die Vs. nicht genau angegeben ist.

716
K 27
...OΠΠEA CEVH MAKPINOC u. unten ebenso
K M OΠΠEAI Die beiden Köpfe wie
ANTΩNIN vorher, aber Diadumenianus r. u. Macrinus l.
OC

1 unbekannte Sammlung (Abguss in der Sammlung Imhoof)

(Macrinus und Diadumenianus)

717
K 27
ΑΥ Κ ΟΠΕΛ CEV ΜΑΚΡΕΙΝΟC Κ
Μ ΟΠΕΛ ΑΝΤΩΝΕΙΝΟC Κ Die
Brustbilder des Macrinus m. L.
P. M. r. und des Diadumenianus
m. Gewand l.

ΥΠ ΠΟΝΤΙΑΝΟV ΜΑΡΚΙΑΝΟΠΟΛΕΙ-
ΤΩΝ Zeus wie vorher l. stehend,
aber vor ihm (statt des Adlers) ein
flammender Altar; i. F. r. Ε

Abweichungen: Vs. Anfang der Schrift fehlt 3; — Rs. Anfang der Schrift fehlt 1 —
Schluss fehlt 3
1 München — 2 Paris — 3 Sophia. — Vgl. unten 777.

718
K 29
ΑΥ Κ ΟΠΕΛ CEVH ΜΑΚΕΙΝΟC Κ Μ ebenso
ΟΠΕΛ u. unten ΑΝΤΩΝΕΙ
NOC ebenso

Gewicht: 10,17 (sehr dünn)
1 Lobbecke. — Die Vs. ist wohl aus demselben Stempel wie die von 715 und 743.

719
K 27
ΑΥΤ Κ ΟΠΕΛ CEV ΜΑΚΡΕΙΝΟC Κ
Μ ΟΠΕ ΑΝΤΩΝΕΙΝΟ
C die Köpfe
des Macrinus m. L. r. und des
Diadumenianus l.

[ΥΠ ΠΟΝΤΙΑ]ΝΟV ΜΑΡ ΚΙΑΝΟΠΟ-
ΛΕΙΤΩΝ Sarapis mit Kalathos,
erhobener Rechten und Scepter l.
stehend; i. F. l. Ε

1 Londres Cat. 32. 11

720
K 27
ΑΥΤ [Κ] ΟΠΕΛΛΙ CEV ΜΑ'ΚΡΕΙΝΟC
Κ Μ ΟΠΕΛΛΙ ΑΝΤΩΝΕΙΝΟC] die
beiden Brustbilder = 717

ΥΠ ΠΟΝΤΙΑΝΌ ΜΑΡ ΚΙΑ ΝΟΠΟΛΕΙ-
ΤΩΝ ebenso; i. F. l. Ε

1 St. Petersburg — '. — Hierbei vielleicht 2 Cat. Becker 235 (angeblich eine Frau mit
Kalathos und Scepter)
Die Schrift der Vs. ist nach dem Exemplar von Becker und nach unten 717 ergänzt.

721
K 27
.... ΜΑΚΡΕΙΝΟC Κ Μ ΟΠΕΛ
ΑΝΤΩΝΕΙΝΟC ebenso

ΥΠ ΠΟΝΤΙΑΝΟV ΜΑΡΚΙΑΝΟ u. i. A.
ΠΟΛΕΙΤ Hera in langem Ge-
wand und mit Peplos l. stehend,
in der vorg. R. Schale, die L. auf
das Scepter gestützt; vor ihr ein
flammender Altar; i. F. r. Ε

1 Sophia Taschella revue num. 1893, 72, 11

722
K 26
T. XIV, 4
ΑΥΤ Κ ΟΠΕΛ CEVH ΜΑΚΡΕΙΝΟC
Κ Μ ΟΠΕΛ Α'ΝΤΩΝΕ'ΙΝΟC die
beiden Köpfe = 719
Abbildung der Rs. (2)

ΥΠ ΠΟΝΤΙΑΝΟV ΜΑΡ ΚΙΑΝΟΠΟ-
ΛΕΙΤΩΝ ebenso; i. F. r. Ε

Abweichungen: Vs. Schrift fast ganz zerstört 1 — CEV statt CEVH (?) 4 — am
Schluss angeblich ΔΙΑΔΟVΜΕΝΟC (wohl verlesen statt ΑΝΤΩΝΕΙΝΟC) 4; —
Rs. am Schluss ΠΟΛΙΤΩΝ (?) 4
1 Athen — 2 Löbbecke — 3 im Handel. — 4 Mionnet S. 2, 91, 217 (von Allier) =
Dumersan 20

MARKIANOPOLIS   237

[Macrinus und Diadumenianus]

723 ΑV Κ ΟΠΠΕΛ CΕVΗ ΜΑΚΡΕΙΝΟC und   VΠ ΠΟΝΤΙΑΝΟV ΜΑΡΚΙΑΝΟΠΟ u.
K 27 unten Κ Μ ΟΠΠΕΛ ΑΝ die Köpfe   l. A. ΛΙΤΩΝ ebenso; i. F. r. €
      ΤΩΝΙΝΟC ΔΙ wie vorher,
      ΑΔΟVΜΕ   aber Diadu-
      menianus r. und Macrinus l.
      1 Paris Vaillant num. gr. 132

724 ΑV Κ ΟΠΕΛ CΕV ΜΑΚΡΕΙΝΟC Κ Μ   VΠ ΠΟΝΤΙΑΝΟV ΜΑΡΚΙΑΝΟΠΟΛΙ
K 28 ΟΠΕΛ ΑΝΤΩΝΕΙΝΟC die beiden   und i. A. ΤΩΝ Demeter oder
      Köpfe = 719   Kore (ohne Schleier) l. stehend,
                                       in der R. Ähren, die l. auf das
      1 Löbbecke   Scepter gestützt; i. F. r. €

725 ΑV Κ ΟΠΕΛ CΕVΗ ΜΑΚΡΕΙΝΟC Κ Μ   VΠ ΠΟΝΤ[ΙΑΝ]ΟV ΜΑΡΚΙΑΝΟΠΟΛΙ
K 28 ΟΠΕΛ und unten ΑΝΤΩΝΕΙ die   u. i. F. ΤΩΝ Demeter (?) in lan-
                        ΝΟC   gem Gewand (und mit Schleier?)
      beiden Brustbilder = 717   rechtshin stehend, die R. auf das
                                       Scepter gestützt, in der vorg. L.
                                       Ähren (?); i. F. r. €
      1 München. — Die Vs. ist aus demselben Stempel wie die von 743; vgl. zu 718.

726 ΑV Κ ΟΠΕΛ CΕV ΜΑΚΡΕΙΝΟC Κ Μ   VΠ ΠΟΝΤΙΑΝΟV ΜΑΡΚΙΑΝΟΠΟΛΕΙ-
K 27 ΟΠΕΛ ΑΝΤΩΝΕΙΝΟC die beiden   ΤΩΝ Nackter Apollon mit der
      Köpfe = 719   R. auf dem Kopf und dem Bogen
                                       in der l. nach vorn stehend und r.
                                       blickend; neben ihm r. der Baum-
                                       stumpf mit der Schlange (l.
                                       nichts); i. F. l. E
              Gewicht: 9,45 (3. K. sehl.)
      Abweichungen: Vs. Schrift am Anfang unvollständig ?, ganz undeutlich 3 — im
      zweiten Theil vielleicht ΟΠΕ statt ΟΠΕΛ 3; — Rs. Anfang der Schrift fehlt 3 —
      Schluss fehlt 2
      1 Bukarest — 2 Paris Mionnet S. 2, 89, 708 — 3 Turin Mus. Cat. 1978 — Lavy 970

727 ΑVΤ Κ ΟΠΕΛΛΙ CΕV ΜΑΚΡΕΙΝΟC   VΠ ΟΠΝΤΙΑΝΟV ΜΑΡΚΙΑΝΟΠΟΛΕΙ-
K 27 Κ Μ ΟΠΕΛΛΙ ΑΝΤΩΝΕΙΝΟC die   ΤΩΝ Nackter Apollon l. stehend,
      beiden Brustbilder = 717   in der R. einen Lorbeerzweig, den
                                       l. Arm auf den hinter ihm stehen-
                                       den Dreifuss gestützt; vor ihm
                                       ein flammender Altar; i. F. l. E
              Gewicht: 13,75 (1. K. m.)
      Abweichungen: Vs. Schrift unvollständig 1. 4 — im zweiten Theil ΟΠΕΛ statt
      ΟΠΕΛΛΙ 3; — Rs. am Anfang ...ΟΝΤΙΑΝΟV 1, VΠ......ΟV 2, VΠ...... 3 —
      am Schluss MAPKIAN...., 1 — Schluss unsicher 4 — der Dreifuss angeblich
      mit Schlange 4
      1 Paris Mionnet N. 2, 89, 207 — 2 Schmidt — 3 Sophia. —!— 4 Wiczay 2150; Sestini 17, 15
      — 5 Chaix descr. 21

238

(Macrinus und Diadumenianus)

724
K 27
AVT K OΠEA CEV MAKPEINOC K M OΠEA ANTΩNE͜INOC die Brustbilder des Macrinus m. L. P. M. r. und des Diadumenianus m. Gew. L

VΠ ΠONTIANOV MA PKIANOΠO-ΛEITΩN Nackter Apollon oder Bonus-Eventus l. stehend, in der vorg. R. Schale, in der gesenkten L. Lorbeerzweig; vor ihm ein flammender Altar; i. F. r. E

Gewicht: 12,60 (7) — 10,06 (1) — 9,80 (5, E. sehl.)

Abweichungen: Schrift vernllstiändig l. 6. 7 — AVT K OΠEΛΛI und am Schluss OΠEΛΛI ANTΩNEINOC (— 727) 5: — Rs. Schrift am Schluss TΩN 7, unvoll- ständig 6 — MAPKIANOΠOΛI s. L A. TΩN 3. 9 — das ς im F. links 3, 9

1 Berlin Cat. 62, 28; dieses Ex. früher Knobelsdorff Sestini lett. 6, 15, 2 (Mionnet S. 2, 90, 212) — 2 Kopenhagen — 3 Krupka — 4 Löbbecke — 5 Mandl (Egger Verkaufs-Cat. 8, 154) — 6 St. Petersburg — 7 Schmidt — 8 Sophia — 9 im Handel

Nach der Haartracht (Konten am Hinterkopf und Schulterlocken) und dem Lorbeerzweig scheint es Apollon zu sein; doch könnte die Figur auch Bonus Eventus genannt werden.

729
K 27
AVT K OΠEA CEV MAKPEINOC K M OΠEA ANTΩN|EIN;OC die Köpfe des Macrinus m. L. r. und des Diadumenianus L

VΠ ΠONTIANOV M ΑΚΙΑΝΟΠΟΛEI-TΩN Artemis im langen gegürteten Chiton mit Überschlag L. stehend, in der vorg. R. einen Pfeil, im L. Arm eine lange Fackel; vor ihr ein kleiner Hirsch L. stehend; i. F. l. E

T. XV, 11   Abbildung der Rs.
1 Paris Mionnet S. 2, 90, 211

730
K 27
ebenso

VΠ ΠONTIANOV M ΑΚΙΑΝΟΠΟΛEI-TΩ N Artemis als Jägerin, im kurzen gegürteten Chiton, mit flatterndem Mantel und Stiefeln, den Köcher an der Schulter, r. eilend, die R. erhoben, in der vorg. L. den Bogen; neben ihr der Hund r. springend; i. F. l. E

T. XV, 10   Abbildung der Rs. (2)
Gewicht: 10,15 (1)

Abweichungen: Vs. Schrift unvollständig 1. 2. 5 — am Anfang AV K statt AVT K 3. 4. 5   angeblich AVT K OΠITEA CEVM MAKPINOC .. OΠITEΛΛ ANTΩNEI-NOC 6; — Rs. MAPKIANOΠOΛEITΩN s. i. F. L 3 3. 4. 5 — am Schluss ΛITΩN L A. (— 730) 1

1 Berlin Cat. 60, 23 · 2 Löbbecke — 3 Paris — 4 St. Petersburg Sestini mus. Chaudoir 42, 7, III, 1 — 5 Wien Arneth Sitzungsber. 9, 803, 40, — ' — Hierher (oder n. 732) 6 Cat. Becker 237

Auf dem abgebildeten Exemplar ist es deutlich zu erkennen, dass Artemis nicht einen Pfeil aus dem Köcher ziehen will, sondern dass ihre Hand nach Abschnellung einer Sehne(?) zurückgeschnellt ist.

(Macrinus und Diadumenianus)

731 K 27
ΑΥ Κ ΟΠΠΕΛ CEVH MAKPEINOC und unten
Κ Μ ΟΠΠΕΛ ΔΝ die Köpfe des
ΤΩΝΙΝΟC ΔΙ Diadumenianus
ΑΔΟΥΜΕΝ r. u. des Macri-
nus m. L. l.
VΠ ΠΟΝΤΙΑΝΟΥ ΜΑΡΚΙΑΝΟΠΟΛΙΤ
u. l. A. ΩΝ Artemis ebenso; im
F. l. Є

Abweichungen: V. am Schluss ΑΔΟΥΜΕ J. 5 — ΑΥ Κ ΟΠΠΕ CEVH MAKPINOC Κ Μ und unten in drei Zeilen ΟΠΠΕΛ ΑΝΤΩ ΝΙΝΟC ΔΙΑ ΔΟΥΜΕΝ (= 738) 4 — Vertheilung unsicher 5; — R. das Werthzeichen nicht zu sehen 2. 5 — Schrift unvollständig 5
1 London Cat. 32, 37 — 2 Paris — 3 Sophia — 4 Wien Froelich 4 teulum. 291, 191 Abh. d. Kl. (Gessner Imp. CLV, 39); Eckhel cat. 55, 23 [Mionnet S. 2, 89, 210]; Arneth Sitzungsber. 9, 893, 39. — - 5 Murzakiewicz Odess. Mem. 3, 138, 1

732 K 27
ΑΥ Κ ΟΠΠΕΛ CEVH ΜΑΚΡ unten, und im oberen INOC Halbkreis
[Κ Μ ΟΠΠΕΛ] ΑΝΤΩΝΕΙΝΟC ebenso
VΠ ΠΟΝΤΙΑΝΟV MAPKIANOΠO u.
i. A. ΑΙΤΩΝ Artemis ebenso; im
F. l. Є

1 Paris Mionnet S. 2, 89, 209 — 2 Turin Bibl., früher Mus. Arigoni 2 imp. gr. XXVI, 370 ungenaue Zeichnung. — Die erste Hälfte der Schrift im oberen Halbkreis, die auf beiden Exemplaren fehlt, ist nach n. 747 ergänzt.

733 K 27
ΑΥΤ Κ ΟΠΕΛ CEV ΜΑΚΡΕΙΝΟC Κ Μ ΟΠΕΛ [ΑΝΤΩΝΕΙΝΟC] die beiden Köpfe = 729
[VΠ ΠΟΝΤ]ΙΑΝΟV ΜΑ ΚΙΑΝΟΠΟΛΕΙ-
ΤΩΝ Ares (?) mit Helm und Pan-
zer l. stehend, die R. auf den
Schild, die L. auf den Speer ge-
stützt; Werthzeichen verwischt

1 Philippopel
Es ist unsicher, ob die dargestellte Figur Ares oder einen Heros oder vielleicht die römische Virtus darstellen soll; eine ähnliche Figur auf einer Münze von Odessos s. Taf. XV, 13.

734 K 27
ΑΥΤ Κ ΟΠΕΛ CEVH ΜΑΚΡΕΙΝΟC Κ Μ ΟΠΕΛ ΑΝΤΩΝΕΙΝΟC ebenso
VΠ ΠΟΝΤΙΑΝΟV ΜΑΚΙΑΝΟΠΟΛΕΙ-
ΤΩΝ Athena mit Helm und Aigis
l. stehend, auf der vorg. R. die
Eule, die L. auf den umgekehrten
Speer gestützt; i. F. r. Є

Abweichungen: V. ΑΥΤ Κ Μ ΟΠΕΛ CEV ΜΑΚΡΕΙΝΟC Κ Μ ΟΠΕ ΑΝΤΩ ..., 2; unvollständig 3; — R. ΠΟΤΙΑΝΟΥ 3 — ΜΑΡ ΚΙ ι — am Schluss ΤΩΝ 2, Τ., 3
1 Berlin Cat. 62, 30 — 2 London Cat. 32, 30 — 3 Wien, früher Wiczay 2148; Sestini 37, 23; Arneth Sitzungsber. 9, 894, 44 a

735 K 27
ebenso (?), Schrift überall unvollständig
VΠ ΠΟΝΤΙΑΝΟV ΜΑΡΚΙΑΝΟΠΟΛΕΙ-
ΤΩΝ Athena ebenso, aber an
ihrer Seite lehnt ausserdem der
Schild; im F. r. Є

Abweichungen: R. am Schluss unvollständig 2. 3
1 Paris Vaillant num. gr. 122 angeblich mit Schale [Mionnet S. 2, 83, 204]; Mionnet S. 2, 88, 205 · 2 Philippopel — 3. 4 Sophia. Vgl. oben 707°.

340   MOESIA INFERIOR

[Macrinus und Diadumenianus]

736
K 27
AVT K OΠEA CEVH MAKP EINOC K M O ΠEA ANTΩNEINOC die Köpfe des Macrinus m. L. r. und des Diadumenianus l.

VΠ ΠONTIANOV MAPKIANOΠOΛEITΩN Athena l. thronend, mit der R. der Schlange, die sich an dem vor ihr stehenden Ölbaum emporringelt, Futter darreichend, den l. Arm auf die Thronlehne gestützt; die vordere Seitenwand des Thronsessels ist mit einer l. sitzenden geflügelten Sphinx geschmückt; hinten lehnt daran der Schild (von innen gesehen), auf dem die Eule l. steht; l. F. r. E

T. XV, 28   Abbildung der Rs.
1 Weiss

737
K 27
AV K OΠEA CEVH MAKPEINOC K M OΠEA ANTΩNEINOC die beiden Brustbilder

VΠ ΠONTIANOV MAPKIANOΠOΛEITΩN Athena l. thronend, auf der vorg. R. eine kleine Nike, die mit Kranz und Palmzweig auf sie zuschwebt, den l. Arm auf die Thronlehne gestützt; am Thronsessel die geflügelte Sphinx und hinten der Schild mit der Eule wie vorher; i. F. l. ヨ

1 Mandl Pick nam. Zschr. 23 (1891) 45, 4 (Egger Verkaufs-Cat. 8, 133)

738
K 26
AV K OΠΠEA CEVH MAKPINOC K M und unten OΠΠEA ANTΩ NINOC ΔIA ΔOVMEN die Köpfe des Diadumenianus r. und des Macrinus m. l. l.

VΠ ΠONTIANOV MAPKIANOΠO u. l. A. AITΩN Roma auf einem Panzer l. sitzend, auf der vorg. R. eine kleine Nike, die mit Kranz und Palmzweig auf sie zuschwebt, im l. Arm das Parazonium; hinter dem Panzer steht der hohe Schild, auf den sie vielleicht den l. Arm stützt; i. F. L E

T. XV, 30   Abbildung der Rs.
Gewicht: 10,15

1 Imhoof; vgl. Pick num. Zschr. 23, 46 (zur vorigen Münze). — Die Vs. ist = 744.

739
K 26
AV K O ΠEA CEV MAKPEINOC K M OΠEA ANTΩNEIN OCJ die beiden Köpfe = 736

VΠ ΠONT IANOV M AP KIAN OΠOΛEITΩN Nackter Hermes r. stehend, vom Rücken gesehen, über der l. Schulter die Chlamys, in der halb erhobenen R. das Kerykeion; vor ihm eine Stele; i. F. r. E

1 Kopenhagen. — Vgl. n. 637, 638 und die Abbildung des Typus Taf. XVI, 21, sowie die Einleitung oben S. 193.

MARKIANOPOLIS 241

(Macrinus und Diadumenianus)

740 AVT K OΠEA CEV MAKPEINOC K M VΠ ΠONTIANOV MAPKIANOΠOΛEI-
K 27 OΠEA ANTΩNEINOC ebenso TΩN Nackter Hermes l. stehend,
in der vorg. R. den Beutel, im l.
Arm, über den die Chlamys hängt,
das Kerykeion; i. F. r. €
Gewicht: 12,83 (2) — 11,10 (1)
Abweichungen: V. Schrift unvollständig 3, 4: — Kn. die erste Hälfte der Schrift
fehlt 6 -- MAPK 2. 4 — MAPKIANOΠOΛEITΩN 1. 3 — AITΩN l. A. 7 — l. F.
r. € 7 - E L F. links 2. 4
1 Imhoof — 2 Löbbecke — 3 London Cat. 31, 35 — 4 Sophia — 5 Wien Mus. Theup. 10241
Aroeth Sitzungsber. 908, 3, 38 6. 7 im Handel

741 AVT K OΠEAAI CEV MAKPEINOC ebenso
K 27 K M OΠEAAI ANTΩNEINOC die
beiden Brustbilder
Gewicht: 11,88 (2)
Abweichungen: Schrift nicht ganz vollständig 2. 3. 4, unsicher 7: -- Kn. am
Schluss TΩN 1. 2. 4
1 Berlin Cat. 61, 26; dieses Stück bei Beger ther. Brand. 3, 138 [Gessner imp. CLIV, 16;
Mionnet N. 2, 90, 213] — 2 Gotha Sestini lett. 9. 3 [Mionnet S. 2, 90, 213 Anm.] — 3 Leake
suppl. 133 — 4 Löbbecke 5 Paris — 6 Dr. Weber — 7 Wien Cimel. Vindob. 1, 118,
XXI, 5; Rebbel cat. 55, 22 [Mionnet S. 2, 90, 214]; Aroeth Sitzungsber. 9, 593, 37

742 AV K OΠE CEV MAKPEINOC · M ebenso
K 27 OΠEA·ANTΩNEINOC KAI· ebenso
1 Sophia. -- Abweichend von den meisten Münzen dieser Gruppe (s. oben S. 235) steht
Κοῖππ hier, wie gewöhnlich auf den Münzen der Diadumenianssöhne allein (unten 786 fg.),
am Schluss seines Namens; dasselbe gilt für n. 717. 751. 784, wo das andere, hinter
MAKPEINOC stehende K Abkürzung von καί ist.

743 AV K OΠ,EA CEVH, MAK·P]INOC K M ebenso
K 26 OΠEA u. unten ANTΩNEI ebenso
NOC
1 Sophia. — Die V. ist aus demselben Stempel wie die von 735 (vgl. 718).

744 AV K OΠΠEA CEVH MAKPINOC K M VΠ ΠONTIANOV MAPKIANOΠO [u.
K 27 u. unten OΠΠEA ANTΩ die beiden i. A. AITΩN?] ebenso; i. F. r. €
NINOC ΔIA Köpfe
ΔOVMEN — 738
1 Löbbecke. — Die K., war wohl — 745,?

745 AV K OΠEA CEV MAKPEINOC K M VΠ ΠONTIAN OV MAPKIANOΠO u.
K 27 OΠEA ANTΩNEINOC die beiden i. A. AITΩN Unbärtiger Askle-
Brustbilder pios im Himation, das die l. Schul-
ter frei lässt, mit dem Schlangen-
stab unter der r. Achsel nach vorn
T. XVII, 5 Abbildung der Kn. (1) stehend und l. blickend; i. F. r. €
Abweichungen: V. angeblich AV K OΠΠEA CEVH MAKPINOC K M OΠΠEAI
ANTΩNINOC und Köpfe statt der Brustbilder (= 747?) 3
1 Löbbecke — 2 Sophia. — -- Hierher (wenn nicht ru 747) 3 Murzakewicz Odess.
Mem. 3, 139, 5 (Vertheilung der Schrift unsicher)

Die antiken Münzen Nord-Griechenlands I.   16

242   MOESIA INFERIOR

[Macrinus und Diadumenianus]

746 AV K Ο ΠΠΕΛ CEVH MAKPEINOC und VΠ ΠONTIAN OV MAPKIANOΠO u.
K 27 unten K M OΠΠEΛ AN die Köpfe i. A. AITΩN Unbärtiger Askle-
      TΩNINOC ΔΙ des Diadu- pios wie vorher nach vorn stehend
      ΛΔOVMEN menianus und l. blickend; i. F. r. €
      r. und des Macrinus m. L. l.

Abweichungen: Schrift, besonders der Vs., retouchiert (AV K M OΠEΛ CEVH MAKPEINOC und unten in drei Zeilen ANTΩNEINOC ΔIAΔOVMENIANOC) 1 Mündl (s. unten 785") — 2 Wien. · · · Hierher wohl auch 3 Paris Mionnet 1. 358, 34. vielleicht der Rs. desselben Stückes früher bei Vaillant num. gr. 133, aus der Sammlung der Königin Christine; auch die bei Spanheim les Césars 86 ohne Angabe der Rs. schlecht abgebildete Vs. dürfte diejenige desselben Stückes sein.

747 AV K OΠΠEΛ unten, und im oberen ebenso
K 28 CEVH MAKP Halbkreis
      INOC
      K M OΠΠEΛ ANTΩNEINOC ebenso

1 Arolsen. (Vgl. auch 745. 3.) — Auf der Rs. fehlt der Schluss der Schrift, ist aber wohl gleich n. 745. 746 zu ergänzen, da auch die Trennung die gleiche ist.

748 AV K OΠΠEΛ CEVH MAKPEINOC K M VΠ ΠONTIANOV MAPKIANOΠOAI-
K 27 u. unten OΠΠE ANTΩN die Köpfe TΩN Asklepios wie vorher, aber
      INOC ΔIΑΔO des Macri- bärtig, die r. Hand auf den Schlan-
      VMEN nus m. L. genstab gestützt; i. F. l. €
      r. und des Diadumenianus l.

1 London Cat. 13. 36; wohl aus der Sammlung Alliez, Damerau Cat. 30, II. 17.

749 AVT K OΠEΛ CEV MAKPEINOC K M VΠ ΠONTIANOV MAPKIANOΠOΛEI-
K 27 OΠE ANTΩNEINOC ebenso TΩN ebenso; L F. r. E
      Gewicht: 13,07

1 London Cat. 32, 31 (angenom mit AVT K M)

750 AVT K OΠEΛΛI CEV MAKPEINOC VΠ ΠONTIANOV MAPKIANOΠOΛEI-
K 28 K M OΠEΛΛI ANTΩNEINOC die TΩN Hygieia mit Schlange und
      beiden Brustbilder Schale r. stehend; i. F. l. E

Abweichungen: Vs. Schrift in der Mitte zerstört 3, ganz unleserlich 2 · Kopfe ohne Gewand (?) 2; Rs. Schrift unvollständig 2, 3 — das g im Y. reehts 1 1 Löbbecke — 2 München · 3 Paris

751 AV K OΠEΛ CEV MAKPEINOC K M VΠ ΠONTIANOV MAPKIANOΠO u.
K 27 OΠEΛ ANTΩNEINOC K ebenso i. A. AITΩN Unbärtiger Herakles
      l. stehend, auf der vorg. R., über
      die das Löwenfell hängt, die
Tafel Äpfel, die L. auf die Keule ge-
XVII, 14 Abbildung der Rs. (1) stützt; i. F. r. €

Abweichungen: Vs. Schrift am Anfang MV statt AV (— 784) 1 — das K am Schluss sicher 1. 2 das K in der Mitte sicher 2 · (1 und 2 ergänzen sich — 717; 3 ist fast ganz zerstört); — Rs. Anfang und Schluss der Schrift unleserbar 3 1 Löbbecke (Vs. aus demselben Stempel wie unten 784) — 2 Paris — 3 Wien Froelich 4 notam. 391,150 Abb. d. Rs. [Gessner Imp. CLV, 38]; Eckhel cat. 55, 26 (Mionnet S. 2, 90, 215.; Arneth Sitzungsber. 9. 893, 42 (mit willkürlicher Ergänzung VΠ ΑΓΡΙΠΠΑ) Das K hinter MAKPEINOC ist auf zu lesen; vgl. die Bemerkung zu n. 748.

MARKIANOPOLIS   243

[Macrinus und Diadumenianos]

[752]   AV [TK ΟΠΕΛ CEV] MAKPEINOC   VΠ [ΠΟΝΤΙΑΝΟV] MAKIANOΠO-
K 26   K M ΟΠΕΛ ΑΝΤΩΝΕΙΝΟC die   ΛΕΙΤΩΝ Bärtiger Herakles nach
        beiden Köpfe = 748   vorn stehend und r. blickend, die
                                      R. auf die Keule gestützt (?), über
                                      dem l. Arm das Löwenfell; im
                                      F. r. E
        1 Sophia

753   [AVT K' ΟΠΕΛΛΙ CEV MAKPEINOC VΠ ΠΟΝΤΙΑΝΩ MAPKIANOΠOΛΕΙ-
K 27   K M ΟΠΕΛΛΙ ΑΝΤΩΝΕΙΝΟC) die   ΤΩΝ Bärtiger Herakles r. ste-
        beiden Brustbilder   hend, die R. auf dem Rücken, die
                                      mit dem Löwenfell bedeckte Keule
                                      unter die L. Achsel gestemmt; die
                                      Keule steht auf einem Felsen (?);
                                      i. F. l. E

Abweichungen: Vs. Schrift unvollständig (nach a. 755 ergänzt) 1, angeblich AVT
.... MAKPINOC K M ΟΠΕΛ ΑΝΤΩΝΕΙΝΟC AVΓ (das letzte Wort jedenfalls
unrichtig) 2; — Rs. angeblich VΠO ΠΟΝΤΙΑΝΟV 2
1 St. Petersburg. — ' — Hierher wohl auch 2 Sestini mus. Fontana 3, 7, 1
Nach Sestinis Beschreibung ist die Keule auf vier Äpfel gestützt, dasselbe konnte auch
für das Exemplar in St. Petersburg gelten.

754   AV K ΟΠΠΕΛ CEVH MAKPEINOC u. VΠ ΠΟΝΤΙΑΝΟV ΜΑΡΚΙΑΝΟ u. i. Λ.
K 27   unten K M ΟΠΠΕΛ ΑΝ die beiden ΠΟΛΙΤΩΝ Bärtiger Flussgott
        ΤΩΝΙΝΟC ΔΙ   Köpfe   mit nacktem Oberkörper auf Fel-
        ΑΔΟVΜΕ   sen l. gelagert, in der auf dem r.
                  = 746   Knie ruhenden R. einen Zweig (?),
Tafel   im l. Arm Schilf; i. F. l. oben E
XVIII, 6   Abbildung der Rs. (1). - Vgl. die Einleitung S. 183 und 193.
        1 Löbbecke — 2 Schmidt.   (Die Rs. sind aus demselben Stempel.)

755   ebenso (am Schluss ΑΔΟVΜΕΝ = ... ΠΟΝΤΙΑΝ ΟV MAPKIANO u.
K 27   746)   i. Λ. ΠΟΛΙΤΩΝ Göttin mit lan-
                                      gem gegürteten Chiton auf Felsen
                                      L. gelagert, in der vorg. R. eine
Tafel   Pflanze, den l. Arm hinten aufge-
XVIII, 8   stützt; i. F. l. oben E
        Abbildung der Rs.
        1 Bukarest
Zur Deutung des Typus (Berggöttin, Stadtgöttin, Geist) vgl. die Einleitung S. 193. —
Der Anfang der Schrift auf der Rs. fehlt hier wie auf der folgenden Münze aus dem-
selben Stempel; es scheint, dass mehr als die zwei Buchstaben VΠ vor ΠΟΝΤΙΑΝΟV
stand, vielleicht VΠ Π ΘΟV wie in Nikopolis!

756   AV [K, ΟΠ,ΕΛ CEV MAKPE,INOC K ebenso, aus demselben Stempel
K 27   M ΟΠΕΛ ΑΝΤΩΝΕΙΝΟC die bei-
        den Brustbilder
        1 Wien. — Die unvollständige Schrift der Vs. ist nach n. 745 ergänzt.

                                                                        16*

[Macrinus und Diadumenianus]

757
K 27
AV K OΠΠEΛ CEVH MAKPEINOC VΠ ΠONTIANOV MAPKIANOΠ u. un-
und unten K M OΠΠEΛ AN ten ΩAITΩN Kybele mit Mauer-
TΩNINOC ΔI krone, Tympanon und Scepter,
AΔOVMEN die nach vorn auf einem r. springen-
Köpfe des Diadumenianus r. und den Löwen sitzend u. r. blickend;
des Macrinus m. L. l. i. F. r. oben €

Abweichungen: Vs. am Schluss AΔOVME (= 755) 4 — nicht beschrieben 3: - -
Rs. MAPKIAN.. 1 — i. A. ...TΩN 2 — unsicher 3
1 London Cat. 33,38 — 2 Wien Eckhel cat. 55, 14; Arneth Sitzungsber. 9, 803, 41. — [—
3 Vaillant num. gr. 122 (Mionnet S. 2, 88, 203] aus der Sammlung Bizard — 4 La Motraye
voyages 2, VII, 5 (Gessner imp. Cl. V, 34]

758
K 27
AVT K OΠEA CEVH MAKPEINOC VΠ ΠONTIANΩ MAKIANOΠOΛEI-
K M OΠEA ANTΩNEINOC die TΩN Stadtgöttin mit Mauer-
Köpfe des Macrinus m. L. r. und krone l. stehend, in der vorg. R.
des Diadumenianus l. Schale, im l. Arm Scepter; im

Tafel F. l. €
XVIII, 15 Abbildung der Rs. (1)
Abweichungen- Vs. Schluss der Schrift fehlt 2
1 Berlin Cat. 62,31 — 2 Sophia Tacchella revue num. 1803, 72, 12. — (Die Rs. sind von
demselben Stempel.)
Die Darstellung der Stadtgöttin erinnert an Kybele; vgl. die Einleitung S. 191.

759
K 27
AVT K OΠEA .... EA VΠ ΠONTIANOV MAP KIANOΠOΛEI-
ANTΩNEINOC ebenso TΩN Stadtgöttin mit Mauer-
krone (?) l. stehend und r. blickend,
in der r. Hand Füllhorn, die L. auf
das Scepter (?) gestützt; i. F. r. €
1 Wien Mus. Theup. 1004 (Mionnet S. 2, 91. 216]; vielleicht ist dieses Stück bei Arneth
Sitzungsber. 9, 894, 46 gemeint.
Dieser Typus der Stadtgöttin, mit Füllhorn und Scepter, konnte dem von Tomis
(Tafel VII, 20 u. a.) nachgebildet sein; doch ist es auch möglich, dass sie die l. auf das
Steuerruder stützt (ahnlich unten n. 776, Taf. XIX, 9), so dass wir es mit einer allerdings ungewöhnlichen Darstellung der Tyche zu thun hätten.

760
K 27
AVT K OΠEA CEV MAKPEINOC K M VΠ ΠONTIANOV MAP KIANOΠOΛEI-
OΠE ANTΩNEINOC ebenso (= 749) TΩN Aequitas mit Wage und
Füllhorn l. stehend; i. F. r. €
Abweichungen: Vs. Anfang und Schluss der Schrift fehlt 2 — angeblich AVT
OΠEA und MAKPINOC 3: -- Rs. die Gottin mit Kalathos 1
1 Löbbecke — 2 Wien Froelich apperat. 2 novae 60, 67, II, 67; Eckhel cat. 55, 20 [Mion-
net S. 1, 91, 218]; Arneth Sitzungsber. 9, 803, 35. — - 3 Sestini descr. 35, 36 von Ainslie

761
K 27
AV K OΠΠEA CEVH MAKPEINOC u. VΠ ΠONTIANOV MAPKIANOΠO-
unten K M OΠΠEA AN die beiden A..... ebenso; i. F. r. €
TΩNINOC ΔI Köpfe
AΔOVMEN = 757
1 Sophia Tacchella revue num. 1893, 71. 10. (Die Schrift der Vs. ist nach n. 757 ergänzt.

[Macrinus und Diadumenianus)]

762 AVT K OΠEA CEV MAKPEINOC K M VΠ ΠONTIANOV MAPKIANOΠOΛEI-
K 27 OΠEA ANTΩNEINOC die beiden TΩN Nemesis-Aequitas mit
Köpfe = 758 Wage und Füllhorn l. stehend, am
Boden neben ihr das Rad; i. F. r. **E**

Abweichungen: Schrift erhalten 1. 2, unvollständig 3. 5. 6. 7. 8. 9. 10 -- im Anfang
AV 4. (81) — im zweiten Theil OΠE (ohne Λ) 3. 6 — ANTΩNINOC (I) 8. 9; —
Rs. Schrift unvollständig 1. 2 — MAK 3. 7 — am Schluss TΩN (= 763) 5 —
angeblich ΠOΛITΩN 6 — das **E** im Felde links (= 763) 5

1 Amsterdam Cat. 26 — 2 Berlin Cat. 62, 29 — 3 Bukarest — 4 Kopenhagen — 5 London Cat. 32, 33 — 6 Neapel Cat. 6293 — 7 Paris — 8 Sophia — 9 Wien Arneth Sitzungsber. 9, 894, 45. 46 (aber nur ein Ex. vorhanden). — — 10 Wiczay 2147; Sestini 17, 22. — Die Exemplare 2 und 5, sowie 763,1 sind angeführt bei Pozmansky Nemesis S. 153.

763 AVT K OΠEA CEV MAKPEINOC VΠ ΠONTIANOV MAPKIANOΠO-
K 28 K M OΠEA ANTΩNEINOC die ΛEITΩN ebenso; i. F. links **E**
beiden Brustbilder (= 762, 5)

1 Paris Mionnet S. 2, 89, 206 — 2 im Handel

764 AVT K OΠEA CEVH MAKPEINOC VΠ ΠONTIANOV MAKKIANOΠOΛEI-
K 27 K M OΠE ANTΩNEINOC die beiden Köpfe = 758 TΩN Concordia mit Kalathos,
Schale über Altar und Füllhorn
Tafel l. stehend; i. F. r. **E**
XVIII, 34 Abbildung der Rs. (2)

Abweichungen: Vs. Schrift zerstört 1: — Rs. Anfang und Schluss der Schrift fehlen 1
1 Bukarest — 2 Löbbecke

765 AVT K OΠEA CEVH MAKPEINOC K VΠ ΠONTIANOV MAPKIANOΠOΛEI-
K 27 M OΠEA ANTΩNEINOC ebenso TΩN Concordia am Altar wie
vorher, aber ohne Kalathos; i. F. r. **E**
Gewicht: 12,68

1 Berlin Cat. 61, 27; dieses Ex. bei Gessner imp. CLV, 36 aus der Sammlung Pfau

766 AVT K OΠEA[AI CEV MAKPE]INOC VΠ ΠONTIANOV MAPKIANOΠOΛEI-
K 27 K M OΠEΛΛI ANTΩNEINOC die TΩ und im F. r. N ebenso; i. F.
beiden Brustbilder r. **E**

Abweichungen: Vs. Schrift angeblich AVT K OΠ CE...KPEINOC K M OΠEA ΔI
ANTΩ 2 — unvollständig (ergänzt nach 758) 1; — Rs. MAPKIANOΠOΛEITΩN 2
1 Wien Arneth Sitzungsber. 9, 893, 44. — — 2 Mus. Arigoni 1 Imp. gr. IX, 142

767 AVT K OΠEA CEV MAKPEINOC K M VΠ ΠONTIANOV MAPKIANO u. i.
K 26 OΠEA ANTΩNEINOC ebenso A. ΠOΛIT ebenso; i. F. r. **E**
Gewicht: 12,76(?)

Abweichungen: Vs. Schrift unvollständig 2. 3; · Rs. Schluss der Schrift fehlt 2
1 Bukarest — 2 London Cat. 32, 34 -- 3 Mailand Mus. Sanclem. 3, 19, XXVII, 367

767ᵇ AT K M OIICA CVH MAKPINOC und unten .... MAPKIANOII u. L. A. OΛEITΩN
K 27 K M OΠE AN Concordia wie oben 767
TΩN ΔIΛΛ die beiden Köpfe = 757
OTMEN

1 Sabatier iconogr. imp. LIX. 30. — Da die Schrift der Vs. gewiss ungenau gezeichnet ist (sie ist wohl = 757 zu berichtigen) und auf der Rs. statt VΠ ΠONTIANOV auch allenfalls VΠ AΓΡIΠIΙΛ zu ergänzen sein konnte, so ist die Münze nicht ohne aufgenommen.

246   MOESIA INFERIOR

[Macrinus und Diadumenianus]

768 AVT K OΠEΛΛI CEV [ΜΑΚΡΕΙΝΟC   VΠ ΠΟΝΤΙ·ΑΝΟV; MΑΚΙΑΝΟΠΟΛΕI-
K 27   K] M OΠEΛΛI ANTΩNEINOC die   TΩ u. i. F. r. unten N Concordia
       beiden Brustbilder   mit Schale und Füllhorn L stehend
                                          (ohne Altar); i. F. l. E
       Gewicht: 10,20 (F. m.)
       1 Gotha

769 AVT K OΠEΛ; CEV ΜΑΚΡΕΙΝΟC K   VΠ ΠΟΝΤΙΑΝΟV MAPK...... Con-
K 28   M OΠE|A ANTΩNEINOC; ebenso   cordia mit Schale und Füllhorn
                                          l. sitzend; i. F. L €
       1 Wien Froelich 4 tentam. 201, 1807 Abh. [Gessner imp. Cl.V, 37]; Eckhel cat. 55, 71
       [Mionnet S. 2, 01, 219]; Arneth Sitzungsber. 9, 803, 36. — 2 Numoph. Rinckianum 476
       mit anderer, aber nicht genau zu bestimmender Vs.
       Die Schrift der Vs. von 2 ist unvollständig, aber wahrscheinlich — 767 zu ergänzen.

770 AV K OΠEΛ CEV ΜΑΚΡΕΙΝΟC K M   VΠ ΠΟΝΤΙΑΝΟV ΜΑΡΚΙΑΝΟΠΟΛΙ
K 28   OΠEΛ ANTΩNEINOC die Köpfe   u. i. A. TΩN Liberalitas l. ste-
       des Macrinus m. l._ r. und des   hend, in der vorg. R. das Täfelchen,
       Diadumenianus l.   im l. Arm das Füllhorn; i. F. r. €
T. XIX, 2 Abbildung der Rs. (1)
       Gewicht: 12,03 (4)
       Abweichungen: Vs. Schrift unvollständig 4. 5; — Rs. am Schluss ΠΟΛΙΤ u. i. A.
       ΩN (— 773) 2. unvollständig 4. 5 — l. F. L E (→ 773) 3
       1 Bessarabetco 2 Berlin Cat. 61, 24 — 3 Krupka — 4 Löbbecke — 5 Paris

771 AV·K·OΠΠEΛ   ebenso
K 27   CEVH MAK unten, und im oberen
       PINOC   Halbkreis
       K M OΠΠEΛ ANTΩNINOC ebenso
       Abweichungen: Vs. Schrift unvollständig 3
       1 Berlin Cat. 61, 15 · 2 Rollin — 3 Sophia

772 AV K OΠΠEΛ   ..... TIANOV ΜΑΡΚΙΑΝΟΠΟ .....
K 26   CEVH MAKP unten, und im oberen   ebenso; i. F. r. €
       INOC   Halbkreis
       K M OΠΠEΛ ANTΩNEINOC die
       Köpfe des Diadumenianus r. und
       des Macrinus m. l._ l.
       1 Mandl

773 ..... A CEVH MAKPINOC und unten   VΠ ΠΟΝΤΙΑΝΟV ΜΑΡΚΙΑΝΟΠΟΛΙΤ
K 27   K M OΠΠEΛI   u. i. A. ΩN ebenso; i. F. r. E
       ANTΩNIN   ebenso   (= 770, 3)
       OC
       1 Schmidt. -- Die Vs. ist aus demselben Stempel wie die von 716.

774 .... Schrift zerstört,   VΠ ΠΟΝΤΙΑΝ ΟV ΜΑΡΚΙΑΝΟΠΟ-
K 26   die beiden Brustbilder   ΛΕΙΤ u. i A. ΩN Tyche mit Kal.,
                                           Steuer u. Füllhorn L stehend; i. F. l. E
       Abweichungen: Vs. AV K CEV OΠEΛ ΜΑΚΡΙΝΟC K M ..... 2 — die Köpfe
       statt der Brustbilder (?) 2; - Rs. Schrift unsicher 3 — angeblich VΠ ΠΟΝ·
       ΤΙΑΝΟV ΜΑΡΚΙΑΝΟΠΟΛΕΙΤΩΝ 3
       1 Rollin. — 2 Cat. d'Ennery 3609 — 3 Wiczay 2151 [Mionnet S. 2, 01, 220]; Sestini 17, 76

	Macrinus und Diadumenianus·	
775 K 28	AVT K O ΠEA CEV MAKPEINOC K M OΠEA ANTΩNEINOC ebenso	VΠ· ΠONTIANOV MAPKIANOΠO· ΛEITΩN Tyche (Fortuna Redux?) l. thronend, in der vorg. R. das Steuerruder, im l. Arm Füllhorn; unter dem Throne das Rad; i. F. r. **E**
T. XIX, 11	Abbildung der R. 1 Imhoof	
776 K 25	AVT K OΠEAΛI CEV MAKPEINOC K; M OΠEAΛI ANTΩNEINOC ebenso	VΠ ΠONTIANO MAPKIANOΠOΛEI· TΩN Tyche mit Kal. l. stehend, in der vorg. R. Schale, die L. auf das lange Steuerruder gestützt; vor ihr ein kleiner Altar; i. F. r. **E**
T. XIX, 9	Abbildung der R. 1 Rollin	
777 K 28	AVT K OΠEA CEV MAKPEINOC K M OΠEA ANTΩNEINOC die beiden Köpfe = 770	VΠ ΠONTIANO V MAPKIANOΠOΛI u. i. A. TΩN Männliche Figur im Himation, das die r. Schulter frei lässt, l. stehend, in der vorg. R. Schale über einem flammenden Altar, in der L. (?) ; i. F. r. **€**
T. XIX, 12	Abbildung der R. 1 Paris. — Der Mann scheint im L. Arm einen langen, nicht ganz gerahten Gegenstand zu halten, der ein Zweig ohne Blätter sein könnte; aber es ist möglich, dass dieser scheinbare Zweig seine Entstehung aus einem Stempelriss verdankt. Die Figur erinnert in der Kleidung und Haltung am meisten an den opfernden Zeus (oben n. 717, 718); doch scheint sie eher mährtig zu sein.	
778 K 27	AV K OΠΠEA CEVH MAKPEINOC u. unten K M OΠΠEA·AN die beiden TΩNINOC ΔI Köpfe AΔOVMEN = 772	VΠ ΠO;NTIANO V MAPKIANO u. i. F. ΠO ΔI Kaiser m. L. P. M. L. stehend, in der vorg. R. Schale über TΩ N Altar, die l. auf den Speer gestützt; i. F. l. oben **€**
T. XIX, 16	Abbildung der Rs. Gewicht: 12,75 1 Imhoof	
779 K 27	AVT K OΠEA CEV MAKPEINOC K M . . . . NOC die beiden Brustbilder	VΠ ΠONTIANO MAKIANOΠOΛEI· TΩN Kaiser m. L. P. M. l. stehend, auf der vorg. R. eine Kugel, von der eine kleine Nike auf ihn zuschwebt, die L. auf das Scepter gestützt; i. F. l. **€**

Abweichungen: Vs ... K M OΠEA CEVH MAKPEINOC ... 2. — Rs. augeblich ohne Ligaturen und zu den Füssen des Kaisers ein undeutlicher Gegenstand 2
1 Odessa Univ. — 2 (—1?) Murzakewicz descr. mus. Odess. 25,6
Ich las die vier letzten Buchstaben, die viel kleiner sind als die übrigen, NOC K: aber die Vs. war wohl — der von 728 und ist danach oben angegeben.

[Macrinus und Diadumenianus]

740
K 27
AVT K OΠEΛ CEVH MAKPEINOC
K M OΠEΛ ANTΩNEINOC die
Köpfe des Macrinus m. L. r. und
des Diadumenianus l.

VΠ ΠONTIANOV MAPKIANOΠOΛEI-
TΩN Schlange in vielen Win-
dungen aufgerichtet, Kopf r.; im
F. l. E

1 Kopenhagen — 2 Paris (mit dem Stempel der Sammlung Eisi

741
K 27
AVT K OΠEΛAI CEV MAKPEINOC
K M OΠEΛ AI ANTΩNEIN OC die
beiden Brustbilder
Gewicht: 11,10 (1, R. sehl.)

VΠ ΠONTIANOV MAPKIANOΠOΛEI-
TΩ u. i. A. N ebenso

1 Gotha Liebe 333 Abb. (Gessner Imp. CLV, 40) — 2 Paris Mionnet S. 2, 91, 221
Die Schrift der Vs., die auf dem Gothaer Exemplar noch unvollständiger ist, ist nach
n. 750 ergänzt.

742
K 27
AVT K OΠEΛ CEVH MAKPEINOC K
M OΠEΛ ANTΩNEINOC ebenso

VΠ ΠO[NT]IAN OV MAPKIANO ΠO-
ΛIT[ΩN?] Schlange wie vorher,
aber um den Kopf ein Strahlenkranz; i. F. rechts €

Gewicht: 13,20 (1)
Abweichungen: Vs. var ...OΠEΛ CEV MAKPEINOC... zu lesen ist: Rs. Schluss
der Schrift fehlt 2

1 München   2 Winterthur

743
K 27
AV K OΠΠEΛ
CEVH MAKP   unten, und im oberen
INOC   Halbkreis
K M OΠ ΠEΛΛ ANTΩNEINOC
die Köpfe des Diadumenianus r.
und des Macrinus m. l. l.

VΠ ΠONTIAN OV MAPKIAN u. i. A.
OΠOΛITΩ
N   Tempelfront mit vier
Säulen; darin Asklepios (unbär-
tig?) mit dem Schlangenstab unter
der r. Achsel, die L. auf dem
Rücken, l. vorgebeugt stehend; im
F. r. oben €

1 Berlin Cat. 62,32   2 Philippopel
Auf dem Exemplar in Philippopel ist es sicher Asklepios, also wohl auch auf dem Berliner,
wo man sonst allerdings an einen Herakles (in der Stellung der Farnesischen) denken
könnte.   Auf der Vs. des Berliner Exemplars glaubte Sallet unten hinter INOC noch
Buchstaben zu sehen, doch ist das nicht richtig.

744
K 28
AV K OΠ EΛ CEV. MAKPEINO C K
M, OΠEΛ ANTΩNEINOC K die
beiden Brustbilder

VΠ ΠONTIANOV MAP KIANOΠO-
ΛEITΩN Tempelfront mit vier
Säulen; darin Concordia mit Kalathos, Schale u. Füllhorn am Altar
l. stehend; im Giebel ● (Schild?);
unter dem Tempel €

Gewicht: 11,65 (1) — 11,48 (2). beide schlecht erhalten
1 Schmidt — 2 Sophia. — Die beiden Exemplare sind aus demselben Stempels. Auf
der Vs., deren Schrift nach n. 717 und 751 ergänzt ist, steht an der erste A vorn ein
gerader Strich (also IA), der aber nichts zu bedeuten haben kann, die Münze oben 733,1
mit dem gleichen Fehler hat die Vs. aus demselben Stempel. — Vgl. die Bemerkung zu n. 742.

{Macrinus und Diadumenianus}

(Agrippa)

785 ...ΟΠΕΑ......ΙΝΟC Κ Μ ΟΠΕΑ ΑΝ-   ΥΠ ΑΓΡΙΠ ΠΑ ΜΑΡΚΙΑΝΟΠΟΛΕΙ-
K 27 ΤΩΝΕΙΝΟC die Köpfe des Macrinus   ΤΩΝ Nackter Apollon (oder
       m. L. r. und des Diadumenianus l.   Bonus Eventus) l. stehend, in
                                          der vorg. R. Schale über einem
                                          flammenden Altar, in der l. ein
                                          undeutliches Attribut; [i. F. r. wohl
                                          € zerstört]

Gewicht: 12,98

1 Wien Cimel. Vindob. 1, 118, XXI, 9; Eckhel cat. 55, 25 [Mionnet S. 2, 88, 20r]; Arneth Sitzungsber. 9, 843, 43
Die Münze ist leider sehr schlecht erhalten, so dass der Gegenstand in der l. Hand des Gottes nicht zu erkennen ist; Eckhels Angabe *capita hominis* ist irrig.

Diadumenianus

786   Μ ΟΠΕΛΛΙΟΝ ΑΝΤΩΝΕΙΝΟΝ Κ Br.   ΜΑΡΚΙΑΝΟΠΟΛΕΙΤΩΝ Artemis
K 25 mit P. und M. r.   als Jägerin r. eilend, neben ihr
                                        der Hund; i. F. L Γ
Gewicht: 10,35 (1) — 7,32 (2)

1 Lobbecke — 2 London Cat. 33, 30; Abb. d. Rs. Num. Chron. 1876, IX, 8 zu S. 310

787   Μ ΟΠΕΛΛΙΟC ΑΝΤΩΝΕΙΝΟC Κ   ebenso
K 25 ebenso
Gewicht: 10,51 (1)

1 Athen Cat. 521 — 2 Bukarest — 3 Göttingen

788   [M] ΟΠΕΛΛΙΟΝ (sol) ΑΝΤΩΝΕΙΝΟC ebenso
K 27 ΚΑΙCΑΡ ebenso

Abweichungen: Vs. Schrift zerstört (am Schluss vielleicht ΚΑΙ 3) 3, 4 — am Anfang .....ION 1 — nur M fehlt 2; — überprägt (man sieht auf der Vs. ΜΑΡΚΙΑΝΟ und Γ, auf der Rs. ...ΙΝΟC ΚΑΙ... von der ersten Prägung) 1

1 Paris Vaillant num. gr. 124 [Mionnet S. 2, 92, 226]; Mionnet S. 2, 92, 227 — 2 Dr. Weber, — Hierher vielleicht (wenn nicht zu 786 oder 783) 3 Berlin Cat. 63, 34 — 4 (5!) Lenormant Cat. Rohr 30 unter Caracalla.

785* ΑΥ Κ ΟΠΠΕΛ ΛΕΥ ΜΑΚΡΕΙΝΟC und unten   ΥΠ ΑΓΡΙΠΠΑ ΜΑΡΚΙΑΝΟΠΟ u. i. A. ΛΙΤΩΝ
K 27 Κ Μ ΟΠΠΕΛ ΑΝ die Köpfe des Diadu- Unbärtiger Asklepios mit dem Schlangen-
      ΤΩΝΙΝΟC Μ   menianus r. und des   stab unter der r. Achsel l. stehend; i. F. L €
      ΑΛΟΤΜΕΝ   Macrinus m. L. L.

1 Mandl Pich num. Zschr. 23, 47, 3 (Egger Verkaufs-Cat. 8, 157)
Ich muss mich hier leider selbst unter die unzuverlässigen Autoren versetzen. Ich hatte diese schlecht erhaltene Münze in Budapest nur kurz angefasst und dann erst brieflich eine vollständige Beschreibung von Herrn Mandl erbeten und erhalten; danach veröffentlichte ich sie in den Inedita u. a. O. Ich habe aber nachträglich feststellen können, dass die richtige Lesung ΥΠ ΠΟΝΤΙΑΝΟΥ ist, wie es in der Beschreibung oben n. 746, 1 angegeben ist.

250 MOESIA INFERIOR

(Diadumenianus)

749 Μ ΟΠΕΛΛΙΟC ΑΝΤΩΝΕΙΝΟC Κ ΜΑΡΚΙΑΝΟΠΟΛΕΙΤΩΝ Nackter Her-
K 22 Kopf r. mes l. stehend, in der vorg. R. den
Beutel, im l. Arm, über den die
Chlamys hängt, das Kerykeion
Gewicht: 5,30 (5) — 5,25 (2) — 5,15 (4)
Abweichungen: Vs. Schrift unvollständig 2. 5. 7, nicht angegeben 8 — angeblich
.... ΑΝΤΩΝΙΝΟC CE und Brustbild mit Gewand 9
1 Basel (vgl. ru 794) ·· 2 Berlin Cat. 63, 33 — 3 Gotha Nutini Jeff. 9, 3 — 4 Kopenhagen
(vgl. ru 792) - 5 München — 6 Paris — 7 St. Petersburg. — - 8 (= 61) Vaillant num.
gr. 124 [Mionnet S. 2, 92, 222] aus seiner Sammlung. — Hierher wohl auch 9 Leusimont
Cat. Behr 38 unter Caracalla. — Vgl. unten 797.

750 ebenso ΜΑΡΚΙΑΝΟΠΟΛΕΙΤΩΝ Hygieia
K 21 mit Schlange u. Schale r. stehend
Gewicht: 4,55 (2)
Abweichungen: Vs. Schrift unvollständig 3. 4; — Rs. verprägt (man sieht
ΟΛΕΙΤΩΝ zweimal) 1. 4
1 Bukarest — 2 Imhoof — 3 Venedig Marc. — — 4 Mionnet S. 2, 92, 223 aus der Samm-
lung d'Hermand

791 .... ΑΝΤΩΝΕΙΝΟC (Κ?) ebenso(?) ΜΑΡΚΙΑΝΟΠΟΛΕΙΤΩΝ Hygieia mit
K 21 Schale und Schlange links hin
stehend
Gewicht: 4,19 (l. schl.)
1 London Cat. 29, 13 unter Caracalla

792 Μ ΟΠΕΛΛΙΟC ΑΝΤΩΝΕΙΝΟC Κ ΜΑΡΚΙΑΝΟΠΟΛΕΙΤΩΝ Kybele mit
K 21 Kopf r. Kal. l. sitzend zwischen zwei Löwen, in der vorg. R. die Schale, den
l. Arm auf das Tympanon gestützt
1 Basel — 2 Paris Blanchet revue num. 1892, 67, 16
Die Vs. des Pariser Exemplars ist aus demselben Stempel wie 789, 4.

793 Μ ΟΠΕΛΛΙΟC ΑΝ .... ebenso ΜΑΡΚΙΑΝΟΠΟΛΕΙΤΩΝ Aequitas
K 22 mit Wage und Füllhorn l. stehend;
am Boden das Rad
1 Bukarest. — Die Schrift der Vs. ist wohl = 793 zu ergänzen.

794 Μ ΟΠΕΛΛΙΟC ΑΝΤΩΝΕΙΝΟC Κ ΜΑΡΚΙΑΝΟΠΟΛΕΙΤΩΝ Tyche mit
K 21 ebenso Steuer und Füllhorn l. stehend
Gewicht: 5,20 (2) — 5,05 (3)
Abweichungen: Vs. Schrift unvollständig 3, nnsicher 4: - Rs. ΠΟΛΙΤΩΝ (!) 2 —
Tyche vielleicht mit Kalathos 2
1 Bukarest — 2 Löbbecke — 3 Schmidt. — — Hierher vielleicht (oder, da die Grössen-
angabe abgeben ist, zu 799) 4 Sestini descr. 35, 38 [Mionnet S. 2, 92, 225] von Ainslie
Die Vs. des dritten Exemplars ist aus demselben Stempel wie 789, 1.

795 ebenso ΜΑΡΚΙΑΝΟΠΟΛΕΙΤΩΝ Tyche mit
K 21 Kal. l. thronend, in der R. Steuerruder auf Kugel, im l. Arm Füllhorn
Gewicht: 4,80
1 London Cat. 33, 40

MARKIANOPOLIS 231

796
K 16
'(Diademzeichen)'
Μ ΟΠ...... ΑΝΤΩΝΕΙΝΟC Br. m. P.
und M. r.

Gewicht: 2,59
1 Lobbecke

(ΜΑΡ)ΚΙΑΝΟ ΠΟΛΕΙΤΩΝ Geflügelter
Eros (als Todesgenius) l. stehend,
mit beiden Armen auf die
umgekehrte Fackel gelehnt und
den Kopf in die r. Hand stützend

797
K 16
Μ ΟΠΕΛΛΙΟC ΑΝΤΩΝΕΙΝΟC Br. m.
P. r.

ΜΑΡΚΙΑΝΟ ΠΟΛΕΙΤΩΝ Nackter Dionysos l. stehend, in der R. Traube,
die L. auf das Scepter (?) gestützt

1 Paris Blanchet revue num. 1892, 63, 18 — 2 im Handel

Blanchet glaubte einen Hermes zu erkennen, weil er den Gegenstand in der R. für einen
Beutel hielt; es ist aber sicher eine Traube; der Stab, auf den sich der Gott stützt, sieht
nicht wie ein Thyrsos aus, sondern wie ein gewöhnliches Scepter.

798
K 17
Μ Ο[ΠΕΛ]ΛΙ ΑΝΤΩΝΕΙΝΟ Br. m. P.
u. M. r.

ΜΑΡΚΙΑΝΟ ΠΟΛΕΙΤΩΝ Asklepios
mit dem Schlangenstab in der R.
nach vorn stehend und l. blickend

1 Berlin Cat. 63,35; vielleicht dieses Stück früher Rauch Cat. Heldrecken 871

799
K 17
Μ ΟΠΕΛΛΙ ΑΝΤΩΝΕΙΝΟ ebenso

ΜΑΡΚΙΑΝΟΠΟΛΕΙΤΩΝ Tyche mit
Kalathos, Steuerruder und Füllhorn l. stehend

Abweichungen: Vs. einige Buchstaben halb verwischt 1 — Schrift verwischt 3; —
Rs. am Schluss angeblich ΠΟΛΙΤΩΝ 3

1 Berlin Cat. 63,36 — 2 Kopenhagen. — ·· 3 Chaix dexer. 22. — Vgl. oben 704,4.

800
K 16
Κ Μ ΟΠΕΛΛΙ ΑΝΤΩΝΕΙΝΟC Kopf r.
(— Βos)

Gewicht: 2,49 (1)

ΜΑΡΚΙΑΝΟ ΠΟΛΕΙΤΩΝ Adler mit
ausgebreiteten Flügeln und Kranz
im Schnabel nach vorn stehend
und den Kopf r. erhebend

Abweichungen: Vs. die erste Hälfte der Schrift fehlt 1; — Rs. am Schluss ΤΩΝ 1

1 Paris Blanchet revue num. 1892, 63, 17 — 2 Turin Mus. Cat. 1979 — Lavy 971 - 3 Wien,
früher Welzl Cat. 1337; Arneth Sitzungsber. 9. 804, 48 b, beide ungenau

801
K 15
T. XIX, 34
Μ ΟΠΕΛΛΙΟC ΑΝΤ,ΩΝ;ΙΝΟC K Br.
m. Gewand r.

Abbildung der Rs. (2)
Gewicht: 3,05 (2)

ΜΑΡΚΙΑΝΟΠΟΛΕΙΤΩΝ ebenso,
aber der Kopf linkshin

Abweichungen: Vs. Schrift fast ganz zerstört 1 — die Ergänzung ist nicht ganz
sicher; — Rs. Anfang der Schrift fehlt 1 — Schluss fehlt 2

1 Athen (unter Trainsnopolis) — 2 Imhoof

802
K 17
Μ ΟΠΕΛ,ΛΙΟC ΑΝΤ,ΩΝΙΝΟ,C Br.
m. P. r.

Schrift ebenso. Schlange in vielen
Windungen aufgerichtet, Kopf r.

1 Paris Mionnet S. 2, 93, 179

252   MOESIA INFERIOR

{Hadrianus}

N03 M OΠEΛ AIOC ANTΩNEINOC Hr. MAPKIANOΠOΛEITΩN Stab, von
K 17   m. P. r.   einer Schlange umwunden
        Abweichungen: Vs. angeblich M OΠEΛΛΙOC ANTΩNINOC K a
        1.Obbrcke. — — 1 Sestini desc. 35.37 (Mionnet S. 2, 90. 224) von Aindle

N04 M OΠEΛΛIOC ANTΩNEINOC ebenso Schrift ebenso. Halbgeöffneter
K 16   Korb, aus dem sich eine Schlan-
                                            ge r. hervorringelt
        Gewicht: 3,10 (1)
T. XX, 29· Abbildung der Rs. (1)
        Abweichungen: Vs. Schrift unvollständig 1 — ANTΩNEINOC (?) 3; — Rs. Schrift
        unvollständig 1. 3
        1 Imhoof — 2 London Cat. 34.42 — 3 Moskau Univ. Cat. 109

N05 K M OΠEΛΛI ANTΩNEINOC Kopf ebenso
K 16   r. (= 600)
        Abweichungen: Vs. Schrift am Anfang zerstört 1 — angeblich ...OΠEΛ ΔIAΔ ... 4
        (vgl. die Bemerkung zu 600): — Rs. ...ANOΠOΛEITΩN 4
        1 Kopenhagen Ramus 1, 99, 4 — 2 Wien Arneth Sitzungsber. 9, 804, 48   3 Windisch-
        Grätz. — Hierher wohl auch 4 Leake Europ. Gr. 54 (unter Hadrianopolis, was nicht
        richtig sein kann).

N06 M OΠEΛΛIOC ANTΩNINOC Br. mit MAPKIANOΠOΛEIT Dreifuss
K 16   Gewand r.
T. XX, 27 Abbildung der Rs. (2)
        1 Wien — 2 im Handel. — — Hierher wohl auch 3 Hofmann in zweifacher r, 1069
        (Schrift der Vs. zerstört, Rs. angeblich mit MAPKIANOΠOΛITΩN) unter M Aurelius.

N07 [M] OΠEΛΛIOC ANTΩNINOC ebenso MAPKIANOΠOΛEITΩN Korb mit
K 16   Früchten
T. XX, 37 Abbildung der Rs. (2)
        Gewicht: 2,90 (1)
        1 Imhoof — 2 München

N08 M OΠEΛΛIOC ANTΩNEINOC ebenso MAPKIANO ΠOΛEITΩN Weintraube
K 16   1 Wien Arneth Sitzungsber. 9, 804, 48 a

N09 ebenso   MAPKIANOΠOΛEITΩN Mondsichel
K 17   mit drei Sternen darüber
        Gewicht: 3,20 (1) — 2, 17 (3, unvollständig)
        Abweichungen: Vs. ohne M (?) 7 — OΠEΛ... 3 — angeblich M OΠEΛ ΔIA
        ANTΩN E INOC (4.). 5. 6; vgl. die Bemerkung
        1 Imhoof — 2 London Cat. 33,41   3 Sophia — 4 Wien Froelich 4 trotzm. 296, 201
        Abb. d. Rs. [Gessner imp. CLVI, 15]: Eckhel cat. 55, 27 [Mionnet S. 2, 93, 238]: Arneth
        Sitzungsber. 9, 804, 47.   — 5 Sestini desc. 35,39 von Cousinéry (nicht in München) —
        6 Wiczay 2152: Sestini 27,27 — 7 Sabatier iconogr. LX, 8
        Die Form M OΠEΛ ΔIA wollten Froelich und Eckhel auch auf dem Wiener Exemplar lesen,
        doch schienen mir die Reste von OΠEΛΛIOC deutlich: diese Form wird also wohl auch
        bei 5 und 6 anzunehmen sein, und dasselbe gilt auch für die Münze oben N05, 4. Wo der
        Prinz auf den grossen Münzen die beiden Namen führt, steht 'Avtwvevoç immer vor
        Αντλωνοτωνος, und das wurde man auch für die kleineren Münzen erwarten.

Elagabalus
(Julius Antonius Seleucus)

N10 AVT K M AVPH ANTΩNEINOC Λ   VΠ IOΛ ANT CEΛEVKΩ M RKIANO-
K 26 Br. m. L. P. M. r.   ΠOΛI u. i. A. TΩN Zeus mit
                                         nacktem Oberkörper l. sitzend,
                                         in der vorg. R. die Schale, die L.
                                         auf das Scepter gestützt
            Gewicht: 5,60l (1, sehr dünn)
            1 Gotha Sestini kit. 9,3 — 2 München — 3 St. Petersburg

N11 AVT K M AVPHAI · ANTΩNEINOC ·   ebenso
K 26 Kopf m. L. r.
        1 Bukarest — 2 München

N12 AVT K M AVP ANTΩNEINOC ebenso   ebenso, aber MAPKIANOΠOΛIT u.
K 26   i. A. ΩN
        1 Bukarest — 2 Philippopel

N13 AVT K M AVPHAI ANTΩNEINOC   VΠ IOΛ ANT CEΛEVKOV MAPKIA-
K 27 K. m. l. r.   NOΠOΛIT u. i. A. ΩN Hera im
                                                  langen gegürteten Doppelchiton
                                                  und Mantel l. stehend, in der vorg.
                                                  R. die Schale, die L. auf das
                                                  Scepter gestützt
T. XIV, 3   Abbildung der No. (1)
        Abweichungen: Vs AVPHAI nicht ganz sicher 2 — mit dreieckigen Punkten
        (= B11) 2, vielleicht auch 1; — Rs. Mitte der Schrift unsicher 2 — am Schluss
        ΠOΛITΩN (= B17) 2, 4
        1 Löbbecke — 2 München — 3, 4 Rollin. — (2 konnte auch allenfalls zu 815 gehören.)

N14 ebenso, aber AVPH   ebenso, aber im A. ΩN
K 26   1 Löbbecke — 2 Paris Mionnet S. 2, 95, 340

N15 ebenso   VΠ IOΛ ANT CEΛEVKΩ MRKIANO-
K 26   ΠOΛITΩN ebenso
        1 London Cat. 34, 46 — 2 Sophia

N16 AVT K M AVP ANTΩNEINOC ebenso   .... CEΛEVKOV MAPKIANO-
K 25   ΠOΛITΩ ebenso
        1 London Cat. 34, 44

N17 AVT·K·M·AVPHAIOC ANTΩNEINOC   = B13, aber MAPKIANOΠOΛITΩN
K 26 Br. m. L. P. M. r.
            Gewicht: 10,40 (2) — 8,90 (1)
        1 Gotha Sestini kit. 9,3 — 2 Schmidt

N18 AVT K M AVP [... AN]TΩNEINOC   VΠ IOVA·ANT·CEΛEVKOV MAPKIA-
K 25 ebenso   NOΠ u. i. A. ΟΛITΩN ebenso
            Gewicht: 9,41
        1 London Cat. 34, 45

254   MOESIA INFERIOR

[Eingababen]

N19 AVT·K·M·AVPHAIOC ANTΩNEINOC   VΠ·IOVA·ANT·CEAEVKOV MAPKIA·
K 26   Hr. m. L. P. M. r.   NOΠO u. L. A. AITΩN Demeter
                                       in langem Gewand u. mit Schleier
                                       l. stehend, in der R. Mohnkopf und
                                       zwei Ähren, die L. auf die Fackel
                                       gestützt

  Abweichungen: Bs. CEAEVKOV und ohne Punkte 1
  1. 2 London Cat. 34, 49, 50 — 3 Sophia. — — 4 Sestini descr. 35, 45 (Mionnet S. 2, 93, 243)
  von Ainslie

N20 ebenso   VΠ IOA ANT CEAEVKΩ MRKIANO·
K 26   ΠOΛITΩN ebenso
         Gewicht: 10,99 (2)

  Abweichungen: Rs. Anfang der Schrift auf beiden Exemplaren undeutlich, aber
  nach a. Ex. sicher zu ergänzen
  1 Paris — 2 Turin Mus. Cat. 1981 — Lavy 913

N21 AVT K M AVP ANTΩNEINOC K. m. l.. r.   ebenso
K 25   1 München

N22 AVT K M AVPHAI ANTΩNEINOC   VΠ IOA ANT CEAEVKOV MAPKIA·
K 27   Hr. m. l. P. M. r.   NOΠOΛITΩN Nackter Apollon
                                       (oder Bonus Eventus) l. stehend,
                                       in der vorg. R. Schale, in der ge-
                                       senkten L. den Zweig; vor ihm
                                       ein flammender Altar

  1 Wien Froelich 4 centiam. 290, 209 Abb. d. Rs. (Gessner Imp. CLIX, 29); Eckhel cat. 56, 31
  [Mionnet S. 2, 94, 236]; Arneth Sitzungsber. 9, 894, 50

N23 ebenso   VΠ IOA ANT CEAEVKOV MAPKIA·
K 26   NOΠOΛIT u. i. A. ΩN Ares (oder
                                       Virtus?) mit Helm und Panzer L.
                                       stehend, die R. auf den Schild, die
                                       L. auf den Speer gestützt

  Abweichungen: Vs. angeblich mit AVPH 2; — Rs. Stellung von ΩN unsicher 2
  1 Wien Froelich append. 2 novae 70, 69; Eckhel cat. 56, 33 [Mionnet S. 2, 94, 234]; Arneth
  9, 894, 49. — 2 Wieray 2160 angenau [Mionnet S. 2, 93, 233]; Sestini 28, 33

N24 AVT K M AVPHAI · ANTΩNEINOC · VΠ IOA ANT CEAEVKΩ MAPKIANO·
K 25   K. m. l.. r.   ΠOΛITΩN Nike im geschürzten
                                       Doppelchiton L. eilend, in der er-
                                       hobenen R. einen Kranz, im l. Arm
                                       einen Palmzweig
T. XVI, 9 Abbildung der Rs. (1)
         Gewicht: 9,30(1)

  Abweichungen: Vs. ohne die dreieckigen Punkte (?) 2 3
  1 Imhoof — 2 Leake Europ. Gr. 60 (unter Caracalla). — 3 Wieray 2156 ungenau
  [Mionnet S. 2, 94, 235]; Sestini 28, 31. · Vgl. 823, 3.

MARKIANOPOLIS   255

N25
K 27
(Klagenfurt)
AVT K M AVPH ANTΩNEINOC K. m. l. r.
VΠ IΩA ANT CEΛEVKOV MAPKIA·
NOΠOΛITΩN ebenso
1 Mandl — 2 Paris Blanchet revue num. 1802, 63, 20. — Hierher (oder zu 824) 3 Sestini descr. 35, 44 von Ainslie (Vs. unsichtbar).

N26
K 26
AVT K M AVPHAI · ANTΩNEINOC · K. m. L r. (= 824)
VΠ IΩA ANT CEΛEVKΩ MAPKIA·
NOΠOΛITΩN u. i. A. N Nackter
Hermes mit Beutel und Stab l.
stehend, über dem l. Arm die
Chlamys

Gewicht: 11,60 (1)

Abweichungen: Vs. angeblich AVT M l; — Rs. VΠ entstellt (oder vergessen) 3 — Stellung des letzten N nicht angegeben 3
1 Gotha Sestini lett. 9, 3 — 2 Paris. — — 3 Cat. Welzl 1338

[N27]
K 27
ebenso
VΠ I;Ω,A ANT CEΛEVKOV MAPKIA·
NOΠOΛITΩN ebenso
Abweichungen: Rs. angeblich IVΛ (Druckfehler statt IΩΛ?) 2. IΩVΛ (?) 1; da der Schluss = 828. 1 ist, so ist vielleicht auch wie dort IΩΛ zu lesen
1 Mandl (nach brieflicher Mitteilung; Egger Verkauf.-Cat. 8, 138) · 2 Webster num. chron. 1873. 19 aus der Auction Subhy Bey

N28
K 26
AVT K M AVP ANTΩNEINOC K. m. l. r.
ebenso
Abweichungen· Rs. am Schluss ΩN (?) 2
1 Halle — 2 Neapel Cat. 6200

N29
K 26
AVT K M AVP ANTΩNINOC AV Ir. m. l. P. M. r.
VΠ IΩA ANT; CEΛEVKOV MAPKIA·
NOΠOΛITΩN Nackter Dionysos
l. stehend, in der vorg. R. Weintraube, die L. auf den Thyrsos gestützt
1 Paris Mionnet S. 2, 93, 331

N30
K 26
AVT K M AVPH ANTΩNEINOC K. m. l. r.
VΠ IΩA ANT CEΛEVKΩ MAKIANO·
ΠOΛITΩ u. i. A. N Asklepios
(bärtig) nach vorn stehend und l.
blickend, in der R. den unter die
r. Achsel gestemmten Schlangenstab

Gewicht: 10,60 (1)

1 Berlin Cat. 64, 30 — 2 London Cat. 34, 43 — 3 Paris Mionnet S. 2, 93, 337 — 4 Wien Froelich 4 tetram. 461, 11; Eckhel cat. 56, 34; Arneth Sitzungsber. 9. 804, 30

N31
K 28
AVT·K·M·AVPHAIOC ANTΩNEINOC ebenso
Br. m. l. P. M. r. (= 819)
1 München. — — Hierher vielleicht (wenn nicht zu 830 oder 8(2)) 2 Sestini descr. 36, 49 von Ainslie.

[Flaviopolis]

K 22 / K 26
AVT·K·M·AVPHAIOC ANTΩNEINOC VΠ·IOVA·ANT·CEΛEVKOV MAPKIA-
Br. m. L. P. M. r. NOTTO u. i. A. AITΩN Asklepios
in derselben Stellung, aber un-
bärtig und nackt, nur mit der
Chlamys über der l. Schulter

T. XVII, 4 Abbildung der Rs. (!)
Gewicht: 10,82 (1)
Abweichungen: Vs. AVPHAI und vor Kopf m. l. 3; — Rs. Schrift unrichtig J
1 Löbbecke — 2 Rollin — (beide aus demselben Stempel). — Hierher wohl auch 3
Wiczay 2158; Sestini 28,33

K 23 / K 26
ebenso VΠ IOVA ANT CEΛEVKOV MAPKIA·
NOTTO u. i. A. AITΩN Hygieia
mit Schlange und Schale r. stehend
1 Rollin

K 24 / K 26
AVT K M AVPHAI · ANTΩNEINOC · VΠ IOA ANT CEΛEVKOV MAPKIA-
K. m. L. r. NOΠOΛITΩN ebenso
Gewicht: 10,50 (1)
Abweichungen: Vs. Schrift unvollständig 3; — Rs. IOIA 3
1 Gotha Sestini Lett. 9, 3 angenommen — 2 Löbbecke — 3 Neapel Cat. 6078

K 25 / K 26
AVT K M AV... ANTΩNEINOC K. ... [IOA] AN[T] ; CEΛEVK[OV] u. i. A.
m. l. r. [MAP KIANOΠ O]
[ΛE]ITΩN Flussgott mit
nacktem Oberkörper am Boden l.
sitzend, in der leicht erhobenen
R. einen Schilfzweig, den l. Arm
auf Felsen (?) gestützt
1 Sophia. — Auf der Rs. ist am Anfang der Schrift für mehr als die beiden Buchstaben
VΠ Platz; von den in eckige Klammern gesetzten Buchstaben sind Spuren vorhanden.

(K26) / K 27
AVT K M AVP ANTΩNII... ebenso ΕΠ (?) IOA ANT CEΛEVKOV MAPKIA
u. unten NOΠOΛITΩ
N Flussgott
mit nacktem Oberkörper l. gelagert, in der vorg. R. einen Schilfzweig (?), den l. Arm auf das strömende Quellgefäss gestützt
1 Mionnet S. 2, 96, 246, II, 5 aus der Sammlung d'Hermand
Mionnet kannte die Münze nur aus einer Zeichnung, die er auch auf seiner Tafel wiedergiebt. Ob auf der Rs. wirklich am Anfang ΕΠ (Mionnet schreibt irrig ΕΠΙ) stand statt
des gewöhnlichen VΠ, scheint aber sehr zweifelhaft. Auch die Einzelheiten des Typus
sind schwerlich richtig gezeichnet: der Kopf des Flussgottes erscheint jugendlich und (mit
Lorbeer!) bekränzt, über der l. Schulter sieht man ein Füllhorn, auch der Schilfzweig (?)
und die Urne sind wohl nicht genau wiedergegeben. Die Beschreibung dieser Nummer
ist also nicht durchweg sicher; da aber die Münze gewiss nicht erfunden ist und die Vertheilung der Schrift sowie in der Hauptsache auch der Typus wohl richtig angegeben sind,
konnte sie hier mit aufgenommen werden.

MARKIANOPOLIS

[Elagabalus]

N87 K 27 AYT K M AVP ANTΩNEINOC] ebenso   VΠ IOA ANT CEΛEVK .... Flussgott l. liegend

1 Philippopel. — Die Rs. ist so schlecht erhalten, dass man vom Schluss der Schrift nichts sieht und auch vom Bilde Einzelheiten nicht zu erkennen sind; ob die Rs. = 835 oder = 836 ist, bleibt daher unsicher.

N38 K 27 AYT K M AVPHAI ANTΩNEINOC K. m. l. r.   VΠ IOVA ANT CEΛEVKOV MAPKIA-NOΠO u. i. A. AITΩN Nemesis im langen gegürteten Doppelchiton mit Überschlag l. stehend, mit der R. das Gewand über der r. Schulter lüftend, im l. Arm einen Stab; am Boden neben ihr das Rad

Abweichungen: Vs. Schrift unvollständig 2; — Rs. Anfang und Schluss der Schrift fehlt 1 — CEΛEVK verwischt 2 — zwischen V und K (in CEΛEVKOV) ein Strich (wohl durch Stempelriss) 1 (2) — KIANOΠO verwischt 3

1 Berlin Cat. 63, 37 — 2 Berlin Cat. 63, 38: dieses Exemplar früher Pfau Cat. 425 [Gessner imp. CXLIX, 41°] als Athena unter Caracalla (s. oben 648°), schon berichtigt von Sestini lett. 8, 53 - 3 Bukarest. — Die Rs. von 1 und 2 sind aus demselben Stempel. Vgl. II. Posnansky, Nemesis und Adrasteia, S. 153, der nach Mionnet und den älteren Numismatikern schreibt «die R. zum Munde führend»; dieser Gestus scheint aber auf Münzen von Markianopolis überhaupt nicht vorzukommen. Über den Stab vgl. zu 840.

N39 K 26 AYT·K·M·AVPHΛIOC ANTΩNEINOC Br. m. L. P. M. r.   VΠ IOVA ANT CEΛEVKOV MAP. KIAN ...... ebenso

1 Wien Eckhel cat. 56, 30 [Mionnet S. 2, 95, 244]; Arneth Sitzungsber. 9, 894, 52. — '— Hierher (?) 2 Sestini descr. 35, 46 (Schrift beider Seiten nicht sieber) von Ainslie.

N40 K 26 ebenso   VΠ·IOVA·ANT·CEΛEVKOV MAPKIA-NOΠO u. i. A. AITΩN Nemesis l. stehend, in der vorg. R. die Wage, im l. Arm einen Stab; am Boden das Rad

Tafel XVIII, 25   Abbildung der Rs. (3)

Abweichungen: Rs. Trennung CEΛEVKOV 2, 4

1, 2 München — 3 Paris — 4 Sophia. — (Die Rs. von 1 und 3 sind aus demselben Stempel.) Der Stab im l. Arm der Göttin hat hier (ebenso bei 838, 1 und wohl auch sonst zuweilen) Knoten oder Stacheln, kann also nicht als Elle bezeichnet werden; vielleicht soll er ein Züchtigungsmittel vorstellen wie die Geissel; über die letztere vgl. Posnansky S. 112.

841* K —   Elagabalus (= 839?)   (VII IOYA ANT CEΛEVKOV MAPKIANO-ΠΟΛITΩN) Nemesis = 838. 839, aber mit Füllhorn statt des Stabes

1 Sestini descr. 35, 47 [Mionnet S. 2, 95, 245] von Ainslie.

Sestinis Beschreibung «sudens Nemesis stans, sed sine cornucopiae» ist wohl ungenau. Wo Nemesis sonst in der vorher angegebenen Haltung (d. h. mit der R. das Gewand lüftend) erscheint, hat sie nie das Füllhorn, sondern Stab oder Zaum; da aber das Füllhorn im l. Arm sicher zu sein scheint, so dürfte die Bewegung oder das Attribut der r. Hand unrichtig angegeben sein; die Münze war vielleicht = unten 846, 847. — Posnansky (s. zu 838) wollte in der Figur Tyche vermuten, da er die Beschreibung nur aus der unvollständigen Wiedergabe Mionnets kannte.

258   MOESIA INFERIOR

[Elagabalus]

141
K 26
AVT K M AVPH ANTΩNEINOC A⸍ · VΠ IΟΑ ΑΝΤ CΕΛΕVΚΩ ΜΑΚΙΑΝΟ-
Br. m. L. u. Schuppenpanzer. r.   ΠΟΛΙΤΩΝ Nemesis mit Wage,
                                      Stab und Rad wie vorher

Abweichungen: V. AVT..M und am Schluss AV a; — Rs. Schrift ohne Ligaturen (?) a (AVT statt ANT und CΕΛΕVΚΟV sind gewiss nur Druckfehler)
1 Paris Boutkowski revue num. 1883, 376, §. 2K, 3. — — Hierher vielleicht a Murzakewicz descr. mus. Odess. 24, 1

142
K 26
AVT K M AVP | ANTΩNEINOC AV⸍   ebenso
Br. m. L. P. M. r.
1 Sophia

143
K 26
AVT K M AVPH ANTΩNEINOC   VΠ |IOV A ANT CEΛΕVΚΟ V MAP-
Kopf m. L. r.   ΚΙΑ NΟΠΟΛΙΤΩΝ ebenso
1 Philippopel

144
K 26
AVT·K·M·AVPHΛΙΟC ANTΩNEINOC   VΠ IΟΑ ΑΝΤ CΕΛΕVΚΩ ΜΑΚΙΑΝΟ-
Br. m. L. P. M. r.   ΠΟΛΙΤΩΝ Ähnliche Göttin L stehend, in der R. die Wage, im l.
                               Arm kurzes Scepter oder Elle
                               (Nemesis?)
1 Mandl

145
K 26
= 843   ebenso
Gewicht: 9,80
1 Löbbecke

146
K 25
AVT K M AVP ANTΩNEINOC K. m.   VΠ ΙΟVΑ ΑΝΤ CΕΛΕVΚΩ [ΜΑΡΚ]ΙΑ-
L. r.   ΝΟΠΟΛΙΤΩΝ ebenso
1 Kopenhagen

147
K 26
= R44   VΠ ΙΟVΑ ΑΝΤ CΕΛΕVΚΟV ΜΑΡΚΙΑ-
                               ΝΟΠ [u. i. Λ. ΟΛΕΙΤΩΗ] Nemesis-
                               Aequitas l. stehend, in der R. die
                               Wage, im l. Arm Füllhorn; am
Gewicht: 11,65 (?)   Boden das Rad

Abweichungen: Rs. insgesamt VΠΙΑ·OVA statt VΠ ΙΟVΑ 3 — ΜΑΡΚΙΑΝΟΠΟΛΙ-
ΤΩΝ Trennung unsicher 2. 3
1 London (neue Erwerbung). — ' — 2 Sestini descr. 35, 48 von Ainslie — 3 Cat. Gaber-
katz 230, 959

148
K 25
AVT K M AVPHΛΙ AN.ΤΩΝΕΙΝ OC   VΠ ΙΟΑ ΑΝΤ CΕΛΕVΚΟV ....
Kopf m. l.. r.   ebenso
1 Wien Arneth Sitzungsber. 9, 894, 53

149
K 26
= 847   VΠ·ΙΟVΑ·ΑΝΤ·CΕΛΕVΚΟV ΜΑΡΚΙΑ-
                               ΝΟΠΟΛΙ u. i. A. ΤΩΝ Aequitas
                               mit Wage und Füllhorn L stehend
                               (ohne Rad)

Abweichungen: Rs. CΕΛΕV ΚΟV a — Trennung unsicher 3
1 Mandl ,Egger Verkaufs-Cat. 8, 159) — 2 Sophia. — — 3 Wiczay 2153 (Mionnet S. 2,
95. 145.; Sestini 16, 28

MARKIANOPOLIS 259

N50 [Elagabalus]
K 26 ebenso ΥΠ·ΙΟΥΑ ΑΝΤ·CEΛEYKOY MAPKIA-
NOΠO u. i. A. AITΩN Concordia
mit Schale und Füllhorn l. stehend
Gewicht: 9,33 (5)
Abweichungen: Vs. nicht beschrieben 6; — Rs. Schrift unsicher 6 — CEΛEV KOV 7
— L A. AITΩN 6, 7 — MAPKIANO 2. L A. ΠOΛITΩN 1, ΠOΛITΩN 3-5
1 Leake Europ. Gr. 69 — 2 London Cat. 34, 68 — 3 Mandl (Egger Verkaufs-Cat. 8, 160)
— 4 München — 5 Schmidt — 6 Wien Eckhel cat. 56, 29 (Mionnet S. 2, 95, 241); Arneth
Sitzungsber. 9, 894, 56 — 7 im Handel. — Hierher oder zu einer der folgenden Nummern
(851-857) 8 Vaillant num. gr. 128 (erwähnt von Mionnet S. 2, 101, 275; s. unten 964) aus
der Sammlung des Herzogs von Orléans (= 852, 1 oder 854, 2?)

N51 ebenso ΥΠ ΙΟΑ ΑΝΤ CEΛEYKOY MAPKIA-
K 27 NOΠOΛITΩN ebenso
Abweichungen: Rs. IOVA (?) 3 — am Schluss TΩN 2
1 Rollin — 2 Sophia. —[' — 3 Sestini descr. 35, 43 von Ainslie — 4 Wiczay 2134;
Sestini 28, 79

852 AYT K M AYPHΛIOC ANTΩNEINOC ebenso, aber MAPKIANOΠOΛITΩN
K 27 (Ν?) Kopf m. L. r.
Abweichungen: Vs. das Monogramm am Schluss unsicher 1; — Rs. IΩΛI und
CEΛEYKΩ 3 — MAPKIANOΠOΛITΩN 2, 3
1 Paris. —'| — 2, 3 Sestini descr. 35, 41, 42 von Ainslie

853 AYT K M AYPHΛI ; ANTΩNEINOC ΥΠ ΙΟΑ ΑΝΤ CEΛEYKΩ MAPKIANO-
K 26 ebenso ΠOΛITΩN ebenso
Gewicht: 10,08 (2) — 9,40 (1)
Abweichungen: Vs. im Schluss auch A (= 863) 5, 6, 7, 8; — Rs. Schrift ohne Liga-
turen (?) 6 — angeblich IΩΛI 8 — CEΛEVKOV 1, 3, 4 — angeblich MAPK 8 —
am Schluss TΩN 4
1 Gotha — 2 London Cat. 34, 47 — 3 Turin Mus. Cat. 1580 = Lavy 972 — 4 Venedig
Marciana — 5 im Handel. — 6 Sestini descr. 35, 40 von Ainslie — 7 Wiczay 2135;
Sestini 28, 56 — 8 Sestini mus. Chaudoir 43, 8

854 AYT K M AYPH ANTΩNEINOC A ebenso, aber CEΛEVKOV
K 26 Br. m. L. und Schuppenpanzer r.
Abweichungen: Rs. am Schluss TΩN 2
1 Mandl — 2 Paris — 3 Wien Arneth Sitzungsber. 9, 894, 57

855 AYT K M AYPH ANTΩNEINOC K ΥΠ ΙΟΑ ΑΝΤ CEΛEYKOV MAPKIA-
K 26 m. L. r. NOΠOΛITΩN ebenso
1 Sophia — 2, 3 im Handel

856 AYT K M AYP ANTΩNEINOC ebenso] = 853
K 26 Abweichungen: Vs. vielleicht nur ANTΩNINOC 2, 3; — Rs. CEΛEVKOV 2 —
Schrift unvollständig und ohne Ligaturen (?) 3
1 Basel — 2 Krupka. —'! — 3 Loogydrin Cat. Magnoncour 201 (unter Caracalla)

857 ebenso ΥΠ·ΙΟΥΑ·ΑΝΤ·CEΛEVKΩ MAPKIA-
K 27 NOΠOΛIT u. l. A. ΩN ebenso
1 im Handel

17*

260 MOESIA INFERIOR

658 AVT K M AVPH ANTΩNEINOC Hr.   VΠ IOVA ANT CEΛEVKOV MAPKIA-
K 27 m. L. P. M. r.   NOΠOΛEI u. i. F. TΩN Concor-
                                      dia l. stehend und r. blickend, in
                                      der vorg. R. Schale über Altar,
                                      in der L. Füllhorn
    1 Leake Europ. Gr. 69

659 [AVT K M| A[VP] ANTΩNEINOC Kopf ....T CEΛEVKOV MAPKIANO-
K 25 m. L. r.   ΠOΛ... Concordia, mit Kalathos
                                      auf dem Kopf, l. sitzend, in der
                                      vorg. R. Schale, im l. Arm Füllhorn
    1 Paris Blanchet revue num. 1892, 63, 19. — Die Schrift der Vs. ist nach n. 656 ergänzt;
    auf der Rs. stand der Schluss der Schrift wohl im Abschnitt.

660 AVT·K·M·AVPH ANTΩNEINOC   VΠ·IOVA·ANT·CEΛEVKOV MAPKIA-
K 26 ebenso   NOΠO u. i. A. AITΩN Göttin in
                                      langem Gewand l. stehend, in der
                                      vorg. R. zwei Ähren nach unten
                                      haltend, im l. Arm Füllhorn
T. XIX, 1   (Abundantia, Annona?)
        Abbildung der Rs. (5)
        Gewicht: 10,15 (2) — 8,23 (3. E. schl.) — 7,85 (1. E. schl.)
        Abweichungen: Vs. AVP statt AVPH z. 4. unsicher 6 — angeblich ANTΩNINOC 7
        — am Schluss noch A^ 5, unsicher z. 3; — Rs. CEΛEVKOV 4. 6 — l. A. AITΩN
        l. 3. 4 — Schluss der Schrift fehlt 2
    1 Athen Cat. 822 — 2 Gotha Sestini lett. 9, 2 -- 3 Kopenhagen Ramus 1, 99, 6 — 4 Mün-
    chen — 5 Paris Mionnet S. 2, 93, 230 — 6 Paris. - 7 Cat. Dubby Fuchs (1819) 334, 16

661 [AVT·K·M·] AVPHAIOC ANTΩ[NEI- VΠ·IOVA·ANT·CEΛEVKOV MAPKIA-
K 26 NOC] Hr. m. L. P. M. r.   NOΠOAI u. i. A. TΩN Göttin wie
                                      vorher l. stehend, aber sie hält die
                                      Ähren (oder einen Zweig?) nach
                                      oben
        Gewicht: 8,25
    1 Kopenhagen. -- Die Schrift der Vs. ist nach A44 ergänzt.

662 AVT K M AVPH | ANTΩNEINOC K.   VΠ IΩA ANT CEΛEV[KOV MAPKIA-
K 27 m. l. r.   NOΠOΛ... ebenso (?)
        Gewicht: 10,40
    1 Gotha. — Das Attribut im l. Arm der Göttin ist undeutlich.

663 AVT K M AVPHAI ANTΩNEINOC A^   VΠ IΩA ANT CEΛEVKΩ MAKIANO-
K 26 Hr. m. L. P. M. r.   ΠOΛITΩN Tyche mit Steuerruder
                                      und Füllhorn l. stehend
        Abweichungen: Vs. ohne A^ 1. 3; -   Rs. Anfang der Schrift fehlt 1 — IΩ statt
        IΩA (!) 3 — CEΛEVKOV 4. 5 — am Schluss TΩN 4 — unvollständig 1. 5
    1 Mailand Mus. Sanclem. 3, 33 [Mionnet S. 2, 94, 239] — 2 München, früher Cousinéry
    Sestini descr. 36, 50 — 3 Sophia — 4 im Handel. — Herlnr wohl 5 Ozon (1579) 76
    = (1601) 113 mit der falschen Lesung MAKEΔ statt des Stadtnamens (irrig unter
    Claudius)

MARKIANOPOLIS 261

N64 (Klagekopf)
K 26 ebenso   ΥΠ ΙΟΥΛ ΑΝΤ СЕΛΕΥΚΟΥ ΜΑΡΚΙΑ-
                                              ΝΟΠΟΛΙΤΩΝ ebenso
       Gewicht: 7,60 (1, E. scbl.)
       Abweichungen: Vs. mit ΑΥΡΗΛ 3 — am Schluss AV (?) 5 — Br. m. L. und
       Schuppenpanzer 3: — Rs. Schrift ohne Ligaturen (?) 5. 6 — in der Mitte un-
       vollständig l. 4 - die Frau mit Kalathos (? = 867) 4
       1 Gotha — 2. 3 Paris Mionnet S. 2, 94, 238; eins von beiden (nur Rs., ungenau) vorher
       bei Patin imp. 333 Abb. (Gessner imp. CLIX. 28'; Hardouin num. ant. 313; Vaillant num.
       gr. 128 — 4 Wien Mus. Theup. 1011; vielleicht dieses schlecht erhaltene Stück ungenau
       bei Arneth Sitzungsber. 9, 894, 58. — 5 Mursakewicz Odess. Mem. 3, 238, 1 unter Cara-
       calla — 6 Chaix descr. 23

N65   ΑΥΤ Κ Μ ΑΥΡΗΛΙ ΑΝΤΩΝΕΙΝΟC   ΥΠ ΙΟΑ ΑΝΤ СΕΛΕΥΚΟΥ ΜΑΡΚΙΑ-
K 26   Kopf m. L. r.   ΝΟΠΟΛΙΤΩΝ ebenso
       1 Wien Eckhel cat. 56, 32 [Mionnet S. 2, 94, 237]; Arneth Sitzungsber. 9, 894, 54

N66   ebenso, aber nur ΑΥΡΗ   ΥΠ ΙΟΥΛ ΑΝΤ СΕΛΕΥΚΟΥ ΜΑΡΚΙΑ-
K 25   ΝΟΠΟ u. i. Α. ΛΙΤΩΝ ebenso
       1 Wien Mus. Theup. 1012; Arneth Sitzungsber. 9, 894, 55

N67   ebenso   = 863
K 26   1. & im Handel

N68   ΑΥΤ·Κ·Μ·ΑΥΡΗΛΙΟC ΑΝΤΩΝΕΙΝΟC   ΥΠ ΙΟΑ ΑΝΤ СΕΛΕΥΚΟΥ ΜΑΡΚΙΑΝΟ-
K 26   Br. m. L. P. M. r.   ΠΟΛΙΤΩΝ ebenso, aber Tyche
                                           mit einem kleinen Kalathos auf
                                           dem Kopf
       1 Venedig Marciana

[N69] ΑΥΤ Κ Μ ΑΥΡΗ ΑΝΤΩΝΕΙΝΟC Kopf   ΥΠ ΙΟΑ ΑΝΤ СΕΛΕΥΚΟΥ ΜΑΡΚΙΑ-
K 26   m. L. r.   ΝΟΠΟΛΙΤΩΝ Tyche mit Steuer-
                                           ruder und Füllhorn nach vorn ste-
                                           hend und rechtshin blickend
       1 Wiczay 2137; Sestini 28, 32 — 2 Sabatier Iconogr. Rom. imp. LVIII, 6

N70   ΑΥΤ Κ Μ ΑΥΡΗ ΑΝΤΩΝΕΙΝΟC Ν°   ΥΠ ΙΟΑ ΑΝΤ СΕΛΕΥΚΟ ΜΑΡΚΙΑΝΟ-
K 27   Br. m. L. und Schuppenpanzer r.   ΠΟ u. i. Α. ΛΙΤΩΝ Adler mit
                                           ausgebreiteten Flügeln nach vorn
                                           stehend und den Kopf mit Kranz
                                           im Schnabel l. erhebend
T.XIX, 36 Abbildung der Rs. (2)
       Abweichungen: Rs. СΕΛΕΥΚΟΥ ΜΑΡΚΙΑΝΟΠΟΛΙ = Σ Λ ΤΩΝ (= 872) 3
       1 Kopenhagen — 2 Paris — 3 Rollin

N71   ΑΥΤ Κ Μ ΑΥΡΗ ΑΝΤΩΝΕΙΝΟC Κ. ..... Α. ΑΝΤ СΕΛΕΥΚΟΥ ΜΑΡΚΙΑ-
K 26   m. L. r.   ΝΟΠΟΛΙΤ u. i. Α. ΩΝ ebenso
       Abweichungen: Rs. Schrift am Anfang unvollständig 2 - - Stellung des ΩΝ unbe-
       kannt 2
       1 Berlin Cat. 64, 40. — — 2 Wiczay 2159 [Mionnet S. 2, 96, 247]; Sestini 38, 34
       Auf der Rs. des Berliner Exemplars ist vor Α Platz für 2-3 Buchstaben, hinter dem Α ein
       rundes Zeichen; vielleicht stand ΥΠ ΙΑΘ statt ΙΟΑ da.

[Elagabalus]

N72 K 26 AVT K M AVPHAIOC | ANTΩNEINOC Kopf m. L. r. — VΠ IOΥ ANT CEΛEVKOV MAPKIA- NOΠOΛI u. i. A. TΩN Adler mit ausgebreiteten Flügeln nach vorn stehend und den Kopf mit Kranz im Schnabel L. erhebend

1 Wien Arneth Sitzungsber. 9, 894, 60

N73 K 27 ebenso, aber nur AVPHAI — VΠ IOΥ ANT CEΛEVK!OV M'ΑKIA- [NOΠO] u. i. A. AITΩI ebenso, aber der Adler erhebt den Kopf rechtshin

1 München

N74 K 26 ebenso — VΠ IOVA ANT CEΛEVKOV MAPKIANO ΠOΛITΩN in einem Lorbeerkranz

1 Wien Cimel. Vindob. t, 119, XXI, 12; Eckhel cat. 55, n8 [Mionnet S. 2, 96, 248]; Arneth Sitzungsber. 9, 894, 61

N75 K 28 AVT K M AVP | ANTΩNEINOC ebenso — VΠ I...Ŏ CEΛEVKOV MAPKIAN OΠOΛITΩ N ebenso

Gewicht: 10,60

1 München. — Bei der Inschrift der Rs. ist in der zweiten Zeile zwischen I und Ŏ Platz für drei Buchstaben; der zweite Name des Seleucus ist durch ein Versehen fortgeblieben.

(Sergius Titianus)

Fast auf allen gut erhaltenen Münzen mit dem Namen dieses Statthalters ist das Gesicht des Kaisers leicht bärtig; Sergius Titianus scheint also die Provinz Moesia inferior erst in der letzten Zeit des Elagabalus verwaltet zu haben, jedenfalls später als Iulius Antonius Seleucus, auf dessen Münzen der Kaiser immer unbärtig ist.

N76 K 26 AVT K M AVP, ANTΩNEINOC Br. m. L. P. M. r. — VΠ CEPΓ TITIANOV MAPKIANO- ΠOΛITΩ u. i. F. r. N Zeus mit nacktem Oberkörper L. stehend, in der vorg. R. Schale, die L. auf das Scepter gestützt

Abweichungen: Vs. Schrift unsicher 3 — hinter AVP vielleicht ein Buchstabe oder zwei abgesprungen 1; — Rs. Stellung des letzten N nicht angegeben 3

1 Kopenhagen Ramus 1, 99, 7 — 2 Leake Suppl. 132 (unter Caracalla). — — 3 Sestini descr. 36, 56 (Mionnet N. 2, 96, 249) von Ainslie

N77° K — Elagabalus (Vs. nicht beschrieben) — (TΠ IOTA ANT CEΛEVKOT MAPKIANOΠO- ΛITΩN) Schlange

1 Vaillant num. gr. 128 (Mionnet S. 2. 100, 268 unter Elagabalus und Maesa) aus der Sammlung Magnavacca. — Vgl. unten 973¹.

	Elagabalus,	
N77 K 26	ebenso	ΥΠ CEΡΓ TITIANΟΥ ΜΑΡΚΙΑΝΟΠΟ- ΛΙ u. i. ΤΩΝ Hera in langem Ge- wand L stehend, in der vorg. R. Schale, die L. auf das Scepter ge- stützt

Abweichungen: Vs. vielleicht AVPH J: — Rs. Mitte und Schluss der Schrift undeutlich 1
1 München — 2 Paris — 3 Venedig Marciana. — — 4 (= 1 oder 2?) Sestini desv. 36,58
von Cousinéry; vgl. unten 877°.

| N7N
K 26 | ebenso | ΥΠ CEΡΓ TITIANOV ΜΑΡΚΙΑΝΟ-
ΠΟΛΙΤ u. i. F. Ω.Ν ebenso |

Abweichungen: Vs. hinter AVP vielleicht ein Beehstabe oder zwei abgesprungen 2
1 Mionnet — 2 Rollin

| N78
K 26 | AVT K M AVPH · ΑΝΤΩΝΕΙΝOC K.
m. L. r. | ΥΠ CEΡΓ TITIANOV ΜΑΡΚΙΑΝΟ-
ΠΟΛΙΤΩ u. L F. r. Ν ebenso |

1 Kopenhagen — 2 Rollin. — — Hierher (oder zu 880) 3 Sestini deser. 36,52 [Mionnet
S. 2, 98, 259] von Ainslie
Die Rs. des Kopenhagener Exemplars stammt von demselben Stempelschneider wie 876, 1
(Zeus); die Haltung der Figuren wie die Vertheilung der Schrift ist die gleiche.

| N79
K 26 | ebenso | ebenso, aber ΜΑΡΚΙΑΝΟΠΟΛΙΤΩΝ |

1 Rollin — 2 Wien Arneth Sitzungsber. 9. 895, 63. — Vgl. 879, 3.

| N81
K 26 | AVT K M AVPHAI | ΑΝΤΩΝΕΙΝOC = 877
ebenso |
| | 2 Bukarest |

| N82
K 24 | AVT K M AVPHAIOC ΑΝΤΩΝΕΙΝOC
Br. m. L. P. M. r. | ΥΠ CEΡΓ TITIANOV ΜΑΡΚ........
Athena mit Helm und Aegis L
stehend, die R. auf den Schild,
die L. auf den Speer gestützt |

1 Budapest. — Hierher (oder zu 883) vielleicht auch 2 Vaillant num. gr. 128 [Mionnet S. 2,
102, 262 irrig unter Elagabalus und Macea; vgl. unten 975°] angenom (aus die Rs.,
angeblich mit ΥΠ.CEP.TATIANOV) aus der Sammlung des Cardinal Maximi

| N83
K 25 | AVT K M AVPHAI ΑΝΤΩΝΕΙΝOC
AΓ ebenso | [ΥΠ CEΡΓ TITIA]NOV ΜΑΡΚΙΑΝΟ-
ΠΟΛΙΤΩΝ ebenso |

Abweichungen Vs. mit AVPH (?) 2; — Rs. die eingeklammerten Buchstaben unleserlich 1 — am Schluss ΤΩΝ (?) 2
1 Sophia. — — 2 Sestini deser. 36,54 [Mionnet S. 2, 96, 250] von Ainslie

| 877
K — | Elagabalus (Vs. nicht beschrieben) | ΥΠ CEΡ TATIAN ΜΑΡΚΙΑΝΟΠΟΛΙΤΩΝ
Hera L stehend = 877 |

1 Paris imp. 333 Abb. d. Rs. (im Index S. 21 irrig ΤΠ ΙΟΥΛ ΑΝΤ (ΓΛΕΤΚΟΙ); wohl
dasselbe Stück bei Hardouin num. ant. 313 und Vaillant num. gr. 128 (Mionnet S. 2, 102, 282
irrig unter Elagabalus und Macea; vgl. unten 975°)
Hardouin und Vaillant geben an, dass die Münze sich im Pariser Cabinet befand, und
für Patin kann dasselbe gelten. Jedenfalls war es nicht das jetzt in Paris vorhandene
Exemplar (oben 877, 2), da dieses von Cousinéry (vgl. 877,4) stammt; vielleicht war es
ein schlecht erhaltenes oder falsches Stück, das vor Mionnets Zeit ausgesondert worden
war. Die Schrift lautete gewiss ΥΠ CEΡΤ TITIANOV wie oben 877 fg.

MOESIA INFERIOR

[Elagabalus]

884
K 26
AVT K M AVP ANTΩNEINOC Br. VΠ CEPΓ TITIANOV MAPKIANO-
m. L. P. M. r. ΠOΛITΩN Nackter Hermes mit
Beutel und Stab l. stehend, über
dem l. Arm die Chlamys

Abweichungen: Rs. am Schluss TΩN 2
1 Wien Eckhel cat. 36, 35 [Mionnet S. 2, 97, 256]; Arneth Sitzungsbcr. p. 844, 62. — —
2 Wiczay 2162; Sestini 29, 37. — Hierher (oder zu 885, 886) vielleicht 3 Vaillant num.
gr. 128 [Mionnet S. 2, 102, 279 irrig unter Elagabalus und Marcus; vgl. unten 975°]
angemal (nur die Rs., angeblich mit VΠ.CEP.TATIANOV) aus seiner Sammlung.

885
K 26
AVT K M AVPH· ANTΩNEINOC ebenso, aber MAPKIANOΠOΛITΩN
Kopf m. L. r.
1 Mandl — 2 Moskau. — — 3 Wiczay 2163; Sestini 29, 38

886
K 27
AVT K M AVPHAI ANTΩNEINOC ebenso
ebenso (= 881)
Abweichungen: Vs. mit AVPHA 3 — AVT..... ANTΩNEINOC 1; — Rs. ...
TIANOV 1 — VΠ C..., ITIANOV 3 — am Schluss TΩN 3
1 Mailand Mus. Sanclem. 2, 308 [Mionnet S. 2, 80, 140] mit falscher Lesung OVAΠIANOV
unter Caracalla (s. oben 622°) — 2 München — 3 Neapel Cat. 6196

887
K 26
= 885 VΠ CEPΓ TITIANOV MAPKIANO-
ΠOΛITΩN Bärtiger Asklepios
mit nacktem Oberkörper nach
vorn stehend und l. blickend, in
der R. den unter die r. Achsel
gestemmten Schlangenstab
Gewicht: 7,70 (t. E. seN.)

Abweichungen: Rs. am Schluss TΩN (l) 4
1 Gotha — 2 St. Petersburg, früher Bankowitz Sestini mus. Bonk. 6 — 3 Sophia. — — —
4 Sestini descr. 36, 57 [Mionnet S. 2, 97, 258] von Ainslie. — (Die Vs. ist aus demselben
Stempel wie die von 805, 1.)

888
K 26
AVT K M AVPHA ANTΩNEINOC ebenso, aber MAPKIANOΠOΛIT u.
Kopf m. L. r. i. F. r. ΠN
1 Sophia — 2 Wien Mus. Theup. 1011; wohl dieses Stück (ungenau zu Seleucus) Arneth
Sitzungsbcr. 9, 844, 51

889
K 26
= 887 VΠ CEPΓ TITIANOV MAPKIANO-
ΠOΛITΩN Hygieia mit Schlange
1 Lübbecke und Schale r. stehend

890
K 26
AVT K M AVPH ANTΩNEINOC K. VΠ CEPΓ TITIANŌ MAPKIANOΠO·
m. l. r. ΛITΩN ebenso
Gewicht: 10,00 (1)
1 Imhoof — 2 Paris Mionnet S. 2, 97, 253 — 3 Paris Borthkowski terre arm. 1883, 376, 4
— — 4 Wiczay 2164; Sestini 29, 39

891
K 26
AVT K M AVPHAI ANTΩNEINOC ebenso
AV ebenso
Abweichungen: Vs. am Schluss nur AV (?) 2 — Rs. TITIANOV (?) 1
1 Kopenhagen Ramus 1, 99, 8 — 2 Krupka

MARKIANOPOLIS

902 [Elagabalus]
K 25 ebenso, aber ohne AV ebenso (Schluss der Schrift unsicher)
1 Neapel Cat. 6207 — 2 Sophia

903 AVT K M AVPHA ANTΩNEINOC VΠ CEPΓ TITIANOV MAPKIANO-
K 25 K. m. L. r. ΠOΛITΩN Nemesis mit Wage,
Tafel Stab und Rad l. stehend
XVIII, 66
Abbildung der Rs. (1)
Gewicht: 9,60 (1)
Abweichungen: Vs. AVPHA unsicher 3
1 Imhoof: Abb. der Rs. bei Pomansky, Nemesis und Adrasteia, Taf. I, 15 (zu N. 153) —
2 Paris — 3 Philippopel
Der Ansatz am oberen Ende des Stabes soll das Attribut vielleicht als Geissel bezeichnen.

904 ebenso VΠ CEPΓ TITIANOV MAPKIANO-
K 28 ΠOΛITΩN Nemesis·Aequitas
mit Wage, Füllhorn und Rad l.
Tafel stehend
XVIII, 68
Abbildung der Rs.
Gewicht: 12,03
1 Berlin Cat. 64, 41

905 AVT K M AVPH· ANTΩNEINOC K. ebenso
K 27 m. L. r.
Gewicht: 8,70 (1)
1 Gotha — 2 London Cat. 35, 51. — Die Vs. von 1 ist aus demselben Stempel wie die
von 887, 1 und die von 2 aus demselben Stempel wie die von 899, 3 und 902, 1.

906 AVT K M AVP ANTΩNEINOC Br. ebenso (Schluss der Schrift undeut-
K 26 m. L. P. M. r. lich)
1 München

907 AVT K M AVPH ANTΩNEINOC K. VΠ CEPΓ TITIANOV MAPKIANO-
K 26 m. l. r. ΠOΛITΩN Aequitas mit Wage
und Füllhorn l. stehend (ohne Rad)
Abweichungen: Vs. ANTΩNINOC (?) 1
1 Haag — 2 Sophia. — - 3 Sestini descr. 36, 55 (Mionnet S. 2, 97, 251) von Ainslie

908 ebenso VΠ CEPΓ TITIAN Ō MAPKIANOΠO·
K 26 ΛI u. t. A. TΩN ebenso
1 Wien Mus. Theup. 1011; Arneth Sitzungsber. 9, 893, 66

909* Elagabalus (Vs. nicht beschrieben) (VΠ CEP TATIANOV MAPKIANOΠOΛITΩN)
K — Herakles (l.?) stehend, in der R. Schale
über Altar, in der L. die Keule
1 Vaillant num. gr. 128 (Mionnet S. 2, 97, 155 unter Elagabalus, und S. 2, 102, 280
unter Elagabalus und Maesa)
Die Art, wie Vaillant die Münze anführt, lässt es zweifelhaft, ob sie auf der Vs. nur den
Kopf des Kaisers oder die beiden Köpfe hatte; ersteres ist allerdings wahrscheinlicher
(vgl. unten 935*). Die Beschreibung der Rs. ist jedenfalls unrichtig; die dargestellte Figur
war schwerlich Herakles, sondern vielleicht der Bonus Eventus oder sogar eine weibliche Figur. In Paris, wo die Münze sich angeblich befand, ist nichts ähnliches vorhanden.

266   MOESIA INFERIOR

[Elagabalus]

899 AVT K M AVPH ANTΩNEINOC   VΠ CEPΓ TITIANOV MAPKIANO-
K 26   Kopf m. L. r.   ΠOΛITΩN Concordia mit Kala-
                                     thos, Schale und Füllhorn l. stehend

Gewicht: 12,41 (1) — 10,25 (2)

Abweichungen: Vs. hinter AVPH der dreieckige Punkt (= 895) 2, 3; — Rs. am
Schluss TΩN (1) 6, unvollständig 2 — Concordia ohne Kalathos 1, 4, 6, 7
1 Berlin Cat. 64, 42 · 2 Gotha · 3 London Cat. 35, 52 — 4 Paris · 5 St. Petersburg.
· — 6 Sestini descr. 36, 53 [Mionnet S. 2, 97, 354] von Ainslie · · 7 Wiczay 2161;
Sestini mB, 36. — (Die Vs. von 3 ist aus demselben Stempel wie die von 895, 2 und 902, 1.)

900 AVT K M AVP ANTΩNEINOC Br. ebenso
K 27   m. L. P. M. r.

Abweichungen: Rs. Concordia ohne Kalathos (?) 1
1 Sophia — 2 Wien Cimel. Vindob. 1, 119, XXI, 11; Eckhel cat. 56, 36 [Mionnet S. 1, 97, 357];
Arneth Sitzungsber. 9, 895, 64

901 ebenso   VΠ CEPΓ TITIANŌ MAPKIANOΠO-
K 26   ΛIT u. i. A. ΩN ebenso

1 Wien Mus. Theup. 1011; Arneth Sitzungsber. 9, 895, 65

902 AVT K M AVPH · ANTΩNEINOC   VΠ CEPΓ TITIANOV | MAPKIANO-
K 26   Kopf m. L. r.   ΠOΛITΩN Tyche mit Kalathos,
                                     Steuerruder und Füllhorn l. stehend

1 London Cat. 35, 53 — 2 im Handel · — 3 (= 1?) Sestini descr. 36, 51 [Mionnet
S. 2, 98, 358] von Ainslie. — (Die Vs. von 1 ist aus demselben Stempel wie die von 895, 2
und 899, 3.)

(ohne Statthalternamen)

Über die zuweilen unsichere Vertheilung der Münzen ohne Statthalternamen
unter Caracalla und Elagabalus vgl. die Vorbemerkung oben S. 215.

903 AVT K M AVP ANTΩNEINOC Kopf MAPKIANOΠOΛ.... Göttin mit
K 20   des Elagabalus mit Lorbeer r. Schale und Scepter l. stehend
                                       (Hera)

1 St. Petersburg (= 627°!). — Vgl. die kleineren Münzen mit demselben Typus unter 907.

904 ebenso   MAPKIANOΠOΛITΩN Nemesis l.
K 20   stehend, in der R. die Wage, im
                                      l. Arm einen Stab (Elle?)

Gewicht: 4,80 (1)
1 Kopenhagen — 2 Odessa l'oiv.

905* Elagabalus (Vs. nicht beschrieben) YΠ AVP ANTΩNIANOV MAPKIANOΠOΛI-
K —   TΩN Stehende Frau mit Steuerruder und
                                              Füllhorn (Tyche)

1 Vaillant num. gr. 128 [Mionnet S. 2, 98, 360] aus der Sammlung Asselin.
Der Statthaltername auf der Rs. ist jedenfalls unrichtig angegeben; ob auf der Münze
YΠ CEPΓ TITIANOV stand (= 902), ist zweifelhaft; vielleicht gehörte sie gar nicht dem
Elagabalus, sondern dem Caracalla, so dass man an Faustinianus oder einen anderen
denken könnte.

905
K 21
(Elagabalus)
ebenso

MAPKIANOΠOΛITΩN Aequitas mit Kalathos l. stehend, in der R. die Wage, im l. Arm das Füllhorn

Gewicht: 4,40

1 München. — Der Kalathos auf dem Kopf der Göttin ist sicher.

906
K 22
AVT K M AVPH ANTΩNEINOC MAPKIANOΠOΛITΩN Göttin l. stehend, in der R. Ähren, im l. Arm Füllhorn (vgl. oben 860)

Gewicht: 5,51 (3) — 5,30 (1)

Abweichungen: Vs. ... K M AVP | ANTΩ..... 3; — Rs. die Ähren undeutlich (also vielleicht zu 905?) 3

1 München — 2 St. Petersburg Akademie — 3 Wien Aruoth Sitzungsber. 9, 895, 57. — (Die Rs. von 1 und 2 sind aus demselben Stempel.)

907
K 16
AVT K M AVP ANTΩNINOC K. m. MAPKIANOΠOΛITΩN Göttin mit l. r. Schale u. Scepter l. stehend (Hera)

Abweichungen: Vs. AVT ....NEINOC 3

1 Sophia. —) — Hierher wohl auch die dem Caracalla zugeschriebenen Münzen 2 Sestini descr. 34, 23 [Mionnet S. 2, 82, 166] von Ainslie — 3 Kasch Cat. Heidekin 830. — Vgl. oben 903, wohin das Exemplar von Sestini ebenfalls auch gehören könnte.

908
K 17
AVT K M AVP ANTΩNEINOC ebenso MAPKIANOΠOΛITΩN Priapos nach vorn stehend, mit den Händen das Gewand nach beiden Seiten zurückschlagend

T. XVI, 36 Abbildung der Rs. (2)

Gewicht: 2,42 (2)

Abweichungen: Vs. ANTΩNINOC 4. Schluss unsicher 3 — Schrift verwischt 5

1 Bukarest — 2 Gotha Sestini Irn. 9, 2 [Mionnet S. 2, 82, 164] unter Caracalla (s. oben 637*, 1) — 3 Schottenstift — 4 im Handel (Abguss vorhanden). — — 5 (= 3?) Cat. Welzl 1331 unter Caracalla

Die Figur wurde von Sestini für Silenos gehalten, es ist aber sicher Priapos.

909
K 16
AVT K M AVPH ANTΩNEINOC ebenso MAPKIANOΠOΛITΩN Hygieia mit Schlange und Schale r. stehend

Abweichungen: Vs. Schrift am Anfang unvollständig 2 — Schluss fehlt 2 — unsicher 3; — Rs. Schrift unsicher 3

1 Philippopel — 2 Wien Aruoth Sitzungsber. 9, 895, 72. — — Hierher vielleicht auch 3 Welzl zum chron. 1873, 80 (aus der Auction Subhy Bey) mit der Grossangabe Æ 7, die für eine Münze ohne Statthalternamen gewiss unrichtig ist.

909*
K —
Elagabalus (Vs. nicht beschrieben) . MAPKIA NOΠOΛITΩN Asklepios r. stehend und l. blickend

1 Mus. Atigoni 2 Imp. gr. XXVII, 374 Rs.

Da die Vs. nicht abgebildet ist, so bleibt es unsicher, ob die Münze nicht dem Caracalla gehört, unter dem der Typus sonst nachgewiesen ist (oben 634); Sestini hat sie vielleicht darum zweimal verzeichnet, cat. contig. 12 unter Caracalla und 13 unter Elagabalus. — Übrigens wäre der Typus auch unter dem letzteren Kaiser zu erwarten, da er von ihm kleine Münzen mit Hygieia und mit Telesphoros giebt.

268   MOESIA INFERIOR

910
K 16
Elagabalus]
AVT K M AVP ANTΩNINOC Kopf MAPKIANOΠOΛEITΩN Telepho-
m. l. r.   ros, in seinen Mantel gewickelt,
            nach vorn stehend
Gewicht: 2,65 (2)
Abweichungen: Vs. ANTΩN..., 3 — ...... ANTΩNINOC 2, 5 — ähnlicher 6; —
Rs. MAPKIA... ...TΩN (also vielleicht in 911 !) 2
1 Paris Blanchet revue num. 1892, 64, 23, I, 4 · 2 St. Petersburg Akademie — 3 Sophia —
4 Wien Arneth Sitzungsber. 9, 895, 68. -   5 (41) Froelich append. 1 novis 34, 48 aus
der Sammlung des Barons Stem - 6 Sestini descr. 34, 24 ;(Mionnet N. 2, 82, 161) von Ainslie

911
K 17
AVT K M AVP; ANTΩNEINOC   MAPKIANOΠOΛEITΩN ebenso
ebenso
1 Bukarest. -- Die Schrift der Vs. ist nach e. 914 fg. ergänzt.

912
K 16
AVT K M AVP ANTΩNEINOC   MAPKIANOΠOΛITΩN Concordia
ebenso   mit Kalathos, Schale und Füllhorn
                           l. stehend
Abweichungen: Rs. ohne Kalathos (?) 1
1 Paris   2 Weber Hamburg   3 Wien Arneth Sitzungsber. 9, 895, 72. —   4 Sestini
descr. 34, 22 (Mionnet S. 2, 82, 165) von Ainslie (unter Caracalla)

913
K 18
AVT·K·M·AVPH ANTΩNEINOC   MAPKIANOΠOΛITΩN ebenso
ebenso
1 London Cat. 33, 34

914
K 17
AVT K M AVP ANTΩNEINOC ebenso MAPKIANOΠOΛΙ u. i. A. TΩN Löwe
                                    r. schreitend
1 Bukarest — 2 St. Petersburg, wohl dieses Stück aufgenom bei Sestini Mus. Chaudoir 42, 4
(unter Caracalla). - Vgl. 915, 2.

915
K 17
Taf. XX, 1
ebenso (?)   ebenso, aber der Löwe schreitet
                           linkshin
Abbildung der Rs. (1)
Abweichungen: Vs. nur ...AVP ANTΩ..., sicher (Blanchet liest ANTΩNEINOC) (
angeblich AVTOK. ANTΩNINOC 2;   Rs. mit ΠΟΛEITΩN (?) 2
1 Paris Blanchet revue num. 1892, 63, 21.   Hierher (oder zu 914) 2 Sestini descr. 34, 21
[Mionnet S. 2, 83, 167] von Ainslie (unter Caracalla)

913*
K 16
AVT K M AVP ANTΩN[INOC] Kopf n.   MAPKIANOΠOΛITΩ und unten N Adler
l. r.
1 Paris Blanchet revue num. 1892, 64, 22
Da der Typus bei Severus und Geta vorkommt und die Gesichtszüge des Kaisers nicht
sicher für die Zutheilung an Elagabalus sprechen, ist die Münze schon oben (n. 628) unter
Caracalla beschrieben; doch konnte sie auch dem Elagabalus gehören.

915*
K 18
AVT M ΑΤΡΗΛΟC ANTΩNINOC Kopf ohne '(MAPKIANOΠOΛITΩN) Dreifuss
Kranz
1 Arneth Sitzungsber. 9, 895, 73 (unter Elagabalus)
Die Schrift der Vs. ist falsch gelesen; die Münze (im Wiener Cabinet) hat vielmehr
M ΟΠΕΛΛΙΟC ANTΩNINOC und gehört also dem Diadumenianus; s. oben 806, 1.

MARKIANOPOLIS

[Elagabalus]

916
K 17
AVT K M AVP ANTΩNEINOC Kopf MAPKIANOΠOΛITΩN Dreifuss, an
m. L. r.   dem sich eine Schlange empor-
                                                  ringelt
Gewicht: 1,70 (?)

Abweichungen: Vs. mit ANTΩNINOC !, ANTΩNINOC (?) 2, unsicher 4, 6; --
Rs. angeblich MAPKIA NO ΠOΛEITΩN 6 ··· am Schluss TΩN 1 ··· unsicher 3 --
der Kopf der Schlange r. 3, L 2, bei den anderen nicht angegeben
1 Bukarest — 2 München — 3 St. Petersburg — 4 Wien Mus. Theup. 972; Arneth
Sitzungsber. 9, 892, 22 (beide unter Caracalla) — 5 im Handel. -- — 6 Mus. Arigoni 1
imp. gr. X, 152 Rs. (unter Elagabalus); Sestini cat. contig. 12 (unter Caracalla). —
Vgl. oben 629.

917
K 16
AVT K M AVP ANTΩNINOC ebenso MAPKIANOΠOΛITΩN Halbgeöffneter
                                                              Korb, aus dem eine Schlange
                                                              r. hervorkriecht (Cista mystica)
Gewicht: 1,88 (1)

Abweichungen: Vs. Schrift am Anfang unvollständig 3, 4 — unsicher 1; —
Rs. IAN neuron 3 — MAPKIANOΠOΛI u. i. A. TΩN 1
1 Athen Cat. 616 (unter Caracalla) — 2 Bukarest -- 3 London Cat. 35, 59 — 4 München. — 5 Sestini descr. 34, 25 [Mionnet S. 2, 82, 163] von Ainslie (unter Caracalla)

918
K 17
AVT K M AVP ANTΩNEINOC Br. m. MAPKIANOΠOΛITΩ und i. A. N
L. P. M. r.   ebenso
Gewicht: 3,00 (?. g.)

1 Gotha. - Die Vs. ist aus demselben Stempel wie die von 936.

919
K 17
.... [AVP]HAIOC ANTΩN EI NOC MAPKIANOΠOΛEITΩN ebenso
ebenso

1 Bukarest. — Diese Vs. kehrt auch unten n. 925 wieder, leider ist die Schrift auch dort
am Anfang unvollständig.

920
K 16
AVT K M AVP ANTΩNINOC K. m. MAPKIANOΠOΛITΩN Schlange, um
L. r.   einen Stab geringelt (Stab des
                                                                   Asklepios!)
Gewicht: 2,88 (1)

Abweichungen: Vs. mit ANTΩNINOC (?) 6 — am Schluss unvollständig 5 —
unsicher 7; — Rs. mit MAK 1   Schrift unsicher 7 — Kopf der Schlange r. 3,
L 2, 4, 5, bei den anderen nicht angegeben
1 London Cat. 35, 57 — 2, 3 München — 4, 5 Wien Arneth Sitzungsber. 9, 893, 69, 70 —
6 Wien. ' — 7 Sestini descr. 34, 26   Mionnet S. 2, 82, 162] von Ainslie (unter Caracalla)

921
K 16
ebenso MAPKIANOΠOΛITΩN ebenso

Abweichungen: Vs. nicht beschrieben 4; — Rs. am Schluss TΩN (?) 4 ·· Kopf
der Schlange L 1, 3
1 Bukarest ·· 2 Kopenhagen — 3 im Handel. · · · 4 Vaillant num. gr. 128 [Mionnet
S. 2, 98, 261] aus der Sammlung Borgelocchi

916*
K 17
AVT K M .... Kopf (des Elagabalus) m. MAPK....ΠOΛITΩN Dreifuss mit Schlan-
L. r.   ge wie oben, aber zwischen zwei kleinen
                                                                   Ähren
1 London Cat. 35, 58
Die Münze gehört, wie der mir freundlichst übersandte Abguss zeigt, nicht dem Elagabal,
sondern dem Alexander; s. dort.

(Eingabsaten)

922 AV... AVPHA | ANTΩEINOC K. m. MAPKIANOΠOΛITΩN ebenso, Kopf
K 17   L. r.   der Schlange r.
       1 Sophia

923 AVT K M AVP ANTΩNINOC K. m. MAPKIANOΠOΛITΩN Weintraube
K 17   L. r.   mit Zweig
       Abweichungen: Vs. mit ANTΩNINOC (!) 1 — unsicher 3; — Rs. am Schluss
       TΩN I (3!) — der Zweig nicht immer bemerkt
       1 Bukarest — 2 St. Petersburg. — Vgl. oben 830, 1.

924 AVT K M AVPHA | ANTΩEINOC ebenso, aber am Schluss TΩN
K 17   ebenso
       Abweichungen: Vs. die ersten Buchstaben fehlen 2. 3 — AVPH statt AVPHA
       (= 923) 1 — ANTΩNINOC (!) 3; — Rs. am Schluss TΩN (= 923) 1
       1 London Cat. 35,35 — 2 Paris — 3 Wien Arneth Sitzungsber. 9, 895, 14

925 ...... [AVP]MAIOC ANTΩNE[INOC] [MA]PKIAN⚬ΠΟΛEIT[ΩN] ebenso
K 17   ebenso
       Gewicht: 3,20
       1 Athen Cat. 824. — Dieselbe Vorderseite s. oben 919.

926 AVT K M AVP ANTΩEINOC Br. m. MAPKIANOΠ...... ebenso
K 18   L. P. M. r.
       Gewicht: 2,00 (R. m.)
       1 Gotha. — Die Vs. ist aus demselben Stempel wie die von n. 918.

927 AVT K M AVPH ANTΩNEINOC K. MAPKIAN OΠOΛITΩN Flammender
K 17   m. L. r.   bekränzter Altar
       Gewicht: 2,59 (1)
       Abweichungen: Vs. mit AVP (!) 1
       1 Athen Cat. 825. — ' — Hierher (oder zu 928) 2 Cat. Welzl 1332 (unter Caracalla)

928 ebenso   [M]APKIA|NOΠOAI [u. i. A. TΩN]
K 17   ebenso
       Abweichungen: Vs. nicht beschrieben 3; — Rs. die eingeklammerten Buchstaben
       fehlen bei 1 und sind nach 2 ergänzt
       1 Bukarest. — ' — 2 Mus. Arigoni 1 alia imp. gr. IX, 144 [Mionnet S. 2, 83, 171] = Sestini
       cat. rarisz. 12 (unter Caracalla)

929 ...... AVPH ANTΩNINOC (!) K. MAPKIAN OΠOΛITΩN Brennende
K 17   m. L. r.   Fackel
T.XX,39 Abbildung der Rs.
       1 im Handel. -- Die Beschreibung der Vs. ist vielleicht nicht genau; von der Rs. liegt
       ein Abguss vor

930 AVT K M AVP ANTΩNEINOC ebenso MAPKIANO ΠOΛITΩN ebenso
K 17   Gewicht: 2,61 (1)
       Abweichungen: Vs. AVT K M AVP'......NOC 3; — Rs. Trennung MAPKIAN O-
       ΠOΛITΩN 2, unbestimmt 3
       1 London Cat. 35,36 — 2 Paris Mionnet S. 2, 98, 262. — ' — Hierher oder zu 929 wohl
       auch 3 Sestini descr. 34, 28 [Mionnet S. 2, 83, 169] von Ainslie (unter Caracalla)

[Elagabalus]

931 AVT K M... ΑΝΤΩΝΙΝΟC K. m.   ΜΑΡΚΙΑΝΟΠΟΛΙΤΩΝ Hoher Korb
K 17 l.. r.   mit Früchten

Abweichungen: Vs. erste Hälfte der Schrift zerstört s — über dem Kopf ein dreieckiger Gegenstempel 2; — Rs. angeblich ΠΟΛΕΙΤΩΝ *

1 Wien Froelich 4 teniam. 301, 310 Abb. d. Rs. (Gessner Imp. CLIX, 17°); Eckhel cat. 54,12 (Mionnet S. 2, 83, 173); Arneth Sitzungsber. 9, 892, 23 (alle unter Caracalla, vgl. oben 629°, 1). — — 2 Mionnet S. 2, 83, 174 aus der Sammlung des Marquis de la Tour-Maubourg (unter Caracalla)

932 AVT K M AVPH ΑΝΤΩΝΕΙΝΟC   ΜΑΡΚΙΑΝΟΠΟΛΙΤΩΝ Mondsichel
K 16 ebenso   und darüber in der Höhlung vier
                                   Sterne

1 Bukarest

933 AVT K M AVP ΑΝΤΩΝΙΝΟC ebenso ΜΑΡΚΙΑΝΟΠΟΛΙΤΩΝ ebenso
K 16   Gewicht: 3,40 (1)

Abweichungen: Vs. mit ΑΝΤΩΝΕΙΝΟC *

1 Gotha Sestini lett. 9, 2 (Mionnet S. 2, 83, 172) (unter Caracalla, vgl. oben 629°, 2) — 2 St. Petersburg

934 ebenso   MAP
K 17   ΚΙΑΝΟ
                                  ΠΟΛΕΙ im Felde
                                  ΤΩΝ

1 Bukarest

Elagabalus und Maesa

(Iulius Antonius Seleucus)

935 AVT K M AVP ΑΝΤΩΝΕΙΝΟC ΙΟV·   VΠ ΙΟΑ ΑΝΤ CΕΛΕVΚΟV ΜΑΡΚΙΑ·
K 27   ΛΙΑ ΜΑΙCΑ AVΓ· die Brustbilder   ΝΟΠΟΛΙΤΩΝ Zeus mit Schale
        des Elagabalus m. l.. P. M. r. und   und Scepter l. stehend; i. F. r. E
        der Maesa mit Stephane l., einan-
        der zugekehrt

1 Philippopel

936 ebenso, aber ΑΝΤΩΝΕΙΝΟC AVΓ   VΠ ΙΟVΑ ΑΝΤ CΕΛΕVΚΟV ΜΑΡΚΙΑ·
K 27   ΝΟΠΟΛΙ u. L A. ΤΩΝ ebenso,
                                      aber das E i. F. links

Gewicht: 9,80

1 Gotha Sestini lett. 9, 4 [Mionnet S. 2, 99, 263]

937 ebenso, aber ΑΝΤΩΝΕΙΝΟC AVΓ   VΠ ΙΟΑ ΑΝΤ CΕΛΕVΚ ΟV ΜΑΡΚΙΑ·
K 27   ΝΟΠΟΛΙ u. i. Λ. ΤΩΝ Sarapis
                                      mit Kalathos, erhobener R. und
                                      Scepter l. stehend; i. F. l. E

1 Löbbecke

938 = 935   VΠ ΙΟΑ ΑΝΤ CΕΛΕVΚΩ ἰ ....ΙΑΝΟ·
K 27   ΠΟΛΙΤΩ u. L A. N ebenso; l. F.
                                      l. E

1 im Handel

272 MOESIA INFERIOR

Elagabalus und Maesa

939 AVT K M AVPH ANTΩNEINOC IOV· VΠ IOVΛ ANT CEΛEVKOV MAP·
K 27 ΛIA MAICA AVΓ Kopf des Elaga- KIANOΠΤO u. i. A. ΛITΩN Hades-
balus m. L. r. und Br. der Maesa Sarapis mit Kalathos l. thronend,
mit Stephane L, einander zuge- die R. über dem Kerberos, die
kehrt L. auf das Scepter gestützt; im
F. r. E

1 Berlin Cat. 65, 44 — 2 Sophia Tacchella revue num. 1893, 72, 13

940 AVT K M AVP ANTΩNEINOC AVΓ VΠ IOΛ ANT CEΛEVKOV MAKIA·
K 27 IOVΛIA MAICA AVΓ die beiden NOΠΟΛΙΤΩΝ Brustbild des Sara-
Brustbilder pis mit verziertem Kalathos und
Gewand r.; i. F. L. E
T. XIII, 27 Abbildung der Rs. (6)

Abweichungen: Vs. ANTΩNEINOC 4 — Schrift in der Mitte undeutlich 3; — Rs.
IOVA und MAPK 4

1 Kopenhagen — 2 Löbbecke — 3 München F. J. Streber Gesch. des Münzkab. (1808) 42,
XII, 5 · 4 Paris Mionnet S. 2, 99, 264 — 5 Wien Arneth Sitzungsber. 9, 695, 75 — 6 im
Handel

941 = 939 VΠ IOVA·ANT·CEΛEVKOV MAPKIA·
K 27 NOΠ u. i. A. ΟΛΙΤΩΝ Hera mit
Schale und Scepter l. stehend; im
F. r. E

Abweichungen: Vs. am Schluss AVΓO, 2

1 Paris — 2 Sophia Tacchella revue num. 1893, 72, 13

942 AVT K M AVPH ANTΩNEINOC IOV· VΠ IOVA·ANT·CEΛEV KOV MAPKIA·
K 28 ΛIA MAICA AVΓOVC ebenso NOΠΟΛΙΤ u. i. A. ΩN ebenso;
Gewicht: 13,50 das E i. F. links

1 Löbbecke. — (Die Vs. ist aus demselben Stempel wie die von 946.)

943 AVT K M AVP ANTΩNEINOC AVΓ VΠ IOVA ANT CEΛEVKOV (MAP·
K 28 IOVΛΙΑ; MAICA AVΓ die beiden KIANOΠΟ)ΛΙ u. i. A. ΤΩΝ ebenso
Brustbilder

1 München. — Die Schrift der Vs. ist nach a. 937 ergänzt.

944 = 940 VΠ IOVA (?) (ANT CEΛEVKOV) MAP·
K 27 KIANOΠΟΛΙΤΩΝ ebenso; das E
i. F. rechts

Abweichungen: Vs. nur ...... ANTΩNEIKOC IOVΛΙΑ MAICA ... 1 — angeblich
ANTONEINOC von Sestini schon richtig geändert 2; — Rs. IΩA 1 (vielleicht
auch 2?) · die eingeklammerten Worte sind bei 1 zerstört und nach 2 ergänzt

1 Neapel Cat. 6300 ungenau (nach einem Abguss berichtigt). · 2 Mus. Arigoni 2 imp.
gr. XXVII, 380 [Mionnet S. 2, 101, 2/b]; — Sestini cat. castig. 13

MARKIANOPOLIS 273

[Elagabalus und Maesa]

945 = 939
K 27
ΥΠ ΙΟΥΛ ΑΝΤ ϹΕΛΕΥΚΟΥ ΜΑΡΚΙΑ-
ΝΟΠ u. i. Α. ΟΛΙΤΩΝ Demeter
mit Stephane, in langem Gewand
und Mantel l. stehend, in der vorg.
R. zwei Ähren, die L. auf die
Fackel gestützt; l. F. r. E

Gewicht: 10,65 (1)

Abweichungen: Vs. AVP statt AVPH (!) 2 — am Schluss AVΓO.. 1, undeutlich 3; — Rs. MAPKIANOΠOΛI a. l. A. ΤΩΝ 2

1 Gotha Neutral krtl. 9, 4 [Mionnet S. 2, 100, 269] — 2 Philippopel — 3 Wien Arneth Sitzungsber. 9, 895, 77. — (Die Vs. von 1 ist aus demselben Stempel wie die von 957,1.)

946 = 942 (aus demselben Stempel)
K 27
ΥΠ ΙΟΥΑ · ΑΝΤ · ϹΕΛΕΥΚΟΥ ΜΑΡ-
ΚΙΑΝΟ u. i. Α. ΠΟΛΙΤΩΝ Athena
l. stehend, auf der vorg. R. die
Eule, die L. auf den Speer ge-
stützt; am Boden der Schild; im
F. r. E

1 Löbbecke

947
K 28
ΑΥΤ Κ Μ ΑΥΡ ΑΝΤΩΝΕΙΝΟϹ ΑΥΓ ·
ΙΟΥΛΙΑ ΜΑΙϹΑ ΑΥΓ · die beiden
Brustbilder
ΥΠ ΙΟΥΑ · ΑΝΤ · ϹΕΛΕΥΚΟΥ ΜΑΡ-
ΚΙΑΝΟΠ u. i. A. ganz klein ΟΛΙ-
ΤΩΝ Nackter Apollon l. stehend
und r. blickend, die R. auf dem
Kopf, in der L. den Bogen; neben
ihm rechts der Baumstumpf mit
der Schlange, der hier dem l. Arm
als Stütze dient; l. F. l. E

1 Wien CimeL Vindob. 1, 119, XXI, 1 3; Eckhel ed. 36, 17 (Mionnet S. 2, 100, 271); Arneth Sitzungsber. 9, 395, 76; Overbeck Kunstmythologie 4 (Apollon) 303, 73, vgl. S. 209, mit Abbildung der Rs. auf Münztafel IV, 17
Über den Baumstumpf als Stütze vgl. oben S. 192.

948
K 27
ΑΥΤ Κ Μ ΑΥΡ ΑΝΤΩΝΕΙΝΟϹ ΑΥΓ ·
ΙΟΥΛΙΑ ΜΑΙϹΑ ΑΥΓ · Kopf und
Brustbild = 939
Gewicht: 11,40 (1)
ΥΠ ΙΟΥΑ ΑΝΤ ϹΕΛΕΥΚΟΥ ΜΑΡΚΙΑ-
ΝΟΠΟΛΙΤΩΝ ebenso, aber der
Arm nicht aufgestützt; l. F. l. E

Abweichungen: Vs. mit ΑΝΤΩΝΙΝΟϹ (!) 4; — Rs. am Schluss ΤΩΝ (!) 4
1 Imhoof — 2, 3 Paris — 4 Sophia. — 5 Cohen Cat. Gréau soll mit schlechter Beschreibung des Typus (als Herakles), berichtigt von Dressel Zschr. f. Num. 15 (1887) 69

949
K 27
[ΑΥΤ Κ Μ ΑΥΡ ΑΝΤ]ΩΝΕΙΝΟϹ ΑΥΓ
ΙΟΥΛΙΑ ΜΑΙϹΑ ΑΥΓ die beiden
Brustbilder
ΥΠ ΙΟΑ ΑΝΤ ϹΕΛΕΥΚΟ ΜΑΚΙΑΝΟ-
ΠΟΛΙΤ und l. F. L ΩΝ Nackter
Genius (Bonus Eventus) l. ste-
hend, in der vorg. R. Schale, in
der ges. L. zwei Ähren; L F. l. Ǝ

1 Sophia Tacchella revue num. 1893, 72, 14
Über den Typus (= Taf. XV, 9) vgl. die Bemerkung zu n. 931.

Die antiken Münzen Nord-Griechenlands I.   18

274 MOESIA INFERIOR

[Elagabalus und Maesa]

950
K 27
AVT K M AVP ANTΩNEINOC AVΓ IOVΛIA MAICA AVΓ die beiden Brustbilder
VΠ ΙΟ;Α ΑΝΤ CΕΛ]EVKOV MAPKIA-NOΠOΛIT u. l. A. ΩN Hermes mit Beutel und Stab l. stehend, über dem l. Arm die Chlamys; i. F. r. E

Abweichungen: Vs. ΑΝΤΩΝΕΙΝΟC s — retuschirt (die Buchstaben zwischen AVP und IOVΛIA beseitigt und durch ΑΛΕΞΑΝΔΡΟC ersetzt) 3; — Rs. die eingeklammerten Buchstaben unleserlich (nach s ergänzt) 1 — ΩΝ L A. nicht zu lesen 3 — CΕΛΕVKΩ ΜΑΚΙΑΝΟΠΟΛΙΤΩΝ 2

1 Löbbecke   2 Tübingen. — Hierher auch 3 Kopenhagen, dieses Ex. bei Delgado Cat. de Larichs 1891 unter Hadrianopolis in Dithynia als Billonmünze (es ist aber nur eine versilberte Kupfermünze) von Alexander und Maesa; vgl. unten 1053°.

951
K 28
... K M AVP ANTΩNEINOC AV......
..... ebenso
......NT CΕΛΕVKΩ ΜΑΚΙΑΝΟΠ.....
Nackter Hermes vorgebeugt l. stehend und nach vorn blickend, den. r. Fuss auf einen Felsen (?) aufgestützt, die Arme verschränkt auf dem r. Knie; hinter ihm das Kerykeion frei stehend; i. F. L E

1 Athen
Die Münze ist leider sehr schlecht erhalten, so dass die Einzelheiten nicht zu erkennen sind; die Stellung des Gottes ist die gleiche wie auf der Münze des Philippus junior Taf. XVI, 25; vielleicht stützt er den r. Fuss auch wie dort auf einen Widderkopf.

952
K 27
AVT K M AVP ANTΩNEINOC AVΓ· IOVΛIA MAICA AVΓ· ebenso
VΠ ΙΟΑ ΑΝΤ CΕΛΕVKΩ ΜΑΚΙΑΝΟ-ΠΟΛΙΤΩΝ Nackter Dionysos mit Kantharos und Thyrsos l. stehend; vor ihm der Panther; i. F. l. E

Gewicht: 12,70 (1)
Abweichungen: Rs. ΜΑΡΚΙ 2
1 Löbbecke — 2 Paris Blanchet revue num. 1892, 64, 84

953
K 27
ebenso, aber ohne Punkte
Gewicht: 12,42 (1)
VΠ ΙΟVΑ ΑΝΤ CΕΛΕVKOV ΜΑΡΚΙΑ-ΝΟΠΟΛΙ u. i. A. ΤΩΝ Dionysos ebenso, aber ohne den Panther; i. F. r. E

Abweichungen: Rs. Dionysos mit Traube statt des Kantharos (?) 2
1 Berlin Cat. 65, 45 — 2 Sophia

954
K 27
ebenso
VΠ ΙΟΑ ΑΝΤ CΕΛΕVOV ΜΑΚΙΑΝΟ-ΠΟΛΙΤΩΝ Asklepios mit dem Schlangenstab unter der r. Achsel nach vorn stehend und l. blickend; L F. l. E

Abweichungen: Rs. Anfang der Schrift fehlt 1 — CΕΛΕVKΩ l. 2 — ΜΑΡΚΙΑΝΟ-ΠΟΛΙΤΩΝ (= 956) 2 — ΜΑΡΙΑΝΟΠΟΛΙΤΩ (?) 1
1 London Cat. 36, 61   2 Paris — 3 Wien, früher Wiczay 2165; Sestini 19, 40; Arneth Sitzungsber. 9, 805, 76

	(Elagabalus und Maesa)	
955 K 27	AVT·K·M·AVPHAIOC·ANTΩNEINOC IOVΛIA MAICA· Kopf des Elagabalus m. L. r. und Br. der Maesa mit Stephane und Gewand l. 1 London Cat. 35,60	ebenso (am Schluss ohne N?)
956 K 27	AVT K M AVPH ANTΩNEINOC IOV· AIA MAICA AVΓ ebenso 1 Leake Suppl. 133	ebenso, aber MAPKIANOΠOΛITΩN
957 K 27	ebenso Gewicht: 11,25 (1) Abweichungen: Vs. — 952 (1) 2; — Rs. CEΛEVKOV = L A. ΛITΩN (?) 2 — Stellung des Werthzeichens g unsicher 2 1 Gotha Sestini lett. 9,3 [Mionnet S. 2,99,266] — 2 Sophia (Mittheilung von Twebella). — (Die Vs. von 1 ist aus demselben Stempel wie die von 945,1.)	VΠ·IOVΑ·ANT·CEΛEVK'OV MAP·KIA)NOΠO u. l. A. ΛITΩN ebenso
958 K 30	AVT K M AVP ANTΩNINOC .....IA MAICA AVΓ ebenso 1 München, früher Cousinéry, Sestini descr. 36,60 [Mionnet S. 2,99,267]	VΠ IOVA .... MAPKIANO-ΠOΛITΩ u. i. A. N Hygieia mit Schlange und Schale r. stehend; Werthzeichen zerstört
959 K 27	AVT·K·M·AVPH ANTΩNEINOC IOVAIA MAIC (so!) AVΓ ebenso Gewicht: 11,32 (1) Abweichungen: Rs. CEΛEV KO MAPKIANOΠOΛIT = L A ΩN 3 1 Löbbecke — 2,3 im Handel	VΠ·IOVA·ANT·CEΛEV KOV MAPKIA·NOΠOΛI u. i. A. TΩN ebenso; L. F. L E
960 K 28	AVT K M AVP ANTΩNEINOC AVΓ IOVΛIA MAIC A AVΓO ebenso 1 Philippopel	VΠ·IOVA·ANT·CEΛ EVKOV MAPKIA·NOΠO u. L A. ΛITΩN Hygieia mit Schale und Schlange linkshin stehend; das Werthzeichen zerstört
961 K 27	AVT K M AVP ANTΩNEINOC AVΓ IOVΛIA MAICA AVΓ· die beiden Brustbilder 1 London Cat. 36,63. — (Die Vs. ist aus demselben Stempel wie die von 964,3.)	VΠ IΩA ANT CEΛEVKOV MAKIA·NOΠOΛITΩN Göttin mit Wage und Scepter (?) l. stehend (Nemesis? vgl. 844); L F. r. E
962 K 27	[AVT K M AVP ANT]ΩNEINOC AVΓ· IOVΛIA MAICA AVΓ· ebenso 1 Berlin Cat. 64,43; diese Stück bei Beger then. Brand. 3,141 Abb. [Gessner imp. CLIX, 31 die Rs.]; Sestini lett. 8,33 [Mionnet N. 2, 101, 273]	VΠ·IOVA·ANT·CEΛEV KOV MAPKIA·NOΠOΛI u. i. A. TΩN Aequitas mit Wage und Füllhorn l. stehend; L F. r. E

18*

276 MOESIA INFERIOR

[Elagabalus und Maesa]

963
K 28
AVT·K·M·AVPH·ANTΩNEINOC·IOV·
ΑΙΑ·ΜΑΙϹΑ·ΑΥΓΟΥϹ Kopf des
Elagabalus m. L. r. und Br. der
Maesa m. Stephane l.

1 Paris

ΥΠ·ΙΟΥΑ·ΑΝΤ·ϹΕΛΕΥΚΟΥ·ΜΑΡΚΙΑ·
ΝΟΠΟΛΙΤ u. i. Α. ΩΝ Nemesis-
Aequitas mit Wage und Füll-
horn l. stehend, am Boden das
Rad; l. F. r. E

964
K 27
AVT K M AVP ANTΩNEINOC AVΓ
ΙΟΥΑΙΑ ΜΑΙϹΑ ΑΥΓ · die beiden
Brustbilder

Gewicht: 12,75 (1)

ΥΠ ΙΟΛ ΑΝΤ ϹΕΛΕΥΚΩ ΜΑΡΚΙΑΝΟ·
ΠΟΛΙΤΩΝ Concordia mit Schale
und Füllhorn l. stehend; l. F. l. E

Abweichungen: Vs. ΑΝΤΩΝΕΙΝΟϹ ΙΟΥΑΙΑ 2; — Rs. ϹΕΛΕΥΚΟΥ und am
Schluss vielleicht ΤΩ 2

1 Gotha Sestini lett. 9, 4 [Mionnet S. 2, 101, 275] — 2 Löbbecke — 3 London Cat. 32, 62
(die Vs. aus demselben Stempel wie die von 961). — Die von Mionnet (zu 1) erwähnte
Beschreibung Vaillant; (num. gr. 128, aus der Sammlung des Herzogs von Orleans) hat auf
der Vs. wohl den Kopf des Elagabalus allein; s. oben 850, 8.

965
K 27
AVT K M AVPHAIOC ANTΩNEINOC
ΙΟΥΑΙΑ ΜΑΙCΑ · ebenso

1 Paris

ebenso (am Schluss ΠΟΛΙΤΩ?)

966
K 26
AVT·K·M·AVPHAIOC·ANTΩNEINOC
ΙΟΥΑΙΑ ΜΑΙϹΑ· Kopf des Elaga-
balus m. L. r. und Br. der Maesa
m. St. l. (= 955)

1 Rollin

ΥΠ·ΙΟΥΑ·ΑΝΤ·ϹΕ ΛΕΥΚΟΥ ΜΑΡΚΙΑ·
ΝΟΠΟ u. i. Λ. ΑΙΤΩΝ ebenso,
aber E i. F. rechts

967
K 28
AVT K M AVP ANTΩNEINOC AVΓ
ΙΟΥΑΙΑ ΜΑΙϹΑ ΑΥΓ die beiden
Brustbilder

1 Kopenhagen

ebenso, aber ϹΕΛ ΕΥΚΟΥ

968
K 29
AVT K M AVP ANTΩN........A
ΜΑΙϹΑ ΑΥΓ ebenso

.... ϹΕΛΕΥΚΟΥ ΜΑΡΚΙΑΝΟ·
Π..... Göttin mit Ähren und
Füllhorn l. stehend (Abundan-
tia?); i. F. r. E

Abweichungen: Vs. nicht beschrieben 2; — Rs. Schrift nicht angegeben 2

1 München. — — 2 Mionnet S. 2, 100, 270 aus der Sammlung des Chev. Péré

969
K 27
Schrift zerstört. Br. des Elagabalus und
der Maesa

Gewicht: 11,32

1 Turin Mus. (Cat. 1982 =) Lavy 974

Die Buchstaben ΙΟΛ ΑΝΤ, die Lavy bietet ΤΠ lies, sind nicht zu sehen und daher auch
von Fabretti im Catalogo nicht angegeben; mir schien es sicher, dass diese Buchstaben
nicht auf der Münze stehen. Da es ausserdem zweifelhaft ist, ob auf der Vs. überhaupt
Elagabalus und Maesa dargestellt sind, kann diese Münze nirgends mit Sicherheit eingereiht werden.

ΤΠ ΙΟΛ ΑΝΤ.... ΜΑΡΚΙΑΝΟΠΟΛΙΤΩΝ
Concordia mit Schale und Füllhorn l.
stehend; l. F. l. E

MARKIANOPOLIS

969 [Elagabalus und Maesa]
K 27 AVT K M AVPH ANTΩNEINOC IOV- VΠ IOVΛ ANT CEΛEVKOV MAPKIA-
ΛIA MAICA AVΓ Kopf des Elaga- NOΠOΛI u. i. Λ. TΩN Liberali-
balus m. L. r. und Br. der Maesa tas L stehend, in der R. das Tä-
m. Stephane l. felchen, im L Arm das Füllhorn;
L F. r. E

1 Wien Froelich append. 2 nnvac 65, 68 (Mionnet S. 2, 101, 277) irrig mit Hermesstab in
der R.; Kckhel cat. 36, 36 [Mionnet S. 2, 101, 274] mit Zweig in der R.; Arneth Sitzungsber. 9. 695, 78 richtig mit Aserre

970 AVT K M AVP ANTΩNEINOC AVΓ VΠ IΩΛ ANT CEΛEVKΩ MAKIANO-
K 27 IOVΛIA MAICA AVΓ die beiden ΠOΛITΩN Tyche mit Steuerruder
Brustbilder und Füllhorn l. stehend; L F. l. E

Gewicht: 11,48 (3)

Abweichungen: Vs. ANTΩNEINOC 1, angeblich ANTΩNINOC 4. Schrift zu-
sicher 3; — Rs. CEΛEVKOV MAP. ... 2 — Schrift ohne Ligaturen (?) 4 — sodann 5

1 München — 2 Neapel Cat. 6301; vielleicht dieses Stück engross bei Vaillant num. gr. 128
[Mionnet S. 2, 100, 272] aus der Sammlung Foucault — 3 Turin Mus. Cat. 1983. — —
4 Handmalo op. sel. 817 aus seiner Sammlung — 5 Cat. d'Ennery 1684

971 AVT K M AVP ANTΩNEINOC AVΓ VΠ IΩΛ ANT CEΛEVKΩ MAPKIA-
K 27 IOVΛIA MAICA AVΓ die beiden NOΠOΛI u. i. Λ. TΩN Schlange,
Brustbilder in vielen Windungen aufgerichtet,
Kopf r.; L F. r. E

Abweichungen: Vs. Anfang der Schrift fehlt 1 — ANTΩNEINOC (?) 2 — ohne
AVΓ hinter ANTΩNEINOC 3 — angeblich AVΓ M AVP ANTΩNEINOC EVC
IOVΛIA MAICA AVΓO (jedenfalls unrichtig) 5, 6; — Rs. Anfang der Schrift
fehlt 2 — angeblich EΠI statt VΠ 5, 6 — MAKIANOΠO u. L A. ΛΠΩN 1 —
das E L F. links 1. (21) — Schrift ohne Ligaturen (?) 4, 5, 6 — Trennung der
Schrift und Stellung des E unsicher 4, 5, 6

1 Lobbecke — 2 London Cat. 36, 67 — 3 unbekannte Sammlung (Abguss vorhanden).
— | — (Hierher oder zur folgenden Nummer 4 Sestini descr. 36, 59 [erwähnt von Mionnet
S. 2, 100 zu n. 268] von Ainslie — 5, 6 Cat. d'Ennery 1683. — Vgl. auch unten 973°.

972 AVT K M AVP ATΩNEINOC AVΓ·IOV· VΠ IOVΛ ANT CEΛEVKOV MAPKIA-
K 27 ΛIA MAICA AVΓ· Kopf des Elaga- NO u. i. Λ. ΠOΛITΩ Schlange
balus m. L.. r. und Br. der Maesa N
m. Stephane l. wie vorher; L F. L E

Abweichungen: Vs. Anfang der Schrift fehlt 4 — zweite Hälfte der Schrift unvollständig (IOV .... AVΓ) 5 — Br. des Elagabalus m. L. P. M. (?) 3; — Rs. im
Abschnitt ΠOΛITΩN in einer Zelle 2, 4

1, 2 London Cat. 36, 63. 66 3 Sophia (Mittheilung van Taeebulla) — 4 Wien Arneth
Sitzungsber. 9, 695, 79. — Hierher wohl 5 (— 1 oder 2?) Hayn les. Brit. 2, 254. XVIII, 3
(Gessner Imp. CLIX, 30) aus der Sammlung des Herzogs von Devonshire, unter Elagabalus und Snaemias; schon Mionnet S. 2, 100 zu n. 268 vermuthete, dass es Elagabalus
und Maesa wären; vgl. unten 981°.

MOESIA INFERIOR

[Elagabalus und Maesa]

973
K 28
AVT K M AVP ANTΩNEINOC AVΓ VΠ I...... CEΛEVKOV MAPKIANOΠO-
IOVΛIA MAICA AVΓ die beiden ΛITΩN ebenso; im Abschnitt E
Brustbilder

1 London Cat. 36, 64. — — Hierher vielleicht (oder identisch mit 1!) 2 Wien aus. art. sylloge 38 angeblich mit VΠ IOVA CEΛEVKOV MAPKIANOΠOΛEITΩN)

974
K 27
ebenso · ΠV· (so, statt VΠ)
IOVΛ AN
TΩNIOV CEΛ
EVKOV MAPK in einem Kranze
IANOΠOΛIT
Ω N
E

1 Berlin Cat. 63, 46
Dies ist die einzige Münze, auf welcher der zweite Name des Beinmes ausgeschrieben ist.

(Sergius Titianus)

975
K 27
AVT K M AVPH ANTΩNEINOC AVΓ VΠ CEPΓ TITIANOV MAPKIANO-
IOVΛIA MAICA die Brustbilder ΠOΛITΩN Athena l. stehend, in
des Elagabalus m. L. P. M. r. und der vorg. R. Schale, die L auf den
der Maesa mit Stephane und Ge- Speer gestützt; am Boden neben
wand l. ihr der Schild; L F. I. E

Gewicht: 9,47 (2)

Abweichungen: Vs. AVP statt AVPH (1) 1; — Rs. das letzte N L F. r. unten 2. (3f)
1 München — 2 Neapel Cat. 6302 ungenau — 3 Venedig Marciana; vielleicht dieses Stück mit ungenauer Beschreibung der Vs. bei Padu thes. Maurocen. 132. — Vgl. unten 975°.

975ª
K —
(Elagabalus und Maesa (Vs. nicht beschrie- (ΠΙ IOVΛ ANT CEΛEVKOV MAPKIANO-
ben) ΠOΛITΩN) Schlange

1 Vaillant num. gr. 128 [Mionnet S. 2, 101, 268] aus der Sammlung Magnavacca. — Die Anführung der Münze bei Vaillant Ihm es zweifelhaft, ob auf der Vs. nur der Kopf des Elagabalus oder, wie Mionnet annahm, die beiden Köpfe des Elagabalus und der Maesa dargestellt sind; ersteres wäre wahrscheinlicher (vgl. die Bemerkung zu 975ᵇ), wenn der Typus bei Elagabal allein nachweisbar wäre; da das bis jetzt nicht der Fall ist, bleibt die Münze zweifelhaft; vgl. oben 873ᵇ.

975ᵇ
K 11
Elagabalus und Maesa (Vs. nicht be- ΠΙ CEP TATIANOV MAPKIANOΠOΛITΩN
schrieben) Hermes mit Chlamys, Beutel und Gewand
(L) stehend

1 Vaillant num. gr. 128 [Mionnet S. 2, 102, 279 mit dem Verbesserungsvorschlag TITIANOT] aus seiner Sammlung

ebenso (Schrift ebenso) Herakles (L) stehend,
in der R. Schale über Altar, in der L.
Keule

2 Vaillant num. gr. 128 [Mionnet S. 2, 102, 280] angeblich aus dem Pariser Cabinet
ebenso (Schrift ebenso) Athena mit Schale und
Speer (l.) stehend

3 Vaillant num. gr. 128 [Mionnet S. 2, 102, 281] aus der Sammlung des Cardinals Maximi
ebenso (Schrift ebenso) Frau in langem Gewand
(L) stehend, in der R. Schale, in der L.
Speer (Hera?)

4 Vaillant num. gr. 128 [Mionnet S. 2, 102, 282] angeblich aus dem Pariser Cabinet

MARKIANOPOLIS

[978] (ΑΥΤ Κ Μ ΑΥΡ ΑΝΤΩΝΕΙΝΟC ΑΥΓ ΥΠ CΕΡΓ ΤΙΤΙΑΝΟΥ ΜΑΡΚΙΑΝΟ-
K (27) ΙΟΥΛΙΑ ΜΑΙCΑ ΑΥΓ ebenso?) ΠΟΛΙΤΩΝ Nackter Hermes (r.?)
stehend, in der R. den Beutel, in
der L. das Kerykeion, den l. Arm
auf eine Stele gestützt; L F. €

1 Sestini descr. 36,61 [Mionnet S. z. 101, 278] von Ainsile
Leider ist diese interessante Münze verschollen. Sie ist trotz der angenauen Angabe
der Vs., die nur mit *eadem adversa* an die vorhergehende (oben 958) angeknüpft ist,
hier aufgenommen, weil die Rs. jedenfalls in der Hauptsache richtig beschrieben ist; sie
ist dem in der Einleitung (S. 193) besprochenen angewöhnlichen Hermestypus (s. die Abbildung Taf. XVI, 22) verwandt und vielleicht sogar eine genauere Wiedergabe der Statue,
wenn wirklich, wie Sestini angiebt, die Stele als Armstütze diente.

977 ΑΥΤ Κ Μ ΑΥΡ ΑΝΤΩΝΕΙΝΟC ΑΥΓ ΥΠ CΕΡΓ ΤΙΤΙΑΝΟΥ ΜΑΡΚΙΑΝΟ-
K 27 ΙΟΥΛΙΑ ΜΑΙCΑ ΑΥΓ die beiden ΠΟΛΙΤΩΝ Aequitas mit Wage
Brustbilder = 975 und Füllhorn l. stehend; L F. r. E

1 Sophia. — — Hierher vielleicht 2 Sabatier iconogr. imp. rom. LVI, 2 (Vs. schlecht gezeichnet ΑΥΓ ΑΝΤΩΝΕΙΝΟC ΙΟΥΛ.... angeblich mit den Köpfen des Caracalla und
der Domna, s. oben 676°; Rs. mit unvollständiger Schrift ......ΙΑΝΟΥ ΜΑΡΚΙΑΝΟ....
und der Gegenstand in der vorgestreckten R. der Frau zerstört, am Boden aber das
Rad).

978 ΑΥΤ Κ Μ ΑΥΡ ΑΝΤΩΝΕΙΝΟC ΚΑΙ ΥΠ CΕΡΓ ΤΙΤΙΑΝΟΥ | ΜΑΡΚΙΑΝΟ-
K 28 ΙΟΥΛΙΑ ΜΑΙCΑ ebenso ΠΟΛΙΤΩΝ Tyche mit Kalathos,
Steuerruder und Füllhorn nach vorn
stehend und l. blickend; L F. r. E

Gewicht: 12,85 (1)

Abweichungen: Vs. Schrift unsicher 2, unvollständig (... ΑΝΤΩΝΕΙΝΟC ΚΑΙ
ΙΟΥΛΙΑ ....) 3; — Rs. erste Hälfte der Schrift fehlt (aber wegen der Vs. wohl
hierher gehörig) 3 — am Schluss vielleicht ΤΩΝ 2

1 Löbbecke — 2 Sophia — 3 im Handel

Dass die beiden Namen durch *και* verbunden sind, findet sich bei Elagabalus und Maesa
nur dieses eine Mal; ebenso sind die Namen des Macrinus und Diadumenianus hin und
wieder (z. 717, 751, 784) durch *και* (für *και*) verbunden; und auch für Alexander und Maesa,
sowie für Alexander und Mamaea findet sich das zuweilen (unten 1066, 1067, 1077, 1084).

Mionnet hat diese vier Beschreibungen unter Elagabalus und Maesa aufgenommen und
bei der ersten als Schrift der Vs. vermuthungsweise ΑΥΤ Κ Μ ΑΥΡ ΑΝΤΩΝΕΙΝΟC ΑΥΓ
ΙΟΥΛΙΑ ΜΑΙCΑ ΑΥΓ (*ut videtur*) hinzugefügt, obwohl die Anführung bei Vaillant es mindestens zweifelhaft lässt, ob auf der Vs. die beiden Köpfe oder nur der des Kaisers dargestellt sind. Vaillants Zusatz *capita Elagaboli et Maesae* (es steht der Druckfehler *Musae*
da) bezieht sich vermuthlich nur auf die eine Münze, bei der er stehl (oben 970, 2); die
darauf folgenden vier Rückseiten mit ΤΙΙ ΙΟΥΛ ΑΝΤ CEΛETKOY und die vier hier mit
ΤΙΙ CΕΡ ΤΙΣΤΙΑΝΟΥ gehören aber wohl zu Münzen des Elagabalus allein; denn es
wäre sehr auffallend, wenn Vaillant nur eine Münze mit dem Kopf des Elagabalus allein
(die übrigen falsch beschrieben ist, s. oben 902°) gekannt hätte und neun mit den
beiden Köpfen. Mionnet war selbst offenbar im Zweifel, wohin die Münzen gehören, da
er eine auch unter denjenigen des Elagabalus allein verzeichnet hat (die zweite:
Mionnet S. 2, 97, 255; oben 892°). Ich habe sie alle unter Elagabal aufgenommen: n. 884, 3,
892°, 821,2, 833°.

280   MOESIA INFERIOR

Elagabalus und Soaemias
(Iulius Antonius Seleucus)

979
K 28

AVT K M AVP ANTΩNEINOC AVΓ· IOVAIA COVAIMIC· die Brustbilder des Elagabalus m. L., P. M. r. und der Soaemias L, einander zugekehrt

Gewicht: 13,55

VΠ IOVA ANT CEAEVKOV MAPKIA· NOΠOΛ u. i. A. AITΩN Hades-Sarapis mit Kalathos l. throuend, die R. über dem Kerberos, die L. auf das Scepter gestützt; i. F. r. E

1 Imhoof; dieses Exemplar bei Sabatier revue belge, 4 sér., 3 (1865) 393, 6, XVII, 6 — Cohen Cat. Gréau 1010

980
K 27

ebenso (aus demselben Stempel)

VΠ IOVA ANT CEAEVKOV MAPKIA· NOΠOΛ u. i. A. ITΩN Nackter Hermes mit Beutel und Stab l, stehend, über dem l. Arm die Chlamys; vor ihm der Hahn; im F. r. E

Gewicht: 9,12 (gut erhalten, aber sehr dünner Schrötling)

1 Löbbecke

981
K 27

ebenso, aber am Schluss COVAIMI·

VΠ IΩA ANT CEAEVKOV MAKIANO· ΠOΛITΩN Nackter jugendlicher Gott (Bonus Eventus?) l. stehend, in der vorg. R. Schale, in der gesenkten L. zwei Ähren; l. F. l. E

T. III, 15

Abbildung (2)

1 Sophia Tacchella revue num. num. 1893, 72, 16 — 2 Dr. Weber

Da die Figur in der linken Hand statt des gewöhnlichen Zweiges hier Ähren hält, kann sie nicht wohl Apollon genannt werden; indessen ist sie in Haltung und Haartracht durchaus der Darstellung des Apollon mit Schale und Zweig nachgebildet und deshalb hinter den Apollontypen noch einmal abgebildet (Taf. XV, 9); den gleichen Typus s. oben 949. — In der Umschrift wollte der Stempelschneider ursprünglich wohl CEAEVKΩ schneiden, wie die Ähnr dem Q noch sichtbaren Ansätze zu dieser Ligatur zeigen; dann setzte er ein V hinter das O, liess aber die kurzen Striche stehen.

982*
K 27

AVT K M ATP ANTΩNINOC AVT IOY..... ATP Kopf des Elagabalus m. L. r. und Bs. der Soaemias L., einander zugekehrt

ΤΙΙ IOTA ANT CEAEVKOY MAPKIANO u. L A. ΠOΛITΩ Schlange in vielen Windungen aufgerichtet, Kopf r.; L F. l. E

1 Flaym re. Brit. 2, 354, XVIII, 3 (Gessner imp. CLIX, 30) — thrs. Brit. 2, 345, XLII, 9 (Mionnet S. 2, 120 Anm. zu 268) aus der Sammlung des Hermge von Devonshire

Wie schon Mionnet vermuthete, waren auf der Vs. vielmehr die Köpfe des Elagabalus und der Maesa dargestellt. Ihr Name der Kaiserin war zerstört; da aber auf den bisher bekannten Münzen (n. 979—981) hinter ΓΟΥ ΛΙΜK(Ι) nunmehr AΠ steht, wohl aber fast immer hinter dem Namen Maesa, werden wir auch hier die letztere zu erkennen haben; auch die Surphane spricht dafür. Die Münze ist daher oben als n. 972,5 aufgenommen, die Rs. stimmt genau mit 973, 1-3 überein.

Severus Alexander

Von den vier Statthaltern, die unter Alexander auf Münzen von Markianopolis genannt sind, ist Julius Gaetulicus sicher der erste; denn auf den Münzen mit seinem Namen ist das Gesicht des Kaisers ganz jugendlich wie auf den ersten römischen. Für die drei anderen ist die Reihenfolge nicht sicher festzustellen; nach einem Exemplar des Gothaer Cabinets schien Philopappus am frühesten anzusetzen zu sein; dagegen glauben Herr Löbbecke nach seinen Exemplaren und Herr Dr. Gaebler nach denjenigen des Berliner Cabinets den Philopappus an den Schluss setzen zu müssen. Da die mir freundlichst übersandten Abdrücke diese Anordnung zu bestätigen schienen, so ist dieselbe für das Verzeichniss der Münzen befolgt worden; Sicherheit ist mit dem bisher bekannten Material nicht zu erreichen.

(Julius Gaetulicus)

942
K 26
AV K M AV CEV AΛEΞANΔPOC Br. VΠ IOV ΓETOVΛIKOV MAPKIANO
m. L. P. M. r.   u. L A. ΠOΛIT, L F. l. ΩN Sarapis
                                        mit Kalathos nach vorn stehend
                                        und l. blickend, die R. erhoben,
                                        im l. Arm das Scepter

Gewicht: 9,15 (1)

Abweichungen: R. ΓETOVΔIKOV (so, mit Stempelfehler Δ statt Λ) MAPKIA-
NON u. l. A. OΛIT, i. F. l. ΩN ï

1 Gotha Semini lesk. 9,4 [Mionnet S. 2, 102, 283] — 2 München

Die Vs. von 1 ist aus demselben Stempel wie die von 984,3 und 989,3 und wohl auch andere Stücke derselben Nummern.

943
K 26
AVT K M AVP CEVH AΛE ΞANΔPOC ebenso
Kopf m. L. r.

Gewicht: 8,76

1 Turin Mm. Cat. 1984 = Lavy 975

881
K —
1 Elagabalus und Soaemias (Vs. nicht be-   AV TΓXII ΓII TEPHΛHNTINOV MAPKIA-
schrieben)   NOHOΛITΩN Iustitia (L.) stehend, in der
                                          R. die Wage, im L Arm das Fallhorn

1 Vaillant num. gr. 128 [Mionnet N. 2, 98, 763] angeblich mit dem Pariser Cabinet

Da die Münze unter dem Statthalter Tereventinus geprägt ist, kann auf der Vs. nicht Elagabalus dargestellt sein; es handelt sich gewiss um eine schlecht erhaltene Münze von Alexander und Maesa, wie auch Mionnet schon vermuthete. Wir werden unten (n. 1065) noch mehrere andere Beschreibungen desselben Exemplars kennen lernen, die unter der falschen Lesung M' TTXII (vgl. darüber die Einleitung S. 190) noch noch andere Fehler bringen. In Paris ist eine ähnliche Münze von Alexander und Maesa vorhanden, auf der Nemesis mit Wage, Elle und Rad dargestellt ist (Mionnet S. 2, 107, 509); ob sie mit dem Exemplar der alten Beschreibungen identisch ist, bleibt zweifelhaft.

282 MOESIA INFERIOR

984
K 26
AV K M AV CEV AΛEΞANΔPOC Br. VΠ IOV ΓETOVAIK OV MAPKIANO-
m. L. P. M. r. (= 982)   ΠO u. i. F. I AIT
                                    Ν̣ Hera mit Schale
                                        und Scepter l. stehend

Abweichungen: Vs. am Anfang AVT (?) 2 — AVP statt des zweiten AV (?) 1: — Rs. L F. ΠN statt ΩN (?) 1. 3
1 Bukarest - 2 München — 3 Sophia Tacchella revue num. 1893, 72, 17 — 4 Venedig Marciana. — (Über die Vs. vgl. zu 982.)

985
K 25
AV K M AVP CEVH AΛEΞANΔPOC VΠ IOV ΓETΩAIKŌ MAPKIANO u.
Kopf m. L. r.   OΠ
                                    l. F. ΩT IA
                                         Η Demeter l. stehend,
                                                in der R. Ähren, in der L. Fackel

Abweichungen: Vs. AV K M A CEVH AΛEΞANΔPOC 1
1 Bukarest — 2 Paris Blanchet revue num. 1892, 64. 25

986
K 26
AVT K M A CEV AΛEΞANΔPOC Br. VΠ IŌ ΓETΩAIKŌ MAKIANOΠOAIT
m. l.. P. M. r.   Nackter Apollon (oder Bonus
                                        Eventus) L stehend, in der vorg.
                                        R. Schale, in der gesenkten L
                                        Zweig

Abweichungen: Vs. Schrift unvollständig 2
1 Schmidt — 2 Sophia Tacchella revue num. 1893, 72, 18

987
K 25
AVT K M AVP CEVH AΛEΞANΔPOC VΠ IŌ ΓETΩAIKŌ MAKIANOΠOAIT
AV Br. m. l.. P. M. r.   u. i. F. ΜΩ Nackter Hermes mit
                                        Beutel und Stab l. stehend, über
                                        dem l. Arm die Chlamys

Abweichungen: Vs. AVT fehlt 4 — am Schluss undeutlich 3, oben AV (?) 4: — Rs. Schrift rückläufig und fehlerhaft 4
1 Löbbecke — 2 M. Petersburg — 3 im Handel. — 4 Sabatier iconogr. LXIII. 22

988
K 25
A[VT K M] AVP CEV AΛEΞANΔPOC V[Π IOVA]I [ΓET,O VAI]KO[V MAP-
AVΓ ebenso   [KIANO] u. i. A. ΠOΛITΩ Her-
                                        mes wie vorher l. stehend; vor
                                        ihm der Hahn

1 Gotha Sestini tett. 9, 4 [Mionnet S. 2, 103, 287). — Die Lücke hinter dem ersten [wäre gross genug um V[Π IOVA]I[OV ΓET]OVAI[KO]V zu ergänzen; da das aber sonst nicht vorkommt, so ist die oben vorgeschlagene Ergänzung wahrscheinlicher.

989
K 26
== 984   VΠ IŌ ΓETΩAIKO V MAKIANOΠOΛ
                                                I
                                    u. i. F. TΩ
                                         Η Nackter Dionysos l.
                                        stehend, in der R. den Kantharos,
                                        die L.. auf den Thyrsos gestützt

1 Paris — 2 M. Petersburg — 3 Sophia -- 4 Wien Mus. Theup. 1027 (Mionnet S. 2, 106, 304) irrig mit VΠ T ΦΗΕΤŌ (= unten 1777"); besser bei Arneth Sitzungsber. 9, 896, 89 — 5 Wien Arneth a. a. O. 90 — 6 im Handel. - (Über die Vs. vgl. zu 982.)

(Severus Alexander)

990
K 25
ebenso

ΥΠ ΙΟV ΓΕΤΟVΑΙΚΟ ΜΑΡΚΙΑΝΟΠ
u. i. F. ΑΙΤΩΝ (so, ohne O) Hygieia mit Schlange und Schale r. stehend

Abweichungen: Vs. unsicher 4 — am Anfang ΑVΤ (?) 2; — Rs. im F. angeblich ΔΤΑ J — ΩΝ statt ΩΝ (?) 2 — Schrift nicht genau angegeben 4
1 Wien Froelich 4 letztem. 988, 225 ohne Abb.; Eckhel cat. 56,48 (Mionnet S. 2, 103, 286]; Arneth Sitzungsber. 9, 896, 91 — 2 im Handel. —1— 3 Sestini iconogr. LXIII, 2). — Herbst oder zur folgenden Nummer 4 Sestini descr. 38, 73 von Ainslie

991
K 26
ΑVΤ Κ Μ ΑVΡ CΕVΗ ΑΛΕΞΑΝΔΡΟC
Kopf m. L. r.

ΥΠ ΙΟV ΓΕΤΟVΑΙΚΟ ΜΑΡΚΙΑΝΟΠ
u. i. F. ΘΑΙΤ, i. A. ΩΝ ebenso

Abweichungen: Vs. Anfang der Schrift verwischt 1; — Rs. die Buchstaben i. A. undeutlich 1
1 Berlin Cat. 67, 57 — 2 Sophia. — Vgl. 990, 4

992
K 26
.... VH ΑΛΕΞΑΝΔΡΟC Br. m. .... ΟVΑΙΚΟV ΜΑΡΚΙΑΝΟ u.
L. P. M. r.   i. A. ΠΟΛΙΤΩ, i. F. Ν Nemesis
                                              mit Wage und Stab l. stehend; am
                                              Boden das Rad

Abweichungen: Vs. AV...... ΑΛΕΞΑΝΔΡΟC 2; — Rs. ΥΠ ΙΟV ΓΕ...... ΙΑΝΟ u. i. A. ΠΟΛΙΤ (i. F. nichts bemerkt) 2
1 Bukarest — 2 Sophia

993
K 25
ΑV Κ Μ ΑVΡ CΕVΗ ΑΛΕΞΑΝΔΡΟC
Kopf m. L. r.

ΥΠ·ΙΟVΛΙ·ΓΕΤ · ΜΑΡΚΙΑΝΟΠΟ u. i.
Α. ΑΙΤΩ Concordia mit Schale
und Füllhorn l. stehend

Gewicht: 9,25 (1)

Abweichungen: Vs. am Anfang ΑVΤ (?) 4; — Rs. Schrift nicht genau angegeben 4
1 Athen Cat. 825 · 2 Bukarest — 3 Paris. — — 4 Sestini descr. 38, 72 [Mionnet S. 2, 103, 285] von Ainslie
Postolaccas glaubte auf dem Athener Exemplar ΙΟVΑΝ'ΓΕΤ zu sehen und wollte das ΙΟVΛΙΑΝΟ' ΓΕΤ‹ολ›ικο‹ losen; aber der Strich, welcher ı und Γ zu verbinden scheint, ist nur durch einen Stempelriss hervorgerufen, der durch den Punkt geht; das Pariser Exemplar zeigt die gleiche Erscheinung.

994
K 25
ΑV Κ Μ ΑVΡ CΕVΗ Α,ΛΕΞΑΝΔΡΟC
ebenso

ΥΠ ΙΟ ΓΕΤΟΑΙΚΟ ΜΑΚΙΑΝΟΠΟΛΙ·
ΤΩΝ Adler mit ausgebreiteten
Flügeln r. stehend und den Kopf
mit Kranz im Schnabel l. erhebend

Abweichungen: Vs. ohne CΕVΗ (?) 2; — Rs. ΜΑΡΚ (?) 2
1 Wien Froelich append. 2 novae 74. 78; Eckhel cat. 56,47 [Mionnet S. 2, 103, 284]; Arneth Sitzungsber. 9, 896, 93. — — 2 Sestini descr. 38, 71 von Ainslie

(Tib. Iulius Festus)

[995]
K 26
ΑVΤ Κ Μ ΑVΡ CΕVΗ ΑΛΕΞΑΝΔΡΟC
Br. m. L. P. M. r.

ΥΠ ΤΙΒ ΙΟVΛ ΦΗCΤΟ ΜΑΚΙΑΝΟ·
ΠΟΛΙΤ u. i. A. ΩΝ Hera mit
Schale und Scepter l. stehend

1 Sophia (Mittheilung von Tacchella)

[Severus Alexander]

996
K 25
AVT K M AVP CEVH AΛEΞANΔPOC
Br. m. L. P. M. r.

VΠ TIB IOVΛ ΦHCTOV MAPKIANO-
ΠOΛITΩN Göttin im gegürteten
Doppelchiton l. stehend, in der
nach vorn gesenkten R. Ähren,
die L. auf die Fackel gestützt

Gewicht: 8,65 (3)

Abweichungen: Vs. Schrift unvollständig 5 — Kopf m. L. 1, 2, 4; — Rs. am Schluss
nur ΠOΛIT (?) 1, unvollständig 2 — die Göttin mit Mantel 3 und vielleicht auch
sonst, sicher ohne Mantel 4

1, 2 Bukarest — 3 Gotha Sestini lett. 9, 4 [Mionnet S. 2, 105, 295] — 4 Löbbecke —
5 St. Petersburg — 6 Im Handel

997
K 24
ebenso

VΠ TIB [IOVΛ] ΦHCTOV MAPKIA-
NOΠO u. i. F. ΛIT ΩN ebenso

1 Wien Arneth Sitzungsber. 9, 695, 92

998
K 26
ebenso

VΠ TIB IOVΛ ΦHCTOV MAPKIANO-
ΠOΛITΩN Göttin wie vorher l.
stehend, in der leicht erhobenen
R. Ähren, im l. Arm Fackel

Abweichungen: Vs. Anfang der Schrift fehlt 1 — Kopf m. L. 2; — Rs. Schrift
in der Mitte undeutlich 1, 3 — am Schluss TΩN (?) 3

1 Berlin Cat. 67, 56 — 2 Bukarest — 3 St. Petersburg

Vielleicht soll von den beiden eben beschriebenen Typen (n. 996, 7 und 998), die durch die
Haltung der Ähren und der Fackel verschieden sind, der eine die Demeter, der andere
die Kore darstellen; doch lässt sich darüber nichts bestimmtes sagen; der Schleier
fehlt hier wie dort.

999
K 26
AVT K M AVP CEVHPOC AΛE......
Kopf m. L. r.

[VΠ T]IB IOVΛ ΦHCTOV MAKIA-
NOΠOΛIT und i. F. r. unten ΩN
Göttin im Doppelchiton und
Mantel L stehend, in der vorg. R.
Schale, im l. Arm kurze Fackel
(Hecatia?)

1 Paris. — Zur Vs. vgl. n. 1002.

1000
K 25
= 996

VΠ TIB IOVΛ ΦHCTOV MAPKIANO-
ΠOΛIT u. i. F. l. ΩN Hygieia mit
Schlange und Schale r. stehend

Gewicht: 9, 22 (2)

Abweichungen: Rs. Schrift unvollständig 2 — Stellung von ΩN unsicher 3

1 Paris — 2 Turin Mus. Cat. 1087 — Lavy 976. - — 3 (= 1?) Witzay 2169; Sestini 29, 44

999*
K 11
AΓT K M AT ΣEΓ AΛEΞANΔPOΣ Kopf m.
L. (r.)

VΠ. T. ΦIΣTB .... MAPKIANOΠOΛITΩN
Nackter Mann (L.) stehend, die R. vorgestreckt, in der L. Speer; im Felde TIHU

1 Mus. Theup. 1027 [Mionnet S. 2, 100, 304

Die Münze ist nicht unter dem Statthalter Festus, sondern unter Gaetulicus geprägt;
die richtige Beschreibung s. oben 989, 4.

[Severus Alexander]

1001
K 26
ΑVΤ Κ Μ ΑVΡ CΕVΗ ΑΛΕΖΑΝΔΡΟC   VΠ ΤΙΒ ΙΟVΛ ΦHCTOV ΜΑΚΙΑΝΟ-
Kopf m. L. r.   ΠΟΛΙΤΩΝ ebenso

Abweichungen: Vs. AVT fehlt 4 — KA statt K M (?) 3; — Rs. am Schluss TΩN (?) 3 — ΜΑΡΚΙΑΝΟΠ = L F. ΟΛΙ ΤΩΝ 2 — ΜΑΡΚΙΑΠΟ = L F. ΑΤ ε (?) 4
1 München — 2 im Handel. — [— 3 Mionnet S. 2, 105, 296 aus der Sammlung des Marquis de la Goy — 4 Sabatier ikonogr. 1.XIII, 20

[1002]
K (26)
ΑVΤ Κ Μ ΑVΡ CΕVΗΡΟC ΑΛΕΖΑΝ.   VΠ ΤΙΒ ΙΟV (?) ΦHCTOV ΜΑΡΚΙΑ-
ΔΡΟC K. m. L. r.   ΝΟΠΟΛΙΤΩΝ ebenso

1 Sestini descr. 38,70 von Ainslie
Obwohl die Verkürzung der Schrift auf der Rs. unsicher und für ΙΟV wohl auch ΙΟVΛ zu lesen ist, verdient diese Münze für sich beschrieben zu werden, weil sie die ungewöhnliche Vs. mit dem ausgeschriebenen Namen CΕVHPOC hat; vgl. n. 999.

1003
K 26
ΑVΤ Κ Μ ΑVΡ CΕVΗ ΑΛΕΖΑΝΔΡΟC   VΠ ΤΙΒ ΙΟVΛ ΦHCTOV ΜΑΚΙΑΝΟ-
Br. m. L. P. M. r.   ΠΟΛΙΤΩΝ Aequitas mit Wage
und Füllhorn l. stehend

Abweichungen: Vs. Kopf m. L. (aber Gewand) 1 — bloss CΕVH ein Punkt 3
1 Berlin Cat. 67,54; dieses Stück Sestini lett. 6, 15, 3 aus der Sammlung Knobelsdorff —
2 London Cat. 37,72 — 3 München — 4 Philippopel — 5 Wien Froelich 4 tentam. 307,103
ohne Abb.; Eckhel cat. 36,41 [Mionnet S. 2, 105, 299]; Arneth Sitzungsber. 9, 843, 83

1004
K 26
ebenso   VΠ ΤΙΒ ΙΟVΛ ΦHCTO ΜΑΡΚΙΑΝΟ-
ΠΟΛΙ u. i. A. ΤΩΝ Nemesis-
Acquitas mit Wage und Füllhorn l. stehend; am Boden neben
ihr das Rad

Abweichungen: Vs. nur Kopf m. L. (?) 2, 3; — Rs. angeblich ΦHCTOV und die Vertheilung der Schrift nicht angegeben 2, 3
1 London Cat. 37,72 [Posnansky Nemesis und Adrasteia S. 154, als Aequitas] — [— 2, 3 Sestini descr. 37,64 [Mionnet S. 2, 105, 300] von Ainslie und von Cousinéry

1005
K 26
ΑVΤ Κ Μ ΑVΡ CΕVΗ ΑΛΕΖΑΝΔΡΟC   VΠ ΤΙΒ ΙΟVΛ ΦHCTOV ΜΑΚΙΑΝΟ-
Kopf m. L. r.   ΠΟΛΙΤΩΝ Nemesis mit Wage
und Stab l. stehend

1 München — 2 St. Petersburg
Es ist unsicher, ob der Stab die Elle (der Nemesis) oder ein Scepter sein soll; vgl. 844.

1006
K 26
ebenso   VΠ ΤΙΒ ΙΟVΛ ΦHCTOV ΜΑΚΙΑΝΟ-
ΠΟΛΙΤΩΝ Nemesis mit Wage
und Stab l. stehend, am Boden
das Rad

Abweichungen: Vs. Brustbild m. L. P. M. 3 — hinter CΕVH ein Punkt 3,4; —
Rs. am Schluss ΤΩΝ 4 — das letzte N im Abschnitt 2 — Stab deutlich mit Antennen (= Taf. XVIII, 26, n. 893; also Ureissalt) 4 und vielleicht auch sonst
1, 2 Bukarest — 3 Löbbecke — 4 Tübingen

1007
K 27
ebenso   VΠ ΤΙΒ ΙΟVΛ ΦHCTOV ΜΑΡΚΙΑ
und im Felde l. ΝΟ, r. $^{\Pi}_{AI}$O, i. A.
ΤΩΝ ebenso

1 Berlin Cat. 67,51 [Posnansky S. 154 als Nemesis-Aequitas]

286   MOESIA INFERIOR

Severus Alexander)

1008 AVT K M AVP CEVH AΛEΞANΔPOC   VΠ TIB IOVA ΦHCTΩ MAPKIANO-
K 27 Kopf m. L. r.   ΠOΛITΩΝ Göttin in langem Gewand l. stehend, in der R. Schale,
 im l. Arm einen kurzen Stab

1 München; dieses Stück Sestini desser. 37,65 (Mionnet S. 2, 106, 303) von Cousinéry
Ob in dieser Figur eine Darstellung der Stadtgöttin zu sehen ist oder eine der Nemesis
verwandte Göttin, ist zweifelhaft.

1009 AVT K M AVP ΣEV AΛEΞANΔPOC   VΠ TIB IOVA ΦHCT OV MAPKIANO-
K 26 Kopf m. l. r.   ΠOΛIT u. i. F. l. ΩN Concordia
 mit Schale und Füllhorn L. stehend
Gewicht: 9,45 (1)

1 Imhoof — 2 Kopenhagen

1010 AVT K M AVP CEVH AΛEΞANΔPOC   VΠ TIB IOVA ΦHCTOV MAPKI[A-
K 26 Br. m. l. P. M. r.   NOΠOΛI] u. i. A. TΩN ebenso
Abweichungen: Ks. MAPKIANOΠOΛIT z. i. P. L ΩN (— 1009) z. 3
1 München — 2 St. Petersburg — 3 im Handel

1011 AVT K M AVP CEVH AΛEΞANΔPOC   VΠ TIB IOVA ΦH CTOV MAPKIA-
K 26 Kopf m. l. r.   NOΠ und im Felde OΛIT Ω, i. A.
 N ebenso
Gewicht: 10,35 (2) — 8,80(4)
Abweichungen: V., Brustbild m. L. P. M. (— 1010) 2
1 Athen — 2 Gotha — 3 (Vs. stempelgleich 1012,3) London Cat. 37,69 — 4 Schmidt —
5 Wien Eckhel cat. 56,42; Arneth Sitzungsber. 9, 896, 85

1012 ebenso   VΠ TIB IOVA ΦHCTOV MAPKIANO-
K 26   ΠOΛITΩΝ ebenso
Abweichungen: MA....,OΠO...ΩN 3
1 Leipzig — 2 Loebbecke — 3 (Vs. stempelgleich 1011,3) London — 4 im Handel

1013 AVT K M AVP CEVH AΛEΞANΔPOC ebenso, aber MAKIANOΠOΛIT u.
K 26 Br. m. l. P. M. r.   i. A. ΩN
Gewicht: 9,05 (4) — 8,00 (2, K. mhl.)
Abweichungen: Rs. nur N im Abschnitt 3, 4, 6
1 Berlin Cat. 66,53 — 2 Gotha — 3 Leake suppl. 133 — 4 Schmidt — 5, 6 im Handel

1014 ebenso   ebenso, aber MAKIANOΠOΛITΩΝ
K 26 Gewicht: 12,81 (1) — 9,13 (2)
Abweichungen: V., unsicher 9, 10, 11, 12   Rs. ΦHCTO V und am Schluss ΩN
im Abschnitt 1, 5, 7, 8 — Schrift unsicher 9, 10, 11
1, 2 Athen Cat. 830, 831 — 3 London Cat. 36,68 — 4 München — 5 Wien Mus. Theup. 1096;
Arneth Sitzungsber. 9, 896, 86 — 6, 7, 8 im Handel. — Hierher oder zu einer der vor-
hergehenden Nummern (10091g.) 9 Sestini descr. 38,67 von Ainslie — 10 Wiczay 2168;
Sestini 29, 43 · · 11 Mionnet S. 2, 106, 303 aus der Sammlung des Chevalier Pétré —
Vielleicht auch 12 Patin imp. 351 Abb. (Liesmer imp. CLXVI, 1) mit der falschen Lesung
TIB IOV PAΘICTOV, berichtigt von Hardouin num. ant. 313, wenn nicht beide die Vs.
falsch angegeben haben; vgl. unten 1024*. — Ganz unsicher ist die Münze mit demselben
Typus, welche Lavy 977 mit VΠ TIB...., beschrieben hat; von TIB ist nichts zu sehen
(daher Torin. Mus. Cat. 1985 ohne Angabe von Schrift); es ist auch zweifelhaft, ob auf
der Vs. der Kopf des Alexander dargestellt ist.

MARKIANOPOLIS

(Severus Alexander)

1015
K 26 ebenso ΥΠ ΤΙΒ ΙΟΥΛ ΦHCTOV ΜΑΡΚΙΑ-
NOΠΟΛ u. i. F. ΙΤΩΝ Göttin mit
Ähren und Füllhorn l. stehend
(Abundantia?)

Abweichungen: Rs. Anfang und Schluss der Schrift fehlt 1
1 St. Petersburg — 2 im Handel. — Vgl. 1016,2.

1016
K 27 ebenso ΥΠ ΤΙΒ ΙΟΥΑ ΦHCTOV ΜΑΡΚΙΑ-
ΝΟΠΟ u. i Λ. ΑΙΤΩΝ ebenso

1 München. — — Hierher oder zu 1015 (Trennung der Schrift nicht angegeben) 2 (= 1 I)
Sestini descr. 38, 66, angeblich von Ainslie.

1017
K 26 ebenso ΥΠ ΤΙΒ ΙΟΥΑ ΦHCTOV ΜΑΚΙΑΝΟ-
ΠΟΛΙΤΩΝ Tyche mit Steuerruder
und Füllhorn l. stehend

Abweichungen: Rs. angeblich ΙΟΥ und ohne Ligaturen 3
1 Stuttgart — 2 Wien Cim. Vind. 1, 121; Eckhel cat. 56, 43 [Mionnet S. 2, 103, 297]; Arneth
Sitzungsber. 9, 895. 84 — — 3 Mus. Arignai 2 imp. gr. XXVIII, 392 (Rs.). — Vgl. 1017".

1018
K 25 ΑΥΤ Κ Μ ΑΥΡ CEV ΑΛΕΞΑΝΔΡΟC ΥΠ ΤΙΒ ΙΟΥΛ ΦHCTΟ MAΚΙΑNΟ-
Kopf m, l. r. (= 1009) ΠΟΛΙΤΩΝ Adler nach vorn ste-
hend und den Kopf mit Kranz im
Schabel l. erhebend

1 Paris

1019
K 26 ΑΥΤ Κ Μ ΑΥΡ CEVH ΑΛΕΞΑΝΔΡΟC ebenso, aber der Schluss der Schrift
Kopf m, L r. im Abschnitt

Abweichungen: Rs. im Abschnitt ΤΩΝ 1, ΩΝ 2, 3, ΩΝ 4 — Schrift unsicher 5, 6
1, 2 München — 3 Vermutlich Marciana — 4 Wien Froelich 4 reatum. 306, 222 Abb. d. Rs.
(Gessner imp. CLXVI, 1*); Cimel. Vindob. 1, 121, XXII, 5; Eckhel cat. 56, 40 [Mionnet
S. 2, 104, 294]; Arneth Sitzungsber. 9, 896, 83. — — Hierher (oder zu 1020) 5 Sestini
descr. 38, 68 von Ainslie — 6 Wiczay 2170; Sestini 30, 43

**1016*
K —** Alexander (Vs. nicht beschrieben) ΤΕ ΤΙΒ ΙΟΥΛ ΦHCΤΟΥ ΜΑΡΚΙΑΝΟΠΟΛΙ-
ΤΩΝ Ι Göttin mit Kalathos, Schale und
Füllhorn (L) stehend

1 Vaillant num. gr. 137 [Mionnet S. 2, 103, 301]
Im Pariser Cabinet, wo sich die Münze nach Vaillants Angabe befand, ist kein solches
Stück des Alexander allein vorhanden, wohl aber eines mit den Köpfen des Alexander
und der Maesa (s. unten 1059). Vermutlich meinte Vaillant dieses Stück, da die Angabe des F. auf der Rückseite eine Münze mit zwei Köpfen erwarten lässt. Ob die von
Patin und Hardouin (oben 1014,13) veröffentlichte Münze, die sich nach Hardouin ebenfalls im Pariser Cabinet befinden sollte, mit dem von Vaillant beschriebenen Exemplar
identisch war und also zwei Köpfe auf der Vs. hatte, muss unentschieden bleiben; das F.
findet sich weder auf der Abbildung noch in der Beschreibung.

**1017*
K —** — 1017! (ΥΠ ΤΙΒ ΙΟΥΛ ΦHCΤΟΥ) ΜΑΡΚΙΑΝΟΠΟ-
ΛΙΤ Tyche mit Steuer und Füllhorn (L)
stehend; im Felde Є

1 Sestini descr. 38, 69 [Mionnet S. 2, 103, 298] von Ainslie
Da die Münzen mit einem Kopf nie das Є haben, so muss sich Sestini in der Angabe der
Vs. geirrt haben, oder es stand auf der Rs. im Felde kein Є, sondern etwa der Schluss ΩΝ.

288   MOESIA INFERIOR

[Severus Alexander]

1020 AVT K M AVP CEVH AΛEΞANΔPOC   VΠ TIB IOVΛ ΦHCTΌ MAPKIANO-
K 26   Br. m. l. P. M. r.   ΠOΛIT u. i. A. ΠN Adler wie
                                          vorher

Abweichungen: R. ΦHCTOV 4 — im Abschnitt AITΩN 4, TΩN 2
1 London Cat. 37,73 - 2 Mandl — 3 Sophia — 4 im Handel

1021 AVT M AVP CEVH AΛEΞANΔPOC ebenso, aber i. A. ΠN
K 26   ebenso

Abweichungen: R. ΦHCTOV 3 — ΠOΛITΩ L L A. N 4 — Schluss unsicher 2
1 Athen — 2 Bucaresti — 3 Kopenhagen Ramus 1,100, 9 — 4 Mandl

1022 AVT K M AVP CEVH AΛEΞANΔPOC VΠ TIB IOVΛ ΦHCTΌ MAPKIANO-
K 26   Kopf m. L. r.   ΠOΛITΩ u. i. A. N ebenso
1 Rollin

(Um. Tereventinus)

1023 AVT K M AVP CEVH AΛEΞANΔPOC H ΌM TEPEBENTINOV MAPKIANO-
K 26   Br. m. L. P. M. r.   ΠOΛI u. L F. T ΠN Zeus mit nack-
                                        tem Oberkörper l. stehend, in der
                                        R. die Schale, die L. auf das
                                        Scepter gestützt

Abweichungen: Schrift auf beiden Seiten nicht ganz vollständig 2
1 London Cat. 37,75 — 2 St. Petersburg. — ;— 3 (= 2l) Mionnet S. 2, 103, 588, III, 1 aus der Sammlung d'Hermand. — Hierher wohl auch 4 Vaillant num. gr. 137 [Mionnet S. 2,107, 310 unter Alexander und Maesa; s. unten 1063*] aus der Sammlung Culland, mit angeblich nackter männlicher Figur.

1024 ebenso   H ΌM TEPEBENTINOV MAPKIANO-
K 26   ΠOΛITΩN Hera in langem Ge-
                                       wand l. stehend, in der R. Schale,
                                       die L. auf das Scepter gestützt

Abweichungen: Vs. CEV AΛEΞANΔPOC und nur Kopf m. L. (ionsl) (3?), 8, 11
— AAB... 7 — Z steht Z 3-4: — Rs. Anfang der Schrift nicht zu lesen 6, 7,
HΓ (?) 3, 4, 5, 10, angeblich V 11 - TEPEBENTEINΌ (?) 3, TEP....NΌ (2,) 7,
10 — MAK 1, 4, 8, 11 — Schluss unsichtbar 7 — AITΩN im Abschnitt 6 — T ΠN
im Felde 3, 10 — ΠN im Felde 2

1 Kopenhagen Ramus 1,100,11 — 2 München — 3 Neapel Cat. 6303 — 4 Philippopel — 5 St. Petersburg; dieses Stück bei Sestini mus. Benkowitz 6 (aber nicht, wie Sestini meint, identisch mit der Münze der Gräfin Lazara bei Vaillant num. gr. 137, unten 1033,16) — 6 Wien Eckhel catal. 56,45; Arneth Sitzungsber. 9, 896, 96 — 7 Wien Froelich 4 tetrum. 250,131 Abh. d. Rs. [Gessner imp. CXLIX, 38]; Eckhel cat. 54, 11 [Mionnet S. 2, 80, 152], alle fälschlich unter Caracalla (s. oben 648*); Arneth Sitzungsber. 9, 896, 98 richtig unter Alexander — 8 im Handel. - '— 9 Paris thes. Mauroc. 133 (nur die Rs., die Frau als Isis bezeichnet) — 10 Mus. Angoni 4 imp. gr. XV (Rs.) — 11 Sestini descr. 37,63 von Ainslie — 12 Mionnet S. 2, 104, 391 ohne Angabe der Sammlung (nicht in Paris); vielleicht aus Sestini lett. 9, 4, der die Rs. der Choboer Münze unten 1033,3 irrig als Frau mit Schale und Scepter beschrieb).

	(Severus Alexander)	
1025 K 27	ebenso, aber ΑΛΕΞΑΝΔΡΟC	ΗΓ ΟΜ ΤΕΡ ΕΒΕΝΤΙΝΟΥ ΜΑΡΚΙΑ- ΝΟΠΟΛΙΤ u. i. F. Ω.Ν Nackter Apollon (oder Bonus Eventus) mit Schale und Zweig l. stehend

Gewicht: 7,72 (Ε. schl.)

1 Berlin Cat. 66,51. — Ein ähnliches Stück befindet sich in St. Petersburg; leb habe es leider nicht genau beschrieben, sondern nur notirt. Ob vor dem Gotte ein Altar steht, bleibt unsicher.

1026 K 26	ΑΥΤ Κ Μ ΑΥΡ CEV ΑΛΕΞΑΝΔΡΟC Kopf m. L. r.	ΗΓ ΟΜ ΤΕΡΕΒΕΝΤΙΝΟΥ ΜΑΡΚΙΑΝΟ- ΠΟΛΙΤ u. i. A. ΩΝ Nackter Her- mes mit Beutel und Stab l. stehend, über dem l. Arm die Chlamys

Abweichungen: Vs. CEV...... l

1 London Cat. 37,76 — 2 Paris Blanchet revue num. 1892, 65, 27

1027 K 27	ΑΥΤ Κ Μ ΑΥΡ CEYH ΑΛΕΞΑΝΔΡΟC Br. m. L. P. M. r.	ΗΓ ΟΜ ΤΕΡΕΒΕΝΤΙΝΟΥ ΜΑΡΚΙΑΝΟ- ΠΟΛΙΤ u. i. A. ΩΝ Asklepios mit dem Schlangenstab in der R. nach vorn stehend und l. blickend

1 Paris Blanchet revue num. 1892, 65, 26   2 Kolbe

1028 K 26	ebenso	ΗΓ ΟΜ ΤΕΡΕΒΕΝΤΙΝΟΥ ΜΑΡΚΙΑΝΟ- ΠΟΛΙΤΩΝ Hygieia mit Schlange und Schale r. stehend

Gewicht: 12,18 (1) — 7,20 (2)

Abweichungen: Vs. Form des Ε sonstlen unsicher; – Rs. am Anfang ΗΓ 2. 4. 8 — ΜΑΡΚ 2. 4. 5. 9   am Schluss ΩΝ (?) 3. 9 — ΠΟΛΙΤ u. L F. L ΩΝ 2. 4 — ΤΕΡΕΒΕΝΤΙΝΟ ΜΑΡΚΙΑΝΟΠΟΛΕΙΤ u. i. A. ΩΝ 1 — ΤΕΡΕΒΕΝΤΕΙΝΟ ΜΑΡ-ΚΙΑΝΟΠΟΛ u. i. F. ΙΤ ΩΝ 6

1. 2 Athen Cat. 876, 827 — 3 Imag. — 4 Krupka · 5 Leake Suppl. 133 — 6 Mordt — 7 Paris Mionnet S. 2, 104, 289   8 Wien Mus. Theup. 1026; Arneth Sitzungsber. 9, 596, 92- — 9 Wiczay 2174; Sestini 30, 51

1029 K 26	ebenso	ΗΓ ΟΜ ΤΕΡΕΒΕΝ ΤΙΝΟ ΜΑΡΚΙΑΝΟ- ΠΟΛ und l. F. ΙΤ ΩΝ Nemesis- Aequitas mit Wage und Füllhorn l. stehend, am Boden das Rad

Abweichungen: Rs. Η ΟΜ ΤΕΡΕΒΕΝΤΙΝΟΥ (ΜΑΡΚΙΑΝ)ΟΠΟΛΙΤ u. L A. ΩΝ *

1 München, früher Cousinéry Sestini descr. 37,62 — 2 Münchan. — Vgl. unten 1029².

1029* K —	ΑΥΤ Κ Μ ΑΥΡ (ΕΥ ΑΛΕΞΑΝΔΡΟC Br. m. ¹ ΗΓ...., ΤΕΡΕΒΕΝΤΙΝΟΤ ΜΑΡΚΙΑΝΟΠΟΛΙ- L. P. M. (r.)	ΤΩΝ Nemesis mit Wage, Füllhorn und Rad L stehend; hinter ihr Δ

1 Sestini mus. Chaudoir 43,10

Die Münze ist leider verschollen. Die Beschreibung scheint etwas genau; da aber das Werthzeichen Δ auf keiner einzigen Münze von Markianopolis nachweisbar ist, dürfte ein Irrthum von Sestini vorliegen. Sestini sah damals schon sehr schlecht und konnte eine Gewandfalte oder dgl. für Δ angesehen haben.

Die antiken Münzen Nord-Griechenlands I.   19

(Severus Alexander)

1030
K 26

AVT K M AVP CEV AΛΕΞΑΝΔΡΟC / Hſ ÖM TEPEBENTINOV MAPKIANO-
Kopf m. L. r. ΠΟΛΙΤΩ und i. A. N Nemesis
mit Wage und Stab (Geissel?) L stehend

Tafel XVIII, 27
Abbildung der Rs.
Gewicht: 10,20

1 Imhoof. — Der Stab der Nemesis hat oben einen Ansatz wie bei o. 893 (Taf. XVIII, 26); vgl. auch o. 1006.

1031
K 26

AVT K M AVP CEVH AΛΕΖΑΝΔΡΟC Hſ ÖM TEPEBENTINÖ MAPKIANO-
Br. m. L. P. M. r. ΠΟΛΙΤ u. i. A. ΠΝ Nemesis mit
Wage und Stab (Ellel?) L stehend;
am Boden das Rad

Gewicht: 8,63 (2)

Abweichungen: Vs. hinter CEVH ein Punkt 1 — CEV statt CEVH (1) 3; — Rs. Schrift am Anfang Hſ statt Hſ 4. 5. 6. 7 — TEPEBENTINOV 3. + 5. 6 — MAPK (1) 6. 7 — ΠΟΛΙΤΩΝ (nichts L A.) 3. 6. 7

1 Berlin Cat. 66, 52 [Pomansky S. 154 als Nemesis-Aequitas] — 2 Gotha Sestini lett. 9, 4 — 3 Haag — 4 Wien Arneth Sitzungsber. 9, 896, 94 — 5. 6 im Handel — | — 7 Wiczay 2173 [Mionnet S. 2, 104, 292]; Sestini 30, 49

1032
K 25

— 1030 Hſ ÖM TEPEBENTINOV MAPKIA-
NOΠΟΛΙΤΩΝ ebenso (= 1031, 3)

1 Paris — 2 Rollin

1033
K 26

— 1031 Hſ ÖM TEPEBENTINOV MAKIANO-
ΠΟΛΙΤΩΝ Concordia mit Schale
und Füllhorn L stehend

Gewicht: 12,95 (3) — 8,55 (4) — 7,13 (1)

Abweichungen: Vs. Schrift unvollständig 1. 6. 10. 11 — hinter CEVH ein Punkt 2. 3 — CEV statt CEVH (?) 5 — Form des E zweichert 4; — Rs. am Schluss ΩN im Abschnitt 1. 2. 6. 13 — N im Abschnitt 3. 8. 11, 14 — ΠΟΛΙ und L F. TIΩN 5. 7. 9 — ΠΟΛΙΤ und L F. ΩN 4 · angeblich Hſ, M. und ohne Ligaturen 16

1 Athen Cat. 828 — 2 Berlin Cat. 66, 49 — 3 Gotha Sestini lett. 9, 4 (ungenau, danach vielleicht bei Mionnet S. 2, 104, 291 ohne Quellenangabe; vgl. oben 1024, 12) — 4 Gotha — 5 Hunter — 6 London Cat. 37, 77 — 7. 8 München — 9 Paris — 10 Vroedig Marelaus — 11 Wien Arneth Sitzungsber. 9, 896, 97 — 12. 13. 14 im Handel. —||— 15 Wiczay 2172; Sestini 30, 48 — Hierher wohl auch (oder zu 1034) 16 Vaillant num. gr. 137 (Rs.) [Mionnet S. 2, 103, 318 irrig unter Alexander und Mamaea; s. unten 1079°] aus der Sammlung des Grafen Lazara in Padua; vgl. oben 1024, 5.

1034
K 26

ebenso Hſ ÖM TEPEBENTINÖ MAPKIANO-
ΠΟΛΙΤ u. i. A. ΠΝ ebenso

Gewicht: 10,53 (3)

Abweichungen: Vs. hinter CEVH ein Punkt 2. 3; — Rs. MAPKIANOΠΟΛ u. i. A. ITΩN 6

1 Basel — 2. 3 Berlin Cat. 65, 47, 48 — 4 Mailand · 5 Turin Mus. Cat. 1886 — 6 im Handel. — Vgl. 1033, 16.

[Severus Alexander]

1035
K 26
ebenso

Η ΌΜ ΤΕΡΕΒΕΝΤΙΝΏ ΜΑΚΙΑΝΟΠΟ-
ΑΙ u. i. F. ΤΏΝ Concordia mit
Kalathos, Schale und Füllhorn l.
stehend; vor ihr ein Altar

1 Berlin Cat. 66, 50 — 2 Paris

1036
K 26
ebenso

ΗΓ ΌΜ ΤΕΡΕΒΕΝ ΤΕΙΝΏ ΜΑΡΚΙΑ-
ΝΟΠ u. i. A. ΟΑΙΤΏΝ ebenso

Gewicht: 9,80 (2) — 7,85 (1)

Abweichungen: Rs. ΤΕΡΕΒΕΝΤΙΝΟV ΜΑΡΚΙΑΝΟΠΟΛΙΤΩΝ 3
1 Gotha Sestini Iett. 9, 4 [Mionnet S. 2, 104, 793] — 2 Schmidt — 3 Venedig Marciana. —
(Beide Seiten von 1 und 2 sind aus denselben Stempeln.)

1037
K 25
ebenso

Η ΌΜ ΤΕΡΕΒΕΝΤΙΝΟV ΜΑΚΙΑΝΟ-
ΠΟΛΙ u. i. A. ΤΏΝ Tyche mit
Kalathos l. stehend, in der R. das
Steuerruder, im l. Arm das Füllhorn

Gewicht: 7,50 (1)

Abweichungen: Vs. hinter CΕVΗ ein Punkt 2 angeblich CΕVΗΡ 6; — Rs.
ΗΓ 6 — am Schluss ΠΟΛΙΤ u. i A. ΏΝ 3 — ΜΑΡΧΙΑΝΟΠΟΛ 6 — ΜΑΡΚΙΑ-
ΝΟΠΟΛΙΤΩΝ 5 unvollständig 1

1 Gotha — 2 London Cat. 36, 78 — 3 München — 4 Wien Cimel. Vindob. 1, 111 ; Eckhel
cat. 56, 44 [Mionnet S. 2, 104, 800]; Arneth Sitzungsber. 9, Bd. 6, 95 ungenau. — 5 Sestini
mus. Hedervar. 30, 30 — 6 Cat. Gabelentz 235, 1011. — Vgl. unten 1037*.

1038
K 25
ΑVΤ Κ Μ ΑVΡ CΕV ΑΛΕΞΑΝΔΡΟC
Kopf m. L. r.

Η ΌΜ ΤΕΡΕΒΕΝΤΙΝΟV Μ......
u. i. F. ΤΏΝ Tyche ebenso, aber
ohne Kalathos

1 Basel. Die Schrift der Vs. ist nach n. 1026, 1030 und 1039 ergänzt.

1039
K 26
ΑVΤ Κ Μ ΑVΡ CΕV ΑΛΕΞΑΝΔΡΟC
Kopf m. L. r.

Η ΌΜ ΤΕΡΕΒΕΝΤΙΝΏ ΜΑΚΙΑΝΟ-
ΠΟΛΙΤ u. i. A. ΏΝ Adler mit
ausgebreiteten Flügeln nach vorn
stehend und den Kopf mit Kranz
im Schnabel l. erhebend

Gewicht: 9,67 (1)

1 Athen Cat. 829   2 Venedig Marciana

(Für Philopappus)

1040
K 25
ΑVΤ Κ Μ ΑVΡ CΕV ΑΛΕΞΑΝΔΡΟC
Br. m. L. P. M. r.

VΠ ΦΙΡ ΦΙΛΟΠΑΠΠΟV ΜΑΡΚΙΑ-
ΝΟΠΟΛΙΤΩΝ Zeus mit nacktem
Oberkörper l. stehend, in der R.
Schale, die L. auf das Scepter ge-
stützt

1 Paris Blanchet revue num. 1892, 65, 28   2 St. Petersburg

1037*
K. --
Alexander (Vs. nicht beschrieben)

ΑΥ ΤΤΧΙΙ ΤΕΡΕΒΕΝΤΙΝΩΝ ΚΑΛΛΛΩΝ
Fortuna

1 Hardouin num. ant. 236. — Es handelt sich um dieselbe Münze, die Hardouin selbst
dann noch einmal unter Alexander und Marcia beschrieben hat; r. unten 1065.

[Severus Alexander]

1041 AVT K M AVP CEV AΛΕΞΑΝΔΡΟC   VΠ ΦIP ΦIΛΟΠΑΠΠΟV MAPKIANO-
K 26 Br. m. L. P. M. r.   ΠΟΛΙΤΩΝ Hera in langem Ge-
                           wand l. stehend, in der R. Schale,
                           die L. auf das Scepter gestützt

Gewicht: 10,05 (8) — 9,03 (1)

Abweichungen: Vs. Form des Ξ zuweilen unsicher — Kopf m. L. 1; — Rs. ΦIΛΟ-
ΠΑΠΠΟV 2. 16 — ππ Schluss ΩΝ (?) 9. 15. 16 — Schluss fehlt 1. 3 5. 10
1 Athen Cat. 833 — 2 Berlin Cat. 67,58 — 3 Bukarest — 4 Kopenhagen Rammi 1,100,10
5 Leake Europ. Gr. 70 — 6 London Cat. 37, 74 — 7 St. Petersburg — 8 Schmidt -
9 Sophia — 10 Venedig Marciana   11 Wien Froelich 4 tenum. 308, 224; Eckhel cat. 56.40
[Missanet S. 2, 106, 307]; Arneth Sitzungsber. 9, 896, 99   12 Wien Mus. Theup. 1026;
Arneth Sitzungsber. 9, 896, 87 — 13 Winterthur. — [— 14 Sestini descr. 38, 74 von Ainslie
— 15 Wiczay 2171; Sestini 30, 46   16 Rauch Cat. Hedeken 872

1042 ebenso   VΠ ΦIP ΦIΛΟΠΑΠΠΟV MAPKIA-
K 27   NOΠΟΛΙΤΩΝ Nemesis mit Wage
                    und Stab l. stehend, am Boden
                    das Rad

Gewicht: 11,65 (1)

1 Schmidt - 2 im Handel.   (Die Vs. von 1 ist aus demselben Stempel wie die von 1041, 8.)

1043 ebenso   VΠ ΦIP ΦIΛΟΠΑΠΠΟV MAPKIA-
K 27   NOΠΟΛΙΤΩΝ Concordia mit
                    Schale und Füllhorn l. stehend

Gewicht: 9,50 (6)

Abweichungen: Vs. vielleicht CEVH 2 — Kopf m. L. 1. 2; — Rs. Schluss undeutlich 4. 5 — ΩΝ im Abschnitt 2
1 Athen Cat. 833 — 2 Bologna Univ. — 3 Gotha Sestini lett. 9, 4 [Mionnet S. 2, 106, 306]
— 4 Hunter - 5 St. Petersburg · 6 Wien Arneth Sitzungsber. 9, 896, 100. — [— 7 Sestini
mos. Hedervar. 30, 47

1044 ebenso   Schrift ebenso. Tyche mit Steuer-
K 27   ruder und Füllhorn l. stehend

1 Paris Mionnet S. 2, 106, 305 — 2 Paris

(ohne Statthalternamen)

1045 AVT K M AVP CEV AΛΕΞΑΝΔΡΟC . MAPKIANOΠΟΛΙΤΩΝ Hermes mit
K 19 Kopf m. l. r.   Beutel und Stab l. stehend; vor
                         ihm der Hahn

1 Belgrad - 2 St. Petersburg

1046 ebenso   MAPKIANOΠΟΛΙΤΩΝ Hygieia mit
K 20   Schlange und Schale r. stehend

Gewicht: 5,30 (1)

1 Budapest — 2 Mandl Pick num. Ztschr. 23, 49. 6 (Egger Verkauf--Cat. 8, 164). — , —
3 Cat. d'Ennery 4276 (Rs.) — 4 Salomer revue belge. 3 série, 4 (1860) 3. 3. 1, 3

1047 ebenso   MAPKIANOΠΟΛΙΤΩΝ Concordia
K 19   mit Schale und Füllhorn l. stehend

Gewicht: 3,97 (2)

1 Paris Blanchet revue num. 1892, 65, 29   2 Sophia

[Severus Alexander]

1048 K 16	M AVP ...|... ΔPOC Br. m. L. P. M. r. Gewicht: 2,09	MAPKIANOΠOΛITΩN Tyche mit Kalathos, Steuerruder und Füllhorn l. stehend

1 Sophia Tauchelle revue num. 1893, 73, 19

1049 K 17	AVT K M .... Kopf m. L. r. Gewicht: 2,00	MAPK....ΠOΛITΩN Dreifuss, an dem sich eine Schlange emporringelt, zwischen zwei kleinen Ähren

1 London Cat. 35,58 unter Elagabalus; t. oben 916².

1050 K 17	Vorderseite undeutlich	MAKIANOΠOΛITΩN Mondsichel und darüber vier Sterne

1 Paris Blanchet revue num. 1892, 63, 30 — 2 Wien Arneth Sitzungsber. 9, 803, 32. - Die Schrift der Vs. ist auf beiden Exemplaren unleserlich. Svoronos las auf dem Pariser Exemplar .... ΑΝΤΩΝΙ... und dachte an Caracalla, Blanchet glaubte ....ΖΑΝΔΡΟC zu erkennen; Arneth dachte an Geta oder Diadumenianus. Es ist ein jugendlicher Kopf, vielleicht ohne Kranz, der am meisten an Alexander erinnert; sicher zu benennen ist er aber nicht.

Alexander und Maesa
(Tib. Iulius Festus)

1051 K 28 T. XIX, 14	AVT K M AVP CEVH AΛEΞANΔPOC IOVΛIA MAICA· Die Brustbilder des Alexander m. L. P. M. r. und der Maesa mit Stephane und Gewand l., einander zugekehrt Abbildung der Rs. (2)	VΠ TIB IOVΛ ΦHCTOV MAKIANO-ΠΟΛΙΤΩΝ Hera in langem Gewand l. stehend, in der vorg. R. Schale, die L. auf das Scepter gestützt; i. F. L E

Abweichungen: Vs. am Schluss noch AVΓ 4; — Rs. ΠOΛITΩ s. L. N 4
1 Berlin Cat. 67, 59 — 2 Löbbecke -- 3 Paris Mionnet S. 2, 108. 314 — 4 Sophia

1041* K III	Alexander (Vs. nicht beschrieben)	MAPKIANOΠOΛITΩN Fackel, von einer Schlange umwunden

1 Vaillant num. gr. 137 [Mionnet S. 2, 107, 308] aus der Sammlung Magnavacca
Es ist möglich, dass es eine solche Münze giebt; da aber die Vs. nicht beschrieben ist und Vaillant sich in der Angabe der Kaiser auch geirrt haben könnte, so ist sie oben nicht aufgenommen.

1050* K III	AV K M AVΓ AΛEΞANΔPOC Br. des Alexander m. L. L. in der R. den Speer, auf der L. Schulter den Schild	MAPKIANOΠOΛITΩN Schlange, in Windungen aufgerichtet

1 Sestini mus. Hederv. 30, 50; im alten Catalog der Sammlung Wiczay n. 3448 ist die Münze unter Nikopolis in Epeirus beschrieben. Beide Zutheilungen sind aber wohl unrichtig oder mindestens unsicher, da von der Schrift nach Caronni nur ......ΠOΛITΩN zu lesen war. Auch kommt auf den Münzen von Markianopolis das Kaiserbrustbild sonst nie in dieser Weise vor; dagegen giebt es eine Münze von Hadrianopolis mit einer solchen Darstellung des Caracalla, und da die Schrift der Vs. nach Caronni unleserlich gewesen zu sein scheint, könnte auch hier ein Fehler Sestinis vorliegen; da sich in Hadrianopolis auch der Typus der Rückseite unter Caracalla findet, wenn auch mit anderer Vs., so darf diese Münze vielleicht der Stadt Hadrianopolis zugetheilt werden.

294 MOESIA INFERIOR

[Alexander und Maesa]

1052
K 27
AVT K M AVP CEVH AAEZANΔPOC VTT TIB IOVA ΦHCTOV MAPKIA·
IOVAIA MAICA· die beiden Brust- | NOTTO.... Hera wie vorher L
bilder stehend; i. F. r. E
Gewicht: 14,01 (1)
Abweichungen: Rs. Anfang der Schrift fehlt 1
1 Athen Cat. 834 — 2 Philippopel

1053
K 27
ebenso VTT TIB IOVA ΦHCTOV MAKIANO·
ΠOΛITΩN Nackter Apollon mit
der R. auf dem Kopf und dem
Bogen in der L. nach vorn stehend
und r. blickend; neben ihm rechts
der Baumstumpf, von der
Schlange umwunden, links Köcher (mit Pfeilen?); l. F. l. E
1 Kopenhagen. — Es sieht so aus, als ob aus dem Köcher wirklich einige Pfeile hervorragen; doch ist die Münze an dieser Stelle geputzt, so dass es auch der Köcher mit
Gewand, wie gewöhnlich, sein könnte.

1054
K 29
ebenso VTT TIB IOVA ΦHCTOV MAPKIA·
NOTTOA u. i. F. ΙΤΠΝ Hygieia
mit Schlange und Schale r. stehend; i. F. l. E
1 London Cat. 38, 79

1055
K 28
ebenso VTT TIB IOVA ΦHCTOV MAKIANO·
ΠOΛITΩN Aequitas mit Wage
und Füllhorn L. stehend; i. F. r. E
Abweichungen: Vs. Schluss der Schrift unsicher (also vielleicht zu 1056) 1
1 Leake Europ. Gr. 69 - 2 Löbbecke

1056
K 27
ebenso, aber am Schluss noch AVΓ ebenso
Abweichungen: Rs. angeblich ΦICTOV J — MAPK (I) 1. 3 — am Schluss TΩN (I) 2
1 Leake Suppl. 133 -- 2 Sophia. — | — 3 Chaudoir etc. 49, 1; vgl. unten 1059, 4.

1057
K 27
ebenso, aber ohne AVΓ VTT TIB IOVA ΦHCTOV MAKIANO·
ΠOΛITΩ u. i. A. N Nemesis mit
Wage und Stab l. stehend; am
Boden das Rad; l. F. r. 3
Abweichungen: Schrift auf beiden Seiten unvollständig 2
1 Kopenhagen, — · 2 Marsakexies descr. mus., Odess. 36, 10

1053*
K 27
AVT K M AYP AAEZANΔPOC IOVAIA ΓΠ IBA ΑΝΥ ΟΙΑ....... PKIANOΠOAIT
MAICA AVΓ Zwei Brustbilder Hermes L. stehend; L F. r. E
1 Kopenhagen; dieses Stück bei Delgado Cat. de Larraha 1841 unter Hadrianopolis Bith.
beschrieben mit THEOTA. ANTM. ΠAPIANOΠOAITΩN), und zwar als Billonmünze
Die Buchstaben AΛΕΞΑΝΔΡΟΥ auf der Vs. sind modern; die Münze ist an dieser Stelle
durch die Tilgung eines anderen Wortes dünner. Das ursprünglich ΑΝΤΩΝΕΙΝΟL dastand,
lehrt das männliche Portrait, welches sicher den Elagabalus darstellt, und der Statthaltername. Die Münze ist daher unter Elagabalus und Maesa (oben 950, 3) mit angeführt.

MARKIANOPOLIS 295

[Alexander und Maesa]

1058
K 27
ebenso — VΠ TIB IOVA ΦHCTOV MAKIANO-ΠOΛITΩN Concordia mit Schale und Füllhorn l. stehend; i. F. l. E

Abweichungen: Vs. Schrift nicht ganz vollständig 2. 3. 4. 5 -- am Anfang AV K(?) 2; — Rs. Schrift am Anfang unvollständig 1 — am Schluss ΠΟΛΙΤΩ u. l. A. N J. 4 — ΠΟΛΙ u. l. A. TΩN 5

1 Löbbecke   2 Mionnet Univ. Cat. 106 — 3 St. Petersburg — 4 im Handel. - | — 5 Musée Arigoni 1 alia imp. gr. XII, 187

1059
K 26
ebenso — VΠ TIB IOVA ΦHCTOV MAPKIANO-ΠOΛI u. i. A. TΩN ebenso; i. F. rechts E

Abweichungen: Vs. Schrift unvollständig 1. 3 (W., bei Sestini wohl falsch ergänzt) - bietet MAICA Spuren von Barbarisirg 1. 2 (J 1), AVΓ 4: — Rs. am Schluss ΠΟΛΙΤ u. l. F. l. ΕΝ 1 — Trennung nicht angegeben 4 — unvollständig 3 (W., bei Sestini wohl willkürlich ergänzt)

1 Paris Mionnet S. 2, 107, 312; wohl dasselbe Stück vorher bei Vaillant num. gr. 137 [Mionnet S. 2, 103, 301 unter Alexander allein], vielleicht auch bei Patin imp. 351 Abb. d. Rs. [Grotasser Imp. CLXVI, 1] und Hardouin num. ant. 313; vgl. oben 1014* — 2 Wien Froelich apparat. 2 novae 73, 77; Rehbel cat. 56, 39; Arneth Sitzungsber. 9, 895, 60. — ; — 3 Wiczay 2166; Sestini 89, 41 (theilweise unlevbter) — 4 Sestini mus. Chaudoir 43, 9 (falls dies nicht die Münze ist, die Chaudoir corr. 49, 1 dann mit dem Typus der Acquilia beschrieben hat, oben 1056, 3)

1060
K 27
ebenso — VΠ TIB IOVA ΦHCTOV MAPKIANO-ΠOΛIT u. i. F. l. unten ΓN Göttin mit Ähren und Füllhorn l. stehend (Abundantia); i. F. r. E

1 Neapel Cot. 6304; wohl dasselbe Stück Vaillant num. gr. 137 [Mionnet S. 2, 107, 313] von Foncemil und (ohne Angabe der Schrift) Hardouin op. scl. 6ωn abwesihber

1061
K 27
ebenso, aber am Schluss noch AVΓ — VΠ TIB IOVA ΦHCTOV MAKIANO-ΠOΛITΩ u. i. A. N Tyche mit Steuer und Füllhorn l. stehend; i. F. r. E

1 Schmidt

1062
K 27
ebenso, aber ohne AVΓ — VΠ TIB IOVA ΦHCTOV MAKIANO-ΠOΛI u. i. A. TΩN Schlange, in vielen Windungen aufgerichtet, Kopf r.; l. F. r. E

Abweichungen: Vs. Schluss der Schrift fehlt (Mamaea?) 1. 3; — Rs. das g l. F. links (?) 2 -- ΦHCTΩ (?) a. (4?) -- MAPKIANOΠΟΛΙΤΩN (?) 4

1 Löbbecke   2 Sophia   3 Wien Arneth Sitzungsber. 9, 895, 82. — — 4 Wiczay 2167 [Mionnet S. 2, 108, 315], Sestini 89, 42. — Vgl. unter Alexander und Mamaea, unten 1074. 1075.

(Um. Tereventinus)

1063
K 27
AVT K M AVP CEVH AΛEZANΔPOC IOVΛIA MAICA· die beiden Brustbilder wie vorher — HΓ ÖM TEPEBENTINOV MAPKIA-NOΠO u. i. A. ΛITΩN Zeus mit Schale u. Scepter l. sitzend; i. F. l. E

1 Sophia

296　　　　　　　　　MOESIA INFERIOR

(Alexander und Maesa)

1064
K 26
AVT K M AVP CEVH AΛEΞANΔPO. .... die beiden Brustbilder

ΗΓ ΘΜ ΤΕΡΕΒΕΝΤΕΙΝΘ ΜΑΡΚΙΑΝΟ‑ΠΟΛΙΤΩ u. L A. N Nackter bärtiger Herakles mit dem Löwenfell über dem L Arm nach vorn stehend und L blickend, die R. auf die Keule gestützt, auf der vorg. L. Äpfel; i. F. r. E

Tafel XVII, 15
Gewicht: 10,30
Abbildung der Rs.

1 Imhoof. — Der weibliche Kopf auf der Vs. ähnelt mehr der Maesa, als der Mamaea; ganz sicher ist die Benennung aber nicht.

1065
K 27
AVT K M AVP CEVH AΛEΞANΔPOC IOVΛIA MAICA• ebenso

ΗΓ ΘΜ ΤΕΡΕΒΕΝΤΙΝ·OV ΜΑΡΚΙΑ‑ΝΟΠΟΛΙΤ.. Nemesis mit Wage und Stab L stehend; am Boden das Rad; i. F. r. E

Abweichungen: Rs. am Schluss MAPKIAN.... (MAPKIANOΠOΛITΩN Mionnet) 1
— das Werthzeichen E verwischt 1

1 Paris; wohl dieses Stück Mionnet S. 2, 107, 309 [Prokesch S. 154], aber mit falscher Beschreibung des Typus (s. unten 1065°). 2 Philippopel. 3 Ein solches Stück mit falschen Lesungen und Erklärungen bei Tristan 2, 401 Abb. und Patin imp. 353 Abb. (aus beiden Gessner imp. CLXV, 2] (mit AΓ ΘXH ΤΕΡΕΒΕΝΤΙNΩN ΚΑΡΧΕΔΩN Frau mit Schale und Stab); Hardouin num. ant. 237 (ebenso, aber als letztes Wort MAPKIANO‑ΠOΛΙΤΩΝ; vgl. auch oben 1037°); Vaillant num. gr. 128 [Erbkel d. n. 8, 15; Mionnet S. 2, 98, 861] (mit AΓ ΤΥΧΗ VΠ ΤΕΡΕΒΕΝΤΙNOV ΜΑΡΚΙΑΝΟΠΟΛΙΤΩΝ Fortuna mit Wage und Füllhorn) [fälschlich unter Elagabalus und Bonemius (s. oben 981*)].
— Vgl. unten 1064°.

Dass die alte Lesung AΓ ΤΥΧΗ, die auch gut nicht zum Typus passen würde, nur auf einer Verlesung statt ΗΓ ΘΜ beruhte, hat zuerst Sestini descr. 37, 61 bemerkt. Ob das Exemplar, das Tristan und die anderen alten Autoren publicirt haben, mit dem Pariser identisch war, ist nicht sicher festzustellen.

1065°
K 11
Alexander und Maesa (Vs. nicht beschrieben)

(ΗΓ M ΤΕΡΕΒΕΝΤΙΝΟΥ ΜΑΡΚΙΑΝΟΠΟΛΙ‑ΤΩΝ) Nackte männliche Figur (L) stehend, die R. ausgestreckt, in der L Speer

1 Vaillant num. gr. 137 [Mionnet S. 2, 107, 310] aus der Sammlung Galland.
Die Anführung der Münze bei Vaillant lässt es zweifelhaft, ob auf der Vs. die beiden Köpfe dargestellt sind oder nur der des Alexander; da ähnliche Münzen mit einem Kopf nachweisbar sind, ist Vaillants Beschreibung dort mit aufgenommen worden (oben 1023, 4).

1065°°
K 11
Alexander und Maesa (Vs. nicht beschrieben)

(ΗΓ M ΤΕΡΕΒΕΝΤΙΝΟΥ ΜΑΡΚΙΑΝΟΠΟΛΙ‑ΤΩΝ) Nemesis l. stehend, die R. zum Munde führend, im L Arm den Stab; am Boden das Rad

1 Vaillant num. gr. 137 aus der Sammlung Foucault.
Diese Darstellung der Nemesis ist unter Alexander (auch nicht auf Münzen mit seinem Kopf allein) nicht nachweisbar; vielleicht betrifft die auch sonst mangelhafte Beschreibung ein Stück = oben 1065. Vgl. auch Mionnet S. 2, 107, 309 (oben 1065, 1).

1065°°°
K 11
ebenso

AΓ ΤΥΧΗ ΤΕΡΕΒΕΝΤΙΝΟΥ ΜΑΡΚΙΑΝΟ‑ΠΟΛΙΤΩΝ Frau mit Schale und Füllhorn (L) stehend

1 Vaillant num. gr. 137 [Mionnet S. 2, 107, 311, aus der Sammlung Foucault.

[Alexander und Maesa]

**1066
K 26**

[AVT K M AVP] CEVH AΛEΞANΔPOC
KAI IOVΛIA MAICA ebenso

Η ΩΜ TEPEBENTINOV MAPKIANO-
ΠΟ u. i. A. AITΩN Schlange,
in vielen Windungen aufgerichtet,
Kopf l.; i. F. r. E

1 Wien, früher Welzl Cat. 1343; Arneth Sitzungsber. 9, 805, 81 a
Die fehlenden Buchstaben der Vs. sind nach der folgenden, unter Philopappus geprägten Münze ergänzt. Die Besonderheit, dass die beiden Namen der Vs. durch καί verbunden sind (vgl. darüber zu n. 978), ist bisher nur auf Münzen des Terentianus und des Philopappus nachgewiesen und kehrt unter demselben Statthalter auch auf Münzen mit Alexander und Mamaea (unten n. 1077 und 1084) wieder; vielleicht darf man daraus schliessen, dass der eine der unmittelbare Nachfolger des anderen war.

(Für Philopappus)

**1067
K 27**

AVT K M AVP CEVH AΛEΞANΔPOC
KAI IOVΛIA MAICA die beiden
Brustbilder wie vorher

VΠ ΦIP ΦIΛΟΠΑΠΠΟV MAPKIA-
NOΠΟ u. i. A. AITΩN Schlange,
in vielen Windungen aufgerichtet,
Kopf r.; i. F. l. E

Abweichungen: Vs. Anfang der Schrift fehlt 1. 2   Am Schluss MAI... l. 3.
M....., 2 (über überall sicher Maesa)
1 Arnika — 2 Athen Cat. 835   3 Bukarest — 4 Löbbecke

Alexander und Mamaea
(Julius Gaetulicus)

**1068
K 28**

AVT K M AV CEVH AΛEΞANΔPOC
IOV MAMMEA (so!) die Brustbilder
des Alexander m. L. P. M. r. und
der Mamaea l., einander zugekehrt

VΠ IOV ΓETOVΛIKΩ MAPKIANO-
ΠΟΛ u. i. A. ITΩN Hygieia mit
Schlange und Schale r. stehend;
i. F. l. E

Abweichungen: Rs. ΓETOVΛIK Ω 3 — i. A. ITΩN (l) 3, undeutlich 2
1 Löbbecke — 2 Sophia — 3 Wien, früher Neumann num. vet. 1, 109, III, 12 [Mionnet S. 2, 108, 316]; Wiczay 2135, VII, 156; Sestini 30,53; Arneth Sitzungsber. 9, 896, 104 a

**1069
K 26**

... M AV CEVH AΛEΞANΔPOC ....
ebenso

VΠ IΩ ΓETOΛIKΩ M.ΚIANOΠOΛ ....
Tyche l. stehend und r. blickend,
in der R. das Füllhorn, in der L.
das Steuerruder; i. F. r. E

T. XIX, 6   Abbildung der Rs. (2)

1 Bologna Univ. — 2 Wien Mus. Theup.1025 unter Magnesia in Ionien [Mionnet S. 6, 246, 1080 ebenda; aber er denkt richtig an eine moesische Stadt]; Arneth Sitzungsber. 9, 896, 104
Der Name der Kaiserin fehlt auf beiden Exemplaren; doch ist die Vs. des zweiten aus demselben Stempel wie Löbbeckes Exemplar der vorhergehenden Münze.

Dass die Worte ΑΓ ΤΥΧΙΙ aus ΙΠ ΩΜ verlesen sind, gilt für diese Münze ebenso wie für die oben zu 1065,3 angeführten, obwohl sie hier besser zur Darstellung passen würden als dort. Vielleicht ist Vaillants Beschreibung im übrigen richtig, da er ebenfalls Mamaea mit Alexander und Mamaea giebt; aber er konnte die Vs. auch (ebenfalls angegeben haben.

**1067
K 37**

.... M ATP) CEΠ AΛ.... Br. des Alexander m. L. P. m. r. und einer Kaiserin L

.... .ΚIANOΠOM u. L A. TΩN
Schlange, Kopf r.; i. F. L. oben E

1 Berlin Cat 68,61. - Da weder die Kaiserin noch die Statthalternamen zu erkennen ist, war der Münze ohne nicht unterzubringen.

[Alexander and Mamaea]

(Tib. Iulius Festus)

**1070
K 28** AVT K M AVP CEVH AΛEΞANΔP|OC VΠ TIB IOVA ΦHCTO,V MAPKIANO·
IOVAIA MAM;AIA die beiden Brust- ΠOΛITΩN Ares (oder Virtus?)
bilder mit Helm, Panzer und Stiefeln r.
stehend, die R. auf den Speer, die
L. auf den Schild gestützt; i. F. L E

1 Philippopel. — Ob Mamaea hier mit der Stephane geschmückt ist, ist unsicher, ebenso
bei den drei folgenden Münzen.

**1071
K 28** AVT K M AVP CEVH AΛEΞANΔPOC VΠ TIB IOVA ΦHCTOV MAPKIANO·
IOVAIA |MAM;AIA ebenso ΠOΛITΩN Nemesis mit Wage
und Stab l. stehend; i. F. r. E

1. 2 Rollin

**1072
K 27** AVT K M AV|P CEVH AΛEΞANΔP;OC Schrift ebenso. Concordia mit
IOVAIA MAMAIA ebenso Schale und Füllhorn L stehend; Im
F. L E

Abweichungen: Vs. AVT M AVP CEVH AΛEΞ...... MAMAIA 2

1 Philippopel. — I — Hierher vielleicht 2 Murzakewicz descr. mon. Odessani 26, 11, aber mit
zerstörter Schrift der Rs., so dass die Münze auch unter einem anderen Statthalter geprägt sein könnte.

**1073
K 26** [AVT K M AVP CEVH| AΛEΞANΔPOC VΠ TIB IOVA ΦHCTOV MAPKIA·
IOVAIA MAMAIA ebenso NOΠOΛITΩN Tyche mit Steuer-
ruder und Füllhorn l. stehend; |im
F. E]

1 Venedig Marciana. Hierher könnte auch die oben 1017? angeführte Münze gehören.

**1074
K 27** AVT |K M| AVP CEVH AΛEΞANΔPOC VΠ TIB IOVA ΦHCTOV MAPKIANO·
IOVAIA MAMAIA ebenso; Mamaea ΠOΛI u. i. A. TΩN Schlange,
hier sicher mit Stephane in vielen Windungen aufgerichtet,
Kopf l.; i. F. r. E

Gewicht: 11,33 (?)

1 Berlin Cab 68, 60. —;— Hierher vielleicht 2 Vaillant num. gr. 137 [Mionnet S. 2, 108, 317]
aus der Sammlung der Königin Christine (Vs. nicht beschrieben und auch sonst unsicher).
— Vgl. auch oben 1062, 1. 3, wo die Kaiserin allenfalls Mamaea sein könnte.

**1075
K 27** [AVT K M AVP CEVH| AΛEΞANΔPOC VΠ TIB IOVA ΦHCTOV MAPKIANO·
IOVAIA MAMAIA ebenso ΠOΛI u. i. A. TΩN Schlange,
wie vorher, aber Kopf r.; i. F. l. E

Abweichungen: Vs..... EVH AΛEΞANΔPOC IOVAIA ... (könnte also auch Mamaea
sein) 3: — Rs. ΦHCTO I · AITΩN i. A.]

2 Berlin (neue Erwerbung) — 2 Wien Mus. Theup. 1026; Arneth Sitzungsber. 9, 876, 102 ungenau. - 1 — 3 Haym tes. Brit. 2, 258, XIX, 3 [Gessner imp. CLXVI, 2] = thes. Brit. 2, 351,
XLIII, 6.

[Alexander und Mamaea]

(Um. Tereventinus)

1076
K 27
ΑΥΤ Κ Μ ΑΥΡ CΕΥΗ ΑΛΕΞΑΝΔΡΟC ΙΟΥΛΙΑ ΜΑΜΑΙΑ die beiden Brustbilder wie vorher (Mamaea mit Stephane)

ΗΓ ΟΜ ΤΕΡΕΒΕΝΤ|ΙΝΟΥ ΜΑΡΚΙΑΝΟΠΟΛΙ u. i. A. ΤΩΝ Männliche Figur l. stehend, die R. vorgestreckt, in der L. ein Scepter (?); vorn ein undeutliches Thier(?); im F. r. E

1 Wien Mus. Theup. 1026 (Mionnet S. 2, 109, 319); Arneth Sitzungsber. 9, 896, 102 Die undeutliche Figur auf der Rs. erinnert am meisten an einen Zeus (mit Schale und Scepter, vor ihm der Adler); Arneth dachte an Apollon, was aber nicht möglich ist; eher könnte es Dionysos sein (mit Kantharos und Thyrsos, vor ihm der Panther).

1077
K 28
ΑΥΤ Κ Μ ΑΥΡ CΕΥΗ ΑΛΕΖΑΝΔΡΟC ΚΑΙ ΙΟΥΛΙΑ ΜΑΜΑΙΑ ebenso

ΗΓ ΤΕΡΕΒΕΝΤΙΝΟΥ ΜΑΚΙΑΝΟΠΟΛΙΤΩΝ Demeter (ohne Schleier) mit Ähren und Fackel l. stehend; i. F. r. E

1 St. Petersburg. Die gleiche Schrift der Vs., mit ΚΑΙ, hat eine unter Philippus geprägte Münze, unten 1084; vgl. die Bemerkung zu 1066.

1078
K 25
ΑΥΤ Κ Μ ΑΥΡ CΕΥΗ ΑΛ[..........
ΙΟΥΛΙΑ ΜΑΜΑΙΑ ebenso

Gewicht: 12,90
1 Löbbecke

ΗΓ ΟΜ ΤΕΡΕΒΕΝΤΙΝ ΟΥ ΜΑΡΚΙΑΝΟΠΟΛΙΤ u. i. A. ΩΝ Asklepios mit dem Schlangenstab nach vorn stehend und l. blickend; i. F. r. E

1079
K 27
ΑΥΤ Κ Μ ΑΥΡ CΕΥΗ ΑΛΕΞΑΝΔΡΟC·
ΙΟΥΛΙΑ ΜΑΜΑΙΑ· ebenso

Gewicht: 9,95 (1)
1 Schmidt · 2 Wien Arneth Sitzungsber. 9, 896, 101. — Vgl. unten 1079².

ΗΓ ΟΜ ΤΕΡΕΒΕΝΤΙΝΟΥ ΜΑΡΚΙΑΝΟΠΟΛΙΤΩΝ Concordia mit Schale und Füllhorn l. stehend; vor ihr ein Altar; i. F. r. E

1080
K 27
ebenso

Gewicht: 9,40 (2)
1 Philippopel — 2 Schmidt — 3 Sophia

ΗΓ ΟΜ ΤΕΡΕΒΕΝΤΙΝΟΥ ΜΑ.....ΟΠΟΛΙΤ u. i. A. ΩΝ Tyche mit Kalathos, Steuerruder und Füllhorn nach vorn (etwas r.) stehend und l. blickend; i. F. r. E

1079²
K 16
Alexander (Vs. nicht beschrieben)

ΗΓ Μ ΤΕΡΕΒΕΝΤΙΝΟΥ ΜΑΡΚΙΑΝΟΠΟΛΙΤΩΝ Göttin mit Schale und Füllhorn (L) stehend

1 Vaillant num. gr. 137 (Mionnet S. 2, 108, 318 unter Alexander und Mamaea) aus der Sammlung des Grafen Lazara in Padua. — Die Münze steht bei Vaillant hinter einer solchen mit den beiden Köpfen, scheint aber selbst nur den Kopf des Alexander allein auf der Vs. gehabt zu haben; sie ist daher oben n. 1033,16 mit angeführt.

300

[Alexander und Mamaea]

**1081
K 28** ...... ΑΕΞΑ...ΟC ΙΟVΑΙ ..... Η ὨΜ ΤΕΡΕΒΕΝ.........ΙΑΝΟΠΟΛΙ
die beiden Brustbilder u. i. A. ΤΩΝ Schlange, in vielen
Windungen aufgerichtet, Kopf r.;
i. F, l. E

1 Paris. — Die Münze liegt unter Alexander und Mamaea; doch könnte die Kaiserin
allenfalls auch Maesa sein.

(Flr. Philopappus)

**1082
K 26** ΑVΤ Κ Μ ΑVΡ CΕVΗ ΑΛΕΞΑΝΔΡΟC VΠ ΦΙΡ ΦΙΛΟΠΑΠΠΟV ΜΑΡΚΙΑΝΟ-
ΙΟVΛΙΑ ΜΑΜΑΙΑ die beiden Brust- ΠΟΛΙΤΩΝ Hera in langem Ge-
bilder (Mamaea mit Stephane) wand mit Schale und Scepter l.
stehend; i. F. r. E

Abweichungen: V. Schrift am Anfang unvollständig 1 — die Stephane nicht angegeben 2, 3; — Ks. am Schluss ΠΟΛΙΤΩ v. L A. N J

1 Philippopel — 2. 3 Rollin

**1083
K 28** ...... Ρ CΕVΗ ΑΛΕΞΑΝΔΡ........ VΠ ΦΙΡ ΦΙΛΟΠΑΠΠΟV ΜΑΡΚΙΑΝΟ-
ebenso (ohne Stephane?) ΠΟΛΙΤΩΝ u. i. A. Ν Göttin in langem Gewand, aber ohne Schleier,
mit Ähren und Fackel l. stehend
(Demeter oder Kore); i. F. r. E

1 Bukarest. Ich habe bei der Beschreibung die Kaiserin Mamaea genannt, ohne ein
Fragezeichen hinzuzufügen; doch bleibt die Möglichkeit, dass es Maesa ist.

**1084
K 27** ΑVΤ Κ Μ ΑVΡ CΕVΗ ΑΛΕΞΑΝΔΡΟC VΠ ΦΙΡ ΦΙΛΟΠΑΠΠΟV ΜΑΡΚΙΑΝΟ-
ΚΑΙ ΙΟVΛΙΑ ΜΑΜΑΙΑ ebenso (Ma- ΠΟΛΙΤΩΝ Hygieia mit Schlange
maea mit Stephane) und Schale r. stehend; i. F. l. E

1 Belgrad. Über die V., vgl. zu 1077.

**1085
K 27** — 1082 (aber ohne Stephane?) VΠ ΦΙΡ ΦΙΛΟΠΑΠΠΟV ΜΑΡΚΙΑΝΟ-
ΠΟΛΙΤΩΝ Concordia mit Schale
und Füllhorn l. stehend; i. F. r. E

1 Paris

Iulia Mamaea

**1086
K 23** ΙΟVΛΙΑ ΜΑΜΑΙΑ Br. der Mamaea ΜΑΡΚΙΑΝΟΠΟΛΙΤΩΝ Artemis als
mit Stephane und Gewand r. Jägerin r. eilend, neben ihr der
Hund; i. F. l. 7

1 St. Petersburg

Obwohl von den punktirten Buchstaben nur schwache Spuren zu bemerken sind, scheint
die Lesung ΜΑΜΑΙΑ doch sicher zu sein; auch die Gesichtszüge erinnern mehr an Mamaea
als an Maesa.

Gordianus III.

Die ersten Münzen, die unter Gordianus in Markianopolis geprägt worden sind, scheinen diejenigen ohne Statthalternamen zu sein, sowohl die Fünfer mit den Brustbildern des Gordianus und Sarapis (n. 1171), als die Vierer mit dem des Gordianus allein (n. 1101—1115); nur die kleineren Münzen, auf denen ja auch sonst der Legat nie genannt ist, mögen zum Theil auch später geprägt sein; vgl. die Einleitung S. 187. Dann folgten weitere Prägungen unter Menophilus und schliesslich unter Tertullianus. Bei der Anordnung des Katalogs sind indessen die Münzen mit Statthalternamen wie gewöhnlich denjenigen ohne solche Namen vorangestellt.

(Menophilus)

1087
K 27
AVT K M ANT ΓΟΡΔΙΑΝΟC AVΓ
Br. m. L., P. M. r.

VΠ ΜΗΝΟΦΙΛΟV ΜΑΡΚΙΑΝΟΠΟ
u. i. A. AITΩN Zeus mit Schale und Scepter l. sitzend; zu seinen Füssen der Adler

Abweichungen: Vs. nicht angegeben 4: - Rs. Nebhtss der Schrift fehlt 3 — L A. vor AITΩ zu sehen 1. 4

1 Bukarest 2 München 3 Paris, Mionnet S. 2,109, 380. - — 4 Mus. Arigoni 4 imp. gr. XVI

1088
K 26
ebenso

VΠ ΜΗΝΟΦΙΛΟV ΜΑΡΚΙΑΝΟΠΟΛΙ-
TΩ u. i. F. r. unten N Demeter mit Ähren und Fackel l. stehend

Gewicht: 9,30 (1)

1 Gotha — 2 3 München; vgl. unten 1087* — 4 Paris Blanchet revue num. 1892, 66, 31. — ! - 5 (= 2 oder 3?) Kermini descr. 38,75 angeblich von Ainslie. - Vgl. unten 1088°.

1089
K 27
ebenso

VΠ ΜΗΝΟΦΙΛΟV | ΜΑΡΚΙΑΝΟΠΟΛ
u. i. F. r. IT ebenso

1 Bukarest — 2 Rollin. — Im Abschnitt der Rs. könnte noch ΩN zu ergänzen sein.

1087*
K (27)
— 1087
ΥΠ ΜΗΝΟΦΛΟΥ ΜΑΡΚΙΑΝΟΠΟΛΙΤΩΝ Bekleidete Figur l. stehend mit Schale und Scepter

1 Borghesi neuves 2, 218 aus dem Münchener Cabinet, nach Mittheilung von Sestini Die Bezeichnung der Figur als *female* lässt es zweifelhaft, ob eine männliche oder weibliche gemeint ist; im Münchener Cabinet ist keine Münze vorhanden, die der Beschreibung entspricht. Vielleicht handelt es sich um eine Darstellung der Demeter; das eine der beiden Münchener Exemplare (oben 1088, 2. 3) ist so schlecht erhalten, dass die falsche Angabe der Attribute erklärlich wäre.

1088*
K 13
Gordianus (Vs. nicht beschrieben)
(ΤΠ ΜΗΝΟΦΛΟΥ ΜΑΡΚΙΑΝΟΠΟΛΙΤΩΝ)
Demeter mit Ähren und Fackel (L) stehend

1 Vaillant num. gr. 153 aus der Sammlung Morosini
Eine andere Beschreibung der Münze (bei Patin thes. Mauroces. 135) zeigt, dass auf der Vs. die Brustbilder des Gordianus und Sarapis dargestellt waren; Mionnet (S. 2, 111, 334) hat ebenfalls diese Vs. vermuthet. Auch bei mehreren anderen Münzen, die Vaillant so unter Gordianus beschrieben hat, ist die Vs. nachweisbar die beiden Brustbilder; da vermuthlich dasselbe auch für die wenigen übrigen gilt, sind sie alle unter Gordianus und Sarapis verzeichnet. Das war auch die Ansicht von Mionnet; vgl. Suppl. 2, 111 oben b.

302 MOESIA INFERIOR

(Gordianus III.)

1090
K 27

AVT K M ANT ΓΟΡ ΔIANOC AVΓ | VΠ MHNOΦIΛOV MAPKIANOΠOΛIT
Br. m. I. P. M. r. | Nackter Apollon nach vorn stehend und r. blickend, die R. auf dem Kopf, in der L. den Bogen; neben ihm l. der Köcher mit Gewand, r. der Baumstumpf mit der Schlange

1 Haag — 2 München — 3 Paris Blanchet revue num. 1893, 66, 32. — ? — 4 (= 31) Sothatler revue belge, 3 série, 4 (1860) 3, 4, 1, 4 — Cohen Cat. Gréau 1013, die Ks. angenau als Herakles, berichtigt von Dressel Ztschr. f. Num. 15 (1887) 68

1091
K 26

M ANT ΓΟΡ ΔIANOC AVΓ Br. m. I. | VΠ MHNOΦIΛOV MAPKIANOΠ u.
P. M. r. | i. A. ΟΛIT Nackte männliche Figur (einer der Dioskuren) l. stehend, mit der R. ein L schreitendes Pferd am Zügel haltend,

Tafel
XVII. 29

Abbildung der Ks. (3) | die L. auf den Speer gestützt

1 Bukarest — 2 Kopenhagen — 3 Paris Mionnet S. 2, 109, 322 — 4 Sophia - 5 im Handel

1092
K 26

ebenso | VΠ MHNOΦIΛO V MAPKIANOΠOΛ
u. i. A. ITΩN Nemesis mit Wage und Stab l. stehend; am Boden das Rad

1 St. Petersburg · 2 Sophia

1093
K 25

= 1090 | VΠ MHNOΦIΛOV MAPKIANOΠOΛI
u. i. A. TΩN ebenso

Gewicht: 10,10(2)

Abweichungen: Rs. Anfang und Schluss der Schrift unsicher 1. 3

1 Basel — 2 Schmidt; dieser Ex. von Mandl Pick num. Ztschr. 23, 49, ? (= Egger Verkaufs-Cat. 8, 167) 3 Venedig Marciana

1094
K 25

ebenso | VΠ MHNOΦIΛOV MAPKIANOΠOΛI-
TΩ u. i. F. r. N Göttin mit Wage und Stab l. stehend (Nemesis?)

Gewicht: 10,15(1)

Abweichungen: Vs. Anfang der Schrift fehlt 1; — Rs. das Ν am Schluss nicht zu sehen 1

1 Gotha — 2 Mandl Pick num. Ztschr. 23, 49, 8. — — 3 Wien 2176 (Mionnet S. 2, 109, 321 mit schlechtem Änderungsvorschlag); Sestini 31, 55

1095
K 26

= 1091 | ebenso

1 Wien Arneth Sitzungsber. 9, 806, 106 ungenau

1096
K 27

ebenso | VΠ MHNOΦIΛO V MAPKIANOΠOΛ
u. i. A. ITΩN Nemesis-Aequitas mit Wage und Füllhorn l. stehend; am Boden das Rad

1 Rollin

| 1097
K 26 | (Gordianus III.)
= 1090

Gewicht: 10,45
1 Imhoof | | ΥΠ MHNO[ΦIΛΟΥ] MAPKIANOΠO-
ΛΙ u. i. A. ΤΩΝ Concordia mit
Schale und Füllhorn l. stehend;
vor ihr der Altar |

(Tertullianus)

1098
K 34   AVT K M ANT ΓΟΡΔIANOC AVΓ | ΥΠ ΤΕΡΤΥΛΛΙΑ[Ν]ΟΥ ΜΑΡΚΙΑΝΟ-
     Br. des Gordianus mit Strahlen- | ΠΟΛΙΤΩΝ u. i. A. ΟΜΟΝΟΙΑ Die
     krone, Panzer und Mantel links- | Stadtgöttin mit Mauerkrone und
     hin, die r. Hand vor der Brust | langem Gewand, im l. Arm das
     erhoben, in der L. die Weltkugel | Füllhorn, r. und der Kaiser mit
                                                                                           Lorbeerkranz und Toga, in der
                                                                                L. eine Rolle, l., einander gegen-
                                                                                überstehend und sich über einem
                                                                                flammenden Altar die R. reichend
            Gewicht: 27,29 (2) - 26,70 (4. E. schl.) — 25,46 (1)
           Abweichungen: Vs. Anfang der Schrift fehlt 3; — Rs. ΥΠ ΤΕΡΤΥΛΛΙΑΝΟΥ
           ΜΑΡΚΙΑΝΟΠΟΛΙΤΩΝ 3
           1 Berlin Cat. 68, 62, III, 28; dieses Stück bei Regts über. Brand. 2,724 Abb. [Gessner
           imp. CLXXIII, 6]; Sestini len. 8, 33   2 London Cat. 35, 80   3 Paris   4 Wien
           Froelich 4 tentam. 328, 262 Abb. [Gessner Imp. CLXXIII, 5; Mionnet 1, 359, 35 ungenau];
           Eckhel cat. 57, 40 [Mionnet S. 2, 109, 323]; Arneth Sitzungsber. 9, 607, 112
           Die Vorderseite scheint, wie schon A. v. Sallet (zu 1) bemerkt hat, aus demselben Stempel
           zu sein, wie die mehrerer Medaillons von Odessos (s. B. Taf. V, 5) und von Tomis
           (z. B. Taf. VII, 18).

1099
K 34   ebenso, wohl aus demselben Stem- | ΥΠ ΤΕΡΤΥΛΛΙΑΝΟΥ ΜΑΡΚΙΑΝΟΠΟ
     pel   u. i. A. ΛΕΙΤΩΝ Der Kaiser mit
                                                                                Strahlenkrone und Panzer l. ste-
                                                                                hend und r. blickend, die R. auf
                                                                                den Speer gestützt, im l. Arm das
                                                                                Parazonium; hinter ihm Nike l.
                                                                                stehend, mit der R. ihn kränzend,
                                                                                im l. Arm Palmzweig
     1 Bukarest — 2 Philippopel

1097*
K II   Gordianus (Vs. nicht beschrieben) | ΤΗΟ ΤΕΡΤΟΓΛΛΙΑΝΟΥ ΜΑΡΚΙΑΝΟΠΟΛΙ-
                                                                                ΤΩΝ Stehender Kaiser, in der R. Schale,
                                                                                in der L. Speer
     1 Vaillant num. gr. 153 (Mionnet S. 2, 110, 324) aus der Sammlung Garzoni in Venedig
     Da unter Tertullianus sonst keine Mittelbronzen mit dem Kopf des Gordianus alleine
     nachweisbar sind, darf man wohl annehmen, dass Vaillant die Vs. ungenau angegeben hat;
     es handelt sich wohl um eine Münze mit Gordianus und Tranquillina. Auch der
     Typus der Rs. ist schwerlich richtig beschrieben; vielleicht war es ein Zeus — unten 1132;
     die Schrift ist natürlich in ΤΗ ΤΕΡΤΥΛΛΙΑΝΟΥ zu ändern.

304　　　MOESIA INFERIOR

[Gordianus III.]

1100
K 33

AVT K M ANTΩNIOC ΓΟΡΔΙΑΝΟC   VΠ TEPTV ΛΛΙΑΝΟV M APKIANOΠO
Br. m. L. P. M. r.   u. i. A. AEITΩN Der Kaiser l.
                                              stehend, von Nike gekränzt, wie
                                              vorher
1 Philippopel

(ohne Statthalternamen)

1101
K 25

M ANT ΓΟΡ ΔΙΑΝΟC AVΓ Br. m. l.   MAPKIANO ΠOΛITΩ u. i. A. N Zeus
· P. M. r. | mit Schale u. Scepter l. thronend
Gewicht: 8,84 (1)
1 London Cat. 38, 81   2 Paris Mionnet S. 2, 110, 325 · · 3 Wien Eckhel cat. 57, 50
[Mionnet S. 2, 110, 329]; Arneth Sitzungsber. 9, 896, 105, überall irrig als weibliche
Figur

1102
K 26

AVT K M ANT ΓΟΡ ΔΙΑΝΟC AVΓ   MAPKIAN OΠOΛITΩN Sarapis mit
Br. nt. l., P. M. r.   Kalathos, erhobener R. und Scep-
                                | ter im l. Arm l. stehend
| 1 Belgrad   2 Krupka

1103
K 25

= 1101   MAPKIAN OΠOΛITΩN Demeter mit
                                   Schleier l. stehend, in der R. Ähren,
                                   die L. auf Scepter (oder Fackel?)
                                | gestützt
1 München.   Die von Lenormant Cat. Behr 40 unter Markianopolis beschriebene grössere
Münze gehört nach Hadrianopolis; sie ist jetzt im Berliner Cabinet. s. Cat. 131, 13.

1104
K 27

AVT K M ANT ΓΟΡΔΙΑΝΟC AV   MAPKIANO ΠOΛ..... Ares (oder
Br. m. l. P. M. r.   Virtus?) mit Helm, Panzer und
                                Mantel l. stehend, die R. auf den
                                Schild, die L. auf den Speer ge-
                              | stützt
Gewicht: 11,15
1 Inkonf

1105
K 25

= 1101   MAP KIAN OΠOΛITΩN Athena mit
                                 Schale und Speer l. stehend, am
                                 Boden neben ihr der Schild
Gewicht: 9,50
1 London Cat. 38,82

1106
K 26

— 1103   MAPKIANO ΠOΛITΩN ebenso
, 1 Halle

1103*
K 28

Gurdianus   1 MAPKIANOΠOΛEITΩN Nackter Mann l.
                                 | stehend, in der R. Schale, in der l. (Zweig)
1 Wien Arneth Sitzungsber. 9, 697, 108
Arneth hat die Schrift der K. falsch gelesen; sie lautet [AS,PI ΛNOΠOΛEITΩN.

MARKIANOPOLIS

[Gordianus III.]

1107
K 26
ebenso

ΜΑΡΚΙΑΝΟΠΟΛΙΤΩ u. i. A. N Behelmte Roma auf einem Panzer l. sitzend, mit der R. das Schwert (?) auf ihr r. Knie stemmend, die l. auf den Speer gestützt; am Boden hinter ihr der Schild

T. XV, 31
Abbildung der Rs. (1)
Gewicht: 9,48 (1)
Abweichungen: Vs. Anfang der Schrift fehlt 1; - Rs. der Schild undeutlich 1
1 Gotha Sestini lett. 9,4 (Mionnet S. 2, 111, 330) -- 2 St. Petersburg -- 3. 4 (aus denselben Stempeln) Sophia

1108
K 25
ebenso, aber am Schluss nur AV oder AV
1 Bukarest

ΜΑΡΚΙ(ΑΝΟΠ)Ο(ΑΙ)ΤΩΝ Hermes mit Beutel und Stab l. stehend, über dem l. Arm die Chlamys

1109
K 26
— 1102

ΜΑΡΚΙΑΝΟΠΟΛΙΤΩΝ Asklepios nach vorn stehend und l. blickend, die R. auf den Schlangenstab gestützt

Abweichungen: Vs. angeblich mit AV K M ANTO 3; -- Rs. Trennung ΜΑΡΚΙΑΝΟΠΟΛΙΤΩΝ 3 ΜΑΡΚ.... 1
1 Bukarest 2 Paris Mionnet S. 2, 110, 328. 3 La Mottraye voyages 2, 110, VII, 6
(Grosser Imp. CLXXVII, 12)

1110
K 26
ebenso

ΜΑΡΚΙΑΝΟΠΟΑ(ΙΤ)ΩΝ Nemesis mit Wage und Elle l. stehend, am Boden neben ihr das Rad

Abweichungen: Vs. Schluss der Schrift fehlt 1 -- In der Mitte unvollständig 3; - Rs. zweite Hälfte der Schrift unvollständig 1. 2 (IT nach 3 ergänzt)
1 Bukarest 2 München.]. Hierher vielleicht 3 Cat. Borghesi (1881) 1072 (Cyzisch)

1111
K 26
ebenso

ΜΑΡΚΙΑΝΟΠΟΛΙΤΩ u. i. A. N Concordia mit Kalathos, Schale und Füllhorn l. stehend; vor ihr der Altar

1 Venedig Marciana

1112
K 27
— 1101
Gewicht: 10,85
1 Imhoof

ebenso

1105*
K 26
ΑΥΤ K M ΑΝΤ ΓΟΡΔΙΑΝΟC ΑΥΓ Br. m. l. P. M. r.

ΜΑΡΚΙΑΝΟΠΟΛΙΤΩΝ Kybele auf dem Löwen sitzend, im Hintergrunde eine behelmte Figur

1 Wiczay 2177 [Mionnet S. 2, 110, 327]; Sestini 31, 54
Die schlecht erhaltene Münze befindet sich jetzt im Wiener Cabinet (Arneth Sitzungsber. 9, 897, 1082, ebenfalls unter Markianopolis). Der Anfang des Stadtnamens ist zerstört; Sestini gab ihn daher auch nur in Klammern (MAPKI?); diese Ergänzung ist aber nicht richtig, sondern die Münze gehört wohl nach Hadrianopolis.

Die antiken Münzen Nord-Griechenlands I.   20

306   MOESIA INFERIOR

(Gordianus III.)

1113 K 26   AVT K M ANT ΓΟΡΔΙΑΝΟC AV(Γ?) ΜΑΡΚΙΑΝΟΠΟΛΙΤΩΝ Concordia Br. m. L. P. M. r. | wie vorher, aber ohne den Altar
Abweichungen: Vs. Schluss der Schrift fehlt 1
1 Bukarest — 2 Rollin

1114 K 25   M ANT ΓΟΡ ΔΙΑΝΟC AVΓ Br. m. L. ΜΑΡΚΙΑΝΟΠΟΛΙΤΩΝ Tyche mit P. M. r.   Kalathos, Steuerruder und Füllhorn l. stehend
Gewicht: 8,00 (s. K. schl.)
Abweichungen: Vs. Anfang der Schrift fehlt (also vielleicht AVT K M) 2
1 Bukarest — 2 Gotha · · 3 St. Florian · · 4 Weiss. — Vgl. unten 1114°.

1115 K 25   AVT K M ANT ΓΟΡΔΙΑΝΟC AVΓ ΜΑΡΚΙΑΝ ΟΠΟΛΙΤ u. i. A. ΩΝ Adler mit ausgebreiteten Flügeln Br. m. L. P. M. r.   nach vorn stehend und den Kopf mit Kranz im Schnabel r. erhebend
Abweichungen: Vs. Schluss der Schrift fehlt 3, vielleicht AVΓ 2
1 Bukarest — 2 Kopenhagen — 3 Venedig Matelani

1116 K 22   M ANT ΓΟΡ ΔΙΑΝΟC AVΓ Br. m. ΜΑΡΚΙΑΝΟΠΟΛΙΤΩΝ Artemis als L. P. M. r.   Jägerin r. eilend, neben ihr der Hund
Gewicht: 7,45
1 Kopenhagen
Wie das Gewicht zeigt, ist diese Münze als ein Dreier anzusehen; den Werthzeichen Γ fehlt vielleicht darum, weil die Darstellung der Artemis als Typus für dieses Nominal genügend bekannt war; vgl. die Einleitung S. 189.

1117 K 20   M ANT ΓΟΡ ΔΙΑΝΟC AVΓ Kopf m. ΜΑΡΚΙΑΝΟΠΟΛΙΤΩΝ Concordia L. r.   mit Kalathos, Schale und Füllhorn l. stehend
Gewicht: 4,22 (3)
1 Odessa Univ. — 2 Paris Blanchet revue num. 1899, 66, 33 — 3 Winterthur. — ; —
Illerhet vielleicht auch 4 Chaix descr. 27, aber mit der Grössenangabe 3½.
Diese Münze ist vermuthlich als Zweier aufzufassen, während die folgenden (n. 1118 bis 1120) gewiss Einer sind.

1114° K 26   ATT K M ANT ΓΟΡΔΙΑΝΟC ATΓ Br. m. L. ΜΑΡΚΙΑΝΟΠΟΛΙΤΩΝ Tyche = 1114 P. M. r.
1 Wien Eckhel cat. §7, 91 [Mionnet S. 2, 110, 326]; Arneth Sitzungsber. 9, 896, 107
Die Schrift der Rs. ist falsch gelesen; die Münze gehört nach Hadrianopolis.

1115° K 26   ATT K M ANT ΓΟΡΔ...... Br. m. L. P. M. r.   ΜΑΡΚΙΑΝΟΠΟΛΙΤΩΝ (sic!) Triumphbogen mit drei Thoren zwischen zwei Thürmen
1 Mionnet S. 2, 111, 331
Die Münze, die sich im Pariser Cabinet befindet, ist stark retouchirt, wie schon Mionnet bemerkt hat. Man liest ..AΓ.ΙΑΝΟ ΠΟΛ s. L A. ΕΙΤΩΝ; der Buchstabe hinter dem ersten A könnte auch ein P sein, was also für Markianopolis sprechen würde. Mionnet dachte an Trajanopolis, was kaum möglich ist; eher könnte man die Zutheilung nach Hadrianopolis vorschlagen; doch ist bei dem gepatzten Zustande der Münze nichts sicheres zu sagen.

MARKIANOPOLIS 307

(Gordianus III.)

1118
K 17
M ANT ΓΟΡΔΙΑΝΟϹ ΑΥΓ Kopf m. l. r. — ΜΑΡΚΙΑΝΟΠΟΛΙΤΩ u. i. Α. Ν Tyche mit Kalathos, Steuerruder und Füllhorn l. stehend

Gewicht: 3,20 (2) — 2,65 (1)

1. 2 Berlin Cat. 70, 70. 71   3 Kopenhagen Ramus 1, 100, 12

1119
K 17
Α Μ ΑΝΤΩΝΟϹ ΓΟΡΔΙΑΝΟ Kopf m. l. r. — ΜΑΡΚΙΑΝΟΠΟΛΙ Weintraube an einem Zweige mit Blatt

1 Sophia

Auf dem Stempel der Vs. scheint das Ν erst nachträglich hinzugefügt und am Platzmangel an das Ο angeschlossen worden zu sein; für das noch fehlende Ι war kein Platz mehr vorhanden.

1120
K 17
ebenso (aus demselben Stempel) — ΜΑΡΚΙΑΝΟΠΟΛΙ .. Ν Mondsichel und in der Höhlung ein Stern

Gewicht: 2,50

1 London Cat. 38, 83; die Beschreibung ist nach einem Abguss berichtigt, welcher zeigt, dass die Vs. aus demselben Stempel ist wie die von 1119.

Gordianus und Sarapis

(Menophilus)

1121
K 27
ΑΥΤ Κ Μ unten, ΑΝΤΩΝΙΟϹ ΓΟΡΔΙΑΝΟϹ ΑΥ die Brustbilder des Gordianus m. l. P. M. r. und des Sarapis mit Kalathos und Gewand l., einander zugekehrt — ΥΠ ΜΗΝΟΦΙΛΟΥ ΜΑΡΚΙΑΝΟΠΟΛΙ u. i. F. r. $\stackrel{T}{\Omega}$ Nackter Zeus, nur mit der Chlamys über der l. Schulter, l. stehend, in der R. den Blitz, die l. auf das Scepter gestützt; vor ihm der Adler; i. F. l. oben Ε

Gewicht: 14,95 (2)

Abweichungen: Rs. oben Adler (?) 1

1 Bukarest — 2 Schmidt

1122
K 27
Μ ΑΝΤ ΓΟΡΔΙΑΝΟϹ und unten ΑΥΓ ebenso — ΥΠ ΜΗΝΟΦΙΛΟΥ ΜΑΡΚΙΑΝΟΠΟΛΙΤ u. i. F. r. Ω Zeus wie vorher l. stehend, aber in der R. statt des Blitzes eine Schale; vor ihm der Adler; i. F. l. Ε

Abweichungen: Vs. Schrift unsicher 1; — Rs. am Schluss ΟΝ im Abschnitt 3

1 Ferrara — 2 Philippopel — 3 Sophia (Mittheilung von Tacchella)

1123*
K (27)
...Τ ΓΟΡΔΙΑΝΩ ΑΥΤ] die beiden Brustbilder wie oben — ΥΠ ΜΗΝΟΦΙΛΟΥ ΜΑΡΚΙΑΝΟΠΟΛΙΤΩΝ Stehende Figur mit Schale und Scepter l. i. F. s. 3

1 Sabatier Iconogr. Rom. imp. LXVII, 22

Die Abbildung lässt es zweifelhaft, ob auf der Rs. eine männliche oder weibliche Figur (Zeus oder Hera?) gemeint ist. — Die Schrift der Vs. lief vielleicht rund, wie unten 1146. 1148. 1171.

20*

308 MOESIA INFERIOR

[Gordianus und Sarapis]

1123
K 26
AVT K M ANT ΓΟΡΔΙΑΝΟC u. unten | VΠ MH[NO]ΦIΛΟV MAPKIA u. i. Λ.
AVΓ die Brustbilder des Gordianus | NOΠOΛI, i. F. r. T
und des Sarapis wie vorher | $\overset{T}{\underset{N}{\Omega}}$ Zeus mit
| Schale und
| Scepter l. thronend, vor ihm der
| Adler; l. F. l. E

1 im Handel

1124
K 28
AVT K M unten, ANTΩNIOC ΓOP- | VΠ MHNOΦIΛOV [MA;PKIAN u. i.
ΔIANOC ebenso | Λ. OΠOΛIT, i. F. r. $\overset{\Omega}{N}$ ebenso;
| i. F. l. oben E

Abweichungen: Vs. hinter ΓΟΡΔΙΑΝΟC vielleicht ein Monogramm 1; - Rs. VΠ
MHNOΦI.... u. l. A. OΛITΩN 2

1 Paris — 2 Sophia

1125
K 28
AV[T] K unten, M ANT ΓΟΡΔΙΑΝΟC | VΠ MHNOΦ[IΛO;V M APKIANOΠO
N ebenso | u. i. Λ. AITΩN ebenso; i. F. l.
| oben E

1 Berlin Cat. 70,65

1126
K 27
AVT K unten, M ANT ΓΟΡΔΙΑΝΟC | VΠ MHNOΦIΛΟ V MAPKIANOΠO-
AVΓ ebenso | ΛIT u. i. F. r. $\overset{\Omega}{N}$ Sarapis mit
| Kalathos, erhobener R. und Scep-
| ter im l. Arm l. stehend; i. F. l. E

Gewicht: 13.75 (1) — 13.45 (5)

Abweichungen: Vs. am Schluss N (= 1125) 5 - ΓΟΡΔΙΑΝΟC unleserlich 8 -
Vertheilung der Schrift unbekannt 8. 9; -- Rs. MAPKIANOΠOΛITΩN 7 - Vertheilung der Schrift unbekannt 8, 9 -- das E l. F. rechts (?) 8

1 Gotha — 2 Lübbecke — 3. 4 München; vgl. 9 - 5 Schmidt — 6 Sophia — 7 im
Handel. — ! - - 8 Sestini mus. Hedervar. 31, 56 -- 9 Borghesi œuvres 2, 228 nach Exemplaren
in Florenz, München (= 3 oder 4) und Mus. Hedervar. (= 8). — Hierher vielleicht auch
10 Cat. Bentinck 1, 490 — 2,1022 (Vs. AVT.K.M.AN.AVΓ.; Rs. E.....OV MAPKIANO-
ΠΟΛΙΤ..); irrig als Münze des Philippus und Sarapis beschrieben. — (Die Rs. von 1
und 5 sind aus demselben Stempel.)

1127
K 27
ebenso, aber am Schluss N oder | VΠ MHNOΦIΛOV M AP KIANOΠO-
N (vgl. 1125) | ΛIT u. i. F. r, $\overset{\Omega}{N}$ Demeter mit
| Schleier l. stehend, in der R. Ähren,
| die l.. auf die Fackel gestützt; im
| F. l. E

1 Paris

1128
K 29
M ANT ΓΟΡΔΙΑΝΟC und unten AVΓ | VΠ MHNOΦIΛOV MAPKIAN;OΠOΛI-
ebenso | TΩ u. i. F. l. N ebenso; i. F. r. E

Abweichungen: Rs. MAPKIANOΠOΛITΩN (Vertheilung der Schrift nicht angegeben) 2   E nicht angegeben 2

1 Berlin Cat. 69, 64.   — 2 Paris thes. Mavrocen. 135; Vaillant num. gr. 153 [Mionnet
S. 2, 111. 334]

MARKIANOPOLIS 309

[Gordianus und Sarapis]

1129
K 39
AVT K unten, M ANT ΓΟΡΔIANOC VΠ MHNOΦIΛOV MAPKIANO u. l.
AVΓ ebenso Α. ΠΟΛΙΤΩ, i. F. r. N Demeter
mit Stephane (und Schleier?) auf
einem Korbe l. sitzend, in der
vorg. R. Mohnkopf und zwei Ähren,
die L. auf die Fackel gestützt; im
F. L oben E

T. XIV, 15 Abbildung der Rs. (1)

Gewicht: 13,75 (2) — 12,86 (1)

1 Lobbecke — 2 im Handel (Abguss vorhanden). (Beide Stücke sind aus denselben Stempeln.)

1230
K 27
AVT K M ANT ΓΟΡΔIANOC und VΠ MHNOΦIΛOV MAPKIANOΠOΛI
unten AVΓ ebenso u. l. F. l. T̄M Nackter Apollon
Ω
(Lykeios) nach vorn stehend und
r. blickend, die R. auf dem Kopf,
in der L. den Bogen; neben ihm
l. der Köcher mit Gewand, r. der
Baumstumpf mit Schlange; im
F. L (über dem M) E

T. XV, 3 Abbildung der Rs. (2)

Abweichungen: Rs. im Felde l. nur T sichtbar, das übrige verwischt 3

1 Kopenhagen · 2 Lobbecke · · 3 Paris Mionnet S. 2, 112, 335; dasselbe Stück vorher
ungenau bei Vaillant num. gr. 153 [Mionnet S. 2, 112, 340]; vgl. unten 1130°

1131
K 27
AVT·K·M· unten, ANTWNIOC ΓΟP· VΠ MHNOΦIΛOV MAPKIANOΠO u.
ΔIANOC AVΓ ebenso Α
i. F. l. ΠI ebenso; i. F. L E
MT

Gewicht: 13,49 (1)

1 Berlin Cat. 70, 69 — 2 Lenke Suppl. 133 — 3 München — 4 im Handel (Abguss der
Rs. vorhanden, Vs. unbekannt)

1130°
K 31
M ANT ΓΟΡΔIANOC und unten ATΓ die TH MHNOΦIΛOV MAPKIANOΠOΛEITΩN
beiden Brustbilder wie oben Nackter Apollon zwischen Köcher und
Baumstumpf wie oben; Werthbuchstabe nicht
angegeben

1 Paris imp. 370 Abb.

Der Typus der Rs., den Paris für Bacchus hielt, ist nach der Zeichnung sicher der
Apollon Lykeios; vielleicht handelt es sich um ungenaue Zeichnung des Pariser
Exemplars, obwohl die Vs. dagegen spricht.

310   MOESIA INFERIOR

[Gordianus and Sarapis]

1122
K 30
Μ ΑΝΤ ΓΟΡΔΙΑΝΟC und unten ΑΥΓ die Brustbilder des Gordianus und des Sarapis wie vorher

ΥΠ ΜΗΝΟΦΙΛΟΥ ΜΑΡΚΙΑΝΟΠΟΛΙ u. i. A. ΤΩΝ Nackter unbärtiger Gott auf einem überdeckten Felsen (oder Altar?) r. sitzend und die Lyra spielend; er setzt den r. Fuss auf einen Widderkopf, während zwischen seinem zurückgezogenen L Fuss und dem Sitz vielleicht eine Schildkröte (?) zu erkennen ist; vor ihm steht ein undeutlicher Gegenstand; l. F. l. E

T. XVI, 34   Abbildung der Rs.
1 Paris Mionnet I. 359, 36

Es ist nicht ganz sicher, ob der dargestellte Gott Apollon sein soll. Wegen der Beigabe des Widderkopfes (und der Schildkröte) ist er auf der Tafel unter den Hermesdarstellungen abgebildet; der Gegenstand vor ihm könnte ein Korykeion sein; Svoronos hielt ihn für den Bocksiahm J, von dem ich aber am Rande hinter ΠΟΛ einen Spurt zu sehen glaube. Immerhin ist es trotz jener Beigaben wahrscheinlicher, dass Apollon gemeint ist (vgl. die Einleitung S. 193); ein besser erhaltenes Exemplar würde die Frage entscheiden lassen.

1123
K 29
ebenso

ΥΠ ΜΗΝΟΦΙΛΟΥ ΜΑΡΚΙΑΝΟΠΟΛΙ- ΤΩΝ Artemis als Jägerin r. laufend, neben ihr der Hund; l. F. l. E

Abweichungen: Vs. Anfang der Schrift fehlt J;   Rs. Ende der Schrift fehlt 3
1 London Cat. 39, 85   2 München F. J. Streber Gesch. d. Münzkab. (1808) 43, XII, 6 - 3 Paris

1124
K 28
ebenso

ΥΠ ΜΗΝΟΦΙΛΟΥ ΜΑ ΡΚΙΑΝΟΠΟΛΙ- ΤΩ u. i. F. r. N Ares mit Helm, Panzer und Mantel l. stehend, die R. auf den Schild, die l. auf den Speer gestützt; L F. L E

Abweichungen: Rs. Schluss der Schrift undeutlich 1
1 Parm Pullu imp. 370 Abb. d. Rs. (Hardouin op. xcl. 830; Gessner imp. CLXXVII, 13); Vaillant num. gr. 153 (zwei Exemplare; aber es ist nur ein vorhanden); Mionnet S. 2, 112, 357 - 3 im Handel (Abguss der Rs. vorhanden)

1125
K 27
ebenso

ΥΠ ΜΗΝΟΦΙΛΟΥ ΜΑΡΚΙΑΝΟΠΟΛΙ u. i. F. r. ΤΩ/Ν Athena l. stehend, die R. auf den Schild, die l. auf den Speer gestützt; i. F. l. E

Abweichungen: Vs. Anfang und Schluss der Schrift undeutlich (- 1142) 4 — nicht beschrieben 5; — Rs. ΜΑΡΚΙΑΝΟΠΟΛΙΤΩ u. i. F. r. N J - Vertheilung der Schrift unbekannt 5 - die R. angeblich auf einen Helm (l wohl nur Versehen) gestützt 5
1 London Cat. 39, 84   2 Philippopel   3 St. Petersburg   4 Wien Arneth Sitzungsber. 9, 897, 109.   Hierher wohl auch 5 Vaillant num. gr. 153 und Foucault (dass zwei Köpfe auf der Vs. waren, ist in diesem Falle darum sicher, weil das Werthzeichen E angegeben ist).

MARKIANOPOLIS 311

[Gordianus und Serapis]

1136
K 27
ebenso

ΥΠ ΜΗΝΟΦΙΛΟΥ ΜΑΡΚΙΑΝΟΠΟΛΙΤ
u. i. F. r. $\underset{N}{\Omega}$ Athena l. stehend,
in der vorg. R. eine Schale, die
L. auf den Speer gestützt, am Boden der Schild; i. F. L oben E

T. XV, 19   Abbildung der Rs.
1 unbekannte Sammlung (Abguss vorhanden)

1137
K 27
ebenso

ebenso, aber ΜΑΡΚΙΑΝΟΠΟΛΙΤ
u. i. F. r. ΓN; das Werthzeichen E
wohl r. oben zerstört

1 unbekannte Sammlung (Abguss vorhanden)

1138
K 28
ΑΥΤ Κ Μ ΑΝΤ ΓΟΡΔΙΑΝΟΣ und
unten ΑΥΓ ebenso

ebenso, aber ΜΑΡΚΙΑΝΟΠΟΛ u. i.
F. r. $\underset{N}{\overset{T}{\Omega}}$; L oben E

1 Paris Hardouin num. ant. 313; Vaillant num. gr. 153; Mionnet S. 2, 111, 332

1139
K 27
ebenso

ΥΠ ΜΗΝΟΦΙΛΟΥ ΜΑΡΚΙΑΝΟΠΟΛΙ
u. i. F. r. $\underset{N}{\overset{T}{\Omega}}$ Athena l. stehend,
auf der vorg. R. die
Eule, die L. auf den Speer gestützt; i. F. L E

T. XV, 22   Abbildung der Rs. (1)
Gewicht: 10,10 (1)
1 Imhoof - 2 Löbbecke -- 3 Paris Mionnet S. 2, 111, 333

1140
K 28
ΑΥΤ Κ Μ unten, ΑΝΤΩΝΙΟΣ ΓΟΡ-
ΔΙΑΝΟΣ ebenso
1 Sophia

ebenso

1141
K 27
= 1138

ΥΠ ΜΗΝΟΦΙΛΟΥ ΜΑΡΚΙΑΝΟΠΟ-
ΛΙ u. i. F. r. T Nike mit Kranz
und Palmzweig L. stehend; i. F. L E

1 München
Über die Beziehung der Nike-Darstellungen auf die Abwehr der Gothen vgl. die Einleitung S. 193.

1142
K 27
ΑΥΤ Κ unten, Μ ΑΝΤ ΓΟΡΔΙΑΝΟΣ
Ν ebenso
1 Löbbecke

ΥΠ ΜΗΝΟΦΙΛΟΥ ΜΑΡΚΙΑΝΟΠΟΛΙ-
ΤΩΝ?) ebenso; i. F. L E

1143
K 27
ebenso, aber am Schluss ΑΥΓ

ΥΠ ΜΗΝΟΦΙΛΟΥ ΜΑΡΚΙΑΝΟΠΟΛΙ-
ΤΩΝ Nike mit Kranz und Palmzweig nach vorn stehend und l.
blickend; i. F. L E

T. XVI, 8   Abbildung der Rs.
1 im Handel (Abguss vorhanden)

(Gordianus und Sarapis)

1144 M ANT ΓΟΡΔΙΑΝΟC und unten AVΓ VΠ MHNOΦIΛOV MAPKIANOΠOΛI-
K 28 die Brustbilder des Gordianus und TΩN Hermes mit Beutel und Stab
des Sarapis wie vorher l. stehend, über dem l. Arm die
Chlamys; l. F. l. E

1 Kopenhagen. — 2 Paris. 3 Wien Arneth Sitzungsber. 9. 807, 110. — '. Hierher wohl auch 4 Vaillant mm. gr. 153 (unter Gordianus, nur die Rs.) aus seiner Sammlung — und vielleicht auch 5 Spanheim les Césars de l'emp. Julien 7 (schlechte Abbildung einer Rs. mit VΠ MHNOΦIΛOV MAPKIANOΠOΛIT, ohne Angabe der Vs.). — Vgl. unten 1144* und 1147**.

1145 AVΓ K unten, M ANT ΓΟΡΔΙΑΝΟC ebenso, aber M APKIANOΠ.....
K 27 AVΓ ebenso

1 Wien Arneth Sitzungsber. 9. 807, 111

1146 [AVΓ M] ANT ΓΟΡΔΙΑΝΟC AV[Γ] VΠ MHNOΦIΛOV MAPK....ΠΟΛ
K 29 ebenso u. l. F. L l
T Nackter Hermes, nur
Ω mit der Chlamys über
N der l. Schulter, vom Rücken ge-
sehen, r. stehend, in der vorg. R.
das Kerykeion (?); vor ihm eine
(bekränzte?) Stele; L F. r. E

Gewicht: 12,55

1 Imhoof. — Die Vs. ist aus demselben Stempel wie die von n. 1148 und der Münze ohne Statthaltername unten n. 1178; vgl. auch oben zu 1122*.

Der Typus der Rs. ist die in der Einleitung (S. 193) besprochene Abbildung einer Marmorstatue, ähnlich n. 637, 638, 739, 976; zwischen Arm und Statue ist hier angeschinkter Weise das Westkzeichen E geritzt.

1147 = 1145 VΠ MHNOΦIΛOV MAPKIANOΠO-
K 27 ΛIT u. i. F. r. Ω Nackter Diony-
N sos mit Kantharos und Thyrsos
l. stehend; vor ihm der Panther;
L F. L E

1 London Cat. 30, 86 — 2 Im Handel (August der Rs. vorhanden). — Vgl. unten 1147* und 1147**.

1144* Gordianus und Sarapis (VΠ MHNOΦIΛOV MAPKIANOΠOΛITΩN)
K (27) Nackter Hermes mit Börse und Speer (?) stehend; E'

1 Mionnet S. 2, 142, 338

Diese Beschreibung bezieht sich nicht auf die oben 1144, 2 angeführte Pariser Münze, die neu erworben ist. Die von Mionnet gemeinte Münze ist in Paris nicht vorhanden; vielleicht kannte er sie aus einer anderen Sammlung oder aus einem Katalog. Auch die Beschreibung des Typus ist gewiss unrichtig, da Hermes nicht mit einer Axe dargestellt wird; vielleicht war es eine schlecht erhaltene Münze mit anderer Darstellung (Zeus, Dionysos?).

[Gordianus und Serapis]

1148
K 29
ΑΥΤ Μ ΑΝΤ ΓΟΡΔΙΑΝΟC ΑΥΓ·
ebenso
Gewicht: 10,77

ΥΠ ΜΗΝΟΦΙΛΟΥ ΜΑΡΚΙΑΝΟΠΟΛ
u. i. A. ΙΤΩΝ Asklepios mit dem
Schlangenstab nach vorn stehend
und l. blickend; l. F. r. Є

1 Löbbecke. — Die Vs. ist aus demselben Stempel wie die von n. 1146 und der Münze ohne Stützbuchstaben unter n. 1170.

1149
K 28
ΑΥΤ Κ Μ [ΑΝ]Τ ΓΟΡΔΙΑΝΟC und
unten ΑΥΓ ebenso

Schrift grösstentheils unleserlich.
Asklepios ebenso; l. F. r. Є

1 Berlin Cat. 69, 65 angenom.

1150
K 28
Μ ΑΝΤ ΓΟΡΔΙΑΝΟC und unten ΑΥΓ
ΥΠ ΜΗΟΦΙΛΟΥ ΜΑΡΚΙΑΝΟΠΟΛΙ-
ΤΩΝ u. i. Λ. Ν Hygieia mit
Schlange und Schale r. stehend;
l. F. l. Є

Abweichungen: Rs. Schluss der Schrift undeutlich ȣ

1 Berlin Cat. 69, 67 — 2 St. Petersburg — 3 im Handel

1151
K 28

= 1137

ΥΠ ΜΗΝΟΦΙΛΟΥ ΜΑΡΙΚΙΑΝΟΠΟΛΙ
und i. F. r. $\frac{T}{\Omega}$ Nackter bärtiger
Herakles, mit dem Löwenfell
über der l. Schulter, r. stehend
und l. blickend, die R. auf die
Keule gestützt, auf der vorg. l.
die Äpfel; i. F. l. Є

Tafel
XVII, 16
Abbildung der Rs.

1 Löbbecke. Das ǀ zwischen ΜΑΡ und Κ ist Stempelfehler; im Felde r. unter dem Ω konnte ein Ν abgesprungen sein.

1147ᵃ
K (29)
ΑΝΤΩΝΙΟC ΓΟΡΔΙΑΝΟC Α die beiden Brust-
bilder; darunter ΤΗ ΜΗΝ·

... ΜΗΝΟΦΙΛΟΥ ΜΑΡΚΙΑΝΟΠΟ.... Dionysos mit Weintraube und Thyrsos l. stehend;
l. F. F. ΤΩ; l. A. ΜΟΝΗΤΑ in vertieften, nachträglich aufgeprägten Buchstaben

1 Chaix deser. 28 (am Rande gelocht)

Vielleicht handelt es sich um eine verprägte Münze, die nach der ersten Prägung umgekehrt noch einmal zwischen die Stempel gerieth. Sonst ist auf der Vs. natürlich unter den Brustbildern statt ΤΗ ΜΗΝ der Anfang des Kaisernamens ΑΥΤ Κ Μ zu lesen. Auf der Rs. ist ΤΩ im Felde der Rebinss der Schrift, E das Werthzeichen. Ob der Typus genau beschrieben ist, bleibt zweifelhaft; und ebenso muss dahingestellt bleiben, ob wirklich ΜΟΝΗΤΑ eingestempelt ist.

1147ᵇᵇ
K 11
Gordianus (und Sarapis) (Vs. nicht beschrieben)

(ΤΗ ΜΗΝΟΦΙΛΟΥ ΜΑΡΚΙΑΝΟΠΟΛΙΤΩΝ)
Nackter Dionysos mit der Chlamys (L)
stehend, in der R. das Kerykeion

1 Vaillant num. gr. 153 [Mionnet S. 2, 114, 356]

Im Pariser Cabinet, wo sich die Münze nach Vaillants Angabe befinden sollte, ist kein solches Stück vorhanden. Auch der Typus scheint nicht richtig benannt zu sein; entweder handelt es sich um einen Hermes, oder die Attribute sind falsch angegeben. Vgl. zu 1144ᵃ.

314   MOESIA INFERIOR

[Gordianus und Sarapis]

1152 ΄Μ ΑΝΤ ΓΟΡΔΙΑΝΟϹ und unten ΑΥΓ   ΥΠ ΜΗΝΟΦΙΛΟΥ ΜΑΡΚΙΑΝΟΠΟΛ
K 28 die Brustbilder des Gordianus und   u. i. A. ΙΤΩΝ Kybele mit Mauer-
  des Sarapis wie vorher   krone, Schale und Tympanon zwi-
    schen zwei Löwen l. thronend; im
    F. L oben E
  Gewicht: 12,70 (1)
  Abweichungen: R. M......, u. i. A. ΙΤΩΝ 1
  1 Berlin Cat. 69,66 — 2 Imhoof

1153 ΄ΑΥΤ Κ Μ] unten, ΑΝΤΩΝΙΟϹ ΓΟΡ-   ΥΠ ΜΗΝΟΦΙΛ(ΟΥ) ΜΑΡΚΙΑΝΟΠΟΛΙ
K 28 ΔΙΑΝΟϹ Ν΄ ebenso   u. i. F. r. T
       Ω Nemesis l. stehend,
       N in der vorg. R. einen
    kurzen Stab (Geissel?), in der ge-
    senkten L. den Zaum, am Boden
    neben ihr das Rad; i. F. L E
  1 Mektopolen
  Eine Darstellung der Nemesis mit den gleichen Attributen s. Tafel XVIII, 21.

1154 ΑΥΤ Κ Μ unten, ΑΝΤΩΝΙΟϹ ΓΟΡ-   ΥΠ ΜΗΝΟΦΙΛΟΥ ΜΑΡΚΙΑΝΟΠΟ-
K 27 ΔΙΑΝΟϹ (ΑΥ?) ebenso   ΛΙΤ u. L F. r. Ω Nemesis mit
       N
    Wage und Elle l. stehend, am
    Boden das Rad; i. F. L E
  1 Wien

1155 = 1152   ΥΠ ΜΗΝΟΦΙΛΟΥ ΜΑΡΚΙΑΝΟΠΟΛ...
K 27   Nemesis mit Kalathos l. stehend,
    in der vorg. R. einen kurzen Stab,
    im l. Arm Füllhorn, am Boden das
    Rad; i. F. r. E
  1 London Cat. 30,88 [Possnacky, Nemesis und Adrastea S. 134 als Nemesis-Aequitas]
  Eine Darstellung der Nemesis mit den gleichen Attributen s. Tafel XVIII, 19.

1156 ΑΥΤ Κ Μ unten, ΑΝΤΩΝΙΟϹ ΓΟΡ-   ΥΠ ΜΗΝΟΦΙΛΟΥ ΜΑΡΚΙΑΝΟΠΟΛΙ
K 26 ΔΙΑΝΟϹ ΑΥΓ ebenso   u. i. F. r. T
       Ω Nemesis-Aequitas
       N mit Kalathos l. ste-
    hend, in der R. die Wage, im l.
    Arm Füllhorn, am Boden das Rad;
    i. F. l. E
  Abweichungen: Vs. und Rs. Vertheilung der Schrift unbekannt 2, 3; — Rs. Schrift
    unvollständig 3 — Kalathos nicht angegeben 2, 3
  1 Kopenhagen.   2 Mionnet S. 2, 113, 341 aus der Sammlung Gulvand de la Vincelle
  3 Cat. Subhy Pacha (1874) 334, 17

[Gordianus and Sarapis]

1157 = 1152 VΠ MHNOΦIΛOV M APKIANOΠOΛIT
K 26 u. i. Λ. ΩN Concordia mit Kalathos, Schale und Füllhorn l. stehend; i. F. l. E

Abweichungen: Rs. Schrift in der Mitte unleserlich »
1 Löbbecke — 2 Schmidt

1158 AVT K M unten, ANTWNIOC ΓOP· VΠ MHNOΦIΛOV M[APK]IANO u. i.
K 27 ΔIANOC ebenso Λ. ΠOΛIT, i. F. r. $\frac{Ω}{N}$ Concordia
mit Kalathos, Schale und Füllhorn
l. sitzend

1 Sophia Tacchella revue num. 1893. 73, 22 angenau

1159 ebenso, aber am Schluss noch Ν VΠ MHNOΦIΛOV M APKIANOΠOΛI-
K 2 (= 1153) TΩ u. i. F. r. N Tyche mit Kala-
thos, Steuerruder und Füllhorn l.
stehend; i. F. L E

Gewicht: 14,35 (3) — 11,25 (4)

Abweichungen: Vs. nicht beschrieben 5   am Schluss vielleicht AV 4, unvollständig 3 · unten scheinbar AVT K K M (durch Doppelschlag) 4; Rs. MAP-
KIANOΠOΛITΩ (das N vielleicht abgesprungen, — 11601) 2, 3

1 Berlin Cat. 68,63; dieses Stück Beger ther. Brand. 3,145 Abb. [Gessner imp. CLXXVII, 15;
Mionnet S. 2,118, 339]; Sestini lett. 8, 34 — 2 London Cat. 39, 87   3. 4 Schmidt. —
Hierher oder zu einer der folgenden Nummern (1160-1163) 5 Vaillant num. gr. 153 (ob
Vs. nur Gordianus angegeben) aus der Sammlung Bruni

1160 M ANT ΓOPΔIANOC und unten AVΓ VΠ MHNOΦIΛOV   MAPKIANOΠO·
K 28 ebenso ΛITΩ u. i. F. r. N Tyche wie vor-
her, aber nach vorn stehend und
l. blickend; i. F. L Spuren des E

Gewicht: 11,60
1 Schmidt

1161 ebenso VΠ MHNOΦIΛO V MAPKIANOΠO u.
K 27 i. Λ. ΛITΩN ebenso, das Steuerruder mit Kugel; i. F. r. E

1 Bassarabesco — 2 unbekannte Sammlung (Abguss vorhanden). — (Beide Stücke sind
aus denselben Stempeln.)

1162 ebenso VΠ MHNOΦIΛOV MAPKIANOΠOΛ
K 27 u. i. Λ. IT.. Tyche = 1159; i. F.
r. E

1 Löbbecke

1163 AVT K unten, M ANT ΓOPΔIANOC VΠ MHNOΦIΛOV [MAPK]IANOΠOΛ..
K 27 AVΓ ebenso u. i. F. r. $\frac{Ω}{N}$ ebenso; i. F. L E

1 Bologna Univ.

316 MOESIA INFERIOR

[Gordianus und Sarapis]

1164
K 27
Μ ΑΝΤ ΓΟΡΔΙΑΝΟC und unten AVΓ die Brustbilder des Gordianus und des Sarapis wie vorher

ΥΠ ΜΗΝΟΦΙΛΟΥ ΜΑΡΚΙΑΝΟΠΟΛ u. i. A. ΙΤΩΝ Tyche mit Kalathos, Steuerruder und Füllhorn l. sitzend; unter dem Sessel ein Rad; i. F. L oben E

1 Bukarest. Derselbe Typus (Fortuna Redux?) findet sich auf einer Münze des Macrinus und Diadumenianus, oben n. 775, Tafel XIX, 11

1165
K 28
ebenso

ΥΠ ΜΗΝΟΦΙΛΟΥ ΜΑΡΚΙΑΝΟΠΟΛ u. i. A. ΙΤΩΝ Tempelfront mit vier Säulen; in der Mitte Tyche mit Kalathos, Steuerruder und Füllhorn l. stehend; im Giebel e (Schild?); i. A. hinter der Schrift grosses E

Abweichungen: Rs. Schrift unvollständig, Vertheilung vielleicht etwas abweichend 1 Bukarest — 2 Sophia Tacchella revue num. 1893, 73, 21

1166
K 27
ebenso

ΥΠ ΜΗΝ ΟΦΙΑ ΟΥ ΜΑΡΚΙΑΝΟ u. L A. ΠΟΛΙΤΩ Triumphbogen mit drei Thoren; darauf drei männliche Figuren l. stehend, jede mit Schale in der vorg. R. und die L. auf Scepter oder Speer gestützt; im mittleren Thore E

T. III, 16 Abbildung

1 unbekannte Sammlung (Abguss vorhanden)

Ein ähnlicher Typus erscheint unter Caracalla und Domna (s. 694, 695, Tafel III, 13. 14); aber dort hat der Triumphbogen über den Seitenthoren Fensteröffnungen, und oben stehen vier Figuren, vermuthlich die kaiserliche Familie. Ob hier dieselbe Triumphbogen, nur mit neuen Statuen, oder ein neues Bauwerk dargestellt ist, lässt sich nicht unterscheiden (vgl. die Einleitung S. 194). Wie die Figuren auf unserem Bogen zu benennen sind, ist ebenfalls unsicher. Man würde zunächst an Zeus zwischen den Dioskuren denken, wenn die Figuren links und rechts beide nackt oder beide bekleidet wären; aber auf dem vorliegenden Exemplar scheint die Figur links nackt, die andere bekleidet, was für die Dioskuren nicht angeht; die Figur in der Mitte ist sicher nackt und erinnert am meisten an Zeus. Die Darstellung der Götter könnte als Dank für die Abwehr der Gothen aufgefasst werden, womit auch andere Typen dieser Zeit im Zusammenhang stehen; vgl. die Einleitung S. 194 fg.   Vielleicht bringt ein besser erhaltenes Exemplar Sicherheit.

1167
K 27
ebenso

ΥΠ ΜΗΝΟΦΙΛΟΥ ΜΑΡΚΙΑΝΟΠΟ-ΛΙΤΩΝ Polygonale Umfassungsmauer mit vierzehn (?) Thürmen; im Innern ein Tempel und vielleicht noch mehr Gebäude; vorn ein offenes Thor und darin das Werthzeichen E

T. III, 17 Abbildung der Rs.

1 Bukarest. — Zur Deutung des Typus vgl. die Einleitung S. 183 und 194.

MARKIANOPOLIS 317

[Gordianus und Sarapis]

1168
K 27
ebenso

ΥΠ ΜΗΝΟΦΙΛΟΥ ΜΑΡΚΙΑΝΟ u. i.
Λ. ΠΟΛΙΤΩΝ Offenes Stadtthor
zwischen zwei runden Thürmen
mit Zinnen, auf dem Mittelbau
ebenfalls Zinnen; im Thore E

T. XX, 15 Abbildung der Rs. (τ)
Abweichungen: Vs. und Rs. Schrift unvollständig 2. 3; — Rs. I. A. wer ΙΤΩΝ (i) 3
1 Löbbecke — 2 Paris Blanchet, revue num. 1892, 66, 34, I. 5. - - Hierher (oder zu
einer der folgenden Nummern) 3 Wien Mus. Theup. 1048 [Mionnet S. 2, 113, 342]; vgl.
unten 1170°. (Die Rs. von 1 und 2 sind aus demselben Stempel.)

1169
K 27
ebenso

ΥΠ ΜΗΝΟΦΙΛΟΥ ΜΑΡΚΙΑΝΟΠΟ u.
i. Λ. ΑΙΤΩΝ ebenso, aber die beiden Thürme haben keine Zinnen,
sondern spitze Dächer; im Thore E

1 Sophia

1170
K 28
ΑΥΤ Κ Μ ΑΝΤ ΓΟΡΔΙΑΝΟϹ und
unten ΑΥΓ ebenso

ebenso, aber ΜΑΡΚΙΑΝΟΠΟΛΙ u. i.
Λ. ΤΩΝ

1 London Cat. 40, 59 Abb. - 2 Schmidt

(ohne Statthalternamen)

1171
K 28
ΑΥΤ Μ ΑΝΤ ΓΟΡΔΙΑΝΟϹ ΑΥΓ die
Brustbilder des Gordianus und des
Sarapis wie vorher

ΜΑΡΚΙΑΝΟΠΟΛΙΤΩΝ Tyche mit
Kalathos, Steuerruder und Füllhorn
nach vorn stehend und l. blickend;
i. F. l. E

1 Paris Blanchet revue num. 1892, 67. 35   2 unbekannte Sammlung (Abguss vorhanden) - 3 Rollin. - (Die Vs. von 2 ist aus demselben Stempel wie die von 1146 und 1148.)

Gordianus und Tranquillina

(Tertullianus)

1172
K 26
ΑΥΤ Κ Μ ΑΝΤ ΓΟΡΔΙΑΝΟϹ ΑΥ ϹΕ
und unten ΤΡΑΝΚΥΛΛΕΙΝΑ die Brustbilder des Gordianus mit L., P. M.
r. und der Tranquillina mit Stephane und Gewand l., einander
zugekehrt

ΥΠ ΤΕΡΤΥΛΛΙΑΝΟΥ ΜΑΡΚΙΑΝ u. i. Λ.
ΟΠΟΛΙΤΩΝ Zeus mit Schale und
Scepter l. thronend; am Boden vor
ihm der Adler l. stehend und zu
ihm zurückblickend; i. F. l. 3

Abweichungen: Vs. nicht beschrieben 3, unsicher 2; — Rs. angeblich ΥΠΟ ΤΕΡ-
ΤΟΥΛΛΙΑΝΟΥ 3 — i. F. l. g (i) 3 — Werthzeichen nicht angegeben 3
1 Löbbecke — 2 Sophia (Mittheilung von Tacchella). —'. - Hierher vielleicht 3 Vaillant num. gr. 155 [Mionnet S. 2, 110, 324] aus der Sammlung Garroni, unter Gordianus allein (vgl. oben 1097°), angeblich mit sitzendem Kaiser.

1170*
K 27
Μ ΑΝΤ ΓΟΡΔΙΑΝΟϹ die Kopfe des Gordianus und Sarapis

ΥΠ ΤΕΡΤΟΥΛΛΙΑΝΟΥ ΜΑΡΚΙΑΝΟΠΟΛΙΤΩΝ
Stadtthor zwischen zwei Thürmen

1 Mus. Theup. 1048 [Mionnet S. 2, 113, 347]
Der Statthaltername ist falsch gelesen; die Münze (im Wiener Cabinet) ist sehr schlecht
erhalten, aber man sieht noch deutlich ΤΙΙ.... ΦΛΛΟΥ; sie ist daher oben 1168, 3 angeführt.

318　　　　　MOESIA INFERIOR

(Gordianus und Tranquillina)

1173
K 30
AVT K M ANT ΓΟΡΔΙΑΝΟC AVΓ CE
und unten TPANKVA ΛΕΙΝΑ die Brust-
bilder des Gordianus und der
Tranquillina wie vorher

1 Rollin

VΠ TEPTVΛΛIANOV MAPKIANO-
ΠO u. i. F. r. A | T | N
Sarapis mit Kal., erhobener R. und Scepter l. stehend; i. F. l. E

1174
K 28
ebenso

VΠ TEPTVΛΛIANOV MAPKIANOΠO-
ΛIT u. i. F. r. Ω | N ebenso; i. F. l. E

Abweichungen: Vs. die Rundschrift am Schluss unvollständig ΓΟΡΔΙΑ...., t: —
Rs. MAPKIANOΠOΛIT (die Buchstaben im Felde r. übersehen!) a
1 Sophia. — — 2 Sestini descr. 38.76 [Mionnet S. 2, 113. 344] von Ainslie

1175
K 28
ebenso

VΠ TEPTVΛΛIANOV MAPKIA u. i. A.
NOΠOΛI TΩN Hades-Sarapis mit
Kalathos l. thronend, die R. über
dem Kerberos, die L. auf das
Scepter gestützt; i. F. l. oben E

Abweichungen: Vs. die Rundschrift am Schluss unvollständig ΓΟΡΔΙΑΝΟC... 3
angeblich AVΓ CE 1 ganz unten nur ΛΕΙΝ (?) 2. 3
1 Leake Europ. Gr. 70 angenom. — 2 München 3 Paris Blanchet revue num. 1892. 67. 36. l, 6

1176
K 28
ebenso

VΠ TEPTVΛΛIANOV MAPKIANOΠO
u. i. F. r. A | T | N
Athena l. stehend, die R. auf den Schild, die L. auf den Speer gestützt; i. F. l. E

Abweichungen: Vs. die Rundschrift am Schluss unvollständig t. 2 — CEB statt
CE 4: — Rs. das A steht im Felde, sondern als Schluss der Rundschrift 2 —
am Schluss Ω statt ΩΝ (?) l. 4
1 Löbbecke — 2 St. Petersburg — 3 Schmidt 4 Sophia Tacchella revue num. 1893. 73. 20

1177
K 27
ebenso, aber CEB statt CE

ebenso, aber MAPKIANOΠOΛI u.
i. F. r. T | N

Abweichungen: Vs. ΓΟΡΔΙΑΝΟ...., a: — Rs. erste Hälfte der Schrift undeutlich 1
1 Berlin Cat. 71. 76 — 2 Rollin

1178
K 26
ebenso (mit CEB)

VΠ TEPTVΛΛIAN OV MAPKIANOΠO
u. i. F. r. A | T | N
Athena mit Eule und Speer l. stehend, am Boden der Schild; i. F. l. E

Abweichungen: Vs. Schrift grossentheils zerstört 2 Anfang fehlt 1. 3. 4 AΓ
statt AV 3 — AVΓ (!) 4 — ganz unten ΛΕΙΝ 3 die unterste Zeile abgeschnitten 1. 4: — Rs. angeblich VΠO. Vertheilung der Schrift unterbrochen 4
1 Arolsen — 2 Berlin Cat. 71. 75 3 London Cat. 40. 20. — - 4 Cat. d'Ennery 2752

[Gordianus und Tranquillina]

1158
K 29
= 1173

VΠ ΤΕΡΤΥΛΛΙΑΝΟV ΜΑΡΚΙΑΝΟ-
ΠΟΛ und i. Λ. ΕΙΤ, i. F. r. ΩΝ
Asklepios nach vorn stehend und
l. blickend, die R. auf den Schlangenstab gestützt; i. F. l. Ε

1 Paris Blanchet revue num. 1892, 67, 37. Die Vs. hat bei der Prägung noch einen zweiten Schlag erhalten, so dass man ... Κ Μ ΑΝΤ..., doppelt sieht.

1160
K 26
ebenso, aber die ersten Buchstaben fehlen

VΠ ΤΕΡΤΥΛΛΙΑΝΟV ΜΑΡΚΙΑΝΟΠΟ·
ΛΙΤ u. i. F. r. ΩΝ Hygieia mit
Schlange und Schale r. stehend;
i. F. l. Ε

1 Wien Arneth Sitzungsber. 9, 697, 113

1161
K 28
= 1173

VΠ [ΤΕΡ]ΤΥΛΛΙΑΝΟV ΜΑΡΚΙΑΝΟΠΟ
u. i. F. r. Α Nemesis l. stehend,
Ε in der vorg. R. den
Ι
Τ kurzen Stab, in der
ΩΝ ges. L. den Zaum,
am Boden das Rad; i. F. l. Ε

1 unbekannter Sammlung (Abguss vorhanden). (Die Vs. ist aus demselben Stempel wie die von 1162, 2.)
Über den Typus vgl. zu 1153.

1162
K 28
ebenso

VΠ ΤΕΡΤΥΛΛΙΑΝΟV ΜΑΡΚΙΑΝΟ·
Ι
ΠΟΛ u. l. F. r. Τ ebenso; i. F. l. Ε
ΩΝ

Gewicht: 10,10 (2)

1 Bukarest — 2 (Vs. stempelgleich 1181) Imhoof — 3 Paris

1163
K 27
= 1177

VΠ ΤΕΡΤΥΛΛΙΑΝΟV ΜΑΡΚΙΑΝΟΠΟ
Α
Ι
u. i. F. r. Τ ebenso; i. F. l. Ε
ΩΝ

1 Berlin Cat. 71, 73 (Ponomsky, Nemesis und Adrasteia S. 154) — 2 Halle, wohl aus dem Schulzischen Münzcabinet, publicirt bei Agnethler Beschreibung 2, 1094, II, 81 [Mionnet S. 2, 113, 345] und vorher mit einem fehlerhaften Abbildung bei J. H. Schulze commentarii academiae scientiarum imp. Petrop. 14 (1744-1746), 352, VII, 8 (Stellung der Schrift un-genau und ohne Rad)

1164
K 27
ebenso, Schluss der Rundschrift undeutlich

VΠ ΤΕΡΤΥΛΛΙΑΝΟ͞V ΜΑΡΚΙΑΝΟΠΟΛΙ
u. l. F. r. Τ
Ω Nemesis l. stehend,
Ν in der vorg. R. die
Elle, im l. Arm Füllhorn, am
Boden das Rad; i. F. l. Ε

1 im Handel (Papierabdruck vorhanden). Es ist unsicher, ob am Schluss des Stempelraumes Ο oder Ō steht.
Über den Typus vgl. zu 1155.

320 MOESIA INFERIOR

[Gordianus und Tranquillina]

1185
K 28
AVT K M ANT ΓΟΡΔΙΑΝΟC AV CEB
und unten **ΤΡΑΝΚVΑ** die Brust-
ΛΕΙΝΑ
bilder des Gordianus und der
Tranquillina wie vorher

Gewicht: 11,21 (1)

VΠ ΤΕΡΤVΛΛΙΑΝΟV ΜΑΡΚΙΑΝΟΠΟ-
Al u. i. F. r. T
Ω Nemesis-Aequi-
N tas l. stehend, in
der R. die Wage, im l. Arm Füll-
horn, am Boden das Rad; i. F. l. E

1 Berlin Cat. 70, 72 — 2 Kopenhagen — 3 Löbbecke — 4 Sophia

1186
K 27
ebenso, aber CE statt CEB

Gewicht: 13,69 (1)

VΠ ΤΕΡΤVΛΛΙΑΝΟV ΜΑΡΚΙΑΝΟΠΟ-
ΛΙΤ u. i. F. r. ΩN Concordia mit
Kalathos, Schale und Füllhorn l.
stehend; i. F. l. E

Abweichungen: Vs. nicht beschrieben 4 — Schluss der Rundschrift fehlt 2, 3; —
Rs. Schrift unvollständig 3, nicht genau angegeben 4

1 Berlin Cat. 71, 74 — 2 Mailand Mus. Sanclem. 3, 92, XXXII. 343 [Mionnet S. 2, 113. 343] — 3 Veordig Marciana. — 4 Vaillant num. gr. 153 von Foucault.

1187
K 27
= 1185

VΠ ΤΕΡΤVΛΛΙΑΝΟV ΜΑΡΚΙΑΝΟΠΟΛ
u. i. F. r. l
T Concordia (ohne
Ω Kalathos) mit Schale
N und Füllhorn l. ste-
hend, vor ihr der Altar; i. F. l. E

Abweichungen: Vs. Anfang der Rundschrift fehlt überall — angeblich Α 1.
ΑV 4 — ganz unten ΛΕΙΝ 1

1 London Cat. 40, 91   2 München —   3 Paris.   — 4 (= 1?) Haym tes. 2, 163, XX, 11
[Gessner imp. CLXXVII, 16] = thes. 2, 359, XLV, 6 [Mionnet S. 2, 114, 346] aus der
Sammlung des Herzogs von Devonshire

1188
K 28
ebenso, aber CE statt CEB

1 Bukarest

VΠ ΤΕΡΤVΛΛΙΑΝΟV ΜΑΡΚΙΑΝΟΠΟ-
T
Al u. i. F. r. Ω ebenso; i. F. l. E
N

1189
K 28
ebenso

1 München

VΠ ΤΕΡΤVΛΛ[ΙΑΝ]ΟV ΜΑΡΚΙΑΝΟΠΟ
u. i. A. ΑΕΙ, l. F. r. T Tyche mit
Ω N
Kalathos, Steuerruder und Füllhorn
l. stehend; i. F. l. E

1190
K 27
ebenso, aber CEB statt CE

Abweichungen: Vs. ΑVΤ Μ und unten ΛΕΙΝΑ restituirt 2

1 Iverson —   2 St. Petersburg, vielleicht dasselbe Stück bei Sestini mus. Chaudoir 43, 11
(angeblich Α | ΤΩ Ν in vier Reihen l. F. r.)

VΠ ΤΕΡΤVΛΛΙΑΝ ΟV ΜΑΡΚΙΑΝΟΠΟ-
T
Al u. i. F. r. Ω ebenso; i. F. l. E
N

MARKIANOPOLIS 321

(Gordianus und Tranquillina)

1191
K 28
[AVT K] M ANT ΓΟΡΔΙΑΝΟC AVΓ CEB und unten TPANKVΛΛI NA ebenso
ι Lobbecke

VΠ TEPTVΛΛIA NOV MAPKIANO und im A. ΠΟΛIT, im F. r. $\frac{\Pi}{N}$ Tempelfront mit vier Säulen; in der Mitte Sarapis mit Kalathos, erhobener R. und Scepter l. stehend; i. F. L E

1192
K 27
= 1189

[VΠ] TEPTVΛΛIA NOV MAPKIANO und ὸn A. ΠΟΛEIT, im F. r. $\frac{\Pi}{N}$ Tempelfront mit vier Säulen; In der Mitte Tyche mit (Kalathos?) Steuerruder und Füllhorn l. stehend; i. F. l. E

Abweichungen: Vs angeblich AVT M ANT ΓΟΡΔΙΑΝΟC AV CE s; — Rs VΠ abgeschnitten (— am Schluss ΠΟΛEITΕΩΝ (d. h. wohl ΩN u. E l. F.) a ι im Handel (Papierabdruck vorhanden). — — 2 Mursakewicz Odessa Mus. 3, 239, 6

Tranquillina

1193
K 23
CAB TPANKVΛ ΛEINA CEB Br. mit Stephane und Gewand r.
ι Bukarest

MAPKIANOΠΟΛΕΙΤΩΝ Artemis als Jägerin r. eilend, neben ihr der Hund; i. F. l. Γ

Philippus senior und Otacilia

(Prastina Messalinus)

1194
K 26
AVT M IOVA ΦΙΛΙΠΠΟC AV M und unten HTAK CEB die Brustbilder HPA CE des Philippus m. L. P. M. r. und der Otacilia mit Stephane und Gewand l., einander zugekehrt
ι Philippopel — 2 St. Petersburg

VΠ TPACT MECCΛΛ ΛΕΙΝΟV MAPKIA-ΝΟΠΟ u. i. F. r. A Sarapis mit E Kalathos, erI hobener R. T ΠΝ und Scepter l. stehend; i. F. L E

1193*
K 11
Philippus senior (Vs nicht beschrieben)
ΤΙΙ . Τ . ΜΕCCΛΛ ΜΑPΚΙΑΝΟΠΟΛΙΤΩΝ Athena mit Schale und Speer (L) stehend, am Boden der Schild

1 Vaillant num. gr. 168 [Mionnet S. 2, 114. 347] aus der Sammlung des Grossherzogs von Toskana (Florenz); die späteren Beschreibungen s. unten 1201,1 Die Münze hat, wie schon Sestini richtiggestellt hat, auf der Vs die Brustbilder des Philippus und der Otacilia; auch sonst ist die Beschreibung ungenau; s. unten 1201,1.

1193**
K .
ebenso
ΤΙΙ. ΓΡΑ. Τ. ΜΕCCΛΛ MAPKIANOΠΟΛΕI-ΤΩΝ (Typus nicht angegeben)

1 Hardouin num. ant. 313 mit dem Vorschlag, ΤΙΙ.(ΤΡΑ zu lesen; woher er die Beschreibung genommen hat, konnte ich nicht feststellen.

Die antiken Münzen Nord-Griechenlands. I. 21

322   MOESIA INFERIOR

1195
K 28
(Philippus senior und Otacilia)
AVT M IOVA ΦIΛIΠΠOC AV M WAK
und unten CEBHPAC die beiden
Brustbilder wie vorher

VΠ TPACT MECCAΛA EINOV MAPKI
u. i. A. ANOΠOAI, l. F. r. T
Ω
Hades-Sarapis mit Kalathos l.
sitzend, die R. über dem Kerberos,
die L. auf das Scepter gestützt;
i. F. l. oben E

Gewicht: 14,20

1 Gotha

Auf den zahlreichen Vorderseiten mit dieser Vertheilung der Schrift, die wohl alle aus demselben Stempel sind (sicher ist es für n. 1195. 1197,1. 1199,1. 1200,4. 1202. (1206), steht immer deutlich ein kleines C hinter CEBHPA und ein zweites unter der ersten Zeile; letzteres sollte wohl eigentlich ein E werden, so dass CEBHPA CE)BHTI, zu lesen gewesen wäre.

1196
K 26
ebenso

VΠ TPACT MECCAΛE IN OV MAKIA-
A
NOΠO u. i. F. r. IT   Hera mit
Ω Schale und
Speer l. stehend; i. F. L E

1 Löbbecke. — Die Schrift der Vs. ist in der Mitte theilweise verwischt.

1197
K 28
ebenso

VΠ TPACT MECCAΛAEINOV MAKIA
I
u. i. A. NOΠOA, i. F. r. T
Ω
Demeter l. sitzend, in der vorg.
R. Ähren, die L. auf die Fackel
gestützt; i. F. l. E

Abweichungen: Vs. Schrift unvollständig (?) 3 — das kleine C ganz unten nicht zu sehen 1. 3. 4; — Rs. Schrift unvollständig (?) 3 — angeblich VΠ ΠPACT 4 — am Schluss angeblich 1 T NΩ in drei Zeilen 4 — ΙΤΩΝ 3

1 (1) Paris — 2 unbekannte Sammlung (Allegri vorhanden). — — 3 Cat. Bendinck 1,489 — 4 Sestini mus. Hedern. 31, 58 (Borghesi oeuvres 4,473): vielleicht jetzt in Paris (- 1). — (Über die Vs. vgl. zu n. 1195.)

Vgl. den ganz ähnlichen Typus unten 1210, Tafel XIV, 16.

1198
K 27
ebenso

VΠ TPACT MECCAΛ A EINOV MAP-
KIANΩI u. i. F. | O
| AI   Nackter
Ω | T Apollon
nach vorn stehend und r. blickend,
die R. auf dem Kopf, in der L. den
Bogen; neben ihm r. der Baumstumpf mit der Schlange, der hier
dem l. Arm als Stütze dient, l. der
Köcher mit Gewand; i. F. l. oben E

[Philippus senior und Otacilia]

1199
K 27
ebenso

ΥΠ ΤΡΑΣΤ ΜΕΣΣΑΛ ΛΕΙΝΩ ΜΑΡΚΙΑ-
ΝΟ u. i. F. l. W
OΑ ebenso; im F.
El   l. unten E
ΤΩΝ

Gewicht: 12,15 (1)

Abweichungen: Vs. Schrift nicht ganz vollständig ?
1 Imhoof — 2 Wien, früher Wiczay 2278, VII, 157 [Mionnet S. 2, 114, 348; berichtigt von Dresdner Zschr. f. Num. 13, 69]; Sestini lett. cont. 6, 18, 2; Sestini mus. Hedervar. 36, 57 [Borghesi oeuvres 4, 473 aus Sestinis Papieren]; Arneth Sitzungsber. 9, 897, 114 a. — (Über die Vs. vgl. zu n. 1195.)
Auf der Rs. ist der oberste Buchstabe im Felde aus N in Π geändert.

1200
K 27
ebenso

ΥΠ ΤΡΑΣΤ ΜΕΣΣΑΛΛΕΙΝΟV ΜΑΡΚΙΑ-
ΝΟΠ u. i. F. r. O   Athena l. ste-
AE hend, die R.
IT auf den Schild,
ΤΝ die L. auf den Speer gestützt; im
F. l. oben E

Abweichungen: Vs. Schluss der Rundschrift fehlt 3 — das untere C nicht zu sehen 1, 3; — Rs. Anfang der Schrift fehlt 2 — E zerstört 3
1 Bologna Univ. — 2 Löbbecke — 3 Wien Arneth Sitzungsber. 9, 897, 114 (brig als Mars) — 4 münch. Sammlung (Abguss vorhanden). — (Über die Vs. vgl. zu n. 1195.)

1201
K 27
ebenso

ΥΠ ΤΡΑΣΤ ΜΕΣΣΑΛΕΙΝΟV ΜΑΡΚΙΑ-
ΝΟΠΟ u. i. F. r. Al
ΤΩΝ   Athena mit
N   Helm und
Aigis l. stehend u. zurückblickend,
die R. auf dem Rücken, den l. Arm,
in dem der Speer ruht, auf den
hinter ihr stehenden hohen Schild
gestützt; l. F. L E

T. XV, 25

Abbildung der Rs. (2)
Gewicht: 10,55 (2)

Abweichungen: Vs. AVT und das unterste C nicht zu sehen ?
1 Florenz (Abguss der Rs. vorhanden) Sestini lett. cont. 6, 18, 1; Borghesi oeuvres 4, 478; die Rs. desselben Stückes vorher bei Vaillant num. gr. 162 [Mionnet S. 2, 114; 34] unter Philippus allein; s. oben 1193*] ungenau (mit VΠ.Τ.ΜΕΣΣΑΛΑ und Beschreibung des Typus = 1200) — 2 Imhoof — (Die Rs. von 1 und 2 sind aus demselben Stempel.)

1202
K 28
ebenso

ΥΠ ΤΡΑΣΤ ΜΕΣΣΑΛΛ ΕΙ ΝΟV ΜΑΡ-
ΚΙΑΝΟ u. i. F. r. Π Hermes mit
O   Beutel und
A   Stab l. ste-
I   hend, über
ΤΩ dem l. Arm
N   die Chlamys; l. F. l. unten E

1 Rollin. — (Über die Vs. vgl. zu n. 1195.)

21*

1203
K 28
	(Philippus senior und Otacilia)
	AVT M IOVA ΦΙΛΙΠΠΟΣ ΑΓ Μ und
	unten ΗΤΑΚ CEB
	ΗΡΑ CE die beiden Brust-
	bilder wie vorher
	Gewicht: 14,62
		VΠ ΤΡΑΣΙΤ ΜΕϹϹΑΛ ΛΕΙΝΟV ΜΑΡ-
		                AE
		ΚΙΑΝΟΠΟ u. i. F. r. IT Hygieia
		                ΩΝ
		mit Schlange und Schale r. stehend;
		i. F. L E

1 Rollin. — (Die Vs. ist aus demselben Stempel wie die von 1203 und wohl auch von 1194.)

1204
K 31
	AVT M IOVA ΦΙΛΙΠΠΟΣ ΑΓ Μ und
	unten ΗΑΚ CEBH
	    ΡΑ CE ebenso
	Gewicht: 15,95
	1 Löbbecke
		VΠ ΤΡΑΣΤ ΜΕϹϹΑΛΛΕΙ NOV ΜΑΡΚΙΑΝΟ-
		                T
		ΠΟΛΙ u. L F. r. ΩΝ Concordia
		mit Kalathos, Schale und Füllhorn
		l. stehend; i. F. l. E

1205
K 28
	= 1203 (aus demselben Stempel)	VΠ ΤΡΑϹΤ ΜΕϹϹΛΛΕΙΝΟV ΜΑΡΚΙΑ-
		ΝΟΠ u. L F. r. O Tyche mit Ka-
		              A
		              I lathos, Steuer-
		              ΤΩ ruder und Füll-
		              N horn L stehend;
		i. F. l. E

Gewicht: 14,25 (a) — 12,64 (1)

1 Löbbecke — 1 Rollin. — (Beide Exemplare sind aus denselben Stempeln.)

1206
K 27
	AVT M IOVA ΦΙΛΙΠΠΟΣ ΑΓ Μ ΗΑΚ
	und unten CEBHPAC ebenso
	                        C
	Gewicht: 12,15
		VΠ ΤΡΑΣΙΤ ΜΕϹϹΑ ΛΛΕΙΝ·ΟV ΜΑΡ-
		                      Ω
		ΚΙΑΝΟΠΟΛΕΙΤ u. i. F. r. N
		Schlange, in vielen Windungen
		aufgerichtet, der Kopf, der von
		einem Nimbus mit Strahlen um-
		geben ist, r.; im F. L E

1 Löbbecke. — Über den Typus vgl. zu n. 685. 686, über die Vs. vgl. zu n. 1195.

1206ª K —	Philippus senior und Sarapis (Vs. nicht beschrieben)	ΜΑΡΚΙΑΝΟΠΟΛΙΤΩΝ Göttin (L) stehend, in der R. Schale, in der L. Speer

1 Guverne 8, 49, 32 [Mionnet S. 2, 115, 349]
Obwohl Guverne seine Quelle wie gewöhnlich nicht angegeben hat, ist es doch zweifellos,
dass die Beschreibung aus Vaillant stammt und nur ungenau abgeschrieben ist; es handelt
sich um dasselbe Stück, das dieser wohl richtig unter Philippus iunior und Sarapis verzeichnet (unten 1210ª).

1206ᵇ K —	(Schrift nicht angegeben) die Köpfe der beiden Philippi	ΤΗ. Α. ΚΥΝΤΙΛΙΑΝΟV ΜΑΡΚΙΑΝΟΠΟΛΙΤΩΝ Sarapis in einem viersäuligen Tempel

1 Vaillant num. gr. 162 [Herdonia op. sel. 101 ungenau mit ΜΑΡΚΙΑΝΟΠΟΛΕΙΤΩΝ; aus
beiden Mionnet S. 2. 115, 350] aus der Sammlung Garront
Die Köpfe der Vorderseite sind jedenfalls wegen schlechter Erhaltung falsch angegeben.
Wenn die Rs. richtig beschrieben ist, muss es sich um einen Mann von Caracalla und
Domna handeln, — oben 688 oder 680.

Philippus iunior und Sarapis

Es ist nicht zu erkennen, weshalb auf einigen dieser Fünfer der Name des
Statthalters genannt ist, während er auf anderen fehlt; da in beiden
Gruppen Münzen erscheinen, auf denen der Caesar schon den Beinamen
AVΓουστος führt, so ist die Zeitfolge der Prägungen nicht festzustellen.
Wir schicken aber wie sonst die Münzen mit Statthalternamen voran.

(Prastina Messallinus)

1207 K 29	M · IOVΛIOC · ΦIΛIΠΠOC und unten KAICAP die Brustbilder des Philippus iunior mit P. und M. r. und des Sarapis mit Kalathos und Gewand l., einander zugekehrt Gewicht: 13,47 1 Berlin Cat. 72,77	VΠ ΠPACT MECCAΛΛEINOV MAPKIAN u. i. Λ. OΠOΛIT, i. F. r. $\frac{\Omega}{N}$ Zeus mit Schale und Scepter l. thronend, vor ihm am Boden der Adler; i. F. L. E
1208 K 26	ebenso 1 Iversen (schlecht erhalten)	VΠ ΠPA...ECCAΛΛE.......KIANO- ΠOΛI u. i. F. r. $\frac{T}{CN}$ Nackter Hermes r. stehend und l. blickend, in der vorg. R. den Beutel (?), im l. Arm, über den die Chlamys fällt, den Stab; i. F. L. E
1209 K 28	M IOVΛIOC ΦIΛIΠΠOC KAI und unten CAP AVΓ ebenso	VΠ ΠPACT MECCAΛΛEINOV MAP- KIANOΠOΛITΩN Nackter Hermes l. vorgebeugt stehend und nach vorn blickend, den r. Fuss auf einem Widderkopf, den mit der Chlamys bedeckten l. Arm auf das r. Knie gestützt; am Boden zwischen seinen Füssen eine Schildkröte; hinter ihm ein Kerykeion (?) und ein zweiter undeutlicher Gegenstand; i. F. r. E
T. XVI, 25	Abbildung der Rs. (2)	

1 Philippopel — 2 Sophia Tacchella revue num. 1893, 73, 23. — (Die Vs. von 2 ist aus
demselben Stempel wie die von 1210 und 1216.)
Einen Hermes in gleicher Stellung zeigt die Münze von Elagabalus und Maesa, oben 951;
dort sind alle Attribute undeutlich, ausser dem grossen Kerykeion hinter der Figur; hier
scheinen hinten ein kleineres Kerykeion zu stehen, und daneben ein anderes Attribut, das
ein Musikinstrument sein könnte; vgl. die Einleitung S. 193 und für Nikopolis S. 340.
Über den Gebrauch des Namens *Augustus* bei dem jüngeren Philippus vgl. Mommsen römisches Staatsrecht 2, 1164 Anm. 3; zu den dort angeführten Zeugnissen kommen unsere
Münzen von Markianopolis (n. 1207, 1210, 1216), sowie einige von Tomis (s. dort).

326 MOESIA INFERIOR

(Philippus Junior und Sarapis)

(ohne Statthalternamen)

1210 K 28		Μ ΙΟΥΛΙΟC ΦΙΛΙΠΠΟC ΚΑΙ und unten CAP AVΓ die Brustbilder des Philippus Iunior und des Sarapis wie vorher	ΜΑΡΚΙΑΝΟΠΟΛΕΙΤ und i. A. ΩΝ Demeter mit Stephane, im gegürteten Doppelchiton und Mantel, l. sitzend, in der vorg. R. Ähren, die L. auf die Fackel gestützt; L F. l. E
T. XIV, 16		Abbildung der Rs. (2) Gewicht: 14,40 (?) 1 Haag — 2 Löbbecke. — (Über die Vs. vgl. zu 1209; zum Typus vgl. n. 1197.)	
1210ᵃ K 28		Μ ΙΟΥΛΙΟC ΦΙΛΙΠΠΟC und unten ΚΑΙCΑΡ ebenso	ΜΑΡΚΙΑΝΟ ΠΟΛΕΙΤΩΝ Asklepios mit dem Schlangenstab in der R. nach vorn stehend und l. blickend; l. F. r. E
		1 Löbbecke (neue Erwerbung)	
1211 K 27		ebenso	ΜΑΡ ΚΙΑΝ ΟΠΟΛΕΙΤΩΝ Nemesis l. stehend, in der vorg. R. den kurzen Stab, in der gesenkten L. den Zaum, am Boden das Rad; L F. l. E
		1 Schmidt Der Stab in der R. der Göttin hat oben einen Ansatz; vgl. die ähnliche Darstellung der Nemesis auf der Münze von Tomis Tafel XVII, 22.	
1212 K 26		ebenso	ΜΑΡ ΚΙΑΝΟ ΠΟΛΕΙΤΩΝ Nemesis l. stehend, in der vorg. R. den kurzen Stab, im l. Arm Füllhorn (?), am Boden das Rad; L F. l. E
		Gewicht: 10,22 1 Löbbecke	
1213 K 28		ebenso	ΜΑΡΚΙΑΝΟΠ ΟΛΕΙΤΩΝ Concordia mit Kalathos, Schale und Füllhorn l. stehend, vor ihr der Altar; im F. L E
		1 Berlin Cat. 72,78 — 2 Paris	
1209* K —		ΑΥΤ Κ Μ ΑΝΤ . . . . . ΑΥΓ Ε die Köpfe des Philippus und des Sarapis	ΜΑΡΚΙΑΝΟΠΟΛΙΤ . . . . . E ΟΥ Mann mit Kalathos, erhobener R. und Scepter im l. Arm (L.) stehend
		1 Cat. Bentinck 1, 490 (vgl. 2, 1022) Wie die Schrift der Vs. zeigt, war es eine Münze des Gordianus; s. oben n. 1126, 10.	
1210* K —		Philippus Iunior und Sarapis (Vs. nicht beschrieben)	ΜΑΡΚΙΑΝΟΠΟΛΕΙΤΩΝ Göttin (L) stehend, in der R. Schale, in der L. Speer (oder Scepter)
		1 Vaillant num. gr. 167 (Mionnet S. 2, 115, 351) mit der Sammlung Muselini; vgl. 1206ᵃ Es ist möglich, dass solche Münzen mit dem Typus der stehenden Hera geprägt worden sind; da aber die Schrift der Vs. und das Werthzeichen nicht angegeben sind, konnte die Beschreibung oben nicht aufgenommen werden.	

MARKIANOPOLIS

(Philippus iunior und Sarapis)

1214
K 28
[M IOVΛI OC ΦIΛIΠΠOC und unten
KAICAP ebenso
1 Melesopelos

[MA]PKIANO ΠOΛEITΩN Concordia
wie vorher, aber ohne den Altar;
i. F. L E

1215
K 28
M IOVΛIOC ΦIΛIΠΠOC und unten
KAICAP ebenso

MAPKIANOΠOΛ und i. A. EITΩN
Schlange, in vielen Windungen
aufgerichtet, Kopf L; i. F. r. E

Gewicht: 10,61 (3) — 10,40 (2)

Abweichungen: Rs. Anfang der Schrift fehlt 1 — [M]AP KIANOΠOΛEI [= I. A. TΩN] (= 1216) 1 — angeblich MAPKIANOΠOΛITΩN 3 — Wertzeichen vergessen 3

1 Bukarest — 2 Löbbecke — 3 Neapel Cat. 6305 — 4 Wien Mus. Theup. 1070 [Mionnet S. 2, 115, 352]; Arneth Sitzungsber. 9, 697, 115

1216
K 28
M IOVΛIOC ΦIΛIΠΠOC KAI und
unten CAP AVΓ ebenso
Gewicht: 12,70

MAP KIANOΠOΛEI und i. A. TΩN
ebenso; i. F. r. E

1 Gotha. — (Über die Vs. vgl. zu 1209.)

NIKOPOLIS

Wenn über die Örtlichkeit von Nikopolis lange Zeit Unsicherheit geherrscht hat, so war das die Schuld der Münzen, deren Aufschrift Νικοπολιτῶν πρὸς Ἴστρῳ (oder πρὸς Ἴστρον) zu der Ansicht verführte, dass die Stadt an der Donau gelegen haben müsste[1]. Aber bei Ptolemaios heisst die Stadt Νικόπολις ἡ περὶ Αἷμον, auch Jordanes setzt sie in die Nähe des Haimos *iuxta Iatrum fluvium*, und in derselben Gegend erscheint auf der Peutinger'schen Tafel ihr Name in der verdorbenen Form *Nicopolistro*[2]. Daher hatte schon d'Anville das alte Nikopolis bei dem bulgarischen Dorfe Nikup (nordwestlich von Trnovo) angesetzt[3], und andere waren ihm darin mit Recht gefolgt. Gesichert wurde diese Ansetzung dann durch Kanitz, der in dem ausgedehnten Ruinenfelde von Eski Nikup (= Stari Nikjup) an der Rusica, einem Zufluss der Jantra, die erste Inschrift mit dem Stadtnamen an Ort und Stelle gefunden hat[4]; nachher ist das auch durch andere Inschriftenfunde bestätigt worden. Da die Stadt also nicht am Istros selbst, sondern weitab von ihm an einem Zufluss lag, so ist die Bezeichnung der Lage πρὸς Ἴστρῳ allerdings ungenau. Aber irgend ein Zusatz zum Stadtnamen war in der That nöthig, weil es in derselben Provinz noch ein zweites Nikopolis gab[5]; und wenn man sich zur Unterscheidung der nördlichen Stadt lieber des Hauptflusses bediente, so that man das vermuthlich darum, weil der Name der Rusica oder der Jantra[6] nicht bekannt genug schien; jedenfalls lehren gerade die Münzen, dass »Nikopolis am Istros« der officielle Stadtname war. Doch ist es vielleicht kein Zufall, dass auf zahlreichen Münzen[7] und auf allen bisher bekannten In-

---

[1] Vgl. besonders Forbiger 3, 1096, der die Stadt bei dem heutigen Nikopoli an der Donau rechts; letzteres wird erst im späteren Mittelalter in den Quellen erwähnt (s. Jireček Bulgarien S. 405).

[2] Ptolem. 3, 11, 7; Jordanes Get. 5 (*hodieque mai in Moesia regionem incoluit Nicopolitanam ad pedes Haemi montis*) und 18 (*Nicopolim accidit quam iuxta Iatrum fluvium sit constituta notissima*); Tab. Peut.

[3] D'Anville géogr. ancienne abrégée 1 (1725) 307. — Mannert, der d'Anvilles Ansetzung folgte, sprach die Vermuthung aus, dass die Münzen mit Νικοπολιτῶν πρὸς Ἴστρῳ (Ἴστρον) Fälschungen wären.

[4] F. Kanitz, Donau-Bulgarien und der Balkan I², 185 fg., wo auch die Ansichten der älteren Geographen angeführt sind; die Inschrift s. unten S. 327 Anm. 1 Nr. 2.

[5] Zur Zeit der Gründung gehörte unser Nikopolis zur Provinz Thracia, in deren südwestlichem Theile am Flusse Nestos ein zweites Nikopolis lag, das unsmittelbar durch die Aufschrift seiner Münzen, Οὐλπ(ίας) Νικοπόλεως πρὸς Μέστῳ (so immer statt Νέστῳ), von Kaiser Traianus, also gleichzeitig mit dem unsrigen gegründet sein muss.

[6] Der Name der Jantra ist alt, wie überhaupt viele alte Flussnamen in diesem Gebiet erhalten geblieben sind (vgl. Kiepert Lehrbuch der alten Geographie § 299, 5); sie heisst schon bei Plinius *Iatrus* (*Ieterus* ist wohl schlechte Überlieferung); der alte Name der Rusica ist unbekannt, falls sie nicht als oberer Lauf der Jantra gegolten hat.

[7] Unter den meisten Kaisern erscheinen beide Formen, zuletzt überwiegt aber πρὸς Ἴστρῳ; unter Gordianus kommt Ἴστρῳ gar nicht vor.

schriften¹) statt πρὸς Ἴστρῳ vielmehr πρὸς Ἴστρον steht, womit hier wie anderwärts²) angegeben wird, dass die Stadt nicht an dem genannten Flusse selbst, sondern nach ihm hin, in seiner Nähe, in seinem Gebiet liegt; und dasselbe Verlangen, die Ungenauigkeit auszugleichen, spricht gewiss aus der abweichenden Bezeichnung Νικοπολιτῶν ἐν' Ἴστρῳ, die auf einigen Münzen der severischen Zeit erscheint³). Der blosse Name Νικοπολιτῶν ohne Angabe des Flusses findet sich nur ziemlich selten⁴).

Wie Ammian überliefert hat, ist Nikopolis von Kaiser Traianus zum Gedächtnis seines Sieges über die Daker gegründet worden⁵), und diese Angabe ist gewiss richtig. Dass Traianus der Gründer der Stadt ist, wird durch ihren vollen Namen bestätigt, der auf zwei öffentlichen Inschriften erscheint, (Ὀλπεία Νικόπολις ἡ πρὸς Ἴστρον), wie auch römische Soldaten aus Nikopolis die Heimathsbezeichnung *Ulpia* führen⁶); und da sie durch den Namen selbst als eine Siegesstadt bezeichnet ist, würde man

---

¹) Es sind bis jetzt vier Inschriften bekannt, die von Rath und Volk der Stadt Nikopolis gesetzt sind: 1) arch.-ep. Mitth. aus Oest. 17, 180, 25: ἡ βουλὴ καὶ ὁ δῆμος Οὐλπ(ίας) Νεικοπόλεως τῆς πρὸς Ἴστρον (wohl noch aus dem II. Jahrh.); 2) Kanitz 3, 8, 342, XIII = arch.-ep. Mitth. 10, 243, 11: ἡ λαμπροτάτη βουλὴ κ(αὶ) ὁ κράτιστος δῆ-μος Οὐλπίας Νεικοπόλεως τῆς πρὸς Ἴστρον (unter Septimius Severus); 3) arch.-ep. Mitth. 17, 181, 28 (aber dort mit anderen Ergänzungen, die hier nach der folgenden Inschrift berichtigt sind): [ἡ κρατίστη] βουλὴ, κα[ὶ] ὁ κράτιστος [δῆμος τῆς Νικοπολιτῶν [πρὸς Ἴστρον] πόλεως (unter Gordianus III.); 4) arch.-ep. Mitth. 15, 211, 86: ἡ κ[ρ]ατίστη βουλὴ καὶ ὁ κράτιστος δῆμος τῆς Ν[ει]κοπολιτῶν πρ[ό]ς Ἴστρον πόλεως (etwa aus derselben Zeit).

²) So wird die phrygische Stadt Apameia, die am Marsyas, einem Nebenfluss des Maeander, lag, zuweilen Ἀ. πρὸς Μαιάνδρου genannt, während auf Münzen von Antiochia antreffend Ἀ. πρὸς τῷ Μαιάνδρῳ steht.

³) Sie sind alle unter dem Statthalter Ovinius Tertullus geprägt, mit verschiedenen Vorderseiten (Severus: n. 1273, Domna: n. 1450-1451, Caracalla: n. 1528). — Auf n. 1450 las Dumer-san fälschlich ἐν' Ἴστρῳ.

⁴) Besonders auf kleinen Münzen, aber zuweilen auch auf grösseren (n. 1363. 1793); die Zugehörigkeit zu unserem Nikopolis ist überall sicher.

⁵) Ammianus Marcell. 31, 5, 16: *Anchialos caput et alias tempore Nicopolis, quam Indicium victoriae contra Dacos Traianus condidit imperator*; danach Jordanes Get. 18 (vgl. oben S. 328 Anm. 2): *Nicopolim aedidit..., quam devictis Sarmatis Tra-ianus et fabricavit et appellavit Victoriae civitatem*; dass Jordanes statt der Daker die Sarmaten nennt, ist ohne Belang. — Vgl. darüber auch Tocilesco das Monument von Adamklissi S. 124.

⁶) Obere Anm. 1 die beiden ersten Inschriften.

⁷) In den stadtrömischen Soldatenlisten (vgl. oben S. 184 Anm. 1) sind zwei Leute aus *Ulpia Nicopolis* genannt (Ephem. epigr. 4, 493, 31 und 4, 894 d, 12; die Heimath des Soldaten 4, 892, 10, *Flavia Nicopolis*, muss Nicopolis-Emmaus in Judaea sein); ob diese beiden Soldaten aus unserem Nicopolis oder aus der Stadt am Nestos waren, muss unentschieden bleiben. Dagegen darf man den Praetorianer *M. Aurelius M. f. Ulp(ia) Marcus Nicepol* sicher unserer Stadt zuschreiben, da sein Militärdiplom (C. I. L. 3 Suppl. S. 1990 n. LXXXVI) in der Nähe von Stari-Nikjup gefunden worden ist. — Mommsen (Ephem. epigr. 5 S. 184; vgl. S. 201 und 225) vermuthet auch einige nur durch Grabschriften bekannte Soldaten aus Nikopolis unter den moesischen, aber zweifelnd; da als ihre Heimath nur *Nicopolis* ohne Zusatz angegeben ist, können ebenso gut andere Städte dieses Namens gemeint sein. Zwei solche Leute, die der Tribus *Sergia* angehören (C. I. L. 3, 6144 und C. I. L. 6, 379) sind schwerlich aus der moesischen Stadt; keinesfalls aber darf man aus diesen Inschriften (mit Kalopothakes, de Thracia S. 38) schliessen, dass Nikopolis am Istros von Kaiser Hadrian (dessen Tribus die Sergia war) das römische Bürgerrecht erhalten habe; als Tribus der Stadt würde man vielmehr diejenige des Traianus, die *Papiria*, erwarten, die vielleicht auch auf einer Inschrift angegeben war (arch.-ep. Mitth. 14, 146, 12; vgl. auch 14, 148, 19).

ihre Gründung auch ohne Ammians Angabe mit dem wichtigsten Siege des Kaisers in diesem Gebiet, der Unterwerfung der Daker, in Zusammenhang bringen. Sie ist eine der zahlreichen Städte, die Traianus damals im thrakisch-moesischen Gebiet angelegt hat[1]; und dass sie sich zu einem reichen und bedeutenden Gemeinwesen entwickelt hat, lehrt ausser den Münzen die Grösse der Ruinen[2]. Inschriften sind dort in beträchtlicher Zahl zum Vorschein gekommen, der gemischten Einwohnerschaft[3] entsprechend sowohl lateinische wie griechische; aber die letzteren überwiegen, und namentlich sind alle öffentlichen, von der Stadt selbst gesetzten Denkmäler griechisch und bestätigen also, was für Markianopolis nur aus den Münzen geschlossen werden konnte (oben S. 184), dass die Amtssprache das Griechische war, wie sie auch sonst zeigen, dass Nikopolis als griechische Stadt organisirt war[4]. Aber die Besonderheiten der Rechtsstellung, die Markianopolis von den altgriechischen Städten trennten, bestanden auch für Nikopolis; und das für uns am nächsten liegende Zeichen dieser Verschiedenheit bietet hier wie dort das Erscheinen der Statthalternamen auf den Münzen.

Wie schon in der allgemeinen Einleitung (oben S. 67) gesagt worden ist, gehörte Nikopolis anfangs zur Provinz Thracia und kam erst unter Septimius Severus zu Moesia inferior. Demgemäss erscheinen auf den Münzen der Stadt zuerst die Namen der praetorischen Legaten von Thracia, eingeführt durch die Formel ΗΓΕ(ΜΟ) = ἡγεμονεύοντος, dann die der consularischen von Untermoesien mit ΥΠ(Α) = ὑπατεύοντος[5]. Die folgende Übersicht verzeichnet alle diese Statthalter in derselben Weise, wie es oben für Markianopolis geschehen ist[6]:

---

[1] Ausser den Städten, die nach dem Namen des Traianus selbst oder seiner Angehörigen benannt sind (*Augusta Traiana*, *Traianopolis*, *Plotinopolis*, *Marcianopolis* und wohl auch *Hadrianopolis*; vgl. oben S. 183 Anm. 4), sind es diejenigen, die auf Münzen und Inschriften den Beinamen *Ulpia* führen (*Anchialos*, die beiden *Nicopolis*, *Pautalia*, *Serdica* und *Topiros*); auch *Bizye* und *Perinthos* scheinen unter Traianus neues Stadtrecht erhalten zu haben.

[2] Vgl. Kanitz, Donau-Bulgarien I², 181—184. 190.

[3] Durch Inschriften sind einige Leute aus Nikaia (wohl dem bithynischen) bekannt, die in Nikopolis lebten: Monatsber. d. Berl. Akad. 1881, 459 = arch.-ep. Mitth. 15, 220 ein Νικαεὺς καὶ Νικοπολείτης; Monatsber. a. a. O. ein Νικαεύς; arch.-ep. Mitth. 10, 242, 8 ein Νικαιεύς, ἰδίᾳ Τεντυρίτης, ψιλός; Κυντυκοδότης. — Der von Kalopothakes (de Thracia S. 38 Anm. 4) noch angeführte Νικαιεὺς (arch.-ep. Mitth. 10, 50, 3) lebte wohl in Novodika.

[4] Dafür zeugt besonders die Errichtung öffentlicher Denkmäler durch ψηφί, und ψῆφοι (oben S. 329 A. 1); Valliants Lesung ΒΟΥΛΗ ΔΗΜΟΣ auf einer Münze war dagegen falsch (s. unten

---

a. 1450). Auf Inschriften finden sich ferner verschiedentlich *praetores*, ein *praef.(ecth)* vel *lega.'a* Ῥώμ[ης], (arch.-ep. Mitth. 15, 216, 99), ἀρχίγερων (arch.-ep. Mitth. 15, 213, 96) und ἀρχιρατευτές (arch.-ep. Mitth. 10, 243, 10; 15, 211, 86); an der Spitze der Verwaltung stehen Archonten, von denen einer die Oberleitung hat, der ἄρχων τὴν α' ἀρχήν (arch.-ep. Mitth. 10, 241, 9; er bekleidet das Amt zum dritten Mal und ist zugleich ἀργυροπρέπης), nach dem auch das Collegium benannt wird: ἐπὶ συνερχ(ίας) Φλάμιος Μονυμφανος (arch.-ep. Mitth. 17, 160, 25). — Diesen Zeugnissen für griechische Stadtverwaltung steht eine einzige lateinische Inschrift (arch.-ep. Mitth. 15, 220, 111) gegenüber, die einen Freigelassenen ab *aedil(is)* *Nicop(oli)* zu nennen scheint; die Herausgeber glauben, dass nur Übersetzung des griechischen Titels ἀγορανόμος vorliegt; keinesfalls ist aber aus dieser einen Inschrift auf italische Stadtrecht zu schliessen.

[5] Die übrige Angabe von Kalopothakes (de Thracia 38 Anm. 2) über Münzen der severischen Zeit mit ΗΓ ist schon oben S. 185 Anm. 3 berichtigt worden.

[6] Vgl. oben S. 81 und 185 Anm. 4; hier sind nur

1) *Legati Augusti pro praetore provinciae Thraciae:*

ΗΓΕ ΖΗΝΩΝΟC ¹)	:	Antoninus Pius, M. Aurelius Caesar
ΗΓΕΜΟ ΚΑΙΚΙ CΕΡΒΕΙΛΙΑ ²)	:	Commodus;

2) *Legati Augusti pro praetore provinciae Moesiae inferioris:*

ΥΠΑ ΠΟΛ ΑΥCΠΙΚΟC ³)	:	Severus
ΥΠ ΚΟCΚ ΓΕΝΤΙΑΝΟΥ ⁴)	:	Severus
ΥΠΑ ΟΟΥΙΝΙ ΤΕΡΤΥΛΛΟΥ	:	Severus, Domna, Severus u. Caracalla, Caracalla Aug., Caracalla Aug. u. Geta Caes.
ΥΠ ΑΥΡ ΓΑΛΛΟΥ ⁵)	:	Severus, Domna, Caracalla Aug., Plautilla, Geta Caes.
Υ ΦΛ ΟΥΛΠΙΑΝΟΥ ⁶)	:	Severus, Caracalla Aug., Geta Aug.
ΥΠ (Π ΦΟΥ) ΠΟΝΤΙΑΝΟΥ ⁷)	:	Macrinus, Diadumenianus
ΥΠ (ΜΑΡΚ) (ΚΛΑΥ) ΑΓΡΙΠΠΑ ⁸) :		dieselben
ΥΠ CΤΑΤΙΟΥ ΛΟΝΓΙΝΟΥ	:	dieselben
ΥΠΑ ΝΟΒΙΟΥ ΡΟΥΦΟΥ	:	Elagabalus
ΥΠ CΑΒ ΜΟΔΕCΤΟΥ ⁹)	:	Gordianus.

Nachträge gegeben. — Die falschen Stambakernummern s. unten n. 1585°. 1678^N. 1678^mn. 1719°. 1748°. 1791°. 1791°°. 1892°.

¹) Aus Münzen von Perinth und Philippopolis kennen wir den Gentilnamen des Zenn, *Antonius*, und selmen vollen Namen lehrt die Datirung eines Militärdiploms aus dem Jahre 148 (C. I. L. 3 Suppl. S. 1985 n. LX): *a. d. VII id. Oct. C. Fabio A[g]rippino M. Antonio Zeno[ne] cos.*; aus dieser Urkunde geht zugleich hervor, dass Zenn vor dem Jahre 148 (oder spätestens in diesem Jahre) Legat von Thracia war; sein College C. Fabius Agrippinus, der durch Münzen von Topirus (nicht auch von Perinth) als thrakischer Statthalter bekannt ist, dürfte früher als er dort fungirt haben; da sein Name in der officiellen Cumulativangabe vorausteht. — Genauer zu datiren ist, wie es scheint, die Statthalterschaft des Zenn durch eine Inschrift von Serdika (arch.-ep. Mitth. 18, 110, 14) aus Ehren des Antoninus Pius, für die ich die Ergänzung [ἡγεμονεύοντος τῆς Θρ]ᾳκῶν ἐπαρχίας M. A[ντωνίου Ζή]νωνος πρεσβευτοῦ Σεβαστοῦ καὶ ἀν[τιστρατή]γου vorschlagen möchte; der Kaiser führt nach einer freundlichen Mittheilung des Herrn Director Dobrusky in Sophia die Titulatur δημαρχικῆς ἐξουσίας τὸ ς′, so dass die Inschrift in das Jahr 143 gehört.

²) Auf den Münzen von Anchialos, Hadrianopolis, Pautalia und Philippopolis erscheint das ungeschriebene Cognomen Σερουιλιανοῦ (oder ähnlich); ob der Gentilname Καικίου oder Κακίλιος zu ergänzen ist, bleibt unsicher.

³) Dass Pollienus Auspex der unmittelbare Vorgänger des Cosconius Gentianus war, wurde schon oben (S. 186 Anm. 1; vgl. zu n. 143) darum als wahrscheinlich bezeichnet, weil einige Münzen von Markianopolis mit ihren Namen die Vorderseite aus demselben Stempel haben; dasselbe gilt für einige Münzen von Nikopolis (vgl. zu n. 1263). — Über Auspex vgl. jetzt A. Stein arch.-ep. Mitth. aus Öst. 19,147 ff.

⁴) Auf einigen Münzen ist vielleicht die bisher VΠ stehendes A oder A als Abkürzung des Vornamens anzunehmen; vgl. zu n. 1536 und 1638.

⁵) Über die Zeit des Ulpianus vgl. die Bemerkung vor n. 1332 und vor n. 1364, sowie oben S. 186 Anm. 2.

⁶) Der volle Name erscheint auf zwei Münzen von Nikopolis (unten n. 1680, 1681), ist aber vielleicht noch auf einem Stempel von Markianopolis (oben n. 755-756) zu ergänzen. Die wenigen Münzen mit reinem Namen, die in Nikopolis überhaupt geprägt werden sind, haben die Vs. zum Theil aus demselben Stempel wie einige mit dem Namen des Agrippa (s. unten n. 1682).

⁷) Gewöhnlich steht nur VΠ ΑΓΡΙΠΠΑ auf den sehr zahlreichen Münzen; die beiden Gentilicia sind nur selten angegeben, ΜΑΡΚ n. 1682. 1695. ΚΛΑΥ n. 1709. 1819, oder abgekürzt Κ n. 1695. 1696. 1803. 1804; vgl. meine Zusammenstellung in der Wiener num. Zschr. 23, 48.

⁸) Der Gentilname CΑΒ fehlt auf einer Münze (n. 2102).

Dass der Anfang der Prägung hier früher erfolgte als in Nikopolis, lehrt schon die Übersicht über die Statthalternamen; wie andere thrakische Städte verdankt auch Nikopolis das Münzrecht dem Antoninus Pius; die Münzen mit dem Kopf des Traianus, die in der älteren Litteratur unserer Stadt zugeschrieben sind, gehören nach Epeiros[1]). Auf den grösseren Münzen des Pius sowie auf denjenigen des Caesars M. Aurellus steht kein Statthaltername, vermuthlich weil das Recht zu dieser ersten Prägung vom Kaiser selbst verliehen war[2]); die kleineren dagegen haben trotz des beschränkteren Raumes die Angabe ΗΓΕ ΖΗΝΩΝΟΣ, wofür dann der Zusatz πρὸς Ἴστρον fortgelassen ist; ob man aber daraus schliessen kann, dass diese später geprägt sind als jene, ist mindestens zweifelhaft. Unter der folgenden Regierung scheint Nikopolis keine Münzen geschlagen zu haben; die Prägung beginnt erst wieder in der späteren Zeit des Commodus, aus der wir grosse Münzen mit dem Namen des Servilianus und kleine ohne Statthalternamen haben; auffallend ist bei diesen Münzen, namentlich den grossen, die Verschlechterung des Stils[3]), wie sie auch in Tomis unter Commodus zu bemerken ist. —

Die Massenprägung beginnt auch hier unter Severus, erfährt dann aber viel grössere Unterbrechungen als in Markianopolis; sie scheint ausser unter Maximinus und den vier Kaisern des Jahres 238[4]) auch unter der Alleinherrschaft des Caracalla und unter Severus Alexander, wo dort so viele Münzen geschlagen worden sind, vollständig geruht zu haben; ob eins mit dem anderen zusammenhängt, lässt sich nicht feststellen. Unter Kaiser Gordianus III. erreichte die Prägung von Nikopolis ihr Ende; eine besondere Veranlassung für ihr Erlöschen in dieser Zeit ist nicht bekannt.

Münzen ohne Kaiserköpfe hat Nikopolis offenbar sehr wenig geschlagen. Es sind bisher nur zwei Stücke dieser Art bekannt. Beide haben die Besonderheit, dass der Name der prägenden Gemeinde auf beide Seiten vertheilt ist; auf der Vorderseite steht Νικοπολ..., auf der Rückseite πρὸς Ἴστρον. Die Typen der einen sind Kopf der Athena und Weintraube (Taf. III, 18), die der anderen ein jugendlicher Kopf, der nicht sicher zu benennen ist, aber für Nike wohl passend wäre[5]), und Adler (Taf. III, 19); ob sie eine lokale Bedeutung haben, muss unsicher bleiben.

---

[1]) Die Münzen bei Vaillant num. gr. 29, Mus. Arigoni s Imp. gr. VIII, 67 und Ramus cat. I, 100, I zeigen schon durch den Beinamen des Kaisers, ἀντίῳ τῆς Θράκης, dass sie nicht auch der thrakischen Stadt gehören; denn Traianus kann nicht wohl als der Reiter der von ihm selbst erst gegründeten Stadt bezeichnet werden. Ausserdem beweist die Angabe des Stadtnamens im Nominativ, ΝΕΙΚΟΠΟΛΙΣ, dass die Münzen nach der epeirotischen Stadt gehören; aus dem letzteren Grunde ist auch die Münze bei Ramus cat. I, 100, 2, wo der Beiname des Kaisers fehlt, nach Epeiros zu legen. — Die dem Traianus zugetheilte Münze bei Mionnet S. 2, 126, 354

(aus Sestini) gehört dem Elagabalus; s. unten n. 1213[b] und 2028. — Auch die angeblichen Münzen des Hadrianus und des Antinous bei Mionnet S. 2, 126, 355. 356 sind nur falsch beschrieben; s. unten 1218[aa] und 1218[bb].

[2]) Vgl. S. 80 und 184.

[3]) Abbildung einer solchen Münze des Commodus von neuem Stil s. Taf. XVII, 31. — Auch einige grosse Münzen des Severus ohne Statthalternamen (n. 1340—1343); Abb. Taf. XV, 7 und XVII, 8) sind von ungewöhnlich rohem Stil; es sind vielleicht seine ersten (vgl. die Bemerk. vor n. 1340).

[4]) Vgl. oben S. 187.

[5]) Vgl. die Bemerkung zu n. 1218.

Über die Währung der Münzen von Nikopolis ist nichts sicheres zu sagen[1]). Die unter Pius geprägten Stücke stimmen in Grösse und Gewicht mit den gleichzeitigen Münzen von Hadrianopolis[2]), Philippopolis und anderen thrakischen Städten überein; diese sind im allgemeinen schwerer als die der pontischen Liga, scheinen aber dieselben Nominale (Sestertius, Dupondius, As) zu sein, nur dass ihre Einheit 4—5 g wiegt. Die Münzen des Commodus sind dann schon leichter; und als Nikopolis zur Provinz Moesia inferior geschlagen wurde, schloss es sich wie Markianopolis in der Währung den Seestädten an. Dass es schwerlich Mitglied der Hexapolis wurde, ist schon früher gesagt worden (S. 72); aber auch den Gebrauch der Werthzeichen hat Nikopolis nicht angenommen[3]). Doch scheinen wie in Markianopolis die Münzen mit Statthalternamen und die wenigen ebenso grossen ohne solche Namen als Vierer, die kleineren Stücke als Zweier und Einer anzusehen zu sein; Dreier sind nicht nachweisbar. Dass das Gewicht, besonders der grossen Stücke, im ganzen etwas höher ist als in Markianopolis, steht dieser Auffassung nicht im Wege. Die wenigen Münzen mit zwei Köpfen auf der Vorderseite scheinen nur Vierer zu sein[4]); sie sind unter dem Statthalter Ovinius Tertullus geprägt, also

älter als diejenigen von Markianopolis, mit denen dieses Merkmal der Fünfer dort beginnt[5]); ihr Gewicht ist nicht höher als das der anderen Münzen mit Statthalternamen (10—14 g, selten mehr). — Wir sind nach dem Gesagten wohl berechtigt, in der folgenden Tabelle zum Überblick über die gesammte Prägung von Nikopolis die drei gewöhnlichen Nominale als Sestertius, Dupondius und As aufzufassen und demgemäss durch die Ziffern 4, 2 und 1 zu bezeichnen; die Münzen ohne Kaiserköpfe, in denen vielleicht der Semis zu erkennen ist, sind mit der Bezeichnung ½ angeführt.

Antoninus Pius	4	2	1
M. Aurelius Caesar		2	1
Commodus	4	2	1
Severus	4	2	1
Domna		2	1
Caracalla Caes.		2	
Severus und Caracalla Augg.	4		
Caracalla Aug.	4		
Plautilla	4		
Caracalla Aug. and Geta Caes.	4		
Geta Caes.	4		1
Geta Aug.	4		
Macrinus	4	2	1
Diadumenianus	4	2	1
Elagabalus	4	2	1
Gordianus	4	2	
ohne Kaiserköpfe			½

---

[1]) Eine merkwürdige Geldbeschreibung (?) findet sich auf der wohl nach Nikopolis gehörigen Inschrift arch.-ep. Mitth. 14,154, 37: δεν(αι) τῇ ἐπαρχείᾳ τ(α)ι[ε]ᾳ ΑΤΤΙΚΑ (?) εαυτανεγκλίας; Nachprüfung wäre sehr erwünscht.
[2]) Eine gemeinsame Prägung von Nikopolis und Hadrianopolis, wie sie Eckhel (d. n. 2, 16) aus einer schlechten Publication folgerte, giebt es aber nicht; s. unten 1317[6].
[3]) Neulei lett. 6,15 [Mionnet S. 2,178, 671] glaubte auf einer Münze im Felde Γ zu sehen, doch war das ein Irrthum; vgl. unten n. 1957.

[5]) Auch von Tomis giebt es eine Münze mit zwei Köpfen, die aus früherer Zeit stammt als die ältesten Fünfer von Markianopolis; es ist die nben S. 188 Anm. 2 erwähnte Münze des Caracalla und der Plautilla mit dem Werthzeichen Δ; wie sie werden auch unsere Münzen von Nikopolis als Vierer anzusehen sein. — Die Angabe über die Stellung der Köpfe oben S. 77 Anm. 2 beruht auf einer Verwechselung.
[6]) Wie oben S. 77 und 188 bemerkt wurde, beginnt der Gebrauch der beiden Köpfe auf der Vorderseite unter Ulpianus; dieser war aber der letzte

Für die Typen der Münzen von Nikopolis gilt im allgemeinen dasselbe, was über den Bilderkreis von Markianopolis bemerkt worden ist[1]). Es sind zum grossen Theil willkürlich gewählte Nachahmungen weitverbreiteter Darstellungen; doch findet sich auch unter diesen Typen, die keine bestimmte Beziehung zu der Stadt, ihren Verhältnissen und ihren Schicksalen haben, mancherlei, was wie die Typen von lokaler Bedeutung an dieser Stelle hervorgehoben werden muss.

Unter den Personificationen ist ausser der auch in Markianopolis erscheinenden Liberalitas die seltene Darstellung der Felicitas mit Schale und Heroldsstab (n.1970fg., Taf. XIX, 3) zu nennen, die auf Münzen griechischer Städte sonst nicht vorzukommen scheint; dasselbe würde für den Typus der Libertas mit Urne und Füllhorn gelten, der aber hier mindestens unsicher ist[2]). Von Nemesis, Aequitas und den verwandten Figuren finden sich ausser den gewöhnlichen (wie Taf. XVIII, 20 u. a.) auch einige abweichende Darstellungen, deren Benennung unsicher bleiben muss (Taf. XVIII, 21, 30, 31)[3]). Sehr häufig sind wie in den meisten moesischen und thrakischen Städten Concordia mit Schale und Füllhorn und Tyche mit Steuerruder und Füllhorn, beide oft mit dem Kalathos auf dem Kopf. Eine ungewöhnliche Darstellung, die auf dem l. Arm der Tyche ausser dem Füllhorn ein kleines Kind, wohl Plutos, zeigt (Taf. XIX, 7) ist vielleicht Euposia zu benennen[4]). Als Stadtgöttin scheint weder Concordia noch Tyche zu gelten, sondern eine Frau mit Mauerkrone, Schale und Scepter[5]); dieselbe erscheint einmal (n. 1460 fg., Taf. III, 21) opfernd und von der hinter ihr stehenden Nike gekränzt; dieser Typus dürfte sich auf ein besonderes Ereigniss beziehen, das uns aber unbekannt ist; die übrigen Darstellungen sind nicht ganz sicher[6]). — Ob der römische Bonus Eventus in Nikopolis vorkommt, ist unsicher; der nackte Gott mit Schale und Lorbeerzweig (Tafel XV, 8) ist wohl Apollon. Roma scheint nie dargestellt zu sein, vielleicht aber Virtus (Taf. XV, 14)[7]).

Von den griechischen Gottheiten finden wir ausser den überall erscheinenden conventionellen Darstellungen auch manche ungewöhnliche Typen, für die gewiss besondere Vorbilder vorlagen. Zuweilen sind sie den Münzen benachbarter Städte entlehnt, z. B. von Hadrianopolis und Philippopolis. Aber in nicht wenigen Fällen dürfte es sich um die Wiedergabe von Statuen handeln, die in Nikopolis selbst aufgestellt waren, zum grossen Theil wohl

---

Statthalter von Moesia Inferior unter Severus, während Tertullus einer der ersten war; vgl. Pick Wiener num. Zschr. 23, 36 fg.
[1]) S. 189 fg.
[2]) Vgl. die Bemerkungen zu n. 1708 und 1879 (Taf. XVIII, 33); das Attribut in der rechten Hand dürfte hier wie dort eine Schale sein, so dass es sich wohl um eine Concordia handelt.
[3]) Die Zusammenstellung bei Posnansky, Nemesis und Adrasteia, S. 154—136 (vgl. oben S. 190 Anm. 1) kann danach wesentlich ergänzt und, soweit sie auf der älteren Litteratur beruht, auch berichtigt werden.
[4]) Vgl. die Bemerkung zu n. 1868.
[5]) Die geflügelte Göttin (n. 1682, Taf. XVIII, 7) dürfte eher eine Personificationen des Landes (Moesia) oder der Erde (Gaia, Tellus) als der Stadt sein; vgl. unten S. 343 Anm. 1.
[6]) Vgl. zu n. 1462. 1734. 1795.
[7]) Da die nackte Kriegerfigur (Taf. XV, 15) sicher Ares ist (s. unten S. 338), so kann man bei der gepanzerten wohl an Virtus denken.

nicht als Cultbilder, sondern als Kunstwerke zur Ausschmückung der öffentlichen Plätze und Bauten¹). — Die bisher nachgewiesenen Cultbilder, soweit sie sicher erkennbar sind, zeigen durchweg die conventionellen Typen; es sind das die in Tempeln erscheinenden Statuen des Zeus (n. 1981), des Sarapis? (n. 1982, Taf. III, 26; vgl. n. 1983 und 1529), des Hades (n. 2085, Taf. XX, 22), der Artemis (n. 1984), des Asklepios (Taf. XX, 23; sehr häufig), der Concordia (n. 2087 fg.) und der Tyche (n. 2091 fg). Sie alle finden sich auch als selbständige Typen in derselben Gestalt wie im Tempel — Zeus und Hades sitzend²), Artemis als Jägerin, die anderen stehend —; doch giebt es von den meisten auch abweichende Darstellungen, die zum Theil noch erwähnt werden sollen. Bei der Darstellung der Tempel selbst ist in der Regel wohl keine genaue Wiedergabe beabsichtigt; es ist gewöhnlich nur die Tempelfront³) und in ihrer Mitte das im Hintergrunde zu denkende Cultbild angegeben, letzteres einmal auf einer hohen Basis (n. 2087. 2088); Tempel ohne ein Cultbild sind hier nur einmal oder zweimal nachweisbar (n. 2002, Taf. XX, 17 mit fünf Säulen, und vielleicht auch n. 1402 mit vier Säulen). Eine wesentliche Abweichung von diesen schematischen Darstellungen bietet der Tempel des Sarapis(?) der einmal (n. 1982, Taf. III, 26)⁴) so gezeichnet ist, dass man die Front mit dem Cultbild und zugleich die eine Langseite sieht, überdies von Bäumen umgeben, so dass hier eine genauere Abbildung des Heiligthums vorzuliegen scheint; Bäume erscheinen auch bei dem Zeustempel (n. 1981). — Der am häufigsten erscheinende Tempel ist der des Asklepios; und überhaupt nehmen die Heilgötter im Bilderkreis der Münzen von Nikopolis einen fast ebenso grossen Raum ein wie in dem von Serdika und Pautalia⁵). Asklepios, hier immer bärtig und in der gewöhnlichen Stellung, erscheint entweder allein (wie Taf. XVII, 2, 3) oder mit Hygieia (Taf. XVII, 7) oder mit ihr und Telesphoros (Taf. XVII, 8, 9), der aber einmal vielleicht durch eine andere knabenhafte Figur⁶) ersetzt ist (Taf. XVII, 10). Auch das Bild der Hygieia allein ist ein sehr häufiger Typus (z. B. Taf. XVII, 6), und ebenso findet sich auf kleinen Münzen Telesphoros (wie Taf. XVII, 11). Ob der von einer Schlange umringelte Baumstumpf (n. 1824, Tafel XVII, 12) den Stab des Asklepios darstellen soll, ist nicht sicher; die übrigen Typen, welche Geräthe oder andere Gegenstände von Schlangen⁷) umwunden zeigen (wie

---

¹) Über eine ähnliche Erscheinung in Amastris vgl. J. van Schlosser, Wiener num. Zeitschr. 23, 22 fg.
²) Vgl. unten S. 336 A. 1.
³) In der Regel ist sie durch vier Säulen angegeben, die vermeintliche Tempelfront mit sechs Säulen existirt nicht (s. u. 1983). Bei den Tempeln des Hades und der Tyche sind die gewundenen Säulen beachtenswerth.
⁴) Auf den anderen Münzen (n. 1529 und 1983) erscheint nur die Front des Tempels mit vier Säulen; doch braucht man unter dieser Unterschiedes wohl nicht anzunehmen, dass es sich um zwei verschiedene Gebäude handelt.
⁵) An diesen beiden Orten erklärt sich die besondere Verehrung der Heilgötter aus dem Vorhandensein der heilkräftigen heissen Quellen; ob es solche auch bei Nikopolis giebt oder gab, ist mir nicht bekannt. — Vgl. die Weihinschrift arch.-ep. Mitth. 15, 208, 72: Ἀσκληπῷ Ἥσ(ιῳ) Τελεσφόρῳ καὶ Ὑγιῴ.
⁶) Vgl. die Bemerkung zu n. 1236.
⁷) Auch eine Schlange allein wird oft dargestellt; über die Schlange mit Strahlenkranz (Chnubis) s. unten S. 337 Anm. 2.

Taf. XX, 28. 30. 31), haben mit den Heilgöttern nichts zu thun. — Von den anderen Gottheiten, deren Tempel auf den Münzen erscheinen, werden einige als Einzelfiguren ziemlich häufig dargestellt. Von Concordia und Tyche ist schon die Rede gewesen. Das Tempelbild des Zeus zeigt ihn linkshin sitzend, in der vorgestreckten Rechten die Schale, die Linke auf das Scepter gestützt, mit dem Adler zu seinen Füssen; und dies ist auch die häufigste Darstellung des Gottes als Einzelfigur, nur dass der Adler da zuweilen fehlt. Ob dieser Zeus, dem ein öffentlicher Cultus in Nikopolis gewidmet war, hier einen besonderen Beinamen führte, ist unsicher[1]). Dagegen ist wohl in einer anderen Darstellung des sitzenden Zeus, wo er auf der vorgestreckten Rechten eine Nike trägt (n. 1893, Tafel XIII, 20), der Ζεὺς Ὀλύμπιος zu erkennen, welchem in Nikopolis gemeinschaftlich mit Hera und Athena mehrere Inschriften gesetzt worden sind[2]); denn in dieser Gestalt, als thronender Nikephoros, wird ja der olympische Zeus auf den Münzen vieler Städte und Könige dargestellt[3]). Ein öffentlicher Cultus jener drei Götter als einer Gemeinschaft[4]) wird durch die Inschriften, die nicht von der Stadt, sondern von einzelnen Einwohnern gesetzt sind, nicht bewiesen; auch die Münzen zeigen nur jeden allein, wie den Zeus so auch Hera und Athena. Von Zeus erscheinen ausser jenen sitzenden Figuren wie überall so auch hier die Typen des stehenden, auf das Scepter gestützten Gottes, entweder mit dem Blitz (wie Taf. XIII, 16)[5]) oder mit

---

[1]) Eine der staatlichen Inschriften von Nikopolis (oben S. 329 A. 1 Nr. 1) meldet, dass Rath und Volk ὁμοῦ ὁρῶν καὶ ἑκαίρῳ einen Altar errichtet haben; von diesen beiden Göttern könnte der erste wohl Zeus, der zweite Hades sein, deren gleichartige Tempelbilder die Münzen zeigen. Doch wäre die Bezeichnung und Vereinigung immerhin auffallend (vgl. die Inschrift von Kotiaeion C. I. Gr. 3830; Διὸς ὁ[σ]ίου καὶ δ(ικαίου). — [2]) Mommsen, der Berl. Akademie 1881 S. 459: Διὶ Ὀλυμπίῳ καὶ Ἥρᾳ Ζυγίᾳ καὶ Ἀθηνᾷ Ἡλικίᾳ; ebenda: Δι(ὶ) Ὀλυ(μ)πίῳ καὶ Ἥρᾳ Ζυγίᾳ......; arch.-ep. Mitth. 10, 242, 9: Διὶ Ὀλυμπίῳ καὶ Ἥρᾳ καὶ Ἀθηνᾷ; vgl. auch (ohne Beinamen) arch.-ep. M. 15, 219, 1101 Διὶ καὶ Ἥρᾳ καὶ Ἀ[θ]ηνᾷ. — [3]) Mit Beischrift des Namens Ὀλύμπιος findet sich der thronende Zeus Nikephoros in Prusa (Mionnet 2, 479, 375 unter Traianus: Ἡρακλεῖδε Διὶ Ὀλυμπίῳ) und Smyrna (Imhoof-Blumer griech. Münzen 651, 353 unter Domitianus: Ζεὺς Ὀλύμπιος). Aber auch wo der Name nicht angegeben ist, ist dieser Typus in der Regel wohl als Darstellung des olympischen Zeus anzusehen. In letzter Linie war gewiss für alle diese Figuren der Zeus des Pheidias das Muster. Der Zeustypus der Seleukidenmünzen geht ausschwerlich auf eine Copie dieser Statue zurück, die sich in Daphne bei Antiocheia befand (s. Babelon mis de Syrie, Introduction XI fg. und XCIV fg.). Beachtenswerte Nachbildungen des berühmten Kunstwerks gab es natürlich in zahlreichen Städten, und eine solche könnte auch für die Münze von Nikopolis zum Vorbild gedient haben, falls als das Bild nicht von anderen Münzen entlehnt hat; die ungewöhnliche Haltung des Zeus spricht mehr für Nachahmung eines statuarischen Werkes. — [4]) Für ihre Verbindung war natürlich das römische Vorbild der drei capitolinischen Gottheiten maassgebend; doch sind sie durch die Beinamen Ὀλύμπιος, Ζυγία, Ἑλικίς hellenisirt. Der Ζεὺς Ὀλύμπιος ist der gewöhnliche Ersatz des Juppiter Capitolinus; doch findet dieser sich auf griechischem Boden auch mit unverändertem Beinamen, auf Münzen nur in Antiocheia in Karien als Ζεὺς Καπετώλιος (Imhoof monn. gr. 305,11 unter Traianus; Mionnet 3, 317, 82 unter Pius; Mionnet 3, 317, 83, aus Valinapt, ist unzuverlässig); dargestellt ist er wie der Ζεὺς Ὀλύμπιος als thronender Nikephoros. — [5]) Vgl. die von der Stadt gesetzte Weihinschrift arch.-ep. Mitth. aus Ost. 10, 242, 7: [ἀγα]θῇ τύχῃ. Διὶ Κεραυνίῳ εὐχαρίστου (?) ἡ πόλις ἀνέστησεν πρό ιε′ κ(αλανδῶν) Αὐγούστω(ν) Μαξίμῳ καὶ Ἰσταρίνῳ ὑπάτοις (also aus dem Jahre 233). — Über das Tempelbild, das diesem Ζεὺς Κεραυνίος dargestellt konnte, s. unten N. 337 A. 3.

der Schale in der Rechten. Das Gegenstück zu dem letzteren bildet der Typus der Hera, die im Tempel bisher noch nicht nachgewiesen ist, aber als Einzelfigur nicht selten in der gewöhnlichen Weise, mit Schale und Scepter, dargestellt wird; der Pfau zu ihren Füssen erscheint hier öfter als anderwärts (Taf. XIV, 2. 5)[1]). — Hades erscheint als Einzelfigur ziemlich oft ebenso wie im Tempel sitzend, mit dem Kalathos auf dem Kopf, die Rechte über den dreiköpfigen Kerberos haltend, die Linke auf das Scepter gestützt (Taf. XIII, 22)[2]). Der stehende Sarapis dagegen, mit erhobener Rechten und Scepter im linken Arm, ist in Nikopolis selten; und besonders auffallend ist es, dass seine Darstellung im Tempel von diesem gewöhnlichen abweicht, insofern als er dort die Linke auf das Scepter stützt[3]). Ob das auf kleinen Münzen erscheinende Brustbild eines bärtigen Gottes mit Kalathos das des Sarapis oder das des Hades ist, bleibt zweifelhaft. Der »Grosse Gott« von Odessos findet sich in Nikopolis nicht[4]). — Endlich der Tempel der Artemis (n. 1984) zeigt die Göttin als Jägerin; als solche erscheint sie auch ohne Tempel, gewöhnlich von ihrem Hunde begleitet, auf vielen Münzen; nur einmal finden wir sie auch in langem Gewand, ruhig stehend, mit einer Fackel in der Rechten und dem Bogen in der Linken (n. 1360, Taf. XV, 12).

Soviel über die Gottheiten, von denen Tempelbilder nachgewiesen sind. Aber auch andere Götter müssen in Nikopolis einen öffentlichen Cultus gehabt haben; und einige treten wenigstens auf den Münzen der Stadt so sehr hervor, dass hier in der Einleitung über sie gesprochen werden muss. — Sehr mannigfach sind die Darstellungen der Athena[5]). Dass sie zu den Hauptgottheiten der Stadt gehörte, lehrt schon die Münze (n. 1217, Taf. III, 18), deren Vorderseite den Kopf der Athena statt eines Kaiserkopfes trägt. Wiederholt findet sich der Typus der thronenden Athena Nikephoros (n. 1744- 1924); ferner wird die Göttin zuweilen dargestellt,

---

[1]) Auch als selbständiger Typus findet sich hier der Pfau auf einer kleinen Münze des Severus (n. 1415).

[2]) Vgl. die Zusammenstellung der ägyptischen Typen von Nikopolis bei Drexler mythol. Beiträge S. 59 fg. Einige dort aus der Litteratur übernommene Angaben sind auch den Originalen zu berichtigen: Nr. 3 ist kein sitzender Sarapis mit Schale, sondern Zeus (s. unten n. 1536); Nr. 6 ist kein stehender Sarapis mit Kerberos, sondern das Londoner Exemplar hat einen sitzenden Zeus mit Adler (s. unten n. 1622), das Münchener wahrscheinlich einen Kaiser (s. unten n. 1624); Nr. 7 ist Hestia oder Demeter (s. unten n. 1794). — Die Schlange mit Strahlenkranz (s. B. Taf. XX, 11) scheint nirgends einen Löwenkopf zu haben. — Nr. 9 (S. 67) ist gewiss nicht Isis, sondern wohl, wie auch Drexler vermuthet, eine der Nemesis verwandte Göttin (s. o. 1356, Taf. XVIII, 21).

Die antiken Münzen Nord-Griechenlands I.

[3]) Deshalb konnte man bei diesen Tempelbildern (n. 1589. 1982. 1983) allenfalls auch an eine Darstellung des Zeus denken, und es würde sich dann wohl (wenigstens bei n. 1982. Taf. III, 26) aus dem Ζεὺς Κιπρῖνος (s. oben S. 336 Anm. 5) handeln.

[4]) Auch der mit dem Grossen Gott verwandte »thrakische Reiter« findet sich in Nikopolis nicht; die Figur auf einer Münze der Domna (Brit. Mus. Cat. Thrace 45, 27 = unten n. 1464), in welcher Mordtmann (arch.-ep. Mitth. 8, 209) diesen Herosgott erkennen wollte, ist das seltende Kaiser.

[5]) Welcher von diesen Typen die inschriftlich bezeugte (s. S. 336 A. 8) Ἀθηνᾶ Ἰλιὰς von Nikopolis darstellt, ist leider nicht festzustellen, so dass unsere Münzen zur Entscheidung der Frage, ob das Urbild der Athena Pollas in Athen die Göttin sitzend dargestellt habe (vgl. Furtwängler in Roschers Lexikon 1, 687) nichts beitragen.

22

wie sie die um den Ölbaum geringelte Erichthoniosschlange füttert, wobei sie entweder sitzt (n. 1922 fg.) oder steht (n. 1921, 2053); zuweilen opfert sie am Altar. Der noch öfter vorkommende Typus der auf Schild und Speer gestützten Göttin (wie Taf. XV, 16. 17) ist conventionell; aber zuweilen findet sie sich mit diesen Attributen auch in einer abweichenden Darstellung, die auf ein statuarisches Vorbild zurückzugehen scheint. Der Schild, auf den sie sich mit der linken Hand stützt, steht da nämlich nicht am Boden, sondern er ist auf eine Basis gesetzt, was bei einem blossen Münzbild unnöthig, für eine Statue aber sehr angemessen ist. Auf dem am sorgfältigsten gearbeiteten Exemplar von diesem Typus (n. 1465, Taf. XV, 18), sowie auf einigen anderen, ringelt sich am Schaft des Speeres eine Schlange empor; auch die Tracht der Göttin, der korinthische Helm und die Aigis, sind hier deutlich zu erkennen, und dieses ist gewiss die genaueste Wiedergabe des Vorbildes, das wohl noch nachzuweisen sein wird. Im Anschluss an diese Besprechung der Athenatypen sei erwähnt, dass auf Münzen von Nikopolis auch eine Darstellung des Ares sicher nachweisbar ist. Der Gott ist nackt, nur mit Helm und Stiefeln, dargestellt, die Rechte auf den Schild, die Linke auf den Speer gestützt (Taf. XV, 15); man würde auch einen beliebigen Heros in dieser Figur sehen können, wenn sie sich nicht als Gegenstück zu einer Darstellung der Athena mit gleichen Attributen (Taf. XV, 16) offenbarte, die von demselben Stempelschneider gearbeitet ist. Ob in einer ähnlichen, aber gepanzerten Figur (Taf. XV, 14) Ares oder Virtus zu erkennen ist, bleibt unsicher[1]. — Auf die bevorzugte Stellung des Apollon im moesisch-thrakischen Gebiet ist schon hingewiesen worden (S. 193 fg.). Seine Darstellungen auf Münzen von Nikopolis sind zahlreich und mannigfaltig. Er erscheint als Kitharoede (n. 1517), an den Dreifuss gelehnt (Taf. XIV, 29), mit Lorbeerzweig und Bogen (Taf. XV, 5), mit Schale und Bogen (Taf. XV, 7); auch in dem nackten Gott mit Schale und Lorbeerzweig (wie Taf. XV, 8) ist wohl Apollon zu erkennen[2]. Aber der wichtigste Typus ist in Nikopolis der Sauroktonos[3]; auf zahlreichen grossen und kleinen Münzen[4] finden wir diese Figur des knabenhaften Apollon, der sich mit der Linken auf den Baumstumpf stützt, während die Rechte einen Pfeil gegen die am Stamme kriechende Eidechse zu richten scheint (z. B. Taf. XIV, 34. 35). Er erscheint hier schon auf einer der ältesten, unter Pius geprägten Münzen (n. 1225); und die Vermuthung liegt nahe, dass der Stempelschneider eine in Nikopolis vorhandene Copie der praxitelischen Statue zum Vorbild gedient hat. Der Typus des Apollon Sauroktonos findet sich zwar auch auf Münzen von Philippopolis, aber nur selten

---

[1] Vgl. S. 334 Anm. 7.
[2] Eine Inschrift aus der Umgebung von Trnovo, die wohl nach Nikopolis gehört, ist einem Ἀπόλλωνι Νικοπολιτῶν τοῦ ἱεροῦ geweiht (arch.-ep. Mitth. a. Ö. 14. 193. 36); ob dem Beinamen Νικοπολίτης ein besonderer Typus des Apollon entspricht und welcher, ist nicht festzustellen.
[3] Der Typus ist zuerst als Sauroktonos erkannt von Friedlaender archaeol. Zeitung 27 (1869) 97 zu Taf. XXIII, 4. — Vgl. Overbeck Kunstmythol. 4, Apollon, S. 235 fg. u. 314 (Münztaf. V, 1).
[4] Bemerkenswerth ist, dass der Typus sich auf den Münzen des Elagabalus und des Gordianus nicht mehr findet, wie auch für andere Götter, z. B. Athena, die Auswahl der Typen sich mit der Zeit geändert hat.

und nicht so früh wie in Nikopolis[1]); überdies ist der für jene Stadt charakteristische Apollon-Typus ein anderer, so dass der Sauroktonos vielmehr durch Entlehnung von Nikopolis in den Bilderkreis von Philippopolis gelangt sein dürfte. — Erwähnung verdient die wiederholte Darstellung des Helios, der sonst im europäischen Griechenland nur selten auf Münzen erscheint[2]). Wir finden seinen Kopf mit Strahlenkranz auf kleinen Münzen der severischen Zeit (wie Taf. XIV, 24)[3]). In ganzer Figur, mit erhobener Rechten und Scepter, erscheint er im Zweigespann auf einer Münze des Elagabalus (n. 1907, Taf. XIV, 25); indessen ist er hier gepanzert dargestellt, so dass wir wohl den Kaiser als Helios darin zu erkennen haben. Auch der laufende Gott mit erhobener Rechten und Peitsche, also der römische Sol, kommt hier einmal vor (n. 1686). — Häufiger als in den meisten Städten des moesisch-thrakischen Gebiets wird in Nikopolis Aphrodite dargestellt. Sie erscheint in zwei Darstellungen, die zwar durch die Schamgebärde und die kleine Stellung verwandt sind[?]), aber so, dass die eine (Taf. XV, 32. 33) in der Haartracht und Haltung des Kopfes mehr an die capitolinische, die andere (Taf. XV, 34) mehr an die mediceische Statue erinnert; doch zeigt der letztere Typus die sehr wesentliche Abweichung, dass von den Schultern der sonst nackten Göttin ein langer Mantel herabwallt. Dass diese Darstellungen auf statuarische Vorbilder zurückgehen, ist zweifellos; und es ist nicht unwahrscheinlich, dass sich auch in Nikopolis selbst Copien dieser weitverbreiteten Statue befanden. Neben Aphrodite erscheint bei dem zweiten Typus ein Delphin wie so oft und ein Altar, auf dem einer älteren Münze (Taf. XV, 33) eine nicht ganz deutliche kleinere Figur, in der wohl Eros zu erkennen ist[4]). Als selbständiger Typus findet sich Eros auf kleineren Münzen sehr oft und in verschiedener Stellung, entweder auf die umgekehrte erlöschende Fackel gestützt (wie Taf. XVI, 6; Thanatos oder Hypnos)

---

[1]) Die älteste bisher bekannte Münze von Nikopolis mit dem Typus des Sauroktonos ist unter dem Statthalter Zeno, also um 143 (vgl. oben S. 331 Anm. 1), geprägt, die erste von Philippopolis zwar auch noch unter Antoninus Pius, aber unter seinem letzten thrakischen Statthalter Gargilius Antiquus (vgl. über ihn num. Zschr. 23, 63); abgebildet ist die letztere Sauroktonos-Münze bei Overbeck Münztafel V, 2. Ausserdem findet sich eine dem Sauroktonos ähnliche Darstellung in Philippopolis nur noch auf Münzen der jüngeren Faustina, und dieser Typus entfernt sich schon von dem der Knaaz; vgl. Overbeck u. a. O. S. 314 zu Münztafel IV, 43. Der für Philippopolis charakteristische Apollon-Typus, sein ältestes Cultbild in dieser Stadt, ist eine ruhig stehende Figur mit Schale in der Rechten und einem Bogen nebst zwei Pfeilen im linken Arm.

[2]) Im thrakischen Gebiet findet er sich besonders in Hadrianopolis und in Nikopolis am Nestos.

die Typen sind wohl den römischen Münzen entlehnt, nur der Gott im Zweigespann findet sich auf ihnen nicht. — Der Name des Helios findet sich zwar noch in einer Inschrift aus Nikopolis (arch.-ep. Mitth. 10, 241, 6), aber er ist dort mit Zeus und wohl noch anderen Göttern identificirt Διὶ Ἡλίῳ μεγάλῳ κυρίῳ Σαβαζίῳ, wenn nicht anders zu ergänzen ist (z. B. Διὶ Ἡλίῳ μεγάλῳ Σαράπιδι ..... ῳ Σαβαζίῳ).

[3]) Dieser Typus des Helioskopfes ist gewiss eine Nachahmung des römischen Typus, der mit der Umschrift PACATOR ORBIS auf Münzen des Severus (Cohen 4³, 40, 355. 356) und des Caracalla (Cohen 4³, 162, 170. 171) ganz ebenso erscheint.

[3]) Vgl. Furtwängler in Roschers Lexikon 1, 415.

[4]) Die Münze ist leider nur in einem Exemplar von mangelhafter Erhaltung bekannt. Die Figur ist allerdings ziemlich gross, aber sie scheint Flügel zu haben, was doch für Eros spricht.

oder eine Fackel in der Rechten hochhaltend (Taf. XVI, 5), ferner auf einem Delphin reitend (Taf. XVI, 3) und endlich in einer Form auf Münzen *) nicht nachweisbaren Darstellung, auf einem Löwenfell liegend und schlafend (n. 1489, Taf. XVI, 4; vgl. n. 1468 und 2017*). — Hier sei auch die mehrfache Darstellung des Priapos erwähnt (Taf. XVI, 35. 37), dessen Cultus wohl durch die asiatischen Ansiedler*) nach Nikopolis verpflanzt worden ist. In denselben Kreis könnte auch eine nackte männliche Figur gehören, die nur einmal, auf einer Münze des Commodus, vorkommt (Taf. XIX, 13); doch ist wohl eher ein Pan gemeint*). Eine sichere Darstellung des Pan findet sich auf einer Münze des Elagabalus (n. 1933); er erscheint da bärtig, mit Ziegenhörnern und Ziegenbeinen, auf einen Panther tretend, genau wie auf älteren Münzen von Hadrianopolis*). Ebendaher könnten auch die Typen des Triptolemos im Schlangenwagen (Taf. XIV, 22)*) und der auf dem Löwen sitzenden Kybele (Taf. XVIII, 9)*) entlehnt sein. — Endlich seien noch einige Göttertypen erwähnt, die ihrer Seltenheit wegen Beachtung verdienen und zum Theil wohl auf berühmte Kunstwerke zurückgehen. Dahin gehört ein Hermes, der den rechten Fuss auf eine Erhöhung gesetzt hat und, den rechten Arm auf das hochgestellte Knie stützend*), etwas vornübergebeugt steht, wohl auf dem Wege rastend (so Taf. XVI, 23); der Gegenstand, auf dem der rechte Fuss ruht, scheint auf der abgebildeten Münze die Form eines menschlichen Kopfes zu haben*). Auch der Typus des vom Rücken gesehenen Hermes, der in der Einleitung zu Markianopolis (S. 193) behandelt worden ist, ist einmal nachweisbar (n. 1928); auch hier ist es unverkennbar, dass die Copie einer Statue vorliegt*). Der stehende Hermes findet sich in Nikopolis sehr häufig (z. B. Taf. XVI, 15. 16) und neben ihm hier besonders oft der Hahn (Taf. XVI, 17—19), nur einmal (n. 1305) der Widder. — Von Demeter haben wir ausser den gewöhnlichen Dar-

---

*) Statuarische Darstellungen dieses Typus s. bei Reinach-Clarac S. 353 und 442.
*) Vgl. oben S. 330 Anm. 3.
*) Vgl. die Bemerkung zu n. 1242.
*) Der Typus findet sich dort schon unter Caracalla; s. die Abbildung im Berliner Catalog N. 169, 16; vgl. Cat. Athen n. 946.
*) In Hadrianopolis erscheint Triptolemos in derselben Weise, unter Caracalla mit der lagernden Gaia am Boden (Minnnei 1. 387, 149; Cat. Numpi 6384), unter Gordianus auch ohne Gaia; vgl. Overbeck Kunstmythologie 3. 584, 3 zu Münztafel IX, 4. 5. — Der Typus findet sich auch in Tomis (Taf. XIV, 23) und anderen Städten.
*) Kybele auf dem Löwen findet sich in Hadrianopolis auf einer Münze des Commodus (Minnnet N. 2, 308, 646), aber auch in Kallatis (oben n. 313 und 347; vgl. n. 298), Pautalia und anderwärts. . . In einer Inschrift von Nikopolis erscheint die Μήτηρ θεῶν mit dem Beinamen Σικλιντηνή.

*) Kanitz Donau-Bulgarien 3. 343 n. XV; arch.-ep. Mitth. 15, 314, 93); in einer anderen (arch.-ep. Mitth 10, 241, 6) ist von der (Heil) Ἶσιδι μεγάλῃ die Rede.
*) Auf der Münze Gordians (n. 2056), die ihrer besseren Erhaltung wegen abgebildet ist, scheint allerdings ein Zwischenraum zwischen Arm und Knie zu sein; doch ist das auf Ungeschicklichkeit des Stempelschneiders; auf den übrigen Münzen (n. 1753. 1849) ist es ganz deutlich, dass der Arm aufgestützt ist, wie sie auch sonst das Motiv besser wiedergeben, da sie den Gott mehr vorgebeugt zeigen. Aehnlich erscheint er auch in Markianopolis, s. oben n. 951 und 1209, Taf. XVI, 25. — Ein verwandtes Motiv zeigt die Statue des sog. Seleucus bei Reinach-Clarac S. 508 (vgl. auch ebenda S. 157, 487, 525).
*) Vgl. die Bemerkung zu n. 2056.
*) Ein ähnlicher Typus in Corinth bei Imhoof und Gardner num. comm. on Pausanias 20, pl. F. 87.

stellungen auch eine bemerkenswerthe, bei welcher sich eine Schlange an der Fackel emporringelt wie auf den Münzen einiger thrakischer Städte und einem Relief aus Philippopel¹); vor ihr steht entweder der mystische Korb (Taf. XIV, 19) oder ein Altar (Taf. XIV, 11). Ob die Göttin mit Schale und Fackel (wie Taf. XIV, 20) Demeter oder Kore oder etwa Hestia zu nennen ist, bleibt unsicher. — Ausser dem Typus des einen Dioskuren mit seinem Pferde (n. 1240), den wir schon in Markianopolis gefunden haben, seien endlich noch die Darstellungen des Herakles erwähnt. Er erscheint oft ruhig stehend (wie Taf. XVII, 13. 17), zuweilen auch in der Stellung des Farnesischen (wie Taf. XVII, 18); und auf kleinen Münzen des Severus findet sich sein bärtiger Kopf. Ausserdem sind auch mehrere seiner Thaten dargestellt: der Kampf mit dem Löwen (Taf. XVII, 19; auch auf einer grossen Münze, n. 1275), mit dem Stier (Taf. XVII, 24) und endlich, was sehr selten vorkommt, mit der Hydra (Taf. XVII, 21).

Während bei den bisher behandelten Typen — abgesehen von den Tempeln — nur Vermuthungen darüber geäussert werden konnten, weshalb sie auf den Münzen von Nikopolis dargestellt sind, haben wir nunmehr solche Darstellungen zu besprechen, deren lokale Bedeutung unzweifelhaft ist. Es sind das vor allem Nike, Haimos und die Flussgötter. — Darstellungen der Nike finden sich ja auf den Kaisermünzen der meisten griechischen Städte; aber hier nehmen sie einen ungewöhnlich grossen Raum ein, und das erklärt sich gewiss aus dem Namen der Stadt: für eine Stadt, die Nikopolis heisst, ist Nike die eponyme Göttin, und darum wird ihr Bild hier ebenso bevorzugt wie etwa das des Herakles in den Städten des Namens Herakleia. Es darf wohl als selbstverständlich angesehen werden, dass der eponymen Göttin in ihrer Stadt eine Bildsäule errichtet war und dass eine Wiedergabe derselben auch auf den Münzen erscheint; es wird das vermuthlich der oft wiederkehrende Typus sein, der die Nike an eine Säule gelehnt zeigt (wie Taf. XVI, 13)²). Sonst finden sich ausser dem gewöhnlichen Typus der stehenden oder schreitenden Göttin mit Kranz und Palmzweig auch manche abweichende Darstellungen: Nike steht auf der Kugel (Taf. XVI, 10), sie fährt im Zweigespann (n. 1546) oder im Viergespann (n. 1274), sie schreibt auf den Schild (Taf. XVI, 14), sie trägt ein Tropaion (Taf. XVI, 11) oder endlich hält sie statt des Kranzes ein nicht sicher zu benennendes Attribut (wie Taf. XVI, 12)³). Schon erwähnt wurde (S. 334) die Darstellung der Nike, die der Stadtgöttin einen Kranz aufsetzt (Taf. III, 21); ähnlich erscheint sie auf anderen Münzen den Kaiser kränzend (so

---

¹) Annali dell' Inst. 1861, 380 Tafel 8; Overbeck Kunstmythol. 3, Demeter, Taf. XIV, 7. — Vgl. dazu Rubensohn Athen. Mitth. 20 (1895) 360 fg. über Demeter als Heilgottheit.

²) Der Typus erscheint vielleicht schon gleichzeitig mit dem Sauroktonos (vgl. oben S. 339 A. 1) auf einer der unter dem Statthalter Zeno geprägten Münzen (n. 1227).

³) Das Attribut wird für ein offenes Gewinde gehalten, doch ist das kaum möglich. Etwas ähnliches findet sich auf Medaillons von Perinth, wo Sarapis zwei solche Gegenstände an einem Bande über den Altar hält (Exemplare: Gotha; Mus. Hunter; London Cat. 153, 39; Mailand; Paris Mionnet 1, 408, 301; Wien); für diesen Typus, der auch auf einer Münze der bithynischen Stadt Kios wiederkehrt, ist ebenfalls noch keine annehmbare Erklärung gefunden.

Taf. XIX, 27)[1]) oder dem Kaiser gegenüber an einem Tropaion (Taf. XIX, 28. 29); ob die beiden letzten Typen lokale Bedeutung haben, wird unten erörtert werden. Endlich ist es auch möglich, dass der jugendliche Kopf, der auf einer der kleinen Münzen an Stelle eines Kaiserkopfes erscheint (Taf. III, 19), der der Nike sein soll[2]). — Verdanken die Nike-Darstellungen ihre Auswahl dem Namen der Stadt, so veranlasste ihre Lage die häufige Darstellung der beiden anderen oben genannten Typen. Die Nähe des Haimosgebirges führte zur Darstellung des Berggottes Haimos (Taf. III, 22. 24. 25)[3]). Derselbe erscheint als ein nackter Jüngling, mit Jagdstiefeln und Jagdspeer[4]), der rückwärtsblickend und mit einem Arm auf dem Kopf, ausruhend auf einem Felsen sitzt; die Berglandschaft ist ausser durch den Felsen auch durch einen Baum und durch Thiere angedeutet. Dass für den Typus eine Statue zum Vorbild gedient hätte, ist wenig wahrscheinlich; die Darstellung macht durchaus den Eindruck, als ob sie eigens für ein Münzbild entworfen wäre, natürlich unter Beachtung der Regeln, die seit der hellenistischen Zeit für die Personifikation von Örtlichkeiten herrschend waren und auch bei allen anderen auf Münzen erscheinenden Berggottheiten befolgt sind[5]). Auf den meisten unserer Münzen steht im Felde mit kleiner Schrift der Name der dargestellten Figur, AIMOC; dass der Stempelschneider eine erklärende Beischrift für nöthig hielt, spricht auch dafür, dass in dem Typus nicht die Wiedergabe eines in der Stadt bekannten Bildwerks vorliegt, sondern eine neue und eigene Schöpfung; erst auf den letzten Haimos-Münzen (Taf. III, 25, unter Elagabalus) ist die Angabe des Namens unterblieben, doch wohl weil der Typus damals auch so schon verständlich war[6]). Auf Münzen des Macrinus (n. 1701. 1764. 1765) und Diadumenianus (n. 1810, Taf. XVIII, 5) erscheint noch eine andere sitzende Jünglingsfigur, die vielleicht ebenfalls als ein Berggott anzusehen, aber nicht bestimmt zu benennen ist[7]); dagegen dürfte die weibliche Figur auf einer gleichzeitigen Münze (n. 1682,

---

[1]) So auch einmal hinter dem Kaiser auf der Quadriga (n. 1713; vgl. auch n. 1327).

[2]) Vgl. oben S. 332 und die Bemerkung zu n. 1218.

[3]) Zuerst erkannt von Dumersan revue num. 1843, 17-25, mit Tafel III, der auch die Darstellung der Rhodope richtig zum Vergleich heranzog. Dass den Leuten in Nikopolis die Geschichte von der Liebschaft des Haimos und der Rhodope geläufig war, ist aber schwerlich anzunehmen.

[4]) Auf einem Theil der Münzen fehlt der Jagdspeer.

[5]) Vgl. darüber Wieseler in den Göttinger Nachrichten 1876 S. 53 fg., der von Berggöttern auf Münzen Haimos und Rhodope anführt, aber auch den ΠΕΙΩΝ in Ephesos schon erkannt hat. Später wies Imhoof (Jahrbuch des arch. Instituts 3 S. 289. 296) ausser dem ΠΕΙΩΝ noch die ΙΔΗ und andere Berggottheiten nach, neuerdings derselbe auch den OΛΥΜΠΟC auf Münzen der bithynischen Städte Prusa (griechische Münzen S. 606 fg.) und Kaisareia (das. S. 397). — Ob die Gottheit durch eine männliche oder weibliche Figur dargestellt werden sollte, hing von dem Geschlecht ihres Namens ab; Βλαυν, 'Ολυμπος und Μίμας sind als Männer dargestellt, 'Ροδόπη und Ίδη als Frauen.

[6]) Erklärende Beischriften finden sich auf griechischen Münzen fast nur bei allegorischen Figuren und Personifikationen; im thrakischen Gebiet sind ausser den Fluss- und Berggöttern namentlich die Beischriften zu den vier kleinen Genien, welche auf den bekannten Münzen von Pautalia (Cat. Berlin 202, 23 und sonst) erscheinen, erwähnenswerth: BOTPYC, CTAXYC, APΓYPOC, XPYCOC; zum Verständniss der Darstellung war das auch kaum zu entbehren.

[7]) Vgl. die Bemerkungen zu n. 1701 und 1765.

Taf. XVIII, 7), die als Berggottheit abgebildet ist, vielmehr Gaia oder noch wahrscheinlicher eine Personification der Provinz sein*). — Bei den Flussgöttern, deren Namen auf den Münzen anderer Städte so oft beigeschrieben sind, ist das in Nikopolis nicht geschehen. Das ist zu bedauern, weil es keineswegs sicher ist, ob auf den hier so zahlreichen Münzen mit Flussgott-Typen der Istros dargestellt ist, den die Stadt im Namen führte, oder der Fluss, an dem sie wirklich lag, oder bald dieser, bald jener. Die Darstellungen (Taf. XVII, 31—35 und XVIII, 1—4) zeigen in der Haltung und den Attributen der Figur manche Verschiedenheiten; besonders beachtenswerth ist es aber, dass das Gesicht des Flussgottes bald bärtig (Taf. XVII, 31—35; XVIII, 2), bald unbärtig (Taf. XVIII, 1. 3. 4) ist. Bei unvollkommener Erhaltung ist es zuweilen unsicher; aber nach der grossen Anzahl deutlicher Exemplare scheint es, dass der unbärtige Flussgott fast nur auf den Münzen des Macrinus und Diadumenianus vorkommt, während unter Severus und Gordianus auf sicheren Münzen nur bärtige erscheinen; nur unter Elagabalus sind bärtige und unbärtige Typen sicher nachweisbar. Ob dieser Wechsel auf Willkür der Stempelschneider beruht, oder ob eine Unterscheidung beabsichtigt war, etwa in dem Sinne, dass der bärtige Flussgott den gewaltigen Istros, der unbärtige den Nebenfluss darstellen sollte, muss dahingestellt bleiben*). Gemeinsam ist den sämmtlichen Darstellungen, dass der personificirte Fluss, wie es seit der hellenistischen Zeit die Regel war*), gelagert erscheint, wenn auch öfter sitzend als liegend, stets mit nacktem Oberkörper; nur einmal findet sich eine gänzlich unbekleidete Figur (n. 1761, Taf. XVIII, 1). Zur deutlicheren Bezeichnung dienen wie anderwärts verschiedene Beigaben, besonders das strömende Quellgefäss, Schilfzweige oder ein Schiffsvordertheil; ein Ruder scheint sich nur auf den rohen Münzen des Commodus (Taf. XVII, 31) und vielleicht einmal unter Elagabalus (Taf. XVII, 35) zu finden; zuweilen umfasst der Gott einen Baum (Taf. XVII, 34; vgl. 33). Dass er oft mit rückwärts gewandtem Kopf dargestellt ist, hat gewiss keine symbolische Bedeutung*); dieselbe Bewegung findet sich ja auch bei Haimos und bei zahlreichen anderen Figuren. In der Hauptsache ist durchweg das allgemein gebräuchliche Schema festgestellt, als mit Horn, wie Gardner angiebt; beide von ihm abgebildete Exemplare (Taf. II, 8, 9) zeigen vielmehr ungehörnte Köpfe (s. unten n. 1459 und 1761).

*) Gardner (a. a. O. S. 213) sprach die Vermuthung aus, dass das Umwenden des Kopfes vielleicht andeuten sollte, dass die Quellen des Istros in einer unbekannten Gegend lagen; doch legte er selbst keinen Werth darauf. Eher könnte man annehmen, dass der Flussgott und der Berggott als Pendant gedacht sind und den Kopf einander zuwenden, namentlich wenn in dem Fluss die Rosica oder die Jantra zu erkennen ist, die auf dem Haimos entspringen; doch ist auch diese Annahme unnöthig.

---

*) Es ist derselbe Typus, der sich auf Münzen von Markianopolis (Taf. XVIII, 6) findet; vgl. die Einleitung zu dieser Stadt S. 194. Die Deutung der Figur als Stadtgöttin ist nach ihrer ganzen Erscheinung sehr unwahrscheinlich; vgl. oben S. 334 A. 5.

*) Dass übrigens das Vorhandensein oder Fehlen des Bartes nicht durch die Grösse des Flusses bestimmt ist, hat schon Gardner in seiner Arbeit »Greek Riverworships (Transactions of the Royal Soc. of Literature 1876, N. 173. 218) betont (S. 213).

*) Vgl. darüber Gardner a. a. O. und Lehnerdt in Roschers Lexikon I, 1492 fg. — Auch der Istros ist stets durchaus in menschlicher Figur dargestellt,

gehalten; ein Typus, der auf ein statuarisches Vorbild zurückgeführt werden müsste, ist nicht nachweisbar; und wenn es auch in Nikopolis ein solches Bildwerk gegeben haben mag, so scheinen doch die sämmtlichen Typen nur Münzbilder zu sein, welche die einzelnen Stempelschneider nach ihrem Geschmack ausgestattet haben[?].

Als weitere Darstellungen von lokaler Bedeutung sind natürlich wie überall die **Bauwerke** anzusehen. Von den **Tempeln** ist schon die Rede gewesen. **Thore** finden sich auf Münzen des Diadumenianus (n. 1836), des Elagabalus (Taf. XX, 13, 14) und des Gordianus (Taf. XX, 16); einen besonderen Anlass für ihre Darstellung vermögen wir nicht anzugeben. Auf dem Mittelbau und den Thürmen des an erster Stelle abgebildeten Thores erheben sich Bildwerke, die aber nicht deutlich zu erkennen sind[?]. — Von zwei grösseren **Bauwerken** (Taf. III, 20, 23), deren Bestimmung unsicher ist, ist bei der Beschreibung[?] näheres gesagt.

Ob zu den Bauwerken der Stadt Nikopolis auch das **Tropaion** zu rechnen ist, das auf verschiedenen Münzen erscheint, ist nicht sicher zu entscheiden. Man würde geneigt sein, es für einen willkürlich gewählten, von den römischen Münzen[?] entlehnten Typus zu halten, wenn nicht Darstellungen von Tropäen im thrakisch-moesischen Gebiet sehr selten wären[?]. Ferner findet es sich in Nikopolis nicht nur allein, sondern weit öfter im Zusammenhang mit anderen Figuren; und da für diese letzteren Darstellungen keine römischen Vorbilder bekannt sind, so ist es wohl möglich, dass der Typus des Tropaion hier eine lokale Bedeutung hat. Der Typus des Tropaion allein erscheint nur unter Severus, zuerst unter dem Statthalter Aurelius Gallus; und auf einer Münze mit seinem Namen (n. 1327) erscheint es auch zum ersten Male in Verbindung mit der interessanten Darstellung des **Kaisers im Viergespann**, vor dem ein Soldat mit Vexillum herschreitet; ob neben dem Kaiser Nike im Wagen steht, ist unsicher[?]. Um einen Triumphzug kann es sich nicht handeln, und ein römisches Muster liegt, wie gesagt, nicht vor[?]; es

---

[?] Lehnerdt in Roschers Lexikon I, 1492 meint, dass die Gestalten der Flussgötter »nicht als Münztypen componirt, sondern Kopieen öffentlich aufgestellter Statuen« waren. Das ist in vereinzelten Fällen vielleicht richtig, im allgemeinen gewiss nicht; insbesondere trifft das Beispiel, das Lehnerdt (nach dem Vorgang von Curtius) anführt, nicht nur die liegende Figur auf einer Basis, die in Odessos so häufig auf den Münzen erscheint, ist gar kein Flussgott, sondern der »Grosse Gott« (vgl. die Einleitung zu Odessos und die Abbildungen Taf. IV, 4. 9, auch 10–12).

[?] Vgl. die Bemerkung zu n. 2003.

[?] Vgl. zu n. 1338 (1339. 1585) und besonders zu n. 1719.

[?] Das Tropaion von Nikopolis erinnert besonders an diejenige der römischen Münzen mit PART

MAX, ebenso wie das Tropaion von Tomis auf den Münzen der severischen Zeit (wie Taf. VII, 9). Doch spricht das weder für noch gegen die lokale Bedeutung des Typus.

[?] Vgl. meine Zusammenstellung in den wiener-epigr. Mitth. aus Oest. 15, 18–20. Die Münzen von Nikopolis mit der Darstellung des Kaisers im Viergespann waren mir damals noch nicht bekannt.

[?] Von der Münze des Severus ist nur ein unvollkommen erhaltenes Exemplar bekannt; danach scheint es, dass Nike neben dem Kaiser steht. Unter Macrinus haben wir von jeder Art, mit und ohne Nike, mehrere Exemplare (n.1712. 1713); das schönste ohne Nike ist Taf. XIX, 26 abgebildet.

[?] Severus lebte im Jahre 202 oder 203 den parthischen Triumph ab; ob es später einen gefeiert hat, ist unbekannt. — Von Caracalla und Geta

scheint also doch eine Darstellung von lokaler Bedeutung zu sein. Nun wissen wir, dass Severus bei der Rückkehr aus dem Partherkriege im Jahre 202 oder 203, zu einer Zeit also, wo Aurelius Gallus schon Legat von Untermoesien war, die moesischen und pannonischen Lager besucht hat. Bei dieser Gelegenheit könnte er auch in Nikopolis gewesen sein und unsere Münze wäre dann zur Feier seines Einzugs geschlagen[1]). Das Tropaion ist, wie seine besondere Bodenlinie zeigt, im Hintergrunde stehend zu denken, so dass der Kaiser daran vorbeifährt; vielleicht ist es also in der That die Abbildung eines Siegesdenkmals, welches die Stadt Nikopolis selbst errichtet hatte. Die Darstellung des Kaisers im Viergespann mit dem Soldaten und dem Tropaion kehrt dann auch unter Macrinus wieder (Taf. XIX, 26); da kann es sich allerdings nicht um die Feier eines Einzugs handeln; aber es stand nichts im Wege, den alten Typus zu einer neuen Huldigung zu verwenden, für die vielleicht ein uns unbekannter besonderer Anlass vorlag. Unter dem Statthalter Agrippa, dessen Name auf diesen Münzen genannt ist, erscheint auch ein anderer Typus,

bei dem das Tropaion den Mittelpunkt der Darstellung bildet; auf der einen Seite steht der Kaiser in Kriegstracht, auf der anderen Nike, die wohl den Sieg des Kaisers auf den Schild des Tropaions schreibt (n. 1711 und 1822, Taf. XIX, 28)[2]). Wenn man diesen Typus als einen lokalen auffassen darf, da wenigstens kein römisches Vorbild bekannt ist[3]), so hat man in Nike hier wohl nicht nur die Siegesgöttin, sondern zugleich die eponyme Göttin der Stadt zu sehen; und dasselbe wird für die Darstellungen gelten, wo Nike den vor ihr stehenden Kaiser kränzt (n. 1323 und 1985, Taf. XIX, 27).

Auch sonst erscheinen die Kaiser oft auf den Münzen von Nikopolis, z. B. opfernd oder jagend (wie Taf. XIX, 21); doch braucht man da nicht lokale Bedeutung der Darstellung anzunehmen. Indessen sei erwähnt, dass wichtige Ereignisse, die auf die Kaiser Bezug haben, hier besonders häufig auf den Münzen erscheinen. Solche Typen sind die Eheschliessung des Caracalla und der Plautilla (Taf. XIX, 23), die *Concordia* des Caracalla und Geta bei der Ernennung des letzteren zum Augustus (Taf. XIX, 24) und die Eheschliessung

---

giebt es Münzen, auf denen sie im Viergespann dargestellt sind; diese Darstellungen bereichern aber nur ihren *proximus consularis* im Jahre 205 (Caracalla COS II bei Cohen 4[1], 146, 37, 38; Geta COS bei Cohen 4[1], 256, 28-30; vgl. Eckhel d. n. 7, 205 und 219). Diese Münzen können natürlich nicht als Vorbilder des Typus von Nikopolis gelten. — Eine Darstellung, die dem letzteren sehr ähnlich ist, findet sich auf einem Medaillon von Perinth unter Elagabalus (Mionnet 1, 410, 313); die gewöhnliche Darstellung des Kaisers in der Quadriga kommt dort unter Caracalla vor (z. B. Brit. Mus. Cat. 153, 40).

[1]) Es verdient hervorgehoben zu werden, dass gerade unter dem Statthalter Aurelius Gallus solche

Typen in grösserer Menge erscheinen, ausser denjenigen mit dem Tropaion auch der stehende Kaiser, der Jagende Kaiser, der Kaiser von Nike gekrönt; auch der Typus des Adlers zwischen den Feldzeichen (vgl. oben S. 193) gehört in diesen Zusammenhang.

[2]) Eine Wiederholung dieses Typus findet sich dann auf einer kleinen Münze des Elagabalus (n. 2028, Taf. XIX, 29).

[3]) Der Kaiser mit Nike im Viergespann findet sich auch auf römischen Münzen des Macrinus (Cohen 4[1], 300, 104-107); doch handelt es sich noch da um den *proximus consularis* (s. Eckhel d. n. 7, 238), und der Typus kann nicht das Vorbild für den reicheren von Nikopolis sein.

des Gordianus und der Tranquillina (Taf. XIX, 25). Und in denselben Kreis gehören die Münzen, welche in einem Kranze die Inschrift EVTYXΩC TOIC KYPIOIC zeigen (n. 1344 und 1625); sie gehören in die Zeit, wo Caracalla eben zum Mitherrscher ernannt worden war, und bezeichnen also wohl einen Glückwunsch der Stadt Nikopolis an die Kaiser[1]).

Der Typenkreis der kleineren Nominale ist in Nikopolis wesentlich reicher als in Markianopolis, da hier zahlreiche Darstellungen der grossen Münzen auch auf den kleinen vorkommen[2]). Indessen ist doch auch hier das Streben unverkennbar, auf den kleinen Münzen solche Wesen oder Gegenstände als selbständige Typen darzustellen, die auf den grossen Münzen nur als Nebenfiguren oder Attribute erscheinen. Darum finden wir hier die schon erwähnten Typen des Eros und des Telesphoros, Thiere wie Adler (Taf. XIX, 35) und Schlange, Pfau (n. 1415) und Hahn (Taf. XX, 7)[3]). Attribute wie den Schlangenstab des Asklepios), die Keule des Herakles (Taf. XX, 41), den mystischen Korb u. a.[4]); auch die Köpfe gewisser Götter (Sarapis, Helios, Herakles) können in diesem Zusammenhang betrachtet werden. Die Thierdarstellungen von Nikopolis bieten zum Theil Typen, die in Europa schon auf Münzen erscheinen; ausser den genannten findet sich noch der weidende Stier (Taf. XX, 3) und der Elephant (Taf. XX, 4), und besonders beachtenswerth ist die wiederholte Darstellung der Wölfin mit den Zwillingen (Taf. XX, 5. 6), die bekanntlich fast nur auf Münzen der römischen Colonien erscheint; für die Griechenstadt, die ein römischer Kaiser gegründet hat, ist sie ein passender und bezeichnender Typus[5]).

Die Eigenthümlichkeit der Schrift, dass das A oft wie Λ aussieht, findet sich auch auf den Münzen von Nikopolis; wo sie für die Lesung eines Statthalternamens wichtig sein kann, ist bei der Beschreibung darauf hingewiesen worden[6]).

---

[1]) Eine ähnliche Formel findet sich auf einer unedirten Münze des Caracalla in Pautalia, die mir erst während des Druckes durch die Güte der Herren Dobrusky und Taechella bekannt wurde: IC EΩNA TOVC KVPIOVC ETI ΑΓΑΘΩ ΠΑVΤΑΛIΩTAIC, ebenfalls in einem Kranze (im Museum zu Sophia).
[2]) Umgekehrt finden sich einige Typen, die sonst vorzugsweise auf kleinen Münzen erscheinen, hier auch auf grossen, so der Dreifuss mit Schlange und vielleicht auch der Schlangenstab des Asklepios.
[3]) Der Hahn ist im Kampf mit einer Schlange dargestellt; ganz ebenso findet er sich auf einer grossen Münze von Apollonia am Pontos.

[4]) Ausser dem mystischen Korb finden sich oft auch Körbe mit Früchten (Taf. XX, 36. 38); einer davon (Taf. XX, 36) hat dieselbe Form wie derjenige, der auf einer grossen Münze neben Priapos erscheint (n. 1457 Taf. XVI, 35).
[5]) Der Typus der römischen Wölfin scheint sich ausserdem nur noch in Philippopolis und Ilion zu finden; Philippopolis hatte das gleiche Stadtrecht wie Nikopolis; wenn für Ilion zur Zeit jener Münzen nicht dasselbe gilt, so wäre dort die Wahl dieses Typus durch die besonderen Beziehungen zu Rom zu rechtfertigen. Im allgemeinen Griechischen Städten scheint die römische Wölfin sonst nicht vorzukommen.
[6]) Vgl. oben S. 81, S. 186 A. 3 und S. 195.

Münzen ohne Kaiserköpfe
(II./III. Jahrhundert n. Chr.)

1217
K 14
Taf. III, 18

ΝΕΙΚΟΠΟΛΕΙ (von r. oben) Br. der Athena mit Helm und Gewand r. Pkr.

ΠΡΟC ΙCΤΡΟΝ (von r. oben) Weintraube. Pkr.

Abbildung
Gewicht: 1,53

1 Berlin Cat. 32, 1; wohl dieses Stück früher Allier Sestini lett. cont. 4, 49 [Mionnet S. 2, 116, 353; Boutkowski petit Mionnet 48]; Damersow 20, II, 18
Der Schluss der Schrift auf der Vs. ist sicher ΑΕΙ, nicht ΑΙC.

1218
K 14
Taf. III, 19

ΝΕΙΚο Π.... (von l. unten) Jugendlicher Kopf r. Pkr.

ΠΡΟC ....ΟΝ (von l. unten) Adler nach vorn stehend und l. blickend. Pkr.

Abbildung
Gewicht: 1,94

1 Imhoof

Der Kopf ist sicher unbärtig und scheint nach der Haartracht weiblich zu sein. Sicher zu benennen ist er nicht, aber vielleicht soll es der Kopf der Nike sein, die in Nikopolis die Rolle einer eponymen Gönin gespielt haben muss; vgl. die Einleitung S. 346.

1217ª
K (16)

ΑΔΡΙΑΝ[Ο]ΠΟΛΕΙΤΩΝ Mnnd sichel und Stern

ΝΙΚΟΠΟΛΙ : ΠΡΟC Ι Göttin mit Schale und Füllhorn l. stehend

1 La Mottraye voyages 1, 397, XIV n.º [Gessner num. pop. 1, 27; Eckhel d. n. a, 16; Mionnet 1, 339, 37; Sestini lett. cont. 4, 49]

Die beiden Abbildungen, in welchen Gessner und nach ihm die übrigen die Vs. und Rs. einer und derselben Münze sahen, geben jedenfalls die Rückseiten von zwei verschiedenen Münzen. La Mottraye erwähnt an zwei Stellen, dass er solche Münzen von Hadrianopolis gekauft habe (Bd. 1, 397 ein Exemplar in Adrianopel und Bd. 2, 205 drei Ex. in Ruscschuk); wenn es wirklich gemeinsame Münzen von Hadrianopolis und Nikopolis gewesen wären, so hätte er diese Merkwürdigkeit natürlich hervorgehoben; aber aus der Art, wie er sie erwähnt, ist zu erkennen, dass es gewöhnliche Kaisermünzen waren, von deren einer er die Rs. abbildet. Die Rs. einer Kaisermünze von Nikopolis ist nur zufällig so dicht daneben gestellt; diese meint La Mottraye vielleicht Bd. 2, 9, wo er sagt, er habe in Aidon zwei andere wie z.¹ gekauft; ob er hier die von Hadrianopolis oder die von Nikopolis meint, ist nicht zu erkennen. Für eine gemeinsame Prägung der beiden Städte (ΟΜΟΝΟΙΑ-Münze), wie Eckhel meinte, hätte man andere Typen gewählt. — Welche Kaiserköpfe auf den Vorderseiten dargestellt waren, können wir nicht feststellen.

Kaisermünzen

Pius
(ohne Statthalternamen)

1219
K 30

AV T AI ΛΔΡΙΑ ΑΝΤΩΝΕΙΝΟC Kopf m. L. r.

ΝΕΙΚΟΠΟΛΕΙΤΩΝ ΠΡΟC ΙCΤΡΩ Nike mit erhobenen Flügeln r. stehend, den r. Fuss auf einem Helm (?), mit der R. auf einen Schild schreibend, den sie zugleich mit der L. auf eine bekränzte Stele stützt

T. XVI, 14 Abbildung der Ks
Gewicht: 19,50
1 Kopenhagen

1220
K 36

AVT T AI ΛΔΡΙΑΝ ΑΝΤΩΝΕΙΝΟC Kopf ohne Kranz r.

ΝΕΙΚΟΠΟΛΕΙΤΩΝ u. unten ΠΡΟC ΙCΤΡΩ Bärtiger Flussgott mit nacktem Oberkörper l. gelagert, in der R. einen langen Schilfzweig nach hinten haltend, den l. Arm auf das strömende Quellgefäss gestützt; i. A. (unter der Schrift) drei Fische (?)

Gewicht: 11,15 (1) — 10,20 (2)
Abweichungen: Ks. der obere Theil der Schrift zum Theil verwischt 2 — die drei tinglichen Figuren (Fische?) im Abschnitt nicht bemerkt 3
1, 2 Sophia — 3 Wien Arneth Sitzungsber. 9, 897, 2

1221
K 18

AVT K NEP TPAIANOC (EΠ) Kopf des Traianus m. L. r.

ΝΙΚΟΠΟΛΙΤΩΝ ΠΡΝ ΙCΤP Tropaion mit zwei Gefangenen zwischen Kaiser und Nike

1 Berlin, früher Pfau, Cat. Pfau S. 297; Gessner imp. LXXXIII, 2; Sestini lett. 8, 34 [Niemnet 8, z, 116, 354; Kanitz Donau-Bulgarien 2, 189; Boutkowski petit Mionnet 49]
Die Münze gehört nicht dem Traianus, wie schon A. von Sallet im Berliner Catalog S. 72 richtig bemerkt hat. Die Schrift der Vs. ist zum Theil noch lesbar, und die Gesichtszüge weisen auf Elagabalus (s. unten n. 2028); im Berliner Catalog steht die Münze un Nehluss, S. 88, 80.
Über andere unterem Nikopolis zugeschriebene Münzen des Traianus vgl. die Einleitung S. 332; sie gehören nach Epeiros.

1222
K 31

Hadrianus (Vs. nicht beschrieben)

ΝΙΚΟΠΟΛΙΤΩΝ ΠP R TP Stehende Frau, in der R. einen Speer

1 Vaillant num. gr. 35 [Mionnet S. 2, 116, 355] aus der Sammlung Maximi
Da sonst keine Münzen des Hadrian in Nikopolis nachgewiesen sind, darf man wohl annehmen, dass Vaillant den Kaiser verkannt hat. — Die Münchener Münze bei F. J. Streber Paris. d. Gesch. 31, 1, 5 mit stehendem Apollon (erwähnt von Sallet Cat. Berlin S. 72) gehört nach einer anderen Stadt.

1223
K (18)

ANTINOOC HPOC Bs. des Antinoos r. ....Alt... Mondsichel und Stern

1 (Paris) Mionnet S. 2, 117, 356; aber er vermuthet selbst, dass die Münze nach Epeiros gehört.

349

[Pius]

1221
K 25
AV T AI AΔPIA ANTΩNEINOC Kopf m. L. r.

NEIKOΠOΛEITΩN ΠPOC IC Tyche mit Steuerruder und Füllhorn l. stehend

1 London Cat. 41, 1
Dieselbe Rs., vermuthlich aus demselben Stempel, kehrt auf einer Münze des M. Aurelius Caesar wieder; s. unten n. 1228.

1222
K 21
AV T AI AΔPIA ANTΩNEINOC ebenso

NE]IKOΠOΛEITΩN Artemis als Jägerin r. stehend

1 Wien Arneth Sitzungsber. 9, 897, 1

1223
K 18
AV T AI AΔP ANTΩNEIN ebenso

NEIKOΠ OΛ[EIT;Ω[N] Dionysos mit Kantharos und Thyrsos l. stehend, vor ihm der Panther

1 Bukarest

1224
K 18
ANTΩN..... [EVCEB..C] ebenso

[NE]IKOΠOΛ'...... ebenso, aber wohl ohne Panther

1 Bukarest. — Die Münze ist schlecht erhalten; ob auf der Vs. wirklich EVCEB(H)C zu lesen ist, muss unsicher bleiben, ebenso der Schluss der Schrift auf der Rückseite, wo ich hinter [NE]IKOΠOΛ mit punktirten Buchstaben ΠPOC notirte.

(Zeno)

1225
K 20
AV T AI AΔPIA ANTΩNEINOC Kopf des Pius m. L. r.

HΓE ZHNΩNOC | NEIKOΠOΛ...
Nackter Apollon r. stehend, die L. auf einen Baumstumpf gestützt, den r. Arm leicht zurückgezogen; am Baume kriecht vielleicht eine Eidechse empor (Apollon Sauroktonos)

Gewicht: 4,05 (F. m.)

1 Gotha Sestini lett. 9, 4 [Mionnet S. 2, 117, 357] ungenau mit HΓ.Γ. ZHNΩNOC. Obgleich die Eidechse am Stamm nicht zu bemerken ist, zeigt doch die Stellung der Beine und die Haltung des rechten Armes, dass der Typus des Sauroktonos gemeint ist (vgl. N. 338 fg.).

1226
K 19
ebenso

HΓE ZHNΩNO NEIKOΠOΛEI
Athena nach vorn stehend (und L. blickend?), die R. auf den Speer, die L. auf den am Boden stehenden Schild gestützt

1 Paris. — Ob hinter ZHNΩNO noch ein C stand, ist unsicher; ebenso bleibt es zweifelhaft, ob die Göttin nach vorn oder linkshin blickt.

1224*
K —
Pius (Vs. nicht beschrieben)

NIKOΠOΛEIT...... Nike im Zweigespann l. fahrend

1 Havercamp nummoph. reg. Christinae 402, I.VIII. 4
Der Typus der Nike im Zweigespann findet sich zwar auf späteren Münzen von Nikopolis; doch ist die Beschreibung zu unvollständig, um in den Text aufgenommen zu werden.

350　　　　　　　MOESIA INFERIOR

1227
K 20
　　　(Pius)
　　　....IA ANTΩNEIN.. Kopf m. L. r.　ΗΓΕ ΖΗΝΩΝΟC ΝΕΙΚΟΠΟΛΕΙ
　　　　　　　　　　　　　　　　　Weibliche Figur in langem Ge-
　　　　　　　　　　　　　　　　　wand r. stehend, den r. Arm auf
　　　　　　　　　　　　　　　　　eine Stele gestützt, in der r. Hand
　　　　　　　　　　　　　　　　　einen undeutlichen Gegenstand

1 Winterthur

Die Münze ist leider schlecht erhalten, so dass der Typus nicht sicher zu benennen ist.
Es scheint, als ob der linke Arm erhoben wäre, um das Gewand über der Schulter zu
lüften, was also auf eine Darstellung der Nemesis deuten würde. Doch könnte der vermeintliche L Arm auch ein Flügel, die dargestellte Figur also Nike sein, die in ähnlicher
Haltung, an eine Stele gelehnt, öfter vorkommt (so Taf. XVI, 13; vgl. die Einleitung S. 341).

　　　　　　　　　M. Aurelius Caesar
　　　　　　　　　(ohne Statthalternamen)

1228
K 25
　　　........ POC KAICAP Br. mit　|　(ΝΕΙ)ΚΟΠΟΛΕΙΤΩΝ ΠΡΟC ΙCT
　　　Gewand r.　　　　　　　　　　Tyche mit Kalathos, Steuerruder
　　　　　　　　　　　　　　　　　und Füllhorn l. stehend

1 Paris Mionnet S. 2, 117, 358. — Vgl. die gleiche Rs. bei Pius, oben n. 1231.

　　　　　　　　　　　(Zeno)

1229
K 30
　　　ΑΥΡΗ ΟΥΗ ΡΟC ΚΑΙC ebenso　　ΗΓΕ ΖΗΝΩ ΝΟC ΝΕΙΚΟΠΟ Nike mit
　　　　　　　　　　　　　　　　　Kranz und Palmzweig r. stehend

1 Wien Arneth Sitzungsber. 9, 897, 3 ungenau

　　　　　　　　　　Commodus

Die grossen Münzen des Commodus sind von ganz besonders schlechtem
Stil (vgl. die Einleitung S. 332). Sie scheinen alle von demselben
Stempelschneider herzurühren; auch die kleineren Münzen zeigen zum
Theil die gleiche Hand, doch finden sich unter ihnen auch Stücke von
sorgfältigerer Arbeit.

1232*
K 16
　　　Μ ΑΤΡΑΙ ΑΝΤΩΝΙΝ (rücklaufig) Br. der M.　|　ΝΙΚΟΠΟΛΙΤ ΠΡΟC ΙCTP Weintraube
　　　Aurelius mit Gewand r.
　　　1 Cat. Welzl 1345; Arneth Sitzungsber. 9, 897, 3a
　　　Die Münze (in Wien) gehört dem Caracalla; s. unten n. 1512.

1233*
K III
　　　Faustina Iunior (Vs. nicht beschrieben)　|　ΝΙΚΟΠΟΛΙΤΩΝ ΠΡΟC ΙCTPU Adler mit
　　　　　　　　　　　　　　　　　　　　　　geschlossenen Flügeln r. stehend und l.
　　　　　　　　　　　　　　　　　　　　　　blickend

1 Mus. Arigoni 1 Imp. gr. V, 74

Da bisher keine Münzen der Faustina nachgewiesen sind, kann man wohl einen Irrthum
bei Arigoni annehmen; vielleicht handelt es sich um eine Münze der Domna.

NIKOPOLIS 351

[Commodus]

(Caeci. Servilianus)

1230
K 29
ΑΥΤ ΚΑΙ ΜΑΡ ΑΥΡΗ ΚΟΜΟΔΟC ΝЄΙΚΟΠΟ ΠΡΟC ΙCΤ ΗΓЄΜΟ ΚΑΙΚΙ
Kopf m. L. r. CЄΡΒЄΙΑΙΑΝ Zeus mit nacktem Oberkörper l. sitzend, in der vorg. R. Schale, die l. auf das Scepter gestützt; vor ihm der Adler l. stehend und r. blickend

Abweichungen: Vs. angeblich ΜΑΡ ΑΥΡΗ ΚΟΜΟΔΟC ΑV 3; — Rs. angeblich mit ΗΓЄ Μ ΚΑΙΚ CЄΡΒЄΙΑΙ 2 -- ΗΓЄ Μ ΚΑΙ Κ CЄΒ ΙΛΛ ΝЄΙΚΟΠΟ ΠΡΟC ΙC 3
1 Paris Blanchet revue num. 1893, 71, 38. — — Hierher oder zu einer der folgenden Nummern (1231, 1232) 2 Sestini deser. 38, 1 [Mionnet S. 2, 117, 359] von Ainslie, berichtigt von Sestini classes gener. (1821) 26 — 3 Chaix deser. 29

1231
K 28
ebenso ΝЄΙΚΟΠΟ ΠΡΟ[C ΙC]Τ ΗΓЄΜΟ|
ΚΑΙΚΙ CЄΡΒΙΑЄΙ ebenso

1 Paris Blanchet revue num. 1893, 71, 39

1232
K 29
ebenso ΝЄΙΚΟΠ Π.. | ΙCΤ ΗΓЄΜ ΚΑΙΚ
CЄΡΒΙΑ ebenso

Abweichungen: Vs. Schluss der Schrift undeutlich 2; — Rs. ΝЄΙΚΟΠ ...... ΓЄΜ ΚΑΙΚ CЄΡΒΙΑЄΙΑ 1
1 Paris [Lavisoulx num. vet. 124; Sestini ictt. 7, 33; Mionnet 2, 471, 333, alle irrig unter Nikomedeia, berichtigt von Pick num. Zeshr. 23, 32 Anm. 50 — 2 Sophia. — (Die Vs. von 2 ist mit demselben Stempel wie die von n. 1235, 1 und 4.)
Auf dem Exemplar in Sophia stehen zwischen Π und ΚΤ sicher nur zwei Buchstaben; ob Τ[ΡΟ] oder Τ[ΟC] zu lesen ist, bleibt zweifelhaft.

[1233]
K 29
ΑΥΤ ΚΑΙ ΜΑΡ .... Kopf mit ..... ΚΑΙ[ΚΙ] CЄΡΒЄΙΑΙ Ν[Є]ΙΚΟΠΟΛΙΤ
Strahlenkrone (?) r. ΠΡΟC u. i. F. ΙC Dionysos mit Kantharos u. Thyrsos (l.?) stehend

1 Cat Weizl 1346 angeblich mit ΚΑΙΝ CЄΡΒЄΙΑΙ ΝΙΚΟΠΟΛΙΤ
Die Beschreibung ist zwar in Einzelheiten unsicher, doch handelt es sich gewiss um eine echte Münze. Dass der Kaiserkopf mit Strahlenkrone geschmückt war, ist unwahrscheinlich, da er sonst überall auf den Münzen dieser Gruppe den Lorbeerkranz hat; statt ΚΑΙΝ ist sicher ΚΑΙΚΙ oder ΚΑΙΚ zu lesen und statt ΝΙΚΟΠΟΛΙΤ vermutlich ΝЄΙΚΟΠΟΛΙΤ wie bei n. 1230 fg. und 1234 fg.

1234
K 27
ΑΥΤ ΚΑΙ Μ ΑΥΡΗ ΚΟΜΟΔΟC ΝЄΙΚΟΠ Π .... (ΗΓЄΜ ΚΑΙΚ
Kopf m. L. r. CЄΡ[ΟΥ]ЄΙΑ Hygieia mit Schlange und Schale r. und Asklepios mit seinem Stab unter der r. Achsel l. blickend, neben einander nach vorn stehend

Gewicht: 10,90 (2)

Abweichungen: Vs. ähnlicher 3; — Rs. ΠΡΟC ΙCΤΡΟΝ (?) 1, bei 2 ist nicht so viel Platz — hinter CЄΡ Spuren von zwei Buchstaben (sicher kein Β) 2 — undeutlich 1 — angeblich ΗΓЄ Μ ΚΑΙΚ CЄΡΒЄΙΑΙ ΝЄΙΚΟΠΟ ΠΡΟC ΙCΤ 3
1 Honter — 2 Wien Arneth Sitzungsber. 9, 898, 4. · · · 3 Sestini deser. 39, 2 [Mionnet S. 2, 117, 361] von Ainslie; berichtigt classes gen. (1821) 26

352 MOESIA INFERIOR

[Commodus]

1235 ΑΥ Τ ΚΑΙ ΜΑΡ ΑΥΡΗ ΚΟΜΟΔΟC   ΝΕΙΚΟΠΟ ΠΡΟC ΙCΤ ΗΓΕΜΟ ΚΑΙΚΙ
K 28 Kopf m. L. r.   CΕΡΒΕΙΛΙΑ Bärtiger Flussgott L.
                                    liegend, in der vorg. R. ein Ru-
                                    der (?), den l. Arm auf das strö-
Tafel   mende Quellgefäss gestützt
XVII, 31 Abbildung der Rs. (2), auf der Tafel schief gestellt

Abweichungen: Vs. Anfang der Schrift undeutlich 2; — Rs. Schrift in der Mitte
undeutlich 2 — ΝΕΙΚΟΠ ΠΡΟC ΙC .... CΕΡΒΕΙΛ (sicher ohne A) 1 — angeblich ΗΓΕ.Μ.ΚΑΙΝ.CΕΡΒΕΙΛΙ ΝΕΙΚΟΠΟ ΠΡΟC ΙCΤ 5

1 Lübbecke — 2 Mandl Pick mus. Zeebr. 13, 51, 6, III, 2 (Vs. angenau) — 3 Odessa —
4 Kophla. — 5 Sestini deser. 79, 4 [Mionnet S. 2, 118, 362] von Ainalis (mit ΗΓ.Μ.ΚΑΙΝ),
berichtigt class. gen. (1821) 26, — (Die Vs. von 1 und 4 sind aus demselben Stempel wie
die von n. 1232, 2, aber aus anderem Stempel als die von 2 und 3, deren beide Seiten
stempelgleich sind.)

Der Gegenstand in der rechten Hand des Flussgottes erscheint als ein dünner Stab, doch
soll es wohl ein Ruder sein; jedenfalls ist es kein Schilfzweig, wie Sestini meinte.

[1236] ebenso (Trennung der Schrift un- (ΗΓΕΜ ΚΑΙΚ CΕΡΒΕΙΛΙ ΝΕΙΚΟΠΟ
K (28) sicher)   ΠΡΟC ΙCΤ) Kaiser zu Pferde,
                                            den Speer auf einen Löwen rich-
                                            tend

1 Sestini deser. 80, 3 [Mionnet S. 2, 118, 361] von Ainalis (mit ΗΓ.Μ.ΚΑΙΝ), berichtigt
class. gen. (1821) 26

Da es sich gewiss um eine Beschreibung handelt, bei der Typus und Statthaltername
richtig angegeben sind, so ist sie hier aufgenommen, obwohl Einzelheiten der Schrift vielleicht ungenau sind.

(ohne Statthalternamen)

1237 (Μ) ΑΝΤΩΝΕΙΝΟC ΚΟΜΟΔΟC Br. ΝΕΙΚΟΠΟΛΕΙΤΩΝ ΠΡΟC ΙCΤΡΟΝ
K 22 mit Lorbeerkranz und Panzer r. Nike mit Kranz und Palmzweig
                                       r. stehend
      Gewicht: 7,10 (2)

Abweichungen: Vs. Schrift unvollständig 1 — der Anfang fehlt überall, ist aber
nach n. 1238 sicher zu ergänzen; — Rs. Schrift unvollständig 1

1 Bukarest — 2 Gotha — 3 Wien Cimel. Vindob. 1, 115, XX, 6; Eckhel tab. 57,1 [Mionnet
S. 2, 116, 364]; Arneth Sitzungsber. 9, 598, 5

1238 Μ ΑΝΤΩΝΕΙΝΟC ΚΟΜΟΔΟC eben- ΝΕΙΚΟΠΟΛΕΙΤΩΝ und unten ΠΡΟC
K 22 so (wohl aus demselben Stempel) Ι Bärtiger Flussgott L. gelagert,
                                        in der auf dem Knie ruhenden R.
                                        Schilf (?), den l. Arm auf dem
                                        strömenden Quellgefäss

1 Wien Mus. Theup. 936 (erwähnt von Mionnet S. 2, 347 Anm.; Sestini pih monet 32, 2];
Arneth Sitzungsber. 9, 598, 6

NIKOPOLIS

1239
K 23
(Commodus)
AVT K AI MAP AVPH KOMOΔOC NEIKOΠOΛEITΩN ΠPOC ICTPON
Kopf m. L. r. Tyche mit Kalathos, Steuerruder und Füllhorn l. stehend

Gewicht: 6,91 (3) — 5,35 (1)

Abweichungen: Vs. AVT K.... AVP H KOMOΔOC 1 — AVT K.... KOMO-
ΔOC 3; — Rs. Anfang der Schrift unvollständig 1 — Schluss undeutlich 3 —
NE[IKO]ΠOΛE ITΩN ΠPOC ICTP 2

1 Berlin Cat. 73, 1 — 2 Paris — 3 Sophia. — (Nr. 3 ist von sehr rohem Stil, die Vs.
sicher von demselben Stempelschneider wie die der grossen Münzen des Commodus.)

1240
K 18
AVT KAI M KOMOΔO Kopf m. l. r. NIKO ΠOΛI ΠPOC I Nackte männ-
liche Figur (einer der Dioskuren) r. stehend, die R. auf den
Speer gestützt, mit der L. ein r.
stehendes Pferd am Zügel haltend

Gewicht: 3,04

1 Berlin Cat. 73, 2 ungenau

Vgl. die entsprechende Darstellung in Markianopolis (n. 1091; Taf. XVII, 29), wo der
Dioskur und sein Pferd links hin gerichtet sind; vielleicht kommen von beiden Städten
noch Münzen vom Vorschein, welche als Pendant zu den bekannten Stücken des anderen
Dioskuren in entgegengesetzter Richtung zeigen.

1241
K 18
AV[T K]AI KOMOΔOC ebenso NEIKOΠO[AITΩN] ΠPOC [ICTP]
Geflügelter Eros mit gekreuzten
Beinen nach vorn stehend, mit
beiden Armen auf die umgekehrte
Fackel gestützt

1 Sophia. — Die Lesung der in [ ] eingeschlossenen Theile der Schrift ist nicht ganz sicher.

1242
K 18
AVT M AVPH KOMOΔOC ebenso NEIKOΠOΛI ΠPOC EICTP (sic!)
Nackte männliche Figur (mit
Hörnern?) r. stehend, mit der erhobenen R. einen Stab schulternd (?),
in der L. ein Gefäss

Tafel
XIX, 13
Abbildung der Rs.
1 Wien Arneth Sitzungsber. 9, 803, 7
Die Benennung der sehr roh gearbeiteten Figur ist unsicher, weil die Attribute undeutlich
sind. Der Gegenstand, der von der r. Hand über die Schulter fort nach hinten geht, scheint
ein langer Stab zu sein, wie auf Pan schliessen liesse; dazu würden auch die auf dem
Kopf erscheinenden beiden Spitzen passen, die eher Hörner als Enden eines Kranzes sind.

1243
K 18
AVT KAI KOMOΔO ebenso NEIKOΠOΛ ΠIOC ICCTPON (sic!)
Tyche mit Steuerruder und Füllhorn l. stehend

Gewicht: 3,02 (1)

Abweichungen: R. ΠPOC ICTP (?) 2. 3 — ΠPOC ICTPON 4

1 Gotha. — . — 2 Mionnet S. 2, 118, 363 aus der Sammlung des Marquis de la Gay —
3 Hoffmann le numismate 1209 — 4 (1) Chaix descr. 30

Es ist unsicher, ob hinter KOMOΔ ein C oder O steht; jedenfalls ist es nur ein Buchstabe.

Die antiken Münzen Nord-Griechenlands I.   23

354   MOESIA INFERIOR

[Commodus]

1244 AVT KAI KOMOΔOC Kopf m. L. r.   NEIKOΠO ΠPOC ICCT (so!) Tyche
K 18   wie vorher l. stehend
   Gewicht: 3,27
   1 Löbbecke

1245 ....AI AV KOMOΔ..(?) ebenso   NIKOΠO ΠPOC l ebenso
K 17   Gewicht: 2,70
   1 München

1246 AVT KAI M AVPH KOMOΔOC   NEIKOΠOΛΕΙ ΠPOC ICT (von r.
K 18   Kopf m. L. r.   oben) Weibliche Figur in lan-
                                        gem Gewand und Mantel nach
                                        vorn stehend und r. blickend, die
                                        R. im Bausch des Mantels, in der
Tafel   L. den Zaum (?)
XVIII, 21   Abbildung der Rs.
   1 Wien, früher Wicray 2179 (Mionnet S. 2, 118, 365; Pinnansky Nemesis und Adrastein
   154, 1); Sestini 32. 2; Arneth Sitzungsber. 9, 898, 6 a (Drexler mythol. Beiträge 67, 9)
   Die Figur ist von sehr schlechter Arbeit, wie es nach der Schrift scheint, von demselben
   Stempelschneider wie die grossen Münzen. Ob der einem Zaum ähnliche Gegenstand
   von ihrer L. gehalten wird oder frei neben der Figur steht, ist unsicher; es ist aber wohl
   Nemesis gemeint.

1247 AV KAI KOMOΔOC ebenso   NEIKOΠOAI ΠPOC l Adler mit
K 17   ausgebreiteten Flügeln nach vorn
                                        stehend und l. blickend
   1 Paris

[1248] AVT KAI M AVP KO;MOΔOC ebenso NIKOΠOΛITΩN u. i. A. ΠPOC I
K 16   Die Wölfin mit den Zwillingen
                                          r. stehend
   1 Krupka (Beschreibung von Tacchella)

1249 AVT; KAI AV ?) KOMOΔOC ebenso NIKOΠOΛI ΠPOC IC Altar, auf
K 17   dem sich eine Schlange, mit dem
                                        Kopf r., erhebt
   Gewicht: 2,60 (1)
   Abweichungen: Vs.... KOMMOΔO.. 21 — Rs. am Schluss nur I und angeblich
   die Schlange aus dem Altar hervorspringend 2
   1 Leipzig. —   2 (1?) collectio num. vet. vendenda d. 1 nov. 1820 Dresdae, n. 2165.

1250 AV KAI KOMOΔOC?) ebenso   NIKOΠOAIT..... Dreifuss, von
K 16   einer Schlange umwunden
   1 Wien, früher Welzl Cat. 1317; Arneth Sitzungsber. 9, 898, 7 a

1250* KOMMOΔO. Kopf ohne Kranz r.   NIKOΠOΛΙΤΩΝ NEIKO Stab des Askle-
K 111   pios
   1 Wicray 2180 (Mionnet S. 2,118, 366 mit der Vermuthung, dass die Münze sicilisch wäre)
   Wie Sestini mus. Hedervr. parte Europea 1, 32 bemerkt hat, hat die Münze den Kopf des
   Diadumenianus; er beschreibt sie dann S. 37, 50. Vgl. daher unten bei Diadumenianus.

1251 K 17	(Commodus) AVT KAI A[VP] KOMOΔOC ebenso Gewicht: 3,05 1 Gotha Der Buchstabe hinter KAI ist entweder A oder Λ; dann folgen noch zwei Buchstaben, von denen nur der unterste Theil sichtbar ist, eher VP als AI.	NEIKOΠOΛEITΩN ΠPOC ICTON (sol) Mondsichel und in der Höhlung darüber ein Stern

Severus

(Pollenius Auspex)

1252 K 28	[AV] KAI CETI CEVHPO[C ΠEP] Kopf m. L. r. 1 Bukarest. — Die Schrift der Vs. ist nach n. 1263 ergänzt.	VΠA ΠOΛ AVC[ΠIK OC NIKOΠO. AITΩ u. i. Λ. ΠPOC ICT Zeus mit Schale und Scepter l. sitzend
1253 K 28	AV K[AI Λ]OV CEΠT· CEVHPOC ΠEP ebenso 1 Imhoof. — Die Schrift der Vs. ist nach n. 1263 ergänzt, die zu demselben Stempel ist; vgl. die Bemerkung hinter n. 1263.	VΠ A ΠOΛ AVCΠIK OC NIKOΠO- AIT u. i. Λ. ΠPOC ICT Hades- Sarapis mit Kalathos l. sitzend, die R. über dem dreiköpfigen Ker- beros, die L. auf das Scepter ge- stützt
1254 K 28	AV KAI CETI CEVHPOC Π EP ebenso Abweichungen: Vs. ...AI and Π.. 1; — Rs. VΠA ΠOΛ...... ΠOΛ 2 1 München - 2 Paris Blanchet revue num. 1891, 72, 43. (Die Rs. und wohl auch die Vs. der beiden Exemplare sind aus demselben Stempel.)	VΠA ΠOΛ AV..... NIK ΠOΛI (sol) ΠPOC IC Nike mit erhobenen Flügeln l. stehend, in der nach vorn gesenkten R. einen Kranz, im l. Arm, der auf eine Stele gestützt ist, einen langen Palmzweig
1255 K 27	AV KAI CETI CEVHP OC ΠEP ebenso 1 Turin Bibl. — Die Schrift der Vs. ist nach n. 1263 ergänzt; auf der Rs. sind von den eingehämmerten Buchstaben die unteren Hälften sichtbar.	VΠA ΠOΛ A VCΠIKOC N IKOΠO ΠP.... Nike mit Kranz und Palm- zweig l. laufend
1252* K IV	K. Λ. AIΛ. M. A. KOMMOΔO Jugendlicher Kopf ohne Kranz r. 1 Berlini mus. Hedervar. partis Europ. I, 32, 1 Da keine Münzen des jugendlichen Commodus in Nikopolis geschlagen worden sind und die Schrift der Vs. offenbar falsch gelesen ist, handelt es sich wohl um eine Münze des Diadumenianus, vielleicht das Exemplar in Wien; s. unten.	NIKO ΠOΛITΩ ΠPOC ICTI. in fünf Zeilen

1256 K 27	[ΑΥ ΚΑΙ ΛΟΥ; CEΠΤ· CEVHPOC ΠΕΡ] Kopf m. L. r. (aus demselben Stempel wie 1253, 1263 und 1266)	VΠA ΠOΛ AVCΠ............ u. i. A. ΠPOC ICTP Hygieia mit Schlange u. Schale r. und Asklepios mit seinem Stab unter der r. Schulter L blickend, einander gegenüberstehend; zwischen ihnen ein Knabe in kurzem Gewand mit einem undeutlichen Gegenstand in der R. l. stehend
Tafel XVII, 10	Abbildung der Rs.	

1 Wien, früher Welzl Cat. 1348, Arneth Sitzungsber. 9, 898, 12 b
Der Knabe in der Mitte ist durch Haltung und Gewandung von dem gewöhnlich zwischen Asklepios und Hygieia erscheinenden Telesphoros ganz verschieden. Er ist nicht sicher zu benennen; doch sei darauf hingewiesen, dass auch auf Münzen von Pergamon zuweilen statt des Telesphoros eine andere knabenhafte Figur erscheint, aber dort nackt; entweder als selbständiger Typus (Brit. Mus. Cat. Mysia 136, 227 230, XXVIII, 1) oder neben Asklepios (z. a. O. 148, 292, XXIX, 7). Panofka wollte in dieser Figur Euamerion sehen, was aber Wroth num. chron. 1882, 38 fg. mit Recht für unwahrscheinlich erklärte. Über eine ähnliche nackte Knabengestalt in Serdika vgl. Pick num. Zschr. 13, 68, 13, III, 5.
— Über die Vs. vgl. die Bemerkung hinter n. 1263.

1257 K 28	[ΑΥ ΚΑΙ CEΠT CEVHPOC ΠΕΡ] Kopf m. L. r.	VΠA ΠOΛ AVCΠIKOC NIKOΠOΛI ΠPOC IC Nackter bärtiger Herakles r. stehend, die R. auf die Keule gestützt, in der vorg. L. mit dem Löwenfell den Bogen

1 Sophia. — Die Schrift der Vs. ist nach n. 1269 ergänzt.

1258 K 28	AV KAI Λ CE CEVHPOC Π.E?] Br. m. L. P. M. r.	VΠA ΠOΛ· AVCΠΠIKOC NIKOΠO und unten ΠPOC ICTP Bärtiger Flussgott mit nacktem Oberkörper r. gelagert, den r. Arm auf das strömende Quellgefäss gestützt, das auf einer Erhöhung hinter ihm liegt, in der leicht erhobenen L. Schilf

1 Wien Arneth Sitzungsber. 9, 898, 12a

1259 K 28	[ΑΥ ΚΑΙ] Λ CEΠ	CEVHPOC ΠEP Kopf m. L. r.	ebenso

1 Berlin Cat. 13, 4 ungenau

1260 K 27	AV KAI CEΠT CEV;HPOC ΠEP; ebenso	VΠA ΠO. ...... OC NIKOΠOΛITΩN und unten ΠPOC ICTP Flussgott wie vorher, aber linkshin, in der R. Schilf, den l. Arm auf das Quellgefäss gestützt

1 im Handel. — Die Schrift der Vs. ist nach n. 1262 ergänzt.

(Severus)

1261 AV KAI A CE CEVHPOC Π Br. m. VΠA·ΠOΛ·AVCΠIK......... ΠPOC
K 27 1. P. M. r. IC Kaiser mit L. P. M. r. stehend,
in der R. den Speer, im l. Arm
das Parazonium, den r. Fuss auf
die Schulter eines knieenden Barbaren gestützt

1. a Hokarcu (beide Seiten aus demselben Stempeln)

1262 AV KAI CEΠ CEVHPOC ΠEP Kopf VΠA ΠOΛ AVCΠIKOC N........
K 28 m. L. r. ΠPOC ICTP Adler mit geschlossenen Flügeln auf dem Blitz l.
stehend

1 Wien Mus. Theup. 942 (Mionnet S. a, 119, 368; vgl. Friedlaender Zeshr. f. Num. 11, 44); Arneth Sitzungsber. 9, 809, 19

1263 AV KAI AOV CEΠT· CEVHPOC ΠEP VΠA ΠOΛ AVCΠEKOC NIKOΠO·
K 2H ebenso ΛIΤΩΝ ΠPOC ICTPΩ Adler mit
ausgebreiteten Flügeln auf dem
Blitz nach vorn stehend und den
Kopf mit Kranz im Schnabel r.
erhebend

Abweichungen: Vs. angeblich AV. KAI.A.OV.A.CEΠT.CEVHPOC CEB (mit folcher Erklärung) 3; — R. N......TΩN ΠPOC 1.... a

1 Löbbecke — 2 Schmidt. — 3 Sestini descr. 39,5 [Mionnet S. 2,119, 367] von Ainslie

Der Vorderseiten-Stempel mit der Schrift AV KAI AOV CEΠT·· CEVHPOC
ΠEP, mit welchem die Münzen n. 1253, 1256 und 1263 unter dem Statthalter Pollenius Auspex geprägt worden sind, ist auch unter Cosconius
Gentianus noch benutzt worden, wie die Münze n. 1266 lehrt. Dadurch
wird bestätigt, dass der eine der unmittelbare Nachfolger des anderen
gewesen ist, wie dies auch bei den Münzen von Markianopolis bemerkt
worden ist; vgl. S. 186 Anm. 1 und die Bemerkung zu n. 543.

(Cosconius Gentianus)

1264 AV·KAI·A·CEΠ CEVHPOC ΠEP VΠ KOCK ΓENΠIAN OV NIKOΠOΛI·
K 28 Kopf m. l. r. u, l. A. ΠPOC ICTP Zeus mit
Schale und Scepter l. sitzend

1 Berlin Cat. 73.5

1265 AV·KAI·A·CEΠT CEVHPOC ΠEP VΠ·KOCK·ΓENTIA NOV NIKOΠOΛI·
K 27 ebenso ΤΩΝ Nackter Hermes l. stehend,
in der R. die Börse, im l. Arm das
Kerykeion; vor ihm der Hahn r.
zu ihm aufspringend

1 Imhoof. — Es ist zu beachten, dass auf dieser grossen Masse der Zusatz ΠPOC ICTPΩN fehlt. — (Die Vs. ist am demselben Stempel wie die von 1269 und wohl auch die von 1268.)

358   MOESIA INFERIOR

[Severus]

1266
K 27
AV KAI ΛOV CEΠT· CEVHPOC
ΠEP Kopf m. L. r.
|VΠ KOCK ΓENTIANOV NIKOΠOAI
und unten ΠPOC ICTP· Bärtiger
Flussgott mit nacktem Oberkörper am Boden l. sitzend, in der
auf dem r. Knie ruhenden R. einen
Zweig, die L. auf das strömende
Quellgefäss gestützt
1 St. Petersburg Akademie. — Über die Vs. vgl. die Bemerkung hinter n. 1263.

1267
K 27
AV KAI·A·CEΠ· CEVHPOC ΠE Br.
m. L. P. M. r.

1 Odessa Univ.
VΠ KOCK ΓENTIA NOV NIKOΠO-
ΛITΩN u. i. A. ΠPOC IC· Concordia mit Kalathos, Schale und
Füllhorn L. stehend

1268
K 26
AV KAI A CEΠT CEVHPOC ΠEP
Kopf m. L. r.
VΠ KOCK ΓENTIANO V NIKOΠO-
|ΛITΩN ΠPOC ICTP Tyche mit
Kalathos, Steuerruder und Füllhorn l. stehend
1 im Handel. — Über die Vs. vgl. zu 1265.

1269
K 26
AV·KAI·A· CEΠT CEVHPOC ΠEP
ebenso

Gewicht: 8,43
VΠ KOCK ΓE......... OΠOΛITΩN
u. i. A. ·ΠPOC IC· Tyche wie
vorher, aber vielleicht ohne Kalathos
1 Athen Cat. 837. -- (Die Vs. ist aus demselben Stempel wie die von 1265.)

1270
K 28
ebenso

1 München
VΠ KOCK ΓENTIANOV NIKOΠOAIT
u. i. A. ΠPOC ICTP Adler auf
Blitz r. stehend und l. blickend

(Ovinius Tertullus)

1271
K 27
AV·K·A·C· CEVHPOC Kopf m. L. r.

1 Wien Arneth Sitzungsber. 9, 898. 15 a
VITA·OOVI TEPTVΛΛOV NIKOΠOAI
u. i. A. ΠPOC IC Zeus mit Schale
und Scepter L. sitzend

1270*
K 11
AV K A C (CYΠINN II Kopf m. L. (r.)

1 Sestini descr. 40,13 [Mionnet S. 2, 124, 307] von Ainslie
Da ein stehender Zeus Nikephoros in Nikopolis sonst nicht nachweisbar ist, so muss
die Beschreibung als unsicher gelten. Vielleicht liegt aber ein Irrthum Sestinis vor, und
handelt es sich gar nicht um einen Zeus, sondern um den Kaiser wie unten 1381. Für
ΠI A ist natürlich ΠI A zu lesen.
VII A OOVI TEPTTAΛOV NIKOΠOΛIT ΠPOC
| Zeus (l.) stehend, auf der R. eine kleine
Nike, in der L. das Scepter

NIKOPOLIS 359

1572
K 27
{Severus}
AV·K·A·CEΠ· CEVHPOC Π Hr. m. L. P. M. r.
VΠA OOVINI TEPTVΛΛOV NIKO-ΠOΛITΩN und i. A. EΠ ICTPΩ
Weibliche Figur in langem Gewand l. stehend, in der R. Schale(?), die L. auf das Scepter gestützt (Hera)

† Wien Froelich 4 tentam. 237, 68 Abh. d. Rs. (Gessner imp. CXXXVI, 31); Eckhel cat. 57, 7 (Mionnet S. 2, 125, 400); Arneth Sitzungsber. 9, 848, 15
Da das Attribut in der rechten Hand der Göttin undeutlich ist, so ist die Benennung Hera unsicher.

1573
K 25
AV·K·A·C· CEVHPOC Π K. m. L. r.
.... N TEPTVΛΛOV NIKOΠO ΠPOC IC Athena r. stehend, die R. auf den Speer, an dem sich eine Schlange emporringelt, die L. auf den am Boden (?) stehenden Schild gestützt

† im Handel. — Vielleicht steht der Schild auch hier (wie bei n. 1292) auf einer niedrigen Basis, die bei der Beschreibung nur übersehen worden ist.

1574
K 26
AVT KAI A CEΠTI CEVHPOC |ΠE P Hr. m. L. P. M. r.
VΠA OBINI TEPTVΛΛOV NIKOΠO-ΛEITΩN u. i. A. ΠPOC ICTPO:N?| Nike im Viergespann r. fahrend

† Paris Mionnet S. 2, 124, 399
Es ist unsicher, ob CEΠTI oder CEΠT· zu lesen ist.

1575
K 28
AV·K·A·C· CEVHPOC·Π Kopf m. L. r.
VΠA OOVIN TEPTVΛΛOV NIKO-ΠOΛI ΠPOC I Nackter Herakles r. stehend und mit beiden Armen den Löwen würgend

Gewicht: 9,77 (!)
Abweichungen: Vs. angeblich AV K A CE CEVHPOC π;   Rs. angeblich VΠ A und am Schluss ΠPOC IC ?
† Turin Mus. Cat. 2988 = Lavy 978. — = 2 (= 11) Mionnet S. 2, 125, 402; Domeniaux Cat. Allier 20
Der Buchstabe hinter VΠ sieht hier aus wie A: es muss aber VΠA gelesen werden, da der Vorname des Ovinius Tertullus Gaius war.

1876*
K 11
Severus (Vs. nicht beschrieben)
ΠI AΓ TEPTVΛΛOV NIKOIIOA ΠPOC I
Nackter Hermes mit Börse und Stab (L) stehend

† Vaillant num. gr. 85 (Mionnet S. 2, 124, 398) aus der Sammlung Darbato
Da unter Tertullus Münzen des Caracalla mit diesem Typus geprägt worden sind, gab es gewiss auch solche des Severus. Indessen ist die Beschreibung zu mangelhaft, um sie in den Text aufnehmen zu können. Statt VΠ AΓ ist VΠA (OO)Υ zu lesen. — Die Münze, auf der Lanormant Cat. liebt 33 ....ΓAΛOV ist, hat ΓAΛΛOV; s. unten 1503, 1.

1278 Schrift unleserlich. Br. m. L. P. .... [T]EPTYAAOV NIKOΠOAI
K 27 M. r. ΠΡΟC I... Herakles r. stehend,
in der gesenkten R. die Keule, in
der vorg. L. mit dem Löwenfell
den Bogen

1 Bukarest. — Die gleiche Rs. findet sich auf Münzen des Severus mit Caracalla und des Caracalla allein.

1277 AV·K·A·CEΠ· CEVHPOC Π Br. m. VΠA ΟΟV TEPTVAAOV NIKOΠO
K 26 L. P. M. r. ΠΡΟC I Bärtiger Flussgott l.
gelagert, in der R. Ähren (?), die
l., auf das strömende Quellgefäss
gestützt

1 St. Petersburg

1278 AV K A CE·CEVHPOC Π K. m. L. r. VΠA ΟΟV IN T]EP[TVAA]OV NIKO-
K 28 ΠO ΠΡΟC I ebenso, aber in der
R. des Flussgottes wohl Schilf

Gewicht: 10,38 (K. schl.)
1 Gotha

1279 AV K A CEΠ CEVHPOC Π Kopf VΠA ΟΟVIN TEPTVAAOV NIKO-
K 27 m. L. r. ΠOAITΩN ΠΡΟC ICTP Tyche
mit Kalathos, Steuerruder und Füllhorn l. stehend

Abweichungen: Vs. angeblich AVT KAI A CEΠ CEVHPOC ΠEPT 3; — Rs. VΠA
........TVAAOV NIKOΠO ΠP OC IC 2 — VΠ A ΟΟVI TEPTVAAOV NIKOΠO-
ΑΙΤΩΝ ΠΡΟC ICT 3

1 Sophia — 2 Wien Froelich 4 textum. 237, 89 Abb. d. Rs. (Gessner Imp. CXXXVI. 32); Eckhel cat. 57, 8 [Mionnet S. 2, 135, 401]; Arneth Sitzungsber. 9, 899, 18. — — Hierher (oder zu 1280) 3 Sestini mus. Hedervr. 32, 7

1280 AV·K·A·CEΠ· CEVHPOC Π Br. m. ·VΠA·ΟΟV·TEPTVA AOV·NIKOΠO·
K 27 L. P. M. r. ΑΙΤΩΝ u. i. A. ΠΡΟC ... ebenso

Abweichungen: Vs. am Schluss ohne Π (?) 2; — Rs. Tyche vielleicht ohne Kalathos 2

1 Odessa Univ. - - 2 St. Petersburg

1281 AV·K A C CEVHPOC Π ebenso ·VΠA·ΟΟV·TEPTVAAOV NIKOΠO·
K 27 ΑΙΤ· ΠΡΟC I Kaiser mit Lor-
beerkranz, Panzer und Mantel l.
stehend, auf der vorg. R. kleine
Nike, die L. auf das Scepter gestützt

Abweichungen: Rs. ΠΡΟC I im Abschnitt 2 -- auf der R. des Kaisers vielleicht
ein Adler (?) 2

1, 2 Im Handel. — — Hierher vielleicht 3 Sestini descr. 40, 15 [Mionnet S. 2, 124, 306] von Ainslie, wo Sestini einen Zeus zu sehen glaubte; s. oben 1270².

NIKOPOLIS

(Severus)

1282 AV·K·A·CEΠ· CEVHPOC Π Br. m.   VΠA OOV TEPTVΛΛOV· NIKOΠO
K 27 L. P. M. r.   ΠPOC I· Kleiner Adler mit geschlossenen Flügeln auf einer bekränzten Basis l. stehend und den Kopf mit Kranz im Schnabel r. zurückwendend

Gewicht: 8,05 (1)

Abweichungen: Vs. CEΠT 2: — Rs. Adler auf Blitz (?) 2

1 Gotha Sestini lett. 9, 5 [Mionnet S. 2, 124, 397]. — *— 2 Chaix desgl. 3?

Der Buchstabe hinter VΠ steht wie A aus, muss aber A gelesen werden; vgl. zu 1275.

1283 AV·K·A·C· CEVHPOC Π Kopf m.   VΠA OOVI TEPTVΛΛOV NIKOΠO
K 26 L. r.   ΠPOC I Grosser Adler mit ausgebreiteten Flügeln nach vorn auf dem Blitz (?) stehend und den Kopf mit Kranz im Schnabel r. erhebend

Gewicht: 10,72 (B. m.)

1 Gotha

Unter dem Statthalter Ovinius Tertullus ist auch die Münze des Severus mit der Inschrift EVTVXΩC TOIC KVPIOIC NIKOΠO ΠPOC I in einem Kranze geprägt; das lehrt die entsprechende Münze mit den Köpfen des Caracalla und Geta, und ausserdem ist ihre Vs. aus demselben Stempel wie die von n. 1283; da aber der Name des Tertullus auf der Münze nicht genannt ist, wird sie unten bei den Münzen ohne Statthalternamen beschrieben werden (n. 1344).

(Aurelius Gallus)

1284 AV·K·A·C CEVHPOC Π Kopf m.   VΠ·AVP ΓAΛΛOV· NIKOΠOΛI· u. i.
K 27 L. r.   A. ΠPOC ICTP Zeus mit Schale und Scepter l. sitzend

Abweichungen: Vs. ohne Π (?) 3   am Halse Gewand 1:   Rs. am Schluss ICT 3

1 Kopenhagen — 2 Löbbecke   3 München.   In St. Petersburg befindet sich eine ähnliche Münze, auf der Zeus statt der Schale vielleicht eine kleine Nike hält.

1285 AV K A CEΠ CEVHPOC Π ebenso   VΠ·AVP ΓAΛΛOV NIKOΠOΛITΩN
K 27   u. i. A. ΠPOC I ebenso

1 im Handel

1285* (AV K A CE CEVIPOC Π) Kopf m. L. (r.)   (TH AVP ΓAΛΛOV NIKOΠOΛIT IΠPOC I)
K 11   Weibliche Figur am Altar (L) stehend, in der R. Schale, in der L. Speer

1 Sestini desgl. 30, 7 [Mionnet S. 2, 129, 385] von Ainslie

Ein ähnlicher Typus (Hera oder Stadtgöttin?) findet sich unter Aurelius Gallus auf einer Münze der Domna, doch muss die Beschreibung als unsicher gelten, weil die Schrift nicht genau angegeben ist; vielleicht handelt es sich noch um eine schlecht erhaltene Darstellung der Athena (— n. 1296. 1297).

362

[Severus]

1246
K 27
AV K A CEΠTI CEVHPOC Π Bs. m. L. P. M. r.
VΠ AVP ΓAΛΛOV NIKOΠOΛEITΩN u. i. A. ΠPOC ICTPO Hades-Sarapis mit Kalathos l. sitzend, die R. über dem Kerberos, die L. auf das Scepter gestützt

Abweichungen: Vs. Schrift unleserlich 1 — angeblich CEΠT und ohne Π am Schluss 3; — Rs. VΠ AVP ΓAΛΛOV NIK......, 1. VΠ A......... NIKOΠO-ΛEITΩN 2 — VΠ A AVP ΓAΛΛOV NIKOΠOΛITΩN ΠPOC ICTPO (!) 3

1 St. Petersburg, wohl von Chaudoir, Seulni mas. Chaudoir 43,3 – 2 Wien. – -
3 Sestini descr. 39, 11 [Mionnet S. 2, 119, 369] von Ainslie

1247
K 26
AV K·A·CEΠ· CEVHPOC Π m. L. r.
Kopf VΠ AVP| ΓAΛΛOV NIKOΠOΛIT u, l. A. ΠPOC I· Demeter mit Schleier l. stehend, in der vorg. R. Ähren, die L. auf die Fackel gestützt

Abweichungen: Vs. angeblich mit AV K A CE CEVHPOC ΠE ?
1 London Cat. 41, 3. — 2 (1!) Sestini descr. 39, 6 [Mionnet S. 2, 120, 374] von Ainslie

1248
K 27
AVT A CEΠT· CEVHP (ΠEP) ebenso
VΠ AVP ΓAΛΛOV NIKOΠOΛETΩN ΠPOC u. i. A. ICTPON Nackter Apollon mit gekreuzten Beinen r. stehend, den r. Arm (mit einem Pfeil?) zurückgezogen, die L. auf einen Baumstumpf gestützt, an dem vielleicht eine Eidechse emporkriecht (Sauroktonos)

T. XIV, 34   Abbildung der Rs.
1 München F. J. Streber Forts. d. Geseb. (1813) 32, 1, 6 - (Die Vs. ist aus demselben Stempel wie die von n. 1309, 1 und 3; danach ist der Schluss der Schrift ergänzt.)

1249
K 27
AV K·A·CEΠ CEVHPOC ΠE ebenso
VΠ· AV· ΓAΛΛOV NIKOΠOΛIT u. i. A. ΠPOC IC ebenso

Abweichungen: Vs. am Schluss Π (!) 1; — Rs. V......ΛΛOV NIKOΠOΛITΩN u. i. A. ΠPOC I· 2
1 Belgrad - 2 Berlin Cat. 74, 7 angenom

1246*
K III
Severus (Vs. nicht beschrieben)
ΥΠ ΑΥ ΓΑΛΛΟΥ ΝΙΚΟΠΟΛΙΤΩΝ ΠΡΟC I Stehende Figur, in der R. Schale über (?) einem Altar
1 Vaillant num. gr. 85 [Mionnet S. 2, 122, 386] aus dem Pariser Cabinet
Wenn die Münze des Statthalternamen hat, kann die Grössenangabe nicht richtig sein. Der Typus ist vermuthlich der Bonus Eventus; s. unten 1290, 2.

1250*
K III
AV K A C (CΠIΠOC. Kopf m. L. r.
(NCΛOHOΛ..... ΥΠΟ ΑΥΡ ΓΑΛΛ ΠΡΝ. ?) Nackter Jüngling mit eingezogenem l. Bein l. (d. h. rechtshin) stehend, die R. an die Brust, die L. auf einen Baum gelegt
1 Wiczay 2192 [Mionnet S. 2, 122, 384]. - Wie Sestini nov. Heders. 33, 13 zeigt, handelt es sich um eine Münze ohne Statthalternamen; s. unten n. 1355.

[Severus]

1290 AV K A CEΠ CEVHPOC Π Kopf VΠ AVP·ΓAΛΛOV NIKOΠOΛ u. i. A.
K 26 m. L. r.   ΠPOC Ι Apollon, nackt bis auf
den von der Schulter herabhängenden Mantel, l. stehend, in der
vorg. R. die Schale, in der gesenkten L. den Lorbeerzweig; vor ihm
ein Altar

Abweichungen: Vs. AV K A C CEVHPOC ι, undeutlich a; · Rs. Schluss der
Schrift undeutlich 3. 4 — angeblich NIKOΠOΛIT ΠPOC ICT 5 — VΠ AV
ΓAΛΛOV NIKOΠOΛITΩ a. L A. ΠPOC Ι ?

1. 2. 3 Paris Mionnet S. 2, 125, 382; das zweite wohl vorher bei Vaillant num. gr. 85
'Mionnet S. 2, 122, 386]; 4 eben 1286° - - 4 St. Petersburg. — ;— 5 Sestini descr. 39, 12
von Ainslie

1291 AV·K·A·C· CEVHPOC Π ebenso VΠ AVP ΓAΛΛOV NIKOΠOΛITΩN
K 27   u. L A. ΠPOC Ι Artemis als Jägerin r. eilend (ohne Hund)
1 St. Petersburg — 2 Sophia

1292 AV K A CEΠ CEVHPOC Π ebenso VΠ AV ΓAΛΛ NIKOΠOΛIT u. i. A.
K 27   ΠPOC Ι Athena r. stehend, die
R. auf den Speer, die L. auf den
Schild gestützt, der auf einer niedrigen Basis steht

Abweichungen: Vs. Schluss oben Π 2
1 Bunbury — 2 Wien Froelich 4 tentam. 239, 92 Abb. d. Rs. [Gessner Imp. CXXXVI, 30];
Eckhel cat. 57, 8 [Mionnet S. 2, 119, 371]; Arneth Sitzungsber. 9, 898, 8. — · — 3 Wiczay
2181; Sestini 38, 3 (mit ΓAΛΛOV, aber bei Wiczay wohl richtiger ΓAΛΛ)

1293 AV K A CEΠ CEVHPOC Br. m. L. · ebenso, aber NIKOΠOΛI
K 27 und Schuppenpanzer r.
1 Bukarest

1294 AV [K] A C[EΠ] CEVHPOC Kopf VΠ AVP ΓAΛΛOV |NIKOΠOΛIT ΩN
K 27 m. L. r.   ΠPOC ICTPΩ Athena wie vorher r. stehend, am Speer ringelt
sich die Schlange empor
1 Bologna Univ., wohl dieses Stück ungenau bei Vaillant num. gr. 89 [Mionnet S. 2, 120, 373]
aus der Sammlung Palazzi in Bologna.

1295 AV·K·A·CEΠ CEV..... ebenso VΠ AV ΓAΛΛOV NIKOΠ....ΩN u.
K 27   i. A. ΠPOC Ι· Athena r. stehend,
die R. auf den Speer, die L. auf
den Schild gestützt
1 London Cat. 41, 3
Am Speer ringelt sich vielleicht eine Schlange empor, aber der Schild steht hier sicher
am Boden selbst.

MOESIA INFERIOR

[Severus]

1396 AV K A CEΠ CEVHPOC Π Kopf VΠ AV ΓAΛΛ NIKOΠOΛIT u. i. A.
K 27 m. L. r. ΠPOC I Athena L. stehend, in
der vorg. R. Schale über einem
Altar, die l. mit dem Speer im
Arm auf den Schild gestützt

Abweichungen: Vs. vielleicht AVT statt AV K und am Schluss ohne Π з
1 Halle, Agerthler Beschr. d. Schulz. Münzkab. 2, 845⁶, II, 10 — 2 München, früher Cousinéry, Sestini descr. 40, 13 (Mionnet S. 2, 110, 372) — 3 Sophia

1397 ... CE CEVHPOC Π Br. m. L. VΠ AVP ΓAΛΛOV NIKOΠOΛIT
K 27 P. M. r. ΠPOC I ebenso
1 München

1398 AV K·A CEΠ CEV..... K. m. L. r. VΠA AVP ΓAΛΛOV NIKOΠOΛITΩN
K 27 u. i. A. ΠPOC ICT Nike mit erhobenen Flügeln l. stehend und r.
blickend, in der nach vorn gesenkten R. einen Kranz, im l. Arm,
der auf eine Stele gestützt ist,
den Palmzweig
1 Löbbecke
Die Form des Buchstabens hinter VΠ ist hier undeutlich, aber wahrscheinlich A wie auf
den genau gleichen Münzen des Caracalla, die wohl aus demselben Stempel sind.

1399 AV·K·A·CEΠ·CEVHPOC Π ebenso VΠA AVP ΓAΛΛOV NEIKOΠ.....
K 28 u. i. A. ΠPOC I ebenso, aber
Nike blickt nicht zurück, sondern
linkshin
1 München

1400 AV K A CEΠT CEVHPOC Π ebenso VΠ AVP ΓAΛΛOV NIKOΠOΛI u. i.
K 28 A. ΠPOC I ebenso
1 Sophia

1401 AV K A CEΠ CEVHPOC ebenso VΠ AVP ΓAΛΛOV NIKOΠOΛIT
K 27 ΠPOC I Nike mit Kranz und
Palmzweig l. laufend
Abweichungen: V., am Schluss noch Π (?) 4 (Sest., W. ohne Π) — AV K A CE
CEVHPO.. und Brustbild m. L. P. M. 2; · Rs. VΠ AV ...ΛΛOV 1, ...P
ΓAΛΛOV 2, ... ΓAΛΛOV 4; die Exemplare ergänzen sich — Schluss zwischen 2
1 London Cat. 41, 4   2 im Handel. — — 3 Sestini descr. 39,9 [Mionnet S. 2, 121, 379]
von Ainslie — 4 Wiczay 2183 [Mionnet S. 2, 121, 380] ungenau; Sestini 32, 4

1402 AV K A C CEVHPOC ebenso VΠ AVP ΓAΛΛOV NIKOΠOΛITΩN
K 27 u. i. A. ΠPOC I Hermes, nackt,
nur mit der Chlamys über der L.
Schulter, l. stehend, in der vorg.
R. den Beutel, im l. Arm den Stab
Gewicht: 10,50
1 Gotha

[Severus]

1303 K 27 AV K A CE CEVHPOC Π Br. m. l., P. M. r. [VΠ' AV ΓAΛΛOV MAPKIANOΠOΛI-TΩN u. i. A. ΠPOC I ebenso

Abweichungen: Vs. am Schluss ΠE (?) 4-5 · ..K A CE CEVH... 1 — nicht angegeben 3; — Rs. AVP statt AV (?) 4-5 — Schrift unsicher 4 — Schluss fehlt 1
1 Berlin Cat. 74, 6; dieses Exemplar bei Lenormant Cat. Behr 33 angenommen mit ...VΛΛOV (vgl. oben 1374[7]) · 2 Löbbecke. — ; — 3 Mus. Arigoni 1 alia Imp. gr. VII, 109 — 4 Sestini descr. 39, 8 von Ainslie — 5 Mionnet S. 2, 121, 378; Plumerian Cat. Allier 10

1304 K 26 AV K A CEΠ CEVHPOC Π Kopf m. L. r. VΠA AVP ΓAΛΛOV NIKOΠOΛITΩN u. i. A. ΠPOC IC Hermes wie vorher l. stehend, vor ihm der Hahn l.

Abweichungen: Vs. vielleicht ohne Π 2 — Rs. VΠ statt VΠA u. l. A. statt ΠPOC 1 1
1 Arolsen — 2 St. Petersburg, früher Chaudoir, Sestini mus. Cb. 43, 2

1305 K 25 AVT A CEΠTI CEVHPOC Π Br. m. L. und Schuppenpanzer r. [V,]Π AVP ΓAΛΛOV N IKOΠOΛEITΩN u. i. A. ΠPOC ICTPΩ ebenso, aber vor Hermes der Widder r.

1 Paris Blanchet revue num. 1892, 71, 41

1306 K 27 AV·K·A·CEΠ· CEVHPOC Π Kopf m. L. r. VΠ AVP ΓAΛΛOV NIKOΠOΛITΩ (so, ohne N) u. i. A. ΠPOC l Nackter Dionysos l. stehend, in der vorg. R. den Kantharos, die L. auf den Thyrsos mit Schleifen gestützt

Abweichungen: Vs. nicht angegeben 3; — Rs. angeblich mit AV und NIKOΠO-ΛΙΤ und einem Panther vor dem Gotte 3
1 Löbbecke — 2 Wien Froelich 4 nutum. 239,91 Abb. d. Rs. (Gessner imp. CXXXVI, 29); Eckhel cat. 57, 3 (Mionnet S. 2, 120, 375); Arneth Sitzungsber. 9, 898, 9. — ; 3 Mus. Arigoni 1 imp. gr. VII, 101

1307 K 27 AV K A CEΠ CEVHPOC Π ebenso VΠ AV ΓAΛΛOV NIKOΠOΛITΩ (so, ohne N) u. i. A. ΠPOC I Asklepios mit dem Schlangenstab unter der r. Schulter nach vorn stehend und L blickend

Gewicht: 7,98 (1)

Abweichungen: Vs. AV·K·A·C·l CEVHPOC (3?) 4
1 Athen Cat. 836 — 2 Paris Blanchet revue num. 1892, 71, 42 — 3 St. Petersburg — 4 Wien Arneth Sitzungsber. 9, 898, 10

1308 K 27 AV K A·CEΠ· CEVHPOC Kopf m. L. r., an der Schulter Gewand VΠ AV ΓAΛΛ NIKOΠOΛIT u. i. A. ΠPOC l Nackter (jugendlicher?) Herakles r. stehend, die R. auf die Keule gestützt, in der vorg. L. mit dem Löwenfell den Bogen

Gewicht: 10,70 (1)

1 Gotha Sestini lett. 9, 5 [Mionnet S. 2, 120, 377] — 2 München

366

1309
K 27

(Severus)
AVT A CEΠT· CEVHP ΠEP Kopf
m. L. r.

VΠ AVP ΓAΛΛOV NIKOΠOΛIT[ΩN]
u. L. A. ΠPOC ICTP Nackter Herakles L vortretend und mit beiden Händen den l. springenden Stier an den Hörnern packend; am Boden die Keule, im Abschnitt (unter der Schrift) wohl der Bogen

Tafel
XVII, 24

Abbildung der Rs. (3)

Abweichungen: Vs. AV K A CEΠ ..... 2 — angeblich AVT A CEΠTI CEVHPOC 5 ·· AVT K A CEΠT CEVHPOC Π 4: — Rs. VΠ AVP ΓAΛΛOV N...., n. L A. ΠPOC IC.. 2 (aber wohl aus demselben Stempel wie 3) — NIK.... 3. NIKOΠOΛIT.. 1. NIKOΠOΛITΩN 4. 5 — im Abschnitt ΠPOC ICTPON 5 — ohne den Bogen (?) 1. 4. 5 — ohne die Keule 1. 5

1 Imhoof — 2 Kropka — 3 Winterthur. —' — 4 Wiczay 2190 ganz ungenau [Mionnet N. 2, 128, 420]; Sestini descr. 32, 5 — 5 Delgado Cat. de Lorichs 1496, 2

1310
K 26

AV K A CEΠ CEVHPOC Π Kopf
m. L. r.

VΠA AVP ΓAΛΛOV NEIKOΠ u. i. A. ΠPOC IC Bärtiger Flussgott mit nacktem Oberkörper l. liegend und r. blickend, mit der R. einen Baum umfassend, den l. Arm auf dem strömenden Quellgefäss

Tafel
XVII, 34

Abbildung der Rs. (1)

Abweichungen: Vs. Anfang und Schluss der Schrift fehlt 2; — Rs. NEIKOΠ scheint im Stempel aus NEIΠOT verbessert zu sein 2, so wohl auch bei 3, wo dieser Theil der Schrift fehlt, und bei 3, wo nur NEIΠO gelesen ist

1 Paris Mionnet S. 2, 123, 369 — 2 Wien Mus. Theup. 942: Arneth Sitzungsber. 9, 898, 12. — 3 Chaix descr. 13

Das A hat auf der Rs. des Pariser Exemplars überall die Form Λ.

1311
K 25

AV K·A·C·· CEVHPOC ebenso

VΠ AVP . ΓAΛΛOV . NIKOΠOΛIT .
ΠPOC IC ebenso

1 London Cat. 227, 34

Der Flussgott wird im Catalog als unbärtig bezeichnet, scheint aber auch dem mir freundlichst übersandten Abguss bärtig zu sein wie sonst.

1312
K 28

AV K A CEΠ CEVHPOC Π ebenso

ebenso, aber im Hintergrunde ein Schiff; in der R. hält der Flussgott einen Zweig oder Schilf

1 Wien Froelich 4 tentam. 259, 90 Abb. d. Rs. [Gessner Imp. CXXXVI, 28]; Eckhel cat. 57, 4 [Mionnet N. 2, 123, 388]; Arneth Sitzungsber. 9, 898, 11

1313
K 27

AV K A CEΠ CEVHPOC Π[E?]
ebenso

VΠ AVP ΓAΛΛOV·NIKOΠOΛI ΠPOC IC Flussgott wie vorher l. liegend, aber nicht zurückblickend; er hält in dem auf das Knie gestützten r. Arm einen grossen Zweig

1 Löbbecke

NIKOPOLIS 367

[Severus]

1314 AV·K·A·C· CЄVHPOC ebenso .. AVP ΓAΛΛOV NIKOΠOΛITΩN
K 26 ΠPOC ICT ebenso, aber in der
R. hält der Flussgott Schilf

1 Philippopel. — — Hierher oder zu einer der vorhergehenden Nummern 2 Wiczay 2191; Sestini 38,6 (V's. Nehrhft unleserlich; Rs. angeblich mit .... ΓAΛ NEIKOΠ ΠPOC l)

1315 [AVT A] CЄΠT· · CЄVHP ΠЄ P] YΠA A,VP ΓAΛ;ΛOV NIKOΠOΛEI-
K 27 ebenso TΩN u. i. A. ΠPOC ICTP Nackter
Jüngling (Haimos) mit leichtem
Gewand über der l. Schulter und
den Knieen auf einem Felsen l.
sitzend und r. blickend, den r. Arm
auf dem Kopf, im l. Arm einen
Jagdspeer; am Felsen springt ein
Bär r. auf, der einen r. fliehenden
Hirsch verfolgt; im Hintergrunde
ein Baum; l. F. l. AIMOC

1 Imhoof. — Hierher gehört wohl a die von Mursakewicz Odess. Mem. 3, 239, 2 beschriebene Münze (»VTI AVP ΓAΛΛOV NIKOΠOΛEI.... ΔIMOC Flussgott linter auf einem Felsen sitzend, die R. auf dem Kopf, die L. giesst aus der Urne Wasser«; Vs. AVT... CЄVHPOC). — (Die Vs. von 1 ist aus demselben Stempel wie die von 1309,1 und 3.)

1316 AVT A CЄΠTI CЄVHPOC Π ebenso VΠ AVP. ΓAΛΛOV. NIKOΠOΛITΩN
K 27 ΠPOC l Kybele mit Mauerkrone,
Tympanon und Scepter nach vorn
auf dem r. springenden Löwen
Taf. sitzend und r. blickend
XVIII, 9 Abbildung der Rs. (1)
Abweichungen: Vs. nicht angegeben und Rs. angeblich mit ... AVP ΓAΛΛO V
NIKOΠOΛITΩN ΠPOC ICTP 2
1 Ivernot. — 2 Mus. Arigoni 2 alia imp. gr. VII, 110 [Mionnet S. 2, 119, 370]

1317 .... CЄVHPOC llr. m. L. P. VΠ AVP ΓAΛΛOV NI KOΠOΛEITΩN
K 28 M. r. ΠPOC ICTPON Nemesis l. stehend, mit der R. das Gewand über
der Schulter lüftend, im L Arm
Elle oder Scepter; am Boden das
Rad

Abweichungen: Vs. AVT·A·CЄΠT ... und Br, m. L. (ohne Gewand) 1, 2; — Rs.
VΠ ....ΛOV 1, NI KOΠO..... ΠPOC ICTPON 2; die Exemplare ergänzen sich
1 Munchen — 2 Parma

1317* AT KAI CE CEΠIPOC K. m. L. r. (ΠIO ATP ΓAΛΛ NCIKOΠOΛ... ΠPOC l)
K III Nemesis mit Wage and Elle l. stehend

1 Wiczay 8194 [Mionnet S. 2, 121, 381]

Wie die Beschreibung bei Sestini aus. lled. porta Farnop. 1, 35, 15 zeigt, handelt es sich um eine Münze ohne Statthalternamen, die nur bei Carroni ungenau an eine mit Namen angeknüpft ist; s. unten n. 1393, 2.

368   MOESIA INFERIOR

[Severus]

1318 AV·K·A·C· CEVHPOC Π Kopf m.   VΠ AVP ΓAΛΛOV NIKOΠOΛITΩ
K 29   L.. r.   u. i. A. ΠPOC ICT Tyche mit
                                         Kalathos, Steuerruder (auf Kugel)
                                         und Füllhorn l. stehend

1 Paris Mionnet S. 2, 122, 383 — 2 im Handel

1319 AVT·A·CEΠT· CEVHP ΠE[P] ebenso   ebenso, aber NIKOΠOΛIT
K 28   1 im Handel. — Die Schrift der Vs. ist nach a. 1319 ergänzt.

1320 AV K A CEΠ CEVHPOC Π ebenso   VΠ AVP ΓAΛΛOV | NIKOΠOΛITΩ
K 27   ΠPOC I ebenso, aber das Steuer-
                                         ruder ohne Kugel
1 Paris — 2 im Handel

1321 AV K A CEΠ CEVHPOC Π ebenso   VΠ AVP ΓAΛΛOV NIKOΠOΛ u. i. Λ.
K 27   ΠPOC I Tempelfront mit vier
                                         Säulen; in der Mitte Asklepios
                                         mit dem Schlangenstab unter der
                                         r. Schulter nach vorn stehend und
                                         l. blickend; im Giebel ● (Schild?)

T. XX, 23   Abbildung der Rs. (4)
Abweichungen: Vs. am Nckhuss ohne Π (?) 4 — Anfang und Schluss der Schrift
fehlt 1 — AV K A CEΠ CEVHPOC und Brustbild mit L. P. M. 3; — Rs. AV
πao AVP (?) 1 — das Götterbild undeutlich 1
1 Bukarest — 2 London Cat. 41,5 — 3 Paris Mionnet S. 2, 120, 376 — 4 Paris

1322 AV K·A·CEΠ CEVHPOC ΠE ebenso   VΠ AVP ΓAΛΛOV NIKOΠOΛIT u. i.
K 28   A. ΠPOC IC ebenso
1 London Cat. 41,6 — 2 Schmidt

1323 AVT·A·CEΠΠ CEVHPOC Π[E?] Br. VΠA AVP ΓAΛΛOV NIKOΠOΛEITΩN
K 29   m. L. P. M. r.   u. i. A. ΠPOC ICTPON Kaiser
                                         in Friedenstracht l. stehend, mit
                                         der R. Schale über einem Altar
                                         ausgiessend, die L. auf das Scepter
                                         gestützt; hinter ihm Nike l. ste-
                                         hend, mit der R. ihm einen Kranz
                                         aufsetzend, im l. Arm Palmzweig
1 Bukarest
Die drei A auf der Rs. haben die Form Λ.

1324 AV·K·A·CEΠ CEVHPOC Π ebenso   VΠ AVP ΓAΛΛOV | NIKOΠOΛIT u. i.
K 27   A. ΠPOC I Kaiser mit Lorbeer-
                                         kranz, Panzer und Mantel l. stehend,
                                         auf der vorg. R. die Kugel, die
                                         L. auf Speer oder Scepter gestützt
1 Belgrad. — Das Feld vor dem Kaiser ist undeutlich; vielleicht steht ein Dreifuss oder
Altar vor ihm.

NIKOPOLIS

1325 (Severus)
K 27 ebenso

ΥΠ ΑΥ ΓΑΛΛΟΥ ΝΙΚΟΠΟΛΙΤΩΝ
u. i. A. ΠΡΟC | Kaiser wie vorher, aber mit Schale in der R.

Abweichungen: V. C statt CEП ?
1. 2 Bukarest — 3 Philippopel

1326 .... CEVHPOC П Kopf m. L. r.
K 29

ΥΠ·ΑΥΡ. ΓΑΛΛΟΥ. ΝΙΚΟΠΟΛΙΤΩΝ
ΠΡΟC | Kaiser zu Pferde r. sprengend, mit der R. den Speer gegen einen r. springenden Eber(?) richtend

Abweichungen: V. Schrift unsicher 2; — Rx. mit ΝΙΚΟΠΟΛΙΤ ΠΡΟC I (?) 2
1 Paris Mionnet S. 2, 125, 390. — ' - 2 Sestini descr. 39, 10 von Aiolis
Ob das Thier, welches der Kaiser jagt, wirklich ein Eber ist, scheint mir hier wie bei der entsprechenden Münze des Domna zweifelhaft; vielleicht soll es ein Löwe sein.

1327 ΑΥ Κ·Α·C, CEVHPOC П ebenso
K 27

ΥΠ(Α | Α)ΥΡ | ΓΑΛΛΟΥ und im A.
ΝΙΚΟΠΟΛΙΤ
ΠΡΟC I.. Kaiser im Viergespann r. fahrend, vorn ein Soldat mit Vexillum r. schreitend und L blickend; im Hintergrunde ein Tropaion, an dessen Fuss zwei Gefangene sitzen

2 St. Petersburg, früher Chaudoir, Sestini Mus. Chaud. 44. 4
Die Münze ist schlecht erhalten, so dass es zweifelhaft bleibt, ob nicht neben dem Kaiser im Wagen Nike steht wie auf einigen Münzen des Macrinus. Ueber den Typus vgl. die Einleitung S. 344; Abbildung eines Exemplars des Macrinus (ohne Nike) s. Taf. XIX, 26. Das Tropaion mit den Gefangenen erscheint als selbständiger Typus auf der folgenden Münze.

1328 ΑΥ Κ Α CEП CEVHPOC П ebenso
K 26

ΥΠ ΑΥΡ. ΓΑΛΛΟΥ. ΝΙΚΟΠΟΛΙΤ u.
i. Α. ΠΡΟC IC Tropaion, an dessen Fuss zwei Gefangene (auf ihren Schildern?) sitzen

Abweichungen: V. CE statt CEП (?) 2 — П unsicher 1; — Rx. Anfang der Schrift fehlt 2 — L A. [TP]OC I 2
1 Imhoof — 2 Sophia

1329 ΑΥ Κ Α CE CEVHPOC ebenso
K 26

ΥΠ ΑΥΡ. ΓΑΛΛΟΥ. ΝΙΚΟΠΟΛΙΤΩ
(so, ohne N) u. i. L Α. ΠΡΟC IC Plautilla r. und Caracalla l. stehend, sich die R. reichend

T. XIX, 23 Abbildung der Rx. (2)
Abweichungen: V. CEП statt CE (?) 3, vor C 2; — Rx. ΝΙΚΟΠΟΛΙΤ 1. 4 — ΠΡΟC ΙCT 4
1 Imhoof — 2 St. Petersburg — 3 Sophia — 4 im Handel

MOESIA INFERIOR

[Severus]

1330 AVT K A CEΠT· CEVHPOC Π Kopf VΠ AVP ΓAΛΛOV NIKOΠOΛIT
K 27 m. L. r. ΠPOC I Adler mit ausgebreiteten Flügeln auf einer Kugel nach vorn stehend und den Kopf mit Kranz im Schnabel r. wendend
Abweichungen: Vs. nicht angegeben 3; — Rs. NIKOΠOΛI s — VΠ AV......
NIKOΠOΛI ΠPOC IC 3 — ohne den Kranz 1) 2. 3
1 Löbbecke - 2 Naruszebicz. - - - 3 Mus. Arigoni 1 alia Imp. gr. VII, 111

1331 AVT A CEΠT· CEVHP ΠEP ebenso VΠ AVP ΓAΛΛOV NIKOΠOΛEITΩN
K 26 u. i. A. ΠPOC ICTP Thorbau mit zwei weit vorspringenden Eckpfeilern oder Seitenflügeln, im rechten Flügel oben eine viereckige Öffnung; darauf ein ebenso gegliedertes Bauwerk, dessen Mittelbau drei Thoröffnungen und einen Giebel mit Schild und Speer hat, während die Seitenflügel offene Hallen mit je vier Säulen und Giebeldach zu sein scheinen; durch das offene Thor des unteren Bauwerks sieht man im Hintergrunde eine viersäulige Tempelfront
T. III, 20 Abbildung der Rs. (2)
Abweichungen: NIK.... u. i. A. ΠPOC ICT (2)
1 Imhoof — 2 London Cat. 42,7 Abh.
Über Art und Zweck dieses Bauwerks, das auch auf späteren Münzen des Severus und des Caracalla erscheint, vermag ich nichts zu sagen. Es ist möglich, wenn auch unwahrscheinlich, dass der obere Theil nicht als zweites Stockwerk des Thorbaus, sondern als im Hintergrunde stehend zu denken und nur die Perspektive schlecht gezeichnet ist. Mit dem unter Macrinus erscheinenden Bauwerk (Taf. III, 21) ist es schwerlich identisch.

(Flavius Ulpianus)

Es ist beachtenswerth, dass mit dem Namen des Flavius Ulpianus viel weniger Münzen des Severus als solche des Caracalla und des Geta bekannt sind; man darf daraus wohl schliessen, dass Ulpianus die Verwaltung von Moesia inferior unter den drei Augusti angetreten und sie dann noch geraume Zeit nach dem Tode des Severus unter seinen Söhnen fortgeführt hat.

1332 AVT A CEΠ T CEVHPOC Π Br. m. V ΦΛ OVAΠIAN NIKOΠOΛIT u. i. A.
K 27 L. P. M. r. ΠPOC I Nackter Dionysos mit Kantharos und Thyrsos l. stehend
1 Mandl

[Severus]

1333
K 27
AVT A CEΠTI CEVHPOC Π Br. m. L. und Panzer r.
[Y ΦA] OVAΠIAN NIKOΠOΛ.. [u. i. A. ΠPOC I] Dionysos wie vorher, aber mit Traube statt des Kantharos

1 London Cat. 136, 1 irrig unter Nikopolis am Nestos, berichtigt von Pick anm. Zschr. 23, 41 Anm. 17

1334
K 27
AVT A CEΠT CEVHPOC Π Kopf m. L. r.
Y ΦA OVAΠIAN N IKOΠOΛIT ΠPOC I Tyche mit Kalathos, Steuerruder und Füllhorn L stehend

1 Wien Cimel. Vindob. 1, 116, XX, 9; Eckhel cat. 57, 7 [Mionnet S. 2, 123, 393]; Arneth Sitzungsber. 9, 899, 16

1335
K 27
AVT A CE[ΠTI] | CEVHPOC Π Br. m. L. und Panzer r.
Y ΦA OVAΠIAΠ (sol) NIKOΠOΛI[T] u. i. A. ΠPOC [I] ebenso

1 Wien Arneth Sitzungsber. 9, 899, 17

1336
K 26
...... CE[V]H[P,]OC Kopf m. L. r.
Y ΦA OVA[ΠI]AN NIKOΠOΛIT u. i. A. ΠPOC I Tempelfront mit vier Säulen; in der Mitte Asklepios (?) nach vorn stehend und L blickend

1 Wien; wohl dieses Exemplar früher Wiczay 2183 [Mionnet S. 2, 139, 391]; Sestini 32, 8 Die Figur im Tempel ist nicht ganz deutlich, doch scheint es Asklepios zu sein, dessen Tempelbild auch auf gleichzeitigen Münzen des Geta erscheint.

1337
K 27
...... [C] EVHPOC Π ebenso
Y ΦA OVAΠIAN NIKOΠOΛIT u. i. A. ΠPOC I Caracalla und Geta, beide mit Lorbeerkranz und Toga, einander gegenüberstehend und sich die R. reichend

1 Löbbecke
Die Darstellung bezieht sich auf die Concordia der beiden Brüder, wie sie ihr Vater herbeiführen wünschte; vgl. die etwas späteren römischen Münzen mit CONCORDIAE AVGG bei Eckhel d. n. 7, 231. — Die Rs. der Münze ist aus demselben Stempel wie die Taf. XIX, 24 abgebildete einer Münze der Caracalla.

1338°
K 11
Severus (Vs. nicht beschrieben)
YΠ ΦA OVAΠIANOY NIKOΠ ΠPOC ICTPV Liegender Flussgott, die R. auf das Quellgefäss gestützt, in der L. Schilf

1 Vaillant num. gr. 85 [Mionnet S. 2, 124, 394] aus der Sammlung Sablatini
Die Münze ist wohl nicht erfunden, da eine ähnliche Rückseite unter Caracalla nachweisbar ist; doch ist die Beschreibung zu mangelhaft.

1339°°°
K 26
AY K A CEΠT CEVHPOC Br. m. L. P. M. r.
Y ΦA OVAΠIANOY NIKOΠOΛIT ΠPOC I Concordia mit Kalathos, Schale und Füllhorn am Altar L stehend

1 Wien Eckhel cat. 57, 6 [Mionnet S. 2, 123, 392]; Arneth Sitzungsber. 9, 898, 13. 14 (auch 11. 12, aber nur ein Exemplar vorhanden)
Es ist von der Schrift der Rs. nur Y †A OVAΠIANOY zu lesen, und die Münze gehört sicher auch Markianopolis (= oben 588).

24*

372   MOESIA INFERIOR

[Severus]
[1338] AV KAI CEΠ CEVHPOC Π Kopf v(.Π.?) ΦA OVAΠIAN NIKOΠOΛIT
K (27) m. L. (r.)   ΠPOC ICT Adler auf einer Ba-
                                      sis zwischen zwei Feldzeichen
1 Sestini *[...]*. 40,14 (Mionnet S. 2, 124, 395] von Aladie
Obwohl die Beschreibung in der Angabe der Schrift vielleicht ungenau ist, konnte sie
doch aufgenommen werden, da es entsprechende Münzen des Caracalla und des Geta giebt;
statt VΠ ist wohl V zu lesen.

1339   AVT A CEΠ ...... Br. m. L. P. M. r. V ΦA OVAΠIAN NIKOΠOΛIT u. i. A.
K 28   ΠPOC IC Thorbau mit grossen
                                             Eckpfeilern und darauf das Bau-
                                             werk mit offenen Seitenhallen wie
                                             oben n. 1331.
1 München
Die Vs. war wohl gleich der von n. 1332; über die Rs. vgl. die Bemerkung zu n. 1331
und die entsprechende Münze des Caracalla.

(ohne Statthalternamen)

Die grossen Münzen ohne Statthalternamen sind meistens von sehr rohem
Stil, ähnlich denjenigen des Commodus; vielleicht waren es die ersten,
die unter Severus in Nikopolis geprägt worden sind. Die einzige grosse
Münze von besserem Stil ist die mit der Inschrift EVTYXΩC TOIC KV-
PIOIC, die auch nachweislich erst später, unter dem Statthalter Ovinius
Tertullus geprägt ist; vgl. die Bemerkung hinter n. 1283.

1340   AV KAI A CE CEVHPOC Kopf m.   NIKOΠOΛITΩN .... Nackter
K 26   L. r. (ganz abweichendes Portrait) Apollon L. stehend, in der vorg.
                                           R. Schale, im L. Arm, über dem
                                           die Chlamys hängt, den Bogen;
T. XV. 7   Abbildung der Rs. (?)   vor ihm ein bekränzter Altar
       Gewicht: 11,50 (!)
1 Gotha = 2 Wien, früher Wiczay 2184 [Mionnet S. 2, 131, 436], nicht bei Sestini; Arneth
Sitzungsber. 9, 858, 84

1341   AV KAI A CE CEVHPOC ebenso   NEIKOΠOΛITΩN ΠPOC ICTPON
K 25   Hermes mit Beutel und Kerykeion
                                      L. stehend, vor ihm der Hahn L.
1 Berlin

1339*   AT KAI(CEII (.... Kopf m. L. r.   YΠ .... NIKOΠOΛITΩN ΠPOC ICTP
K 28   Flussgott L. liegend, in der R. ein Füll-
                                            horn, den l. Arm auf den strömende Quell-
                                            gefäss gestützt
1 Mionnet S. 2, 133, 387 aus der Sammlung Beauconeu
Da der Name des Statthalters nicht festzustellen ist, so ist die noch sonst mangelhafte
Beschreibung hier untergebracht.

NIKOPOLIS 373

(Severus)

1342
K 27
AVT KAI A CE CEVHPOC ebenso NIKOΠOΛITΩN ΠPOC ICTPΩ
Asklepios mit dem Schlangenstab unter der r. Schulter nach vorn und Hygieia mit Schale und Schlange l. stehend, zwischen ihnen Telesphoros nach vorn stehend

T. XVII, 8   Abbildung der Rs. (1)

1 Moskau. — '— a (11) Mionnet S. 2, 137, 415; Demersan Cat. Allier 90

1343
K 28
AV KAI A CE CEVHP(OC) ebenso NIKOΠOΛITΩN ΠPOC ICTPON
Aequitas mit Wage und Füllhorn l. stehend

Abweichungen: Rs. .., KOΠOΛ.., ΠPOC ICTPON 2
1 Bukarest — 2 Wien Mus. Theup. 942; nicht bei Arneth

1344
K 29
AV·K·A·C· CEVHPOC Π ebenso EVTV / XΩC TOI / C KVPIOIC / NIKOΠO / ΠPOC I in einem Lorbeerkranz

1 St. Petersburg — 2 Turin Bibl.

Die Inschrift des Kranzes ist gewiss als ein Glückwunsch oder eine Huldigung an die Kaiser aufzufassen; da die Münze unter dem Statthalter Ovinius Tertullus geprägt ist (vgl. zu n. 1383), so kann man als die Veranlassung vielleicht die Erneuerung des Caracalla zum Augustus ansehen; vgl. die Einleitung S. 345. — Die Bezeichnung der Kaiser als κύριοι ist auf europäischen Münzen sonst nicht nachweisbar, wohl aber auf unbestimmten Münzen aus der Zeit des M. Aurelius (ιερίρ κλαγε των κυρίων), auf Münzen von Kaisareia in Kappadokien (als Δευτέρος κυρίου) und auf Alexandrinern des Gallienus (ἡ εντυχής κύριε); vgl. L. Schwabe, die kaiserlichen Decennalien und die alex. Münzen (Tübingen 1896) S. 21.

Die Zweier von Nikopolis haben gewöhnlich das Bild der Domna; ausserdem ist nur ein Stempel mit dem Kopf des Kaisers selbst und wenige mit dem des Caracalla nachweisbar.

1345
K 22
AV K·CEΠ· CEVHPOC Π Kopf m. NIKOΠOΛITΩN (sol) ΠPOC ICTP
l. r.   Nemesis l. stehend, mit der R. das Gewand über der Schulter lüftend, im l. Arm kurzes Scepter; am Boden das Rad

Abweichungen: Vs. Schluss der Schrift undeutlich r
1 Bukarest — 2 St. Florian

Das zweite I in NIKOΠOΛITΩN fehlt auf beiden Exemplaren, ebenso auf einer Münze der Domna, die wohl aus demselben Stempel ist.

1346⁰
K 11
Severus (Vs. nicht beschrieben) NIKOΠOΛI ΠPΩ ΙΣΤ Nackter Dionysos mit Traube und Thyrsos l. stehend

1 Vaillant num. gr. 84 aus der Sammlung Leopardi
Wenn die Grössenangabe Æ 11 richtig ist, so gehört die Beschreibung hierher; doch konnte es sich auch um eine kleine Münze (= unter 1378) handeln.

[Severus]

1346 AV KAI CEVHPOC Kopf m. L. r. NIKOΠOAI ΠPOC I Zeus mit
K 18   Schale und Scepter l. sitzend
   Abweichungen: Vs. AV K (?) I — AV K A CE 3 — unvollständig 4; — Rs. am
   Schluss IC 2 — NIKOΠO.. ΠP.. 3 — verprägt 1
   1. 2 Bessarabeus — 3 London Cat. 42, 8 — 4 Paris Mionnet S. 2, 135, 405

1347 AV KAI CE CEVHPOC ebenso NIKOΠOΛITΩN ebenso
K 17   Abweichungen: zweite Hälfte der Schrift undeutlich 2
   1 Berlin Cat. 75, 10 ungenau — 2 Bukarest — 3, 4 im Handel

1348 AV K A CEVHPOC ebenso NIKOΠOΛ ΠPOC ICT Brustbild
K 18   des Sarapis mit Kalathos und
   Gewand r.
   1 Wien Cimel. Vindob. 1, 132, XXIV, 7; Froelich 4 tentam. 241, 98 Abb. d. Rs. (Gessner
   imp. CXXXVI, 69); Eckhel cat. 57, 10 [Mionnet S. 2, 135, 403]; Arneth Sitzungsber. 9, 899, 24

1349 AV K A C CEVHPOC ebenso NIKOΠOΛIT ΠPOC ICTP ebenso
K 18   Abweichungen: Vs. AV NC (oder KE?) CE CEVHP..(?) 1 — AV KAI CE.... 2 —
   undeutlich 4; — Rs. ΠPOC IC (?) 4 — NIKOΠ.....POC ICTP 2
   1 Berlin Cat. 74, 9 — 2 Berlin Cat. 79, 35 unter Caracalla ungenau · 3 Sophia (Mittheilung von Tacchella). · Hierher vielleicht 4 Sestini deser. 41, 28 von Ainslie

1350 AV KAI CEΠ CEVHPOC Ir. m. L. ebenso
K 16   P. M. r.
   Abweichungen: Vs. AV..... EVHPO.. 2 — .... CEVHP.. 3; — Rs. NIKOΠ .
   ΠPOC 1 2
   1 Paris — 2 im Handel. — · — 3 Wiczay 2185; Sestini 33, 16

1351 AV KAI CE CEVHPOC K. m. L. r. NIKOΠOΛIT ΠPOC ICT Hera mit
K 18   Schale und Scepter l. stehend
   Gewicht: 2,27 (?)
   Abweichungen: Vs. vielleicht CEΠ statt CE 1 — AV KAI CEVHPOC 2, 10 —
   AV K CE CEVHPOC 11; — Rs. NIKOΠOΛ 1, 3, 5, 6 — NIKOΠOΛ 1 2 —
   NIKOΠOΛ .... 4 — NIKO.... ΠPOC ICT 9 — ΠPOC IC 8, 10, 11
   1 Berlin Cat. 75, 13 ungenau — 2 Bukarest — 3 Moskau — 4, 5 München — 6 Philippopel
   — 7 Turin Mus. Cat. 1990 — Lavy 979 — 8 Wien Froelich 4 tentam. 241, 97; Eckhel
   cat. 58, 16; Arneth Sitzungsber. 9, 899, 25 b (?) — 9 Wien Arneth Sitzungsber. 9, 900, 34 (?).
   · — Hierher (oder zu 1352?) 10 Sestini deser. 40, 16 [Mionnet S. 2, 129, 426] von Ainslie
   — 11 Mionnet S. 2, 129, 426 von Beaucousin
   Da Scepter und Fackel oft schwer zu unterscheiden sind, so ist es möglich, dass ein Theil
   der hier verzeichneten Stücke zu n. 1352 oder auch zu n. 1353 gehört, und umgekehrt.

1352 AV KAI CE CEVHPOC Ir. Kopf m. L. (r.) (NIKOΠOΛIT ΠPOC IC) Nackter Zeus mit
K 18   Schale und Scepter L stehend
   1 Sestini deser. 41, 27 [Mionnet S. 2, 135, 404] von Ainslie
   Da der Typus des stehenden Zeus sonst auf kleinen Münzen des Severus nicht vorkommt,
   muss die Beschreibung als unsicher gelten; Sestini konnte eine Darstellung des Dionysos
   (— unten 1377 fg.) verkannt haben. — Mit der Beschreibung von Bernhard Cat. Kasan
   heute XI, 236 ›NIKOΠOΛI ΠPΩ R nur figure debout tenant la haste (Vs. AVT·A..CE....)‹
   ist nichts anzufangen; es ist nicht einmal sicher, ob eine männliche oder weibliche Figur
   gemeint ist.

NIKOPOLIS 375

(Severus)

1352
K 17
AV KAI C CEVHPOC K. m. l. r.
NIKOΠOΛIT ΠPOC ICT Weibliche Figur mit langem Gewand und Schleier l. stehend, in der R. Schale, die L. auf die Fackel gestützt (Hestia?)

Abweichungen: ... Λ CE CEVHPOC 1 — AV K A CE CEVHPOC 3: — Rs. NIKOΠOΛI 1 — ΙC statt ICT 3
1 Bukarest — 2 Wien, früher Welzl Cat. 1350; Arneth Sitzungsber. 9, 900, 34,a — '— 3 Sestini descr. 40, 34 [Mionnet S. 2, 136, 407] von Ainslie. — Vgl. auch 1351, 9.

1353
K 18
AV (A?) CE CEBH .... (?) ebenso
NIKOΠOΛI ΠPOC IC Demeter l. stehend, in der R. Ähren, die L. auf die Fackel gestützt

Abweichungen: Vs. AV K C CEVHPOC 2
1 Leake Europ. Gr. 78. — 2 Wiczay 2193; Sestini 33, 14 — Vgl. auch 1351, 2. 10. 11.

1354
K 17
AV KAI CE CEVHPOC ebenso
NIKOΠOΛIT ΠPOC IC Nackter Apollon mit gekreuzten Beinen r. stehend, in der zurückgezogenen R. einen Pfeil, die L. auf einen Baumstamm gestützt (Sauroktonos)

Abweichungen: Vs. Anfang der Schrift fehlt 1 — angeblich AV KAIC C... CEVHPOC 3; — Rs. das T nicht zu sehen 2 — NIKOΠOΛI ΠPOC IC 3
1 Berlin Cat. 74, 8 — 2 Wien Froelich 4 centum. 240, 93 Abb. d. Rs. (Gessner Imp. CXXXVI, 65); Eckhel cat. 57, 12 (Mionnet S. 2, 129, 474): Arneth Sitzungsber. 9, 899, 28. — — 3 Mionnet S. 2, 126, 410 von Bezzaromin. — Vgl. auch unten 1361°.

1355
K 17
AV K (A C) CEVHPOC Br. m. L. P. M. r.
NIKOΠOΛITΩN ΠP(OC IC) ebenso

Abweichungen: die Buchstaben in '] unleserlich 1
1 Bukarest. — 2 Wiczay 2192 [Mionnet S. 2, 122, 364] ungenau (s. oben 1289°); Sestini 33, 13

1356
K 17
AV KAI CE CEVHPOC Kopf m. L. r.
NIKOΠOΛIT ΩN ΠPOC ICTP Nackter Apollon (oder Bonus Eventus) l. stehend, in der R. die Schale, in der gesenkten L. den Lorbeerzweig

Gewicht: 3,58 (1) — 3,40 (2)

Abweichungen: Rs. NIKOΠOΛITΩ N 2 — NIKOΠOΛIT 7 — am Schluss ICTPO 6
1 Berlin Cat. 75, 11: dieses Exemplar, früher Knobelsdorff, Sestini fehl. 6, 15, 1 [Mionnet S. 2, 129, 475] — 2 Gotha — 3 Stuttgart — 4. 5 im Handel. — — 6 Mionnet S. 2, 132, 437, 118, 4 aus der Sammlung d'Hermand — 7 Cat. Welzl 1335. — Vgl. auch unten 1357°.

1357
K 15
AV KAI CEVHPOC ebenso
Gewicht: 2,60
NIKOΠOΛI ΠPOC IC TP] ebenso

1 Lobbecke

376 MOESIA INFERIOR

1359 [Severus]
K 17 AV K A (C) CEVHPOC Br. m. L. NIKOΠOΛITΩN ΠPOC | Kopf des
P. M. r.   Helios mit Strahlenkranz r.
ιPuris Rauschen revue num. 1893, 72, 44
Hinter AV K A scheint nur für einen Buchstaben Platz zu sein.

1359B AV KAI CE CEVHPOC Kopf m. L. r. NIKOΠOΛITΩN ΠPOC IC Artemis
K 16   als Jägerin r.
ι Bukarest

1360 ebenso   NIKOΠOΛITΩN ΠPOC IC Artemis
K 17   in langem Gewand, mit dem Kö-
                                       cher an der Schulter, l. stehend,
                                       in jeder Hand eine kurze Fackel
T. XV, 12   Abbildung der Kz. (1)
Abweichungen: Vs. mit AV K A CEΠ (?) 1
ι Bukarest — 2 Wien Arneth Sitzungsber. 9. 899, 25. — (Die Kz. von 1 und 2 sind mit demselben Stempel.)

1361 ebenso   NIKOΠOΛITΩN ΠPOC | Ares
K 16   (oder Virtus) mit Helm und Pan-
                                       zer r. stehend, die R. auf den
                                       Speer, die L. auf den Schild ge-
                                       stützt
T. XV, 14.   Abbildung der Rs. (2)
Gewicht: 3,22(1) — 2,95(2)
ι Berlin Cat. 75,12 — 2 Bukarest — 3 Gotha — 4 München. — Vgl. unten 1361°.

1362 ebenso   NIKOΠOΛIT ΠPOC ICTP Athena
K 17   L stehend, in der R. Schale, die
                                       L. auf den Speer gestützt
Gewicht: 2,95(1)
Abweichungen: Vs. AVT statt AV KAI 3; — Rs. NIKOΠOΛI ΠPOC IC 3
ι Löbbecke — 2 Sophia. — 3 Mionnet S. 2, 126, 406 aus der Sammlung Brøndsted.

1351° AT KAI C... CEΠIPOC. K. m. L. (r.)   NIKOΠOΛIT ΠP... KTP Nackte stehende
K (16)   Figur, mit der Chlamys über der l. Schul-
                                                ter, in der R. die Schale, in der L. das
                                                Pedum
ι Mionnet S. 2, 128, 421 aus der Sammlung Beaumouin
Die Beschreibung lässt es zweifelhaft, ob ein Apollon (oder Bonus Eventus) gemeint ist oder ein anderer Gott; das Pedum ist wohl verkannt.

1361° AT K A CCTHNM K. m. L. und P. (r.)   NIKOΠOΛ.... ΠPOC K Nackte männliche
K (16)   Figur, stehend, die R. auf einem Speer, die
                                                L. auf dem Kopf
ι Mionnet S. 2, 128, 422 aus der Sammlung Beaumouin
Die Angabe, dass der Mann seine L. Hand auf den Kopf gelegt hat, klingt unwahrscheinlich; wenn in dieser Beziehung ein Versehen vorliegt, kann man entweder an Ares oder an Apollon Saoroktonos [= 1354, 1355] denken.

1363 K 17	(Severus) ebenso	**NIKOΠO ΠPOC IC** .. ebenso, aber vor der Göttin ein Altar

Abweichungen: Rs. am Schluss ICT 3 — IC .. 2 — unvollständig 1
1 Schmidt — 2 Wien, früher Welzl Cat. 1351; Arneth Sitzungsber. 9. 899, 13 2. — —
3 Sestini eum. chron. 1856, 116

| 1364
K 18 | AV Λ . C CEVHPOC ebenso | **NEIKOΠOΛ[I T] POC [CTP;Ω]**
Athena [?] l. stehend, in der vorg.
R. Schale oder Nike (?), die L.
auf dem Schild, und dahinter der
Speer |

Gewicht: 2,40
1 Löbbecke, vielleicht dieses Stück ungenau Cat. Welzl 1352
Die Lesung der eingeklammerten Buchstaben ist unsicher.

| 1365
K 16 | AV KAI CE CEVHPOC ebenso | **NIKOΠOΛI ΠPOC ICT** Athena l.
stehend, die R. auf den Schild,
die L. auf den Speer gestützt |

1 Wien Arneth Sitzungsber. 9. 899, 23

| 1366
K 18 | AV KAI CEVHPOC ebenso | **NIKOΠOΛITΩN ΠPOC ICT** Geflü-
gelter Eros (Todesgenius?) mit
gekreuzten Beinen nach vorn ste-
hend, mit den verschränkten Ar-
men auf die Fackel gestützt, deren
Flamme auf einem Altar erlischt |

Gewicht: 3,55 (?)
Abweichungen: Vs. Schrift unvollständig (wohl — 1365) 1: — Rs. ...OΠOΛIT
ΠPOC ICTPO 3 — Schrift unsicher 4
1 Bukarest — 2 Gotha — 3 London Cat. 43,16 Abb. — [·· 4 (— 3?) Sestini devv. 40, 81
[Mionnet S. 2, 137, 416] von Aineile

| 1367
K 17 | AV K A CEVHPOC Br. m. L. Γ.
M. r. | **NIKOΠOΛITΩN ΠPOC I** ebenso,
aber Eros steht linkshin |

Abweichungen: Vs. AV.. CEVHPOC 1; — Rs. Schrift in der Mitte undeutlich 2
1 St. Petersburg — 2 Sophia

| 1368
K 17 | — 1365 | **NIKOΠOΛIT ΩN ΠPOC IC** eben-
so, aber Eros nach vorn und die
Fackel nicht auf einem Altar, son-
dern auf einem Steinhaufen |
| T. XVI, 6 | Abbildung der Rs.
1 Löbbecke | |

| 1369
K 18 | — 1367 | **NIKOΠOΛI ΠPOC ICTPΩ** Nike mit
Kranz und Palmzweig l. schreitend |

Abweichungen: Vs. Schluss der Schrift fehlt 1
1 Paris — 2 Wien Mus. Theup. 948; Arneth Sitzungsber. 9. 900, 33

378 MOESIA INFERIOR

[Severus]

1370
K 17
AV KAI CE CEVHPOC Kopf m. NIKOΠOAITΩN ΠPOC u. i. A. ICT
L. r. Nike wie vorher l. schreitend

Abweichungen: Vs. ohne CE 1 — AV N A (= 1368) 2 — unsicher 4; — Rs.
ΠPOC IC 1 — Schluss undeutlich 2 — ΠPOC ICTPO (!) 3 — unsicher 4
1 Kopenhagen Ramus 1, 100, 4 — 2 Paris — 3 Wien Froelich append. 2 novae 49, 36
ungenau; Kehhel cat. 58, 17 [Mionnet S. 2, 131, 434]; Arneth Sitzungsber. 9, 899, 31. — —
4 Berutini descr. 46, 30 von Ainslie — 5 Mionnet S. 2, 130, 433 von d'Hermand

1371
K 18
ebenso NIKOΠOAITΩN ΠPOC IC Nike
mit erhobenen Flügeln l. stehend,
in der vorg. R. Kranz, im l. Arm,
der auf eine Stele gestützt ist,
den Palmzweig

Abweichungen: Vs. Schrift unvollständig 1; — Rs. erste Hälfte der Schrift unvollständig 1 — am Schluss nur 1 2
1 Bukarest — 2 Paris Mionnet S. 2, 131, 435 — 3 im Handel

1372
K 18
ebenso NIKOΠOAIT ΠPOC ICTP ebenso
1 München — 2 Wien Arneth Sitzungsber. 9, 899, 25 2

1373
K 18
ebenso NIKOΠOAIT ΠPOC ICTP Hermes, nackt, nur mit der Chlamys
über der l. Schulter, l. stehend, in
der R. die Börse, im l. Arm das
Kerykeion

Gewicht: 3,42 (3) — 2,94 (12)

Abweichungen: Vs. ohne CE 4 - AV K A CE 11 · AV K A C 3. 14. 15. 16 - -
AV N A 13 — AV KAIC 18. 19 — erste Hälfte der Schrift fehlt 9; — Rs. am Schluss
ICTPON 7 — ICTPΩ 13 — ICT 9. 11 — IC 8. 13 — 1 19 — NIKOΠOAI ΠOC
ICT (sic) 4 — NIKOΠOAI 10 — NIKOΠOAI..., 15 — Hermes mit Petasos 1.
7. 8. 9, ohne Petasos 2, sonst unsicher — ohne Chlamys 4. 12, zuweilen unsicher
1. 2 Berlin Cat. 75. 14. 15 — 3 Löbbecke — 4 London Cat. 42. 11 — 5. 6 München —
7. 8. 9 Paris; eine oder zwei davon bei Mionnet S. 2, 127. 414 — 10 St. Petersburg —
11 Sophia · · 12 Turin Mus. Cat. 1989 — Lavy 980. · · — 13. 14 Sestini descr. 40, 22. 23
von Ainslie — 15 Wiczay 2187; Sestini 33. 12 — 16 Mionnet S. 2, 127, 414; Domerssan
Cat. Allier 21 — 17 Mionnet S. 2, 127, 414, III, 2 von d'Hermand — 18 Cat. Welzl 1354
— 19 Chaix descr. 32

1374
K 18
AV K A CEVHPOC Br. m. L. P. M. r. NIKOΠOAI ΠPOC 1 ebenso
1 im Handel

1375
K 18
AV KAI CEVHPOC K. m. l. r. NIKOΠOAITΩN Hermes wie vorher, aber ohne Chlamys
1 Bukarest

1376
K 18
.... (Schrift verwildert.) K. m.
l. r.
NIKOΠOAITΩN..... Nackter Hermes mit Petasos, Beutel und Stab
l. stehend; vor ihm der Hahn

T. XVI, 19 Abbildung der Rs. — Sehr rober Stil.
1 Bukarest

{Severus]

1377
K 17
AV K A C CEVHPOC K. m. l. r. — NIKOΠOΛI ΠPOC IC Nackter Dionysos mit Kantharos und Thyrsos l. stehend

Abweichungen: Vs. AV KAI CE CEVHPOC 4 — AV KAI CEV…, ⁂ — ……
CEVHPOC 5; · Rs. NIKOΠOΛI ΠPOC ICT ⁎ 4
1 Athen — 2 Bukarest — 3 Wien Arneth Sitzungsber. 9, 899, 26. — — 4 Cat. Weld 1349.
— Vgl. oben 1345°.

1378
K 17
AV KAI CE CEVHPOC ebenso — NIKOΠOΛIT ΠPOC ICT Dionysos wie vorher, aber mit Traube statt des Kantharos in der R.

Gewicht: 3,44 (1) — 2,50 (2) — 1,55 (4)

Abweichungen: Vs. ohne CE 1. 3. 4. 6. 9. 12 — AV KAI A CE 7 — erste Hälfte der Schrift fehlt 2 — CEVHPO 5; — Rs. am Schluss ICTP 2 — NIKOΠOΛI ΠPOC ICT 4. 6. 8 — ΠPOC IC 1. (5) — NIKOΠOΛI ΠPOC I 2. 9 — NI-KOΠOΛ…. (also vielleicht zu 1379!) 7 — Dionysos mit Chlamys über der L. Nebulter 5 und vielleicht auch sonst zuweilen

1 Athen Cat. 838 — 2 Gotha — 3 Kopenhagen — 4 Löbbecke — 5. 6 London Cat. 42, 9. 10 — 7 München — 8 Paris Mionnet S. 2, 126, 408 — 9 Paris — 10 Philippopel — 11 St. Petersburg, — — 12 Wien 2186; Sestini 33, 11. — Vgl. oben 1341°.

1379
K 17
ebenso — NIKOΠO AITΩN ebenso

Gewicht: 2,10 (1)

Abweichungen: Vs. ohne CE 1. 3; — Rs. …OΠOΛITΩV 3
1 Löbbecke — 2 Wien Eckhel pl. 58, 23 (Mionnet S. 2, 126, 409); Arneth Sitzungsber. 9, 899, 27 — 3 Wien Eckhel cat. 77, 20 (Mionnet S. 2, 464, 1344) irrig unter Philippopolis — Vgl. 1378, 7.

Auf dem zweiten Wiener Exemplar im Eckhel ΦIΛIΠΠOΠOΛITΩN ; aber es ist vor OΠO nur für 3–4 Buchstaben Platz, und ich glaubte auch vor O die untere Hälfte eines K zu erkennen; die grosse Übereinstimmung mit Löbbecker Exemplar zeigt, dass die Münze hierher gehört.

1380
K 18
ebenso — NIKOΠOΛI TΩN ΠPOC IC Priapos im langen Gewand und mit Stiefeln, den Kopf (mit Epheu?) bekränzt, l. stehend, die R. vorgestreckt, mit der L. den Mantel zurückschlagend

T. XVI, 37 — Abbildung der Rs. (2)

Abweichungen: Vs. CEΠ 1

1 London Cat. 43, 16 — 2 Paris Hardouin num. ant. 360; Vaillant num. gr. 85; Baudelot diss. des voyages 1, 333 Abb. d. Rs.; Mionnet 1, 359, 38 und Abbildung in Suppl. 2 Tafel III, 5; Sestini lett. 9. 73, IV. 1

[1341]
K (18)
AV KAI CEVHPOC ebenso — ƆIꞱOΠOΛI OΠOCIC ebenso

1 Mionnet S. 2, 127, 413; Dumersan Cat. Allier 41, II, 19

380 MOESIA INFERIOR

1343 AV K A C CEVHPOC Kopf m. l. r.   NIKOΠOAI ΠPOC ICTPΩ Asklep-
K 19   ios mit dem Schlangenstab unter
                                        der r. Schulter nach vorn stehend
         Gewicht: 3,98   (und l. blickend?)
   1 Turin Mus. Cat. 1993 — Lavy 982. — Ein ähnliches Stück habe ich in Bukarest gesehen, aber nur ohne Beschreibung notirt.

1343 AV KAI CE CEVHPOC ebenso   NIKOΠOAI ΠPOC IC Asklepios
K 18   wie vorher, l. blickend
         Gewicht: 2,05
   1 Löbbecke

1344 ebenso   NIKOΠOAI T ΠPOC ICT Hygieia
K 17   I mit Schlange und Schale r. stehend
         Gewicht: 2,90 (2) — 2,59 (1) — 1,70 (4)
         Abweichungen: Vs. ohne CE 3. 4. 8 — AV KAI C[E] 2 — AV..... 7; —
         Rs NIKOΠOAI ΠPOC ICTP 3. 7 — NIKOΠO..T ΠPOC IC 1 — NIKOΠO-
         AI T..., 4 — entsichert 8
   1. 2 Berlin Cat. 75, 16. 17 angenau — 3 Bukarest - 4 Löbbecke — 5 Paris — 6. 7 Wien
   Arneth Sitzungsber. 9, 899, 22 und 31, — — 8 Sestini descr. 40, 19 [Mionnet S. 2, 126, 411]
   von Ainslie

1345 A K C C.... K. m. L. r.   ...... I ΠPOC IC Kopf des bär-
K 18   tigen Herakles r.
   1 Bukarest. — Robert Stil.

1346 AV KAI CEVHPOC ebenso   NIKOΠOAI T ΠPOC ICTP Nackter
K 17   (unbärtiger!) Herakles r. stehend,
                                        die R. hinten auf die Keule ge-
                                        stützt, über dem l. Arm das Lö-
                                        wenfell
         Abweichungen: Vs AV KAI CE 2. 3 — angeblich AV KAI C CEVHPOC Π 4; —
         Rs NIKOΠOA..... 4
   1 Kopenhagen - 2. 3 Rollin, - 4 Wierny 2168 [Mionnet S. 2, 126, 417]; Sestini 33, 9

1347 ebenso, aber die Schrift grössten- NIKOΠOAI ΠPOC IC Herakles
K 17   theils zerstört   wie vorher, aber bärtig, nach vorn
                                        stehend und l. blickend
         Gewicht: 2,15
   1 Gotha; vielleicht dieses Stück früher bei Wierny 2189 [Mionnet S. 2, 128, 419]; Sestini 33, 10

1348 AV K CEVHPOC K. m. l. r.   NIKOΠOAI ΠPOC ICT Nackter
K 17   Herakles nach vorn stehend und
                                        l. blickend, in der vorg. R. Schale,
                                        im l. Arm mit dem Löwenfell die
                                        Keule
   1 Paris; vielleicht dasselbe Stück früher angenau (Vs AV K A CEΠT CEVHPOC -
   Rs NIKOΠOA..., ΠPOC ICTPO) bei Mionnet S. 2, 128, 418, III, 3 aus der Sammlung
   d'Hermand

1349 K 18	AV A CEVHPOC Kopf m. L. r.	NIKOΠOAIT ΠPOC I Nackter bärtiger Herakles r. stehend und mit beiden Armen den Löwen würgend

Tafel
XVII, 19

Abbildung der Rs. (s)

Abweichungen: Vs. AV K A [C] CEVHPOC (= 1390) 1 — unsicher 3

1 Berlin Cat. 76,18 — 2 Paris. — . — 3 Sestini descr. 40,20 von Ainslie

1390 K 17	AV K A C CEVHPOC ebenso	NIKOΠOΛITΩN ΠPOC I ebenso

Abweichungen: Rs. am Schluss ICT 2

1 Wien Froelich 4 tentam. 240,94 Abb. d. Rs. [Gessner imp. CXXXVI, 66]; Eckhel cat. 58,21 [Mionnet S. 2,127, 416]; Arneth Sitzungsber. 9, 899, 29 — 2 Im Handel

1391 K 16	AV KAI (CE) CEVHPOC ebenso	NIKOΠ.O.AIT u. i. A. ΠPOC ICT Flussgott L. gelagert, die R. erhoben (mit Zweig?), im L. Arm, der auf das strömende Quellgefäss gestützt ist, ein Füllhorn

1 Wien Froelich 4 tentam. 242,100 Abb. d. Rs. [Gessner imp. CXXXVI, 71]; Eckhel cat. 58,15 [Mionnet S. 2,131, 438]; Arneth Sitzungsber. 9, 900, 33

1392 K 16	AV . . CE	CEVHPOC ebenso	NIKOΠOAI ΠPOC ICTP Nemesis mit Wage und Elle L. stehend, am Boden das Rad

Abweichungen: Vs. zweite Hälfte der Schrift unleserlich 1; — Rs. NIKOΠOΛ(T?) ΠPOC ICTΩ (sic!) 2

1 Bukarest — 2 Wien Eckhel cat. 58,19 [Mionnet S. 2,130,432]; Arneth Sitzungsb. 9, 899, 30 Auf der Vs. steht zwischen AV und CE nur ein Buchstabe, entweder K oder A.

1393 K 18	AV KAI CE CEVHPOC K. m. L. r. Gewicht: 2,70(1)	NIKOΠOAITΩN ΠPOC IC ebenso, aber ohne das Rad

1 Lübbecke. — 2 Wiczay 2194 (Mionnet S. 2,131, 36) ungenau (vgl. oben 1317^2); Sestini 33,15

1394 K 18	AV KAI CE CEVHPOC K. m. L. r.	NIKOΠOAIT ΠPOC ICTP.. Weibliche Figur in langem Gewand (und mit Schleier?) L. stehend, in der vorg. R. Schale, im L. Arm kurzes Scepter; am Boden das Rad (Nemesis?)

Tafel
XVIII, 31

Abbildung der Rs. (1)

Abweichungen: Vs. und Rs. Schrift unsicher 2

1 Wien Froelich 4 tentam. 241,96 Abb. d. Rs. [Gessner imp. CXXXVI, 68]; Eckhel cat. 58,13 [Mionnet S. 2,129, 425]; Arneth Sitzungsber. 9, 899, 31. — 2 Sestini descr. 40, 26 [Mionnet S. 2,130, 427; Posnansky Nemesis und Adrasteia S. 155 als Nemesis-Tyche] von Ainslie

382 MOESIA INFERIOR

[Severus]

1395 AV KAI A C CEVHPOC Kopf r. NIKOΠOΛIT ΠPOC ICTPO Con-
K 18 l.. r. cordia mit Kalathos, Schale und
Füllhorn l. stehend

Abweichungen: V. K statt KAI 3 — AV KE CE CEVHPO 5 — unsicher 3- 4; —
R. Schrift unsicher 3. 4. 5
1 Bukarest — 2 Philippopel. — — Hierher oder zu einer der folgenden Nummern 3
Vaillant num. gr. 85 [Mionnet S. 2.130, 429] aus seiner Sammlung — 4 Sestini descr. 41. 29
Mionnet S. 2. 130, 432] von Ainslie — 5 Cat. Welzl 1393

1396 AV KAI CE CEVHPOC ebenso NIKOΠOΛIT ΠPOC ICTP ebenso
K 18 Gewicht: 2,80 (1)

Abweichungen: R. Schluss der Schrift unsicher 2
1 Löbbecke — 2 St. Petersburg

1397 ebenso NIKOΠOΛI ΠPOC ICT ebenso
K 15
Abweichungen: V. ohne CE (1 l) 4. 5; — R. am Schluss ICTP 5 — IC 3 — l 4 —
NIKOΠO AIT ΠPOC 1 1
1 Bukarest — 2. 3 München — 4 Paris. —1 — 5 (— 4!) Mionnet S. 2. 130, 418 aus der
Sammlung Beaucousin. — Vgl. 1395. 3. 4

1398 AV KAI CEVHPOC ebenso NIKOΠOΛI TΠPOC IC Tyche mit
K 18 Kalathos, Steuerruder und Füllhorn
l. stehend
Gewicht: 3, 22 (5)

Abweichungen: V. mit CE bisher KAI 1 — ,, KAI A CEV... 9 — unsicher 3; —
R. NIKOΠOΛIT ΠPOC ICT 2. 3. 5 — ICTP 6 — ICTPO 7 — NIKOΠOΛ
ΠPOC ICTP 3 — ΠPOC IC 9
1. 2 London Cat. 43. 14. 15 — 3 Paris — 4 Sophia — 5 Turin Mus. Cat. 1991 = Lavy 983.
— — 6 Sestini descr. 40, 17 [Mionnet S. 2, 130, 430] von Ainslie — 7 Sestini descr. 40, 18
von Ainslie — 8 Mionnet S. 2. 130, 430 von d'Hermand — 9 Cat. Becher 128

1399 AV KAI CE CEVHPOC ebenso NIKOΠOΛI TΩN ΠPOC IC ebenso
K 18 Gewicht: 2, 61 (1)

1 Athen Cat. 839 — 2 im Handel —'— 3 La Motraye voyages a, VII, 1

1400 AV K A (C) CEVHPOC K. m. L. r. NIKOΠOΛI ΠPOC ICTP Kaiser
K 15 in Kriegstracht l. stehend, in der
vorg. R. Kugel, die L. auf den
Speer gestützt
1 im Handel

[1401] AV K A CE CEVHPOC ebenso NIKOΠOΛIT ΠPOC l Kaiser zu
K 16 Pferde im Galopp r.
1 Chaix descr. 34

1402 AV KAI CEVHP Br. m. L. P. M, r. NIKOΠOΛIT ΠPOC ICT Tempel-
K 18 front mit vier Säulen (ohne Götter-
bild)

Abweichungen: V...., 'CE... 2; — R. NIKOΠOΛ... POC 1 1
1 Bukarest — 2 Sophia

[Severus]

1403
K 17
AV K A CEVHP Hr. m. L. P. M. r. NIKOΠOΛITΩN u. i. A. ΠPOC l
Löwe r. schreitend

Abweichungen: Vs. AV K A C ..... C 4 — Schrift unsicher 2. 3. 6 — AV K A C CEVHPOC Π 3 — Kopf m. L. (?) 2. 3. 5. 6 — Rs. NIKOΠOΛIT.... 4 — NIKOΠOΛIT ΩN ΠPOC IC 5 — Schrift unsicher 6
1 Belgrad — 2. 3 München — 4 Odessa Univ. — 5 Sophia. — — Hierher oder zur folgenden Nummer 6 Sestini desor. 40, 31 [Mionnet S. 1, 133, 449] von Ainslie

1404
K 17
AV K CEVHPOC Kopf m. L. r.
NIKOΠOAI ΠPOC u. i. A. ICTP
ebenso

1 Mandl

1405
K 16
AV KAI C,E C|EVHPOC ebenso
NIKOΠOΛIT ΠP u. i. A. TOI OO ebenso

1 Wien Arneth Sitzungsber. 9, 900, 36

1406
K 17
AV KAI CE CEVHPOC ebenso
NIKOΠOΛITΩN u. i. Λ. ΠPOC IC
Rind r. schreitend

1 Löbbecke — 2 Mailand

1407
K 18
ebenso
NIKOΠOΛITΩN ΠPO C ICTP
ebenso

Abweichungen: Vs. angeblich AV K Λ CEVHPOC 3; — Rs. am Schluss ICT 1 — NIKOΠOΛI...., ICT 3 — angeblich stossender Stier 3
1 Budapest Univ. — 2 Wien Froelich 4 tentam. 140, 95 Abb. d. Rs. [Gessner imp. CXXXVI, 67; Eckhel cat. 58, 22 Mionnet S. 2, 133, 444]; Arneth Sitzungsber. 9, 900, 37. —¡ — 3 Mionnet S. 2, 132, 445 von Beauvoisin

1408
K 18
AV KAI CEVHPOC K. m. L. r.
NIKOΠOΛI ΠPOC u. i. A. ICTP
Wölfin mit den Zwillingen r. stehend und l. blickend

Taf. XX, 5
Abbildung der Rs. (2)
Abweichungen: Vs. AV A CEVHPOC (— 1389) 1
1 Bukarest — 2 London Cat. 43, 15. — Vgl. 1409, z. 3

1409
K 17
AV KAI CE CEVHPOC ebenso
NIKOΠOΛITΩN u. i. A. ΠPOC IC
Wölfin mit den Zwillingen l. stehend und r. blickend

Taf. XX, 6
Abbildung der Rs. (2)
Abweichungen: Rs. NIKOΠOΛITΩN ΠPOC ICTP 2 oder ICTP,. 3; es ist möglich, dass bei 1 im Abschnitt unter ΠPOC IC noch einige Buchstaben stehen
1 Löbbecke, — ; Hierher (oder zu 1408?) 2 Mionnet S. 2, 132, 443 aus der Sammlung de la Guy — 3 (b!) Hoffmann le numismate 1323

1410
K 17
AV KAI [CEVHPO ebenso
NIKOΠOΛI ΠPOC ICTPΩ Adler mit geschlossenen Flügeln l. stehend

Abweichungen: Vs. CEVHPOC 2
1 Kopenhagen. — — 2 Hoffmann le numismate 1322. — Hierher oder zu einer der folgenden Nummern 3 Sestini desor. 41, 32 von Ainslie (ungenaue Beschreibung).

384   MOESIA INFERIOR

[Severus]

1411 AV K A CEVHPOC Rs. m. L. P. NIKOΠOΛITΩN ΠPOC I Adler mit
K 17 M. r.   leicht erhobenen Flügeln l. stehend
    und den Kopf mit Kranz im Schna-
    bel r. erhebend
Gewicht: 2,55 (1)
1 Gotha — 2 im Handel

1412 AV KAI (C?) CEVHPOC Kopf m. NIKOΠOΛIT ΠPOC ICTPON
K 16 L. r.   ebenso
Abweichungen: V. AV KAI | ..... 2; — R. ICTPO 3 — ICT.. 1
1 Lobbecke — 2 Paris Blanchet revue num. 1892, 72, 45 — 3 im Handel

1413 AV K A CEVHPO(C) ebenso NIKOΠOΛI ΠPOC ICTΩ (sol) eben-
K 16   so, aber ohne Kranz
Abweichungen: V. CEVHPO 1; — R. am Schluss IC 2
1 im Handel — — 2 Seillal mus. Hederv. 33, 17

1414 AV K A CEVHPOC ebenso NIKOΠOΛI ΠPOC ICT Adler mit
K 17   leicht erhobenen Flügeln r. stehend
    und den Kopf mit Kranz im Schna-
T.XIX, 35   bel L erhebend
Abbildung der R. (1)
Gewicht: 2,55 (2)
Abweichungen: V. erste Hälfte der Schrift fehlt 1 — AV KA... CEVHPOC 5 —
nicht angegeben 4; — R. am Schluss ICTPΩ 2 — ICTPO (?) 4 — ICTP.. 5 —
ICTP 3 — angeblich NIKOΠOΛITΩN 4 — ohne Kranz (?) 2, 3, 5
1 Lobbecke — 2, 3 St. Petersburg. — ; — 4 Mus. Arigoni 2 imp. gr. XX. 263 — 5 Mion-
net S. 2, 132, 442 aus der Sammlung de la Goy

1415 AVT KAI CEΠ (CE VHP OC) lk. m. [NIKO]ΠOΛIT ΠPOC IC .. Pfau
K 17 L. P. M. r.   nach vorn stehend und r. blickend,
    der Schweif zum Rad ausgebreitet
1 Sophia

1416 AV... CEΠ | CEVHPOC ebenso [NIK]OΠOΛIT ΠPOC ICT* Hahn r.
K 19   schreitend, mit dem L Fuss auf
    eine sich vor ihm aufrichtende
T.XX, 7   Schlange tretend
Abbildung der R.
1 Bukarest
Die beiden vorstehenden Münzen mit ihren ungewöhnlichen Typen scheinen, nach Stil
und Buchstabenformen, von demselben Stempelschneider zu stammen; ihre Vorderseiten
sind wohl aus demselben Stempel. — Der Hahn im Kampf mit der Schlange erscheint
auch auf einer Münze von Apollonia am Pontos.

1417 AV [K] A C | CEVHPOC Kopf m. NIKOΠOΛIT ΠPOC ICT
K 17 l.. r.   Schlange, in vielen Windungen
    aufgerichtet, Kopf L
1 Wien Eckhel cat. 59, 14 (Mionnet S. 2, 132, 446); Arneth Sitzungsber. 9, 920, 38

[Severus]

1418 AV KAI CE CEVHPOC Kopf m. NIKOΠOAIT ΠΡOC ICTP ebenso,
K 18 L. r. aber der Kopf rechtshin
Gewicht: 2,89 (a. E. schl.)
Abweichungen: Vs. AV KAIC 3 — AV KAI EE (?) CEVHPO. 5; — Rs. am
Schluss ICTPON 5 — NIKOΠOA) 1
1 Paris — 2 Turin Mus. Cat. 1992 — Lavy 981 — 3 Wien Mus. Theup. 948; Arneth
Sitzungsber. 9, 900, 39. — — Hierher oder zu einer der folgenden Nummern 4 Sestini
descr. 41,33 von Aimlie (ungenaue Beschreibung) · 5 Cat. Becker 227.

1419 AV A C CEVHPOC ebenso NIKOΠOAITO ΠΡOC ICT ebenso
K 18 Gewicht: 3,70 (1)
Abweichungen: Rs. NIKOΠOAIT ΠΡOC IC ?
1 Löbbecke. —;— 1 Hoffmann le numismate 1324

1420 AV K A | CEVHP(OC) ebenso NIKOΠOAITΩN ΠΡOC I ebenso
K 17 Abweichungen: Vs. Schrift verwirrt 1 — Brustbild m. L. P. M. 2; — Rs. am
Schluss ICTP und vielleicht noch ein Buchstabe 1
1 Berlin Cat. 76, 19 · 2 Bukarest 3 St. Petersburg, früher Chaudoir, Sestini Mus. Ch. 43,1

1421 AV A C CEVHPOC ebenso NIKOΠOAIT ΠΡOC IC Schlange,
K 18 um den Omphalos geringelt,
Kopf r.
T. XX, 30 Abbildung der Rs. (2)
Abweichungen: Vs. ..... CEVHP.. 4
1 Berlin Cat. 76, 20 — 2 Imhoof — 3 St. Petersburg Akademie — 4 Wien Arneth
Sitzungsber. 9, 900, 40 ungenau. — — 5 Wiczay 2196; Sestini 33, 18

1422 AV K A CEVHPOC Kopf m. l. r. NIKOΠOA) ΠΡOC IC Schlange,
K 18 um ein hohes Gefäss mit Ähren
geringelt, Kopf r.
T. XX, 31 Abbildung der Rs.
1 Mandl

1423 AV K A C | CEVHPOC Br. m. l. P. ebenso
K 17 M. r.
Abweichungen: Rs. NIKOΠOA 2
1 Wien Froelich append, 2 novae 47, 37 [Mionnet S. 2, 133, 448]; Eckhel cat. 37, 9 [Mionnet B. 2, 133, 447]; Arneth Sitzungsber. 9, 900, 41. — - 2 Cat. Welzl 1356
Eckhel und Welzl hielten das Gefäss für ein Füllhorn; das ist aber unrichtig, da es ganz gerade ist; eher könnte es, wie Froelich meinte, ein ganz schlanker Korb sein, aus dem zwei Ähren herausblängen.

1424 — 1422 NIKOΠOAITΩN ΠΡOC 1 Schlan-
K 17 ge, um einen Dreifuss geringelt,
Kopf r.
Abweichungen: Vs. AV..... 1 — AV K A C CEVH... 2 — unsicher 5. 6. 7 —
Brustbild m. l. P. M. 1; — Rs. am Schluss ICTPO (?) 6 — NIKOΠOAIT
ΠΡOC I 1 — NIKOΠOA) ΠΡOC ICTPO 4 · NIKOΠO A|T Π..., 8 — unsicher 5. 7 — Richtung der Schlange unbekannt 3·7
1. 2 Berlin Cat. 76, 21. 22 — 3. 4 Paris. — 5 Sestini descr. 41, 34 [Mionnet S. 2, 133, 450]
von Ainslie — 6 Mionnet S. 2, 133 Anmerkung (zu n. 450) von d'Hermand — 7 Cat. Welzl 1357

[Severus]

1425 AV K A CEVHPOC Kopf m. L. r. NIKOΠOAI ΠPOC IC Keule
K 18
T. XX, 41   Abbildung der Rs. (?)
  Abweichungen: Vs. Schrift unvollständig 1, 3, unbekannt 4, 5; — Rs. NIKOΠO... 3
  — NIKOΠO AI ΠPOC I 1 — NIKOΠOAI ΠPOC ICT 4 — Schrift unsicher 5
1 Odessa Univ. — 2 Paris — 3 Wien Eckhel cat. 57, 11; Arneth Sitzungsber. 9, 900, 43.
— i — 4 Vaillant num. gr. 85 (Mionnet S. 2, 133, 452) von Magnavacca — 5 Sestini deser.
41, 39 [Mionnet S. 2, 133, 451] von Ainslie

1426 AV KAI CEVHP., ebenso NI.......: ΠPOC ICTPΩ Köcher
K 18   mit Riemen (?)
  Gewicht: 2,55
  1 Gotha
  Die Münze ist leider schlecht erhalten, so dass der Typus nicht sicher zu erkennen ist;
  doch scheint es ein Köcher mit Riemen zu sein.

1427 AV KAI CE CE..., ebenso NIKOΠOAI, ΠPOC ICTP Hohes
K 18   dünnes Gefäss mit Blumen (?)
  Abweichungen: Vs.... CEVHP.. 1
  1 Bukarest — a München
  Es ist auch möglich, dass der Typus etwas anderes, z. B. eine Fackel, darstellt.

1428 AV KAIC CEVHPOC Kopf m. L. r. NIKOΠOAIT ΠPOC ICTP Korb
K 17   mit grossem Hügel, darin Früchte
                                                      (Äpfel?)
  Gewicht: 2, 16(3) — 2,00(1)
  Abweichungen: Vs. A K C... (?) 3; — Rs. am Schluss vielleicht ICTPΩ 1 —
  .....AI ΠPOC K 3
  1 Gotha — 2 Imhoof — 3 Neapel Cat. 6306
  Der Korb hat ungefähr dieselbe Form wie der Taf. XX, 38 abgebildete von einer Münze
  des Caracalla.

1429 AV KEC C ....OC ebenso NIKOΠOA........TPO Korb mit
K 18   Früchten, an jeder Seite hängt
                                      eine Traube heraus
  1 Wien Eckhel cat. 58, 20 [Mionnet S. 2, 134, 455]; Arneth Sitzungsber. 9, 900, 42
  Der Korb ist ähnlich dem Taf. XX, 36 abgebildeten von einer Münze des Caracalla. —
  Die Schrift der Vs. könnte auch AV KE CE...OC gelesen werden.

1430 AV K CEVH'POC ebenso NIKOΠOAITΩN ΠPOC ICTP Wein-
K 18   traube mit Zweig und Ranken
  Abweichungen: Vs. und Rs. Schrift unsicher 1
  1 Berlin Cat. 76, 23. — — 2 Sestini deser. 41, 38 [Mionnet S. 2, 133, 453] von Ainslie. —
  (Im Pariser Cabinet liegt eine Münze des Severus mit diesem Typus und dem Schriftrest
  ..... ΠOΛITΩN unter Nikopolis; sie scheint aber nach einer anderen Stadt zu gehören.)

1431 AV KAI CEVHPOC ebenso NIKOΠOAITΩN ΠPOC ICTPO
K 18   Mondsichel und darüber in der
                                    Höhlung sieben Sterne
  Gewicht: 3,17
  1 Athen Cat. 840
  Wie Postolakkas angiebt, ist einer der Sterne felsstellt.

NIKOPOLIS 387

(Severus)

1432
K 17
..... CEVH ... ebenso | [NIK]OΠOΛITΩN ΠPOC IC Mondsichel und fünf Sterne
Gewicht: 3,25 (1, K. whl.)
Abweichungen: Vs. und Rs. Schrift unsicher 2
1 Gotha. — 2 Sestini descr. 41,37 von Ainslie

1433
K 18
AV K A C CEVHPOC ebenso NIKOΠOΛITΩN ΠPOC I Mondsichel und vier Sterne
Abweichungen: Vs. „ K A C ' CEVHP.. 1
1 Bukarest — 2 Sophia

1434
K 18
...... CEVHPOC Br. m. L. P. M. r. | NIKOΠOΛITΩN ΠPOC IC ebenso
Gewicht: 3,05
1 Gotha

1435
K 17
...... CEVHPOC ebenso [NIK]OΠOΛIT ΠPOC ICTP Mondsichel und drei (?) Sterne
1 Löbbecke
Die Zahl der Sterne ist nicht ganz sicher; es können auch mehr als drei sein.

1436
K 17
AV KAI CEVHPOC Kopf m. L. r. NIKOΠOΛITΩN ΠPOC ICTPO Mondsichel und ein Stern
Abweichungen: Vs. AV KAI CE 2. (6?). 8 — AV KAI CETT 4 — AV K A C[E] 3 — Rs. In der Mitte undeutlich (also vielleicht mit NIKOΠOΛI) 1. 3. 6
1 London Cat. 43,13 — 2 Paris 3 Philippopel — 4 St. Petersburg — 5 Schmidt — 6 Wien Froelich 4 tertium, 242, 99 Abb. d. Rs. (Gessner Imp. CXXXVI, 70); Kabbel cat. 58, 18 (Mionnet S. 2, 132, 441); Arneth Sitzungsb. 9, 809, 30. — 7 Wiczay 2194; Sestini 33, 19 — 8 Mionnet N. 2, 132, 440 von d'Hermand

1437
K 16
AV K A C CEVHPOC Br. m. L. P. ebenso
M. r.
Abweichungen: AV KAIC (?) 2
1 Mandl (Egger Verkaufs-Cat. 8, 172). — 2 Mionnet S. 2, 132, 440 von Beaurowin

1438
K 17
= 1436 NIKOΠOΛITΩN ΠPOC ICTP ebenso
Abweichungen: Vs. AV KAIC CEVHPOC 6 — AV KAI CE 4 — AVT K CE 1 — AV K A CE CEVHPOC (?) 7 — AV K A CEVH... 5 — Schrift ver-[!]ss 3: — Rs. NIKOΠOΛITΩN Π..... (in 14361) 5 — mit Punkten an den acht Strahlen des Sterne und den Enden der Mondsichel 5 (vielleicht auch sonst zuweilen)
1 Kopenhagen Rumus 1, 100, 5 — 2 London Cat. 43, 17 — 3 München — 4. 5 St. Petersburg. — 6. 7 Cat. Welzl 1358. 1359 8 Klusch Cat. Heideken 873

1439
K 16
AV K A CEVHPOC Br. m. L. P. M. r. NIKOΠOΛITΩN ΠPOC IC ebenso
Gewicht: 2,35 (1)
Abweichungen: Rs. NIKOΠ...... POC ICT 2
1 Löbbecke — 2 Paris

1440
K 18
AV KAI CE CEVHPOC K. m. L. r. NIKOΠOΛI ΠPOC ICT[Ω] ebenso
Abweichungen: Vs...... CEVHPO 1 — unsicher 4; — Rs. Schrift unsicher 4
1 Halle — 2 Iversen — 3 Löbbecke. — Hierher oder zu einer der vorhergehenden Nummern (1436-1439) 4 Sestini descr. 41,36 von Ainslie
Es ist nicht ganz sicher, ob auf der Rs. am Schluss ein Ω steht oder eine Ligatur aus P und Ω.

25*

[Severus]

1441 AV A CEVHPOC| Kopf m. l. r.   NIKOΠOAI ΠPOC ICTPO Mond-
K 17   sichel und in der Höhlung ein
        Gewicht: 3,32   Stern, wie vorher
        1 Löbbecke. — Die Schrift der Vs. ist nach n. 1389 ergänzt.

1442 AV KEC..... Br. m. L. P. M. r.   NIKOΠ.... ΠPOC ICTPO ebenso,
K 16   aber unter der Mondsichel noch
                                         ein zweiter, kleinerer Stern
        1 Halle. — Vgl. unten 1486 und 1613.

1443 AV K A [CI] CEVHPOC ebenso   NIKOΠOAIT ΠPOC ICT Stern mit
K 16   acht Strahlen, an den Enden
                                      Punkte
        1 Paris Mionnet S. 2. 131, 439

1444 AV KAI CE CEVHPOC K. m. l. r.   [NI]KOΠOAITΩN ΠPOC ICTP..
K 17   ebenso
        Gewicht: 3,10
        1 Imhoof

1445 AV K A CEVHPOC [Π?] ebenso   NIKOΠOAITΩN ΠPOC I Stern mit
K 17   sechs Strahlen in einem Lorbeer-
                                      kranz
        1 Paris

1446 AV K A; CEVHPOC ebenso   NIKOΠOAITΩN ΠPOC I um einen
K 17   Lorbeerkranz
        Abweichungen: Vs AV KAI CE C... 1 — .. KAI CEVHPOC 4: — Rs. NIKO......
        ΠPOC I 2
        1 Berlin — 2 Bukarest. — — 3 Wiczay 2197; Sestini descr. 33, 20 — 4 Mionnet S. 2,
        133, 454 von Beaucousin

1447 AV K A C | CEVHPOC Br. m. l. P.   NIKO
K 16   M. r.   ΠOAIT
                                           ΠPOC   in einem Lorbeerkranz
                                           IC
        Abweichungen: Vs. Schrift unvollständig 1
        1 Iversen — 2 Sophia

Severus und (auf der Rs.) Domna

1448 AV K A CE | CEVHPOC Kopf des   ΠO?] ΔO NIKOΠOAIT ΠPOC IC
K 17   Severus m. L. r.   Br. der Domna mit Gewand r.
        Abweichungen: Vs...... CEVHPOC 2   Schrift unsicher 3: — Rs. Schrift un-
        sicher 3 — am Anfang zerstört 1. 2
        1 Sophia — 2 Venedig Marcelina. — ' — 3 Sestini descr. 40, 23 [Mionnet S. 2, 134, 456]
        von Ainslee
        Ein Gegenstück zu dieser Münze bildet diejenige des jungen Caracalla mit dem Brust-
        bild des Geta auf der Rückseite; beide sind wohl kurz nach der Ernennung des Caracalla
        zum Augustus und des Geta zum Caesar geprägt.

Severus und Caracalla

(Ovinius Tertullus)

1449
K 2K
AV K A CEΠ·CEVHPOC·Π·AV·K· Μ·AVPH·AN... die Brustbilder des Severus r. und des Caracalla l., beide mit L. P. M., einander zugekehrt
Gewicht: 9,89

VITA O.....TVΛΛOV NIKOΠOΛI ΠPOC · I Nackter Herakles r. stehend, die R. auf die Keule gestützt, in der L. den Bogen, über dem l. Arm das Löwenfell

1 London Cat. 43, 19

Diese Münze sowie diejenigen mit den Brustbildern des Caracalla und Geta sind die einzigen von Nikopolis, auf deren Vs. zwei Köpfe erscheinen; dass sie trotzdem schwerlich als Pänler, sondern wie alle anderen als Vierer anzusehen sind, wurde schon in der Einleitung S. 333 bemerkt; sie sind wohl bei derselben Gelegenheit geprägt worden wie die beiden kleinen Münzen mit je einem Kopf auf jeder Seite (vgl. die Bemerkung zu 1448).

Domna

(Ovinius Tertullus)

1450
K 28
ΙΟVΛΙΑ·ΔΟΜΝΑ CΕΒΑCΤ° Ηr. r.

VΠA OOVINI TEPTVΛΛOV | NIKO- ΠOΛITΩN u. i. A. EΠ ICTPΩ Nackter Jüngling, mit leichtem Gewand über der l. Schulter und den Knieen, auf einem Felsen l. sitzend und r. blickend, den r. Arm auf dem Kopf, im l. Arm einen Jagdspeer; am Fuss des Felsens ein Bär r. schreitend, daneben ein Baum; i. F. l. AIMOC

1 Paris Mionnet S. 2, 134, 459, III, 7 [Bouthoumhi petit Mionnet 48]; Dumersan revue num. 1843, 17, III, 1; Kanitz Donau-Bulgarien I', 189 Abb.; wohl dieselbe Stück aus der Sammlung der Königin Christine bei Vaillant num. gr. 03 [Mionnet S. 2,135, 460] ungenau (mit ΥΠ KOVIN TEPTVΛΛOV NIKOΠOΛITΩN ΠP ICTPΩ und im Felde BOVAN ΔHMOC, berichtigt von Sestini descr. 44) und rother bei Holsteinis musei io Steph. (1684) 225 (mit NIKOΠOΛITΑN EΠI CTPA..... TEPTVΛΛOV und im Felde AIMOC) aus der Sammlung Gottfredi.

Über den Typus vgl. besonders Dumersan a. a. O. und die Einleitung oben S. 342; Abbildungen s. Tafel III, 22, 24, 25. Die Vorderseite ist aus demselben Stempel wie die der beiden folgenden Münzen.

1451
K 28
ebenso, aus demselben Stempel

VΠA OOVINI TEPTVΛΛOV NIKO- ΠOΛITΩN u. i. A. EΠ ICTPΩ Tyche mit Kalathos, Steuerruder und Füllhorn l. stehend

Gewicht: 11,65 (!)

1 Schmidt (Egger Verkaufs-Cat. 8, 194 ungenau) - - 2 Sophia. (Beide Seiten sind aus denselben Stempeln.)

390　　　　　　　　MOESIA INFERIOR

[Domna]

1452　ΙΟΥΛΙΑ · ΔΟΜΝΑ CEBACT　Br. r.　[VITA OOV TEPTVΛΛΟV NIKOΠΟ-
K 28　(aus demselben Stempel wie 1450　ΛΙΤΩΝ u. i. A. ΠΡΟΣ ICTP Ad-
　　　und 1451)　　　　　　　　　ler mit leicht erhobenen Flügeln
　　　　　　　　　　　　　　　　auf dem Blitz r. stehend und den
　　　　　　　　　　　　　　　　Kopf (mit Kranz im Schnabel?) l.
　　　　　　　　　　　　　　　　erhebend

1 Sophia

Die eingeklammerten Buchstaben sind auf dem mir vorliegenden Abguss nicht zu erkennen; doch glaubt Herr Tacchella auf dem Original, das ich nicht gesehen habe, VITA . .V TEP- TVΛΛΟV zu lesen, und da die Vs. aus demselben Stempel ist wie die der anderen Münzen dieses Statthalters, so dürfte diese Lesung richtig sein.

(Aurelius Gallus)

1453　ΙΟΥΛΙΑ | ΔΟΜΝΑ CEB　Br. r.　VΠ AV ΓΑΛΛΟV NIKOΠOΛIT u. i.
K 26　　　　　　　　　　　　　　Λ. ΠΡΟC l Athena r. stehend,
　　　　　　　　　　　　　　　　die R. auf den Speer, die l. auf
　　　　　　　　　　　　　　　　den Schild gestützt, der auf einer
　　　　　　　　　　　　　　　　niedrigen Basis steht

1 Belgrad

1454　ΘΕΑ · ΔΟΜΝΑ | [CEBACTH] ebenso　. : [AVP ΓΑΛ]ΛΟV NI..............
K 26　　　　　　　　　　　　　　Athena r. stehend, die R. auf den
　　　　　　　　　　　　　　　　Speer gestützt, die l. undeutlich

1 St. Petersburg, früher Chaudoir, Sestini Mus. Chaud. 44, 5

Die Schrift der Vs., welche Sestini noch vollständig las, ist nach o. 1464 ergänzt; auf der Rs. sind von den eingeklammerten Buchstaben auch schwache Spuren zu erkennen. Die Bezeichnung der Kaiserin als ΘΕΑ bedeutet hier natürlich nicht, dass die Münze erst nach ihrem Tode geprägt ist.

1455　ΙΟΥΛΙΑ ΔΟ ΜΝΑ CEBA ebenso　VITA AVP ΓΑΛΛΟ NIKOΠO... u. i.
K 27　　　　　　　　　　　　　　Λ. ΠΡΟ[C] Aphrodite in der
　　　　　　　　　　　　　　　　Haltung der capitolinischen nach
　　　　　　　　　　　　　　　　vorn stehend; neben ihr links eine
　　　　　　　　　　　　　　　　kleinere (geflügelte?) Figur l. ste-
　　　　　　　　　　　　　　　　hend (Eros?)

T. XV, 33　Abbildung der Rs.

1 St. Petersburg

Über den Typus vgl. die Einleitung S. 339. — Es ist unsicher, ob die kleine Figur geflügelt ist; sie scheint in der R. einen länglichen Gegenstand (Fackel?) nach unten zu halten. Das A hat auf der Rs. überall die Form Λ; es könnte also auch VΠ Λ gelesen werden.

1456　ΙΟΥΛΙΑ | ΔΟΜΝΑ CE ebenso　VITA AVP ΓΑΛΛΟV NIKOΠOΛITΩN
K 27　　　　　　　　　　　　　　u. i. A. ΠΡΟC ICTPO Nackter
　　　　　　　　　　　　　　　　Dionysos mit Traube und Thyr-
　　　　　　　　　　　　　　　　sos l. stehend; vor ihm der Panther

Abweichungen: Vs. am Schluss CEB(A?) 2 — anderer 4 — ΔΟ ΜΝΑ CEBA (– 1455) 3: — Rs. angeblich VITA AV 4 — am Schluss ICTP 2, angeblich ICT 4
1 München　2 Paris · · 3 Wien Arneth Sitzungsb. 9, 900, 44 ungenau, —'– – 4 Mionnet S. 2, 134, 457; III, 6 von d'Hermand

1457 K 28	(Domna) — 1455	ΥΠΑ ΑΥΡ ΓΑΛΛΟΥ ΝΙΚΟΠΟΛΕΙΤΩΝ u. i. A. ΠΡΟC ΙCΤΡΟΝ Bärtiger Priapos (mit Epheukranz?) in langem Gewand und mit Stiefeln nach vorn stehend und mit beiden Händen den unten geöffneten Mantel über der Brust zusammenhaltend; neben ihm links ein Korb mit Früchten, rechts wohl ein Haufen von Ähren
T.XVI,35	Gewicht: 11,14 (1, E.m.) Abbildung des R. (1)	

1 Berlin Cat. 76,24 Abb. — 2 Wien Arneth Sitzungsber. 9, 900, 45. — 1 — Hierher wohl 3 die Münze der Auction Sabby Bey, auf der Webster num. chron. 1873, zu einem opfernden Kaiser setzen wollte; s. unten 1463⁰.

Über den Typus vgl. die Einleitung S. 340. Ein Korb, der dem hier neben Priapos stehenden gleicht, erscheint wiederholt auch als selbständiger Typus, s. B. Tal. XX, 36. — Das A auf der R. hat überall die Form A; vgl. zu 1455.

| 1158
K 26 | ΙΟΥΛΙΑ | ΔΟΜΝΑ CE ebenso | ΥΠ ΑΥ ΓΑΛΛ ΝΙΚΟΠΟΛΙ u. i. A. ΠΡΟC | Nackter (jugendlicher?) Herakles r. stehend, die R. auf die Keule gestützt, in der vorgestreckten L. mit dem Löwenfell die Äpfel (?) |

1 Moskau Univ. Cat. 102, 1, 8

Der Gegenstand in der linken Hand des Herakles ist undeutlich; es sind entweder die Äpfel, wie Oreshnikow vermuthet, oder der Bogen wie auf der ähnlichen Münze des Severus (n. 1308).

| 1459
K 27 | ΙΟΥΛΙΑ ΔΟΜΝΑ CEBA ebenso | ΥΠ ΑΥΡ ΓΑΛΛΟΥ ΝΙΚΟΠΟΛΙ ΠΡΟC | Bärtiger Flussgott mit Schilfkranz und nacktem Oberkörper l. gelagert und r. blickend, mit dem r. Arm einen im Hintergrunde stehenden Baum umfassend, den l. Arm auf dem strömenden Quellgefäss |

1 London Cat. 44, 20 Abb.; vorher abgebildet bei Percy Gardner Greek River-worship (Transactions of the R. Soc. of Literature 1878, S. 173-218), Tafel II, 9

Der Flussgott ist nicht unbärtig, wie Gardner a. a. O. S. 213 und im Catalogue meint, sondern sicher bärtig, wie ein mit freundlichst übersandter Abguss zeigt; die Münze bildet also keine Ausnahme von der Regel, dass unter Severus der Flussgott von Nikopolis bärtig dargestellt wird (s. oben S. 343). Ferner ist der Kopf nicht gehörnt, sondern mit Schilf bekränzt, wie das Gardner im Catalogue auch berichtigt hat. Die Darstellung stimmt genau mit der Tafel XVII, 34 (von einer Münze des Severus, n. 1310) abgebildeten überein. — Auf der Vs. ist im Text als Schluss CEBAC angegeben, nach der Abbildung steht aber nur CEBA da, was wohl richtig ist; vgl. n. 1455. 1457 und 1461.

392   MOESIA INFERIOR

[Domna]

1460
K 26
ΙΟΥΛΙΑ· ΔΟΜΝΑ CЄ Br. r.
ΥΠΑ·ΑΥΡ.ΓΑΛΛΟΥ ΝΙΚΟΠΟΛΕΙΤΩΝ u. l. A. ΠΡΟϹ ΙϹΤΡΟΝ Stadtgöttin mit Mauerkrone, Schale und Scepter an einem Altar l. stehend; hinter ihr Nike, mit der R. ihr einen Kranz aufsetzend, im l. Arm den Palmzweig

T. III, 11   Abbildung der Rs.
1 London Cat. 44, 21
Zur Erklärung des Typus vgl. die Einleitung S. 334 und 341.

1461
K 27
ΙΟΥΛΙΑ ΔΟΜΝΑ ϹЄΒΑ ebenso
(ΥΠΑ) ΑΥΡ ΓΑΛΛΟΥ ΝΙΚΟΠΟΛΙΤΩΝ u. l. Λ. ΠΡΟϹ ΙϹΤΡΟΝ ebenso

1 Sophia

1462
K 26
— 1460
ΥΠΑ·ΑΥΡ ΓΑΛΛΟΥ ΝΙΚΟΠΟΛΙΤΩΝ ΠΡΟϹ ΙϹΤΡ.. Göttin mit Schale und Scepter am Altar L stehend

1 Venedig Marciana
Ob in der dargestellten Figur die Stadtgöttin zu erkennen ist wie bei dem vorhergehenden Typus (n. 1460. 1461) oder Hera, ist unsicher; letzteres wäre wahrscheinlicher, wenn die Frau keine Mauerkrone oder Kalathos hat, doch könnte ich das auch übersehen haben.

1463
K 26
ebenso
ΥΠ ΑΥ ΓΑΛΛΟΥ. ΝΙΚΟΠΟ u. l. A. ΠΡΟϹ Ι· Tyche mit Kalathos, Steuerruder und Füllhorn l. stehend

1 Schmidt (Egger Verkaufs-Cat. 8, 275). Hierher vielleicht 2 Münzen mit unsicheren Namen (Vs. .... ΔΟΜΝΑ ϹΕΒΑϹΤ.; Rs. V........OΠΟΛΙΤΩΝ ... L A. ΠΡΟϹ Ι·)

1464
K 28
ΘΕΑ·ΔΟΜΝΑ· ϹΕΒΑϹΤΗ Br. r.
ΥΠΑ ΑΥΡ ΓΑΛΛΟΥ ΝΕΙΚΟΠΟΛΙΤ ΠΡΟϹ ΙϹ Kaiser mit flatterndem Mantel zu Pferde r., den Speer auf einen unten r. springenden Eber (?) richtend

1 Bukarest 2 Iwersen 3 London Cat. 45, 27 Abb.; wohl dieses Exemplar bei Sestini descr. 41, 39. II, 3 [Mionnet S. 2, 134, 438] von Aloisie Sestini z. a. O. wollte in der reitenden Figur die Kaiserin erkennen, Mordtmann arch.-ep. Mitth. 8, 209 den sogenannten thrakischen Reiter; es ist aber sicher der Kaiser auf der Jagd; ob das gejagte Thier ein Eber ist, scheint mir nicht ganz sicher. — Das A hat auf dem Londoner Exemplar die Form Λ; vgl. oben zu 1455.

1465?
K (27)
ΙΟΥΛΙΑ ΔΟΜΝΑ ϹΕΒΑ Br. r.
ΤΠ Α ΑΤΡ ΓΑΛΛΟΤ ΝΙΚΟΠΟΛΕΙΤΩΝ ΠΡΟϹ ΙϹΤΡΟΝ Severus, ein Opfer darbringend, vor ihm ein Altar, hinter ihm Ähren und Mohnköpfe

1 Webster num. chron. 1873, 30 aus der Auction Subhy Bey
Die Angabe, dass hinter der Figur Ähren und Mohnköpfe liegen, zeigt, dass es sich nicht um einen Kaiser handeln kann; vielmehr haben wir es wohl mit der Darstellung des Priapos zu thun, von der zwei Exemplare oben n. 1457 verzeichnet sind; dafür spricht auch die genaue Übereinstimmung in der Schrift.

[Domna]
Unter dem Statthalter Flavius Ulpianus scheinen in Nikopolis keine Münzen mit dem Bilde der Domna geprägt worden zu sein.

(ohne Statthalternamen)

1465 IOVAIA·ΔOMNA·CEBAC Br. r.   NIKOΠOΛI· ·ΠPOC ICTPO
K 22   Athena mit Helm und Aigis, gegürtetem Chiton und Himation r. stehend, die R. auf den Speer gestützt, an dem sich eine Schlange emporringelt, die L. auf dem Schild, der auf einer niedrigen Basis steht
T. XV, 16 Abbildung der Rs. (1)
Gewicht: 5,61 (2) — 4,05 (1. E. g., aber sehr dünner Schrötling)
1 Gotha Sestini lett. 9, 5 [Mionnet S. 2, 135, 462] — 2 London Cat. 44, 22
Über den Typus vgl. die Einleitung S. 337 fg.

1466 IOVAIA ΔOMNA CEBA ebenso   NIKOΠOΛITΩN ΠPOC IC Athena
K 21   r. stehend, die R. auf den Speer (ohne Schlange), die L. auf den Schild (ohne Basis) gestützt
1 Munter

1467 IOVAIA ΔOMNA CEBACTH ebenso   NIKOΠOΛITΩN ΠPOC ICTPON
K 22   Aphrodite in der Haltung der capitolinischen nach vorn stehend
T. XV, 32 Abbildung der Rs. (2)
Gewicht: 6,87 (2)
1 Imhof · 2 Löbbecke (beide aus demselben Stempeln). — 3 Sestini descr. 42, 41 [Mionnet S. 2, 135, 461] von Ainslie. — Kanitz Donau-Bulgarien I², 189 erwähnt ein solches oder ähnliches Stück, das ihm auf dem Boden von Nikopolis selbst gezeigt wurde.

1468 ebenso   NIKOΠOΛEITΩN u. I. A. ΠPOC ICT
K 23   Geflügelter Eros auf einem Löwenfell (?) l. liegend und schlafend, neben ihm die Fackel
1 Rollin
Der gleiche Typus erscheint auf Münzen des jungen Caracalla (unten n. 1489) und ist Tafel XVI, 4 abgebildet.

1469 IOVAIA ΔOMNA CEBAC ebenso   NIKOΠOΛITΩN ΠPOC ICTP
K 23   Nemesis mit Wage und Stab l. stehend, am Boden das Rad
Gewicht: 4,96
1 London Cat. 44, 23. · — 2 (— 1?) Sestini descr. 41, 40 [Mionnet S. 2, 136, 466] von Ainslie

1470 IOVAIA ΔOMNA CEBA Br. mit Stephane r.   NIKOΠOΛIT ΠPOC ICTP ebenso; der Stab hat oben einen Ansatz (Geissel?)
K 24
Gewicht: 7,05
1 Sophia

394   MOESIA INFERIOR

(Domra)

1471
K 22
ΙΟΥΛΙΑ·ΔΟΜΝΑ CEB Br. r.   ΝΙΚΟΠΟΛΙΤΩΝ ΠΡΟC ΙCΤΡ (so)
  Nemesis l. stehend, mit der R.
  das Gewand über der r. Schulter
  lüftend, im l. Arm kurzen Stab,
  am Boden das Rad
Gewicht: 5,50(1)
Abweichungen: V&. Schluss der Schrift fehlt 2
1 Lübbecke — 2 St. Petersburg

1472
K 21
ΙΟΥΛΙΑ ΔΟΜΝΑ CEBAC ebenso   ΝΙΚΟΠΟΛΙΤ ΠΡΟC ΙCΤΡ ebenso(?)
Gewicht: 3,32
1 London Cat. 44, 24
Der Typus der Rs. ist demjenigen von n. 1471 sehr ähnlich; doch scheint die Frau hier einen Schleier zu tragen und in der zur Schulter oder zum Munde erhobenen R. Ähren zu halten; jedenfalls weist die Beigabe des Rades auf eine der Nemesis verwandte Göttin. — Auffallend ist das niedrige Gewicht des Münze; es wäre möglich, dass sie trotz des grösseren Durchmessers doch zu den Einern gehörte, wie unten n. 1476.

1473
K 23
ΙΟΥΛΙΑ ΔΟΜΝ .... ebenso   ΝΕΙΚ
  ΟΠΟΛΙ
  ΤΩΝ ΠΡ   im Lorbeerkranz
  ΟC ΙC
1 Bukarest

1474
K 16
ΙΟΥΛΙΑ ΔΟΜΝΑ CE Br. r.   ΝΙΚΟΠΟΛΙΤΩΝ ΠΡΟC ΙCΤΡ
  Nackter Apollon (oder Bonus
  Eventus) mit Schale und Lor-
  beerzweig l. stehend
1 Paris Mionnet S. 2, 136, 465

1475
K 18
ΙΟΥΛΙΑ ΔΟΜΝΑ ebenso   ΝΙΚΟΠΟΛΙ ΠΡΟC ΙCΤΡ Nackter
  Dionysos mit Traube und Thyr-
  sos l. stehend
Abweichungen: V&. ΙΟΥΛΙΑ .... 1. — R&. ΝΙΚΟΠΟΛΙΤ ΠΡΟC Ι 2
1 Bukarest — 2 Sophia

1476
K (21)
ΙΟΥΛΙΑ ΔΟΜΝΑ CEB ebenso   ΝΙΚΟΠΟΛΙΤ ΠΡΟC ΙCΤ ebenso
1 Rollin. — 2 Mionnet S. 2, 135, 463 von Beauvoisin
Das Exemplar, das Svoronos bei Rollin beschrieben hat, könnte nach seinem Durchmesser (21 mm) auch zu den Zweiern gerechnet werden wie n. 1465-1473); da aber das sonst damit übereinstimmende Stück von Beauvoisin kleiner war und eine gleiche V&. sich auch bei "Einern findet (unten n. 1480 und 1481,2), so ist es hier mit verzeichnet; vgl. auch n. 1472.

1477
K 17
ΙΟΥΛΙΑ ΔΟΜΝΑ ... ebenso   ΝΙΚΟΠΟΛΙΤ ΠΡΟC ΙCΤΡΟ Con-
  cordia mit Kalathos, Schale und
  Füllhorn l. stehend
Abweichungen: V&. ..ΥΛΙΑ .ΟΜ... 2 — ΙΟΥΛΙΑ ΔΟΜΝΑ CEBACTH 4 — nicht beschrieben 3; — R&. am Schluss ΙCΤΡ 3, 4 — ΝΙΚΟΠΟΛΙΤ.... 2 — Concordia vielleicht ohne Kalathos 2
1 London Cat. 44, 25 — 2 St. Petersburg. — — 3 Mionnet S. 2, 135, 464 aus der Sammlung de la Goy — 4 Chaix descr. 35; wohl = Hoffmann 1r semiasse 1396

	[Domna]		
1478 K 17	IOVAIA ΔOMNA C(?) Br. r.		NIKOΠOΛITΩN ΠPOC ... Löwe r. schreitend
	1 Paris Blanchet revue num. 1892. 73, 49		
1179 K 18	IOVAIA ΔOMNA CЄ ebenso		NIKOΠOΛITΩN ΠPO,C ICTP Rind r. schreitend
	Abweichungen: Rs. ΠPO C I...., 2 — ΠP..... 3 1, 2 Bukarest — 3 London Cat. 44, 26		
1480 K 17	IOVAIA ΔOMNA CЄB ebenso		NIKOΠOΛITΩN ΠPOC I u. i. A. CTPON Rind l. schreitend
	Abweichungen: Vs. IOV ΔOMNA CCB 2 1 Moskau. — — 2 Mionnet S. 2, 136, 467 von Beauvoisin		
1481 K 15	IOVA ΔO (CЄBACTH) ebenso		NIKOΠO..... ΠPOC ICT Adler mit geschlossenen Flügeln auf einem Felsen (?) r. stehend und den Kopf mit Kranz im Schnabel l. wendend
	Abweichungen: Vs. IOVAIA Δ OMNA CЄB 2 — Schrift unsicher 3: — Rs. NIKO ..... ΠPOC ICT 3 ·· NIKO..... 2 — der Adler angeblich auf einer Kugel 3 ·· Adler auf dem Boden selbst stehend (?) 2 1 Wien Froelich 4 tentam. 251, 116 Abb. d. Rs. [Gessner Imp. CXXXIX, 70]; Eckhel cat. 58, 25 [Mionnet S. 2, 136, 470]; Arneth Sitzungsber. 9, 900, 46 — 2 im Handel. — — 3 Wiczay 2199; Sestini 34, 22 Auch bei dem Wiener Exemplar ist es unsicher, worauf der Adler steht; es scheint mir eher eine niedrige Bank als ein Felsen zu sein; dasselbe wäre auch bei dem zweiten Exemplar möglich.		
1482 K 17	IOVA ΔO CЄBACTH ebenso		NIKOΠOΛIT ΠPOC ICTP Halbgeöffneter Korb, aus dem eine Schlange l. hervorkriecht (Cista mystica = 1504)
	1 Paris Blanchet revue num. 1892, 72, 46, 1, 7		
1483 K 16	ebenso		NIKOΠOΛIT ΠPOC ICTPON Korb mit grossem Bügel, darin Früchte (Äpfel?)
	Gewicht: 2,85 (1) Abweichungen: Vs. ΔOM statt ΔO 3 1 Gotha — 2 Kopenhagen — 3 Wien Froelich 4 tentam. 251, 215 Abb. d. Rs. [Gessner imp. CXXXIX, 69]; Eckhel cat. 58, 24 [Mionnet S. 2, 136, 469)]; Arneth Sitzungsb. 9, 900, 47. — — 4 Wiczay 2198; Sestini 34, 20 Über die Form des Korbes vgl. zu n. 1428.		
1484 K 18	IOVAIA· ΔOMNA CЄ ebenso		NIKOΠOΛITΩN ΠPOC ICTPO Kantharos
	Abweichungen: Vs. am Schluss CЄB 2; — Rs. ΠPOC nicht zu lesen 2 1 Moskau. — — 2 Mionnet S. 2, 136, 465 von Beauvoisin		

396

	[Domna]	
14×5 K 18	IOVA ΔOM CEB|ACTH| Br. r. 1 Paris Blanchet revue num. 1892, 73, 48	NIKOΠOΛITΩN ΠPOC ICTPO Mondsichel und darüber in der Höhlung ein Stern
14×6 K 17	IOVAI|A ΔO|MN(A) CE ebenso 1 Bukarest. — Auf der Vs. scheint vor IOVAI ein E zu stehen; ob aber wirklich EIOVAI(A) zu lesen ist, bleibt zweifelhaft.	NIKOΠOΛIT ΠPOC ICTPON ebenso, aber unter der Mondsichel ein zweiter, kleinerer Stern
14×7 K 17	IOVAIA ΔOMNA CEBA ebenso Abweichungen: Vs. IOVAIA ΔOM.... BA.. 1 — IOV ΔOM..... (= 1488?) 2; — Rs. am Schluss IC... 1 1 Bukarest a Paris Blanchet revue num. 1892, 73, 47 — 3 im Handel	NIKOΠOΛITΩN ΠPOC ICTP Stern mit acht Strahlen, an den Enden Punkte
14×8 K 16	IOVA ΔOM |C|EBACTH ebenso Abweichungen: Vs. IOVA ΔOM.... 2; — Rs. am Schluss ICT... 1 1 Bukarest — 2 Wien Arneth Sitzungsber. 9, 900, 47 a	NIKOΠOΛIT ΠPOC ICTPON ebenso

Caracalla Caesar

Hierher gehören sicher alle Münzen mit der ungewöhnlichen Namensform Μάρκος Αὐρήλιος Καίσαρ Ἀντωνῖνος und dem Kopf oder Brustbild ohne Lorbeerkranz; aber auch die Münze, die bei derselben Namensform das Brustbild mit Lorbeerkranz zeigt (n. 1502), und eine andere mit ebenfalls gekränztem Brustbild und der Namensform Μάρκος Αὐρήλιος Ἀντωνῖνος Καίσαρ (n. 1510) gehören wohl in die Zeit vor Caracallas Ernennung zum Mitherrscher.

14×9 K 22	M AVP KAI ANTΩNEINOC Knabenhaftes Brustbild mit Gewand r.	NIKOΠOΛEITΩN und unten ΠPOC ICT Geflügelter Eros l. auf dem zusammengerollten Löwenfell (?) liegend und schlafend, die linke Hand unter dem Kopf, während die der rechten entsunkene Fackel neben ihm auf dem Fell liegt
T. XVI, 4	Abbildung der Rs. (1) 1 Paris, früher Allier. Mionnet S. 2, 175, 658: Domerean 21 (beide Irrig unter Elagabalus) — 2 Phillippopel. — (Beide Seiten sind aus denselben Stempeln.) Derselbe Typus findet sich auf einer Münze der Domna, oben n. 1468, wohl aus demselben Stempel.	

[Caracalla Caesar]

1490 ebenso, aus demselben Stempel **ΝΙΚΟΠΟΛΙΤΩΝ ΠΡΟC ΙCΤΡΟΝ**
K 2t
Tyche mit Kalathos, Steuerruder
und Füllhorn l. stehend
Gewicht: 5,53 (K. m.)
1 Berlin Cat. 77.05

1491 M AVP KAI ANTΩNINOC Knaben- **ΝΙΚΟΠΟΛΙΤ ΠΡΟC ΙCΤΡΠ**
K 17 hafter Kopf r.
Nackter Apollon (oder Bonus
Eventus?) mit Schale und Zweig
l. stehend
Gewicht: 2,48 (1)
Abweichungen: Vs. am Schluss ohne C I; — Rs. ΙCΤΡΟ (?) 1
1 Gotha — 2 Wien Arneth Sitzungsber. 9, 906, 134 unter Elagabalus

1492 M A V [K A[I] ANTΩNIN Br. m. P. **ΝΙΚΟΠΟΛΙΤΩΝ ΠΡΟC I** Kopf des
K 18 und M. r. Helios mit Strahlenkranz r. (1358)
T. XIV, 24 Abbildung der Rs.
1 Bassarabescu
Über den Typus vgl. die Einleitung S. 339.

1493 M AVP KAI ANTΩN.... Kopf r. **ΝΙΚΟΠΟΛΙΤ ΠΡΟC ΙCΤΡ** Nackter
K 17
Hermes mit Beutel und Stab l.
stehend, über dem l. Arm die
Chlamys
Abweichungen: Vs. M AVP KAI ANT.... 1 — angeblich M AVPHA ANTΩNI
und Kopf mit Lorbeerkranz (vgl. n. 1502 und 1510) 3
1 Budapest — 2 Löbbecke. — — Hierher vielleicht 3 Sestini descr. 48, 50 [Minnori
N. 2, 140, 493] von Ainslie.

1494 M AVP KAI ANTΩNN OC ebenso N IK ΟΠΟΛ ΠΡΟC ΙCΤ... ebenso
K 17
1 Paris. — Die Schrift der Vs. ist nach n. 1496 ergänzt.

1495 M AVP KAI .... Br. m. P. und M. r. **ΝΙΚΟΠΟΛΙΤ ΠΡΟC ΙCΤΡ** Diony-
K 16
sos, nackt, nur mit der Chlamys
über der l. Schulter und mit Stiefeln, l. stehend, in der vorg. R.
Traube, die L. auf den Thyrsos
T. XVI, 28 Abbildung der Rs. gestützt
1 Imhoof

1496 M AVP KAI ANTΩNNOC (so!) **ΝΙΚΟΠΟΛΙΤ [ΠΡΟC ΙCΤΡ]** Dio-
K 17 ebenso nysos wie vorher, aber mit der
R. den Kantharos ausgiessend
Gewicht: 2,73 (1) — 2,60 (2)
Abweichungen: Vs. M AVP KAI ANT... 1 — angeblich M AV KA ANTΩNINOC 4
— nicht angegeben (also vielleicht Caracalla als Kaiser!) 3; — Rs. rechte Hälfte
der Schrift fehlt (nach 3 und 4 ergänzt) 1, 2 - Dionysos nackt (?) 3, 4
1 Berlin Cat. 79, 36 — 2 Löbbecke. — — 3 Mus. Arigoni 1 alia imp. gr. X, 156 — 4 Sestini
descr. 43, 58 [Mionnet S. 2, 141, 495] von Ainslie

398   MOESIA INFERIOR

(Caracalla Caesar)

1497
K 17
...... ANTΩNIN Br. m. P. u. M. r.   NIKOΠOΛI ΠPOC I Dionysos wie
vorher mit dem Kantharos, aber
nackt
Abweichungen: Vs. M AVR ANTΩN (?) 2; — Rs. am Schluss hinter I vielleicht
noch Buchstaben 2
1 München 2 im Handel

1498
K 16
M AV K ANTΩNIN ebenso   NIKOΠO ΠPOC ICT Nackter He-
rakles r. stehend, die R. auf die
Keule gestützt, in der vorg. L. mit
dem Löwenfell wohl die Äpfel
Abweichungen: Vs. erste Hälfte der Schrift fehlt 1
1 Berlin Cat. 79, 37 angenom. - 2 Sophia

1499
K 19
M AV KAI' ANTΩNINOC ebenso   NIKOΠOΛITΩN ΠPOC I Concordia mit Kalathos, Schale und Füll-
horn l. stehend

Gewicht: 2,90
1 Gotha

1500
K 16
.... I LAX VA M ebenso   NIKOΠOΛIT !..OC ICTP ebenso
1 Bukarest

1501
K 18
[M] AVP KAI ANTΩ..... Kopf r.   [NIK]OΠOΛIT ΠPOC ICTP ebenso
Abweichungen: Vs. angeblich AV KAI ANTΩNI... 2; - Rs. NIKOΠOΛ....
ICTP 2 - die Schale nicht ganz sicher 1
1 St. Petersburg. — — Hierher wohl auch 2 Mionnet S. 2, 176, 690 aus der Sammlung
Beaurowin, unter Elagabalus, von dem es aber hier keine Münzen ohne Lorbeerkranz
giebt

1502
K 15
MAP AV K ANTΩNIN Br. mit Lor-   NIKOΠOΛIT | ΠPOC ICTPO
beerkranz, Panzer und Mantel r.   ebenso
Abweichungen: Vs M AVPH ANTΩNINOC 2; — Rs. am Schluss ICTP 2
1 Windisch-Grätz. —] — Hierher wohl auch 2 Sestini descr. 42,55 [Mionnet S. 2, 141, 498]
von Ainslie
Die Namensform Μάρκος Αὐρήλιος Κάλπιος Ἀντωνῖνος spricht dafür, die Münze in die Zeit
zu setzen, wo Caracalla noch Caesar war, während die Beigabe des Lorbeerkranzes sie
in die Zeit seiner Mitherrschaft weisen würde; doch hatte dem Stempelschneider gewiss
keine römische Münze aus der letzteren Periode als Muster vorgelegen, da er sonst auch
die Namensform richtig angegeben hätte; er scheint also den Lorbeerkranz willkürlich hin-
gegeben zu haben, so dass dieser für die Zeitbestimmung nichts zu bedeuten hätte. Das
Gesicht des Caracalla ist jugendlich, aber nicht mehr so knabenhaft wie auf manchen anderen Münzen dieser Gruppe.

1503
K 17
Taf. XX, 3
[M AVP KAI] ANTΩNNOC (sic!) Br.   NIKOΠOΛIT ΠPOC ICTP Weiden-
m. P. und M. r.   der Stier l.
Abbildung des Rs. (1)
Abweichungen: Vs. Schrift ähnlicher 2
1 Berlin Cat. 77, 26. - . - 2 Sestini descr. 43, 59 [Mionnet S. 2, 141. 500] von Ainslie.
Die Schrift der Vs. ist nach o. 1496 ergänzt.

[Caracalla Caesar]

1544
K 17
M AVP KAI ANTΩN[INOC] Kopf r. NIKOΠOAIT ΠPOC ICTP Halbgeöffneter Korb, aus dem eine Schlange l. hervorkriecht (Cista mystica = 1482)

Abweichungen: V. M AVP KAIC ANTΩNINOC 4 – ANTΩN..., 1. 2. 3; – R. NIKOΠOAITΩN ΠPOC ICTPON (?) 4

1 Bukarest – 2 München – 3 Sophia. 4 Cat. Weber 1363

1545
K 17
[M] AVP KAI | ANTΩNINOC ebenso NIKOΠ... | ΠPOC IC Schlange, um den Omphalos (?) geringelt (vgl. 1421)

1 Wien Arneth Sitzungsber. 9, 906, 133 irrig unter Elagabalus

Die Münze ist verpolirt und schlecht erhalten, so dass der Omphalos nicht deutlich ist; jedenfalls ist es nicht die ›Cista mystica‹, sondern eher ebenfalls ein Altar, aus dem die Schlange hervorkriecht (ähnlich n. 1349). — Dass auf der Vs. der Kopf des Caracalla dargestellt ist, ist sicher.

1546
K 15
[M] AV K [A]NT....... Kopf r. NIKOΠOA...... Schlange, um ein hohes Gefäss (?) geringelt

1 Paris

Es ist nicht ganz sicher, ob das von der Schlange umwundene Geräth das schlanke Gefäss ist, das auf Münzen der Severer erscheint (n. 1422 u. 1423; Taf. XX. 31); dass keine Abzeichen zu bemerken sind, kann an der schlechten Erhaltung liegen (vgl. aber 1607). Nvoronos vermuthete, dass es sich um schlechte Zeichnung eines Dreifusses handelt.

1547
K 17
M AV K | ANTΩNIN.. Br. m. P. und M. r. NIKOΠOAITΩN ΠPOC I Schlange, um einen Dreifuss geringelt, Kopf r. (= 1424)

1 Wien Eckhel cat. 58, 32 [Mionnet S. 2, 143, 509]; Arneth Sitzungsber. 9, 901, 60

1548
K 17
[M] AV K ANTΩNIN Kopf r. NIKOΠ[OAI]TΩN ΠPOC IC Zwei Füllhörner mit Blumen und Früchten, sich kreuzend

T. XX. 33

Abbildung der Rs.
1 im Handel (Egger Verkaufs-Cat. 8, 179)

1549
K 17
........ANTΩNIN Kopf r. NIKOΠOAIT ΓPOC ICT Korb mit grossem Bügel, darin Früchte (vgl. 1428)

Abweichungen: V. ...A, [ANTΩNI 2; – R. ΠPOC ICTPO (eher Π als O) 2

1 München – 2 St. Petersborg

1550
K 16
MAP A[V] ANTΩN K Br. mit Lorbeerkranz, P. und M. r. NIKOΠOAIT ΠPOC ICTPO ebenso

Abweichungen: V. Schrift unleserlich, aber der Lorbeerkranz ziemlich sicher 2; – R. NIKOΠOA... POC ICT (= 1509, I?) 2

1 Rollin (Abguss vorhanden) – 2 Wien Arneth Sitzungsber. 9, 902, 63

Nach der Namensform des ersten Exemplars ist auch hier wie bei n. 1502 Caracalla trotz des Lorbeerkranzes als Caesar anzusehen; das zweite Exemplar könnte aber auch erst in der Zeit seiner Mitherrschaft geprägt sein.

400   MOESIA INFERIOR

(Caracalla Caesar)

1511 K 16 ....ΩTMA IAX VA [M] (von l. unten) Kopf r. NIKOΠOAIT (ΠPOC) ICTP Korb mit Früchten, an jeder Seite hängt eine Traube heraus (= 1429)

T. XX, 36 Abbildung der Rs.
1 Paris Blanchet revue num 1892, 73, 58

1512 K 16 ..IMΩTMA IAX VA M Ik. m. P. u. M. r. NIKOΠ[OAI]T ΠPOC ICTP Weintraube (vgl. 1430)
1 Wien, früher Welzl, Cat. 1145; Arneth Sitzungsber. 9, 897, 32 irrig unter M. Aurelius; s. oben 1228°

1513 K 17 M AVP KAI ANTΩNINO Kopf r. NIKOΠOAITΩN ΠPOC ICTPO· Mondsichel und in der Höhlung ein Stern (= 1436)
Abweichungen: Vs ..... ANTΩNIN 2: — Rs. vielleicht ICTPΩ
1 St. Petersburg. früher Chaudoir, Sestini Mus. Chaud. 44,6 — 2 im Handel

1514 K 17 M AV KA ANTΩNIN Ilr. m. P. u. M. r. NIKOΠOAITΩN ΠPOC I[C?] ebenso
1 Sophia

1515 K 17 M AVP KA ANTΩN.. ebenso NIKOΠOAIT ΠPOC ICTPO Stern mit acht Strahlen
1 Löbbecke

Caracalla Augustus
(Ovinius Tertullus)

1516 K 25 .....AVP ANTΩ..NOC Br. m. L. P. M. r. ...OOV TEPTVAAOV NIKOΠOAI TΩN u. i. A. [ΠP]OC IC Zeus mit Schale und Scepter L sitzend
1 Im Handel. — Hinter OOV stand vielleicht noch ein 1 oder ein Punkt.

1517 K 26 AV K M AVP[H?] I ANTΩNINOC ebenso VΠ..... [TEPT]VAAOV N[IK]OΠO· AIT.... Apollon, nackt bis auf den von den Schultern herabhängenden Mantel, r. stehend, in der gesenkten R. das Plektron (?), mit der L. die Lyra auf eine Stele stützend
1 Wien, früher Wiczay 2202, VII, 158; Sestini 34, 24; Arneth Sitzungsber. 9, 901, 54 b Auf der Rs. haben die Früheren ΓΑΛΛΟV gelesen, doch schien mir trotz der sehr schlechten Erhaltung die Lesung ...VΛΛΟV sicher. Von den Buchstaben, die Sestini im Felde las (ΠPOC IC TPO in vier Reihen), habe ich nichts gesehen.

1518 K 27 AV·K·M·AVP· ANTΩNINOC ebenso ....[O]OV TEPTVAAOV NIK[OΠO· A[ITΩN u. i. A. [ΠPOC ...] Apollon in der Stellung des Sauroktonos r., die L. auf den Baumstumpf gestützt
1 im Handel. Die Einzelheiten des Typus konnten wegen der schlechten Erhaltung der Münze nicht erkannt werden.

	[Caracalla Augustus]	
1519 K 28	ebenso	VΠA ΘΩV ΤΕΡΤVΛΛΟV ΝΙΚΟΠΟΛΙ u. i. A. ΠΡΟC IC Athena r. stehend, die R. auf den Speer, an dem sich eine Schlange emporringelt, die l. auf den Schild gestützt, der auf einer niedrigen Basis steht (vgl. 1273)

Abweichungen: R. die Schlange nicht so sehr!
1 Bukarest — 2 Löbbecke

1520 K 26	ebenso	VΠA ΘΩV ΤΕΡΤVΛΛΟV ΝΙΚΟΠΟ ΠΡΟC l Hermes mit Beutel und Stab l. stehend, über dem l. Arm die Chlamys

1 Bukarest — 2 Wien Froelich 4 unam. 169.147 Abh. d. Rs. [Gessner Imp. CXLIX, 60]; Eckhel cat. 38, 26 [Mionnet S. 2, 140, 490]; Arneth Sitzungsber. 9, 901, 52 Das A hinter VΠ hat auf dem Wiener Exemplar deutlich die Form A.

1521 K 26	AV K M AVP AN..... ebenso Gewicht: 13,75 1 Löbbecke	VΠA ΘΟVIN ΤΕΡΤVΛΛΟV ΝΙΚΟ..... ebenso
1522 K 27	AVT K M AVP	ΑΝΤΩ.... Kopf m. l. r.	VΠA ΘΩV [ΤΕΡΤVΛΛΟV] ΝΙΚΟΠΟΛΙΤΩΝ ΠΡΟ u. i. A. C ICTPON Hermes wie vorher, zu seinen Füssen der Hahn

1 Wien Eckhel cat. 38, 27 [Mionnet S. 2, 140, 491]; Arneth Sitzungsber. 9, 901, 53
Das A hinter VΠ hat die Form A. - Die eingeklammerten Buchstaben sind jetzt unleserlich, aber von Eckhel gewiss richtig gelesen.

1523 K 27	... M AVP ΑΝΤΩΝΙΝΟC Br. m. l. P. M. r.	VΠA ΘΟ[V] ΤΕΡΤVΛΛΟV ΝΙΚΟΠΟΡΟC (so!) ICTPO Asklepios mit dem Schlangenstab in der R. nach vorn stehend und l. blickend

1 Im Handel
Statt ΟΟ[V] könnte auch ΟΟ[VI] zu ergänzen sein.

1524 K 27	AV·K·M·AVP·| ΑΝΤΩΝΙΝΟC ebenso	VΠ A O|OV [ΤΕΡ|ΤVΛΛ OV ΝΙΚΟΠΟ[Λ]IT ΠΡΟC IC Nackter (bärtiger?) Herakles l. vortretend, mit der Keule in der erhobenen R. zum Schlage gegen die Hydra ausholend, die er mit der L. an einem Halse gepackt hält, während er mit dem r. Fusse auf sie tritt

1 Löbbecke
Die einzelnen Köpfe der Hydra sind auf diesem Exemplar nicht zu erkennen; deutlich findet sich dieselbe Darstellung auf einer Münze des Macrinus, Tafel XVII, 11.

[Caracalla Augustus]

1525 AV·K·M·AV··ANTΩNINOC Br. m. **VΠA·OOV·TEPTVΛΛOV·NIKOΠOΛ[I]**
K 26 L. P. M. r. ΠPOC I· Nackter (jugendlicher?)
Herakles r. stehend, in der ge-
senkten R. die Keule, in der vorg.
L. mit dem Löwenfell den Bogen

1 St. Petersburg
Ob auf der Vs. AVP oder AVPH stand, ist unsicher. Die Rs. ist sehr ähnlich oder vielleicht gleich derjenigen einer Münze des Severus, oben n. 1276.

1526 AV·K·M·AVP·ANTΩNINOC ebenso **VΠA·OOV·TEPTVΛΛOV·NIKOΠO·**
K 27 u. unten **ΠPOC I** Bärtiger Fluss-
gott L gelagert, in der erhobenen
R. ein Bündel Ähren oder Blumen;
unter ihm Wasser

1 Kopenhagen; vielleicht dasselbe Stück bei Sestini mus. Hederv. parte Europ. t. 34, 26
Vgl. die Münze des Severus, oben n. 1277.

1527 ebenso VΠA·OOV·TEPTVΛΛOV·NIKOΠO
K 27 **POC (sol) ICT** Concordia mit
Kalathos, Schale und Füllhorn L
stehend

Abweichungen: Vs. AVT statt AV t; — Rs. mit ΠPOC 1
1 St. Petersburg — 2 Wien
Das A in VΠA hat auf dem ersten Exemplar die Form Λ, auf dem zweiten die Form A.

1528 ebenso VΠA·[OOV]INI·TEPTVΛΛOV·NIKO-
K 27 **ΠOΛITΩN u. i. A. EΠ ICTPΩ**
Tyche mit Kalathos, Steuerruder
und Füllhorn L stehend

1 Löbbecke
Es ist zu beachten, dass hier wie auf einigen Münzen des Severus (n. 1272) und des Domna
(n. 1450. 1451) EΠ ICTPΩ statt ΠPOC ICTPΩ steht; vgl. die Einleitung S. 305.

1529 A[V K] M AV ANT...... ebenso ....OV NIKOΠ.. u. i. A.
K 27 **[Π,POC IC T]** Tempelfront mit
vier Säulen; in der Mitte Sarapis (?) l. stehend, die R. vorgestreckt (oder erhoben?), die L. auf
das Scepter gestützt

Gewicht: 10,18
1 Gotha
Die schlechte Erhaltung der Münze gestattet nicht, das Götterbild sicher zu erkennen.
Es scheint, als ob die Figur einen Kalathos auf dem Kopfe hätte, dann wäre es also
Sarapis; aber sicher ist es nicht, und die Stellung des Scepters spricht mehr für Zeus;
die Haltung des rechten Armes ist undeutlich. Dass die Figur nicht Asklepios ist wie
auf den folgenden Münzen, ist sicher. — Der Name des Statthalters ist zwar zerstört,
doch zeigt das ganz jugendliche Portrait der Vs., die vielleicht sogar aus demselben
Stempel ist wie die von 1524,7, dass die Münze unter Tertullus geprägt ist.

[Caracalla Augustus]

1530
K 28
AV·K·M·AVP· ANTΩNINOC Br. m.
L. P. M. r.
VΠA OOV TEPTVΛΛOV NIKOΠO
POC (so!) ICT· Tempelfront mit
vier Säulen auf dreistufigem Unter-
bau; in der Mitte Asklepios nach
vorn stehend und l. blickend

Gewicht: 12,03 (2)

Abweichungen: Rs. das Götterbild undeutlich 1, 2

1 Berlin Cat. 77, 27 — 2 Dresden — 3 London Cat. 45, 26

1531
K 28
ebenso
VΠA OOV TEPTVΛΛOV NIKO u. i.
A. ΠPOC IC ebenso, aber ohne
die Stufen; im Giebel **⊙** (Schild?)

1 Philippopel — 2 Venedig Marciana

1532
K 27
ebenso
.... EPTVΛΛOV NI u. i. A.
KOΠPOC
[IC?] Tempelfront mit vier
Säulen, in der Mitte ein undeut-
liches Götterbild; im Giebel ein
Kranz (oder Schlange?)

Gewicht: 10,37 (2, K. schl.)

Abweichungen: Vs. AV K M A...., 2; — Rs. die linke Seite der Schrift fehlt auf
beiden Exemplaren; im Abschnitt zeigt das Gothaer Exemplar Spuren einer
zweiten Zeile

1 Bukarest — 2 Gotha

Der Gott im Tempel könnte auch dem Gothaer Exemplar wohl Asklepios sein.

1533
K 25
ebenso
VΠ........ΛOV NIKOΠOΛI u. i. A.
ΠPOC IC Kaiser zu Pferde mit
erhobener R. im Schritt r.

1 Paris Mionnet S. 2, 240, 493

Der Rest des Namens wurde auch die Ergänzung VΠ (AVP ΓAΛ)ΛOV gestattet, doch
habe ich in Bukarest eine schlecht erhaltene Münze mit diesem Typus und TEPTVΛΛOV
notirt, und dazu passt auch das ganz jugendliche Gesicht des Caracalla auf der Vs. der
Pariser Münze.

1534
K 28
.... ANTΩ..... ebenso
.........TVΛΛOV NIKO...., Adler
auf Basis zwischen zwei Feld-
zeichen

1 München, sehr schlecht erhalten

(Aurelius Gallus)

1535
K 26
AV·K·M·AVP· ANTΩNEINOC Kopf
m. L. r.
VΠ AV ΓAΛΛOV NIKOΠOΛI u. l. A.
ΠPOC l· Zeus mit Schale und
Scepter L sitzend

Abweichungen: Vs. ANTΩ.... 1; — Rs. NIKOΠ.... 1

1 München ; 2 im Handel (Egger Verkaufs-Cat. 8, 176)

26*

404   MOESIA INFERIOR

(Caracalla Augustus)

1536 AV (K) M AVPHA ANTΩNINOC Br.   VΠ A AVP ΓAΛΛOV NIKOΠOΛI u. i.
K 27   m. L. P. M. r.   A. ΠPOC IC Zeus wie vorher l.
                                                         sitzend

Abweichungen: Vs. Anfang der Schrift fehlt 2
1 St. Petersburg — 2 Wien Mon. Theup. 979 [Mionnet S. 2, 137,473]; Arneth Sitzungsber.
9, 900, 49 [Dressel mythol. Beiträge 1, 63, 3] (der Typus der Rs. überall irrig als Sarapis
beschrieben)
Die Vs. ist vermutlich aus demselben Stempel wie die von n. 1545, 1; zwischen AV und
PI könnte auch mehr als ein Buchstabe fehlen, und hinter AVPHA stand vielleicht noch
ein I. — Auf der Rs. sind die Punkte bei VΠ A AVP ΓAΛΛOV sicher; ob der Buchstabe
hinter VΠ ein A oder Λ sein soll, ist zweifelhaft; jedenfalls aber lassen die Punkte die
Annahme möglich erscheinen, dass hier der Vorname des Aurelius Gallus, Aulus oder
Lucius, angegeben wäre. Danach könnte es nach bei denjenigen Aufschriften, wo VITA
ohne Punkte steht, zweifelhaft sein, ob VITA oder VT A zu lesen ist.

1537 AV K M AVP ANTΩNINOC ebenso   VΠ AV ΓAΛΛOV NIKOΠOΛITΩN
K 27   u. i. A. ΠPOC IC Hades-Sara-
                                                      pis mit Kalathos nach vorn thro-
                                                      nend, die R. über dem Kerberos,
                                                      die L. auf das Scepter gestützt

T. XIII, 23   Abbildung der Rs. (1)
1 Belgrad — 2 Wien Arneth Sitzungsber. 9, 900, 48

1538 ..... AVPH ANTΩNINOC Kopf m.   VΠ AVP ΓAΛΛOV NIKOΠOΛITΩN
K 26   L. r.   u. i. A. ΠPOC I Hera in langem
                                         Gewand und mit Schleier l. stehend,
                                         in der R. Schale, die L. auf das
                                         Scepter gestützt; zu ihren Füssen
                                         der Pfau

Abweichungen: Vs. AVT K M AVPHAIOC ANTΩNINOC 2; — Rs. VΠ A AVP
ΓAΛΛOV NIKOΠOΛIT ΠPOC IC und kein Attribut vor der Göttin angegeben 2
1 München. — 2 Neuinl desor. 41,42 [Mionnet S. 2, 138, 478] vom Ainslie

1539 AV K M AV ANTΩNINOC Br. m.   VΠ AVP ΓAΛΛOV NIKOΠOΛITΩN
K 27   L. P. M. r.   u. i. A. ΠPOC I Nackter Apollon
                                       mit gekreuzten Beinen r. stehend,
                                       in der R. einen Pfeil (?), die L.
                                       auf einen Baumstumpf gestützt
                                       (Sauroktonos)
1 München. — (Die Rs. ist vielleicht aus demselben Stempel wie die einer Münze des
Severus, oben n. 1289, 2.)

[1510] AVT M AVP ANTΩNINOC Kopf m.   VΠ AVP ΓAΛΛOV NIKOΠOΛITΩN
K 26   L. r.   u. i. A. ΠPOC I Nackter Apollon
                                          l. stehend, in der vorg. R. Schale
                                          über Altar, in der gesenkten L.
                                          Zweig (vgl. 1655)

1 Sophia (Mitteilung von Tacchella)

NIKOPOLIS 405

1541 [Caracalla Augustus]
K 27 AV·K·M·AVP· ANTΩNINOC Br. m.   VΠ AV ΓAΛΛOV NIKOΠOΛIT· u. i.
L. P. M. r.   A. ΠPOC | Athena r. stehend,
die R. auf den Speer, die L. auf
den Schild gestützt, der auf einer
Gewicht: 7,38 niedrigen Basis steht (= 1292)
1 Athen Cat. 841

1542 ebenso   VΠ AV ΓAΛΛOV· | NIKOΠOΛITΩN
K 27   ΠPOC | Nike mit Kranz und
Palmzweig L. laufend
1 Sophia (daselbst noch ein zweites ähnliches Stück)

1543 AV K·M·AVP· ANTΩNEINOC Kopf   VΠ AVP. ΓAΛΛOV | NIKOΠOΛITΩN
K 27   m. L. r.   ΠPOC | Nike mit Kranz und
Palmzweig auf einer Kugel L.
stehend
T. XVI, 10   Abbildung der Rs.
1 Berlin Cat. 78, 31. — (Die Vs. ist aus demselben Stempel wie die von 1551; vgl. auch 1553, 1557, 1567, 2.)

1544 AV K M AVP ANTΩNINOC Br. m.   VΠA AVP ΓAΛΛOV NIKOΠOΛITΩN
K 27   L. P. M. r.   u. l. A. ΠPOC ICT Nike mit erhobenen Flügeln l. stehend und r. blickend, in der nach vorn gesenkten R. einen Kranz, im L Arm,
der auf eine Stele gestützt ist, den
Palmzweig (= 1298)

Abweichungen: Vs. .. M AV· 1
1 Sophia — 2 Wien Arneth Sitzungsber. 9, 901, 51
Das A in VΠA hat die Form Λ.

1545 AV ... AVPHA ANTΩNINOC ebenso   VΠ AVP ΓAΛΛOV NIKO Π,OΛITΩN,
K 28   ΠPOC ICTP Nike wie vorher,
aber linkshin blickend (vgl. 1299)
Abweichungen: Vs. nicht beschrieben 2; — Rs. NIKO Π..... 1 — NIKOΠOΛI-
TΩN 2
1 Paris· — 2 Vaillant num. gr. 107 (Mionnet S. 2, 138, 477) aus der Sammlung Cappello
Die Vs. von 1 ist vermuthlich aus demselben Stempel wie die von n. 1536; auch hier steht
hinter AVPHA vielleicht noch ein I, der Anfang der Schrift ist undeutlich.

1546* Caracalla (Vs. nicht angegeben)   YΠ Λ ΓAΛΛOY ,IKOΠOΛITΩ u. i. A. ΠPOC |
K 11   Artemis als Jägerin r. laufend
1 Mus. Arigoni 4 Imp. gr. XIII
Da es entsprechende Münzen mit dem Kopf des Severus giebt (oben n. 1291), so sind
gewiss auch solche mit dem Bilde des Caracalla geschlagen worden; doch konnte Arigonis
Exemplar oben nicht aufgenommen werden, weil die Beschreibung der Vorderseite fehlt.

[Caracalla Augustus]

1546 K 28 ....ANTΩNINOC Br. m. L.
P. M. r.
1 Rollin

VΠA AVP ΓAΛΛOV NIKOΠOΛI...
u. i. A. ΠPOC ICTP[Ω?] Nike im Zweigespann im Schritt r. fahrend, in der erhobenen R. einen Palmzweig nach vorn haltend, in der L. die Zügel

1547 K 27 ... M AV ANTΩNINOC Kopf m.
L. r.

VΠ AVP ΓAΛΛOV NIKOΠOΛITΩN u. i. A. ΠPOC I Hermes, nackt, nur mit der Chlamys über der l. Schulter, l. stehend, in der vorg. R. den Beutel, im l. Arm das Kerykeion (= 1302)

Gewicht: 9,90

1 Turin Mus. Cat. 1796 = Lavy 990, wohl das Exemplar der Sammlung Allier bei Mionnet S. 2, 137, 473; Dumersan Cat. 21

1548 K 26 AV·K·M·AV· ANTΩNINO Br. m. L.
P. M. r.

T.XVI,18 Abbildung der Rs.
1 Imhoof

VΠ AVP ΓAΛΛO V NIKOΠOΛITΩ u. i. A. ΠPOC ICTP Hermes wie vorher, aber zu seinen Füssen der Hahn r. stehend und den l. Fuss erhebend (vgl. 1304)

1549 K 26 AV [K?] M AVPH· ANTΩNINO ebenso

1 Paris Blanchet revue num. 1892, 73, 50
Es ist ansicher, ob auf der Vs. hinter AV ein K oder ein T zu ergänzen ist.

VΠA·AVP ΓAΛΛ[O]V NIKOΠOΛITΩN u. i. A. ΠPOC ICTPO Nackter Dionysos mit Stiefeln l. stehend, in der vorg. R. eine Traube, die L. auf den Thyrsos gestützt; vor ihm der Panther l., den r. Vorderfuss erhebend

1550 K 27 AV·K·M·AVP· ANTΩNINOC ebenso

T.XVII,9 Abbildung der Rs. (1)
1 Rumaenbeucu — 2 (= 1?) Bukarest

VΠ · AVP · ΓAΛΛOV · NIKOΠOΛIT , u. i. A. ΠPOC IC Hygieia mit Schlange und Schale r. und Asklepios mit dem Schlangenstab in der R. l. blickend, einander gegenüberstehend; zwischen ihnen der kleine Telesphoros mit Mantel und Kapuze nach vorn stehend

NIKOPOLIS 407

'Caracalla Augustus'

1551 AV·K·M·AVP· ANTΩNEINOC Kopf, VΠ AV ΓAΛΛOV NIKOΠOΛITΩN u.
K 27 m. L. r. i. A. ΠPOC I Bärtiger Herakles
r. stehend, die K. auf die Keule
gestützt, in der vorg. L. mit dem
Löwenfell die Äpfel

1 Berlin Cat. 78, 29. — (Die Vs. ist aus demselben Stempel wie die von 1543; vgl. auch 1553 und 1557.)

1552 AV·K·M·AVP ANTΩNINOC Br. m. VΠ AVP ΓAΛΛOV NIKOΠO.... u.
K 27 L. P. M. r. i. A. ΠPOC I ebenso

1 Wien Froelich 4 tentam. 268, 146 Abb. d. Rs. [Gessner imp. CXLIX, 59]; Zabbel cat. 58, 29 [Mionnet S. 2, 136, 476]; Arneth Sitzungsber. 9, 900, 50

1553 ...... ANTΩNEINO C Kopf m. L. r. VΠ·AVP·ΓAΛΛOV·NIKOΠOΛIT·ΠPOC
K 26 IC Bärtiger Flussgott l. liegend
und r. blickend, in der R. Schilf,
den l. Arm auf dem strömenden
Quellgefäss

1 Iversen. — (Die Vs. ist wohl aus demselben Stempel wie die von n. 1543 und 1557.)

1554 AV·K·M·AVP· ANTΩNIN Kopf m. VΠ AVP ΓAΛΛOV NIKOΠOΛITΩ
K 27 L. r., am Halse leichtes Gewand u. i. A. ΠPOC ICTPON Kybele
mit Mauerkrone nach vorn auf dem
r. springenden Löwen sitzend und
Gewicht: 13,20(1) r. blickend (vgl. 1316)

Abweichungen: Rs. NIKOΠOΛITΩN *
1 Löbbecke. — 2 Sestini descr. 42, 43 [Mionnet S. 2, 137, 472] von Ainslie

1555 AV·K·M·AVP· ANTΩNIN Br. m. VΠ AVP ΓAΛΛOV NIKOΠOΛEITΩN
K 27 L. P. M. r. u. i. A. ΠPOC ICTP Nemesis
mit Wage und Elle l. stehend, am
Boden das Rad

Abweichungen: Rs. VΠ AVP ΓAΛΛOV NI KO...... * - ....ΛOV NIKOΠO-
ΛEITΩN 1 (die Exemplare ergänzen sich) — i. A. ΠPOC ICT 2
1 Schmidt — 2 im Handel

1556 — 1554 VΠ AV ΓAΛΛΩ NIKOΠOΛIT· u. i. A.
K 27 ΠPOC IC Tyche mit Kalathos,
Steuerruder u. Füllhorn l. stehend

Abweichungen: Vs. AV·K·M·AVP· A...... 3; — Rs. VΠ ......ΛOV NIKO-
ΠOΛIT.. a. i. A. ΠP... 3
1 Berlin Cat. 78, 30 — 2 Löbbecke — 3 München

1557 ..... AVP· ANTΩNEINO C Kopf m. VΠ AVP. ΓAΛΛOV NIKOΠOΛITΩN
K 26 L. r. u. i. A. ΠPOC I ebenso

Gewicht: 11,28

1 Gotha Sestini lett. 9, 5 [Mionnet S. 2, 138, 479] - (Die Vs. ist wohl aus demselben Stempel wie die von 1543 und 1551; vgl. 1553.)

408 MOESIA INFERIOR

[Caracalla Augustus]

1558
K 27
AV·K·M·AVP· ANTΩNEINOC Kopf m. L. r.
VΠ AV ΓAΛΛOV NIKOΠOΛITΩ u.
i. A. ΠΡΟC (ohne I) Tyche wie vorher l. stehend

Abweichungen: Rs. NIKOΠOΛ.... 1
1 Paris — 2 Philippopel

1559
K 27
AV K M AV ANTΩNINOC Br. m.
L. P. M. r.
VΠ·AV·ΓAΛΛOV NIKOΠOΛIT·ΠΡΟC
1· Kaiser mit L. P. M. l. stehend, auf der vorg. R. die Kugel, die L. auf den Speer gestützt (vgl. 1324)

Abweichungen: Vs. nicht angegeben 2
1 Berlin Cat. 77, 28. — — 2 Mus. Arigoni 1 imp. gr. N, 153 irrig unter Elagabalus (Mionnet S. 2, 138, 480 richtig unter Caracalla, so auch schon Beatini tet. eastg. 13)

1560
K 28
ebenso
VITA AVP ΓAΛΛOV NEIKOΠOΛI u. i. A. ΠΡΟC IC Tropaion, an dessen Fuss zwei Gefangene mit phrygischen Mützen, die Hände auf den Rücken gebunden, auf ihren Schilden sitzen (vgl. 1328)

1 im Handel

1561
K 27
AV·K·M·AVP· ANTΩ(NEINO)C Kopf m. L. r. (= 1562?)
VΠ AVP ΓAΛΛOV NIKOΠOΛIT u. i. A. ΠΡΟC IC Adler mit ausgebreiteten Flügeln nach vorn auf einer Basis zwischen zwei Feldzeichen stehend und den Kopf mit Kranz im Schnabel r. erhebend

Abweichungen: Vs. ANTΩ.... 1; — Rs. VΠ. ...ΛΛΛΟV ....ΠΟΛIT = L A ΠΡΟC I 1
1 Berlin Cat. 78, 32 — 2 Sophia (Mittheilung von Tacchella; die Schrift nicht ganz sicher)

1562
K 27
AV·K·M·AVP· ANTΩNEINOC
ebenso
VΠ·AVP·ΓAΛΛOV·NIKOΠOΛI ΠΡΟC
1· Adler mit ausgebr. Flügeln nach vorn stehend und den Kopf mit Kranz im Schnabel r. erhebend

Gewicht: 9,43 (1)
Abweichungen: Vs. AV K M AVP. ANTΩNEINO C (1543 u. a.) 2 — AV·K·M· AVP. ......, 1; — Rs. VΠ AV....., 2 — NIKOΠOΛIT 1, 2
1 Athen Cat. 843 — 2 München - 3 Paris Mionnet S. 2, 137, 475

1563
K 26
AV K M AV ANTΩNINOC Br. m.
L. P. M. r.
[VΠ] AVP ΓAΛΛOV NIKOΠOΛITΩN ΠΡΟC 1 Adler wie vorher, aber auf einer Kugel (vgl. 1330)

Gewicht: 13,04 (1)
Abweichungen: Vs. AVT K M AV (nicht ganz sicher) 1 nicht angegeben 3; — Rs. VΠ AVP ΓAΛΛOV NIKOΠOΛ ΠP OC I (so?) 1 — am Schluss ΠΡΟC ICT (?) 3   der Adler auf einem Stierkopf (?) 3
1 Athen Cat. 843 — 2 Wien, früher Wiczay 2200; Sestini 34, 83; Arneth Sitzungsber. 9, 902, 58.   - 3 Mus. Arigoni 3 imp. gr. XXIII, 314 (Mionnet S. 2, 137, 474)

[Caracalla Augustus.]

(Flavius Ulpianus)

Auf den Münzen von Nikopolis, die unter diesem Statthalter geprägt sind, ist das Gesicht des Caracalla fast immer bärtig, während es auf den gleichzeitigen Münzen von Markianopolis stets unbärtig ist; wie weit das für die Chronologie der Statthalter in Betracht kommt, ist schon oben S. 186 Anm. 2 erörtert worden.

1564 AV K M AVP ANTΩNINOC Hr. mit Y ΦΛ OVΛΠIAN NIKOΠOΛI u. l.
K 27 L. P. M. r. Λ. ΠPOC IC Zeus mit Lorbeerkranz und nacktem Oberkörper l, sitzend, in der vorg. R. Schale, die L. auf das Scepter gestützt

Gewicht: 14,85 (3. E. schl.)
Abweichungen: Vs. am Anfang AVT (?) 3 — ohne Mantel (?) 4 — mit Schuppenpanzer 3; — Rs. im Abschnitt ΠPOC I 2. 5 — T·ΠPOC I 3
1 Berlin Cat. 76,33 — 2 Bukarest — 3 Gotha — 4 Paris — 5 Sophia

1565 ebenso Y ΦΛ OVΛΠIAN NIKOΠOΛIT u. l.
K 27 Λ. ΠPOC I ebenso

Abweichungen: Vs. ANTΩNEINOC 2
1 Kopenhagen. — 2 Scutini deret. 41,44 'Mionnet S. 2, 139, 484' von Ainslie

1566 ...... ANTΩNINOC ebenso Y ΦΛ OVΛΠIAN NIKOΠOΛI u. l.
K 27 Λ. ΠPOC I Hera in langem Gewand und mit Schleier über Kopf und Armen nach vorn stehend und l blickend, in der vorg. R. Schale, die L. auf das Scepter gestützt

Abweichungen: Vs. und Rs. Schrift nicht genau angegeben 2
1 Schmidt, früher Mandl (Egger Verkaufs-Cat. 8, 178). — 2 Scutini deret. 42,46 [Mionnet S. 2, 139, 487] von Ainslie

1567 AVT K M AVP ANTΩNINOC Kopf Y ΦΛ OVΛΠIAN NIKOΠOΛI u. l.
K 27 m. L. r. Λ. ΠPOC I Nackter Apollon mit Schale und Lorbeerzweig l, stehend, vor ihm ein Altar

Gewicht: 12,05 (3)
Abweichungen: Vs. am Anfang AV K + 5; Rs. Anfang und Schluss der Schrift fehlt 3 — OVΛΠIA N 2 — NIKOΠOΛIT (?) 2 — das 1 L A nicht zu sehen 4
1. 2 München — 3 Paris — 4 St. Petersburg — 5 Turin Mus. Cat. 1995 = Lavy 989. —
Vgl. auch unten 1571°.

1568 AV K M AVP | ANTΩNINOC ebenso Y ΦΛ OVΛΠIA N NIKOΠOΛI u. l. A.
K 27 ΠPOC I Athena r. stehend, die R. auf den Speer, die L. auf den Schild gestützt, der auf einer kleinen Basis steht

1 München

(Caracalla Augustus)

1569 AVT K M AVP ANTΩNINOC Kopf V ΦΛ OVΛΠIΛN NIKOΠOΛIT u. i.
K 27 m. L. r. A. ΠPOC I Athena mit Speer
und Schild r. stehend wie vorher,
aber ohne die Basis

Abweichungen: Vs. Anfang der Schrift fehlt 1, 2 — Brustbild m. L. und P. 3;
— Rs. am Anfang V Φ (I) 3 — unsicher 1 — erste Hälfte der Schrift fehlt
(aber nach der Vs. hierher gehörig) 2 — NIKOΠOΛITΩN ... 2 3

1 Paris (unter Nikopolis am Nestos; die Münze bei Mionnet S. 2, 348, 880 gehört dem
Geta, v. unten n. 1663) — 2 Wien Arneth Sitzungsber. 9, 901, 56 — 3 im Handel

1570 AV K M AVP ANTΩNINOC ebenso V ΦΛ OVΛΠIΛN NIK[OΠOΛIT] u. i.
K 28 A. ΠPO;C I] Nike l. schreitend, in
der vorg. R. ein unbekanntes Attribut, im l. Arm Palmzweig
Gewicht: 10,60

1 Gotha. — (Die Vs. ist aus demselben Stempel wie die von n. 1579.)
Eine gleiche Darstellung der Nike auf einer Münze des Geta (n. 1669) ist Tafel XVI, 12
abgebildet; über den Gegenstand in ihrer rechten Hand vgl. die Einleitung S. 341.

1571 AV K M AVP ANTΩNINOC Br. m. V ΦΛ OVΛΠIΛN NIKOΠOΛIT u. i.
K 27 L. P. M. r. A. ΠPOC I Nike mit Kranz und
Palmzweig l. stehend, den l. Arm
auf die hinter ihr stehende Stele
gestützt
Gewicht: 12,98 (2)

Abweichungen: Vs. Anfang der Schrift fehlt 1 — Schluss fehlt 3 — mit Schuppenpanzer 2

1 Bukarest — 2 Löbbecke — 3 Schottenstift

[1572] AV K M AVP ANTΩNEINOC Br. m. V ΦΛ OVΛΠIΛN NIKOΠOΛI ΠPOC
K 27 L. und P. r. I Asklepios mit dem Schlangenstab in der R. nach vorn stehend
und l. blickend

1 Sophia (Mittheilung von Tacchella)

1573 AV K M AVP ANT[ΩNIN]OC Br. m. V ΦΛ OVΛΠIΛN NIKOΠOΛIT u. i. A.
K 27 L. P. M. r. ΠPOC I Hygieia mit Schlange
und Schale r. stehend

1 Schmidt

1571ᵃ Caracalla (Schrift unsicher) YH ΦΛ OYΛΠIΛN NIKOΠOΛI ΠPOC I
K 27 Nackter Hermes r. stehend, in der R. eine
Schale, in der L. seinen Stab haltend; zu
seinen Füssen ein flammender Altar

1 Mionnet S. 2, 140, 489; Damerian Cat. Aller 21
Die Beschreibung Mionnets scheint falsch zu sein, denn Hermes kommt in dieser Weise nicht
vor; vermuthlich war es eine schlecht erhaltene Münze mit dem Typus des Apollon wie
oben 1567; die Angabe, dass die Figur rechtshin stehe, kann auch irrig sein.

(Caracalla Augustus)

1374 AV K M AVP ANTΩNINOC ebenso V ΦΛ ΟVΑΠΙΑΝ ΝΙΚΟΠΟΛΙΤ ΠΡΟC
K 28 | Nackter Herakles l. stehend, in der vorg. R. mit dem Löwenfell drei Äpfel, in der L. die Keule

1 London Cat. 45, 32. — — 2 (= 1) Sestini descr. 42, 45 [Mionnet S. 2, 139, 486] von Ainslie

1375 ebenso V ΦΛ ΟVΑΠΙΑΝ ΝΙΚΟΠΟΛΙΤ ΠΡΟC
K 27 | IC Bärtiger Flussgott mit nacktem Oberkörper l. gelagert, in der R. einen Zweig, den l. Arm auf dem strömenden Quellgefäss

Tafel
XVII, 33 Abbildung der Rs.
1 Paris Blanchet revue num. 1893, 73, 31

1376 AV K M AVP ANTΩNINOC Br. m. V ΦΛ ΟVΑΠΙΑΝ ΝΙΚΟΠΟΛΙΝ (sol)
K 27 Lorbeerkranz, Schuppenpanzer ΠΡΟC | Nemesis mit Wage und und Mantel r. Stab l. stehend, am Boden das Rad

Abweichungen: Vs. Anfang der Schrift fehlt 2. 3 — Schluss fehlt 2. 3; — Rs. erste Hälfte der Schrift fehlt 2

1 Bukarest — 2 Löbbecke — 3 Wien Arneth Sitzungsb. 9, 906, 131 irrig unter Eingabolus

1377 AV K M AVP ANTΩNINOC Kopf V ΦΛ ΟVΑΠΙΑΝ ΝΙΚΟΠΟΛΙΤ u. i.
K 27 m. L. r. Λ. ΠΡΟC | ebenso

Abweichungen: Vs. Schluss der Schrift fehlt 4; — Rs. ΝΙΚΟΠΟΛ a. l. Λ. ΠΡΟC | 3 — ΝΙΚΟΠΟΛ..... 4. 5

1 Bukarest — 2 Mandl — 3 München. — Hierher oder zur folgenden Nummer 4 Paris Mionnet S. 2, 348, 381 (irrig unter Nikopolis am Nestos, berichtigt von Sestini pub. musei 13, 5) — 5 Wien, früher Wiczay stom; Sestini 34, 35; Arneth Sitzungsb. 9, 901, 34 a

1378 AV·K·M·AVP· ANTΩNINOC ebenso V ΦΛ ΟVΑΠΙΑΝ ΝΙΚΟΠΟΛΙ u. i. Λ.
K 28 ΠΡΟC | ebenso

Gewicht: 11,65 (1)
1 Gotha Sestini lett. 9, 5 [Mionnet S. 2, 140, 488] — 2 Löbbecke — 3 im Handel

1379 AV K M AVP ANTΩNINOC ebenso V ΦΛ ΟVΑΠΙΑΝ ΝΙΚΟΠΟΛΙ u. i.
K 26 Λ. ΠΡΟC | Tyche mit Kalathos, Steuerruder und Füllhorn l. stehend

1 Schmidt, früher Mandl (Egger Verkaufs-Cat. 6, 177). — (Über die Vs. vgl zu 1370.)

1380 = 1576 V ΦΛ ΟVΑΠΙΑΝ ΝΙΚΟΠΟΛΙΤ u. i. Λ.
K 27 ΠΡΟC | Caracalla und Geta, beide mit Lorberkranz und Toga, einander gegenüberstehend und sich die R. reichend

T. XIX, 24 Abbildung der Rs.
1 Wien Arneth Sitzungsber. 9, 901, 34
Über den Typus vgl. die Einleitung S. 345 und die Bemerkung zu n. 1337, die aus demselben Stempel ist.

[Caracalla Augustus]

1541
K 28
AV K M AVP ANTΩNINOC Br. m. L., Schuppenpanzer und M. r.
V ΦΛ OVΛΠIAN NIKOΠOΛIT u. i. A. ΠPOC I Tropaion, an dessen Fuss zwei Gefangene mit auf den Rücken gebundenen Händen sitzen

Abweichungen: Vs. Schrift unsicher I — nicht beschrieben 3; — Rs. Schrift in der Mitte unleserlich (.....ΛIT) I — abgeblich VΠ ΦΛ NIKOΠOΛIT ΠPOC I 3
1 Neapel Cat. 6308 — 2 Winterthur. — — Hierher oder zur folgenden Nummer 3 (= 11) Vaillant num. gr. 107 [Mionnet S. 2, 139, 482] aus der Sammlung Pron in Paris

1542
K 26
[AV] K M AVP ANT[Ω]NIN[OC] Kopf m. L. r.
V ΦΛ OVATI[IAN] NIKOΠOΛI u. i. A. ΠPOC I ebenso

1 Wien Arneth Sitzungsber. 9, 901, 55

1543
K 28
AV ... AVP ANTΩNINOC ebenso
V ΦΛ OVAΠIAN NIKOΠOΛIT u. i. A. ΠPOC IC Adler mit ausgebr. Flügeln nach vorn stehend und den Kopf mit Kranz im Schnabel r. erhebend

1 Paris

1544
K 26
.... ANTΩNINOC ebenso
V ΦΛ 'OVAΠIAN N]IKOΠOΛI u. i. A. ΠPOC I Adler mit ausgebr. Flügeln nach vorn auf einer bekränzten Basis zwischen zwei Feldzeichen stehend und den Kopf mit Kranz im Schnabel r. erhebend

Gewicht: 10,68 (1)

Abweichungen: Vs. Schrift verwischt 3 — nicht genau angegeben 2 — Brustbild m. L. P. M. 3; — Rs. ΦΛ OVAΠIA NIKOΠOΛ.... 3 — Schrift nicht genau angegeben 2

2 Gotha. — — 2 Sestini descr. 42, 47 [Mionnet S. 2, 139, 485] von Ainslie — 3 Mionnet S. 2, 349, 884 (irrig unter Nikopolis am Nestos, berichtigt von Sestini priv musei 33, 6) aus der Sammlung Beaucousin

1545
K 28
AV ..... ANTΩNINOC Br. m. L., Schuppenpanzer und Mantel r.
V ΦΛ OVAΠIAN NIKOΠOΛIT u. i. A. ΠPOC I· Thorbau mit Eckpfeilern und darüber das Bauwerk mit den Seitenhallen wie oben n. 1331 und 1339

1 Neapel Cat. 6307 (nach einem Abguss berichtigt); wohl dasselbe Exemplar vorher zwei Mal angeführt aus der Sammlung Vescovali bei Vaillant num. gr. 107 [Mionnet S. 2, 139, 482] unter Caracalla und num. gr. 129 [Mionnet S. 2, 175, 686] unter Elagabalus. — Vgl. auch unten 1585°.
Über den Typus vgl. die Bemerkung zu n. 1331. Die Darstellung stimmt genau mit jener überein, ausser dass im Giebel des oberen Mittelbaus der Schild vielleicht ohne den Speer erscheint.

NIKOPOLIS 413

'Caracalla Augustus'

(ohne Statthalternamen)

Bei einigen der hier folgenden Münzen ist es unsicher, ob sie dem Caracalla oder dem Elagabalus gehören; es ist das aber überall ausdrücklich bemerkt worden. Die anderwärts dem Caracalla zugeschriebenen Münzen, die hier fehlen, sind unter Elagabalus zu suchen, soweit sie nicht schon oben (n. 1489—1515) unter den Münzen des Caracalla als Caesar verzeichnet sind.

1546 K 21	AV K M AVP ANTΩNINOC Br. m. L. P. M. r. Gewicht: 5,16 1 London Cat. 45, 29	NIKOΠOΛITΩN ΠPOC ICTPON Nackter Dionysos mit Kantharos und Thyrsos l. stehend
1547 K 22	ebenso Gewicht: 5,75 (1) — 5,64 (1) 1 Gotha — 1 London Cat. 45, 30	NIKOΠOΛITΩN ΠPOC ICTP Concordia mit Kalathos, Schale und Füllhorn l. stehend
1548 K 21	AV K M AVP [ANTΩNINOC] ebenso 1 Bukarest	NIKOΠOΛITΩN ΠPOC ICTPON Adler mit ausgebreiteten Flügeln nach vorn stehend und r. blickend

1549ª K ()	Caracalla (Vs. nicht beschrieben) 1 Vaillant num. gr. 107 (Mionnet S. 2, 139, 431) aus der Sammlung des Grafen Lazara in Padua Die Beschreibung ist jedenfalls ungenau; statt ΤΗ ΦΛΛΟΥ ist gemeint Γ ΦΛ ΟΥΛΠΙΑΝ] zu lesen, aber vielleicht ist auch der Typus falsch angegeben; da der gewöhnliche Typus des Stadtthors wie zwei Thürmen sonst in dieser Zeit hier nicht vorkommt, handelt es sich vielleicht auch um das grosse Bauwerk, das oben (n. 1585) beschrieben ist; es wäre auch möglich, dass dasselbe Exemplar gemeint ist.	ΤΗ ΦΛΛΟΥ ΝΙΚΟΠΟΛΜΤ ΠΡΟΣ Ι Stadtthor mit Thürmen an jeder Ecke
1549ᵐ K 26	[ΛΤ Κ Μ ΛΥΡΗΛΙΟΣ ΛΝΤΩΝΕΙΝΟΣ Λ"] Bs. m. L. P. M. (r.) 1 Wien, Esther Wiczay 2803; Sestini 34, 27; Arneth Sitzungsber. 9, 901, 54º Die Münze ist so schlecht erhalten, dass nicht einmal sicher zu erkennen ist, welchem Kaiser sie gehört; die Rubrik der Vs. hat Sestini willkürlich ergänzt. Auf der Rs. stand vor NIKOΠOΛITΩN ein Statthaltername, der aber vollständig zerstört ist.	.........[K]OΠOΛITΩN ΠPOC [K]TPON Nackter Dionysos l. stehend, in der R. den Kantharos, in der L. den Thyrsos
1549ᵖ K III	ΛΤΤ K M A ΛΥΡΗ ΛΝΤΩ.... Kopf m. L. (r.) 1 Sestini descr. 48, 56 'Mionnet S. 2, 143, 510] von Ainslie Da das Stadtthor auf Münzen des Caracalla sonst nicht nachweisbar ist, so darf man vielleicht annehmen, dass Sestini den Kaiserkopf verkannt hat und dass es sich um eine Münze des Elagabalus handelt, unter dem dieser Typus auf grossen und kleinen Münzen erscheint.	' NIKOΠOΛITΩN ΠPOC ICTPON Stadtthor mit zwei Thürmen

414 MOESIA INFERIOR

(Caracalla Augustus)
1548 AV K M A ANTΩNIN Br. m. Lor- NIKOΠ...... ΠPOC IC Brustbild
K 17   beerkranz, Schuppenpanzer und   des Sarapis mit Kalathos und
       Mantel r.   Gewand r.
       1 London Cat. 31, 71 unter Elagabalus. -- Die Münze in Berlin Cat. 79, 35 (unter
       Caracalla, da die Vs. fast ganz zerstört ist), gehört dem Severus (s. oben 1349, 2); die
       Wiener Münze bei Arneth Sitzungsber. 9. 901, 58 b (von Wiczay) s. unter Elagabalus.
       Von der Vs. des Londoner Exemplars erblickt ich einen Abguss, wonach es mir scheint,
       dass die Münze dem Caracalla gehört.

1590 .... ANTΩN... ebenso   [NIKOΠ;ΟΑΙΤΩΝ ΠPOC ICT[P]
K 16   Artemis als Jägerin r. eilend
       1 Odessa Univ.   neben ihr der Hund

1591 AV K M AV[P?] | ANTΩNIN ebenso   NIKOΠOAI ΠPOC ICTP Geflügelter
K 18   Eros l. stehend, den r. Fuss zu-
                                          rückgezogen, in der vorg. R. eine
T. XVI, 5   Fackel nach oben haltend, die L.
       Abbildung der Rs.   auf dem Rücken
       1 Bukarest

1592 AV KEC ...... ebenso   NIKOΠOAI ΠPOC ICTPO Geflü-
K 16   gelter Eros mit gekreuzten Beinen
                                r. stehend, mit beiden Armen auf
                                die umgekehrte Fackel gestützt
       1 London Cat. 46, 37 irrig unter Geta
       Da die zweite Hälfte der Inschrift fehlt und die Gesichtszüge keine Sicherheit bieten, lag
       die irrige Benennung nahe; aber die Vergleichung mit anderen Münzen, deren Schrift voll-
       ständig erhalten ist (n. 1593. 1602. 1619) lehrt, dass AV KEC [ANTΩN] zu ergänzen und
       Caracalla gemeint ist; das Gesicht ist sehr jugendlich. — KEC steht natürlich für KAIC.

1593 AV K M AV[PH?] ANTΩNINOC Kopf   NIKOΠOAITΩN ΠPOC I Teles-
K 17   m. L. r.   phoros mit Mantel und Kapuze
Tafel   nach vorn stehend
XVII, 11   Abbildung der Rs.
       1 Wien Froelich append. 2 novae 70, 70; Eckhel ast. 60, 54 [Mionnet S. 2, 175, 687]; Ar-
       neth Sitzungsber. 9, 901, 133; alle irrig unter Elagabalus
       Die Münze, die sehr gut erhalten ist, gehört sicher dem Caracalla.

1594 AV K M A[VI] ANTΩNIN Br. m. L. NIKOΠOAITΩN ΠPOC IC Kopf
K 18   P. M. r.   des bärtigen Herakles r.
       Abweichungen: Vs. AV K M A I — angeblich A K M A 3; — Rs. NIKOΠOA.. N
       ΠPOC I I. 3
       1 London (vgl. 3) — 2 Wien, früher Wiczay 2205; Sestini 34, 19; Arneth Sitzungsber. 9.
       901, 58 c. - ..) (wohl = 1) Mionnet S. 2, 141, 497 von Tochon

1595 Caracalla (Schrift unleserl.)   (NIKOΠOAIT ΠPOC ICTP?) Eilende
K 111   Athena mit Speer und Schild
       1 Sestini descr. 42, 51 [Mionnet S. 2, 141, 494] von Ainslie
       Die Beschreibung ist zu unvollständig, um sie oben aufzunehmen.

[Caracalla Augustus]

1595 AV·K·M AVP ANTΩNIN Br. m. l. NIKOΠOΛIT | ΠPOC ICTP Con-
K 18 P. M. r. cordia mit Kalathos, Schale und
Füllhorn l. stehend
1 St. Petersburg. — Vgl. auch oben 1302.

1596 [AV K M AVP]H ANTΩNINO Kopf NIKOΠO'ΑΙΤΩ,Ν ΠPOC ICTPON
K 16 m. L. r. ebenso
Gewicht: 2,49
1 Berlin Cat. 79, 34

1597 AV KEC ANTΩN Br. m. L. P. M. r. ΨΤΟΙ ΟΟΨΠ ΙΛΟΠΟΚΙΝ ebenso
K 17 1 Wien Arneth Sitzungsber. 9, 901, 58 a
Über die Schrift der Vorderseite vgl. die Bemerkung zu 1592.

1598 AV K M A ANTΩ... ebenso NIKOΠOAI , ΠPOC ICTP Tyche
K 18 mit Steuerruder und Füllhorn l.
stehend
1 München, früher Consinéry, Sestini deser. 43, 60 [Mionnet S. r, 141, 496]

1599 AV M. Al (?) ANTΩN.... Kopf m. NIKOΠOAITΩN Π u. i. A. POC ICT
K 15 L. r. Löwe (?) r. schreitend
Abweichungen: Vs. AV K M AVP ANTΩNINOC 1; — Rs. ΠPOC ICTP (Vertheilung der Schrift unbekannt) 2
1 Wien Arneth Sitzungsb. 9, 902, 59 a. — 2 Sestini descr. 43. 61 [Mionnet S. r, 141, 499]
von Ainslie. — Vgl. unten Elagabalus.
Die Wiener Münze ist schlecht erhalten, so dass nicht nur die Schrift und das Porträt
der Vs., sondern sogar der Typus der Rs. unsicher ist; es könnte auch ein anderes Thier
als ein Löwe gemeint sein. Ebenso bleibt es zweifelhaft, ob die Münze nicht dem
Elagabalus gehört.

1600 Schrift unleserlich. Br. m. L. P. NIKOΠ.... u. i. A. ΠPOC IC..
K 18 M. r. Weidendes Rind r.
Gewicht: 3,40
1 Turin Mus. Cat. 1894 — Lavy 984

1601 AV K M AVPH ANTΩNINOC Kopf NIKOΠOAITΩN ΠPOC ICT Adler
K 18 m. L. r. mit ausgebreiteten Flügeln auf dem
Blitz nach vorn stehend und den
Kopf mit Kranz im Schnabel r.
erhebend
Abweichungen: AV K M AVP ....NINOC 1; — Rs. ΠPOC ... 1
1 Leake Europ. Gr. 78 — 2 London Cat. 45, 31

1592* |Caracalla (Schrift unsicher) (NIKOΠOAITΩN ΠPOΣ I(.)TPON Elephant
K III 1 Sestini descr. 42, 5) [Mionnet S. 2, 142, 503] von Ainslie.
Unter Elagabalus ist eine Münze mit dem Typus des Elephanten nachweisbar (vgl.
Berlin 86, 75); ob auch die Münze der Sammlung Ainslie diesem Kaiser gehöre, muss
dahingestellt bleiben; jedenfalls konnte die unvollkommene Beschreibung oben nicht aufgenommen werden.

416   MOESIA INFERIOR

[Caracalla Augustus]

1612 AV KEC ANTΩN Br. m. L. P. M. r.   NIKOΠOΛIT ΠPOC ICT Adler wie
K 17   vorher, aber ohne den Blitz

Abweichungen: R. ΠPOC ... s
1 Wien, früher Wiczay 2106; Sestini 35, 30; Arneth Sitzungsb. 9, 901, 58d — s im Handel

1613 AV K M A ANTΩNIN ebenso   NIKOΠOΛITΩN ΠPOC IC Adler
K 18   mit geschlossenen Flügeln l. stehend und den Kopf mit Kranz im Schnabel r. wendend

Abweichungen: Vs. angeblich mit ANTΩNINOC s
1 London Cat. 31, 72 unter Elagabalus. — — 1 (— 11) Sestini descr. 42, 32 [Mionnet N. a, 142, 502] von Ainslie
Der mir freundlichst übersandte Abguss der Londoner Münze zeigt, dass sie sicher dem Caracalla gehört.

1614 AV K M AV ANTΩNIN Br. m. L.   NIKOΠOΛITΩN ΠPOC IC Drei-
K 18   P. M. r.   fuss, an dessen mittlerem Fuss sich eine Schlange, mit dem Kopf r., emporringelt

Gewicht: 2,94 (1)

Abweichungen: Vs. AV K M A I — AV K ... I 3; — R. am Schluss ΠP.... 3 — Richtung der Schlange unsicher 2. 3
1 Athen Cat. 844 — 2 Iversen — 3 Kopenhagen

1615 ebenso   NIKOΠOΛIT ΠPOC I ebenso, aber
K 18   die Richtung der Schlange unsicher

Abweichungen: Vs. ..... ANTΩNIN I — AVT N M ANTΩ.... 2; — R. am Schluss ΧTP 3
1 Philippopel. — — 2 Sestini descr. 43, 63 von Ainslie — 3 Wiczay 2107; Sestini 35, 31

1616 AV K M AVP ANTΩNINOC Br. m.   NIKOΠOΛITΩN ΠPOC ICTPO u. i.
K 18   L. P. M. r.   F. r. N Stab, von einer Schlange, mit dem Kopf r., umwunden

Abweichungen: Vs. ..... ANTΩNINOC 1
1 Bukarest — 2 Paris
Bei dem Pariser Exemplar schien mir auch die Zutheilung an Elagabalus möglich.

1617*   ATT .... ANTΩN Br. m. L. (P. M. r.)   NIKOΠOΛ ΠPOC I Adler mit ausgebreiteten
K (18)   Flügeln und Kranz im Schnabel
1 Ramch Cat. Heideken 874
Die Beschreibung ist wohl nicht ganz sicher.

1618* Caracalla (Schrift unsicher)   NIKOΠOΛITΩN ΠPOC ICTPON Schlange
X III
1 Sestini descr. 43, 57 (Mionnet N. 2, 142, 502) von Ainslie
Da die R. nur auf Münzen des Elagabalus sicher nachweisbar ist, dürfte auch dieses Exemplar von Ainslie dorthin gehören.

1619* Caracalla (Vs. nicht angegeben)   NEIKOΠO.... ΠPOC·IC Dreifuss mit
K —   Schlange, daneben (?) Lorbeerbaum (oder Zweig); im Felde L Kranz
1 Spanheim bei Césars 213 Abb., angeblich aus der Pariser Sammlung
Ihre Zeichnung ist gewiss nicht richtig, die Münze gehört vermutlich nach einer anderen Stadt (Nikopolis in Epeiros oder Nikomedeia?).

NIKOPOLIS 417

(Caracalla Augustus)

1647 ...... **ΑΝΤΩΝΙ** ebenso **ΝΙΚΟΠΟΛΙΤΩΝ ΠΡΟΣ ΙΣ** Hohes
K 18 dünnes Gefäss (?) von einer
Schlange, mit dem Kopf r.,
umwunden

1 Sophia
Obgleich hier keine Ähren bemerkbar sind, ist wohl dasselbe Geräth gemeint, das auf
Münzen des Severus (n. 1482. 1483) erscheint; ebenfalls aber Ähren schreint es auf einer
Münze des Caracalla Caesar (n. 1506) dargestellt zu sein.

1648 .. **K M AV. | ΑΝΤΩΝΙ** .. ebenso **ΝΩΤ[ΙΑ; ΟΠΟ(ΚΙ'Μ** Keule
K 18 Gewicht: 3,26

1 Berlin Cat. 86,74 unter Elagabalus
Bei der rohen Arbeit der Münze ist es unsicher, ob das Gesicht des Caracalla oder das des
Elagabalus gemeint ist; ersteres ist aber wahrscheinlicher, weil der Typus unter Severus
vorkommt und weil auf Münzen des Elagabalus der Zusatz ΠΡΟΣ Κ(ΣΤΡΟΝ) sonst als fehlt.

1609 AV K M AV ΑΝΤΩΝΙΝ ebenso **ΝΙΚΟΠΟΛΙΤΩΝ ΠΡΟΣ ΙΣ** Korb
K 17 (= 1603) mit grossem Bügel, darin Früchte
T. XX, 38 Abbildung der Rs. (?)
Abweichungen: Vs. AV K M AV AN.. 1 — A K AΛ ... N 3 — unsicher 4 —
das Gesicht vielleicht bärtig 3; — Rs. ...ΠΟΛΙΤΩΝ ΠΡΟΣ Κ 1
1 Berlin Cat. 79,38 — 2 Bukarest — 3 Paris (unter Geta). — — 4 Sestini descr. 42,34
[Mionnet S. 2, 142, 504] von Ainslie

1610 AV K M AVP ΑΝΤΩΝΙΝΟΣ ebenso **ΝΙΚΟΠΟΛΙΤΩΝ ΠΡΟΣ ΙΣΤΡΟ** u. ä.
K 17 F. L N Weintraube
Abweichungen: Vs........ ΑΝΤΩΝΙΝΟΣ 2 — unsicher 3: — Rs. am Schluss
ΙΣΤΡΟ oder ΙΣΤΡΩ 2 — Schrift unsicher 3
1 Belgrad — 2 Leipzig. — — 3 Sestini descr. 43,62 von Ainslie
Auf dem Belgrader und Leipziger Exemplar glaubte ich das Gesicht des Caracalla zu
erkennen; dagegen schienen mir mehrere andere Münzen mir demselben Typus (darunter
auch die Wiener bei Mionnet S. 2, 143, 508) das Bild des Elagabalus zu zeigen und
sind daher unter diesem Kaiser beschrieben; sicher ist die Benennung nur in wenigen Fällen.

1611 AV K M AVP ΑΝΤΩΝ'[ΙΝ] ebenso **ΝΙΚΟΠΟΛΙΤΩΝ ΠΡΟΣ ΙΣΤΡΟΝ**
K 18 Mondsichel und darüber in der
Höhlung drei Sterne
Abweichungen: Vs. ΑΝΤΩΝ... 1 — ΑΝΤΩΝΙΝ 3 — AV K M AV ΑΝΤΩ..... 8
— ... ΚΑΙ Μ ... ΑΝΤΩΝΙΝΟΣ 4 — mr Kopf m. L. (?) 3; - Rs. ΠΡΟΣ ΙΣΤΡΟΝ
(mit C statt Σ!) 3,4 — angeblich mit dem Buchstaben Π (in der Mondsichel) 4
1 Bukarest — 2 Sophia. — 3 Sestini descr. 42,48 von Ainslie — 4 Mionnet S. 2, 142, 507
von Braneoveanu
Auf dem Bukarester Exemplar glaubte ich sicher Caracalla zu erkennen, bei dem in
Sophia war es mir zweifelhaft; da der Typus auch unter Elagabalus vorkommt, könnten
3 und 4 auch dorthin gehören.

1612 (AV K M AV ΑΝΤΩΝΙΝ Br. m. L. P. M. r.) ΝΙΚΟΠΟΛΙΤ ΠΡΟΣ Ι Mondsichel und
K 111 vier Sterne
1 Whitsy samh; Sestini 35,35
Da es Münzen des Severus mit diesem Typus giebt (oben n. 1433. 1434), so sind auch solche
des Caracalla zu erwarten; doch ist die Vs. zu unsicher, um die Beschreibung oben aufzunehmen.

Die antiken Münzen Nord-Griechenlands I. 27

[Caracalla Augustus]

1612
K 16
AVT K M AVPH ΑΝΤΩΝΙΝΟ C Kopf m. L. r.

ΝΙΚΟΠΟΑΙ]ΤΩΝ ΠΡΟC ICTPON Mondsichel und drei Sterne wie vorher

t Löbbecke
Das Gesicht gleicht weder dem Caracalla noch dem Elagabalus; jedenfalls ist aber derselbe Kaiser gemeint wie bei 1611,1 und 2, womit die Rs. genau übereinstimmt. — Auffallend sind die ungewöhnlich dünnen Buchstaben der Schrift.

1613
K 18
AV K(EC?] ΑΝΤΩΝΟ (ΝοΙ) Br. m. L. P. M. r.

ΝΙΚΟΠΟΑΙΤΩΝ ΠΡΟC ICTPO Mondsichel und darüber in der Höhlung ein grosser achtstrahliger Stern mit Punkten an den Enden; unten ein zweiter, kleinerer Stern

T. XX, 34 Abbildung der Rs.
1 im Handel (August vorhanden). — Vgl. oben n. 1442 und 1486.

1614
K 16
AV K M A ΑΝΤΩΝ[ΙΝ] Br. m. L. P. M. r.

ΝΙΚΟΠΟΛΙΤΩΝ ΠΡ[ΟC] I Mondsichel und ein Stern

Abweichungen: Vs ......| ΑΝΤΩΝΙΝ 1; — Rs. ΠΡΟC ΚΤ r
1 Linz — 2 Wien Froelich 4 tentam. 303. 215 [Mionnet S. 2, 176, 693], unter Elagabalus; Eckhel cat. 58, 30 [Mionnet N. 2, 142, 506] richtig unter Caracalla; Arneth Sitzungsber. 9, 902, 63 ebenso

1615
K 17
AV K M [A?] ΑΝΤΩΝ... Kopf m. L. r.
ΝΙΚΟΠΟΛΙΤ ΠΡΟC IC ebenso
1 Bukarest

1616
K 17
AV .... ΑΝΤΩΝ ... ebenso
ΝΙΚΟ]ΠΟΛΙΤΩΝ ΠΡΟC I Stern mit acht Strahlen, an den Enden Punkte
t Paris

1617
K 17
Schrift zerstört. Br. m. L. und P. r.
ΝΙΚΟΠ[ΟΛΙΤ] ΠΡΟC ICTP· ebenso (aber ohne die Punkte!)
1 im Handel

1618
K 18
AV K M AVPH ΑΝΤΩΝΙΝΟC Kopf m. L. r.
Gewicht: 2,90 (1)

ΝΙΚΟΠΟΛΙΤΩΝ ΠΡΟC I um einen Lorbeerkranz (= 1446)

1 Gotha — 2 Haag. — (Beide Seiten sind aus denselben Stempeln.)

1619
K 18
AV KEC ΑΝΤΩΝΙ Br. m. L. P. M. r.
NIK OΠΟΑΙ T Π·PO in einem Lorbeerkranz C ICT PO

1 St. Petersburg
Auf der Rs. steht zwischen Π und P ein Punkt, der die Mitte bezeichnet.

1620
K 18
...... ΑΝΤΩΝΙΝ Kopf m. L. r.
NIKO ΠΟΛΙΤ ebenso ΠΡΟC I

1 München

Caracalla Aug. und (auf der Rs.) Geta Caesar

1621
K 16

AV K M A ANTΩNIN Br. des ju- ' A C KA'I ΓETH NIKO ΠPOC l
gendlichen Caracalla m. L. P.   Br. des Geta mit Gewand r.
M. r.

¹ Wien, früher Wiczay 2209 [Mionnet S. 2, 144, 516]; Sestini 35, 33; Arneth Sitzungsber.
9, 902, 63 a

Die Münze bildet das Gegenstück zu derjenigen des Severus mit dem Brustbild der
Domna auf der Rückseite (oben n. 1448); beide sind gewiss gleichzeitig geprägt, vermuthlich im Jahre 198, als Caracalla zum Augustus und Geta zum Caesar ernannt wurden. — Über die Namensform des Geta vgl. die Vorbemerkung zu seinen Münzen; hinter
A C KA sind drei bis vier Buchstaben abgeschnitten.

Caracalla Aug. und Geta Caes.
(Ovinius Tertullus)

1622
K 27

AV·K M·AVP ANTΩNINOC K A CETI · VITA OOV TEPTVΛΛOV NIKOΠOΛI-
und unten KAI ΓETAC die Brust- TΩN u. i. A. ΠPOC I Zeus mit
bilder des Caracalla mit L. P. nacktem Oberkörper l. stehend, in
M. r. und des Geta mit Gewand der R. Schale, die L. auf das
L, einander zugekehrt   Scepter gestützt, vor ihm der
Adler l. stehend und zu ihm zu-
rückblickend

Abweichungen: Vs. AV K M AV ... TΩNINOC K A CETI ² — AV K M AVP ANT...
NOC A A CETI ³ (unten überall KAI ΓETAC); — Rs. ..... TEPTVΛΛOV NIKO-
ΠOΛIT.... ³

¹ Bukarest · · ² London Cat. 46, 34 ungenau; wohl dieses Stück früher bei Sestini descr.
43, 64 [Mionnet S. 2, 144, 517] von Ainslie

Der Typus ist im Londoner Catalog irrig als stehender Serapis mit dem Kerberos zu
seinen Füssen beschrieben und daher von Drexler mythol. Beiträge 1, 60, 6 mit verzeichnet;
es ist aber, wie der mir übersandte Abguss zeigt, sicher Zeus mit dem Adler, wie das
auch Sestini schon richtig angegeben hatte; das Bukarester Exemplar hat ebenfalls sicher
einen Zeus mit Adler. — Auch auf der Münchener Münze, die Drexler a. a. O. nach Sestini
und Mionnet anführt, ist nicht Serapis dargestellt, sondern wahrscheinlich der Kaiser;
s. unten n. 1624.

Hinter ANTΩNINOC hat ich auf dem Bukarester Exemplar K A, während im Londoner
Catalog A A (bei Sestini A A) angegeben ist; da auch auf der folgenden Münze K A
steht, dürfte wohl überall so zu lesen sein.

1623
K 26

AYT K M AYP .... Br. des Caracalla NIKOΠOΛIT ΠPOC ICTPΩ in einem Lor-
m. L. P. M. r.   beerkranz

¹ Wien Eckhel cat. 58, 28 [Mionnet S. 2, 142, 505]; Arneth Sitzungsber. 9, 901, 57

Die Münze gehört dem Elagabalus und wird daher unter ihm beschrieben werden.

1624
K 11

AYT K M AYP ANTΩNEINOC Kopf mit NIKOΠOΛITΩN ΠPOC TPON (sc!) ebenso
L. (r.)

¹ Sestini descr. 48, 49 von Ainslie

Da diese Rückseite mit der Schrift in Lorbeerkranz auf grösseren Münzen der severischen
Zeit nicht nachweisbar ist, dürfte auch diese Münze dem Elagabalus gehören.

27*

420   MOESIA INFERIOR

(Caracalla Aug. und Geta Caes.)

1623
K 27
AV · K · M · AVP · ANTΩNINOC K · A · CETI · und unten · KAI ΓETAC die beiden Brustbilder wie vorher

Gewicht: 12,48

ΥΠΑ ΟΟΥ ΤΕΡΤVΛΛ[ΟΥ Ν]ΙΚΟΠΟ ΠΡΟC l Bärtiger Flussgott mit nacktem Oberkörper l. gelagert, in der R. vier Ähren, den l. Arm hinten aufgestützt, unter ihm Wasser

1 Berlin Cat. So, 39; dieses Stück bei Sestini lett. 6, 15, 2 von Koehelsdorff
Das kleine C über dem Γ gehört mutmaßlich zu KAL

1624
K 27
[AV K M] AVP · ANTΩN[INOC K A CETI] und unten KAI ΓETAC ebenso

[ΥΠΑ ΟΟΥ ΤΕ]ΡΤVΛΛΟΥ [ΝΙΚΟΠΟ-ΛΙΤ]ΩΝ und l. A. [ΠΡ]ΟC l Kaiser (?) mit Lorbeerkranz (Panzer und Mantel?) l. stehend, die L. auf den Speer gestützt

1 München, früher Cousinéry, Sestini descr. 43, 65 'Minnnet S. 2, 144, 518; Dvоrak mythol. Beiträge 1, 60, 6)
Sestini beschrieb den Typus als Sarapis mit dem Kerberos zu seinem Füssen (vgl. die Bemerkung zu n. 1622); das ist aber sicher unrichtig. Es ist eine bärtige Figur, aber mit Lorbeerkranz und nicht mit Kalathos; ferner ist der r. Arm nicht erhoben, sondern vorgestreckt, vielleicht mit Schale, und die l. Hand ist auf das Sceptrum oder den Speer gestützt, während bei Sarapis das Sceptrum im l. Arm zu ruhen pflegt. Vom Kerberos ist nichts zu sehen; falls überhaupt etwas vor der Figur steht, könnte es ebensogut ein Altar sein. Allenfalls könnte man an einen Zeus mit Adler denken; aber es ist sicher nicht die gleiche Figur wie auf o. 1622, sondern ich glaube sogar das Portrait des Septimius Severus mit Lorbeerkranz zu erkennen. — Die Vs. ist vielleicht aus demselben Stempel wie die von 1623, doch ist das kleine C nicht zu sehen.

1625
K 27
AV · K · M · AVP · ANTΩN[INOC K A CETI] und unten KAI ΓETAC ebenso

[ΥΠ]Α Ο[ΟΥ] ΤΕΡΤVΛΛΟΥ ΝΙΚΟΠΟ-ΛΙΤ ΠΡΟC l um einen Lorbeerkranz; darin die Worte ΕV TVKΩC TOIC KV PIOIC

Abweichungen: Rs. die Schrift im Kranz zaberwiselich l
1 Bukarest — s Sophia
Die Inschrift ΕVΤVKΩC ΤΟΙC KVPIOIC findet sich auch auf einer Münze des Severus, aber dort ohne den Statthalternamen; sie ist wohl als ein Glückwunsch an die Kaiser aufzufassen; vgl. die Bemerkung zu n. 1344.

Plautilla

(Aurelius Gallus)

1626
K 27
ΦΟVΛ ΠΛΑVΤΙΛΛΑ... Br. r.

[VΠ AVP] ΓΑΛΛΟ[V NIK]ΟΠΟΛΙ..... Apollon in der Stellung des Sauroktonos r.

1 München
Die Einzelheiten des Typus sind der schlechten Erhaltung wegen unsicher.

(Plautilla)

[1827] ΦΟΥΛ ΠΛΑΥΤΙΛΛΑ СЄΒ Br. r.   ΥΠ ΑΥΡ ΓΑΛΛΟΥ ΝΙΚΟΠΟΛΙΤ
K (27)   ΠΡΟC I Artemis als Jägerin
                                          (r.) schreitend

   1 Sestini descr. 43, 66 [Mionnet S. 2, 143, 513] von Ainslie
   Die Münze ist nirgends nachweisbar; da aber der Typus auch auf Münzen des Severus
   unter dem Statthalter Aurelius Gallus vorkommt, so konnte die Beschreibung hier aufgenommen werden.

1828 ΦΟΥΛ ΠΛΑΥΤΙΛΛΑ СЄ ebenso   ΥΠ Α[ΥΡ ΓΑΛΛΟΥ] ΝΙΚΟΠΟΛΙΤΩ
K 26   u. i. A. ΠΡΟC I· Athena l. stehend, in der vorg. R. Schale, die
                                          L. auf den Schild gestützt, hinter
                                          diesem der Speer; vor ihr ein
                                          Altar

   Gewicht: 12,35 (1. E. schl.)
   Abweichungen: Vs. die zweite Hälfte der Schrift fehlt 2; — Rs. ΥΠ Α........ 2 —
   erste Hälfte der Schrift fehlt 1 — der Speer nicht zu sehen, aber möglich 1
   1 Gotha — 2 St. Florian

1829 ΦΟΥΛ ΠΛΑΥΤΙΛΛΑ · СЄΒ ebenso   ΥΠ ΑΥΡ ΓΑΛΛ.......... ΠΡΟC ΙCΤ
K 27   ebenso

   1 Kiew; dieses Stück publicirt in Musaei nummorum quod venale prostat Varsaviae comp.
   descriptio (1799) S. 47

1830 ebenso   · ΥΠ ΑΥΡ ΓΑΛΛΟΥ ΝΙΚΟΠΟΛΙΤ ·
K 26   ΠΡΟC I Nike mit Kranz und
                                          Palmzweig L. schreitend

   Gewicht: 9,20 (r. E. g.)
   1 Gotha Sestini brit. p. 5 [Mionnet S. 2, 144, 515] — 2 Kraplu

1831 ΦΟΥΛ ΠΛΑΥΤΙΛΛΑ СЄΒ Br. r.   ΥΠ ΑΥΡ ΓΑΛΛΟΥ ΝΙΚΟΠΟΛΙΤΩΝ
K 25   u. i. A. ΠΡΟC I Herakles r. stehend, die R. auf die Keule gestützt, in der vorg. L., mit dem
                                          Löwenfell, den Bogen

   1 Neapel Cat. 6309; vielleicht dasselbe Stück vorher bei Vaillant num. gr. 125 [Mionnet
   S. 2, 143, 513] aus der Sammlung des Grafen Lazara in Padua

1832 ΦΟΥΛ ΠΛΑΥ;ΤΙΛΛΑ СЄΒΑC ebenso ΥΠ·Α·ΑΥΡ·ΓΑΛΛΟΥ·ΝΕΙΚΟΠΟΛΙΤΩΝ
K 27   u. i. A. ·ΠΡΟC I· Tyche mit Kalathos, Steuerruder und Füllhorn
                                          l. stehend

   Abweichungen: Vs. am Schluss СЄΒΑ 2 — СЄΒ 1: — Rs. die Punkte nicht bemerkt 2, 3 — vielleicht ΝΙΚ statt ΝΕΙΚ 2
   1 Philippopel — 2 Sophia (Beschreibung von Tacchella) · · 3 Wien Mus. Thrup. 992;
   Arneth Sitzungsber. 9, 902, 65. — Vgl. 1633,4.
   Nach der Interpunktion scheint hier das Α (oder A) hinter ΥΠ das Praenomen des Aurellus
   Gallus anzugeben; vgl. oben 10 n. 1536.

(Plautilla)

1633
K 27
ΦΟΥΛ ΠΛΑΥΤΙΛΛΑ CEBAC   Br. r.   VΠ AVP ΓΑΛΛΟV ΝΙΚΟΠΟΛΙΤΩ[Ν?]
u. i. A. ΠΡΟC IC ... Tyche wie
vorher L stehend

Abweichungen: V. am Schluss CEB s. (4!); — R. ... VP ΓΑΛΛΟV 1 — ΝΙ-
ΚΟΠΟΛ.... 1 — ΝΙΚΟΠΟΛΙΤ... 2 — ΝΙΚΟΠΟΛΙΤΩ (ohne Ν) 3 — i. A.
ΠΡΟC 1 3 — ΠΡΟC IC .... 1 — ΠΡ.... 3 — Schrift unsicher 4

1 Paris — 2 Wien Froelich 4 tentam. 283, 174; Eckhel cat. 59, 33 [Mionnet S. 2, 143, 514];
Arneth Sitzungsber. 9, 902, 64 — 3 im Handel. — — Hierher (oder zu 16321) 4 Sestini
descr. 43, 67 von Ainslie

1634
K 26
ΦΟΥΛ ΠΛΑΥ ΤΙΛΛΑ CEB ebenso   VΠΑ AVP ΓΑΛΛΟV ΝΕΙΚΟΠΟ u. i.
A. ΠΡΟC I Tempelfront mit
vier Säulen; in der Mitte Asklepios mit dem Schlangenstab r.
stehend und L blickend

Gewicht: 13,00 (a. E. m.) — 10,55 (1)

Abweichungen: R. ΓΑΛ ...... ΚΟΠΟ s

1 Berlin Cat. 80, 40 — 2 Gotha

Das A hat in der Schrift der R. überall die Form Λ; es ist daher unsicher, ob der
Buchstabe hinter VΠ zu diesem Wort gehört oder das Pronomen ergiebt.

1635
K 27
ΦΟV ΠΛΑV ΤΙΛΛΑ CEB   Br. r.   VΠ AVP ΓΑΛΛΟV ΝΙΚΟΠΟΛΙ u. i.
A. ΠΡΟC IC Plautilla r. und
Caracalla L stehend, sich die R.
reichend

Abweichungen: V. erste Hälfte der Schrift fehlt 3; — R. VΠ AV ΓΑΛΛΟV· i. 3

1 Bukarest — 2 London Cat. 46, 33 — 3 Philippopel

Der Typus, der sich auf die Eheschliessung des Caracalla und der Plautilla bezieht, findet
sich auch auf Münzen des Severus (oben n. 1329); vgl. die Abbildung Tafel XIX, 23.
Dass er auf Münzen des Caracalla noch nicht nachgewiesen ist, kann nur Zufall sein.

1636
K 27
ΦΟVΛ ΠΛΑV ΤΙΛΛΑ CEB ebenso   VΠ · AVP · ΓΑΛΛΟV · ΝΕΙΚΟΠΟΛΙ
ΠΡΟC I Adler mit ausgebreite-
ten Flügeln nach vorn auf einer
Kugel stehend und den Kopf mit
Kranz im Schnabel r. erhebend

Abweichungen: V. erste Hälfte der Schrift fehlt 2; — R. ΝΙΚΟΠΟΛΙ ΠΡΟ[C
oben (?) 2 — VΠ· AVP·[ΓΑ]ΛΛ[ΟV ΝΙ]ΚΟΠΟΛΙΤΩΝ ΠΡΟC I (= 1363) 3

1 Berlin Cat. 80, 41 — 2. 3 Sophia

1636*
K(II)
ΦΟVΛ ΠΛΑΥΤΙΛΛΑ CCB   Br. (r.)   ΤΠ .... ΝΙΚΟΠΟΛΙΤΩΝ ΠΡΟC I
Sitzende Kybele mit dem Tympanon in
der L., zu ihren Füssen zwei Löwen

1 Froelich 4 tentam. 284, 175 [Mionnet S. 2, 143, 511]

Die Münze ist nicht in das Wiener Cabinet gekommen; vielleicht befand sie sich nicht in
der Sammlung Granelli, sondern in einer anderen, die Froelich benutzt hat; jedenfalls ist
sie jetzt nirgends nachweisbar. Die Beschreibung könnte richtig sein, ist aber nicht ganz
sicher; als Statthaltername ist gewiss ΑΤΡ ΓΑΛΛΟΥ zu ergänzen, da auf Münzen der
Plautilla kein anderer vorkommt.

Geta Caesar

Auf den kleinen Münzen des Geta erscheinen drei unrichtige Namensformen: MAP AV ΓETAC, A AVP KAI ΓETAC und A CEΠ KAI ΓETAC, die beiden letzten verschieden abgekürzt. Ob diejenigen mit Μᾶρκος Αὐρήλιος Γέτας als die ältesten anzusehen sind, weil der Name *Caesar* fehlt, ist unsicher. Die Münzen der zweiten Gruppe, mit dem falschen Geschlechtsnamen *Aurelius*, sind offenbar gleichzeitig denjenigen des Caracalla Caesar mit der Namensform M AVP KAI ANTΩNINOC. Dagegen die dritte Gruppe ist erst in der Zeit geprägt, als Caracalla schon Augustus war, und zwar unter Ovinius Tertullus, wie die Aufschriften der Münzen mit zwei Köpfen (oben n. 1622—1625; vgl. 1631) lehren. — Die richtige Namensform, Λ. Σεπτίμιος Γέτας Καῖσαρ, findet sich erst unter Aurelius Gallus auf Münzen mit dem Namen dieses Statthalters (n. 1654—1659); auf sicheren kleinen Münzen ist sie bisher noch nicht nachgewiesen, ebenso wenig die Form mit dem Vornamen *Publius* (vgl. aber n. 1659* und 1659**). — Die Münzen des Geta als Augustus geben ihm die richtige Namensform Λύτ. Κ. Π. Σεπτίμιος Γέτας Αὔγουστος.

1) mit der Namensform Μᾶρκος Αὐρήλιος Γέτας

1637 K 16	MAP AV ΓETAC Br. mit Gewand r.	NIKOΠOΛIT ΠPOC IC	Nackter Dionysos L stehend, in der R. den Kantharos, die L. auf den Thyrsos mit Schleifen gestützt

1 Wien Arneth Sitzungsber. 9, 902, 68

| 1638 K 16 | ebenso, aus demselben Stempel | NIKO ΠOΛIT ΩN ΠP OC IC | in einem Lorbeerkranz |

Abweichungen: V: Anfang der Schrift undeutlich (III AV) 1

1 St. Petersburg — a Wien Cimel. Vindob. I, 132, XXIV, 11; Eckhel cat. 59, 34 [Mionnet S. 2, 146, 531] V: ungenau; ebenso bei Arneth Sitzungsber. 9, 902, 72

| 1636*** K II | Geta (V: nicht beschrieben) | NIKOΠOΛEΩN ΠPOΣ ΚΥPON | Stehender Apollon mit Strahlenkranz, in der R. den Blitz |

1 Vaillant num. gr. 118 [Mionnet S. 2, 146, 527] aus seiner Sammlung

Das Fehlen des Statthalternamens und die Form NIKOΠOΛEΩN zeigen, dass die Münze nicht nach unserem Nikopolis gehört, sondern nach dem thrakischen, wo auch der Typus (Helios) gewöhnlich ist; es ist also ΠPOΣ ΜΕCΤΩ zu lesen.

424 MOESIA INFERIOR

[Geta Caesar]

2) mit der Namensform Λούκιος Αὐρήλιος Καῖσαρ Γέτας

1639 [A AVP] KAI ΓΕΤΑC Br. mit Ge- NIKOΠOΛIT·ΩN ΠP[OC IC] Nackter
K 18 wand r. Apollon mit gekreuzten Beinen
r. stehend, die R. (mit Pfeil?) zurückgezogen, die L. auf einen
Baumstamm gestützt, an dem eine
Eidechse emporkriecht (Sauroktonos, = 1355)

1 Löbbecke. — Die Schrift der Vs. ist auch der von n. 1644, 1 ähnlich, die aus demselben Stempel ist.

1640 A AVP K ΓΕΤΑC Kopf r. NIKOΠOΛEI ΠP·OC IC Nackter
K 16 Hermes mit Beutel und Stab L.
stehend

Abweichungen: Vs. nicht beschrieben 2; — Rs. Schrift unsicher 2
1 Wien Mus. Theup. 997 (Mionnet S. 2, 146, 526) ungenau; Arneth Sitzungsber. 9, 902, 69. — Hierher vielleicht 2 Vaillant num. gr. 118 (Mionnet S. 2, 146, 528) aus der Sammlung Bizot

1641 ebenso NI[KOΠO]A ΠP[OC] I[C] Göttin
K 17 mit Kalathos L stehend, in der R.
ein undeutliches Attribut, im L.
Arm Füllhorn

1 Wien, früher Wiczay 2211 (Mionnet S. 2, 146, 530); Sestini pr. musei 82, 1, IV, 15; Sestini mus. Hederv. parte Europ. 1, 35, 33.
Die dargestellte Göttin ist Concordia oder Aequitas; Sestini glaubte in ihrer r. Hand die Schale zu sehen, doch könnte es auch die Wage sein. — Den Namen des Geta wollte Sestini L. Aurelius Commodus Geta lesen; die Münzen mit ΚΑΙ statt Κ zeigen, dass nicht Commodus, sondern Caesar zu lesen ist.

1642 [A] AVP [KAI?] ΓΕΤΑC Br. mit Ge- NIKOΠOΛIT[Ω]N u. I. A. ΠP·OC I
K 17 wand r. Tempelfront mit vier Säulen;
in der Mitte ein undeutliches
Götterbild (Asklepios?)

Abweichungen: Vs. nicht beschrieben 2; — Rs. NIKO......ΩN u. l. A. ΠP·OC I 2
1 Rollin. — — 2 Vaillant num. gr. 118 (Mionnet S. 2, 146, 529) von Galland. — Vgl. auch unten 1699ᵇⁱˢ.
Auf der Vs. von 1 las Sygoroos ·AVP·K·A ΓΕΤΑC, was nicht richtig sein kann; es muss wohl für Μ·A wie sonst KAI gelesen werden; auch die runde Form des Є ist zweifelhaft. Das Götterbild schien ihm ein Asklepios zu sein, während Vaillant an Apollon dachte; ersteres ist jedenfalls wahrscheinlicher.

1643° AT KEC ..... Br. des Geta mit L. P. M. r. NIKOΠOΛIT ΠPOC ITPO Thanatos r.
K 16 stehend, auf die Fackel gestützt

1 London Cat. 46, 37
Wie ein mir übersendter Abguss lehrt, ist auf der Vs. das Brustbild des Caracalla dargestellt; die Münze ist daher oben n. 1393 verzeichnet.

NIKOPOLIS

[Geta Caesar]

1643
K 17
Α ΑΥΡ ΚΑΙ | ΓΕΤΑΣ Br. mit Gewand r. | ΝΙΚΟΠΟΛΙΤΩΝ ΠΡΟΣ ΙC Adler mit ausgebreiteten Flügeln nach vorn stehend und den Kopf mit Kranz im Schnabel r. erhebend

1 Berlin Cat. 80, 45

1644
K 16
ebenso | ΝΙΚΟΠΟΛΙΤΩΝ ΠΡΟΣ Ι Dreifuss, um dessen mittleren Fuss sich eine Schlange, mit dem Kopf r., emporringelt

1 London Cat. 46, 36 (Vs. ungenau) — 2 Paris. — (Die Vs. von 1 ist mit demselben Stempel wie die von n. 1639; die unteren Theile der Buchstaben Α ΑΥΡ sind sicher zu erkennen.)

1645
K 16
T. XX, 28
ΛΟΥ ΑΥ ΚΑΙΣΑΡ ΓΕΤΑΣ Hr. m. P. und M. r. | [ΝΙΚΟ]ΠΟΛΙΤΩΝ ΠΡΟΣ ΙC[Τ] ebenso
Abbildung der Rs.
Gewicht: 2,63

1 Athen Cat. 845 (Vs. ungenau, nach einem Abguss berichtigt). — Vgl. notes 1639°.

1646
K 15
Α·ΑΥΡ Κ(ΑΙ) | ΓΕΤΑΣ Br. mit Gewand r. | ΝΙΚΟ[ΠΟΛ] ΠΡΟΣ Ι Mondsichel, und darüber in der Höhlung vier Sterne, unter der Sichel ein fünfter Stern

1 Paris Mionnet 1, 360, 59; vielleicht dieser Stück bei Vaillant num. gr. 118 (ΝΙΚΟΠΟΛΙΤ ΠΡΟΣ) Creatus lunae in qua astrum et tres triones). — Vgl. die folgende Münze.

1647
K 18
ΛΟΥ ..... ΓΕΤΑΣ ebenso (wohl = 1645) | ΝΙΚΟΠ... ΠΡΟΣ ΙC Mondsichel und in der Höhlung vier (?) Sterne

Gewicht: 2,98

1 Turin Mus. Cat. 1998 = Lavy 985; dasselbe Stück aus der Sammlung Adler vorher bei Mionnet S. 2, 147, 534; Domersan 81. Nach den älteren Beschreibungen wären in der Mondsichel nur drei Sterne zu sehen, was schlimmer es aber vier zu sein. Möglich ist es auch, dass unter der Mondsichel noch ein Stern war wie bei der vorigen Münze; bei der schlechten Erhaltung war er leicht zu übersehen.

1648
K 15
Α ΑΥΡ ΚΑΙ | ΓΕΤΑΣ Hr. mit Gewand r. | ΝΙΚΟΠΟΛΙΤΩΝ ΠΡΟΣ Ι· Mondsichel und in der Höhlung darüber ein Stern mit sechs Strahlen

1 Berlin Cat. 80, 43 ungenau

1649
K 18
Α ΑΥΡ Κ | ΓΕΤΑΣ Kopf r. | ΝΙΚΟΠΟΛΙΤ ΠΡΟΣ ΙCΤ Stern mit acht Strahlen, an den Enden Punkte

Abweichungen: Vs. ΓΕΤΑC 2. 3; — Rs. ΝΙΚΟΠΟΛ... ...ΟC ΙCΤP 3 — ΝΙΚΟΠΟΛΙ... 2

1 Imhoof — 2 Moskau — 3 Wien Arneth Sitzungsber. 9, 902, 71 ungenau

[Geta Caesar]

3) mit der Namensform Λούκιος Σεπτίμιος Καίσαρ Γέτας

1650
K 15
A CEΠ K ΓETAC Br. mit Gewand r.   NIKOΠO | ΠPOC IC Brustbild des
Sarapis mit Kalathos und Gewand r.

Gewicht: 2,43 (1)
Abweichungen: Vs. ...EΠ K ΓETAC *
1 Berlin Cat. 60,44 ungenau — 2 Mailand Biondelli rendiconti del Ist. Lombardo, serie 2, vol. 15 (1882) 528, 14

1651
K 16
ebenso   NIKOΠOΛITΩN ΠPOC | Dreifuss
mit Schlange (= 1644)

Gewicht: 2,84 (1)
Abweichungen: Vs. Λ CE... ΓETAC * — Λ .. Π K Γ... ii — Rs. NIKOΠO-ΛITΩ. ..OC .. *
1 Berlin Cat. 60, 43 — 2 Wien, früher Wiczay 2210 (Mionnet S. 2,146, 532); Sestini 35,34; Arneth Sitzungsber. 9, 902, 69 b

1652
K 16
ebenso   NIKOΠOΛITΩN ΠPOC IC Korb
mit Früchten
Abweichungen: Λ CEΠ K Γ.... 1 — Λ CE ... ΓETAC 2; — Rs. NIKOΠOΛ....
ΠPOC | 2
1 Prag ehh. Inst. — 2 St. Petersburg

1653
K 18
A C KAI ΓE... Kopf r.   NIKOΠOΛITΩN ΠPOC ICTPNO (so!)
Stern mit acht Strahlen
1 Löbbecke; vielleicht dieses Stück bei Mionnet S. 2, 147, 533 (mit ICTP..N) aus der Sammlung des Marquis de la Goy

4) mit der Namensform Λούκιος Σεπτίμιος Γέτας Καίσαρ
(Aurelius Gallus)

1654
K 27
A CEΠTIMI ΓETAC KAICAP Br. mit   VΠA · AVP ΓAΛΛOV NEIKOΠO...
Gewand r.   ..OC IC Nackter Apollon mit
gekreuzten Beinen r. stehend, die
R. (mit Pfeil?) nach hinten erhoben,
die L. auf den Baumstamm gestützt
(Sauroktonos)
1 Löbbecke
Am Baumstamm ist keine Eidechse zu bemerken, doch könnte das an der mangelhaften Erhaltung der Münze liegen.

1655
K 27
·A·CEΠTI· ΓETAC KAI ebenso   VΠ AV· ΓAΛΛOV, NIKOΠOΛITΩ u.
i. A. ΠPOC | Nackter Apollon
(oder Bonus Eventus?) mit Schale
und Lorbeerzweig L. stehend, vor
ihm der Altar
1 Sophia

NIKOPOLIS 427

[Geta Caesar]

1656 · A · CEΠTIMI ΓETAC KAICAP Br. YΠA AVP ΓAΛΛΩ NEIKOΠOΛI u. i.
K 27 mit Gewand r.   A. ΠPOC IC Nackter Dionysos
mit Kantharos und Thyrsos l.
stehend

Abweichungen: Rs. NEIKOΠO u. l. A. ΠPOC ı 2
ı Basel — 2 im Handel. — Vgl. unten 1656°.
Der Buchstabe hinter VΠ hat auf beiden Exemplaren die Form A; ob trotzdem VΠA zu
lesen ist, bleibt ungewiss.

1657 A CEΠT ΓETAC K ebenso   YΠ AV ΓAΛΛΩ | NIKOΠOΛIT u. i.
K 26   A. ΠPOC I Asklepios mit dem
Schlangenstab in der R. nach vorn
stehend und L blickend

Gewicht: 11,75 (1)
Abweichungen: Rs. Schluss der Schrift fehlt ı
ı Gotha — 2 London Cat. 46, 35. — . — 3 (= rt) Sestini descr. 43, 68 [Mionnet S. 2,
144, 519] von Ainslie

1658 A C(EΠ)TIMI ΓETAC KAICAP ebenso YΠ AVP ΓAΛΛOV | NIKOΠOΛITΩN
K 27   u. l. A. ΠPOC I Tyche mit Ka-
lathos, Steuerruder und Füllhorn
l. stehend
ı Imhoof

1659 A CEΠT | ΓETAC K ebenso   YΠ AV ΓAΛ .. ... ΠOΛ · ΠPOC I
K 26   Adler mit ausgebreiteten Flügeln
nach vorn auf einer Kugel ste-
hend und den Kopf mit Kranz im
Schnabel r. erhebend
ı Budapest

1654° ... LEΠ ΓETAC K Br. m. Gewand r. Y AT ΓAΛΛOY M N(IKO...)..N Nackter
K 25   Dionysos mit Kantharos und Thyrsos L
stehend
ı Paris Blanchet revue num. 1892, 74, 53
Auf der Rs. steht MAPKIAN...AITΩN, die Münze ist daher unter Markianopolis, als
n. 696, 1, beschrieben.

1656° ... ΓETAC KAICAP Kopf r.   NIKUAITΩN (sic) ΠPOC I Dreifuss, von
K 15   einer Schlange umwunden
ı Chaix descr. 36
Die Beschreibung könnte richtig sein; da aber die angegebene Namensform, bei der am
Anfang A CEΠTI oder Π CEΠTI zu ergänzen ist, bisher nicht nachgewiesen ist, so muss
die Beschreibung einstweilen als unsicher gelten.

1656°° Π CEΠTI ΓETAC KAI AP Kopf (r.) NIKOΠOΛITΩN Π I Tempelfront mit vier
K ΠI   Säulen (ohne Götterbild)
ı Froelich 4 tentam. 288, 184 ohne Abb.
Auch diese Beschreibung ist nur wegen der Namensform des Geta zunächst als unsicher
anzusehen; der Typus der Rs. findet sich auf Münzen des Severus (n. 1402), ist also auch
für Geta zu erwarten. In der Sammlung Grimaldi kann Froelich die Münze wohl nicht
gesehen haben, da sie sonst im Wiener Cabinet sein müsste.

Geta Augustus
(Flavius Ulpianus)

1660
K 28
AVT K Π CEΠ ΓETAC AV Br. m.
L. P. M. r.

1 Bukarest

V ΦA OVAΠIAN NIKOΠOΛIT u. i.
A. ΠPOC I Zeus mit Schale und Scepter L. sitzend (= 1565)

1661
K 29
ebenso

V ΦA OVAΠIAN NIKOΠOΛIT u. i.
A. ΠPOC I Demeter im langen gegürteten Doppelchiton und mit Schleier l. stehend, in der R. Ähren über einem flammenden Altar, die L. auf die Fackel gestützt, an der sich eine Schlange emporwindet

Tafel XIV, 11

Abbildung der Rs. (1)
Abweichungen: Vs. ohne AV am Schluss (?) 1; — Rs. NIKOΠOΛI u. l. A. ΠPOC I 2
1 Bukarest — 2 München. — Über den Typus vgl. die Einleitung S. 340.

1662
K 29
AVT K Π CEΠTI ΓETAC AV ebenso

1 Berlin

V ΦA OVAΠIAN NIKOΠOΛI u. l. A. ΠPOC I Nackter Apollon mit Schale und Lorbeerzweig l. stehend, vor ihm ein Altar (= 1567)

1663
K 27
= 1660

V ΦA OVAΠIAN NIKOΠOΛI u. l. A. ΠPOC I Athena r. stehend, die R. auf den Speer, die L. auf den Schild gestützt (vgl. 1569)

Abweichungen: Vs. AVT K Π CE Π.... 1; Rs. ...ΠAN N IKOΠOΛIT.... 2
1 Paris Mionnet S. 2, 348, 880 irrig unter Nikopolis am Nestos als Münze des Caracalla (vgl. oben 1369,1) — 2 Sophia

1664
K 26
.....]CEΠ ΓETAC AV ebenso

1 Philippopel

[V ΦA] OV[AΠ]IA[N] NIKOΠOΛIT u. l. A. ΠPOC I Athena wie vorher, aber der Schild steht auf einer kleinen Basis (vgl. 1568)

1665
K 26
..... [Π?] ΓETAC [AV] ebenso

1 Budapest

.... NIKOΠOΛIT [u. l. A. ΠPOC I] Athena wie vorher, aber am Speer ringelt sich eine Schlange empor

Die Münze ist schlecht erhalten, gehört aber sicher hierher; ein anderer Statthaltername ist nicht zu erwarten, weil Geta als Kaiser, bärtig und mit Lorbeerkranz, erscheint.

	(Geta Augustus)		
1666 K 27	AVT K Π CE Π ΓETAC AV lir. m. L. P. M. r.		V ΦA OVATIAN NIKOΠOAIT u. L. A. ΠPOC I Nike mit Kranz und Palmzweig L. schreitend
		Abweichungen: Vs…, E Π ΓETAC.. 4. — Rs. N IKOΠOAI s. L. A. ΠPOC I 4 1 St. Petersburg — 2. 3 Sophia — 4 im Handel	
1667 K 27	…… ΓETAC AV ebenso		V ΦA OVATIAN NI,KOΠOAIT [Π]POC I ebenso
		1 Wien, früher Wiczay 2812 [Mionnet S. 2, 145, 521]; Sestini 33, 36; Arneth Sitzungsb. 9, 902, 70 a	
1668 K 27	— 1666		V ΦA OVATIAN N IKOΠOAI u. L A. ΠPOC I Nike mit Kranz und Palmzweig, den L. Arm auf eine Stele gestützt, L. stehend
		1 Leake Europ. Gr. 78	
1669 K 28 Tafel XVI, 12	ebenso	Abbildung der Rs. (4) Gewicht: 11,72 (3)	V ΦA OVATIAN NIKOΠOAIT u. L. A. ΠPOC I Nike l. schreitend, in der vorg. R. ein unbekanntes Attribut, im L. Arm Palmzweig
		Abweichungen: Vs. ohne AV am Schluss 1; — Rs. NIKO….. s. L. A. ΠPOC I 3 1 Bukarest — 2 Sophia — 3 Turin Mus. Cat. 1997 = Lavy 986 — 4 Wien Arneth Sitzungsber. 9, 902, 70 b. — (Die Vs. von 2 ist aus demselben Stempel wie die von 1677.) Über den Gegenstand, den die Göttin in der rechten Hand trägt, vgl. die Einleitung S. 341.	
1670 K 28 Tafel XVI, 13	ebenso	Abbildung der Rs. (1) Abweichungen: Vs. am Schluss vielleicht AV° 1 1 Löbbecke — 2 München	V ΦA OVATIAN N IKOΠOAI u. L A. ΠPOC I Hermes mit Petasos, Chlamys über den Schultern und dem l. Arm und Stiefeln l. stehend, in der vorg. R. den Beutel, im l. Arm das geflügelte Kerykeion
1671 K 28 Tafel XVI, 29	ebenso	Abbildung der Rs. (2) Gewicht: 10,00 (1, E. schl.)	V ΦA OVATIAN NIKOΠOAI u. l. A. ΠPOC I Nackter Dionysos mit Stiefeln L. stehend, in der R. Traube, die L. auf den Thyrsos mit Schleife gestützt
		Abweichungen: Vs. Anfang der Schrift fehlt 2 — in der Mitte unleserlich z. b — Kopf m. L. r. 1 — CE ΠΤ und am Schluss AV° 5; — Rs. OVATIA N 4 1 Bukarest — 2 Gotha Sestini kort. 9,5 [Mionnet S. 2, 145. 522] ausgenom — 3. 4 München — 5 Sophia (Beschreibung von Tacchella) — 6 Wien Arneth Sitzungster. 9, 902, 64	

430 MOESIA INFERIOR

[Grta Augustus]

1672 AVT K Π CEΠ ΓETAC AV Kopf V ΦA OVAΠIAN "NIKOΠOAITΠ u.
K 27 m. L. r. i. A. ΠPOC ICT Kybele mit Mauerkrone nach vorn auf dem r. springenden Löwen sitzend und r. blickend

1 Wien Mus. Theup. 997 [Mionnet S. 2, 145, 500]; Arneth Sitzungsber. 9, 902, 67

1673 AVT K Π CEΠ ΓETAC AV Br. m. V ΦA OVAΠIAN NIKOΠOAIT u. i.
K 28 L. P. M. r. A. ΠPOC I Nemesis mit Wage und Geissel (?) l. stehend, am Boden das Rad (= 1577)

Abweichungen: Rs. V ΘV z. (z. verziert)
1. 2 Berlin Cat. 8t, 46, 47 [Povmanský Nemesis und Adrastela 193]; das zweite Exemplar aus der Sammlung Magnoncour Loogrérier Cat. 202 Abb. — 3 St. Petersburg, früher Chaudoir corr. 49, 1. — (1 und 2 sind aus demselben Stempela.)

1674 = 1672 ebenso, aber NIKOΠOAI
K 29 1 London Cat. 46, 38

1675 = 1673 V ΦA OVAΠIAN ¦ NIKOΠOAIT u. l.
K 28 Λ. ΠPOC I Tempelfront mit vier Säulen; in der Mitte Asklepios nach vorn stehend; im Giebel ● (Schild?)

Abweichungen: Rs. NIKOΠOAI ■ — das Tempelbild sonderlich 3
1 Bukarest — 2 Paris — 3 Wien Froelich 4 tentam. 288, 183 Abb. d. Rs. [Gessner Imp. CLIII, 29] angenom mit Hermes Im Tempel; Eckhel cat. 59, 33 [Mionnet S. 2, 145, 513]; Arneth Sitzungsber. 9, 902, 70 — 4. 5 im Handel

1676 ebenso V ΦA OVAΠIAN NIKOΠOAI u. l. A.
K 29 ΠPOC IC Adler mit ausgebr. Flügeln nach vorn auf einer bekränzten Basis zwischen zwei Feldzeichen stehend und den Kopf mit Kranz im Schnabel r.
Tafel erhebend (vgl. 1584)
XIX, 31 Abbildung der Rs. (2)

Abweichungen: Vs. ...... ΠΓETAC (ohne AVI) 1 — nicht angegeben 31 — Rs. V ΦA OVAΠIAN .... 1 — V ΦA OV .... KOΠOAI 3
1 Mailand — 2 Paris Mionnet S. 2, 145, 514. — '— 3 Mus. Arigoni 2 imp. gr. XXVI, 363 und wohl das gleiche Stück vorher ungenau Mus. Arigoni 1 alla imp. gr. X, 169 [Mionnet S. 2, 394, 1146] unter Pautalia, berichtigt von Sestini cat. cuilg. 13

1677 ...... CEΠ ΓETAC AV Br. m. L. V ΦA OVAΠIAN NIKOΠOAI u. L A.
K 28 P. M. r. ΠPOC I Adler mit Kranz auf Basis wie vorher, aber ohne die Feldzeichen

1 München. — (Die Vs. ist aus demselben Stempel wie die von 1669, 2.)

[Geta Augustus]

1578 AVT K Π CEΠ ΓETAC AV Br. m. V ΦA OVAΠIAN NIKOΠOΛI u. l. A.
K 27 L. P. M. r. ΠPOC | Schlange, in vielen Windungen aufgerichtet, der Kopf, der von einem Nimbus mit Strahlen umgeben ist, r.

1 Kopenhagen — 2 Paris Mionnet S. 2, 146, 525
Über den Typus, Chnubis, vgl. W. Drexler mythol. Beiträge 1,61 fg.

Macrinus

(P. Fu. Pontianus)

1579 [AV K OΠ]ΠEΛ CEVH MAKPINOC VΠ ΠONTIANOV NIKOΠOΛIT u. i.
K 27 Kopf m. L. r.   Λ. ΩN, l. F. ΠP OC
ΙC TP Nackter Apollon mit gekreuzten Beinen r. stehend, den r. Arm zurückgezogen (mit Pfeil in der Hand?), die L. auf einen Baum (mit Eidechse?) gestützt (Sauroktonos)

1 Wien Arneth Sitzungsber. 9, 904, 100. — Die Schrift der Vs. ist nach n. 1682 ergänzt.

1679* AΠ K M OΠΠEΛ CEY MAKPINOC Kopf ΠI KΛ KOΠNΠAIANOT NIKOΠOΛΠΩN
K 22 m. L. r. u. L F. Π,POC. l. A. ICTPU Nackter Apollon mit Schale und Zweig L stehend: vor ihm ein Altar

1 Froelich 4 tentam. 292, 194 Abb. d. Rs. [Gessner imp. CLV, 46; Mionnet S. 2, 151, 559] Die Münze befindet sich jetzt im Wiener Cabinet; Froelich hat den fast ganz zerstörten Statthalternamen noch einer falschen Angabe Vaillants (n. 1628³⁵) willkürlich ergänzt; in der That sieht man nur ΥΠ C........OY, was zu ΥΠ ((ΓAΤΙ ΛONΓINJOY zu ergänzen ist; s. unten 1759.

1679** Macrinus (Vs. nicht beschrieben) ΤΠ KΛ KOΠINΠΑIANOY NIKOΠΟΛΠΩN
K 22 ΠP ICTP Furorischer Herakles, die R. auf die Keule gestützt

1 Vaillant num. gr. 123 [Mionnet S. 2, 152, 561] aus der Sammlung Foucault
ebenso (Schrift ebenso) Nemesis stehend, die R. zum Munde führend, in der L. die Geissel, am Boden das Rad

2 Vaillant num. gr. 123 [Mionnet S. 2, 157, 560] aus der Sammlung Vellev
Die Angabe des Statthalternamens ist gewiss in beiden Fällen irrig. Quintilianus scheint zwar der letzte Legat des Caracalla in Moesia inferior gewesen zu sein, aber es ist unwahrscheinlich, dass er es auch unter Macrinus blieb; auch findet er sich unter Caracalla nur auf Münzen von Markianopolis. Vermuthlich hat Vaillant den unleserlichen Namen eines schlecht erhaltenen Münze willkürlich ergänzt, wie er das öfter thut. Der Typus des Herakles findet sich unter Longinus (unten n. 1759), unter demselben auch der der Nemesis, wie ihn Vaillant beschreibt (n. 1767); dorthin gehören wohl auch diese beiden Münzen.

432   MOESIA INFERIOR

[Marcian.]

1840 ΑΥ Κ ΟΠΠΕΑ ϹΕΥΗ ΜΑΚΡΙΝΟϹ   ΥΠ Π ΦΟΥ ΠΟΝΤΙΑΝΟΥ ΝΕΙΚΟ-
K 27   Br. m. L., und Schuppenpanzer r.   ΠΟΛΙΤΩΝ u. L F. ΠΡ ΟϹ, i. A.
                                            ΙϹΤΡΩ Nackter Hermes mit
                                            Beutel, Stab und Chlamys l. stehend;
                                            vor ihm der Hahn l.

Abweichungen: Rs. ..Π ΦΟΥ ι — ΝΕΙ...... ». L F. ΠΡ ΟϹ (Schrift am Schluss
und im Abschnitt fehlt) 2
1 Berlin Cat. 81, 48. - — 2 Chaix deser. 37

1841   ΑΥ Κ ΟΠΠΕΑ ϹΕΥΗ ΜΑΚΡΙΝΟϹ   ΥΠ Π ΦΟΥ ΠΟΝΤΙΑΝΟΥ ΝΕΙΚΟ-
K 27   ebenso   ΠΟΛΙΤΩΝ u. L F. ΠΡ ΟϹ
                                     ΙϹΤ ΡΩ
                                     Asklepios mit nacktem Oberkörper
                                     nach vorn stehend, die R. auf
                                     den Schlangenstab gestützt
Gewicht: 9,92
1 Gotha Sestini let. 9, 5, I, 3 [Mionnet S. 2, 158, 594]

1842   ΑΥ Κ ΟΠΠΕΑ ϹΕ VΗ ΜΑΚΡΙΝΟϹ   ... ΠΟΝΤΙΑΝΟΥ ΝΙΚΟΠΟΛΙΤΩΝ
K 28   Kopf m. L. r.   u. L A. ΠΡΟϹ ΙϹΤ Weibliche
                                     Figur (auf Felsen?) l. sitzend, in
                                     der vorg. R. eine Blume (?), den l.
Tafel   Arm auf einen Felsen gestützt
XVIII, 7 Abbildung der Rs.
Gewicht: 10,10

1 Löbbecke. — (Die Vs. ist aus demselben Stempel wie die von n. 1683. 1693 u. a.)
Über den Typus, der auch auf Münzen von Markianopolis unter demselben Statthalter
Pontianus erscheint, vgl. die Einleitung zu dieser Stadt, oben S. 194. — Vor ΠΟΝΤΙΑΝΟΥ
ist Platz für drei Buchstaben, vermutblich VΠ e; von dem e ist vielleicht noch eine
schwache Spur zu erkennen.

Die Stempelgleichheit der Vorderseiten von 1682 und 1683 u. a. scheint zu
lehren, dass Pontianus der unmittelbare Vorgänger oder Nachfolger des
Agrippa war.

(Agrippa)

1843   ΑΥ Κ ΟΠΠΕΑ ϹΕΥΗ ΜΑΚΡΙΝΟϹ   ΥΠ ΑΓΡΙΠΠΑ ΝΙΚΟΠΟΛΙΤΩΝ ΠΡ
K 27   Kopf m. L. r.   u. l. A. ΟϹ ΙϹΤΡ Zeus mit Schale
                                    und Scepter l. sitzend
Gewicht: 11,78 (?)
Abweichungen: Vs. nicht beschrieben 2; — Rs. angeblich ΠΡ ΚΤΡ 1
1 Gotha Sestini lett. 9, 6 [Mionnet S. 2, 147, 535] — — 2 Vaillant num. gr. 122 aus der
Sammlung der Königin Christine. — (Die Vs. von 1 ist aus demselben Stempel wie die
von n. 1682. 1693 u. a.)

1843*   ΑΥ Κ ΟΠΠΕΑ ΜΑΚΡΙΝΟϹ ϹΕΒ Kopf m. ΤΗ ΑΓΡΙΠΠΑ ΝΙΚΟΠΟΛΙΤΩΝ ΠΡΟϹ ΙϹΤ
K 11   L. r.   Isis l. liegend, in der R. das Sistrum
1 Wise num. Bodl. 65. XIII. 12 [Mionnet S. 2, 147, 537]
Wie schon Mionnet erkannte, handelt es sich wohl nur um schlechte Zeichnung eines
Flussgottes — unten 1697. 1698.

NIKOPOLIS

1884
K 26
[Macrinus]
AVT K M ΟΠΕΛ CEV H MAKPINOC
Br. m. L. und Schuppenpanzer r.

ΥΠ ΑΓΡΙΠΠΑ ΝΙΚΟΠΟΛΙΤΩΝ ΠΡ
u. i. A. OC ICT Weibliche Figur in langem Gewand und Mantel
l. stehend, in der vorg. R. Schale, die L. auf die Fackel gestützt
(Hestia?)

Abweichungen: R. der Schluss der Schrift ist mit dem Abschnitt fortgefallen 1
1 Bukarest — 2 Paris
Die R. ist vermuthlich aus demselben Stempel wie die Tafel XIV, 20 abgebildete einer
Münze des Diadumenianus (n. 1794). — Clari die Vs. vgl. zu 1693.

1885
K 27
ebenso

ΥΠ ΑΓΡΙΠΠΑ ΝΙΚΟ,ΠΟΛΙΤΩΝ
ΠΡΟC I u. i. A. CTPΩ Demeter
mit Schleier l. stehend, in der
vorg. R. Ähren, die L. auf Scepter
oder Fackel gestützt

Abweichungen: Vs. Anfang der Schrift fehlt 1. 3 — ansicher 4; — Rs. ΥΠ ΑΓ..,
.... Ο ΠΡΟC ι 2. L A. CTPΩ 4 — ΝΙΚ Ο ΠΟΛΙΤΩΝ ΠΡΟC ι 3 — ΠΡ.... 3
1 London Cat. 47, 40 — 2 München — 3 Paris Mionnet S. 2, 149, 549. — 4 (1 l') Revini derer. 45, 84 von Ainalie

1886
K 26
AV K ΟΠΠΕΛ CE VH MAKPINOC
Br. m. L. P. M. r.

ΥΠ ΑΓΡΙΠΑ ΝΙΚΟΠΟΛΙΤΩΝ ΠΡΟC
ICT u. L A. PΩ Nackter Helios
(mit Strahlenkranz?) l. laufend, die
R. erhoben, im l. Arm die Geissel
und den flatternden Mantel

Gewicht: 14,22 (1)

Abweichungen: Vs. und Rs. Schrift zuvollständig 2
1 Athen Cat. 846 — 2 Bukarest — 3 Paris Mionnet S. 2, 148, 539 — 4 Sophia. — (Die Rs. von 1. 3, 4 und wohl auch die von 2 sind aus demselben Stempel; für die Vs. gilt vermuthlich dasselbe.)

1887
K 27
AV K ΟΠΠΕΛ CEVH MAKPINOC
Kopf m. L. r.

ΥΠ ΑΓΡΙΠΠΑ ΝΙΚΟΠΟΛΙΤΩΝ
ΠΡΟC IC u. i. F. TPΩ Nackter
Apollon mit gekreuzten Beinen
r. stehend, den r. Arm zurückgezogen, die L. auf einem Baumstumpf, von dem eine Eidechse (?)
zu ihm hinüberspringt (Sauroktonos)

T. XIV, 35
Abbildung der Rs. (2)
Gewicht: 12,59 (1)

Abweichungen: Vs. Schrift in der Mitte undeutlich (aber stempelgleich 1692, 2) 2
— Schluss fehlt 3 — AVT und MAKPINOC (!) 4
1 Athen Cat. 847 — 2 Imhoof Overbeck Kunstmythologie 4, Apollon, 304, 93 mit Abb.
d. Rs. Münstafel V, 1 — 3 Paris Mionnet S. 2, 148, 541 — 4 St. Florian. — 5 Sestini derer. 46, 85 (Mionnet S. 2, 148, 540) von Ainalie. — (Die Rs. von 1, 2, 3 und wohl auch die von 4 sind aus demselben Stempel.)

Die antiken Münzen Nord-Griechenlands I. 28

434   MOESIA INFERIOR

[Macrinus]

1644 AV K OΠΠEA CE V MA...NOC   VTI MAPK ΑΓΡΙ ΝΙΚΟΠΟΛΙΤΩΝ
K 27   Kopf m. l. r.   ΠΡΟC I u. L A. CTPΩ Nackter
Apollon mit Lorbeerkranz l. stehend, in der vorg. R. einen Zweig, den l. Arm auf den hinter ihm stehenden Dreifuss gestützt; vor ihm ein flammender, bekränzter Altar

T. XIV, 19   Abbildung der R. (2)

Abweichungen: Vs. CE V.... 1; — Rs.....APK (nicht APK) 2 — VTI MAPK
...... 1 — die Schrift im Abschnitt fortgefallen 2

1 Felgrad — 2 London Cat. 46, 39 ungenau mit APX APTI; vielleicht dieses Stück bei Sestini descr. 45, 83 [Mionnet S. 2, 147, 538] von Ainslie (richtig mit VTI MAPK ΑΓΡΙ; Vs. CEVH). — (Die Rs. und wohl auch die Vs. beider Stücke sind aus denselben Stempeln.)

Der Typus geht wohl wie die verwandten der Seleukidenmünzen (z. B. Overbeck Kunstmythologie 4, Apollon, Münztafel III, 47; vgl. Babelon rois de Syrie introduction p. LXV) und der Tetradrachmen von Magnesia in Ionia (s. Overbeck a. a. O. III, 48) auf ein altgriechisches Vorbild zurück; die von Overbeck (S. 197 fg.) vorgeschlagene Anknüpfung dürfte aber kaum richtig sein. Auf Münzen der Kaiserzeit erscheint der Typus ziemlich selten; am ähnlichsten dem unsrigen ist er auf einer Münze von Ilion (Overbeck Münztafel IV, 24; vgl. auch 25). Eine Besonderheit der Münze von Nikopolis ist, dass vor dem Gotte noch der Altar steht; in seiner herabhängenden linken Hand hält er vielleicht eine Traube oder etwas ähnliches. — In der Haltung sehr ähnlich erscheint Apollon auf einigen Münzen von Tomis (z. B. Taf. XIV, 70), obwohl die Stütze des l. Armes dort fehlt und der Dreifuss vielmehr vor dem Gotte steht.

1645 (AV) K OΠΠEA CEVH MAKPINOC   VTI ΑΓΡΙΠΠΑ ΝΙΚΟΠΟΛΙΤΩΝ ΠΡΟ
K 28   Br. m. L. P. M. r.   u. L A. C ICTPΩ Artemis in kurzem Chiton und mit Flatterendem Mantel und Jagdstiefeln, den Köcher am Rücken, r. laufend, den r. Arm nach hinten erhoben, in der vorgestreckten L. Pfeil (?) und Bogen; neben ihr der Jagdhund r. springend

1 Paris Mionnet S. 2, 149, 545

Die gleiche Rs., vermuthlich aus demselben Stempel, kehrt auf Münzen des Diadumenianus (n. 1707) wieder. Bei dieser Darstellung ist es ganz deutlich, dass die Bewegung des r. Armes nicht so zu verstehen ist, als ob Artemis einen Pfeil aus dem Köcher ziehen wolle; vielmehr scheint der Arm nach Abschiessung eines Pfeiles zurückgeschnellt zu sein. Ob der Gegenstand, den die Göttin ausser dem Bogen in der l. Hand hält, ein zweiter Pfeil oder etwa ein Jagdspeer ist, bleibt unsicher.

1646* Macrinus (Vs. nicht beschrieben)   ΤΗ ΑΓΡΙΠΠΑ ΝΙΚΟΠΟΛΙΤΩΝ ΠΡΟC ΙCTPΩ
K 11   Nackte (stehende) Figur, auf einen Speer(?) gestützt

1 Hohläuler wohl in Steph. 225 und wohl dasselbe Stück bei Vaillant num. gr. 113 [Mionnet S. 2, 150, 554 ohne TΗ] aus der Sammlung in Florenz

Die Beschreibung ist so undeutlich, dass man nicht weiss, welcher Typus gemeint ist; nach der Beschreibung bei Hohlenius möchte man an Zeus denken, während Vaillants Angabe *nom arundine vel potius palma* noch an Apollon oder eine andere Figur denken liesse.

(Macrinus)

1090
K 27
AV K ΟΠΠΕΛ CEVH M AKPINOC
Br. m. L. P. M. r.

VΠ AΓPIΠΠA NIKO(ΠOΛITΩN ΠP)OC IC u. i. A. TPΩ Aphrodite, nackt bis auf einen Mantel, der von ihren Schultern hinten herabwallt, in der Haltung der medicäischen r. stehend; neben ihr l. ein Delphin, auf dem Kopf stehend, r. ein flammender Altar

1 Iverson

Die Rs. ist aus demselben Stempel wie die Tafel XV, 34 abgebildete einer Münze des Diadumenianus (n. 1799); danach sind die fehlenden Buchstaben hier ergänzt. Über den Typus vgl. die Einleitung S. 339. — Die Schrift der Vs. ist nach n. 1686 ergänzt.

1091
K 27
AV K ΟΠΠΕΛ CEVH MAKPINOC
Br. m. L. und Schuppenpanzer r.

VΠ MAPK AΓPIΠΠA NIKOΠOΛI-ΤΩN u. i. A. ΠPOC IC TPΩ Nike mit Kranz und Palmzweig l. stehend

Abweichungen: Vs. zweite Hälfte der Schrift fehlt 3; — Rs. Schrift nicht genau angegeben, sondern an eine vorher beschriebene Münze angeknüpft, die nur VΠ AΓPIΠΠA hat 4

1 Basel — 2 Paris — 3 Wien Froelich 4 tentam. 293,195 Abb. d. Rs. [Gessner imp. Cl. V, 47]; Eckhel cat. 59, 39 [Mionnet S. 2, 149, 546]; Arneth Sitzungsber. 9, 903, 78. — — 4 Sestini descr. 46, 86 [Mionnet S. 2, 149, 547 mit VΠ AΓPIΠΠA] von Ainslie

1092
K 27
AV K ΟΠΠΕΛ CEVH MAKPINOC
Kopf m. L. r.

VΠ AΓPIΠΠA NIKOΠOΛITΩN ΠPOC u. i. A. ICT Nackter Hermes mit Beutel und Kerykeion l. stehend, über dem l. Arm die Chlamys; vor ihm der Hahn l.

Gewicht: 17,75 (2)

Abweichungen: Vs. Schrift umschot (...ΟΠΠΕΛ CEV MA...NOC!) 3; — Rs. NI
.... 3

1 Paris [Mionnet S. 2, 149, 548 nach diesem Exemplar] — 2 Schmidt. — Hierher wohl auch (wenn nicht zur folgenden Nummer) 3 Mailand Mus. Sanclem. 3,21 [Mionnet S. 2, 149, 548]. — (Die Vs. von 2 ist aus demselben Stempel wie die von 1687,2.)

1093
K 28
ebenso

VΠ AΓPIΠΠA NIKOΠOΛITΩN ΠPOC ICT u. L. A. PΩ ebenso

1 Wien Arneth Sitzungsber. 9, 903, 73. — (Die Vs. ist aus demselben Stempel wie die von n. 1682. 1683 u. a., aber verschieden von 1687, 2. 1692, 1 u. a.)

1093*
K II
: Macrinus (Vs. nicht beschrieben)

(VΠ AΓPIΠΠA NIKOΠOΛITUN ΠP ICTP) Nackter Dionysos l. stehend, in der R. Traube, in der L. Thyrsos; vor ihm der Panther

1 Vaillant num. gr. 122 [Mionnet S. 2, 150, 550 ungenau ohne VΠ] aus seiner Sammlung. Da Vaillant die Schrift nicht angiebt, sondern die Münze nur an andere mit VΠ AΓPIΠΠA anknüpft, so ist es leicht möglich, dass vielmehr VΠ CEΛ ΛONΓINOV zu lesen ist; unter diesem Statthalter findet sich auch der Typus des Dionysos (allerdings ohne den Panther, s. unten n. 1755), während er unter Agrippa bisher nicht nachgewiesen ist.

28*

[Macrinus]

1694 K 28
AV K OΠΠEA CEVH MAKPINOC / VΠ AΓPIΠΠA NIKOΠOAITΩN ΠPOC
Br. m. L. und P. r., auf dem Pan- / IC und L A. TPΩ Hygieia mit
zer das Gorgoneion, über der / Schlange und Schale r. stehend
l. Schulter die Aigis

Abweichungen: Vs. Anfang der Schrift fehlt 3 — Schluss fehlt 2 — Gorgoneion
und Aigis nicht bemerkt 1. 2. 5; -- Rs. Im Abschnitt TPΩN (!) 2

1 London Cat. 47.41 — 2 St. Petersburg — 3 Sophia — 4 Wien Arneth Sitzungsber. 9,
903. 77. ---'-- 5 Mionnet S. 2, 148, 543; Dumersan Cat. Allier 21. -- (Die Vs. ist wohl
aus demselben Stempel wie die von 1702 und 1716.)

1695 K 27
AVT K M OΠEA CEV HP MAKPINOC / V K AΓPIΠΠA NIKOΠOAITΩN
Kopf m. L. r. / ΠPOC ICTPO u. i. A. N ebenso

Gewicht: 11,32 (!)

1 Berlin Cat. 83.55 — 2. 3 im Handel

Das Porträt des Macrinus auf dieser Münze und den wahrscheinlich stempelgleichen n. 1696,
1705, 1717 weicht sehr von den meisten anderen ab; der Kopf ist viel dicker und der Bart
voller und länger. — Von demselben Stempelschneider rühren wohl auch die Vorderseiten
der anderen unter Agrippa geprägten Münzen her, welche die runden Buchstabenformen
C und C zeigen (n. 1684. 1695. 1709. 1710). Es sei hervorgehoben, dass nur auf diesen
Münzen die richtige Schreibung OΠEΛ/A) mit einem Π erscheint; dasselbe gilt für die
gleichartigen Münzen des Diadumenianus. Unter dem Statthalter Longinus haben auch
die Münzen mit eckigem E meistens die richtige Schreibung mit einem Π.

1696 K 27
ebenso, wohl aus demselben Stem- / VΠ K AΓPIΠΠA NIKOΠOAITΩN
pel / ΠPOC u. i. A. ICTPON Nackter
bärtiger Herakles mit Lorbeerkranz r. stehend, die R. auf die
Keule gestützt, in der vorg. L. mit
dem Löwenfell den Bogen

Tafel XVII, 17

Abbildung der Rs. (!)

Gewicht: 13,60 (!)

Abweichungen: Vs. MAKP... 2. 3: — Rs. ....IΠΠA 4

1 Imhoof — 2. 3 St. Petersburg — 4 Wien Arneth Sitzungsber. 9, 903. 74. —; — 5 Webster
num. chron. 1873, 20 aus der Auction Subhy Bey

1693[m] K 11
Macrinus (Vs. nicht beschrieben) / (TΠ AΓPIΠΠA NIKOΠOAITΩN III[?] ICTP)
Asklepios und Hygieia

1 Vaillant num. gr. 111 [Mionnet S. 2, 149. 544], aus der Sammlung Ansellmo
Für diese Münze gilt dasselbe wie für die vorige; vermuthlich handelt es sich auch hier
um eine Münze mit VΠ LΤΑ ΛONΓINOV oder mit anderverleibtem Statthalternamen, vielleicht identisch mit der bei Patin imp. 324 (Index 21) abgebildeten; vgl. unten n. 1758.5.

1695* K 11
ebenso / TΠ AΓPIΠΠA NIKOΛITΩN (so?) ΠPOC
ICTΠ Göttin (!) l. stehend, die R. erhoben (mit Schlange!)

1 Mus. Arigoni s imp. gr. 144 [Mionnet S. 2, 150. 551]
Der Zeichner scheint die Figur für Hygieia gehalten zu haben; doch war es vielleicht,
wie schon Sestini cat. esttig. 14 vermuthete, eine Darstellung des Serapis.

[Macrinus]

1697 AV K OΠΠEΛ CEVH MAKPINOC VΠ AΓPIΠΠA NIKOΠOΛITΩN u. i.
K 27 Kopf m. L. r. A. ΠPOC ICT Unbärtiger Flussgott mit nacktem Oberkörper L
sitzend, in der erhobenen R.
Schilf (?), den l. Arm aufgestützt;
im Hintergrunde ein Schiffsvordertheil

Abweichungen: Vs. angeblich AV K OΠΠEΛ MAKPINOC CEB a; — Rs. (VΠ
AΓPIΠΠA) NIKOΠOΛITΩN ΠPOC ICTPO (also der Stauhaltername unsleher) 3
— der Typus als I a i s beschrieben 2

1 Wien Froelich 4 temau. 272, 193 Abb. d. Rs. [Gessner Imp. CLV, 45]; Eckhel cat. 59, 40
(Mionnet S. 2, 151, 557); Arneth Sitzungsber. 9, 903, 84. —¹   Hierher wohl auch a Wien
num. Bodleian. 63, XIII, 12 [Mionnet S. 2, 147, 537]; vgl. oben 1683⁰   J Hoffmann le
numismate 1648

1698 AV K OΠΠEΛ CEVH MAKPINOC ebenso (aus demselben Stempel)
K 25 Br. m. L. P. M. r.
T.XVIII,3 Abbildung der Rs. (?)
Gewicht: 11,76 (1)
Abweichungen: Vs. AVT K M O . . . . . . H MAKPINOC I

1 Athen Cat. 830 — 2 Löbbecke; wohl dieses Stück Cat. Becker 229

Der Gegenstand, auf den der l. Arm aufgestützt zu denken ist, ist sicher keine Urne; eher
konnte es die erhöhte Lehne einer Kline sein, da die Figur offenbar nicht am Boden
selbst sitzt. Übrigens ist die Arbeit ziemlich roh und ungeschickt, so dass sogar zwischen
dem l. Arm und dem als Sitze gedachten Gegenstand ein Zwischenraum ist (vgl. auch zu
1763 und 1807); es könnte also diese Sitzte auch ein anderer schlecht gezeichneter Gegenstand sein.

1699 AVT (K) OΠΠEΛ CEVH . . . . . . Kopf VΠ AΓPIΠΠA NIKOΠOΛITΩN ΠPOC
K 26 m. L. r. I u. l. A. CTPΩ Nackter Jüngling
(Haimos), nur mit leichtem Ge-
wand über der r. Schulter und den
Knieen und mit Stiefeln, auf einem
Felsen r. sitzend und l. blickend,
den r. Arm, in dem ein Jagdspeer
ruht, auf einen hinter ihm stehenden Baum gestützt, die l. Hand
auf dem Kopf; l. F. r. AIMOC

Taf. III, 24 Abbildung der Rs.

1 Mailand Mus. Sanclem. 3, 11, XXVII, 269 (Mionnet S. 2, 151, 556)

Auf der Vs. ist zwischen AVT und OΠΠEΛ Platz für einen Buchstaben; die Schrift ist
wohl nach der von n. 1718 zu ergänzen. Die Rs. ist aus demselben Stempel wie die der
folgenden Münze, nach welcher die hier fehlenden Buchstaben CTPΩ im Abschnitt ergänzt sind.

1700 AVT K OΠΠEΛ C EVH MAKPINOC ebenso (aus demselben Stempel)
K 26 Br. m. L. P. M. r.

1 Bassarabescu

(Macrinus)

1701 ...... CEVH MAKP..... Br. m. L. [VΠ ΑΓΡΙ]ΠΠΑ [ΝΙΚΟ]ΠΟΛΙΤΩΝ
K 26 P. M. r. ΠΡΟ u. i. A. C ICTP[Ω] Jüngling
mit nacktem Oberkörper auf einem
niedrigen Felsen (?) l. sitzend und
r. blickend, in der erhobenen R.
einen Zweig, die L. auf einen
Stein (?) gestützt

1 im Handel

Die Rs. ist wohl aus demselben Stempel wie diejenige einiger Münzen des Diadumenianus
(n. 1811), welche den gleichen Stempelfehler ICTΩ zeigen. Dieselbe Darstellung findet
sich auch auf einer anderen Münze des Diadumenianus (Tafel XVIII, 3); da das Quellgefäss fehlt, ist es unwahrscheinlich, dass die Figur einen Flussgott darstellt; man möchte
vielmehr an eine andere Lokalgottheit denken, vielleicht einen Berggott wie Haimos,
worauf eine verwandte Darstellung unter dem Statthalter Longinus (unten n. 1764. 1765)
noch mehr hinweist. — Die Schrift der Vs. ist wohl nach n. 1686 zu ergänzen.

1702 AV K OΠΠEΛ CEVH MAKPINOC VΠ ΑΓΡΙΠΠΑ ΝΙΚΟ ΠΟΛΙΤΩΝ
K 27 Br. mit L. und P. r., an der l. ΠΡΟC ICTP u. i. A. Π Concor-
Schulter die Aigis dia mit Kalathos, Schale und Füll-
horn L. stehend; vor ihr ein Altar

Gewicht: 13,16 (1)

Abweichungen: Vs. Schluss der Schrift fehlt 2 — die Aigis nicht bemerkt 1
1 Athen Cat. 849. — 2 Paris; vielleicht dieses Stück insgesamt (Vs. mit AVT statt AV;
Rs. mit ICTPON und ohne Altar) bei Mionnet S. 2, 150, 555 (vgl. unten 1704, 2)
Die Vs. ist wohl aus demselben Stempel wie die von n. 1694, nur dass hier das Gorgoneion
nicht zu erkennen ist; vgl. auch n. 1716.

1703 AV K OΠΠEΛ CEVH MAKP[INOC] VΠ ΑΓΡΙΠΠΑ ΝΙΚΟΠΟΛΙΤΩΝ ΠΡ₀C
K 25 Kopf m. L. r. IC u. i. A. TPΩ ebenso, aber vielleicht ohne den Kalathos

1 Wien Arneth Sitzungsber. 9, 903, 81 angenau

1704 AV K OΠΠEΛ CEOVHPOC MAKPI· VΠ ΑΓΡΙΠΑ ΝΙΚΟΠΟΛΙΤΩΝ ΠΡΟC
K 26 NOC ebenso IC Concordia mit Kalathos wie
vorher, aber ohne den Altar

Abweichungen: Rs. Anfang der Schrift fehlt 1
1 Berlin Cat. 82, 53. — 2 Paris (wohl nicht das Exemplar bei Mionnet S. 2, 150, 555;
s. oben 1702, 2). · (Die Vs. ist wohl aus demselben Stempel wie die von 1719.)

1705 AVT K M OΠEΛ CEV HP MAKPINOC ... [A]ΓΡΙΠΠΑ ΝΙΚΟΠΟΛΙΤΩΝ ΠΡΟC
K 27 ebenso ICTP ebenso, aber ohne den Ka-
lathos

1 München. — Über die Vs. vgl. zu n. 1695.

1706 AV K OΠΠEΛ CEVH MAKPINOC VΠ ΑΓΡΙΠΑ ΝΙΚΟΠΟΛΙΤΩΝ ΠΡΟC
K 27 ebenso I u. i. A. CTP ebenso

Gewicht: 13,35 (1)

Abweichungen: Vs. Schluss der Schrift fehlt 2
1 Gotha — 2 Wien Arneth Sitzungsber. 9, 903, 79 (No ist wohl eine Münze mit dem Namen des Longinus)

NIKOPOLIS 439

1707
K 27
(Martinus)
ebenso

ΥΠ ΑΓΡΙΠΠΑ ΝΙΚΟΠΟΛΙΤΩΝ ΠΡΟΣ
ΙΣΤ ebenso

Gewicht: 12,17 (1)
Abweichungen: Vs. Anfang der Schrift fehlt 2 — nicht beschrieben 4; — Rs.
Schrift unsicher 4 ΑΓΡΙΠΠΑ (?) 2

1 Athen Cat. 848 — 2 Berlin Cat. 82,52; wohl dieses Stück ungenau bei Rauch Cat. Heidelbrn 873 — 3 Lobbecke, vielleicht das Exemplar von Welzl Cat. 1366. —.; — Hierher oder zu einer der vorhergehenden Nummern 4 Vaillant num. gr. 122 aus der Sammlung der Königin Christine; vgl. Halsterium notae in Steph. 225. — Vgl. auch die folgende Nummer.

1708
K 27
ebenso

ΥΠ ΑΓΡΙΠΠΑ ΝΙΚΟΠΟΛΙΤΩΝ ΠΡΟΣ
ΙΣΤ Weibliche Figur l. stehend,
in der vorg. R. Börse (?), im l.
Arm Füllhorn

1 London Cat. 47, 43

Die Figur ist von Gardner als Ubertas bezeichnet, weil er das Attribut in der R. als eine Börse ansah. Der mir vorliegende Abguss lässt diese Auffassung als möglich erscheinen; doch ist es wahrscheinlicher, dass das Attribut eine ungeschickt angebrachte Schale ist, so dass wir es mit einer Concordia zu thun hätten, wie bei der vorhergehenden Münze. Auch auf der kleinen Münze des Diadumenianus im British Museum Cat. 49, 58 (unten n. 1879, Taf. XVIII, 33) scheint eher Concordia als Ubertas dargestellt zu sein.

1709
K 26
ΑΥΤ Κ Μ ΟΠΕΛΛΙ ΣΕΥΗ ΜΑΚΡΙΝΟΣ
Br. m. L. P. M. r.

Υ ΚΛΑΥ ΑΓΡΙΠΠΑ ΝΙΚΟΠΟΛΙΤΩΝ
ΠΡΟΣ ΙΣΤ u. i. F. ΠΟΝ Tyche
mit Kalathos, Steuerruder und
Füllhorn l. stehend

1 Wien Mus. Theup. 1015 [Mionnet S. 2, 152, 552]; Arneth Sitzungsber. 9, 904, 94
Die Rs. ist aus demselben Stempel wie die einer Münze des Diadumenianus (n. 1819, 2).

1710
K 27
ΑΥΤ Κ Μ ΟΠΕΛ ΣΕΥ Η ΜΑΚΡΙΝΟΣ
Br. m. L. P. (M.?) r.

ΥΠ ΑΓΡΙΠΠΑ ΝΙΚΟΠΟΛΙΤΩΝ ΠΡΟΣ
ΙΣΤΡ ebenso

Abweichungen: Vs. ΟΠ ..... Η 1 — ohne P. und M. 2

1 London Cat. 47, 43   2 München

1711
K 27
ΑΥ Κ ΟΠΠΕΛ ΣΕΥ Η ΜΑΚΡΕΙΝΟΣ
Br. m. l., und Schuppenpanzer r.

ΥΠ ΑΓΡΙΠΠΑ ΝΙΚΟΠΟΛΙΤΩΝ ΠΡΟ
u. i. A. ΣΙΣΤΡΩ Tropaion, bestehend aus (skythischem?) Helm, Panzer, zwei Schilden und vier Speeren; am Boden zwei Gefangene; links davon Nike r. stehend, mit der R. auf den einen Schild schreibend, den sie mit der L. festhält, rechts der Kaiser in Kriegstracht l. stehend, die R. zum Tropaion erhoben, im l. Arm, über den das Paludamentum hängt, den Speer

1 Berlin Cat. 82, 52   2 Sophia (wohl aus demselben Stempeln)

Die Rs. ist aus demselben Stempel wie die Taf. XIX, 25 abgebildete einer Münze des Diadumenianus (n. 1832); danach ist die Schrift hier ergänzt. — Vgl. die Einleitung S. 344 fg.

[Macrinus]

1712
K 27
AV K OΠΠEA CEV H MAKPINOC Br. m. l.. und P. r., auf dem Panzer das Gorgoneion, an der l. Schulter die Aigis

VΠ AΓPIΠΠA NIKOΠOΛ und i. A. ITΩN ΠPOC
ICTPΩ Kaiser mit erhobener R. und Scepter im l. Arm im Viergespann r. fahrend; vorn ein Soldat mit Vexillum, r. schreitend und l. blickend; im Hintergrunde ein Tropaion, an dessen Fuss zwei Gefangene sitzen

T.XIX,26 Abbildung der No. (6)

1 Bukarest — 2. 3 Neapel Cat. 6312. 6313 (Vs. ungenau) — 4 Paris Blanchet revue num. 1898, 74. 55, l, 12 — 5 Mr. Weber — 6 unbekannte Sammlung (Atigem vorhanden). — (1. 2. 3. 5. 6 und wohl auch 4 sind aus demselben Stempeln.)

1713
K 27
AV K OΠΠEA CEVH MAKPINOC
Kopf m. L. r.

VΠ AΓ PI ΠΠA u. l. A. NIKOΠOΛITΩN
ΠPOC IC
ebenso, aber im Viergespann steht hinter dem Kaiser noch Nike

1 Mandl (Egger Verkauf.-Cat. 8,161) — 2 Philippopel. — (Beide Münzen sind aus denselben Stempeln; der Stempel der Vs. ist derjenige von n. 1687, 2 u. a.)

1714
K 27
AV (K OΠ)ΠEA CE VH MAKPINOC
Br. m. L. P. M. r.

[VΠ] AΓPIΠΠA·NIKOΠOΛITΩN u. i.
A. ΠPOC ICT Adler mit ausgebreiteten Flügeln auf einem bekränzten Altar zwischen zwei Feldzeichen nach vorn stehend und l. blickend

1. 2 im Handel. — 3 Sestini descr. 46,17 [Mionnet S. 2, 247, 530] von Ainslie. — Hierher wohl auch 4 eine Münze in Kopenhagen mit unleserlichem Statthalternamen (Vs. ....ΠEA CE VH MAKPINOC, Schuppenpanzer; Rs. .... KOΠOΛITΩN u. l. A. ΠPOC ICT, der Adler l. stehend und r. blickend); unter Longinus ist der Typus bisher nicht nachgewiesen.

1715
K 27
[AV K] OΠΠEA CEV MAKPEINOC
Br. m. L. und P. r.

VΠ AΓPIΠΠA NI KOΠOΛITΩN und unten ΠPOC ICT
PΩ Schlange, in vielen Windungen aufgerichtet, der Kopf, von einem Nimbus mit Strahlen umgeben, rechtshin

1 Rollin

1716
K 27
AV K OΠΠEA CEVH MAKPINOC
Br. m. l.. und P. r., an der l. Schulter die Aigis

VΠ AΓPIΠΠA N I KOΠOΛITΩN u. l.
A. ΠPOC l
CTPΩ Dreifuss, an dessen mittlerem Fuss sich eine Schlange emporwindet

Abweichungen: Vs. Schluss der Schrift fehlt 3
1 Löbbecke — 2 Mandl (Egger Verkauf.-Cat. 8, 182) — 3 Sophia — 4 Wien, früher Welzl Cat. 1301. Arneth Sitzungsber. 9, 905, 85

Das Gorgoneion auf dem Panzer ist wohl nur verwischt; vgl. zu 1694 und 1702.

[Macrinus]

1717 K 27 AVT K M OΠΠEA CEV HP MAKPINOC Kopf m. L. r. | ebenso, wohl aus demselben Stempel

1 London Cat. 47, 44 — 2 Wien Arneth Sitzungsb. 9, 903, 85 a. — Über die Vs. vgl. zu 1695.

1718 K 25 AVT K OΠΠEA CEVH MAKPI NOC ebenso | ebenso, aber im Abschnitt nur die obere Zeile zu sehen

1 Paris Tristan 2, 298 [Grueber Imp. CLV, 43] mit der falschen Lesung EΠI ΑΓΡΙΠΠΑ ΝΙΚΟΜΗΔΕΩΝ u. L A. ΠΡΟΙ (als Münze von Nikomedeia); Vaillant num. gr. 128 [Mionnet S. 2, 148, 542]; Mionnet 1, 360, 40

Zwischen MAKPI und NOC steht ein undeutlicher Buchstabe; es ist wohl derselbe Stempel wie bei n. 1699.

1719 K 27 AV K OΠΠEA CEOVHPOC MAKPI- NOC ebenso | VΠ ΑΓΡΙΠΠΑ ΝΙΚΟΠΟΛΙΤΩΝ ΠΡΟC u. i. A. ICTPΩ· Halbkreisförmige zweireihige Säulenhalle, deren Enden nach vorn auf beiden Seiten in je vier Säulen auslaufen, auf dreistufigem Unterbau, hinter dessen oberster Stufe sich in der Mitte ein offenes rundbogiges Thor erhebt; dahinter (nur scheinbar darüber) ein zweites Bauwerk, von dessen Mittelbau nur die Front zu sehen ist, während die beiden vorspringenden Seitenflügel offene Hallen mit Giebeldächern zu sein scheinen; ganz hinten (scheinbar oben) ein von zahlreichen Säulen getragenes gerades Dach

Taf. III, 23 | Abbildung der Rs. (1)
Gewicht: 12,90 (1)

Abweichungen: Rs. Schrift nicht ganz vollständig z. 3

1 Gotha Sestini lett. 9, 6, 3, 4 [Mionnet S. 2, 151, 558] — 2 Neapel Cat. 6311 — 3 Paris. — (Die Rs. aller drei Exemplare sind aus demselben Stempel; dasselbe gilt wohl auch für die Vs., die vermuthlich stempelgleich der von n. 1704 sind.)

Die richtige Auffassung der auf dieser Münze dargestellten Bauwerke wird durch die Kleinheit und besonders durch die missglückte Perspektive erschwert. Aber sicher ist es hier, dass das zweite Bauwerk nicht auf, sondern hinter dem ersten zu denken ist, da die Grundrisse ganz verschieden sind; aus demselben Grunde muss das geradlinige Dach im obersten Theil des Bildes als der Abschluss eines dritten, ganz hinten stehenden Bauwerks gedacht werden. Einen sicheren Halt sich in übrigen über diese Bauten nicht sagen. Die halbkreisförmige Säulenhalle steht auf einer Terrasse, zu der drei Stufen hinaufführen; ob die beiden anderen Bauten ebenfalls auf dieser Terrasse stehen, bleibt unsicher. Das zweite Bauwerk mit den beiden vorspringenden Seitenflügeln erinnert sehr an den oberen Theil des unter Severus erscheinenden Typus Taf. III, 20 (n. 1331); der untere Theil desselben könnte auf unserer Münze durch die davorstehende Säulenhalle verdeckt sein. Endlich das hinterste Bauwerk, dessen Säulen doch wohl absichtlich ganz dünn gezeichnet sind, scheint eine geradlinige Säulenhalle zu sein, deren flaches Dach wohl auf zwei Reihen von Säulen ruht.

442   MOESIA INFERIOR

(Macrinus)

(Statius Longinus)

1720 AVT K M ΟΠΕΛΙΟϹ ϹΕVΗ ΜΑΚΡΙ-   VΠ ϹΤΑΤΙ ΛΟΝΓΙΝΟV ΝΙΚΟΠΟΛΙ-
K 26 ΝΟϹ Br. m. l. r., an der l. Schul- ΤΩΝ ΠΡΟ u. i. Λ. Ϲ ΚΤΡΟΝ
      ter leichtes Gewand   Zeus mit Schale und Scepter l.
                                       sitzend
      Gewicht: 11,82 (1)
      1 Athen Cat. 851 — 2 Paris Mionnet S. 2, 132, 562 — 3 im Handel. — Vgl. unten 1729°
      und 1729**.

1721 AVT K M ΟΠΕΛΛ | ϹΕV ΜΑΚΡΙΝ[ΟϹ]   VΠ ϹΤΑ ΛΟΝΓΙΝΟV | ΝΙΚΟΠΟΛΙ-
K 26 Br. m. l. und P. r.   ΤΩΝ ΠΡ u. i. Λ. ΟϹ ΙϹΤΡΩ
                                       ebenso
      Abweichungen: Vs. Schluss der Schrift fehlt 1. 2. 4 AVT K M ΟΠΕΑ ϹΕVΗ
      ΜΑΚΡΙΝΟϹ (?) 3 — unsicher 3. 6; — Rs. Schrift nicht ganz vollständig, aber
      sich gegenseitig ergänzend 1. 2. 4 — vielleicht ΛΟΝΓΙΝΟV 3 — Vertheilung
      der Schrift unbekannt 5. 6
      1 Hunter — 2 London Cat. 47. 46 — 3 Sophia (Mittheilung von Tacchella) — 4 Wien
      Mus. Theup. 1006; Arneth Sitzungsber. 9, 903. 76. — . — 5 Sestini descr. 45, 76 von Ainslie
      — 6 Mionnet S. 2, 132, 563: Domersan Cat. Allier 21
      Auf dem Wiener Exemplar hat das Λ in ϹΤΑ deutlich die Form Λ.

1722 AVT K M ΟΠΕΛΛΙ ϹΕVΗ ΜΑΚΡΙΝΟϹ   VΠ ϹΤΑΤΙ ΛΟΝΓΙΝΟV ΝΙΚΟ[ΠΟΛΙ-
K 26 Kopf m. L. r.   ΤΩΝ] u. i. Λ. ΠΡΟϹ ΙϹΤ ebenso
      Abweichungen: Rs. Ni..... 1
      1 Paris Mionnet S. 2, 152, 562 — 2 Sophia (Mittheilung von Tacchella)

1723 AVT K M ΟΠΕΑ ϹΕV ΜΑΚΡΕΙΝΟϹ   VΠ ϹΤΑ ΛΟΝΓΙΝΟV ΝΙΚΟΠΟΛΙΤΩΝ
K 27 ebenso   Π u. i. Λ. ΡΟϹ ΙϹΤ ebenso
      Abweichungen: Vs. Brustbild m. L. u. P. (?) 1; — Rs. Schrift in der Mitte unsicher 2
      1 München — 2 Paris Mionnet S. 2, 152, 562

1724 AVT K M ΟΠΕΛ ϹΕVΗ ΜΑΚΡΕΙΝΟϹ   VΠ ϹΤΑ ΛΟΝΓΙΝΌ ΝΙΚΟ ΠΟ ΛΙΤΩΝ
K 26 AVΓ ebenso   ΠΡΟϹ Ι u. l. Λ. ϹΤΡΩ Zeus wie
                                       vorher l. sitzend, zu seinen Füssen
                                       der Adler
      Abweichungen: Vs. AVT K ..ΠΕΛ 1; — Rs. erste Hälfte der Schrift fehlt 2
      1 London Cat. 47, 45 2 Berlin

1710* Macrinus (Vs. nicht beschrieben) VΠ ΛΙΓ ΛΟΝΓΙΝΟV ΝΙΚΟΠΟΛΙΤΩΝ ΠΡ
K 11   ΙϹΤΡ Zeus mit Schale und Scepter (L)
                                        sitzend
      1 Vaillant num. gr. 123 (Mionnet S. 2, 152, 564) aus der Sammlung Asseline
      Die Lesung der Rs. ist jedenfalls unrichtig; der Geschlechtsname des Longinus ist überall
      Statius

ΠΙ6** ebenso   ΕΠΙ ϹΤΡΑ Μ ΛΟΝΓΙΝΟV ΝΙΚΟΜΗΔΕVΝ (sic)
K .   ebenso
      1 Havercamps numoph. 197, Christinae 217, XXX, 5 (Gessner imp. CLIV, 28; Mionnet S. 2,
      474, 350 unter Nikomedeia, dann aber Suppl. 3, 202 berichtigt)
      Da auf Münzen von Nikomedeia in dieser Zeit keine Beamtennamen vorkommen, handelt
      es sich gewiss um falsche Lesung einer Münze von Nikopolis — oben n. 1720—1723.

NIKOPOLIS 443

[Macrinus]
1725 ebenso
K 27

VTT CTA ΛΟΝΓΙΝΟV ΝΙΚΟΠΟΛΙΤΩΝ ΠΡΟC u. i. A. I Zeus mit Lorbeerkranz r. stehend und l. blickend, den nackten Oberkörper nach vorn, in der gesenkten R. den Blitz, die L. auf das Scepter gestützt

T. XIII, 16 Abbildung der Rs. (!)
Abweichungen: AVT K M..... CVM MAKP... 2: — Rs. Schluss der Schrift fehlt 2
1 Lübbecke · 2 Philippopel

1726 .... CEV H MAKPINOC Hr. m.
K 27 L. u. P. r.

VΠ CTA A............. N ΠPOC u. l. A. IC Nackter Zeus l. stehend, in der vorg. R. die Schale, die L. auf das Scepter gestützt

1 Bukarest. — Vgl. die Vorderseite von n. 1755.

1727 AVT K M ΟΠΕΛΛΙ CEV........
K 26 Hr. m. L. und Schuppenpanzer r.

VΠ CTA A............. ΩN ΠPOC I Sarapis mit Kalathos L stehend, die R. erhoben, in der L. das Scepter

1 Wien Mus. Thrup. 1006 [Mionnet S. 2, 150, 553]; Arneth Sitzungsber. 9, 903, 75
Arneth wollte in der Figur den Kaiser erkennen; doch schien mir der Kalathos sicher.

1728 AVT K M ΟΠΕΛ (CEV) MAKPEINOC
K 28 K. m. L. r.

VΠ CTA ΛΟΝΓΙΝΟV (ΝΙΚΟ)ΠΟΛΙΤ .... Hera mit Schale und Scepter l. stehend

1 München, früher Cousinéry, Sestini descr. 43, 80 [Mionnet S. 2, 158, 591]. — Die Schrift der Vs. (bei Sestini ungenau) ist nach n. 1723 ergänzt.

1729 ..... CEVH POC MAKPINOC Hr. m.
K 27 L. r.

VΠ CTATIOV ΛΟΝΓΙΝΟV ΝΙΚΟΠΟΛΙΤΩΝ ΠΡ u. i. F. OC IC, i. A. TP.. Hera wie vorher, zu ihren Füssen der Pfau L stehend und zu ihr zurückblickend

T. XIV, 2 Abbildung der Rs.
1 Lübbecke

[1730] AVT K M ΟΠΕΛΛΙΟC (?) MAKPINOC
(K 27) Hr. m. L. P. M. r.

VΠ CTA ... ΓΙΝΟV ΝΙΚΟΠΟΛΙΤΩΝ ΠΡ... Demeter im langen Gewand und Mantel l. stehend, in der R. Ähren, die L. auf die Fackel gestützt, an der sich eine Schlange emporringelt; vor ihr der halbgeöffnete Korb, aus dem eine Schlange hervorkriecht

1 Wiczay 2314 [Mionnet S. 2, 155, 576]; Sestini 35, 38
Obgleich die Münze verschollen und die Schrift der Vs. wohl ungenau angegeben ist (für ΟΠΕΛΛΙΟC ist wohl ΟΠΕΛΛΙ CEV zu lesen), kann sie hier aufgenommen werden, da die Rs. unter Diadumenianus gesichert ist (s. n. 1836, Tafel XIV, 19).

[Macrinus]

1731 / K 27
AVT K M OΠEAΛ | CEV MAKPINOC VΠ CTA ΛONΓINOV NIKOΠO....
Br. m. l., und Schuppenpanzer r. ΩN ΠPOC IC u. l. Λ. TPON
Demeter mit Schleier l. stehend,
in der erhobenen R. Ähren, die
L. auf die Fackel gestützt

Abweichungen: Vs. Schrift unsicher 2: — Rs. VΠ ....ΩN ΠPOC IC u. l. A.
TPON I — NIKOΠO........ IC a. L A. TPON 2 — unsicher 3
1 Leake Europ. Gr. 78 — 2 St. Petersburg. — 3 (= 1) Sestini descr. 43, 76 (Mionnet
S. 2, 155, 537) von Ainslie

1732 / K 27
AVT K M OΠ........ MAKPEINOC VΠ CTATI ΛONΓINO V |NIKOΠO|AI-
... Kopf m. L. r. TΩN ΠPO u. i. Λ. C ICTPΩ Demeter (oder Kore) ohne Schleier,
aber mit lang herabhängendem
Mantel über dem gegürteten Doppelchiton, l. stehend, in der vorgestreckten R. zwei Ähren, die L.
auf das Scepter gestützt
Gewicht: 14,10

1 Gotha Sestini kts. 9,6 (Mionnet S. 2, 154, 575). — Die Schrift der Rs. ist nach der
stempelgleichen Rs. einer Münze des Diadumenianus (n. 1735) ergänzt; danach ist es auch
sicher, dass die hier unvollständige Statue der L. Arms ein Scepter ist.

1733 / K 27
...... CEVH | MAK.... ebenso '...... ΛONΓINOV NIK OΠOΛITΩN
ΠP| u. i. F. OC;I Demeter (oder
Kore) ohne Schleier, den Mantel
über die l. Schulter geschlagen, l.
stehend, in der vorgestreckten R.
zwei Ähren und Mohnkopf, die L.
auf die Fackel gestützt
Gewicht: 13,70

1 Gotha
Es ist möglich, dass auf der Rs. der Schluss der Schrift im Abschnitt stehen sollte; auch
das 3 im Felde rechts ist nicht ganz sicher.

1734 / K 28
AVT K M OΠEAΛI CEV MAKPINOC VΠ CTATIOV ΛO N ΓINOV NIKOΠO|
Br. m. l., und P. r. u. i. Λ. AITΩN ΠPO Göttin mit
C IC
Mauerkrone L. sitzend, in der vor-
gestreckten R. Ähren, die L. auf
das Scepter (oder Fackel?) gestützt

1 Rollin (Beschreibung von Sworonos); wohl dasselbe Stück früher bei Hoffmann le nouvi-
male 1849
Die Mauerkrone auf dem Kopf der Göttin macht die Benennung Demeter unwahrscheinlich; doch konnte Demeter als Stadtgöttin gemeint sein; ein ähnlicher Typus erscheint
unter dem Statthalter Agrippa auf einer Münze des Diadumenianus (n. 1795); aber dort
hält die Frau statt der Ähren vielleicht eine Schale in der Rechten. — Auf der Vs. ist
vielleicht MAKPEINOC zu lesen wie bei der folgenden Münze.

(Macrinus)

1735 AVT K M OΠEΛΛI CEV MAKPEINOC VΠ CTA ΛONΓINOV NIKOΠOΛITΩN
K 27   Br. m. L. und Schuppenpanzer r.   ΠPOC I Nackter Apollon l. stehend, in der vorg. R. Lorbeerzweig, im l. Arm Bogen

Taf. XV, 5   Abbildung der Rs. (6)
Gewicht: 11,62(1)
Abweichungen: Vs. angeblich OΠEΛΛIOC CEV B; — Rs. Schrift unsicher B
1 Gotha Sestini kit. 9,6 [Mionnet S. 2,158, 565] — 2 Mailand Mus. Fanclem. 3,28 [Mionnet S. 2,153. 569] ungenau — 3 Philippopel — 4 St. Petersburg — 5 Tria — 6 Wien Mus. Theup. 1000 [Mionnet S. 2, 153. 568]; Arneth Sitzungsber, 9, 904, 96; beide ungenau -- 7 Wien Arneth Sitzungsber. 9. 904, 97 ungenau. — — 8 Sestini desct. 45, 77 [Mionnet S. 2, 153. 566] von Ainslie. — Vgl. unten 1735°. — (Die Rs. von 1. 6. 7 und wohl auch anderen sind aus demselben Stempel.)
Der Gegenstand in der vorg. R. des Gottes ist sicher ein Lorbeerzweig; in dieser Weise scheint Apollon aber sonst nirgends dargestellt zu sein.

1736 AVT K M OΠEΛ CEVH MAKPINOC VΠ CTA ΛONΓINOV NIKOΠOΛI-
K 26   Br. m. L. P. M. r.   TΩN ΠPOC u. L A. ICT Nackter Apollon l. stehend, in der vorg. R. Schale, in der gesenkten l. Lorbeerzweig

Abweichungen: Vs. CEV statt CEVH 1 — unsicher 4; — Ms. Schluss der Schrift fehlt 1, 3 — unsicher 4
1 Lübbecke — 2 Paris Mionnet S. 2, 155, 578 — 3 Wien Mus. Theup. 1006; Arneth Sitzungsber. 9, 903, 83. — — Sicher oder zur folgenden Nummer 4 Sestini desct. 45.75 [Mionnet S. 2, 156. 581] von Ainslie

1737 AVT K M OΠEΛ CEV | MAKPEINOC VΠ CTA ΛONΓINΘ NIKOΠOΛITΩN
K 28   Kopf m. L. r.   ΠPOC ICT ebenso
1 Paris Mionnet S. 2, 155. 578

1738 AVT K M OΠEΛ CEV H MAKPEINOC VΠ CTA ΛONΓINOV·NIKOΠOΛITΩN
K 27   Br. m. L. und P. r.   ΠPOC ICT Apollon wie vorher; vor ihm ein flammender Altar

Taf. XV, 8   Abbildung der Rs. (1)
Abweichungen: Rs. CTATI für CTA (!) 2
1 Imhoof -- 2 Sophia (Beschreibung von Tacchella)

1735° ΑΥΤ Κ Μ ΟΠΕΛΛΙ CETH MAKPEINOC Br. | TH CTA ΛONΓINOY NIKOΠOΛITΩN ΠPOC l
K 11   m. L. und P. (r.)   Nackter Apollon (l.) stehend, in der R. Zweig, in der l. Bogen; zu seinen Füssen ein Hirsch

1 Wiczay 2218, VII, 159 [Mionnet S. 2, 155, 579]; Sestini più musei 22, 2, IV, 16; Sestini mus. Hedery. parte Europ. 1, 36, 41
Die Abbildung und Beschreibung in Caronnis Katalog giebt vor dem stehenden Gott ohne den Hirsch; die ältere Publication von Sestini giebt zwar den Hirsch, aber in der Angabe der Schrift stimmen Text und Tafel nicht überein; da es sich also wohl um ein schlecht erhaltenes Stück handelt, so darf man vermuthen, dass Sestini irgend eine Unsicherheit im Felde irrthümlich für einen Hirsch gehalten hat, während die Münze in der That gleich den oben (n. 1735) beschriebenen war. Dass Caronni den Zweig für ein Füllhorn hielt, ist ein begreiflicher Irrthum.

Macrinus]

1739 AVT K ΟΠΕΛΛΙ CEV [MAKPINOC] VΠ CTATI ΛONΓINOV NIKOΠOΛI-
K 25 Kopf m. L. r. TΩN u. l. F. ΠPOC, i. A. ICTPΩ
Apollon am Altar wie vorher

Abweichungen: Vs. AVT K M ΟΠΠΕΛ (!) 1 — AVT ....ΛΛΙ CEV .... (auch 3 ergänzt) 2; — Rs. VΠ C..........OV 2 — CTAT für CTATI 3 — angeblich mit Bogen und Zweig in der L. 3

1 Sophia (Mittheilung von Tacchella) — 2 Wien Froehlich 4 tetrass. 292, 194 Abb. d. Rs. (Gessner imp. CLV, 46; Mionnet S. 2, 151, 559) mit falscher Lesung VΠ RA EOVINTIAI-ΛNOV (vgl. oben 1678°); Eckhel cat. 59, 41 [Mionnet S. 2, 156, 580]; Arneth Sitzungsb. 9, 903, 82. — (3 Sestini desor. 45, 79 [Mionnel S. 2, 153, 567] von Ainslie

1740 AVT K M OΠEΛΛ CEV MAKPINOC VΠ CTA ΛONΓINOV NIKOΠOΛI-
K 26 Br. m. L. und Schuppenpanzer r. TΩN ΠPOC I u. l. A. CTPON
Artemis als Jägerin r. schreitend
(ohne Hund)

Gewicht: 10,34 (t)

Abweichungen: Vs. AV K OΠEΛΛ CEVH MAKPINOC (aber als unsicher bezeichnet) 1; — Rs. Mitte der Schrift unleserlich 2

1 Athen Cat. 853 — 2 St. Petersburg, früher Benkowitz, Neumi mss. Beak. 6. — Vgl. unten 1740°

1741 AVT K M OΠEΛ CEV ; MAKPEINOC VΠ CTA ΛONΓINOV NIKOΠOΛITΩN
K 26 Kopf m. L. r. ΠPOC u. i. A. I Artemis im kurzen Gewand und mit Jagdstiefeln
L schreitend und r. blickend, die
R. erhoben, im l. Arm den Bogen

Abweichungen: Vs. Anfang der Schrift fehlt 2; — Rs. im Abschnitt undeutlich 1
1 München — 2 im Handel

1742 = 1740 VΠ CTA ΛONΓINOV NIKOΠOΛITΩN
K 27 ΠPOC u. l. A. ICTPON Ares mit
Helm, Panzer und Stiefeln L stehend, die R. auf den Schild, die
L. auf den Speer gestützt

Abweichungen: Vs. Anfang der Schrift fehlt 2. 5 — Schluss fehlt 1 — OΠEΛΛ (!) 3; Rs. Schrift in der Mitte mancher L. 5 — Schluss fehlt 3. 6

1 Budapest — 2 Löbbecke — 3 München — 4 Paris Blanchet revue num. 1892, 74, 54; 2. B — 5 St. Petersburg — 6 Wien Arneth Sitzungsber. 9, 903, 87

1743 = 1741 VΠ CTA ΛONΓINOV [NIKOΠOΛI-
K 26 TΩN] ΠP u. i. A. OC ICT.,
ebenso

1 Rollin

1740° Macrinus (Vs. nicht beschrieben) (TI) ATP ΛONΓINOV NIKOΠOΛITΩN ΠP
K 11 RTP) Artemis als Jägerin r. schreitend

1 Vaillant num. gr. 123 [Mionnet S. 2, 154, 572] aus der Sammlung Leoti in Bologna. Die Schrift der Rs. ist nicht ausdrücklich angegeben, sondern es ist nur durch alias auf die Münze mit Zeus (oben n. 1719°) verwiesen; die Lesung ATP ist jedenfalls zu verwerfen; die Münze war gewiss gleich den obigen und vielleicht mit dem Exemplar von Benkowitz identisch.

(Maximus)

1744
K 27
ΑΥΤ Κ Μ ΟΠΠΕΛΛΙ ϹΕΥΗ ΜΑΚΡΙ- | ΥΠ ϹΤΑΤΙ ΛΟΝΓΙΝΟΥ ΝΙΚΟΠΟΛΙ-
ΝΟϹ Kopf m. L. r. ΤΩΝ ΠΡΟ u. l. Α. Ϲ ΙϹΤΡΟΝ
Athena mit Aigis l. thronend, auf
der vorg. R. eine kleine Nike, ihr
zugekehrt, die L. auf den Speer
gestützt

Abweichungen: Vs. ΑΥΤ Κ Μ ΟΠΠΕΛ ..... ΜΑΚΡΙΝΟϹ 3 — .... ϹΕΥΗ ΜΑΚ
..... 1; — Rs. Schrift in der Mitte unsicher 1 — Schluss fehlt 3
1 Bukarest — 2 Mailand — 3 Odessa Murzakewicz Odess. Mem. 3. 339, 1

1745
K 26
ΑΥΤ Κ Μ ΟΠΠΕΛΛΙ ϹΕΥΗ ΜΑΚΡΙΝΟϹ ΥΠ ϹΤΑΤΙ ΛΟΝΓΙΝΟΥ ΝΙΚΟΠΟΛΙ-
ΑV ebenso ΤΩΝ ΠΡ u. l. Α. ΟϹ ΙϹΤΡ
Athena l. stehend, in der R.
Schale über Altar, die L. auf den
Schild gestützt, hinter dem der
Speer erscheint

Abweichungen: Vs. zweite Hälfte der Schrift fehlt 5 — ..... ΑΙ ϹΕV ΜΑΚΡ.... 4;
— Rs. Schrift nicht ganz vollständig 4. 5
1 Mondl — 2. 3. 4 Rollin — 5 St. Petersburg

1746
K 29
ΑΥΤ ., ΟΠΕΛΑΙΟϹ ϹΕVΗ ΜΑΚΡΙΝΟϹ ΥΠ ϹΤΑΤΙ ΛΟΝΓΙΝΟ ΝΙΚΟΠΟΛΙ-
Kopf m. l. r., an der l. Schulter ΤΩΝ ΠΡ u. l. F. ΟϹ ΙϹ, l. A. ΤΡΩ
leichtes Gewand Athena l. stehend, die R. auf den
Schild, die L. auf den Speer ge-
stützt

T. XV, 17
Abbildung der Rs. (1)
Abweichungen: Vs. Schrift unsicher 3 — Anfang fehlt 2; — Rs. Schrift un-
sicher 3

1 Paris — 2 Sophia. —| — 3 Sestini descr. 44, 71 [Mionnet S. 2, 154, 573] von Ainslie, —
Vgl. untre 1746°. — (Die Rs. und wohl auch die Vs. von 1 und 2 sind aus demselben
Stempel.)

1747
K 27
ΑΥΤ Κ ΟΠΕΛΙΟϹ .... ΙΝΟϹ ΥΠ ϹΤΑΤΙ ΛΟΝΓΙΝΟΥ ΝΙΚΟΠΟΛΙ-
ebenso ΤΩΝ ΠΡΟ u. l. Α. Ϲ ΙϹΤΡΩ
Hermes mit Beutel und Kerykeion,
über dem l. Arm die Chlamys, l.
stehend; vor ihm der Hahn l., zu
ihm zurückblickend

1 Philippopel. — Die Schrift der Vs. war wohl gleich der von 1746.

1746°
K (27)
ΑΥΤ Κ Μ ΟΠΕΛ ϹΟΥ ΜΑΚΡΙΝΟϹ Κ. m. ΤΙ ϹΤΑ ΛΟΝ.......... Stehende Athena,
L. (r.) in der R. Speer, in der L. Schild

1 Cat. Gabrleas 228, 939
Da die Richtung der Göttin nicht angegeben und die Beschreibung vielleicht auch sonst
ungenau ist, konnte die Münze nicht oben verzeichnet werden.

448 MOESIA INFERIOR

[Macrinus]

1748 AVT ...... CEV MAKP... Kopf VΠ CTA ΛONΓINΘ NIKOΠOΛITΩN
K 27 m. L. r. ΠPOC I Hermes wie vorher l.
stehend, aber ohne den Hahn
T. XVI, 16 Abbildung der Rs. (1)
Abweichungen: Vs. AVT K M ΟΠΕΛΛΙ CEV MAKPINOC 3; — Rs. Schluss der
Schrift unsicher 3
1 Basel — 2 Wien Arneth Sitzungsb. 9, 903, 86. —] — Hierher wohl auch 3 Wiczay 2216
(Mionnet S. 2, 154, 574); Neulini 36, 40 (hier wohl ungenau zusammengefasst mit dem anderen Exemplar von Wiczay, unten 1751, 3)

1749 AVT K M ΟΠΕΛ CEV MAKPEINOC VΠ CTA ΛONΓINOV NIKOΠOΛITΩN
K 27 AV ebenso ΠPOC I ebenso
1 Imhoof

1750 AVT K M ΟΠΕΛΛΙ CEV MAKPEI- ebenso
K 26 NOC Br. m. L. und P. r.
1 Rollin — 2 Sophia

1751 AVT K M ΟΠΕΛ CEVH POC MAKPI- VΠ CTA ΛONΓINOV NIKOΠOΛITΩN
K 25 NOC Kopf m. L. r. ΠPOC u. l. A. ICTP ebenso
Abweichungen: Vs. Anfang und Schluss der Schrift fehlt 1 — Vs. unsicher 3
1 Paris — 2 Rollin. — — 3 Wiczay 2230 unter Eingabulus (vermutlich weil die Schrift
der Vs. unleserlich war); Neulini 36, 40 (Rs. genau, aber die Vs. wohl willkürlich mit derjenigen von Wiczay 2216, oben 1748, 3, identificirt)

1752 AVT K M ΟΠΕΛ CEV MAKPEINOC VΠ CTA ΛONΓINOV NIKOΠOΛITΩN
K 26 AV ebenso ΠP u. l. A. OC I Hermes wie
vorher, aber mit Flügelschuhen
Gewicht: 10, 30 (1)
Abweichungen: Vs. AVT K .... CEV 1; — Rs. Anfang der Schrift fehlt 1
1 Gotha — 2 Rollin

1753 AVT K M ΟΠ... CEVH MAKPINOC VΠ CTATI ΛONΓINOV NIKOΠOΛI-
K 27 Br. m. L. P. M. r. TΩN ΠPOC IC u. l. F, unten T PΩ
Nackter Hermes mit Flügelschuhen l. vorgebeugt stehend,
den r. Fuss auf einem Felsen (?),
den r. Arm mit dem gesenkten
Kerykeion auf das r. Knie gestützt,
den l. Arm mit der Chlamys auf
dem Rücken
Abweichungen: Vs. ... K M ΟΠΕΛ ..... und Kopf m. L. 1
1 Rollin — 2 St. Petersburg
Der Typus kehrt, weniger schön, aber deutlicher, auf Münzen des Gordianus wieder, von
denen eine auf Tafel XVI, 23 abgebildet ist. Ob Hermes auch hier in der Linken den
Beutel hält, ist unsicher; über den Gegenstand, auf den er tritt, vgl. die Bemerkung zu
jenen Münzen.

NIKOPOLIS 449

{Macrinus}

1754 ΑΥΤ Κ Μ ΟΠΕΛ CΕV ΜΑΚΡΕΙΝΟC ΥΠ CΤΑ ΛΟΝΓΙΝΟΥ ΝΙΚΟΠΟΛΙΤΩΝ
K 28 Br. m. l. P. M. r. ΠΡΟC | Nackter Dionysos mit
Stiefeln l. stehend, in der R. den
Kantharos, die L. auf den Thyrsos
gestützt

Abweichungen: Vs. nicht genau angegeben 3 — Kopf m. L. (?) 1; — Rs. ΝΙΚΟ-
ΠΟΛΙΤΩΝ (Schluss wohl unkenntlich) 3   ΠΡΟ u. i. A. C IC 1
1 Krupka (Mittheilung von Tacchella) — 2 Rollin. — — 3 Webster sen. chron. 1873, so
aus der Auction Nobby Rey

1755 ΑΥΤ Κ Μ ΟΠΕΛ CΕV ΜΑΚΡΙΝΟC ΥΠ CΤΑ ΛΟΝΓΙΝΟΥ ΝΙΚΟΠΟΛΙΤΩΝ
K 26 Br. m. l. u. P. r. ΠΡΟC u. i. A. IC Dionysos wie
vorher, aber mit Traube statt des
Kantharos

1 Rollin. — Vgl. auch die Münze bei Vaillant num. gr. 122 [Mionnet S. 2, 150, 550], wo
der Statthaltername unsicher ist (oben n. 1693*).
Auf der Vs. steht vor ΜΑΚΡΙΝΟC vielleicht noch ein H, sie wäre dann gleich der von
n. 1726.

1756 ΑΥΤ Κ Μ Ο . . . . . . | ΜΑΚΡΕΙΝΟC ΥΠ CΤΑ ΛΟΝΓΙΝΟΥ ΝΙΚΟΠΟΛΙΤΩΝ
K 26 Kopf m. L. r. ΠΡΟC u. i. A. IC Asklepios
nach vorn stehend und l. blickend,
die R. auf den Schlangenstab gestützt

Abweichungen: Vs. .... ΟΠΕΛΙ CΕVΗ ΜΑΚ.... 2; — Rs. ΥΠ CΤΑΤΙ ΛΟΝΓΙ-
ΝΟΥ ΝΙΚΟΠΟΛΙΤΩΝ .... u. L A. ,. CT 2
1 Paris Mionnet S. 2, 153, 570 — 2 Rollin. — Die Vs. von 1 war wohl gleich der von 1723.

1757 ΑΥΤ [Κ Μ ΟΠΕΛ CΕVΗΡΟC ΜΑΚΡΙ- ΥΠ CΤΑΤΙΟΥ ΛΟΝΓΙΝΟΥ ΝΙΚΟΠΟ-
K 26 ΝΟC Br. m. l. u. P. r. ΛΙΤΩΝ u. i. F. ΠΡΟC, i. A. ΙCΤΡΩ
ebenso

Gewicht: 10,97
1 Athen Cat. 852
Die Buchstaben ΑΥΤ und Λ auf der Vs. und ΛΟΝΓΙ auf der Rs. sind nur zum Theil sichtbar.

1758 ΑΥΤ Κ Μ ΟΠΕΛ CΕV ΜΑΚΡΕΙΝΟC ΥΠ CΤΑ ΛΟΝΓΙΝΟΥ ΝΙΚΟΠΟΛΙ-
K 27 ΑV Kopf m. L. r. ΤΩΝ ΠΡΟC ΙCΤ Hygieia mit
Schlange und Schale r. und Askle-
pios mit dem Schlangenstab unter
der l. Schulter L. blickend, neben
einander stehend

T. XVII, 7 Abbildung der Rs. (3)

Abweichungen: Vs. nicht angegeben 5. 6 — Anfang der Schrift fehlt z. 4 —
ΟΠΠΕΛ CΕVΗ (?) 1 — Schluss fehlt 3; — Rs. Schrift unsicher 6 — Anfang
fehlt 1. 5 — Schluss fehlt 3 — vielleicht ΙCΤΡ 1 — ΙCΤΡΟΝ (?) 5
1 Dresden — 2 Sophia — 3 Dr. Weber — 4 Wien Mus. Theup. 1076 [Mionnet S. 2, 150, 571];
Arneth Sitzungsber. 9, 924, 90. — — Hierher wohl auch 5 Paris imp. 324 Abb. d. Rs.
[Gesner imp. Cl. V, 44] -- Index 31 mit ΥΠ......... und vielleicht auch 6 Vaillant num.
gr. 122 [Mionnet S. 2, 149, 544] mit unsicherer Schrift; vgl. oben 1693**.

450   MOESIA INFERIOR

[Macrinus]

1759 AVT K M OΠEA ؛ CEV MAKPEINOC | VΠ CTA ΛOΝΓINOV ΝΙΚΟΠΟΛΙ-
K 27 Kopf m. L. r. | TΩN ΠPOC IC Nackter (bärtiger?)
Herakles r. stehend, die R. auf dem Rücken, die mit dem Löwenfell bedeckte Keule unter die l. Achsel gestemmt und so auf einen Felsen gestützt (Stellung des farnesischen Herakles)

Gewicht: 11,40 (3)

Abweichungen: Vs. Schrift fast ganz verwischt 2 — Anfang fehlt 3; — Rs. Anfang der Schrift fehlt 2 — Mitte unleserlich 5 — Schluss fehlt 2

1 Mailand Mus. Sammlen. 3, 21 [Mionnet S. 2, 157, 386] — 2 Paris — 3 Philippopel — 4 Sophia — 5 Turin Mus. Cat. 1999 = Lavy 987 ungenau. — Vgl. auch 1678ᵐ.1.

1760 AVT K M OΠEΛΛ CEV ΜΑΚΡΙΝΟC VΠ CTA ΛΟΝΓINOV ΝΙΚΟΠΟΛΙΤΩΝ
K 27 AV Br. m. L. u. Schuppenpanzer r. | ΠPOC ICT Nackter jugendlicher Herakles l. vortretend, mit der Keule in der erhobenen R. zum Schlage gegen die um sein r. Bein gewundene Hydra ausholend, deren einen Kopf er mit der L. gefasst hat

Tafel
XVII, 21   Abbildung der Rs. (1)

Abweichungen: Vs. Schluss der Schrift fehlt 1; — Rs. erste Hälfte der Schrift fehlt 2 — Mitte fehlt 3

1 Bukarest — 2 London Cat. 47, 47 — 3 St. Petersburg. — (Die Rs. aller drei Exemplare sind aus demselben Stempel.)

Die Hydra scheint mit acht Köpfen dargestellt zu sein; doch ist der neunte vielleicht nur undeutlich.

1701 AVT K M OΠEΛΛ CEV MAKPINOC VΠ CTA ΛOΝΓINOV ΝΙΚΟΠΟΛΙΤΩΝ
K 26 ebenso | und unten ΠPOC IC Unbärtiger Flussgott, ganz nackt, am Boden l. gelagert und r. blickend, die R. auf einem Schiffsvordertheil, die L. auf das strömende Quellgefäss gestützt

Tafel
XVIII, 1   Abbildung der Rs. (1)

Abweichungen: Anfang der Schrift fehlt 2 — Schluss fehlt 2; — Rs. VΠ C......
NOV 1

1 London Cat. 48, 48 — 2 Sophia. — (Die Rs. und wohl auch die Vs. sind stempelgleich.) Dass der Flussgott ganz nackt dargestellt ist, verdient als seltene Ausnahme Beachtung. Aber er ist nicht nur durch Kleidung und Haltung von dem der folgenden Münze verschieden, sondern auch das Schiff, auf dessen Vordertheil er die r. Hand legt, ist von ganz anderer Gestalt; es hat dort die gewöhnliche Form wie Tafel XVIII, 2-4, während er hier einen hohen Schnabel und darunter einen Stachel hat. Ob daraus zu schliessen ist, dass es sich um zwei verschiedene Flussgötter handelt, bleibt unsicher; unhörtig sind beide.

[Mαrτιnus]

1702
K 26
AVT K M ΟΠΕΛ CΕVΗ POC ΜΑΚΡΙ- ΝΟC Kopf m. L. r.
VΠ CTATI ΛΟΝΓΙΝȢ ΝΙΚΟΠΟΛΙ- ΤΩΝ und i. A. ΠΡΟC ΙCTPΩ Unbärtiger Flussgott mit nacktem Oberkörper (auf Felsen?) l. sitzend und nach oben blickend, die R. auf einem Schiffsvordertheil, im l. Arm einen grossen Zweig; unterhalb des Armes das strömende Quellgefäss

Abweichungen: Vs. ΟΠΕΛ....|.ΟC 1 — Schluss fehlt 2
1 Imhoof — 2 St. Florian

Das Quellgefäss ist wohl als Stütze des l. Armes gedacht, obgleich ein Zwischenraum vorhanden ist; vgl. die Bemerkung zu 1698 und 1807.

1703
K 26
AVT K M ΟΠΕΛΛΙ CΕVΗPOC MA- KPINOC Br. m. L. P. M. r.
VΠ CTA ΛΟΝΓΙΝΟV ΝΙΚΟΠΟΛΙΤΩΝ u. unten ΠΡΟC ΙCTP Unbärtiger Flussgott mit nacktem Oberkörper am Boden l. gelagert, mit der R. einen Baum umfassend, den l. Arm (mit einem Zweige?) auf das strömende Quellgefäss gestützt

Abweichungen: Vs. ΟΠ......ΙΗΡΟC 2
1 Philippopel — 2 Wien Arneth Sitzungsber. 9, 904, 98

1704
K 27
AVT K M ΟΠΕΛ CΕVΗPOC ΜΑ;ΚΡΙ- ΝΙΟC Br. m. L. und Schuppenpanzer r.
VΠ CTATIOV ΛΟ ΝΓΙΝΟV ΝΙΚΟΠΟΛ ... u. i. A. [Π]ΡΟC ΙC· Jüngling mit nacktem Oberkörper auf einer Erhöhung l. sitzend, in der leicht erhobenen R. einen Zweig, die l. aufgestützt

Gewicht: 11,75(1)
1 Gotha. —|— Hierher oder zur folgenden Nummer a Sestini descr. 45, 73 [Mionnet S. 2, 157, 588] von Ainslie

1705
K 26
[AVT K M] ΟΠΕΛ CΕVΗ POC ΜΑΚ- ΡΙΝΟC Kopf m. L. r.
ebenso

Abweichungen: Vs. angeblich AVT A M ΟΠΕ.....ΗΡΟC ΜΑΚΡΙΝΟC 3 — .... ΗΡΟC ΜΑΚΡΙΝΟC 2 — ....Λ CΕΟV ΗΡΟC (?) ΜΑΚΡΙΝΟC 1 - ..... ΟΠΕΛ CΕVΗ POC...., 4; -- Rs. schreibt fast ganz zerstört 4 — Anfang fehlt 2, 3
1 St. Petersburg — 2 Berlin. — 3 (= 2!) Cat. Welzl 1365. — Hierher wohl auch 4 Paris (schlecht erhalten, daher nicht ganz sicher)

Der Typus dieser beiden Münzen weicht von den Darstellungen der Flussgötter noch mehr ab als diejenige von n. 1702 und 1810, Taf. XVIII, 5. Die Figur erinnert besonders an den Typus des Haimos, und es ist vielleicht ein Berggott wie dieser in ihr zu erkennen. Den Gegenstand, auf den die linke Hand gestützt ist, hielt Sestini (und nach ihm Welzl) für einen Schild; das kann nicht richtig sein, doch gestattet die mangelhafte Erhaltung der Exemplare keine sichere Benennung.

29*

452   MOESIA INFERIOR

{Macrinus}

1760
K 28
AVT K M OΠEΛ CEV MAKPEI[NOC] : VΠ CTA · ΛONΓEINOV · NIKOΠOΛI-
A[V] Kopf m. L. r.
TΩN Π und i. A. POC ICTP
Ω
Nackter Jüngling (Haimos), nur
mit leichtem Gewand über der l.
Schulter und den Knieen und mit
Jagdstiefeln, auf einem Felsen l.
sitzend und r. blickend, den r. Arm
auf dem Kopf, im l. Arm einen
Jagdspeer; am Felsen ein Bär r.;
hinten rechts ein Baum, auf den
vielleicht der l. Arm gestützt ist;
i. F. l. AIMO
C

Taf. III, 22; Abbildung der Rs. (1)
Abweichungen: Vs. Schrift fast ganz zerstört 3 — zweite Hälfte der Schrift fehlt 2;
— Rs. Anfang der Schrift fehlt 2. 3 — das Ω im Abschnitt nicht zu sehen 2

1 Berlin Cat. 81, 49, III, 15 . — 2 London Cat. 48, 49 Abb.; diesen Exemplar bei Sestini
descr. 44, 69, II, 4 (Mionnet S. 2, 157, 587), wo der Typus ganz missverstanden ist —
3 Sophia. · (Die Rs. aller drei Exemplare sind aus demselben Stempel.)
Über den Typus vgl. die Einleitung S. 342.

1767
K 26
AVT K M OΠEΛ CEVH MAKPEINOC VΠ CTA ΛONΓINΘ NIKOΠOΛITΩN
AVΓ ebenso
ΠPOC ICTP u. i. A. Ω Nemesis
mit Stephane, langem gegürteten
Doppelchiton und Mantel l. ste-
hend, mit der R. das Gewand über
der r. Schulter lüftend, im l. Arm
Tafel
XVIII, 20
die Geissel; am Boden das Rad
Abbildung der Rs. (2)

Abweichungen: Vs. Anfang und Schluss der Schrift fehlt 1. 4 — Schrift unkenntlich 3; — Rs. Anfang der Schrift fehlt 2 — Mitte fehlt 1 — der Abschnitt mit
Ω nicht auf dem Schrötling 2. 4 — VΠ CTA ΛONΓINOV NIKOΠOΛ..... 3

1 Paris — 2. 3 Rollin — 4 Sophia — 5 Wien Arneth Sitzungsber. 9, 903, 90. — Vgl.
auch 1678ᵐ. 2.

1768
K 27
AVT K M OΠEΛ CEVH MAKPINOC VΠ CTA ΛONΓINOV NIKOΠOΛITΩN
Br. m. L. P. M. r.
ΠPOC u. i. A. IC Nemesis mit
Wage und Geissel l. stehend, am
Boden das Rad

Abweichungen: Vs. CEV statt CEVH (?) 1 — MAKP.... 1. 4 — AVT K M OΠEΛ
CEV .....OC 2; — Rs. Mitte der Schrift fehlt 2 — Schluss fehlt 3. 4 — NIKO-
ΠO....... Λ·Λ·C IC 2

1 München — 2 Schmidt — 3. 4 im Handel

[Macrinus]

1769
K 27
AVT K........ MAKPEINOC Kopf [VITA] CTA ΛONΓINOV NIKOΠOΛI-
m. L. r. ΤΩN ΠPOC I u. i. Λ. CTPΩ
ebenso

Abweichungen: Vs. AVT .... CEV MAKPEINOC AVΓ I — AV K OΠΠEΛ CEVH MAKPINOC 3; · Rs. VΠ.........OV NIKOΠOΛITΩN ΠPOC = L Λ. .TPΩ I · · VΠ Λ CTA ΛONΓINOV NIKOΠOΛITΩN ΠPOC ICTPΩ 3

1 Rollin — 2 Wien Froelich 4 tentam. 294, 196 Abb. d. Rs. [Gessner Imp. CLV, 48]; Eckhel cat. 59, 38 [Mionnet S. 2, 156, 583]; Arneth Sitzungsber. 9, 904, 91. — · 3 Sestini desc. 44, 70 von Ainslie

Auf der Rs. des Wiener Exemplars, das der Beschreibung zu Grunde liegt, sind nur CTA nur die unteren Hälften der drei Buchstaben zu sehen; es bleibt daher unsicher, ob mit Eckhel und Sestini VΠ A zu lesen ist oder VΠA. Im ersteren Falle könnte man annehmen, dass das Praenomen des Statius Longinus *Lucius* war; doch ist daran zu erinnern, dass das A auch in CTA zuweilen die Form Λ hat (vgl. z. B. oben n. 1721). — Der Stab im L Arm der Göttin hat auf dem Wiener Exemplar, ebenso wie auf einigen der vorhergehenden Nummer, oben einen Ansatz, ist also wohl als Geissel anzusehen.

1770
K 27
AVT K M OΠEΛΛI CEVH MAKPINOC VΠ CTATI ΛONΓINOV NIKOΠOΛI-
ebenso ΤΩN ΠP u. l. Λ. OC ICT Nemesis (oder Aequitas?) l. stehend, in der R. die Wage, im L Arm Stab

Abweichungen: Vs. Anfang der Schrift fehlt 2 — AVT K M O..... 1

1 Wien Cimel. Vindob. 1, 118, XXI, y; Eckhel cat. 59, 36 [Mionnet S. 2, 156, 584]; Arneth Sitzungsber. 9, 903, 88 · 2 Wien Mus. Theup. 1006; Arneth 9, 903, 89

[**1771**]
K 27
AVT K M OΠΠEΛI CEV. ......NOC VΠ CTATI ΛONΓINOV NIKOΠOΛI-
ebenso ΤΩN ΠPOC ICTPΩ Aequitas l. stehend, in der R. die Wage, im L Arm das Füllhorn

1 Neapel Cat. 6310 (die Schrift wohl ungenau)

1772
K 27
AVT K M OΠEΛΛI CEV | MAK ..... VΠ CTA ΛONΓINΩ NIKOΠOΛITΩN
ebenso Π(POC IC] Nemesis-Aequitas mit Kalathos l. stehend, in der R. die Wage, im L Arm das Füllhorn; am Boden das Rad

Gewicht: 12,79(1)

Abweichungen: Vs. CEV H MAKPINOC I: — Rs. VΠ CTA ΛON..........ΩN ΠPOC IC ι · · am Schluss Π..... 2

1 Athen Cat. 854 — 2 Paris; wohl dieses Stück früher Wiczay 2215 [Mionnet S. 2, 156, 582; Pinnansky Nemesis und Adrasteia 155 als Aequitas]; Sestini 36, 59. — Hierher oder zur folgenden Nummer zwei Exemplare im Handel mit unsicherer Schrift.

[**1773**]
K 26
AVT K M OΠEΛΛI CEV MAKPEINOC VΠ CTATIOV ΛONΓINOV NIKOΠO-
ebenso ΛITΩN u. i. F. ΠP OC, I. Λ. ICTPΩ
ebenso

1 Krupka (Beschreibung von Tacchella)

454   MOESIA INFERIOR

[Macrinus]

1774 AVT K M OΠEΛΛI CEV MAKPEINOC VΠ CTA ΛONΓINOV NIKOΠOΛITΩN
K 27 Kopf m. L. r.   ΠPO u. L A. C ICTP Concordia
  mit Schale und Füllhorn L stehend

Abweichungen: Vs. CE VH MAK.... 2 — OΠΠEΛ CEVH MAKPINOC 3; — Rs. am Schluss ΠPOC ICTPΩ 3

1 Löbbecke · 2 Wien Mus. Theup. 1006; wohl dieses Exemplar bei Arneth Sitzungsber. 9, 903, 80. — Hierher wohl auch 3 Sestini descr. 44, 73 [Mionnet S. 2, 157, 589] von Ainslie

1775 AV K .. ΠEΛ CEVH MAKPINOC VΠ CTATIOV ΛONΓINOV NIKOΠO-
K 27 ebenso   ΛITΩN ΠPO u. i. F. C ICT, i. A.
   PΩ ebenso

Abweichungen: Vs. nicht angegeben 2; — Rs. VΠ CTATIO ΛONΓINOV NIKO-ΠOΛITΩN ΠPOC ICT (mit lateinischen Buchstaben angegeben) 2

1 Paris. - — Hierher wohl auch 2 musaei nummorum quod venale prostat Vatvaviae comp. descriptio (1799) 47 (müsste in Kiew sein, ist aber von mir nicht beschrieben worden)

1776 AVT K M OΠEΛ CEVH POC MAKPI- . . . . NÖ NIKOΠOΛITΩN
K 27 NOC ebenso   ΠPOC u. i. F. IC TP, i. A. Ω
   ebenso

Abweichungen: Vs. AVT K M OΠEΛΛI MAKPINOC 2 (so Sestini, bei Caronni OΠE statt OΠEΛΛI); — Rs. ..... NIKOΠOΛITΩN ΠPOC u. L F. ICTP 2

1 Wien Eckhel cat. 59, 42 [Mionnet S. 2, 158, 593]; Arneth Sitzungsber. 9, 904, 95. — · Hierher wohl auch (obwohl der Name des Statthalters fehlt) 2 Wiczay 2213; Sestini 35, 37

1777 AVT K M OΠEΛΛI CEV· | MAKPEI- VΠ CTATI ΛONΓIOV (sol) [N]IKO-
K 27 NOC ... ebenso   ΠOΛITΩN ΠPOC u. l. A. ICTPΩ
   ebenso

Abweichungen: Vs. Schluss der Schrift fehlt 2 — Schrift nicht angegeben 3; — Rs. ΛONΓIO. .IKOΠOΛITΩN 1 — VΠ CTATI (das übrige unsicher) 3

1 Berlin Cat. 62, 51 · 2 München. — ; — Hierher vielleicht 3 Sestini descr. 45, 74 [Mionnet S. 2, 157, 590] von Ainslie

1778 .... EA CEV[HP?] | MAKPINOC VΠ CTA ΛONΓINÖ NIKO ΠOΛITΩ ....
K 26 ebenso   Concordia wie vorher, aber mit
   Kalathos auf dem Kopf

Gewicht: 11,05

1 Gotha

1779 AVT K M OΠEΛΛI CEVH MAKPINOC VΠ CTATI ΛONΓINOV NIKOΠOΛI-
K 27 ebenso   TΩN ΠPOC u. i. A. ICTPΩ
   Liberalitas L stehend, in der
   vorg. R. das Täfelchen, im l. Arm
   das Füllhorn

Abweichungen: Vs. CEV MAKP... 1 — ...... VH MAK...., 2; — Rs. ...... TI ΛONΓINOV 1 — VΠ CTA ΛONΓINOV 2

1 Kopenhagen · 2 München, früher Cousinéry, Sestini descr. 45, 81 [Mionnet S. 2, 158, 592] — 3 Sophia

455

[Macrinus]

1780
K 27
ΑΥΤ Κ Μ ΟΠΕΛ CEV ΜΑΚΡΕΙΝΟC Br. m. L., Schuppenpanzer und Mantel r.
ΥΠ CTA ΛΟΝΓΙΝΟΥ ΝΙΚΟΠΟΛΙ-ΤΩΝ ΠΡΟC [u. i. A. ....] Tyche mit Kalathos, Steuerruder und Füllhorn l. stehend

Abweichungen: Rs. angeblich ΥΠ ΑΥΡ ΛΟΝΓΙΝΟΥ ΝΙΚΟΠΟΛΙΤΩΝ ΠΡΟ u. L A. ICTP 3
1 London Cat. 48, 50 — 2 Wien Mus. Theup. 1006; Arneth Sitzungsber. 9, 904, 93. — — 3 Mus. Arigoni 1 imp. gr. IX, 143 (Rs.)

1781
K 28
.... CEVH ΜΑΚΡΕΙΝΟC ΑΥΓ Kopf m. L. r.
ΥΠ CTA [A ....O] ΠΟΛΙΤΩΝ ΠΡΟC ICΓΩ ebenso

Abweichungen: Vs. ΑΥΤ Κ ΟΠΠΕΛ CEVH ΜΑ...... 2; — Rs. ΠΡΟC ICTPΩ 2
1 (Wien Cimel. Vindob. 1, 118, XXI, 6; Eckhel cat. 59, 37 [Mionnet S. 2, 137, 385] ungenau; Arneth Sitzungsber. 9, 904, 92. — 2 — 2 Sestini descr. 45, 82 von Ainslie Sestini bemerkt, dass die Münze ungewöhnlich klein sei, das einzige ihm bekannte Stück dritter Grösse mit Statthalternamen; es sollte aber doch wohl das gewöhnliche Nominal sein, und der Schrötling war nur zufällig zu klein ausgefallen.

1782
K 27
..... ΟΠΠΕΛΛΙ CEV ΜΑΚΡΕΙΝΟC ΑΥΓ ebenso
ΥΠ CTA ΛΟΝΓΙΝΟV ΝΙΚΟΠΟΛΙ-ΤΩΝ ΠΡΟ u. i. A. C ICTP Der Kaiser mit Lorbeerkranz, Panzer und Mantel an einem Altar l. stehend, in der R. die Schale, die L. auf Speer oder Scepter gestützt

Abweichungen: Vs. ΜΑΚΡΕ..... 2; — Rs. Abschnitt fehlt 2
1 Philippopel — 2 Schmidt

1783
K 28
ΑΥΤ Κ Μ ΟΠΕΛΙΟC CEVH ΜΑΚΡΙ-ΝΟC Kopf m. L. r., am Halse leichtes Gewand
ΥΠ CTATI ΛΟΝΓΙΝΟV ΝΙΚΟΠΟΛΙ-ΤΩΝ ΠΡΟ u. i. A. C ICTP Der Kaiser mit Lorbeerkranz, Panzer und Stiefeln l. stehend, auf der vorg. R. die Kugel, die L. auf den Speer gestützt

Gewicht: 11,22 (1)
Abweichungen: Rs. ΠΡΟC u. i. A. ICTPO (aber ensicher) 1
1 Athen Cat. 855 — 2 Berlin Cat. 82, 50

1784
K 27
ΑΥΤ Κ [Μ Ο]ΠΕΛ CEV ΜΑΚΡΕΙΝΟC Br. m. L. und Schuppenpanzer r.
1 Wien Arneth Sitzungsber. 9, 904, 97 a
ΥΠ CTA ΛΟΝΓΙΝΟV ΝΙΚΟΠΟΛΙΤΩΝ ΠΡΟ u. i. A. C IC ebenso

1785
K 27
..... A CEVH POC ΜΑΚΡΙΝΟC Kopf m. l. r.
V.......... ΝΙΚΟΠΟΛΙ... u. i. A. ΠΡΟC ICT PΩ Adler mit ausgebreiteten Flügeln nach vorn stehend und den Kopf mit Kranz im Schnabel l. wendend

1 Wien, früher Welzl Cat. 1367; Arneth Sitzungsber. 9, 904, 100 a
Nach der Vs. ist es wahrscheinlich, dass die Münze unter dem Statthalter Longinus geprägt ist; doch ist es nicht sicher.

MOESIA INFERIOR

[Macrinus]

(ohne Statthalternamen)

1786 ΑΥΤ Κ Μ ΟΠΕΛΛΙ ϹΕΥΗ ΜΑΚΡΙΝΟϹ ΝΙΚΟΠΟΛΙΤΩΝ ΠΡΟϹ ΙϹ Stab (?),
K 17 Kopf m. L. r.   von einer Schlange umwunden
1 London Cat. 48, 51. — r 2 (= 1?) La Metraye voyages 1, XXVIII, 11 [Gessner imp.
CLIV, 30 nur die Rs.], vgl. Text Bd. 2, 159, 166, 204
Das gut erhaltene Londoner Exemplar zeigt die Schlange um einen Stock oder Stengel
mit Ansätzen geringelt, in dem man vielleicht einen Baumstumpf zu erkennen hat; vgl.
n. 1824, Tafel XVII, 12

1787 ΑΥΤ Κ Μ ΟΠΕΛΙ ϹΕ ΜΑΚΡΙΝΟϹ | ebenso
K 17 ebenso
Abweichungen: Vs. nicht beschrieben 3
1 Wien, früher Welzl Cat. 1360; Arneth Sitzungsber. 9, 904, 1024. — — 1 Cat. d'Ennery 4354

[1788] (Υ Κ ΟΠΕΑ undeutlich) Kopf des ΝΙΚΟΠΟΛΙΤΩΝ ebenso
K 17 Macrinus m. L. r.
1 Mionnet S. 2, 158, 595 aus der Sammlung des Marquis de la Goy
Die Beschreibung scheint zuverlässig zu sein, da die gleiche Rs. mit ΝΙΚΟΠΟΛΙΤΩΝ
ohne ΠΡΟϹ ΙϹ auf Münzen des Diadumenianus (n. 1885) erscheint. Dass Mionnet das
Porträt verkannt habe, ist kaum anzunehmen; wenn der Kopf wirklich den Lorbeerkranz
hatte, kann es nur Macrinus sein.

1789 ΑΥΤ Κ Μ ΟΠΕΛΙ | ϹΕ ΜΑΚΡΙΝΟϹ   ΝΙΚΟΠΟΛΙΤΩΝ ΠΡΟϹ ΙϹΤ|ΡΩ ?|
K 17 | ebenso   Stengel einer Pflanze (?)
T. XX, 40   Abbildung der Rs. (1)
Abweichungen: Rs. am Schluss nur ΙϹΤ zu sehen, aber ΡΩ vielleicht verwischt 1
1 Paris. — 2 (1?) Sabatier revue belge, 3 série, 4 (1860) 5, 1. 5; vgl. unten 1789"

1790 ΑΥΤ Κ Μ ΟΠΕΛΛ ϹΕΥΗ ΜΑΚΡΙΝΟϹ ΝΙΚΟΠΟΛΙΤΩΝ ΠΡΟϹ ΙϹΤ u. i. Λ.
K 17 ebenso   ΡΟΝ Flammender, bekränzter
T. XX, 31   Abbildung der Rs. (2)   Altar
Abweichungen: Vs. Anfang der Schrift fehlt 1 — ΟΠΕΛ ..., ΜΑΚΡΙΝΟϹ 2
1 St. Petersburg — 2 Wien Arneth Sitzungsber. 9, 904, 102

1791 ΑΥΤ Κ Μ ΟΠΕΛΙ ϹΕ ΜΑΚΡΙΝΟϹ   ΝΙ
K 18 ebenso   ΚΟΠΟΛ
   ΙΤΩΝ Π im Felde
   ΡΟϹ ΙϹ
   ΤΡΩ
Abweichungen: Vs. angeblich ΟΠΕΛ ϹΕ (W.) oder ΟΠΕΛ ϹΕΥΗ (S.) 6; — Rs.
am Schluss ΙϹΤΡΩΝ (?) 5
1 Berlin Cat. 83, 56 — 2 Kopenhagen — 3 Wien Froelich 4 treiam. 394, 197 Abh. d. Rs.
[Gessner imp. CLIV, 30]; Eckhel cat. 59, 43 [Mionnet S. 2, 158, 596]; Arneth Sitzungsb. 9,
904, 101. — — 4· 5 Sestini descr. 46, 88. 89 [Mionnet S. 2, 158, 596] von Ainslie —
6 (= 2?) Wiczay 2217; Sestini 36, 42

1789" ΑΥΤ Κ ΟΠΕΛ ΜΑΚΡΙΝ(?)   Kopf m. L. r.   ΝΙΚΟΠΟΛΙΤΩΝ ΠΡΟϹ ΙϹΤΡ Keule
K (17)
1 Cohen Cat. Gréau 1012
Es ist möglich, dass hier nur eine falsche Beschreibung derselben Münze vorliegt, die
Sabatier vorher besser publicirt hatte; s. oben 1789, 2. Der Typus der Rs. konnte leicht
für eine Keule gehalten werden.

Diadumenianus

Münzen des Diadumenianus mit dem Namen des Statthalters Pontianus sind, abgesehen von drei unzuverlässigen Beschreibungen (unten n. 1791* und 1791**), bisher nicht nachgewiesen; doch beweist das nicht, dass dieser der erste der drei Statthalter gewesen ist.

(Agrippa)

1788 K 26	Μ ΟΠΕΛΛΙ ΔΙΑΔΟΥΜΕΝΙΑΝΟC K Br. m. P. und M. r. 1 Paris Mionnet S. 2, 159. 397	ΥΠ ΑΓΡΙΠΠΑ ΝΙΚΟΠΟΛΙΤΩΝ ΠΡ u. i. A. ΟC ΙCΤΡΟΝ Zeus mit Schale und Scepter l. sitzend
1789 K 27	Κ Μ ΟΠΠΕΛ ΑΝΤΩΝΙ ΔΙΑΔ......ΟC Kopf r. 1 Mandl	ΥΠ ΑΓΡΙΠΠΑ ΝΙΚΟΠΟΛΙΤΩΝ (so!) Nackter Zeus mit Schale und Scepter l. stehend, vor ihm der Adler
1790 K 26 T.XIV,20	Κ Μ ΟΠΠΕΛ ΑΝΤΩΝΙ ΔΙΑΔΟΥΜΕ- ΝΙΑΝΟ C ebenso Abbildung der Rs. (1)	ΥΠ ΑΓΡΙΠΠΑ ΝΙΚΟΠΟΛΙΤΩΝ ..... Weibliche Figur in langem Gewand und Mantel l. stehend, in der vorg. R. Schale, die L. auf die Fackel gestützt (Hestia?)

1 Paris Mionnet S. 2, 162, 608 (die Fackel verkannt) — 2 Sophia. — (Die Rs. beider sind aus demselben Stempel, vermuthlich auch mit der von p. 1684, wonach hier ΝΙΚΟ-ΠΟΛΙΤΩΝ ΠΡ u. L. A. ΟC ΙCΤ zu ergänzen wäre.)

1791* K 11	Diadumenianus (Vs. nicht beschrieben) 1 Vaillant num. gr. 135 (Mionnet S. 2, 165, 631 mit ΤΗ ΑΙ) aus seiner Sammlung ebenso	ΤΗΩ ΑΙ ΠΟΝΤΙΑΝΟΥ ΝΙΚΟΠΟΛΙΤΩΝ ΠΡ ΚΤΡ Herakles, die R. auf die Keule gestützt (Schrift ebenso) Stehende Frau in langem Gewand, in der R. Ähren, in der L. das Scepter

2 Vaillant num. gr. 135 (Mionnet S. 2, 165, 632) aus dem Pariser Cabinet

Dass die Beschreibung der ersten Münze schlecht ist, lehrt schon die Lesung ΤΗΩ ΑΙ vor ΠΟΝΤΙΑΝΟΥ; aber vermuthlich ist die ganze Schrift falsch gelesen. Die zweite Beschreibung betrifft gewiss die schlecht erhaltene Pariser Münze mit ΥΠ ΣΤΑΤΙΟ .ΩΝΙ... (unten n. 1837,2), auf der Vaillant leicht etwas falsches lesen konnte; und ein ähnlicher Fehler dürfte bei seiner eigenen Münze vorliegen, da der Typus des Herakles auch nur mit ΤΗ CΤΑ ΛΟΝΓΙΝΟΥ sicher nachweisbar ist (unten n. 1836, vgl. auch n. 1805*).

1791** K 11	Μ ΟΠΠΕΑ ΑΝΤΩΝΙ ΔΙΑΔΟΥΜΕΝΙΑΝΟΣ K Kopf r. 1 Mus. Theup. 1009 (Mionnet S. 2, 165, 633)	ΤΗΩ ΑΙ ΠΟΝΤ.... ΝΙΚΟΠΟΛΙΤ.. ΠΡΟΣ ΙΣΤΡΟ .. Stehende Frau, die beiden Hände zusammen erhebend

Die Münze, jetzt im Wiener Cabinet, ist so schlecht erhalten, dass nicht einmal der Typus der Rs. sicher zu erkennen ist; von der Schrift las ich ΤΗΑ ....Ν ΗΤΡΟ. Die Lesung ΤΗΩ ΑΙ ΠΟΝΤ..., ist also ganz unzuverlässig; auch die Schrift der Vs. ist falsch angegeben. Die Münze ist wohl unter dem Statthalter Agrippa geprägt, der Typus wahrscheinlich Nike; s. unten n. 1802.

458   MOESIA INFERIOR

(Diadumenianus)

1795
K 27
....ΠΕΑ ΑΝΤΩΝΙ ΔΙΑΔΟVΜΕΝΙΑ- NOC Kopf r.
VΠ ΑΓΡΙΠΠΑ ΝΙΚΟΠΟΛΙΤΩΝ ΠΡ u. i. A. ΟC ΙCΤΡ Göttin mit Mauerkrone l. sitzend, in der vorg. R. Schale (?), die L. auf das Scepter gestützt

Abweichungen: Rs. Anfang und Schluss der Schrift fehlt 2

1 Bukarest — 2 Rollin

Vgl. die Bemerkung über einen ähnlichen Typus auf einer Münze des Macrinus, oben n. 1734. Dort hält die Göttin Ähren in der Rechten; hier scheint mir bei dem Bukarester Exemplar das Attribut unsicher, während Svoronos auf dem von Rollin eine Schale zu sehen glaubte; danach bleibt es zweifelhaft, ob hier Hera oder Demeter als Stadtgöttin zu erkennen ist.

1796
K 26
Κ Μ ΟΠΠΕΛ ΑΝΤΩΝΙ · ΔΙΑΔΟVΜΕ- ΝΙΑΝ ΟC Hr. m. Gewand r.
....ΡΙΠΠΑ ΝΙΚΟΠΟΛΙΤΩΝ ΠΡΟC ΙCΤΡΩ Jugendlicher Gott, nackt, nur mit der Chlamys über der l. Schulter, vom Rücken gesehen r. stehend, das r. Bein eingezogen, in der vorg. R. ein undeutliches Attribut, die L. gesenkt oder auf dem Rücken

Abweichungen: Vs. Schluss der Schrift fehlt 1; — Rs. am Schluss ΕΤ., 2

1 Paris - - 2 Sophia

Leider sind beide Exemplare mangelhaft erhalten, so dass die Figur nicht sicher zu bestimmen ist. Nach der Haartracht würde man sie für Apollon halten; doch scheint es nach dem Exemplar in Sophia möglich, dass das Attribut in der rechten Hand eine Traube ist, so dass wir es also mit einem Dionysos zu thun hätten.

1797
K 27
Κ Μ ΟΠΠΕΛ ΑΝΤΩΝΙ ΔΙΑΔΟVΜΕ- ΝΙΑΝ ΟC Kopf r.
VΠ ΑΓΡΙΠΠΑ ΝΙΚΟΠΟΛΙΤΩΝ ΠΡΟ u. i. A. C ΙCΤΡΩ Artemis in kurzem Chiton und mit flatterndem Mantel und Jagdstiefeln, den Köcher am Rücken, r. laufend, den r. Arm nach hinten erhoben, in der vorgestreckten L. Pfeil (oder Jagdspeer?) und Bogen; neben ihr der Jagdhund r. springend

Abweichungen: Vs. Anfang der Schrift fehlt 2; — Rs. Anfang der Schrift fehlt 1, 3

1 Löbbecke (· Cat. Becker 274?) — 2 Sophia · 3 Wien, früher Wiczay 2227, VII, 160 (Mionnet S. 2, 159, 602); Sestini 36, 44; Arneth Sitzungsber. 9, 905, 106a

Über den Typus vgl. die Bemerkung zu der Münze des Macrinus n. 1689, deren Rs. vermuthlich aus demselben Stempel ist.

1798
K 27
— 1796
ebenso, wohl aus demselben Stempel

Abweichungen: Vs. Κ Μ ΟΠΠΕ·Α ΑΝΤΩΝΙ ΔΙΑΔ...... 2

1 Haag — 2 Philippopel

NIKOPOLIS 459

[Diadumenianus]

1799 K M OΠΠEA ANTΩNI ΔIAΔOVME- VΠ AΓPIΠΠA NIKOΠOΛITΩN ΠPOC
K 27 NIANOC Kopf r. IC u. i. A. TPΩ Aphrodite, nackt
bis auf einen Mantel, der von ihren
Schultern hinten herabwallt, in der
Stellung der mediceischen r. ste-
hend; neben ihr am Boden l. ein
Delphin, auf dem Kopf stehend,
r. ein flammender Altar (= 1690)

T. XV, 34 Abbildung der Rs. (3)
Abweichungen: Vs. Schrift unvollständig 2; — Rs. Schrift nicht ganz vollständig 1. 2
1 Bukarest · · 2 Turin Bibl., früher Mus. Arigoni 4 imp. gr. XIV — 3 im Handel. — (Die
Rs. von 2 und 3 sind aus demselben Stempel wie die von 1699.)

1800 M OΠEΛΛI ΔIΑΔΟVMENIANOC K VΠ AΓPIΠΠA NIKOΠOΛITΩN ΠPOC
K 27 Br. m. P. und M. r. ICTPΩ Nike mit Kranz und Palmzweig r. stehend

Abweichungen: Vs. Anfang der Schrift fehlt 3 — ΔIΑΔΟVMENIANOC (ω I) 5; —
Rs. VITA .... OC ICTPΩ 6 — NIKOΠOΛ..........PΩ 2 — NIKOΠ........
ICTPΩ 5 — am Schluss ΠP .... 3 — Typus nicht ganz sicher 6
1 Berlin Cat. 84.61 — 2 (5?) Moskau — 3 Paris. — 4 Agoethler Beschr. d. Schulz.
Münzcab. 2, 920 [Mionnet S. 2, 152, 602] — 5 (2?) Cat. Welzl 1370. — Hierher wohl
auch 6 Wien Mus. Theup. 1009 [Mionnet S. 2, 165, 633]: Arneth Sitzungsber. 9, 905, 112,
mit fast verwischtem Typus; s. oben 1791***.

1801 ebenso VΠ AΓPIΠΠA NIKOΠOΛITΩN u. i.
K 26 F. ΠP OC, i. A. ICTP Nike wie
vorher, aber r. schreitend
Abweichungen: Vs. Schluss der Schrift fehlt 1 — ohne K (?) 2; — Rs. Schrift im
Abschnitt unvollständig 3 — Nike linkshin (?) 2
1 Löblecke — 2 Paris — 3 Schmidt

1802 K M OΠΠEA A ....ΑΔΟVMENIA- VΠ AΓPIΠΠA NIKOΠOΛITΩN ΠPO
K 27 NOC Kopf r. u. i. A. C ICTP Nike r. schreitend,
im rechten Arm den Palmzweig,
in der erhobenen Linken den
Kranz
1 Bukarest

1803 M OΠEΛΛI ΔIΑΔΟVMENIANOC K V K AΓPIΠΠA NIK OΠOΛITΩN
K 27 Br. m. P. und M. r. ΠPOC l u. i. A. CTPON Hermes
mit Beutel und Kerykeion l. ste-
hend, über dem l. Arm die Chlamys
Abweichungen: Vs. M OΠEΛ.. ...ΑΔΟVMENIANOC K 1
1 Imhoof, wohl das Exemplar von Wiczay 2120; Sestini 36, 45 — 2 Paris

1804 ebenso, aber ohne K am Schluss(?) ebenso, aber ΠPOC u. i. A.
K 27 ICTPON
1 Weber Hamburg — 2 Wien Fronlich 4 tetram. 460 g* (ohne Abb.): Eckhel cat. 59, 46
[Mionnet S. 2, 162, 603], Vs. ganz nagenau; Arneth Sitzungsber. 9, 904, 103

460

[Diadumenianus.]

1845
K 26

|K M OΠΠEA ANTΩNI ΔIAΔOYME· [VΠ] ΑΓΡΙΠΠΑ ΝΙΚΟΠΟΛΙΤΩΝ
NIANOC Kopf r.   ΠΡΟC ΙCTPΩ Asklepios mit
dem Schlangenstab unter der r.
Schulter nach vorn stehend und
l. blickend

Abweichungen: Vs. nicht angegeben 3. 4 — mit ΑΝΤΩΝΙΝΟC 1; — Rs. Anfang
der Schrift fehlt s. 3 -- ΠΡΟC ΚΤΡ 4 — ΠΡΟC.... 2 — Schrift unsicher 3
1 Wien Mus. Theup. 1029; Ameth Silzungsb. 9, 904, 105 — 2 im Handel. — — 3 Vaillant
num. gr. 125 [Mionnet N. 2, 159, 598] — 4 Gessner Imp. CLVI, 18 Abb. d. Rs. aus der
Sammlung Pflau; Cat. Pflau (1745) S. 434

1846
K 26

.. ΟΠΠΕΛ ΑΝΤΩΝΙ ΔΙΑΔ .....   VΠ ΑΓΡΙΠΠΑ ΝΙΚΟΠΟΛΙΤΩΝ Π
Kopf r.   u. i. Λ. ΡΟC ΚΤΡ Unbärtiger
                             Flussgott l. gelagert, die R. auf
                             dem Knie, die Linke auf dem
                             strömenden Quellgefäss
1 St. Petersburg

1847
K 26

M ΟΠΕΛΛΙ ΔΙΑΔΟΥΜΕΝΙΑΝΟC Κ   VΠ ΑΓΡΙΠΠΑ ΝΙΚΟΠΟΛΙΤΩΝ u. l.
Br. m. P. und M. r.   Λ. ΠΡΟC ΙCΤ Unbärtiger Fluss-
                            gott mit nacktem Oberkörper l.
                            (auf Felsen?) sitzend, die R. auf
                            einem Schiffsvordertheil, im l.
Tafel   Arm einen grossen Zweig; unter-
XVIII, 4   Abbildung der Rs. halb des Armes eine Urne (?)
1 im Handel (Abguss vorhanden)
Wie bei einigen Munzen des Macrinus (oben n. 1697, 1698, Taf. XVIII, 3, 1763) ist auch
hier zwischen dem l. Arm des Flussgottes und dem als Stütze zu denkenden Gegenstand
ein Zwischenraum; dasselbe gilt für die beiden folgenden Münzen. Die Stütze selbst sieht
hier aus wie eine nach vorn geöffnete Urne; doch ist es unsicher, ob eine solche gemeint ist; Wasser (wie bei 1765) ist hier unten nicht angegeben.

1848
K 27

K M ΟΠΠΕΛ ΑΝΤΩΝΙ · ΔΙΑΔΟΥΜΕ·   VΠ ΑΓΡΙΠΠΑ ΝΙΚΟΠΟΛΙΤΩΝ u. i.
NIAN[OC] ebenso   Λ. ΠΡΟC ΚΤΡ ebenso, aber mit
                              anderer Stütze des l. Armen
1 London Cat. 49, 53; wohl dasselbe Stück aus der Sammlung Allier bei Mionnet S. 2,
161, 610; Dumersan 21
Der als Stütze gelachte Gegenstand gleicht hier eher einem Felsen; vgl. die Bemerkung
zur vorhergehenden Nummer und zu n. 1698.

1849
K 11

Diadumenianus (Vs. nicht beschrieben)   VΠ ΑΓΡΙΠΠΑ ΝΙΚΟΠΟΛΙΤΩΝ ΙΠ· ΚΤΡ
                                        Stehender Herakles, die R. auf die Keule
                                        gestützt
1 Vaillant num. gr. 125 [Mionnet S. 2, 160, 604] aus der Sammlung Galland
Es ist möglich, dass solche Münzen geprägt worden sind (vgl. oben n. 1696 mit dem
Kopf des Macrinus); doch ist die Beschreibung zu mangelhaft, um sie ohne aufzunehmen.
Vgl. auch oben 1391 *.

[Diadumenianus]

1409
K 27
ΙΚ Μ ΟΠΠΕΑ] ΑΝΤΩΝΙ ΔΙΑΔΟΥΜΕ- ΥΠ ΑΓΡΙΠΠΑ ΝΙΚ[ΟΠΟΛΙΤΩΝ; u. i.
ΝΙΑΝΟC Kopf r. A. ΠΡΟC Ι[CΤ] Unbärtiger Flussgott mit nacktem Oberkörper l. (auf Felsen?) sitzend, in der leicht erhobenen R. einen Zweig, den L Arm aufgestützt; im Hintergrunde ein Schiffsvordertheil

Abweichungen: Vs. und Rs. Schrift unvollständig 1 (auch 2 ergänzt)
1 Im Handel (August der Rs. vorhanden). --|— 2 Sestini descr. 46, 96 von Ainslie
Dieser Typus schneit an moderne demjenigen von Taf. XVIII, 3: auch hier erinnert die schlecht gezeichnete Rüstung des L Armes an die Lehne einer Kline (vgl. die Bemerkung zu n. 1698).

1410
K 27
Κ Μ ΟΠΠΕΛ ΑΝΤΩΝΙΝ | ΔΙΑΔΟΥ ΥΠ ΑΓΡΙΠΠΑ ΝΙΚΟΠΟΛΙΤΩΝ Π u.
ΜΕΝΙΑΝΟC Br. m. P. und M. r. i. A. ΡΟC ΙCΤΡ Jüngling mit nacktem Oberkörper auf einem niedrigen Felsen (?) L sitzend und r. blickend, in der erhobenen R. einen Schilfzweig, die L. auf einen Stein (?) gestützt

Taf XVIII, 3
Abbildung der Rs. (2)
1 Paris — 2 im Handel. — (Die Rs. und wohl auch die Vs. beider Exemplare sind aus demselben Stempel.)
Über die Darstellung, in der wohl ein Berggott zu erkennen ist, vgl. die Bemerkungen zu n. 1701 und 1763.

1411
K 27
Μ ΟΠΕΛΛΙ ΔΙΑΔΟΥΜΕΝΙΑΝΟC Κ ΥΠ ΑΓΡΙΠΠΑ ΝΙΚΟΠΟΛΙΤΩΝ ΠΡΟ
ebenso u. i. A. C ΙCΤΙΩ (sol) ebenso

Abweichungen: Rs. ...... ΠΑ 3 — i. A. C ΙCΤΡΩ (?) 3 — ...ΤΡΩ (?) 3 — nur ...... ΑΙΤΩΝ ΠΡΟC ΙCΤΡΩ 4

1 London Cat. 49, 32 - - 2 Parma — 3 Sophia. —|— Herber wohl auch 4 Wiczay 2329 [Mionnet S. 2, 163, 624]; Sestini 36, 43 (der die Figur für Apollon hielt)
Die Rs. ist vermuthlich aus demselben Stempel wie die von n. 1701; meine Lesung ICTPΩ und ...PQ bei 2 und 3 konnte irrig sein.

1412
K 26
Μ ΟΠΕΛΛΙ ΔΙΑΔΟΥ ΜΕΝΙΑΝΟC ΚΑΙ ΥΠ ...... ΠΑ ΝΙΚΟΠΟΛΙΤΩΝ ΠΡΟC
ebenso IC Nemesis mit Wage u. Geissel l. stehend, am Boden das Rad

Abweichungen: Rs. ΥΠ .... ΠΡΟC ΙC 1 — .... ΠΑ ΝΙΚΟΠΟ-ΛΙΤΩΝ 2
1 Paris — 2 Wien Froelich 4 textamm. 297, 224 Abb. d. Rs. [Gessner Imp. CLVI, 30]; Eckhel cat. 60, 47 [Mionnet S. 2, 160, 603; Posnansky Nemesis und Adrasteia 155]; Arneth Situngsber. 9, 904, 106
Die Figur ist bei Posnansky als Nemesis-Tyche bezeichnet, weil in den älteren Beschreibungen als Attribut der rechten Hand irrig eine Schale statt der Wage angegeben war. — Auch die Schrift ist bei Froelich und Eckhel nicht genau angegeben; auf den Rs. las der erstere ΥΠ ΜΑΡ ΑΓΡΙΠΠΑ, der letztere V K ΑΓΡΙΠΠΤΑ; jetzt ist nur ......ΠΑ zu erkennen. — Das Pariser Exemplar könnte auch unter dem Statthalter Longinus geprägt sein; doch ist sonst keine solche Münze des Diadumenian unter ihm nachgewiesen.

462 MOESIA INFERIOR

(Diadumenianus)

1813 / K 27 Κ Μ ΟΠΠΕΛ ΑΝΤΩΝΙ ΔΙΑΔΟΥΜΕ- ΝΙΑΝΟC Kopf r.   ΥΠ ΑΓΡΙΠΠΑ ΝΙΚΟΠΟΛΙΤΩΝ ΠΡΟC u. i. A. ICTPΩ Concordia mit Kalathos, Schale und Füllhorn l. stehend; vor ihr ein Altar

1 Philippopel — 2 Schmidt, früher Mandl (Egger Verkaufs-Cat. 8,186 ungenau ΥΠ Μ ΑΓΡΙΠΠΑ) — 3 Trau

1814 / K 26 ebenso   ΥΠ ΑΓΡΙΠΠΑ ΝΙΚΟΠΟΛΙΤΩΝ ΠΡΟC IC u. l. A. TPΩ ebenso, aber ohne den Kalathos (vgl. 1703)

1 London Cat. 49,34 — 2 Paris Mionnet S. 2, 160, 607

1815 / K 26 Κ Μ ΟΠΠΕΛ ΑΝΤΩΝΙ · ΔΙΑΔΟΥΜΕ- ΝΙΑΝΟC Kopf r.   ΥΠ ΑΓΡΙΠΠΑ ΝΙΚ ΟΠΟΛΙΤΩΝ ΠΡΟC ICT Concordia mit Kalathos wie vorher, aber ohne den Altar

1 Sophia

1816 / K 27 Μ ΟΠΓΑΛΙ ΔΙΑΔΟΥΜΕΝΙΑΝΟC Κ Ilr. m. P. und M. r.   ΥΠ ΑΓΡΙΠΠΑ ΝΙΚΟ ΠΟΛΙΤΩΝ ΠΡΟ .... ebenso

Abweichungen: Vs. Anfang der Schrift fehlt 2; — Rs. ΝΙΚΟ ΠΟΛ.... 1

1 Moskau — 2 Philippopel

1817 / K 27 Κ Μ ΟΠΠΕΛ ΑΝΤΩΝΙ ΔΙΑΔΟΥΜΕ- ΝΙΑΝΟ C Kopf r.   ΥΠ ΑΓΡΙΠΠΑ ΝΙΚ ΟΠΟΛΙΤΩΝ ΠΡΟC IC u. l. A. TPΩ ebenso, aber ohne den Kalathos

Abweichungen: Rs. l. A. TP.. 2

1 Berlin Cat. 84,61 — 2 Wien Mus. Theup. 1029 [Mionnet S. 2,161, 609]; Arneth Sitzungsb. 9, 905, 108 (wohl dieses gemeint). — (Die Vs. von 1 ist aus demselben Stempel wie die von 1820, 1.)

1818 / K 27 = 1816   ΥΠ ΑΓΡΙΠΑ ΝΙΚΟ ΠΟΛΙΤΩΝ ΠΡΟC IC u. l. A. TPΩ ebenso

Abweichungen: Vs. Schrift fast ganz zerstört 2; — Rs. Anfang und Schluss fehlt 2

1 Rollin — 2 Sophia

1819 / K 25 = 1817   V ΚΛΑV ΑΓΡΙΠΠΑ ΝΙΚΟΠΟΛΙΤΩΝ ΠΡΟC ICT u. L. F. P.ON Tyche mit Kalathos, Steuerruder und Füllhorn l. stehend

Abweichungen: Vs. Μ ΟΠ... ΑΝΤΩΝΕΙ 2 — Anfang der Schrift fehlt 3
1 Paris — 2 Wien Cimel. Vindob. 1,119, XXI, 10; Eckhel cat. 60,46 [Mionnet S. 2,160,606]; Arneth Sitzungsb. 9, 905,107 (108 ist wohl die Münze mit Concordia, oben n. 1817) — 3 Im Handel. (Die Rs. von 2 und wohl auch der anderen Exemplare ist aus demselben Stempel wie die des Macrinus oben n. 1709.)

1820 / K 26 ebenso   ΥΠ ΑΓΡΙΠΠΑ ΝΙΚΟΠΟΛΙΤΩΝ ΠΡΟC u. l. A. ICTPΩ ebenso

Abweichungen: Vs. das C am Schluss fehlt 1; Rs. In Abschnitt .CTPΩ 1
1 Berlin Cat. 84,63 — 2 Rollin. (Die Vs. von 1 ist aus demselben Stempel wie die von 1817,1.)

NIKOPOLIS   463

[Diadumenianus]

1N21 ebenso   ΥΠ ΑΓΡΙΠΠΑ ΝΙΚΟΠΟΛΙΤΩΝ ΠΡ
K 26   u. i. A. ΟC ΙCΤΡΩ ebenso, aber
                                    ohne den Kalathos

Abweichungen: Vs. nicht angegeben 2; — Rs. Schrift unsicher 2
1 Rollin. — ' — Hierher (oder zu einer der vorhergehenden Nummern) 2 Vaillant cam.
gr. 135 aus der Sammlung Falkner

1N22 K M ΟΠΠΕΛ ΑΝΤΩΝΙΝ ΔΙΑΔΟV·   ΥΠ ΑΓΡΙΠΠΑ ΝΙΚΟΠΟΛΙΤΩΝ ΠΡΟ
K 27 ΜΕΝΙΑΝΟC Br. m. Gewand r.   u. L. A. C ΙCΤΡΩ Tropaion und
                                     an seinem Fusse zwei Gefan-
                                     gene; links davon Nike r. stehend
                                     und auf einen Schild schreibend,
                                     rechts der Kaiser mit erhobener
                                     R. und Speer im l. Arm l. stehend
T. XIX, 28   Abbildung der Rs.
1 Basel
Die Hs. ist aus demselben Stempel wie die einer Münze des Macrinus, oben n. 1711, wo
sie genauer beschrieben ist; über den Typus vgl. die Einleitung A. 344 fg.

1N23 ebenso   ΥΠ ΑΓΡΙΠΠΑ ΝΙΚΟΠΟΛΙΤΩΝ ΠΡ
K 27   u. i. A. ΟC ΙCΤΡ Schlange, in
                                    vielen Windungen aufgerichtet, der
                                    Kopf, von einem Nimbus mit
                                    Strahlen umgeben, rechtshin

Abweichungen: Vs. ..... ΝΙ ΔΙΑΔΟVΜΕΝΙΑΝΟ C 1; — Rs. Schrift unvollständig 2
1 Berlin Cat. 84, 64 — 2 Wien Froelich 4 tentam. 296, von ohne Abb.; Eckhel cat. 59, 45
[Mionnet S. 2, 159, 590]; Arneth Sitzungsber. 9, 904, 109 — 3 Mus. Theup. 1009; Arneth
Sitzungsb. 9, 905, 110. Vgl. auch unten 1872*. — (2 und 3 sind aus demselben Stempel,
die Vs. von 1 aus demselben Stempel wie die von 1827, 1 und 1820, r.)

1N24 ebenso   ......ΠΑ ΝΙΚΟΠΟΛΙΤΩΝ ΠΡΟ
K 26   u. i. A. C ΙCΤΡ Knotiger Stab,
                                    von einer Schlange, mit dem
Tafel   Kopf r., umwunden
XVII, 12   Abbildung der Rs.
1 Paris Mionnet S. 2, 159, 600; wohl dasselbe Stück vorher bei Vaillant cam. gr. 125 aus
der Sammlung der Königin Christine
Ob der Typus, der öfter auf kleinen Münzen erscheint, als Stab des Asklepios aufzufassen
ist, bleibt unsicher; der Stab könnte noch einen Baumstumpf vorstellen (vgl. zu 1786).

1N25 K M ΟΠΠΕΛ ΑΝΤΩΝΙ ΔΙΑΔΟVΜΕ- ΥΠ ΑΓΡΙΠΠΑ ΝΙΚΟΠΟΛΙΤΩΝ ΠΡΟ
K 26 ΝΙΑΝΟC Kopf r.   u. i. A. C ΙCΤ Dreifuss, an dessen
                                     mittlerem Fuss sich eine Schlange
                                     emporringelt

Abweichungen: Vs. Schrift unvollständig 1, 2; — Rs. ΝΙ ΚΟΠΟΛΙΤΩΝ Π = i. A.
ΡΟC ΙCΤΡ 1
1 Haag — 2 Paris Mionnet S. 2 161, 612 — 3 im Handel

(Diadumenianus)

1820 / K 27 K M OΠΠEA ANTΩNI ΔIAΔOVME- NIANOC Kopf r.　VΠ AΓPIΠΠA NIKOΠOΛITΩN ΠP u. i. A. OC ICTPΩ Geschlossenes Stadtthor mit Gallerie, von zwei Thürmen mit Zinnen begrenzt und in der Mitte von einem dritten Thurm überragt

Abweichungen: Vs. ... OΠEA ANTΩNI ΔIAΔOV... s; — Rs .... NIKO- ΠΟΛΙΤΩΝ Π ... i. A. POC ICT 2 - - Schrift umleher 3

1 Sophia — 2 Wien Froelich 4 tenum. 297, 203 Abb. (Gessner Imp. CLVI, 19) richtig unter Diadumenianus; Eckhel cat. 61, 68 irrig unter Gordianus; ebenso Arneth Sitzungsber. 9, 907, 151 - - 3 Sestini deser. 47, 97 (Mionnet S. 2, 161, 611] von Ainslie

Die Wiener Münze gehört sicher dem Diadumenianus und ist gewiss auch unter dem Statthalter Agrippa geprägt; Freilich las noch VΠ AΓΡΙΠΠA darauf, was jetzt allerdings nicht mehr zu erkennen ist.

(Statius Longinus)

1827 / K 26 .... AΔOVMENIANOC K Kopf r.　VΠ CTATI ΛONΓINOV NIKOΠOΛI- TΩN ΠPOC u. i. A. ICTPON Zeus l. sitzend, auf der vorg. R. Nike mit Kranz in der R. ihm zugekehrt, die l. auf das Scepter gestützt

1 Paris

1828 / K 36 [K?] M OΠΠEA ANTΩN ΔIAΔOVME- NIANOC Br. m. P. und M. r.　VΠ CTATIOV ΛONΓINOV NIKOΠΟ- ΛΙΤΩΝ u. i. A. Π[POC IC] Zeus mit Schale und Scepter l. sitzend

Abweichungen: Vs. .... ANTΩN ΔΙΑΔΟVMEN..., s; - Rs ...... V ΛΟΝΓΙ- NOV 1 — VΠ CTATIOV ΛONΓINOV..... 2 — I. A. Π ..... 2 (auch Chaudoir ergänzt), nichts zu erkennen 1

1 Mazell — 2 St. Petersburg, früher Chaudoir corr. 49, 2

Auf der Vs. des ersten Exemplars stand am Anfang vielleicht ein Buchstabe vor dem M; auf dem zweiten las Chaudoir M OΠEA, wovon aber nichts mehr zu erkennen ist.

1829 / K 28 M OΠEA ΔIAΔOVMENIANOC KAI ebenso　VΠ [CTA ΛONΓINOV] NIKOΠOΛI- TΩN Π u. i. A. POC ICT ebenso

Abweichungen: Vs. M OΠEΛΛΙ und Kopf (stat Br. m. Gewand) s; — Rs. VΠ .... 1 — .... ΛONΓINOV 2

1 München. - — 2 (1 !) Sestini deser. 46, 91 (Mionnet S. 2 162, 614) angeblich von Ainslie

Auf dem Münchener Exemplar ist der Statthaltername nicht zu erkennen; doch findet sich eine Rücksicht mit gleicher Vertheilung der Schrift unter Macrinus (oben n. 1713) mit VΠ CTA ΛONΓINOV, und dazu stimmt auch das Exemplar von Sestini; es ist auch leicht möglich, dass dieses nur aus Versehen die Sammlung Ainslie dafür citirt, während es in der That in der Sammlung Consinéry gewesen, also mit dem Münchener identisch sein kannte.

NIKOPOLIS

[Diadumenianus]

1830
K 26
...... ΑΝΤΩΝ ΔΙΑΔΟΥΜΕΝΙΑΝΟC ebenso | VΠ CTATIOV ΛΟΝΓ.... ΝΙΚΟΠΟΛΙΤ u. i. F. ΩΝ ¦ ΠΡ, L. A. ΟC ICTPΩ Nackter Zeus, nur mit der Chlamys über der l. Schulter, mit Schale und Scepter l. stehend

1 Mailand Mus. Sanclem. 3, 24 (Mionnet S. 3, 163, 613)

1831
K 27
Μ ΟΠΕΛ ΔΙΑΔΟV. . ΝΙΑΝΟC Κ ebenso | VΠ CTA ΛΟΝΓΙΝΟ̃ ΝΙΚΟΠ ΟΛΙΤΩΝ ...... ebenso, aber ohne die Chlamys

1 Schmidt. — Hierher vielleicht 2 die Münze von Wiczay 2224 (Mionnet S. 2, 164, 628), auf der Sestini 37, 48 eine Darstellung des Diadumenianos erkennen wollte; vgl. unten 1870*.

1832
K 28
..... Α ΔΙΑΔΟ̃ΜΕΝΙΑΝΟC Κ ebenso | VΠ CTA ΛΟΝΓ.... ...... ΟΛΙΤΩΝ ΠΡΟC IC Zeus mit Blitz und Scepter r. stehend und l. blickend

1 Rollin
Ich habe bei der Beschreibung der Rückseite nicht angegeben, ob Zeus bekleidet oder nackt ist; doch dürfte er mit nacktem Oberkörper dargestellt sein wie auf der ähnlichen Münze des Macrinus, oben n. 1725.

1833
K 27
Κ Μ ΟΠΕΛ ΑΝΤΩΝ ΔΙΑΔ ΟVΜΕΝΙ-ΑΝΟC ebenso | VΠ CTATIOV ΛΟΝΓ INOV ΝΙΚΟΠΟ-ΛΙΤΩΝ u. i. F. ΠΡ,ΟC, i. A. ICTPΩ Hera in langem Gewand und Mantel l. stehend, in der vorg. R. die Schale, die L. auf das Scepter gestützt

1 Kopenhagen — 2 Rollin

1834
K 27
Κ Μ ΟΠΠΕΛ ΔΙΑΔΟVΜΕΝΙΑΝΟC ebenso | VΠ CTATIOV ΛΟΝΓΙΝΟV ΝΙΚΟΠ ......, und i. A. ΠΡΟC I, i. F. CT,PΩ ebenso

1 Paris

1835
K 27
..... ΠΕΛ ΑΝΤΩΝ ΔΙΑ[ΔΟVΜΕΝ]ΙΑ-ΝΟC ebenso | VΠ CTATIOV ΛΟΝΓΙΝΟV ΝΙΚ(ΟΠΟ-ΛΙ]ΤΩΝ u. i. A. ΠΡΟC I, i. F. CT.PΩ ebenso

Gewicht: 10,72 (1)

Abweichungen: V......ΠΕΛ ΑΝΤΩΝ ΔΙΑ.... 1 — .... ΠΕΛ ΑΝΤΩΝ ....ΙΑΝΟC 2; — R. ΛΟ..........ΤΩΝ 1 — ΝΙΚ.... 2 — die Buchstaben im Felde nicht zu sehen 2

1 Athen Cat. 556 (nach einem Abguss berichtigt) — 2 Mionnet. — Vgl. unten 1835*.
Die unvollständige Schrift der Rs. des Athener Exemplars könnte noch gleich der von n. 1834 zu ergänzen sein.

466 MOPSIA INFERIOR

(Inademetianus)

1836
K 26
. . ΠΕΛΛΙ ΔΙΑΔΟΜΕΝΙΑΝΟC K
Br. m. P. und M. r.
| VΠ CTA ΛΟΝΓΙΝΟV ΝΙΚΟΠΟΛΙΤΩΝ ΠΡΟC u. I. A. IC Demeter im langen Gewand und Mantel l. stehend, in der R. Ähren, die L. auf die Fackel gestützt, an der sich eine Schlange emporringelt; vor ihr der halbgeöffnete Korb, aus dem eine zweite Schlange sich l. zu den Ähren emporwindet (= 1730)

T. XIV, 19 Abbildung der Rs. (a)

Abweichungen: Vs. Anfang der Schrift fehlt 2, 3; — Rs. Anfang der Schrift fehlt 3 — ΝΙΚΟΠΟΛ..... (Schluss fehlt) 1

1 Mandl — 2 Paris Blanchet revue num. 1892, 74, 56 (der Typus irrig als Hygieia bezeichnet) — 3 Sophia. — (Die Rs. von 2 und 3 sind aus demselben Stempel.)

Über den Typus vgl. die Einleitung S. 340.

1837
K 26
K M ΟΠΕΛΛΙ ΑΝΤΩΝΙ ΔΙΑΔΟVΜΕΝΙΑΝΟC Kopf r., am Halse leichtes Gewand
| VΠ CTATI ΛΟΝΓΙΝΟ V ΝΙΚΟΠΟΛΙΤΩΝ ΠΡΟ u. i. A. C ICTPΩ Demeter in langem Gewand und Mantel l. stehend, in der R. zwei Ähren, die L. auf das Scepter gestützt (= 1732)

Abweichungen: Vs. Mitte der Schrift fehlt 3 — Schluss fehlt 2 — angeblich b ANT ΔΙΑΔΟVΜΕΝΙΑΝΟC 4; — Rs. VΠ CTATI AΟΝΓ.....ΛΙΤΩΝ 1 — L. A. unvollständig 3 — Π V statt VΠ (?) 4 — Vertheilung einiher 4

1 Imhoof Overbeck Kunstmythologie 3, 498, 39, Münztafel VIII, 32 — 2 Paris Mionnet S. 2, 165, 620; wohl dasselbe Stück ohne die richtige Schrift der Rs. bei Vaillant num. gr. 125 [Mionnet S. 2, 165, 632]; s. oben 1791°, 3 — 3 Schmidt (vom Mandl, Egger Verkaufs-Cat. 8, 183). — — 4 Hoffmann le numismate 1866. — (Die Rs. von 3 ist aus demselben Stempel wie die von 1732.)

1838
K 27
K M ΟΠΠΕΛ ΑΝΤΩΝ ΔΙΑΔΟVΜΕΝΙΑΝΟC Br. m. P. und M. r.
| VΠ CTATIOV ΛΟΝ ΓΙΝΟV ΝΙΚΟΠΟ. ΛΙΤΩ u. I. F. N Π P, l. A. OC ICTPΩ ebenso

Abweichungen: Vs. Schrift in der Mitte unvollständig 1 — Μ ΟΠΠΕΛ ΑΝΤΩΝ ΔΙΑ........ ΚΑΙ 3; — Rs. ....ΙΟV ΛΟΝ ΓΙΝΟV 1 — VΠ CTATIOV A......ΟV 2 — L. Α. OC ICTP 3

1 Bukarest — 2 London Cat. 49, 55 — — 3 Chaix desor. 38. — Vgl. n. 1835°.

1835°
K 11
M ΟΠΠΕΛ ΑΝΤΩΝ ΔΙΑΔΟVΜΕΝΙΑΝΟC Br. (ou. Gewand) r.
| ΤΙΙ CTATIOV ΛΟΝΓΙΝΟV ΝΙΚΟ..... ΠPΟC ΙCTPΩ Göttin l. stehend, in der R. Schale, in der L. Scepter

1 Wiczay 2221 [Mionnet S. 2, 164, 633]) und etwas abweichend Sestini 37, 47

Wenn die Beschreibung von Caronni richtig ist, so ist auf der Rs. Hera dargestellt und gehört die Münze in a. 1835, ist vielleicht sogar mit dem Moskauer Exemplar identisch. Nach Sestini dagegen, bei dem auch die Schrift theilweise anders angegeben ist (Vs. M ΟΠΠΕΛ und am Schluss K, Rs. am Schluss nur IC) hält die Göttin in der R. Ähren, wäre also als Demeter anzusehen, so dass die Münze zu n. 1837 oder 1838 gehören würde.

(Diadumenianus)

1839 Μ ΟΠΕΛ ΔΙΑΔΟΜΕΝΙΑΝΟC Κ | ΥΠ CTA ΛΟΝΓΙΝΟΥ ΝΙΚΟΠΟΛΙΤΩΝ
K 27   ebenso | ΠΡ u. i. A. OC IC Nackter Apollon l. stehend, in der vorg. R. Schale, im l. Arm, über den die Chlamys hängt, den Bogen

Gewicht: 13,30 (2) — 12,05 (1)

1 Gotha — 2 Schmidt, früher Mandl (Egger Verkaufs-Cat. 8, 185); beide Seiten aus demselben Stempel.

Die ziemlich seltene Darstellung des Apollon mit Schale und Bogen findet sich auch auf einer Münze des Severus (n. 1340) und ist Tafel XV, 7 abgebildet.

1840 Κ Μ ΟΠΕΛΛΙ ΔΙΑ[ΔΟΥΜΕΝΙ]ΑΝΟC | ΥΠ CTA ΛΟΝΓΙΝΟΥ ΝΙ|ΚΟΠΟΛΙ-
K 26   ebenso | ΤΩΝ ΠΡ)ΟC l u. i. Λ. CTPON Nackter Apollon l. stehend, in der vorg. R. Schale, in der gesenkten l. Zweig

1 Neapel Cat. 6314 angenaeu (nach einem Abguss berichtigt). — (Die Vs. ist am demselben Stempel wie die von n. 1869, danach ist die Schrift ergänzt; die Rs. ist wohl gleich der folgenden.)

1841 Μ ΟΠΕΛ ΔΙΑΔΟΥΜΕΝΙΑΝΟC Κ | ΥΠ CTA ΛΟΝΓΙΝΟΥ ΝΙΚΟΠΟΛΙΤΩΝ
K 26   ebenso | ..... ebenso

Abweichungen: Vs. am Schluss ΚΑΙ (!) 2; — Rs. Schrift unsicher 2

1 München. — [— 2 Sestini descr. 46, 94 [Mionnet S. 2, 163, 621] von Ainslie (wenn diese Angabe nicht auf einem Versehen beruht und die Münze in der Sammlung Cousinéry war, also mit der Münchener identisch ist.)

1842 Μ ΟΠΕΛ ΔΙΑΔΟ ΜΕΝΙΑΝΟC Κ | ΥΠ CTA ΛΟΝΓΙΝΟΥ ΝΙΚΟΠΟΛΙΤΩΝ
K 27   ebenso | ΠΡΟC l und i. A. CTPON Artemis als Jägerin r. schreitend, (— 1740)

Gewicht: 10,46 (1)

Abweichungen: Rs. ΥΠ CTA ΛΟΝΓΙ...... ΑΙΤΩΝ 2 — ..... ΝΙΚΟΠΟΛΙΤΩΝ 1. 3

1 Berlin Cat. 83, 58 — 2. 3 im Handel. — (Die Vs. von 1 ist aus demselben Stempel wie die von 1861.)

1843 Μ ΟΠΕΛ ΔΙΑΔΟ ΜΕΝΙΑΝΟC Κ | ΥΠ CTA ΛΟΝΓΙΝΟΥ ΝΙΚΟΠΟΛΙ-
K 27   ebenso | ΤΩΝ · ΠΡΟC l u. i. A. CTPΩ Artemis wie vorher, aber neben ihr der Jagdhund

Gewicht: 13,07

1 Berlin Cat. 83. 57

1844 Κ Μ ΟΠΠΕΛ ΑΝΤΩΝ ΔΙΑΔΟΥΜΕ- | ΥΠ CTATIOV ΛΟΝΓΙΝΟΥ ΝΙΚΟΠΟ-
K 27   ΝΙΑΝΟC ebenso | ΛΙΤΩΝ u. i. A. ΠΡΟC IC ebenso

Gewicht: 10,32

1 Gotha beschol lett. 9, 6 [Mionnet S. 2, 162, 617]

30*

1846 K 28	[Diadumenianus] K M OΠЄΛΛI ΑΝΤΩ ΔIAΔOVMЄNIA- N[OC] Kopf r.	VΠ CTATI ΛΟΝΓΙΝΟV NIKOΠOΛI- TΩN ΠP u. i. F. OC ICT, i. Λ. PON Athena l. stehend, in der vorg. R. eine grosse Schale, die L. auf den Speer gestützt; vor ihr ein flammender Altar

Abweichungen: Vs. OC am Schluss fehlt 3 — .... ΔΙΑΔΟVΜΕΝΙΑΝΟC 1 —
.... ΔΙΑΔΟVΜΕΝΙΑΝ.... 2; — Ra. ....ATI 1 — .. CTATI 3 — NIKOΠO
.... 3 — ,,KO.... 2 .— i. A. nichts zu sehen 1. 3
1 Belgrad — 2 Bukarest — 3 Krupka. — (Die Rs. von 1 und 3, und wohl auch die von
2 sind aus demselben Stempel.)

1846 K 27	K M OΠЄΛΛI ΑΝΤΩΝ .....ЄΝΙΑΝΟC ebenso	VΠ CTATI ΛΟΝΓΙΝ OV NIKO .... Athena wie vorher am Altar, aber die Linke auf Schild und Speer gestützt

1 Basel (Beschreibung von Imhoof)

1847 K 27	M OΠЄΛΛΙ ΔΙΑΔΟV ΜЄΝΙΑΝΟC KAI Br. m. P. und M. r.	VΠ CTA ΛΟΝΓΙΝΟV NIKO ΠΟΛΙ- TΩN ΠΡ u. i. A. OC ICTPO Nike mit erhobenem Flügeln L stehend, in der nach vorn gesenk- ten R. einen Kranz, im l. Arm, der auf eine mit Taenie geschmückte Stele gestützt ist, einen langen
T. XVI, 13	Abbildung der Rs.	Palmzweig

1 Wien Cimel. Vindob. 1, 118, XXI, 8; Eckhel cat. 59, 44 [Mionnet S. 2, 163, 618]; Arneth
Sitzungsber. 9, 905, 111

1848 K 27	M OΠЄΛ ΔΙΑΔΟ̃ ΜЄΝΙΑΝΟC K ebenso	VΠ CTA ΛΟΝΓΙΝΟV NIKOΠΟΛΙΤΩΝ ΠΡΟC ICT Hermes mit Beutel und Stab l. stehend

Abweichungen: Vs. Anfang der Schrift fehlt 2: — Rs. ΛΟΝΓ....ΟΠΟΛΙΤΩΝ 2
— ΠΡΟC .... 1 — NIKOΠΟΛΙΤΩN 3
1 Leake Suppl. 136 — 2 Paris. — 3 Wierzy 2222 [Mionnet S. 2, 163, 619]; Sestini 37, 46

1849 K 26	[KI] M OΠЄΛ ΔIA ΔOVMЄΝΙΑΝΟC ebenso	VΠ CTATI ΛΟΝΓΙΝΟV NIKOΠOΛI- T[Ω]N ΠΡΟC IC u. l. F. unten T PΩ) Nackter Hermes mit Flügelschu- hen L vorgebeugt stehend, den r. Fuss auf einem Stein, den r. Arm mit dem gesenkten Kerykeion auf das r. Knie gestützt, den L Arm mit der Chlamys auf dem Rücken

1 Paris. — (Die Rs. ist wohl aus demselben Stempel wie die von n. 1753.)
Über den Typus vgl. die Bemerkungen zu 1753 und zu den Münzen des Gordianus.

NIKOPOLIS 469

[Diadumenianus.]

1850 Μ ΟΠΕΛ ΔΙΑΔΟΥ ΜΕΝΙΑΝΟC Κ   ΥΠ CTA ΛΟΝΓΙΝΟΥ ΝΙΚΟΠΟΛΙΤΩΝ
K 27 ebenso   Π ..... Dionysos mit Traube
                                            und Thyrsos l. stehend (= 1755)
      1 Choinowski. — Ein ähnliches Stück habe ich in Bukarest notirt.

1851 Μ ΟΠΕΛ ΔΙΑ ΔΟΥΜΕΝΙΑΝΟ C   ΥΠ CTA ΛΟΝΓΙΝ͂ ΝΙΚΟΠΟΛΙΤΩΝ
K 27 ebenso   ΠΡΟC I Asklepios nach vorn
                                            stehend und l. blickend, die R. auf
                                            den Schlangenstab gestützt
      Abweichungen: Vs. ..ΠΕΛ ? — ΔΙΑ .... 3 — das C am Schluss fehlt ?; — Rs.
      ΛΟΝΓΙΝΟΥ (?) 3
      1 Berlin Cat. 83, 60; wohl das Exemplar von Allier bei Mionnet S. 2, 167, 615; Damerian 21
      — 2 Hunter — 3 Rollin

1852 Μ ΟΠΕΛΛΙ ΔΙΑΔΟΥ ΜΕΝΙΑΝΟ ..   ΥΠ CTA ΛΟΝΓΙΝΟΥ ΝΙΚΟΠΟΛΙΤΩΝ
K 27 ebenso   ΠΡΟC u. i. A. IC ebenso (= 1756)
      1 Mandl (Egger Verkaufs-Cat. 8, 184)

1853 .... ΔΙΑΔ ΟΥΜΕΝΙΑΝΟC ebenso [ΥΠ CTATIOΥ] ΛΟΝ ΓΙΝΟΥ ΝΙΚΟΠΟ-
K 27   ΛΙΤΩΝ u. i. F. ΠΡ OC, i. A. ICTΡΩ
                                            ebenso (= 1757)
      1 Rollin. — (Die Rs. ist wohl aus demselben Stempel wie die von o. 1757, womach der
      Anfang der Schrift hier ergänzt ist.)

1854 ebenso (der Anfang der Schrift fehlt   ΥΠ CTATIOY ΛΟΝΓΙΝ͂ ΝΙΚΟΠΟ-
K 27 auch hier)   ΛΙΤΩΝ ΠΡΟC IC u. i. F. ΤΡ Ω
                                            Hygieia mit Schlange und Schale
Tafel   r. stehend
XVII, 6
      Abbildung der Rs. (1)
      Abweichungen: Vs. Schrift undeutlich 2; — Rs. ΥΠ CTATIOΥ ΛΟΝΓΙΝΟΥ ΝΙΚΟ-
      ΠΟΛΙΤΩΝ ΠΡ IC 2
      1 Rollin. —'— 2 Sestini descr. 46, 92 [Mionnet S. 2, 162, 616] von Ainslie

1855 ...... ΔΙΑΔΟΥ ΜΕΝΙΑΝΟC ΚΑΙ Br. ΥΠ CTA ΛΟΝΓΙΝΟΥ ΝΙΚΟΠΟΛΙΤΩΝ
K 27 m. P. und M. r.   ΠΡΟC 1 Naekter unbärtiger He-
                                            rakles r. stehend, die R. auf die
                                            Keule gestützt, über der l. Schulter
Tafel   und dem l. Arm das Löwenfell
XVII, 13
      Abbildung der Rs.
      1 Moschen

1856 Μ ΟΠΕΛ ΔΙΑΔΟΥ ΜΕΝΙΑΝΟC Κ   ΥΠ CTA ΛΟΝΓΙΝ͂ ΝΙΚΟΠΟΛΙΤΩΝ
K 27 ebenso   ΠΡΟC ICT Herakles wie vorher,
                                            aber linkshin stehend
      Abweichungen: Vs. erste Hälfte der Schrift fehlt 3 — ΔΙΑΔΟΥ....ΝΟC Κ 4; —
      Rs. ΛΟΝΓΙΝ͂ 1. 3 — am Schluss ΠΡΟC 1.. 3 — ΝΙΚΟΠΟΛΙ..... 4
      1 Mandl — 2 Sophia — 3 Wien Mus. Theup. tom [Mionnet S. 2, 163, 622]; Arneth
      Sitzungsber. 9, 904, 104. · ; - 4 Sestini num. chron. 14 (1852) 112. Hierher vielleicht
      auch die Münze von Vaillant num. gr. 125 [Mionnet S. 2, 165, 631] mit der falschen
      Lesung ΥΠΟ ΑΙ ΠΟΝΤΙΑΝΟΥ; s. oben 1791°, 1.

470   MOESIA INFERIOR

(Diadumenianus)

1637 [Μ ΟΠΕΛΛΙ] ΔΙΑΔΟΥΜΕΝΙΑΝΟC ΚΑΙ ΥΠ CΤΑ ΛΟΝΓΙΝΟΥ ΝΙΚΟΠΟΛΙΤΩΝ
K 27 Br. m. P. u. M. r.   ΠΡΟC [ΙC] Nackter (bärtiger?)
                                        Herakles in der Stellung des
                                        farnesischen r. (= 1759)
    Abweichungen: Vs. und Rs. die eingeklammerten Buchstaben fehlen 1 (nach 2 ergänzt)
    1 München. - | — 2 Mus. Argoni s imp. gr. X, 145

1638 Μ ΟΠΕΛΛΙ ΔΙΑΔΟΥΜΕΝ..... ebenso ΥΠ CΤΑ ΛΟΝΓΙΝΟΥ ΝΙΚΟΠΟΛΙ·
K 28   ΤΩ]Ν ΠΡΟC ΙCΤ Nackter jugend-
                                        licher Herakles L. vortretend, mit
                                        der Keule in der erhobenen R.
                                        zum Schlage gegen die um sein
                                        r. Bein gewundene Hydra ausho-
                                        lend, deren einen Kopf er mit der
                                        L. gefasst hat (= 1760)
    1 München. — (Die Rs. ist aus demselben Stempel wie die von n. 1760, wonach die
    Schrift hier ergänzt ist.)

1639 Κ Μ ΟΠΕΛΛΙ ΑΝΤΩ ΔΙΑΔΟΥΜΕΝΙ· [ΥΠ] CΤΑΤΙ ΛΟΝΓΙΝΟΥ ΝΙΚΟΠΟ·
K 27 ΑΝΟC Kopf r.   ΛΙΤΩΝ ΠΡΟC u. l. A. ΙCΤ.,
                                      Nemesis (oder Aequitas?) l. ste-
                                      hend, in der R. die Wage, im l.
                                      Arm Stab
    Abweichungen: Vs. Κ Μ ΟΠΕΛ.........ΜΕΝΙΑΝΟC 2 — ΔΙΑΔΟΥΜΕΝΙ..... 1;
    — Rs. ...ΤΑΤΙ ΛΟΝΓΙΝ ΟΥ 1 — ..CΤΑΤΙ ΛΟΝΓΙΝ... ΟΠΟΛΙΤΩΝ ΠΡ.... 2
    1 München — 2 Rollin

1640 Κ Μ ΟΠΠΕΛ ΑΝΤΩΝ ΔΙΑΔΟΥΜΕ· ΥΠ CΤΑΤΙΟΥ ΛΟΝΓΙΝΟΥ ΝΙΚΟΠΟ·
K 26 ΝΙΑΝΟC Br. m. Gewand r.   ΛΙΤΩΝ [Π]ΡΟ[C] u. l. F. ΙC ΤΡΩ
                                      Aequitas l. stehend, in der R.
                                      die Wage, im l. Arm Füllhorn
    Gewicht: 11,89 (1)
    Abweichungen: Vs. unsicher 5 — Schrift in der Mitte unvollständig 2, 3 — ohne
    Κ am Anfang 4 — der Kopf (ohne Gewand) 4 ; — Rs. hinter ΛΟΝΓΙΝΟΥ nur
    ΝΙΚΟΠΟΛΙ.... 1 — ΝΙΚΟΠΟΛΙΤΩΝ 2 — ....ΡΟ. 3 — am Schluss ΝΙΚΟ·
    ΠΟΛΙΤΩΝ ΠΡΟC 1 (nichts im Felde!) 4 — Schrift unsicher 5
    1 Athen Cat. 857 — 2 Rollin — 3 Sophia (nach einem Abguss) — 4 Sophia (Beschrei-
    bung von Tacchella). —! — 5 Sestini descr. 46, 93 [Mionnet S. 2, 164. 623] von Ainslie

1641 [Μ ΟΠΕ]Α ΔΙΑΔΟ ΜΕΝΙΑΝΟC Κ ΥΠ CΤΑ ΛΟΝΓΙΝ[ΟΥ] ΝΙΚΟΠΟΛΙ·
K 27 ebenso   ΤΩΝ ΠΡ u. l. A. ΟC ΙC Neme-
                                      sis-Aequitas L stehend, in der
                                      R. die Wage, im L Arm Füllhorn;
                                      am Boden das Rad
    1 Berlin Cat. 83, 59. — (Die Vs. ist aus demselben Stempel wie die von n. 1642, 1, wo-
    nach die Schrift hier ergänzt ist.)

NIKOPOLIS   471

[Inadumcausas]

1882 K M OΠΠEA ANTΩN ΔIAΔOVME-   VΠ CTATIOV ΛONΓINOV NIKOΠO-
K 27   NIANOC ebenso   AITΩN ΠPOC I u. i. A. CTPΩ
                                     Concordia mit Kalathos, Schale
                                     und Füllhorn l. stehend

  Abweichungen: Vs. nicht angegeben 4 — Anfang der Schrift fehlt 1, 2 — Schluss
  fehlt 2; — Rs. Schluss der Rundschrift fehlt 1. 2 — angeblich VΠ AVP ΛON-
  ΓINOV NIKOΠOΛITΩN ΠP ICTP 4
  1 München — 2 Sophia — 3 Wien Arneth Sitzungsber. 9, 905, 113. — — 4 Vaillant
  num. gr. 125 [Mionnet S. 2, 165. 629] aus der Sammlung Jobert

1883 K?] M OΠEA ANTΩN ΔIAΔOVME- VΠ CTATIOV ΛONΓIOV(sol) NIKO-
K 27   NIANOC ebenso   ΠOΛITΩN u. i. F. ΠP OC, l. A.
                                     ICTPΩ Liberalitas l. stehend,
                                     in der vorg. R. das Täfelchen, in
                                     l. Arm das Füllhorn

  Abweichungen: Vs. ...EA ANTΩN ΔIAΔOV.... 1 — .... AN... ΛΔOVMENIAN
  ...., 4 — am Schluss ΔIAΔOV.... 5; — R. ΛONΓIN.... (?) s. l. F. ΠP., 1 —
  Rundschrift unsicher 5 — Im Abschnitt nichts zu sehen 1. 5
  1 Bukarest — 2. 3 Rollin — 4 Sophia. — — 5 Chaix desor. 59

1884 M OΠEA ΔIAΔOV MENIANOC K   ....A ΛONΓINOV | NIKOΠOΛ....
K 26   ebenso   ...... Tyche mit Kalathos,
                                     Steuerruder und Füllhorn l. stehend

  1 Paris; s. unten 1864°

1885 M OΠEA ΔIAΔOV MENIANO.. ebenso | VΠ CTATI ΛON.... NIKOΠOΛITΩN
K 26   u. i. F. ΠP OC, l. A. ICT.. ebenso,
                                     aber vielleicht ohne den Kalathos

  1 Wien Mus. Theup. 1009 [Mionnet S. 2, 164, 625] mit schlechter Lesung der Schrift auf
  beiden Seiten; die Rs. besser bei Arneth Sitzungsber. 9, 905, 114

1886 M OΠEAΛI ΔIAΔOV MENIANOC KAI VΠ CTA ΛONΓINOV N IKOΠOΛI-
K 27   ebenso   TΩN ΠPOC I Tyche mit Kala-
                                     thos, Steuerruder und Füllhorn
                                     rechtshin stehend

  Abweichungen: Vs. am Schluss K 1
  1 Mandl — 2 Paris; vgl. unten 1864°
  Es wäre möglich, dass bei beiden Münzen der kleine Pinax neben dem Füllhorn übersehen worden ist; vgl. n. 1868, wo die Schrift genau ebenso vertheilt ist.

1864° M OΠEA ANTΩN ΔIAΔOYMENIANOC KAI TH CTA ΛONΓINOY NIKOΠOΛITΩN ΠPOC
K (27) Br. m. Gewand r.   [[... Stehende Tyche

  1 Mionnet S. 2, 164, 624
  Da Mionnet keine Quelle citirt, müsste die Münze in Paris sein; doch passt die Beschreibung für keins der beiden Pariser Exemplare (n. 1864 und 1866). Worauf die Beschreibung
  zurückgeht, konnte ich nicht feststellen; die Schrift der Vs. ist jedenfalls ungenau angegeben.

472   MOESIA INFERIOR

(Diadumenianus)

[1867] K M OΠEΛΛI ΔIA ΔOVMENIANOC   VΠ CTATI ΛONΓINOV NIKOΠOΛI-
K 27   Br. m. Gewand r.   TΩN ΠPOC | u. L A. CTPON
      Tyche nach vorn stehend und r.
      blickend

Abweichungen: Vs. Kopf (ohne Gewand!) 2; — Rs. VΠ CTA und ICTPON 2 —
Tyche mit Kalathos 2 (aber vielleicht auch bei 1)
1 Sophia (Beschreibung von Tacchella). — ' — 2 Sestini duer. 46,9) von Ainslie
Auch hier könnte der kleine Plutos (vgl. zu 1868) links übersehen sein.

1868   M OΠEΛΛI ΔIAΔOV MENIANOC KAI   VΠ CTA ΛONΓINOV N IKOΠOΛI...
K 28   ΠPOC | Tyche (oder Euposia)
      mit Kalathos r. stehend, in der R.
      das Steuerruder, im l. Arm das
      Füllhorn, auf dem unten ein kleines
      Kind L sitzt

T. XIX, 7   Abbildung der Rs.
   1 München. — Vgl. oben 1866.
Svoronos, der die Münze zuerst beschrieben hat, deutet das Kind gewiss richtig als Plutos.
In der Gottin haben wir vielleicht dieselbe Personifikation zu erkennen, die auf Münzen
von Hierapolis in Phrygien EVΠOCIA genannt ist (vgl. Imhoof-Blumer monnaies
grecques 405, 110 pl. G 26; revue suisse de num. 6, 67 und 7, 40). Es sei darauf hingewiesen, dass der Titel εὐποσώρυς in unserem Gebiet, in Odessus und Tomis, vorkommt
(vgl. Perrot mémoires d'archéol. 197; Kleinsorge 40).

1869   K M OΠEΛΛI ΔIAΔOVMENIANOC   VΠ CTA A............ΤΩΝ ΠPOC
K 28   ebenso | u. i. A. CTPON ebenso

1 Sophia. — Vgl. oben 1867. — (Die Vs. ist aus demselben Stempel wie die von 1840;
die Rs. ist aus anderem Stempel wie die vorhergehende, wo sicher nichts im Abschnitt
steht.)

1870   ...ΠEΛ ΔIAΔO MENIAN...   ebenso   VΠ CTA | ΛO......, NIKOΠOΛITΩN
K 26   ΠPO u. L A. C I   Kaiser mit
      flatterndem Mantel zu Pferde im
      Galopp r., in der erhobenen R.
      den Speer; unter dem Pferde ein
      Barbar l. knieend und die R. er-
      hebend

Abweichungen: Vs...... MENIAN I; — Rs.... NIKOΠOΛITΩN ΠPO.... I
1 Krupka — 2 Paris Mionnet S. 2, 165, 630 nicht ganz genau

1870*   Schrift unleserlich. Br. des Diadumenia-   ΥΠ CTA .... NIKOΠOΛITΩN ΠPOC I
K II   nus mit Gewand r.   Diadumenianus mit Paludamentum l.
      stehend, in der R. Schale, in der L. Speer
1 Sestini mus. Hederv. parte Europ. 1, 37, 45
Die Auffassung der Figur als Diadumenianus beruht wohl auf einem Irrthum Sestinis, obwohl sie nicht unmöglich wäre; in Caronni Cat. Wienay 2234 [Mionnet S. 2, 164, 628] ist
sie einfach als männliche Figur bezeichnet; vermuthlich handelt es sich um einen Zeus
— oben 1831.

NIKOPOLIS 473

[Diadumenianus]

1871 [Μ ΟΠΕΛ ΔΙΑΔΟΜΕΝΙΑΝΟ,C Κ]   ΥΠ CTA ΛΟΝΓΙΝΟΥ ΝΙΚΟΠΟΛΙΤΩΝ
K 26   ebenso   ΠΡΟ und unten C | Adler mit
                                  ausgebreiteten Flügeln nach vorn
                                  stehend und den Kopf mit Kranz
                                  im Schnabel l. erhebend

  Abweichungen: Vs...... ΔΙΑΔΟΥ ΜΕΝΙΑΝΟC K 3: — Rs.....ΙΝΟΥ Ι — ΛΟΝ-
  ΓΙΝ.....ΟΛΙΤΩΝ 3
  1 Paris Blanchet revue num. 1892, 73, 57 — 1 Rollin — 3 Sophia

1872 [Μ ΟΠΕΛΛΙ ... ΔΟΥΜΕΝΙΑ)ΝΟC K   ΥΠ CTA ΛΟΝ[ΓΙΝΟΥ ΝΙΚΟΠ[ΟΛΙ-
K 27   ebenso   ΤΩΝ ΠΡΟC [ICT] ebenso

  1 München, früher Cousinéry, Sestini descr. 46,95 (Mionnet S. 2, 164, 626)
  Die eingeklammerten Buchstaben, die nicht mehr zu lesen sind, sind nach Sestinis Beschreibung ergänzt.

  (ohne Statthalternamen)

1873 Κ Μ ΟΠΕΛΛΙ ΔΙΑΔΟΥΜΕΝΙΑΝΟC | ΝΙΚΟΠΟΛΙΤΩΝ ΠΡΟCC (sol) ΙCΤΡΩ
K 22   Br. m. P. und M. r.   Concordia mit Kalathos, Schale
                                    und Füllhorn l. stehend

  Gewicht: 4,80 (1)
  Abweichungen: Vs. vielleicht ohne κ am Anfang 3 — erste Hälfte der Schrift
  fehlt 2; — Rs. Anfang der Schrift fehlt 1 — Schluss fehlt 4 — ΠΡΟC ΙCΤΡΩ (1) 2
  1 Imhoof — 2 Odessa Univ. — 3 Philippopel — 4 Sophia. — (1 und 4 sind aus demselben Stempel.)

1874   ebenso | ΝΙΚΟΠΟΛΙΤΩΝ ΠΡΟC ΙCΤΡΩ
K 21   ebenso

  Gewicht: 6,33
  1 London Cat. 49, 36; vielleicht dieses Stück bei Sestini descr. 47,98 von Ainslie

─────────────────────────────────

1875° Κ Μ ΟΠ......ΝΟC ΔΙΑΔΟΥΜΕΝΙΑΝΟC   .. CTA ....ΓΙΝΟΥ ΝΙΚΟΠΟΛΙΤΩΝ ΠΡΟC
K 11   Kopf r.   ICTPΩ Schlange, in Windungen aufge-
                                        richtet

  1 Sestini mus. Hederv. parte Europ. 1, 37, 49; dieselbe Münze vorher ohne Statthalternamen
  in Carognis Cat. Wiczay 2223 (Mionnet S. 2, 166, 638)
  Es ist möglich, dass Sestini die Rs. richtig beschrieben hat; da aber der Statthaltername
  jedenfalls schwer zu lesen war, könnte er sich noch versiesen haben, so dass vielleicht
  doch TI M'PIHIIA auf der Münze stand (= oben 1823). Jedenfalls muss die Beschreibung als unsicher gelten; die Schrift der Vs. ist gewiss nicht richtig angegeben.

1876°° Diadumenianus (Vs. nicht beschrieben) | ΝΙΚΟΠΟΛΙΤΩΝ ΠΡΟC ΙCΤΡΟΝ Stehende
K —   Nike

  1 Paris thes. Mauroc. 131
  Da die Grössenangabe fehlt und der Typus der Nike auf kleinen Münzen nicht nachweisbar ist, so darf man vielleicht vermuten, dass ein grösseres Stück gemeint ist, auf dem
  der Statthaltername unleserlich war (= 1820 fg.); jedenfalls ist die Beschreibung zu mangelhaft, um sie oben aufzunehmen.

474 MOESIA INFERIOR

(Diadumenianus)

1675
K 17
K M OΠΠEA ANTΩNINOC Kopf r.   NIKOΠOΛITΩN Asklepios nach vorn stehend und l. blickend, die R. auf den Schlangenstab gestützt

Abweichungen: Vs. ANTONINOC 4 — Schluss der Schrift fehlt 3
1. 2 Bukarest — 3 Philippopel — 4 Rollin — 5 Wien Schottenstift

1676
K 17
K M OΠΠEA ANTΩNINOC Br. m. Gewand r.   NIKOΠOΛITΩN Concordia mit Kalathos, Schale und Füllhorn l. stehend; vor ihr ein Altar

Abweichungen: Vs. M OΠEA.... 5 — ANT.... 4
1 Budapest Univ. — 2 Imhoof — 3 Mandl (Egger Verkaufs-Cat. 6, 189) — 4 Paris. — —
5 (= 4?) Mionnet S. 2, 166, 641, IV, 1 von d'Hermand

[1677]
K (18)
K M OΠEA ΔIAΔOVMENIANOC ebenso   NIKOΠOΛITΩN ΠPOC ICTPΩ ebenso

1 Mionnet S. 2, 166, 640; Dumersan Cat. Allier 31
Die Münze ist nicht mehr nachweisbar; doch scheint die vorliegende Beschreibung richtig zu sein.

1678
K 17
K M OΠΠEA ANTΩNINOC Kopf r.   NIKOΠOΛITΩN ΠPOC (so, ohne I) Concordia mit Schale und Füllhorn l. stehend

1 Bukarest

1679
K 17

Tafel
XVIII. 33
K M OΠΠEA !........ ebenso   NIKOΠOΛI[TΩN ΠPO]C (so, ohne I) Weibliche Figur l. stehend, in der vorg. R. Börse (?), im l. Arm Füllhorn

Abbildung der Rs.
Gewicht: 2,23
1 London Cat. 49, 38
Der Typus der Rs. ist wie derjenige einer grossen Münze des Macrinus (oben n. 1708) als Libertas bezeichnet, weil Gardner das Attribut in der R. für eine Börse hielt. Nach dem Abguss scheint es aber eher eine schlecht gezeichnete Schale zu sein wie bei der vorigen Münze, die wohl aus demselben Stempel ist. Es ist daher wahrscheinlich, dass auch hier eine Darstellung der Concordia vorliegt.

1680
K 17
K M OΠΠEA ANTΩNINOC Kopf r.   NIKOΠOΛITΩN Tyche mit Kalathos, Steuerruder und Füllhorn l. stehend

Abweichungen: Vs. ANTONINOC 2 — K M OΠΠYA ANΩTINOC (so!) 3
1 Löbbecke — 2 Paris Mionnet S. 2, 166, 639. — 3 — 3 Sestini descr. 47, 101 von Ainslie

1674*
K 111
.... MAXSYMENIAN Kopf r.   NIKOΠOΛITUN ΠPOC I Eros, auf die umgekehrte Fackel gestützt

1 Sestini descr. 47, 100 (Mionnet S. 2, 166, 633) von Ainslie
Die Beschreibung könnte richtig sein; da aber der Typus sonst in der Zeit des Macrinus nicht nachweisbar ist und Sestini sich bei der Angabe der Köpfe zuweilen irrt, so ist es besser sie einstweilen als unsicher anzusehen.

NIKOPOLIS 475

(Diadumenianus)

1441
K 16
ebenso
[NIK]O ΠO ΛITΩN Halbgeöffneter
Korb, aus dem die Schlange L
hervorkriecht

Gewicht: 2,52

1 Schmidt, früher Mandl (Egger Verkaufs-Cat. 8, 189)
Die ersten Buchstaben des Stadtnamens sind zwar nicht zu sehen, doch ist nach den Raumverhältnissen kaum eine andere Ergänzung möglich.

1442
K 18
K M ΟΠΠΕΛ ΔΙΑΔΟVΜΕΝΙΑ ΝΟC Br. ΝΙΚΟΠΟΛΙΤ[ΩΝ ΠΡΟC IC Knotiger
m. Gewand r.   Stab (oder Baumstumpf), von einer
Schlange umwunden (= 1786/7)

Gewicht: 4,53 (1)

Abweichungen: Vs. nicht angegeben 3 — unleserbar (bei Sestini willkürlich K M ΟΠΠΕΛ ΑΝΤΩΝΙΝΟC) 4; — Rs. ΠΡΟC I 4

1 Athen Cat. 858 — 2 Paris. — — Hierher oder zur folgenden Nummer 3 Mus. Arigoni 2 imp. gr. XXVI, 369 (Mionnet S. 2. 166, 637) — 4 Wiczay 2180 (Mionnet S. 2, 118, 366) unter Commodus; Sestini 37, 50 richtig unter Diadumenianus; vgl. oben 1850°.

1443
K 18
K M OΠΠΕΛ ΔΙΑΔΟVΜΕΝΙΑΝΟC   NIKOΠOΛITΩN ΠPOC IC ebenso
Kopf r.

1 Leake Europ. Gr. 79 — 2 St. Petersburg. — Vgl. 1882, 3.

1444
K 18
[K M] ΟΠΠΕΛ | ΑΝΤΩΝΙΝ[OC]   NIKOΛITΩN (sic!) ΠP und unten OC
ebenso   IC ebenso

Abweichungen: Vs. Schrift fast ganz zerstört 1 — Anfang und Schluss fehlt 2; — Rs. ΠΡΟ [Ω (?) 3 — angeblich NIKOΠΟΛITΩN und im Felde ΠP IC 4

1 München — 2 Stuttgart. — — 3 Cat. Welzl 1371. — Hierher wohl auch 4 Wiczay 2225 (ohne die Buchstaben im Felde); Sestini 37, 51

1445
K 16
K M ΟΠΠΕΛ ΑΝΤΩΝΙΝΟC ebenso   NIKOΠO ΛΙΤΩN ebenso

Gewicht: 3,95 (4)

Abweichungen: Vs. zweite Hälfte der Schrift fehlt 4 — !. ΝΤΩ.... 2

1 Bukarest — 2 Leake Europ. Gr. 79 — 3 London Cat. 49, 59 — 4 Schmidt, früher Mandl (Egger Verkaufs-Cat. 8, 190) — 5 Wien Eckhel cat. 60, 49 (Mionnet S. 2, 166, 636); Arneth Sitzungsber. 9, 905, 116. —? — 6 (= 51) Sestini descr. 47, 99 von Ainslie

1446
K 18
M ΟΠΕΛ ΔΙΛ........ K Br. m. Ge-   NIKOΠΟΛΙΤΩΝ ΠΡΟC ICTPON
wand r.   Weintraube an einem Zweige

Gewicht: 2,65 (1)

Abweichungen: Vs. M ΟΠΕΛ....... NI(!) K 2; — Rs. .ΙΚΟΠΟΛΙΤΩΝ ΠΡΟ...., 2

1 Gotha — 2 Paris; wohl dieses Exemplar bei Mionnet S. 2, 167, 643, IV, 1 von d'Hermand. — (1 und 2 scheinen aus denselben Stempeln zu sein.)

1447
K 18
K M OΠ[EA ΔΙΛΔΟ]VMENIA NOC   NIKOΠOΛITΩN ΠPOC ICT ebenso
Kopf r.

Abweichungen: Vs. ....ΔΟVΜΕΝΙΑΝ... 1; — Rs. ΝΙΚΟΠΟΛΙΤΩΝ........ ΡΟΝ (= 1886) 1

1 Bukarest — 2 London Cat. 49, 57

476   MOESIA INFERIOR

(Diadumenianus?)

1889 K M ΟΠΠΕΛ ΑΝΤΩΝΙΝΟC Kopf r.   ΝΙΚΟ
K 17   ΠΟΛΙΤΩΝ
                                     ΠΡΟC   im Felde
                                     ΙCΤΡ
                                     Ω

Abweichungen: Vs. erste Hälfte der Schrift fehlt 3 — Schluss fehlt 1
1 Sophia — 2 Wien Arneth Sitzungsber. 9, 905, 115. — — 3 Sestini mus. Hederv. parte
Europ. 1, 37, 93

1889 ebenso   ΝΙΚΟ
K 19   ΠΟΛΙΤΩ
                                      Ν ΠΡΟC Ι   ebenso
                                      CΤΡΩ

Abweichungen: Vs. angeblich Κ Λ ΑΙΛ Μ Λ ΚΟΜΜΟΔΟC J; — Rs. ohne Ν am
Anfang der dritten Zeile (?) 3 — am Schluss CΤΡΟΝ (?) 2
1 Iversen · 2 Rollin. — .·· Hierher wohl auch 3 die dem Commodus zugeschriebene
Münze bei Sestini mus. Hederv. parte Europ. 1, 34, 1; s. oben 1431⁰.

1890 ebenso   ΝΙΚΟ
K 18   ΠΟΛΙ
                                      ΤΩΝ ΠΡ   ebenso
                                      C ΙCΤΡ

1 St. Petersburg. — Der Buchstabe Ο zwischen ΠΡ und C fehlt.

(1891) ebenso   ΝΙΚΟ
K (18)   ΠΟΛΙΤ
                                      ΩΝ ΠΡΟC   ebenso
                                      ΙCΤΡΩ

1 Wiczay 2226 (Mionnet S. 2, 167, 642); Sestini 37, 52
Da die Rs. bei der folgenden Münze wiederkehrt, ist die Beschreibung als zuverlässig anzunehmen.

1892 K M ΟΠΕΛ ΔΙΑΔΟΥΜΕΝΙΑΝΟC   ebenso
K 17 ebenso
1 Mandl

Elagabalus

(Novius Rufus)

1893 .... ΑΝΤΩΝΕΙΝΟC Kopf m.   ΥΠΑ·ΝΟΒ·ΡΟΥΦΟΥ ΝΙΚ........OC
K 26 L. r.   u. l. F. ICT PON Zeus mit nacktem
                                   Oberkörper l. sitzend, auf der vorg.
                                   R. kleine Nike l. schwebend, die
                                   L. auf das Scepter gestützt
T. XIII, 10 Abbildung der Rs.
1 Lobbecke

1894*   Elagabalus (Vs. nicht beschrieben)   ΦΛ ΟΥΛΠΙΑΝ ΝΙΚΟΠΟΛΙΤ ΠΡΟC Ι Stadt-
K 1   thor, und darüber die Vorderfront eines
                                             Tempels
1 Vaillant num. gr. 139 (Mionnet S. 3, 175, 686) von Finzerolli
Wie der Statthaltername zeigt, handelt es sich um eine Münze des Caracalla; es ist das
jetzt in Neapel befindliche Stück, das oben n. 1585 beschrieben ist.

NIKOPOLIS 477

[Elagabalus]

[1894] AV K M AVPH ANTΩNINOC ebenso VΠ NOBIOV POVΦOV NIKOΠOΛI-
K (27)   TΩN Π..... Zeus mit Schale
                                       und Scepter l. sitzend

Abweichungen: Vs. nicht genau angegeben 1; — Rs. Schrift unsicher 1
1 Sestini descr. 47,108 [Mionnet S. 2, 167, 646] von Ainslie — 2 Webster num. chron. 1873, 20
aus der Auction Subhy Bey
Webster, dessen Beschreibung dieser Nummer zu Grunde liegt, giebt für die Rs. als Schluss
der Schrift Π.Ι.ΕΙ, an, worin vielleicht Π... ΙCΤ steckt; auch die Vertheilung der Schrift
ist unsicher; doch scheint die Beschreibung, die für den Typus auch durch Sestini unter-
stützt wird, im übrigen glaubwürdig zu sein.

1895   AVT M AVP ANTΩ...NOC ebenso VΠ NOBIOV POVΦOV NIKOΠOΛI-
K 27   TΩN ΠPOC ICTPON Nackter
                                     Zeus mit Schale und Scepter l.
                                     stehend

Abweichungen: Vs. nicht beschrieben 3 — ANT...NOC 1 — ANTΩ.... 2; —
Rs. Schrift nicht genau angegeben 3 — der Gott theilweise bekleidet (?) 3
1 London Cat. 50,60 — 2 München. — (— Hierher oder zu einer der folgenden Nummern
vielleicht 3 Vaillant num. gr. 107 irrig unter Caracalla [Mionnet S. 2, 167, 645 richtig
unter Elagabalus]. — Vgl. auch 1897,2.

1896   AVT M AVP ANTΩN(EINOC) Br. m. VΠ NOBIOV POVΦOV N IKOΠOΛI-
K 26   l. P. M. r.   TΩN ΠPOC l u. i. F. CTP ON
                                         ebenso

Abweichungen: Vs. ANT... 2
1 Bukarest — 2 Wien, früher Welzl Cat. 1333: Arneth Sitzungsber. 9, 905, 1182. — (Die
Vs. von 1 ist aus demselben Stempel wie die von 1932,1; vgl. auch 1927,2 und 1931¹.)
Das Ω im Kaisernamen hat eine Form, die es leicht für O nehmen lässt, da es unten
ganz geschlossen ist.

1897   AVT M AVP |........ ebenso   VΠ NOBIOV POVΦOV NIKOΠOΛI-
K 27   TΩNP u. i. F. OC ICTP
                                            O   N   ebenso

Abweichungen: Vs. AVT M AVP ANTΩNINOC (vielleicht das Ω = dem von
1896) 2; — Rs. am Schluss TΩN ΠPOC ICTP 2
1 Kopenhagen Ramus cat. 1, 181, 6 [Mionnet S. 2, 171, 669]. — -- Hierher (wenn nicht
zu 1895) 2 Wise num. Bodleian. 65
Ramus beschreibt den Typus als Genius; doch scheint mir der Bart sicher zu sein.

1898   AVT·K·M·AVP ANTΩNEINOC Br. VΠ NOBIOV POVΦŌ NIKOΠOΛI-
K 26   mit Strahlenkrone, Panzer und TΩN ΠPOC u. L A. ICTPN Zeus,
         Mantel r.   nackt, nur mit der Chlamys über
                                         der l. Schulter, l. stehend, in der
                                         R. die Schale, die L. auf das Scep-
                                         ter gestützt; zu seinen Füssen der
                                         Adler

Gewicht: 13,15 (σ)
1 München — 2 Schmidt, früher Mandl (Egger Verkaufs-Cat. 8,193). — (Die Vs. von 2
ist aus demselben Stempel wie die von 1926,2.)

478

[Elagabalus]

1899 AVT K M AVPH ANTΩN...OC   VΠ NOBIOV POV(ΦOV) NIKOΠO-
K 26 Br. m. L. P. M. r.   ΛITΩN ΠPOC IC u. l. F. TP*N
                                  Zeus mit nacktem Oberkörper
                                  nach vorn stehend und l. blickend,
                                  in der gesenkten R. den Blitz, die
                                  L. auf das Scepter gestützt

Abweichungen: V. ANTΩN.... 1 — AN......OC 2; — R. POV......AITΩN 1
— PO.... NIKOΠOΛITΩN 2
1 Löbbecke — 2 Wien Arneth Sitzungsber. 9, 905, 118

1900 AVT·K·M·AVP ANTΩNEINOC   VΠA NOB POVΦOV NIKOΠOΛI-
K 26 Br. m. Krone, P., M. r.   TΩN ΠP u. i. F. OC TP Sarapis
                                                IC ON
                                  nach vorn stehend, die R. erho-
                                  ben, im l. Arm das Scepter

Gewicht: 12,30 (2)

Abweichungen: V. ohne K (i) 2 — AVT M AVP | ANTΩNINOC 1
1 St. Petersburg Akademie — 2 Schmidt, früher Mandl (Egger Verkaufs-Cat. 8, 191) —
3 Wien Cimel. Vindob. 1, 119, XXII, 1; Eckhel cat. 60, 31 (Mionnet S. 2, 167, 644): Arneth
Sitzungsber. 9, 905, 117

1901 AV K M AVPH ANTΩNINOC Br. VΠ NOBIOV POVΦOV NIKOΠOΛI-
K 26 m. L. P. M. r.   TΩN ΠPOC I u. i. F. CTP ON
                                  Sarapis wie vorher, aber links-
                                  hin stehend

1 München — 2 Philippopel

1902 AVT K M AVPH ANTΩNEINOC   VΠ NOBIOV POVΦOV NIKOΠOΛI-
K 27 ebenso   TΩN ΠPOC ICTPON Hera im
                                  langen gegürteten Doppelchiton,
                                  mit Stephane und Schleier, l. ste-
                                  hend, in der vorg. R. Schale, die
                                  L. auf das Scepter gestützt; zu
                                  ihren Füssen der Pfau l. stehend
                                  und zu ihr zurückblickend

T. XIV, 5 Abbildung der R. (4)
Abweichungen: V. AV K M AVP ANTΩNINOC 2. 4
1 Basel — 2 Bukarest — 3 Paris Mionnet S. 2, 168, 650 — 4 St. Petersburg

1903 AVT K M AVPH ANTΩNEINOC   VΠ NOBIOV POVΦOV NIKOΠOΛI-
K 26 Br. mit Krone, P., M. r.   TΩN Π u. i. F. PO C I, i. A. (C)TP..
                                  Hera mit Schale und Scepter l.
                                  stehend

Gewicht: 12,54 (1)

Abweichungen: V. M AVP.... ANTΩNINOC Br. m. Lorbeerkranz und Gewand 3; R. .... NIKOΠOΛITΩN .... 3 — das Attribut in der R. unsicher 3
1 Athen Cat. 865 — 2 St. Petersburg. — *— Hierher vielleicht (wenn nicht zu Caracalla!)
3 La Motraye voyages 1, 431, XIV, 37 (Gessner imp. CLIX. 40 K.] (in Lemnos gekauft)

[Elagabalus]

1904
K 27

AVT K M AVP ANTΩNINOC ebenso VΠ NOBIOV POVΦOV NIKOΠOΛI-
TΩN u. i. F. ΠPOC IC. i. Λ. TPΩ
ebenso

1 Bukarest — 2 Rollin — 3 Wien Cimel. Vindob. 1, 119, XXI, 14; Eckhel cat. 60, 52 [Mionnet S. 2, 172, 672]; Arneth Sitzungsber. 9, 906, 127

1905
K 27

AVT K M AVP | ANTΩNEINOC [VΠ] NOBIOV POVΦO NIKOΠO-
ebenso AITΩN ΠPOC u. i. Λ. [ICTPO]
Demeter mit Ähren und Scepter
l. stehend

1 Philippopel. — Ein ähnliches Stück, aber das Brustbild des Kaisers mit Lorbeerkranz (?) statt der Strahlenkrone, befand sich in der Sammlung Mandl; ich habe es nicht gesehen, sondern kenne es nur aus einer brieflichen Mitteilung des Besitzers, nach welcher die auf der Rs. des Philippopeler Exemplars fehlenden Buchstaben hier ergänzt sind.

1906
K 27

AVT M AVP ANTΩNINOC Br. m. VΠ·NOBIOV·POVΦOV NIKOΠOΛIT
L. P. M. r. und unten ΠPOC Triptolemos,
ICT
nackt, nur mit der Chlamys über
den Schultern, auf einem von zwei
geflügelten Schlangen gezogenen
Wagen r. fahrend, die R. erhoben,
Tafel in der L. die Zügel (?)
XVI, 22 Abbildung der Rs. (2)
Abweichungen: V. AVT....| 2; — Rs. unten vor ΠPOC deutlich I. 3
1 Paris Blanchet revue num. 1892, 75, 58 — 2 St. Petersburg — 3 Wien Arneth Sitzungsber. 9, 905, 119

1907
K 26

AV K M AVPH ANTΩNINOC Kopf VΠ NOBIOV POVΦOV NIKOΠOΛI-
m. L. r., am Halse leichtes Ge- TΩN ΠPOC I und im Felde unten
wand CTPO Helios (?) mit Strahlen-
N
kranz im Zweigespann l. fahrend,
die R. erhoben, im l. Arm Scepter
Tafel
XIV, 25 Abbildung der Rs.
Gewicht: 13,90
1 Gotha Sestini lett. 9, 6, 1, 6 [Mionnet S. 2, 168, 651]. — (Die Vs. ist von demselben Stempel wie die von n. 1984.)
Da die Figur gepanzert ist, scheint es sich um eine Darstellung des Kaisers als Helios zu handeln; Sestini bezieht den Typus auf die Einführung der Verehrung des Gottes Elagabalus in Rom im Jahre 219.

1904*
K 11

AT K M ATP ANTΩNINOC Kopf (1.) [I] A NOB POTΦOT NIKOΠOΛITΩN ΠPOC
[I TPO]N Gottin an einem Altar L stehend,
in der R. Schale, in der L. Scepter
1 Sestini denar. 47, 103 [Mionnet S. 2, 173, 674] von Ainslie
Die Beschreibung könnte richtig sein, nur das ΠΛA für TI. A. zu lesen wäre; doch ist auch ein Irrthum Sestini's in der Angabe der Attribute denkbar, so dass die Münze einstweilen als unsicher gelten muss.

480   MOESIA INFERIOR

(Elagabalus)

1908
K 26
ΑΥ Κ Μ ΑΥΡ ΑΝΤΩΝΙΝΟC Kopf
m. L. r.
VΠΑ · ΝΟΒ ΡΟΥϕΟΥ ΝΙΚΟΠΟΛΙ-
ΤΩΝ ΠΡΟC u. i. F. r. ICT
PON

Nackter Apollon mit Schale und
Lorbeerzweig l. stehend; vor ihm
ein hoher Altar mit Tänie

1 Wien Froelich 4 tratam. 268, 145 Abb. d. Rs. [Gessner imp. CXLIX, 58] irrig unter Caracalla; Eckhel cat. 60, 50 [Mionnet S. 2, 171, 668]; Arneth Sitzungsber. 9, 906, 129

1909
K 28
ΑΥΤ Κ Μ ΑΥΡΗ | ΑΝΤΩΝΕΙΝΟC
Br. m. Krone, P., M. r.
ebenso

1 Paris

1910
K 27
ΑΥΤ Κ Μ ΑΥΡ ΑΝΤΩΝΙΝΟC ebenso
Gewicht: 11,08
[VΠ ΝΟΒΙΟΥ ΡΟΥϕΟΥ ΝΙΚΟΠΟΛΙ-
ΤΩΝ ΠΡΟC] u. i. F. CT
PON ebenso

1 Athen Cat. 863

1911
K 27
ΑΥΤ Μ ΑΥΡ ΑΝΤΩΝ..... ebenso
VΠ ΝΟΒΙΟΥ ΡΟΥϕΟΥ ΝΙΚΟΠΟΛΙ-
ΤΩΝ ΠΡΟ u. L F. r. C |
CT
PO ebenso
N

1 Bukarest

1912
K 27
ΑΥΤ Κ Μ ΑΥΡ ΑΝΤΩΝΕΙΝΟC
ebenso
VΠ ΝΟΒ....... ΚΟΠΟΛΙΤΩΝ
ΠΡΟC IC u. i. A. ΤΡΩ ebenso

1 Paris Mionnet S. 2, 171, 664

1913
K 27
ΑΥ Κ Μ ΑΥΡ ΑΝΤΩΝΕΙΝΟC Br. m.
L., P. M. r.
Gewicht: 10,70 (1)
VΠ ΝΟΒΙΟΥ ΡΟΥϕΟΥ ΝΙΚΟΠ|ΟΛΙ-
ΤΩΝ ΠΡΟC ICTPΩ] Apollon
wie vorher, aber ohne den Altar

Abweichungen: Vs. erste Hälfte der Schrift fehlt 2 — ΑΥΤ Μ ΑΥΡ ΑΝΤΩΝΕΙ-
ΝΟC 4 — ..... ΚΑΙ Μ ΑΝΤΩΝΙΝΟC 3; — Rs. ΝΙΚΟΠ....., 1 (nach 2 er-
gänzt) .. .. ΝΙΚΟΠΟΛΙΤΩΝ ΠΡΟC ICTPΩ 2 — Π..... 3 — ΠΡΟC
ICTPON 4

1 Gotha — 2 Mailand Mus. Sanclem. 3, 33. — · — 3 Mionnet S. 2, 171, 670 von d'Hermand — 4 Webster sam. chron. 1873. 30 aus der Auction Sabley Bey (der Typus irrig
als Bacchus beceichnet)

1914
K 27
ΑΥΤ Μ ΑΥΡΗ ΑΝΤΩΝΕΙΝΟC Kopf
m. L. r.
VΠ ΝΟΒΙΟΥ ΡΟΥϕΟΥ ΝΙΚΟΠΟΛΙ-
ΤΩΝ ΠΡΟ u. i. F. C ICTP
ON

Artemis als Jägerin r. schreitend;
neben ihr der Jagdhund r.

Abweichungen: Vs. unsicher 6; — Rs. Vertheilung der Schrift unsicher 6
1 Berlin Cat. 85, 68 ungenau · 2. 3 München · 4. 5 St. Petersburg, eins davon früher
Chaudoir Sestini Mus. Chaud. 44, 7. — · — (hierher oder zur folgenden Nummer 6 Sestini
descr. 48, 110 [Mionnet S. 2, 169, 657] von Ainslie

[Elagabalus.]

1115
K 27
AV K M AVP ANTΩNINOC ebenso VΠ NOBIOV POVΦOV NIKOΠOΛI-
TΩN ΠPO u. i. F. C IC TP
ON ebenso

Abweichungen: V......., ANT., 1; — Rs. Schluss der Rundschrift fehlt 1
1 Lübbecke — 1 Paris — 3 St. Petersburg.

1116
K 28
AVT K M AVPH ANTΩNEINOC VΠ NOBIOV POVΦOV NIKOΠOΛI-
Br. m. L. P. M. r. TΩNP· u. i. F. C IC T PON
Nackter Ares mit Helm und Stie-
feln l. stehend, die R. auf den
Schild, die L. auf den Speer ge-
stützt

T. XV, 15   Abbildung der Rs. (1)

Abweichungen: V- ANTΩNEI... 1; — Rs. Schluss der Rundschrift undeutlich 2
1 München — 2 Paris Blanchet revue num. 1892, 75, 99. — (Die Rs. beider Exemplare
sind aus demselben Stempel.)
Die Figur der Rs. ist wohl von demselben Stempelschneider gearbeitet wie die der
Athena unten n. 1919, Taf. XV, 16, welche das Gegenstück zu ihr zu bilden scheint; danach dürfte die Benennung Ares als gesichert zu betrachten sein, während man sonst
auch an irgend einen Heros denken könnte. — Der Buchstabe am Schluss der Umschrift
sieht wie ein Punkt aus, soll aber wohl O bedeuten.

1117
K 27
ebenso VΠ NOBIOV POVΦO,V | NIKOΠO-
ΛITΩN u. i. F. C IC T PO
ΠP   N   Ares
O
(oder Virtus) mit Helm, Panzer
und Stiefeln l. stehend, die R. auf
den Schild, die L. auf den Speer
gestützt

Gewicht: 12,81 (1)
1 Athen Cat. 862 — 1 Lübbecke
Da die Figur hier und auf der folgenden Münze gepanzert ist, muss es dahingestellt
bleiben, ob Ares oder Virtus gemeint ist.

1118
K 27
AVT M AVP ANTΩNINOC Br. m. VΠ NOBIOV POVΦOV NIKOΠOΛI-
Krone, P., M. r. TΩN ΠPOC ICTP u. L A. ON
ebenso
1 Sophia

1119
K 27
AVT K M AVP ANTΩNEINOC VΠ NOBIOV PO,VΦO NIKOΠOΛI-
ebenso TΩN u. i. F. ΠPOC ICTP Athena
r. stehend, die R. auf den Speer,
die L. auf den Schild gestützt

T. XV, 16   Abbildung der Rs.
1 Rollin
Über den Typus vgl. die Bemerkung zu n. 1916.

[Elagabalus]

1920
K 26
AVT K M AVP ANTΩNINOC Br. m. Krone und Panzer r.
VΠ NOBIOV PO|VΦOV NI|KOΠO-ΛITΩN ΠPO C u. i. F. l. CΓPO (so!) N
Athena l. stehend, die R. auf den Schild, die L. auf den Speer gestützt

Abweichungen: Vs. ...... ANTΩNEINOC und Kopf mit Lorbeerkranz 2; — Rs. ΠPOC ICT 2
1 Paris. — Hierher vielleicht 2 Mionnet S. 2, 169, 658 von d'Hermand

1921
K 27
AVT K M AVPH ANTΩNEINOC Br. m. l. P. M. r.
VΠ NOBIOV POVΦOV 'NI......ITΩN u. i. A. ΠPOC ICT Athena l. stehend, mit der R. der um den hohen Ölbaum vor ihr geringelten Schlange etwas darreichend, die L. In die Seite gestemmt; hinter ihr der Schild und hinter diesem vielleicht noch der Speer

1 Sophia

Der Typus stimmt fast genau mit dem der Münzen von Markianopolis, oben s. 669, Taf. XV, 23 überein; ob die Göttin auch hier der Schlange Mohnstengel reicht wie dort oder eine Schale wie auf der folgenden Münze, ist zweifelhaft; auch der Speer hinter dem Schild ist hier unsicher.

1922
K 26
AV K M AVP ANTΩNINOC Br. m. Krone, P., M. r.
VΠ NOBIOV POVΦOV NIKOΠOΛI-[TΩN ΠP]OC u. i. A. ICTPΩ Athena vorgebeugt l. sitzend und mit der R. der um einen niedrigen Baumstumpf vor ihr geringelten Schlange eine Schale darreichend, die L. auf den Speer gestützt; am Sitz der Schild

1 Löbbecke
Über den Typus vgl. die Einleitung S. 337; eine ähnliche Darstellung auf einer Münze von Markianopolis s. n. 736, Tafel XV, 28.

1923
K 27
AVT K M AVPH ANTΩNEINOC Br. m. l. P. M. r.
ebenso

1 Mandl

1924
K 27
AVT K M .. ... Kopf m. L. r.
VΠ NOBIOV POV ΦOV NIKOΠOΛI u. i. A. TΩN ΠPOC ICTPΩ Athena angelehnt l. thronend, auf der vorg. R. kleine Nike, ihr zugekehrt, die L. auf den Speer gestützt; am Throne der Schild

1 München

NIKOPOLIS 483

,[Elagabalus]

1925 AVT K M AVP ANTΩNEINOC Kopf VΠNOBIOV POVΦOV NIKOΠOΛI-
K 26 m. L. r.   TΩN ΠPO u. l. F. C IC
                                        TP ON
                                   Nike mit Kranz und Palmzweig
                                   l. stehend

    Abweichungen: Vs. .... AVP 2
    1 Basel — 2 Paris

1926 AVT K M AVP ANTΩNEINOC Br.   VΠ NOBIOV POVΦOV NIKOΠOΛI-
K 26 m. Krone, P., M. r.   TΩN ΠPOC ICTP Nike mit
                                   Kranz und Palmzweig l. laufend
                                   und r. blickend

    Gewicht: 13,25 (2)
    Abweichungen: Vs. Schrift unleserlich 3; — Rs. NIKOΠO.... 3 — ΠPOC I... 1
    1 Bukarest — 2 Gotha — 3 St. Petersburg. — (Über die Vs. vgl. zu n. 1898.)

1927 AVT M AVP ANTΩNEINOC Br. m. VΠ NOBIOV POVΦOV NIKOΠOΛI-
K 27 L., P. M. r.   TΩN TPOC IC u. l. F. TP ON
                                   Nackter Hermes mit Beutel und
                                   Kerykeion l. stehend, über dem l.
                                   Arm die Chlamys

    Abweichungen: Vs. nicht angegeben 3 — AV.....P. AN... 1; — Rs. erste
    Hälfte der Schrift fehlt 1 — Schrift unsicher 3
    1 Paris — 2 Wien, früher Wiczay 2229; Sestini 38, 55; Arneth Sitzungsber. 9, 905, 118 b.
    — — 3 (= 1?) Vaillant num. gr. 128 [Mionnet S. 2, 170, 660] aus seiner Sammlung
    Über die Form des Ω im Kaisernamen vgl. zu n. 1896.

1928 AVT K M AVP ANTΩNEINOC Br.   VΠ NOBIOV POVΦΟ NIKOΠOΛI-
K 27 m. Krone, P., M. r.   TΩN u. l. A......, Nackter Her-
                                   mes, nur mit der Chlamys über
                                   der l. Schulter, vom Rücken ge-
                                   sehen, r. stehend, in der leicht er-
                                   hobenen R. einen kurzen Stab; vor
                                   ihm ein hoher Altar

    1 Sophia
    Obwohl die Figur der Rs. kein sicheres Attribut hat, scheint die Benennung Hermes
    sicher zu sein, namentlich wegen der sehr ähnlichen Darstellung auf Münzen von Markia-
    nopolis (wie Taf. XVI, 22), wo die Figur durch das Kerykeion in der rechten Hand besser
    gekennzeichnet ist; dass sie hier nur einen gewöhnlichen Stab hält, ist wohl nur durch
    Platzmangel veranlasst. Vor dem Gotte scheint hier ein hoher Altar zu stehen, wohl nicht
    eine Stele wie auf den Münzen von Markianopolis. Vgl. die Einleitungen S. 193 u. 340.

1929? Elagabalus (Vs. nicht beschrieben) Π......... NIKOΠOΛITΩN ΠP und unten
K 11   ICTPU Hermes mit Beutel, Stab und
                                           Chlamys l. stehend; vor ihm der Hahn

    1 Mus. Arigoni 2 imp. gr. XXVII, 377
    Die Abbildung der Rs. ist so mangelhaft, um die Münze oben aufnehmen zu können;
    überdies ist die Vs. unbekannt, und es besteht die Möglichkeit, dass der Kaiser verkannt
    wurde; unter Caracalla ist der Typus nachgewiesen, s. oben n. 1523.

31*

[1929] AV K M AV[PH] ANTΩNINOC   VΠ NOBIOV POVΦOV NIK[OΠOΛ]I-
K 26   Kopf m. L. r., am Halse Gewand   TΩN ΠPOC I u. i. F. CTP̣ON
                                         Nackte männliche Figur, nur
                                         mit Chlamys über der r. Schulter
                                         und mit Stiefeln, mit gekreuzten
                                         Beinen l. stehend, vom Rücken
                                         gesehen, die L. auf einen Stab ge-
                                         stützt, an dem sich eine Schlange
                                         emporringelt

Abweichungen: Vs. AVP statt AVPH und ohne Gewand (?) 2, 3, 4; — Rs. Schrift
in der Mitte undeutlich 1, 2
1 Imhoof — 2 Dr. Weber. — — 3 Seminl mus. Hedern, parte Europ. t. 38, 57 — 4 Chain
deser. 40 (wo die Figur als weiblich bezeichnet ist)
Die Benennung der Figur bleibt unsicher. Die Haltung spricht für Hermes, aber der
Schlangenstab für Asklepios oder Apollon. Seniui giebt an, dass der Mann einen
Speer in der R. schwingt, davon ist aber bei 1 und 2 nichts zu sehen.

[1930] AVT K M AVP ANT....NOC Br.   VΠΙΑ NOBIOV POVΦOV NIKOΠOΛI-
K 27   m. Krone, P., M. r.   TΩN ΠPOC ICTPON Dionysos
                                         mit Kantharos und Thyrsos l.
                                         stehend

Abweichungen: Vs. ANT.....2 — .....NOC I — AV K M AVP ANTΩNEINOC 3;
— Rs. VΠ statt VΠIA 3 — VΠ NOB POVΦOV NIKOΠOΛ..... ICTPON 2
1 Philippopel. — " — 2 Seminl deser. 48, 111 [Mionnet S. 2, 170, 663] von Ainslie —
3 Mionnet S. 2, 170. 662 von d'Hermand

[1931] AV K M AVP ANTΩNEINOC Br. m.   VΠ NOBIOV POVΦOV NIKOΠOΛ·
K 27   L. P. M. r.   TΩN ΠPOC ICTPON ebenso

Abweichungen: Rs. VΠIA NOB POVΦOV I
1 Mandl — 2 Sophia (beide nicht von mir gesehen). — Vgl. n. 1913, 4 und unten n. 1931*.

[1932] [AVT M] AVP ANTΩNEINOC ebenso   VΠ NOBIOV POVΦOV N IKOΠOΛI·
K 27   TΩN ΤPO u. i. F. C ICT PO
                                                              N
                                         Dionysos mit Traube und Thyr-
                                         sos l. stehend

Abweichungen: Vs. AVT......; ANTΩ..... I — .....VP AN.... 3
1 Bukarest — 2. 3 Rollin. — (Über die Vs. vgl. zu n. 1896.)

1931* A M AVP ANTΩNINΩ Br. m. L. P. M. r. .... NOBIOY POYΦOY NIKOΠOΛITΩN ....
K 26   Stehender Dionysos, in der R. den Kan-
                                             tharos, in der L. den Thyrsos
1 Mionnet S. 2, 170, 661
Die Münze befindet sich im Pariser Cabinet, aber die Rs. ist so schlecht erhalten, dass
der Typus nicht sicher zu erkennen ist. Es war mir sogar zweifelhaft, ob die Figur männlich oder weiblich ist; das Attribut in der rechten Hand ist unsicher, das in der linken
ist eher ein Scepter als ein Thyrsos. Jedenfalls ist es ein anderer Typus als die oben
beschriebenen, da die Figur nach vorn sieht und rechtshin blickt. — Die gut erhaltene
Vs. zeigt die Form des V, die einem Ω ähnlicher ist, wie bei n. 1927; vgl. zu n. 1896.

1933 AVT K M AVP ANTΩNINOC ebenso   VΠ NOBIOV POVΦOV NIKOΠOΛI-
K 27   TΩN ΠPO u. i. Λ. C ICTPΩ
                                     Bärtiger Pan mit Ziegenhörnern
                                     und Ziegenbeinen nach vorn ste-
                                     hend und r. blickend, mit dem l.
                                     Fuss auf einen sich krümmenden
                                     Panther tretend, mit der r. Hand
                                     den Hirtenstab schulternd, über
                                     dem l. Arm die Nebris

Abweichungen: Vs. AVT K..... 2 — .. K M AVP 1
1 Belgrad · 2 Sophia. — (Die Rs. sind aus demselben Stempel.)
Der Typus scheint den Münzen von Hadrianopolis nachgeahmt zu sein, wo er schon
unter Caracalla vorkommt; s. Cat. Berlin S. 169, 16 und Cat. Athen 946.

1934 AV K M AVP | ANTΩNINOC ebenso VΠ NOBIOV POVΦOV, NIKOΠOΛI-
K 26   TΩN ΠPOC IC u. l. F. TP ON
                                     Asklepios mit dem Schlangen-
                                     stab unter der r. Achsel r. stehend
T. XVII, 2   Abbildung der Rs. (2) und l. blickend
              Gewicht: 11,38 (1)
1 Athen Cat. 861 — 2 Lisboa(?)

1935 AVT K M AVPH | ...... ebenso   VΠ NOBIOV POVΦOV NIKOΠOΛI-
K 26   TΩN ΠPOC I u. l. F. CTP ON
                                     ebenso
1 St. Petersburg

1936 .... ANTΩNEINOC Kopf m.   VΠ NOBIOV POVΦOV NIKOΠOΛI-
K 26 l. r.   TΩN ΓPC I (so, ohne O) u. l. F.
                                     CT PO
                                     | N ebenso
1 Paris

1937 AVT M AVP ANTΩNI... Br. m. L. VΠ NOBIOV POVΦOV NIKOΠOΛI-
K 27 P. M. r.   TΩN ΠPOC I u. i. Λ. CTPΩ
      Gewicht: 10,77 (1)   ebenso
Abweichungen: Vs. AVT K M AVP ANTΩNIN'C (theilweise unsicher) 1; — Rs.
l. A. CTPON (?) 1   Asklepios vielleicht rechtshin blickend 2
1 Athen Cat. 860 — 2 Wien Arneth Sitzungsber. 9, 906, 121

1938 [AVT K?] M AVP ANTΩNINOC   ebenso, aber ΠPOC IC (l. A. nichts)
K 26 ebenso
      Gewicht: 9,59 (1)
Abweichungen: Vs. AVT M 2 (bei 1 sind die Buchstaben vor M unsicher) — am
Schluss vielleicht NO in Ligatur 2; — Rs. Anfang der Schrift fehlt 2
1 Turin Mus. Cat. 2000 == Lavy 988, wohl das Exemplar von Allier bei Mionnet S. 2,
168, 653 (bei Dumersan nicht erwähnt) — 2 im Handel

1889 K 27	AVT K M AVPH ANTΩNEINOC Kopf m. L. r.	VΠ NOB POVΦOV NIKOΠOΛITΩN ΠPOC IC u. i. F. mit grösseren Buchstaben TP ON Asklepios mit dem Schlangenstab unter der r. Achsel nach vorn stehend
T. XVII, 3	Abbildung der Rs. (1) Abweichungen: V:..... M AVPH 2 — ΑΝΤΩΝΕΙ... 1; - R:, VΠ......VΦOV 1 · VΠ NOB POVΦOV .....ITΩN 2 1 Löbbecke, früher Mandl, Pick num. Zschr. 23, 53, 10, III, 3 — s Sophia	
1910 K 27	AVT K M AVP ANTΩNEINOC Br. m. Krone, P., M. r. 1 Bukarest	VΠ ....ΦOV NIKOΠOΛITΩN ΠPOC ICT u. i. A. PON Hygieia und Asklepios dicht neben einander stehend, jene r., dieser l. blickend
1911 K 27	AVT K M AVPH ANTΩNEINOC Kopf m. L. r. 1 Wien Arneth Sitzungsber. 9, 906, 122	VΠ NOBIOV POVΦOV NIKOΠOΛI- TΩN u. l. A. ΠPOC IC Hygieia mit Schlange und Schale r. stehend
1912 K 26	.... ANTΩNEINOC Kopf mit Krone r. 1 Wien Arneth Sitzungsber. 9, 906, 123	ebenso, vielleicht aus demselben Stempel
1913 K 27	AVT K M AVPH ANTΩN .... Br. m. L. P. M. r.	VΠ NOBIOV POVΦOV NIKOΠOΛI- TΩN Π u. i. F. POC ICTP ON ebenso
	Abweichungen: V:..... ΑΝΤΩΝΙΝΟC 2; — R:.....ΒΙΟV POVΦ OV NIKO- ΠΟΛΙΤΩN ,... 2 1 Philippopel. -- Hierher wohl auch 2 München, früher Cousinéry, Sestini descr. 48, 114 (Mionnet S. 2, 169, 653 (ungenau mit AV K M AVP ANTΩNINOC und VΠ A NOBIOV POVΦOV NIKOΠOΛITΩN ΠPOC I)	
1914 K 27	AVT M AVP ANTΩNINOC Br. m. L. P. M. r. 1 Sophia	VΠ NOBIOV POVΦOV NIKOΠOΛI- TΩN (so!) ΠPOC IC u. i. A. TPΩ Nackter jugendlicher Herakles l. stehend, die R. auf die Keule gestützt, über dem l. Arm das Löwenfell
1915 K 28	AVT M AVP ANTΩNINOC Br. m. Krone, P., M. r.	VΠ NOBIOV POVΦOV NIKOΠOΛI- TΩN ΠPO(C IC u. i. A. TPΩ] ebenso
	1 Kiew; dieses Stück publiziert in Mussel numorum quod venale prostat Varsaviae comp. descriptio (1799) S. 47 — 2 Löbbecke Die Schrift der Rs. ist nach der vorigen Nummer ergänzt, weil bei 1 der Schluss eher im Abschnitt stand; den Stempelfehler ΔΙΤΩΝ könnte ich leicht übersehen haben.	

[Elagabalus]

1916
K 25
ΑΥΤ Μ ΑΥΡ ΑΝΤΩΝ..ΝΟС Kopf m. L. r. VΠ ΝΟΒΙΟΥ ΡΟΥΦΟΥ ΝΙΚΟΠΟΛ ..... ebenso (?)

Abweichungen: Vs. ΑΝΤΩΝ.... 2 — ......ΝΟС 1; — R.. ...ΙΟΥ ΡΟΥΦΟΥ 1
1 St. Petersburg — 2 Venedig Museo Civico
Bei beiden Exemplaren ist es zweifelhaft, ob Herakles bärtig oder unbärtig ist; auch die Ergänzung der Schrift ist daher unsicher.

1917
K 26
ΑΥΤ Κ Μ ΑΥΡΗ ΑΝΤΩΝΕΙΝΟС ebenso
VΠ ΝΟΒΙΟΥ ΡΟΥΦΟΥ ΝΙΚΟΠΟΛΙ-ΤΩΝ ΠΡΟС ΙСΤΡ u. i. F. ΟΝ
Herakles wie vorher, aber bärtig

Gewicht: 10,90 (1)
Abweichungen: Vs. Schluss der Schrift fehlt 1. 2
1 Gotha — 2 Lübbecke — 3 Wien Arneth Sitzungsber. 9, 903, 120

1918
K 27
ΑΥ Κ Μ ΑΥΡΗ ΑΝΤΩΝΕΙΝΟС ebenso
[VΠ ΝΟΒΙΟΥ ΡΟΥΦΟΥ ΝΙΚΟΠΟ-ΛΙΤΩΝ ΠΡΟС ΙС und i. F. mit grösseren Buchstaben ΤΡ ΟΝ
Nackter bärtiger Herakles mit Lorbeerkranz r. stehend, die R. auf dem Rücken, die linke Seite mit der Keule und dem Löwenfell unter der l. Achsel auf einen Felsen gestützt (Stellung des farne-
Tafel XVII, 18 sischen Herakles)
Abbildung der R s.
1 Wien, früher Wiczay 2233, VII, 164 (Mionnet S. 2, 171, 667); Sestini 37, 34; Arneth Sitzungsber. 9, 903, 120 a

1919
K 25
... Μ ΑΥΡ ΑΝΤΩΝΕ... Kopf m. l.. r.
VΠ ΝΟΒΙΟΥ ΡΟΥΦΟΥ ΝΙΚΟΠΟΛΑΙ u. i. Α. ΤΩΝ Π
ΡΟС ΙСΤ Unbärtiger
Flussgott mit nacktem Oberkörper am Boden l. sitzend, mit der R., die auf dem r. Knie ruht, einen langen Zweig nach hinten haltend, die L. auf das strömende Quell-gefäss gestützt
1 Lübbecke

1920
K 27
ΑΥΤ Κ Μ ΑΥΡ ΑΝΤΩΝΕΙΝΟС Hr. m. Krone, P., M. r.
VΠ ΝΟΒΙΟΥ ΡΟΥΦΟΥ ΝΙΚΟΠΟΛΙ-ΤΩΝ u. i. Α. ΠΡΟС ΙСΤΡ
Ω
(Unbärtiger?) Flussgott mit nack-tem Oberkörper am Boden l. sitzend, die R. auf dem r. Knie, im l. Arm, der auf einen Felsen gestützt ist, einen langen Zweig

488 MOESIA INFERIOR

[Elagabalus]

1951 AVT K M AV P, ANTΩ..... Br. m. VΠ NOBIOV POVΦOV NIKOΠOΛI-
K 27 L. P. M. r. TΩN und unten ΠPOC I, i. F.
oben CT
PON Bärtiger Flussgott
mit nacktem Oberkörper r. liegend,
im l. Arm ein Ruder (?), in der erhobenen R. einen Zweig; unten
Wasser, im Hintergrunde ein
Tafel Schiffsvordertheil r.
XVII, 35 Abbildung der Rs. (1)
Abweichungen: Vs. AVT K M AV. .... * — ...... ANTΩ.... 1; — Rs. Anfang
der Schrift fehlt 1
1 Paris — 2 Sophia

[1952] AVT K M AVPH ANTΩNEINOC Br. VΠ NOBIOV POVΦOV NIKOΠO u.
K II m. L. P. M. r. i. A. AITΩN ΠPOC
ICTPON Flussgott
auf (?) einem Kahne l. sitzend,
den er mit der R. berührt, im l.
Arm, der auf eine Urne oder einen
wasserspeienden Löwenkopf gestützt ist, Schilf

1 Sestini mus. Hederv. parte Europ. 1, 38, 61
Die Beschreibung scheint zuverlässig zu sein, nur dass der Flussgott wohl nicht auf dem
Kahn sitzt, sondern daneben.

1953 AVT M AVP AN TΩNIN OC Br. m. VΠ NOBIOV POVΦOV NIKOΠOΛI-
K 26 Krone, P., M. r. TΩN u. i. A. ΠPOC ICTP
ON
Nackter Jüngling (Haimos) mit
leichtem Gewand über der l.
Schulter und den Knieen auf einem
Felsen l. sitzend und r. blickend,
den r. Arm auf dem Kopf, den l.
Arm, wie es scheint, auf den hinter
ihm stehenden Baum gestützt; am
Felsen springt ein Bär r. auf, der
einen r. fliehenden Hirsch verfolgt
T. III, 25 Abbildung der Rs.
1 Paris Duménan revue num. 1843, 18, III, 2; Hermin manuel XV, 4; Blanchet revue
num. 1893, 76, 62
Über den Typus, dessen Benennung auch ohne die erklärende Beischrift AIMOC gesichert
ist, vgl. die Einleitung S. 343.

1954 AVT M AVP , ANTΩN ..... Br. m. ebenso, aus demselben Stempel
K 27 L. P. M. r.
1 Bukarest

[Elagabalus]

1955
K 26
AVT K M A.. ...ΩΝΕΙΝΟC ebenso , ... ΝΟΒΙΟV POVΦOV NIKOΠOΛI-ΤΩΝ ΠΡΟ u. i. F. unten C ICTPON
Kybele (?) nach vorn auf einem r. springenden Löwen sitzend, in der R. einen nach unten gerichteten Speer (?), die L. auf das Thier gestützt (?)

1 Löbbecke

Der Typus ist durch schlechte Erhaltung undeutlich; aber die Figur ist sicher weiblich, so dass sie wohl als Kybele zu bezeichnen ist, obwohl die Darstellung von der gewöhnlichen etwas abzuweichen scheint.

1956
K 27
AVT·K·M·AVP ANTΩNEINOC Br. m. Krone, P., M. r.
VΠ ΝΟΒΙΟV POVΦO | NIKOΠOΛI-ΤΩΝ ΠΡΟC u. i. A ICTPΩ
Nemesis mit Wage und Stab l. stehend; am Boden das Rad

1 Wien Arneth Sitzungsber. 9, 906, 156. — (Über die Vs. vgl. zu n. 1900.)

Der Stab der Göttin hat auf beiden Seiten Ansätze, die wie Knoten oder Stacheln aussehen; vgl. die Bemerkung zu n. 840 (Taf. XVIII, 25).

1957
K 27
ebenso
VΠ ΝΟΒΙΟV POVΦOV NIKOΠOΛI-ΤΩΝ ΠΡΟC IC u. i. F. TPΩ
ebenso

Abweichungen: Vs. erste Hälfte der Schrift fehlt 1; — Rs. ΝΙΚΟΠΟΛ...., a. i. F. T .. I — ΝΙΚΟΠΟΛΙΤ (ohne ΩΝ?) 3

1 Berlin Cat. 84, 65 [Postmoschy Nemesis und Adrastria S. 155 als Nemesis-Aequitas]; dieses Stück von Knobelsdorff Seslini lett. 6, 15, 4 (Mionnet S. 2, 172, 671] — 2 Philippopel — 3 Sophia (Beschreibung von Tacchella)

Das vermeintliche Γ auf der Rs. des Berliner Exemplars gehört, wie auch die beiden anderen Exemplare lehren, zu dem im Felde stehenden Schluss der Schrift; der Satz, dass auf den Münzen von Nikopolis nie Werthzeichen erscheinen, wird also durch dieses Stück nicht umgestossen; vgl. die Einleitung S. 333.

1958
K 29
... K M AVP ANTΩNINOC Br. m. Krone und Panzer r.
VΠ N OBIOV POVΦOV NIKOΛITΩN (so, ohne ΠO) ΠΡΟC I und i. F. CTP ON ebenso

1 Paris Mionnet 1, 360, 41 — 2 Rollin. — Vgl. auch unten n. 1963, 3.

1959
K 26
AVT K M AVPH ANTΩNEINOC Kopf mit Krone r., am Halse leichtes Gewand
VΠ ΝΟΒΙΟV POVΦOV NIKOΠOΛI-ΤΩΝ ΠΡΟC IC u. i. F. TPΩN
Nemesis (oder Aequitas?) l. stehend, in der R. die Wage, im l. Arm Stab

1 Leake Suppl. 135

1960
K 27
AVT M AVP | ANTΩNINOC Br. m. L. P. M. r.
ebenso

1 Bologna Univ. — 2 Löbbecke

Der Stab hat auf dem Exemplar von Löbbecke oben einen Ansatz wie bei einigen Münzen von Markianopolis (Taf. XVIII, 26 und 27).

1961
K 25
AVT K M AV...TΩNEINOC Br. m.
L. P. M. r.

t St. Petersburg

VΠ NOBIOV POVΦOV NIKOΛITΩN
(so, ohne ΠO) ΠPOC IC u. i. F.
TP ON Nemesis mit Wage und
Stab l. stehend wie vorher

1962
K 26
.... M AVP ANTΩNEINOC Kopf
m. L. r.

VΠ NOBIOV POVΦOV NIKOΠOΛI-
TΩN ΠPO u. i. F. C IC ON ebenso
TP

1 Mailand Mus. Sanclem. J. JJ [Mionnet S. 2. 171. 666]

1963
K 27
AVT K M AVPH ANTΩNEINOC
Br. m. L. P. M. r.

VΠ NOBIOV POVΦ OV NIKOΠOΛI-
TΩN u. i. A. ΠPOC ICTP
Ω
Nemesis-Aequitas mit Wage
und Füllhorn L stehend; am Bo-
den das Rad

Abweichungen: Vs. erste Hälfte der Schrift fehlt J — AVT K M AVP...., und
Kopf m. L. r. 4; — Rs. VΠ NO...... OV 2 — NIK......, a. L A. ΠPOC ICT 1
— NIKO...., a. i. A. ΠPOC I J — NIKOΠOΛ....., 4 — NIKOΠOΛITΩN
ΠPOC IC 5 — vielleicht Stab statt des Füllhorns (also ru p. 1956-1958) 3
1 London Cat. 50,63 — 2. 3 Paris — 4 St. Petersburg. — — 5 Sestini deser. 47, 105
[Mionnet S. 2, 173, 676] von Ainslie (vielleicht ungenaue Beschreibung von n. 1964, 1)

1964
K 27
AVT K M AVPH ANTΩNEINOC
Br. m. Krone, P., M. r.

VΠ NOBIOV POV ΦOV NIKOΠOΛI-
TΩN u. l. A. ΠPOC IC Weibliche
Figur mit Kalathos, Schale und
Füllhorn l. stehend; am Boden
das Rad

Tafel
XVIII, 30

Abbildung der Rs. (1)

Abweichungen: Vs. erste Hälfte der Schrift fehlt 2; — Rs. i. A. ΠPOC I 2. 3
1 London Cat. 50, 64; vgl. zu n. 1963, 5 — 2 München — 3 Paris
Eine nähere Benennung der Figur, die mit Attributen der Concordia das Rad der Nemesis verbindet, lässt sich nicht geben; auch Ponnsaky (Nemesis and Adrastria S. 155)
führt das Londoner Exemplar ohne besondere Benennung an,

1965
K 27
AVT K M AVPH ANTΩNEINOC
Kopf m. L. r.

VB NOBIOV POVΦOV NIKOΠOΛI-
TΩN ΠPO u. l. A. C ICT Con-
cordia mit Schale und Füllhorn
L stehend; vor ihr ein Altar

Abweichungen: Vs ..... AVPH ANTΩNEINOC 3; — Rs. i. A. ..CT 2 — am
Schluss ΠI,. u. i. A. ..CT 3

1 London Cat. 50, 62 — 2 Rollin — 3 Wien Froelich 4 tentam. 268, 144 Abb. d. Rs. [Gess-
ner imp. CXLIX, 57] irrig unter Caracalla; Eckhel cat. 61, 53 [Mionnet S. 2, 172, 673];
Arneth Sitzungsber. 9, 916, 128. — Auf der Münze in Kopenhagen bei Ramus 1, 100, 5
scheint eine Tyche dargestellt zu sein; s. unten n. 1978,1.

NIKOPOLIS 491

[Elagabalus]

1966
K 27
ΑΥΤ Κ Μ ΑΥΡΗ ΑΝΤΩΝΕΙΝΟC Br. m. Krone, P., M. r.
ΥΠ ΝΟΒΙΟΥ ΡΟΥΦΟΥ ΝΙΚΟΠΟ|ΛΙΤ u. i. A. ΩΝ ΠΡΟC Ι CTP Concordia
wie vorher, aber ohne den Altar

Abweichungen: Vs. AVP (wohl ohne H) ΑΝΤΩΝΕ.... 2; — R. N,....ΑΙΤ ι — ΝΙΚΟΠ....., 2
1 Berlin Cat. 83,67 — 2 im Handel
Das Exemplar im Handel und h. 1967 zeigen die Göttin ohne Kalathos, so wird sie wohl auch auf dem Berliner Exemplar dargestellt sein.

1967
K 27
ΑΥ.. Μ ΑΥΡΗ ΑΝΤΩΝΕΙΝΟC Br. m. L. P. M. r.
[ΥΠ ΝΟΒΙΟΥ ΡΟΥ]ΦΟΥ ΝΙΚΟΠΟ· ΛΙΤ u. i. A. ΩΝ ΠΡΟC Ι CTP ebenso

Abweichungen: Vs. ΑΥΤ Κ Μ 2 (bei 1 ist es unsicher, was ausgehen AV und M steht); — R. ...ΦΟΥ ΝΙΚΟΠΟΛΙΤ ΠΡΟC ΙCΤΡΩ 2
1 Kopenhagen Ramus 1,101,7. — — 2 (· 11) Sestini de-er. 47,107 [Mionnet S. 2,174,679] von Ainslie. — (Die Rs. von 1 ist wohl aus demselben Stempel wie die von n. 1966, wonach hier die Schrift ergänzt ist.)

1968
K 27
ΑΥ Κ Μ ΑΥΡΗ ΑΝΤΩΝΕΙΝΟC Kopf m. L. r.
ΥΠ ΝΟΒΙΟΥ ΡΟΥΦΟΥ ΝΙΚΟΠΟΛΙ· ΤΩΝ ΠΡΟ u. i. F. I. C IC TP ΟΝ
Concordia wie vorher, aber mit Kalathos

Abweichungen: Vs. ΑΥ Κ Μ ΑΥΡΗ .... 1 — ...... ΑΝΤΩΝΕΙΝΟC 2; — R. ΡΟΥΦ......Ν ΤΡΟ 2
1 München — 2 Paris

1969
K 26
ΑΥ Κ Μ ΑΥΡ ΑΝΤΩΝΙΝΟC Br. m. Krone, P., M. r.
ΥΠ ΝΟ...Υ ΡΟΥΦΟΥ ΝΙΚΟΠΟΛΙΤΩΝ ΠΡΟC ΙC u. i. F. I. ΤΡΟ Ν ebenso

Abweichungen: Vs. unsicher 2; — R. ΥΠ ΝΟΒΙΟΥ ΡΟΥΦΟΥ ΝΙΚΟΠΟΛΙΤΩΝ ΠΡΟC ΙCΤ 2
1 Berlin Cat. 83,66. — — 2 Sestini de-er. 4R,117 [Mionnet S. 2, 174, 680] von Ainslie

1970
K 28
ΑΥΤ Κ Μ ΑΥΡ ΑΝΤΩΝΕΙΝΟC Kopf m. L. r.
ΥΠ ΝΟΒΙΟΥ ΡΟΥΦΟ Υ ΝΙΚΟΠΟΛΙ· ΤΩΝ ΠΡ u. i. A. ΟC ΙC Felicitas L stehend, in der vorg. R. Schale, die L. auf den langen Heroldstab gestützt

T. XIX, 3
Abbildung der Rs.
1 London Cat. 50.68; wohl dieses Stück bei Sestini de-er. 47,104 [Mionnet S. 2,173,675] von Ainslie

1971
K 27
.... ΑΝΤΩΝΙΝΟC Br. m. L. P. M. r. ebenso

Abweichungen: Vs. (ΑΥΤ Κ Μ ΑΥΡΙ) ΑΝΤΩΝΙΝΟC 2
1 Bukarest. — 2 Mionnet S. 2,173. 675 aus der Sammlung des Chevalier Artaud in Rom

492   MOESIA INFERIOR

[Ekagabalus]

1972 AVT K M AVPH ANTΩNEINOC   VΠ NOBIOV POVΦOV NIKOΠOΛI-
K 27 Br. m. L. P. M. r.   TΩN ΠPOC ICT u. i. F. P ON
                                       Tyche mit Kalathos, Steuerruder
   1 Lobbecke — 2 München   und Füllhorn L stehend

1973 AVT M AVP '....... ebenso   VΠ NOBIOV POVΦO V NIKOΠOΛI-
K 27   TΩN ΠPO u. i. F. C IE$^{TP}_{ON}$ ebenso

  Abweichungen: Vs...... AVP .... ! — AVT K M AVP ANTΩNINOC 3: —
  Rs. das C vielleicht hinter ΠPO am Schluss der Rundschrift ! — POVΦOV 3
  1 Kopenhagen; wohl dieses Exemplar früher Wiczay 2231; Sestini 38,36 — 2 Schmidt.
  — . — 3 Froelich 4 tentam. 30 J, 214 Abb. d. Rs. [Gessner Imp. CLIX, 44], nicht im Wiener
  Cabinet. — (Die Vs. von 2 ist aus demselben Stempel wie die von n. 1987, 1.)

1974 — 1972   VΠ NOBIOV POV ΦOV NIKOΠOΛI-
K 27   TΩN u. i. Λ. ΠPOC ICT ebenso
   1 München

1975 AV K M AVP ANTΩNINOC Br. m. VΠ NOBIOV POVΦOV NIKOΠOΛI-
K 27 Krone, P., M. r.   TΩN ΠPOC ICTP u. i. F. I. ON
                                       ebenso, aber unter dem Steuer-
                                       ruder eine kleine Kugel
   Gewicht: 11,82(1)
  Abweichungen: Vs. ANTΩ... 1; — Rs. POVΦOV N.......ΩN ΠPOC 3 —
  POVΦO......POC ! — NIKOΠOΛITΩN ΠPOC 2
  1 Athen Cat. 864 — 2 Rollin — 3 Wien Arneth Sitzungsber. 9, 906, 125

1976 AVT K M AVPH ANTΩNEINOC   VΠ NOBI POVΦ OV NIKOΛIT ΩN (so!)
K 26 ebenso   ΠPOC I u. i. F. CTP ON ebenso
   1 Wien Arneth Sitzungsber. 9, 906, 124

1977 AVT K M AVPH , ANTΩNEINOC   VΠ NOBIOV POVΦOV NIKOΠOΛI-
K 27 Br. m. L. P. M. r.   TΩN ΠPOC I u. i. F. CTO (so!)
                                       ebenso   N

  Abweichungen: Vs. AVT K M A... ! — AVT K M AV... ANTΩNINOC 3: —
  Rs. NIKO.....ΩN .... ! — NIKOΠOΛITΩN ΠPOC IC 4
  1 Leake Suppl. 136 unter Caracalla — 2 London Cat. 50,65. —.— 3 Lenormant Cat.
  Behr 34. — Hierher vielleicht 4 Sestini descr. 42, 116 [Mionnet S. 2, 173, 678] von Ainslie

1978 AV K M AVP , ANTΩNINOC ebenso VΠ NOBIOV POVΦOV NIKOΠOΛI-
K 27   TΩN u. i. F. ΠPO CI   ebenso,
                                                      CT   aber viel-
                                                      PO   leicht ohne
                                                       N   Kugel

  Abweichungen: Vs. ANT.... ! — A K M AVP ANTΩNINOC und Kopf m. L r. 3;
  — Rs......IOV POVΦOV i. 3 · · i. F. nichts angegeben 3 — die Frau scheint
  die R. auf eine vor ihr stehende Pflanze zu legen 3
  1 Kopenhagen Ramus 1, 110, 5 (liegt als Concordia am Altar; s. oben n. 1965) — 2 Paris.
  — Hierher oder zu einer der vorhergehenden Nummern (1972-1977) gewiss auch 3 La
  Motraye voyages 1, XIV, 3 [Gessner imp. CLIX, 39; Mionnet S. 2, 173, 677]

	[Eingabeln]	

1979 AVT K M AVPH ANTΩNEINOC   VΠ NOBIOV POVΦOV NIKOΠO-
K 26 Br. m. l. P. M. r.   ΛIT... C IC u. i. F. TPO N
                                 Tyche wie vorher, aber l. stehend
                                 und r. blickend

Abweichungen: Vs. Schluss der Schrift fehlt 1. 3. 4: — Rs. NIKOΠOΛ...... 1 — NIKOΠO..... 2 — NIKOΠOΛIT.... 3 — NIKOΠOΛIT..... C IC 4 (die Buchstaben im Felde und überall deutlich)
1 Budapest Univ. — 2 Löbbecke — 3 Paris Mionnet S. 2. 171, 665 — 4 Philippopel

1980 AVT K M AVPH ANTΩNEINOC   VΠ N OBIOV POVΦOV NIKOΠOΛI-
K 26 Kopf m. l. r.   TΩN ΠPO u. l. A. C ICTPΩ
                                 Tyche mit (Kalathos?) Steuerruder
                                 auf Kugel und Füllhorn l. sitzend

Abweichungen: Rs. Anfang der Schrift verwischt 1. 3 — am Schluss TPOC ICTPO(I) 2
1 Mandl — 2 Neapel Cat. 6317 — 3 Tübingen — 4 im Handel

1981 AVT K M AVPH ANTΩNEINOC   VΠ NOBIOV POVΦOV NIKOΠOΛI-
K 27 Br. m. l. P. M, r.   TΩN ΠPOC IC u. l. A. TPON
                                 Tempelfront mit vier Säulen; in
                                 der Mitte Zeus mit Schale und
                                 Scepter l. sitzend, vor ihm der
                                 Adler; im Giebel ● (Schild?
1. 2 Sophis   Schale?); am Dach Zweige

Die Zweige an beiden Seiten des Giebels sind vielleicht als die Kronen von Bäumen im Hintergrunde zu denken, die über das Dach hervorragen; vgl. die folgende Münze.

1982 AVT K M AVP ANTΩNEINOC   VΠ NOBIOV POVΦOV NIKOΠOΛI-
K 27 Kopf m. l. r.   TΩN Π.... u. l. A. CTPON
                                 Tempel mit zwei Säulen in der
                                 Front und vier Säulen an seiner
                                 linken Seite; zwischen den Frontsäulen
                                 männliche Figur im Himation
                                 l. stehend, die l. auf das
                                 Scepter gestützt; im Giebel ●
T. III, 26   Abbildung der Rs. (1) (Schild?); im Hintergrund Bäume

Abweichungen: Vs. .....NOC 3 — AN..... 2; — Rs. NIK... 3 — NIKO..... 2
1 Bukarest — 2 Löbbecke — 3 London Cat. 51,67 Abb.; wohl dieses Exemplar bei Sestini descr. 48,113 (Mionnet S. 2, 175, 683] von Aincis. — (Die Rs. sind aus demselben Stempel.)
In dem Tempelbild haben wir entweder Zeus oder, was wahrscheinlicher ist, Sarapis zu erkennen. Für die erstere Deutung würde sprechen, dass die linke Hand auf den Speer gestützt ist; die Haltung des rechten Armes ist unsicher. Aber Sarapis scheint auf einer Münze des Caracalla (n. 1529) in derselben Stellung vorzukommen, und zudem glaube ich einen kleinen Kalathos auf dem Kopf der Figur zu bemerken; sie wäre dann mit dem Tempelbild der folgenden Münze identisch. Vgl. auch oben S. 336 u. 337. — Dass hier eine etwas genauere Wiedergabe des Heiligthums beabsichtigt ist als gewöhnlich, zeigt die Abbildung der Bäume, deren Kronen über das Dach hinausragen; vgl. die Einleitung S. 335.

[Elagabalus]

1943 K 25 AVT K M AV PH] ANTΩNEINOC Kopf m. L. r. | VΠ NOBIOV POVΦOV NIKOΠOΛI-TΩN u. i. A. ΠPOC IC, i. F. TO PN
Tempelfront mit vier Säulen; in der Mitte bekleidete Figur mit Kalathos l. stehend, die L. auf das Scepter gestützt; im Giebel ● (Schild?)

1 Paris Blanchet revue num. 1892, 75, 60. — Hierher vielleicht auch 2 Berlin Cat. 85, 70; dieses Exemplar von Knobelsdorff bei Sestini lett. 6, 15, 3 [Mionnet S. 2. 174. 682]
Das Gotterbild des Pariser Exemplars ist schlecht erhalten, so dass man nicht sicher erkennen kann, ob die Figur weiblich oder männlich ist; im ersteren Falle würden wir in der Figur die Stadtgöttin zu erkennen haben (wie Taf. III, 21; vgl. die Einleitung K 334); aber wahrscheinlich haben wir es mit Sarapis zu thun wie auf der vorigen Münze (vgl. auch n. 1539). — Auf dem Berliner Exemplar ist das Götterbild gar unkenntlich; aber sicher ist nicht eine Tempelfront mit acht, sondern nur eine mit vier Säulen dargestellt, und nach der Vertheilung der Schrift scheint die Rs. gleich derjenigen der Pariser Münze zu sein.

1944 K 26 AV K M AVPH ANTΩ[NINOC] Kopf m. L. r., am Halse leichtes Gewand | VΠ NOBIOV POVΦOV NIKOΠOΛI-TΩN u. i. A. ΠPOC IC, i. F. oben CTPON (sol) Tempelfront mit vier Säulen; in der Mitte Artemis als Jägerin l. schreitend mit dem Hunde; im Giebel ● (Schild?)

Gewicht: 9,85

1 Gotha Sestini lett. 9, 6, L 5 [Mionnet S. 2, 169, 656]. — (Die Vs. ist aus demselben Stempel wie die von n. 1917.)
Die Münzen mit Darstellung eines Tempels ohne Cultbild s. unten n. 2002.

1945 K 26 AVT K M AVP ANTΩNEINOC ebenso | VΠ NOBIO............ OC ICTP u. i. F. ON Kaiser mit Lorbeerkranz, Panzer, Mantel und Stiefeln, in der R. das Schwert, die L. auf den Speer gestützt, L vortretend und den r. Fuss auf den Nacken eines Barbaren setzend, der mit auf den Rücken gebundenen Händen r. am Boden sitzt; hinter dem Kaiser Nike L stehend, mit der R. ihm einen Kranz aufsetzend, im l. Arm Palmzweig; zwischen ihr und dem Kaiser ein zweiter Barbar unter seinem Schilde (?) r. liegend

T. XIX, 27 Abbildung der Rs.

1 Imhoof; gewiss dasselbe Stück bei Mionnet S. 2, 174, 681, IV, 3 aus der Sammlung d'Hermand

NIKOPOLIS 495

[Elagabalus]

1906 AVT K M AVPH ANTΩNEINOC VΠ NOBIOV POVΦOV N IK OΠOΛI-
K 26   Br. m. Krone, P., M. r.   TΩN ΠPOC I u. i. F. l. oben CTPO
                                    N
                                    Kaiser mit Strahlenkrone, in
                                    Kriegstracht, l. stehend, in der
                                    vorg. R. Schale, die L. auf den
                                    Speer gestützt; vor ihm ein flam-
                                    mender bekränzter Altar
       Gewicht: 11,75 (1)

       Abweichungen: Rs. EΠ NOBIOV POVΦOV NIKOΠOΛITΩN ΠPOC s. l. F.
       ICT PON (1) 3
       1 Gotha — 2 Mandl. — ' — 3 Paris Imp. 333 Abb. d. Rs. [Gessner Imp. CLIX, 41: Mionnet
       S. 2, 170, 649]

1907 AVT K M AVP ANTΩNINOC Br. m. VΠΑ NOB POVΦOV NIKOΠOΛITΩN
K 27   l. P. M. r.   ΠPOC u. i. F. ICT PON Kaiser
                                    mit Panzer und flatterndem Mantel
                                    zu Pferde r. sprengend, mit der
                                    R. den Speer nach unten gegen
                                    einen Löwen richtend, der sprung-
                                    bereit L steht
T.XIX,11   Abbildung der Rs. (1)

       Abweichungen: Vs. ANTΩNI... 2 — ....NINOC 1; — Rs. NIKOΠ....OC 1
       1 Imhoof — 2 Löbbecke. — (Über die Vs. von 1 vgl. zu n. 1923.)
       Die Münze mit dem Kaiser als Helios im Zweigespann s. oben n. 1907.

1908 AVT K M AVPH , ANTΩNEINOC VΠ NOBIOV POVΦOV NIKOΠO-
K 26   Br. m. Krone, P., M. r.   ΛITΩN ΠPOC I und i. F. oben
                                    CPON (sol) Adler mit ausge-
                                    breiteten Flügeln zwischen zwei
                                    Feldzeichen nach vorn stehend
                                    und den Kopf mit Kranz im
                                    Schnabel L erhebend

       1. 2 Bukarest — 3 Paris Vaillant num. gr. 128 [Mionnet S. 2, 168, 648] — 4 Rollin
       Der Typus weicht von der gewöhnlichen Darstellung dadurch ab, dass der Adler nicht
       auf einem Altar oder dgl. steht, sondern auf dem Boden selbst; auch die Form der Feld-
       zeichen ist abweichend. Vaillants Angabe, dass der Adler auf einem Blitz stehe, ist irrig.

1909 AVT K M AVP | ANTΩN... ebenso VΠ NOBIOV POVΦOV NIKOΠOΛI-
K 27   TΩN ΠPOC IC u. i. F. TP O
                                    ,N
                                    Adler mit geschlossenen Flügeln
                                    auf einer niedrigen Basis zwischen
                                    zwei Feldzeichen l. stehend und
                                    den Kopf mit dem Kranz im
                                    Schnabel r. wendend

       Abweichungen: Vs. AV... AVP ....ΩN .. 2 — ANT...., 1
       1 Bukarest — 2 Philippopel

496

[Elagabalus]

[1990] AVT K M AVPH ANTΩNEINOC Br. VΠ NOBIOV POVΦOV NIKOΠOΛI-
K 26   m. L. P. M. r.   TΩN ΠPOC ICTPON Adler auf
                                      Blitz (?) auf einem Altar zwischen
                                      zwei Feldzeichen l. stehend, mit
                                      Kranz im Schnabel

1 Neapel Cat. 6315; dieses Exemplar, von Foucault, bei Vaillant num. gr. 128 (Mionnet
S. 2, 167, 647) schlecht inscribieren, indem der Adler gar nicht angegeben ist
Die Angabe, dass der Adler auf einem Blitz stehe, ist wohl irrig.

[1991] AV K M AVPH ANTΩNINOC ebenso VΠ NOBIOV POVΦOV NIKOΠOΛI-
K 27   TΩN ΠPOC u. L F. ICT PO
                                                            N
                                     Adler mit ausgebreiteten Flügeln
                                     nach vorn stehend und den Kopf
                                     mit Kranz im Schnabel l. erhebend
       Gewicht: 12,43 (t)
       Abweichungen: V....... INOC 2 — nicht angegeben 5, 6; — Rs. Schrift un-
       sicher 5 — VΠ NOBIOV PVΦOV NIKOΠAITΩN Π ICT (ω?) 6
       1 Berlin Cat. 85, 69 — 2 Lobbecke — 3 London Cat. 50, 66. — — 4 Wiczay 2332; Se-
       stim 38, 58. — Hierher oder zu einer der folgenden Nummern 5 Vaillant num. gr. 129
       [Mionnet S. 2, 168, 649] von Foucault — 6 Mus. Arigoni 2 imp. gr. XXVII, 376

1992 AVT M AVPH ANTΩNEINOC Kopf VΠ NOBIOV POVΦOVNIKOΠOΛI-
K 27   m. L. r.   TΩN ΠPOC l u. l. F. CT PO
                                     ebenso   I N
       Abweichungen: Vs. AVT .. AVPH 2; — Rs. ΠΟΛ......OC l 2
       1 Mand — 2 Wien Arneth Sitzungsber. 9. 906, 130

1908 AVT M AVP...... Br. m. l. P. M. r. VΠ NOBIOV POVΦOV NIKOΠO,AI-
K 28   TΩN ΠPOC u. i. F. ICT]
                                         ebenso   PO] l. A. N
       Gewicht: 10,33 (1)
       Abweichungen: Vs. Schrift unsicher 2; — Rs. NIKOΠO......u. i. A. N 1 (nach
       2 ergänzt)
       1 Athen Cat. 859. — — 2 Sestini mus. Hedern. parte Europ. 1, 38, 59

[1991] AV K M AVPH ANTΩNINOC Kopf VΠ NOBIOV POVΦOV NIKOΠOΛI-
K 27   m. L. r. (am Halse Gewand?) TΩN u. L F. PO CI
                                               CT O   ebenso
                                                  N
       1 Lobbecke
       Im Felde der Rückseite scheint das P in ICTPON zu fehlen; doch wäre es auch möglich,
       dass in dem O eine undeutliche Ligatur von P und O steckte.

[1995] AVT K M AVP ANTΩNEINOC Br. VΠ NOBIOV POVΦOV NIKOΠOΛI-
K 27   m. Krone, P., M. r.   TΩN Π u. i. F. l. P (weiter nichts
                                                O   zu sehen)
                                    Adler wie vorher, aber r. stehend
                                    und l. blickend

       1 Moskau

1996 K 28	[Eingabalas] AVT .. AVP ANTΩNEINOC ebenso	VΠ NOBIOV POVΦOV NIKOΠOAI- TΩN· u. i. A. ΠPOC I, i. F. P CT O N Schlange, in vielen Windungen aufgerichtet, der Kopf mit Nimbus r.
T. XX, 11	Abbildung der Rs. (1) Abweichungen: Vs.	ANTΩNE... 3 -- Schrift versiert * 1 Paris — 2 St. Florian — 3 St. Petersburg, früher Chaudoir, Sestini Mus. Chand. 44, B	
1997 K 26	AVT K M AVPH ANTΩNEINOC Br. m. L. P. M. r.	VΠA NOB POVΦOV NIKOΠOAITΩN ΠPOC u. i. A. ICTPO, l. F. r. N ebenso, aber der Kopf mit Nimbus linkshin Abweichungen: Vs. erste Hälfte der Schrift fehlt 2 — hinter AVPH vielleicht noch ein Buchstabe I; — Rs. ... NOB POVΦOV ..... AITΩN ΠPOC 2 — VΠA NOB POVΦOV NIKOΠOAIT.... * 1 Lobbecke — 2 Paris Mionnet S. 2, 169, 654
1998 K 25	AVT K M AVP ANTΩNEINOC Kopf m. l. r.	VΠ NOBIOV POVΦOV NIKOΠOAI- TΩN u. i. A. ΠPOC IC, I. F. oben TP ON Schlange wie vorher, der Kopf rechtshin, aber ohne Nimbus Abweichungen: Vs. AVT K M AV.. ..TΩNEINOC und Brustbild m. L. P. M. 2 — AVT K M AVPH ANTΩN..., 4 — ...... ANTΩNEINOC 3: — Rs. Vertheilung der Schrift nicht angegeben 4 — angeblich mit Nimbus 3 1 München — 2 Wien Arneth Sitzungsber. 9, 906, 132a. —|— 3 Cat. Welzl 1372. -- Hierher oder zu einer der folgenden Nummern (1999-2001) vielleicht 4 Sestini desor. 48,109 von Ainslie
1999 K 27	AVT K M AVPH ANTΩNEINOC Br. m. L. P. M. r. 1 Philippopel	VΠ NOBIOV POVΦOV NIKOΠOAI- TΩN ΠP u. i. A. OC ICTPO N ebenso
2000 K 26	ebenso 1 Rollin	ebenso, aber NIKOΠOAITΩN u. i. A. ΠPOC ICTP. i. F. O N
2001 K 27	ebenso (?)	ebenso, aber NIKOΠOAITΩN ΠPOC ICTPO u. i. A. N Abweichungen: Vs. AVT K M AVPH ANTΩ.... 2 — AVT K M AVP ANTΩ-NEINOC 1 1 Sophia (Mittheilung von Tacchella) — 2 Wien Mus. Theup. 1013 [Mionnet S. 2, 169, 655]; Arneth Sitzungsber. 9, 906, 132

498   MOESIA INFERIOR

(Elagabalus)

ЭННЗ AVT K M AVP ANTΩNEINOC Kopf   VΠ NOBIOV POVΦOV NIKOΠOΛI-
K 26   m. L. r.   TΩN u. l. A. ΠPOC ICT, i. F.
oben PO ON (sol) Tempelfront
mit fünf Säulen (ohne Cultbild);
im Giebel ● (Schild? Schale?)

T. XX, 17   Abbildung der Rs. (1)
Abweichungen: Vs. erste Hälfte der Schrift fehlt 1 — ANTΩNINOC (?) 2. 3; —
Rs. NIKO..., 1
1 München — 2 Neapel Cat. 6316 — 3 Sophia — 4 Wien Arneth Sitzungsber. 9, 906. 1381.
— ? — 5 (= 4?) Winzy zzzR; Sestini più musei 11. 3. IV, 17; Sestini mus. Hedery. parte
Europ. 1, 38, 60. — (Die Rs. von 1 und 3, und wohl auch der anderen Exemplare sind
aus demselben Stempel.)

ЭНН3 AVT M AVP | ANTΩNINOC Br. m.   VΠA NOB POVΦOV NIKOΠΛITΩN
K 26   l., P. M. r.   (sol) u. i. A. ΠPOC ICT·, i. F. P O
N
Geschlossenes Stadtthor, von
zwei Thürmen eingeschlossen;
auf dem Mittelbau über dem Thor-
bogen ein Viergespann mit undeutlicher Figur darauf nach vorn,
auf jedem Thurm ein Zweigespann (oder nur je ein Pferd)
nach aussen gerichtet

T. XX, 13   Abbildung der Rs. (1)
Abweichungen: Vs. ... M AVP | 1
1 Imhoof — 2 unbekannte Sammlung
Die Darstellungen auf dem Mittelbau und den Thürmen sind bei beiden Exemplaren nicht
deutlich genug, um sie genauer zu beschreiben.

ЭНН4 AVT K M AVPH ANTΩNEINOC   VΠ NOBIOV POVΦOV NIKOΠOΛI-
K 26   Kopf m. l.. r.   TΩN u. i. A. ΠPOC ICP (sol)
ON
Offenes Stadtthor, von zwei
Thürmen (ohne Schmuck) einge-
schlossen

T. XX, 14   Abbildung der Rs. (1)
Abweichungen: Vs. erste Hälfte der Schrift fehlt 1; — Rs. L A. die zweite Zeile
undeutlich 2
1 Paris; wohl dieses Stück bei Patin imp. 333 Abb. d. Rs. (Gessner imp. CLIX, 42) und
Vaillant num. gr. 127 (Mionnet S. 2, 175, 684) von Foucault — 2 Sophia

ЭНН5 .... M AVP | ANTΩN ... OC ebenso   VΠ NOBIOV POVΦOV NIKOΠOΛIT..
K 27   u. L A. ΠPOC IC, i. F. oben TPON
Stadtthor, von zwei Thürmen
eingeschlossen und in der Mitte von
einem dritten Thurm überragt

1 Sophia

NIKOPOLIS 499

Elagabalus;

2006 AVT K M AVPH ANTΩNEINOC   VΠ
K 27   Br. m. L. P. M. r.   NOBIOV
                                          POVΦOV   in einem Lorbeer-
                                          NIKOΠOAI kranze, oben zwi-
                                          TΩN ΠPOC schen den Enden •
                                          IC TPΩ

1 Berlin Cat. 86,71

2007 AVT M AVPH ANTΩNEI... Kopf ebenso (ohne • ?)
K 27   m, L. r.

1 Paris Hardouin num. ant. 360 unter Caracalla; Vaillant num. gr. 107 unter Caracalla
und num. gr. 128 unter Elagabalus; Mionnet S. 2, 175, 685

2008 AVT M AVPH ANTΩNEINOC Br. m.   VΠ NO
K 27   Krone, P., M. r.   BIOV POV
                                           ΦOV·NIKO
                                           ΠOΛITΩN   ebenso
                                           ΠPOC IC
                                           TPΩ

1 Rollin

2009 AVT M A... ANTΩNEINOC ebenso   VΠ
K 27   NOBIOV
                                           POVΦOV
                                           NIKOΠOΛ   ebenso
                                           ITΩN ΠPO
                                           C ICTPΩ

Abweichungen: Vs. .... AVP ....NEINOC •
1 Bukarest — 2 Rollin

2010 AV K M AVP ANTΩNINOC ebenso   VΠ
K 27   NOBIOV
                                           POVΦOV
                                           NIKOΠO   ebenso
                                           ΛITΩN Π
                                           POC ICT
                                           PON

Abweichungen: V. AV K M A..| S
1 Bukarest — 2 Kopenhagen — 3 Lobbecke — 4 Sophia. — '— 5 Sestini descr. 47,102
von Ainslie

(ohne Statthalternamen)

2011 AVT K M AVP | ANTΩNEINOC Br. '   N
K 26   m. L. P. M. r.   IKOΠ
                                          OΛITΩN   in einem Lorbeerkranz
                                          ΠPOC IC
                                          TPΩ

Abweichungen: Vs. zweite Hälfte der Schrift fehlt 4 — ANTΩ..... 5 — AN...... 3
— ....NEINOC •
1 London Cat. 51,68 — 2 Mandl (Egger Verkaufs-Cat. 8,194) — 3 Schmidt — 4 Wien
Eckhel Cat. 58,28 [Mionnet S. 2, 142, 505]; Arneth Sitzungsber. 9, 901, 37. alle irrig unter
Caracalla; s. oben n. 1620°. — — 5 Haym tesoro Brit. 2, 253, XVIII, 2 (Gessner Imp.
CLIX, 45) — thesaurus Brit. 2, 345, XLII, 3

32°

500　　　　　　　　　　MOESIA INFERIOR

(Nicopolis)

2012
K 26　AV K M AVP ANTΩNINOC Br. m.　　NI
　　　Krone, P., M. r.　　　　　　　　ΚΟΠΟ
　　　　　　　　　　　　　　　　　　ΛΙΤΩΝ　　　im Lorbeerkranz wie
　　　　　　　　　　　　　　　　　　ΠΡΟC I　　vorher, oben zwischen
　　　　　　　　　　　　　　　　　　CTPO　　　den Enden ●
　　　　　　　　　　　　　　　　　　N

　　　Gewicht: 10,60
　　　1 Gotha

2013
K 26　ebenso　　　　　　　　　　　　N
　　　　　　　　　　　　　　　　　　IKOΠO
　　　　　　　　　　　　　　　　　　ΛΙΤΩΝ　　ebenso
　　　　　　　　　　　　　　　　　　ΠΡΟC I
　　　　　　　　　　　　　　　　　　CTPON

　　　1 Paris; vielleicht dieses Stück bei Mionnet S. 2, 176, 692 aus der Sammlung d'Hermand

2014
K 26　AVT K M AVP ANTΩNEINOC　　　　N
　　　ebenso　　　　　　　　　　　　KOΠOΛ　　　　　ebenso
　　　　　　　　　　　　　　　　　　ΙΤΩΝ ΠΡ　　　(ohne die
　　　　　　　　　　　　　　　　　　C ICTP (so, ohne O!)　Verzierung)
　　　　　　　　　　　　　　　　　　ON

　　　1 St. Petersburg; dieses Exemplar bei Sestini Mus. Benkowitz 6 (irrig ΠΡΟ C statt ΠΡ C)
　　　— 2 Sophia

2015
K 25　AVT K M AVP ANTΩNEINOC Br.　　　N
　　　m. L. P. M. r.　　　　　　　　　IKOΠ
　　　　　　　　　　　　　　　　　　ΟΛΙΤΩ　　　ebenso
　　　　　　　　　　　　　　　　　　N ΠΡΟC
　　　　　　　　　　　　　　　　　　TPON (so, ohne ICl)

　　　Abweichungen: Vs. AVT......: 3 — ....AV.. ANTΩN.. 4 — AVPH ANT
　　　....OC 3; — Rs. Anfang unleserlich 4
　　　1 London Cat. 51,69; wohl dieses Stück bei Sestini descr. 42,49 unter Caracalla (s. oben
　　　n. 1620??), von Ainslie — 2 London Cat. 51,70 — 3 Rollin — 4 Winterthur

2016
K 22　AVT K M AVPH ANT...... Br. m.　NIKOΠOΛΙΤΩΝ ΠΡΟC ICTPON
　　　L. P. M. r.　　　　　　　　　　　Schlange, in vielen Windungen
　　　　　　　　　　　　　　　　　　aufgerichtet, Kopf r.

　　　Abweichungen: Vs. zweite Hälfte der Schrift fehlt 1; — Rs. die ersten Buchstaben
　　　fehlen 1
　　　1 Bukarest — 2 Paris Blanchet revue num. 1892, 76, 61

2017
K 22　AV K M AVP ANTΩNINOC Dr. m.　NIKOΠOΛΙΤΩΝ ΠΡΟC I und i. A.
　　　Krone, P., M. r.　　　　　　　　CTPON　Offenes Stadtthor, von
　　　　　　　　　　　　　　　　　　zwei Thürmen eingeschlossen
　　　Gewicht: 4,25 (1)

　　　Abweichungen: Vs. ANTΩN... 3 — angeblich AVT K MA AVPH ANTΩ.....
　　　und Kopf mit Lorbeerkranz 4; — Rs. Schluss der Randschrift fehlt 3
　　　1 Gotha — 2 Löbbecke — 3 München. — Hierher wohl noch 4 Sestini descr. 42,36
　　　[Mionnet S. 2, 143, 510] unter Caracalla (s. oben n. 1528??), von Ainslie (falls diese An-
　　　gabe nicht irrig ist und das Stück vielmehr bei Cousinéry war, also mit dem Münchener
	identisch ist)

Elagabalus:
Die unter den kleinen Münzen hier fehlenden Beschreibungen von Mionnet und anderen sind unter Caracalla zu suchen.

2018
K 18 AVT K AVPH ANTΩNINO.C Kopf | NIKOΠOΛITΩN ΠPOC ICTPON
m. L. r.   Brustbild des Sarapis mit Kalathos und Gewand r.

Gewicht: 3,10 (1)

1 Gotha — 2 Wien, früher Wiczay 2204; Sestini 34,26; Arneth Sitzungsber. 9, 902, 5b b, alle unter Caracalla. — Die Münze in London Cat. 31,71 scheint dem Caracalla zu gehören; s. oben n. 1589. — (Die Vs. von 2 ist aus demselben Stempel wie die von n. 2031,4.)

2019
K 16 .... AVP ANTΩNINOC Br. m. L.   NIKOΠOΛITΩN ΠPOC ICTPON
P. M. r.   Hera mit Schale und Scepter l. stehend

Gewicht: 2,72 (E. schl.)

1 Gotha

2020
K 17 AVT M AVP ANTΩNEINOC Kopf   NIK
m. L. r.   OΠOΛITΩ
                                       N unten, und im oberen Halbkreis ΠPOC ICTPΩ Geflügelter Eros auf einem grossen Delphin r. reitend, in den vorgestreckten Händen vielleicht Pfeil und Bogen

T. XVI, 3 | Abbildung der Rs.
1 St. Petersburg

2021
K 16 AVT K M AVP A..... Br. m. L. NIKOΠOΛITΩN ΠPOC ICTPON
P. M. r.   Nackter Hermes mit Beutel und Kerykeion l. stehend, über dem l. Arm Gewand

Abweichungen: Rs. Mitte der Schrift fehlt 1

1 Paris Mionnet S. 2, 176, 689 — 2 Rollin. — Ein Exemplar in Bokarest habe ich nur notirt, nicht beschrieben. — Vgl. auch n. 1493,3.

2022*
K 21   M AVP KAI ANTΩNCINOC Br. d. Elagabalus mit Gewand r.   NIKOΠOΛEITΩN ΠPOC ICT Geflügelter Todesgenius, mit einer Flamme auf dem Kopf, an einen Baumstumpf gelehnt stehend und in der R. eine umgekehrte Fackel haltend

Abweichungen: Vs. (AVT K M AVPH) ANTΩNINOC und Brustbild mit Lorbeerkranz und Gewand 2; — Rs. NIKOΠOΛITΩN ΠPOC I) 2

1 Mionnet S. 2, 175, 648; Dumersan Cat. Allier 21 — 2 Chaix descr. 41

Die Münze von Allier ist jetzt in Paris und gehört, wie schon die Namensform zeigt, dem Caracalla als Caesar; s. oben n. 1489. Dasselbe gilt vermutlich auch für die Münze von Chaix, welche schlecht erhalten gewesen zu sein scheint; sollte allerdings die Beschreibung der Vs. und die Grössenangabe (.V. 4 = 18 mm) richtig sein, so muss es zweifelhaft bleiben, ob eine Münze des Caracalla als Augustus oder des Elagabalus gemeint ist; die Beschreibung der Rs. ist aber jedenfalls unrichtig und nach der von n. 1489 zu ändern.

[Elagabalus]

2023 K 18 AVT K M AVP ANTΩNINOC Br. m. L. P. M. r.
NIKOΠOΛITΩN ΠPOC ICTPO u. i.
A. N Bärtiger Priapos l. stehend, in der vorg. R. Schale (?), mit der L. das Gewand zurückschlagend

Abweichungen: Vs A...M AVP I — AN...,!
1 Berlin Cat. 86,72 Abb.; dieses Exemplar von Rauch in Kohaes Zschr. f. Muss., Siegel- und Wappenkunde 3 (1844) 11,11 — 2 St. Petersburg
Ob Priapos im Bausch des Mantels Früchte trägt, schien mir nicht ganz sicher.

2023 K 16 AVT K M AVP ANTΩNEINOC Kopf m. L. r.
NIKOΠOΛITΩN ΠPOC ICT u. i. A. PON ebenso

1 St. Petersburg

2024 K 18 AVT K M AVP ANTΩNINOC Kopf m. L. r.
NIKOΠOΛITΩN ΠPOC ICTP Hygieia mit Schlange und Schale r. stehend

1 Paris Blanchet revue num. 1892, 76, 63

2025 K 19 |... M AVP, AN.... Br. m. L. P. M. r.
NIKOΠOΛITΩN ΠPOC ICTPON ebenso

Abweichungen: Vs. AVT K M AVPEΛΛΕ....., 2; — Rs. ΠP...IM NIKOΠOΛI- TΩN 2
1 München. — '— Hierher vielleicht 2 La Motraye voyages 2, 216; Abb. in Bd. 1, XIX f.

2026 K 17 AV K M ... ANT... ebenso
NIKOΠOΛIT....OC ICTP Con- cordia mit Schale und Füllhorn l. stehend

Gewicht: 3,05
1 Gotha. — Die Münze bei Mionnet S. 2, 176, 690 u. unter Caracalla, oben a. 1501, 2.
Die Gothaer Münze gehört nicht lieber, aber wahrscheinlich dem Elagabalus.

2027 K 18 AVT K M AVP, ANTΩNINOC ebenso
NIKOΠOΛITΩN ΠPOC ICTPON Tyche mit Kalathos, Steuerruder und Füllhorn l. stehend

Gewicht: 2,86 (1)
Abweichungen: Vs. AV K M AVP | ANTONIN[OC] (?) 1; — Rs. NIKOΠOΛ....N 1
1 Athen Cat. 866 — 2 München

2028 K 17 AVT M AVP | ..TΩ...NOC Kopf m. L. r.
NIKOΠOΛITΩN ΠPOC IC.... Tropaion mit zwei Gefange- nen zwischen Nike r. und dem Kaiser l.

T. XIX, 27. Abbildung der Rs.

1 Berlin Cat. 88,80; dieses Stück aus der Sammlung Pfau (Cat. 297, Taf. XV, 4) bei Gaissner Imp. LXXXIII, 2 und Sestini Ien. 8, 34 (Mionnet S. 2, 116, 354; Kenitz Donaubulgarien 2, 189; Bonthowski petit Mionnet de poche 49) unter Trainaus; a. oben a. 1213[2]
Dass die Vs. nicht den Kopf des Trainaus zeigt, wie die älteren Autoren mit falscher Lesung der Schrift angeben, hatte schon A. von Sallet im Berliner Catalog richtig bemerkt; er dachte an Macrinus oder Elagabalus; die Reste der Schrift weisen auf den letzteren; auch die Gesichtszüge sprechen dafür, sie ähneln namentlich dem Porträt von n. 2001. — Die Darstellung der Rs. ist gleich der von n. 1711 u. 1822, Taf. XIX, 28; vgl. oben S. 345.

;Elagabalus,

2029
K 18
AV K M AVP ANTΩNINOC Br. m. NIKOΠOΛITΩN ΠPOC IC u. i. A.
L. P. M. r. TPON Löwe r. stehend
Abweichungen: Vs. AV K M A.. 1; – R.. ...POC IC.. 2
1 Bukarest — 1 Lobbecke. — Vgl. unter Caracalla, n. 1599. — (Die Vs. von 1 ist aus demselben Stempel wie die von n. 2035.)

2030
K 17
T. XX. 4
AV K M AVP ANTΩNEIN.. Kopf NIKOΠ,OΛITΩN ΠPOC ICT u. i. A.
m. L. r. PON Elephant r. stehend
Abbildung der Rs. (1)
Abweichungen: Vs, Schrift unsicher 3 — M AVP ANT ΩNEINOC (wohl schlechte Zeichnung) 2
1 Berlin Cat. 86, 73. — — 2 Mionnet S. 1, 176, 691, IV, 4 von d'Hermand. — Hierher wohl auch 3 die Münze von Amelie bei Sestini descr. 42, 53 [Mionnet S. 2, 142, 503] unter Caracalla; s. oben n. 1500°.

2031
K 17
AVT K AVPH ANTΩNINO E ebenso NIKOΠOΛITΩN ΠPOC ICTPON
Schlange, in vielen Windungen aufgerichtet, Kopf r.
Abweichungen: Vs. ... AVPH ANTΩN.... 1 — AVT M(?) AVPH 2 — unsicher 5
1 Bukarest — 2 Paris Blanchet revue num. 1892, 77, 64 — 3 Rollin — 4 Wien Arneth Sitzungsber. 9, 911, 59. ..! — Hierher wohl auch 5 die Münze von Amelie bei Sestini descr. 43, 57 [Mionnet S. 2, 142, 501] unter Caracalla; s. oben 1603°. — (Die Vs. von 4 ist aus demselben Stempel wie die von n. 2018, 2; vgl. auch n. 2038.)

2032
K 18
AV K M AV(P) ANTΩNINOC Br. m. NIKOΠOΛITΩN ΠPOC ICTP u. i. F.
L. P. M. r. ON Stab, von einer Schlange umwunden
Abweichungen: Vs. AV K M AV. 1 — ,. M AVP(H?) I ANTΩ.... 2
1 München — 2 Paris Blanchet revue num. 1892, 77, 65

2033
K 17
AVT K M AVP ANTΩN...... ebenso NIKOΠOΛITΩN ΠPOC ICTPON
Korb mit Früchten
1. 2 Sophia
Bei beiden Münzen, die aus verschiedenen Stempeln sind, ist es unsicher, ob sie dem Caracalla oder dem Elagabalus gehören; letzteres ist aber wahrscheinlicher.

2034
K 18
AVT K M AVP ANTΩNINOC ebenso NIKOΠOΛITΩN ΠPOC ICTPON
Weintraube
Abweichungen: Vs. ... M AVPH 3 — ANT... 2
1 München — 2 Paris — 3 St. Petersburg — 4 Sophia (Beschreibung von Tacchella) — 5 Wien Froelich 4 tentam. 461 l° mit Abb. auf der letzten Tafel [Mionnet S. 1, 176, 694] unter Elagabalus; Eckhel cat. 98, 31 [Mionnet S. 2, 143, 508] unter Caracalla; ebenso Arneth Sitzungsber. 9, 912, 61. — Vgl. oben n. 1610.

2035
K 17
AV K M AVP ANTΩNINOC ebenso ebenso, aber ICTPO
1 London Cat. 51, 73. — (Die Vs. ist aus demselben Stempel wie die von n. 2029, 2.)

2036
K 17
AV K M AVP ANTΩ.... ebenso NIKOΠO AITΩN ΠPOC (so, ohne I)
ebenso
Gewicht: 2,85
1 Gotha

[Eingeleitet]

2037 K 18 ΑΥ..... ΑΝΤΩΝΙΝΟC Br. m. L. P. M. r. — ΝΙΚΟΠΟΛΙΤΩΝ ΠΡΟC ΙCΤΡΟΝ Mondsichel und darüber in der Höhlung drei Sterne
(München. — Vgl. oben n. 1614, 3, 4 und 1612.

2038 K 17 ΑΥΤ Κ [ΑΥΡΗ] ΑΝΤΩΝΙΝΟ C Kopf m. L. r. — ΝΙ | ΚΟΠ | ΟΛΙΤΩΝ in einem Lorbeerkranz | ΠΡΟC | Ι
(Philippopel

2039 K 16 ..... ΑΝΤΩΝΙΝΟC ebenso — ΝΙ | ΚΟΠ | ΟΛΙΤΩΝ ebenso | ΠΡΟC ΙC | ΤΡΟΝ
(Sophia

Gordianus
(Sab. Modestus)

2040 K 27 ΑΥΤ · Κ · Μ · ΑΝΤ · ΓΟΡΔΙΑΝΟC ΑΥ Br. m. L. P. M. r. — ΥΠ CΑΒ ΜΟΔΕCΤΟΥ ΝΙΚΟΠΟΛΕΙ-ΤΩΝ ΠΡ υ. l. Α. ΟC ΙCΤΡΟΝ Zeus mit nacktem Oberkörper l. sitzend, in der vorg. R. die Schale, die L. auf das Scepter gestützt; zu seinen Füssen der Adler l. stehend und r. blickend
Gewicht: 12,25 (1)
Abweichungen: Vs. nicht angegeben (also vielleicht mit Strahlenkrone — o. 2041) 2; — Rs. mit ΝΙΚΟΠΟΛΕΙΤΩΝ ΠΡΟC ΙCΤΡΟΝ 2 — der Gott unbärtig gezeichnet 2
(Gotha. — ' — Hierher (oder zu o. 2041) 2 Mus. Arigoni 1 imp. gr. XII, 181 (Grässer Imp. CLXXVII, 85°)

1037ᵃ X 111 ΑΥ Κ Μ Α ΑΝΤΩΝΙΝΟC Kopf m. L. r. | ΝΙΚΟΠΟΛΙΤΩΝ ΠΡΟC Ι Mondsichel und | Stern
1 Froelich 4 tentam. 305, 215 [Mionnet S. 2, 176, 693]
Die Münze gehört dem Caracalla, wie schon Eckhel richtig erkannte; s. oben n. 1614.2.

1038ᵃ K 11 Severus Alexander (Vs. nicht beschrieben) | ΝΙΚΟΠΟΛΙΤΩΝ ΠΡΟC ΙCΤ Stehender Hermes, in der R. die Börse, in der L. den | Heroldstab
1 Vaillant num. gr. 138 [Mionnet S. 2, 177, 696] aus seiner Sammlung
Da nirgends Münzen von Nikopolis mit dem Kopf des Severus Alexander nachweisbar sind, müssen wir einen Irrthum Vaillants in der Angabe der Vs. annehmen.

1039ᵃ K 11 ΑΥΤ Κ Μ Α CCΟΥΗ ΑΛΕΞΑΝΔΡΟC Kopf m. L. r. | ΝΙΚΟΠΟΛΙΤΩΝ ΠΡΟC .... Tempelfront mit vier Säulen; in der Mitte ein Götterbild
1 Sestini descr. 48,115 [Mionnet S. 2, 177, 695] von Ainslie
Auch hier muss ein Fehler vorliegen: es handelt sich wohl um eine Münze des Caracalla, auf welcher der Statthaltername unleserlich war.

(Gordianus)

2041
K 28
ΑΥΤ Κ Μ ΑΝΤΩ ΓΟΡΔΙΑΝΟC ΑΥΓ
Br. mit Strahlenkrone und Panzer
r., auf der Brust das Gorgoneion,
auf der l. Schulter die Aigis

ΥΠ CAB ΜΟΔΕCΤΟΥ ΝΙΚΟΠΟΛΕΙ-
ΤΩΝ ΠΡ u. i. A. OC ΕΙCΤΡΟΝ (so!)
ebenso

Abweichungen: Vs. Schluss undeutlich 2 — ΑΝΤ...ΡΔΙΑΝΟC ΑΥΓ 1; — R.
ΝΙΚΟΠΟΛΕΙ... u. l. A. OC ΕΙCΤΡ.. 1

1 Sophia — 2 Wien Eckhel cat. 61,66 (Mionnet S. 2,178, 699); Arneth Sitzungsb. 9, 906, 137
Die gleiche Vs. kehrt bei n. 2056 und wohl auch bei n. 2084 wieder.

2042
K 27
= 2040

ΥΠ CAB ΜΟΔΕCΤΟΥ ΝΙΚΟΠΟΛΕΙ-
ΤΩΝ ΠΡΟC u. i. F. r. | Zeus wie
  C   vorher,
  T   aber ste-
  P   hend; zu
  O   seinen
  N
Füssen der Adler

Abweichungen: Vs. am Schluss ΑΓ 2, 5 — ΑΥΓ 3; — R. Randschrift unvollständig 2, 5 - Vertheilung der Schrift nicht angegeben 3

1 Kopenhagen — 2 Moskau Univ. Cat. 103 — 3 Neapel Cat. 6318 — 4 Odessa Univ. —
5 Paris Mionnet S. 2, 177, 698

2043
K 28
ΑΥΤ Κ Μ ΑΝΤ ΓΟΡΔΙΑΝΟC ΑΥΓ
Br. m. L. P. M. r.

ΥΠ CAB ΜΟΔΕCΤΟΥ ΝΙΚΟΠΟΛΙ-
ΤΩΝ ΠΡΟC ΙC u. i. F. r. T
  P Sarapis
  O mit Ka-
  N lathos l.
stehend, die R. erhoben, im l. Arm
das Scepter

Abweichungen: Rs. Trennung ΜΟΔΕCΤΟΥ. Ν 1 — ΜΟΔΕCΤΟΥ (so!) 2 —
ΝΙΚΟΠΟΛΙΤΩΝ ΠΡΟ... u. i. F. untereinander C Y P 4

1 Lobbecke — 2 Mamll — 3 Philippopel — 4 St. Petersburg — 5 Wien Froelich 4
tentam. 332, 268; Eckhel cat. 61, 65 (Mionnet S. 2, 178, 700); Arneth Sitzungsber. 9, 906, 136

2044
K 28
ebenso (!)

ΥΠ CAB ΜΟΔΕCΤΟΥ . ΝΙ ΚΟΠΟΛΕΙ-
ΤΩΝ ΠΡΟC ΙCΤΡ ebenso

Abweichungen: Vs. ΑΥΤ Κ Μ ΑΝΤ ΓΟΡΔΙ..... 2 — unsicher 1. 3

1 London Cat. 52, 76 — 2 Rollin. —{— 3 (= 1!) Sestini descr. 48, 118 von Ainslie

2045
K 28
ΑΥΤ · Κ · Μ · ΑΝΤ · ΓΟΡΔΙΑΝΟC · ΑΥΓ ·
Br. m. Krone, P., M. r.

ΥΠ CAB ΜΟΔΕCΤΟΥ ΝΙΚΟ ΠΟΛΕΙ-
ΤΩΝ ΤΡ u. i. A. OC ΙCΤΡΟΝ
Hades-Sarapis mit Kalathos l.
thronend, die R. über dem Kerberos, die L. auf das Scepter gestützt

1 Schmidt — 2 Sophia — 3. 4 im Handel

2046
K 27
ΑΥΤ Κ Μ ΑΝΤ ΓΟΡΔΙΑΝΟC ΑΓ
Br. m. L. P. M. r.
1 Mamll

ΥΠ CAB ΜΟΔΕCΤΟΥ ΝΙΚ.ΟΠΟΛΕΙ-
ΤΩΝ u. l. A. ΠΡΟC ΙCΤΡΟ ebenso

506 MOESIA INFERIOR

(Gordianus)

2947
K 27

AVT K M ANT ΓOΡΔIANOC AVΓ
Br. m. L. P. M. r.

Gewicht: 13,25 (1)

VΠ CAB MOΔECTOV NIKOΠOΛEI-
TΩN ΠOC (sic!) ICTP Demeter
l. stehend, in der vorg. K. Ähren,
die L. auf die Fackel gestützt

Abweichungen: Rs. Schrift nicht ganz vollständig 2. 3
1 Athen Cat. 607 — 2 Wien Froelich 4 teatam. 464 k; Eckhel cat. 61, 67 [Mionnet S. 2, 180, 715]; Arneth Sitzungsber. 9, 907, 139. — — 3 Cat. Welzl 1374

2948
K 28

AVT K M ANT W ΓOΡΔIANOC AΓ
ebenso

VΠ CAB MOΔECTOV NIKOΠOΛEI-
TΩN Π[Ρ?] u. i. F. r. O
C
C ebenso
C

Abweichungen: Vs. Anfang der Schrift fehlt 2 — nicht ganz vollständig 2; — Rs. am Schluss der Rundschrift hinter Π nichts zu sehen 2 — vielleicht Ligatur der Buchstaben ΩΝΠP 1 — L. F. das unterste C nicht zu sehen 1
1 Moskau — 2 Schmidt. — (De Vs. von 2 ist aus demselben Stempel wie die von e. 2131, 2. 2155, 2. 2192 u. a.; danach ist die Schrift hier ergänzt.)

2949
K 28

AVT·K·M·ANTΩ ΓOΡΔIANOC
ebenso

VΠ CAB MOΔECTOV NIKOΠOΛEI-
TΩN ΠPOC u. i. F. i. I Artemis
C   als Jäge-
T   rin, mit
P   flattern-
ON   dem Mantel, r. eilend; neben ihr
der Hund

1 Imhoof — 2 St. Petersburg

2950
K 26

ebenso

VΠ CAB MOΔECTOV | NIKOΠOΛEI-
TΩN (sic!) TP u. l. A. OC ICTP, i.
F. r. ON ebenso

Gewicht: 13,45 (1)

Abweichungen: Rs. NIKOΠOΛITΩN 2 — Schrift nicht ganz vollständig 3
1 Gotha — 2 Paris — 3 Wien Froelich 4 teatam. 332, 270; Eckhel cat. 60, 60 [Mionnet S. 2, 179, 709); Arneth Sitzungsber. 9, 907, 138
Die Stempelfehler (durchstrichenes O, und Δ für Λ) sind bei 1 und 3 sicher.

2951
K 26

AVT K M ANT W ΓOΡΔIANOC
Br. m. L. P. M. r.

VΠ CAB MOΔECTOV NIKOΠOΛEI-
TΩN ΠPOC IC u. i. F. r. T Athena
P l. ste-
O hend,
N die R. auf den Schild, die L. auf
den Speer gestützt

Abweichungen: Vs. ANTΩ ΓOΡΔIANOC 1 — ANTΩ ΓOΡΔIANOC AVΓ 3; — Rs. MOΔECTOV und ΠPOC .. (?) 1 — ΠPOC 3
1 Moskau — 2 Sophia. — — Hierher wohl auch 3 Wiczay 2235 [Mionnet S. 2, 179, 710]; Sestini 39, 63. — (Über die Vs. vgl. zu o. 2045.)

NIKOPOLIS 507

[Gordianus]

2052
K 26
AVT K M ANT ΓOPΔIANOC AVΓ
ebenso

VΠ CAB MOΔECTOV NIKOΠOΛEI·
TΩN ΠPOC IC u. i. F. r. T
P
O ebenso
N

Gewicht: 9,31 (2)
Abweichungen: Rs. TΩN ΠPOC i — O und N im Felde undeutlich 1
1 Sophia (Mittheilung von Tacchella) — 2 Turin Mus. Cat. 2001 — Lavy 991

2053
K 26
AVT · K · M · ANTΩ ΓOPΔIANOC
ebenso

VΠ CAB MOΔECTOV NIKOΠOΛEI·
TΩN ΠP u. i. Λ. OC, i. F. r. 1
C
T
P
O

Athena l. stehend, mit der R. der um den Ölbaum vor ihr geringelten Schlange etwas darreichend, die L. auf den Speer gestützt; am Boden neben ihr der Schild

Abweichungen: Vs. Schluss der Schrift fehlt 4 — Rs. Schrift am Anfang unvollständig 1. 3. 4 — die Buchstaben im Abschnitt nicht zu sehen 2. 3. 4 — im Felde am Schluss vielleicht ON 2. 4
1 Basel — 2 Budapest — 3 Choiseneul — 4 Philippopel — (Die Vs. von 1 ist aus demselben Stempel wie die von n. 2054,1. 2067,1. 2095,1 und 3. 2099.)
Der Typus unterscheidet sich von dem Tafel XV, 23 abgebildeten dadurch, dass Athena sich hier auf den Speer stützt, während sie dort die L. in die Seite stemmt; vgl. auch n. 1921.

2054
K 27
ebenso

1 VΠ CAB MOΔECTOV NIKOΠOΛEI·
TΩN u. i. F. r. Π
P
O, i. A. CTPON
C
I

Nike r. schreitend, mit beiden Händen ein Tropaion vor sich tragend

T. XVI, 11
Abbildung der Rs. (1)
Gewicht: 9,10(1)
Abweichungen: Vs. AVT N M A... 2
1 Gotha Sestini Ien. 9, 6, 1, 7 [Mionnet S. 2, 179, 711] — 2 München — (Über die Vs. vgl. zu n. 2053.)

2055
K 28
AVT · K · M · ANT W ΓOPΔIANOC Aſ
Br. m. L. P. M. r.

VΠ CAB MOΔECTOV NIKOΠOΛEI·
TΩN ΠPOC ICTPO Nike mit Kranz und Palmzweig l. stehend

Gewicht: 12,05 (2)
Abweichungen: Vs. Schrift unsicher 3; — Rs. Schrift undeher 3 — Anfang fehlt 2
1 London Cat. 52,74 — 2 Schmidt· 3 (= 1) Sestini descr. 48, 119 [Mionnet S. 2, 180, 712] von Ainslie. — (Über die Vs. vgl. zu n. 2048.)

[Gordianus]

2056 K 28 AVT·K·M·ANTW . ΓΟΡΔΙΑΝΟC AVΓ Br. mit Strahlenkrone und Panzer r., auf der Brust das Gorgoneion, über der l. Schulter die Aigis

VΠ CAB MOΔECTOV NIKOΠOΛEI- TΩN ΠPOC ICTPON Nackter Hermes l. vorgebeugt stehend, den r. Arm mit dem gesenkten Kerykeion auf das hochgestellte Knie gestützt, den l. Arm mit der Chlamys umwunden und die Hand mit dem Beutel in die Seite gestemmt

T. XVI, 23 Abbildung der Rs. (2)

Abweichungen: Vs. mit ANT (?) 1; — Rs. Schrift ohne Ligaturen (?) 1

1 Bukarest — 2 Löbbecke — 3 London Cat. 53,80. — (Die Rs. von 2 ist aus demselben Stempel wie die von n. 2057, 1 und 2; über die Vs. vgl. zu n. 2041.)

Der Gegenstand, auf den der Gott seinen r. Fuss gestellt hat, sieht auf allen Exemplaren aus wie der rechtshin gerichtete Kopf eines bärtigen Mannes; ich glaube selbst Auge und Nase zu erkennen und halte einen Zufall für ausgeschlossen. An Argos ist wohl nicht zu denken; aber man könnte die Darstellung vielleicht auf die allerdings wenig verbreitete Sage von Battus beziehen, den Hermes wegen seines Verrathes in einen Felsen verwandelte (Ovid Metam. 2, 680. 707). — Dass zwischen dem r. Knie und dem Arm ein Zwischenraum ist, beruht nur auf Ungeschicklichkeit des Stempelschneiders; die Vergleichung mit den älteren Münzen des gleichen Typus (oben n. 1753 und 1849) lehrt, dass der Arm aufgestützt zu denken ist. Dass der Typus wahrscheinlich auf ein grösseres Kunstwerk, eine Statue oder auch ein Gemälde, zurückgeht, wurde schon in der Einleitung (S. 340) gesagt.

2057 K 27 AVT K M ANT ΓOPΔIANOC AV Br. m. L. P. M. r.

ebenso, aus demselben Stempel

1 München — 2 Wien Eckhel cat. 60, 61 (Mionnet S. 2, 180, 713); Arneth Sitzungsber. 9. 907, 141

2058 K 27 ebenso, aber am Schluss AVΓ

VΠ CAB MOΔECTOV NIKOΠOΛEI- TΩN ΠPOC ICT Hermes mit Beutel und Stab l. stehend, über dem l. Arm die Chlamys

Gewicht: 12,30 (1)

1 Athen Cat. 868 — 2 München - 3 Paris Mionnet S. 2, 180, 714 — 4 Wien Froelich 4 tentam. 461 ff; Eckhel cat. 60, 64; Arneth Sitzungsber. 9, 907, 140

2059 K 27 AVT K M ANTΩ | ΓOPΔIANOC Br. m. L. P. M. r.

VΠ CAB MOΔECTO/ NIKOΠOΛEI- TΩN ΠPOC u. l. F. r. l C T P OI

Asklepios mit dem Schlangenstab in der R. nach vorn stehend und l. blickend

Abweichungen: Vs. AV .. M ANTΩ 2 — am Schluss AΓ 1; — Rs. MOΔECTOV NIKOΠOΛITΩN ΠPOC 1 — im Felde das N links vom P 1 — am Schluss ΠPO, das C l. F. über dem l. und ganz unten O N 5

1 Leake Europ. Gr. 79 — 2 London Cat. 52, 77 — 3 München — 4 St. Petersburg — 5 Rollin — 6 Sophia

NIKOPOLIS 509

[Gordianus]

2169 ebenso VΠ CAB MOΔECTOV NIKOΠOΛEI-
K 27   TΩN u. i. P. l. Π
  P
  O, i. Λ. CTPON,
  C   ebenso
  I

1 Paris Vaillant num. gr. 154; Mionnet S. 2, 178, 705 (Vs. ungenau) — 2 Wien Arneth Sitzungsber. 9, 907, 143

2171 ebenso VΠ CAB MOΔECTOV NIKOΠOΛEI-
K 27   TΩN ΠP u. i. Λ. OC I, i. F. l. C
  T
  P
  O
  N
  ebenso

1 Hunter — 2 Philippopel

2172 AVT K M ANT ΓOPΔIANOC AVΓ VΠ CAB MOΔECTOV NIKOΠOΛEI-
K 28   Br. m. Krone, P., M. r. TΩN ΠPOC ICT u. l. F. r. P
  O
  N
  ebenso

Abweichungen: Rs. die Ligaturen nicht angegeben 4
1 Imhoof — 2 Kopenhagen — 3 Rollin. — — 4 Wiczay 2234 [Mionnet K. 2, 178, 704]; Sestini 39, 62

2173 AVT K M ANTΩ | ΓOPΔIANOC Br. VΠ CAB MOΔECTOV | NIKOΠOΛEI-
K 28   m. l. P. M. r. TΩN ΠPO u. i. Λ. C, i. F. l. I
  C
  T
  P
  O
  N
  Hygieia mit Schlange und Schale r. stehend

Gewicht: 13, 15 (1)
Abweichungen: Rs. ΠOΛEITΩN 3. 5 — ΠPO 1 — angeblich NΠP in Ligatur 5
1 Gotha — 2 München — 3 Paris Mionnet S. 2, 179, 706 — 4 Paris. — — 5 Mionnet S. 2, 181, 719. IV, 5 aus der Sammlung d'Hermand (im Text missverstanden, aber in den Errata berichtigt)

2174 AVT K M ANTΩ ΓOPΔIANOC Α VΠ CAB MOΔECTOV NIKOΠOΛEI-
K 27   ebenso TΩN ΠPOC ICTPO (sol) ebenso

1 Wien Froelich 4 tenam. 332, 269; Eckhel cat. 60, 55 [Mionnet S. 2, 179, 707]; Arneth Sitzungsber. 9, 907, 143

2175 AVT K M ANT ΓO PΔIANOC AVΓ ebenso
K 28   ebenso

Abweichungen: Rs. am Schluss I... I — IC... 3
1 Leake Suppl. 136 — 2 Paris. — — 3 (= II) Lenormant Cat. Behr 35

510

[Gordianus]

2066 AVT K M ANT ΓΟΡΔΙΑΝΟC AVΓ VΠ C AB MO ΔΕCΤΟV ΝΙΚΟΠΟΛΕΙ-
K 26   Br. m. l. P. M. r.   ΤΩΝ ΠΡΟC u. i. F. E Hygieia
                                                             I wie vor-
                                                             C her r. ste-
                                                             TP hend
                                                             ON

1 Schmidt, früher Mandl (Egger Verkaufs-Cat. 8, 198). — (Die Vs. ist aus demselben Stempel wie die von n. 2070, 1.)

2067 AVT · K · M · ANTΩ ΓΟΡΔΙΑΝΟC   VΠ CAB MOΔΕCΤΟV ΝΙΚΟΠ u. i.
K 27   ebenso   F. l. oben ΟΛΕΙ , i. A. ΠΡΟC ΙCΤΡ
                                                     ΤΩΝ   ΟΝ
                                          Bärtiger Flussgott mit nacktem
                                          Oberkörper l. gelagert, die R. auf
                                          ein Schiffsvordertheil legend,
                                          den l. Arm auf das strömende
Tafel   Quellgefäss gestützt
XVIII, 2   Abbildung der Rs. (1)

Gewicht: 14, 25 (1)

1 Neapel Cat. 6320. - - 2 (= 1!) Vaillant sun. gr. 154 aus der Sammlung Lazara (Vs. nicht beschrieben). — (Über die Vs. vgl. zu n. 2053.)

2068 ebenso   VΠ CAB MOΔΕCΤΟV ΝΙΚΟΠΟΛΕΙ u.
K 27   l. F. l. oben ΤΩΝ, l. A. ΠΡΟC ΙCT
                                                                     PON
                                          Flussgott wie vorher, aber mit
                                          einem Zweig in der R. und ohne
                                          Schiffsvordertheil

Abweichungen: Vs. Schrift unvollständig 2; — Rs. PON l. A. undeutlich 1
1 Sophia — 2 Winterthur. — (Die Vs. von 2 ist aus demselben Stempel wie die von n. 2099, 3.)

2069 AVT K M ANT ΓΟΡΔΙΑΝΟC AV   VΠ CAB MOΔΕCΤΟV ΝΙΚΟΠΟΛΕΙ-
K 27   ebenso   ΤΩΝ u. l. A. ΠΡΟC ΙCΤΡΟ ebenso
Tafel   N
XVII, 32   Abbildung der Rs. (1)

Abweichungen: Rs. ΝΙΚΟΠΟΛΙΤΩΝ ΠΡΟC ΙCΤΡΟΝ (Vertheilung unbekannt) 2
1 Löbbecke, früher Cat. Becker 226 — 2 Neapel Cat. 6321 — 3 Paris Mionnet S. 2. 181, 722

2070 AVT K M ANT ΓΟΡΔΙΑΝΟC AVΓ   VΠ · CAB · MOΔΕCΤΟV · ΝΙΚΟΠΟΛΕΙ-
K 27   Br. m. l. P. M. r.   Τ ΩΝ ΠΡ u. l. A. OC ΙCΤΡΟΝ
                                          Kybele mit Mauerkrone zwischen
                                          zwei Löwen l. sitzend, in der R.
                                          die Schale, den l. Arm auf das
                                          Tympanon und die Lehne gestützt
Gewicht: 13, 15 (1)

1 Gotha Sestini lett. 9, 7 [Mionnet S. 2. 177, 697]. — — Hierher vielleicht 2 Patin imp. 373 Abb. d. Rs. (Gessner imp. CLXXVII, 25) — Index 24 (mit ΕΠ CTP AVP ΔΙΟΓΕΝΟVC ΝΙΚΟΠΟΛΕΙΤΩ u. l. F. l. oben N), falls nicht der Typus der Concordia gemeint ist (v. unten n. 2081). — (Die Vs. von 1 ist aus demselben Stempel wie die von n. 2066.)

[Gordianus]

2171 AVT K M ANTΩ ΓΟΡΔΙΑΝΟC | VΠ CAB MOΔECTOY NIKOΠOΛEI-
K 27 ebenso | TΩN ΠP u. L Λ. OC, i. F. r. l
                                                       C
                                                       T
                                                       P
                                                       O
                                                       N

Nemesis mit Kalathos l. stehend, mit der R. das Gewand über der r. Schulter lüftend, im l. Arm Stab; am Boden das Rad

Abweichungen: V°. ΓΟΡΔ...., 2: - - R. scheinbar VΠ C statt VΠ CAB 2, aber aus demselben Stempel wie 1 (die Buchstaben AB sind nur durch Doppelschlag verschwunden)

1 London Cat. 33,79 (Postansky Nemesis und Adrasteia S. 139) — 2 Rollin
Der Stab, den die Göttin im l. Arm hält, ist im Londoner Catalog als Scepter bezeichnet; das könnte richtig sein, doch ist es bemerken, dass er nicht ganz gerade ist. Die Bewegung der rechten Hand ist wohl wie bei der folgenden Münze so aufzufassen, dass die Göttin damit das Gewand über der r. Schulter lüften will. Auffallend ist hier der Kalathos.

2172 AVT K M ANT ΓΟΡΔΙΑ[ΝΟC AVΓ] | VΠ CAB MOΔECTOV N[ΙΚΟΠΟΛΕΙ-
K 27 ebenso | TΩN ΠPOC ICTP u. L F. r. O
                                                       N

ebenso, aber vielleicht ohne Kalathos

1 Wien Froelich 4 (centum. 331, 867; Eckhel cat. d0, 62 [Mionnet S. 2, 180, 716; Posnansky Nemesis und Adrasteia S. 155]; Arneth Sitzungsber. 9, 907, 145
Die eingeklammerten Buchstaben sind nach Froelich und Eckhel ergänzt; der erstere las wahl richtiger ΝΙΚΟΠΟΛΕΙΤΩΝ, Eckhel .,ΠΟΛΙΤΩΝ

2173 = 2071 | VΠ CAB MOΔECTOV NIKOΠOΛEI-
K 28 | TΩN ΠPOC l u. L F. r. C
                                                     T
                                                   P
                                                   O
                                                   N

Nemesis mit Wage und Stab l. stehend; am Boden das Rad

1 Berlin Cat. 67,73 (Posnansky Nemesis und Adrasteia S. 156 als Nemesis-Aequitas) — 2 München

2174 ebenso | VΠ CAB MOΔECTO/ NI KOΠOΛEI-
K 28 | TΩNPOC l u. L F. r. C
                                                     T, L A N
                                                   P ebenso
                                                   O

Gewicht: 14,10 (1)
Abweichungen: V°. ANTΩN 2: — R°. ΝΙΚΟΠΟΛΕΙΤΩΝ ΠΡΟC l, L F. ebenso, aber l. A. nichts zu sehen 2
1 Athen Cat. 870 — 2 Paris

MOESIA INFERIOR

(Gordianus)

2075
K 29
ΑΥΤ Κ Μ ΑΝΤΩΝΙΟC ΓΟΡΔΙΑΝΟC ΥΠ CAB ΜΟΔΕCΤΟΥ ΝΙΚ........ΩΝ
[A?] Br. m. Krone, P., M. r. ΠΡ u. i. F. | I
                                                                        C Nemesis
                                                                        T wie vorher
                                                                        P mit Wage,
                                                                OC O Stab und Rad
                                                                       C (sol) l. stehend

1 Paris. — (Die Vs. ist wohl aus demselben Stempel wie die von n. 2086 und 2101.)

2076
K 28
ΑΥΤ Κ Μ ΑΝΤ Η ΓΟΡΔΙΑΝΟC Α¯ ΥΠ CAB ΜΟΔΕCΤΟΥ ΝΙΚΟΠΟΛΕΙ-
Br. m. L. P. M. r. ΤΩΝ ΠΟ (sol) u. i. F. r. C Nemesis
                                                                                       I
                                                                                       C l. stehend,
                                                                                       T in der
                                                                                        P vorg. R.
einen Stab nach unten haltend, in
der gesenkten L. den Zaum; am
Boden das Rad

Abweichungen: Vs. Anfang der Schrift fehlt 1 — ΑΝΤ Ω (?) 2
1 Berlin Cat. 87,76 ungenau — 2 Sophia
Der Typus ist gleich dem der Münze von Tomi: Tafel XVIII, 22.

2077
K 28
ΑΥΤ Κ Μ ΑΝΤ ΓΟΡΔΙΑΝΟC ΑΥΓ ΥΠ CAB ΜΟΔΕCΤΟΥ ΝΙΚΟΠΟΛΕΙ-
ebenso ΤΩΝ ΠΡΟC l u. i. F. r. C
                                                                                                     T
                                                                                                      P ebenso
                                                                                                      O

Abweichungen: Vs. ΓΟΡΔΙΑΝΟC ΑΥΓ 2 — Schluss der Schrift fehlt 1, 4, 5; —
Rs. im Felde nur C, T und P (ohne O) 4 — nur Randschrift angegeben, die
Buchstaben im Felde vielleicht nur übersehen 7
1 Amiens — 2 Kopenhagen — 3, 4 Paris — 5 Philippopel — 6 Rollin — 7 Rollin (Beschreibung von Nyevronem)

2078
K 27
ΑΥΤ Κ Μ ΑΝΤ Η ΓΟΡΔΙΑΝΟC Α¯ ebenso, aber ΝΙΚΟΠΟΛΕΙΤΩΝ ΠΟC
ebenso (sol) ICTPO
Gewicht: 12,55 (2)
Abweichungen: Vs. ΑΝΤ Ω 3 — ΑΥΓ 1
1 Rollin — 2 Schmidt, wohl früher Mandl (Egger Verkaufs-Cat. 8, 197) — 3 Sophia

2079
K 28
ΑΥΤ Κ Μ ΑΝΤΗ ΓΟΡΔΙΑΝΟC Α¯ ΥΠ CAB ΜΟΔΕCΤΟΥ ΝΙΚΟΠΟΛΕΙ-
ebenso ΤΩΝ ΠΡΟC IC u. i. F. r. T
                                                                             P
                                                                             O
                                                                             N

Nemesis l. stehend, in der vorg.
R. ihren Stab nach unten haltend,
im L Arm das Füllhorn; am Boden
das Rad

1 München — 2 Wien Froelich 4 tentam. 351,246 Abb. d. Rs. [Gessner Imp. CLXXVII, 23]; Eckhel cat. 60, 65; Arneth Sitzungsber. 9, 907, 144

(Gordianus)

2940
K 28 AVT K M ANT ΓΟΡΔΙΑΝΟC AVΓ VΠ CAB MOΔECTOV NIKOΠOΛEI
ebenso TΩN ΠPOC u. i. F. r. |
C Nemesis
wie vorher, aber mit Kalathos

Abweichungen: Vs. Schluss unsicher 3; — Rs. angeblich N .... ΠPOC 2
1 Berlin Cat. 87,77 [Posnansky Nemesis und Adrasteia S. 136 als Nemesis-Tyche] —
2 Hunter — 3 Paris Mionnet S. 2, 181, 717 ungenau [Posnansky S. 155 danach als Nemesis-Aequitas] — 4 M. Petersburg
Der Typus ist gleich dem der Münzen von Tomis Tafel XVIII, 39.

2951
K 28 AVT · K · M · ANT · ΓΟΡΔΙΑΝΟC AV VΠ CAB MOΔECTOV NIKOΠOΛEI·
ebenso TΩN u. i. Λ. ΠPOC ICTP, l. F. r.
unten O
N Concordia mit Kalathos (?), Schale und Füllhorn l. sitzend

Gewicht: 10,75 (1)

Abweichungen: Vs. nicht angegeben 6 — am Schluss AVΓ 3 — ohne AVΓ (?) 2;
— Rs. Anfang der Schrift fehlt 2 — NIKOΠOΛITΩN (?) 2 — die Buchstaben
im Felde nicht zu sehen 1. 5 — ON (!) 2 — angeblich NIKOΠOΛITΩN ΠPOC
ICTPO 3 — Schrift nicht genau angegeben 6

1 Gotha Sestini lett. 9,7 [Mionnet S. 2, 181, 720] — 2 München — 3 Neapel Cat. 6322 —
4 Sophia — 5 Wien Eckhel cat. 60, 36; Arneth Monumgsber. 9, 907, 149. — " .. 6 (= 3!)
Vaillant num. gr. 154 [Mionnet S. 2, 181, 721] aus seiner Sammlung. — Vgl. auch oben
n. 2070, 2. — (1 und 4 sind aus denselben Stempeln.)

Es ist unsicher, ob die Frau einen Kalathos oder die Mauerkrone auf dem Kopf hat;
doch ist wohl Concordia und nicht die Stadtgöttin gemeint, da letztere statt des
Füllhorns wohl das Scepter haben würde. Eckhels Angabe, dass das Füllhorn am Sessel
befestigt sei, ist nur durch die ungeschickte Zeichnung veranlasst.

2952
K 27 AVT K M ANTΩ ΓΟΡΔΙΑΝΟC VΠ CAB MOΔECTOV NIKOΠOΛEI·
ebenso TΩN ΠPOC u. i. F. r. |
C Tyche
T mit Ka-
P lathos,
O Steuer-
N ruder
und Füllhorn l. stehend

Abweichungen: Vs. Schluss der Schrift fehlt 3; — Rs. Mitte der Schrift fehlt 2 —
Randschrift am Schluss unvollständig 3.4 — das C in ΠPO im Abschnitt 2
1 Basel — 2, 3 Rollin — 4 Wien Mus. Theup. 1049 [Mionnet S. 2, 181, 718]; Arneth
Sitzungsber. 9, 907, 146

2953
K 28 AVT K M ANT ΓΟ.ΔΙΑΝΟC AVΓ VΠ CAB MOΔECTOV NIKOΠOΛEI·
ebenso TΩN ΠPOC IC u. i. F. r. T
P
O ebenso
N

Abweichungen: Vs. ANT ΓΟΡΔΙΑΝΟC 2.3; — Rs. NIK ..... TΩN 2 l. F. nur
T und P (?) 1 — ΠPO u. l. A. C IC (i. F. wie 3) 2

1 London Cat. 52, 75 — 2 Rollin — 3 Sophia

Die antiken Münzen Nord-Griechenlands I. 33

(Gordianus)

2861
K 29
AVT K M ANT[Ω] ΓΟΡΔΙΑΝΟC AVΓ ...... Δ[ΕC]Τ[ΟV] ΝΙΚΟΠΟΛΕΙΤΩ.
Br. m. Krone, P., M. (vielleicht ..... Tyche wie vorher l. stehend
auch Gorgoneion und Aigis) r.

1 Kopenhagen; vielleicht dasselbe Stück früher Cat. Bentinek 1, 315 = 2,1023; Sestini
mus. Hedery. parte Europ. 1, 30. 63. — (Über die Vs. vgl. zu n. 2041.)

2862
K 27
AVT K M ANT ΓΟΡΔΙΑΝΟC ...
Br. nl. L. P. M. r.

VΠ CAB MOΔECTOV ΝΙΚΟΠΟΛΕΙ-
ΤΩΝ ΠΡ u. i. Λ. OC ICTPON
Tempelfront mit vier gewunde-
nen Säulen; in der Mitte Hades-
Sarapis mit Kalathos l. sitzend,
die R. über dem Kerberos, die L.
auf das Scepter gestützt; im Giebel
Schild und Speer

T. XX, 22   Abbildung der Rs. (1)
1 Imhoof. — 2 (1?) Cat. de Moustier 185. 2853

2863
K 27
AVT K M ANTΩΝΙΟC ΓΟΡΔΙΑΝΟC·
[A?] Br. m. Krone, P., M. r.

VΠ CAB MOΔECTOV ΝΙΚΟΠΟΛΕΙ
ΤΩΝ ΠΡ u. i. A. OC ICTPON
Tempelfront mit vier Säulen; in
der Mitte männliche (?) Figur l.
stehend, die R. auf einen grossen
Schild (?) gestützt

1 Paris, früher Wiczay 2337; Sestini 39,66. — (Über die Vs., vgl. zu n. 2075.)
Das Gottesbild ist trotz der guten Erhaltung der Münze nicht sicher zu benennen; Sestini
hielt die Figur für weiblich, mir scheint sie ebenso wie Sestini männlich. Ob der Gegenstand, auf den die rechte Hand sich stützt, ein Schild sein soll, ist ebenfalls unsicher;
Sestini glaubte eine Säule zu erkennen. Sestini wollte in der Figur einen bärtigen (?)
Ares sehen, der die R. auf einen Schild und die L. auf einen Speer stützte; indessen ist
keine zuverlässige Benennung möglich.

2864
K 28
AVT·K·M·ANTΩ ΓΟΡΔΙΑΝΟC
Br. m. L. P. M. r.

VΠ CAB MOΔECT O/ ΝΙΚΟΠΟΛΕΙ-
ΤΩΝ u. i. Λ. ΠΡΟC IC, l. F. r. T
P
O
N
Tempelfront mit vier Säulen; in
der Mitte Concordia (?) mit Ka-
lathos und Füllhorn l. stehend auf
einer hohen Basis; im Giebel viel-
leicht Schild und Speer

Abweichungen: Rs. ΝΙΚΟΠΟΛΙΤΩΝ ΠΡΟC ICTPΩ und das Tempelbild nur als
Hclens bezeichnet 2

1 London Cat. 52, 78 Abb. — Hierher vielleicht (wenn nicht zu einer der anderen
Nummern (2085, 2086, 2088-2093) 2 (1?) Sestini descr. 48, 116 von Ainslie
Das Attribut in der rechten Hand der Göttin ist nicht zu erkennen; es kann aber kein
Steuerruder oder Wage oder Stab sein, so dass die Figur wohl als Concordia anzu-
sehen ist, von dem sicheren Tempelbild der Concordia (unten n. 2069) unterscheidet sie
sich allerdings durch die hohe Basis.

(Gordianus)

2088 ebenso ΥΠ CAB MOΔECTOΥ NIKOΠOΛEI-
K 27 ΤΩΝ u. i. A. ΠΡΟC ICTP ebenso; im Giebel ● (Schild?)

Abweichungen: Rs. VΠ CAB MOΔEC.... NIKOΠO.... s. f. A. ΠΡΟC ICTP, darunter vielleicht noch ON s - das Füllhorn nicht zu erkennen s - im Giebel nicht bemerkt s

1 Mandl (Egger Verkaufs-Cat. 8, 700) — 2 Venedig Marciana

2089 ebenso ΥΠ CAB MOΔECTOΥ NIKOΠOΛEI-
K 27 ΤΩΝ u. i. A. ΠΡΟC ICT..N Tempelfront mit vier Säulen; in der Mitte Concordia mit Kalathos, Schale und Füllhorn l. stehend

Abweichungen: Rs. das Attribut in der R. der Göttin nicht zu erkennen 1

1 Kopenhagen — 2 Rollin

2090 AVT K [M ANTΩN' ΓOPΔIANOC ΥΠ CAB MOΔEC........ΠOΛEI u.
K 28 Hr. m. L. P. M. r. i. A. ΤΩΝ ΠΡΟC ICT PON ebenso

1 Rollin

2091 AVT K M ANT ΓOPΔIANOC AVΓ ΥΠ CAB MOΔECTOV NIKOΠOΛEI-
K 28 ebenso ΤΩΝ u. i. A. ΠΡΟC ICTPON Tempelfront mit vier gewundenen Säulen; in der Mitte Tyche (?) mit Kalathos, Steuerruder (?) und Füllhorn l. stehend

Abweichungen: Vs. Anfang und Schluss der Schrift fehlt a: — Rs. ....CT .. NIKOΠOΛEITΩN u. i. A. ΠΡΟC ICTP.. 2

1 Arolsen — 2 Parma — 3 Wien Froelich 4 tentam. 329, 265 Abh. d. Rs. [Gessner Imp. CLXXVII, 22]; Eckhel cat. 60, 38 (Mionnet S. 2, 152, 725); Arneth Sitzungsber. 9, 907. 150 wagense

Das Attribut in der rechten Hand der Göttin scheint mir auf dem Wiener Exemplar vielleicht ein Steuerruder zu sein; und da der Tempel auf der folgenden Münze, in dem sicher Tyche dargestellt ist, ebenfalls gewundene Säulen hat, so ist es wahrscheinlich, dass auch hier dieselbe Göttin gemeint ist.

2092 AVT K M ANT Ω ΓOPΔIANOC A ΥΠ CAB MOΔECTOV NIKOΠOΛEI-
K 28 ebenso ΤΩΝ Π (so!) u. i. A. ΠΡΟC ICTPON Tempelfront mit vier gewundenen Säulen; in der Mitte Tyche mit Kalathos, Steuerruder und Füllhorn l. stehend; im Giebel Schild und Speer

1 München. — (Über die Vs. vgl. so a. 2048.)

2093 AVT K M ANT ΓOPΔIANOC AVΓ ebenso
K 27 ebenso

1 Lobbecke

516   MOESIA INFERIOR

(Gordianus)

2094
K 27
ΑΥΤ Κ Μ ΑΝΤ ΓΟΡΔΙΑΝΟΣ ΑΥΓ
Br. m. L. P. M. r.

ΥΠ CAB MOΔΕCΤΟV ΝΙΚΟΠΟΛΕΙ-
ΤΩΝ ΠΡΟC ΙCΤΡΟΝ Kaiser mit
Strahlenkranz, Panzer und flatterndem Mantel zu Pferde im Galopp
r., in der erhobenen R. den Speer,
in der L. den Zügel

Abweichungen: Vs. Anfang der Schrift fehlt 3; — Rs. am Schluss ΙCΤΡΟ ι
1 Berlin Cat. 87,78 — 2 Rollin · 3 Sophia
Die Rs. von 1 scheint aus demselben Stempel zu sein wie die von 3 (und wohl auch die
von 2); wenn dennoch dort ΙCΤΡΟ und hier ΙCΤΡΟΝ zu lesen ist, so muss man annehmen,
dass der Stempel nach der Prägung der Berliner Münze an dieser Stelle geändert worden ist.

2095
K 27
ΑΥΤ Κ Μ ΑΝΤΩ ΓΟΡΔΙΑΝΟC
ebenso

ΥΠ CAB MOΔΕCΤΟV ΝΙΚΟΠΟΛ
und unten ΕΙΤΩΝ
ΠΡΟC ΙCΤ   Kaiser
PON   wie vor-
her, aber wohl ohne Strahlenkranz

Gewicht: 13,50 (1)

1 Gotha — 2 Lobbecke — 3 Sophia — 4 Wien Arneth Sitzungsber. 9, 907, 148. — —
5 (= 4!) Wiczay 2236 [Mionnet S. 2, 132, 723]; Sestini 39, 64. — (Die Rs. von 1 und 3,
aber wohl auch der anderen Exemplare, sind aus demselben Stempel. — Die Vs. von 1
und 3 sind aus demselben Stempel wie die von s. 2053, 1 u. 2.)

2096
K 27

Tafel
XIX, 45

ΑΥΤ Κ Μ ΑΝΤ ΓΟΡΔΙΑΝΟC ΑΥΓ
ebenso

ΥΠ CAB MOΔΕCΤΟV ΝΙΚΟΠΟΛΕΙ-
ΤΩΝ ΠΡ u. i. A. OC ICTPON
Tranquillina r. und Gordianus
L stehend, sich die R. reichend

Abbildung der Rs. (1)

1 Imhoof — 2 Paris — 3 Wien Mus. Theup. 1049 [Mionnet S. 2, 182, 727]; Arneth
Sitzungsber. 9, 907, 147. — — 4 Mionnet S. 2, 182, 724; Domerisa Cat. Allier 21. — (Die
Rs. von 1, 2, 3 sind aus demselben Stempel.)
Der Typus stellt die Eheschliessung des Gordianus und der Tranquillina dar; dennoch
kann die Münze nicht vor dem Jahre 241 geprägt sein (vgl. Pick num. Zschr. 23, 55).

2097
K 27
= 2094

ΥΠ CAB MOΔΕCΤΟ ΝΙΚΟΠΟΛΕΙ-
ΤΩΝ ΠΡΟ (so!) u. i. A. ICTPON
Adler mit Kranz im Schnabel
auf einer Basis zwischen zwei
Feldzeichen stehend und L
blickend

1 Wien Froelich 4 tentam. 462, xx'; Eckhel cat. 60, 57 (Mionnet S. 2, 178, 701]; Arneth
Sitzungsber. 9, 907, 153

2098
K 27
ΑΥΤ Κ Μ ΑΝΤΩ ΓΟΡΔΙΑΝΟC ΑΓ
Br. m. L. P. M. r.

ΥΠ CAB MOΔΕCΤΟV ΝΙΚΟΠΟΛ-
ΤΩΝ u. i. A. ΠΡΟC ΙCΤΡ Adler
mit ausgebreiteten Flügeln r. stehend und L blickend

1 Lobbecke

	[Gordianus]	
2099 K 28	AVT · K · M · ANTΩ ΓΟΡΔΙΑΝΟC Br. m. L. P. M. r.	ΥΠ CAB ΜΟΔΕCΤΟΥ ΝΙΚΟΠΟΛΕΙ-ΤΩΝ ΠΡ u. l. A. ΟC ΙCΤΡΟ, i. F. r. N Adler mit ausgebreiteten Flügeln nach vorn auf dem Blitz stehend und den Kopf mit Kranz im Schnabel l. erhebend

Gewicht: 11,35 (3) — 10,72 (2)

Abweichungen: Vs. mit ΑΝΤΩΝ (?) 1 — nicht beschrieben 5, 7; — Rs. ΜΟΔΕCΤΟ......u. L A. ΙCΤΡ., 2 — ΜΟΔΕCΤ ΟΥ 3 — im Abschnitt undeutlich 3 — Schrift nicht genau angegeben 5, 6, 7 — Blitz nicht angegeben 5, 6

1 Arolsen — 2 Athen Cat. 867 — 3 Gotha Sestini lett. 9,7 [Mionnet S. 2, 178, 702] — 4 Mandl. — Hierher oder zu einer der folgenden Nummern 5 Vaillant num. gr. 154 [Mionnet S. 2, 178, 703] aus der Sammlung des Cardinals Leopold — 6 Sestini descr. 48, 110 von Ainslie — 7 Musaei nummorum quod venale prostat Varsaviae comp. descriptio (1799) S. 47 (musste in Kiew sein). — (Die Vs. von 3 ist aus demselben Stempel wie die von n. 2068,1.)

2100 K 28	ebenso	ΥΠ CAB ΜΟΔΕCΤΟΥ ΝΙΚΟΠΟΛΕΙ-ΤΩΝ ΠΡ u. i. F. r. Ο C I C T l. A. P.. ebenso

1 Tübingen. — (Über die Vs. vgl. zu n. 2055.)

2101 K 28	....., ΑΝΤΩΝΙΟC ΓΟΡΔΙΑΝΟC · Br. m. Krone, P., M. r.	ΥΠ CAB ΜΟΔΕCΤΟΥ ΝΙΚΟΠ...... ebenso

1 München. — (Über die Vs. vgl. zu n. 2075.)

2102 K 27	AVT · K · M · ANTΩ ΓΟΡΔΙΑΝΟC Br. m. L. P. M. r.	ΥΠ ΜΟΔΕCΤΟΥ ΝΙΚΟΠΟΛΕΙΤΩΝ ΠΡΟC ΙCΤΡΟΝ ebenso

Gewicht: 13,35 (1)

Abweichungen: Vs. mit ΑΝΤΩΝ 1

1 Gotha — 2 St. Petersburg. — — 3 Cat. Becker 225

Es ist zu beachten, dass der Gentilname des Modestus CAB hier fortgelassen ist.

2103 K 26	AVT K M ANT ΓΟΡΔΙΑΝΟC AVΓ ebenso	ΥΠ CAB ΜΟΔΕCΤΟV ΝΙΚΟΠΟΛΕΙ-ΤΩΝ ΠΡΟC ΙC u. l. A. ΤΡΟΝ Adler wie vorher, aber der Kopf rechtshin

1 Neapel Cat. 6319 — 2 Sophia

2104 K 26	AVT K M ANT ΓΟΡΔΙΑΝΟC AVΓ ebenso	ΥΠ CAB ΜΟΔΕCΤ ΟV ΝΙΚΟΠΟΛΕΙ-ΤΩΝ u. l. A. ΠΡΟC ΙCΤ Schlange, in vielen Windungen aufgerichtet, der Kopf mit Nimbus r.

Abweichungen: Vs. unsicher 3 — Rs. l. A. ΠΡΟC ΚΤΡ 1 — Schrift unsicher 3

1 Sophia (Mittheilung von Tacchella) — 2 Wien Froelich 4 tentam. 331, 271 Abb. d. Ks. (Gessner Imp. CLXXVII, 14]; Fakhel Cat. 60,59 [Mionnet S. 2, 179, 708]; Araeth Sitzungsber. 9, 907, 152. —;— 3 Sestini descr. 48,117 von Ainslie

518   MOESIA INFERIOR

[Gordianus]

2105 AVT K M ANT ΓΟΡΔΙΑΝΟC AVΓ   VΠ CAB MOΔECTOV NIKOΠOΛEI
K 28   Br. m. l. P. M. r.   TΩN ΠP u. l. A. OC ICTPO
Schlange wie vorher, aber ohne den Nimbus

Abweichungen: Vs. AV....ANTΩ ΓΟΡΔΙΑΝΟC 3; — Rs. VΠ CAB MOΔECCTO
..... u. l. A. OC ICT..., und scheinbar zwei Schlangen (aber nur durch Doppelschlag) 3
1 Athen — 2 Wien — 3 im Handel

2106 AVT K M ANT ΓΟΡΔΙΑΝΟC AVΓ   VΠ CAB MOΔECTOV NIKOΠOΛEI
K 27 ebenso   [TΩN ΠPOC ICTPON] Dreifuss, von einer Schlange umwunden

1 Sophia (Mittheilung von Tacchella; auf dem Abdruck sind die eingeklammerten Buchstaben nicht zu erkennen)

2107 AVT K M ANT ΓΟΡΔΙΑΝΟC AV   VΠ CAB MOΔECTOV NIKOΠOΛEI
K 27 ebenso   TΩN ΠP u. l. A. OC ICTPON
Offenes Stadtthor mit Zinnen, von zwei Thürmen mit spitzen Dächern eingeschlossen

T. XX, 16   Abbildung der Rs. (2)

Abweichungen: Vs. am Schluss zwischen 2 — AVΓ 3, 5 — AV (?) 1; — Rs. TΩN
ΠPO u. l. A. C ICTPON (?) 3 — NICOTIO (sic!) ΠPOC ICTPON (5)
1 Leake Suppl. 136 — 2 Löbbecke — 3 Mandl — 4 Paris Mionnet 1, 360, 43; die Rs. wiederholt Suppl. 2, 182, 726; abgebildet bei Donaldson architectura numismatica n. 82; wohl dasselbe Stück vorher bei Holstenius notae in Steph. 325 aus der Sammlung Gottfredi (mit VΠ CAINOΛECTOV) und bei Vaillant num. gr. 134 aus der Sammlung der Königin Christine. —1— 5 Cat. Welzl 1375. — Vgl. unten n. 2107*.

(ohne Statthalternamen)

2108 AVT K M ANT ΓΟΡΔΙΑΝΟC AV   NEIKOΠOΛI TΩN ΠPOC ICTPON
K 21 Kopf m. L. r.   Nike mit Kranz und Palmzweig l. stehend

Gewicht: 4,85 (2)

1 Bukarest — 2 Gotha Sestini lett. 9, 7 [Mionnet S. 2, 180, 712] — 3 Paris Blanchet revue num. 1898, 77, 66; wohl dieses Stück bei Cohen Cat. Gréau 1014

2107* Gordianus   TH CAB MOΔECTOT NIKOΠOΛITΩN ΠPOC
K 26   ICTPON Stadtthor mit drei Thürmen

1 Wien Eckhel cat. 61,68; Arneth Sitzungsber. 9, 907, 151
Die Münze gehört dem Diadumenianus, von dessen Namen noch .... OIIFA ANTUNI MAΛΟΥ.... zu lesen ist; sie ist daher oben n. 1826 verzeichnet.

Berichtigungen.

Die Berichtigungen zu einzelnen Beschreibungen, die nöthig geworden sind, werden unter den Nachträgen am Schluss des Bandes ihren Platz finden. Nur einige Fehler in den Einleitungen möchte ich schon hier berichtigen:

S. 22, zweite Spalte: Fur **AELIA PINCENSIA** ist **AELIANA PINCENSIA** zu lesen. — Die Arbeit von R. Mowat über die Bergwerksmünzen (revue num. 1894) erschien erst, als der Druck dieser Abtheilung schon abgeschlossen war.

S. 61 fg. Einige Angaben der allgemeinen Einleitung zu Moesia inferior, namentlich über das Münzwesen einzelner Städte, sind in den besonderen Einleitungen zu diesen richtiggestellt.

S. 63, zweite Spalte: Die Tetradrachmen mit **ΘΕΟΥ ΜΕΓΑΛΟΥ** gehören erst in das zweite Jahrhundert; vgl. die Einleitung zu Odessos und einstweilen meine Bemerkungen im Jahrbuch des archäol. Instituts 1898 S. 155 fg.

S. 68 Anm. 1. — Ich hatte übersehen, dass die hier behandelten Inschriften von Tomis und ebenso die S. 73 Anm. 2 als Nummer 4 citirte nach London gekommen und von Newton (Ancient Greek Inscriptions in the British Museum 2 n. 174—176) schon richtig publicirt worden sind.

S. 77 Anm. 2. — Die irrigen Angaben über die Münzen von Nikopolis mit zwei Köpfen sind auf S. 333 berichtigt. Ueber eine in denselben Zusammenhang gehörende Münze von Tomis vgl. S. 188 Anm. 2 und S. 333 Anm. 4. — Der Inhalt von Anm. 6 ist S. 156 Anm. 2 berichtigt.

S. 78, zweite Spalte oben: Die Prägung von Kaisermünzen in Odessos beginnt schon unter Domitianus.

S. 145 Anm. 2. — Meine Vermuthung, dass nicht Ὀλβιανός, sondern Ὀλβιανός zu lesen wäre, war irrig; eine Photographie der Inschrift, die mir Herr Prof. Hormann auf meine Bitte freundlichst verschaffte, zeigte, dass die Lesung Ὀλβιανός sicher ist; inzwischen hat auch Dr. Keil Hermes 1896 S. 472 fg.) darauf hingewiesen, dass ein Ὄλβης πόλις inschriftlich nachweisbar ist. — Die Inschrift ist auch nicht aus Tyra, wie ich in Folge eines Versehens glaubte, sondern wahrscheinlich aus Istros nach der Bukowina verschleppt worden.

S. 157 fg. — Den Reitertypus habe ich inzwischen an einem andern Orte (Jahrbuch des arch. Instituts 1898 S. 164 fg.) genauer behandelt.

R. P.

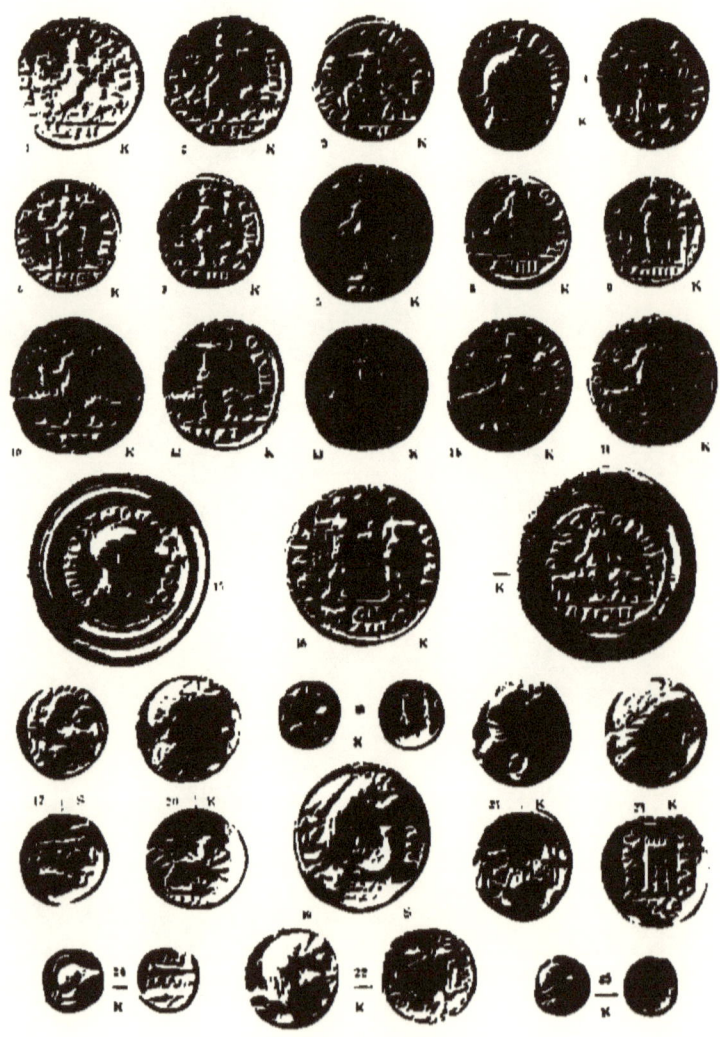

DACIA VIMINACIUM KALLATIS.

TAFEL II.

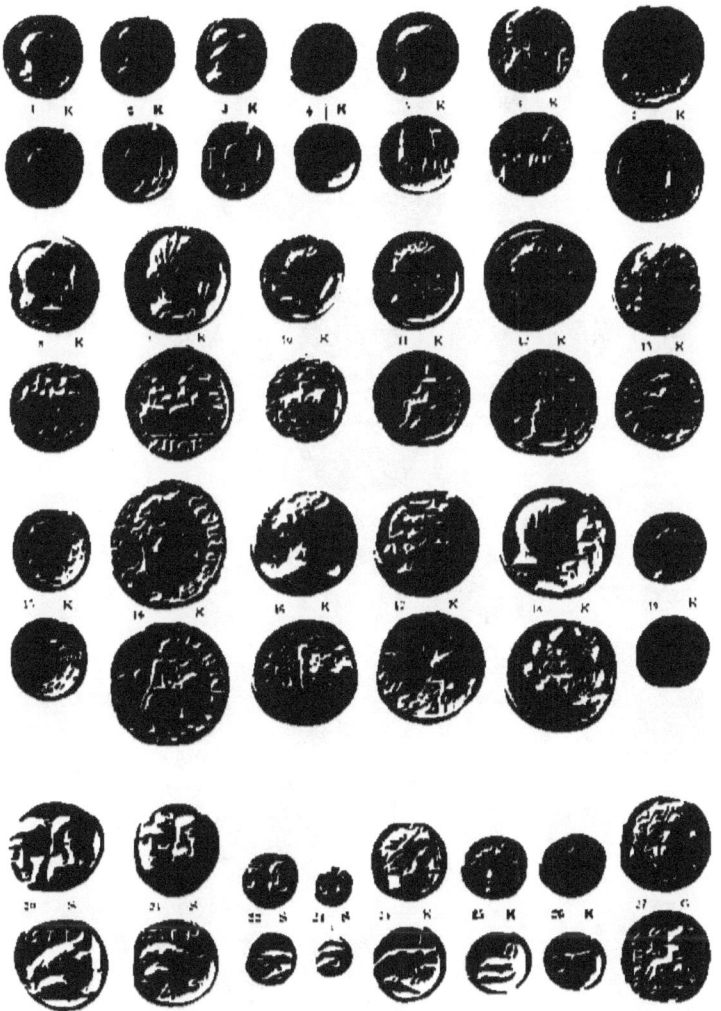

KALLATIS. DIONYSOPOLIS. ISTROS.

DIE ANTIKEN MÜNZEN NORD-GRIECHENLANDS I TAFEL II

ISTROS. MARKIANOPOLIS NIKOPOLIS.

DIE ANTIKEN MÜNZEN NORD-GRIECHENLANDS I TAFEL IX

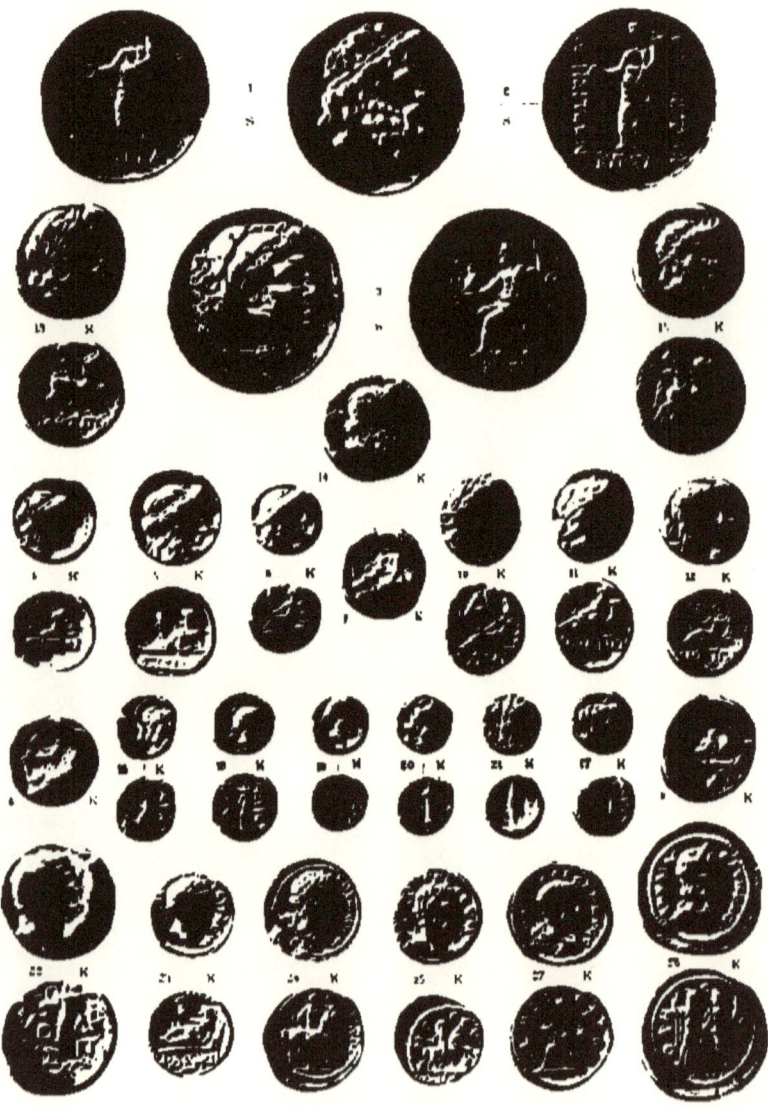

ODESSOS.

DIE ANTIKEN MÜNZEN NORD-GRIECHENLANDS I. TAFEL V

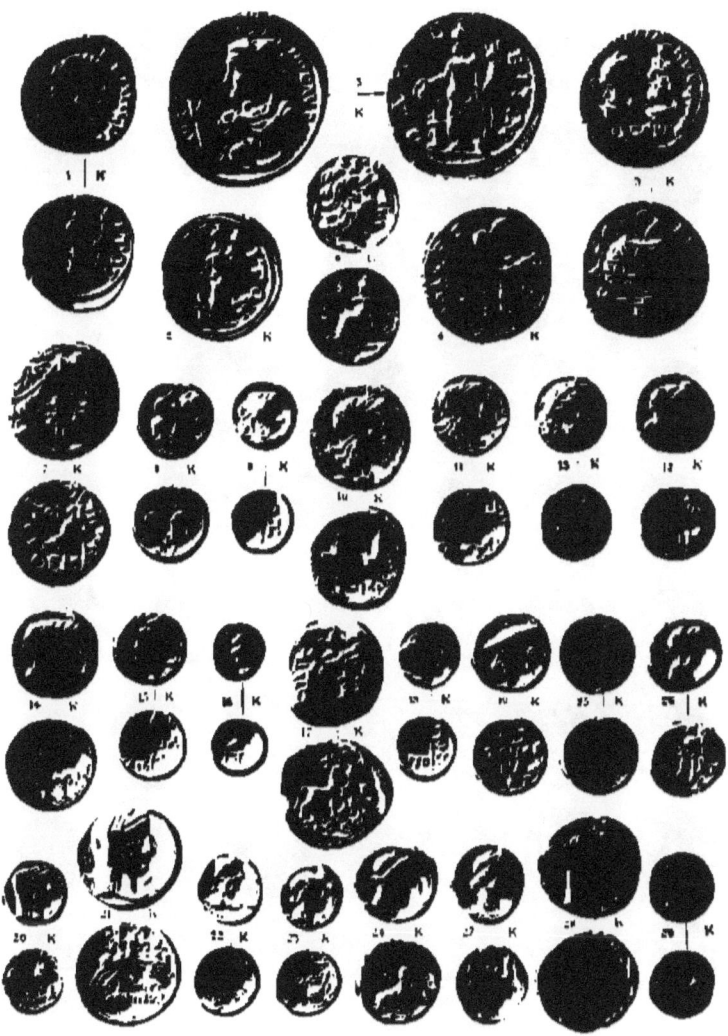

ODESSOS. TOMIS.

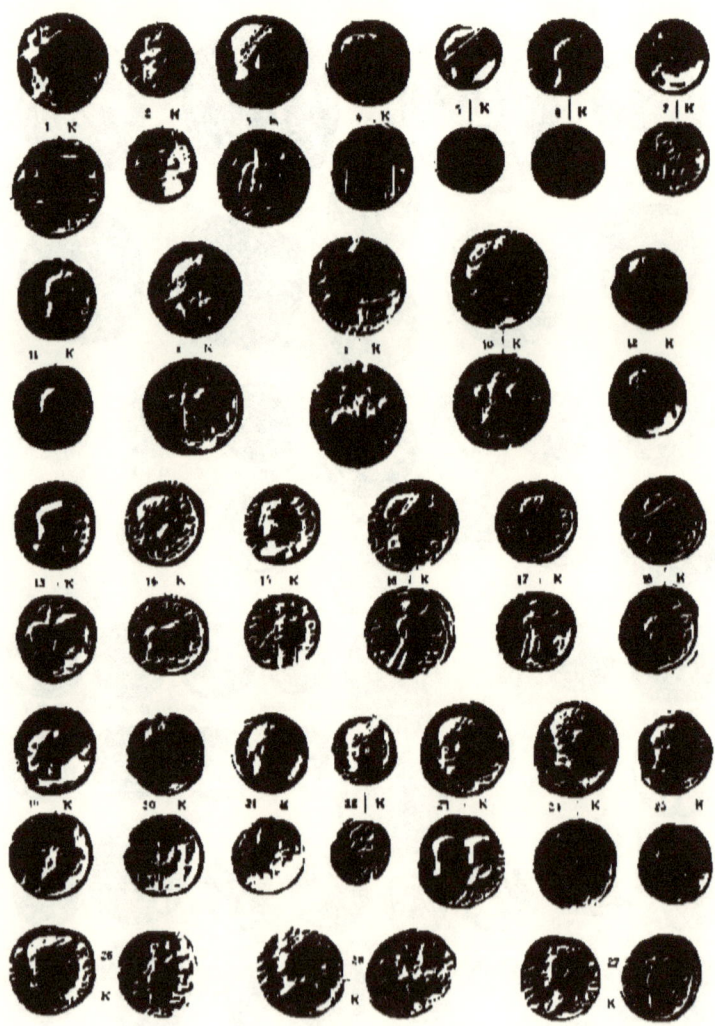

TOMIS.

DIE ANTIKEN MÜNZEN NORD-GRIECHENLANDS I   TAFEL XII

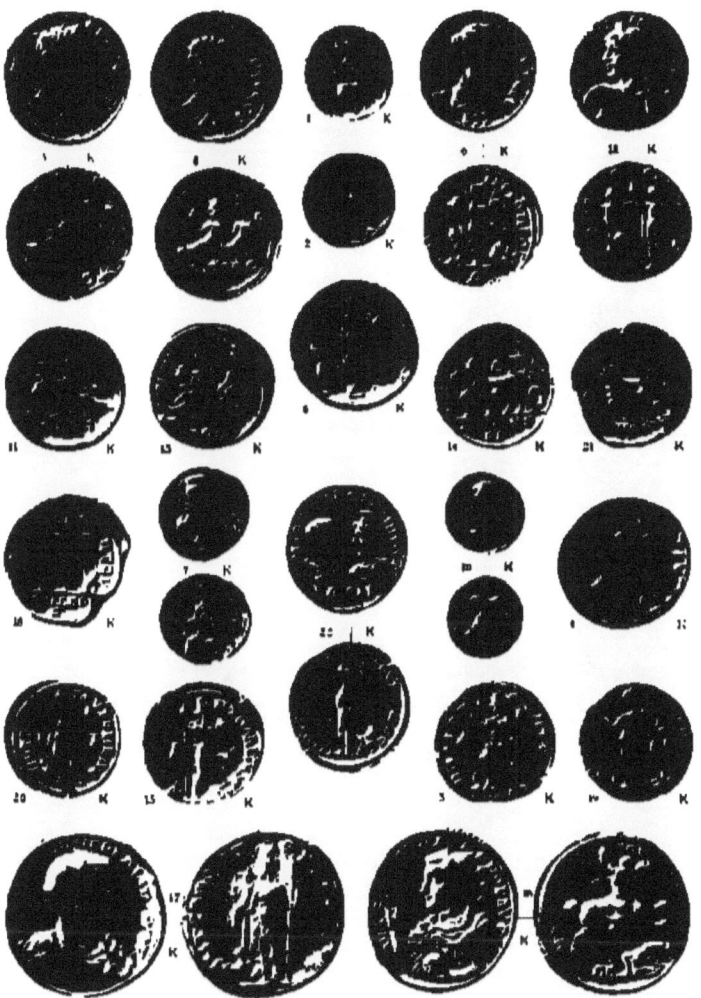

TOMIS.

OLBIA.

DIE ANTIKEN MÜNZEN NORD-GRIECHENLANDS I   TAFEL IX

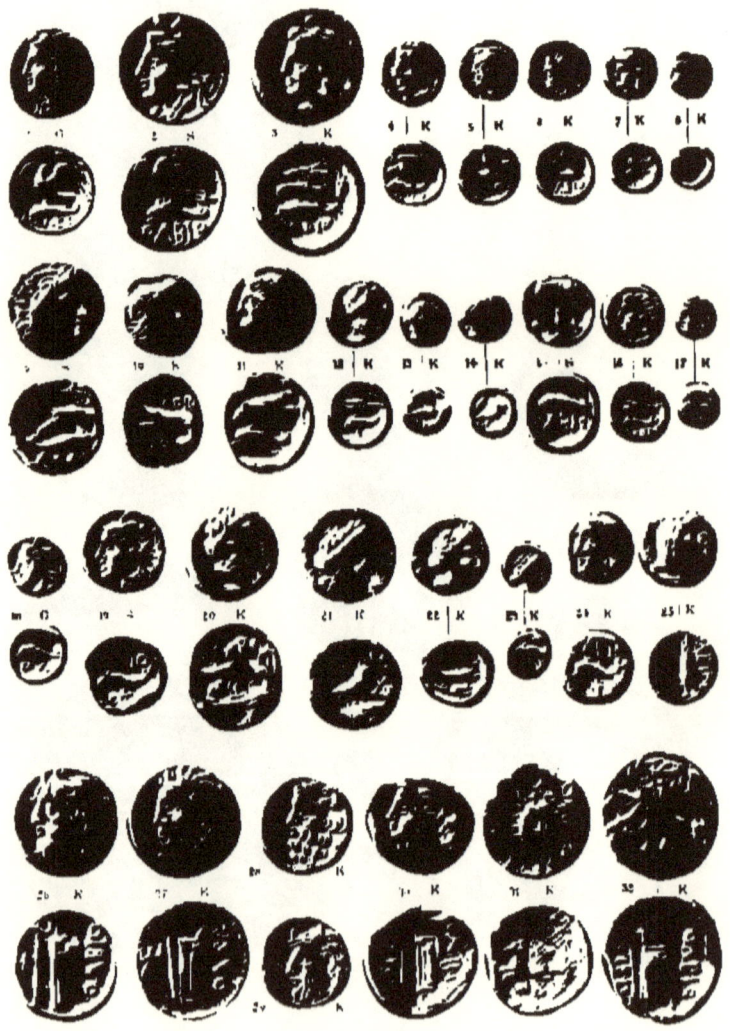

OLBIA.

DIE ANTIKEN MÜNZEN NORD-GRIECHENLANDS I. TAFEL X

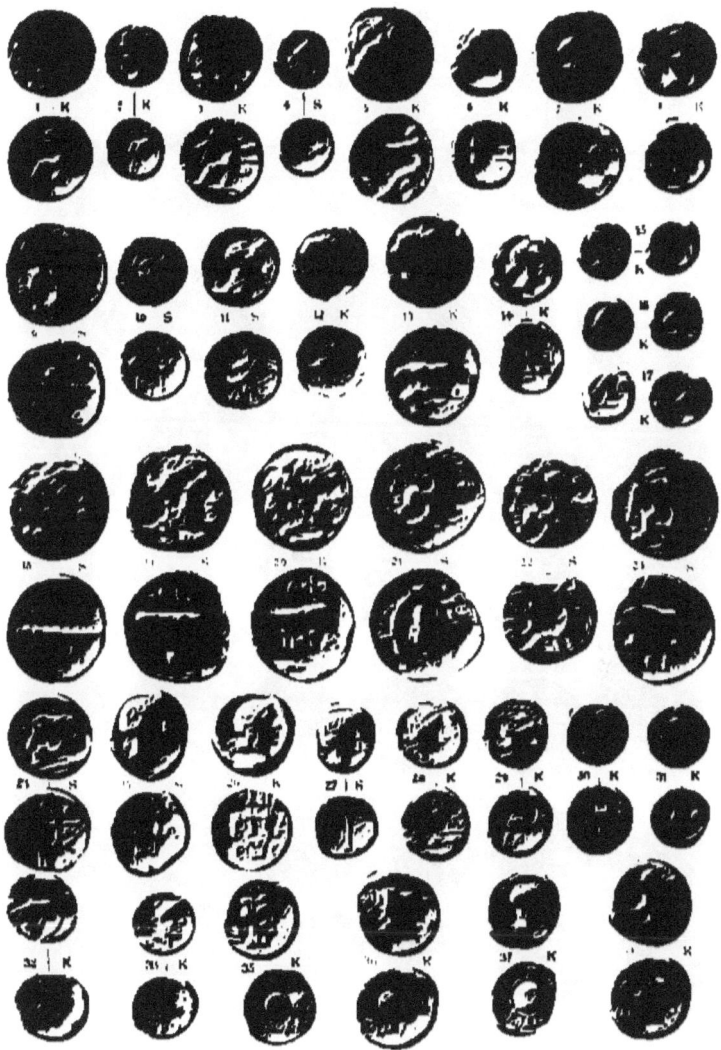

OLBIA

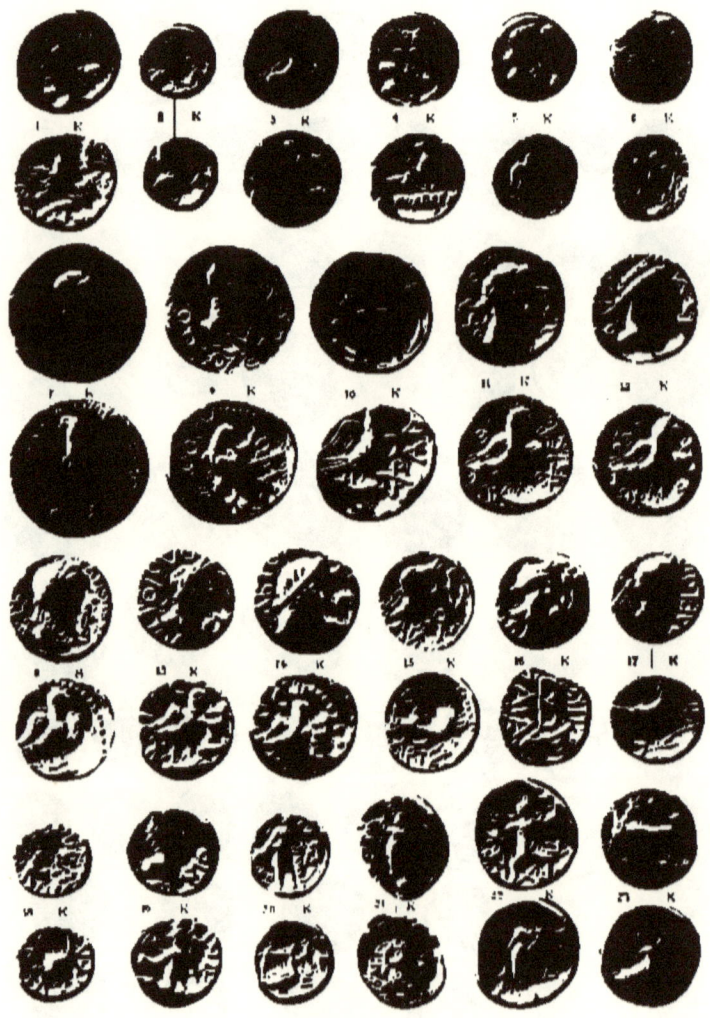

OLBIA.

DIE ANTIKEN MÜNZEN NORD-GRIECHENLANDS I TAFEL XII

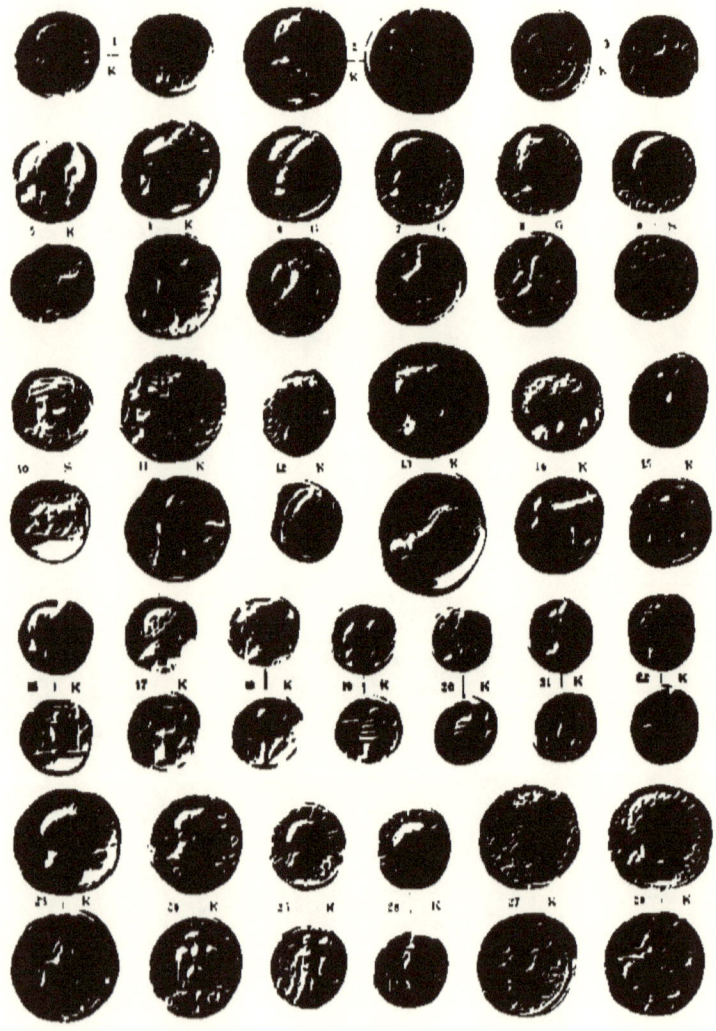

OLBIA. KÖNIGE IN OLBIA. TYRA

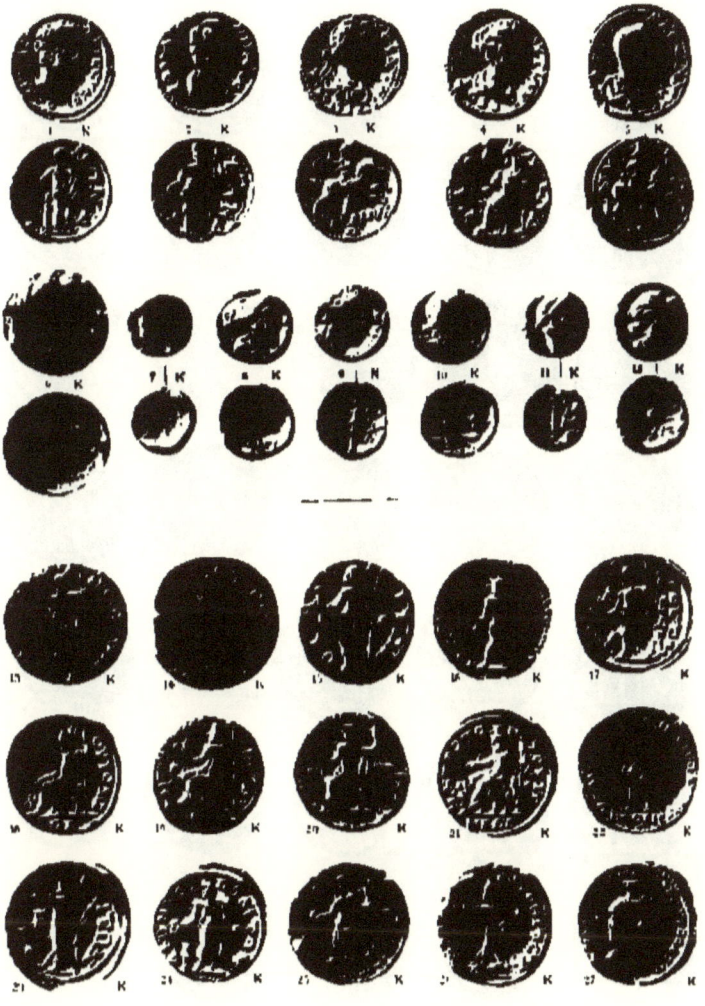

TYRA. KÖNIGE.
TYPEN. ZEUS SARAPIS

DIE ANTIKEN MÜNZEN NORD-GRIECHENLANDS I TAFEL XIV

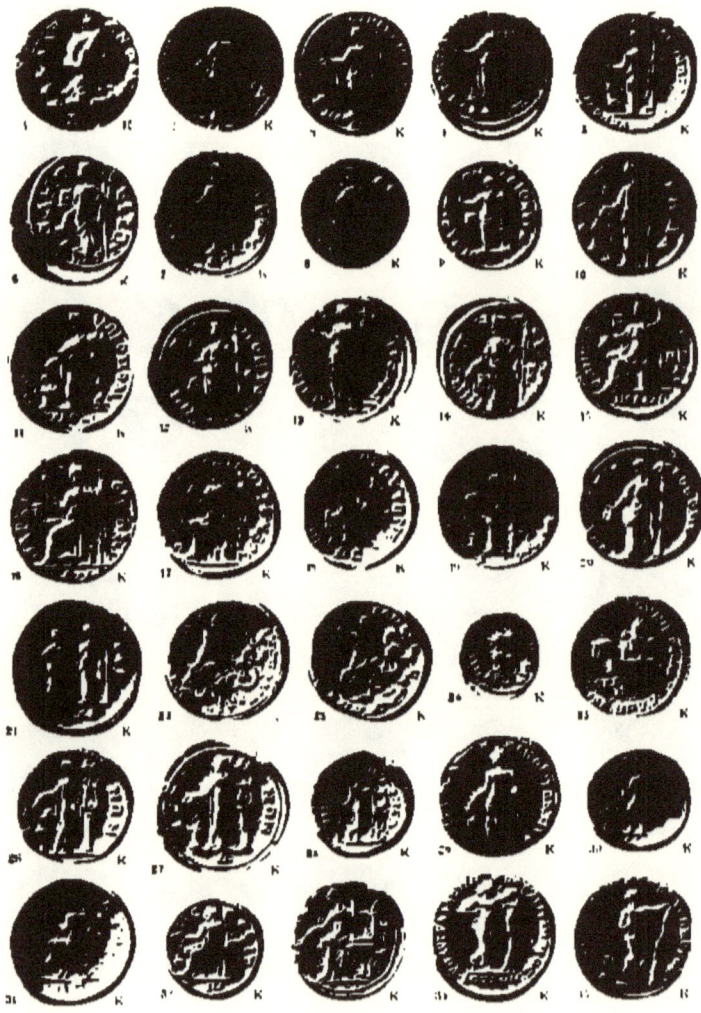

TYPEN: ISIS. HERA. POSEIDON. DEMETER. KORE. TRIPTOLEMOS. HELIOS. APOLLON

DIE ANTIKEN MÜNZEN NORD-GRIECHENLANDS I TAFEL XV.

TYPEN: APOLLON BONUS EVENTUS ARTEMIS ARES ATHENA ROMA APHRODITE

DIE ANTIKEN MÜNZEN NORD-GRIECHENLANDS I TAFEL XVI

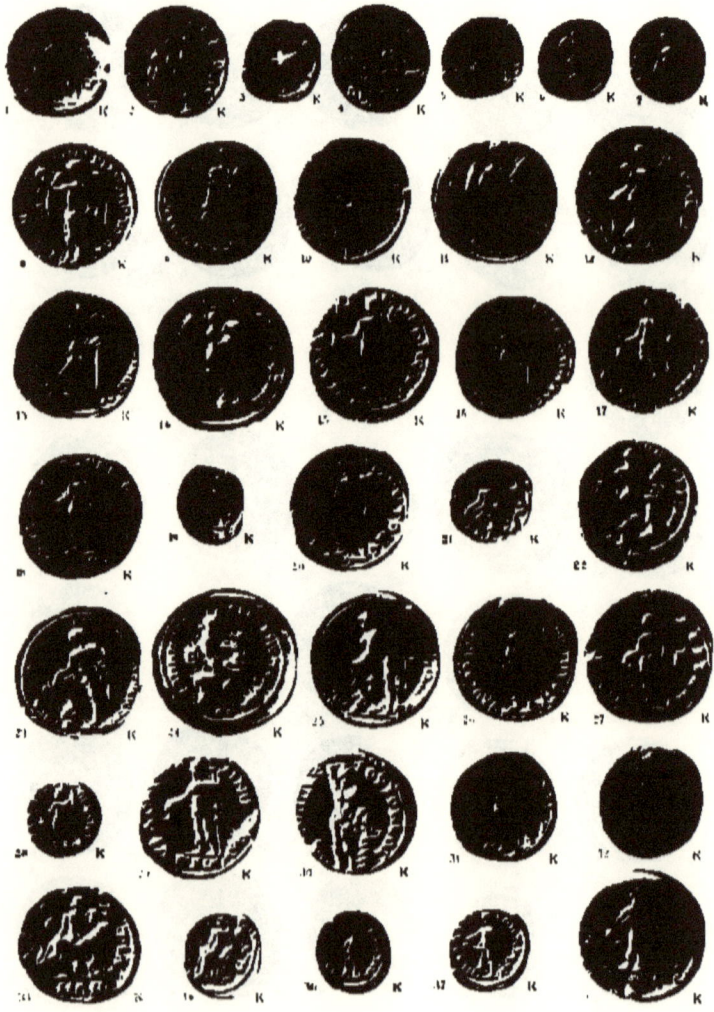

TYPEN: CHARITEN EROS NIKE HERMES DIONYSOS PRIAPOS.

DIE ANTIKEN MÜNZEN NORD-GRIECHENLANDS I TAFEL XVII

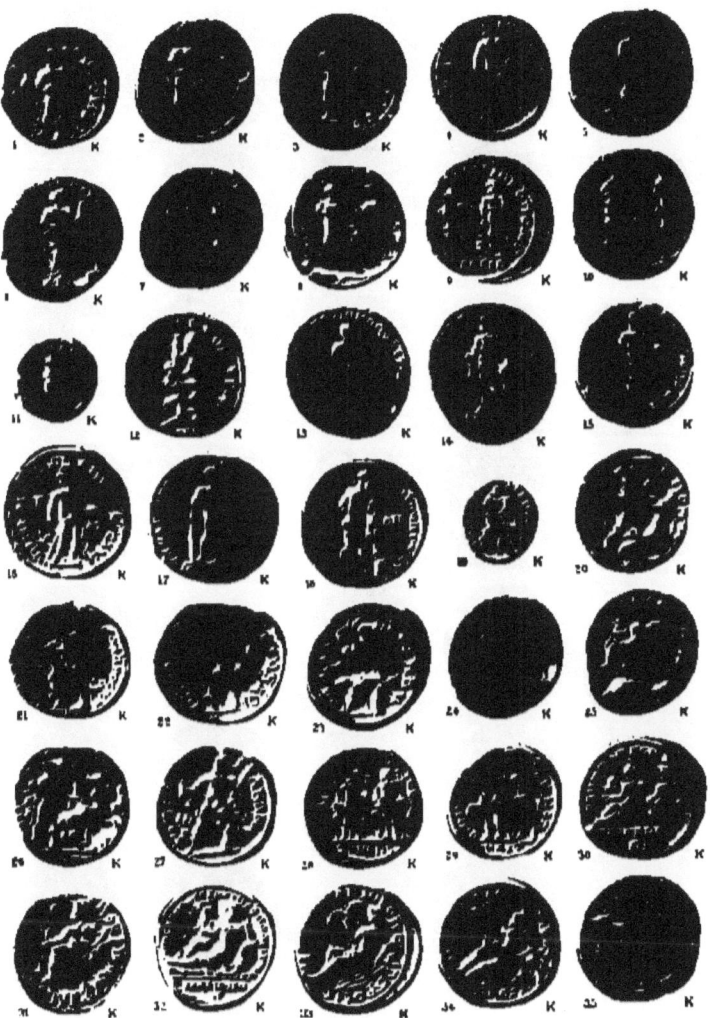

TYPEN: HEILGÖTTER, HERAKLES, DIOSKUREN, FLUSSGÖTTER.

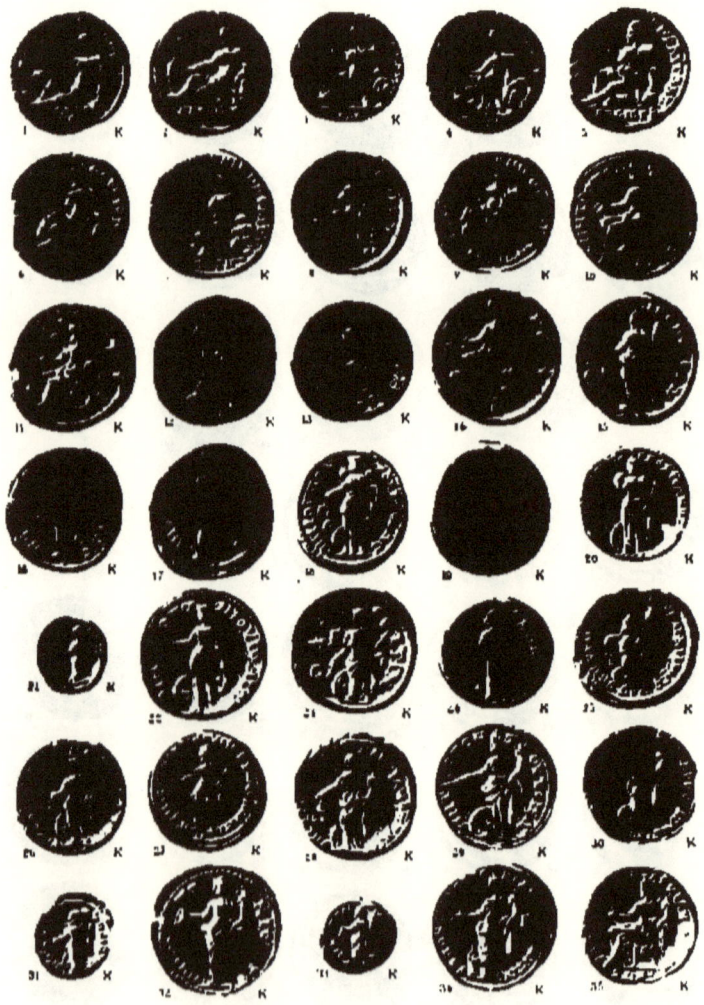

TYPEN: FLUSS & BERGGÖTTER, KYBELE, NEMESIS, PERSONIFICATIONEN

DIE ANTIKEN MÜNZEN NORD-GRIECHENLANDS I TAFEL XIX

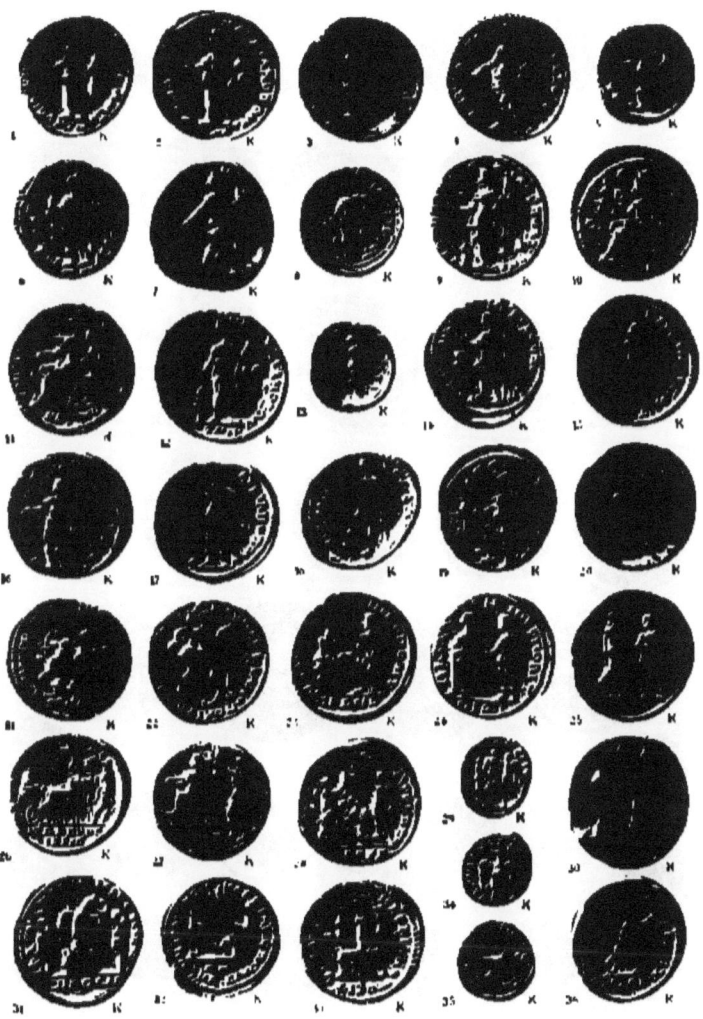

TYPEN PERSONIFICATIONEN KAISER FELDZEICHEN. ADLER.

DIE ANTIKEN MÜNZEN NORD GRIECHENLANDS I　　　　TAFEL XX

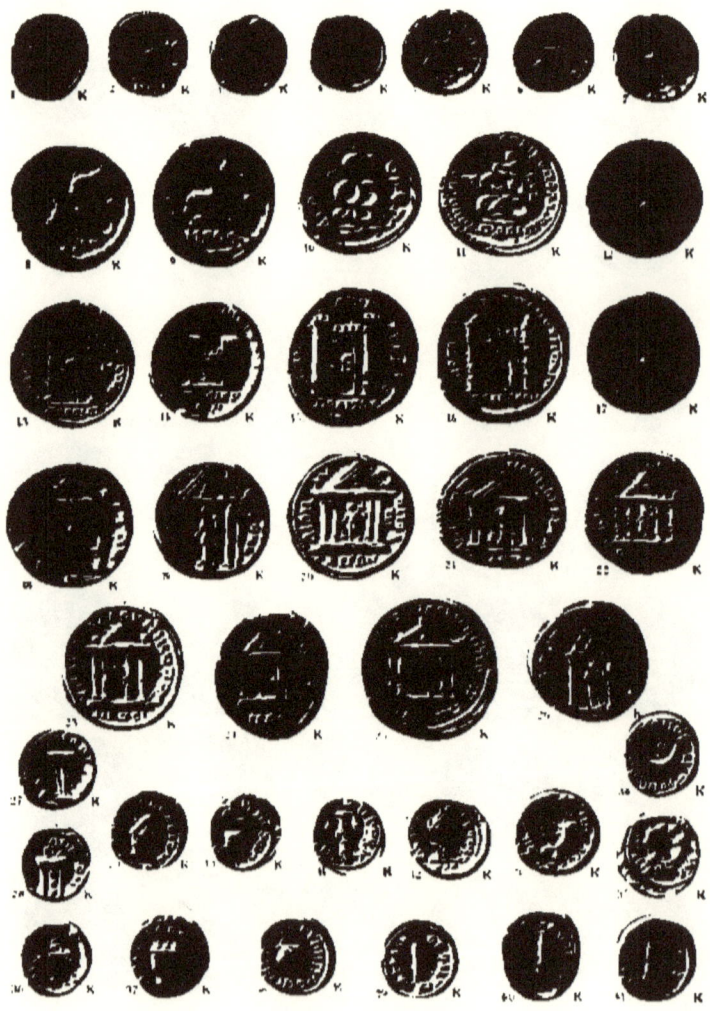

TYPEN: THIERE, THORE, TEMPEL, GERÄTHE, U. A.